语文课堂教学有效性研究

——理论篇

YUWEN KETANG JIAOXUE YOUXIAOXING YANJIU

尹祖琴 主编

西南师范大学出版社
全国百佳图书出版单位　国家一级出版社

《语文课堂教学有效性研究·理论篇》

编委会

促进教师专业发展，加强语文课堂教学有效性

崔　峦

2006年7月，我在重庆见到了尹祖琴老师和她工作室的学员们。那是一次渝中区小学语文教师新课程培训活动，以“语文课堂教学有效性研究”为主题。那次活动由尹祖琴名师工作室牵头，全区教师共同参与，通过以点带面、点面结合的方式来开展语文教学研究与探索。

这样的形式很新鲜，也很有效。这样的研究方式具有针对性和实践性。在我的见闻里，这还是头一次。我非常欣赏这样踏实、真实、朴素的教研。它不仅关注教师个人的发展，而且关注语文课堂教学有效性这个话题。

对于语文教学，教师应该增强责任意识，树立课程意识，增强教育科研意识，确立终身学习意识，这一点，尹祖琴老师和她工作室的学员们做得很好，教师增强责任意识，课程改革才能顺利进行。课程改革的关键是教师，需要教师有较高的素质。语文教学需要充满期待、满怀热忱的教师，需要能够抓住机遇、迎接挑战、认真实践的教师，需要能够更新观念、准确理解课程改革理念的教师。从提高教师素质做起，起着“研修一人，带动一校，影响一片，辐射一片”的作用，这对大面积提高语文教学水平无疑具有极好的示范作用。

她们进行的语文课堂教学有效性研究很有针对性，是当前语文教学亟待加强的。目前，我们的语文教学还存在不少问题：阅读教学效率不高的状况没有得到根本改变，投入与产出不成比例，费时多而收效微的状况没有得到根本的扭转。其原因主要是教学内容太多太杂，教学过程太复杂太雷同，教学方法策略不够适当。长期以来，我们对语文教学实践研究得不够，对语文教学理论研究得不够。尹祖琴名师工作室开展“语文课堂教学有效性研究”，针对课改中小学语文教学存在的问题，一箭中的，很有实用价值。

比如，尹祖琴老师提出了“真实中见精彩，平实中显智慧，朴实中含韵味，踏实中求质量”的观点：让语文教学返璞归真，让语文教学健康、持续、有效地发展，在“真实、平实、朴实、扎实”中改善当前语文教学，提高教学效率与质量。这些观点是针对当前语文教学效率不高的现状理出的改革思路，值得我们重视。

本书记录了尹祖琴名师工作室走过的路，阐述了她们如何提高语文课堂教学有效性的思想和方法，展示了阶段性的研究成果。在这本书里，我们可以看到，学员们设计的教案努力体现着她们“真实、平实、朴实、扎实”的教学思想，值得关注；学员们撰写的文章反映了她们不懈追求、自我提升的激情和艰辛，文中对如何让教学目标更简明，教学内容更简略，师生互动更有效等发表了个人独到的见解，引人深思。

语文课堂教学有效性研究是当前小语界十分关注的一个主题，教师专业发展是事关整个语文教学的永恒主题。尹祖琴工作室和她的学员们的研究是十分有意义的，书中呈现的研究成果，对我们是有启迪的。

祝愿尹祖琴工作室与时俱进，不断创新，扎实实践，再铸辉煌！

目 录

第一章　课堂教学有效性问题的提出

第一节　课堂教学有效性问题提出的背景

有效教学作为一种理念，是伴随20世纪20年代教学科学化运动而兴起的。20世纪以来，随着科学主义思潮影响的不断深入，以及心理学特别是行为科学的发展，人们意识到，教学也是科学。教学不仅有科学的基础，而且可以用科学的方法来研究，于是，人们开始关注教学的哲学、心理学、社会学的理论基础，以及如何运用观察、实验的方法来研究教学问题。正是在这一背景下，有效教学作为一种理念被提了出来。从这个意义来看，有效教学研究只有短暂的历史。然而，自有教学以来，人们就努力追求教学的有效性。如何提高教学的有效性，是中外教育家研究与探索的永恒主题。从这个意义上来看，有效教学又有着悠久的过去。

一、有效性是教学的永恒追求

(一)国外的有效教学思想

虽然国外有效教学的概念是20世纪20年代左右被提出的，但在长期教育实践与教育研究所形成的教学思想中，就已经孕育了丰富的有效教学思想。就国外有效教学思想而言，主要包括对教学效率的追求和对教学方法的探索两个方面。

1.追求教学效率的有效教学思想

古代西方教育大都采用个别教育的形式，个别教育的形式固然有其自身的优点，但其缺点也是显而易见的。其最大的弊端在于效率的低下。因此，西方早期的有效教学思想围绕如何提高教学效率这一问题，首先就改革个体教育的形式进行了探索。昆体良(Marcus Fabius Quintilianus)认为："即使个别教育是必需的，个别教育也可以一个接一个地给予很多学生，还有更多的学科必须由一个教师同时对很多学生进行教学。"[①]这可以视为是最早的关于班级授课制的设想。捷克教育家夸美纽斯(Johann Amos Comenius)继承并发展了昆体良的这一思想，明确提出了班级授课制，即把学生组成班级，由一位教师面向班级授课。他认为，一个教师同时面对几百个学生，不仅可能，而且也是有益的，这将大大提高教学的效率，进而达到最好的效果。通过提高教学效率，追求有效教学的思想，也正是其撰写《大教学论》一书的目的所在。在《大教学论》一书中，他曾鲜明地指出："我们这本《大教学论》的主要目的在于：寻求并找出一种教学的方法，使教员因此

① [罗]昆体良.昆体良教育论著选[M].任钟印，选译.北京：人民教育出版社，1989:22.

可以少教,但是学生可以多学。"[①]不仅如此,夸美纽斯还从儿童心理发展的角度,指出了班级授课制的益处,说明它对于取得良好教学效果的积极意义。他认为:"在学生方面,大群的伴侣不仅可以产生效用,而且也可以产生愉快(因为人人乐于在劳动的时候得到伴侣);因为他们可以互相鼓励,相互帮助。"特别在班级里进行练习或复述时,"一个人的心理可以激励另一个人的心理,一个人的记忆也可以激励另一个人的记忆。"[②]在夸美纽斯看来,班级授课相对于个别教学,不仅是一种提高教学效率的方法,而且如果采用了科学的方法,可以使教员少教,学生多学。这种对于教学中投入与产出之间关系的认识,无疑是具有积极意义的。西方有效教学思想对于教学效率的追求,不仅关注到了教学规模,还关注到了与教学效率密切相关的教学时间。英国教育家斯宾塞(H. Spencer)指出,教学的一个秘诀就是"知道怎样聪明地花费时间"。[③] 成功的教学方法在于花费较少的时间,而取得较高的成效。苏联教育学家尤·克·巴班斯基的教学过程最优化理论的形成在有效教学思想发展历程中具有里程碑式的意义,所谓的"最优化",是指"教师有目的地选择一种建立教学过程的最佳方案,使之能保证在规定时间内解决教养和教育学生的任务,并取得最大的效果"。[④] 教学过程的最优化并不是一种新的教学形式或教学方法,而是教师工作的一项特殊原则,是解决任何教学教育任务的一定的工作方法,"它专门用于在规定时间内(尽可能在较少的时间内)以较少的精力达到当时条件下尽可能最大的效果。"[⑤]易言之,教学过程最优化即在于教师采用一定的方法,使教师和学生能花费较少的时间和精力以获取最好的效果。就最优教学过程的标准而言,主要包含两方面的内容:一是解决教育任务的效果、质量;二是教师和学生为解决这些任务所花费的时间精力。巴班斯基认为,判断教学过程的效果,"首先依据学生的学习成绩,以及他们的品德方面和发展方面的成果。"判断教学质量,将依据"教学成果同现代学校教学的全部目的和任务的要求相符合的程度,依据教学成果同每个学生在一定发展时期的最大可能性相适应的程度"。判断教师和学生的时间和精力消耗的最优值,则是依据"消耗的时间和精力跟现行的学校卫生标准相符合的程度"。[⑥] 可以看出,巴班斯基的教学过程最优化思想跟我们通常意义上所指的有效教学已经非常接近。

2. 探索教学方法的有效教学思想

有效教学得以实现的核心在于提高教学效率,教学效率的提高需要通过一定的方法。因此,国外有效教学思想的发展还表现为对教学方法的探索。

苏格拉底(Sokrates)认为,人生来就有理性,知识是人内心固有的。教师的作用在于帮助学生生产出他们本来就有的真理。基于此,苏格拉底首创苏格拉底问答法(又称"产婆术"),强调教师在教学中要做知识的产婆,引导、启发学生。昆体良认为,在教学中,方法是最重要的。他继承了柏拉图、亚里士多德等关于教育教学要重视人的天性差异的传

① [捷]夸美纽斯. 大教学论[M]. 傅任阚,译. 北京:人民教育出版社,1984:2.
② [捷]夸美纽斯. 大教学论[M]. 傅任阚,译. 北京:人民教育出版社,1984:139-140.
③ 田本娜. 外国教育思想史. 北京:人民教育出版社,1994:294.
④ [苏]巴班斯基. 教学过程最优化——一般教学论方面. 张定璋,等译. 北京:人民教育出版社,1984:2.
⑤ [苏]巴班斯基. 教学过程最优化——一般教学论方面. 张定璋,等译. 北京:人民教育出版社,1984:2.
⑥ [苏]巴班斯基. 教学过程最优化——一般教学论方面. 张定璋,等译. 北京:人民教育出版社,1984:60.

统，强调教学中应该注重因材施教，要掌握学生的能力、资质和心性的特点，做到有的放矢。他指出："教学要能培植各人的天赋特长，要沿着学生的自然倾向最有效地发展他的能力。"[①]文艺复兴时期，昆体良的这一教学思想得到了人文主义教育家的继承与发扬。人文主义教育家在教学中重视学生的个别差异，主张教学方法要与此相适应。伊拉斯谟认为，学生的本性应该是教育的出发点，教学计划应该按照每个学生的年龄、能力和学习阶段来安排，教师应该"沿着自然所指引的道理"去组织教学。维多里诺认为，每一个孩子都是不同的，应该允许他们个性的发展。此外，人文主义教育家还十分重视学生在学习过程中的兴趣与动机，维多里诺认为，孩子们应该在一个快乐的环境中学习，使他们觉得学习是件快事。文艺复兴时期人文主义教育家们的这些主张，不仅继承了古代教学方法的优良传统，更深刻影响了近现代教学方法的发展，具有承上启下的意义。

近代以来，教学方法的发展越来越向着综合化的方向发展。教学方法不再仅仅局限于一两种具体的方法，而是若干个体现了共同教学思想的具体方法的综合运用。其中，夸美纽斯的直观教学法和赫尔巴特的阶段教学法具有一定的代表意义。

夸美纽斯认为："事物是本体，文字只是衣着而已；事物是核，文字是壳，是皮。"[②]因此，他反对单纯的书本教学，强调学习对现实生活有用的知识。因此，学习应该从观察实际事物开始。基于这一基本思想，夸美纽斯在感觉论的基础上论证了以直观为基础的教学方法，具有以下特点：其一，所有的教学必须借助感官。教师应该在教学中使用实物、图片、模型等实物教材，并组织学生进行实地考察等，让学生尽可能通过感官获取知识。他指出："一切事物都应该尽量地放到感官跟前，一切看得见的东西都应该放到视官的跟前，一切听得见的东西都应该放到听官的跟前。气味应当放到嗅官的跟前，尝得出和触得着的东西应当分别放到味官和触官的跟前。假如有一件东西能够同时在几个感官，它便应该和几种感官去接触。"[③]夸美纽斯要求，按照直观原则进行教学应从观察实际事物开始，在不能进行直接观察的时候，应利用图片或模型代替实物。夸美纽斯的这种思想，在其《世界图解》的教科书中有着充分的体现。其二，在实践中学习和运用知识。夸美纽斯认为，通过感官获得的认识应当在实践中加深，各种技能技巧需要在实践中熟练掌握。他说："凡是应当做的都必须从实践去学习"；"在学校里，让学生从写字去学写字，从谈话去学谈话，从唱歌去学唱歌，从推理去学推理。这样一来，学校就可以变成一个忙于工作的工场。"[④]其三，所有的学习都必须适应儿童的能力。夸美纽斯建议先发展儿童的感觉，后发展记忆，再发展思维，最后发展语言和手，是基于对儿童年龄特征的考虑。他认为，凡是脱离儿童接受能力的材料都应该删去。由于自然实物是整体的，因此教师必须在进行更细致的和更困难部分的教学前，给学生以整体的意义。

夸美纽斯之后的德国教育家赫尔巴特直接以"普通教育学"表明了其有效教学的追求。所谓"普通"，意在"普遍有效"。他设计的"普通"教学过程分为明了—联想—系统—方法四个形式阶段，其阶段教学的思想被后继者加以发展，即形成了我们平常所说的五

---

① ［罗］昆体良.昆体良教育论著选［M］.任钟印，选译.北京：人民教育出版社，1989：89.

② ［捷］夸美纽斯.大教学论［M］.傅任阚，译.北京：人民教育出版社，1984：94.

③ ［捷］夸美纽斯.大教学论［M］.傅任阚，译.北京：人民教育出版社，1984：156.

④ ［捷］夸美纽斯.大教学论［M］.傅任阚，译.北京：人民教育出版社，1984：164.

段式教学法。严格来说，赫尔巴特的阶段教学法更像是一种教学方法体系，它是教学过程与掌握知识环节、心理活动状态、兴趣阶段和教学方法协同配合构成的[①]：

教学阶段	明了	联想	系统	方法
掌握知识环节	钻研		理解	
观念活动状态	静态	动态	静态	动态
兴趣阶段	注意	期待	探求	行动
教学方法	叙述	分析	综合	应用

据此，赫尔巴特阶段教学法的具体步骤如下：

明了。这一阶段，学生的观念活动状态属于静态的钻研，为了学习和掌握新的材料，必须集中注意力，深入研究学习的材料。其兴趣阶段处于注意。需要教师用讲解、示例或演示等叙述进行教学。对于这一阶段的教学来说，“教学艺术首先取决于教师是否知道应把教学内容分解为若干极小的组成部分，以免不知不觉地跳跃了某些部分。”[②]

联想。这一阶段，学生的观念活动状态是动态的钻研，要求学生集中注意力进行思考。把上一阶段获得的新观念与旧有观念联系结合起来。从兴趣的方面看，属于期待阶段。这时，要求教师采用分析教学。教师在讲授新知识时，需要考虑新旧知识之间的联系。

系统。“系统”是指进一步看清新旧知识之间的联系。“它把每个个别事物看成是这种关系的一个成分，并处在恰当的位置上。一种丰富的省思活动产生的最好的秩序叫做系统。”[③]这时已经进入教材的理解阶段，从兴趣方面看，符合探求阶段。这时需要在教师的指导下寻找一些确定的定义和结论，教学方法上采用综合法。

方法。“方法”是指通过“应用”，将系统化的知识运用于实际。学生的观念活动状态属于动态理解，兴趣方面来看则属于行动。在教学方法上是学生独立完成练习、演算及按教师指示来修改作业、练习等。

继赫尔巴特之后，他的信徒 T·齐勒尔把“明了”分为“分析”与“综合”两步，形成了五段教学法。此后，齐勒尔的学生 W·赖恩又将五段的名称作了修改，使其成为当时欧美教师广为接受的教学方法。20 世纪初，五段教学法流传到我国，并曾风行一时，对我国的教学也产生了十分重要的影响。经赖恩改造后的五个步骤是：

预备。用问答、谈话的方式，使学生回忆过去的经验和有关的事实，为学习新教材做准备，并说明功课的目的，使学生知道当前需要解决的问题；

提示。教师呈现当天需要学习的新材料；

联想。教师引导学生对前两步呈现的材料进行比较，指出新旧知识之间的异同，帮助学生将新内容与已有的经验结合起来；

总结。把分析比较的结果综合成结论或原则，使学生形成一般概念；

① 王天一等. 外国教育史[M]. 北京：北京师范大学出版社，1993：328.

② [德]赫尔巴特. 普通教育学[M]. 李其成，译. 北京：人民教育出版社，1989：220.

③ [德]赫尔巴特. 普通教育学[M]. 李其成，译. 北京：人民教育出版社，1989：70.

应用。提供习题，使学生应用所学的原则或知识来解决问题，以加深对新知识、新原则的理解，并可以用以证明结论或原则的正确与否。

应当指出，虽然长期以来，国外的教学实践与教学研究中并没有直接提出"有效教学"这一概念，也没有在鲜明的"有效教学"理念下探讨有效教学，但不可否认的是，在国外长期的教学实践和教学研究中，凝练了许多至今仍有积极意义的有效教学思想，它们也不可避免地成为当代有效教学理论的思想源泉。

(二)我国的有效教学思想

与国外相似，中国教育家的教育实践和教育思想中也包含有丰富的有效教学思想，这些思想多散见于他们关于教育的言论之中，对教学的目标、方法与原则均有所涉及。早至孔子，即提出了丰富的关于教和学的原则与方法。孔子是教育史上第一个对启发式教学原则作出精辟阐述的教育家。他的至理名言是："不愤不启，不悱不发，举一隅，不以三隅反，则不复也。"[①]这话的意思是说只有当学生进入积极的思考状态，心求知而未知，口欲言而不能的时候，对学生进行启发和诱导才能收到举一反三的效果。这种通过启发诱导使学生"闻一以知十"的教学原则显然是关注了教学的效率，体现了有效教学的思想。与西方苏格拉底的"主动追问"不同，孔子教人的姿态是"不叩不鸣"，因此，孔子的有效教学思想不仅包含有效地"教"，还有关于如何有效地"学"的精辟论述。"学而不思则罔，思而不学则殆。""学而时习之，不亦说乎？""温故而知新，可以为师矣。""知之者，不如好之者，好之者不如乐之者。"这些言论，从学与思的关系，时习与温故，乐知好学等方面阐述了有效地"学"的一些基本原则，至今仍有启示意义。孟子继承并发扬了孔子重视启发式学习的教学思想，认为教学要想达到理想的效果，必须重视调动学生的积极性。他说："大匠不为拙工改变绳墨，羿不为拙射变其彀率。君子引而不发，跃如也。"[②]他还认为教师不应该诉诸强制的手段，而是对学生适时地点化。在他看来，理想的教学"有如时雨化之者"，所以他说："君子所过者化，所存者神。"[③]

《学记》是中国教育史和世界教育史上一部最早、最完整的教育学专著，对教学的原则、方法有着较为系统的论述。《学记》继承和发展了孔子的启发式教学的思想，指出："君子之教，喻也；道而弗牵，强而弗抑，开而弗达。道而弗牵则和，强而弗抑则易，开而弗达则思。和、易、以思，可谓善喻矣。"[④]这段话的意思是说，教师要积极引导，但不要硬牵着学生走，这样学起来就会自然和谐；教师要积极督促，但不要强制压抑，这样学起来就会容易顺利；教师要为学生打开知识的大门提供钥匙，但不要把知识全部塞给学生，要留有余地，启发学生思考。这项原则的中心就是要求教师积极发挥主导作用，但不能阻碍学生的思考，从而达到"善教者，使人继其志"[⑤]的效果。而所谓的"善教"，自然就是教得

① 孟宪承．中国古代教育文选[M]．北京：人民教育出版社，1979：19.
② 毛礼锐．中国古代教育史[M]．北京：人民教育出版社，1979：94.
③ 毛礼锐．中国古代教育史[M]．北京：人民教育出版社，1979：97.
④ 孟宪承．中国古代教育文选[G]．北京：人民教育出版社，1979：96.
⑤ 孟宪承．中国古代教育文选[G]．北京：人民教育出版社，1979：97.

有效，这应该是我国教育史上较早以文字表述有效教学思想的记载。《学记》不仅继承了孔孟的启发诱导的教学思想，还继承了孔子重视学生“学”的优良传统，并进一步对“教”和“学”的关系作出了阐述：“善学者师逸而功倍，又从而庸之。不善学者师勤而功半，又从而怨之。”①这句话一方面揭示了学生的“学”对于教学有效性的意义，另一方面还揭示了教学中的投入与产出的关系。

汉代董仲舒认为教师必须做到“圣化”。“善为师者，既美其德，有慎其行，齐时蚤晚，任多少，适疾徐，造而弗趋，稽而勿苦，省其所为，而成其所湛，故力不劳而身大成。此之谓圣化，吾取之。”②所谓“圣化”，即现代所说的教学艺术。这段话的意思在于说明一个优秀的教师，既要提高思想品德，又要注意自己的行为，及时施教，掌握教学内容的分量，做到快慢适度，对学生的学习要进行督促，但不使学生感到压抑苦恼，了解学生现有的水平而引导他向更高层次前进，从而事半功倍，达到最佳的教学效果。董仲舒这一思想中包含着丰富的教学原则和方法，是对孔孟及《学记》中有效教学思想的合乎逻辑地继承和发展。

隋唐两宋时期的教育家继承和发展了自孔子以来的因材施教和启发性教学思想。孔颖达主张教学应“广开道示语学理”和“为学者开发大义头角”，并应“当随才而与之”。王通进一步发展了教学中的问答法，不仅强调问，而且强调教师的答，认为“广泛益智，莫善于问；乘机演道，莫善于对”。及至宋代，张载进一步论述了启发式教学方法，他认为启发式教学中教师必须做到两点：首先是“答问者必知问之所由”③，意即等学生将问题阐述清楚之后，教师再对问题进行系统的分析与解释；其次，运用启发式的目的在于培养学生的独立思考能力，因此，教师在回答学生问题时，要时时辩难以启发学生，从而让学生接受真理与发现真理，以获得满意的教学效果。

明清之际，王夫之认为，在教学过程中，学生不只是被动地接受知识，而是一种积极主动的认识过程。他不同意“学，效也”的传统解释，认为学习不是简单的模仿，而是主动的自悟，即“学，觉也”。因此，他认为，教学过程就是启发学生“自悟”的授业过程，教学的一切措施和方法都是为了使学生由被动变为主动，由不自觉转化为自觉。④ 他认为，唯有这样的教学，才能使学生的学习与德行日新月异，亦即取得明显的效果。

综上所述，在我国古代漫长的教育实践中，已经形成了丰富的有效教学思想。虽然这种有效教学思想并不是在“有效教学”理念的指引下进行自觉研究，但由此也可以发现，对教学效率和教学效果的追求是贯穿于教育教学发展过程中的一条主要线索。从这个意义上说，有效教学是教学研究的永恒主题。当然，需要指出的是，随着时代的发展和教育教学改革，有效教学的内涵亦会发生变化。

---

① 孟宪承. 中国古代教育文选[G]. 北京：人民教育出版社，1979：97.

② 熊承涤. 秦汉教育论著选[G]. 北京：人民教育出版社，1986：90.

③ 熊明安. 中国教学思想史[G]. 重庆：西南师范大学出版社，1989：212.

④ 吴文侃. 比较教学论[G]. 北京：人民教育出版社，1996：96.

二、有效教学是时代的要求

(一)新课程改革的基本理念

随着知识经济的到来和科学技术的迅猛发展，世界教育的基本理念正在发生深刻的变化。与之对应，现代课程发展的基本理念也呈现出了许多新的特点和趋势。世纪之交，面对深刻的时代背景和全球性基础教育课程改革的浪潮，我国启动了新一轮基础教育课程改革，并出现了许多崭新的课程理念[①]。

1. 追求每位学生的全面发展

追求每位学生的全面发展有双重意蕴：一是"为了每位学生的发展"，这体现了我国基础教育由精英化向大众化的价值转型，强调从底线意义上体现对每一个人发展权的保障和维护，进而体现了对每一个人缔结社会的基本贡献和对人的种属尊严的肯定；[②]二是关注学生发展的全面性、整体性，这在课程目标中得到了充分的体现。

首先，为了实现"为了每位学生的发展"，新课程改革中，以课程标准代替了原有的教学大纲。"教学大纲"是建国初期我国学习苏联教育模式的一项内容和结果。自 1952 年将国民政府时期沿用的"课程标准"改称"教学大纲"后，教学大纲的称谓自此一直沿用下来。从建国半个多世纪以来的所沿用的教学大纲的框架内容来看，教学大纲多是从学科体系的角度对各学科的教学目标、教学内容、教学时数等方面做出统一、硬性的规定，从这个意义上说，它体现的是"以学科为中心"的传统课程观。据此，教学大纲在教学目标的要求往往是一个所有学生必须达到的最高标准，导致课程存在"难、繁、偏、重"的不足，这显然不利于学生的发展。新一轮基础教育课程改革秉持"以人为本"的价值取向，所制定的课程标准是对某一阶段的学生学习结果的最低的、最基本的要求，它立足于每一个学生都能达到的基本标准，并在此基础上预留了满足不同学生发展需要的弹性空间。基于这种考虑，新课程重建了新的课程结构。改变课程结构过于强调学科本位、科目过多和缺乏整合的现状，整体设置九年一贯的课程门类和课时比例，并设置综合课程，以适应不同地区和学生发展的需求。

在课程结构方面，为满足不同地区、学校和学生对课程的需要，《基础教育课程改革纲要(试行)》(下称《纲要》)明确提出要实行国家、地方和学校三级课程管理，要求各地、校根据本地区、学校的具体情况，开设地方和校本课程。在课程结构方面，为了使学生在达到基本要求的基础上实现有个性的发展，《纲要》要求在义务教育的初中阶段与普通高中开设选修课程，以体现课程结构的均衡性、综合性和选择性。[③] 这种对课程结构选择性的强化不仅满足了社会对多样化人才的需求，同时还体现了新课程促进每一位学生获得个性化发展的追求。在课程管理方面，为了促进课程的民主和适应性，新课程力图改变

---

① 分析框架参考了范蔚主编的《基础教育课程改革》一书。范蔚. 基础教育课程改革[M]. 重庆：重庆出版社，2006：41—49.

② 彭泽平. 改革开放以来我国基础教育课程改革评析[D]. 上海：华东师范大学博士学位论文，2004：45.

③ 钟启泉. 〈基础教育课程改革纲要(试行)〉解读[M]. 上海：华东师范大学出版社，2001：6.

课程管理过于集中的状况，实行国家、地方、学校三级课程管理，以增强课程对地方、学校和学生的适应性。课程评价方面，新课程力求发挥课程评价发现和发展学生多方面潜能、促进学生发展的教育功能。为此，新课程改革在《纲要》以及各门学科的课程标准中强调评价的具体实施要体现标准的个性化、多元化，关注学生的差异性和发展的不同需求，强调发挥评价促进学生发展、教师提高和改进教学实践的功能。这些都从不同方面体现了新一轮基础教育课程改革"为了每一位学生的发展"这一核心价值诉求。

其次，新课程改革还强调学生的全面发展，这主要体现在课程目标上。一般认为，课程目标由四部分组成：其一，认知类，包括知识的基本概念、原理和规律，理解和思维能力；其二，技能类，包括行为、习惯、运动及交际能力；其三，情感类，包括思想、观点和信念，如价值观、审美观等；其四，应用类，包括应用前三类来解决社会和个人生活问题的能力。[①] 从国外课程改革的发展来看，越来越趋向于四类课程目标的整合发展，追求认知与情感、知识与智力、主动精神与社会责任的和谐统一。追求学生全面发展已经成为课程改革的重要价值诉求，这一诉求在我国新一轮基础教育课程改革的培养目标和具体学科的课程目标、课程结构等方面也有着明显的体现。在培养目标方面，《纲要》勾勒了新课程改革所要培养新人的全新的素质标准——既强调人进行终身学习所必需的基础知识与基本技能，又强调正确价值观的形成；既包含有认知方面的目标，也囊括了生活的、情感的、心理的、身体的、审美方面的素质，包含了对人精神世界的建构和健全人格完善的要求。在具体的学科层面，新课程改革强调从知识与技能、过程与方法、情感态度价值观三个维度构建课程目标，肯定了"过程与方法"、"情感态度价值观"等隐性形态的课程价值相对于"知识与技能"这一显性价值形态的独立意义。从课程目标方面来看，新课程力图改变课程过于注重知识传授的倾向，强调形成积极主动的学习态度，使获得基础知识和基本技能的过程同时成为学会学习和形成正确价值的过程，体现了新课程改革对人全面、和谐发展的价值追求。

2.追求学生主动地获得生动活泼的发展

为了使学生获得生动活泼的发展，发展创新精神和实践能力，新课程改革的目标之一即是转变学生的学习方式，要求改变课程实施过于强调接受学习、死记硬背、机械训练的现状，倡导学生主动参与、乐于探究、勤于动手，培养学生搜集和处理信息的能力、获取新知识的能力、分析和解决问题的能力以及交流与合作的能力。为此，新课程倡导自主、合作、探究的学习方式。

所谓自主学习，就是学生自由地开展学习活动并在学习活动中充分地发挥自己的主体性。自主学习并非是孤立地学习，学生主体性的发展既贯穿于学生自我决定、自我选择、自我监控、自我评价反思等整个学习领域，也渗透在学生与教师、同伴乃至与学校之外家庭、社会成员之间的交往之中。正如有些学者所言，自主学习就是建立在自我意识发展基础上的"能学"，建立在学生具有内在学习动机基础上的"想学"，建立在学生掌握了一定学习策略基础上的"会学"，建立在意志努力基础上的"坚持学"。[②] 合作学习强调

① 靳玉乐.新课程改革的理念与创新[M].北京：人民教育出版社，2003：16.

② 庞维国.论学生的自主学习[J].华东师范大学学报(教育科学版)，2001(2).

的是学生在有效个人学习的基础上进行互助性的学习，在“合作”中展现生—生间的“主体间性”品质。合作学习着眼于提高全体学生的学业成绩，培养与他人协同活动的能力，学会自尊自爱，善于设身处地地为他人着想，以他人的眼光看待问题，尊重不同的价值观念，能从不同角度解决问题。探究教学究其本质而言，是一种教师和学生共同开展的模拟性的科学探究活动，作为相对于“接受学习”的新型学习方式，探究教学突出了学生在学习过程中“主动”、“创造”品质的意义与价值。它是从学科领域或现实生活中选择和确定研究主题，通过学生自主、独立地发现问题，进行实验、操作、调查与搜集信息，表达与交流等探索活动，获得发展的学习方式和学习过程。新课程改革倡导的新型学习方式，是基于对人的主体性的珍视与关怀而提出的，它致力于提升和体现学生的主体性、能力性和创造性，以促进学生创新精神、实践能力、合作精神与社会责任感的发展。

而更为本质的在于，新课程改革倡导的新型学习方式，让学生在“主动参与、乐于探究、勤于动手”中获取新知识，实质上是倡导一种具有个人意义的知识生成方式，体现了对学生个性化学习方式与个人知识、体验参与的意义和价值的肯定。由此，知识不再是一种确定的，独立于认知者之外的预设结果，而是被视为一种探索的行动与过程，包含着学生的个人经验、情感体验的参与。知识获得成为个体亲历的、感兴趣的、已有经验和情感全程介入的知识创生过程，不仅有利于学生的发展，而且赋予了学生在课程知识面前获得更多的体现个性尊严与言说的机会，这无疑体现出了新课程对“人”的主动性、能动性、独特性、创造性等“种属”尊严的尊重与肯定。

3. 追求学生生命活力的展现

传统的课堂教学中，教师的角色多被定位于知识的“占有者”“传授者”，被赋予了“知识权威”的角色。由此，在师生关系中，教师往往处于课堂教学的“中心”位置，而学生则被视为“无知者”，课堂教学的实际状况是教师主宰课堂，学生则只能围绕教师转。原本具有丰富意蕴的教学过程被简化为教师讲、学生听；教师问、学生答；教师写，学生抄，学生的主体尊严和平等品格遗失殆尽，师生之间缺少“灵魂深处的直接相见”，导致教学遗失了情感陶冶、精神拓展乃至生命发展的意义。针对这一弊端，新课程改革批判性地重建了教师角色、师生关系和教学理念。

教师角色是指处在教育系统中的教师，所表现出来的由其特殊地位决定的符合社会对教师期望的行为模式。[①] 新课程强调“教师是学生学习的组织者、引导者、合作者”，是“与学生平等的对话者”。由此可见，新课程视域中，教师不仅是知识的传授者，还是学生发展的促进者、指导者、参与者；不仅是知识的管理者，更是学生发展的引导者；不仅是知识的传递者，而且是道德的引导者，思想的启迪者，心灵世界的开拓者，情感、意志、信念的塑造者。教师角色的转变，带来的是师生关系的重塑。教师由知识的传授者转向学生学习的组织者、引导者和合作者，由此，学生在学习中获得更多的自主权，学生成为学习的主体，与教师一样具有完全平等、独立的人格价值的人。师生关系不再是由教师主宰的“授——受”关系，而是由师生共同组成的一个“学习共同体”，师生关系是“我与你”的关系，而非“我与他”的关系，这是一种平等对话、相互包容，共同发展的新型合作关系。

---

① 顾明远. 教育大辞典[M]. 上海：上海教育出版社，1997：843.

诚如叶澜教授指出的那样，这种新型的师生关系，“不是‘学’围绕着‘教’或‘教’围绕着‘学’的天体运行中行星与卫星式的关系，也不是‘一方面’与‘另一方面’的平面构成关系。教学过程中师生的内在关系是教学过程创造主体之间的交往（对话、合作、沟通）关系，这种关系在教学过程的动态生成中得以展开和实现。”[①]这种新型的关系不仅为学生彰显自己的生命力量提供了一个广阔、融洽、自主的空间，有利于学生的心灵得以自由地舒展，实现自己的生命意义，教师自身也在这一过程中，实现了生命的价值和意义感。[②]新一轮基础教育课程改革对师生关系的重构，完成了对以往从“人”与“物”在实践中的主客体关系模式认识师生关系的超越，显示了对学生作为主体的“人”的生命意义的尊重，有助于从课程实施的关键层面确保人的主动生成和发展，让师生在课堂教学中焕发出生命活力。

新课程改革还带来了教学理念的更新。传统的课堂教学受理性主义、主智主义思想以及习惯于把本为整体的事物分割为部分的思维方式的影响，片面强调学科知识等认知目标的重要性，漠视情感、态度、个性、价值观等方面的目标的价值。在此影响下，原本丰富复杂、变动不居的课堂教学过程被简括为特殊的认识活动，人生命的认知功能从整体的生命活动中抽象、隔离出来，突出其重要性，把完整的生命体仅当作认知体来看待。这一认识的缺陷在于，它既忽视了作为独立个体的、处于不同状态的教师与学生在课堂教学过程中的多种需要与潜在能力，又忽视了作为共同活动体的师生群体在课堂教学中多边多重、多种形式的交互作用和创造能力。课堂教学也因此变得机械、沉闷和程式化，缺乏生气和乐趣，缺乏对智慧的挑战和对好奇心的刺激，师生的生命力在课堂中得不到发挥，教学本身也成为学生厌学、教师厌教的因素。[③]

针对传统课堂教学价值观的偏误，新课程从“知识与技能”“过程与方法”“情感、态度与价值观”三个维度来设计各科的课程目标，更力求在教学的实践层面落实学生整体发展的要求，在教学中体现结论与过程、认知与情意、预设与开放的统一与整合。正是在这样一个开放的教学过程中，学生的智慧得以生长，个性得以展现，精神得以提升，课堂教学也由此打破了以往机械、沉闷、缺乏生气和乐趣的氛围，成为充满智慧挑战、焕发师生生命活力的课堂。师生的生命尊严、生命活力和个性得以体现、施展与张扬，每节课都成为不可重复的激情与智慧综合生成的过程。教学不再只是传统知识的单纯认知活动，而是一种生命活动，是生命存在的基本方式。课堂教学真正成为“师生生命的，有意义的构成部分”[④]。

4.沟通生活世界和科学世界

学校课程重返生活世界，找回失落的主体意识，是当代课程发展的一个重要理念。而生活世界与科学世界之间的内在联系，对于新课程改革又有着诸多启示。针对传统课程遗忘与割裂生活世界的偏误，新一轮基础教育课程改革明确提出要改变课程内容“难、

① 叶澜.重建课堂教学过程观[J].教育研究，2002(10).

② 辛继湘.新课程与教学价值观的重建[J].课程·教材·教法，2003(4).

③ 叶澜.让课堂焕发出生命活力[J].教育研究，1997(9).

④ 叶澜.让课堂焕发出生命活力[J].教育研究，1997(9).

繁、偏、旧”的状况，力求加强课程内容与学生生活、现代社会和科技发展的联系，并从整体上设置九年一贯的义务教育课程，在小学和初中设置综合课程。从小学到高中设置综合实践活动作为必修课程。这些无不明示着新课程的课程内容不再局限于科学世界，还以“生活世界”为其背景和来源。新课程改革力图沟通生活世界与科学世界的理念，有其深刻依据。

“生活世界”与“科学世界”是相对应的一组概念。所谓“科学世界”，是指建立在数理——逻辑结构的基础上，由概念原理和规律规则所构成的世界。科学世界的教育是一种体系化的教育，就其内容而言，科学世界的教育所传授的知识表现为抽象的概念系统；就其形式而言，科学世界的教育表现为组织化和体系化的特质。① 胡塞尔认为，“科学世界”具有“不可知觉的客观性”，人们永远也无法实际地知觉到、经验到这个世界本身。“生活世界”是指建立在日常交往基础上的、由主体与主体之间所结成的丰富而生动的日常生活构成的世界，即“日常生活世界”。胡塞尔认为，“生活世界是自然科学被遗忘了的意义基础”②是“直觉地被给予的”、“前科学的、直观的”、“可经验的”人之存在之域，是一个有人参与其中、保持着目的、意义和价值的世界。就生活世界与科学世界的关系而言，它们具有内在的联系。首先，生活世界是本，科学世界是建立在生活的基础之上的。其次，特定条件下，科学世界可以提升生活世界的意义。科学世界是脱胎于生活世界的，其目的原本就是为了提升生活世界的意义，只不过因为科学世界与生活世界日益割裂之后，丧失了意义的源泉。当科学世界重新回归到生活世界，找到其意义之源后，就可以起到提升生活世界的作用。再次，生活世界与科学世界是历史地统一的。就某一特定的历史阶段而言，生活世界总是蕴涵着前一历史时期的科学世界的概念，同时也孕育着下一历史时期科学世界的基础。③ 在胡塞尔看来，生活世界与科学世界总是相互作用、相互渗透、历史地统一的。

胡塞尔对“生活世界”与“科学世界”之间关系的深刻认识对于课程改革有着重要的启发意义：首先，教育是发生在真实生活世界中的实践活动，生活世界是孕育教育的土壤和场所，师生是在生活世界中构建着教育的意义。因此，生活世界理当成为课程内容的基本来源。其次，生活世界蕴藏着丰富的教育价值和意义，它不仅是构成学生的各种认识素材的主要来源，能够帮助学生确立生活信念，获得发展驱动力，有助于形成学生对于生活、人生及世界意义的真切认识和感悟，而且，科学世界构建的基础也存在于生活世界之中。生活世界为人们开拓科学世界提供了必不可少的背景性知识。正是基于这一认识，我国新课程改革力求沟通生活世界与科学世界，在课程内容、课程结构和课程资源的拓展中均作出了重要的变革。

综上所述，新课程改革在对人与社会发展的辩证关系高度自觉的基础上，力求通过“每位学生的发展”来切实落实“科教兴国”的战略，实现中华民族的繁荣富强。“每位学生的发展”是“中华民族的繁荣富强”基础所在。而学生的发展，势必离不开有效的教学，

---

① 项贤明.泛教育论[M].太原：山西教育出版社，1997：248.

② [德]胡塞尔.欧洲科学危机和超验现象学[M].张庆熊，译.上海：上海译文出版社，1988：58.

③ 张华.课程与教学论[M].上海：上海教育出版社，2000：432.

从这个意义上来说，新课程改革呼唤教师决战课堂，呼唤有效的教学。

(二)新课程改革呼唤有效的教学

课堂教学是课程改革的核心环节，也是课程实施的主要途径。因此，教学改革在课程改革系统中具有举足轻重的地位。没有教学改革的课程改革，最终的结果充其量只能局限于教科书的更替。从这个意义上说，课堂教学的有效与否，决定着课程改革的成败。新一轮课程改革依据全新的课程理念，在课程目标、内容、结构、管理、评价以及学生的学习方式等方面做出了相应的变革。在这一变革背景下探讨有效教学，不仅是必要的，而且也是迫切的。

1.新课程改革的成果最终体现为课堂有效教学

从教育改革的逻辑来看，教育改革的核心领域是课程改革，课程改革的核心领域是课堂教学。课程改革成果的有无与大小，最终需要通过课堂有效教学实现与否加以体现。新一轮基础教育课程改革是党中央、国务院为全面推进素质教育，顺应时代发展要求而采取的一项重大举措。其根本的宗旨就是实现素质教育，全面贯彻党的教育方针，端正教育思想、转变教育观念，面向全体学生，加强学生思想品德教育，重视培养学生的创新精神和实践能力，为学生全面发展和终身学习奠定基础。基于这一宗旨，新课程改革在各学科的课程标准中构建了知识与技能、过程与方法、情感态度与价值观三位一体的课程目标，力求每位学生都能获得全面的发展。只有通过有效的课堂教学，才能使新课程改革的这一价值诉求得以实现。

2.有效教学是新课程改革的基本教学理念之一

从课程改革的社会背景来看，新一轮基础教育课程改革是对经济全球化和知识经济以及世界各国兴起的基础教育课程改革浪潮做出的应有反应；而从课程改革的内部原因来看，则是我国基础教育课程教学中存在一定的问题，需要通过改革加以解决。为此，新课程改革从课程的功能、结构、内容、实施、评价和管理六个方面提出了具体的改革目标。在课程实施方面，强调要改变偏重接受学习、死记硬背、机械训练的现状，这其实是针对“教师教得辛苦，学生学得痛苦”这一低效甚至是负效的传统课堂教学的弊端而提出的。新课程改革既强调课堂教学的认知目标，还强调通过教学，发展学生情感、身体、审美方面的素质，强调学生知情意的全面协调发展；不仅关注教学目标的达成，关注学生学习的结果，还关注教学中学生在思维、情感方面的表现，关注学生积极主动地进行学习的过程。这种全面关注教学的效果、效率与效益，强调通过教学使学生全面发展的理念，恰当地表达了新课程改革追求有效教学的理念。

3.新课程改革对课堂有效教学提出了新的要求

课程改革总是基于一定的时代背景与时代要求而进行的。科学技术的发展和知识经济的兴起，国际竞争的日益激烈，全球性问题等，是我国进行新一轮基础教育课程改革的总体背景。新课程改革所倡导的全新课程理念，反映了时代发展的要求，并具体地影响着课堂教学，由此也给课堂有效教学提出了新的要求。新课程改革以“为了每位学生的发展”为核心理念，强调课程教学之于学生全面发展的意义与价值，并突出强调了在课程实施中，让学生主动参与、乐于探究、勤于动手，培养学生搜集和处理信息的能力、获取新知识的能力、分析和解决问题的能力以及交流与合作的能力。这种“从单一地传递教科书上呈现的现成知识，转为培养能在当代社会中实现主动、健康发展的一代新人”①的教学价值观的提出，势必会引发有效教学内涵的变革，赋予有效教学全新的意义与价值。

第二节　课堂教学有效性问题研究综述

一、国外相关研究

国外有效教学的研究始于20世纪上半叶。早期的研究集中于回答如下两个问题：什么样的教学是“有效教学”，什么样的教师是“有效教师”，研究旨在揭示影响教学有效性的教师特征和教师行为。具体而言，其研究主要包括以下四个方面：有效教学行为、有效教学技能、有效教学风格和有效教学模式。

(一)有效教学行为的研究

最早关于教师有效教学的研究主要集中于教师的人格研究。事实上，关于教师人格研究的文献量是十分丰富的。1963年，在《教学研究手册》一书中，盖茨尔斯(Getzels)等用整整一章去阐述教师的人格特征和学生的学业成绩之间的关系。在1988年，博里奇(Borich)同样提供了关于教师人格特征研究的全面概述，早期的研究对教师的人格特征和学生的学业成绩做出了考察。然而，这项研究被批评过于远离实际的课堂活动而不能为实现有效教学，改善教学行为提供范例。因为教师的心理特征和其他职业组一样是形形色色的，要前后连贯地谈论清楚教师个性，并从教师个人特点来预言教师的教学效果是不现实的②。尽管有其局限，但是关于教师品质和有效教学的研究却在延续。1992年，埃加德(Edgar Stones)在其《教学质量》一书中即对教师品质与有效教学的关系展开了研究。

此后的研究主要集中于有效的教师可能在课堂上做什么，而不是他们的人格特征。在课堂上发生的真实的教学行为得以被描述。因为研究教师的人格特征等于是说，只有特定人格的人才能当教师，而不具备某些人格特征的人是不能成为教师的，这显然缺乏科学依据。换言之，这样的研究并没有抓住问题的实质。因此，有效教师的行为特征的研究也开始启动，人们开始关注那些“有效教师”的教学行为特点。这种类型调查的主导研究被称为“过程——产品”范式，用以调查具体的教师行为(过程)和学生的学业成绩

① 叶澜．重建课程教学价值观[J]．教育研究，2002(5)．

② Gage Ml, *Handbook of Research on Teaching*. Chicago: Rand McNally, 1963:506－582.

(结果)之间的关系[①]。这种方法意在寻求那些能够预测或导致学生知识或技能发展的教师行为。

最初的这些研究都是描述性质的,后来有研究者采用统计和实验研究,用以说明特定的行为并检测执行这些行为对学生的影响[②]。"过程——产品"研究范式压倒性地主导了 20 世纪 70 年代的有效教学研究。这导致了一个可以从中得出许多有效教学行为特征的素材库的创建。[③]

最初的"过程——结果"研究主要集中于教师的教学行为。科恩随后介绍了管理与教学行为之间的区别。教学行为最终指向学生个体的学习行为,而管理行为则指向学生集体,维持一个教师在其中处于焦点的学习情境[④]。随后的一些研究人员则在课堂管理行为与学生的学业成绩之间形成了其自己的理解。

虽然"过程——结果"研究有着公认的缺点,但他们却提供了一些关于有效教学实践的有趣认识。例如,20 世纪 70 年代的许多研究都表明,学术时间的有效管理和学生的高学业成绩之间存在显著相关。斯托斯林(Stallings)等人于 1978 年的研究发现,学生在教师的指引下花费更多的时间或者在教师的监督下独立工作,比那些花费了大量时间在非学术活动或完全独立学习的人,会获得更多的收获[⑤]。与之类似,索尔等发现小学生们在教师组织得有序的课堂教学环境下能学得更好。此外,他们的研究还强调教师实施了更多控制的课堂可以使学生获得更高的学业成就[⑥]。

由鲍威尔(Powell)主持的一个调查研究发现,一个由教师进行良好组织的课堂,将最大化时间用于教学,最少时间用于主题报告,并将大部分的时间用于对学生进行积极指导,可以使学生获得最大的收获[⑦]。另外的研究报告还强调了主题报告中学科内容结构化、提供反馈和有效的提问的重要性[⑧]。

有研究指出,教师在教学中采用诸多结构化教学可以使学生收获更多。关于结构化教学特征的概括如表 1-1 所示。

---

① Brophy J & Good TL, *Teacher behaviour and student achievement in Wittrock M* (ed.) NY: Holt, Rinehart and Winston, 1986:35.

② Gage ML & Giaconia R. Teaching practices and student achievement causal connections, New York University Education Quarterly, 1983, 12(3): 2—9.

③ Alma Harris. Effective Teaching: a review of the literature. School Leadership & Management, Vol. 18, No. 2, 1998:171.

④ Kounin JS, *Discipline and Group Management in Classrooms*. New York: Holt, Rinehart and Winston, 1970:63.

⑤ Stallings J, Cory R, Fairweather J & Needels M. A Study of Basic Reading Skills Taught in Secondary Schools, Meno Park, CA: SRI International, 1978:9.

⑥ Soar RS & Soar RM, Emotional climate and management in Peterson P & Walberg H (eds) Research on Teaching: Concepts, Findings and Implications, Berkeley, CA: MaCutchan, 1979:54—55.

⑦ Powell M, The beginning teacher evaluation study: a brief history of a major research project in Denham C& Leieberman A (eds) Time to learn, Washington, DC: National Institute of Education, 1980:103—105.

⑧ Smith L & Land M. Low inference verbal behaviours related to teacher clarity, Journal of Classroom Interaction, 1981, 17(1): 37—42.

表 1-1 结构化教学的特征①

当教师采取如下行为时，学生会收获更多：
• 强调学科目标；
• 使他们明确，并预期学生能够掌握课程；
• 精心组织和序列化课程；
• 明确解释和说明学生将要学习什么；
• 经常通过直接的、具体的问题以监察学生的进度，并检查他们的理解程度；
• 给学生提供大量训练的机会；
• 给予提示和反馈，以确保成功；
• 纠正错误，并在学生过度学习和形成自动化之前允许他们使用技能；
• 定期检讨，并使学生对学习保持责任感。

教师提升学生学习的方式包括：结构和组织教学紧密；通过向学生解释他们将要学习什么；通过提供持续的反馈。研究的证据表明教师可以在课堂教学使用这些方法使学生获得高学业成就。

布罗菲(Brophy)回顾了有效教师的研究，得到如下结论：使学生最大化学业成就的教师应该侧重于学习的量和节奏，这是在研究中最一致的发现。关于学习的量和节奏的特征主要依据布罗菲(Brophy)的研究，这主要包括②：

- 强调学术学习作为教师角色的重要组成部分；
- 高参与率(通过组织和管理确保课堂教学的效率)；
- 使用适合于学生的成绩水平和需要的，具有适当难度的活动。

另一项主要回顾波特(Porter)的文献显示有效教师具有如表 1-2 所示的特点：

表 1-2 有效教师的特征③

有效的教师：
• 对自己的教学目标明确；
• 对自己的教学内容和教学策略具有充分的了解；
• 和学生交流他们期望什么，并了解其原因；
• 利用现有的教学材料，使学生有更多的时间去练习，以丰富和明了教学内容；
• 了解自己的学生，调整教学以适应他们的需要并预测他们现有知识中的误解；
• 教给学生认知策略，并使他们有机会去掌握它们；
• 像处理低级认知目标一样处理高级的；
• 通过提供定期的、适当的反馈以监测学生的理解程度；
• 将他们的教学与其他学科结合；
• 对学生的成果承担责任；
• 对自己的教学实践进行深思熟虑的反思。

---

① Doyle W. Research on teaching effects as a resource for improving instruction in Wideen M & Andrews I (eds) Staff Development for School Improvement, Lewes: Falmer Press, 1986:66—69.

② Brophy J & Good TL. Teacher behaviour and student achievement in Wittrock M (ed.) NY: Holt, Rinehart and Winston, 1986: 27—30.

③ Porter AC & Brophy J. Synthesis of research on good teaching: insights from the work of the Institute for Research on Teaching, Educational Lead ship, 1988(46): 74—85.

布罗菲(Brophy)等考察了关于教学行为的研究后发现,大多数学生的成绩与收益相关的条件有如下几点[①]:

内容覆盖面:教师提供更多的材料时,学生会学得更多。

教学时间的分配:当教师将更多的时间分配给学术活动时,学生会学得更多。

持续的成功:当学生的学习成功率很高时,学生会学得更多。

主动的教学:教师在教室中进行主动的教学时,学生会比在没有教师指引的状态下学得更多。

迄今为止,所有的课堂教学有效性研究的论著里几乎都有关于教师特征与教学有效性关系的论述,而且都无一例外地把教师特征作为影响课堂教学有效性的关键因素之一。人们发现,这种研究的结果对于师范生的选择和培训具有一定的参考价值,但并不能解释教师个人品质究竟怎样影响学生的学习。所以,目前研究的视角越来越集中于那些影响课堂教学有效性的关键教师行为上。艾里奥特(Elliott 2000)重申了理想的教师行为。

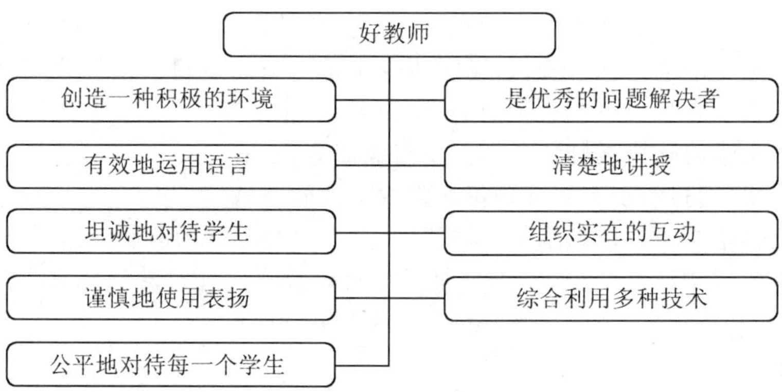

图 1-1　理想教师的行为[②]

(二)有效教学技能的研究

除了对有效教学行为进行广泛的研究,研究者还对教学技能展开了大量的研究。虽然通过调查发现有着大量关于有效教学技能的研究,但格林等认为,教学是一种复杂的认知技能,它基于对如何构建课堂教学的认识和对教学内容的认识[③]。与之类似,拉格(Wragg)指出,教师教学技能的使用是为了方便学生的学习,而不是孤立的策略[④]。克瑞科(Kyriacou)对教学技能的研究表明,如下的三个因素非常重要[⑤]:

(1)知识,包括教师的学科知识,课程教学方法,影响教和学的其他相关因素,以及对

① Brophy J & Good TL. Teacher behaviour and student achievement in Wittrock M (ed.) NY: Holt, Rinehart and Winston, 1986:41—46.

② 孙亚玲.课堂教学有效性标准研究[M].北京:教育科学出版社,2008:41.

③ Leinhardt G & Greeno JG. The cognitive skill of teaching, Journal of Educational Psychology, 1991,78(2): 75—79.

④ Wragg EC (ed.), Classroom Teaching Skills. London: Croom Helm, 1984:77—81.

⑤ Kyriacou C, Essential Teaching Skills. Oxford: Basil Blackwell, 1991:135—137.

自己教学的认识。

(2)决策，包括课前、课中和课后的，关于如何实现预期结果的反思与决策。

(3)行动，包括促进学生学习的教师公开行动。

克瑞科(Kyriacou)和其他研究者都突出了教学技能的主动性或交互性，克拉克(Clark)注意到教学的效果取决于教师如何在课堂上对自己的教学策略进行调适。此外，考德赫德(Calderhead)认为，从互动的角度对有效教学技能进行界定是一条有效的途径，具有如下的特征①：

- 它们的目的是实现特定的目标；
- 它们需要考虑到特殊的情况；
- 它们需要精确和微调；
- 它们能顺利完成；
- 它们是通过训练和实践获得的；

虽然相关的文献包含了有效教学技能的研究，但莫蒂莫尔(Mortimore)总结了现代教师所需要的技能，如表 1-3 所示。

表 1-3　有效教学技能②

有效教学技能
组织架构——整理资料和信息的来源
分析——打破信息的复杂来源
综合——将观念整合为论点的一部分
表象——在不损害信息完整性的基础上对其进行澄清
评价——对学生的学习作出判断以便给出适当的反馈
管理——对个人、小组和班级进行统筹管理
提升——持续不断地改进教学

(三)有效教学模式的研究

有效教学过程的核心是教师如何做才能促进学生的学习。20 世纪以来，西方教学研究的演变呈现出了以下五大特点：一是根据固有的教学方法，采用新观点，增加新方式。这也导致了同一种教学方法有很多变体；二是不同时期强调教学的不同方面，例如教材中心和儿童中心或者教师中心；三是对教和学作更为详细的心理分析，今天的很多教学方法都是建立在心理学研究的基础之上的；四是对于师生关系作更为深刻的社会学分析；五是实证主义的教学研究和人文学科的诠释互为消长。③ 换言之，教学研究的成果常常会导致教学方法的改变。因此，教学方法的改变不仅仅是教学技术的革新，而往往是

---

① Calderhead J. A cognitive perspective on teaching skills, paper presented at the British Psychological Society Education Section Annual Conference, Nottingham, 1986:11—14.

② Mortimore P. School effectiveness and the management of effective learning and teaching, School Effectiveness and School Improvement, 1994, 4(4): 290—310.

③ 孙亚玲.课堂教学有效性标准研究[M].北京:教育科学出版社,2008:48.

由于学习理论、教学性质、教育信念、社会需求和时代精神的变革而发生的。然而，这种对教学的研究由于过于纷繁复杂而使得教师们在面对众多的教学方法和教育流派时感到困难重重，以致无法将研究的成果真正运用于实际的课堂教学中。20 世纪 70 年代，乔伊斯和韦尔(Joyce, B., Weil, M.)出版了《教学模式》一书，提出了教学模式的概念。乔伊斯认为，教学模式是用以描述特殊类型的学习环境和教学方法的，他用一组精心安排的概念，也就是几个主要的变量来解释教师和学生在课堂上做些什么，他们之间如何作用，如何使用教学材料，以及这些活动如何影响学生所学内容。在《教学模式》一书中，乔伊斯和韦尔从上百种的教学模式中挑选出 25 种，归纳成为信息处理、个人发展、社会相互作用和行为教学四大类，如下所述：

信息处理类型

信息处理模式强调帮助学习者获取信息、并发展学习者获取信息、加工信息、观察问题和解决问题的能力。不同的模式有不同的侧重，如归纳模式侧重于信息的获得和信息的加工；概念获得模式主要是帮助学习者有效地学习概念；探究模式主要在于培养学习者探究的技能。

社会相互作用类型

这一类型的模式强调的是在社会工作中合作的重要性，侧重于发展学习者与他人和社会的相互交往、相互作用的能力。其中，伙伴学习模式侧重于发展学习者的合作精神；角色扮演模式帮助学习者理解自己在社会中的角色意义，掌握社会行为规范和学习有效地解决社会问题的方法；法理学模式用按理教学的方式帮助学习者认识社会争端问题、公共政策问题，包括公正、平等、权利、义务等，形成处理社会问题的观念，并在观念的基础上形成价值观。

个人发展类型

这类教学模式主要在于发展学习者独特的人格和促进对个人与社会的相互关系的理解。个人发展模式希望学习者通过学习，能更好地认识自我，具有独立的人格，对自己、对社会更富有责任心，在追求高质量的生活中更具有创造力。这类模式包括非指导性教学模式和增强自我意识模式。

行为主义类型

这类模式建立在行为主义的社会学习理论和行为矫正、行为治疗、控制论的基础上。这方面最有名的研究被称为“刺激——反应”学习，布卢姆的掌握学习、斯金纳的程序教学和加涅的学习条件同归于这一类型中。除此之外，还包括学习自我控制、有效的自我训练模式。

乔伊斯和韦尔认为，一个教学模式的发展是一个教育理念的提出并反复测试的过程，直到它可以保证学习效果。因此，超过 30 年的教学模式研究已经探究了教学的基本模式的使用效果。效果大小的概念是用来描述任何在教育实践中发生的任何幅度的收益并因此可以预测能获得什么。针对效果大小和教学模式的研究显示，使用不同的教学模式都会使得学习获得实质性的进展，不同教学模式和效果大小的关系如表 2-4所示。

表 1-4 教学模式[①]

教学模式
先行组织者模式和记忆模式属于信息处理类别，会对实质性的效果大小产生适中的影响。这种影响已经被证明是持久的。
合作学习方法是属于社会相互作用类别的教学模式，它对教学效果大小的影响从中至高。预期的成果越复杂，如高层次思维、问题解决、社交技巧和态度，影响则越大。
集中导向和非指示性教学是来自个人发展类别的教学模式，它们对于增长学生的创造力和提高他们的自我概念以及对于信息的记忆都有着显著影响。
指导教学模式来自行为主义类别，对学校效果大小的影响是适中的，并已被证明能增加一般的学习智能。

这一研究表明，当这些模式与策略联合使用的时候，它们会发挥出更大的潜力，从而更为有效地促进学生的学习。

乔伊斯还指出：不存在理想的教学模式，"尽管有的教学模式乍看起来似乎颇为诱人，但由于没有一种模式是为完成所有类型的学习，或是为适用于所有的学习风格而设计的，因此我们不应该把我们的种种方法局限于任何单一的模式上。"[②]那为什么还要学习教学模式呢？乔伊斯说："学习各教学模式的目的，不是改变自己的教学风格，而是为了使原来的风格更加丰满。当你运用群辩法模式时，你的风格看上去和你运用概念或模拟游戏等模式的风格很不一样，但这并不意味着你失去你自己的风格，而是你获得了其他风格，这些风格将逐渐自然地融进你原来对待儿童的基本方式里去。"[③]

教学模式的研究对于打破传统教学研究的藩篱，如教学中师生的对立、教材和学生之间的对立等提供了一种综合性解释的途径，有利于形成新的研究局面，提高教学的有效性。

(四)有效教学艺术的研究

关于有效教学研究的最后一个维度与教师的行为、技能和教学风格、模式有关，这一研究传统的核心认识是，教学是一种富有创造性且高度个性化的活动。这一模式强调了教师个人承担创造有效学习条件的责任。尽管有效学习可以脱离有效教学而存在，但当两者之间相匹配时，会出现最好的结果。使两者之间相匹配的能力就是所谓的教学"艺术"。教学艺术被描述为充满个性化和个人主义色彩的教学方法[④]。鲁宾(Rubin)对教学

① Joyce B, Calhoun E & Hopkins D. Models of Teaching Tools For Learning, London: OU Press, 1997.

② 丁证霖. 当代西方教学模式[M]. 太原：山西教育出版社，1994：1.

③ 丁证霖. 当代西方教学模式[M]. 太原：山西教育出版社，1994：23.

④ Hopkins D, Ainscow M & West M, *School Improvement in an Era of Change*. London: Cassell, 1994:56—58.

艺术作出了如下的描述①：

有这样一个质量惊人的班级。学生沉湎于学习；非常的兴奋；游戏性和严肃性轻松地融合在一起。因为目的是明确的，目标是切合实际且能被明白无误地感觉到的。艺术家般的教师能实现这样的效果在于他对学科内容和学生的了解，通过灵巧地引导学生使他们自己产生知觉、直觉和创造的冲动。

教学艺术性综合地认识到教学是一项富于创造性和个性的活动。与此前对教师行为和教学模式的研究不同，这里的研究证据并不能得以明确地陈述或详细列出其特征，然而，从这种视角对教学进行研究还是受到了研究者的关注。学生间良好且重要的相互关系是教学艺术的核心，教师运用其能力参与其中的事件以及得到的反应是不可预期的。

回顾上述关于有效教学研究的文献可以发现：第一，有效教学高度依赖于教育产生的结果和教师预先设定的目标；第二，有一些核心的素质、技能和行为是有效教学所必需的；第三，大量的教学模式是实现有效教学的先决条件；最后，有效教学是与教师的反思、持续的专业发展密切相关。②

二、国内相关研究

国内有效教学的研究相对起步较晚。较早对这一问题展开论述的专著是陈琦、刘儒德主编的《当代教育心理学》，该书专辟一章论述有效教学。首先介绍了有效教学的卡罗尔学校学习模式和QAIT模式，接着探讨了有效教师的三个特征——知识丰富、条理清晰、热情和热心。此后，陈厚德编著的《有效教学》是国内第一本关于有效教学的专著，该书对"教"与"学"的关系进行了深入探究，坚持以学论教的原则，在分析有效学习的实质及规律的基础上，研究有效教学的实质与规律，构建了包括有效教学原则、模式、方法与技能、评价及有效教学教师在内的有效教学理论体系。从已有的文献来看，国内有效教学研究涉及的主题包括有效教学的含义、特征、影响因素、策略和标准等方面。

(一)有效教学内涵的研究

从不同的角度解读有效教学，就会形成对有效教学的不同看法。概括国内已有的研究来看，以下三种观点较有代表性。

第一，从教育经济学的角度，联系教学投入和教学产出对有效教学进行界定。认为教学有效性这一概念包括有效果、有效率、有效益三重意蕴，有效的教学活动是指教师遵循教学活动的客观规律，以尽可能少的时间、精力和物力投入，取得尽可能多的教学效果，从而实现特定的教学目标、满足社会和个人的教育价值需求而组织实施的活动。③ 有学者在此基础上更进一步地指出了教学规律、教学效果、教学效益和教学效率的关系，认

---

① Rubin I, Artistry and Teaching, New York: Random House, 1985:181—183.

② Alma Harris. Effective Teaching: a review of the literature. School Leadership & Management, Vol. 18, No. 2, 1998:179.

③ 程红，张天宝. 论教学的有效性及其提高策略[J]. 中国教育学刊，1998(5).

为教学符合教学规律是实现有效教学的基本条件，教学有效果、有效益是有效教学的基本要求，教学有效率是有效教学的最高目标。[①]

第二，从教育学的角度，对有效教学的含义进行分析。有学者从教师的教学实践出发，认为有效教学意味着教师能够有效讲授、有效提问（并倾听）、有效激励。[②] 有学者以学生的进步和发展作为出发点，指出有效主要是指通过教师在一定的时间教学之后，学生所获得的具体进步和发展。[③] 新课改背景下，有学者更为具体地指出，促进学生的发展是指学生在知识与技能、过程与方法、情感态度与价值观三维目标上获得协调性的、整合性的发展。在这种认识的基础上，有学者从复杂适应系统的角度提出了有效教学的含义，认为教师与学生作为教学系统中"具有适应性的主体"，在教学活动中相互影响、互为作用、共同进步。同样基于教育学的视角，有学者从教师发展的角度指出"一切为了学生"的有效教学的缺憾，认为在"为了学生"的有效学习的有效教学实践中，教师自身的梦想和欢乐，渐渐成为一块荒地。并进一步指出"反思教学"不只是有效教学的一个环节，它将成为"有效教学"的寄托。

第三，从有效教学的内部结构入手，进行结构化分析，从表层、中层和深层三个层面上，指出有效教学在表层上是一种教学形态，在中层上是一种教学思维，在深层上是一种教学理想、境界。有效教学即是一个从理想到思维，再从思维到形态的动态转化过程。[④]

从已有的研究来看，学界针对有效教学含义的研究取得了一些较为认同的成果。如使教学符合教学规律，有效教学是"有效果"、"有效率"、"有效益"的教学，有效的教学应指向学生的进步和发展。新课改背景下，有效教学就是要使学生在知识与技能、过程与方法、情感态度与价值观方面获得发展。众多学者从学生进步与发展的角度对有效教学做出界定，体现了对学生主体性的肯定，但也容易导致对有效教学中教师发展的忽视。随着新课改的推进和建构主义思想的影响，有学者就指出这种"一切为了学生"的有效教学的遗憾在于它很少考虑教师发展。[⑤]

（二）有效教学特征的研究

国内学者对有效教学特征的研究主要是从教师教的方面展开的，且多集中于教师的教学行为。有学者采用实证方法研究了什么样的课堂行为是有效的，通过课堂观察法比较了有效教师和低效教师在课堂教学行为上的差异。结论显示：这两类教师在提问方式和应答方式上差别不明显，但他们在教学管理能力、教学监控能力、学生学习监控能力方法的差异较大。[⑥] 还有学者通过问卷调查法归纳出了有效教学行为，其中，教师教学行为风趣幽默，学生的学习最好；而具有严谨性、逻辑性和权威性特征的教学行为，学生的学

① 姚利民．有效教学涵义初探[J]．现代大学教学，2004(5)．

② 刘良华．什么是有效教学[J]．广东教育，2004(7)．

③ 崔允漷．有效教学的理念和策略（上）[J]．人民教育，2001(6)．

④ 龙宝新，陈宝端．有效教学的概念重构和理论思考[J]．湖南师范大学教育科学学报，2005(7)．

⑤ 高慎英．有效教学的理想[J]．课程·教材·教法，2005(8)．

⑥ 王曦．有效教学与低效教学的课堂行为差异研究[J]．教育理论与实践，2000(9)．

习效果次之。[①] 此外,学者们还在理论层面上探讨了有效教学特征。有学者认为,有效教学的特征包括:正确的目标,指向学生的进步和发展,且指向知情行的全面进步和发展;充分的准备,以对学生和教学内容深入研究为基础而形成囊括教学目标和要求、教学活动组织、教学方式和教学策略选择以及教学效果评估的适当教学计划;科学的组织,教学实施要保证教学内容、活动、策略、秩序等的合理性、科学性;清晰明了,清楚地讲解教学内容,促进学生的正确理解,牢固掌握和顺利应用或迁移;充满热情,运用多样化的手段显示对学生、学科和教学的热爱,感染和影响学生;促进学生的学习,关注和满足学生的学习需要,围绕学生组织教学;以融洽的师生关系为基础;高效利用时间;激励学生。[②] 新课程改革背景下,有学者指出,有效教学行为应该具有开放性、个体适应性、反思性和解放性的特征,教师的教学行为能否体现这些特征在很大程度上决定着课程改革的成败。[③] 还有学者认为,有效教学是师生遵循教学活动的客观规律,以最优的速度、效益和效率促进学生在知识与技能、过程与方法、情感态度与价值观"三维目标"上获得整合、协调、可持续的进步和发展,从而有效地实现预期的教学目标,满足社会和个人的教育价值需求而组织实施的教学活动。其基本特征有:以学生发展为本的教学目标;预设与生成的辩证统一;教学有效知识量高;教学生态和谐平衡;学生发展取向的教师教学行为。[④]

(三)有效教学影响因素的研究

国内学者对有效教学的影响因素展开了较为广泛的研究。有学者通过对教学进行结构性分析,指出有效教学所涉及的学生投入和教学投入中,学生投入相对教学投入而言是作为恒量存在的,研究者着重研究了教学投入所涉及的四个变量:课程设计、教学质量、激励和时间,认为这是影响教学效率的四大变量。[⑤] 有学者认为教师、学生、教学内容和教学环境等诸多因素均对有效教学产生影响,指出有效教学的实现,不仅要在观念上引起重视,还取决于教师的职业兴趣、工作条件、认知风格、情绪状态、个性特征和教师的教育培训等因素。[⑥] 同样是从教师教学的角度出发,有学者认为教师对教学的影响是通过他们的教学行为实现的,指出教师的教学观念、知识、责任意识、教学效能感、教学能力、教学机智等是影响有效教学的因素,并对这些因素之间的制约关系进行了分析。[⑦] 近期的研究中,有学者从较为宏面的角度,认为时间投入与资源配置是影响有效教学的因素。[⑧] 此外,还有研究者以独特的视角分析了班级规模如何影响着有效教学的各个方面,如师生关系、学生在课堂中专注的时间、学生的学习效果等。并据此归纳出了影响有效教学的共同因素:时间投入,指教师和学生对课堂教学时间的有效利用;教师的有效教学

---

① 陈旭远,张捷.教师教学交往风格与教学交往的有效性[J].东北师范大学学报(哲学社会科学版),2000(1).

② 姚利民.有效教学研究[D].上海:华东师范大学博士学位论文,2004:16-23.

③ 陈晓瑞,马建华.试析新课程标准指导下有效教学行为的基本特征[J].教育科学研究,2006(2).

④ 宋秋前.有效教学的涵义和特征[J].教育发展研究,2007(1).

⑤ 张璐.再议有效教学[J].教育理论与实践,2002(3).

⑥ 严云堂.教师教学有效性的制约因素分析[J].教学与管理,2004(11).

⑦ 姚利民.影响有效教学的教师因素探析[J].高等教学研究学报,2004(1).

⑧ 傅禄建.教学是否有效要看教学的投入与产出比[J].上海教育科研,2007(2).

观念，指教师能否激励学生和教师一起制定课堂教学的模式，维持良好的师生关系；[①]随着新课程对三级管理体制、综合实践活动课和自主、合作、探究学习方式的重视，有学者从系统的角度对有效教学的影响因素进行了分析，认为有特色的校本课程体系，教师的教育科研，自主、合作、探究的学习方式，综合实践活动课等是推进有效教学影响因素。

(四)有效教学策略的研究

有效教学策略的研究是学者最为关注的问题之一。这主要是因为我国新一轮基础教育课程改革强调基于学生有效学习的有效教学，因此，对中小学教师有效教学策略的研究必然成为研究者们关注的焦点。综合已有的研究成果，有如下三条最基本的研究思路：

第一，基于目标管理的教学流程来研究有效教学策略。研究者按照目标管理的教学流程，对教学准备策略、教学实施策略和教学评价策略展开了研究。有研究者从课堂教学案例分析入手，从实践走向理论，提出有效教学的策略，指出关注学生、关注学生的个体差异、关注学生学习、关注师生交流和平等合作是有效的教学实施策略。[②] 亦有学者指出"有效教学"策略是一个多元化的策略体系，包括有效的课堂环境策略，有效的组织和实施教学的策略，开展课堂教学评价的策略和应用教学技术的策略。[③]

第二，基于学生学习行为的性质来研究有效教学策略。与上述从目标管理的教学流程研究不同，有学者侧重于从学生学习的角度展开研究，提出要根据学生学习行为的性质来确定有效教学策略，指出激发学生的学习积极性、关注学习方法、保持学生良好状态(提高学生自尊心)与合理的管理、监控、维持是使得教学有效果的有效策略。[④]

第三，基于教师教学行为的细化来研究有效教学策略。有学者认为，优化学生心境对有效教学有实质性的影响，所以教师要善于表露情感，要与学生的心理相容以便营造良好的课堂氛围，从而提高课堂教学质量。[⑤] 另外，课堂评价语言也被认为是教学能不能有效的一个重要环节。有学者认为，教师的评价语言要突出激励性和强调目标性，而且教师要注意运用新颖的、多元的评价语言，才能吸引学生的注意力，实现有效教学。[⑥] 新课程改革以来，有学者针对课堂"热闹"的教学进行反思，认为表面热闹的课堂教学并不意味着教学功能的实现，反而有可能损害教学的内在功能。课堂教学应该求真务实，有血有肉，富有成效。并从教学设计、教学形式、课堂提问和调控教学时间几个方面提出了有效教学的策略。

(五)有效教学标准的研究

早在 1997 年，就有研究者从构成课堂教学效率评价指标体系的 3 项基本内容(课堂

① 于素红. 小班化对有效教学的影响[D]. 上海：华东师范大学硕士学位论文，2001：5－18.

② 王鉴. 课堂教学的有效性问题研究[J]. 宁夏大学学报(人文社会科学版)，2006(1).

③ 孔企平. "有效教学"的几个理论问题[J]. 上海教育科研，2007(2).

④ 陈理宣. 有效教学策略探索[J]. 西南民族学院学报(哲学社会科学版)，2002(6).

⑤ 赵正铭. 优化学生心境——有效的教学策略[J]. 人民教育，2002(5).

⑥ 陆蓓. 有效教学：课堂评价语言的运用策略[J]. 教育导刊，2002(8).

教学时间、教学量和教学效果)着手，进行具体的分析，指出考察课堂教学效果，既要看教师的教学情况，又要看学生的受益情况。[①] 有学者从课堂教学的本质出发，认为课堂教学的本质是教师有目的、有计划地组织学生进行有效学习的活动过程，指出作为一种活动过程，应该从目的、过程、效果、氛围和特色方面加以评价，并据此确定了课堂教学评价标准的五项指标。[②] 有学者总结了国内外教学有效性的标准，认为课堂教学有效性的主要指标包括：教学是充满生命意识的教学、是经济的教学、是充满教师智慧的教学。教学应该关注学生的进步和发展，"多快好省"是根本原则。有研究者从不同的角度对国外有效教学标准的研究成果进行解读，这项成果包含五条标准，它们是：师生共同参与创造性活动、语言发展、学习背景化、挑战性活动、师生对话。[③] 近期的研究中，有学者指出学生的发展状况是评价教学有效性的关键指标，教学是否有效可以从近观、中观和远观等不同视点去判断。近观从学生学科素质发展状态的角度对学校的教学效益进行评价，中观和远观则分别从学生综合素质状态的角度和公民综合素质状态的角度对教学效益进行评价。[④] 在这期间，有学者从更广的视角来研究教学有效性的问题，提出教学有效性应该关注教学发展的有效性、教学知识的有效性、教学调控的有效性、教学方法的有效性、教学信息传输的有效性等。此外，还有学者在对教学案例进行总结分析的基础上，指出了三条有效教学标准：有效教学是充满生命意识的教学，是一种对话教学；有效教学是经济的教学，即教学要有效益，"多快好省"是根本的原则；有效教学是充满教师智慧的教学。[⑤]

三、改革开放以来我国小学语文有效教学的研究历程

从某种意义上说，一部教育教学发展的历史，就是一部有效教学研究的历史，有效性是教学的永恒追求。改革开放以来，我国语文教育几经变革，其改革的实质莫不是为了提高语文教学的有效性。有效教学本是源于教学科学化运动，这种教学科学化的追求在我国语文教学的理论与实践中也有着明显的体现。从改革开放三十多年来的语文教学实践来看，我国语文有效教学的研究历程大体经历了三个阶段，表现为语文教学科学化的追求、语文教学科学化追求的反思与批判和对语文教学科学化反思与批判的超越三个阶段。

(一)语文教学科学化的追求

语文有效教学的提出，源于对语文教学现实中"无效"的认识与批判。1978-03-16.《人民日报》刊登了吕叔湘先生在一次座谈上的发言《当前语文教学中两个迫切的问题》，文章指出："中小学语文教学的效果很差，中学毕业生语文水平低，大家都知道。但是对于少、慢、差、费的严重程度，恐怕还认识不足。"针对语文教学中的这一弊端，吕老的意见

① 梁建.课堂教学效率的分析评价及其提高的措施[J].中国教育学刊，1997(1).
② 文喆.课堂教学的本质与好课评价问题(之三)[J].人民教育，2003(7).
③ 张璐.略论有效教学标准[J].教育理论与实践，2000(11).
④ 林少杰.有效教学的评价、理念和策略[J].教育导刊，2007(3).
⑤ 王鉴.课堂教学的有效性问题研究[J].宁夏大学学报(人文社会科学版)，2006(1).

十分明确，即“研究如何提高语文教学的效率，用较少的时间取得较好的成绩”。[①] 吕老率先对语文教学“发难”，可以看作是当代语文教学追求有效的源头所在。改革开放三十多年来的语文教育改革，都是对这一问题或直接或间接的反应。而对这一问题作出直接回应的，则是自20世纪80年代兴起，持续到90年代初期的语文教学科学化运动。

教学科学化运动是20世纪以来受科学主义思潮的影响，以及心理学特别是行为科学的发展而产生的。就我国20世纪80年代到90年代初期的语文教学科学化运动而言，具有以下几方面的内容：

第一，重视语言训练，追求教学目标的精细化。1978年2月，教育部颁发了《全日制十年制学校小学语文教学大纲(试行草案)》，大纲明确规定了语文作为“基础工具”的特性，以及通过“基础训练”获取“语文知识”与“语文能力”的教学任务。“语文能力”的核心就是指语言文字的理解和表达的能力，也就是听说读写的能力。据此，这一时期的语文研究的核心就是如何提高以听说读写能力为核心的语文能力。“如何有效地提高中学生理解和运用祖国语言文字的能力，即提高听说读写能力成为人们探索解决的核心问题。”[②]围绕这一核心问题，对学生进行语言训练的地位日益突出。“语文教学的核心是从学生的实际出发，按照教学大纲的要求，对学生进行语言训练。”[③]由此，语文教学的有效性即取决于语文训练的有效与否。如何才能保障语文训练的有效性呢？这就需要语文教学有明确具体的目标。张志公指出：“力求每上一节课都让学生有所得，每一周都有个明确的目标；要教些什么知识，训练学生掌握什么技能，达到什么程度，都要做到心中有数。”[④]而80年代布卢姆教学目标分类理论的传入，为语文教学目标的科学化改革提供了依据。在这种科学化的追求下，语文教学目标朝着精确、细化的方向发展。

第二，开展实验研究，强调语言训练的序列化。语言训练的有效与否，关键取决于语言训练是否科学。而这种对语文训练科学化的追求，在此期主要体现为语文能力训练序列化。这种追求可以从80年代在全国各地开展的“语文能力训练序列化实验”中得到明显的反映。较为典型的有：江西省“小学生说写能力训练序列化研究”的实验、广东顺德的“五步三课型反刍式单元教学法”实验、湖南常宁“四能一体”训练实验等。这种训练序列化的追求，表现在三个方面：教材的序列化、教学的序列化和管理的序列化。以教材的序列化而言，这一时期的小学语文教材编写体系有了重大进展，人民教育出版社，1980年前后编写的《全日制十年制学校小学语文(试用本)》首次提出了“语文基本功训练”的概念，以阅读和作文能力训练为线索，构建了语文教材编写体系，力求有效地培养学生的读写能力。教学的序列化即是指依据教学规律，安排教学过程。当时京、津、沪、浙四省市小学语文教材编写组编制了“六年制小学语文教学要求和教学序列”，对小学各年级教材在“字词句篇、听说读写”方面的教学目标拟订出明确具体的年级要求，并指出各年级语文知识和技能教学要求是相互联系、循序渐进的。以“集中识字”为特征和基础的小学语文教改实验，在这一时期也步入了新的发展阶段，构建起“集中识字——大量阅读——分

① 吕叔湘.当前语文教学中两个迫切问题[J].人民日报，1978-3-16.

② 顾黄初，李杏保.二十世纪后期中国语文教育论集[M].成都：四川教育出版社，2000：1060－1061.

③ 于漪.语文教学应以语言和思维训练为核心[J].课程·教材·教法，1994(6).

④ 张志公.再谈语文教学的几个问题[J].中国语文，1978(4).

步写作”的教学体系。这一教学体系的特点被概括为:“识字在先,集中归类;大量阅读,单元分组;分步有序,训练表达。”①此外,还有教学管理的序列化。课前、课后、一个学期或是一个月,如何计划与安排,都可以统筹安排。较为典型的思想是“以法治语文教学”,其目标在于“人人有事干、事事有人干,时时有事干、事事有时干”,减少语文教学的随意性。

第三,加强学法指导,提高学生有效学习能力。语文教学的有效性不仅取决于教师教得有效,还取决于学生学得有效。因此,学生是否具有有效学习的能力,对于其能否有效地学习具有重要的意义。基于此,这一时期的热点问题之一是小学生语文学习方法的研究。学法指导指的是教师在教学过程中通过最优途径,使学生掌握一定的学习方法,并获得具有选择和运用恰当的学习方法进行有效学习的能力。学法指导包括两方面的内容:一是在具体的学习情境中引导学生掌握具体的学习方法,如阅读、作文、查字典等方法;二是引导学生获得各种学习方法的适用范围,使学生在特定的学习情境中,能够选择恰当的方法进行学习。这一时期围绕学生学习方法指导这一问题,广大小学语文教师和教研工作者从实践中总结出来了难以计数的语文学习方法,并依据不同的分类标准,形成了不同类别的方法体系。田本娜教授依据学习的本质,将语文学习方法划分为阅读型学习方法、思维型学习方法、操作型学习方法三类。朱作仁教授按语文学习活动的具体形式把小学语文学习方法具体分为查字典、解词等19种。

需要指出的是,20世纪80年代至90年代初期,是建国后我国小学语文教学研究最为繁荣的时期。这一时期在教学科学化思潮的影响下,全国各地开展了轰轰烈烈的语文教学实验,探索出了许多宝贵的经验,需要认真地加以总结与反思。但也有研究者指出,语文教学在“少慢差费”的低谷中徘徊,首先即是陷入了“科学主义的困境”,在这种思潮以及“素质教育”大潮的双重影响下,20世纪90年代的语文有效教学研究是在批判继承前期科学化追求的基础上展开的。

(二)语文教学科学化的反思与批判

这一时期的语文有效教学研究一方面继承了前期对语言训练的思想,另一方面则是在“素质教育”的整体背景下,对前期片面强调语文工具性的特点及其负面影响展开了批判,强调学生语文素质的提高,表现出了与前期不同的有效教学追求。

首先,着眼于学生语文素质的提高。1992年《小学语文九年义务教育大纲》,认真反思并总结了新中国成立以来特别是改革开放以来小学语文教学改革的成功经验,明确提出要“端正教学思想,改进教学方法,提高教学质量”,并着重指出在教学中应处理好五个方面的关系:语言文字训练和思想教育的关系;传授知识同发展智力、培养能力的关系;语言和思维的关系;教和学的关系;课内和课外的关系。1993年,国务院印发了《中国教育改革和发展纲要》,指出中小学要由“应试教育”转向全面提高国民素质的轨道,面向全体学生,全面提高学生的思想道德、文化科学、劳动技能和身体心理素质。此后,1994年召开的全国小语会第五届年会和1996年召开的全国中小学语文素质教学研讨会均将素

① 吴忠豪,于龙.回顾与检讨:改革开放以来小学语文教学三十年[J].课程·教材·教法,2009(8).

质教育与语文教学的关系作为重要议题加以讨论，明确提出了要通过语文教学使学生的语文素质得到切实的提高，并由此带来了语文有效教学的不同追求。

其次，强调学生知情意的综合发展。语文教学科学化的追求的基本立足点即是对语文学科工具性的认识。由于工具性关注的是语言的技能技巧，因此，工具性思想下的语文教学，就其功能目标定位来说，必然强调听、说、读、写能力训练和基本知识掌握，而容易忽视学生的情意发展。而人文性指向的是人，虽然也强调培养学生的语言能力，提高学生的语文素质，但是它是站在培养人的高度来进行的。长期以来，由于对语文学科工具性的突出，强调语言训练，加上标准化考试的引入，使语文教学实践实际上陷入了题海战术的泥沼之中，以至于在新的基础上重演“少慢差费”。如何改变这种现状，以实现语文教学中的素质教育？从这一时期语文教学的理论与实践来看，一方面是继续重视“语言文字训练”，另一方面则是加强了语言训练与思想情感教育的关系。1992 年颁发的《九年义务教育全日制小学语文教学大纲（试行）》中，将小学语文教学内容分为语言文字训练与思想教育两个方面，并从汉语拼音、识字写字、听话说话、阅读、作文五个方面具体提出了语言文字训练的内容。并强调语文训练要注意几个问题：一是训练要以理解内容为基础；二是训练不能脱离文章的思想感情；三是要注意训练内容的联系；四是训练过程与训练结果同等重要。同时，针对语言文字训练与学生的情感态度之间的关系，有论者指出，语文学习品质的培养包括多形式、多层次、多内容的综合训练，这种综合训练“既有语言文字表达形式的训练，也有理解语文文字思想内涵的训练；既有智力因素的训练，也有非智力因素的训练。”[①]由此可见，在语文素质这一培养目标下，此期语文有效教学追求的不仅仅是学生语文基本知识、基本能力的发展，而且还包括其情意的综合发展。

再次，重视语文教学的过程性评价。语文教学评价是检验教学效果，提高教学质量的重要手段。语文教学科学化追求科学测评，强调教学评价的标准化，并据此引入了标准化考试。此期对语文学科人文性弘扬的一个重要表现，就是对标准化考试的反思与批判，并逐步形成了语文教学评价中过程与结果并重的局面。标准化考试于 1983 年左右逐步被引入我国的语文考试之中，对于科学测评学生的语文水平具有积极的意义，“它是作为社会趋势的工具理性在语文教学中的反映”，但当人们沉迷于工具理性之中，标准化测试的危害也逐渐显现出来。有学者认为语文标准化考试“不顾语文教学中的人文精神的培养与人格力量的拓展，把学生的阅读、思考、评价、鉴赏等高层次的思维训练与发展异化成了简单的‘A、B、C、D’答案的机械的单一选择”，可谓是切中时弊。类似的声音还有很多，“‘标准化试题’把语文教学引入了‘死胡同’”，“把语文教学从标准化考试的束缚下解放出来”，“试题标准化的实质是思维的标准化”。因此，有学者前瞻性地指出，未来语文测评，不但要检测学生的语文认知水平，还要考查学生对语文的兴趣态度和学习语文的动机意志；不但要重视评价结果本身，更要重视过程。这一评价的思想也在 2000 年颁布的《九年义务教育全日制小学语文教学大纲（试用修订版）》中得到了体现，《大纲》指出：“对学生的评估，要有利于激励和促进学生语文水平的发展。要从态度情感和知识能力几方面，采用书面口头多种形式进行综合考查。还要注意对学生的学习态度和习惯、

① 吴炳林．一个无须忧虑的口号——也谈“把语文课上成训练课”[J]．小学语文教学，1995(1)．

阅读量习作量、口语交际能力、自学能力和参加各种语文活动的情况进行评价。”①

此外，这一时期还突出了语感学习对于提高语文教学有效性的作用和意义。有论者认为“积淀语感”是“语文素质教育的根本”，强调“中小学生的语言功底、智力水平、思想品格、审美情趣、文学修养以及生活交际技能等诸因素”能够“通过语感能力表现出来”，它们是“语文素质的综合体现”，并进一步强调“要保证中小学语文教学正确的发展方向，进行语文素质教育，必须抓住积淀语感这个根本性环节，按照语感教学的特点编写语文教材，设计语文训练程序”②。

(三)语文教学科学化反思与批判的超越

这一时期的小学语文教学有效教学研究集中地表现出了一种超越的精神：超越了前期将语文工具性与人文性对立的分析框架，明确指出语文是工具性与人文性的统一，厘清了语文的学科性质，并着重在对学生学习方式的研究中体现其有效教学的追求。

第一，明确语文学科性质，理性对待语言训练。2001年教育部颁发了《全日制义务教育语文课程标准(实验稿)》，指出“工具性与人文性的统一，是语文课程的基本特点”。对语文课程基本性质的认识从“工具性与思想性的统一”到“工具性与人文性的统一”，是对语文课程教学任务认识的一大进步。“思想性”到“人文性”的转化，实质上是强调了语文课程教学不仅要致力于知识、技能与思想情感等目标的达成，还强调了语文课程教学应该在培养和发展学生的个性品格、审美情趣、态度习惯等方面理应具有的影响。然而，由于“人文性”相对于“思想性”而言，内涵更深，外延更广，如何在实际教学中体现工具性与人文性的统一，成为这一时期有效教学研究的热点问题之一。从已有的研究来看，研究者多认为语文教学应该理性回归语言训练，而不应该脱离语文的工具性空谈人文性。崔峦在论及工具性和人文性的关系时指出：基于语言的学习，把学习语言、培养语文能力和人文熏陶统一起来，事半功倍，相得益彰；反之二者脱离，甚至重人文，轻语言，事倍功半，两败俱伤。语文课程中的人文教育应该是在语文学习过程中获得的，但是在实际的教学中，一部分教师由于片面强调人文性，过度开掘课文中的人文因素，课堂中将大量的时间用于人文内容的讨论或感悟方面，使得语文课的语文含量大大缩水。③ 因此，语文课堂教学有效性的实现离不开其工具性的一面，需要理性对待语文教学中的语言训练。

第二，重视学习方式转变，加强语文学习方式研究。新一轮课程改革倡导自主、合作、探究的学习方式。这也使得小学语文教学研究中，学习方式成为理论与实践关注的焦点问题，研究者突出强调了转变学习方式对于语文有效教学的意义与价值，并对语文中的自主学习、合作学习与探究性学习进行了相关的探讨。有研究者认为，学生具有学习的内在动力，因此，可以引导学生积极主动地投入学习活动，实现自主学习。一是让学生参与学习目标的制定，自主选择学习进度；二是让学生在学习内容、学习方式上有选择的权利；三是指导学生对自己的学习活动进行监控，并及时做出调整。关于合作学习，有

---

① 课程教材研究所.20世纪中国中小学课程标准·教学大纲汇编(语文卷)[G].北京：人民教育出版社，2001：260.

② 郝嘉杰.积淀语感：语文素质教育之本[J].人民教育，1994(10).

③ 吴忠豪，于龙.回顾与检讨：改革开放以来小学语文教学三十年[J].课程·教材·教法，2009(8).

学者认为,小组合作学习是语文教学中经常被采用的形式。教师要组织有序而高效的小组合作学习,应该从"会组织、会协调、会帮助、会评价"四个方面进行指导:教学生如何组织同伴进行学习,包括选择学习内容、学习顺序等;帮助学生学会如何协调学生间的学习关系,发挥出合作学习中互帮互助的优势;最后还要教会学生如何进行同伴评价。对于"探究性学习",有学者认为,语文学科探究性学习有其自身的学科特点,其探究的内容应该和语言文字结合;探究过程应该注重情感的投入和发展;由于语文审美的整体性,有些内容只能是一种感悟而非精确的结论;语文探究的结果往往是多元的、个性化的。应该指出,学生主体性的发展对于教学有效性的实现有着极其重要的意义,此期对自主、合作、探究的学习方式展开的探讨,对于丰富语文有效教学理论,提升有效教学实践具有重要的意义。

第三,开发课程资源,重视语文实践能力的发展。随着新课程改革的不断深入,课程资源成为这一时期的崭新课题,成为语文教学工作者关注的热点问题之一。2004 年,全国小学语文教学研究会在上海召开,会议纪要指出:教材是最基本、最重要的教学资源,对于资源有限的地区,更是如此。教学中,首先要用好教科书,凭借教材培养学生识字、写字、阅读、习作、口语交际和综合性学习的能力。其次,要在用好教科书的基础上,适当引进相关资源,通过课前、课中引进相关的资料,加深学生对作品的理解,并通过课后向学生推荐相关读物,拓展学习内容,提高阅读能力。此外,还应该充分利用当地的自然、人文景观,引导学生观察调查、获取信息,在实践活动中学习语文。并根据学生的心理特点和兴趣爱好,开展丰富多彩的语文实践活动,让学生根据自己的学习方式,将所学的知识、技能恰当地运用于实践,在实践中获得锻炼和提高。①

综上所述,改革开放三十多年来我国小学语文有效教学的研究,一方面体现了时代发展的要求,在不同的时期有着对于"有效"的不同追求;另一方面,则是循着对语文学科性质认识的不断深化,展现了内在的发展理路。应该说,改革开放以来的语文教学理论与实践中,既有丰富的理论建树,也不乏被实践证实过的宝贵经验,当然,也有其不足与教训。这就需要我们辩证地看待传承与批判的关系,在继承中批判,在批判中继承。只有这样,才能做到去伪存真,促进语文教学理论与实践的不断发展。

---

① 吴忠豪,于龙.回顾与检讨:改革开放以来小学语文教学三十年[J].课程·教材·教法,2009(8).

参考文献:

一、著作类

1.[德]赫尔巴特.普通教育学[M].李其成,译.北京:人民教育出版社,1989.

2.[德]胡塞尔.欧洲科学危机和超验现象学[M].张庆熊,译.上海:上海译文出版社,1988.

3.[捷]夸美纽斯.大教学论[M].傅任敢,译.北京:人民教育出版社,1984.

4.[罗]昆体良.昆体良教育论著选[M].任钟印,选译.北京:人民教育出版社,1989.

5.[苏]巴班斯基.教学过程最优化——一般教学论方面[M].张定璋,等译.北京:人民教育出版社,1984.

6.丁证霖等编译.当代西方教学模式[M].太原:山西教育出版社,1994.

7.范蔚.基础教育课程改革[M].重庆:重庆出版社,2006.

8.顾黄初,李杏保.二十世纪后期中国语文教育论集[M].成都:四川教育出版社,2000.

9.顾明远.教育大辞典[M].上海:上海教育出版社,1997.

10.靳玉乐.新课程改革的理念与创新[M].北京:人民教育出版社,2003.

11.课程教材研究所.20世纪中国中小学课程标准·教学大纲汇编(语文卷).北京:人民教育出版社,2001.

12.毛礼锐.中国古代教育史[M].北京:人民教育出版社,1979.

13.孟宪承.中国古代教育文选[M].北京:人民教育出版社,1979.

14.孙亚玲.课堂教学有效性标准研究[M].北京:教育科学出版社,2008.

15.田本娜.外国教育思想史[M].北京:人民教育出版社,1994.

16.王天一.外国教育史[M].北京:北京师范大学出版社,1993.

17.吴文侃.比较教学论[M].北京:人民教育出版社,1996.

18.项贤明.泛教育论[M].太原:山西教育出版社,1997.

19.熊承涤.秦汉教育论著选[M].北京:人民教育出版社,1986.

20.熊明安.中国教学思想史[M].重庆:西南师范大学出版社,1989.

21.张华.课程与教学论[M].上海:上海教育出版社,2000.

22.钟启泉.《基础教育课程改革纲要(试行)》解读[M].上海:华东师范大学出版社,2001.

23. Brophy J & Good TL, Teacher behaviour and student achievement in Wittrock M (ed.) NY: Holt, Rinehart and Winston, 1986.

24. Denham C & Leieberman A, Time to learn. Washington, DC: National Institute of Education, 1980.

25. Gage Ml, Handbook of Research on Teaching. Chicago: Rand McNally, 1963.

26. Hopkins D, Ainscow M & West M, School Improvement in an Era of Change. London: Cassell, 1994.

27. Joyce B, Calhoun E & Hopkins D. Models of Teaching Tools For Learning, London: OU Press, 1997.

28. Kounin JS, Discipline and Group Management in Classrooms. New York: Holt, Rinehart and Winston, 1970.

29. Kyriacou C, Essential Teaching Skills. Oxford: Basil Blackwell, 1991.

30. Rubin I, Artistry and Teaching, New York: Random House, 1985.

31. Soar RS & Soar RM, Emotional climate and management in Peterson P & Walberg H (eds)

Research on Teaching: Concepts, Findings and Implications, Berkeley, CA: MaCutchan, 1979.

32. Stallings J, Cory R, Fairweather J & Needels M. A Study of Basic Reading Skills Taught in Secondary Schools, Meno Park, CA: SRI International, 1978.

33. Wideen M & Andrews I, Staff Development for School Improvement. Lewes: Falmer Press, 1986.

34. Wragg EC (ed.), Classroom Teaching Skills. London: Croom Helm, 1984.

二、论文类

1. 陈理宣. 有效教学策略探索[J]. 西南民族学院学报(哲学社会科学版),2002(6).

2. 陈晓瑞,马建华. 试析新课程标准指导下有效教学行为的基本特征[J]. 教育科学研究,2006(2).

3. 陈旭远,张捷. 教师教学交往风格与教学交往的有效性[J]. 东北师范大学学报(哲学社会科学版),2000(1).

4. 程红,张天宝. 论教学的有效性及其提高策略[J]. 中国教育学刊,1998(5).

5. 崔允漷. 有效教学的理念和策略(上)[J]. 人民教育,2001(6).

6. 傅禄建. 教学是否有效要看教学的投入与产出比[J]. 上海教育科研,2007(2).

7. 高慎英. 有效教学的理想[J]. 课程・教材・教法,2005(8).

8. 郝嘉杰. 积淀语感:语文素质教育之本[J]. 人民教育,1994(10).

9. 孔企平. "有效教学"的几个理论问题[J]. 上海教育科研,2007(2).

10. 梁建. 课堂教学效率的分析评价及其提高的措施[J]. 中国教育学刊,1997(1).

11. 林少杰. 有效教学的评价、理念和策略[J]. 教育导刊,2007(3).

12. 刘良华. 什么是有效教学[J]. 广东教育,2004(7).

13. 龙宝新,陈宝端. 有效教学的概念重构和理论思考[J]. 湖南师范大学教育科学学报,2005(7).

14. 陆蓓. 有效教学:课堂评价语言的运用策略[J]. 教育导刊,2002(8).

15. 吕叔湘. 当前语文教学中两个迫切问题[J]. 人民日报,1978-03-16.

16. 庞维国. 论学生的自主学习[J]. 华东师范大学学报(教育科学版),2001(2).

17. 彭泽平. 改革开放以来我国基础教育课程改革评析[D]. 上海:华东师范大学博士学位论文,2004.

18. 宋秋前. 有效教学的涵义和特征[J]. 教育发展研究,2007(1).

19. 王鉴. 课堂教学的有效性问题研究[J]. 宁夏大学学报(人文社会科学版),2006(1).

20. 王曦. 有效教学与低效教学的课堂行为差异研究[J]. 教育理论与实践,2000(9).

21. 文喆. 课堂教学的本质与好课评价问题(之三)[J]. 人民教育,2003(7).

22. 吴炳林. 一个无须忧虑的口号——也谈"把语文课上成训练课"[J]. 小学语文教学,1995(1).

23. 吴忠豪,于龙. 回顾与检讨:改革开放以来小学语文教学三十年[J]. 课程・教材・教法,2009(8).

24. 辛继湘. 新课程与教学价值观的重建[J]. 课程・教材・教法,2003(4).

25. 严云堂. 教师教学有效性的制约因素分析[J]. 教学与管理,2004(11).

26. 姚利民. 影响有效教学的教师因素探析[J]. 高等教学研究学报,2004(1).

27. 姚利民. 有效教学涵义初探[J]. 现代大学教学,2004(5).

28. 姚利民. 有效教学研究. 华东师范大学博士学位论文,2004:16－23.

29. 叶澜. 让课堂焕发出生命活力[J]. 教育研究,1997(9).

30. 叶澜. 重建课程教学价值观[J]. 教育研究,2002(5).

31. 叶澜. 重建课堂教学过程观[J]. 教育研究,2002(10).

32. 于素红. 小班化对有效教学的影响[D]. 上海:华东师范大学硕士学位论文,2001:5－18.

33. 于漪. 语文教学应以语言和思维训练为核心[J]. 课程·教材·教法,1994(6).

34. 张璐. 略论有效教学标准[J]. 教育理论与实践,2000(11).

35. 张璐. 再议有效教学[J]. 教育理论与实践,2002(3).

36. 张志公. 再谈语文教学的几个问题[J]. 中国语文,1978(4).

37. 赵正铭. 优化学生心境——有效的教学策略[J]. 人民教育,2002(5).

38. Alma Harris. Effective Teaching: a review of the literature. School Leadership & Management, Vol. 18, No. 2, 1998.

39. Calderhead J. A cognitive perspective on teaching skills, paper presented at the British Psychological 40. Society Education Section Annual Conference, Nottingham, 1986.

41. Gage ML & Giaconia R. Teaching practices and student achievement causal connections, New York University Education Quarterly, 1983, 12(3).

42. Leinhardt G & Greeno JG. The cognitive skill of teaching, Journal of Educational Psychology, 1991, 78(2).

43. Mortimore P. School effectiveness and the management of effective learning and teaching, School Effectiveness and School Improvement, 1994, 4(4).

44. Porter AC & Brophy J. Synthesis of research on good teaching: insights from the work of the Institute for Research on Teaching, Educational Lead ship, 1988(46).

45. Smith L & Land M. Low inference verbal behaviours related to teacher clarity, Journal of Classroom Interaction, 1981, 17(1).

第二章 语文课堂教学有效性的内涵

第一节 语文课堂教学有效性的含义

一、怎样理解“教学”

有效教学是20世纪以来受科学主义思潮的影响而被明确提出来的，它的核心问题就是教学的效率、效果与效益。基于不同的视角，人们对“教学”的理解往往不尽相同，也因此影响了对于“有效教学”这一概念的认识。因此，在对“有效教学”的概念进行界定之前，我们有必要对“教学”的几种不同理解作出必要的考察。

（一）从“教”的角度

从“教”的角度来理解教学可以说是由来已久。从教学的历史发展来看，初始形态的教学，在其表现或是显态的方面来看，就是某一人教另一人或另一些人，对教的历史与逻辑分析也由此展开，这是可以理解的。即使时至今日，仍然有着大量的从“教”角度来理解教学，并据此展开实践工作的现象存在。在我们日常所说的“教学工作”一词中，“教学”很大程度上就是被理解为“教”的。此外，在一些关于“教学”概念的表述中，也可以看到这种理解。比如，有学者认为，“教学是传授知识技能”，“教学就是经验的传递”等等，从“教”的角度来理解教学，其典型的表述是：“教学是教师……的活动”。

从“教”的角度来理解教学，除了其历史的根源之外，更为深层次的原因在于：教学是教育活动的一种形式，而教育是培养人的活动，强调的是教育者的行为过程及其影响，因此，教学应该就是指教师这一类特殊或专门教育者的活动。应该说，从“教”的角度来理解教学，有其合理性。因为“教学”不可避免地要和“教”发生联系，“教”是“教学”的必要组成部分，也是“教学”的基本前提。但不容否认的是，单纯从“教”的角度来理解教学，而没有看到“学”在“教学”中的地位、作用与意义，是对“教学”不完整的理解，在具体的实践中，也会是不完整的教学。任何先于、脱离了“学”的“教学”，只能是“教”。

（二）从“学”的角度

与上述从“教”的角度来理解“教学”相对应，关于教学概念的另一种界定方式是从“学”的角度展开的。所有认为“教学是学生……的活动”都反映了这种倾向。例如认为“所谓教学就是学校实现教育目的的基本途径，是指学生在教师有目的、有计划的指导下积极主动地掌握系统的文化科学基础知识，同时发展智能和体力，并形成一定思想品德的活动。”[①]对教学的这种理解主要是受现代教育理论中强调学生及其学习对于教学、教育活动的重要意义的影响，从而走向对教学理解的另一端，亦即从学生“学”的角度来理解教学的概念。

从“学”的角度来理解“教学”，有其合理性的一面。随着教育思想的发展，学生在教学中的主体地位越来越受到人们的重视，并因此构成了现代教育思想的重要组成部分。现代教学论中关于学生学习主动性、学生主体性的理论也具有举足轻重的地位。教学理论与实践的重心由原来的偏重教师的“教”转向学生的“学”，已经是不争的事实。从这个意义上来看，从“学”的角度来理解“教学”这一概念，反映了教学论发展的内在要求，具有合理的内核。然而，如同从“教”的角度来理解“教学”一样，单纯从学生的“学”的角度来理解“教学”一词，也有其片面性。无论学生“学”的地位是如何之重要，它都只是“教学”这一整体概念中的部分，它不可能也不应该取代“教学”而独立存在。否则，“学”将不再是“教学”范畴中的“学”，而成为纯粹的自学或是其他性质的活动。

(三)从“教”与“学”协同的角度

关于“教学”的第三种理解是从“教”与“学”协同的角度展开的，它以将教学理解为教师和学生的共同、双边或统一活动为总的标志。例如将教学理解为“教师传授和学生学习的共同活动，通过教学不仅使学生获得知识技能，也发展他们的认知能力，同时培养他们的思想品德”；或是将教学理解为“以课程内容为中介的师生双方教和学的共同活动，是学校实现教育目的的基本途径，其特点为通过系统知识、技能的传授和掌握，促进学生身心发展”；循此思路，教学或被理解为教师的教和学生的学组成的双边活动，或被理解为是以传授和引导学生掌握知识、技能、技巧体系为主的活动，是根据教育目的，以传授和学习知识为基础，促进学生发展，教师和学生之间有组织的、协同的教和学的活动；或认为教学是在特定条件下，以传递知识为中介，教师教和教师指导下学生学的统一活动……上述从“教”和“学”协同活动角度来理解“教学”的界定，均强调了教学中教与学的共同性、双边性、整体性或统一性，形成了不同于前两类观点的一般特征。[②]

从“教”与“学”协同的角度来界定“教学”，强调了教学过程中教与学之间相互的联系与制约，教学的要义既不是二者之一，也不是二者的简单叠加，而是有机的统一。“教学”被理解为是师生双方共同的、协调一致的行为过程，只有当教师的“教”和学生的“学”发生实实在在的联系与制约，“教学”才能发生、才算成立。

(四)从“教学生学”的角度

除了上述关于“教学”的三种理解之外，还有些学者将“教学”定位为教师“教学生学”，此类观点所强调的是教学中教与学的关系是教师“教学生学”，而非并列的“教师教

① 路冠英．教学论[M]．石家庄：河北教育出版社，1987：31－32.

② 李定仁，徐继存．教学论研究二十年[M]．北京：人民教育出版社，2001：54.

和学生学”关系。对教学的这一理解更多是基于对上述从“教”和“学”协同角度理解“教学”的批判而产生的。学者们认为，教与学关系的“双边活动”虽然能够揭示出教与学两种活动的共时协调关系和相互影响关系，但却错误地将教与学当作两种并列的活动，不能揭示出教与学关系的层次性特点，因而也不能真正认识教与学关系的统一性。认为在教学过程中同时存在的教和学两种活动，它们不是并列的两个方面，而是教学系统中的上与下两个层次。教学过程是由教师控制的，教就是教学生学，教师的教是教学系统中的高层次活动，学生的学是教学系统中的低层次活动。教与学的上下两个层次同时协调活动，不仅同样反映了教与学的共同协调关系，而且还进一步揭示这种共同协调关系是由于教(高层次)对学(低层次)实行有效教的控制而实现的。①

从“教学生学”这一角度对“教学”的概念进行释义，是对“共同活动”的教学涵义的进一步深入。这表明在对教学概念的界定上，学者们已经不满足于简单的描述性的界定，或是仅限于讨论概念本身的问题，而是深入教学存在及其运动机制的内部，对教学的概念进行的系统、开放和多思维角度的研究，具有重要的理论与实践意义。

通过对上述“教学”概念界定的梳理，不难发现，“教学”既包括教师的“教”，又包括学生的“学”，片面地强调教师的“教”或学生的“学”都无法形成真正意义上的教学。据此，我们认为，教学是教师的教和学生的学共同组成的双边活动。之所以称之为双边活动，一方面是由于教师的教和学生的学是两个不可互相取代的活动；另一方面是由于这两个活动密不可分地交织在一起，它们是教学活动过程中两个既相互区别又有机统一的活动方面。由此，教学活动不再被理解为简单的“授—受”关系，而是发生于师生之间的一种特殊交往活动，是师生为实现教学任务和目的，围绕教学内容，共同参与，通过对话、沟通和合作活动，产生交互影响，以动态生成的方式推进教学活动的过程。② 在这一意义上来理解教学，具有如下特点：其一，师生共享教学经验。将教学理解为教师的教和学生的学组成的双边活动，就是突出了教学活动中师生间的交往活动，强调了课堂教学中的“人—人”关系。教学就是教师和学生作为平等的交往主体，在合作、友爱和平等的基础上共享教学经验的过程。可以说，教学中没有师生对教学经验的共享，就没有交往，也就没有教学活动；其二，教学促进发展。在师生交往的教学活动过程中，获得发展的不仅是学生，还包括教师。当然，就教学的任务而言，是要促进学生的发展。赞可夫在教学与发展的问题上，提出了一般发展的概念。“一般发展”这个概念，就其无所不包的意义来说，还应当包括身体发展和心理发展。教学不仅要促进学生的认知发展，还应该促进学生的情意发展，教学应该成为学生知、情、意、行获得协调发展的过程。

二、怎样理解“有效”

有效教学的核心在于教学的效率、效果与效益，即什么样的教学是有效的？因此，对

---

① 邓小川.论教与学的层次性和统一性[J].四川教育学院学报，1988(4).

② 叶澜.重建课堂教学过程观[J].教育研究，2002(10).

“有效教学”的概念进行界定，必然无法回避对于“有效”的理解。我们认为，所谓的“有效”，就是指教学的有效率、有效果与有效益。

(一)有效率

“效率”(Efficiency)在其通常的意义上，更多地被理解为一个物理学或是经济学的概念。在物理学中，效率是指单位时间内所做的功的大小，单位时间里做功越大，则效率就越高。在经济学中，效率是指投入与产出的比，投入低，产出高，则效率就高，反之亦然。有学者认为，由于教学活动本身也可以看作是精神性的生产活动，因此，教学效率可以沿用经济学的效率概念，教学效率就是指教学投入与教学产出的比，可表述为以下的公式[①]：

$$\text{教学效率}=\frac{\text{教学产出(教学效果)}}{\text{教学投入}}$$

由于教学投入的直接表现是师生双方的时间、精力的投入，教学产出的直接表现是教学效果。因此，有效教学时间在很大程度上决定了教学的有效性。据此，有学者认为，“课堂教学效率等于有效教学时间与总教学时间的比值”，而所谓的有效教学时间，则是指“在课堂上教师对学生传授知识和培养能力的有效时间”，用公式表达为[②]：

$$\text{课堂教学效率}=\frac{\text{有效教学时间}}{\text{总教学时间}}\times 100\%$$

把效率理解为课堂教学中有效教学时间与总教学时间的比值，强调了教师的教对学生的影响，如教师用于讲课、输出信息、传授知识、培养能力等的时间，但却忽视了学生在课堂上主动学习的因素。因此，有学者主张，“课堂教学效率是实际的教学效果与应有的教学效果之比值。”[③]实际的教学效果是指每个学生实际的时间精力投入的总和所“产出”的知识、能力、品德、智力及非智力因素等实际所得的总得；应有的教学效果指全体学生的额定时间和全身心投入所能“产出”的知识、技能、品德、智力和非智力因素的总和。

通过上述的研究可以看出，教学过程中的效率主要受教学效果和教学成本的影响。然而，由于教学效果有长期与短期之分，亦有隐性与显性之别，在实际的教学中，并不表现为简单的线性关系，因此，在实际的教学中，对教学效果的测定并不是一件容易的事。另一方面，就教学成本而言，它既包括教学中物质方面的投入，也包括教学过程中精神方面的投入，这也给教学成本的测量带来了困难。换言之，对教学中所谓的教学效果和教学成本的描述往往是笼统的、粗线条的，因此，教学中“效率”实际上是难以准确计算的。然而，在具体的课堂教学中，面对有限的教学时间，能否实现教学时间的有效利用，往往决定着教学成效的大小。从这个意义上说，对“效率”的强调是尤为必要的。就所有影响教学效果产出的成本来看，教学时间的投入是课堂教学中最大的成本。教学时间不仅是

---

① 程红，张天宝．论教学的有效性及其提高策略[J]．中国教育学刊，1998(5)．

② 祝爱武．略论课堂教学的质量与效率[J]．现代中小学教育，1996(6)．

③ 李涛．提高课堂教学效率之我见[J]．教育理论与实践，2000(2)．

指每节课规定的时间，更重要的是指师生用于开展教学活动所付出的时间，尤其是学生的时间。这就需要教师不断地促进教学条件的优化，对教学过程精心组织，精心设计，使师生在平等、融洽的关系中，有效交流，促使学生积极主动地学习。

(二)有效果

教学效果是指教学活动结果中与预期教学目标相符的部分，它考察的重点是学生，是对教学活动结果与预期教学目标吻合度的评价。教学目标作为预期的教学结果，它描述了学习者通过学习后预期产生的变化。当教学活动结束时，学生确实得到了所期望得到的东西，那么，教学就是有效果的。所以，对教学效果的描述通常是通过对学生学习结果的考查而实现的。新一轮基础教育课程改革强调学生学习方式的转变，并从“知识与技能”、“过程与方法”、“情感态度与价值观”三个维度来具体设计课程目标。由此，在课堂教学实践中，教学不再被简单地理解为是传授知识的过程，而是通过知识的传授，引导学生学会学习、合作、生存、做人，使学生获得基础知识与基本技能的过程同时成为学会学习和形成正确价值观的过程。因此，新课程改革背景下的对教学效果的探讨，也不再只是局限于学生基本知识与基本技能的达成，而是要全面地关注学生在知识、技能、情感态度和价值观方面发生的实际转变。换言之，新课程背景下所谓教学有效果，就是指通过教学，学生在知识与技能、过程与方法、情感态度与价值观三维目标上获得协调性的、整合性的发展。然而，由于情感态度与价值观的发展往往是隐性的，而学生的学习结果多是指行为方面的显性变化，它只能表征学生在知识与技能方面获得的发展，而难以对内隐的情感、态度与价值观作出反应。因此，在实际考察教学效果的时候，既要关注到学生的学习结果，又要关注学生的学习过程，关注教学目标的整合达成。

(三)有效益

教学效益(Teaching benefit or Teaching profit)是指教学活动的收益、教学活动价值的实现。具体地说，是指教学目标与特定的社会和个人的教育需求是否吻合及其吻合的程度。其中，“是否吻合”是对教学效益的质的规定，“吻合程度”是对教学效益的量的把握。传统教学论认为，教学活动有质有量即是有效益的，其中，量对应着效率，质对应着效果，有效益即是指教学既有效率又有效果，但事实并非如此。举例而言，一节课按照既定的教学计划完成了教学任务，课堂教学中教学时间的利用率高，教学目标达成度高，学生的学习效果良好，这种既保质又保量的课是否是有效益的课呢？根据传统教学论的解释，答案无疑是肯定的。但如果这节课所传授的知识及其培养的技能是与社会和个人的需求相冲突的，这节课可能就不能再以“有效益”冠之了。因此，课堂教学中的“有效益”，它首先表现为其实现的教学目标与师生发展需求之间的吻合。心理学意义上的“需求”是指“有机体、个体和群体对其生存与发展条件所表现出来的内部状态，是个体与社会的客观要求在人脑中的反映,是个人心理活动与行为基本动力。"①从学生的角度来看,学生既有求知需求,又有发展需求,既有短期发展需求,又有长期发展需求;从教师的角度来看,教师的需求主要表现为其专业发展的需求,这既包括其专业知识、专业技能的发展,又包括专业情意的发展。教学是否"有效益",即是指通过教学活动所达成的教学目标与师生上述发展需求之间的吻合情况。

(四)有效是有效率、有效果与有效益的统一

通过以上对教学中效率、效果与效益的描述来看,在课堂教学中,"有效"是有效率、有效果与有效益的统一,效率、效果与效益分别对应如下的问题:(1)是否有效利用了课堂教学时间;(2)是否让学生在尽可能短的时间内获得了尽可能多的知识与技能;(3)所发生的教学行为对于师生而言是否有意义的,教学活动是否体现了对师生价值需求的满足。效率、效果与效益三者的有机整合共同构成了课堂教学中的"有效"。单纯的效率、效果或是效益都无法诠释"有效"的内涵。如果课堂教学只关注到效率,而不考虑效果与效益,不仅无法保证教学的"有效",有可能还会导致教学的"负效"。比如教师在课堂教学过程中,完全忽视学生的主体性,采取"满堂灌"的方式,表面看起来这样的课堂似乎是充分地利用了教学时间,其"效率"很高。实际上,在这样的教学过程中,由于学生并没有真正地参与到教学之中,有可能会因此对学习丧失兴趣甚至产生厌学情绪,这样的教学自然不能被视为是"有效"的教学。在构成"有效"的三个基本因素之中,"效果"作为学习结果中与预期目标吻合的部分,它保证了教学的方向性;"效益"指教学目标与社会、个人发展需求的吻合状况,它保证了教学目标的合理性,也从而保证了"效果"的合理性;而"效率",则从投入与产出的角度,保证了教学时间的有效利用,是教学的"效果"与"效益"得以实现的根本保障。

综上所述,我们认为,"有效教学"就是指教师遵循教学活动的规律,以尽可能少的时间、精力和物力的投入,取得尽可能多的教学效果,从而实现特定的教学目标,满足社会和个人的教育价值需求而组织实施的活动。课堂教学的有效性正是在教学效果中体现出来的教师和学生共同活动引起学生身心素质变化并使之符合预定目的的特性。

三、什么是"语文有效教学"

"语文有效教学"是指教师在语文教学过程中,遵循教学活动的规律,使教学有效果、有效率、有效益。三者分别指向教学目标的达成,教学条件的优化与师生需求的满足。

首先,语文有效教学是指实现语文教学目标的教学。教学目标是师生通过教学活动预期达到的结果或标准,是对学习者通过教学以后将能做什么的一种明确的、具体的表述,主要描述学习者通过学习后预期产生的行为变化。教学目标的确定受教育目的、培养目标和课程目标的制约,它们之间的关系可以通过表 1-1 得到说明。

---

① 黄希庭.简明心理学辞典[M].合肥:安徽人民出版社,2004:443.

表 1-1　教学目标的层次关系

<table>
<tr><th>层级</th><th>陈述名称</th><th>制定者</th><th>特点</th><th>举例</th></tr>
<tr><td>一级
（教育目的）</td><td>教育方针</td><td>政府/国家</td><td>抽象；笼统；关注“应该如何”</td><td>在德、智、体几方面都得到发展</td></tr>
<tr><td>二级
（培养目标）</td><td>各类学校的培养目标</td><td>政府</td><td>对教育目的的具体化</td><td>九年义务教育培养目标：小学和初中对儿童、少年实施全面的基础教育，使他们在德、智、体诸方面生动、活泼、主动地得到发展，为提高全民族素质，培养社会主义现代化建设的各级各类人才奠定基础。</td></tr>
<tr><td rowspan="3">三级
（课程目标）</td><td>九年义务教育课程目标</td><td rowspan="3">学科专家</td><td rowspan="3">从“抽象”逐步过渡到“具体”</td><td>具有适应终身学习的基本知识、基本技能</td></tr>
<tr><td>九年义务教育语文课程目标</td><td>具有日常口语交际的基本能力，在各种交际活动中，学会倾听、表达与交流，初步学会文明地进行人际沟通和社会交往，发展合作精神。</td></tr>
<tr><td>语文课程标准第三学段（5～6 年级）课程目标</td><td>有较强的独立识字能力。累计认识常用汉字 3000 个，其中 2500 个左右会写。</td></tr>
<tr><td>四级
（教学目标）</td><td>学年（学期）目标或单元（主题）目标或课时目标</td><td>教师</td><td>比较具体；比较关注教学的实际状态</td><td>《日月明》的教学目标：在熟读课文中认识汉字，并引导孩子发现构字规律，认识“笔尖、鲜花”等 8 个词语，会写本课生字“力、手、水”。</td></tr>
</table>

通过表 1-1 不难发现，教学目标的确定受到教育目的、培养目标和课程目标的制约，教育目的的具体化就是课程目标、课程目标的具体化就是教学目标。由于上位目标决定下位目标，在确定教学目标时，教师必须弄清楚它的上位目标是什么，才能据此确定下位目标。《全日制义务教育语文课程标准（实验稿）》不仅对义务教育阶段语文课程的总目标进行了阐述，而且还从“识字与写字”、“阅读”、“写作”（1～2 年级为“写话”，3～5 年级为“习作”）、“口语交际”四个方面对各学段所应达到的阶段目标做出了相对具体的规定。就小学语文而言，其教学目标的确定在很大程度上会受到课程目标的影响与制约，能否紧扣各个学段的课程目标来设计教学目标，并使之达成，在某种意义上决定了教学是否有效。表 1-2 列举了小学语文第一学段（1～2 年级）的课程目标。

表 1-2 全日制义务教育语文课程标准第一学段(1～2 年级)课程目标

	阶段目标
识字与写字	喜欢学习汉字,有主动识字的愿望;认识常用汉字 1600～1800 个,其中 800～1000 个会写;掌握汉字的基本笔画和常用的偏旁部首,能按笔顺规则用硬笔写字,注意间架结构。初步感受汉字形体美;养成正确的写字姿势和良好的写字习惯,书写规范、端正、整洁;学会汉语拼音。能读准声母、韵母、声调和整体认读音节。能准确地拼读音节,正确书写声母、韵母和音节。认识大写字母,熟记《汉语拼音字母表》;能借助汉语拼音认读汉字。能用音序和部首检字法查字典,学习独立识字。
阅读	喜欢阅读,感受阅读的乐趣;学习用普通话正确、流利、有感情地朗读课文;学习默读,做到不出声,不指读;借助读物中的图画阅读;结合上下文和生活实际了解课文中词句的意思,在阅读中积累词语;阅读浅近的童话、寓言、故事,向往美好的情境,关心自然和生命,对感兴趣的人物和事件有自己的感受和想法,并乐于与人交流;诵读儿歌、童谣和浅近的古诗,展开想象,获得初步的情感体验,感受语言的优美;认识课文中出现的常用标点符号。在阅读中,体会句号、问号、感叹号所表达的不同语气;积累自己喜欢的成语和格言警句。背诵优秀诗文 50 篇(段)。课外阅读总量不少于 5 万字;喜爱图书,爱护图书。
写话	对写话有兴趣,写自己想说的话,写想象中的事物,写出自己对周围事物的认识和感想;在写话中乐于运用阅读和生活中学到的词语;根据表达的需要,学习使用逗号、句号、问号、感叹号。
口语交际	学讲普通话,逐步养成讲普通话的习惯;能认真听别人讲话,努力了解讲话的主要内容;听故事、看音像作品,能复述大意和精彩情节;能较完整地讲述小故事,能简要讲述自己感兴趣的见闻;与别人交谈,态度自然大方,有礼貌;有表达的自信心。积极参加讨论,对感兴趣的话题发表自己的意见。
综合性学习	对周围事物有好奇心,能就感兴趣的内容提出问题,结合课内外阅读,共同讨论;结合语文学习,观察大自然,用口头或图文等方式表达自己的观察所得;热心参加校园、社区活动。结合活动,用口头或图文等方式表达自己的见闻和想法。

其次,语文有效教学是指能以尽可能少的投入,取得尽可能多的效果的教学。就教学投入来看,在所有影响教学效果产出的成本中,教学时间的投入是课堂教学中最大的成本。因此,能否充分利用教学时间来开展指向教学目标的教学活动,决定了教学的效率,也决定着课堂教学的有效性。工具性与人文性的统一是语文课程的基本特点,能否把握这一特点开展教学活动,既决定了教学的方向,也影响着教学的效率。语文作为最重要的交际工具,学生应该熟练掌握并灵活运用这一工具,这就要求在教学过程中,教师应该充分利用课堂教学时间来开展语言训练,由"教教材"转向"用教材教",利用教材来开展各种教学活动,使学生在活动中学语言、用语言,从而培养其听、说、读、写的能力。应当指出,掌握语文知识、形成语文能力是语文教学的基本着力点,在实际的课堂教学中,能否围绕这一着力点开展教学活动,在很大程度上决定了课堂教学的效率,也影响着最终的教学效果。从另一方面来说,语文还是人类文化的重要组成部分,人文性是语文课程的基本特点之一,在课堂教学中,发挥语文课程的人文性特点来组织教学活动,既是语文教学的题中应有之义,也是提高语文课堂教学效率的必然途径。过去的教学实践

中，由于对“工具性”理解上存在偏差，片面强调语文教学的科学、精准，否定语文学科内在的人文性，要么用繁琐的分析肢解课文生动感人的整体形象，要么用无休止的做题、操练取代学生读写的语文实践。这样的教学看似效率颇高，然而由于忽视了学生的主体性，缺乏学生积极主动的参与，实质上并不构成高效率的“教学”。高效率的语文课堂教学，应该要基于人文情怀来组织教学，教师要在关心学生、尊重学生的基础上，从学生的需要与兴趣出发来安排组织教学活动，通过创设适宜的教学环境，优化教学条件，使师生在平等、融洽的关系中，有效交流、有效对话，从而使学生在积极主动的学习活动中获得语文知识、发展语文能力。

再次，语文有效教学是指能满足师生发展需求的教学。现代社会要求公民具备良好的人文素养和科学素养，具备创新精神、合作意识和开放的视野，具备包括阅读理解与表达交流在内的多方面的基本能力，以及运用现代技术搜集和处理信息的能力。因此，从学生的角度来看，学生需要通过语文课堂教学，获得语文素养的不断提高，能正确地理解和运用祖国语文，丰富语言的积累，培养语感，发展思维，具有适应实际需要的识字写字能力、阅读能力、写作能力、口语交际能力，并在学习过程中，逐步掌握语文学习的方法与策略，形成对于祖国语言文字的美好情感，不仅做到“学会”，还要实现“会学”、“乐学”，形成终身学习的基础、能力与意愿。而从教师的角度来看，课堂教学作为教师以其生命参与其中的过程，也是教师生命活动的重要组成部分，教师理应在课堂教学中获得发展。有效的课堂教学，应该有助于满足教师的专业发展需求，促进教师教育理念的更新和专业知识、专业能力的发展。

综上所述，我们认为，语文有效教学是指在语文课堂教学中，基于学生的发展需求，充分利用教学时间开展语言训练，发展学生的语文能力，提高学生的人文素养，从而实现语文教学目标的达成。同时，在这一过程中，教师的教育理念、专业知识与专业能力也得到相应的发展，实现教师发展需求的满足。

第二节　语文课堂教学有效性的特征

一、有效果——教学目标的整合达成

所谓的教学有效果，就是指教学活动结果中与预期教学目标相符的部分，它考察的重点是学生，是对教学活动结果与预期教学目标吻合度的评价。然而，由于人们对学生身心发展的规律、社会需求的重点、知识的性质和价值以及教学的理解不同，对于教学目标亦有不同的看法与取向。新课程改革立足于学生的全面发展，从知识和能力、过程和方法、情感态度和价值观三个维度来设计课程目标，在教学中，既关注学生外显的变化，也积极关注学生内隐的情感、态度、价值观的发展。同时，由于学生主体地位的突显，课

堂教学更是被提到了"生命的高度"[①]来加以理解,教学不再是可以完全预设的封闭体系,而是充满了动态生成因素的开放过程。由此来看,教学是否有效果,既要看预设目标的达成,又要看教学过程中能否根据教学情境,积极生成有效的教学目标;既要关注学生外显的行为变化,又要关注学生内隐的情感发展。概言之,教学有效果,就是指教学中各类教学目标的整合达成。

(一)有效预设 动态生成

"凡事预则立,不预则废",这里的"预"就是指预设。所谓预设就是指根据一定的事实材料、经验和理论知识对自身实践活动的策划、规划、预设、设计等活动。[②] 教学活动是一种目的性很强的活动,在活动开始之前,教师对学生的学习基础和学习态度、教学的预期目标和具体任务、教学物质和心理准备是否充分等,必须有一个清楚的认识,从而避免教学活动的盲目、随意和低效。而所谓的生成,则是指创生、生长和建构,它是新课程改革提倡的、与预设相对的教学观,随着后现代课程教学观的推广,生成越来越为新课程改革所重视。注重教学的生成,契合了课堂教学的丰富性和复杂性,能够充分发挥学生和教师的主体性。[③] 从预设与生成的关系来看,它们是对立统一、相辅相成的。教学的预设无不是为了有效生成,有效的生成也离不开精心的预设。两者都服务于学生的发展,服务于教学效益的提高。无论是预设还是生成,它们都是有效教学的手段:一方面,教师要对课堂教学进行充分的预设,使生成更具方向、更富实效。没有精心的预设,学生再活跃,课堂再热闹,也掩盖不了教学实质上的苍白,好看而不中用。另一方面,教学需要在生成中展开,不能很好利用生成资源的课堂,往往会缺失人文关怀和创造灵性。[④]因此,有效的教学是预设与生成的统一体,关注预设,并不意味着对生成的否定,预设是为了生成;提倡生成,也并不是彻底否定预设,生成的基础在于预设。预设与生成兼容兼顾、互动共生,才能保证课堂教学的优质、高效、精彩。在具体的课堂教学中,预设与生成统一于学生的发展,立足于两种教学思维,表现为三类教学目标的整合,其内核在于"一个指向,两种思维,三类目标"。

一个指向

所谓的"一个指向",是指教学目标指向学生的进步与发展。无论是预设的教学目标,还是在教学中,依据教学情境生成的教学目标,究其终极目的而言,都是指向学生的进步和发展。在某种意义上,教学就是教师组织学生有目的、有计划学习的活动,教学的本质在于学而不是教。"为学生学习而教"是教育的核心理念,也是教学的核心理念。"为学生学习而教"决定了教学目标不是教师教了什么,而是学生通过教师的教学,学到了什么。正如有学者指出的那样:"教育的真实目的是改变学生的行为,使他们能够完成那些在教育之前不能完成的事情。"[⑤]因此,单从目标这个角度来看,有效教学的目标不在

---

① 叶澜.让课堂焕发出生命活力[J].教育研究,1998(9).

② 李森,石健壮.预设性与生成性:教学思维的二重基本属性[J].当代教师教育,2010(3).

③ 黄海英.从预设式教学到动态生成式教学[J].现代中小学教育,2006(4).

④ 吴玲,郭孝文.有效教学:让课堂生成与课前预设互动共生[J].中国教育学刊,2007(11).

⑤ DRCruickshanketal.教学行为指导[M].时琦,等译.北京:中国轻工业出版社,2003:115.

于教师教了什么，也不在于教师是否教得努力、教得认真、教得科学，而是在于学生在教师的教学后获得的学习进步与发展。无论是教师预设的目标，还是在教学中生成的目标，都应该以促进学生的进步与发展为旨趣。这就要求教师能在预设教学目标时，充分把握学生已有的经验基础，了解学生的发展需要，依据课程标准和教材，立足于学生发展来进行设计。同时，为了兼顾不同层次学生的发展需要，预设的教学目标应尽可能体现差异性，力求促进每位学生的发展。另一方面，课堂教学中的生成应该立足预设，有效生成。判断课堂教学中的生成是否有效，根本标准在于其生成的目标是否有利于促进学生的进步与发展。一位教研员撰文述说了他观摩小学语文课时听到的 3 节“不知所措”的生成课。第一位教师执教的是《乌鸦喝水》。为了让学生体验乌鸦的聪明，领悟遇到困难时自己主动想办法的道理，教师特意准备了瓶、水和石子，让学生上台演示。在一个学生演示时，一粒稍大的石子卡在瓶口，任凭怎样摆弄也进不到瓶里。教师当即抓住这个“生成”的机会，提议让学生想法解决这个难题，课堂上顿时热闹起来。学生争先恐后地拥上讲台，教室里乱作一团。但直到下课，石头依然卡在瓶口。显然，石子卡瓶的情节不是教师有意安排的，然而为了实现即兴生成，教师非让学生走“卡在瓶口的石头必须进入瓶内”这一死胡同不可。其实，换一粒小石子就能很容易地解决问题，可教师却没有引导学生这样做。第二位教师执教的是《塞翁失马》。当学生在讨论中提出“塞翁丢失的是公马还是母马”的问题时，执教教师有些兴奋，即刻放弃计划，抓住这个“可笑”的问题让学生讨论，一堂课就在马是公或是母的争论中过去了。第三位教师执教的是《虎门销烟》。当学生提出“林则徐没有环保意识”时，教师对此观点大加赞赏，并即兴组织学生争论，文中的爱国主义情感被搅得荡然无存，令人啼笑皆非。① 这样的生成，是凌空于预设之上的“生成”，它显然没有关注语文课堂教学应该带给学生的进步与发展。有效教学视阈下的预设与生成，应该时刻关注学生的发展，为学生学习而教。

两种思维

一方面，教学作为一种有目的的实践活动，其顺利开展离不开精心的预设。预设目标能够为教学活动指明方向，保证教学活动的效率。另一方面，教学活动作为教师和学生主体间的交往活动，它又是充满复杂变化的动态过程。因此，有效教学是预设与生成的统一体，有效教学的实现离不开两种教学思维。

其一，预设性教学思维。预设性教学思维认为，教学中存在具有确定性、客观性与普遍性的本质与规律，通过对教学本质和规律的把握，可以实现对教学存在和发展的判断、解释、安排、规划与设计。从其整体的特征来看，预设性教学思维体现为二元性与预设性。二元性是指预设性教学思维将教学分为深层次的教学本质与浅层次的教学现象，并认为人们对教学的把握应该是对教学本原世界的把握而非对教学现象的把握。因为，教学本原具有原初性、固定性、永恒性和普遍性的特点，而教学现象则是易变的。预设性是指教学过程实质上是教学本质与教学规律的演绎，教学规律的客观性决定了教学过程的确定性。由此，教学过程的方式、方法、步骤、内容都是为教学规律所事先规定的。所谓的教学结果，不过是教学规律演绎的结果，把握了教学规律，亦即是把握住了教学的结

① 别文录．莫让“生成”迷住眼[J]．河南教育，2006(2)．

果。预设性思维对教学论的直接影响就是导致人们不断追寻教学的本质与规律，致力于建立教学的科学理论体系与范畴。这一思维在具体的教学活动中有其表现，结合教学目标而言，表现为重视教学目标的导向性与恒定性。预设性教学思维影响下的课堂教学，首先是确定教学活动的目标，再依据目标设计教学过程并开展教学活动。这种目标导向作用表现在课前，指教师对教学活动的整体规划、安排并制定程序化的教案；表现在课中，指师生在教学活动中按课前的规划、安排进行教学，教学过程实质上是教学计划的有序展开；表现在课后，则是指预期教学结果的实现。教学目标的恒定性是指预设性教学思维支配下的教学目标一旦确定，往往贯穿教学活动的始终，目标的恒定性，往往导致了结果的唯一性。

其二，生成性教学思维。生成性教学思维是一种虽有框架却非凝固化的，善于捕捉变革中出现的某物、敏锐判断其具有的整体性价值，进而修正原有理论框架的能力的思维模式。[①] 就生成性教学思维而言，具有以下特征：(1)对过程的关注甚于对结果的关注。它不仅关注事物是什么样的，更关注事物为何是这样的，它实际上是在解释事物运行演化的机制。(2)对差异的关注甚于对同一的关注。由于生成追求的是过程性的存在，同一事物在不同的阶段必有不同的表现，不同的事物就更不用说了。这样，不同的事物就不会只以一种方式存在，而是以各种不同的方式存在。(3)对关系的关注甚于对实体的关注。实体是一种静态的、孤立性的存在；关系是一种动态的、联系性的存在，生成显然关注的是后者。(4)对创造的关注甚于对规律的关注。预设性思维关注的是规律的发现与运行，它不允许事物在发展过程中出现意外；而生成性思维则认为，事物不存在恒定不变的规律，事物的发展具有一定的随机性，这种随机性使事物的进化有了可能，也为人的创造性的发挥提供了前提。(5)对歧态的关注甚于对正态的关注。生成性思维关注的过程不是一般的、抽象的过程，而是具体的、实在的过程。在事物的具体发展过程中，经常会有超乎预设的歧态出现。生成性思维不仅不将歧态视为危害，而且还将之视为必然，并认为歧态为事物的多元化发展留下了广阔的空间。[②] 生成性教学思维影响下的教学目标，一方面关注复杂变化的教学过程，强调在教学过程中生成教学目标；一方面则注重学生个性差异及教学情境变化。由于学生个体之间的文化世界存在很大的差异，当同具体的教育教学文化环境、文化情境结合时，其间往往也存在很大的差异。用统一的教学目标要求所有学生必将扼杀学生的创造性和鲜活的个性。因此，教学目标应该是多元化的、情境化的，并不存在恒定的教学目标。

应该指出，两种教学思维在实际的教学中各有其特殊的价值。在具体的教学实践中，预设与生成共同构成了教学思维和课堂教学过程的现实存在。二者相互依存，没有预设观的教学生成往往是盲目的、低效的生成；同样，没有生成观的教学预设往往是机械的、僵化的预设。因此，预设性教学思维和生成性教学思维的关系应该是在对立统一的基础上形成一种优势互补与和谐共生，直言之就是指科学完整的教学思维需要二者相互

---

① 叶澜.思维在断裂处穿行——教育理论与实践关系的再寻找[J].中国教育学刊，2001(4).

② 罗祖兵.生成性教学及其理念[J].课程·教材·教法，2006(10).

依存、相辅相成、和谐共生，这也是有效教学和教学实践性变革的价值思维的基本诉求。①

三类目标

判断课堂教学的效果，实质上就是看教学目标的达成与否。而预设与生成又是教学中不可偏废的组成部分，预设的教学目标与教学过程中生成的教学目标具有同等的价值，其根本旨趣都在于促进学生发展。这就要求在实际的教学中，切实关注三类教学目标的实践价值，努力促进三类教学目标的整合达成，从而实现预设与生成的动态统一。

所谓的三类目标，是指在教学目标研究的发展历程中出现的三种具有典型意义的目标陈述方式，包括行为目标、生成性目标和表现性目标。行为目标是对教学活动完成后学生身心方面所发生的变化的预期结果，又称预设目标，通常是教师在教学活动开始之前对开展此次教学活动所要达到的结果的预期。生成性目标是伴随着教学活动的开展，教师灵活捕捉教学过程中一些新的、预料之外的教育因素，使学生身心发展得到非预期的结果。与行为目标不同，生成性目标关注的不是由外部事先规定的目标，而是强调教师根据课堂教学的实际进展情况提出相应的目标。表现性目标由美国学者艾斯纳提出，是学生在完成某项学习任务时，创造性地解决问题，取得新颖独特的学习结果。通常是在教学活动结束之时，被教师发现并确认的学生所取得的创造性的学习成果，它关注的是学生在活动中表现出来的某种程度上首创性的反应的形式。与生成性目标相似，表现性目标也不是事先规定的结果。

三类教学目标在实际的课堂教学中，各有其独特的价值与意义。就行为目标而论，它表述具体、明确、操作性强，通常由“行为动词＋内容”构成，前者指要求学生表现出来的行为，后者是指这种行为所适用的领域，从而明确教学的职责。行为目标既能在教学活动开始之前发挥其导向作用，又可在教学活动结束之后，用于检测评价，从而发现问题，发挥教学评价的调控作用。当然，行为目标有其自身固有的缺陷，行为目标只能用于观测学生外显的行为变化，而难以反映出学生内隐的思想情感、态度等。同时，由于教学过程是一个动态变化的复杂系统，预设的行为目标难以完全涵盖教学过程的全部。针对行为目标的这种局限，生成性目标着眼于真实而动态的教学活动实际，突破了教学中手段与目的、过程与结果二元对立的局限，强调在教学过程中生成教学目标，这不仅有利于教师教育智慧的增长，更为重要的在于，它肯定了学生的学习主体地位，强调围绕学生的需要、学生的表现来确立教学目标，有利于实现学生的全面发展。需要指出的是，生成性目标的提出对教师的教学技艺、教学观念与教学智慧均有很高的要求，当教师缺乏必要的素质时，课堂教学中的生成可能会显得随意、零散，甚至走向负效。表现性目标关注学生学习过程与结果的独特性与首创性，其实践的意义在于它肯定了学生的创造性表现，有利于培养和锻炼学生的创新思维。然而，由于实际的课堂教学中，学生对同一问题的反应往往不尽相同，教师如何关注每个学生的反应，如何捕捉学生的首创性表现，对教师的教学观念、教学能力的要求同样是很高的。

通过上述分析不难发现，三类教学目标各有其优缺点，亦各有其实践的意义。教师要想在教学中兼顾多种目标的达成并争取更大的教育功效，有必要对三类教学目标进行

---

① 李森，石健壮．预设性与生成性：教学思维的二重基本属性[J]．当代教师教育，2010(3)．

整合。虽然生成性目标和表现性目标无法预设，但教师在教学活动准备阶段，在对行为目标进行预设的时候，就要有关于教学目标的生成意识和关联意识。所谓生成意识，是指教师要明白教学过程是开放的，充满着不确定性，在实际教学过程中可以捕捉新的教育因素，使之成为有教育价值的新目标。所谓关联意识，是指教师要重视目标之间的关联性，如，生成性目标是在行为目标实现的过程中产生的，生成性目标与行为目标可以相互影响；又如，表现性目标的提出与实现可能是以行为目标的达成为基础的，像发表对文学作品的看法这样的表现性目标，应该以理解和掌握必要的文学知识为基础，而对知识的理解和掌握一般属于行为目标。①

（二）强调外显 注重内隐

《基础教育课程改革纲要（试行）》指出："国家课程标准是教材编写、教学、评估和考试命题的依据，是国家管理和评价课程的基础。应体现国家对不同阶段的学生在知识与技能、过程与方法、情感态度价值观等方面的基本要求。"②课程目标从上述三个维度进行设计，不仅明确了基础教育培养对象所应达到的素质要求，同时也规定了教学活动的基本准则——有效教学在于三维目标的整合达成。不止如此，在《全日制义务教育语文课程标准（实验稿）》中，明确指出语文是最重要的交际工具，是人类文化的重要组成部分。工具性与人文性的统一，是语文课程的基本特点。从某种意义上来说，在课堂教学实践中，能否实现语文的工具性与人文性的统一，在很大程度上决定了教学的有效性。就小学语文教学的目标而言，它包括了外显目标和内隐目标。外显目标与内隐目标不仅构成了上述"统一"的两个侧面，还较好地表达了三维目标的内涵。三维教学目标的最大特点就是体现了教育工具性与人文性的高度统一。从认知科学的角度出发，从知识是否是"可言明"的角度出发，"知识与技能目标"是显性知识，"过程与方法目标、情感与态度"是隐性知识。③ 据此而论，外显目标实质上体现了语文课程工具性的一面，关注的是"知识与技能"这一维度，而内隐目标则体现了语文课程人文性的一面，关注于"过程与方法"、"情感态度价值观"这两个维度。判断教学是否有效果，不仅要看教学是否较好地达成了外显目标，还要看教学是否实现了内隐目标。那么，小学阶段外显的基础目标包括了哪些内容呢？

1. 识：认识3000个左右的常用字，其中2500个左右的字会写；

2. 写：硬笔书写楷书，行款整齐，有一定的速度；

3. 读：能用普通话正确、流利、有感情地朗读课文；默读有一定的速度，默读一般读物每分钟不少于300字；六年的阅读总量在200万字以上；

4. 背：能背诵200篇左右的优秀诗文；

5. 说：能在交际活动中用普通话明白、有礼貌地表达自己要说的话；

6. 作：能在40分钟之内写出400字左右、具体明确、文从字顺、表达真情实感的文章。

---

① 范蔚. 三类教学目标的实践意义及实现策略[J]. 教育科学研究，2009(1).

② 钟启泉. 基础教育课程改革纲要(试行)解读[M]. 上海：华东师范大学出版社，2001：6.

③ 黄梅，龙武安. 三维教学目标的内涵关系与整合实施[J]. 教学与管理，2008(5).

至于内隐目标，则主要是指向“过程与方法”、“情感态度与价值观”这两个维度，在新课程改革的背景下，外显目标与内隐目标之间的关系，实质地表现为三维目标之间的关系。

认知心理学将知识划分为陈述性知识、程序性知识，也有分为陈述性、程序性知识和条件性知识三大类。陈述性知识是指对内容的了解和意义的掌握（如概念、规律、原则等），即是指“是什么的知识”；程序性知识是指“怎么用的知识”，就是在新遇到问题中有选择地运用概念、规律、原则，它与认知技能直接联系。条件性的知识是指“为什么的知识”，知道在为何、何时、何地使用特定的概念、规律、原则。它是关于如何思考以及思维方法的知识，它与认知策略直接联系，所以一旦掌握，能自觉地、熟练地、灵活地运用，那么它就转化成了能力。从知识观的角度出发，在三维教学目标中，“知识与技能”是一个完成预设教学指标的结果性目标，是陈述性与程序性知识，是一种有待转化的知识，它需要在认知实践过程中完成向条件性知识的转化。“过程和方法”是一个动态化、开放式的程序性目标，从方法论的角度是一种“认知思维的操作和体验”，是指通过运用记忆、理解、应用、分析、评价、创造的认知思维完成知识、技能向能力的转化过程，即学生向学会学习、学会发现问题、思考问题、解决问题的方法和运用知识的能力的转化过程；“情感态度和价值观”是人对亲历事件的体验性认识及其由此产生的态度行为习惯，是一种体验性目标，它会对学生的知识学习产生催化作用，它是一种社会性态度，包括个体的情感、态度与价值观等，它与人的社会性需要有关，是人类特有的高级而复杂的体验，具有较大的动力性和深刻性，明确学生的需要可以帮助教师找到最适合的激励措施，充分调动学生学习的内驱力。

综上所述，我们认为，知识与技能目标是形成过程与方法目标、情感与态度目标的基础；过程与方法是掌握知识与技能以及形成情感态度的中介和机制；情感与态度目标是掌握相应的知识与技能、方法，逐步形成实效性过程和科学性方法的动力，它对前两个目标具有明显的调控作用，积极的情感与态度，能在探索知识与技能的过程和方法中起到巨大的推动作用。

因此，在小学语文的课堂教学实践中，就是要从外显目标的落实抓起，让全体小学生都能过好“语言文字关”，并在其“过关”的同时，经历过程、掌握方法、提高能力、端正态度、提高兴趣、养成习惯，使学生在掌握基本知识与基本技能的同时，形成爱国主义感情，养成社会主义道德品质，逐步形成积极的人生态度和正确的价值观，提高文化品位和审美情趣，能够热爱祖国语言文字，养成语文学习的自信心和良好习惯，掌握最基本的语文学习方法。换言之，教学的结果能否符合外显目标与内隐目标的综合要求，是教学是否有效的重要特征之一。

二、有效率——教学条件的整体优化

教学有效率，是课堂教学有效性的表现之一。教学效率就是教学的投入与产出之比，教学效果与教学投入是影响教学效率的主要因素。然而，教学效果既有长期短期之分，亦有显性隐性之别，很难准确测量。加之教学投入的构成既包括物质的投入，又包括精神的投入。因此，在实际的课堂教学中，教学效率往往是通过对教学时间的考察来实现的。教学是否有效率，就是能否有效地利用课堂教学时间，促进学生高效学习。课堂教学时间的高效利用，离不开教师对教学过程的精心设计与组织。它要求教师能够在有效备课的基础上，有效上课，使师生在平等、融洽的关系中，有效交流，促使学生积极主动地学习。

（一）充分准备 科学组织

充分的准备指教师为确保一门课程或一堂课有计划进行而对教学活动的精心谋划。教学是有目的、有计划的活动，不是即席演讲，不能靠临场发挥，因而有效教学要以充分的准备为前提条件。从教学工作的基本环节来看，备课是教学的首要环节，充分的准备才能保证备好课，备好课是上好课的先决条件。研究表明，教师授课前精心备课，事先计划和组织好教学，可以减少教师授课时用在课堂组织和管理上的时间，使教师有更多的时间用于教学，学生有更多的时间或机会进行学习，从而提高教学的有效性；相反，教师事先没有计划，在开始授课后花在教学组织上的时间越多，学生就越不可能注意课堂教学内容，就越可能丧失学习机会和表现出破坏性行为。[①] 从这个意义上说，有效的备课和对课堂教学的科学组织是有效教学的显著特征之一。那么，什么样的备课是有效的呢，怎样的课堂教学组织是科学的呢？

第一，有效的备课是紧扣课程标准的备课。语文课程标准是国家对基础教育语文课程的基本规范和质量要求，它是有关语文教学的指导性文件，是教学的灵魂，是完成教学任务的凭借，是检验和衡量教学质量的标准。《基础教育课程改革纲要（试行）》中明确指出："国家课程标准是教材编写、教学、评估和考试命题的依据，是国家管理和评价课程的基础，应体现国家对不同阶段的学生在知识与技能、过程与方法、情感态度与价值观等方面的基本要求，规定各门课程的性质、目标、内容、框架，提出教学建议和评价建议"。由此可知，课程标准在目标与内容上规定了每一位学生在该阶段所应达到的基本要求，对课程与教学具有指导作用，它为教师的备课指明了方向，也为教师如何上课指出了路径。有效的备课离不开对课标的研读与把握。

第二，有效的备课是基于学情的备课。顾名思义，学情就是指学生的学习情况，一般包括学生的文化背景、学习最近发展区、学习层次状况、学习心理以及对本学科学习方法的掌握情况等方面的学习特征。学生的学情是学生学习的起点，也是教学的起步点，教学的出发点。不同的学生，因其家庭背景、文化背景、个性心理特征以及知识背景不同，他们在学习动机、学习能力与学习方式上均存在巨大的差异，教师在备课过程中，如果没有考虑到学生的学情，其备课就很可能是无的放矢，无所立足。那么，如何判断备课是否基于学情的呢？一般而言，了解学情的内容包括：（1）了解学生的知识基础，确定新授课的起点，以便承上启下，确保新旧知识有机衔接；（2）了解全班学生学习层次状况，选择各类学生的代表，以便在课堂上因材施教，分类指导；（3）了解学生的学习心理，充分预见到学生可能存在的问题；（4）了解学生对本学科学习方法的掌握情况。[②] 教师在备课时是否

---

① 姚利民．有效教学研究[D]．上海：华东师范大学博士学位论文，2004：18．

② 肖川．名师备课经验——语文卷[M]．北京：教育科学出版社，2006：184－185．

考虑了上述四个方面，在很大程度上决定了教师对学生学情的把握，从而决定了其备课的有效性。

第三，有效的备课是立足教材的备课。教材是教师实施课程标准的基本载体，是最基本的课程资源，也是政策性很强的课程资源。它是师生获取知识信息的材料，又是师生共同开展教学活动的凭借，同时还是师生形成价值观的情感伦理读本。教师的有效备课应该是立足教材的备课，这首先离不开教师对教材的准确解读。对教材的准确解读，既是教师的基本素质，也是教师有效备课的基本功。对教材的解读，既包括对整册教材的解读，也包括对教材中不同板块、不同篇章的解读。在备课中，教师通过通览全册教材，可以形成对于教材框架的整体理解，对每一板块的呈现方式形成具体感知，对教学内容的前后联系形成明确的认识，从而获得对教材编者编写意图的把握。具体到教材单独的篇章时，教师不仅要领悟编者的意图，还需要与文本展开对话，通过研读《教师教学用书》、与同行交流、阅读相关资料等手段，形成对文本的理解。教师准确解读教材，只是备课中立足教材的一个环节，解读的目的在于确立教学重点，教师在解读教材的基础上，根据课程标准与学情，确立教材中最基本，最主要，最具统摄性、概括性的和能举一反三、广泛迁移的知识，并根据教材的地位和作用、教材的难易程度以及学生的认知特点发展水平进行一次有效的取舍，确定教学重点。① 应该指出，教学重点是一节课的核心与关键所在，而教学重点的确立，离不开对教材的准确解读。因此，能否在备课中立足于教材，并在解读的基础上确定重点，同样决定了备课的有效性。

第四，合理组织教学活动过程。教学活动过程是若干能实现预定教学目标的教学环节组合而成的，包括教师的教与学生的学构成的双边活动进程。对教学活动过程的组织，是备课的主体工程。能否实现对这一过程的合理组织，在很大程度上决定了课堂教学的效率。教学过程组织的合理与否，首先表现为能够依据小学语文的各种课型的特点进行设计。不同的课型具有不同的特点，其教学流程也往往不同。比如汉语拼音教学，其基本流程是“创设情境，激趣导入——借助图画，教学发音——多种形式，巩固发音——看清位置，指导书写”；比如阅读教学，其基本流程是：“创设情境，激活情趣，构建话题，引发阅读动机——强化初读，整体把握，识读结合，力保正确、连贯地读通课文——围绕课题，抓住重难点，以读求悟，读中见悟——熟读背诵，形成积累，手脑并用，综合演练”。② 教学过程的组织还应该注重教学切入点、着力点与拓展点的设计。教学切入点是一节课的起始，它影响着学生学习的兴趣和对后续学习的期待；着力点是一节课的重点与难点所在，缺乏着力点的课堂教学一般平均用力，有效教学时间难以得到保证；拓展点是在完成教学基本要求的基础上，在深度与广度上的拓展与延伸。此外，判断教学活动过程的合理与否，还要看教学过程的组织，是否围绕学生这一主体来设计教学活动，教学活动的设计是否有利于学生主体性的发挥。总之，教学过程的合理组织，是上好课的必要前提与准备，也是课堂教学有效性的重要特征之一。

---

① 关心凤.基础教育教学基本功——小学语文卷[M].北京：首都师范大学出版社，2009：13.

② 关心凤.基础教育教学基本功——小学语文卷[M].北京：首都师范大学出版社，2009：20.

(二)清楚明了 有效交流

教育实践和大量研究表明,教学清晰明了能促进学生更好的学习,能提高和改善学生的学习成绩,是有效教学的最重要特征。[①] 教师在课堂中,能否进行清晰明了的教学,决定了课堂教学的效率,也影响着课堂教学的效果。从教师在课堂教学中的交流行为来看,主要包括教师的讲授行为、提问行为、倾听行为和点拨行为。教师在课堂教学中能否做到清晰明了,有效交流,在很大程度上取决于教师能否有效的讲授、提问、倾听与点拨。

第一,有效讲授。讲授就是教师运用教学语言,引导学生理解教学内容并进行分析、综合、抽象、概括,形成概念和认知规律的教学行为方式。教师的讲授行为是课堂教学中最为主要的教学行为,即便是在新课程改革提倡自主、合作、探究等学习方式的背景下,仍然需要重视教师的讲授。教师能否有效地讲授,表征着课堂教学效率的高低。什么样的讲授是有效的呢?首先,有效的讲授是规范的"讲"。这里的规范有三个方面的含义,一是指教师的发音要规范,教师在课堂教学中要避免使用方言,尽量使用普通话,努力做到发音标准,吐字清晰;二是教师的讲解应该能清楚的表达意思,避免出现用词不当、语句不通等毛病;三是用科学规范的语言讲授语文知识,教师的讲授应做到概念准确,举例恰当,语言富有逻辑性。其次,有效的讲授是富有感染力的"讲"。由于小学生的自控能力差,注意力的可控长度短,很容易分心走神。所以,有效的讲授还应该是富有感染力的"讲",教师通过或生动形象、或幽默风趣、或激情澎湃的讲授,激活学生的思维、引燃其智慧的火花,使课堂教学因生命活力的展现而富有成效。再次,有效的讲授是深入浅出的"讲"。所谓"深入",是指教师深入课程标准,深入教材,深入文本,准确把握教学的重难点;"浅出"则是指教师对于知识的讲授要贴近学生的生活,符合学生的认知,能够将抽象的书本知识,通俗易懂地表达出来,使学生易于接受。最后,有效的讲授是针对性的"讲"。教师的讲授应该把握讲的时机,能够针对教学目标、依据学生的思维状态进行讲授,这样的讲授不仅事半功倍,还有利于启发学生的思维,提高教学的效率。

第二,有效提问。课堂教学中的提问是指教师根据一定的教学目标要求,针对教学内容、教学的重难点以及学生实际,设置一系列的问题情境,要求学生思考回答,是促进学生积极思维、提高教学质量的一种教学手段。在课堂教学中,教师能否有效地进行提问,决定了课堂教学中师生之间交流与交往的质量,影响着学生的思维状态。判断课堂提问是否有效,主要是看提问是否具备以下的特征:其一,现实性。教师的问题不仅是针对所学内容的回忆、再现,也不局限于对教材的分析,而是要求学生围绕现实生活展开分析或批判性思考。教师要注意问题的相关情境的设置,要求学生通过批判性或创造性的思考解决问题,把学生的学习与学生的课外生活联系起来,调动学生的生活经验,而不仅仅局限于教材。其二,开放性。根据学生回答问题时的思维方向,问题可以分为封闭型问题和开放型问题。开放型问题是指没有明确的、固定的标准答案的问题或者说有多个正确答案的问题。其三,逻辑性。教师的提问应该有连贯性,问题与问题之间能够互相转换或具有逻辑性,而不是分散、孤立的知识识别与再现。如有教师在执教苏教版《蚁国

① 姚利民.有效教学研究[D].上海:华东师范大学博士学位论文,2004:19.

英雄》一文时，抓住文中“万万没有想到”这句话，设计了一连串的问题：“‘万万没有想到’是什么意思？”“那作者想到的是什么？他为什么会这样想？”“他万万没有想到的是什么？是什么让作者如此震惊？”这样的提问，使得教学过程清晰流畅，在层层深入中，文章的意旨豁然呈现。需要指出的是，有效的提问不仅包括上述特征，一个完整的提问，还应该包括教师的候答、理答等行为，给予学生充分的候答时间，对学生的回答多作出“积极反应”等，也是有效提问的重要特征。大凡有效的课堂教学，总离不开教师的有效提问，有效提问的实质是师生间的有效交流，它是课堂教学高效率的重要体现。

第三，有效倾听。有效倾听是课堂教学过程中，师生之间进行有效交流的基础。教师不仅要听学生发言的内容，还要听其发言内容所包含的情感、想法。有效的课堂不应该是“发言热闹的教室”，而是“用心地相互倾听的教室”①。有效的倾听是关注学生欲望与需求的倾听。学生在教育生活中的欲望和需求往往不是通过他们的行为，而是通过他们的声音表达出来。它可能是一段叙说、一个句子或是一个简单的感叹词，以及一声呼喊和连绵不断的啜泣。对这些声音所表达的欲望和需求的倾听、理解和应答，是教师倾听的重要任务。有效的倾听还是关注学生情感的倾听。一个善于倾听的教师，能迅速准确地从学生发出的各种声音中听出愤懑、悲哀、快乐和喜悦等各种情感，同时在教学上作出适当及时的反应和调整。有效的倾听还是关注学生思想的倾听。当学生发现自己那些隐藏不露的思想被教师倾听并认可时，他们就与教师建立了更深一步的交往关系——思想上的交往。此外，有效倾听还关注学生差异与区别的倾听。倾听面对的是具体和特殊的生命个体。当各种声音汇集在教师耳边的时候，教师的任务是听出这些声音的差异，听出它们所反映的不同个性和人格。最后，教师的倾听还是关注学生与他人关系的倾听。作为正在社会化的人，学生的每一个声音，都不是纯粹自我的声音。他的声音总是处在与其他声音相互缠绕的关系之中。与其说学生的声音是对自我的反映，不如说是对他人与自我关系的反映。教师的有效倾听既要关注“具体的人”，也要关注这个“具体的人”与另一个或另一些“具体的人”之间的关系。② 教师在课堂教学中，能否从学生的声音中听出需求、情感、思想与差异，能否关心具体的每个学生，以及每个具体的人之间的关系，是教师倾听是否有效的标志，也是判断课堂教学是否能够有效交流的标志，它反映了课堂教学的效率。

第四，有效点拨。课堂教学中的“点拨”，就是指教师针对学生在学习过程中存在知识障碍、思维障碍，运用理性思考、排除故障的“艺术手段”，启发学生开动脑筋，进行思考与研究，寻找解决问题的途径与方法的教学技能。点拨的有效与否，往往取决于点拨的时机。孔子就曾说过：“不愤不启，不悱不发，举一隅，不以三隅反，则不复也”。意思就是说当学生在“愤”“悱”时进行点拨、启发，才是最有效的。在语文课堂教学中，教师能否把握有利的时机，适时点拨，在某种意义上对教学活动的深入、持续开展具有重要意义。教学的“精彩处”“偏差处”“瓶颈处”和“浅薄处”均是教师进行点拨的有利时机。有教师在执教《安塞腰鼓》一文时，教师在范读文章后，一位学生作出了这样的点评：我认为老师读

---

① ［日］佐藤学．静悄悄的革命［M］．李季湄，译．长春：长春出版社，2003：24.

② 李政涛．倾听着的教育——论教师对学生的倾听［J］．教育理论与实践，2001(7).

得抑扬顿挫,短句读得急促,长句读得舒缓,议论抒情读得高亢。特别第十四、十五小节读得各有特色,声音过渡非常巧妙。另外,教师读得感情丰富而充沛,读出了黄土高原特有的神韵。面对学生的精彩点评,教师不失时机地进行对学生进行点拨:这位同学听得非常细致,非但从朗读技巧上进行点评,还在点评中包含对这一篇文章内容和情感的理解。的确,当教师读到"一锤起来就发狠了"一段时,就深深地被充溢着生命力量的后生们打动了。于是老师读时尽量使语势峰峰紧连,扬而更扬,势不可遏。如果要让我用一个字来形容安塞腰鼓给我的那份感动的话,那只有一个"好"字。无独有偶的是,文中也多次出现了"好一个安塞腰鼓"。那么,安塞腰鼓究竟好在哪些方面呢?老师这一"点",准确点出了"激荡着生命和磅礴力量"这一句话的表达技巧;老师这一"拨",巧妙地拨出了文章整体感知的问题,激发了学生的积极性。[①] 这是教师在"精彩处"的点拨。由于学生的认知水平和生活经验的限制,学生对文本的理解有可能会出现偏差,也可能会出现思维受阻的情况,或是对文章的理解或是表达方式的感悟处于较低的水平,这就是教学中的"偏差处""瓶颈处"和"浅薄处",只有经过教师的适时点拨,才能让学生有豁然开朗的感觉,进而推动教学流程不断向纵深处行进,让学生的学习富有效率,在高效的学习中获得启发、品悟方法、习得能力。

(三)充满热情 关系和谐

充满热情是指教师教学时通过语言、动作等显示自己爱语文、爱教学、爱学生的热情,使教学充满感染力、影响力。教学是师生共同参与的智力活动,虽然课堂教学环境主要是信息、知识环境,要实现认知的目标,但教学总是在师生一定的情绪背景下进行的,师生的情绪状态这一智力活动的动力因素影响着教学的成败,也影响着教学的效率。因此,在教学中强调师生的情绪状态是十分必要的。而在师生的情绪状态中,教师在教学时的情绪状态对教学效率的影响最为显著,这可以从国外众多的研究中得到验证。古德等(Good & BroPhy)对教师行为与学生成绩研究综述后指出,教师在教学时的热情与学生的学习成绩关系密切。[②]哈伦(Harlan)认为,教师有效教学的一个关键特征是教学的热情。[③] 国外也有研究者对教师情感与学生学习效果的关系进行了验证。研究表明,教师的情感可以提高学生的注意力,增强学生的学习兴趣,增强学生对于教学内容的理解,使学生积极参与,增进师生关系。并且指出,从长远的效果来看,教师情感还有利于学生形成对于学科的兴趣,获得长久的学习动机。[④] 从相关的研究可以看出,在教学中教师充满热情,可以使教学具备高效率的特征,从而形成有效的教学。在小学阶段,教师的这种情感特征对教学有效性的影响会表现得更为明显。因为小学生通常把老师当作自己的模仿对象,教师在教学中所表现出的充满热情的情感特征往往会促使或改变学生的学习热情。要想培养小学生的语文情感,教师在课堂中应该首先让自己充满热情,这种热情既包括对学科的热情,也包括对教学的热情和对学生的热情。试想一下,一个自身知识匮

① 关心凤.基础教育教学基本功——小学语文卷[M].北京:首都师范大学出版社,2009:61-62.

② D C Berliner, Handbook of Educational Psychology. Simon & Schuster Macmillan,1996:738.

③ J Hanlan, Behaviour Management of Strategies for Teachers, C C Thomas Publishers, 1996:127.

④ 赵玉英.课堂教学活动中的教师情感研究[D].大连:辽宁师范大学硕士学位论文,2003:29-31.

乏，对语文学科毫无感情的教师，在教学中也必然是马虎应付，得过且过，既不会好好准备教学活动，也不会对教学过程进行精心的策划，这样的教学势必是低效，甚至是负效的。而一个在教学中充满热情的教师，通过长期的潜移默化，使学生在耳濡目染之中形成积极的语文情感。这就要求教师首先要形成对于语文学科、语文教学和学生的热情，并善于在课堂教学中，通过自己的教学行为，向学生传达这种热情。有研究者认为，充满热情表现为对教学内容表现出真正的兴趣，教学时流利、兴高采烈的言语表达，炯炯有神、动人的眼神，表现出惊讶、兴奋的面部表情，丰富、饱满、爆发性的激情和充沛的精力，等等。教学充满热情的教师在课堂上很活泼，言谈中表现出丰富的感情，教学趣味性高。[①]

课堂教学活动是教师的教与学生的学共同组成的双边活动，其实质是发生在师生之间的特殊交往活动。因此，在课堂教学中，融洽的师生关系是教学活动顺利开展的前提，也是制约教学效率与教学效果的重要因素。师生关系状况直接影响课堂气氛和教师教、学生学的积极性，从而影响教学效果。融洽的师生关系要靠教师主动地去构建，一旦构建了这种融洽的师生关系，在教学中教师就会充满热情，并促使学生好学、乐学，使课堂气氛积极、活泼，学生也才会有轻松、愉悦的心理环境，因而它是有效教学的一个重要条件。“理想的教师不仅拥有所教学科的精深知识和使教学生动有趣的娴熟能力，而且他们显示出对学生的尊重，对学生谈论和思考的内容格外感兴趣和好奇以及对学生基于职业上的关心和关怀。”[②]有效教学的重要特征之一就是教学在融洽的师生关系基础上进行。在教学中，教师关心、爱护、信任、尊重学生，与学生进行有效的交流，与学生建立亲密的友谊，形成融洽的关系，从而使学生“亲其师、信其道、爱其智、乐其教”，提高教学的有效性。具体表现为[③]：(1)关爱学生。关爱学生是教师的职业道德。关爱学生就是要把学生视为自己的朋友，视为有个人价值的生命个体，既与他们建立真诚的友谊，又使其个人价值完全实现。在教学中，为学生的幸福和利益着想，把自己所掌握的知识和智慧毫无保留地教给学生，及时解决学生在教学中的困难，为学生的发展和成才提供最适合的、最多的机会，创造最佳的条件，支持、帮助学生的学习，使他们顺利地、高效地学习。(2)信任学生。研究表明，教师对学生的信任和期望是一种教育力量，影响学生的成就。在教学中，信任表现为教师对学生充满信心，相信学生的才能和创造能力，对学生有高的期望，相信学生能学得好，并通过言语和非言语手段传递信任；留一定难度的学习任务让学生独立完成，并以此促进学生的发展；给学生一定的学习自主权，让学生充分挖掘和展现自己的学习潜能。(3)尊重学生。尊重学生就是平等地对待学生，不伤害学生自尊，把学生视为有尊严、有个性、理当得到尊重的个体；在教学中尊重学生的认知偏好和个人愿望，不强行灌输知识；尊重学生的个人选择，帮助学生在选定的发展方向和道路上得到最佳发展。(4)与学生交流。师生交流不仅为完成教学任务所必需，而且是沟通思想、联络感情、传递信息、形成融洽关系的重要手段。有效教学的教师善于运用言语和非言语信

---

① 姚利民.有效教学研究[D].上海：华东师范大学博士学位论文，2004：20.

② C Kycriacou，Effective Teaching in School. Basil Blackwell Ltd，1986：140.

③ 姚利民.有效教学研究[D].上海：华东师范大学博士学位论文，2004：21－22.

号，有效地传递教学信息，表露对学生的关爱、赞美、好感、友情、信任等，达到了既有助于教学目的实现又促进师生融洽关系形成的双重目的。

（四）自主合作 高效学习

新一轮基础教育课程改革倡导自主、合作、探究的学习方式。《全日制义务教育语文课程标准（实验稿）》指出："学生是学习和发展的主体。语文课程必须根据学生身心发展和语文学习的特点，关注学生的个体差异和不同的学习需求，爱护学生的好奇心、求知欲，充分激发学生的主动意识和进取精神，倡导自主、合作、探究的学习方式。教学内容的确定，教学方法的选择，评价方式的设计，都应有助于这种学习方式的形成。"因此，在小学语文课堂教学中，学生的学习是否具备自主学习、合作学习的特征，会在一定程度上影响教学的实效性。同时，由于自主、合作的学习方式强调发挥学生的主体性，重视学生积极主动地学习，从这个意义上说，课堂教学中学生实现了真正意义上的自主、合作学习，其学习往往因此而具备高效率的特征。

有研究者认为，可以从横向和纵向两个角度来定义自主学习。从横向角度是指从学习的各个方面或维度来综合界定自主学习。如果学生本人对学习的各个方面都能自觉地做出选择与控制，其学习就是充分自主的。具体来说如果学生的学习动机是自我驱动的，学习内容是自己选择的，学习策略是自主调节的，学习时间是自我计划和管理的，学生能主动营造有利于学习的物质和社会性条件，并能够对学习结果做出自我判断和评价，那么他的学习就是充分自主的。从纵向角度界定自主学习是指从学习的整个过程来阐释自主学习的实质。如果学生在学习活动之前自己能够确定学习目标、制订学习计划、作好具体的学习准备，在学习活动中能够对学习进展、学习方法做出自我监控、自我反馈和自我调节，在学习活动后能够对学习结果进行自我检查、自我总结、自我评价和自我补救，那么他的学习就是自主的。"自主学习"可以概括为：建立在自我意识发展基础上的"能学"；建立在学生具有内在学习动机基础上的"想学"；建立在学生掌握了一定的学习策略基础上的"会学"；建立在意志努力基础上的"坚持学"。一般来讲，自主学习有以下四个方面的特征：(1)学习者参与和确定对自己有意义的学习目标的提出，自己制定学习进度，参与设计评价指标；(2)学习者积极发展各种思考策略和学习策略，在解决问题中学习；(3)学习者在学习过程中有情感的投入，有内在动力的支持，能从中获得积极的情感体验；(4)学习者在学习过程中对认知活动能够进行自我监控，并做出相应的调试。①

合作学习是指学生在小组或团队中为了完成共同的任务，有明确的责任分工的互助性学习。从其构成上来看，合作学习有以下几方面的因素：(1)积极的相互支持、配合，特别是面对面的促进性的互动；(2)积极承担在完成共同任务中个人的责任；(3)期望所有学生能进行有效的沟通，建立并维护小组成员之间的相互信任，有效地解决组内冲突；(4)对于各人完成的任务进行小组加工；(5)对共同活动的成效进行评估，寻求提高有效性的途径。有研究者在实验研究的基础上，认为在小学语文课堂教学中，合理分组，精心

① 庞维国．自主学习理论的新进展[J]．华东师范大学学报(教育科学版)，1999(3)．

组织，方法引导和教学检测可以提高合作学习的实效性。以合作学习中的分组而论，可以按固定座位进行分组，也可以根据学生的"小群体"来分，将分组的主动权交给学生，还可以按学生的知识与能力来分。精心组织强调的是教师对学生合作学习进行合理的安排，通过培养学生的合作技能实现合作学习的顺利开展，研究认为，合作学习的基本程序是"提出目标—个体自学—小组讨论—组际交流—集体评价"。方法引导是指教师能够把握教学的时机，适时引导小组活动，通过点拨等参与学生的合作，解除学生学习过程中的障碍，并通过总结，使学生合作学习的成果得以系统化。教学检测是指采用小组合作的形式进行教学检测，激励学生的合作创新。①

除在教学过程中，采用自主、合作的学习方式，学生的高效学习还表现为以下四个特点②：其一是知识学习的概念化。学习概念化是指学生在学习时，能够凭自己的语言，借助于书面文字确切地表述科学的概念。通常所谓的"举一反三"中的"一"就是指概念化的知识，是从具体的实践中抽象出来的基本概念、定理和原理及规律。其二是知识学习结构化。在课堂教学中，教师要引导学生对知识进行有效梳理，从而使知识的内涵和脉络清晰。系统的知识不仅有利于知识的回忆和应用，而且更有利于灵感的产生，促进新知识的有效生成。其三是知识学习策略化。学生在学习时，不仅要关注到所学知识本身的意义，还要及时关注自己是如何学习、如何思考的，有意识地应用有效的学习策略与方法。其四，知识应用条件化。学生学到的知识，应该要明白知识在什么样的条件下运用。学习知识的目的在于应用，这要求教师必须"活"教，而避免让学生"死"学。

三、有效益——师生需求的共同满足

教学的有效性，还表现为教学有效益。所谓教学效益，是指教学目标与特定的社会和个人的教育需求是否吻合及其吻合的程度。这里的需求，不仅是指学生发展的需求，还包括教师的发展需求。教学过程中师生的内在关系是教学过程创造主体之间的交往（对话、合作、沟通）的关系，是师生双方以平等的关系，在教学过程中实现知识与智慧的交流、精神与意义的沟通，并在交流、沟通中感悟生命的意义与价值的过程。站在生命的高度来看待课堂教学，它是师生人生中一段重要的生命历程，是师生生活的重要部分，课堂教学构成了他们生命的有意义的部分。每一堂课都应是师生人生中美好的记忆，都是不可重复的生命体验。针对语文课堂，它便是教师、文本、学生、编者等生命个体相互碰撞的、相互沟通的过程。对于教师而言，课堂教学是其职业生活的最基本的构成部分，它直接影响教师对职业的感受、态度和专业水平的发展以及生命价值的实现。对于学生而言，课堂教学是其学校生活最基本的构成部分，它直接影响学生当前及今后的多方面发展和成长。可见，课堂教学对于师生双方都具有生命的价值与意义。因此，教学过程不应只是学生单方面获得进步与发展的过程，也应成为教师生命活力展现与生命意义提升的过程，有效的教学既要满足学生的发展需求，也要关照教师的发展需求，使师生的发展需求得到共同满足。

---

① 陈贤文.小学语文课堂合作学习实效性研究[D].北京：首都师范大学硕士学位论文，2006：27－37.

② 吴效峰.新课程高效率教学[M].沈阳：辽宁大学出版社，2006：146－147.

(一)学生的角度

1. 求知需求与发展需求

掌握知识与发展智力是学校教育教学重中之重的任务，它们之间的关系历来都是各种教学理论流派之间争论的焦点。一般认为，知识不仅包括“知什么”，而且还包括“知如何”，即不仅包括客观事物的属性与联系反映所得的认识结果，而且包括怎样去操作、行动。当代心理学家安德森(J. R. Anderson)主张把知识分为两类：一是“知什么”的知识，称为陈述性知识，这种知识包括我们所知道的事实，它可以用语言来表达和传递；二是“知如何”的知识，即知道如何进行的知识，称为程序性知识，这种知识往往不能传递，它实际上包括当代心理学家所说的智慧技能、认知策略和动作技能。关于智力的界说历来不一，综合各种智力的定义，智力可以被理解为一个人的神经活动的功能特性在人的一切认识活动中的表现，它是一个人的基本的、综合性的认识潜能，在日常生活中相当于通常所说的“聪明程度”。[①] 在课堂教学中，掌握知识与发展智力均有其独特的意义，掌握知识与发展智力是发展能力的两个方面。能力就是保证个体“能”顺利完成一定活动、直接影响活动效率的主观条件，是由知识和智力等构成的有机整体。在能力结构中，智力是一般成分，知识相对于智力来说是特殊成分。我们通常意义上所说的教学要培养学生能力，就是包括这样两方面的内容：一方面，要向学生传授知识，包括陈述性知识和程序性知识，其中尤为重要的是程序性知识，即智慧技能、动作技能和认知策略；二是要发展学生的智力，即提高学生的基本的认识潜力。只有这样，才能完整地发展学生的能力。[②] 而由于思维是智力的核心，具体到语文教学中来说，发展智力又具体地表现为促进学生思维的发展。

语文是最重要的交际工具。作为最重要的交际工具，学生固然要形成必要的听、说、读、写能力，而这些能力的形成，一方面既依赖于语文知识的掌握，另一方面也离不开学生思维的发展。因为从语言与思维的关系来说，语言是思维的工具，思维则是语言的内容，没有思维就不可能有语言。因此，小学生语文能力的形成与发展，离不开语文知识的掌握与思维能力的发展。从这个意义上来说，小学生的发展需求既包括知识的掌握，也包括思维能力的发展。以阅读教学为例，小学阶段的语文阅读教学，既要满足学生的求知需求，让学生知道一篇文章表达了什么样的观点、情感或是叙写了什么样的事情，获得一些结论性的知识，还要让学生在积极的思考中懂得结论形成的过程，即知道文章是如何来表达的。课程标准要求学生在阅读中揣摩文章的表达顺序，体会作者的思想感情，初步领悟文章基本的表达方法。在交流和讨论中，敢于提出自己的看法，做出自己的判断。即是兼顾了语文教学中学生求知与发展的双重需求。从心理学的角度来看，由于小学阶段的学习活动开始要求掌握前人的知识经验，小学生为了掌握人类的大量的间接的知识经验，就必须进行分析、综合、比较、抽象、概括等思维活动，使知识系统化和条理化。但是，初入学的小学生的思维还基本上属于具体形象思维。这就产生了发展逻辑思维的

---

① 施良方，崔允漷. 教学理论：课堂教学的原理、策略与研究[M]. 上海：华东师范大学出版社，1999：92.

② 施良方，崔允漷. 教学理论：课堂教学的原理、策略与研究[M]. 上海：华东师范大学出版社，1999：99.

新需要与具体形象思维的旧水平的矛盾。这个矛盾的结果，使小学生的思维处于具体形象向逻辑抽象过渡的阶段。[①] 因此，这一阶段的语文教学，还应该关注到学生内在的发展需求——思维水平的发展。课堂教学只有实现了学生求知需求与发展需求的共同满足，才具备有效益的特征。

2. 当前需求与长远需求

学生的需求还可以从时间的维度来进行划分，包括学生的当前需求和长远需求。需求作为个体和社会的客观要求在人脑中的反映，它是有机体、个体和群体对其生存与发展条件所表现出来的内部状态。语文既是交际的工具，也是学习其他课程的基础，还是学生全面发展和终身发展的基础。就小学阶段的语文课程而言，它一方面致力于使学生掌握基本的语文知识、形成基本的语文能力，从而为小学生适应日常的交际奠定基础；另一方面，则致力于使学生在掌握基本知识、形成基本能力的过程中，形成语文学习的方法，养成热爱祖国语言文字的情感。概言之，即是要使学生在“知识与能力、过程与方法、情感态度与价值观”三维目标上获得整合发展。语文目标的这一定位，实质上反映了现代社会对于公民的基本要求：现代社会要求公民具备良好的人文素养和科学素养，具备创新精神、合作意识和开放的视野，具备包括阅读理解与表达交流在内的多方面的基本能力，以及运用现代技术搜集和处理信息的能力。因此，小学生在语文教学过程中，既要掌握语文的基本知识与基本技能，达到课程标准对于各个阶段的具体要求，又要掌握语文学习的方法，形成对于语文学科的情感，做到“会学”、“乐学”，为终身发展奠定基础，从而满足现代社会对公民的基本要求。因此，有效的语文教学，不仅要使学生达到一定阶段的课程目标，更重要的在于，使学生通过教学，掌握方法，形成对于语文学科的积极情感，使学生的长期发展需求得到满足。现实教学中，很多看似有效的课堂教学，往往由于急功近利，忽视学生的长期发展需求，而最终走向低效甚至是负效。如在课堂教学中，一味强调对学生进行枯燥乏味的语文训练，虽然这样的课堂看起来效率颇高，短期内也有可能取得不错的教学效果，但是由于忽视了学生的情感，忽视了学习方法的养成和学生积极主动学习品格的形成，学生往往会滋生出厌学情绪，导致“学一样，厌一样”的现象出现。这样的教学，正是由于没有很好兼顾学生的当前需求和长期需求，使教学缺乏效益，而走向了低效或是负效。

(二)教师的角度

从有效教学的终极追求来看，它实质追求的是学生的“有效学习”，然而，在这种“一切为了学生”的追求中，对教师发展需求的忽视不可避免地成为“有效教学”的缺憾。正如有的研究者指出的那样，在这种“为了学生”的有效学习的教学实践中，教师作为蜡烛、春蚕、人梯、老黄牛、水手等传统角色便有了理所当然的凭据。而教师作为人的自身需要与欲望、追求，教师自身的梦想与欢乐，渐渐成为一个荒地。[②] 新课程改革以来，随着课程观、教学观、教师观和学生观的全面革新，教师角色得以重新定位，教师不再是知识的占有

① 林崇德. 小学生心理学[M]. 合肥：安徽人民出版社，1981：65－66.

② 高慎英. “有效教学”的理想[J]. 课程·教材·教法，2005(8).

者、传授者，而成为学生学习的合作者、促进者。教师与学生共同组成“学习共同体”，共同学习，共同发展。课堂教学作为师生共同参与其中的、充满生命意蕴的交往活动，它是教师生命的、有意义的构成部分，理应关注到教师的发展，关注到教师发展需求的满足。教师的发展需求随着社会的发展、教育教学改革的不断深化，在不同的时期有着不同的内涵。小学语文教师的专业素养包括教育观念、知识素养、能力素养等因素。新一轮基础教育课程改革的不断推进和深入，对小学语文教师的专业素养提出了一些新的要求。

首先，小学语文教师应具有新的现代教育理念。教育理念是人们对于教育活动认识的结晶，它既集中反映教育现实的变化，又深刻地影响着教育现实的存在。有了现代教育理念，才会有现代的教育。教师应该具有与时代精神相通的理念，并以此作为自己的专业行为的基本理性支点。就小学语文教师而言，如下两个层次的教育理念是不可或缺的：宏观教育的认知角度和语文教育的认知角度。从宏观教育的认知角度看，小学语文教师要充分认识基础教育的未来性、生命性和社会性，深入认识到小学教育是以促进少年儿童在健康、认知、社会性、情感、个性等方面的全面、和谐发展为目的。基于这种理念，小学语文教师应转变以发展智力为中心的教育思想，树立智力与非智力协调发展的教育观念；应转变以继承为中心的教育思想，树立培养创新精神的教育观念；应转变以学科为中心的教育思想，树立知识整体化的教育观念等。此外，还特别要求小学语文教师树立科学的少年儿童观。传统教育中对中小学生的看法，强调的是他们缺乏知识、能力和经验的一面，即主要看到的是学生现在的状态，而不是他的潜在状态、内在的积极性和发展的可能性；传统观念把学生发展的过程，主要看作是把人类已有的文化传递给学生的过程，忽视学生作为学生主体的作用。新的学生观把学生看作虽有不足和幼稚，但却是具有旺盛生命力、具有多方面发展需要和发展可能的人；具有主观能动性，有可能积极、主动参与教育活动的人；把他们看作是教育活动中不可替代的主体。从语文教育的认识角度来看，小学语文教师要深刻认识到语文课程的总体目标是“全面提高学生的语文素养”。当前基础教育改革的核心——课程改革是新中国最全面深入的课程改革，它对传统的语文教育观念产生了强烈的冲击。《全日制义务教育语文课程标准(实验稿)》在“课程性质与地位”中明确提出：“语文素养是学生学好其他课程的基础，也是学生全面发展和终身发展的基础”，在“课程的基本理念”中把“全面提高学生的语文素养”作为首要的核心理念加以提出。这是对长期以来我国《小学语文教学大纲》将语文学科的总目标基本定位在“培养学生理解和运用祖国语文文字的能力”的历史性超越。“语文素养”一词具有丰富的内涵，它不是一种单纯的语言技能，而是一种综合素养。从“能力”到“素养”不是简单的词语变换，它体现了现代语文教学在弘扬理性精神，注重语言的准确、简明、实用，注重创新思维的培养、人文精神的熏陶、完美人格的塑造之间寻求的一种平衡。这就要求小学语文教师在语文教育观念上要切实完成从培养学生“语文能力”到“语文素养”的转变。

其次，小学语文教师在知识结构上更加强调多层复合性。从小学语文教师知识结构的现状来看，单一化的特征还比较明显。这一方面是受任课单一化、长期固定化的影响。长期以来多数小学语文教师从任教之始即专任这一门学科，甚至固定在一个学段进行教学，使教师很难有机会接触各门学科的教学，也较少有机会熟悉本学科各学段的教材，多数教师往往是只求专而不思博。应该指出,这种单一化的知识结构与现代小学教育课程逐步整体化、综合化的趋势和要求是不相适应的。现代小学教育更加注重教育内容的相互联系,教育方法和手段的综合使用,更加追求整体利益,教育的评价也更加全面、系统,更加关注学生的全面发展。这就对小学语文教师的知识素养提出了多层复合性的要求。未来小学语文教师的专业素养在知识结构上不再局限于“语文学科知识+教育学知识”的传统模式,而是强调多层复合的结构特征。要求小学语文教师既要有精深的语文学科专业知识、教育教学专业知识,又要打破学科专业壁垒,吸收各学科精华,形成以专业学科知识为核心,与其他学科知识关联整合、纵横交织的知识结构。如一名教师在教学《麻雀》时,有学生提出这样一个问题:为什么课文中说的是一种强大的力量使它飞下来,而不是爱的力量呢?这个学生提的问题是贴近小学生生活经验和相应的理解力的,然而教师对学生的这个问题却不知如何处理,最后不了了之。[①] 如果教师在备课时,了解俄国作家屠格列夫创作这一作品的时代背景,知道文章所表达的主题是弱小力量奋起反抗强暴的思想,那么这个问题就会得到很好的解答。正是基于对知识结构多层复合性的考虑,有研究者认为,小学语文教师在知识结构上包括本体性知识、条件性知识和普通文化知识三个方面,其具体构成如表 2-1 所示。

表 2-1　小学语文教师知识结构[②]

	类别	内容
小学语文教师专业知识结构	本体性知识	文学知识与阅读鉴赏
		汉字知识与文化
		汉语文知识与文化
		写作知识
	条件性知识	教育学知识(教育哲学、教育史、教育管理、教育科研、教育技术、教师教育)
		心理学(教育心理学、中小学生心理学、教学心理学)
	普通文化知识	哲学
		历史
		地理
		社会学
		伦理学
		艺术(美术、书法、音乐、影视、建筑等)

再次,当今社会赋予未来教师更多的责任与权利,提出更高的要求和期望,教师要胜任就需要新的能力。这主要包括下述几个方面的能力要求:

第一,理解他人和与他人交往的能力。学校教育系统是一个人—人为主的工作系统。尽管随着教育技术手段现代化的加速,教师的部分工作将被计算机或其他技术手段

① 于欣.教师角色转变应从备课开始[J].中国教育报,2003-10-11.

② 吴若雯.农村小学语文教师校本培训需求调查与思考[D].武汉:华中师范大学硕士毕业论文,2008:25.

代替,但是,学校教育作为人—人系统的本质不会改变,越是具有人性的丰富性的工作,机器越不能代替。技术手段的现代化恰恰是更强化了教师作为人的作用,其中最根本的是精神的沟通、情感的交流和个体人格的影响力。正是从这个意义上,我们强调教师理解他人和与他人交往的能力。这里的他人,首先是指学生。教师要实现有效的教育,要使学生积极主动地投入到教育活动中去,都离不开与学生对话和沟通,建立起你—我关系。教师还是群体中的一员,他需要与其他教师合作。教师建立与家长合作和相互支持的关系、与社区各有关机构中人员的关系,都是形成教育合力和进行有效工作必不可少的。总之,教师的工作是为人、通过人与人之间的合作和共同活动,对人的发展产生积极影响的工作,故理解人和与他人交往的能力是最基本的能力。

第二,管理能力。这与前面提到的传统观点有共通之处,因为教师在学校教育活动中不可推卸地承担着组织者和管理者的责任。但我们理解的管理不只限于方法,首先,更重要的是按教育目的规划教育活动的决策与设计能力,这种能力对教育活动的有效性具有重要影响。其次是作为组织者与领导者的管理能力。对于教师来说,更要具有使管理本身也成为一种教育力量,把学生管理工作,变为锻炼学生、培养学生自我管理和团结合作能力的手段,变成让学生在为集体贡献过程中展现特长、发挥优势的舞台。教师具有这样的管理能力,就不会把学生仅仅作为管理对象,把他们管死,而是把学生组织起来,发挥他们每个人的聪明才智,形成一个使每位学生都能得到生动活泼发展的集体。

第三,教育研究能力。具有科研的意识、知识与能力,是所有专业人员的共同特征。因此提高教师职业专业化水平,必须强调有关研究能力的要求。以往对教育传递知识功能的强调,使人们忽视了教师工作的创造性特征。科研能力在此主要是指研究学生及教育实践的能力。教师的研究大量是结合自己的实践工作与对象开展的,因此,科研能力也是高质量教育和教师自身专业能力不断发展的必要条件。教师的研究能力,首先表现为对自己的教育实践和周围发生的教育现象的反思能力,善于从中发现问题、发现新现象的意义,对日常工作保持一份敏感和探索的习惯,不断地改进自己的工作并形成理性的认识。从这个意义上,教育研究成了教师作为专业人员的一种专业生活方式,他自己创造着自己的专业生活质量,这是教师在专业工作中自主性和自主能力的最高表现形式。教师研究能力的进一步发展则是对新的教育问题、思想、方法等多方面的探索和创造能力,运用多方面的经验和知识,综合地创造性地形成解决新问题方案的能力,这使教师的工作更富有创造性和内在魅力。同时,教师创造意识和能力的形成,在教育实践中的成功,会使他十分看重对学生创造意识和能力的培养,无疑,这是未来教育十分期望实现的价值。

第四,运用现代化教学手段的能力。运用现代化教学手段是适应小学生思维发展特点和时代发展的必然要求。小学生思维发展的基本特点是从以具体形象思维为主要形式逐步过渡到以抽象逻辑思维为主要形式。但这种抽象逻辑思维在很大程度上仍然是直接与感性经验相联系的,仍然具有形象性。因而,小学生对教学活动外在表现的兴趣有时会远远大于对教学内容的兴趣,如,教师讲课的表情,教学组织形式、教具等都会对教学效果产生很大的影响。他们往往会爱屋及乌,因为喜欢某个老师或某堂课的教学形式和手段,就喜欢听这堂课的内容。小学生的这一特征对小学语文教师的形象化教学提出了特殊要求，而运用现代化教学手段则是实现这一要求的重要途径。现代社会是一个高度信息化的社会，以光电子技术、人工智能技术为标志的信息技术成为各项技术发展的先导，小学语文教师要高度重视对多媒体、电脑操作、网络教学等现代化教学的广泛运用，不断提高对现代教学手段的操作能力，这是促进教学效果最优化的重要手段，是使小学语文教学走向现代化的一个重要条件，绝不可能把它当成可有可无的教学包装。

具有教育智慧，是教师专业素养达到成熟水平的标志。它既是上述诸方面专业要求在教师身上实现综合的结果，又是教师长期全身心地投入教育实践，不断反思、探索、创造所付出的心血之结晶。教师的教育智慧集中表现在教育、教学实践中：他具有敏锐感受、准确判断生成和变动过程中可能出现的新情势和新问题的能力；具有把握教育时机、转化教育矛盾和冲突的机智；具有根据对象实际和面临的情境及时作出决策和选择、调节教育行为的魄力；具有使学生积极投入学校生活，热爱学习和创造，愿意与他人进行心灵对话的魅力。教师的教育智慧使他的工作进入到科学和艺术结合的境界，充分展现出个性的独特风格。教育对于他而言，不仅是一种工作，也是一种享受。

时代发展和教育改革深化对于教师素养的新要求，反映在教师的心理层面，即构成了教师发展的需求。有效的课堂教学应该有助于教师教育理念的更新、教学知识的增长和教学能力的发展，满足教师发展需求。

第三节　语文有效教学的意蕴

教学改革是课程改革系统工程中的一个组成部分。课程改革必须面对的问题就是要改变课堂教学中教师教得辛苦，学生学得很累的现状，强调通过课堂教学促进学生的全面发展。随着新课程改革的不断深入，教师是否具备有效教学的理念，并切实掌握有效教学的策略，对于课程改革能否继续深入，取得实实在在的成果有着至关重要的影响。从这个意义上来理解有效教学，它既是一种理念，也是一套策略。

一、作为理念的有效教学

所谓“理念”，就是一个人具有的准备付诸行动的信念，它既是一种观念，也是一种行动。具体地说，“有效教学的理念”主要包括下列这些内容[①]：

(一)关注学生全面发展的理念

教学是否有效并非依赖于完全客观的标准来判断，实际上对教学有效性的判断是一个价值负载的活动，它取决于人们的教学价值观和教学目标观。人们对教学目标的不同认识，必然会导致对教学有效性的不同判断。新课程规定了三大课程目标领域——知识与技能、过程与方法、情感态度与价值观，这意味着学生的知识掌握程度不再是判断教学有效性的唯一标准。课堂教学是否有效，取决于三维目标能否整合达成，取决于是否有

---

① 李学书，谢利民.“有效教学”的理念及其研究价值[J].教育理论与实践，2008(7).

助于实现学生的全面发展。这就要求教师要有“对象”意识，要确立学生的主体地位，树立“一切为了学生的发展”的思想，建立起完整的“人”的概念，关注学生的全面发展。在教学中，教师应将学科的价值定位在学生的全面发展上。

(二)重视教学时间与效益

有效教学关注教学效益，要求教师有时间与效益的观念。教师在教学时既不能跟着感觉走，又不能简单地把“效益”理解为“花最少的时间教最多的内容”。教学效益不同于生产效益，它不是取决于教师教多少内容，而是取决于对单位时间内学生的学习结果与学习过程综合考虑的结果。教学过程要关注学生的进步或发展；关注学生的情绪生活和情感体验，道德生活和人格养成；教学过程不只是将学生的有问题变成无问题，而应该是通过学习来生成问题，用问题意识来激发学生强烈的学习愿望和思维的活跃性系统性。

(三)强调预设与生成辩证统一

“有效教学”既是预设的，又是动态生成的。预设是生成的前提和基础，生成是预设的超越和发展。它们是课堂教学的两翼。预设体现教学的科学性、计划性和封闭性，生成体现教学的艺术性、动态性和开放性。教学是有目标、有计划的活动，预设是教学的基本要求。课堂教学如果只讲动态生成而抛弃了应有的预设，或者远离教学目标想干什么就干什么，学生想到哪儿教师就跟到哪儿，那么，这种教学实际上已经偏离了教学的内在含义，是无效的动态生成。同样，只讲预设，没有动态生成，不能根据教学实际作出灵活的调整和变化，就很难满足学生的学习需求和促进学生的发展。所以，“有效教学”必定是预设和生成和谐、辩证的统一。

(四)教师应该具备反思与创新意识

“有效教学”必然是一种反思性实践，有赖于教师持续的反思与探究。坚持教学反思可以提高教师的创新意识、专业化水平和教师的元认知技能。反思产生于问题，一开始教师对许多问题模糊不清，包括对什么是“有效教学”，什么是低效教学，教师的认识是笼统的，并不具体；肤浅的，并不深刻。在这种情况下，坚持教学反思，让教师审视自己的教学，反思自己的教学，质疑自己的教学，找出教学中的低效或无效的问题进行研究，最终可生长出新观念、新教法、新措施，使原来的教学走向“有效教学”。“有效教学”需要教师具有主体意识，充分发挥创造精神；也需要教师具有经验意识，从经验中学习，形成自己的实践智慧。

二、作为策略的有效教学

有效教学不仅是一种教学理念，还是一套教学策略，所谓“策略”，就是指教师为实现教学目标或教学意图而采用的一系列具体的问题解决行为方式。从目标管理的教学流程来看，有效教学策略包括教学准备策略、教学实施策略与教学评价策略；从语文教学所针对的内容来看，有效教学策略又包括有效识字教学的策略、有效阅读教学策略、有效口语教学策略和有效写作教学策略。由于从目标管理的教学流程角度来讨论教学策略更具有一般意义，因此，我们在此将着重就教学准备、实施与评价的策略展开讨论，针对不同语文教学内容的具体策略，将在后面的章节中作重点探讨。

按照目标管理的教学流程，笔者把有效的教学过程划分为三个阶段：教学的准备、教学的实施与教学的评价，根据教师在处理每一阶段的过程中所表现出来的种种具体的问题解决行为方式，有效教学的策略可以被划分为教学准备策略、教学实施策略和教学评价策略。

教学准备策略主要是指教师在课堂教学前所要处理的问题解决行为。也就是说，教师在制定教学方案(如书面计划就叫教案)时所要做的工作。一般说来，它主要涉及形成教学方案所要解决的问题。具体说来，一个教师在准备教学时，必须要解决下列这些问题：教学目标的确定与阐述、教学材料的处理与准备(包括课程资源的开发与利用)、主要教学行为的选择、教学组织形式的编制以及教学方案的形成等。[①] 需要强调的是，教学准备后的实施不是贯彻计划，而是要根据课堂情景进行调整。导致调整的最重要的因素就是课上学生的反应。研究表明，教案过于详尽的教师在上课时对学生的反应反倒不敏感，较少鼓励学生谈自己的看法和进行讨论。相比准备计划简略的教师所教的学生，准备计划详尽的教师所教的学生在学习态度上的表现要差些。这就说明，如果教师不随机应变，过于详尽的教案就有可能起副作用。教案毕竟是带有主观性的设计蓝图，在实施时的灵活性非常重要，新手教师与专家教师的差别往往也就在于此。

教学实施策略主要是指教师为实施上述的教学方案而发生在课堂内外的一系列行为。一般说来，教师在课堂里发生的行为按功能来划分主要是两个方面：管理行为与教学行为。课堂管理行为是为教学的顺利进行创造条件和确保单位时间的效益；而课堂教学行为又可以分为两种：一种是直接指向目标和内容的、事先可以做好准备的行为，这种行为称之为主要教学行为；而另一种行为直接指向具体的学生和教学情景，许多时候都是难以预料的偶发事件，因而事先很难或根本不可能做好准备，这种行为称之为辅助教学行为。综合上述的分析，我们把课堂教学实施行为分为主要教学行为、辅助教学行为与课堂管理行为等三类，每类行为的指向、类别及决定因素详见表 2-2。[②]

表 2-2　课堂教学实施行为分类表

	行为指向	行为类别	决定因素
主要教学行为	直接指向教学目标或需要处理的内容	显示行为，如语言、文字、声像、动作呈示等	教师培养与培养的质量、教学专业知识与技能，事先准备程度
		对话行为，如问答(发问、候答、叫答、理答)、讨论等	
		指导行为，如阅读指导、练习指导、活动指导等	

① 崔允漷.有效教学：理念与策略(上)[J].人民教育，2001(6).

② 崔允漷.有效教学：理念与策略(下)[J].人民教育，2001(7).

(续表)

	行为指向	行为类别	决定因素
辅助教学行为	课堂中的学生或情景中的问题	动机的培养与激发	主要是教师的课堂经验与教师的人格素养，教学机智
		积极的教师期望	
		有效的课堂交流	
		课堂强化技术	
课堂管理行为	课堂中学生所发生的破坏性行为或偶发事件，教学效率	课堂规则	主要是教师的课堂经验与专业技能，人格素养
		课堂问题行为管理	
		课堂管理模式	
		课堂时间管理	

教学评价策略主要是指对课堂教学活动过程与结果作出的一系列的价值判断行为。这一定义说明了评价行为贯穿整个教学活动，而不只是在教学活动之后。教学评价策略主要涉及学生学业成就的评价与教师教学专业活动的评价。学生学业成就的评价是指根据一定的标准，对学生的学习结果进行价值判断的活动，即测定或诊断学生是否达到教学目标及其达到目标的程度。因此，它是教学评价的主要内容，也是衡量教学是否有效的重要指标。假如评价的结果是学生取得了进步，说明该教师的教学是有效的；反之，假如评价的结果是学生没有什么进步，说明该教师的教学就没有多少效果。从评价活动的组成来看，学生的学业成就评价包括确定学业成就评价的依据、编制学业评价的试题、实施以测验为主的评价活动、对测验结果进行分析等几个方面。教师课堂行为的评价特别是学生对教师的评价，要使学生评价达到一定的信度与效度，必须处理好这些技术问题：(1)首先必须明确本校教学过程中主要存在哪些问题，并针对这些问题设计评价指标。(2)评价指标控制在 10 至 15 个，而且必须是具体、明确，学生根据自己的体会就能作出判断。(3)尽可能收集定量与定性两方面的信息。(4)指标的产生尽可能校本化，要广泛听取本校教师和学生的意见。(5)开学初就应把评价表发给每位教师，并告诉教师，在期末由学生在这些方面来评价教师的教学，这便于教师学会自我管理。(6)尽可能每次让一个学生同时评价 5 门或更多门学科的教师，这样每班随机取样 15 名即可，以避免个别教师作假。(7)由于所有量表都有一定的风险，因此统计结果的处理需要谨慎，如不可据此对教师进行排名等。①

需要说明的是，上述的有效教学策略并不是一种放之四海而皆准的模式，其目的在于帮助教师形成自己的有效教学策略。同时，针对不同的教学内容，比如识字教学策略与阅读教学策略，应该是有所不同的。

① 崔允漷. 有效教学：理念与策略(下)[J]. 人民教育，2001(7).

参考文献

一、著作类

1.[日]佐藤学. 静悄悄的革命[M]. 李季湄,译. 吉林:长春出版社,2003.

2. D R Cruickshank et al. 教学行为指导[M]. 时琦,等译. 北京:中国轻工业出版社,2003.

3. 辞海编辑委员会. 辞海[M]. 上海:上海辞书出版社,1980.

4. 邓金. 培格曼最新国际教师百科全书[M]. 学苑出版社,1989.

5. 顾明远. 教育大辞典[M]. 上海:上海辞书出版社,1990.

6. 关心凤. 基础教育教学基本功——小学语文卷[M]. 北京:首都师范大学出版社,2009.

7. 黄国才,陈敬文. 有效备课·上课·听课·评课[M]. 福州:福建教育出版社,2008.

8. 黄希庭. 简明心理学辞典[M]. 合肥:安徽人民出版社,2004.

9. 李定仁,徐继存. 教学论研究二十年[M]. 北京:人民教育出版社,2001.

10. 林崇德. 小学生心理学[M]. 合肥:安徽人民出版社,1981.

11. 路冠英. 教学论[M]. 石家庄:河北教育出版社,1987.

12. 施良方,崔允漷. 教学理论:课堂教学的原理、策略与研究[M]. 上海:华东师范大学出版社,1999.

13. 吴效峰. 新课程高效率教学[M]. 辽宁大学出版社,2006.

14. 肖川. 名师备课经验——语文卷[M]. 北京:教育科学出版社,2006.

15. 钟启泉. 基础教育课程改革纲要(试行)解读[M]. 上海:华东师范大学出版社,2001.

16. C Kycriacou, Effective Teaching in School. Basil Blackwell Ltd, 1986.

17. J Hanlan, Behaviour Management of Strategies for Teachers, C C Thomas Publishers, 1996.

18. D C Berliner, Handbook of Educational Psychology. Simon & Schuster Macmillan, 1996.

二、论文类

1. 别文录. 莫让"生成"迷住眼[J]. 河南教育,2006(2).

2. 陈贤文. 小学语文课堂合作学习实效性研究[D]. 北京:首都师范大学硕士学位论文,2006.

3. 程红,张天宝. 论教学的有效性及其提高策略[J]. 中国教育学刊,1998(5).

4. 崔允漷. 有效教学:理念与策略(上)[J]. 人民教育,2001(6).

5. 崔允漷. 有效教学:理念与策略(下)[J]. 人民教育,2001(7).

6. 邓小川. 论教与学的层次性和统一性[J]. 四川教育学院学报,1988(4).

7. 范蔚. 三类教学目标的实践意义及实现策略[J]. 教育科学研究,2009(1).

8. 高慎英. "有效教学"的理想[J]. 课程·教材·教法,2005(8).

9. 黄海英. 从预设式教学到动态生成式教学[J]. 现代中小学教育,2006(4).

10. 黄梅,龙武安. 三维教学目标的内涵关系与整合实施[J]. 教学与管理,2008(5).

11. 李森,石健壮. 预设性与生成性:教学思维的二重基本属性[J]. 当代教师教育,2010(3).

12. 李涛. 提高课堂教学效率之我见[J]. 教育理论与实践,2000(2).

13. 李学书,谢利民. "有效教学"的理念及其研究价值[J]. 教育理论与实践,2008(7).

14. 李政涛. 倾听着的教育——论教师对学生的倾听[J]. 教育理论与实践,2001(7).

15. 罗祖兵. 生成性教学及其理念[J]. 课程·教材·教法,2006(10).

16. 庞维国. 自主学习理论的新进展[J]. 华东师范大学学报(教育科学版),1999(3).

17. 吴玲，郭孝文. 有效教学：让课堂生成与课前预设互动共生[J]. 中国教育学刊，2007(11).

18. 吴若雯. 农村小学语文教师校本培训需求调查与思考[D]. 武汉：华中师范大学硕士毕业论文，2008.

19. 姚利民. 有效教学研究[D]. 上海：华东师范大学博士学位论文，2004.

20. 叶澜. 让课堂焕发出生命活力[J]. 教育研究，1998(9).

21. 叶澜. 思维在断裂处穿行——教育理论与实践关系的再寻找[J]. 中国教育学刊，2001(4).

22. 叶澜. 重建课堂教学过程观[J]. 教育研究，2002(10).

23. 于欣. 教师角色转变应从备课开始[J]. 中国教育报，2003-10-11.

24. 赵玉英. 课堂教学活动中的教师情感研究[D]. 大连：辽宁师范大学硕士学位论文，2003.

25. 祝爱武. 略论课堂教学的质量与效率[J]. 现代中小学教育，1996(6).

第三章　语文课堂教学有效性标准的制定

《基础教育课程改革纲要(试行)》明确指出,要“建立促进学生全面发展的评价体系。评价不仅要关注学生的学业成绩,而且要发现和发展学生多方面的潜能,了解学生发展中的需求,帮助学生认识自我,建立自信。发挥评价的教育功能,促进学生在原有水平上发展。”这是新课程评价的基本理念,其核心思想是促进学生的全面发展。语文课堂教学是学校语文课程实施的重要组成部分,对学生的全面发展和终身发展起着十分重要的作用,从新课程评价的基本理念出发,构建语文课堂教学有效性标准,通过评价来促进语文课堂教学质量的提高和师生双方的共同发展,这既是语文有效教学研究的题中应有之义,也是通过教学评价促进教学改革深入发展的必然。

第一节　制定语文课堂教学有效性标准的依据和原则

作为衡量和评判语文课堂教学质量的重要尺度与准则,语文课堂教学有效性标准的制定应充分考虑各方需求,并在相关原则的指导下展开,只有这样,才能保证标准的科学性和专业性。

一、语文有效教学标准制定的基本依据

判断课堂教学是否有效,其实质是一种教学评价,即对教学的价值作出判断的活动过程。由此可见,教学评价并不是一个纯粹技术性的问题。不同的评价主体,基于不同的价值取向,会对教学是否有效产生不同的看法。20 世纪 80 年代以来,随着质性评价的兴起,评价领域出现了价值多元化的趋势。评价标准的确立不再依赖于某一团体或阶层的价值观,而是强调在多种价值观的碰撞融通中寻求各方面都能接受的多元性标准。语文课堂教学是否有效,既要考虑到社会进步的基本诉求,也要考虑到教学活动中师生发展的需求,同时,还应该体现出语文课程的特殊要求。

(一)社会进步的基本诉求

随着知识经济的发展,人类社会进入了一个崭新的时代。未来社会强调的经济不同于传统的以大量消耗原材料和能源为特征的经济,而是依赖于新科技成果和人类知识精华的经济形态。知识经济社会的到来,改变着人类社会的生产生活方式和人们的价值观念。因此,社会进步对人的发展提出了新的要求。

1. 基础性素养与创造性素养的统一

基础性强调的是以基础知识、基本技能为主要内容,帮助学生形成在未来社会中自

己帮助自己发展的能力;创造性强调学生在追求真理的基础上,形成把握问题、解决问题、有所发现、有所创造的意识和能力。基础性是学生发展的前提,创造性则是学生提升能力以不断适应社会发展的动力,二者统一,既是学生自我实现的需要,也是促进社会进步的需要。

2.科学素养与人文素养的统一

在知识经济时代,高科技扮演着重要的角色,但是,过分强调科学,会使人专注于客观世界的发展,从而疏远和遗忘人本身的发展,让人丧失对周围世界的敏感性,这种功利性追求导致了人性的压抑和失落,人际关系冷漠,环境污染加剧,生态平衡遭到破坏等不良后果。因此,科技教育和人文教育的统一,就是智能培养、个性发展和人格陶冶的统一。

3.智力与非智力因素的统一

知识经济时代的到来加剧了社会、国家和个人之间的竞争,未来竞争更多体现在智力活动中,人们将面临更多的心理压力,非智力因素将在个人成功中发挥着更大的作用,这需要我们学会自我调节和控制,能够准确定位和评价自我,需要认同社会,认同他人,学会更好地沟通、交流与合作。

学校教育肩负着培养适合社会发展有用人才的重任,学校教育的质量直接影响着学生的成长和发展,而课堂教学又是学校教育的主渠道,因此,提高课堂教学质量就显得尤为重要。课堂教学评价是改进和完善课堂教学质量的主要途径,其有效性取决于科学、合理、具体的评价标准与适当的评价方法,通过评价可以帮助学生形成适应未来社会发展需要的基础知识和基本技能,并培养学生学会学习的能力;通过评价可以及时了解学生的发展进程和学习状况,从而对学生的可持续发展提供有针对性的指导;通过评价可以帮助学生树立崇高的理想和积极健康的审美情趣,并帮助学生形成一定的反思批判能力,学会认识自我,认识他人,给自己一个准确的定位,从而促进学生更好地适应社会发展。

(二)语文教学的特殊要求

《语文课程标准》中明确阐述了语文课程的基本理念:一是全面提高学生的语文素养;二是正确把握语文教育的特点;三是积极倡导自主、合作、探究的学习方式;四是努力建设开放而有活力的语文课程。新理念的提出为语文课程建设指明了方向,同时也为语文课堂教学提出了新的要求。

1.转变教师角色

语文教学应在师生平等对话的氛围下进行,教师不再是知识的传授者和管理者,而是学生发展的合作者、学生学习的促进者和引导者。教师应该全身心地融入学生中间去,以心灵感受心灵,以感情赢得感情,与学生一起交流,与学生一起活动,与学生共同营造有利于个性发展的课堂氛围。

2.转变教学观念

新课程强调学生个性的发展,因此,语文教学应根据学生的个性发展、自身需要、特长以及独特的认知方式和学习方式进行施教。在教学中,教师要摒弃以往单纯的知识传授的思想，重在培养学生高尚的道德情操和健康的审美情趣，帮助学生形成正确的价值观和积极的人生观。

3.转变学生观念

学生的发展是新课程的最高宗旨与核心理念。新课程理念下，教师要用发展的观点认识学生，提倡用积极乐观的眼光和态度来估计学生的天性，坚信每个学生都是可以塑造的；同时应认识到学生生理、心理以及语言能力的发展具有阶段性的特征，不同内容的教学也有各自的规律，语文教学活动要依据和顺应这些规律和特点，辅之以合适的教学策略，促进学生语文素养的整体提高。

语文新课程标准给语文教学提出了新的要求，其目的在于全面提高学生的语文素养，从而为学生的全面发展和终身发展奠定基础，因此，语文教学评价的目的不仅仅是考查学生实现教学目标的程度，更是有效地促进学生语文素养的发展。而促进学生语文素养的发展，正是语文教学评价的出发点和归宿。

(三)学生成长的普遍需求

学生自身的发展需要是教育必须关注的，忽视它的结果是教育的失败。美国从20世纪50年代末开始了声势浩大的课程改革，这一改革从结构主义课程论出发，强调课程内容应体现学科的基本结构，在教学中要努力使学生掌握这些基本结构，却没有更多地考虑学生发展的实际需要，因而很快导致了这场改革的失败。因此，认真研究学生的发展，正视学生自身发展的需要，是教育教学工作的核心关注点。

1.每位学生都有巨大的发展潜力

每位学生都有其潜在的能力，这是教育者应当相信的，只有充分地信任学生，提高对他们的期望，才能有效地开发其潜能。当然，学生的潜能不会自动地得到发展，需要外部力量的牵引，教育是一股主要的牵引力量，要充分发挥学生的潜能，就需要有适合他们的教育。因此，教育工作者必须首先深信学生的潜能，然后通过不断提高教育质量来促进学生潜能有效地发展。

2.学生的潜力体现出个体差异性

一位哲人曾断言："世界上没有两片相同的树叶。"同样，人与人之间在智力、情感、态度等各方面的差异是客观存在的。根据加德纳的多元智能理论，人的智能是多元的，包括语言智能、数理逻辑智能、音乐智能、空间智能、身体运动智能、人际交往智能、自我认识智能、自然观察智能和存在智能，每个人都具有这些智能，但这些智能在每个人的身上都或多或少有不同的体现，这也决定了学生个体差异性的存在。所以，成功的教育就在于使学生的兴趣得到满足，特长得到充分发挥，能以多样化的人才满足社会多样化的需要。作为教育中的评价就需要把评价结果作为服务于学生的出发点，以此为依据为每位学生制定适合个体智能开发与学习的计划，选择和设计适宜的教学内容和教学方法，使他们的优势智能得到充分的展示，再将优势智能领域的特点迁移到弱势智能领域中，使评价成为促进学生充分发展的有效手段。

3.学生的发展是一个持续上升的过程

个体的发展通常受到各方面因素的影响，发展是各种因素共同作用的结果。因此，评价应该关注学生发展的过程，应该给学生一个自由发展的环境，允许他们在发展的过程中出现一些正常的困难。学生在发展过程中的困难是一笔重要的教育资源，教育者应该予以关注，有针对性地给学生提供及时和适当的指导，促进学生的发展。

教育的一切都是为了学生，学生能否健康成长和全面发展是衡量教育成败的指标，学生成长中的所需所求应当成为教育者首先考虑的内容，教育中的评价也应着眼于学生发展的需要，通过评价更好地促进学生的发展，为学生身心的健康发展提供有益的帮助，以学生素质的全面提高作为最终目的。

(四)教师发展的现实需要

当前，我国教师的专业发展正处在一个历史性转变和发展的新阶段，进入了从满足数量需求向提高质量的战略性转变的关键时期，提升教师的素质，促进教师的专业发展是新课程改革的关键。新课程改革对教师的教育理念、知识素养、行为方式、教育教学能力等方面都提出了质的要求。

1.教师要成为专业人员

1966年联合国教科文组织召开了“教师地位之政府间会议”，并在会议文件《关于教师地位的建议》中提出，应把教师工作看作一种专业，因为它是一种服务公众的形态，它需要教师的专门知识和特殊才能，这些都要经过长期持续努力与研究才能获得与维持。传统教育认为，教师只要能做到“传道、授业、解惑”，就是一个合格的教师，而新课程改革对教师的专业发展提出了明确的要求：教育人、全面培养人的素质是每个教师所要承担的共同任务。因此，教师应该系统地掌握科学知识，在教学实践中反思并根据行动结果灵活地调整自己的行动策略，完整地考虑教育情境的各个层面，理性地与学生沟通互动。

2.教师要成为发展中的人

在现代教育理论中，无论是赫尔巴特的教育理论，赞可夫的发展性教学理论，还是布卢姆的掌握学习理论，更多的是强调学生的发展，而相对忽视教师的发展，由此导致了在实际的教育教学过程中，教师发展显得相对滞后。新一轮基础教育课程改革强调师生要结成学习共同体。这意味着在教学实践中，教师不仅要把促进学生的发展看成其主要的教学目的，还应认识到自己也是发展中的个体，要不断反思自己的行为，提升自己的教育实践能力，使自身处在一个不断发展的环境之中。

3.教师要成为学习者

传统教育学的观点认为，教师的职业是“一劳永逸”的，教师本身所具有的知识及专业技能已经能够胜任教育教学工作，而不需要根据知识的发展及社会的进步来更新知识结构、增加知识储备。这种看法严重地影响了教师教育教学的实践，阻碍了教师和学生的共同进步。新课程改革提出：“教师是学生学习能力的培养者，教师教、学生学将逐渐让位于师生互教互学”，这对教师而言，意味着上课不仅是传授知识，而且要与学生相互启发、教学相长；上课也不是单向的付出，而是生命活动、专业成长和自我实现。

4. 教师要成为研究者

《基础教育课程改革纲要》指出，教师是教育教学的研究者，如果教师的教育教学没有一定的理论指导，没有以研究为依托的深化和提高，就容易在固守旧经验、照搬老方法的窠臼里不能自拔。教师可以通过科学研究过程，系统地解决课堂中遇到的问题，教师拥有丰富的研究机会与有利的研究位置。把研究看作是教师应有的态度，对于理解教师成为研究者，教师专业发展具有重要的启示。

教师是教育活动的原动力，教师领导和推动着整个教育过程的发展和教育目的的实现，没有教师的发展，就难有学生和学校的发展。因此，教育中的评价应该充分关注教师专业发展的现实需要，这既有利于突出评价的发展性价值，也有助于发挥教师改进课堂教学质量的主动性和积极性。

二、语文有效教学标准制定的基本原则

原则是客观规律在人们头脑中的反映，它是指导人们行动的准则。课堂教学有效性标准的制定，实质上就是构建教学评价指标体系，以作为评价教学的标尺。因此，在制定标准时，必须要遵循教学评价的特有规律，体现教学评价对学生发展的促进意义，尊重教学评价的多元性、过程性与差异性。据此，我们认为，在制定语文有效教学标准时应遵循下述基本原则：

（一）发展性原则

发展性原则是指在语文课堂教学中，发挥评价的诊断性与形成性功能，以评价促进学生的发展。由于发展性评价摒弃了以分数作为评价学生的唯一标准的做法，因此，对教师的评价也发生了改变，不再以学生的学业成绩作为衡量教师工作业绩的唯一标准，评价不再仅仅是对教师进行奖惩的手段，评价的目的也不再是为了管理教师和将教师分等级，而是着眼于教师的专业发展。因此，发展性原则隐含着促进教师专业发展的评价取向。传统的语文教学评价，以语文教材为本，以语文教材为标准，所以重知识，轻能力；重结果，轻过程；重少数，轻多数；重理性，轻情感。新课程改革的核心理念是“一切为了学生的发展”，因此，现代语文教学评价要围绕学生的发展，以发展的眼光来客观评价学生的变化，重视对语文课堂教学过程的评价，强调评价内容的多元化和评价过程的动态化，以实现评价的最大收益，从而使学生的语文素养得到全面提升，教师的教学也因此得到优化。

发展性原则有以下特征①：第一，发展性原则着力于人的内在情感、意志、态度的激发，着力于促进个体的和谐与发展，强调以人为本；第二，发展性原则强调评价主体的多元化，主张使更多的人成为评价主体，特别是使评价对象成为评价主体，重视评价对象自

① 余林. 课堂教学评价[M]. 北京：人民教育出版社，2007：13.

我反馈、自我调控、自我完善、自我认识的作用；第三，发展性原则在重视教学过程中的静态、常态因素的同时，更加关注教学过程中的动态变化因素，即关注课堂教学中，由于师生生命活动而产生的一些偶发性和动态性因素；第四，发展性原则更加强调个性化和差异性评价，要求评价指标和标准是多元的、开放的和能够体现差异的，对信息的收集应当是多样、全面和丰富的，对评价对象的价值判断应关注评价对象的差异性，有利于评价对象个性的发展；第五，发展性原则在重视指标量化的同时，更加关注质性评价的作用，强调用质性评价去统整定量评价，认为过于强调细化和量化指标往往会忽视了情感、态度和其他一些无法量化而对评价对象的发展影响较大因素的作用。

(二)全面性原则

全面性原则指的是在语文课堂教学评价中，应该从多种角度、运用多种方法对课堂教学的过程和课堂教学的结果进行完整地评价。全面性主要体现为评价内容和评价方法的全面。首先，在评价内容上，要充分考虑到课堂教学的各个方面，包括课堂教学的过程，教师的教学能力及水平，课堂教学要素，课堂教学结果，学生在知、情、意、行各方面的发展等等。当然，这并不是要求每次课堂教学都必须完整地对所有的因素进行评价，而是需要根据评价目标有侧重地进行选择。其次，在评价方法上，要求课堂教学评价中改变以往单纯以纸笔测验为主的方式，更多地采取观察、成长记录袋、真实性评价等多种方法对学生的学习进行综合的、全方位的评价，由单一地重视客观、量化的评价方法，走向量化和质性评价相结合的方法，以加强对复杂而丰富的教学过程及其完整性和真实表现的关注，以尊重学生的个体差异，促进每个学生的健康发展。

语文课程是一门综合性很强的课程，它的任务是全面提高学生的语文素养，因此，语文教学评价的内容是全面考察学生的语文素养。语文素养呈现语文水平的生成性的动态结构，它是一种语文教育结果的表现形态，语文素养的基本内容是语文知识、语文能力、语文学习习惯、语文学习方法、知识视野、情感态度、思维品质、文化品位、人文精神等，大致可归为三类：语文知识素养、语文能力素养、语文情意素养。就语文知识素养而言，除了书本上的字、词、句、篇、语、修、逻、文的知识之外，还包括与生产、生活、经济、科技发展的实际广泛联系的应用语文知识；就语文能力素养而言，除了一般意义上的听说读写能力之外，还包括适应学习、生活、实践和创新的语文实用能力；就语文情意素养而言，包括兴趣、情感、态度、习惯等方面。语文新课程标准明确提出要“根据各学段目标达成的要求，抓住关键，突出重点，进行全面、综合的评价”，并且从识字与写字、阅读、写作、口语交际、综合性学习五个方面，详尽地列出了各学段目标达成的评价要求。语文新课程标准还强调要“突出语文课程评价的整体性和综合性，要从知识与能力、过程与方法、情感态度与价值观几方面进行评价，以全面考察学生的语文素养”。

(三)过程性原则

过程性原则是把评价对象当前的状况与其发展变化的过程联系起来，关注教学过程的一种评价原则。它不同于以往评价中过分重视结果的倾向，由于其对过程的关注，评价也由一次评价变为多次评价。过程性原则强调以教育教学过程中评价对象的表现作为评价的主要内容，以促进评价对象的发展为根本目的，体现满足社会发展需要与个体发展需要的辩证统一，使评价过程成为促进发展和提高质量的过程。过程性原则有三个基本特征[①]：一是把全部有价值的教育教学活动都纳入评价的范围，不论这些活动是否与预期的目标相一致；二是在方法论上，既倡导量化研究的方法，也给质性评价一定的位置；三是本质上受“实践理性”的支配，它强调过程本身的价值，强调评价者与评价对象之间的交流和相互理解。

学生的发展是一个过程，促进学生的发展也要经历一个过程，因此，评价应强调对学生发展的全过程不断关注，而不只是对学生发展的结果进行评价，它既重视学生的现在，也要考虑学生的过去，更着眼于学生的未来。传统的语文教学评价只关注教学活动结果，忽视了学生发展的背景和过程，过度关注对结果的评价，而评价结果又以分数高低为标准，由此，把评价功能退化为仅仅是对学生分数的鉴定，把学生评价缩减为只有一种总结性评价，这是对评价的曲解。实际上，学生学习语文的过程是一个“知情意行”全面发展的过程，即“转识为智，化智为德”的过程，因此，作为促进学生发展的工具，语文教学评价应贯穿学生语文学习的全过程，在教学各个环节给予学生以关注，及时发现学生在学习过程中的问题和困难，并对这些问题进行诊断和分析，及时地将评价结果反馈给学生，然后师生共同制定改进方案，达到促进学生发展的目的。

（四）开放性原则

开放性原则是关注学生发展差异的评价原则。它重在考察学生具体的进步与收获，强调每位学生在已有水平上得到更进一步的发展，而非要求所有学生同时达到同一水平。基于开放性原则而制定的评价标准只是对课堂教学的基本要求，而非课堂教学所必须遵守的僵化条款。教学专业不同于其他专业，其特殊性主要表现为教学的情境性和艺术性，也有很多不确定因素增加了教学的复杂性和丰富性，课堂教学的最终效果存在着明显的整体性和动态生成性。因此，就评价标准本身而言，它不是教学有效性的绝对条件或标志，如果过度标准化，反而将极大地束缚与限制教师工作的积极性与创造性。我们在给教师提供一个理想的、具有指导性的课堂教学有效性标准体系的同时，也要使教师拥有相当的自主权对课堂教学有效性作出自己的判断，对教学策略和教学方法作出自己的选择，对本专业的知识与时间标准进行自我导向的探究。此外，课堂教学评价标准不是一成不变的，课堂教学评价标准的制定也不是一劳永逸的，它需要随时对照新的教学理念，检视标准的合理性、有效性，使标准保持动态性、发展性，唯有如此，课堂教学评价才能不断发挥其应有的作用，在不断促进教学质量提高的过程中，使学生获得有效的发展。

---

① 余林. 课堂教学评价[M]. 北京：人民教育出版社，2007：11.

第二节 制定语文课堂教学有效性标准的程序和方法

一、制定教学评价标准的基本程序

教学评价标准的制定是一个连续活动的过程，这就要求在制定教学评价标准时，应该遵循一定的程序，以保证评价标准的合理性。一般而言，评价标准的制定始于对教学目标的分解，在此基础上，须经过对评价指标的筛选与分层，对拟定的指标进行论证、试行与修订、定稿几个阶段。依据这五个阶段的主要任务，教学评价标准的制定阶段又被概括为发散阶段、收敛阶段、论证阶段、修订阶段和定稿阶段，分述如下：

（一）发散阶段

这一阶段的主要任务是分解教学目标，初拟教学评价指标体系。目标与指标是彼此密切联系而又有一定区别的两个概念，一般而言，目标比较原则、笼统，它是制定指标的依据，而指标比较具体、明确，是对目标行为化的、可操作的、可以测定的具体规定。没有正确的目标就不可能确立科学合理的指标，没有指标的具体界定就失去了它的评价功能。因此，科学地分解教学目标是提高评价指标体系效度的关键。

在分解教学目标时应当注意两点。第一，指标体系是一个庞大的分类系统，它必须按照一定的逻辑准则和分类标准将同性质对象归为一类。在分类时，最上一层是概括性最大、包容性最强的母概念，其次按一定标准将母概念分解成若干子概念，然后再将这若干子概念按一定标准分为若干亚子概念，直至分解为具有独立意义的、最小的、可操作的子概念为止。第二，指标体系之间具有等级层次关系，每一相同层级的概念就是一个等级。一般情况，层级越高的等级，其内涵越丰富，概括性越强；层级越低的等级，其内涵越单纯、越具体，也就越便于测量与操作。层级之间的关系一是包容关系，即低层级概念包容在高层级概念中；二是等级关系，即低层级概念从属于高层级概念，并且比高层级概念简单。第三，分解的每项指标尽可能做到量化，对于难以量化或不能量化的指标，要采用准确的语言进行描述，使标准使用者能够依据语言的描述而进行判断。目标分解之后，还要对每一个指标进行等级标准的划分，如学生主动参与学习这一指标，评价对象达到什么标准时属于优，达到什么标准时属于良，在什么标准下属于一般等等，都要给出明确的定义。

（二）收敛阶段

这一阶段的主要任务是对初拟指标体系进行适当的归并和筛选。在初拟的指标体系中，不可避免地存在着指标互相交叉重叠、相互包含矛盾、主次不分、因果不明、本末倒置等混乱局面，致使有的指标不能反映评价对象的本质特征。因此，初拟指标体系后，还必须采用经验法、调查统计和模糊聚类等方法，对所有指标作进一步分析综合，以便取主舍次、去难存易，删除不反映评价对象本质的指标，合并同类的指标，筛选出的指标应体现重要性、独立性、可接受性等原则，并且反映被评价对象的本质属性。

（三）论证阶段

这一阶段的主要任务是对拟订的评价标准进行讨论，征询意见。评价标准拟订以后，要组织有关人员进行讨论、审议，对标准的方向性、全面性、可行性、科学性等内容进行探讨、议论，充分听取大家的意见与建议。

论证、征询意见的方法主要有三种。一是举行论证会。评价标准草拟后，邀请教学论专家、教学管理人员、教师代表等对标准进行论证。论证会上应让与会者充分发表意见，每个人的意见都必须讲清道理，即不止说出应该怎样，还应该说清为什么这样。二是访问调查法。起草小组带着草拟的评价标准到有关学校、班级进行访问，访问的单位要有典型性。三是问卷调查法。把评价标准以问卷的形式印发给有关人员，以便收集较多的信息。对论证会和调查所获得的信息，要认真进行分析研究，去伪存真，去粗取精，对评价标准进行修改或补充。

（四）修订阶段

草拟的评价标准经征求意见修改后，应选点进行预评。试行之后，根据试行中提出的问题，再对评价标准进行修订。修订包括对评价项目、等级的增减、合并，也包括对评价方法的调整。

选点时应注意两点要求。一是要采取随机抽样的方法，以保证样本的代表性。抽样直接关系着评价使用范围的可行性、合理性，所谓随机抽样就是指评价总体中的每一个单位或个体被抽取的机会均等，且彼此独立，这样可以避免试验点仅来自总体的某一部分，从而避免了试验点的偏倚性。二要考虑样本规模，即样本的代表性还需要一定的样本规模来保证，以减少抽样的误差。一般情况下，在其他条件相同时，样本越大，抽样误差越小；反之，样本越小，抽样误差也越大。换言之，可以适当地多选择一些试验点，尽量保证各类单位都有代表参与，这样可以使标准的普及性更强。

根据预试后的结果，对评价标准作出综合的修改。当然，还可以从一些理论工作者、实际工作者、与评价有关的人员以及社会有关人士中吸取合理的意见，再次对评价标准进行修正。

（五）定稿阶段

经过以上各个阶段，评价标准的草案基本形成，但还须对草案再集中讨论一次，然后才定稿。定稿后仍然需要再选点试行一段时间，根据试行的结果再次修改，最终形成正式的评价标准，对外公布。值得注意的是，评价标准的定稿也只是暂时的，课堂教学评价标准不是一成不变的，课堂教学评价标准的制定也不是一劳永逸的，它需要随时对照新的教学理念，检视标准的合理性、有效性，追求评价标准的动态发展也正体现了其开放性原则。

二、教学评价标准的种类及编制方法

(一)教学评价标准的种类

掌握评价标准的种类，是认识和编制标准的前提。评价标准，从不同的角度去考虑，有不同的分类方法，因而就有不同种类。

1. 按评价的手段分类

(1)定量标准。它是用数字(分数)作为标度的标准，分数最常用的有百分制、十分制、五分制，百分制最高分为一百分，最低分为零分。有的项目可直接用数字表示，有的项目不能用数字直接表示，但如果存在明显的数量关系，可以经过替换，用数量来表示。定量标准是评价标准中最基本的标准，实用性非常强，但要达到科学、合理的程度，还有一定的难度。表 3-1 给出了定量标准的示例。

表 3-1　小学语文课堂教学评价表

项目	评价要点	分值
一般要求	教学目标明确，能根据学生学习的实际情况和发展需要制定恰如其分的教学目标。	40
	对教材理解准确，能创造性地处理和运用教材。	
	能有效地采用启发式、讨论式等教学方法，面向全体学生，顾及不同层次学生的学习特点设计、组织和调控教学。	
	主导与主体和谐统一，既能鼓励引导学生自主、探究、合作学习，又能有效发挥教师的组织、点拨、指导作用。	
	师生关系融洽，有多向信息反馈和情感交流。	
学科要求	教学立足于培养学生学习语文的兴趣，教学以学生的听说读写等语文实践活动为主，在实践中提高学生语文素养。	25
	重视语文基础知识的学习与基本能力的培养，也重视语文学习方法的指导和情感的熏陶。	
	能根据教材特点和学生学习实际精心设计教学过程，教学流程中，能根据课堂生成情况灵活、机智、恰当地调整教学方法和进程。	
教学基本功	教态亲切、自然；教学语言准确、简洁、生动；普通话标准；板书工整、美观。	15
	善于调动学生的学习积极性，善于点拨、诱导，应变能力强，驾驭课堂教学的能力强。	
	合理运用各种媒体(含板书)，目的明确，运用适时，操作得当，效果明显。	
教学效果	学生能有效开展自主探究学习，具有合作意识。	20
	学生学习积极性高，有问题意识，敢于、善于发表自己独到的见解和独特的感受，乐于参与学习活动，敢于创新。	
	学生得到充分的语文实践机会，语文素养得到相应的发展。不同程度的学生均得到应有的发展。	

(2)定性标准。它是用评语或字符作为标度的标准，是教学评价中不可或缺的标准。如在教学评价中，常用评语作为指标项目，所有指标标准的标度均用“非常符合”、“比较符合”、“不太符合”、“不符合”、“非常不符合”，评价时根据实际情况，选择其中的一个标度。使用定性标准取决于评价要素的特征，它适用于难以量化的指标，如对学生的素质评价，一般采用“优、良、中、可、差”等评语来测定。当然，一些定性标准和定量标准有时也可以相互转换，如果给这些定性标准分等赋值，就可以转化为定量的。

2.按标准的属性分类

(1)主观标准和客观标准。主观标准是指设计者根据评价项目的要求和实际上可能的表现制订的标准，它是从实际中抽象出来，借助主观认识进行鉴别的一种标准。这种标准往往都是“期望”式的，反映评价者对评价对象的认识，以及根据这种认识所确定的对评价对象行为的期望要求，所凭借的是设计者的丰富经验素养和认识能力。主观标准的优点是设计与使用简便，易于掌握；其缺点是评价标准的理解和执行容易受主观偏见及感情因素的干扰。

客观标准是指根据评价对象的行为模式或关键行为特征所制订的评价标准。它以对人的关键行为特征的描述、观察，或工作模拟作为标准。客观标准的优点在于，标准的措辞一般不带直接的褒贬色彩，由此可以减少评价者个人的主观因素，客观性较强，是评价标准的高级阶段；其缺点在于，制订一套成功的标准需要花费相当大的人力和时间，而且需要选择有代表性的关键行为，难度比较大，对评价者的素养和培训要求很高。

(2)绝对标准和相对标准。绝对标准是指仅用一个评价标准去衡量所有的事物和现象，不考虑评价目的、评价条件和评价对象的不同，虽然这种标准可以增强可比性，但缺乏客观性和针对性。相对标准则是根据不同的目的、条件和对象，采用不同的评价标准，以得到公正、客观和有效的评价结果。

3.按标准的形态特征分类

(1)分段式标准。它是指将每项指标分为若干个等级，然后将指派给该项指标的分数(已赋以)权重，按等距分到相应的各个等级中，再将每个等级的分值分成若干个小档(幅度)，所以，分段式标准也可称为分档式标准。这种标准是一种简易标准，其特点是分档较细，编制和使用都比较方便。表3-2所展示的是一所小学的课堂教学评价表。

表 3-2 某小学课堂教学评价表

学校			班级		授课人			
课题					授课时间			
评价项目分值		评价要点	等级分配				得分
			优	良	一般	差	
教师方面	教学设计6分	1. 体现自主、合作、探究课改新理念，三维目标具体恰当，符合年级特点、教材要求和学生实际。	2	1.5	1	0.5	
		2. 着重从学法角度设计教学，教学环节科学、合理，教学重点突出。	2	1.5	1	0.5	
		3. 学具准备充分，教学设计有特色。	2	1.5	1	0.5	
	教学内容4分	4. 教学容量适当，学生能接受。	2	1.5	1	0.5	
		5. 有利于全面提高学生的语文素养，陶冶学生审美情操。	2	1.5	1	0.5	
	教学过程25分	6. 重视学法指导。	4	3.5	3	2.5	
		7. 做到多元互动，注重兴趣激发和习惯养成。	2	1.5	1	0.5	
		8. 重点突出，难点突破。	4	3.5	3	2.5	
		9. 教学密度适当，条理清晰，层次分明，结构完整。	2	1.5	1	0.5	
		10. 讲练结合，培养能力，强调文本，突出读写训练。	2	1.5	1	0.5	
		11. 自主、合作、探究学习扎实有效，适时适度，过程合理。	2	1.5	1	0.5	
		12. 针对学生差异，实施分层次教学，调控课堂能力强。	2	1.5	1	0.5	
		13. 各环节时间分配合理，符合学生学习语文规律。	2	1.5	1	0.5	
		14. 适时渗透思想品德教育。	3	2.5	2	1.5	
		15. 灵活运用多种教学方法，善于调动学生的学习积极性，及时进行反馈矫正。	2	1.5	1	0.5	
	教师素养14分	16. 教态自然，激情充沛，肢体语言恰当适度。	2	1.5	1	0.5	
		17. 教师普通话准确流畅，范读例文效果好，教学语言规范、生动，语速适度，抑扬顿挫。	2	1.5	1	0.5	
		18. 有足够的学科文化底蕴和先进的教学理念，注重学法指导。	2	1.5	1	0.5	
		19. 评价多元，实事求是，能发挥评价的激励作用。	2	1.5	1	0.5	
		20. 课堂应变能力突出，能及时顺利处理课堂偶发事件。	2	1.5	1	0.5	
		21. 板书设计新颖、简明，书写规范、美观。	2	1.5	1	0.5	
		22. 课件美观、实用，内容丰富，播放熟练，运用合理。	2	1.5	1	0.5	

（续表）

<table>
<tr><th colspan="2" rowspan="2">评价项目分值</th><th rowspan="2">评价要点</th><th colspan="4">等级分配</th><th rowspan="2">得分</th></tr>
<tr><th>优</th><th>良</th><th>一般</th><th>差</th></tr>
<tr><td rowspan="14">学生方面</td><td rowspan="5">课堂常规15分</td><td>1. 发言先举手，不乱喊乱叫。</td><td>3</td><td>2.5</td><td>2</td><td>1.5</td><td></td></tr>
<tr><td>2. 回答问题声音响亮，普通话表达流利。</td><td>3</td><td>2.5</td><td>2</td><td>1.5</td><td></td></tr>
<tr><td>3. 坐姿、站姿符合要求，精神饱满。</td><td>3</td><td>2.5</td><td>2</td><td>1.5</td><td></td></tr>
<tr><td>4. 学习注意力集中，不开小差，不做小动作，课堂纪律好。</td><td>3</td><td>2.5</td><td>2</td><td>1.5</td><td></td></tr>
<tr><td>5. 上台表演位置、动作、表情恰到好处。</td><td>3</td><td>2.5</td><td>2</td><td>1.5</td><td></td></tr>
<tr><td rowspan="5">参与状态15分</td><td>6. 认真倾听同学发言，领会老师、同学提供的各种教学信息，及时补充、反馈。</td><td>3</td><td>2.5</td><td>2</td><td>1.5</td><td></td></tr>
<tr><td>7. 学会提出问题，能大胆质疑，积极参与讨论。</td><td>3</td><td>2.5</td><td>2</td><td>1.5</td><td></td></tr>
<tr><td>8. 能分析问题，创造性地解决问题，提出独立见解。</td><td>3</td><td>2.5</td><td>2</td><td>1.5</td><td></td></tr>
<tr><td>9. 能根据教材和教师提出的问题认真思考，带着问题进入学习状态。</td><td>3</td><td>2.5</td><td>2</td><td>1.5</td><td></td></tr>
<tr><td>10. 积极参与教学全过程，学习情绪高涨，课堂气氛热烈。</td><td>3</td><td>2.5</td><td>2</td><td>1.5</td><td></td></tr>
<tr><td rowspan="2">交往状态6分</td><td>11. 尊重老师，尊重同学，能虚心地听取他人的意见和建议。</td><td>3</td><td>2.5</td><td>2</td><td>1.5</td><td></td></tr>
<tr><td>12. 善于发表自己的意见，互相学习，相互合作，共同创造学习氛围，共同发展。</td><td>3</td><td>2.5</td><td>2</td><td>1.5</td><td></td></tr>
<tr><td rowspan="2">思维状态6分</td><td>13. 回答问题准确、完整，思路清晰，表达流畅。</td><td>3</td><td>2.5</td><td>2</td><td>1.5</td><td></td></tr>
<tr><td>14. 能根据老师的要求和课堂需要，独立思考问题。</td><td>3</td><td>2.5</td><td>2</td><td>1.5</td><td></td></tr>
<tr><td colspan="2" rowspan="3">教学效果9分</td><td>15. 完成教学任务。</td><td>3</td><td>2.5</td><td>2</td><td>1.5</td><td></td></tr>
<tr><td>16. 学生掌握本堂课所学知识。</td><td>3</td><td>2.5</td><td>2</td><td>1.5</td><td></td></tr>
<tr><td>17. 学生能力得到提升，思想受到教育，教学效果显著。</td><td>3</td><td>2.5</td><td>2</td><td>1.5</td><td></td></tr>
<tr><td colspan="3">总分</td><td colspan="5"></td></tr>
</table>

（2）评语式标准。它是指运用文字描述每个要素的不同等级，也可称为描述式标准，这是评价中运用较广、形式较多的一种标准。评语式标准又可归纳为积分评语标准和期望评语标准两类。

积分评语式标准是指按每项目标的权重分别给其确定一个分值。目标分解时，分值也同时分解，直到评价指标。各指标分值相加，就是该项目标的总分值，需强调的是，分值积分有等分积分和累计积分之分。积分评语式标准的特点是，通过目标的分解，使标准明晰，层次清楚，较为简易，因而编制和使用都较为方便。但目标分解要科学、合理，积分要恰当。

期望评语标准是指根据理想的要求（期望），拟出相应的评语作为标准。只有最理想的等级(上限)才有标准,其他等级不定标准。这种评语式标准,标准就在指标项目中,标准与指标完全一致。这种标准,明确提出对每项指标的要求,显示上级要求坚定不移,也便于把评价标准与工作规范或岗位责任结合起来。但只有最高等级有标准,其他等级没有具体标准,因而评价时很难掌握分寸。表 3-3 所展示的课堂教学评价表即属于较为典型的期望评语式评价标准。

(3)量表式标准。它是指用刻度量表的形式,直观地划分等级的一种标准。在评价每项指标之后,就可以将评价结果直接在表上显示,形成一条曲线。其特点是图文并茂,直观形象,评价结束时就能进行综合性评价,是一种较为方便、有效的标准。

(4)对比式标准。它是指将各个要素最好一端与最差一端作为两极,中间分为若干等级,并制定"理想"折线作为基准面的一种标准。这种标准是在量表式标准的基础上派生出来的,它不仅具备量表式标准的特点,还具有可比性强的特点,可以将人或事物的功能强与弱形象地、明显地区分出来。

(5)隶属度标准。它是指用模糊数学中的隶属度函数为标度的一种评价标准。它的标准内容可以是分段式的,也可以是评语式的,只是标度采用隶属度函数,通过相当于多大程度([0,1])来确定相应等级的评价值。隶属度标准的特点是运用模糊集合概念来测量和评价人或事物的功能,使难以精确定量的要素得到较为客观合理的评价。

表 3-3　小学语文教学期望评语式评价标准

评价项目	评价要点	对评价特征的描述(评价标准)
教学目标	1.★符合课程标准和学生实际的程度	符合课程标准的要求(知识、能力、情感态度、价值观);与学生的心理特征和认知水平相适应,关注学生的差异。
	2.可操作程度	教学目标明确、具体。
学习条件	3.学习环境的创设	有利于学生身心健康;有利于教学目标的实现。
	4.★学习资料的处理	学习内容的选择和处理科学;学习活动所需相关资料充足;选择恰当的教学手段。
学习活动的指导与调控	5.★学习指导的范围和有效程度	为每个学生提供平等参与的机会; 对学生的学习活动进行有针对性的指导; 根据学习方式创设恰当的问题情景; 及时采用积极多样的评价方式; 教师的语言准确、有激励性和启发性。
	6.教学过程调控的有效程度	能够根据反馈信息对教学进度、难度进行适当调整;合理处理临时出现的各种情况。

(续表)

评价项目	评价要点	对评价特征的描述(评价标准)
学生活动	7. 学生参与活动的态度	对问题情景关注； 参与活动积极主动。
	8. ★学生参与活动的广度	学生参与学习活动的人数较多； 学生参与学习活动的方式多样； 学生参与学习活动的时间充足。
	9. 学生参与活动的深度	能提出有意义的问题或能发表个人见解； 能够按要求正确操作； 能够倾听、协作、分享。
课堂气氛	10. ★课堂气氛的宽松程度	学生人格受到尊重； 学生的讨论和回答问题得到鼓励； 学生的质疑问难得到鼓励； 学习进程张驰有度。
	11. 课堂气氛融洽程度	课堂气氛活跃、有序； 师生、生生交流平等、积极。
教学效果	12. ★目标达成度	基本实现教学目标； 多数学生能完成学习任务； 每个学生都有不同程度的收获。
	13. 解决问题的灵活性	有些学生能灵活解决教学任务中的问题。
	14. 师生的精神状态	教师情绪饱满、热情； 学生体验到学习和成功的愉悦； 学生有进一步学习的愿望。
教师素质	15. 教学基本功	教师要具有过硬的教学基本功。具有一定的文化功底，具有良好的课堂调控能力。
评价与建议		
评价人：		评价等级：A□B□ C□ D□

(6)期望行为标准。它是以最理想的期望要求和可见行为为上限，以最不理想的预期可能和可见行为为下限，将每项指标分为若干等级，每个等级制订出相应的标准。标度可以采用分段式，也可以采用积分式，还可以采用隶属度。期望行为标准的各个等级，都有反映指标各种状况的不同程度差别的定性描述的指示语或定量的数值要求作为标准。评价时，只需将评价对象各项指标的实际状况与标准表述的状况加以对照，就可以按其基本符合某级标准的情况，评定相应的等级。这样，各个等级的标准，就具有量表的性质，可以视为等级量表。因此，这种标准也有被称为量表式标准的。

(二)教学评价标准制定的方法

不同形态特征的评价标准各有其特点,因此,在编制这些标准时,所采用的方法也往往各不相同。能否按照各种标准类型的形态特征选择合理的标准编制方法,直接影响着教学评价标准的信效度,也因此决定着教学评价标准的质量。

1.分段式标准的编制方法

编制分段式标准,首先要确定等级个数,一般情况下,常采用偶数等级。其次要选好标号,如等级个数为偶数,最好用"A、B、C、D",而不用"优、良、中、差",后者标示了等级的优劣程度,由于不是奇数,这个"中等"就不好判定,容易使整个评价出现偏高或偏低趋向,因为实际上的中等并不在中间位置上。将某一指标的分数分配到各个等级中去时,需要注意各等级之间保持等距,至于各档的分值,可以是一个定值,如A、B、C、D四个等级分别对应6、4.8、3.6、2.4四个分值;可以是三个定值,如A等为6、5.6、5.2,B等为4.8、4.4、4.0,C等为3.6、3.2、2.8,D等为2.4、2.0、1.6;也可以是一个幅度值,如A等为4.9~6,B等为3.7~4.8,C等为2.5~3.6,D等为0~2.4。当然,如何确定各档的分值,还应依据实际情况而定。

2.评语式标准的编制方法

编制评语式标准,首先要将指标的内涵确定,然后进行分解,分解是编制评语式标准的关键,分解要适当,每个方面要具有典型的代表性。其次,要写好评语,讲究评语的措辞技巧。再次,编制积分评语标准,还要考虑好各项指标的权重,按权重处理好各级指标的分值,要注意等分积分和累计积分的区别,等分积分是指每个指标的标度都是相等的,累计积分是指每个指标的标度不相等,按评价标准累计相加。

3.量表式标准的编制方法

编制量表式标准,首先要分好等级,一般以偶数分等法为好,如果将标准分为奇数等级,就容易导致评价结果集中到中间挡的倾向,以五等级为例,五个等级分别为:很好、好、一般、较差、很差,评价时难度就不大,选择"一般"等级,即中间等级的所占比例最大,不利于评价的准确性和客观性,此外,每个等级的档次不可太多,一般采用3~5档。其次,每个等级的指示词语,应使用精练明了的短句,切忌冗长。

4.对比式标准的编制方法

对比式标准是在量表式标准的基础上派生出来的。但编制对比式标准并不是简单地将量表式中的各指标的最好一端与最差一端的特征词语照搬过来,而是要先掌握对比式标准的结构特征后,按照其结构特征编制。对比式标准的结构特征是每一指标只标出最好一端和最差一端的词语,中间没有过渡档次的词语,以增强人或事物强弱、优劣的区分度,对比式标准的这种结构特征就对反映各指标最好一端和最差一端的词语表述有相当高的要求,必须明确具体。此外,在编制对比式标准时,除了沿用量表式标准的方法外,还要制定"常模曲线",即将各指标的平均值计算出来,画出曲线,以此作为基准面。

5. 隶属度标准的编制方法

编制隶属度标准有两种方法：隶属度分段法和隶属度全域法。隶属度分段法是指所规定的指标的各个等级分别属于隶属度的某个范围。如某个指标的隶属度为 0 到 1 之间，若该指标分为 A、B、C、D、E 五个等级，则可规定 A 等为 0.1～0.2，B 等为 0.3～0.4，其余等级依此类推。隶属度分段法通常与量表式标准或期望行为标准相匹配。隶属度全域法是指对指标的每个等级不作规定，都可选择隶属度 0 至 1 之间的任一实数，表示被测对象属于某等级的可能性大小，或者不同评价者对同一对象的不同评定。如某项指标达成度属于 A 等的隶属度为 0.2，属于 B 等的隶属度为 0.6，属于 C 等的隶属度为 0 等。隶属度全域法通常与期望式评语相匹配。

隶属度标准分两种方法，在具体使用上要根据指标所分的等级关系来选用其中的一种方法。指标的等级如果是递进关系，可以考虑选用分段法标准，指标的等级如果是并列关系，则可选用全域法标准。总之，要按具体情况选择使用。

6. 期望行为标准的编制方法

这种方法是以最理想的期望要求与行为要求为最高等级，逐级而下到以最不理想的期望要求和行为要求为最低等级，从而制定出相应的指标标准的方法。其特点是标准明确、具体，且都有定性描述或定量数值要求。编制期望行为标准时，首先要明确指标的内涵；其次要分析该指标所要评价的具体内容，明确其深度和广度，以保证标准内容脉络清楚，条理分明，便于测评；再次要弄清对该项指标达成的一般要求和最高要求，并用相应的词语概括出来，词语的选择要力求准确、科学、稳妥，具有一定的客观性和可接受性，同时找出符合这种期望要求的关键行为或行为特征，写出各个等级标准的正文。

第三节　语文课堂教学有效性评价标准

随着素质教育和新课程改革不断深入，课堂教学指导思想发生了根本转变。传统的课堂教学较多关注学科价值，课堂教学所注重的是单一地传递书本知识。新课程改革以来，课堂教学更为强调学生的全面发展，培养能在现实生活中实现主动、健康发展的一代新人成为教学首要的价值追求。根据这一思想，以前单纯的以教师的“教”为中心的课堂教学评价，已经难以适应当前课程教学改革的实际，而丧失了教学评价应有的功能。判断课堂教学是否有效，不仅要看教师的“教”，还要看学生的“学”；不仅要看教学的结果，还要看教学结果形成的过程；不仅要关注教师对学生发展的促进作用，还要看到教学中教师的发展。换言之，课堂教学评价标准，既要有效果指标，还应该有效率指标与效益指标。效果指标反映了教学目标的达成情况，效率指标所关注的主要是教学目标的达成过程，效益指标则指向教学对师生发展需求的满足。据此，我们拟从效果指标、效率指标和效益指标三个方面共同构建语文课堂教学有效性标准，具体如表 3-4 所示。

表格 3-4　小学语文课堂教学有效性标准

<table>
<tr><td rowspan="18">小学语文课堂教学有效性标准</td><td>一级指标</td><td>二级指标</td><td>具体内容</td><td>评价方式</td></tr>
<tr><td rowspan="3">效果指标</td><td>知识与能力</td><td></td><td rowspan="3">自评或他评</td></tr>
<tr><td>过程与方法</td><td></td></tr>
<tr><td>情感态度与价值观</td><td></td></tr>
<tr><td rowspan="12">效率指标</td><td rowspan="5">教师行为</td><td></td><td rowspan="12">自评或他评</td></tr>
<tr><td></td></tr>
<tr><td></td></tr>
<tr><td></td></tr>
<tr><td></td></tr>
<tr><td rowspan="7">学生行为</td><td></td></tr>
<tr><td></td></tr>
<tr><td></td></tr>
<tr><td></td></tr>
<tr><td></td></tr>
<tr><td></td></tr>
<tr><td></td></tr>
<tr><td rowspan="2">效益指标</td><td>学生发展需求</td><td></td><td rowspan="2">自评</td></tr>
<tr><td>教师发展需求</td><td></td></tr>
</table>

根据这一标准，我们分别从效果、效率和效益三个维度给出了细化的评价项目。其中，效率指标从教师行为和学生行为两个方面来考察，主要用于观察课堂教学中教师的行为和学生的行为，从而评价课堂教学的效率；效果指标主要从知识与能力、过程与方法、情感态度与价值观三个维度来评价课堂教学对于课程目标的达成程度；效益指标主要包括学生发展需求的满足和教师发展需求的满足，其评价方式主要为师生根据提示性评价指南展开自我评价。表 3-5 反映了小学语文课堂教学有效性标准中的效率指标。

表 3-5　小学语文课堂教学有效性标准——效率指标

	教师为行					学生行为				
	评价项目	评价记录				评价项目	评价记录			
		优	良	可	差		优	良	可	差
教学目标	1.制定教学目标明确、具体、清晰、有层次、具有可操作性,并用适当的方法让学生知道教学目标。					1.知道自己的学习任务,知道学什么、怎样学和学到什么程度。				
	2.制定的教学目标符合学生的实际和课标要求。					2.具有必要的知识准备,能激活原有的知识。				
教学内容	3.教学内容安排合理有序,重难点确定恰当,突出科学性与教育性。					3.能在教师的指导下理解重点、突破难点,并学习知识的同时受到多方面教育。				
	4.能提出效度较高、容量恰当、能启动学生思维的问题。					4.能认真思考学习过程中遇到的各种问题,积极发表看法,克服学习困难。				
	5.能结合教学目标和内容及学生实际开发与利用课程资源。					5.能手、脑、口多种感官并用获取信息。				
教学方法	6.能根据教学目标和内容,组织合理有效的学习活动,形式恰当,过程流畅,结构性强。					6.能在教师引导下主动积极、循序渐进、详略得当地进行学习。				
	7.能根据教学内容与目标,选择适当的教学方法,合理使用信息技术手段。					7.能开展形式多样的学习活动,能实现与老师和其他学生之间的多向交流。				
	8.能依据学生的不同特点指导学法且讲解清楚、示范准确。					8.能掌握一定的学法并灵活运用,能主动发现问题,提出问题。				
教学环境	9.围绕目标与内容,创设与学生个人经验相关的教学情境。					9.能产生学习的兴趣和探究的欲望,在学习的过程中发挥主动性和创造性。				
	10.能创设民主、平等、宽松的学习氛围。					10.能在安定有序的活动中有效地学习。				
教学评价	11.能根据课堂教学的需要作出合理的调控与管理,课堂反馈及时有效。					11.能自觉控制学习行为,通过对认知过程的反思,纠正错误,体验成功的喜悦。				
备注										

由于效益指标主要是用于评价教学对于师生发展需求的满足情况，因此，在实际的教学评价中，宜采取自评的方式进行。但考虑到小学阶段学生的实际情况，加之课程目标往往兼顾了社会发展对于个体在知识、能力、思想情感等方面的需求，因此，学生发展需求的满足情况可以通过效果指标加以反映。教师可以参照表 3-6 对课堂教学展开反思，一方面既可以在反思中获得实践智慧的增长，另一方面也可以通过反思，判断课堂教学对其自身发展需求的满足情况。

表格 3-6　小学语文教师提示性评价指南——效益指标

	反思内容	评价记录	
		是	否
教学设计	是否认真研读了课程标准、教科书、教学资料。		
	是否考虑到学生的学习态度、学习基础。		
	是否注意三维目标的有机整合。		
	是否对教学内容可能的教育价值予以考虑。		
	是否意识到预设的目标、内容可能在实际教学活动中发生改变。		
教学实施	预设教学活动开展是否顺利。		
	教学实施是否遇到困难，是如何克服困难的。		
	实施中是否做到因学定教、相机而教。		
教学结果	预设目标是否达到。		
	对自己的教学是否感到满意。		
	教学中是否有印象最深刻的学生表现。		
备注			

语文课堂教学有效性标准中的效果指标主要用以反映语文教学目标的达成情况。依据课程标准，学生应在识字与写字、阅读、写作、口语交际和综合性学习五大领域得到全面发展。同时，课程标准强调，语文课程评价的内容应“突出语文课程评价的整体性和综合性，要从知识与能力、过程与方法、情感态度与价值观几方面进行评价，以全面考察学生的语文素养水平”。因此，知识与能力、过程与方法、情感态度与价值观的三维目标和识字与写字、阅读、写作、口语交际、综合性学习五大领域是语文课堂教学评价的两大指标体系，语文课堂教学有效性标准中的效果指标即是体现为各个领域教学对三维目标的实现程度，即学生在每个领域不同学段的学习中获得发展的程度。据此，我们将分别从上述五大领域，依据三维目标，分学段对小学语文课堂教学有效性标准的效果指标作出阐述。

一、小学语文课堂教学有效性标准——效果指标(第一学段)

(一)识字与写字教学

1. 评价目标

(1)喜欢学习汉字,有主动识字的愿望。

(2)认识常用汉字 1600～1800 个,其中 800～1000 个会写。

(3)掌握汉字的基本笔画和常用的偏旁部首;能按笔顺规则用硬笔写字,注意间架结构。初步感受汉字的形体美。

(4)养成正确的写字姿势和良好的写字习惯,书写规范、端正、整洁。

(5)学会汉语拼音。能读准声母、韵母、声调和整体认读音节。能准确地拼读音节,正确书写声母、韵母和音节,认识大写字母,熟记《汉语拼音字母表》。

(6)能借助汉语拼音认读汉字。能用音序和部首检字法查字典,学习独立识字。

2. 评价标准

标准	指标	等级			
		A	B	C	D
知识与技能	认读拼音	非常清楚地辨别声母、韵母和整体认读音节;能全部读准 23 个声母、26 个韵母和 16 个整体认读音节;准确辨别和读准所有声调符号。	能区分和读出所有声母、韵母和整体认读音节,大部分能读准;能辨别、读准声调符号。	基本上能区分、读出声母、韵母和整体认读音节,但准确度不高,有时不能认读少数拼音;基本能辨别声调符号,但不能读准每个声调。	不能区分声母、韵母和整体认读音节,勉强能读,但准确度很低,需要在他人帮助下学习;容易混淆声调符号,难以读准。
	书写拼音	完全正确地书写声母、韵母和音节,书写格式完全符合要求,很好地做到抄写、默写、边读边写。	能正确地书写大部分声母、韵母和音节,书写格式比较符合要求,有时会出现极个别错误,能较好地完成抄写、默写、边读边写的任务。	基本上能书写声母、韵母和音节,但准确度不高,经常出现少数失误;能顺利完成抄写任务,但在默写和边读边写时容易出错。	不能按基本要求书写声母、韵母和音节,抄写时经常出现错误,默写和边读边写的难度大,无法完成。

（续表）

标准	指标	等级			
		A	B	C	D
	书写汉字	准确地读出和写出所学汉字的基本笔画、偏旁部首，写字完全遵守笔顺规则，间架结构完整、合理，字体漂亮。	能比较完整地读写所学汉字的基本笔画、偏旁部首，能按笔顺规则写字，间架结构比较完整。	基本了解所学汉字的笔画和部首，大多数时候能按笔顺规则写字，偶尔出现错误，间架结构基本完整。	不熟悉汉字的基本笔画和偏旁部首，写字经常不遵守笔顺规则，所写汉字难以体现间架结构，字迹潦草。
	理解字词意义	准确掌握所学字词的基本意义，并能根据具体的语言环境很好地理解字词的意思。	能很好地掌握所学字词的基本意义，在具体的语言环境中一般能正确理解字词的意思，如大多数时候能根据上下文对字词作出合理的解释。	不能完全掌握所学的每个字词的基本意义，但能理解大部分字词的意思；对于在具体的语言环境中正确理解字词的意思，有一定难度，但在老师帮助下可以很好地完成。	仅能理解少数字词的基本意义，多数时候不能正确解释字词的意义，无法根据具体的语言环境对字词作出合理的解释，需要个人和老师付出很大努力才能改变这一情况。
过程与方法	借助拼音拼读字词句文	能借助汉语拼音准确地认读汉字，完全正确地拼读指定的词语、句子、短文，认读、拼读自然、顺畅，没有任何地方音的成分。	能借助汉语拼音很好地认读汉字，一般情况下能正确地拼读指定的词语、句子、短文，偶尔可能会读不准确，认读、拼读比较自然、顺畅，地方音不明显。	能借助汉语拼音比较完整地认读汉字，对于拼读指定的词语、句子、短文有时会遇到一定困难，但在他人帮助下能很好地完成，独立认读和拼读能力不强，准确率不高，时常夹杂着地方音。	难以独立地借助汉语拼音拼读字词句文，需要在个人和老师的共同努力下才可能完成这一任务，认读和拼读的准确率非常低，地方音非常严重，纠正地方音是一项长期的工作。
	利用字典独立识字	非常正确、熟练地运用音序和部首检字法查字典，能主动地利用字典学习陌生的汉字，自学识字和独立识字的能力非常强。	能熟练地运用音序和部首检字法查字典，对于陌生的汉字，多数时候能想到借助字典这一工具，自学识字和独立识字的能力较强。	基本能使用音序和部首检字法查字典，很少能主动地想到利用字典学习陌生的汉字，需要他人的提示，自学识字和独立识字的能力不强。	不熟悉音序和部首检字法的基本规则，难以完成学会查字典的学习任务，对于陌生的汉字，常常求教他人，自己无法利用字典独立识字。

（续表）

标准	指标	等级			
		A	B	C	D
情感态度价值观	喜欢学习汉字	对汉字有非常浓厚的兴趣，经常主动地学习识字和写字，在汉字学习的活动中长期表现积极，乐于与他人交流学习心得。	对汉字比较感兴趣，能按要求较好地进行识字和写字的学习，但缺乏一定的自主性，平时能积极参与汉字的学习活动，多数时候能主动表现。	对汉字的学习有一定的兴趣，基本上能按要求学习识字和写字，主动学习的愿望较低，在平时的汉字学习活动中表现不突出，与他人交流的热情不高。	不喜欢学习汉字，识字和写字的学习任务对学生而言，是一项痛苦的工作，学生难以从汉字的学习活动中感受到快乐。
	感受汉字的形体美	能通过主动观察来感受汉字的形体美，如汉字笔画的长短参差、疏密匀称、左右避让等；能在书写中体验汉字的形体美，如笔画形状、轻重缓急等。	通过他人引导，能初步感受汉字笔画的长短参差、疏密匀称、左右避让的形体美；书写汉字时经常注意到笔画形状、轻重缓急，能从中初步体验到汉字的形体美。	在他人提示下，基本上能注意到汉字笔画的长短参差、疏密匀称、左右避让，有时能感受到其形体美；书写汉字时不太重视笔画形状、轻重缓急，一般不能从中体验到汉字的形体美。	无法鉴别汉字笔画的长短参差、疏密匀称、左右避让，难以从观察中感受汉字的形体美；写字时根本不注意笔画形状、轻重缓急，不能从中体验到汉字的形体美，需要师生付出较多努力才能有所改进。
	养成良好的写字姿势与习惯	写字时完全能做到头正、身直、臂开、足安，且能长时间保持，执笔方法完全正确，经常能从良好的写字习惯中体验到成功的快乐。	写字姿势正确，能很好地做到头正、身直、臂开、足安，但难以长时间保持，执笔方法符合要求，练字热情较高，多数时候能从良好的写字习惯中感受到快乐。	写字时基本能做到头正、身直、臂开、足安，但无法坚持太久，不易形成良好的写字习惯，执笔方法基本符合要求，能较好地完成规定的任务，很少能从写字中获得满足感和快乐感。	写字姿势不规范，歪歪曲曲的身影时有出现，很难养成良好的写字习惯，执笔方法不正确，随心所欲，认为按规范练字是痛苦的，无法感受到其中的乐趣。
隶属度		1.0～0.75	0.75～0.5	0.5～0.25	0.25～0

（二）阅读教学

1. 评价目标

（1）喜欢阅读，感受阅读的乐趣。

（2）学习用普通话正确、流利、有感情地朗读课文。

(3)学习默读,做到不出声,不指读。

(4)借助读物中的图画阅读。

(5)结合上下文和生活实际了解课文中词句的意思,在阅读中积累词语。

(6)阅读浅近的童话、寓言、故事,向往美好的情境,关心自然和生命,对感兴趣的人物和事件有自己的感受和想法,并乐于与人交流。

(7)诵读儿歌、童谣和浅近的古诗,展开想象,获得初步的情感体验,感受语言的优美。

(8)认识课文中出现的常用标点符号。在阅读中,体会句号、问号、感叹号所表达的不同语气。

(9)积累自己喜欢的成语和格言警句。背诵优秀诗文50篇(段)。课外阅读总量不少于5万字。

(10)喜爱图书,爱护图书。

2.评价标准

标准	指标	等级			
		A	B	C	D
知识与技能	朗读课文	用标准的普通话朗读课文,很好地做到吐字清晰、发音正确、语调和语速适中;朗读内容准确、流利,很好地体现课文思想感情;朗读感情真挚、充沛,表情、态度非常自然。	能用标准的普通话朗读课文,吐字清晰、发音正确、语调和语速适中;朗读内容比较准确、流利,能正确体现课文思想感情;朗读欠缺一定感情,表情、态度比较自然。	能用普通话朗读课文,但准确度不高,偶尔夹杂地方音,吐字较清晰、发音较正确、语调和语速较适中;朗读内容比较准确,但流利程度低,基本能正确体现课文思想感情;朗读缺乏感情,表情、态度不太自然。	基本能用普通话朗读课文,但准确度低,时常夹杂地方音,吐字、发音不够清晰,不注意语调和语速;朗读内容准确性差,流利程度低,无法体现课文思想感情;朗读没有感情,表情、态度僵硬、刻板。
	默读课文	默读时完全能做到不发出声音、不一字一字指读,能够边读边想、边读边画,能在规定时间内读完并能完全理解有关内容。	默读时能较好地做到不发出声音、不一字一字指读,能较好地做到边读边想、边读边画,能在规定时间内读完有关内容,但并不能完全理解这些内容。	默读时基本能做到不发出声音、不一字一字指读,有时能做到边读边想、边读边画,大多数时候能在规定时间内读完有关内容,但对于理解这些内容有一定困难,需要更多时间。	默读时常常发出声音、习惯指读,难以做到边读边想、边读边画,很少能在规定时间内读完有关内容,无法理解这些内容,在他人帮助和时间充裕的情况下可能会改进。

（续表）

标准	指标	等级			
		A	B	C	D
	认识标点符号	能准确说出常用标点符号的名称及其用法，并能举例说明，能在具体的语言环境正确地使用标点符号；能很好地把握标点符号在阅读中的作用，能很好地根据标点符号读出文章感情。	能较好地说出常用标点符号的名称及其用法，并能举例说明，基本能根据具体的语言环境使用相应的标点符号；能较好地把握标点符号在阅读中的作用，阅读中能时常注意不同符号所表达的感情。	基本能说出常用标点符号的名称及其用法，举例说明有一定困难，难以根据具体的语言环境正确使用相应的标点符号；一般难以把握标点符号在阅读中的作用，阅读中能时常忽视不同符号所表达的感情。	基本能说出常用标点符号的名称，不能正确说明其用法，自己无法独立举例，不能在具体的语言环境使用相应的标点符号；不能理解标点符号在阅读中的作用，阅读常无感情。
过程与方法	借助图画阅读	能借助图画独立进行阅读，准确把握图画内容，能充分发挥想象，正确描述出画中的故事，并能声情并茂地朗读出来。	能借助图画独立进行阅读，能较好地把握图画内容，能发挥一定想象，基本能描述出画中的大概故事，并能带有一定感情进行朗读。	基本能借助图画进行阅读，有时需要他人引导，基本能明白图画内容，并能描述出画中的大概故事，难以独立做到声情并茂地朗读，但在他人帮助下能带着感情朗读。	不会借助图画进行阅读，不明白图画内容，自己不能独立地想象出画中故事，需要老师的长期的耐心指导，进步相当缓慢。
	理解词句意思	善于联系上下文和生活实际准确把握文中词句意思，能根据不同的语言情境中对词句做出全面、合理的解释。	能够联系上下文和生活实际来把握文中词句意思，但不一定准确，基本能根据不同的语言情境对词句做出适当的解释。	基本能想到联系上下文和生活实际来把握文中词句意思，但未必常能做到，有时还是局限于字词本义，解释的准确度不高。	只知道字词本身的意义，从未考虑联系上下文和生活实际来理解词句的意思，不能根据不同的语言情境对词句做出正确的解释。
	体会符号语气	能明白句号、问号、感叹号分别表达陈述、疑问、惊叹语气，阅读时注意语气停顿，能根据标点符号正确表达课文的思想感情。	能明白句号、问号、感叹号分别表达陈述、疑问、惊叹语气，阅读中有时能注意语气停顿，基本能根据标点符号表达出课文的主要思想感情。	能区分句号、问号、感叹号分别表达陈述、疑问、惊叹语气，但阅读时很少能注意语气停顿，一般难以根据标点符号明了课文的基本思想感情。	容易混淆句号、问号、感叹号分别表达的不同语气，阅读时常常忽视语气停顿，朗读没有感情，无法把握课文的基本思想感情。

（续表）

标准	指标	等级			
		A	B	C	D
	积累名言警句	发现或探索出至少一种积累名言警句的方法，每天坚持主动积累一定量的名言警句；常常能从阅读中主动发现名言警句，并能仿写运用。	能够总结出至少一种积累名言警句的方法，每天坚持主动积累一定量的名言警句；有时能从阅读中主动发现名言警句，并及时摘抄、背诵。	有适合自己的积累名言警句的方法，能较好地完成规定数量的名言警句积累的任务；在他人引导下，能够从阅读中发现一些名言警句，并及时摘抄、背诵。	不知采用什么方法积累名言警句，不能完成规定数量的名言警句积累的任务；在他人反复提示下，才有可能从阅读中发现一些名言警句，但不注意及时收集。
情感态度价值观	喜欢阅读	喜欢读见到的各种文字，有制订读书计划的习惯，能将读到的好词句及时摘抄下来并记住，经常能从阅读中感受到乐趣。	喜欢读见到的各种文字，能主动制订读书计划，但并未养成习惯，能将读到的好词句及时摘抄下来并记住，多数时候能从阅读中感受到乐趣。	喜欢读自己感兴趣的文字，在他人要求下能完成读书计划的制订任务，但缺乏主动性，能将读到的好词句及时摘抄下来并记住，能从自己感兴趣的阅读中感受到快乐。	对阅读没有兴趣，不能主动完成规定的阅读量，需要在他人的督促下才能勉强完成，对学生而言，阅读是一件痛苦的事情，从中不能感受任何乐趣。
	乐于交流	经常主动与他人分享自己读到的故事，愿意与人交流读书的收获，遇到问题能虚心地向他人请教。	愿意与他人分享自己读到的故事，与人交流读书的收获，但缺少一定的主动性，遇到问题能虚心地向他人请教。	在老师引导下，有时能与他人分享自己读到的故事，与人交流读书的收获，主动意愿不强，遇到问题很少能主动地向他人请教。	不愿意与他人分享自己读到的故事，与人交流读书的收获，习惯自己享有自己的，遇到问题从来不求教他人。
	感受作品	在阅读的过程中向往美好情境，关心自然和生命，追求真善美；能对作品的内容、思想、情感、人物、特征等做出深刻的体验和感受，并能联系实际谈自己的体验和感受。	在阅读的过程中向往美好情境，关心自然和生命，追求真善美；对作品的内容、思想、情感、人物、特征等有一定的体验和感受，对于联系实际谈体验和感受有一定困难。	在阅读的过程中向往美好情境，关心自然和生命，追求真善美；基本能说出对作品的内容、思想、情感、人物、特征等的大致感受和想法，但不够具体、深刻，难以联系实际拓展延伸对作品的体验和感受。	不能对作品的内容、思想、情感、人物、特征等做出体验和感受，不能感受美好情境给身心带来的愉悦，漠视自然和生命，无法辨别是非真假。

（续表）

标准	指标	等级			
		A	B	C	D
	养成良好的读书习惯	读书时常做到心到、眼到、手到，善于边读边画、边读边想，有读写用相结合的习惯；善于使用工具书自主解决问题，乐于向他人请教。	读书时常做到心到、眼到、手到，基本能做到边读边画、边读边想，有时能做到读写用相结合；能正确使用工具书，乐于向他人请教。	读书基本能做到心到、眼到、手到，偶尔做到边读边画、边读边想，但不能坚持，做到读写用相结合比较困难；能正确使用工具书，不太主动向他人请教。	读书无法做到心到、眼到、手到，没有边读边画、边读边想的意识，不能做到读写用相结合，遇到问题不知如何处理，习惯等待他人来帮助。
隶属度		1.0～0.75	0.75～0.5	0.5～0.25	0.25～0

(三)写话教学

1. 评价目标

(1)对写话有兴趣，写自己想说的话，写想象中的事物，写出自己对周围事物的认识和感想。

(2)在写话中乐于运用阅读和生活中学到的词语。

(3)根据表达的需要，学习使用逗号、句号、问号、感叹号。

2. 评价标准

标准	指标	等级			
		A	B	C	D
知识与技能	表达所见所闻	能非常流畅地写出自己所见所闻，表达的意思完整、顺序合理，表达内容真实、感情真挚，表达有创意，给人耳目一新的感觉。	能比较顺畅地写出自己所见所闻，表达的意思比较完整、顺序比较合理，表达内容真实、感情真挚，表达有一定创意，语言比较生动、活泼。	基本能写出自己所见所闻，表达的意思大体完整、有一定顺序，表达内容真实、感情真挚，表达缺乏创意，语言一般，很少有加工的痕迹。	基本上能说出自己所见所闻，但写出来比较困难，所写内容难以表达出自己的真实感受，认为写话是非常费力的事。
	使用标点符号	在写话中有意识地使用标点符号，能根据表达内容准确使用标点符号，主动通过朗读自己的作品体会标点符号的妙处，主动发现并修改用错的标点符号。	在写话中有意识地使用标点符号，能根据表达内容使用标点符号，但准确率不高，在他人引导下能通过朗读自己的作品体会标点符号的妙处，发现并修改用错的标点符号。	在写话中有意识地使用标点符号，基本能根据表达内容使用标点符号，但经常用错，难以在朗读自己作品的过程中体会标点符号的妙处，在他人提示下基本能发现并修改错误标点符号。	在写话中经常忽视使用标点符号，需要他人时刻提醒，不能正确理解标点符号的基本用法，因此在写话时经常用错标点符号，须经多次修改，无法体会标点符号的好处。

（续表）

<table>
<tr><td rowspan="2">标准</td><td rowspan="2">指标</td><td colspan="4">等级</td></tr>
<tr><td>A</td><td>B</td><td>C</td><td>D</td></tr>
<tr><td rowspan="2">过程与方法</td><td>运用所学词句表达</td><td>有意识地将阅读和生活中学到的词语用到写话中，能根据所学句式进行仿写，创意地表达自己所想。</td><td>主动地将阅读和生活中学到的词语用到写话中，能根据所学句式进行仿写，表达自己所想缺乏一定创意。</td><td>在他人引导下能将阅读和生活中学到的词语用到写话中，仿写所学句式有时会遇到困难，需他人提供帮助，能比较完整地表达自己所想，但创意不足。</td><td>难以将阅读和生活中学到的词语用到写话中，写话随心所欲，没有顺序，且意思表达不明确，不能仿写所学句式，尚需长期努力。</td></tr>
<tr><td>展开想象</td><td>经常自觉地在观察事物中展开想象，能准确抓住事物特点展开合理的想象；能将想象的事物用完整、生动的语言写出来。</td><td>能自觉地在观察事物中展开想象，基本能抓住事物特点展开想象，但有时对事物特点把握不够准确，因而其想象不一定合理；能将想象的事物用完整的语言表达出来。</td><td>在他人帮助下能在观察事物中展开想象，基本能抓住事物特点展开想象，但有时对事物特点把握不够准确，因而其想象不一定合理；能比较完整地将想象的事物写出来。</td><td>在他人帮助下能在观察事物中展开想象，但不能把握事物特点，想象缺乏合理性，无法将想象的事物写出来。</td></tr>
<tr><td rowspan="3">情感态度价值观</td><td>对写话有兴趣</td><td>经常积极主动地参与所有写话活动，非常喜欢完成与写话相关的作业训练，时常从写话中感受到成功的喜悦。</td><td>能积极主动地参与规定的写话活动，对完成与写话相关的作业训练有一定兴趣，多数时候能从写话中感受到成功的喜悦。</td><td>对于规定的写话活动能积极参与，与写话相关的作业训练能及时完成，但这是出于任务而非兴趣，偶尔能从写话中感受到成功的喜悦。</td><td>从不主动参与规定的写话活动，与写话相关的作业训练常常不能及时完成，根本无法感受到写话的乐趣。</td></tr>
<tr><td>写话态度积极</td><td>乐于与人交流写话的快乐，主动在写话中运用新学内容，经常做到高质量地完成写话任务；善于虚心听取他人建议，勇于纠正错误，不断提高写话水平。</td><td>愿意与人交流写话的快乐，主动在写话中运用新学内容，多数时候能较好地完成写话任务；善于虚心听取他人建议，勇于纠正错误，不断提高写话水平。</td><td>愿意与人交流写话的快乐，有时能做到在写话中运用新学内容，能按基本要求及时完成写话任务，但质量有限；善于虚心听取他人建议，勇于纠正错误，不断提高写话水平。</td><td>不愿意与人交流写话的快乐，忽视在写话中运用新学内容，写话很少能达到基本要求，经常不接受他人建议，懒于纠正错误，写话水平得不到发展。</td></tr>
<tr><td>养成良好的写话习惯</td><td>写话时常常能考虑对字词的斟酌和标点符号的运用，做到写作行款、格式完全符合要求，书写规范、卷面整洁。</td><td>写话有时能想到斟酌字词，能经常运用标点符号，做到写作行款、格式完全符合要求，书写比较规范、卷面整洁。</td><td>写话不太注意斟酌字词，多数时候运用标点符号，做到写作行款、格式基本符合要求，书写比较规范、卷面整洁。</td><td>写话从不斟酌字词，常常忽视运用标点符号，难以做到写作行款、格式符合基本要求，书写欠规范、卷面欠整洁。</td></tr>
<tr><td colspan="2">隶属度</td><td>1.0～0.75</td><td>0.75～0.5</td><td>0.5～0.25</td><td>0.25～0</td></tr>
</table>

(四)口语交际教学

1. 评价目标

(1)学讲普通话,逐步养成讲普通话的习惯。

(2)能认真听别人讲话,努力了解讲话的主要内容。

(3)听故事、看音像作品,能复述大意和精彩情节。

(4)能较完整地讲述小故事,能简要讲述自己感兴趣的见闻。

(5)与别人交谈,态度自然大方,有礼貌。

(6)有表达的自信心。积极参加讨论,能对感兴趣的话题发表意见。

2. 评价标准

标准	指标	等级			
		A	B	C	D
知识与技能	讲普通话	能每天坚持用普通话流畅地朗读至少一篇课文;经常做到用普通话与他人交流;能主动参与相关活动或比赛。	能每天坚持用普通话完整地朗读至少一篇课文;经常做到用普通话与他人交流;能较积极地参加自己感兴趣的活动。	能用普通话完整地朗读课文,但并非每天都坚持;有时能用普通话与他人交流,很少能积极参与讲普通话的相关活动。	不能用普通话完整地朗读课文,经常用地方话与他人交流,不愿意参加相关活动,即使勉强参加,表现也不积极。
	倾听他人讲话	始终能做到耐心倾听,听别人把话讲完,不中途打断;能在听的过程中正确理解讲话意思;听完之后能正确概括不同同学发言的要点。	始终能做到耐心倾听,听别人把话讲完,不中途打断;能在听的过程中大致了解讲话意思;听完之后能大致概括出不同同学发言的要点。	基本能听别人把话讲完,但有时会打断;能在听的过程中大致了解讲话意思;在他人提示下,基本能概括出不同同学发言的要点。	不能完整地听别人把话讲完,时常打断;注意力不集中,不能在听的过程中了解讲话意思;即使他人再三提示也无法概括出不同同学发言的要点。
	复述故事	能准确反映故事的主要情节、人物关系等内容;能用自己的语言复述,语句通顺,句子较多且结构完整;表达自然、流畅,语态大方,能吸引听众,感染力强。	能反映故事的主要情节、主要人物,但相互关系有错误;能用自己的语言复述,语句通顺,句子较少但结构完整;表达自然、流畅,语态大方,有一定感染力,但效果一般。	基本反映故事的主要人物活动,但故事情节错误;能用自己的语言复述,但语句欠通顺;语态欠自然,独自讲述,语调平淡。	脱离故事随意说或不会复述;仅能背诵故事中的只言片语,不能用自己的语言复述;精神紧张,不敢发言。

（续表）

标准	指标	等级			
		A	B	C	D
过程与方法	回答问题	经常积极举手发言，能听懂问题，并能完整地回答问题，能准确地表达自己的意思，回答问题的质量较高。	能主动举手发言，能听懂问题，并能比较完整地回答问题，能较好地表达自己的意思，回答问题有一定的质量。	发言欠主动，基本能理解问题的真正含义，基本能回答出问题，但表达的意思不够清晰，回答问题的质量不高。	从不举手发言，常常不能理解问题的基本含义，经常答非所问，且不能将自己的意思完整表达出来。
	讨论交流	能经常积极参与讨论活动，能围绕主题准确表达自己的观点，常常能注意倾听别人发表的看法，能适时地追问和插话。	多数时候能积极参与讨论活动，能围绕主题较好地表达自己的观点，有时能注意倾听别人发表的看法，基本能对自己存在不同理解的地方给予追问和插话，但时机不一定总合适。	基本能参与讨论活动，但缺少较高的热情，能围绕主题大致表达自己的观点，很少能注意倾听别人发表的看法，对自己存在不同理解的地方不能及时给予追问和插话。	不愿意参与讨论活动，经常脱离主题随意表达自己观点，从不倾听别人发表的看法，对自己存在不同理解的地方不能也从不给予追问和插话。
情感态度价值观	自信表达	主动参与表达，表达时抬头挺胸、落落大方；完全用自己的话语和方式自由表达个人的感受和体会，表达完全体现个性；任何场面都敢于发言，不怕说错。	主动参与表达，表达时抬头挺胸、落落大方；基本用自己的话语和方式自由表达个人的感受和体会，表达体现一定的个性；多数时候敢于发言，不怕说错。	主动参与表达，表达时抬头挺胸、落落大方；基本用自己的话语和方式自由表达个人的感受和体会，表达体现一定的个性；由于担心说错，经常不能在人多的场合发言。	不愿意参与表达，勉强参与，常常脸红，手发抖；无法用自己的话语和方式自由表达个人的感受和体会，常背诵他人的只言片语；害怕出错，不能在他人面前发言。
	交谈自然	语气亲切，态度大方，对人有礼貌；善于观察和倾听，主动寻找共同话题，主动营造和谐的交谈氛围。	语气亲切，态度大方，对人有礼貌；多数时候注意观察和倾听，交谈顺其自然，不善于寻找共同话题，有时会因无话可说而暂时中断交谈。	语气亲切，态度大方，对人有礼貌，但偶尔会紧张；有时会注意观察和倾听，交谈中有时处于被动，不善于主动寻找话题，有时会因无话可说而暂时中断交谈。	语气生硬，态度冷淡，缺少热情，容易紧张；经常忽视观察和倾听，时时处于被动，从不主动寻找话题，交谈气氛尴尬。
	乐于交流	经常主动向他人讲述自己的见闻，也愿意倾听他人的故事；积极参加讨论、合作，积极发表自己的意见；遇到问题能虚心地向他人请教。	愿意倾听他人的故事，有时也能主动向他人讲述自己的见闻；积极参加讨论、合作，对感兴趣的话题能积极发表自己的意见；遇到问题能虚心地向他人请教。	愿意倾听他人的故事，有时也能主动向他人讲述自己的见闻；参加讨论、合作的热情度不高，有时发表自己的意见；遇到问题能虚心地向他人请教。	不愿意倾听他人的故事，从不主动向他人讲述自己的见闻；根本不想参加讨论、合作，勉强参与，也心不在焉，从不主动发表意见；不愿向他人请教。
隶属度		1.0～0.75	0.75～0.5	0.5～0.25	0.25～0

(五)综合性学习

1.评价目标

(1)对周围事物有好奇心,能就感兴趣的内容提出问题,结合课外阅读,共同讨论。

(2)结合语文学习,观察大自然,用口头或图文等方式表达自己的观察所得。

(3)热心参加校园、社区活动。结合活动,用口头或图文等方式表达自己的见闻和想法。

2.评价标准

标准	指标	等级			
		A	B	C	D
知识与技能	表达观察所得	经常能有意识地观察周围事物,能很好地把握事物特点,并能用口头或图文等方式准确、完整地描述其主要特点。	经常能有意识地观察周围事物,基本能抓住事物特点,并能用口头或图文等方式完整地描述其主要特点。	有时能主动观察周围事物,基本能抓住事物特点,能用口头语言完整地描述其主要特点,但用图文描述有一定困难。	从不主动观察周围事物,对事物没有任何感觉,因此不能把握其特点,也无法用口头或图文等方式描述出其主要特点。
	表达见闻感想	经常参加校园、社区活动,从中获得丰富的体验,并能及时用口头或图文等方式准确、完整地表达出自己的见闻和感想。	经常参加校园、社区活动,从中获得一定体验,并能及时用口头或图文等方式完整地记录下自己的见闻和感想。	有时参加一些校园、社区活动,从中获得一定体验,能用口头语言比较完整地表达出自己的见闻和感想,但用图文表达有一定困难。	从不主动参加校园、社区活动,很难从中获得体验,不能用口头或图文等方式表达自己的见闻和感想。
过程与方法	发现和解决问题	能根据所学知识和生活经验主动发现并提出问题;能准确把握问题的关键点,在独立思考或与人合作中制订出行之有效的解决问题的方案。	在活动中能根据所学知识和生活经验主动发现并提出问题;基本能清楚地认识问题,并能在独立思考或与人合作中制订出一套可行的解决问题的方案。	在他人提示下,能在活动中发现并提出问题;基本能清楚地认识问题,并通过与人合作中制订出一套可行的解决问题的方案。	即使他人再三提示也不能独立发现并提出问题;不能清楚地认识问题,对解决问题没有自己的想法,在活动中不能发挥个人的作用。
	创新能力	头脑灵活,点子多,在活动中常常提供有创意的方案。	头脑比较灵活,有点子,但在活动中很少能提供有创意的方案。	活动中缺少自己的想法,形式以模仿他人为主,观点以采纳他人看法为主。	完全依赖他人,独立活动能力欠缺,不能在活动中发挥个人的作用。
	探究程度	能充分结合收集的资料进行细致的分析,深入研究,充分合作探讨;形成观点鲜明、依据充足的活动成果。	能结合收集的资料进行相关分析,与他人有一定的合作讨论;形成有观点、有依据的活动成果。	基本能收集资料并进行一定的分析,但缺少与他人的合作讨论;活动成果有基本观点。	不能收集资料并分析,从不与人合作讨论,因此没有任何成果观点。

（续表）

<table>
<tr><th rowspan="2">标准</th><th rowspan="2">指标</th><th colspan="4">等级</th></tr>
<tr><th>A</th><th>B</th><th>C</th><th>D</th></tr>
<tr><td rowspan="2">情感态度价值观</td><td>参与态度</td><td>对活动始终有浓厚的兴趣，能主动组织和热情参与活动，在活动中表现积极。</td><td>对活动比较感兴趣，能参与活动，但缺少一定的主动性，需在他人提示或要求下参与活动，在自己感兴趣的活动中能积极表现。</td><td>对活动有一定兴趣，但参与程度低，有时参与活动，有时不参加，在活动中有一定表现，但缺乏热情，表现不够积极。</td><td>对活动没有一点兴趣，从不参加任何活动。</td></tr>
<tr><td>合作精神</td><td>积极加入合作小组，时常考虑到小组的整体利益；真心欣赏他人，常常认同和接纳成员不同意见，尊重他人劳动成果；积极配合其他成员，主动帮助他人。</td><td>积极加入合作小组，时常考虑到小组的整体利益；真心欣赏他人，常常认同和接纳成员不同意见，尊重他人劳动成果；比较积极配合其他成员，有时为他人提供帮助。</td><td>加入合作小组，较少考虑小组的整体利益；有时认同和接纳成员不同意见，尊重他人劳动成果；在合作活动中，对别人配合帮助较少，只努力做好自己的一份。</td><td>不愿意与人合作，缺少集体意识，不能容忍与自己不同的意见，很少与人交流，甚至与他人产生矛盾。</td></tr>
<tr><td colspan="2">隶属度</td><td>1.0～0.75</td><td>0.75～0.5</td><td>0.5～0.25</td><td>0.25～0</td></tr>
</table>

二、小学语文课堂教学有效性标准——效果指标（第二学段）

（一）识字与写字教学

1.评价目标

（1）对学习汉字有浓厚的兴趣，养成主动识字的习惯。

（2）累计认识常用汉字 2500 个，其中 2000 个左右会写。

（3）会使用字典、词典，有初步的独立识字能力。

（4）能使用硬笔熟练地书写正楷字，做到规范、端正、整洁。用毛笔临摹正楷字帖。

2. 评价标准

标准	指标	等级 A	等级 B	等级 C	等级 D
知识与技能	独立识字	在初读课文时常常能主动提出所有生字词，能借助汉语拼音读准字音，能根据偏旁部首熟悉字形，能主动查字词典学习生字词。	在初读课文时能主动提出所有生字词，能借助汉语拼音读准字音，基本能根据偏旁部首认清字形，有时能主动查字词典学习生字词。	在初读课文时有时能找出部分生字词，基本能借助汉语拼音读出字音，但不一定能读准，基本能根据偏旁部首认清字形，查字词典学习生字词的主动性不强，需要他人提示和帮助。	不能独立找出文中生字词，时常需要他人帮助，有时能借助汉语拼音勉强读出字音，但准确率低，很少能根据偏旁部首认清字形，根本不懂得也不能查字词典学习生字词。
	写硬笔字	执笔、运笔准确，完全遵循基本的笔顺规则；能熟练地书写正楷字，写字速度较快，且规范、端正、整洁；写出的字能体现自己的个性。	执笔、运笔准确，完全遵循基本的笔顺规则；能比较熟练地书写正楷字，写字速度较快，但欠规范、端正、整洁；写出的字能体现自己一定的个性。	执笔、运笔基本正确，基本遵循笔顺规则；写字熟练程度不够，速度较慢，且规范、端正、整洁度不高；写出的字多模仿他人，很少能体现自己的个性。	不能按要求执笔、运笔，不遵循笔顺规则，不经常练笔，写字生疏，速度极慢，难以模仿他人写字。
	写毛笔字	写字姿势完全正确，且能长时间坚持；准确掌握字的结构章法的特点，用笔、用墨完全遵循毛笔字规律；临摹出来的字与字帖神似。	写字姿势完全正确，且能坚持一段时间；准确掌握字的结构章法的特点，用笔、用墨完全遵循毛笔字规律；临摹出来的字与字帖比较相似。	写字姿势基本正确，只能在短时间内坚持；基本掌握字的结构章法的特点，用笔、用墨基本遵循毛笔字规律；临摹出来的字与字帖有一定相似。	写字姿势基本不正确，短时间内变化多种姿势；忽视字的结构章法的特点，用笔、用墨随心所欲；临摹出来的字很难找到与字帖相似的地方。
过程与方法	记忆字形	在学习中经常能有意识地记忆字形；经常反思，及时总结、发现识记方法，探索出适合自己的方法；善于综合运用各种方法有效地记忆字形。	在学习中能有意识地记忆字形；多数时候能进行反思，及时总结、发现识记方法，探索出适合自己的方法；能较好地综合运用各种方法记忆字形。	在学习中有时能注意记忆字形；自我反思的主动性不强，反思能力有限，常运用别人的识记方法；可以运用多种方法记忆字形，但效率不高。	在学习中从不主动记忆字形；从不主动反思识记方法，常常出错，很难记住字形。
	理解字词	准确掌握字词的基本意义；经常能结合上下文和生活经验准确理解字词的意思；能根据不同的语言情境对字词做出全面、合理的解释。	准确掌握字词的基本意义；多数时候能结合上下文和生活经验准确理解字词的意思；能根据不同的语言情境对字词做出比较合理的解释。	大致了解字词的基本意义；有时能结合上下文和生活经验准确理解字词的意思；在他人帮助下，一般可以根据不同的语言情境对字词做出比较合理的解释。	不清楚字词的基本意义；根本不能结合上下文和生活经验理解字词的意思，即使他人提示也很难做到。

(续表)

标准	指标	等级			
		A	B	C	D
情感态度价值	识字写字兴趣	对识字、写字有浓厚的兴趣，愿意参与所有相关活动；常能从中体验到成功的喜悦；乐于与人分享，交流经验，展示成果。	对识字、写字有较大的兴趣，愿意参与一些相关活动；有时能从中体验到成功的喜悦；乐于与人分享，交流经验，展示成果。	对识字、写字有一定的兴趣，能参加规定的相关活动，但积极性不高，很少能从中体验到成功的喜悦；与人交流的时间和程度有限。	对识字、写字没有任何兴趣，勉强参加规定的相关活动，从不主动与人交流，也不喜欢倾听别人的经验。
	感受汉字形体美	能通过主动观察来感受汉字的形体美，如汉字笔画的长短参差、疏密匀称、左右避让等；能在书写中体验汉字的形体美，如笔画形状、轻重缓急等。	通过他人引导，能初步感受汉字笔画的长短参差、疏密匀称、左右避让的形体美；书写汉字时经常注意到笔画形状、轻重缓急，能从中初步体验到汉字的形体美。	在他人提示下，基本上能注意到汉字笔画的长短参差、疏密匀称、左右避让，有时能感受到其形体美；书写汉字时不太重视笔画形状、轻重缓急，一般不能从中体验到汉字的形体美。	无法鉴别汉字笔画的长短参差、疏密匀称、左右避让，难以从观察中感受汉字的形体美；写字时根本不注意画形状、轻重缓急，不能从中体验到汉字的形体美，需要师生付出较多努力才能有所改进。
	识字习惯	经常能积极主动地利用字典、词典、电脑网络等多种媒介识字；主动总结识字方法，提高识字效率；常能联系生活，从生活中学习汉字。	多数时候能主动地利用字典、词典、电脑网络等多种媒介识字；主动总结识字方法，提高识字效率；有时能将识字与生活联系，从生活中学习汉字。	有时能主动地利用字典、词典、电脑网络等多种媒介识字；很少主动总结识字方法，提高识字效率；基本不联系生活，难以从生活中学习汉字。	从不利用字典、词典、电脑网络等多种媒介识字；从不总结识字方法，识字效率极低；从不关注生活中的汉字。
隶属度		1.0～0.75	0.75～0.5	0.5～0.25	0.25～0

(二)阅读教学

1. 评价目标

(1)用普通话正确、流利、有感情地朗读课文。

(2)初步学会默读。能对课文中不理解的地方提出疑问。

(3)能联系上下文，理解词句的意思，体会课文中关键词句在表情达意方面的作用。能借助字典、词典和生活积累，理解生词的意义。

(4)能初步把握文章的主要内容，体会文章表达的思想感情。

(5)能复述叙事性作品的大意，初步感受作品中生动的形象和优美的语言，与他人交流自己的阅读感受。

(6)在理解语句的过程中，体会句号与逗号的不同用法，了解冒号、引号的一般用法。

(7)学习略读,粗知文章大意。

(8)积累课文中的优美词语、精彩句段,以及在课外阅读和生活中获得的语言材料。

(9)诵读优秀诗文,注意在诵读过程中体验情感,背诵优秀诗文50篇(段)。

(10)养成读书看报的习惯,收藏并与同学交流图书资料。课外阅读总量不少于40万字。

2.评价标准

标准	指标	等级			
		A	B	C	D
知识与技能	朗读课文	用标准的普通话朗读课文,很好地做到吐字清晰、发音正确、语调和语速适中;朗读内容准确、流利,很好地体现课文思想感情;朗读感情真挚、充沛,表情、态度非常自然。	能用标准的普通话朗读课文,吐字清晰、发音正确、语调和语速适中;朗读内容比较准确、流利,能正确体现课文思想感情;朗读欠缺一定感情,表情、态度比较自然。	能用普通话朗读课文,但准确度不高,偶尔夹杂地方音,吐字较清晰、发音较正确、语调和语速较适中;朗读内容比较准确,但流利程度低,基本能正确体现课文思想感情;朗读缺乏感情,表情、态度不太自然。	基本能用普通话朗读课文,但准确度低,时常夹杂地方音,吐字、发音不够清晰,不注意语调和语速;朗读内容准确性差,流利程度低,无法体现课文思想感情;朗读没有感情,表情、态度僵硬、刻板。
	默读略读	默读时完全能做到不发出声音、不指读,做到边读边想、边读边画,能在规定时间内读完并能完全理解有关内容。略读技巧娴熟,能根据材料运用适当的方法,阅读速度快且能准确把握文章大意。	默读时能较好地做到不发出声音、不指读,能较好地做到边读边想、边读边画,能在规定时间内读完有关内容,但并不能完全理解这些内容。知道一定的略读技巧,但运用方法的灵活性不够,阅读速度较快,能较好地把握文章大意。	默读时基本能做到不发出声音、不指读,有时能做到边读边想、边读边画,大多数时候能在规定时间内读完有关内容,但对于理解这些内容有一定困难,需要更多时间。有一定的略读技巧,但难以适当运用,基本能在规定时间内完成阅读,基本了解文章大意。	默读时常常发出声音,习惯指读,难以做到边读边想、边读边画,很少能在规定时间内读完有关内容,无法理解这些内容。没有掌握任何略读技巧,无法在规定时间内完成任务。
	了解冒号引号用法	能正确认识和写出冒号和引号,非常熟悉其用法,明确其标注位置,并能举例说明;能在具体的语言环境中正确地使用冒号和引号。	能正确认识和写出冒号和引号,对其用法有较好的了解,明确其标注位置,并能举例说明;基本能根据具体的语言环境使用冒号和引号。	基本能认识和会写冒号和引号,基本了解其用法,举例说明有一定困难,难以根据具体的语言环境正确使用冒号和引号。	基本能认识冒号和引号的名称,不知道其用法,自己无法独立举例,不能在具体的语言环境使用相应的标点符号。

(续表)

标准	指标	等级			
		A	B	C	D
	积累语言材料	每天坚持一定量的阅读，能常常注意到阅读中的优美词语、精彩片段，并及时做好记录；能有意识地改写或仿写优美语句，以扩充语言材料。	每天坚持一定量的阅读，多数时候能注意到阅读中的优美词语、精彩片段，并及时做好记录；偶尔能有意识地改写或仿写优美语句，以扩充语言材料。	每天坚持一定量的阅读，有时能注意到阅读中的优美词语、精彩片段，并及时做好记录；基本不能做到主动去改写或仿写优美语句，以扩充语言材料。	不能完成规定的阅读量，从不注意文中的优美词语、精彩片段，只有在他人强烈要求下才勉强记录，积累语言材料对学生而言，是一件非常痛苦的事情。
过程与方法	体会词句作用	能主动发现课文中的关键词句，正确把握词句意思；通过关键词句较好地了解文章主要内容和思想感情，深刻体会关键词句在表情达意方面的作用。	能主动发现课文中的关键词句，基本能把握词句意思；通过关键词句大致了解文章主要内容和思想感情，较好地体会关键词句在表情达意方面的作用。	在他人提示下能找出课文中的关键词句，基本能把握词句意思；通过关键词句大致了解文章主要内容和思想感情，对关键词句在表情达意方面的作用有一定的体会，但不够全面、深刻。	自己无法找出关键词句，需要他人直接指出，无法理解词句意思；根本体会不出关键词句在表情达意方面的作用。
	体验诗文	能在反复吟诵中品味古诗的语言美；常常主动想象诗歌所描绘的情景，从中体会古诗的画面美；通过理解词句领悟古诗的意境美。	能在反复吟诵中品味古诗的语言美；有时能想象出诗歌所描绘的情景，从中体会古诗的画面美；通过理解词句领悟古诗的意境美。	能在反复吟诵中品味古诗的语言美；在他人引导下能想象出诗歌所描绘的情景，从中对古诗的画面美有一定体会；通过理解词句有时能领悟古诗的意境美。	不会欣赏优秀诗文，难以从中体验诗文的语言美、画面美和意境美，无法体验诗人、诗作情感。
	理解词句	经常能猜读文中生词的意思；时常能借助字词典和生活积累来理解生词的意义；能联系上下文准确把握词句的意思。	有时能猜读文中生词的意思；多数时候能借助字词典和生活积累来理解生词的意义；能联系上下文较好地把握词句的意思。	有时能猜读文中生词的意思；有时能借助字词典和生活积累来理解生词的意义；通过联系上下文把握词句意思有一定困难。	偶尔能猜读文中生词的意思；不能借助字词典和生活积累来理解生词的意义；无法通过联系上下文把握词句意思。

（续表）

标准	指标	等级			
		A	B	C	D
情感态度价值观	阅读兴趣	喜欢观察和阅读见到的各种文字；常常不自觉地走入作品，与其中的人物共悲喜；乐意与他人交流阅读感受，分享阅读的快乐。	喜欢观察和阅读自己感兴趣的文字；有时不自觉地走入作品，与其中的人物共悲喜；乐意与他人交流阅读感受，分享阅读的快乐。	一般不主动观察，只阅读自己感兴趣的文字；通过他人引导，可以走入作品，但与其中的人物缺少共通的感情；与他人交流较少。	不喜欢阅读和观察，对文字不感兴趣；根本无法走入作品，始终处于旁观者的状态；从不与他人交流，认为阅读是一件无趣的事情。
	阅读习惯	经常主动利用工具书帮助阅读；敢于对文中不理解的地方提出质疑；经常注意积累词句；每天都有比较固定的时间读书。	经常主动利用工具书帮助阅读；敢于对文中不理解的地方提出质疑；有时注意积累词句；读书时间不固定，时有时无。	有时能利用工具书帮助阅读；偶尔对文中不理解的地方提出质疑；积累词句欠主动；读书时间不固定，时有时无。	从不利用工具书帮助阅读；从不敢对文中不理解的地方提出质疑；常常忽视积累词句；自己从不安排读书时间。
隶属度		1.0～0.75	0.75～0.5	0.5～0.25	0.25～0

（三）习作教学

1. 评价目标

（1）留心周围事物，乐于书面表达，增强习作的自信心。

（2）能不拘形式地写下见闻、感受和想象，注意表现自己觉得新奇有趣或印象最深、最受感动的内容。

（3）愿意将自己的习作读给人听，与他人分享习作的快乐。

（4）能用简短的书信便条进行书面交际。

（5）尝试在习作中运用自己平时积累的语言材料，特别是有新鲜感的词句。

（6）根据表达的需要，使用冒号、引号。

（7）学习修改习作中有明显错误的词句。

2.评价标准

标准	指标	等级			
		A	B	C	D
知识与技能	记下见闻感想	能具体完整地把观察到的内容和自己心里想说的话写出来;语句通顺,段落分明;经常能注意把自己觉得新奇有趣的或印象最深、最受感动的内容用生动的语言表达出来。	能比较完整地把观察到的内容和自己心里想说的话写出来;语句通顺,段落分明;有时能把自己觉得新奇有趣的或印象最深、最受感动的内容用比较生动的语言表达出来。	基本能完整地把观察到的内容和自己心里想说的话写出来;语句较通顺,有一定的段落层次;有时能把自己觉得新奇有趣的或印象最深、最受感动的内容表达出来,但语言不够生动、丰富。	很少注重观察,缺少自己的想法,不能或很难把观察到的内容和自己心里想说的话用书面语完整地表达出来,需要师生经过长期的努力才能有所改进。
	使用标点符号	标点符号标注正确,没有书写错误;能根据表达内容和情感正确使用标点符号,作文中没有标点符号错误。	标点符号标注正确,没有书写错误;能根据表达内容和情感较好地使用标点符号,作文中有时会出现标点符号错误。	标点符号标注正确,没有书写错误;很少能根据表达内容和情感正确使用标点符号,作文中经常会出现标点符号错误。	标点符号标注常常出错,且书写形式不规范;根本不能根据表达内容和情感正确使用标点符号。
	写书信和便条	熟悉书信、便条的基本写作格式,写作规范、整洁;常能用简洁的语言清楚地表达自己的意思,使别人一看就明白。	熟悉书信、便条的基本写作格式,写作规范、整洁;常能用书面语言表达自己的意思,但欠缺简洁明了。	基本了解书信、便条的基本写作格式,写作比较规范、整洁;能用书面语言表达自己的意思,但内容过于繁琐,需要自己做出一定解释,别人才能明白。	不了解书信、便条的基本写作格式,写作随心所欲,欠缺规范、整洁;基本不能用书面语完整表达自己的意思。
过程与方法	运用词句	写作时能有意识地引入平时积累的语言材料;经常在作文中适当地使用新鲜词句,使习作更精彩。	写作时能有意识地引入平时积累的语言材料;有时能在作文中适当使用一些新鲜词句,以充实习作内容。	在他人提示下,写作时能引入一些平时积累的语言材料;偶尔能在作文中使用一些新鲜词句,但搭配不一定适当。	从不注意在习作中引入平时积累的语言材料,作文表达平平,没有新意。
	修改作文	习作后能主动细读作文,发现错误并及时修改;经常能独立找出错误的词句,并能正确修改;经常与他人交换修改,从中取长补短,共同提高习作水平。	习作后能主动细读作文,发现错误并及时修改;多数时候能独立找出错误的词句,并能正确修改;有时能与他人交换修改,但很少能主动学习他人长处,以弥补自己的不足。	在他人要求下,能在习作后细读作文,发现错误并及时修改;很少能独立找出错误的词句,一次修改未必达到正确;习惯自主修改,很少能与他人交换修改习作。	写作之后从不检查,无法找出习作中的错误,即使他人指出错误,自己也不能正确改正,从不主动与他人交换修改习作。

（续表）

标准	指标	等级			
		A	B	C	D
情感态度价值观	习作兴趣	对周围事物有强烈的好奇心，经常能主动观察、发现和记录；经常能主动地参与习作活动，表现积极；经常能从习作中获得成功感和满足感。	对周围事物有一定的好奇心，多数时候能主动观察、发现和记录；多数时候能主动地参与习作活动，表现比较积极；有时能从习作中获得成功感和满足感。	对周围事物缺少好奇心，在他人提示下，能及时观察、发现和记录；能参加规定的习作活动，但欠缺一定主动性；很少能从习作中获得成功感和满足感。	对周围事物没有好奇心，从不主动观察、发现和记录；完全被动地参与规定的习作活动，从不主动表现；从未在习作中获得成功感和满足感。
	习作态度	每次习作都非常认真，习作内容真实、感情真挚，从不说假话、套话；愿意与他人交换欣赏、修改习作，能真心接纳他人意见并及时修改。	每次习作都比较认真，习作内容真实、感情真挚，从不说假话、套话；有时愿意与他人交换欣赏、修改习作，能接纳他人意见，但不一定能及时改进。	每次习作都比较认真，习作内容真实、感情真挚，从不说假话、套话；不太喜欢与他人交换欣赏、修改习作，很少能接受他人意见。	习作态度不端正，常常马虎应付差事，习作内容经常瞎编乱造；从不愿意与他人交换修改习作，对他人意见不予理睬。
隶属度		1.0～0.75	0.75～0.5	0.5～0.25	0.25～0

（四）口语交际教学

1. 评价目标

（1）能用普通话与人交谈。在交谈中能认真倾听，领会要点，并能就不理解的地方向对方请教，就不同的意见与人商讨。

（2）听人说话能把握主要内容，并能简要转述。

（3）能清楚明白地讲述见闻，并说出自己的感受和想法。

（4）能具体主动地讲述故事，努力用语言打动他人。

2. 评价标准

标准	指标	等级			
		A	B	C	D
知识与技能	与人交谈	能始终做到用普通话与人交际；说话语速合理、快慢把握准确，让人听来不费力；常能用简洁的语言清楚、流畅地表达自己的意思。	有时能做到用普通话与人交际；说话语速比较合理、快慢把握比较准确，让人听来不费力；有时能用比较简洁的语言清楚、流畅地表达自己的意思。	有时能做到用普通话与人交际；但语速把握不够好，语调没有变化，使听者感觉费力；能比较完整地表达自己的意思，但语言过于繁琐，欠缺流畅。	常常不用普通话与人交际；说话语速不稳定，要么极慢，要么极快；根本不能把自己心里所想完整地表达出来，别人不明白其意思。
	讲述见闻	能把自己的见闻具体、完整地表达出来；语言流畅，表情丰富，感染力强；有自己的思考，感情真挚，能引起他人共鸣。	能把自己的见闻具体、完整地表达出来；语言比较流畅，表情比较丰富，有一定感染力；有自己的一些思考，感情比较真挚。	基本能把自己的见闻完整地表达出来；语言比较流畅，但表情单一，很难长时间吸引别人；对所见所闻有自己的一些思考，能融入一定感情，但对他人影响不大。	基本不能把自己的见闻完整地表达出来；说话结结巴巴，表情僵硬，不能吸引别人；对所见所闻没有自己的一些思考，不能对他人产生影响。
	倾听他人讲话	始终做到专注耐心地听别人讲话，能准确抓住主要内容；能就倾听中的问题与困惑适时与人交流；对动情感人之处能积极给予反馈。	多数时候能做到专注耐心地听别人讲话，能较好地抓住主要内容；能就倾听中的问题与困惑适时与人交流；对动情感人之处能给予一定反馈。	基本能做到专注耐心地听别人讲话，基本能抓住讲话要点；能就倾听中的问题与困惑与人交流，但插话时机未必适当；对动情感人之处有一定反应，但表现力不强。	根本不能做到专注耐心地听别人讲话，无法抓住讲话要点；不能在倾听过程中提出问题，只是被动地听；对动情感人之处毫无反应，不能与他人互动。
过程与方法	交流应对	交流始终能围绕中心话题，不偏题、跑题；能迅速感知话题的变化，并能巧妙应对，自然转移到他人话题，变被动为主动。	交流多数时候能围绕中心话题，基本不偏题、跑题；能比较迅速感知话题的变化，并能较好应对，自然转移到他人话题，变被动为主动。	基本能围绕中心话题进行交流，基本不偏题、跑题；感知话题变化比较迟缓，但基本能应对，有时能成功转移到他人话题，有时则失败。	根本不能围绕中心话题进行交流，常常偏题、跑题；自己难以感觉到话题发生变化，反应迟钝，不能独自应对，需要他人帮助。

（续表）

标准	指标	等级			
		A	B	C	D
	问题讨论	积极参与讨论活动，常常能主动提出并清楚表述讨论的问题；能很好地概括总结并准确转述他人意见；能清楚表达自己的不同观点，能引起他人注意。	积极参与讨论活动，有时能主动提出并清楚表述讨论的问题；能较好地概括总结并比较准确转述他人意见；能完整地表达出自己的不同观点，引起他人一定的注意。	能参与规定的讨论活动，但表现不够积极，很少能主动提出问题，表达问题不够清楚；基本能概括总结且能转述他人意见，但准确度不高，偶尔还会出错；很少主动表达自己的观点。	从不积极主动参与相关讨论活动，难以从中发现和提出问题；无法总结、转述他人意见；从未主动表达自己的观点。
情感态度价值观	交际态度	在交际中始终做到热情大方、礼貌待人；非常耐心地倾听别人讲话，善于抓住要点；能包容不同观点，虚心向他人学习，并乐于与别人分享自己的感受和想法。	在交际中多数时候能做到热情大方、礼貌待人；比较耐心地倾听别人讲话，能够抓住要点；喜欢单向交流，能够包容不同观点，主动向他人学习，但很少能与他人分享自己的感受和想法，缺乏双向交流。	在交际中基本能做到礼貌待人，但不够热情大方；倾听别人讲话有一定耐心，基本能抓住要点；比较执著自己的观点，不太容易接受不同意见，一般不与他人分享自己的感受和想法。	待人态度冷漠，我行我素，缺少基本的交际礼仪，不尊重他人，常常打断别人讲话，不明白讲话大致内容，难以接纳不同意见，拒绝与人交流。
	交际兴趣	经常主动参与交际活动；往往会投入大量的时间和精力，力图在交际活动中有优异的表现；时常能从交际中获得成功的喜悦。	多数时候能主动参与交际活动；往往会投入一定的时间和精力，力图在交际活动中有较好的表现；有时能从交际中获得成功的喜悦。	能参与一些交际活动，但主动性不强，积极性不高；对自己感兴趣的活动会投入一些时间和精力准备，希望在活动中自己有一定表现；很少能从交际中获得成功的喜悦。	从不主动参与交际活动，不得已而参与，表现极其被动，不愿意在活动中表现自己，从未在交际中体验到快乐。
隶属度		1.0～0.75	0.75～0.5	0.5～0.25	0.25～0

（五）综合性学习

1. 评价目标

（1）能提出学习和生活中的问题，有目的地搜集资料，共同讨论。

（2）结合语文学习，观察大自然，观察社会，书面与口头结合表达自己的观察所得。

(3)能在老师的指导下组织有趣味的语文活动,在活动中学习语文,学会合作。

(4)在家庭生活、学校生活中,尝试运用语文知识和能力解决简单问题。

2. 评价标准

标准	指标	等级			
		A	B	C	D
知识与技能	观察事物	能经常主动选择适当的观察位置,从观察点向不同方向、不同方位、不同方面进行观察,获得全面的信息;始终能按一定顺序进行观察,很好掌握按空间方位或时间变化的顺序来观察。	有时能主动选择适当的观察位置,从观察点向不同方向、不同方位、不同方面进行观察,获得比较全面的信息;有时能按一定顺序进行观察,基本懂得按空间方位或时间变化的顺序来观察。	在他人帮助下,能选择比较合适的观察位置,但很少能观察全面,仅能获得最基本的信息;偶尔能按一定顺序进行观察,基本懂得按空间方位或时间变化的顺序来观察。	即使在他人帮助下,也很难选择合适的观察位置,观察不全面、不仔细,无法获得最基本的信息;基本不懂得按空间方位或时间变化的顺序来观察。
	表达观察所得	用口头语表达,情景描述清楚、具体,语言流畅、生动形象,能强烈吸引他人倾听;书面表达,语言丰富,句子结构完整,段落分明,事物特点突出,意思明了。	用口头语表达,情景描述比较清楚、具体,语言比较流畅,但不够形象生动,有一定的吸引力;书面表达,语言比较丰富,句子结构较完整,段落分明,基本能突出事物特点,意思明了。	用口头语表达,情景描述比较清楚、具体,语言不够流畅、形象生动,不能很好地吸引他人;书面表达,句子少但结构较完整,欠缺段落结构,基本能突出事物主要特点,意思明了。	用口头语表达,情景描述模糊,常常词不达意,基本让人听不明白其要表达的意思;书面表达,寥寥几句,且结构欠完整,通篇文章就一段,不能突出事物主要特点,意思模糊。
过程与方法	提出问题	能经常在学习和生活中主动发现和提出问题;能准确把握问题关键点,在独立思考或与人合作中制订出行之有效的解决问题的方案。	有时能在学习和生活中主动发现和提出问题;基本能清楚地认识问题,并能在独立思考或与人合作中制订出一套可行的解决问题的方案。	在他人提示下,能在学习和生活中发现并提出问题;基本能清楚地认识问题,并通过与人合作中制订出一套解决问题的方案。	即使他人再三提示也不能发现并提出问题,需要别人直接阐明问题;不能清楚地认识问题,对解决问题没有自己的想法,在活动中不能发挥个人的作用。

（续表）

标准	指标	等级 A	等级 B	等级 C	等级 D
	解决问题	熟悉多种搜集资料的方法；能根据问题需要充分运用适当的方法搜集资料；能充分结合收集的资料进行细致的分析，深入研究，充分合作探讨；形成观点鲜明、依据充足的活动成果。	了解多种搜集资料的方法；基本能根据问题需要充分运用适当的方法搜集资料；能结合收集的资料进行相关分析，与他人有一定的合作讨论；形成有观点、有依据的活动成果。	基本了解一些搜集资料的方法；对于根据问题需要充分运用适当的方法搜集资料有一定困难，需要他人帮助；基本能对收集的资料进行一定的分析，但缺少与他人的合作讨论；活动成果有基本观点。	不了解任何一种搜集资料的方法；搜集的资料无助于解决问题；不能分析资料，从不与人合作讨论，因此没有任何成果观点。
	组织活动	在教师指导下，学生能非常完整地组织实施活动；活动主题鲜明，实施效果非常好，活动成果丰富；活动能充分调动所有同学的积极性，大家能充分参与合作探究。	在教师指导下，学生能比较完整地组织实施活动；活动主题比较鲜明，实施效果较好，活动成果较丰富；活动能调动大多数同学的积极性，大家基本能参与合作探究。	在教师指导下，学生能比较完整地组织实施简单的语文活动；活动主题不够鲜明，实施效果一般，活动成果较少；活动只能调动少数同学的积极性，同学参与合作探究的程度低。	在教师指导下，学生不能完整地组织实施简单的语文活动；不能列出合适的活动主题；不能调动同学参与；没有活动成果。
情感态度价值观	参与态度	认真参加每一次小组活动，努力完成自己所承担的任务，做好资料积累和分析处理工作，经常主动提出活动设想、建议，在学习中不怕困难和辛苦。	认真参加每一次小组活动，努力完成自己所承担的任务，按要求完成资料积累和分析处理工作，有时会主动提出活动设想、建议，在学习中不怕困难和辛苦。	认真参加自己感兴趣的小组活动，基本完成自己所承担的任务，按要求完成资料积累和分析处理工作，很少会主动提出活动设想、建议，在学习中遇到困难时经常会想到退缩。	不愿意主动参加任何小组活动，即使勉强参加，不能完成自己所承担的任务，不能完成资料积累和分析处理工作，从不贡献点子，在学习中遇到困难时经常放弃。
	合作精神	乐意与人合作，积极参与小组活动，能充分发挥个人的作用；常常主动与他人沟通、交流，以保持和谐互融的合作氛围；积极配合其他成员，主动帮助他人。	乐意与人合作，积极参与小组活动，能努力发挥个人的作用；多数时候能主动与他人沟通、交流，以保持和谐互融的合作氛围；比较积极配合其他成员，有时为他人提供帮助。	乐意与人合作，积极参与小组活动，能尽力发挥个人的作用；但很少能主动与他人沟通、交流，合作气氛不浓厚；在合作活动中，对别人配合帮助较少，只努力做好自己的那一份。	不愿意与人合作，缺少集体意识，不能容忍与己不同的意见，很少与人交流，甚至与他人产生矛盾。
隶属度		1.0～0.75	0.75～0.5	0.5～0.25	0.25～0

三、小学语文课堂教学有效性标准——效果指标(第三学段)

(一)识字与写字教学

1. 评价目标

(1)有较强的独立识字能力。累计认识常用汉字3000个,其中2500个左右会写。

(2)硬笔书写楷书,行款整齐,有一定的速度。

(3)能用毛笔书写楷书,在书写中体会汉字的美感。

2. 评价标准

标准	指标	等级			
		A	B	C	D
知识与技能	认识汉字	认识新学汉字,能完全读准字音,能完全区分音近字、多音字的不同读音,能自觉纠正方言音;能正确地书写所有要求会写的字,并能很好地辨析同音字、形近字;能合理地进行词语搭配,能根据词语的不同意思造句。	认识新学汉字,基本能读准字音,基本能区分音近字、多音字的不同读音,能自觉纠正方言音;能正确地书写大多数要求会写的字,并能较好地辨析同音字、形近字;能比较合理地进行词语搭配,根据词语的不同意思造句有一定困难。	认识新学汉字,基本能读准字音,基本能区分音近字、多音字的不同读音,很少能自觉纠正方言音;能正确地书写一半以上要求会写的字,基本能辨析同音字、形近字;很少能合理地搭配词语,根据词语的不同意思造句有一定困难。	基本不能读准字音,不能区分音近字、多音字的不同读音,从不自觉纠正方言音;正确书写汉字的比例低于规定的1/4,不能辨析同音字、形近字;不能合理地搭配词语,不能根据词语的不同意思造句。
	书写汉字	硬笔书写楷书时,能够合理地安排字的各个部件及间架结构;在书写语段及习作中,能够很好地做到行款清晰,布局整洁;从不写错别字,且有一定速度。写毛笔字时,正确掌握执笔、运笔、收笔的方法,书写规范,时常注意字的间架结构。	硬笔书写楷书时,能够比较合理地安排字的各个部件及间架结构;在书写语段及习作中,能够较好地做到行款清晰,布局整洁;基本不写错别字,且有一定速度。写毛笔字时,正确掌握执笔、运笔、收笔的方法,书写比较规范,有时会注意字的间架结构。	硬笔书写楷书时,能够注意安排字的各个部件及间架结构,但不一定合理;在书写语段及习作中,有时能做到行款清晰,布局整洁;基本不写错别字,但速度较慢。写毛笔字时,正确掌握执笔、运笔、收笔的方法,书写比较规范,但很少会注意字的间架结构。	硬笔书写楷书时,从不注意安排字的各个部件及间架结构;在书写语段及习作中,行款模糊,布局凌乱;常写错别字,且速度很慢。写毛笔字时,不能正确掌握执笔、运笔、收笔的方法,书写随心所欲。

（续表）

标准	指标	等级			
		A	B	C	D
过程与方法	自主识字	能有意识地找出文中生字；正确、熟练地使用音序、部首、数笔画三种查字典的方法；常能根据具体情况选择恰当的查字典的方法进行识字；尝试运用已掌握的识字方法来大胆地猜读和跳读，从而推想生字的读音、意思。	能有意识地找出文中生字；正确、熟练地使用音序、部首、数笔画三种查字典的方法；有时能根据具体情况选择恰当的查字典的方法进行识字；偶尔会尝试运用已掌握的识字方法来大胆地猜读和跳读，从而推想生字的读音、意思。	在他人提示下，能找出文中生字；正确使用音序、部首、数笔画三种查字典的方法，但熟练程度不够；很少能根据具体情况选择恰当的查字典的方法进行识字；偶尔会尝试运用已掌握的识字方法来大胆地猜读和跳读，从而推想生字的读音、意思。	在他人提示下，有时能找出文中生字；对查字典的三种方法不熟悉；不能根据具体情况选择恰当的查字典的方法进行识字；不敢猜读和跳读，推想生字的读音、意思，常常请他人直接告知。
	理解字词	准确掌握字词的基本意义；经常能结合上下文和生活经验准确理解字词的意思；能根据不同的语言情境对字词做出全面、合理的解释。	准确掌握字词的基本意义；多数时候能结合上下文和生活经验准确理解字词的意思；能根据不同的语言情境对字词做出比较合理的解释。	大致了解字词的基本意义；有时能结合上下文和生活经验准确理解字词的意思；在他人帮助下，一般可以根据不同的语言情境对字词做出比较合理的解释。	不清楚字词的基本意义；根本不能结合上下文和生活经验理解字词的意思，即使他人提示也很难做到。
情感态度价值观	识字写字兴趣	对识字、写字有浓厚的兴趣，愿意参与所有相关活动；常能从中体验到成功的喜悦；乐于与人分享，交流经验，展示成果。	对识字、写字有较大的兴趣，愿意参与一些相关活动；有时能从中体验到成功的喜悦；乐于与人分享，交流经验，展示成果。	对识字、写字有一定的兴趣，能参加规定的相关活动，但积极性不高，很少能从中体验到成功的喜悦；与人交流的时间和程度有限。	对识字、写字有没有任何兴趣，勉强参加规定的相关活动，从不主动与人交流，也不喜欢倾听别人的经验。
	体会汉字美感	能通过主动观察来感受汉字的形体美，如汉字笔画的长短参差、疏密匀称、左右避让等；能在书写中体验汉字的形体美，如笔画形状、轻重缓急等。	通过他人引导，能初步感受汉字笔画的长短参差、疏密匀称、左右避让的形体美；书写汉字时经常注意到笔画形状、轻重缓急，能从中初步体验到汉字的形体美。	在他人提示下，基本上能注意到汉字笔画的长短参差、疏密匀称、左右避让，有时能感受到其形体美；书写汉字时不太重视笔画形状、轻重缓急，一般不能从中体验到汉字的形体美。	无法鉴别汉字笔画的长短参差、疏密匀称、左右避让，难以从观察中感受汉字的形体美；写字时根本不注意笔画形状、轻重缓急，不能从中体验到汉字的形体美，需要师生付出较多努力才能有所改进。

（续表）

标准	指标	等级			
		A	B	C	D
	识字写字习惯	经常能积极主动地利用字典、词典、电脑网络等多种媒介识字；主动总结识字方法，提高识字效率；常能联系生活，从生活中学习汉字。有良好的写字习惯，始终保持正确的坐姿，做到“一直一正二平”；始终做到“三个一”。	多数时候能主动地利用字典、词典、电脑网络等多种媒介识字；主动总结识字方法，提高识字效率；有时能将识字与生活联系，从生活中学习汉字。平时写字习惯较好，能较长时间保持正确的坐姿，做到“一直一正二平”；有时做到“三个一”。	有时能主动地利用字典、词典、电脑网络等多种媒介识字；很少主动总结识字方法，提高识字效率；基本不联系生活，难以从生活中学习汉字。每次开始写字时，能做到“一直一正二平”，但难以长时间保持；很少做到“三个一”。	从不利用字典、词典、电脑网络等多种媒介识字；从不总结识字方法，识字效率极低；从不关注生活中的汉字。从不注意写字姿势，常常头歪身斜。
隶属度		1.0～0.75	0.75～0.5	0.5～0.25	0.25～0

（二）阅读教学

1.评价目标

（1）能用普通话正确、流利、有感情地朗读课文。

（2）默读有一定的速度，默读一般读物每分钟不少于300字。

（3）能借助词典阅读，理解词语在语言环境中的恰当意义，辨别词语的感情色彩。

（4）联系上下文和自己的积累，推想课文中有关词句的内涵，体会其表达效果。

（5）在阅读中揣摩文章的表达顺序，体会作者的思想感情，初步领悟文章基本的表达方法。在交流和讨论中，敢于提出自己的看法，作出自己的判断。

（6）阅读说明性文章，能抓住要点，了解文章的基本说明方法。

（7）阅读叙事性作品，了解事件梗概，简单描述自己印象最深的场景、人物、细节，说出自己的喜欢、憎恶、崇敬、向往、同情等感受。阅读诗歌，大体把握诗意，想象诗歌描述的情境，体会诗人的情感。受到优秀作品的感染和激励，向往和追求美好的理想。

（8）学习浏览，扩大知识面，根据需要搜集信息。

（9）在理解课文的过程中，体会顿号与逗号、分号与句号的不同用法。

（10）诵读优秀诗文，注意通过诗文的声调、节奏等体味作品的内容和情感。背诵优秀诗文60篇（段）。

（11）利用图书馆、网络等信息渠道尝试进行探究性阅读。扩展自己的阅读面，课外阅读总量不少于100万字。

2.评价标准

标准	指标	等级			
		A	B	C	D
知识与技能	朗读作品	用普通话读准字音,读顺句子,很好地做到抑扬顿挫;具有良好的语感,停顿、轻重音、语气、语速、节奏合适;能经常根据文章的体裁、写作背景、表达的思想感情等确定朗读的情感基调;对优秀的诗文能朗读成诵。	用普通话读准字音,读顺句子,基本做到抑扬顿挫;具有良好的语感,停顿、轻重音、语气、语速、节奏比较合适;有时能根据文章的体裁、写作背景、表达的思想感情等确定朗读的情感基调;对优秀的诗文能朗读成诵。	用普通话读准字音,读顺句子,不能做到抑扬顿挫;具有一定的语感,偶尔能注意停顿、轻重音、语气、语速、节奏;难以根据文章的体裁、写作背景、表达的思想感情等确定朗读的情感基调;对优秀的诗文能朗读成诵。	基本能读顺句子,但读音不准确,不能做到抑扬顿挫;没有语感,从不注意停顿、轻重音、语气、语速、节奏;不能根据文章的体裁、写作背景、表达的思想感情等确定朗读的情感基调;对优秀的诗文不能朗读成诵。
	默读文章	能够认真默读,并有一定的速度,每分钟不少于300字;能够经常边默读、边思考、边批注;能够读懂文章的内容,并能提出不懂的问题和同学们进行讨论。	能够认真默读,并有一定的速度,每分钟不少于300字;基本能边默读、边思考、边批注;能够读懂文章的内容,但很少能提出不懂的问题和同学们进行讨论。	能够认真默读,但速度较慢,每分钟少于300字;基本能边默读、边思考、边批注;能够读懂文章的内容,但难以提出不懂的问题和同学们进行讨论。	从不认真默读,且速度很慢;基本不能边默读、边思考、边批注;很少能读懂文章的内容,因此不能提出问题。
	浏览文章	熟悉多种浏览方法,如先看标题再看正文,一目十行地读等等;能很好地根据自己的阅读需要,在许多资料中根据标题有选择地阅读;能很好地做到边浏览边提取所要的信息。	了解多种浏览方法,如先看标题再看正文,一目十行地读等等;基本能根据自己的阅读需要,在许多资料中根据标题有选择地阅读;基本能做到边浏览边提取所要的信息。	仅仅了解浏览的一种方法;在他人帮助下,基本能根据自己的阅读需要,在许多资料中根据标题有选择地阅读;基本能做到边浏览边提取所要的信息。	不知道浏览文章的方法,不能在规定的时间内完成浏览任务,浏览完之后常常不明白文章意思,无法提取相关信息。
过程与方法	理解词句	能通过预习,借助字典理解课文有关词语的意思;能够联系上下文和生活实际理解课文中词句的意思;能够联系时代背景深刻理解词句;能够准确辨别词语的感情色彩。	能通过预习,借助字典理解课文有关词语的意思;基本能够联系上下文和生活实际理解课文中词句的意思;能联系时代背景理解词句,但不一定深刻到位;有时能准确辨别词语的感情色彩。	能通过预习,借助字典理解课文有关词语的意思;基本能够联系上下文和生活实际理解课文中词句的意思;很难能联系时代背景理解词句的意思;基本能辨别词语的感情色彩,但准确率低。	基本能通过预习,借助字典理解课文有关词语的意思;难以联系上下文和生活实际理解课文中词句意思;不懂得联系时代背景理解词句的意思;无法辨别词语的感情色彩。

（续表）

标准	指标	等级			
		A	B	C	D
	阅读作品	阅读说明性文章，能通过抓住各个自然段的起始句和说明事物特点来把握文章的要点。阅读叙事性作品，能灵活运用各种方法来把握主要内容；阅读诗歌，能够通过注释、反复诵读等方法准确把握诗意。	阅读说明性文章，基本能通过抓住各个自然段的起始句和说明事物特点来把握文章的要点。阅读叙事性作品，能运用一两种熟悉的方法来把握主要内容；阅读诗歌，基本通过注释、反复诵读等方法大致把握诗意。	阅读说明性文章，基本能通过抓住各个自然段的起始句，但不能通过事物特点来把握文章的要点。阅读叙事性作品，只运用固定的方法来把握主要内容；阅读诗歌，基本能通过注释把握诗意，但不懂得运用反复诵读的方法。	不了解各种文章体裁及其相应的阅读方法，常常张冠李戴，混淆使用方法，因此难以正确把握住作品的主要内容，需要他人和个人经过长期努力，才能有所进步。
	交流讨论	阅读文章时能够质疑，常常独立地提出相应的问题；会合作学习，并能够通过同学间的讨论与交流，提出自己的看法，作出自己的判断。	阅读文章时能够质疑，偶尔能独立地提出相应的问题；会合作学习，基本能通过同学间的讨论与交流，提出自己的看法，作出自己的判断。	在他人引导下，能够质疑文章内容，并提出相应的问题；欠缺合作学习经验，很少能通过同学间的讨论与交流，提出自己的看法，作出自己的判断。	阅读文章从不主动思考，不能提出任何问题；不会合作学习，不能通过同学间的讨论与交流，提出自己的看法，作出自己的判断。
情感态度价值观	喜欢阅读	喜欢读见到的各种文字，有制订读书计划的习惯，能将读到的好词句及时摘抄下来并记住，经常能从阅读中感受到乐趣。	喜欢读见到的各种文字，能主动制订读书计划，但并未养成习惯，能将读到的好词句及时摘抄下来并记住，多数时候能从阅读中感受到乐趣。	喜欢读自己感兴趣的文字，在他人要求下能完成读书计划的制订任务，但缺乏主动性，能将读到的好词句及时摘抄下来并记住，能从自己感兴趣的阅读中感受到快乐。	对阅读没有兴趣，不能主动完成规定的阅读量，需要在他人的督促下才能勉强完成，对学生而言，阅读是一件痛苦的事情，从中不能感受任何乐趣。
	乐于交流	经常主动与他人分享自己读到的故事，愿意与人交流读书的收获，遇到问题能虚心地向他人请教。	愿意与他人分享自己读到的故事，与人交流读书的收获，但缺少一定的主动性，遇到问题能虚心地向他人请教。	在老师引导下，有时能与他人分享自己读到的故事，与人交流读书的收获，主动意愿不强，遇到问题很少能主动地向他人请教。	不愿意与他人分享自己读到的故事，与人交流读书的收获，习惯自己享有自己的，遇到问题从来不求教他人。

(续表)

标准	指标	等级			
		A	B	C	D
	感受作品	在阅读的过程中向往美好情境,关心自然和生命,追求真善美;能对作品的内容、思想、情感、人物、特征等作出深刻地体验和感受,并能联系实际谈自己的体验和感受。	在阅读的过程中向往美好情境,关心自然和生命,追求真善美;对作品的内容、思想、情感、人物、特征等有一定的体验和感受,对于联系实际谈体验和感受有一定困难。	在阅读的过程中向往美好情境,关心自然和生命,追求真善美;基本能说出对作品的内容、思想、情感、人物、特征等的大致感受和想法,但不够具体、深刻,难以联系实际拓展延伸对作品的体验和感受。	不能对作品的内容、思想、情感、人物、特征等作出体验和感受,不能感受美好情境给身心带来的愉悦,漠视自然和生命,无法辨别是非真假。
	养成良好的读书习惯	读书时常做到心到、眼到、手到,善于边读边画、边读边想,有读写用相结合的习惯;善于使用工具书自主解决问题,乐于向他人请教。	读书时常做到心到、眼到、手到,基本能做到边读边画、边读边想,有时能做到读写用相结合;能正确使用工具书,乐于向他人请教。	读书基本能做到心到、眼到、手到,偶尔做到边读边画、边读边想,但不能坚持,做到读写用相结合比较困难;能正确使用工具书,不太主动向他人请教。	读书无法做到心到、眼到、手到,没有边读边画、边读边想的意识,不能做到读写用相结合,遇到问题不知如何处理,习惯等待他人来帮助。
隶属度		1.0～0.75	0.75～0.5	0.5～0.25	0.25～0

(三)习作教学

1. 评价目标

(1)懂得写作是为了自我表达和与人交流。

(2)养成留心观察周围事物的习惯,有意识地丰富自己的见闻,珍视个人的独特感受,积累习作素材。

(3)能写简单的纪实作文和想象作文,内容具体,感情真实。能根据习作内容表达的需要,分段表述。

(4)学写读书笔记和常见应用文。

(5)能根据表达需要,使用常用的标点符号。

(6)修改自己的习作,并主动与他人交换修改,做到语句通顺,行款正确,书写规范、整洁。

(7)课内习作每学年16次左右。40分钟内完成不少于400字的习作。

2. 评价标准

标准	指标	等级 A	等级 B	等级 C	等级 D
知识与技能	观察事物	经常留心观察周围的事物，观察仔细、全面；能灵活运用各种观察方法，提高观察效果，丰富自己的见闻；观察后能主动进行思考，以加深体验。	经常留心观察周围的事物，观察仔细、全面；能综合运用一些观察方法，提高观察效果，丰富自己的见闻；观察后能主动进行一定的思考，获得一定的体验。	有时会注意观察周围的事物，观察比较仔细、全面；仅能运用某种观察方法，观察效果一般，获得的信息不是很全面；观察后偶尔能主动进行一定的思考，有一定的想法。	很少注意观察周围的事物，且观察不仔细；没有掌握相应的观察方法，基本不能获得需要的信息；从不主动思考，没有自己的想法。
	写简单的作文	能根据已有的材料展开合理的想象，并按要求较好地完成习作；写作时能够做到内容具体，感情真实；能根据表达的需要，很好地运用已经学过的表达方法，来丰满自己的作文。	能根据已有的材料展开一定的想象，并按要求较好地完成习作；写作时能够做到内容具体，感情真实；能根据表达的需要，较好地运用已经学过的表达方法，来充实自己的作文。	能根据已有的材料展开一定的想象，基本按要求完成习作；写作时能够做到内容具体，感情真实；作文中表达方式单一，整体效果一般。	不能根据已有的材料展开想象，习作一般不符合要求；写作内容模糊，感情虚假；作文表达随意，体现不出一定的表达方法，整体效果差。
	写读书笔记和应用文	熟悉多种读书笔记的写作方法；能根据需要灵活运用不同的方法；会写常见的应用文，格式规范，页面整洁，意思表达非常清楚。	较好地了解多种读书笔记的写作方法；能根据需要较好地运用不同的方法；会写常见的应用文，格式规范，页面整洁，意思表达比较清楚。	基本了解某种读书笔记的写作方法；仅能运用固定的某种方法；会写常见的应用文，格式规范，页面整洁，意思表达基本清楚。	不了解任何一种读书笔记的写作方法；几乎不写读书笔记；不懂得应用文的写作方式，格式规范，页面凌乱，无法表达出自己的意思。
过程与方法	积累习作素材	经常能有意识地通过观察周围的事物积累习作素材；建立积累本，及时记录各类素材；能写出自己对见闻的独特的感受和想法；常能有意识地通过仿写优美句段扩充语言材料。	有时能想到通过观察周围的事物积累习作素材；建立积累本，比较及时地记录见到的素材；基本能写出自己对见闻的独特的感受和想法；很少能主动通过仿写优美句段扩充语言材料。	偶尔能想到通过观察周围的事物积累习作素材；建立积累本，偶尔会记录见到的素材；基本能写出自己对见闻的独特的感受和想法；在他人提示下，能仿写一些优美句段。	不能想到通过观察周围的事物积累习作素材；一般不会主动记录见到的素材；不能体会所见所闻；不能仿写优美句段。

（续表）

标准	指标	等级			
		A	B	C	D
	修改习作	习作后能主动细读作文，发现错误并及时修改；经常能独立找出错误的词句，并能正确修改；经常与他人交换修改，从中取长补短，共同提高习作水平。	习作后能主动细读作文，发现错误并及时修改；多数时候能独立找出错误的词句，并能正确修改；有时能与他人交换修改，但很少能主动学习他人长处，以弥补自己的不足。	在他人要求下，能在习作后细读作文，发现错误并及时修改；很少能独立找出错误的词句，一次修改未必达到正确；习惯自主修改，很少能与他人交换修改习作。	写作之后从不检查，无法找出习作中的错误，即使他人指出错误，自己也不能正确改正，从不主动与他人交换修改习作。
情感态度价值观	习作态度	对习作有浓厚的兴趣，经常主动地参与习作活动，并在其中表现积极；表达的内容真实，情感真挚；注重习作质量，每次都尽力做到最好；乐于与他人分享习作乐趣。	对习作有较大的兴趣，多数时候能主动地参与习作活动，并在其中表现积极；表达的内容真实，情感真挚；比较注重习作质量，每次都有一定进步；乐于与他人分享习作乐趣。	对习作有一定的兴趣，常常只参与自己感兴趣的习作活动，表现比较积极；表达的内容真实，情感真挚；比较注重习作质量，每次都有一定进步；喜欢个人独自享受习作乐趣，不愿与他人分享。	对习作没有兴趣，从不主动参与任何习作活动；从不关注习作质量，始终不能获得进步；难以从习作中感受到乐趣，也不愿意与他人交流。
	习作习惯	每次习作前会主动拟个提纲，认真完成习作任务；每天都会主动写日记，及时记录自己的真实感受、想法；能经常与他人交换修改习作，及时总结经验，改进不足。	每次习作前会主动拟个提纲，认真完成习作任务；有时会主动写日记，记录自己的真实感受、想法；有时能与他人交换修改习作，能比较及时地总结经验，改进不足。	在他人提示下，习作前会先拟个提纲，能比较认真地完成习作任务；偶尔写日记，记录自己的真实感受、想法；很少与他人交换修改习作。	习作前从不拟提纲，写作随意，不能按要求完成习作任务；从来不主动写日记，如要求必须写，则经常胡乱编造；从不与他人交换修改习作。
隶属度		1.0～0.75	0.75～0.5	0.5～0.25	0.25～0

（四）口语交际教学

1．评价目标

（1）与人交流能尊重、理解对方。

（2）乐于参与讨论，敢于发表自己的意见。

（3）听他人说话认真耐心，能抓住要点，并能简要转述。

（4）表达要有条理，语气、语调适当。

（5）能根据交流的对象和场合，稍作准备，做简单的发言。

（6）在交际中注意语言美，抵制不文明的语言。

2. 评价标准

标准	指标	等级			
		A	B	C	D
知识与技能	倾听他人说话	常常注视对方，不东张西望，抓耳挠腮，似听非听；能很好地辨别语言正误；能准确记下主要内容、关键词句；能适时提出问题，提高听话效果；能边听边说，经常与他人保持互动。	有时会注视对方，偶尔东张西望，抓耳挠腮，似听非听；能较好地辨别语言正误；能比较准确地记下主要内容、关键词句；能提出问题，但不太容易把握住正确的时机；能边听边说，经常与他人保持互动。	有时会注视对方，偶尔东张西望，抓耳挠腮，似听非听；基本能辨别语言正误；能记下一些内容，但准确度不高；很少能提出问题；很少能边听边说，偶尔与他人有一定互动。	别人说话，从不注视对方，常常东张西望，抓耳挠腮，似听非听；基本不能辨别语言正误；记不住讲话内容，听后不知别人所要表达的意思；难以提出问题或自己的想法；无法做到边听边说。
	口语表达	能经常用普通话表达；表达时非常有条理，能够根据事情的先后、地点的变化、时间的推移，运用恰当的关联词来表达；能够根据表达的需要，确定恰当的语气、语调。	有时注意用普通话表达；表达时比较有条理，能够根据事情的先后、地点的变化、时间的推移，运用比较恰当的关联词来表达；基本能根据表达的需要，确定恰当的语气、语调。	有时注意用普通话表达；表达时有一定条理，能够根据事情的先后、地点的变化、时间的推移，运用关联词来表达，但不一定恰当；难以根据表达的需要，确定恰当的语气、语调。	表达基本不用普通话；表达没有条理，不能够根据事情的先后、地点的变化、时间的推移，运用关联词来表达；不能根据表达的需要，确定恰当的语气、语调。
过程与方法	即兴发言	能在交流、讨论、辩论、演讲、展示、竞赛等各种场合进行恰当的表达；表达内容丰富、感情真挚，具有很强的感染力；稍作准备，就能做比较有条理的发言。	能在一些场合进行恰当的表达；表达内容丰富、感情真挚，具有一定的感染力；稍作准备，能够进行有一定条理的发言。	能在某种场合进行恰当的表达；表达内容比较丰富、感情比较真挚，具有一定的感染力；短时间内，难以较好地进行发言。	难以在他人面前进行合适的表达，表达内容平平，缺乏感情；不能在短时间内准备发言。
	交流讨论	熟悉一定的交往技巧和交流方法；能根据不同对象和场合灵活运用不同的交流方法；能根据交流情况，及时调整自己的表达内容和方式，交流效果非常好。	比较了解一定的交往技巧和交流方法；能根据不同对象和场合较好地运用不同的交流方法；能根据交流情况，调整自己的表达内容和方式，但可能不够及时，交流效果一般。	基本了解某种交往技巧和交流方法；交往中仅能运用某种交流方法；难以及时感受交流情况的变化，很少能根据交流情况，调整自己的表达内容和方式，交流效果不佳。	对交往技巧和交流方法很少了解；与人交流比较随意，不能顺利地与他人沟通；对交流情况的变化不敏感，不能根据交流情况，调整自己的表达内容和方式，交流效果很差。

（续表）

标准	指标	等级			
		A	B	C	D
情感态度价值观	交际情感态度	对交际兴趣浓厚，经常会投入大量的时间和精力用于交往；乐于参与讨论，并在其中积极表现，有很强的表达自信心；与人交流能尊重、理解对方，不强执一词，不将自己的意见强加于对方；经常从交际中获得乐趣。	对交际比较有兴趣，经常会投入一定的时间和精力用于交往；乐于参与讨论，并在其中积极表现，有较强的表达自信心；与人交流能尊重、理解对方，不强执一词，不将自己的意见强加于对方；有时能从交际中获得一定的乐趣。	对交际有一定兴趣，偶尔会投入一定的时间和精力用于交往；能比较积极地参与规定的讨论任务，并在其中有一定表现，有一定的表达自信心；与人交流基本能尊重、理解对方，不将自己的意见强加于对方，但有时会固执己见；很少能从交际中获得乐趣。	对交际不感兴趣，从不会投入时间和精力用于交往；从不主动参与讨论，在其中也从不积极表现；与人交流常常坚持己见，不能接纳他人观点，常与他人发生矛盾；根本不能从交际中获得乐趣。
	交际习惯	听人讲话时，始终做到认真倾听、不抢话；自己讲话时，常能先想想再说，表达流畅、意思清楚；在交际过程中，常常能自觉使用规范的语言和抵制不文明的语言。	听人讲话时，有时能做到认真倾听、不抢话；自己讲话时，有时能先想想再说，表达比较流畅、意思比较清楚；在交际过程中，常能自觉使用规范的语言和抵制不文明的语言。	听人讲话时，有时能做到认真倾听、不抢话；自己讲话时，很少能先想想再说，表达欠流畅、意思欠清楚；在交际过程中，有时能自觉使用规范的语言和抵制不文明的语言。	听人讲话时，不能做到认真倾听、不抢话；自己讲话时，从不先想想再说，表达不流畅、意思模糊；在交际过程中，经常出现不文明的语言。
隶属度		1.0～0.75	0.75～0.5	0.5～0.25	0.25～0

（五）综合性学习

1. 评价目标

（1）为解决与学习和生活相关的问题，利用图书馆、网络等信息渠道获取资料，尝试写简单的研究报告。

（2）策划简单的校园活动和社会活动，对所策划的主题进行讨论和分析，学写活动计划和活动总结。

（3）对自己身边的、大家共同关注的问题，或电视、电影中的故事和形象，组织讨论、专题演讲，学习辨别是非善恶。

（4）初步了解查找资料、运用资料的基本方法。

2. 评价标准

标准	指标	等级			
		A	B	C	D
知识与技能	收集整理信息	熟悉多种收集资料的方法；能根据问题灵活运用不同的方法；能对信息进行合理的筛选，对资料进行分类整理。	比较了解收集资料的基本方法；能根据问题较好地运用不同的方法；能对信息进行比较合理的筛选，对资料进行分类整理。	了解收集资料的某一种方法；收集资料时仅能运用某种固定的方法；能对信息进行一定的筛选，但不一定合理，基本能对资料进行分类整理。	基本不了解收集资料的任何一种方法；收集资料随意性大，不能为解决问题提供有用的帮助；不懂得如何筛选信息，无法整理、分析资料。
	学写计划总结	熟悉计划和总结的写作格式和风格；能围绕活动主题制订出切实可行的活动计划方案，计划详细、全面；总结能抓住活动的重点内容，充分展示活动历程和成果；总结始终做到观点与材料统一，概括与具体相结合，文字朴实，简洁明了。	比较了解计划和总结的写作格式和风格；能围绕活动主题制订出切实可行的活动计划方案，计划比较详细、全面；总结基本能抓住活动的重点内容，比较充分地展示活动历程和成果；总结有时能做到观点与材料统一，概括与具体相结合，文字朴实，简洁明了。	基本了解计划和总结的写作格式和风格；能围绕活动主题制订出一套活动计划方案，但计划欠详细、全面；总结基本能抓住活动的重点内容，能一一展示活动历程和成果；总结很少能做到观点与材料统一，概括与具体相结合，文字朴实，但不够简洁明了。	基本不了解计划和总结的写作格式和风格；难以围绕活动主题制订出活动计划方案；总结基本不能抓住活动的重点内容来展示活动历程和成果；总结观点与材料难以统一，概括与具体难以相结合。
过程与方法	策划活动	能独立策划简单的校园活动或社会活动；活动主题鲜明，实施效果非常好，活动成果丰富；活动能充分调动所有同学的积极性，大家能充分参与合作探究。始终做到活动前有计划，活动后有总结，以保证活动有序进行，及时总结经验。	能独立策划简单的校园活动或社会活动；活动主题比较鲜明，实施效果较好，活动成果较丰富；活动能调动大多数同学的积极性，大家基本能参与合作探究。活动前有计划，但活动后常常不能及时总结。	在与他人合作下或在教师指导下，能策划简单的校园活动或社会活动；活动主题不够鲜明，实施效果一般，活动成果较少；活动只能调动少数同学的积极性，同学参与合作探究的程度低。活动计划和总结时有时无。	在教师指导下，能策划简单的校园活动或社会活动；不能列出合适的活动主题；不能调动同学参与；没有活动成果。活动无计划，活动开展混乱，活动无总结，不能从中获得进步。

（续表）

<table>
<tr><th rowspan="2">标准</th><th rowspan="2">指标</th><th colspan="4">等级</th></tr>
<tr><th>A</th><th>B</th><th>C</th><th>D</th></tr>
<tr><td></td><td>探究分析</td><td>能充分结合收集的资料进行细致的分析，深入研究，充分合作探讨；形成观点鲜明、依据充足的活动成果。</td><td>能结合收集的资料进行相关分析，与他人有一定的合作讨论；形成有观点、有依据的活动成果。</td><td>基本能对收集的资料进行一定的分析，但缺少与他人的合作讨论；活动成果有基本观点。</td><td>不能分析资料，从不与人合作讨论，因此没有任何成果观点。</td></tr>
<tr><td rowspan="2">情感态度价值观</td><td>学习情感态度</td><td>对综合性学习有浓厚的兴趣，经常主动组织和参与各种学习活动；愿意付出时间和精力来完成自己所承担的任务，尽力做到最好；经常从活动中获得成功感和满足感；面对偶尔的失败，从不会气馁，及时吸取教训，很快重整旗鼓。</td><td>对综合性学习有较大的兴趣，有时主动组织和参与一些学习活动；愿意付出时间和精力来完成自己所承担的任务，尽力做到最好；多数时候能从活动中获得成功感和满足感；面对偶尔的失败，从不会气馁，及时吸取教训，很快重整旗鼓。</td><td>对综合性学习有一定的兴趣，能参与一些自己感兴趣的活动；愿意付出一定的时间和精力来完成自己所承担的任务，基本符合要求；偶尔能从活动中获得成功感和满足感；面对失败，多数时候会想到放弃。</td><td>对综合性学习没有任何兴趣，从不主动参加相关学习活动；不愿意付出时间和精力来完成自己所承担的任务，基本不按要求完成任务；从来没有从活动中获得成功感和满足感；一次失败就再也不敢尝试。</td></tr>
<tr><td>与人合作</td><td>积极加入合作小组，按时且高质量完成小组分配的任务；常能主动配合和帮助其他成员；常常贡献自己的想法，积极为小组活动出谋划策；尊重、理解他人，能包容不同观点。</td><td>积极加入合作小组，按时按质完成小组分配的任务；常能主动配合和帮助其他成员；有时会贡献自己的想法，为小组活动出谋划策缺少一定的积极性；尊重、理解他人，能包容不同观点。</td><td>积极加入合作小组，基本能按要求完成小组分配的任务；有时能主动配合和帮助其他成员；很少会主动贡献自己的想法；基本能尊重、理解他人，能包容不同观点。</td><td>从不主动加入合作小组，基本不能按要求完成小组分配的任务；从不主动配合其他成员；从不提出自己的想法；常常坚持己见，不能容忍不同观点，常与他人发生矛盾。</td></tr>
<tr><td colspan="2">隶属度</td><td>1.0～0.75</td><td>0.75～0.5</td><td>0.5～0.25</td><td>0.25～0</td></tr>
</table>

参考文献：

1. 陈玉琨.教育评价学[M].北京：人民教育出版社，1999.
2. 姜凤华.现代教育评价[M].广州：广东人民出版社，1997.
3. 程培杰.教育评价和督导[M].大连：辽宁师范大学出版社，1999.
4. 范晓玲.教学评价论[M].长沙：湖南教育出版社，1999.
5. 许爱红.多元学生评价的理论与实践[M].济南：明天出版社，2005.
6. 周海华，周煦.教育评价及评价体系[M].桂林：广西教育出版社，1989.
7. 林昌华.学校教育评价[M].成都：四川大学出版社，1990.
8. 马云鹏，刘学智.发展性学生评价的理论与方法[M].长春：东北师范大学出版社，2007.
9. 李湘蓉.小学语文教学评价[M].北京：语文出版社，2002.
10. 余林.课堂教学评价[M].北京：人民教育出版社，2007.
11. 孙亚玲.课堂教学有效性标准研究[M].北京：教育科学出版社，2008.
12. 薛炳群.小学语文有效教学评价[M].济南：齐鲁书社，2007.
13. 胡君.基于新课标的语文教学[M].杭州：浙江大学出版社，2006.
14. [美]Ellen Weber.有效的学生评价[M].国家基础教育课程改革"促进教师发展与学生成长的评价研究"项目组译.北京：中国轻工业出版社，2003.
15. [美]W. James Popham.促进教学的课堂评价.国家基础教育课程改革"促进教师发展与学生成长的评价研究"项目组译.北京：中国轻工业出版社，2003.

第四章 语文课堂教学有效性的影响因素

语文课堂教学的有效性既是教师应该具有的一种现代教学理念,同时也是一种教学实践活动追求的应然和实然状态。作为一种教学实践活动的语文课堂教学,有效教学是遵循教育教学规律、合乎教学活动目的性、以学生发展为主旨的教与学统一的活动,它是众多教学环节和教学因素综合作用的结果,并有着其自身的形成过程。作为义务教育的小学阶段,其中影响语文课堂教学有效性的因素是多方面的。所谓语文课堂教学有效性的影响因素是指影响语文课堂教学活动进行并促成教学达到预期教学效果的因素。[①] 教学是在一定的教学环境下,教师通过教学,学生通过学习而掌握教学内容,完成教学任务的过程。从广义上说,教学过程中的所有因素如教学环境、教师、学生、教学内容等都影响教学的效果,既有校内因素又有校外因素,既有主观因素又有客观因素。在此,笔者将其分内部影响因素和外部影响因素。外部影响因素分为社会、家庭和学校因素;内部因素分为教师、学生等因素。从而自上而下、由外而内地对其一一进行剖析和阐述。

第一节 影响语文课堂教学有效性的外部因素

教师进行语文课堂教学,将不得不受到外部因素的影响,如社会、家庭和学校等宏观、中观环境的影响。这些因素相互共同作用,从而对语文课堂教学效果产生一定的影响。

一、社会因素

(一)政治文化因素

作为大环境下影响语文课堂教学有效性的政治文化因素,是进行语文课堂教学的宏观影响因素。具体从以下几个重要的影响语文课堂教学有效性的因素来进行阐述。

1. 国家教育方针政策

所谓国家教育方针政策是国家根据社会发展和人的全面发展需要,在一定历史阶段提出的具有全局性的教育工作的根本指导思想和行动纲领。它是党和国家教育工作发展的总方向,是教育基本政策的总概括。教育方针政策的制定必须回答为谁培养人、培养什么样的人、怎样培养人的根本问题。作为21世纪新时代的国家教育方针政策,首先,“为谁培养人”即明确了教育事业的服务方向——“教育为社会主义现代化建设服务、为人民服务”。这说明,教育为现代化建设服务,是社会主义教育的根本方向。教育为现

① 姚利民.有效教学研究[D].上海:华东师范大学博士学位论文,2004:23.

代化建设服务，一是应当自觉地服从并服务于现代化建设；二是发挥提高学生的思想道德素质和科学文化素质的基本功能；三是全面适应现代化建设对各类人才培养的需要；四是全面提高办学的质量和效益。教育为人民服务，是社会主义教育的本质要求，首先就是要不断满足人民群众日益增长的教育需求，办好人民满意的教育。其次，“培养什么样的人”即明确了教育的总的培养目标——“培养德、智、体、美等方面全面发展的社会主义事业建设者和接班人”。这说明语文课堂教学必须秉持国家基本教育方针政策，以此为人才培养的基准，培养社会主义事业的建设者和接班人，从而具体明确了我国语文教育各阶段、各年级的培养目标。再次，“怎样培养人”即明确了人才培养的基本途径——坚持“教育与生产劳动和社会实践相结合”。这表明教育不仅要与生产劳动结合，而且要与社会实践结合，应与现实社会和现实生活有机结合。这些教育方针政策具体下放到指导语文学科教学，则必须紧密结合学生生活实际和实践活动，从而为社会发展服务。

国家教育方针政策随着时代发展不同而在不断进行着变化和发展，具有以下发展趋势和思想特征。一是体现时代性。教育方针的制定应鲜明地反映时代精神，体现时代特征，随着历史条件和实际情况的变化，与时俱进，把握时代性。二是尊重教育规律。教育方针的制定必须把握教育自身的特性，遵循教育规律，体现社会发展和人的发展的实际需要。三是体现素质教育。全面推进素质教育已成为新时期全面贯彻教育方针的时代要求，成为保证全面而准确地贯彻党和国家教育方针的重大举措。四是坚持以人为本。面向新世纪教育方针的制定必须以科学发展观为指导，坚持育人为本、德育为先，办好人民满意的教育。把教育的重点转向人本身，在教育过程中把人的全面发展放在中心地位。因此，体现语文课堂教学有效性必须牢牢以国家教育方针政策为航标，以培养全面发展的时代新人为宗旨，切实落实每一点要求和思想，从而才能培养出时代所需要的人才。

2.人才选拔制度

人类社会诞生以来，选拔人才一直是各种不同社会形态、社会团体所共同关注的重大问题。社会的人才选拔制度如何，即是决定了教育者和学习者怎样进行有效的教育教学和学习。语文课堂教学作为其中一门重要的学科教学活动，不得不受此影响。

综观我国人才选拔制度的历史嬗变，我们可以清楚地看出人才选拔制度对教育者和学习者的影响。自阶级社会始，人才选拔的主体形式是世袭制。这种“选拔”机制以血缘为唯一标准。同一时期，官吏的选拔经历了世卿世禄制、军功制、察举征辟制、九品中正制、科举制等。这些制度中，有和王位继承制同出一宗的世袭的选拔体系，如世卿世禄制和九品中正制。到两汉时，统治者实行的是征辟制和察举制，它将官吏的选拔和德行结合起来，这种视才能高于血统的人才观反映了社会的进步。征辟是由皇帝下诏聘招或由公卿征调在社会上有声望的贤才为官。察举是由中央政权设立科目，由诸侯王、公卿、郡守按照诏令的要求，将各科人才推举上去，经朝廷检验后给予录用或升迁。由于荐举制中对人才的评定缺乏量化的客观标准，其公正性因此遭到社会质疑，因此学习者的积极性也受到了很大的影响。到了东汉顺帝年间，考试制度被逐渐引入官吏的选拔机制中。在魏晋南北朝时期选拔官吏的制度则是九品中正制，由中正官以家世、道德、才能为标准对人物作出高下的评定，从上上品到下下品共分为九等，以此作为选拔官吏的依据。品高则官高，品低则官卑。由于门阀世族把持政权，中正官在评定人才时虽然也提及道德和才能，但操作时，往往以家世为选官的唯一标准。这样一来就形成了“上品无寒门，下品无势族”的用人局面。可以看出这些人才选拔制度的制定只是利于“权钱之人”利益的形式而已，并不利于平民百姓。在隋唐之际，官吏选拔的科举考试制度开始建立。测评方法有帖经、墨义、杂文、策试等几种形式，除笔试外，还有口试和开卷考试。天宝时期，行卷之风开始形成，以考试成绩和行卷推荐的双重标准决定考生的去取，成为官吏选拔的主要形式。应该说，建立在考试基础上的推荐是一种更为全面客观的选拔方法，致使多少人寒窗苦读，去争得名利和发达。这时考试者主要是通过自学和在私塾先生的教导下进行的学习，学习呈现出随意性和自主性，不存在教学的高效与低效之分，学习者主要为追求功名利禄而来，目的性极强。随着时代的发展，1977 年恢复高考制度以来，“学而优则仕”逐渐成为众多出身平民特别是农家子弟“平步青云”的唯一道路。这时学校教育教学是“知识教学”，追求学业成绩至上。但随着全球化的日益加快和经济的快速发展，随着高等教育由精英教育向平民教育的过渡，随着社会发展对全面发展人才的要求，曾经显出强劲优势的人才选拔制度又开始受到新的挑战。在此背景下，语文课堂教育教学方式、教学活动目标、教育评价方式方法等都会受到巨大挑战和出现新的变化。

3. 文化传承发展

文化传承发展是促进我国优秀文化经典继续发扬光大、弘扬中华民族优良品行的重要途径。中华民族五千年的文化是厚重而凝练的，往往于精巧的篇章中蕴含丰富的哲理与情感。语文是我们的母语，母语继承文化是它的天职。陈建民先生在《中国语言和中国社会》中认为“文化的创造离不开语言，语言的变化和发展往往离不开文化的变化和发展，要想了解文化，撇开语言是不可思议的。”在这个多元化的时代，作为人文性与工具性相统一的学科，语文理所当然地应当肩负起传承文化的重任。而作为既无升学压力又无繁重的课业任务的小学阶段教育，学校有宽松的环境，学生有求知的无穷欲望，语文可以最大限度地挖掘美，彰显我国传统文化的魅力。这两者是相辅相成的。而文化传承发展也将深深地影响语文这一学科的教育教学。因此，语文课堂教学的有效性将受到文化传承发展的影响。中国的文化博大精深，往往在精练的语言中蕴含着深刻而耐人寻味的道理。如作为文化传承中重要载体之一的文化经典是一个民族文化传统中最具权威性的作品，在民族文化的历史传承中起到至关重要的奠基和引导作用，是民族思想的来源、话语的来源甚至是民俗民风的来源，是民族文化传承最重要的载体。它对语文学科教学所应具有的理念、所教的内容以及所运用的评价方法等方面产生深远的影响。如孔子的“教学相长”“启发诱导”的思想则是今天我们教育应遵循的理念；在“老吾老以及人之老，幼吾幼以及人之幼”这句古语中所蕴含的博爱，则会不自觉地要求我们老师进行博爱教育；“先天下之忧而忧，后天下之乐而乐”这句名言中所蕴含的爱国主义胸怀则要求我们老师对学生进行爱国主义教育；“富贵不能淫，贫贱不能移，威武不能屈”的操守则要求我们学生具有坚强的风骨；还有我们老师要求学生要有“位卑未敢忘忧国”的精神、“无为无不为”的智慧、“天行健，君子以自强不息”的意志，如此等等。而在文化传承发展中的我国传统节日则是中华民族的宝贵精神财富，其中蕴含着丰富的文化内涵。它对小学语文教学的内容选择将是一笔丰富的财富。如我们可以以某个传统节日为契机，结合生活实际带领学生体味传统文化内蕴。让学生有计划地去探究、去实践体验诸如春节、元宵节、清明节、端午节、中秋节等重要的传统节日，这对于深刻理解我国的语言文化具有深远的意义，同时对提升学生民族自豪感和培养学生爱国之情是具有重要意义的。因此文化传承发展在真正实现语文教育教学的人文性与工具性相统一的目标，塑造有文化底蕴的新一代，将起到重要的作用。同时，小学语文教育也将显得更具有生命活力，而语文教学也更显得富有人文底蕴和民族色彩。传统文化意识的唤醒将促进学生对语文产生浓烈的研究兴趣，在感受传统文化魅力中品读语文的美，在文化熏陶中提升学生的语言表达能力。这些将对小学语文课堂有效的教育教学效果产生巨大的影响作用。

(二)经济因素

教育能促进经济、社会生产力的发展，"科教兴国"战略就是具体、重要的体现，同时经济的发展又促进教育的长足进步，这是一个相辅相成的关系。而作为教育具体形式的课堂教育教学将更大限度地受到经济因素的影响，具体体现即为教育经费投入的多少，而教育经费的投入又具体体现为学校软、硬件质量的提高，如师资队伍建设、学校教学设施、教学环境等方面的建设。教育投入是教育事业的物质基础，是影响教育发展的关键因素。作为一门具体的教学学科，微观的课堂教学，首先受到影响的是师资力量的建设，然后是学校的软、硬件资源的建设等等，这些对于有效教学将具有巨大的影响作用。随着现代化进程的加快，教学媒体等先进的教育资源的运用将离不开大量的资金和技术支持。在国家倡导教育均衡发展的大背景前提下，作为义务教育阶段的小学教育，其人均经费投入同时也是影响教育教学有效性的重要指标。综观每年的教育经费投入，我们可以发现，我国教育事业的快速发展与进步和教育经费的大力投入是密不可分的，这也是提高教育教学有效性的重要体现。同时，教育经费的多少将影响制约着人的培养质量规格。教育经费投入多，花在学生身上的经费就多，其教育教学质量势必就会转变、提升。表现在语文学科方面，将影响语文教学的目标和内容，如经费多，老师会考虑到语文人文性与工具性目标的实现，反之，教师可能会忽视学生人文性的熏陶，而只重视学生知识的掌握，突出语文工具性的一面，如农村和城市小学校的区别就明显表现于此。

(三)社区资源因素

要理解社区资源因素对语文课堂教学有效性的影响，我们得首先来看看什么是社区资源。其中，所谓社区是指由具有共同价值取向的同质人口组成的关系密切、出入相友、守望相助的社会团体。学校是社区的一个细胞，它既是为社区提供文化和教育服务的中心，也需要从社区获得文化、人力及物质环境等方面的滋养。[①] 而社区资源则是指一个社区内一切可运用的力量，包括人力、物力、财力、知识与资料、历史传统、生活习俗、发展机会、地理与天然物质、人文社会环境等等。[②]《语文课程标准》明确指出，"语文是母语教育课程，学习资源和实践机会无处不在，无时不有。因而，应该让学生更多地直接接触语文

---

① 雷少波.社区教育资源的开发及其价值思考[J].教育理论与实践，2001(7).

② 林闵钢.社区资源的开发与整合[J].中国社会保障，2002(9)：14.

材料，在大量的语文实践中掌握运用语文的规律”。因此，利用好社区资源将会有效促进语文学科教育教学目标的达成。社区是具体的、可触摸的，学生社会经验的获得和实践能力的形成离不开对真实的社区的认识、评价和参与。社区是学生生活、成长的地方，学校应优先考虑社区教育资源的开发，应充分利用社区的各种有益场所、机构与环境。而社区语文课程资源主要包括：社区各界的人才资源、社区文化艺术场馆（如科技馆、图书馆、博物馆、纪念馆、展览馆等）、社区文化艺术环境（如建筑雕塑、园林花卉、标牌广告、书画走廊等）、社区文化艺术设施（如黑板报、布告栏、读报窗、宣传廊等）、社区文化艺术活动（如报告会、演讲会、辩论会、研讨会、戏剧表演、故事会、朗诵会等）。同时，学校应充分联系社区中的各界人士，如学生家长、各行各业的劳动者、知名人士等，学校还可与有关部门合作建立相对稳定的活动基地，并通过多种途径不断地开发出新的社区课程资源。因此，有效地运用社区语文课程资源，将会大大提高语文课堂教学的有效性。

第一，社区的各种机构、设施。

小学语文课具有相对的实践性特点，它要求教师根据相应的内容组织多种形式的社会实践活动，让学生广泛地接触社会，参与社会生活，以培养学生实际的适应能力。如组织学生参观社区的博物馆、印刷厂、各种人物雕塑及造型雕塑等，为语文教学的生动、有效开展提供与学生紧密联系的“语文场地”。教师要充分地利用这些资源，有计划地组织学生到这些地方参观、访问、开展社会调查，将有助于顺利完成语文课的教学任务。

第二，人力资源。

学校所在地区有丰富的人力资源可为小学语文课的教学服务。学校所在区住着形形色色的不同身份的人，他们有着丰富的经验和独特的见解，教师可请他们来座谈，了解社会情况，增加学生的语文知识经验。具体体现为以下两点。

①教师可以充分挖掘社区内的语文课程资源，联合社区内的各种力量，把本社区各行各业的优秀人才转化为课程资源，这将更贴近学生生活实际，从而有效促进学生理解语文中的相关知识；②教师和社区内的各种社会人士建立广泛的联系，可以根据课程需要，邀请社会各界人士和专家、学者来学校，采用专题报告会、讲座、展演、组织活动等多种形式，使之参与学校的教育活动，使学生亲自感受离他们较遥远的知识，从而促进语文教育教学目标的达成。

因此，无论是社区机构设施还是社区人力资源，只要合理运用，它们都可转化为可利用的语文课程资源，成为教学的一部分而促进学生语文能力的提升。语文教学不只是仅限于课内学习，更要延伸到课外，拓展丰富教材，充分利用社区教育资源，增加学生学语文、用语文的机会。“以社会当课堂而不是以课堂当社会”。[①]

因此，社区资源的运用，将要求我们教师时刻告诉学生，也提醒自己，学好语文不仅在课堂，生活也是语文学习的大课堂，它有着广阔的天地，与生命的成长共始终。可见语文“无处不在，无时不有”，存在于学生生活的各个角落，融于生活的方方面面。语文课程资源非常广泛，“语文的外延与生活的外延相等”。生活即语文，语文即生活。因此在语文教学中，要加强与生活的联系，激发学生学习语文的兴趣，提高学生的语文实践能力。

---

① 窦桂梅.为生命奠基——语文教改的“三个超越”[J].人民教育，2002(1).

而教师在利用社区语文课程资源时，要注意引导学生联系生活学语文。要有目的地把课内学习与课外学习有机结合起来，充分利用社区语文教育资源，增加学生学语文、用语文的机会，把社区中宝贵的资源运用到语文课堂教学中，同时也把语文课堂教学引入社区生活实践中。从而在贴近学生生活实际，让学生在社区这个相对开放的环境中学习语文、感受语言的魅力，懂得如何做人、提升自己的语文素养，最终有效地达到语文教育的目的。

二、家庭因素

教育教学的学习效果是与学生的家庭环境紧密相连的。学生作为学习效果的主要呈现者，其生活和学习的重要场所——家庭对语文课堂教学效果将起到不可磨灭的作用。在此，主要从家庭教养方式和家庭氛围两方面来进行阐述其对语文课堂教学效果的影响。

（一）家庭教养方式

子女的教育是父母们普遍关心的话题，在教育过程中，最值得重视的是父母对子女的家庭教养方式。家庭教养方式如何，将在一定程度上决定孩子的学习效果与学习成绩，因为家庭是儿童学习和生活的重要场所。从家庭教育的角度出发，父母是儿童的启蒙教师，也是孩子的终生教师，家庭是儿童的第一所学校，父母的教养方式对孩子的心理健康、学习效果以及人际交往等方面的发展都有着潜移默化的影响，即家庭是学生学习效果好坏的重要前提和坚实后盾。所谓家庭教养方式是指父母在教育、抚养子女的日常活动中表现出的一种行为倾向，是其教育观念和教育行为的综合体现。因此，父母教育孩子的观念、态度和方法等都对孩子的发展起着极为重要的影响，而在具体学习效果上也表现出重要的影响作用，对于语文学科的学习也不例外。那父母对孩子的教养方式究竟有哪些呢？其中最重要的是美国心理学家鲍姆令德（Baumrind）提出的教养方式的两个维度，即要求和反应性。要求指的是父母是否对孩子的行为建立适当的标准，并坚持要求孩子去达到这些标准。反应性，指的是对孩子需求的敏感程度。因此，根据这两个维度，研究者们把父母教养方式分为了权威型、专制型、溺爱型和忽视型四种。[①]其不同的教养方式将对孩子的语文学科的学习产生不同的影响。

一般而言，权威型是对孩子最有利的一种教养方式。这种类型的父母在孩子心目中有权威，但这是建立在对孩子的尊重和理解上。他们会给孩子提出合理的要求，设立适当的语文学习目标，并对孩子的行为进行适当的限制。与此同时，他们会表现出对孩子的爱，并认真听取孩子的想法。这种教养方式的特点虽然严格，但是民主。在这种教养方式下长大的孩子，有很强的自信和较好的自我控制能力，并且会比较乐观、积极，在学习过程中，表现出较强的自制力和控制力。他们能主动与父母进行语文方面的交流，积极进行语文生活和学习。

专制型的特点则是严格但不民主。专制型的父母要求孩子无条件地服从自己。虽

---

① 张爽.家庭教养方式对儿童社会发展的影响[J].通化师范学院学报，2008(1).

然有时父母为孩子设立的目标和标准很高，甚至不近情理，但是孩子不可以反抗。这种教养方式的父母和孩子是不平等的。在这种教养方式下长大的孩子，会比较多的表现出焦虑、退缩等负面情绪和行为，他们在学校中却有较好的表现，学习主动性不是很强，需要在父母的监督下来完成语文的学习，表现出被动的语文学习效果。

溺爱型的父母对孩子则表现出很多的爱与期待，但是很少对孩子提要求和对其行为进行控制。在这种教养方式下长大的孩子，容易表现得很不成熟且自我控制能力差。一旦他们的要求不能被满足，往往会表现出哭闹等行为。对于父母，他们表现出很强的依赖性，在学习中往往缺乏恒心和毅力，需要父母的表扬和奖赏才能进行语文的学习，这将不利于有效的学习语文。

忽视型的父母对孩子不很关心，他们不会对孩子提出要求和对其行为进行控制，同时也不会对其表现出爱和期待。对于孩子，他们一般只是提供食宿和衣物等物质，而不会在精神上提供支持，很少与孩子进行一定的交流和沟通，并很少听取孩子对学习语文的感受。在这种教养方式下长大的孩子，很容易出现适应障碍，他们的适应能力和自我控制能力往往较差，在学习上表现出放任自流、无所谓的状态，这将不利于语文学科的学习。

这四种类型虽然是极端的类型，但在现实中，家庭的教养方式一般属于中间型。并且，随着孩子的成长和父母本身的观念的变化，家庭教养方式也可能会发生改变。整体而言，在孩子小的时候，父母应该对其多给予爱和关怀，并且父母应在这时更多地控制孩子行为，多对孩子进行语言方面的训练。当孩子长大一些的时候，父母应及时听取孩子对学习语文的想法，对于孩子自己的事情，要多和孩子商量，共同制定合适的解决方案。这在学习上能给孩子一种指导并使其具有一定的学习主动性。

另外，父母教养方式是否一致，也是父母影响儿童健康成长与学习语文的重要原因。如父母教育态度缺乏一致性和连续性，父母随心所欲，以自己的情绪为转移，教养方式多变，这种教养方式下的家庭内部缺乏稳定感，子女情绪不稳定，容易出现恐惧、焦虑、多疑和自卑，容易产生不良行为和心理疾病，对子女的语文学习是不利的。

总之，父母通过具体的教养行为及态度，向儿童传达父母对生活的态度、行为模式和价值观念等。儿童从父母那里获得的不仅仅是科学文化知识，更重要的是儿童的心理健康、个性、社会化的发展水平也受父母教养方式的影响。关于教养方式的许多研究都表明父母的教养方式会影响到子女社会化、人格形成及人际关系、学业等方方面面。积极良好的教养方式会对子女的身心健康及将来社会生活的成功起到很大的促进。子女和父母的互动和情感交流是积极的、良好的，那么他们会把在家庭中获得的这种积极体验和习得的有效交往方式带到社会交往中、带到学习过程中，这有利于他们良好社会人际关系的建立和热爱语文学习的良好品质养成，从而更多地感到充实和满足。

因此，作为父母，应该为子女创造一个相对宽松民主又体现一定权威的教养氛围，并且父母在对子女教养方式上应取得一致，与孩子积极进行语文方面的交流和沟通，使儿童充分体验到家长对自己既不放纵又不过分要求，从而促进其主动学习语文知识，进行语文生活。父母采取正确的、科学的教养方式，用理性的态度和子女交流，才可能真正走进孩子的心里，帮助他们健康成长，为其在学校拥有良好的学习态度和学习效果打下一个坚实的基础。良好的家庭教养方式，不仅能促进儿童个体成长，而且能使儿童更好地适应家庭、学校、社会等各方面的环境，表现出积极、健康向上的学习态度，使儿童实现各方面能力的全面发展，从而使作为学生时代的他们能进行有效的学习和生活，这也不得不影响学生学习语文的效果。

（二）家庭氛围

家庭氛围主要分为家庭物质环境和家庭精神环境。一般情况下主要指家庭精神环境，是指家庭成员间互动形成的人际关系和心理氛围，以及家庭成员的道德观念、价值取向、审美情趣等，是家庭中占优势的一般态度和感受。① 家庭物质环境好，当然能为儿童的成长提供更优越的条件，但与家庭氛围相比，后者涵盖的范围和对儿童的影响要大得多。这种氛围直接影响着家庭中儿童的心理，尤其对儿童个性品格的形成有特别深刻的意义。同时为儿童良好的学习状态提供一个较好的心理环境。学习的过程是一个内部加工过程，但是这个内部加工过程又始终受外部环境的影响，在所有的外部环境中，给学生所提供的心理环境对学习的影响最大，安全相容的心理环境能使人的潜能得到最大限度的释放。“孟母三迁”的故事，孟子的母亲为了把孟子培养成才，曾三次搬家，最后把家从一个乱哄哄做生意的地方，搬到一所学校附近，这样孟子在一个安静的、有利于读书、学习的环境里，专心读书做学问，后来成为了古代杰出的思想家和哲学家。这是一个物质环境影响孩子学习，最终形成孩子良好学习心理环境的例子。

据专家分析，在影响人们健康的众多因素中，有一个极易被忽视而又相当重要的因素，那就是“家庭氛围”。心理学告诫人们要保持良好而稳定的氛围，以增进儿童的身心健康。身心健康是一个人进入良好学习状态的重要前提和基础。儿童每天约有一半以上的时间都是在自己的家庭中度过。家庭是一个整体，孩子学习无不受到家庭整体氛围的影响。而对家庭中踏进小学的未成年儿童来说，家庭氛围的整体状况对他们的健康成长尤其重要。在快乐的家庭中生活的儿童，几乎都是快乐的。尽管有时会发生意见，但在原则问题上是团结一致的，因此，在占优势的合作、谅解的总体氛围中，不但使青少年学会了与人的沟通、交流与合作的方法，使个体的思维意志、交流能力等得到和谐发展，而且还能从中获得安全感，形成乐于接受教育的自觉性。而且良好的家庭氛围能促使儿童体格健壮、活泼聪明、乐于助人、积极进取，具有健康的心理和健全的人格。反之，在烦闷、消沉的家庭中生活的成员则很难摆脱不快的阴影。这些将会大大地影响儿童学习语文的心情和态度。有调查显示，在父母感情不和的家庭中成长的孩子，极大部分都有自信心不足、退缩、不合群，甚至有神经质等心理不正常表现，有的还会产生攻击性行为而不爱学习。小小年纪的他们因为父母的争吵而长期担惊受怕，没有安全感，缺少家庭的温暖，而造成性情孤僻、处事冷漠、不爱学习，更谈不上静下心来好好学习语文了。不良的家庭氛围可能导致青少年行为放任、自私狭隘、心理脆弱、胸无大志、学习意志脆弱。许多有主见、心智良好、比较成熟的青少年，他们的成长几乎都与平等的家庭氛围有关。在家里，他们具有独立的地位，能对各种家庭问题发表自己的看法，进行语文方面的交

① 徐艳.浅谈家庭教养方式、家庭氛围对青少年成长的影响[J].管理研究，2009(6)：225.

流。而家长也应非常注意营造平等的氛围，即使有些问题青少年还不足以正确判断，但父母还是让他们发表意见，让他产生表达的欲望。这样的家长才是真正深谙了家庭教育的真谛，才能有助于其在学校学习中进行积极、快乐、主动地学习。

因此，要创造良好的、适宜儿童学习生活的家庭氛围。家人要互相尊重、和睦相处，多关心孩子，让孩子从家庭中得到极大的温暖，从而促进其良好心理素质的养成。作为小学阶段的孩子，父母应该在一定程度上满足孩子的表现欲，善于倾听孩子的意见，当孩子说出优美的句子或是说出很少见的成语等，父母应多赏识孩子、信任孩子，从而为其创造良好的家庭氛围，与学校保持良好的联系，为孩子达到良好的语文学习效果提供一个重要的条件，这也为有效的语文课堂教学效果提供了一个坚实的基础。

三、学校因素

如果说社会、家庭因素是学生进行有效语文课堂教学的前提和基础，那学校因素就是进行语文课堂教学的必然影响因素。在此主要分为学校文化和教师文化两方面的影响因素进行阐述。

(一)学校文化

学校文化的建设对学校教育教学活动质量的提高，对全面提升学校办学水平起到实质性的促进作用。所谓学校文化是指在一定的社会历史环境中，学校和学校教职工在教书育人和组织管理生活中，为追求和实现共同目标而逐步创造和形成的观念形态和文化形式的总和，它包括价值观念、行为准则、道德规范、心理趋向以及规章制度、校风校貌、学校精神和学校形象等。更具体地说，学校文化谋求个人与组织制度的和谐、激发人的自觉精神和能力，调整学校成员的行为，实现个人目标和学校目标的高度一致。[①] 在一定程度上，学校文化是一种组织文化、一种特殊文化、一种整合型较强的文化，是有着深厚积淀的文化，是文化的容器。它在文化传递和教育目的的达成上能起到积极的促进作用。因此在基础教育课程改革向全面纵深推行的今天，学校文化的建设引起了广大研究者、校长和教师们的重视。

学校文化旨在营造一个健康向上的学习与做人的环境，而在提升学校教学环境质量方面，对学校文化建设影响最大的应属学校校长。就像拿破仑说过的，“一头狮子带领的一群羊，能打败一头羊带领的一群狮子”。这也正是说明了领导的重要性。在学校文化建设方面，无不如此。校长既是学校组织的领导者又是其管理者。作为领导者，他是实施领导行为的主体，要创造一种以学生高效学习、教师高效工作、有创新精神为特征的学校氛围，激发教师的工作热情，不断变革和改善学校组织；作为管理者，他要充分利用各种技巧提供一个有序和有效的学校环境，执行和维护学校的文化价值、组织目标和既定规则。一定程度上，校长就是学校教育质量与学校形象的“代言人”。他的激发激励和组织管理功能无不影响着教师和学生进行课堂教学和学习的积极性和热情，从而影响着教学的质量。

其次学校文化中的学校校风、学风等无不时时刻刻影响着每一位教师、学生的心灵。

---

① 刘学国.浅论学校文化和学校文化建设[J].教育理论与实践，1990(6).

可以说，校风学风是学校教师、学生进行教学与学习的隐性环境。良好的校风、学风给教师、学生提供了一个健康、积极向上的教学与学习的环境。教师在这个环境中教学心情舒畅、积极性高；学生学习劲头十足，这样课堂教学质量才能得到有效保证。否则如果在一个学风、校风差劲的学校里，教师和学生的教学与学习积极性都会受到不利影响。当然，学校的校风、学风是靠全体教师学生共同营造的，也不是一天两天就能转变过来的，它需要一个长期坚持、共同创建的过程。而作为学校文化的外显部分——校容校貌，也是一种重要的教育资源。它属隐性课程资源，能发挥环境育人的作用。如校园中随处可见的书画、墨迹、雕塑、纪念碑、历史名人塑像、人文景观等都是教师和学生的主要模仿对象，对生活于其中的学生、教师能产生潜移默化的教育示范作用，对教师、学生有一种"见贤思齐"的影响模范作用，从而把这种影响转化到教育教学实践活动中，达到教师、学生的共同提升。

再次，学校文化中的考核制度、奖励措施等建设也将是一个重要方面，主要包括对教师的考核制度和对学生的考核制度。同时这些对教师和学生课堂教学学习质量的共同提升等，将起到显性的促进作用，具有较强的激励功能。对教师的考核制度将对教师队伍素质的整体提升起到重要的作用。公平、有效的考核制度的建立，将会把教师的教学业绩以显性的形式表现出来，使教师之间形成一种积极竞争向上的意识，这种表现形式具体体现为教育教学效果。而有效的对学生的考核制度则会促使学生良好的学习势头和积极进取的学习风貌。这些是不可或缺的重要制度建设。而在具体实施考核制度的过程中，应主要重视教师的绩效考核制度以及学生的发展型评价机制的运用，同时注重过程性与终结性评价考核相结合，注重内部评价与外部评价相结合，注重定性与定量评价考核相结合，注意统一评价与弹性评价的关系等，这样才能各方面挖掘教师和学生的潜力，达到有效的学习和教学效果。因此，针对不同的教师和学生进行有效而公平、公正的评价，将会对学校整个教育教学质量提高起到重要的积极促进作用。

总之，学校文化建设作为一个外延范围较大的内容，它所包含的内容之间是相互作用、相互影响的，最终对语文课堂教学质量的提升起到显性或隐性的影响作用，这是不可忽视的影响因素。

(二)教师文化

在一所学校中，教师之间所形成的教师文化，也即教师文化是影响教师进行课堂教学的重要因素之一。教师文化作为在学校范围内的教师群体文化而存在。随着新课改如火如荼地开展，对教师文化的研究逐渐进入了研究者们的视野，这是提高教育教学质量不容忽视的关键因素。最早对教师文化得以关注的是哈格里夫斯(Andy Hargreaves，1994)，他非常重视教师文化变革的重要意义，认为教师文化是教育变革和学校发展的关键性因素，并以此出发进行了教师文化的研究，并从内容和形式两方面进行了阐述。教师是社会职业群体，教师所承担的诸种角色及其表现，使得教师的思想、行为、态度、价值观念等有着不同于其他社会群体的特征，成为一种相对独特的文化形式，即教师文化。教师文化是教师群体在教育教学过程中形成的，为绝大多数成员普遍认同并共同遵守的价值观念和行为标准。教师文化对于教师的发展具有重大的影响和鲜明的教育作用，对教师个性和品德的陶冶和导向功能是其他教育形式所难以替代的。教师文化在内容上包括特定范围的教师集体共享的态度、价值、信念、习惯、假设以及行为方式等，教师文化的内容外显于教师的所思、所说和所做，最重要的是影响课堂教育教学。教师文化既反映了教师个体的价值取向和追求目标，又反映了教师行业整体的共有价值观和共同理想，它像一只"看不见的手"，引导教师个体在工作中对某个方向作专门的注意，将教师的思想观念和日常行为自然而然地引导到某种默认境界和规范标准上来。可见，良好的教师文化对于整个教师行业、教育行业乃至于教师个人的专业发展均具有积极的精神导向作用，反之，不良的教师文化则具有相反的引导作用。同时教师文化无时不在激励着教师功能的发挥，无形中在促使教师形成职业道德感与社会责任感，从而不由自主地洋溢着一种对教师事业的敬业精神、献身精神，言谈举止中就会很自然地流露出一种教师特具的人文气质，就会很自然地以教育智慧去实践理想，就会以饱满的热情去从事"育人"的教育服务工作。因此教师文化具有重要的引导、凝聚、激励、约束、发展、协调和辐射功能等。①

教师课堂教学中的一言一行都无不体现着教师文化。教师文化的形成更是一种教师的人生态度和行为习惯的重塑和改变。它要求教师不断地自我完善，并发展自身的能力，既包括不断创新的思维能力，也包括自学能力、教育科研能力和教育创造能力。为了更好地适应新时代学生及具体学科的教育教学要求，不断地实现有效的课堂教学，教师必须改变原有不正确的教育行为习惯，积极参与教育科学研究，不断追求新的教育教学理论，学会反思自己的教育教学行为，不断提高自己的专业能力，形成与现代教育相适应的课程文化与教师行为文化。这种教师文化的形成既而会使教师带到课堂教学中，潜移默化地影响学生，影响课堂教学效果。

作为小学阶段的语文教师，学生视其为自己心目中的偶像，是"神圣的榜样"。教师之间形成的合作的、开放的、民主的教师文化，将会对学生的学习和生活等产生巨大的影响。作为小学语文课堂教学，其效果的体现是综合各方面影响因素的结果，而教师文化作为影响教师方面的重要因素，将是一个不可忽视的方面。同时，教师文化要求教师积极倡导学生个性发展。学校教师群体的师德师风、学识水平、治学态度和敬业精神则也会无声无息、潜移默化地影响、熏陶着学生的行为习惯和个性发展。学生自强不息的精神面貌与教师职业追求的精神互动，会促使课堂教学表现出积极有效的成效。这是具有重大意义的。

因此，为了达到良好的语文课堂教学效果，教师自身应更新教育观念，倡导构建开放合作的教师文化；营造民主和谐的学校文化氛围，倡导教师新的专业生活方式；制定有利于教师文化建设的教育政策，营造一个良好的社会氛围；提高教师反思意识，提升教师创生文化的能力；加强师生交流活动，缓解师生之间的文化冲突等等，最终为达到良好的语文课堂教育教学效果而作出最大努力。

---

① 赵振杰．论教师文化的核心、功能与结构[J]．当代教育与文化，2010(1)．

第二节 影响语文课堂教学有效性的内部因素

语文课堂教学中，最显性的影响因素当属教师和学生，他们共同组成了课堂教育教学活动，这是最基本的影响因素。当然课堂教学有效性不只是单独受这些影响因素的制约，而且也受这些影响因素的相互作用方式的制约。下面将教师和学生对语文课堂教学有效性的主要影响因素进行着重阐述。

一、教师因素

教师是“术业有专攻”的教育工作者，虽然教学活动是师生双边互动的活动，但教师的主导作用，谁也不能忽视。教师的专业知识、教学能力、职业道德等无不制约着教学的有效性。特别是教师主导作用的发挥对于小学阶段的学生来说，更为重要和不可或缺。因为教学活动有效性的源泉在于人本身，在于人的活动本身，在于教学活动的投入过程中教师主导作用的有效性。在此，主要探讨教师个体进行教学有效性进而影响学习有效性的教师因素，包括教师的教学观念、教育知识、教学能力和教学科研能力等。

（一）教学观念

教学观念是教师对教学要追求什么样的理想目标和为什么要追求这样的目标的认识。就有效教学而言，是对什么是有效教学的认识和对为什么要进行有效教学的认识，它是教师对教学的一种主观期望和价值判断，是教学开展的指导思想，对教学起导向作用，支配教师的教学行为。一个完整的教师教学观念系统主要应该包括以下观念要素：

1. 学生观，主要包括对教学活动中学生地位、特点、学习方式等的认识和看法。
2. 目的观，主要包括对教学活动近期目标、远期目标的定位。
3. 过程观，主要是对教学活动过程本身性质的认识和定位。
4. 课程观，主要是对课程本质、内容及呈现形式的观点和看法。
5. 方法观，主要是对课内外各种教学方法、教学艺术、教学手段和教学组织形式的认识。
6. 环境观，主要包括对有形教学环境和无形教学环境的认识和看法。
7. 评价观，主要是对教学效果、教师、学生进行评价的方法、标准等。
8. 教师观，主要包括对教学活动中教师的地位、特点、有效教学方式等的认识和看法。

教师教学观念的八个观念要素不是孤立存在的，它们构成一个完整的教师教学观念系统，共同对教学实践活动产生反作用。其教师教学观念中各要素结构如下图 4-1 所示，从而体现在教学实践活动中。

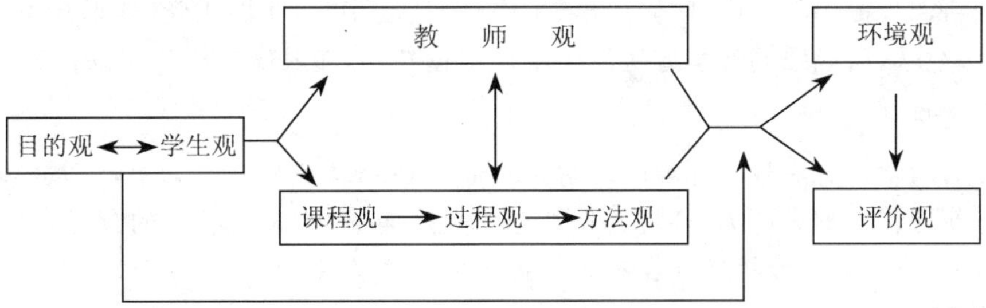

图 4-1　教师教学观念的结构

因此，在新课改的大背景下，教师教学观念的更新对教师语文课堂教学效果将具有不可磨灭的作用。

1. 教学目的观

新课程改革的目标明确指出要改变教学"过于注重知识传授的倾向，强调形成积极主动的学习态度，使获得基础知识与基本技能的过程同时成为学会学习和形成正确价值观的过程"。这意味着新课程对教学目的的定位产生了根本的转向，由以前重视学生知识技能的获得转为重视学生的知识与技能、学习过程及学习方法以及情感、态度与价值观三个方面主动统一的发展，体现了时代要求的全人发展的价值取向，从而全面提升了学生的素质。

2. 学生观

新课程否定了片面地、孤立地、预定地看待学生的观点，强调要把学生看成开放性的存在。新课程的理念认为，学生带着自己的经验走进教室，学生是主动地建构自己知识经验的主体，学生个体以自身的开放在与教师、教材的不平衡中动态地成长、发展。

3. 教师观

新课程的教师观从根本上否定了传统观念中教师作为权威者的角色。新课程的理念认为，教师不是教学的中心，而是与学生一起学习的共同参与者；教师不是知识的传授者，而是带着开放性的态度，不断寻求新的途径，将学生带入对真理的日益深入的理解中的"平等中的首席"，它强调双赢的师生关系。

4. 课程观

传统的课程观常常将课程等同于教材，或者等同于教师的讲授。新课程的理念认为，课程是由师生共创共生的，是过程性的。教材只是一个供师生进行创生活动的文本，而教师所提供的知识与经验也只是供学生进行课程创生的文本或背景。

5. 过程观

传统的教学观念倾向于把教学过程看成是一个由教师到学生的直线式知识传授流程，重结果而不重过程。新课程的理念强调教学过程的过程性，强调教学过程的生成性，把教学过程视为过程而不是流程，既重结果又重生成。

6. 方法观

传统的教学方法观强调接受与掌握，突出表现为死记硬背，冷落、忽视了学生的发现和探究。新课程提倡在玩中学、做中学、思中学、活动中学、实践中学、实验中学、主动学、合作学、探究学，所以强调教学方法的生本性与创新性，尤其突出学生主动探究的地位。

7. 环境观

传统的教学观念对教学环境的理解常常局限在物理环境的概念上，将教学环境等同于教室。新课程的理念认为，环境是师生双方进行创造性学习活动的背景，是教学活动的重要组成部分，重视发挥环境在教学过程中的重要作用，强调教学环境的营造，强调环境育人的理念。

8. 评价观

传统的评价观以分数与升学率为基础，对学生、教师和学校的评价都以此为唯一准绳，评价功能单一、标准单一、方法单一。新课程力图在评价方面有较大的突破，构建新的学生评价、教师评价和学校评价体系。在学生评价方面，尤其要突出过程性评价和质性评价的作用，弱化评价的选拔与甄别功能，通过评价促进学生的发展。

"思想是行动的先导"，因此在新课程背景下教师新观念的形成，将对语文教师教学活动效果的提升起到全面提升的作用。

作为人文性与工具性统一的语文学科，在新课改背景下，要摒弃"知识传授"为主的教学观念，致力于学生语文素养的形成与发展，从而为学生全面发展和终身发展打下坚实的基础。就对语文有效课堂教学的认识而言，就是要有为教学结果而教的观念、为理想教学结果而教的观念和高效率教学的观念，认识到教学投入和教学产出的关系，追求教学的经济性、高效性，力求使教学时间最少，教学精力最少，而达到效果最优，效率最高；就是要有科学教学的观念，认识到科学性、合理性既是教学必须遵循的要求，又是达到有效教学的可靠保证，也是实现高效率教学的前提条件。在社会生活中，人们只有在意识到值得去做某事时，他们才会热心地去做那件事。同理，教师只有意识到有效教学是有意义的、有价值的，他们才会去表现出有效的教学行为。相反，如果他们认为有效教学毫无意义，不值得去追求，那么，他们就不会努力去开展有效教学。

教师对有效教学意义或价值的认识，首先源于他们认识到教师的教学投入总是有限的，而教学要取得的效应应尽可能是最大的，使有限的教学投入产出尽可能大的教学效应，可以实现教师的价值，体现教师的才能；其次源于他们认识到学生的学习时间是有限的，而学习需求是无限的，通过有效教学使学生在有限的学习时间里学习得尽可能多，满足学生的学习需求，是教师对学生生命的关怀、利益的关注和需求的满足，还源于他们认识到卓有成效的教学、提高教学质量既是国际教育竞争的焦点，也是社会向教师提出的要求。同时教师在自己的教学观念方面时刻检查自己，是否符合新课改的要求和学生身心发展的需要，从而为有效的语文课堂教学做好自己的观念准备。

（二）教育知识

心理学家发现，知识在专业工作绩效中起核心作用。教学是一种专业性很强的工作，显然，有效的课堂教学需要教师的教育知识。教师的教育知识是其开展教学的基础，也是其有效教学的基础。教师的教育知识是教师在教学实践中所获得的认识和经验的总和，是其学习、总结的产物。这种知识可以分为公共知识和个人知识，前者是教师可学可用的教育资源，后者是教师学习、获得的公共知识。然而，不同研究者对教师知识具有不同的看法，具体如表 4-1 所示。

表 4-1　不同研究者对教师知识的分类

研究者	教师应具有的知识分类
舒尔曼	学科知识；一般教学知识；课程知识；学科教学知识；学生及其学习特点的知识；教育情境的知识；教育目的与价值的知识
泰默	课程的知识；学生的知识；教学的知识；评价的知识
玛科斯	学科教学目的的知识；学生理解学科的知识；学科教学媒体的知识；学科教学过程的知识
格劳斯曼	学生理解的知识；课程的知识；教学策略的知识；教学目的的知识
伯利纳	学科内容知识；学科教学法知识；一般教学法知识
斯滕伯格	内容知识；教学法的知识；实践的知识
考尔德里德	学科知识；行业知识；个人实践知识；个案知识；理论性知识；隐喻和映象
林崇德	本体性知识；条件性知识；实践性知识；文化知识
谢维和	关于学生的知识；关于课程的知识；关于教学实践的知识和技术
傅道春	原理知识（学科原理、一般教学法知识）；案例知识；策略知识
申继亮	本体性知识（学科知识）；条件性知识（教育学、心理学知识）；一般文化知识；实践知识

在此，笔者把教师所具有的常见基本知识分为三种，即本体性知识、条件性知识和实践性知识，以此分述它们对小学语文有效课堂教学的影响。

首先是本体性知识，即是学科本身的知识，在此即是语文学科本身的知识，如小学语文中拼音、汉字的发音与写法、阅读中的修辞方法、写作中运用的技巧等等。本体性知识包括学科的实质结构的知识和学科的句法结构的知识。前者即教师拥有的所教学科的事实、概念、术语、定理的知识，这些事实、概念、术语、定理相互关联，构成一个整体的知识，如比喻、拟人等相关术语；后者即教师拥有的学科内容表述方式的知识，如阅读及综合性学习中的相关知识等。拥有学科内容知识，教师在教学中才能科学地讲授概念、术语、事实、定理等具体知识，才能告知并让学生了解学科知识的结构以及学科中知识点的逻辑关系，也才能以学生可以领会、掌握的句法结构或表述方式教授知识，以加深学生的理解，促使学生更准确、透彻地掌握。相反，教师缺乏学科专业知识，则难以进行有效教学。有研究者指出，当教师向学生教授自己没有把握的课程时，他们会根据教材照本宣科，安排学生做填空练习，并通过做多项选择题来评价学生的学习[①]

其次是条件性知识，所谓条件性知识是指教师所具有的教育学、心理学等教育科学知识，它是教师在教育教学活动中为实施教学行为所必须具有的，影响其教育观念和教

① T. LGood&JE. Brophy. 透视课堂[M]. 北京：中国轻工业出版社，2002：140.

育行为、决定其教育教学效果、对学生身心发展有直接而显著影响的知识。利用条件性知识，教师将教师专业知识、学科知识以学生可以理解、接受或是对学生学习有帮助的方式进行知识传递，教师也可以利用这种知识对教学进行反思。这种知识称之为“条件性”表明其是为达到最终知识掌握所具备的或是先于某种状态的知识。可以说，这是教师拥有的、适用于所有学科教学的普遍性的教学理论和教学法知识，也称之为教育学知识，主要包括两大类，一是“是什么”的教育学知识。如关于学习者的特点、学习的目标、学习者在学习中的作用的知识，关于学习的本质、学习机制的知识，关于教学的作用、教学达到有效的条件知识，关于教学策略的知识等。比如小学语文教师应充分掌握学生身心发展特征的知识。学生身心发展特征方面的知识，是一个合格教师所必须具备的。只有掌握了这方面的知识，充分了解学生身心的共性和个性特征，了解学生的知识、已有经验、技能、思想等方面的状况，了解学生的心理活动与心理发展状况，把握学生认知、情绪、意志及个性气质方面的特点，考虑学生的年龄特征和性别差异，从而才能切实做到因材施教。作为一名语文教师，不仅要全面熟悉和掌握语文教材，同时还应善于应用教育和教学理论，结合学生的心理特点和接受能力，对教学内容进行科学加工设计，并选择恰当的教学方法，促进学生更好地掌握知识、发展智能。二是“怎么办”的教育学知识。如教师在教学中怎样运用教学策略才能使学生学好的知识。拥有这种“条件性”的教育学知识，有助于教师在教学中遵循教育教学原理，并采取适当的教学策略。

再次是实践性知识，教师的实践性知识是指教师在特定情景中知道应当做什么和知道如何去做的知识形态。具体来说，指教师个人依凭其生活经验、人生哲学以及人生信念，高度综合并内化学科知识、教育心理知识而运用于具体的教学实践情境中的知识形态。“专业教育的基本教学问题是理论与实践的关系如何协调”①，它横跨了知识、态度与技能等几个方面，通常在具体的问题解决过程中体现出来，具有价值导向性、情境依赖性、背景丰富性等特性。同时还具有行动性、身体化、默会性的特征。它必须被“做出来”，要求教师身体力行地进行操作才能有所获得。有研究者认为，教师的实践性知识在结构上至少应该具备四个要素（见图 4-2）。其中，主体即表明实践性知识的拥有者是教师，而不是理论工作者；问题情境即表明教师必须面临一个令其困惑的、有待解决的问题；行动中反思即要求教师必须采取行动来解决这个问题，形成一个杜威意义上的“经验”，具有“做”与“受”的关系（互动性），并对教师今后的教育教学具有指导意义（连续性）；②信念即表明实践性知识虽然蕴含在这个整体的经验中，但可以被提升为一种信念，通过教师的后续行动被验证为“真”（可以不断视情况而调整），并指导教师的后续行动，具体如下图 4-2 所示。

---

① ［美］舒尔曼.理论、实践与教育的专业化［J］.王幼真，刘捷，编译.比较教育研究，1999(3).

② 约翰·杜威.民主主义与教育［M］.王承绪，译.北京：人民教育出版社.1990：148—149.

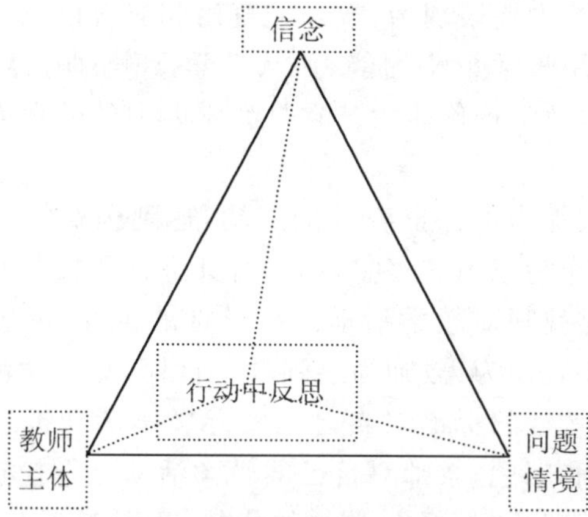

图 4-2　教师实践性知识的构成要素图

因此，教师实践性知识是教师的教育教学经验，是教师在各种教育教学行动中形成的各种能力的综合，是教师在教学实践中形成的理性思考的外显。这即是教师在本体性知识、条件性知识基础上形成的教授特定学科的知识。它也有两类，一是“是什么”的知识，如特定学科学生学习的难点、教学的目标、教学的重点等的知识，特定学科教学的方法和策略的知识；二是“怎么办”的知识，如特定学科怎样运用教学策略才会取得更好效果的知识。实践性知识帮助教师在特定学科的教学中实现有效教学。

总之，本体性知识、条件性知识和实践性知识这三类知识作为教师进行教学的前提和基础，是教师进行有效教学所必需的。教师要实现有效的语文课堂教学，必须努力掌握这三类知识。

(三)教学能力

教学能力是教师为达到教学目标、顺利从事课堂教学活动所表现出的一种心理特征。[①] 在具体教学实践活动中，教学能力主要指教师普遍具有的运用特定教材，从事教学活动完成教学任务的能力。教学能力对有效教学的影响是通过有效地认知教学、进行教学实践和监控教学活动等实现的。教学能力可以分为普通或一般教学能力与特殊或具体学科的教学能力，前者指超越所有学科、在任何学科教学中都需要的教学能力。后者指教师在教授某一具体学科中所表现出来的能力，在此指具体的语文教学能力。这两者又可以再进一步分为三种，它们是教学认知能力、教学操作能力和教学监控能力。[②]

教学认知能力主要是指教师对教学目标、教学任务、学习者特点、教学方法与策略以及教学情境的分析判断能力，主要表现为：分析、掌握教学大纲的能力，分析、处理教材的能力，教学设计的能力，对学生学习准备性与个性特点的了解、判断能力，制订教学计划的能力。它是教学能力的基础，直接影响教师教学准备的水平，影响到教学方案设计的质量。教学操作能力主要是指教师在实现教学目标过程中解决教学问题的能力。从教

① 顾明远. 教育大辞典(增订合编本)[M]. 上海：上海教育出版社. 1998：718.

② 申继亮，王凯荣. 论教师的教学能力[J]. 北京师范大学学报(社会科学版)，2000(1)：64－71.

学操作的手段(或方式)看,主要表现为:教师的言语和非言语表达的能力,选择和运用教学媒体的能力,选择和运用教学策略的能力;从教学操作的内容看,主要表现为:呈现教材的能力,课堂管理能力,教学评价能力。它是教学能力的外在表现形式,直接作用于学生,影响教学实施的效果。

教学监控能力是指教师为了保证教学的成功,达到预期的教学目标,而在教学的全过程中,将教学活动本身作为意识的对象,不断对其进行积极主动的计划、检查、评价、反馈、控制和调节的能力,是教师对教学活动的科学性的觉察、反思和有意识调控,以确保教学活动的有效性。主要表现为:教师为达到教学目标,对教学活动的预先计划和安排;教师根据教学科学性、有效性的标准对自己的实际教学活动进行有意识的监察、评价和反馈,了解教学中的优势和问题;教师对自己的教学活动进行校正、调节和有意识的自我控制,避免、纠正教学中的问题,发扬教学中的优势,不断逼近有效教学。教学监控的出发点和目的是尽可能使教学过程最优化,使教学科学而有效。教学监控能力是教学能力诸成分中的最高级的成分,不仅是教学活动的控制执行者,而且是教学能力发展的内在机制。

而从教学能力的内外部表现来看,教学能力又可分为对外操作能力和对内调控能力,主要表现在以下四个方面。

1. 教学预测计划能力

教师能够对自己的教学活动进行事先计划和安排,主要是在具体教学活动之前,分析教学情境、确定教学目标、制订教学计划,即结合教师个人的教学风格、特点和教学经验,全面地分析面临的教学任务和教学环境中的相关因素(如教材、教学条件、教学对象等),确定有针对性的教学目标,然后选择适当的教学策略和制定合理的教学步骤,构想和设计出解决各种教学重点、难点的可能方法,并预估其有效性和可能的效果。

2. 教学监控调整能力

教师能够对自己的实际教学行为有意识地监督、检查和评价反馈,主要是在具体教学活动期间,监控教学进程,监视、反馈和维持或调整教学行为,即在教学活动进行实际过程中,不断检查、评价和反馈自己的教学行为效果,分析、发现存在的问题及其原因,据此及时修正、调整和维持、强化正确的教学行为。

3. 教学检查评价能力

教师能够对自己的课堂教学活动有意识地检查、评价和自我调节,主要是在教学活动结束时,及时检查评价教学效果,并采取相应补救措施,即根据有效性评价标准检查和评价教学行为、教学策略的效果,根据教学目标检查和评价教学活动的结果,正确估价自己达到教学目标的程度、水平。

4. 教学总结反省能力

教师能够对自己整个课堂教学活动进行有意识地自我总结和反省,主要是在具体教学活动全部完成后,对其进行深入总结和分析,即总结性地分析和评价已完成的教学活动,吸取教训、积累经验并将之与以往或他人的类似活动进行比较,在更高层次上进行归纳和概括,以作为今后教学活动的基础。

因此，可见如一般教学能力和学科教学能力中的教学操作能力，它们是外显的，可以观察，并为学生所感知，直接作用于学生，影响学生的学习行为和学习效果；后者如一般教学能力和学科教学能力中的教学监控能力，它是内隐的，是教师在教学中表现出来的内部认知操作，直接调控、影响对外操作能力的科学性、有效性，从而保证教学活动的有效性，这又称之为教师的教学机智。它要求教师准确、快速认知、判断、反应。如在面对复杂、变化、多样的教学情境时，教师首先要准确作出判断，恰到好处地作出反应，判断教学陷入的困境、学生的学习积极性状况等，并采取正确的方法摆脱教学困境，激发学生的动机，促使学生参与。

不难看出，一方面，不同的教学能力在不同的层面通过不同的途径影响教学活动的有效性，如一般教学能力影响所有学科教学活动的有效性，具体学科教学能力影响具体学科教学活动的效果，教学监控能力影响整个教学活动的有效性。另一方面，不同的教学能力也是相互关联的，如教学认知能力、教学操作能力直接相关，学科教学能力与一般教学能力联系在一起，并受其影响，教学监控能力对教学认知能力、教学操作能力直接影响，并通过后者表现出来。这几种能力共同构成了教师课堂教学能力，从而能促使语文课堂教学效果的有效达成。

(四)教师职业认同感

对于小学语文教师来说，职业认同感是其素质结构的基础和首要要求，是进行有效教学的重要因素。所谓职业认同感即是对自身的职业价值和教育能力的深刻认识而产生的光荣感与自豪感。[①] 只有在这种职业认同感的催化、驱动作用下，教师才能不断地更新自我、超越自我，增强自身的教学责任意识和教学效能感，从而一步步走向辉煌，为崇高的教育事业而奉献终生。然而，我们可以通过芜湖市三园小学吴定根老师对小学教师职业认同感的现状调查发现，很多小学教师对自身的职业认同感低，这在教学实践中大大降低了教学的有效性，语文教学也不例外。如很多小学教师对自身的职业期望认识不足，对自己所从事的职业的期望、要求缺乏深刻的、全面的认识。在其调查中可以看出，63％的教师从未想过要去了解他人对自己的行为期望，57％的教师完全是根据自己的主观判断进行教育实践活动。还有相当一部分小学教师对于自己所从事职业的声望的看法并不大乐观。同时，72％的教师以为目前小学教师的社会地位较低，19％的教师认为自己的社会地位很低，44％的教师认为小学教师在社会中不太受尊敬。在他们看来，小学教师的实际地位并不如想象中那么崇高和受人尊重，这种消极的自我职业声望评价，无疑会使小学教师对自身职业劳动的社会价值感到怀疑和困惑，从而影响其教育教学的态度和效果。还有很大一部分小学教师对自身职业活动缺乏情感投入。而我们知道，小学生看待小学教师如同父母，非常渴望得到教师的认可与赞扬，可见教师在职业认同中的教学情感投入显得尤为重要。但在现实中有38％的小学教师实际上不太喜欢自己的职业，24％的教师非常不喜欢自己的职业，87％的教师喜爱大部分学生，19％的教师只喜爱优等生。这种教学情感的缺失将微妙地渗入教学的每个环节当中，阻碍小学生良好情

---

① http://www.whedu.net/cms/data/html/doc/2008-05/12/45244/.

感的形成及教学、学习效率的提高。这很大程度上影响了我们课堂教学效率的提高。

教师的职业认同感与教师的教学责任意识和教学效能感是紧密联系在一起的，这些共同作用于课堂教学中，体现出教学的效率。责任意识即人们对分内应做之事应做好的认知和觉察。教学责任意识是教师对分内应做的教学工作应做好的认知和觉察。它体现了教师的教学责任感，既是教师做好教学工作的强烈愿望，也是他们觉得这值得做、是自己的义务的心理认可。教师的教学责任意识首先来源于教师把教学视为自己的天职，意识到国家、社会以及家长和学生赋予他们通过教学培养人才，为国家和社会服务的责任，他们没有理由不通过有效教学，承担起社会责任，履行自己的义务。教师的教学责任意识也源于教师对自己角色的认识，他们接受过教育教学的专门训练，具有教学所需的专业知识和技能，唯有有效教学，才配称为教师，才符合人们对教师这一角色的期望。教师的教学责任意识还源于他们知晓自己在教学过程中所处的特殊地位和应该发挥的作用，他们作为学生学习的始动者、促进者，是他们有效地引起、维持、推动、指导、帮助学生学习，才使学生掌握了教学内容，取得了学习进步。教师的教学责任意识对教师的有效教学行为起定向作用，它成为教师有效教学的推动力，是教师永远追求教学有效的力量源泉。一方面，它使教师在教学中充满热情，热爱学生，热爱所教学科，热爱教学，全身心地投入教学，努力追求有效教学；另一方面，它促使教师不断学习、丰富、运用、教学的知识和教学能力，具备成为有效教学教师的条件；再一方面，它促使教师创新教学方法，在教学中发挥创造性，展现教学机智。

而效能是个体对通过个人的努力所能获得结果的预期。教学效能感是教师对自己能够完成教学任务的信心，是对其能有效地做好工作和实现教学目标的信念，是对其能影响学生学习行为和学习成绩的能力的认知和觉察。① 弗鲁姆的期望理论认为，一种行为倾向的强度取决于这种结果对行为者的吸引力和行为者对这种行为可能带来的结果的期望强度。② 也即个体从事某种行为的力量决定于个体对这种行为结果对个体价值的认识和个体对这一结果实现可能性的估计。教师认识到有效教学是有价值的、有意义的，并且他们相信自己能有效教学，就会表现出追求教学有效的教学行为，去实现有效教学。就有效教学对教师的吸引力或价值而言，前文已述及；期望强度或实现可能性的估计即教师对自己进行有效教学、实现教学目标能力的自信，即教学效能感，此处论说。显然，教学效能感具有激励作用，它促使教师努力教学，实现教学目标。

具体而言，教师的教学效能感对教师的有效教学行为具有以下方面的作用。首先，影响教师在教学中的情绪。教师的教学效能感，会使他们对自己有效教学的能力充满自信，在教学中信心百倍，精神饱满，心情愉快，表现出极大的教学热情。可以想象，在这种积极的情绪状态下，教师的教学思维活动将更加积极、有效，教学才能将得到最大限度的发挥，从而促进有效教学。其次，影响教师在教学中的努力程度。教师的教学效能感，会使教师相信自己的教学活动能影响学生的学习行为和学业成绩，能左右教学效果，因而会投入足够的精力去努力工作，并克服教学中的困难。再次，影响教师对教学成效的归

---

① 俞国良，罗晓璐．教师教学效能感及其相关因素研究[J]．北京师范大学学报（社会科学版），2001(1)：79.

② 朱永新．管理心理学[M]．北京：高等教育出版社，2002：110.

因。教师的教学效能感会使教师把教学成败的原因都归咎于教师方面，如果教学成功了，他们会继续努力；如果教学失败了，他们会认为是自己教学不当和努力不够，而不是自己不具备这方面的能力，因此他们会认真总结经验，吸取教训，积极寻求正确的教学方法或策略，并努力一些。在这两种情况下，教师改进教学的积极性都提高了。最后，影响教师在教学中的创新行为。教师的教学效能感，使教师确信自己能影响教学效果，教学中的创新自然会对教学效果产生意识不到的作用，因此，他们在教学中会倾向于进行创新，并表现出足够的教学机智。

可以看出，教师的职业认同感与教学责任意识和教学效能感共同作用于课堂教学这一实践活动中，无时无刻不在影响着课堂教学效果，这是小学语文教师具备的很重要的素质。

（五）教学科研反思能力

在新课改的实施推动下，教师即研究者、反思者的转换角色是当代教师所应担当的新角色。教师教学科研、反思能力将是教师所必备的能力和素养，这对教师教学能力的提升将是“由内而外”的实质性提升。

所谓教学科研是指教师在教育科学理论的指导下，研究教学领域中发生的现象和问题，以探索教育规律为目的创造性认识活动与实践活动。教师的教学科研即教学研究，它直接关系到教学能力。“教学研究过程是一个学习的过程、是一个从发现问题到问题解决的过程，这个过程伴随着多次学习、思考、总结、论证，在这个过程中研究者的理论水平、看问题的角度、解决问题的方法都会得到提高。”①而小学教学科研活动实质上是一种理性的教育实践活动，其最大的目的和功效应当是把科学理论引入教育教学实践，提升教师的教育理论水平，提高教师实施素质教育的能力，进而改进教育教学实践。它能探索具有开创性的未知领域，揭示教育教学工作中的新规律，在宏观上为教育改革与发展提供科学理论依据等特征。它是提高教师素质，培养科研型教师的重要手段；是提高教育教学质量，促进学生生动活泼发展的重要条件；使学校具有生命力、创造力和可持续发展的重要途径。

教师所具有的教学科研反思能力，首先表现为要有一种教学的科研意识。教学科研意识就是对教育活动的有意识的追求和探索，是运用教育科学理论指导教育活动的自觉，是对所从事的教育活动的一种清晰而完整的认识。它既表现为行为主体对教育环境的主动适应，也表现为行为主体对教育环境的积极影响与改造。体现为教师对教育事业的一种执著精神。教师只有以献身教育的热情和信念作为支撑物，才有可能具备这样的自觉和追求。教授知识、开发心智、启迪心灵是一项最富于创造性的极其复杂的实践活动，也是一项极其艰辛和极需牺牲精神的平凡工作，热情、执著、富有信念便成为从事这一事业所需要的最可贵的品质。教师具有了这些品质，才可能自觉地、有意识地去追求和探索教育活动的底蕴，才可能会有创造性的课堂教学工作表现。

小学教学科研活动中，教师以不同的方式进行的科研活动，都是以教学活动作为直

① 许国莲.论科研对教学的促进[J].湖北行政学院学报.2007(5):208.

接研究对象的，他们很明显的即是进行着教学行动研究和教育叙事研究以及校本教研等，把自己的亲身实践作为研究对象，理论与实践相结合，并把研究的结果带到教学实践中来得以实现。通过教学科研活动，使教学与科研两者结合从而影响教学，同时教师自身的教学能力也得到提高，这些都会提高教学的有效性，促进教师的成长。

鉴于将小学语文教学看作根据具体情境和时间而具有个性的师生交往过程。对于如何才能实现教学目标，保证教学的有效进行，就有了更多个性的特征。在这样的思考模式下，教学不再是可以只用一种完美的模式就完成的过程，而需要根据具体情境，采取恰当的教学策略来实施。在这个过程所需要的就是教学主体——教师的反思性。

教学反思即是教学主体借助行动研究不断探究与解决自身和教学目的以及教学工具等方面问题，将"学会教学"与"学会学习"统一起来，努力提升教学实践合理性，使自己成为学者型教师的过程。[①]"教学反思是教师对自己教学或与教学相关的活动进行的自察和思考，教学过程是教师进行教学反思的主要对象。"[②]小学语文教师借助反思，不断探讨与解决教学目的、教学工具、教学行为和自身方面的问题，不断提升教学实践的合理性，促进教学的有效性，使自己成为有效教学的教师。它具有超越性、实践性、过程性和主体性的特点。它不仅可以使自己在教学实践和教学研究中始终处于主导地位，提高教学工作的自觉性、目的性和创造性，而且还可以帮助教师在劳动中获得理性的升华和情感上的欢悦，提升自己的思想境界和思维品质，有效改进教学实践，成为富有创见的教育行家。反思型教学既要求反思教学过程，又要求反思教学效果，更要求反思教学期望，既需要对教学内容的反思，又需要对教学方法与技术的反思，更需要对教学伦理与道德的反思，既而提升整个课堂教学效果。通过教学反思，教师可以在创造性的劳动中体会到自己工作的价值和意义，提高自我效能感，领悟心灵的感动，获得职业幸福感。同时开展教学反思有利于教师升华教学经验、形成实践性知识体系、增强教师实践智慧。而且教师需要通过教学反思，了解自己的教学风格、类型和专业发展脉络，探索教育教学行为或经验中所蕴藏的丰富意义，检视或发现实践性知识与理论之间的差异并剖析其原因，调整教学行为并在实践中加以检验，改进和重建自己的教育生活，从而提升教育教学质量。通过培养良好的反思意识，加强教育理论学习，开展多元化的对话交流，可以有效地提升教师的教学反思能力。教学反思能力的高低影响着教师对自己教学过程的认识程度和改进的可能性，也就是不断推动教学活动向着更好的方向发展的认识能力，起着对教学活动不断调节和修正的作用，对于有效的课堂教学具有重要的改进和提升作用。

二、学生因素

教学活动是师生共同参与的双边活动。学生作为学习活动的主体，他们在教学活动中不是被动地接受教师的指导，而是主动地以自身的活动参与教学。学生的原有基础、学习能力和学习态度等都对课堂教学的有效性产生了一定的影响。

---

① 熊川武. 反思性教学[M]. 上海：华东师范大学出版社，1999：3－5.

② 李红玲. 论教学反思[D]. 山西大学硕士学位论文，2007：10.

(一)学习能力

“学生的发展存在着个别差异，这种差异是由不同的遗传、环境和教育等因素造成的。”[①]这样一种关于学生发展差异性的说明在探讨学生的差异和教育的关系时，包含两层含义，第一，遗传、环境等教育之外的因素，会造成学生在接受教育前，就已经存在着差异性。第二，教育可以造成学生发展的差异性。即肯定了个体差异性的客观存在，又肯定了教育对人的发展作用。学生首先是作为社会性的人而具有基本特征的，然后作为小学生而具有的年龄特征和在具体环境下的特征，不同的研究从不同的角度将小学生进行分类。例如：理查德·曼等人从情绪和情感的观点精心观察了教室内部所发生的事。理查德·曼研究了各组的讨论，区分出八种不同的学生类型。分别为：1. 依从的学生；2. 有焦虑和依赖性的学生；3. 沮丧的学生；4. 有独立性的学生；5. 好样的学生；6. 爱放冷枪的学生；7. 寻求别人注意的学生；8. 沉默的学生。不同个性类型的学生会具有不同的学习特征，而这些个性差异会从其不同对待学习的态度及参与学习的方式等方面最终形成学习能力的类型差异。同时，对于学生的学习方式差异也有相关研究，例如罗伯特·B·立兹马等人将小学生的学习方式分为：1. 竞争型；2. 协作型；3. 回避型；4. 参与型；5. 依赖型；5. 独立型等 6 种类型。以上对于学生的分类，都是立足于班级层面，对学生根据某一方面的不同特征而进行的。对于小学生个体间差异的研究其实已经不少，从研究层面上也早就认可了坐在教室里的学生具有不同个性特征和情感类型。在现有对于学习能力的研究和定义中，研究者从各自的角度强调了学习能力的某些方面，人们对学习能力实质与结构还没有一个统一而明确的认识。但是也有不少共识，人们越来越重视综合考虑各方面的因素对学习的影响机制。比如基本认同个体从事学习活动至少需要三类心理成分：非智力因素、智力因素和策略因素。也有观点认为，应该从认知过程来认识学习能力，由此认为学习能力包括认知过程的主要方面，记忆力、思维能力、观察力和想象能力才是构成学生学习能力的四要素。[②] 在课堂教学中，学生拥有着较强的学习能力，就会使传统“学会”知识向现代“会学”知识转化，使学生真正成为课堂活动的主体，从而达到提高学生素质的目的和有效教学的达成。

从不同的研究取向去看待和定义学习能力，都会因为具体的研究视角而产生不同的定义和分类，如果以学习能力在“学习目标——学习结果”这一学习基本过程中的作用来看，那么学习能力就是所有能帮助学生实现学习成果的内在素质。学生的学习能力是实现培养目标的前提，无论具体的培养目标是什么，落实在学生学习层面，都需要学生具备相应的学习能力。有研究者认为，学生的学习能力包括质疑探索能力、分析综合能力等。对于学生个体来说，所具有的学习能力特征会影响到个人学习目标的实现。对于学生群体来讲，学习能力的差异直接影响到教学的有效进行。教师讲得好，教材选得好，如果学生不具备相应的学习能力，还是很难达到培养目标的要求。

---

① 王伟廉. 高等教育学[M]. 福州：福建教育出版社，2001：96.

② 李运桂. 浅谈学生学习能力的培养[J]. 基础教育研究，1996(4)：30.

可见，学习能力一方面是学生学习有成效的保障因素，属于手段范畴。而作为目的范畴的学习能力，则是伴随着终身学习的思潮出现并不断发展。将学习能力本身视作小学语文教学的目的即是所谓“学会学习”。学习能力的多维度和同时为手段和目的的特征，使得其与教学有效性的联系具有多维度和全程性的特征。

（二）学习动机

动机是激发、引导和维持并使行为指向特定目的的一种力量，而学习动机则是指唤起与维持学生学习的行为，并使该行为朝向预先设定的学习目标的内在心理过程。[①] 学习动机一旦形成，它不仅使学生对所学的知识或技能有一定的指向性，而且也有一定的动力使学习过程中注意状态和兴趣水平保持下去，在遇到困难时有克服困难的意志力。作为小学生对语文的学习动机，来源于两方面，即外部动机与内部动机，它们是有效地学习语文的重要“促进剂”。其中外部动机主要包括回报动机、交往趋利动机、利他动机、生存动机、实用动机，内部动机则主要包括求知动机和学业成就动机。如受到家长、老师对学生学习语文的表扬、奖励等属于外部动机，而学生发自内心的对学习语文的喜欢和热爱，则属于内部动机。

学习动机与学习是相互作用的。学习动机驱动学习，学习又能产生或增强后续学习的动机。“教与学不单纯是信息与材料内容的机械传递和机械习得。倘若一个人缺乏动机，看不出学习活动的意义，不主动地参加学习，那么尽管教师试图教他，仍不可能导致有意义的学习”。[②] 可见，强烈的学习动机有助于唤醒学生学习语文的情绪状态，可产生如好奇、疑虑、喜欢、兴奋、紧张或焦急乃至冲动等情绪；有助于增强学习的准备状态，如易于激活学生相关语文背景知识，降低学生在学习过程中对事物的知觉和反应阈限，缩短反应时间，从而提高学习效率；有助于集中学生注意力，如能将学生的学习活动指向认知内容和目标，克服分心刺激的影响；有助于提高努力程度和意志力，如能延长学习时间，增强认真程度，在遇到困难甚至失败时能坚持不懈，直到达到学习的目的。无论如何，学生的学习动机在一开始就已不可避免地影响到了教师。在小学学习语文的过程中，学生的学习动机更多地倾向于对一门学科的热爱或是出于某种外来动机的需要。学习动机是学习活动顺利进行的重要支持性条件。有效教学的最终目的是通过促进学生的有效学习而实现培养目标。倘若一个人缺乏动机，看不出学习活动的意义，不主动地参加学习，那么尽管教师试图教他，仍不可能导致有意义的学习。

因此，学习动机是学习过程中影响学习效果的重要情感因素。学习动机是从学习者的角度出发，探究其内在的心理机制。即激发和维持学习者进行学习活动，并引导学习活动朝向学习目标的心理倾向和动力。在具体学习中，不同的学习动机会指向不同的学习重点，即学习目标的侧重。而学习动机的强弱也会影响着学习活动的稳定性。这两方面与培养目标实现之间的关系如下：

---

① 陈琦，刘儒德. 教育心理学[M]. 北京：高等教育出版社，2005：192.

② [加]江绍伦. 课堂教育心理学[M]. 邵瑞珍，等译. 南昌：江西教育出版社，1987：1，11.

首先学生的学习动机与其自设的学习目标紧密相连,从而影响培养目标的实现。对于小学生而言,学习动机是学生不断对语文语言的美和知识追求的内在驱动力。在学习的过程中,学习动机是激励和维持的心理因素。如果说学习能力关系到学习"能不能"有效实现,学习动机就关系到学习"要不要"有效实现的内发因素。培养目标体现在具体课程中就是课程目标,课程目标中内容的价值一方面是对学生作为个体发展的促进作用,即间接的效用,另一方面是一种准备性的价值,即在未来可以直接使用。学生在开始学习时的动机不同就产生不同的学习目标,而在这一过程中,学习目标如果是和课程目标相符,那么就会在学习过程的开始阶段就确立好方向。

其次,学生的良好学习动机维持和调节着学习活动稳定和持久地向着完成既定目标的方向进展。从性质上学习动机可分为:理想性的、职业性的和兴趣性的。在具体学习活动中,这些动机作为主要因素维持着学习活动的稳定性和持久性。但是学习动机本身作为人的内在因素常常是多种动机同时影响,共同促进。根据终身学习的时代需要,应要求学生具有"学会学习"和"主动学习"的学习品质,让教师和学生在高效能感和良好学习动机的情况下提高语文课堂教学效率。

(三)学习策略

学生的学习策略,就是承认学生在学习过程中的主体地位,重视学生在学习活动中的积极作用和能动作用。作为教学中重要的学习主体——学生,其良好的学习策略的运用将会有效地促进有效教学的达成。所谓学习策略是指"学习者在学习过程中用以提高学习效率的任何活动";指"学生在形成概念和知识结构的过程中如何运用各种认知过程及其不同组合形式开展学习活动的技术和方法"。它是学习者为了提高学习效率,有目的、有计划地制定的有关学习过程的方案,它是学习过程中信息加工的方式和调控技能的综合。学生良好学习策略的应用,有利于提高学生"学"的质量和效率,它对语文课堂教学的高效完成具有重要的指引作用。同时学生学习策略的有效运用是语文课堂教学中体现学生学会学习的重要体现和主要指标。学习策略涉及一系列具体的学习技能,涵括了学习者能否依据一定的要求和实际情况的发展意识和灵活地采用一定的方式来解决问题的能力,因此,它是衡量个体学习能力的重要尺度,是制约学习效果的重要因素之一。在语文课堂教学实践活动中,语文有字词句学习策略、自主阅读策略、心灵表达策略和实践活动策略等。根据信息处理的理论,学习策略可分为认知策略、元认知策略和社会情感策略。认知策略与学习者的学习任务有直接的关系,它涉及大脑对输入信息的处理,如重述、借助上下文、推理、联想发挥等策略;元认知策略指的是语言学习者为促进某一学习活动的顺利完成而采取的计划、监察、评估等行动,是学习者进行自我管理所采取的措施;社会情感策略指的是学习者为促进某一学习任务的完成而与别人合作,或自己控制情绪、消除紧张和不安等。因此,学习策略是学习者在学习活动中有效学习的程序、规则、方法、技巧及调控方式。它既可是内隐的规则系统,也可是外显的操作程序与步骤,它是以学生为行为主体而选择的有效学习的技能、技巧和方法。

学习者根据学习任务、学习情境和自己的认知风格设计的学习计划,不仅仅是一些学习方法的简单组合，学习策略还涉及如何根据学习情境的变化对学习的程序、规则、方法、技巧进行运用和调控。在此主要根据人们普遍采用的麦基奇等人的分类，来进行学习策略的阐述。其主要分为认知策略、元认知策略和资源管理策略。[①]

具体在语文课堂学习中，学生的认知策略主要包括注意策略、精细加工策略、复述策略和编码与组织策略，这些将有利于教师有效的课堂教学。其中，注意策略是指学习者在学习情境中激活与维持学习心理状态，将注意集中于有关学习信息或重要信息上，对学习材料保持高度的觉醒或警觉状态的学习策略。这是学生进行有效课堂学习的重要前提。它能使学生高度注意教师的上课内容和重点。而能否对有关学习内容给予选择性注意，保持一定的觉醒状态是学习者能否进行有效学习的前提。在学习者排除无关干扰信息，将心理活动指向并集中于所学材料时，才可能对该材料进行信息加工。在具体的注意策略主要有：(1)告知目标；(2)使用标示重点的线索；(3)增加材料的独特性；(4)使用新异刺激等。而精细加工策略是指把新信息与头脑中的旧信息联系起来，寻求字面背后的深层次意义，或者增加信息的意义，从而帮助学习者将信息储存到长时记忆中去的学习策略。旨在通过对要记忆的材料补充细节、举出例子、作出推论，或使之与其他观念形成联想，以达到长期保持的目的。如学生在学习语文时采用的字词联想记忆法、谐音联想记忆法、做笔记的方法以及对教师所进行的提问的策略等。

元认知策略是个体对认知活动的自我意识和自我调节，它在小学生的语文教学认知活动中起着重要作用。小学生智力的发展、认知活动的水平，在很大程度上依赖于元认知的发展水平。所以，元认知也是学生学习策略的一个重要组成部分。同时，元认知训练又是训练学生自主探究学习语文的动力。有人认为，元认知和自主探究学习是一个事物的统一体，并且密不可分：自主学习是结果和目标，元认知则是内部动力和实现目标的有力手段。[②] 当小学生对于自己的学习具有较高的元认知意识时，就能因时因地使用元认知策略，不仅在学习任务完成后能进行自我评价，在学习过程中也能随时自我监控、自我调节策略和修正不足。小学生自觉或不自觉地将元认知运用在整个认知过程中，对学习表现出一种“主人翁”的姿态，这体现了自主学习的品质，对良好语文素养的形成具有重要的作用。其主要包括计划策略和监视策略。计划策略是根据语文认知活动的具体特定目标，在认知活动之前计划完成目标所涉及的各种活动，预计结果，设想解决问题的方法并预估其有效性等，包括如何思考、分析完成语文学习任务等。而监视策略是指在认知过程中，根据认知目标及时评价、反馈自己认知活动的结果与不足及时检测认知过程，寻找两者之间的差异，并对学习过程及时进行调整，以期顺利实现有效学习的策略，包括领会、集中注意和调节监控，如进行语文阅读时对注意进行跟踪、对材料进行自我提问等。

资源管理策略是辅导学生管理可用环境和资源的策略。因为学习需要一定的学习资源作支持。学习者所持的学习态度、动机水平、时间的规划、付出的努力、学习的物质

① 陈琦，刘儒德.教育心理学[M].北京：高等教育出版社，2006：34.

② 周雪.元认知——促进英语自主学习的原动力[J].青海师范大学学报，2004(3)：130.

条件和他人的帮助等都属于学习资源。资源管理策略的任务之一是学生应知道如何有效管理和利用一切学习资源。它有助于学生适应环境并调节环境以适应自己的需要，对学生的学习动机具有重要作用，主要包括时间管理策略、努力管理策略和学业求助策略。学生恰当的时间管理，如确立切合实际的目标、分清任务的轻重缓急等将在课堂上有助于师生的有效配合，从而完成语文教学的共同目标。而努力管理策略主要是学生应排除学习干扰，使自己的精力有效地集中在学习任务上，如坚持不懈、自我强化等。而学业求助策略指当学生在学习中遇到困难时，向同学或老师寻求支持和帮助的行为，如小组学习、寻求教师帮助等。

总之，作为学习主体的学生，教学效果的体现将从学生学习效果得到体现。这不得不与学生的学习策略的运用密切相关，因此，其对课堂教学的有效性体现将有重要的支持和促进作用。

三、课堂教学过程中的因素

教学的过程是一个因时间、地点、参与人员的变化而不断变化的过程。试图设计标准化教学的研究更多的是出现在过去，在当今复杂的学生背景和多样的教学环境中，达到有效的教学将给教师带来了巨大的挑战。有研究者认为，教学是以高度个性化的方式进行的，具有高度的创造性。[①]

但是总会有一些教师的教学行为，会对有效教学的完成起着更重要和关键的作用。美国学者加里·D·鲍奇指出，课堂教学中大约有 10 种与学生理想行为相关的教师行为，其中 5 种对有效教学至关重要，被称为关键行为，它们是清晰授课、多样化教学、任务导向、引导学生投入学习过程、确保学生成功率。加里·D·鲍奇认为，要使教学有效，必须精心安排许多行为，形成某种行为模式。[②] 而对有效教学的特征研究也集中在对教师的教学行为和教学特征的有效性上。例如肖川认为有效教学的特征是：(1)努力给学生以广博深厚的文化浸染；(2)能够真切地关照学生的生活世界；(3)重视教学过程；(4)教师的讲授具有鲜明的方法论意识。[③] 崔允漷从目标管理的教学流程出发，把有效的教学过程划分为教学的准备、教学的实施与教学的评价三个阶段。[④] M Getinger&K Stoiber (1999)认为，教师的教学行为是影响有效教学的重要因素。[⑤]

因此有必要，顺着教学过程来探究教师及其行为是如何具体地影响课堂教学的有效性，以及教学过程的有效性在现实中受到什么因素的影响。

---

① 臧鸿珠. 网络环境下的有效教学研究——基于上海电视大学的网络教学[D]. 华东师范大学硕士学位论文，2006：2.

② 加里·D·鲍奇. 有效教学方法[M]. 易东平，译. 南京：江苏教育出版社，2002：73－78.

③ 肖川. 高校有效教学的目标和特征[J]. 高等教育研究. 1999(3)：56.

④ 肖川. 高校有效教学的目标和特征(上)[J]. 人民教育. 2001(6)：47.

⑤ M Gettinger&K C Stoiber. Excellence in Teaching：Review of Instructional and Environmental Variables. C R Reynolys etal. Handbook of School Psychology. JohWiley&Sons. Inc. 1999：933－958.

(一)预设与生成相结合的教育目标达成

教学目标在教学活动中发挥着重要的作用。教学目标对教学具有导向、激励、评价及聚合等功能。在新课程改革不断深入的背景下,人们对语文教学目标的理解有了新的认识,注重教学目标的生成性,努力把握教学目标的预设与生成之间的关系,使教学目标的实现能达成有效的课堂教学效果。

以往对教学目标的界定,大多注重教学目标的预设性,把教学目标看作是在教学活动之前确定的。布卢姆认为:“目标就是预期的结果。”我国有学者认为:“所谓教学目标是指教学活动主体预先确定的,在具体的教学活动中所要达到的,利用现有技术手段可以测量的教学结果。”[①]预设性教学目标的特征是“预成性”,即是由教学活动主体进入教学情境之前确定的,因而又具有“假设性”,是对教学结果的预期,是教师对教学活动成果的一种主观估计。预设性教学目标设计的基础是教师对教材、学生、教学环境的了解和把握。教师通过研究教材,分析教学内容和任务,通过对学生现有知识基础、情感态度等方面的了解,把握学生发展的现状和可能性,通过对教学环境的了解,利用相关教学技术,控制有关教学环境,将多种因素组合起来,形成对教学的预期,这种预期就是预设性教学目标。教学是人有目的、有组织、有计划的活动。在教学活动前对教学活动有良好的预测和预期是必要的。预设性教学目标指导着教学活动,使教学活动具有合适的指向性,促进教学活动的完成,提高教学活动的效果和效率。

然而,由于预设性是在教学情境之外的一种主观性前置性设计,预设性教学目标对教学情境中的即时发生的种种复杂情况无法估计,这就造成了预设性教学目标的“估计偏差”,即所有预设性教学目标都是对教学结果的不完全估计。实际的教学结果总是与预期目标有所偏差,有的目标没有实现,有的教学效果则是教学目标没有关注到的,这是与学生丰富的文化知识背景密不可分的。并且,由于脱离具体教学情境,预设性教学目标的设计往往只关注一个或几个方面,缺乏对教学情境的整体把握,以这样的教学目标指导教学活动,又导致了对教学活动的肢解,使教学活动的关注点单一,造成教学活动的畸形发展。

预设性教学目标的局限性表现在以下几个方面:(1)容易造成灌输式教学,忽视启发诱导等方法;(2)注重知识的传授,忽视情感的培养;(3)注重预设目标的达成,忽视目标的更新;(4)强化教师的控制,弱化学生的主动;(5)对课堂情境的简单化、僵化处理。[②]

因此,在预设教育目标的情况下需要教师注意动态教育目标的生成,“生成”的意思是某物从不存在到存在,从存在到演化的过程。它不是指事物本身,而是指事物存在的过程。生成性思维的核心是用创生、变化、发展的观点去看待事物及其发展。[③] 生成性思维具有以下几个特征:(1)对过程的关注甚于结果的关注;(2)对差异的关注甚于对同一的关注;(3)对关系的关注甚于对实体的关注;(4)对创造的关注甚于对规律的关注;(5)

---

① 裴娣娜.教学论[M].北京:教育科学出版社,2007:95.

② 孙莉.中小学数学课堂教学目标的预设和生成[D].北京:首都师范大学硕士学位论文,2006:8—14.

③ 罗祖兵.从“预成”到“生成”:教学思维方式的必然选择[J].课程·教材·教法,2008(2).

对歧态的关注甚于对正态的关注。

教学情境是一个复杂的情景。在此情境中，即时生成各种教学事件，这些事件反映了教学的即时状态，是教学活动的重要资源，利用这些教学资源，将即时的教学事件明确化、目的化，可以促进教学活动，提高教学效果，促进学生的发展，对课堂教学创新性的完成具有重要意义。预设性教学目标无法做到这一点，有时甚至会阻碍教师发现、捕捉这些资源，而"生成性教学目标"则有利于实现这一目标。在教学情境中，教师保持着对情境的整体感知，并对教学情境中的教学事件保持关注，分析事件的性质，捕捉教学事件的教育意义。在某一时间里，也许会有教师意料不到的教学事件，不属于预设的教学目标范畴内的教学事件发生。教师凭借敏锐的职业敏感判断这一教学事件的教育意义，评估其重要性，在头脑中将其明朗化，继而形成教育目标，或将其纳入预计目标中，或特别作为一个教学目标，适时调整教学计划，使教学活动呈动态生成的态势。这是"生成性教学目标"的生成机制。

当然，在丰富多变的语文课堂教学中，教师更应该注意预设与生成相结合的教育目标，为达到师生之间共同的课堂创生、有效的课堂教学起到重要的引领作用。可见，教学目标的预设与生成并不是对立关系。两种目标应是同时存在于教学过程中的。从逻辑上讲，"预设"是基于"预想结果"的前置设计，"生成"是基于"现实过程"的动态调节。"预设"的侧重点是预想的结果，"生成"的侧重点是现实的过程。结果与过程是相互依赖、互为前提的。[①] 因此，教学目标的预设与生成实质上是相互促进、相互发展的。基于预设，设计确定弹性化的教学目标；注重生成，在教学情境中生成教学目标，补充、发展教学预设目标。充分发挥"预设"和"生成"的优势，实现两者的最佳结合和发展，是现代教学的发展趋势。"预设"与"生成"统一于学生的发展，为学生的发展服务，为有效的语文课堂教学服务。

（二）多样化的教学方法

教学方法不仅体现着教育思想和教育理念，而且，从一定意义上说，"教学方法就是教学内容的运动形式"[②]，是教师与学生的教学活动方式。教学方法把教师与学生、教师与教学内容、学生与学生、学生与教学内容联系起来，并且使之互相作用，从而实现教学系统的整体功能。教育目的、任务和教材难易度、学生及教师自身条件，还有教学条件的不同，使得在教学过程中，教师应注意教学方法多样性。哪一种文体运用哪一种教学方法，法法相连，法法不同，需要教师能熟练驾驭多种多样的教学方法，达到小学语文教学的优化。同时，语文学科本身具有的包容性和丰富性特征，也必须要求我们教师在教学过程中灵活运用教学方法。正是由于多样化的教学方法的作用，教学才能够达到目的，有效地完成任务。《基础教育课程改革纲要（试行）》在"课程改革的目标"中提出："改变课程过于注重知识传授的倾向，强调形成积极主动的学习态度，使获得基础知识与基本技能的过程同时成为学会学习和形成正确价值观的过程"，"改变课程实施过于强调接受

① 靖国平."生成性课堂"何以可能？[J].湖北教育，2005(7).

② 张媛，蔡明.教学方法研究[M].开封：河南大学出版社，2001.

学习、死记硬背、机械训练的现状，倡导学生主动参与、乐于探究、勤于动手，培养学生搜集和处理信息的能力、获取新知识的能力、分析和解决问题的能力以及交流与合作的能力”。《全日制义务教育语文课程标准(实验稿)》在“课程理念”部分也强调指出：“积极倡导自主、合作、探究的学习方式。”这些“目标”、“理念”，更多的是要求转变教师传统的教学方法，促进有效的教与高效的学。

语文教育家叶圣陶先生在《语文教学二十韵》中一开头就指出：“教亦多术矣，运用在乎人；孰善孰寡效，贵能验诸身。”任何正确的教学方法，都需要执教者去掌握和运用，任何优良的教学效果，都要求执教者本身具有相当高的业务水平。[①] 巴班斯基在《教学教育过程最优化》中特别强调指出：“在实际教学过程中，必须配合运用各种方法，运用多种多样的方法，能为学生认识能力的顺利发展创造良好的条件。”[②]新课改的不断深入发展，有效的语文课堂教学要求教师采用多样化的教学方法，如：情境教学法、范例教学法、小组合作学习、自主建构学习、问题探究学习等。各种教学方法一经产生，都有它的应用价值，但又都有一定的局限性，因此，课堂教学方法的选择就成为关系教学成败的首要问题。语文教学有法，但无定法，必须因文而异，因人而异，而不能囿于一个程式。

从小学语文教学的整体来看，教任何一篇课文，其目的主要体现在两个方面：让学生从课文里学会某些拼音、字词和句子，学习文章立意、谋篇的某些方法，增长读书的技能和记叙事物论述事理的写作技能，即语文工具性的目的；还有就是让学生从课文所写的人物事件和道理中，从课文所表达的思想感情中，受到思想上的感染和教育，即语文人文性的目的。但是如何达到语文教学的目的，就应该根据不同的课文采用不同的方法。因文定法，其方法是多种多样、变化无穷的。有的文章适合朗读，就应让学生多读，边读边想边议，如抒情性文章、写景状物文章等；有的文章需要重点讲解，就应细嚼慢咽、层层讲解、步步深入，如古诗词文章等；有的文章适合学生自学，就引导他们自己消化吸收，如儿童故事等。同时，对某一种具体的课文，也应有不同的教法。有的可以多讲点字、词、句、篇，寓思想于字词教学之中；有的文章的时代背景作者情况，学生已熟悉，可以不介绍；而有些文章则非介绍不可，否则会影响学生的理解，影响教学效果。同时教师要充分认识教学方法的单一性和综合性，做到优化组合。因为每一种教学方法的功能总是有限的，所以在教学过程中，任何一种教学方法都不能认为是最佳的；只有多种教学方法的综合使用，只有以彼法之长补此法之短，只有通过教师的精心驾驭综合优化，才有望组合为有效的教学行为。这些对语文教育教学目标的顺利达成将具有重要的作用。

总之，语文课堂教学离不开多样化的教学方法选择。教师要根据具体的语文教学环境和教学规律，把握语文教学方法的新特点和发展变化的新走向，进而促进学生在积极有趣的教学环境中获得知识，提高语文素养，最终达到小学语文课堂教学质量的提升。

(三)丰富的教学资源

语文与生活有着不可分割的联系，生活中时时处处有语文，可以说生活的外延有多

① 叶圣陶.语文教育文集[M].北京：教育科学出版社，1980：7.

② 巴班斯基，教学教育过程最优化[M].吴文侃，译.北京：教育科学出版社，1986：150.

广，语文的外延就有多广。语文学习的天地如此广阔，语文课程资源开发的内容必然十分广泛。应该说，丰富的语文教学资源的整合利用正是为有效的课堂教学效果的达成服务的。教学资源决定有效教学可在两方面得到体现：一方面，丰富的教学资源可以超越狭隘的教育内容，让师生的生活和经验进入教学过程，让教学“活”起来；另一方面，丰富的教学资源可以改变学生在教学中的地位，使学生从被动的知识接受者转变成为知识的共同建构者，充分地激发学生的学习积极性和主动性，进而让我们的语文教学有效起来。同时，还可以开阔教育视野，转变教师教育观念，从而更好地激发教师的创造性智慧。可以说，离开教学资源就无法谈语文课的“有效教学”。教学资源不仅是教学的抓手，更是语文教学目标实现的重要参照。教学不仅是让学生有所知，更要让学生知道得多。语文“有效教学”可调整教学的效率，不仅是教学时间上的减负增效，更是教学内容上丰富拓展。丰富的教学资源应成为语文教学内容的重要构成，它不仅是教师教学前的备课资料，更是教学后学生的多元生成。

而多元化的、丰富的语文教学资源一般可由“物质资源”与“人力资源”两部分组成。“物质资源”包括课堂教学资源和课外学习资源，如：教科书、工具书、报刊、其他图书、广播、电视、电影、网络、图书馆等等。此外国内外的重要事件、学生的家庭生活、自然风光、文物古迹、风俗民情以及日常生活话题等也都可以成为语文教学的物质资源。可以说，社会生活的空间有多大，语文学习的空间就有多大。“人力资源”即语文教学实施的基本条件，指教师和学生共同开发形成的学生主动学习的精神、师生所具有的知识结构以及师生的相互关系等。从广义讲上这两者应属于语文教学文化的范畴。“语文学习的外延与生活的外延相等。”整合语文教学资源必须有宏观的语文课程观和教学观。

在现代信息技术日益发达的情况下，语文教学更应注意丰富的网络教育资源开发。在小学语文教育中，培养和提高小学生的听、说、读、写能力，一直是小学教师关注、研究与探索的课题。但是，语文教育并不只是读读写写等表面的事情，它对现代人才的培养具有举足轻重的作用。作为交际工具的语文不仅是文化的载体，而且还会对人的意识、思维、心灵、人格形成重要影响。学生在学习语文课程，掌握语文知识的同时，思想、情感、观念也会发生不同的变化。可见，培养小学生具有较高语文素养，引导小学生全面发展是语文教育的目标之一。因此，开发各种教学资源，运用多种教学媒体，不仅是激发学生学习兴趣的一种特别有效的手段，也是吸引小学生注意力的最佳方式。如音像教材、多媒体课件等教学资源形声结合、声画并茂，可以再现或创设教学所需的情景；如人物形象、生活场景、自然风貌、战斗场面、艺术境界等，使学生闻其声、见其形、临其境。情景的再现对激发学生的感情有特殊的作用，有利于把学生的智力因素和非智力因素、有意识心理和无意识心理有机地统一起来，加深对情景的感知和理解，变单纯的说教为情感的熏陶，使学生的情感与课文内容产生共鸣。有关研究还证明，人们在聆听轻松的音乐和观看美丽动人的画面时，体内的化学物质如乙酰胆碱的释放量增多，对增强记忆有明显的作用。因此，要注重小学生的年龄特点，遵从小学生心理、生理规律；要以动静结合、真实直观、色彩鲜明的表现手法来体现教学内容；而融情于景、融教学于画面之中也是促进学生积极、有趣地学习语文的重要方法。

同时，教师应充分利用网络，围绕教学在网络上查找课程所需要的资料，如文章背景、人物故事、新闻等。制作一些新颖、简易的课件，这样不但能让学生快速、大量地感受到知识的芬芳，而且还吸引了学生的眼球，激起了学生的求知欲望，培养了他们的学习兴趣。如教学《十里长街送总理》时，利用多媒体播放视频《十里长街送总理》，学生把课文描写的场景与视频中出现的景象进行比较，文字形象结合，对理解课文产生积极的影响。如学习《草船借箭》一文，学生能从文本了解到的仅仅是诸葛亮的神机妙算，而对周瑜为什么为难诸葛亮以及诸葛亮怎么会到东吴等恩怨纠葛充满疑惑。教师可在网上查找《三国演义》的网站，弄清"草船借箭"的背景，引导学生观看"草船借箭"的电视片断，对文中主要人物的个性作感性、全面的认识。这样不但可以帮助学生更好地理解文本内容，同时也能激发学生阅读古典名著的兴趣。如教学《秋天的怀念》中，我们可以看出作者以深沉的笔调回忆了作者自己瘫痪后，母亲对他点点滴滴、润物无声的关爱，表达了作者对母亲无尽的思念。作者史铁生青年时期因一场重病致终生瘫痪，在他人生最辉煌的岁月遭此打击，其思想上的波动是可想而知的。他写《秋天的怀念》，正是他当时真实的心路历程。为了让学生能更深地了解作者在语言文字背后表达的那种无奈与痛苦，可从网上下载史铁生的生平资料，让学生阅读，然后再读课文，学生带着对作者的同情与敬意去读课文，一定会更入情入境，增强学生更深的体会，如此等等。可以说网络、教学媒体等资源的新鲜血液，不但扩大了教师的视野，同时也让广大的学生从中大大受益，并使得语文教学深入浅出、触类旁通，进而有效起来。

(四)多元化的教学评价方法

课堂教学是教师教学工作的核心，对于语文课堂教学质量的提高，教师所运用的教学评价方法，将会对教师的教学和学生的学习产生直接的效应。因而，教师对课堂教学工作的评价，必须是全面的，需要有详尽并切实可行的评价方法，这对教师课堂教学质量的提高和教师教学积极性的提升具有重要作用。

对于评价来讲，常常被讨论的是，评价是目的或是手段，而常常出现这样一种认识：在理想状态或者说理论上，大家都倾向于认可和推崇评价是一种手段的见解。但是在现实中，评价作为目的的事实却普遍出现。其实，作为有效的教学评价应是作为一种手段存在，为促进教学效果的提升而来进行教学评价。所谓教学评价指的是运用一系列指标和手段，对教师教学效果和学生学习效果进行评价的过程。在新课改背景下，任何有效的、成功的课堂教学都必须是体现以学生为主体，都应该实现学生全面发展与个性充分张扬为目的。让学生多种感官全方位地主动参与教学，调动学生的学习积极性，使课堂教学焕发出生命的活力，因为突出以学生为主体的教育理念是新课改的精髓。因此，新的评价理念强调以学生在课堂教学活动中呈现出的状态为课堂教学质量评价的指标。学生在课堂学习中呈现的状态主要有以下四种：即学生的参与状态、交往状态、思维状态和学习达成状态。(具体内容见表 4-2)新的评价理念不仅注重对课堂教学终结的评价，更注重对课堂教学过程的评价。评价的最终目标是使师生都得到长足的发展。教学评价的具体指标体系如下表 4-2 所示。

表 4-2　“以学论教”的评价指标①

	评价指标	评价具体指标	评价要点
教学过程	参与状态	时间	学生参与活动的时间，包括阅读、思考、讨论、实践、交流所占总课时比例是多少？
		广度	参与人数与总人数比，参与活动感官种类。口、手、脑、视、听、嗅、触觉等。
		态度	课堂气氛活跃程度，主动还是被动？
	交往状态	时间	用于师生、生生之间集体或自由交流的时间有多少？
		广度	交往方向是单向，还是双向、多向？
		态度	能与人交流、合作，善于倾听别人意见，能提出自己见解，给别人提出合理性建议。师生、生生关系是否和谐？
	思维状态	时间	用于独立思考、自学与研究的时间有多少？
		广度	提出问题与问答的人、次数多少？
		态度	有创意的提问人数、次数有多少？开放性问题，能提供几种答案？回答问题有创新性和独特性的人、次数有多少？
教学结果	学习达成状态	知识	对知识的识记、理解、掌握的质与量。
		能力	各种能力的形成与程度，如动手操作的规范性、熟练程度等。
		情感、态度与价值观	学生的好奇心、自信心、主体性、自主性、探究性发挥程度。

因此，课堂教学评价的方法实质上就是解决怎样评价的问题。古今中外，评价的方法可以说五花八门。自评、他评、定性、定量、笔试、口试、面试、评语、等级、鉴定等等各种评价方法都各有其长也有其短。新的评价理念认为，课堂教学评价宜采取自评与他评相结合，定性与定量相结合，过程与结果相结合的评价方法，旨在比较客观地反映评价客体的真实面目，达到评价的目的，发挥促进教师、学生发展的作用。

自评与他评相结合的评价方法。自评也称为自我评价或自我评议，就是指上课教师依据评价的原则，对照评价标准，对自己所设计的教学蓝图，教学行为与教学结果主动作出相对客观的、可信的、有效的判断。自我评价是教师一个连续不断的自我反思，自我教育，自我激发内在动因的过程。自评体现了教师在课堂教学评价中的主体地位，有助于弘扬评价的民主气氛，增强教师的主人翁意识，提高评价的客观性、可信性和有效性。而他评是指所有参加听课的领导、教师、学生、家长对该节课的教学过程及教学结果价值的判断。他评对学生和教师来说，都是发展的起点而非终点，其目的是为了使每一人都获得最大的发展，评价所提供的信息为受评者指明发展的方向和发展的空间。在新课改中，课堂教学评价只有采取自评与他评相结合的方法，可提高评价结果的客观性、可信性和有效性。

---

①　胡国环，李红文.新课程理念下的课堂教学评价初探[J].广西教育学院学报，2003(3)：14.

定量与定性相结合的评价方法。定量评价是指将那些能直接量化的，并且确实存在量化途径的评价指标进行量化的评价方式，如学生考试成绩、平均分、及格率、优秀率等就是用数理统计的方法，最终以数字的形式展现出来。这种评价方式准确、高效、适应广泛，可移植性和说服力强，但它重结果，轻过程，缺乏灵活性。而定性评价是指将不能直接进行量化的一类评价指标用文字或语言进行描述性评价的方式，如能力、情感、态度、价值观等非智力因素的评价。在课堂教学评价中应该把定量和定性评价有机地结合起来，并且实行评价指标多元化，评价方法多样化，才能使评价结果相对客观，使新的评价理念得到贯彻，从而保证评价目标的实现和评价功能的充分发挥，保证教育目标的有效实现。

过程与结果相结合的评价方法。课堂教学评价既重结果，更重过程，没有过程的结果是无源之水。所谓过程，一方面是教师"教"的过程，即教师的教学行为。因为教师的教学行为是教师教育理念、教学设计、教学艺术、教学风格的反映。另一方面是学生的学习过程，即学生的学习状态。学生的学习状态是教师教学行为的体现。所谓结果，就是课堂教学质量，即教学的效果。准确地说就是通过这一节课教学，学生在知识，能力、情感、态度、价值观等方面得到了哪些收获，而教师应在哪些方面还有待进一步提升等。都说教学是一门遗憾的艺术，总是有不断改进的地方。因此，在教学评价过程中，以学生的学习状态、学习效果和教师的教学过程来评价一节课的教学质量，这体现了既重结果，更重过程的评价新理念。

因此，课堂教学作为一种非常复杂的实践活动，面对活灵活现的、有个性的、有鲜明特点的学生个体，运用单一的教学评价方法是不可行的。只有运用多元化的教学评价方法，才能客观、公正地看到教师课堂教学中的优点与不足，从而为促进教师提高教学质量而提供参考和建议。

总之，影响小学语文课堂教学有效性的各种因素不是孤立的，而是一个整体运作的过程。可以说，教学的有效性是这些所有因素综合作用的结果。但要使小学语文课堂教学真正有效起来，就务必研究有效教学的实施策略，以便更好地提高教学的有效性。

参考文献：

1. 姚利民.有效教学研究[D].上海：华东师范大学博士学位论文，2004.

2. 教育部.基础教育课程改革纲要(试行)[2]，2001.

3. 中华人民共和国教育部.语文课程标准(实验稿)[Z].北京：北京师范大学出版社，2002.

4. 雷少波.社区教育资源的开发及其价值思考[J].教育理论与实践，2001(7).

5. 林闵钢.社区资源的开发与整合[J].中国社会保障，2002(9).

6. 窦桂梅.为生命奠基——语文教改的"三个超越"[J].北京：人民教育，2002(1).

7. 张爽.家庭教养方式对儿童社会发展的影响[J].通化师范学院学报，2008(1).

8. 刘学国.浅论学校文化和学校文化建设[J].教育理论与实践，1990(6).

9. 赵振杰.论教师文化的核心、功能与结构[J].当代教育与文化，2010(1).

10. 胡国环，李红文.新课程理念下的课堂教学评价初探[J].广西教育学院学报，2003(3).

11. T. L Good&J E Brophy.透视课堂[M].北京：中国轻工业出版社，2002.

12. [美]舒尔曼著.理论、实践与教育的专业化[J].王幼真，刘捷，编译.比较教育研究，1999(3).

13. 杜威.民主主义与教育[M].北京：人民教育出版社，1990.

14. 顾明远.教育大辞典(增订合编本)[M].上海：上海教育出版社，1998.

15. 申继亮，王凯荣.论教师的教学能力[J].北京师范大学学报(社会科学版)，2000(1).

16. http://www.whedu.net/cms/data/html/doc/2008-05/12/45244/.

17. 俞国良，罗晓璐.教师教学效能感及其相关因素研究[J].北京师范大学学报(社会科学版)，2001(1).

18. 朱永新.管理心理学[M].北京：高等教育出版社，2002.

19. 许国莲.论科研对教学的促进[J].湖北行政学院学报，2007(5).

20. 熊川武.反思性教学[M].上海：华东师范大学出版社，1999.

21. 李红玲.论教学反思[D].太原：山西大学硕士学位论文，2007.

22. 王伟廉.高等教育学[M].福州：福建教育出版社，2001.

23. 李运桂.浅谈学生学习能力的培养[J].基础教育研究，1996(4).

24. 陈琦，刘儒德.教育心理学[M].高等教育出版社，2005.

25. 周雪.元认知——促进英语自主学习的原动力[J].青海师范大学学报，2004(3).

26. 藏鸿珠.网络环境下的有效教学研究——基于上海电视大学的网络教学[D].上海：华东师范大学硕士学位论文，2006.

27. 加里·D·鲍奇.有效教学方法[M].易东平，译.南京：江苏教育出版社，2002.

28. 肖川.高校有效教学的目标和特征[J].高等教育研究，1999(3).

29. 肖川.高校有效教学的目标和特征(上)[J].人民教育，2001(6).

30. M . Gettinger&K . C Stoiber. Excellence in Teaching: Review of Instructional and Environmental Variables. C R Reynolys etal. Handbook of School Psychology. Joh Wiley&Sons. Inc. 1999.

31. 裴娣娜.教学论[M].北京：教育科学出版社，2007.

32. 孙莉. 中小学数学课堂教学目标的预设和生成[D]. 北京:首都师范大学硕士学位论文,2007.

33. 罗祖兵. 从"预成"到"生成":教学思维方式的必然选择[J]. 课程·教材·教法,2008(2).

34. 靖国平."生成性课堂"何以可能?[J]. 湖北教育,2005(7).

35. 张媛,蔡明主编. 教学方法研究[M]. 开封:河南大学出版社,2001.

36. 王文彦,蔡明主编. 语文课程与教学论[M]. 北京:高等教育出版社,2002.

第五章　语文有效教学的一般策略

教学策略(Instructional Strategy)是对完成特定教学目标而采取的教学活动程序、方法、形式和媒体等因素的总体考虑。具体来说,教学策略就是为了达成教学目的、完成教学任务,在对教学活动清晰认识的基础上,对教学活动进行调节和控制的一系列执行过程。一般教学策略是一般教学情况下都要运用的,用以解决一般性教学问题的策略,如教材呈现策略、课堂管理策略、教学评价策略、教学资源管理策略等。语文有效教学的一般策略则是指为了促使语文课堂教学有效进行,语文教学活动有效开展而采取的策略,本文主要从目标设置的有效性、内容取舍的有效性、教学过程的有效性三个方面展开阐述。

第一节　教学目标设置的有效性

随着新一轮课改的不断深入,全面提高学生语文素养的全新理念迅速被教师所接受,语文教学也呈现出异常繁荣的局面。但是,在热热闹闹的背后,语文课堂教学效率低下的问题并未得到切实有效的解决,学生的语文素养提高不快。在新课程背景下,有些教师只为体现新课程理念,语文教学目标的阐述也主宾混淆,用语含混,在现实教学中难以切实执行。目标的设定缺乏科学的根据,目标的阐述又含混不清。这样的教学目标对于语文课堂教学效率的提高来说,是无效的,这样的教学在起始阶段就决定了其失败的必然。因此,要提高教学效率,关键的第一步就是要确定切合实际、合理有效的教学目标。只有方向正确,师生的课堂行为才不会误入歧途。《全日制义务教育语文课程标准》指出:“语文是重要的交际工具,是人类文化的重要组成部分。要教好语文,就必须制定好每一节课的教学目标。”[①]教师以不同的方式展示一堂课的教学目标,并围绕教学目标展开教学过程。

一、教学目标的有效性

(一)制定明确的教学目标

科学明确的教学目标是有效课堂教学的前提。语文是一门极富人文性的学科,课堂上可传授的东西很多,甚至一个词语就能说上几节课,所以教学前一定要做好准备。明

① 全日制义务教育语文课程标准(实验稿)[Z].北京:北京师范大学出版社,2001:1.

确了这堂课的重点、难点，明确上课要教给学生什么，做到有的放矢，不浪费宝贵的时间和精力。现代教学理论和实践都证明：有效的教学必先具备有效的教学目标。而有效的教学目标的设计首先要求是准确和明确。新课程实行过程中，要提高语文教学效率，必须以语文课标为本，用教材教。在制定目标时做到"知识与技能"、"过程与方法"、"情感态度与价值观"三方面的目标有机结合。即不仅重视学生对语文知识的适度掌握，更要重视培养学生的语文运用能力以及创新思维能力；不仅重视发展学生的智力因素，而且注重发展学生的非智力因素，同时，还应注意陶冶学生的道德情感。毫无疑问，只有高度明确的教学目标才有现实的可操作性和可评价性。

（二）教学目标要有层次

根据学生认知结构、学习水平、动机意志等的实际情况，制定不同层次的教学目标。教学中，通过各种语文活动的设置，使学生在语文学习中获得成功的体验，最大限度地满足每一个学生学习的需要，让每一个学生都能够得到发展。可以说，教学目标的有效性是课堂教学有效性的重要前提。首先，多层级设立教学目标。面对同样的文本，教师和学生有着不同的认识、不同的感悟。教师的认识、感悟往往丰富深刻，而学生的感悟则带有儿童的色彩。这个认识、感悟的差距利用得好，可以成为课堂教学设计创新的一个空间。如果学生对这样的理解表达出兴趣，那么就引导学生进一步进行学习和探讨，从而获得一次新的认识体验，学会从新的角度思考问题。如果学生不感兴趣，教师就要舍弃或改变，回归到最初的教学设计。这样，不同层次的学生便有不同层次的追求目标，从而实现在共性目标达成基础上的个性目标。其次，目标陈述要有层次性。在开始教学活动之前，必须分析学生已有的能力或学习倾向，为合理的安排教学提供基础。也就是说，在确定目标之前必须分析学生的起点能力，提前检测学生的认识结构，这为接受新的学习任务提供准备。起点能力是学生习得新能力的内部前提条件，它在很大程度上决定教学的成败。

（三）制定全面的教学目标

教学目标是一堂课的方向，对课堂具有引领作用，是判断教学是否有效的直接依据。因此，在制定教学目标时，要充分考虑到知识、技能、过程、方法、情感、态度、价值观，以更好地实现课程的总体目标。此外，还应根据学生的年龄特征、学习情况制定分层次的教学目标，以适应不同程度学生的发展要求。语文学科涉及的知识面和技能面较广。它的工具性和思想性决定了语文教学不仅要注重字、词、句、章等知识性内容的传授，又要重视听、说、读、写能力的训练，还要兼顾品德教育以及心理素质（意志、性格、动机、兴趣）等方面的教育。所以，在确定教学目标时，教师应该进行多角度时深思熟虑，使目标能体现知识、智能、德育诸方面的具体要求。所谓"具体"是指在编制目标时，教学目标的内容要具体，切忌模糊和笼统，否则不好评价是否达标，测评时也无法下手。因此，教师制定教学目标时，要根据教学大纲、教材的要求，结合学生的实际情况，表述目标要明确、具体、规范，便于理解、操作和检测。

二、三维目标的整合

三维目标是指对学生进行教育过程中教师应该达到的三个维度，即：知识与技能、过程与方法、情感态度与价值观。知识与能力目标主要包括人类生存所不可或缺的核心知识和学科基本知识、基本能力——获取、收集、处理、运用信息的能力、创新精神和实践能力、终身学习的愿望和能力。过程与方法目标主要包括人类生存所不可或缺的过程与方法。其中，过程是指应答性学习环境和交往、体验，方法包括基本的学习方式（自主学习、合作学习、探究学习）和具体的学习方式（发现式学习、小组式学习、交往式学习……）。情感态度与价值观目标中情感不仅指学习兴趣、学习责任，更重要的是乐观的生活态度、求实的科学态度、宽容的人生态度；价值观不仅强调个人价值，更强调个人价值和社会价值的统一；不仅强调科学的价值，更强调科学的价值和人文价值的统一；不仅强调人类价值，更强调人类价值和自然价值的统一，从而使学生在内心树立对真善美的价值追求以及人与自然和谐和可持续发展的理念。

三维的课程目标是一个整体，知识与技能、过程与方法、情感态度与价值观三个方面互相联系，融为一体。在教学中，既不能离开情感态度与价值观、过程与方法的知识与技能的学习，也不能离开知识与技能的情感态度与价值观、过程与方法的学习。教学设计作为教学过程的启动环节和保证机制，在整个课堂教学中起着先导性、主导性、控制性、调适性的作用。美国教育心理学家加涅提出"为学习而设计"，为学习而设计就是把学生怎样学，学什么，教师怎样指导学生放在首位。鼓励学生超越教材、超越课堂、超越教师，要在课堂教学中整合"三维目标"，设计教学目标就应该考虑到三者的有机结合。在教学目标设计中整合"三维目标"，要求教师在一个单元、一篇课文、一节课教学之前，在钻研文本的基础上，根据新课程标准的要求和教材、教参的有关提示，结合学生的年龄特征、生活经验和社会发展，科学地设定目标并找准切入点将三个维度进行整合，使课堂教学活动具有明确的方向。

（一）解读文本，分析学生，确定"三维目标"

1．"三维目标"的确定要全面。语文教学目标的整合首先应摆脱"知识中心论"，定位于学生素质的全面发展，即不仅重视学生对语文知识的适度掌握，更要重视培养学生的语文运用能力以及创新思维能力；不仅重视发展学生的智力因素，而且注重发展学生的非智力因素，即过程、方法、情感、态度、价值观的结合。"三维目标"的确定，应充分挖掘文本的各种因素，体现新课标三个维度的要求。根据具体的学习内容，制定明确的知识、能力目标，并挖掘其中的情感、态度与价值观方面的目标，潜移默化地培养学生正确的价值观、人生观、世界观，使学生形成正确的价值取向。同时考虑学生应经历怎样的学习过程，选择怎样的学习策略，养成什么样的学习习惯。

2．"三维目标"的确定要科学。"三维目标"的定位应恰到好处，科学合理，根植于文本，注重学生的经验、社会的发展，不拔高，不牵强。要深入研究课程目标、课文特点、学生已有的知识储备、学习能力、学习动机、学习习惯以及学生的个体差异等。知识与能力的落脚点要实，情感态度与价值观的发散点要准确，不要过泛，要合适，不要过深。以学生发展为本，充分预设目标达成底线，以智慧生成目标为突破口，对“三维目标”进行整合。

3.“三维目标”的确定要有侧重。目标众多，并非时时处处都要一应俱全，在一个教学目标中，并不要求“三维”要面面俱到。具体到一篇课文、一节课，可以适当删减，有所侧重。学习内容不同，“三维目标”的结构、主次也各不相同。因此，在不同课文、不同课时的教学中，“三维目标”是各有侧重的。一般说来，在知识性较强的学习内容中，“知识和能力”是显性的，是主要的学习目标，而“情感态度与价值观”则以隐性状态出现。那么，就可以“知识和能力”目标为导向，将情感态度与价值观渗透在学习过程与方法的运用和知识能力的掌握之中，渗透在师生的交流与合作之中。在情感性较强的学习内容上，“情感态度与价值观”则成为比较显性的目标，比如对课文的理解与感悟，那么，就应该以“情感态度与价值观”目标为导向，融合协调其他两维的目标。如在教《狐狸与乌鸦》一课时，老师请同学们把狐狸对乌鸦说的话找出来细读，结合乌鸦的表现，谈谈读后的感受。一学生说：我认为狐狸很“聪明”，而且很有“恒心”。它善于观察，不断改变说话的口气，由向乌鸦问好，到“关心”它的孩子，到赞美它的羽毛和嗓子，直到乌鸦开口。老师这样引导：“这位同学读得很深入，有自己独特的感悟，敢于表达自己的观点，并且说得有理有据，值得大家学习。但是，狐狸的聪明和恒心用错了地方——想不劳而获，想欺骗别人，这是心术不正的聪明、是心术不正的恒心，这种‘聪明’和‘恒心’越多，害处就越大，要不得！”自然，语文教学中也有学习方法的指导和掌握，在某些内容的学习中，也可以以“过程与方法”为导向整合“三维目标”，结合相应知识点，培养学习能力，并考虑到学生的兴趣。当然这种侧重也不是绝对的，三个维度还是互相交融、渗透的关系，是一个有机的整体。此外，目标的制定还要有一定的弹性，要根据学生的认知结构、学习水平、动机意志等差异，制定不同层次的目标。

总之，“三维目标”整合在课堂教学目标制定上应表现为：使学生知识和能力协调、认知和情感和谐发展。在制定教学目标时要考虑到教学不仅仅是传授知识，而且是在传授知识的同时要注重方法的运用，要提高学生各个方面的素质，促进其全面发展，包括全面完整的认知体系、能力、动机、兴趣、意志等情感领域的内容。

（二）重组互补，渗透融合，呈现“三维目标”

在呈现或者说表述所确定的教学目标时，要注意对“三维目标”进行合宜的组合，以某一个维度的目标为导向来组合其他两个维度。方智范先生曾指出：“在课程标准研制过程中，我们曾尝试照‘情感态度与价值观、过程与方法、知识与能力’这三个维度来设计课程目标的呈现方式，后来放弃了。因为我们的课程改革既然要体现以人为本的精神，而人的语文素养是一个整体，应该整体地而不是分割地纳入课程目标之中，三个维度是相互交融、渗透的关系，且贯穿于具体的阶段目标之中。”①同理，在课堂教学目标的呈现上，三维目标也应是水乳交融，不可分割的。

在呈现三个维度的目标时，一定要注意目标要求要明确，要对目标进行细化，尽量使其具有可操作性、可观测性。在某种条件下，通过什么样的方式，达到多高的程度，都应该具体，不要因知识与能力目标的多层次化而表述得过于宽泛，不要因过程与方法的多样化而表述得过于随意，不要因为情感、态度与价值观目标的感性化而表述得过于笼统，只有高度明确的教学目标才有现实的可操作性和可评价性。要认真地分析三维目标在课堂教学中的侧重、层次，把它们重组互补，渗透融合，通过明确地呈现表述出来，真正对教学起到导向作用。

在制定课文的具体目标时，必须依据系统论的思想，充分考虑“三维目标”，将课文思想内容和表达方式方法的学习作为达成三维目标的载体，也就是说，应该围绕课文的具体内容设计教学目标，以知识与能力作为外在表现形式，在达成知识与能力目标的同时，注重过程与方法、情感态度与价值观等内在目标的逐步达成。

三、教学目标预设与生成的有机结合

语文教学目标是在动态教学过程中不断生成发展的，它的不断调整与完善是以课前预设的目标为起点的，但又不拘泥于这个预设的目标。目标的预设与生成是对立统一的关系，前者是后者的前提和基础，后者是前者的补充和发展。而新课标下的语文教学，对教师提出了更高的要求，教师不仅要预设弹性的、合理的目标，也要有能力瞄准目标的生成。弄清这个关系，有利于教师语文教学，而且应贯彻在教学中。目标预设应立足于学生的发展，预设的教学目标应保留生成的空间。教师必须在教学过程中，随时发现，甚至是挖掘课堂中学生内因的动态生成，并创造条件促使内因向提高语文素养的方向转化。教师要相机诱导，促进目标的生成。

(一)教学目标必须保留预设的框架

预设目标是课堂教学的基本要求。教学是有目的、有计划、有组织的师生交往活动，它的运行需要一定的程序。这里需要强调的是，预设的教学目标只是整个课堂教学的起点，并且预设目标的制定是以所有能促进学生言语经验发展和语文素养提高的相关因素为基础的，不是教师简单地依据自己的主观假设和喜好来制订的。预设不是僵化的、固定的，而是开放的、动态的，是可以在教学过程中不断地调整生成的。预设只是一个基于学生最近发展区和学科内容的框架构建，最终实现的课堂教学目标是在教学过程中，通过师生的互动交流生成的。

在课堂教学开始之前，语文教师预设教学目标时应做到：首先，要站在新课标的高度来预设，而不能把教学的视点狭隘地局限于具体一节课或一篇课文。其次，语文教师在

---

①　方智范.关于语文课程目标的对话[J].语文建设，2002(1).

预设课堂教学目标时还应立足于学生发展的需求、教材内容的特点以及自身素养，应把促进学生语文素养的提高作为最终归宿。再次，语文教师预设的课堂教学目标应具有一定灵活性，以保证在课堂教学过程中能适应学生个体发展的动态性与不确定性。

（二）预设须保留生成的空间

所谓开放的课堂教学是相对于旧有的、封闭的课堂教学而言的，是指教师在教学过程中，以科学的教学观和学生观为指导，从有效促进学生言语经验发展的角度出发，给学生创设适宜的学习契机，把学生的个人知识、直接经验、生活世界看作重要的课程资源，鼓励学生对所学知识进行自我理解、自我解读，尊重学生的个人感受和独特见解，使学习过程成为一个富有个性化色彩的过程，使课堂充满生气和乐趣。在这个过程中，学生是具有主观能动性的学习主体，是语文和发展的主人，他们原有的经验结构使课堂教学呈现出丰富性、多变性和复杂性，导致教学“意外事件”的发生。这时教师不能主观武断的批评或无视学生的体验，而应发挥自己作为教学的组织者、引导者的作用，及时调整预设的教学目标，尊重学生的独特体验，鼓励学生畅所欲言，形成积极的学习氛围。因而，教师在课前预设的教学目标只能是一个起点，而不是控制课堂教学的枷锁；只是为语文课堂教学提供一个基本的参照系和框架，而不是僵化的、不可逆转的固定程序。要做到这一点，首先要有正确的学生观，学生不是被动的“知识的消费者”，而是主动的知识经验的建构者，他们的发展必须依靠自身对外部经验的内化，而不是简单的复制。其次，语文教师要构建正确的语文教学观，语文教学是一个平等对话的过程，是一个学生内化成熟言语经验，全面提高自身语文素养的动态过程。总之，我们要不断调整与完善课前预设的目标而又不拘泥于这个预设的目标。教者在课前预设的教学目标只能是一个起点，而不是控制教学的枷锁，只是为语文课堂提供一个基本的参照和框架，而不是不可逆转的固定程序，从这个意义上说，课堂是生成的，教案应是“外出旅行时的指南针，而不是有固定路线和时刻表的火车”。意识的养成还是贵在平时，每位教师都要让预设留有更大的包容度和自由度，给学生生成腾出空间，提供条件，鼓励学生生成，给课堂生成留足空间。

第二节　教学内容取舍的有效性

语文教学是一个长期复杂而又系统的工程，在教学中绝不能奢望一口吃成一个胖子，任何一个人都不会要求教师在一节课中完成所有的教学目标，它充分体现了语文教学的长期性和渐进性。不论是对教学目标，还是对教学的重难点都必须做出适当地筛选、正确地取舍。必须从教学的需要出发，从语文教学的整体要求出发，在课堂上大胆舍弃一些细枝末节的东西，即通过对一至两个目标的训练使学生非常深入、透彻地掌握一两个知识点，争取一课一得。所谓取舍就是从语文教学的全局利益出发，在一节课中暂时性地把某些知识目标放弃。但绝不真正、永久的丢弃。换句话说，今天的放弃是为了明天更大的进步，更多的收获，最终的目的仍然是让学生筑起语文的高楼大厦。

一、教学内容选择的依据

（一）根据学生具体情况确立教学内容

一流的教师是教人的，二流的教师是教书的。教育的终极意义，在于促进人的发展。从这个意义上说，学生学习哪一个学科并不重要，重要的是学生通过学习，能够为他的未来发展提供什么必要的帮助。因此，语文教学内容的确立，必须要关注学生的具体情况。

1. 要考虑学生的年龄心理特点。教学内容的选择，必须以学生年龄心理特点为依据，适合学生心理特点的内容，才可能是好的内容。比如小学阶段的语文教学，由于学生的思维还处在感性形象思维的阶段，这个阶段的教学内容主要是教学生知道"是什么"，而不必一定要学生弄清楚"为什么"，学生知识的获得和技能的掌握更多地依赖于感性的量的积累，因而教学方式也以大量的感性重复为主。

2. 要考虑学生的地域文化特点。教师在选择教学内容时，应充分考虑学生生活的实际，在符合学生生活实际的基础上，创造性地"用教材教"，而不是一味地"死教教材"。这就不仅达到了学习课文的目的，更重要的是还引发了学生对生活的关注，锻炼了学生认识生活、表现生活的能力。

3. 要考虑学生的"最近发展区"。教学内容的选择要以学生已有的知识技能为基础，并充分预计学生通过教师的引导可以达到的水平。教学的目标既不能太高也不能太低，要让学生通过"努力的一跳"能"摘到葡萄"。语文教师要深入学生学习生活的实际，了解学生学习的真实情况，提高教学的针对性和实效性。在把握学生学习水平的基础上，教师要能设计出适当的教学方案。比如课堂提问的设计，问题太简单，学生索然无味；太难，学生又摸不着头。如何把握好教学内容的"度"，是每个教师都要结合学生实际认真考虑的问题。

（二）根据语文教学的目的确立教学内容

选择语文教学内容的根据是什么？在课程内容缺失，教材只提供选文，且多数文后练习意向不明的情况下，唯一可以遵循的只有课程目标。我国语文教学的总目标是"培养学生正确理解和使用祖国语言文字的能力"，而在总目标下的课程内容，即为了达到这一目标"应该教什么"，目前尚无清晰的表述。我们认为，着眼于以下三个方面来确立教学内容，在目前可能是比较合适的。

1. 积累语文知识。"语文知识是语文学习的基础，没有掌握基本的语文知识，就谈不上培养语感，形成技能，更不用说创造精神的培养。"要培养学生正确理解和使用祖国语言文字的能力，就必须让学生扎扎实实认识一定量的常用字，掌握一定量的常用词，积累一定量的语文常识，没有这份"保底口粮"，语文教育的其他目标就不可能实现。当前语文教育理论界对"语文知识"的研究和争论比较多，许多人认为我国目前的"语文知识"

“存在种种问题”，但是正如李海林教授指出的那样：“对知识系统本身的质疑和对知识教学方式的批判并不必然导致‘语文课不学知识’、‘语文课不需要知识’的命题，‘反知识’的特定内涵并不必然地导致‘去知识’。”①在新的知识系统尚未建立完善的时候，传统语文知识的概括系统——“字、词、句、篇、语、修、逻、文”，不但不应盲目的否定，而且应该作为学生积累语文知识的基本范畴。

2. 培养语文能力。无论是从语文教学的现实功利性看，还是从学生终身发展需要的长远利益看，培养学生的语文能力都是语文教学非常重要的内容。语文能力是什么？传统语文教学将其定位为“听、说、读、写”，但这种描述缺乏具体的情态界定，不利于培养学生在生活中运用语文的能力。新的语文课程标准将语文能力概括为“阅读与鉴赏、表达与交流”，并在两个条目下都作了进一步的具体说明。对语文教师来说，重要的不仅是认识到语文教学要培养学生“什么样”的能力，而且要知道语文教学“怎么样”培养学生的语文能力。虽然目前还很缺乏培养语文能力的可供广大教师操作实践的“程序性知识”和“策略性知识”，但是以“听、说、读、写”作为培养学生语文能力的基本范畴，在教学过程中针对不同的学生提出不同的情态要求，应该是语文能力教学的正途。

3. 提高语文素养。《全日制义务教育语文课程标准(实验稿)》对语文素养的相关论述包括：“弘扬和培育民族精神，使学生受到优秀文化的熏陶，塑造热爱祖国和中华文明、献身人类进步事业的精神品格，形成健康美好的情感和奋发向上的人生态度；”②“引导学生积极参与实践活动，学习认识自然，认识社会，认识自我，规划人生，实现本课程在实现人的全面发展方面的价值追求。”③显然，语文素养一方面关注人的主观精神、品格、情感、态度的促进和优化，另一方面关注客观的自然、社会、自我、人生的认识和理解。语文素养的形成依赖语文知识的积累和语文能力的提高，而又不仅限于语文知识的积累和语文能力的提高，它体现的是教育在“促进人的全面发展”上的终极意义，它是语文教学的最高目标。语文教学内容的确立，应该自觉追求语文素养价值的最大化。

二、教学内容选择的方法

构成语文课堂教学内容的重要因素是语文学科中应当授予学生的知识内容。这些内容由语文学科知识素材构成。但是，不是这一切知识素材都是课堂教学内容。我们必须选择特定的知识素材，在课堂上加以授受。

(一)经典文本的阅读

学生在语文课上习得的是一种书面文学语言系统。一篇经典作品的学习，就是让学生在特定的年龄段、特定的时间里去阅读、体会和感受。学生在老师的帮助下，完成了靠

① 李海林.语文教学的自我放逐(下)[J].语文学习，2005(5)：14.

② 全日制义务教育语文课程标准(实验稿)[Z].北京：北京师范大学出版社，2001：1.

③ 全日制义务教育语文课程标准(实验稿)[Z].北京：北京师范大学出版社，2001：2.

日常口头语言无法完成的学习，进而能够对文本进行深层次的理解，能主动寻找文本与其他读物或者与自己经历过的事件的连接点，从而理解世界。语文课的内容应着眼于学生，如果不通过教师的指点，不通过语文课的学习就无法了解无法感受的事物和思想感情。这种事物和情感是通过语言文字表达出来的，进而教师要帮助学生熟悉这样的表达方式。教师的作用在于帮助学生沟通书面语言和生活中日常语言的关系。正如朱自清先生所说："在中等以上的教育里，经典训练应该是一个必要的项目。经典训练的价值不在实用，而在文化。有一位外国教授说过，阅读经典的用处，就在教人见识经典一番。这是很明达的议论。再说做一个有相当教育的国民，至少对于本国的经典，也有接触的义务。"①叶圣陶先生也这么表述过：一些古书，培育着咱们的祖先。咱们跟祖先是一脉相承的，自当尝尝他们的营养料，才不至于无本。若讲实用，似乎是没有，有实用的东西都收纳在各种学科里了；可是有无用之用……读古书读得其道，也会有类似的无用之用。② 由于经典的作品有些离现在的年代已很久远，学生阅读起来会存在一些问题，所以会表现出兴趣不高，但是不能由于怕学生不感兴趣，而忽略经典的阅读。文化的快餐化，不在课堂上强调经典文本的阅读与训练，要学生在大众文化、传媒文化弥盖的课外再去阅读是不现实的。

(二)语文能力的培养与训练

在基础教育阶段，通过一篇篇语言文字作品的学习，培养学生的情感思维能力，这是应当明确的，否则就没有必要单独开设一门语文课了。"当其他课程主要培养学生掌握和运用知识性、科学性、逻辑性的语言素质的时候，中小学语文教学则应主要培养学生掌握和运用直观的、直感的、感情的、审美的语言素质的能力。"③具体说来，语文课堂上学生语文能力的培养包括敏锐的语感、对民族语的深厚情感和正确态度、健康的文学审美情趣。我们要致力于学生语文素养和整体能力的提高，重视积累、感悟和熏陶，重视语文运用能力和语感的培养。这样的要求需要落实在篇章的阅读与鉴赏中。为落实能力培养与训练，教师让学生反复诵读，让学生与作者高洁的灵魂对话，并在这种感受、体验下，理解、鉴赏本文，逐渐提升情感态度价值观。学生初读形成对文章的整体认识，研读把握文章所描摹景物的特点和所表达的思想感情，在自学和交流中完成与本课相关文言字词句知识的积累及整合，并在独立阅读的基础上积极参加讨论，碰撞出个性化的思想火花。

(三)必要语文基础知识的传授

语文基础知识是语文课堂教学的重要组成部分。语文基础知识的传授是为了学生语文素养的提高。让学生掌握规范是必要的，但更重要的是学生能够灵活运用这些规范，创造性地运用，以提高感悟语言的性灵，提高语言表达能力。因此，对于这些语文基

---

① 朱自清.经典常谈·序[M].北京：三联书店，1980：24.

② 叶圣陶.西川集[M].上海：文光书店，1945：76.

③ 王富仁.情感培养：语文教育的核心——兼谈"大语文"与"小语文"的区别[J].语文建设，2002(5)：4－6.

础知识的传授应该在文本的学习中进行,不是为了学习这些知识而去学习。在语文课上是学生通过一篇篇文质兼美的文章的学习、感悟,进而接受必要的语文基础知识。在很多语文课堂上,教师囿于基础知识的传授,不敢放手,生怕自己漏了一个知识点没有讲到会影响学生在考试中的成绩。课堂上的教与学是双向的。教师越是放不开学生,越容易造成学生的惰性思维,等着老师把这些知识一点点喂给自己,到考试的时候又一点点艰难地吐出来。在语文课堂上基础知识的传授不能孤立地进行。对基础知识的传授与对文本理解的过程应该是浑然一体的"小小寰球",而非"盲人摸象"。

三、教学内容的有效设计

设计语文课堂教学内容时,首先应把握两个基本问题,即教材内容与教学内容。语文教材内容是教材层面的概念,指为了有效地反映、传递课程内容诸要素而组织的文字与非文字材料及所传递的信息。语文教学内容是教学层面的概念。从教的方面说,指教师在教的实践中呈现的种种材料及所传递的信息。它既包括在教学中对现成教材内容的沿用,也包括教师对教材内容的"重构"——处理、加工、改编或者增删、更换。① 在这个基础上,教师在设计语文课堂教学内容时必须考虑以下几个方面。

(一)教师自觉地丰富课文

教师要能灵活地驾驭教材,首先必须把课文读厚,读出自己的感悟,读出学生读不出的深厚。这样才能在学生与文本之间、与世界之间搭起沟通的桥梁。语文课的内容应着眼于学生,如果不通过教师的指点,不通过语文课的学习就无法了解无法感受的事物和思想感情。一般来说,可以从陈述的对象、对象的特点、对象的材料、安排材料的脉络、表述材料的方式、对象的背景来把握一篇文章。

(二)把握课堂教学的主线

教师在对教学内容进行设计时,要确立每节课的教学主线,然后围绕主线,呈现教学内容,舍弃旁枝末节。一节课短短 40 分钟,要面面俱到把所有的内容讲完是不现实的。教师考虑的是在语文课堂上要展现的重点是什么。这里先明确,教师要展现的是如果不通过教师的讲解学生就无法理解的事物和感情。教学主线的确立,可以使课堂教学内容上升到一定的高度。学生就不会仅仅囿于一篇课文里支离破碎的知识点的学习,而是使课堂学习更系统化,使语文课堂上的学习成为学生必须在教师的点拨指导下进入的世界。这也是教师"把语文教到骨子里"的表征。

(三)为"对话"创设空间

在语文课堂教学中,教师直接以教材为媒介作用于学生。在对教材的使用中,教师

---

① 倪文锦,欧阳汝颖.语文教育展望[M].上海:华东师范大学出版社,2002:46.

存在着两种倾向，即再现性知识倾向和指向性知识倾向。再现性知识倾向，指让学生知道什么、如何真实地再现课文的意义。然而让学生仅仅了解课本、教师所表述的内容，这只属于表层知识。如果仅限于达到这一层次，那么，语文教学就变成了一种信息学，只管“啃咬”脱离具体背景的信息。然而对于传递这些信息而言，教师并不比教参讲得更详细。在这种情况下，教学本身容易沦为某种形式的程序操作。而指向性知识倾向，正是立足于怎样避免刻板地理解文本，旨在教会学生如何将根据自己的经验及相关领域的运用，重构所要理解的文本。这是一种深层理解结构。在这样的理解过程中，重要的不是理解与被理解的东西相符，即确定性的获得，而是让学生有能力知道怎样的理解是可能的，以及是否是合理的。学生不是为学习语词而学习语词，不是就课文而学习课文，要让学生能把方法、内容和整个课程的结构及其在社会现实中的意义联系起来。正如多尔创设的“舞蹈型课程”，其中的舞步是“两个舞伴之间——教师与课本、教师与学生、学生与课本——交互作用的结果。这样，意义不是从文本中提炼出来，它是我们与文本的对话中创造出来的”。[①] 在对话者与对话者之间，只要进行的是真正的对话，便总存在一种相互转变的开放性。在进行语文课堂教学内容设计时，教师要有这样的思想：教学活动是一个不断创造、意义不断生成的活动。教学不能仅仅意味着讲，教学应当成为一种订约：教师指出一条路，学生经由此路能够理解并能进入他（她）自己的那个活着的、流动的传统中去。我们要通过语文课堂的学习，培养学生对生活、对人生的感悟与创造能力。

第三节　教学过程的有效性

课堂是个有机的整体，语文课堂有效教学的实施是一个系统工程，它需要教师有扎实的教育学理论功底，需要教师有丰富的学科专业知识，需要教师有较强地驾驭课堂的能力和沟通交流的能力，甚至还要求教师具有一定的表演能力。同时，它需要学生有较强的团队意识和强烈的求知欲望，甚至在特定情况下，还需要学生的奉献精神。所以，语文课堂有效教学的实施应该有一套具有较强操作性的具体方法，这种方法或者实施策略是在不断尝试和失败的过程中逐步完善起来的，伴随这个过程，教师获得了成长和成熟。

一、有效的教学准备

课堂教学开始于上课铃响起的刹那，但是当老师进入课堂的教学流程时，学生是不是也和教师同步进入状态了呢？理想的开始应该是，学生随着上课铃响，随着教师的问候声，当教师宣布课堂教学开始时，学生的思维和思路也应调整到位，做好接受知识、筛选信息、能力内化的准备。但是，在实际的教学环境中，由于学业紧张、课时繁忙或者身体劳累、生活琐事等原因，学生往往到正式上课时还处在“身在曹营心在汉”的状态。在

① ［美］小威廉 E. 多尔. 后现代课程观［M］. 王红宇，译. 北京：教育科学出版社，2000：34.

这种心不在焉的精神状态下，即使教学环节科学合理，教学内容难度适中，教学效果也很难得到保证。因为，学生是教学的唯一对象，教学的成绩需要通过学生来体现，学生对教学的关注程度与他们听课的质量有直接的关系。教师要做好必要的准备工作。古人说过："功夫在诗外。"虽然他说的是创作理论，但对教学也是有很大启发的。课堂教学看上去只是简单的45分钟的过程，实际上它涉及千头万绪。"向45分钟要效益"，投入的又何止一个45分钟？那么，语文课课前应该准备哪些内容呢？

（一）教学道具的准备

譬如，电脑运转正常吗？课件放映流畅吗？这些物质的到位相当关键，它们的缺失或者故障会让上课教师极其被动，因为教师必须在相当短的时间内更改教学步骤甚至是教学内容。例如，有一个年轻老师没有在课前做好电脑的检查工作，当他急匆匆赶到教室打开电脑的时候，突然发现他的课件由于属性问题而无法在该电脑上播放，上课铃响了，他还在下载配套的软件，偏偏当天的网络也不配合，老师在讲台上急得像热锅上的蚂蚁，学生在下面闹哄哄乱成一团。这样的课堂教学，效率又从何谈起呢？

（二）了解学生的状况

譬如，学生的作业完成得怎么样？学生今天的情绪如何？今天的学生和上一节相比有什么变化？现代教学理论认为，教学在实质上是一种对话，是一种教师和学生之间展开的信息交流。既然这样，还有什么比了解对话对象心理状态更重要的工作呢？

（三）积极预设教学情境

积极预设教学情境，是为了让学生在心理上达到"先入为主"的效果。由于课前毕竟是学生的自主时间，现在学生的功课又比较紧张，课间的休息又因为短暂而弥足珍贵。教师侵占学生的课余时间既不符合科学规律，又在情感上于心不忍。因此，这一环节应该以"潜移默化"为主。教师可以播放和教学内容相关的音乐，优美动听的古典乐曲和文学是紧密关联的，尤其是许多古典诗词都已经谱曲传唱；教师可以放映和教学内容相关的影像资料，它们要么和课文内容有紧密关系，要么可以提供直观的背景资料；教师还可以选择教学挂图等辅助材料，在说明性文章里，教学挂图是可以吸引学生"眼球"的。这些软性的手段不会生硬地对学生造成干扰，学生可以很自然地被"引导"到教学内容上来，这些有效的教学措施完全可以用杜甫的诗"随风潜入夜，润物细无声"来形容。

随着新课程改革的推进，由各级教育主管部门和教育教学研究机构组织的教学竞赛日益增多。在这些活动中，多数语文教师需要异地教学。面对陌生的学校、陌生的学生，课前的铺垫工作尤其有必要。"知己知彼，百战不殆"，对学生状况没有充分的了解和把握，就径直开始课堂教学，这样的教学效果可想而知！

二、有效的教学语言

教学语言是教师进行教育教学不可缺少的职业语言，随着时代的发展，对教学语言的要求越来越高。李如密认为，教学语言是一种刻印着人类审美的语言，作为教育的手段，这种语言文化充满着“语言风采”、“韵律”、“婉丽”、“富于变化的表现力”等等，创造着心灵世界的碰撞。① 在教学过程中，教师如何能够体现教师口语之美、展示教学语言之魅力，就显得尤为重要。

(一)追求艺术性语言，增强感染力

教师语言的感染力主要来自表达方式的艺术性，艺术性的语言不但能够使学生听起来轻松愉快，而且能够留给学生深刻的印象。孔子说：“工欲善其事，必先利其器。”即是说教师要想讲好课必须讲求课堂教学的语言艺术。前苏联教育者马卡连柯认为，只有学会用十五至二十种声调来说“到这里来”的时候，才能变成一个真正有言语表达技巧的人。同样的教学方法，因为语言的不同，结果就可能相差 20 倍。课堂教学的语言艺术性主要表现为：绘声绘色的讲演，滔滔不绝的讲解，抑扬顿挫的表述，使学生如见其人，如闻其声，并津津有味地做好笔记。而要做到这些，教师要“精练语言，提高效率”。

1. 要突出重点，抓住关键，分化难点，用最少的语句表达更丰富的内容。在课堂教学中，“少说废话”，要力戒使用模棱两可、似是而非的语言，如“差不多”、“大概是这样”等不准确的语言。

2. 要善于运用学科知识的专业术语。语文课中有“叙述”、“记叙”、“主语”、“主语部分”等词。

3. 不同课型的语言也各有特色。人文学科(如语文课)要求语言生动、形象、精炼优美，其中议论文要严密，有力度；抒情文要华丽，有激情；说明文要朴实，有条理。教师只有把握住了这些不同的要求，课堂语言才会有自己的风格。教师还要“追求生动，学会幽默”。“追求生动”指在教学中善于运用贴近学生生活的事例、简明扼要的口诀、脍炙人口的名言以及充满时代气息的文明、规范、高雅的语言，把教学内容讲得生动、通俗，学生就能更深刻地理解知识。“学会幽默”意在教学语言应具有深刻智慧，能使学生在笑声中领悟教师的语言所蕴含的丰富知识。苏联著名教育家斯维特洛夫指出：“教育家最主要的，也是第一位的助手是幽默。”在教学中巧妙地运用幽默，可使教师的讲课变得风趣、诙谐、睿智，具有一定的艺术魅力，有助于学生理解、接受和记忆新知识。缺乏幽默是悲哀的，但幽默绝不是轻薄、滑稽和逗乐，也不是哗众取宠，“老师使用幽默一定要与教学内容的方向性、科学性、严肃性相统一。课堂教学语言要风趣而不失庄重，要诙谐而不失典雅，要幽默而不失睿智。”②

---

① 李如密.课堂教学策略的审美化[J].教育科学论坛，2008(9):25.

② 田戈燕.教师如何提高课堂教学语言的有效性[J].当代教育科学，2006(14):97.

(二)妙用鼓励性语言,激发学生的学习情感

教学语言是师生双方传递信息和交流思想感情的载体,鼓励性的教学语言能使学生感到亲切,唤起学生的热情,使他们保持积极舒畅的学习心境,从而产生不可估量的力量。教学过程的教育性也决定了教学语言必须具有教育性的特点。所以教师语言应体现出内容的健康,情感的丰富,发音的准确,效果的启发。总的来说,我们可以通过《学记》所说的"善歌者使人继其声,善教者使人继其志"来实现教学语言的教育性。以学生回答问题为例,教师需要常用"你答得很好"、"你并不比别人差"、"你也许课前忘了复习,若课前看了,我相信你是能够回答正确的"等,通过这样多鼓励,少指责,多进行正面指导,少板起面孔训人,让学生在学习上有信心、有奔头、有积极性,使他们能"亲其师而信其道"。教师激励性的语言包括:(1)你的想法很有创意;(2)你分析问题很透彻;(3)这么难的题你能解释得很完整;(4)你的语言组织得这么好,可见你的语言表达能力非常强;(5)你好厉害,敢于向书本提出问题;(6)通过你的发言,老师觉得你不仅认真听,而且积极动脑思考了;(7)你预习得可真全面,自主学习的能力很强,课下把你的学习方法介绍给同学们好不好;(8)谢谢你指出了老师的错误;(9)你的进步可真大,老师为你感到高兴;(10)你虽然没有完整地解释问题,但你能大胆发言就是好样的,下次努力;(11)老师真想在下节课看到你更出色的表现;(12)你的这种解法很独特;(13)你的声音真好听,你能大声读一遍吗;(14)你们不仅说得好,而且还很会听取别人的意见和看法;(15)你是个聪明的同学,如果能再守纪律些会更好!

(三)巧用综合性语言,活化教学内容

教学语言是一种低速性语言。教学语言与电影电视解说员的语速不同,电影电视解说员的语速是250~300字/分钟;它也与日常交际的语速不同,日常交际的语速因人而异,一般都在150~200字/分钟。教学语言的速度以学生接受语言信息合适度为准,为了给学生留下理解和消化的余地,教师解释一段话的平均语速一般要控制在160~200字/分钟,应该随教学对象和教学内容的变化而变化。简单来说即是,对于低年级的学生和对于难懂的内容语速要慢些,而对于高年级学生和通俗易懂的内容语速可快些。发音时音质的洪亮、柔和、圆润,使人听起来清晰悦耳即可。由于发音器官的构造和发音技巧的熟练程度不同,加上受方言、普通话、不良发音习惯造成的沙哑、漏风、换气不良(换气不足——音量小;换气频繁——说话断断续续;换气明显——能听到其换气声,或看到其胸部隆起)等影响,容易引起发音不良,我们应当根据自身的特点扬长避短,创造出个性化的语言。教师应当综合运用多种语言符号形式。虽然教师的教学语言在多数情况下是指口头语言,但是它不能排除教(体)态语言的采用,也不能忽视教态语言的重要性。美国传播学者罗斯认为,在人际传播活动中,人们所得到的信息总量中只有35%是语言符号传播的,而其余的65%的信息是非语言符号传达的,其中仅仅面部表情就可传递65%中的55%的信息。由此可见,成功的传播应综合运用多种语言符号形式,不可偏废。

恰当的体态语言，如表情的微笑、拇指的竖起、v形的鼓励、善解人意的眼神等，能强化、感染学生的情绪和学习的效果；不佳的形象，如歪嘴、撇嘴眨眼、吐舌、耸肩等其他附加动作，则会起到相反的作用。教师还要学会使用沉默。沉默是人们社会交际时的组成部分，它在传情达意方面具有丰富的内涵。不可否认，沉默也是一种教学语言，是一种较好的诱导方式，它能够以最简洁的语言，为课堂开辟极其广阔的天地。在教学实践中，教师讲课一般不超过25分钟。在有限的课堂教学中，教师若能够学会使用沉默来组织课堂教学，教师语言的"沉默"就能起到"此时无声胜有声"的效果，体现出沉默是金。课堂运用沉默的时机可以是：学生应该认真听课或思考时却出现个别的杂谈声时，教师由讲课声转换为"无声"更能引起同学们的注意；当老师对所分享的知识点想引起同学的注意时，此刻有意识的沉默或许是一块能激起千层浪的"石头"，学生能够找到质疑、探究、讨论、合作的土壤。

（四）练好普通话，避免错别字和语病

普通话是教师获得资格证的必修项目，教师要想使用规范性语言，首先要学会使用普通话，使教学语言具有科学性和严肃性。为练好普通话，我们要在语音、词汇、句法等具体方面严格要求自己。为避免出现错别字，为达意的规范，我们要准确地理解词义，掌握发音，因为汉字的构造很有魅力，也有很多多音节词需要在语境中才能达意准确。句法是言语构成的规则，汉语语法有定语、状语、简单句、复合句等复杂性，为减少语病的出现率，在言语表达中我们尽量少用结构冗长的复合句，以免造成学习者理解的困难。语病还指口头禅过多、语言不流畅等（因口吃、情绪紧张等引起），这些不良现象是必须要克服的。因为教师使用不规范的语言，会导致学生用语错误，思维混乱。在教学中，教师的语言不能因地域不同而"入乡随俗"，除少数民族地区外，各地区应积极采用和推广全国通行的普通话，这样既可避免教学语言出现"南腔北调"，又可以使学生的语言得到正确的发展。此外，有的教师为了显示自己的才学，讲起课来文绉绉的，满口"之乎者也"，还有的文白相杂，似乎是明清人在说"三国"、"水浒"评书，这都不可取。因为自"五四"提倡白话以来，运用白话文进行教学，已被普遍接受和应用，如果还用那古老文言或文白相间的话进行教学，只会使学生觉得晦涩难懂；再者，这种语言形式也不合时宜。因此，教师要学会使用普通话，用规范的语言，使教学口语具有科学性和严肃性。

三、有效的课堂提问

任何课堂教学都是要解决实际问题的，无论是知识点的解读和记忆，还是能力的生发和促成，或是理念的更新和碰撞，最终都需要一定的方式来检验。课堂提问、课堂练习和课后作业以及阶段考试都是检测教学效果的具体方式，相比其他以物化和量化为主要特征的方式，课堂提问更有其特殊性，由于它的表现形式是语言的交流，所以它对课堂教学发挥着其他方式无法替代的作用。有效的课堂提问应从实际出发，根据教学的知识内容与思维内容，把握教材的重点、难点来精心设问；另外，还应从学生实际出发，根据学生

的知识水平与心理特点，找出能诱发他们思维的兴趣点来问，使提问真正问到学生们的“心窍”上。

(一)抓住契机，设置矛盾，激活思维

学生对每篇课文的学习，不是一开始就感兴趣的，为此，教者应当深入钻研教材，抓住突破口，有意地给学生设置问题的“障碍”，形成他们心理上的一种“冲突”。当学生急于解开这些“冲突”(问题)时，也就意味着进行了思维训练，对课文重点、难点的理解自然也水到渠成。

(二)提问变直为曲，引人入胜

课堂的提问如果只是一味地直来直去，启发性就不强，久而久之，学生对这样的提问会感到索然无味，并在一定程度上妨碍了思维的发展。假如我们把问题换成“曲问”、“活问”的方式提出，就能促使学生开动脑筋，并且要求他们在思维上“跳一跳”才能回答上。因势利导、富于技巧性的提问，能有效地培养学生思维的各种综合能力，从而极大地提高教学效率。

(三)提问要注意分层次设计，化难为易，化大为小

要上好一节语文课，单靠一两个提问是不够的，它需要教者站在高处，从整节课、从整篇课文来谋划，设计出一组有计划、有步骤的系统化的提问，这样的提问才有一定的思想深度，才能从多方位培养学生的思维能力。在实际操作中，教者可以根据教材特点、学生的实际水平，把难问题分解成易理解、更有趣的易问题，或者把大问题分解成一组小问题，层层深入，一环扣一环地问，逐步引导学生的思维向纵深发展。对于这样的提问，学生肯定乐于接受。

(四)提问还应培养学生的发散思维

课堂中的提问，目的是使学生在掌握知识的同时，训练和提高思维能力，因而教者应注意提问的角度和问题的深度。善于从不同的角度启发学生，可以使学生掌握解决同一问题的多种解答方法，既拓宽思维的空间，又能培养发散思维能力。例如对一篇课文的段落划分，有时是不止一种划分的，那么就可以引导学生思考：假如按其他标准，又该如何划分呢？学生通过这些训练，就会明确原来解决问题的方法有时不是单一的。他们在以后的学习生活中，自然会举一反三，灵活变通。学生在掌握了课本知识后，我们如果引导学生把这些知识与课外的相关知识联系起来思考，就能扩大知识的利用价值。因此，课堂上适时适度且富于艺术技巧的提问，能加快把知识转化为语文素质能力训练的进程，是发展学生思维，保证和提高教学质量的有效途径。为此，作为语文教师，应精心设计好各种类型的课堂提问，形成有自己特色、适合学生口味的提问艺术风格，以达到最佳的教学效果。

四、有效的课堂活动

语文教学的特定内容使得课堂活动成为有效教学的关键因素。语文教学的改革家魏书生说过："语文学科不像别的学科知识结构那样清晰，每课书的教学要求也没有像别的学科那样明确单一，教学天地比别的学科广阔，教学方法比别的学科灵活，这些都决定了语文学科难以驾驭。正因为如此，语文教学才需要更广泛、更深入的民主。"[①]这种"更广泛、更深入的民主"可以理解为教学方式的民主，即让更多甚至全部学生投入到教学过程中去，而课堂活动就达到了这样一个目的。语文教学的基本内容是语言教学和言语教学，前者可以归属于陈述性知识，即回答有关"是什么"的知识；后者主要培养学生的听、说、读、写、思等能力，可以归属于程序性知识，主要是解决"怎么做"的问题。这两类教学内容恰好反映了语文学科的工具性和人文性特征，课堂活动既可以让纯粹的知识传授生动起来，又可以让学生的语文能力在模拟实践(即课堂活动)中得到强化。

(一)课堂活动要有具体明确且相对固定的组织形式

课堂活动应该是语文教学的常态，而不是一时兴起的应景之作，所以为了操作的简便和高效，课堂活动的组织形式应该具体明确和相对固定。试想，每节课教师都要临时安排课堂活动的组织形式、人员构成和共性要求，对因短暂而更显宝贵的教学时间而言，将是多么奢侈的浪费，同时又是多么繁冗的工作。而教师一旦摸索到一种简便有效的操作模式，且使之明确化和程序化，作为课堂活动的"模板"，一有需要，一声令下，课堂活动迅速展开，这对课堂教学效率的提高将是一种强有力的促进。对课堂活动组织形式的常规要求主要是：以小组为基本划分单位且组员相对固定，每组应该有召集人且相对固定，活动地点应该具体到点且相对固定，活动程序具体明确且相对固定。根据控制论的观点，过程中的环节越少，效率越高。而当课堂活动的组织形式得到制度化之后，课堂教学的程序就会更加简洁，减少了繁杂的细节(活动人员安排等)，教学效率一定会提高。

(二)课堂活动应该形式多样

信息的强化需要外界的有效刺激，而这个"有效"在一定程度上是建立在刺激方式的多变上的。生活是万花筒，学生是敏锐的感受器，他们对外界环境的变化非常敏感。当一种新的活动方式呈现在面前的时候，他们的有意注意就会高昂起来，积极参与课堂活动，在活动过程中体验和感知教学内容，这也正是美国实用主义教育家杜威所提倡的。以组为单位的活动是课堂活动的主要形式。根据语文课堂教学内容的不同要求，分组活动可以有这样四种方式：一是竞赛式，不同小组针对同一个目标，相互展开竞赛，教师依据一定标准给以评判，由于中学生有较强的好胜心，在竞赛的过程中，他们的求知欲会极大程度地被激发出来。对于知识性强的教学内容，比如语音字词背诵等识记点，这种活

① 魏书生.班主任工作漫谈[M].广西：漓江出版社，1993：187.

动方式效果最佳；二是互动式，所有小组都参与同一个问题的讨论或设计，先达成本小组的共识，然后组与组之间展开辩论，最后求同存异，得出一个最后的结论，后期的活动主要由小组民意推选的代表参加；三是互补式，不同小组完成不同的任务，这些任务在内容上具有互补性，大家既分工明确，又互相合作，最后的结论整合在一起，资源共享，这种方式适用于量大面广的教学内容；四是论答式，每个组员预先完成对一个问题的准备或者研究，在小组活动时汇报个人的"成果"，并接受其他成员的质疑，最后由所有成员给出相应的评价，时下风靡课堂的研究性学习多采取这种方式。

(三)课堂活动应该甚至必须"得出"具体的"成果"

作为课堂教学的一个主要环节，课堂活动应该服务于课堂教学效率的提高，为达到此目的，需要对课堂活动提出明确具体的"目标值"，这有利于培养学生的目标意识，由于课堂活动打乱了常规的教学秩序，比如学生的原定座位变化了，同桌不一样了，学生对环境的改变有一个适应期，如果教师对活动目标没有明确的要求，学生就很难尽快进入"活动状态"而导致这个适应期拉长，活动的效率就无法保证。所以，语文教师有必要要求学生在活动结束后以小组为单位提供一份"活动成果"，比如一份计划书，一份详细的分析报告等。

五、有效的教学反馈

课堂教学应该是一个完整的信息系统。当一个信息传递出去之后，受施方是否接到并接受这个信息，这是检验信息流程是否完善、完整的重要程序，这个程序就是反馈。在语文课堂教学中，教学反馈就是要检测学生是否掌握了相关的语文教学内容，这个环节对有效教学至关重要。

(一)教学反馈的方式

1. 从反馈方式来讲，有口头反馈和书面反馈。前者就是以了解学生对教学内容掌握情况的反馈，可以用课堂提问的方式进行；后者就是课堂作业和课后作业。相比而言，口头反馈好处是及时简便，但是只适用于单个问题的解决，书面反馈正相反，费时较长，但可以解决系列问题。在实际的语文课堂教学中，语文教师一般互补兼用。具体说来，语文学科的口头反馈主要检测学生对语文学科基础性知识点(譬如拼音、词语、文言实词虚词等)以及课文内容的即时掌握程度，即在"这一节语文课"的现时，学生是否达成了既定的课堂教学目标。而书面反馈的内容主要着重于过程性较强的观察力和思维力培养等方面，譬如，针对具体写作技巧的作文训练和阅读活动。

2. 从反馈主体来讲，有学生反馈和教师反馈。前者是教学反馈最普遍的形式，学生是课堂的主体，他们是判断教学是否有效最权威的发言者。一般来说，学校或者教师可采用教学调查的方式来了解学生对教学的反映，内容涉及教学的方方面面，比如教师的亲和力程度，板书是否清晰，教学语言是否得体，多媒体是否运用，等等，学生主要从个人角度谈主观感受，并提出改进建议。在学生对象的选择上，学校经常采用优、中、差搭配的方式，目的是全面考虑不同层次的学生对语文教学的接受能力。这种反馈已经在许多学校广泛实行，尤其是学期结束的时候，学校用这种方式来考察语文教师的教学态度、能力以及任职情况，这也从另外一个侧面说明教师的教学必须以学生为中心的重要性。和自然科学性学科不同，语文学科的兼容性和语文课堂的开放性非常强，学生的参与面非常广，几乎所有学生都可以参与，甚至是主持语文课堂教学的每个环节，当然，前提是学生必须具备一定的语文学科基础以及相当的表达能力。有的语文教师尝试让学生来担当自读课文的课堂教学，取得了很好的教学效果。所以，学生反馈应该是语文学科最主要的反馈样式。教师反馈是学生反馈的一种补充方式，一般是在公开课教学的场合，有同行甚至教学界的领导或专家旁听。课堂教学结束后，听课者会从专业研讨的角度，结合学生的课堂表现以及个人的执教经历给上课教师提出意见或建议。语文学科由于其包容性较强，所以教师反馈很容易形成“百家争鸣”的局面，这种反馈对语文教师专业素养的提高有相当大的益处，当然，正因为是行家点评，所以上课教师也需要承受很大的压力。但言者谆谆，听者切切，长此以往，教学水平得到提高，语文课堂的教学效率和教学效果也会得到提高和强化。无论是何种反馈，都会对教学起到促进作用，所以志在提高语文课堂教学效率的教师，也必须重视和完善教学反馈这个环节。

(二)有效教学反馈的特征

1. 及时性。教学过程是教师努力实现教学预期目标的过程，这个预期目标最终是否达成应该是教师比较关注的问题，所以无论是从解决教师心中的“悬念”的方面，还是从尽快改进教学不足、提高教学效率的方面，教学反馈都应该具有及时性。而语文学科具有鲜明的人文性，情感交流以及情感的培养成为语文课堂的显著特征。唯其及时，语文教师才可以更好地把反馈结果和刚过去不久的教学实际情况结合起来，以便快速找到问题的症结，或者印证反馈者的观点；唯其及时，语文教师寻根究底的热情才不会淡漠；唯其及时，反馈者的印象才新鲜深刻，评价才会因此而更有针对性，更准确，更到位。试想，如果没有趁热打铁及时反馈，课务繁忙的教师、功课紧张的学生马上就会被紧急的要务缠住，等到百忙“拔冗”的时候，曾经新鲜的变陈旧了，曾经深刻的也变肤浅了，曾经激动的也变平淡了，曾经具体的也变模糊了，反馈的效果也打折了。

2. 客观性。反馈的目的是为了促进语文教学，只有客观地进行评价，实事求是地做认真的分析，教学双方或者反馈双方才可能和谐沟通。在某种意义上，语文学科是主观性比较强的学科。语文课堂是张扬教师和学生个性的理想场所，也是培养和树立正确的人生观和世界观的主要场所。如果漠视语文课堂教学的实际情况，单凭个人主观的“想当然”来提出观点，结果只能与预想的良好愿望相悖。魏本亚教授认为：“(语文学科的评价)首先，评价的标准要客观。……其次，评价所引用的资料也要客观。”[①]这个标准就是

① 魏本亚. 语文教育学[M]. 北京：中国矿业大学出版社，2002(12)：145.

针对语文课堂教学而设定的目标规范，比如知识点的把握和能力的达成。而评价所引用的资料，主要是执教的语文教师在该节课堂的教学实践。失去了这两方面的客观性，反馈就失去了解决实际问题的意义，反而会导致更大的问题。因此，语文教学反馈必须紧密结合语文学科的特点和语文教学的实际。

3.全面性。语文课堂教学千头万绪，牵一发而动全身。每一个因素，每一个环节，每一个点，都可能对有效教学的达成产生影响。因此，语文教学反馈应该尽可能做到全面的评价，以便上课教师对症下药，查漏补缺。在实际的操作过程中，可以从这两个方面来保证反馈的全面性：一是反馈开始前，主持者要预先准备反馈的书面要点材料，详细列举需要考查或者评价的方面，让实施反馈者心中有数，这样他们在观摩语文课堂教学的时候就会关注要点，在评价教学的时候，也会要言不烦，滴水不漏；二是预先安排调研者针对具体情况，每人负责一个或几个方面的反馈，各有侧重，相互弥补，这样明确分工既可以突破重点，又可以确保反馈的整体性和全面性，让反馈真正服务于课堂教学。新的语文课程标准指出“课程目标根据知识和能力、过程和方法、情感态度和价值观三个维度设计”，那么，语文教学反馈也应该根据这一综合目标而设置具体的反馈项，这样就可以全面地对语文课堂教学进行评价。

4.持续性。当一个反馈过程结束以后，语文课堂教学存在的诸多问题得以充分暴露出来，当事教师会认真反思并迅速地采取措施改进不足，但是在后续的课堂教学中，是否真正地解决了问题，是否又出现了新的状况，这同样也是值得教师和相关教育教学部门注意的，教师的成长是一个长期的过程，这个过程需要同行、前辈和领导的关注、参与和推动。

第六章　语文有效教学的具体策略

第一节　有效识字教学的策略

小学语文识字教学是阅读和写作的基础，是整个小学阶段语文教学的关键。学生除养成良好的识字习惯外，还必须掌握“活”的识记方法，为今后的自学阅读打下良好的基础，因此，教师必须培养学生具有较强的独立识字能力，掌握一定的识字方法、技能，使学生真正爱识字、乐识字、轻松识字。

一、同音字识字教学策略

“人生识字聪明始”，识字是阅读、写作的基础。绝大多数的小学语文教师都能充分认识到识字教学的重要性，并安排一定的时间指导学生识字，但就教学实效来看，似乎有些不尽如人意。汉字是音、形、义的结合体，异体同音现象非常明显。语言学家吕叔湘曾做过统计，发现汉字的同音率(同音字音节在总音节中的比率)为80.49%，平均一个音节担负七个字。《现代汉语词典》中，没有同音字的汉字只有16个，其他汉字都有同音字，其中最多的达116个，如“bo”这个音节里收字就多达62个。

(一)正确指导，尽量减少错字

1.正面引导。一方面，指导语要尽量采用肯定的判断句式，即宜用“是……”而不宜用“不是……”如教“直”，应明确指出“中间是三横”，这样有利于提高感知的正确性。如果说成“中间不要写成两横”，反而导致儿童感知模糊。另一方面，慎用正误对照。儿童在感知事物时最易为形式新奇有趣的对象所吸引，因此，识字教学的纠错原则，是谁错就让谁按正确写法订正。尽量少用正误对比的方法，更应避免把个别学生的错误拿到全班学生面前来订正，以免错误的扩散。

2.强化弱刺激点。儿童在感知事物时，往往倾向于对事物的外部轮廓进行笼统的认识，缺乏比较精细的分辨能力，容易忽视细节。因此，教学中，教师要善于引导学生识记字形，特别要注意强化字体中的弱刺激点，对各部件的大小、长短、距离、方位、配置等方面的特征，要设法增强刺激度，对其中易被其他笔画所掩蔽的细小部分，可用色彩加以强化，使之醒目。如演奏的“奏”，底下是“天”，而不是“夭”；“蚕”是“天虫”，而“忝”字上边是“夭”等。

(二)多样复现，丰富语言形态

认字和认人一个道理：一回生，二回熟，三回四回成了好朋友。巩固认字最好的办法是复现，最有效的办法是在语言环境中多次见面。把一串同音字，放在具体的与课本不同的语言环境中,既可以让学生理解同一个字可以用在不同的语言环境中,也可以让学生理解有时候同一个字在不同的语言环境中意义是不同的。如"课、刻、客"这一组同音字,课程标准实验教材的识字(一)的第4课中出现的是含有"课"的一首儿歌:铃声响,下课了,操场上,真热闹。跳高拔河拍皮球,天天锻炼身体好。当学生读完这首儿歌,这一回对"课"字有点熟了,再拓展学习几个同音字"刻"和"客"。于是,把"课、刻、客"这一组同音字都编在一个有趣的故事中:星期天,科科到克克家做客。克克复习好功课后,就和科科去公园玩了。克克和科科看到有个小朋友在河里捞蝌蚪,立刻跑上前告诉他:"不要捞!不要捞!小蝌蚪长大后会变成青蛙,可以捉害虫。"那个小朋友脸红了。读着这有趣的故事,在学生眼里,"做客"的"客"、"立刻"的"刻"、"功课"的"课",一个个枯燥的汉字有了生命,变得鲜活起来了。接着,这三个同音字又展示了它们各自的构词能力:"客车、客房、客机、客轮、客厅;刻苦、立刻、片刻、时刻、深刻、随时随刻、刻骨铭心;课本、课桌、上课、下课、听课、课文、课外、课题……"这样把同音字放到词语中,放到朗读材料中,放到练习题中,在这些具体语境中多次的复现。那么学生对同音字不同字形的感知、不同字义的理解会更加清晰。

(三)多重区别,开启智慧之门

在识字教学过程中,要建立起音形义之间的联系,能见形而知音义,闻音而知义形,表义而能写其形、辨其音。儿童形象思维占优势,可以充分利用图画、演示、歌谣、想象、故事、比较、造句、练习等多重区别,把易混淆的同音字区别的关键落到字形字义的结合点上。把字形教学的形象性与准确性,生动性与科学性,知识性与思想性结合起来。

1.图文对照。如教同音字"木——目",这两个字都是象形字,是为描摹事物的特征或形状用线条构成的字。针对这一特点,教学中出示树木图和眼睛图,分别跟同音字"木——目"联系起来,找出字与图的相同点来识记。当然,也可以请学生自己动手来画一画。教"牙——芽、蜂——峰、风——枫"这几组同音字时,让学生通过画牙齿、嫩芽、蜜蜂、山峰、枫叶、有风的景物来区别,学生饶有兴趣地画完,也就明白了同音字虽然同音,但表示的事物却不同,这种方法让学生学得轻松愉快,增强了识字的乐趣。

2.动作演示。就是用动作、实物、游戏等表示区别,如区别同音字"坐、座、做、作"时,可让两位学生在地上做席地而坐的姿态来理解"坐";指名一学生站起来指着自己的座位对同学说"这是我的座位"来理解"座";请学生动作演示"做游戏、做饭、做蛋糕",以此理解"做"就是从事某种工作或活动。鼓励学生用动作演示来复习相关的汉字,从中设置一些竞赛,看谁举的例子最多,谁就最聪明。

3.编编歌谣。用浅显、朗朗上口的歌诀认识字形。如区别同音字"羊"和"阳","羊"字的两点,就像山羊的角,最后一笔的竖像山羊的胡须,于是用儿歌"山羊头上两只角,长长胡须真可笑"来帮助认识;根据"阳"字的偏旁编出"日出晒着耳朵就是'阳'"来帮助记忆。如认识同音字"漂"和"飘",可根据这两个字的字形、字义的不同编歌谣来进行比较:"有风树叶空中飘,有水树叶水面漂"。区别形近字"燥、澡、噪"时,也可以这样比较:"下水洗个'澡',干'燥'火中烤,口多声音'噪'"。

4.展开想象。如区别如同音字"从"和"丛",看到"从"字,可以想象成前面有一个人在走路，后面有一个人跟着前面那个人，即是“跟从、随从”的“从”；“从”字下面的“一”像是地平线，上面的“从”像是花草、树木，所以“丛”可想象为“长在一起的草木”，即是“草丛、花丛、树丛”的“丛”。再如教学同音字“尘”和“晨”，“尘”的上部分“小”表示细小，下部分“土”表示灰土，连起来表示细小的灰土就是“尘”，“灰尘、尘土”的“尘”；而“晨”从表意的角度去分析，它的偏旁是“日”，表示和时间有关，所以是“早晨、清晨”的“晨”。学生的想象力得到激发，语言发展了，对字形与字音、字义的认识也深刻了。

5. 创作故事。如在教学中，学生常把“彩虹”的“虹”写成“红”，“彩虹”的“虹”为什么是虫字旁呢？许多学生不明白。这时，老师可以采用编识字小故事的办法，帮助学生识记字形，理解字义，让学生记忆犹新：相传彩虹是大虫，即龙的化身，很久以前龙王是管降雨的神仙。你瞧，降完雨后，它还弓着身子俯瞰大地，舍不得走呢！这就是传说中彩虹的来历，所以古人造“虹”字的时候用了虫字旁。

6. 练练写写。练习是开拓学生思维、培养和训练学生各方面能力的主战场。没有练习的教学好比纸上谈兵，讲得带劲，听得有趣，用起来却茫然。因此，让学生在练习中提高对同音字的辨析能力、运用能力。如教学同音字“乡——香——相”后，可以进行这样的练习：

填空：①这是什么地方？我们的家()。②小伙伴在互()追赶。③奶奶做的米饭()喷喷的。

猜谜：①太阳上方出苗苗(打一字)。②小幺一点变长腿(打一字)。③一边孤木，一边独眼(打一字)。

通过这样的练习，让学生在“选字填空”练习中提高对同音字的运用能力，在猜字谜游戏中加深对同音字字形的印记。

总之，在规范的识字教学课堂中，可以通过以上各种方法，让同音字识字教学变抽象为具体，变枯燥为新奇，变呆板为活泼，从而为识字教学增添童趣和字趣铺路搭桥，激发学生的识字兴趣，开发学生的潜能，让学生真正成为识字的主人，识字的高手。

二、韵语识字教学策略

识字教学是低年级学生最主要的学习任务。但是纯粹的识字教学对处于这一年龄段的孩子来说显得枯燥、乏味。如果根据孩子的年龄特点，采用行之有效的方法就会将汉字变得与学生亲近、熟悉。“韵语识字”其主要特点是“快速、高效”。它以韵语快速识字为前提，以尽早阅读为核心，以循序作文为综合发展，设计了一整套完善的教法。这套教法是一种以激发学习兴趣、培养自学能力和训练自学习惯为主线，以突出读、说、写紧密结合为特点，实行重点突破式的强化训练，从而达到小学语文教学的快速、高效。韵语教学可使儿童在正常教学的条件下，一年识2000多个常用汉字，且能独立阅读儿童读物，三年级学生可即兴作文。

(一)韵语识字的优势

1. 韵语识字遵循了识字教学的规律。识字心理学家研究认为：所谓识字，就意味着汉字的音、形、义三个基本因素之间统一联系的形成。只有把音、形、义三个方面统一起来，才能收到良好的效果，而儿童在建立音、形、义联系的过程中往往依靠简单的直接联想和具有智慧性的间接联想。

2. 韵语识字遵循了快速记忆的原理。儿童识字与成人不同，他们是把汉字当成一个完整的、由若干线条组成的图形来识记的，是一种图像记忆法。儿童把汉字当成一个个完整的图形来记忆，这种图形记忆属于形象识记能力的一种。研究认为：这种能力不但形成得早，而且潜力是惊人的。韵语识字的突出特点就是从研究快速记忆着手，运用定位联想和奇特联想，把常用汉字先组成最常用的词，再用这些最常用的词，围绕一个中心意思和一定的故事情节，编成符合儿童特点的大密度生字的韵文，使这些韵文句式整齐、合辙押韵、通俗有趣、易于理解、短小精练、文道结合。这样，既能使字不离词，词不离句，由于课文短，又押韵上口，加之内容有趣，贴近儿童生活，所以儿童喜欢诵读，并能倒背如流。

3. 韵语识字更有利于汉字记忆的保持。教育心理学家认为："幼儿对各种知识的领会不是立刻就实现的。它需要经过一定的发展过程。"①陆定一同志指出："孩子一识字就要求'四会'，这样的教育学越发达，我们的孩子识的字就越少。"②韵语识字在教学中不要求幼儿一次性"四会"到位，而是采取先以认读为主，然后在大量阅读和写作中逐步掌握。这样不仅分散了识字的难度，减轻了学习负担，而且大大提高了识字的保持率，使幼儿能尽早进入大量阅读。

（二）韵语识字教学的方法

1. 实行"整体输入，定位联想"，识字速度快，效果好。韵语识字认为，识字无非是记忆。无论采取什么方法识字，都是在追求"快速、高效"。要快速识字，就必须研究快速记忆。韵语识字最突出的特点之一，就是运用了快速记忆原理进行识字，在教学中采取了"整体输入、定位联想"及"奇特联想"等方法，使儿童在欢快愉悦的气氛中，轻松地记住一批批常用汉字。

2. 先识高频字，尽早进入阅读。素质教育强调"主动发展"，而儿童的主动发展，即主动学习，取决于阅读能力的早期形成。因阅读能力形成得早，其理解能力发展得快，自学能力强，学习效率高，学习兴趣浓，使儿童能真正得到主动发展，既能从实质上减轻过重的学习负担，又能有效地促进学生整体素质的协调发展。

3. 以趣味性为主线，先认读后掌握，使之爱学。韵语识字认为：儿童学习，兴趣是第一位的，他们对知识掌握的多少并不重要，而最可怕的是对学习产生厌倦的态度。为此，韵语识字根据儿童的心理特点，充分利用"奇特联想"，始终以趣味性为主线来编排教材、组织教学。

4. 识字、阅读、作文有机结合，促进想象与创新。韵语识字是在阅读中进行的。它是通过具体的语言环境，联系生活实际进行识字的，既便于理解，又易于记忆。韵语识字的每篇韵文既通俗易懂，又都有一定的语意跨度，学生在理解韵文内容时，需要通过一定的

---

① 王县萍. 韵语识字教学的研究[J]. 新课程(教师版)，2007(8)：65.

② 王县萍. 韵语识字教学的研究[J]. 新课程(教师版)，2007(8)：65.

想象。想象是创新的基础，这样长期训练，有利于培养创新精神。学生通过想象，用自己的语言来讲解课文的内容，实际上就是口述一篇想象作文。

5.适时施教，适度施教，科学写字。一年级是小学生识字的最佳时期。因此，在一年级进行快速识字、大量识字符合儿童的生理特点是科学的，否则，将失去识字的最佳时期，但一年级并不是写字训练的最佳时期。韵语识字根据现代儿童"脑先成熟，动作滞后"的生理特点，在低年级实行先认后写，多认少写，先以认读为主，适当写字，收到理想效果。

三、生活化识字教学策略

生活化识字，既秉承众多的教改经验，又遵循识字教学的基本规律，集众家之长，使识字教学因时、因地、因生而灵活运用，做到教有法，教无定法，因生定法。

(一)引入生活情景，激发学生"景"中识字

《语文课程标准》指出："识字教学要将儿童熟识的语言因素作为主要材料，同时充分利用儿童的生活经验。"[①]其实生活处处皆语文，生活为语文学习提供了广阔的空间。联系学生生活情景，"景"中识字，既可提高学生识与记的效率，又对其运用有很大的帮助。语文教材中有些课文中的字词与学生的生活息息相关，词中的事物或自然现象等是他们亲眼目睹的或发生在他们身边的。这时便可把活生生的生活情境，水到渠成地引入识字教学。如学习一年级上册《自选商场》一课，本课需让学生认识"面包、牛奶、火腿肠、牙膏、毛巾、洗衣粉、铅笔、尺子、作业本"。这九个词分别涵盖食品、日用品、文具品三类。学生在商场购物时便熟识、了解它们，教学时可让学生做小老师，展示所知。有些课文中的字词虽与学生的生活息息相关，但形散神通，需要学生在学习中自主探究、自主发现。教者在执教时可有意识地引导学生去寻找——发现——总结。这样学生在识音的同时亦掌握了汉字的形、义。有了生活经验的启迪，识后学生自然能很好地运用。如学习一年级下册的《识字 4》，这是一幅描绘夏天时小动物和谐生活的场景图。儿歌共有 14 个生字"蜻、蜓、展、蝴、蚯、蚓、蚂、蚁、运、蝌、蚪、蜘、蛛、网"，其中有 11 个生字 6 个词是孩子们耳熟能详的六种小动物，它们分别是"蜻蜓、蝴蝶、蚯蚓、蚂蚁、蝌蚪、蜘蛛"。教学时教者可引导学生自主寻找发现："小朋友们，看到今天所学的生字，你发现了什么？""老师，我发现大多的生字都是虫字旁的字。""对呀！虫字旁的字一般都表示和昆虫类动物有关。""小朋友们，仔细观察每个生字，你又有什么新的发现？""老师，我发现蜻蜓的蜻，右边部分就是一个青草的青。""对呀！这个字，一部分表示一个字的读音，一部分表示字的意思，多有意思呀！再看看，你还发现了什么？""老师，我知道蚂蚁就是这样的字。"……在教者的引导下，学生可很快识记、运用这些生字。

---

① 中华人民共和国教育部.全日制义务教育语文课程标准(试行)[Z].北京：北京师范大学出版社，2001(6)：16.

(二)创设生活情境,诱发学生自主识字

托尔斯泰说过:“成功的教学所需要的不是强制,而是激发学生的兴趣。”[①]识字教学中运用多种形象、直观的教学手段,创设各种生活情境,既可调动学生的识字兴趣,又互吸引学生主动识字。如教学人教版第二册《小蝌蚪找妈妈》一文,配合课文内容,制作生动的课件。画面中,一群可爱的黑灰色的小蝌蚪正找寻妈妈,它们游着游着来到一片美丽的水草前,看到了不远处的红鲤鱼妈妈和大乌龟。美妙的动漫吸引着学生们,教师适时地说:“孩子们,这群小蝌蚪想去向鲤鱼妈妈和乌龟了解一下自己妈妈的情况。可它们遇到了困难,你们愿意帮助它们吗?”“愿意!”孩子们的热情被调动起来了。“好,让我们一起行动吧!只要你用最好最快的办法记住水草中的字,小蝌蚪就能靠近鲤鱼妈妈和大乌龟了。”同学们的积极性很高,识记的方法也多种多样,如:“灭字加撇就是灰”“、柳字去木加走之就是迎”……在创设的识字情景中,孩子们既识记了汉字,又体会到了学习的快乐。

(三)搭建生活情景,引导学生快乐识字

教育学家卡罗琳说:“孩子们的工作就是游戏,在游戏中激发他们的思维,是他们最愿意接受的。”[②]低年级的学生平均每天要认识几个甚至十几个字,因此教者应根据儿童的心理特点和年龄特点,创设一定的教学情境,开展形式多样的活动与游戏,打生字牌、开火车识字、摘生字果子、走字宫、“顺口溜”等识字游戏,让学生在学中玩,玩中悟。如教学人教版一年级上册识字1,让学生自制生字牌卡片,课堂上同桌间轮流发牌,读出字音,再组词(组词越多越好),谁先把牌打完,谁获胜。游戏中为了取胜,孩子们会积极认字,有不会读的字或不会组词的也会主动想办法解决(问同桌、问老师、问家长)。这种游戏识字的方法运用到复习课上效果也很棒。教学中常用的游戏方法还有:认识同伴、送信识字、啄木鸟诊断、随机模仿、对号入座、叫号出征、情景表演、识字比多、画文展示等。

(四)营造生活情境,夯实学生正确识字

德国著名心理学家艾宾浩斯对遗忘规律进行测试:第一天学到知识,延续到第二天保持率只剩33.3%,第三天保持率为27.8%,第六天保持率降到25.4%,其遗忘规律是先快后慢。[③] 同时心理学研究指出,记忆过程包括识记、保持、再认或回忆三个环节。识记与保持是再认与回忆的前提,再认与回忆是识记与保持的结果和表现。教学中教者应科学地抓住遗忘与记忆的规律,扬长避短,定会达到预期的教学目标。如:低年级的学生识字规律是:学得快、忘得也快。最佳方法是让生字与学生天天见面。教学中,根据单元所学内容,每天清晨安排“5分钟识字超市”,根据汉字音、形、义方面的特点,营造情境,让学生在轻松有趣的氛围中识字。如:准备一些声母或韵母相同的生字,学生带生字头饰,

---

① 商晶.生活化识字探究[J].科教文汇,2009(5):122.

② 商晶.生活化识字探究[J].科教文汇,2009(5):122.

③ H.艾宾浩斯.记忆[M].曹日昌,译.北京:科学出版社,1965:143.

读后，选择字音中相同部分的字手拉手交朋友等。总之，识字教学应走生活化识字之路，大力开发母语识字资源，关注学生独特的识字体验，课内课外兼容并举。

四、集中识字教学策略

众所周知，识字是阅读和写作的基础。田本娜教授曾经说过："小学低年级语文教育的启蒙，必须要以识字教学为重点，最佳方法是集中识字。"[①]张志公先生曾做过非常明确的分析，他说："不集中识字而过早地教儿童读书，其结果是识字教育和知识、思想教育两败俱伤。"[②]

集中识字法可以说是归类识字，基本的方法有：从音归类（同音字归类、形声字归类）、从义归类（近义字归类、反义字归类）、从形归类（形声字归类、形近字归类、同偏旁归类）三种。其中形声字归类容量大，充分利用形声构字规律将形声字归类，便于学生认识形声字的构字规律，记住字形的难点部分。为了能带出更多的字，把带有同样基本字但非形声字的字，如"肥"也放在"巴"字组中，同样有助于学生记认，这也叫"基本字带字"。基本字带字就是通过给基本字加偏旁部首的办法引导学生利用基本字学字、记字。如"主"是"住""柱""往"一组字的基本字，其关键在于利用一组字的相同部分组成字串，突出其不同的偏旁部首，通过分析比较，强化记忆字的不同部分，以识记生字。形近字（如桥——娇）归类法是抓住一组字字形的相同部分，突出其不同点来让学生记住生字。由此看来，集中识字教学法是基于汉字字形的构成特征，把形旁或声旁等一致的汉字进行归类，指导学生在识字时分析、比较一组字的异同点，概括出一组字的字形规律进行识字，注重的是汉字的生成性特征。从汉字本身的特点看，绝大部分结构复杂的汉字，是由结构简单、笔画少的汉字或部件充当其义符、声符或其他成分而构成的。在集中识字过程中，形旁、声旁、部件和作为构字成分的简单字，每一个认知单元在单位时间内得到了有效重复。在SOA（两种刺激不同步呈现时间）较短时，成分字对高频合体字没有启动作用，而对低频合体字有显著的启动作用。这个结果说明，高频字整字识别，低频字分解识别，汉字的知觉单元的形成是一个生成建构的过程。就起源来说，由于汉字本身在形式上就是一种抽象符号，因此对具有一定言语水平但抽象逻辑思维尚处于初步发展的小学生来说，字形的学习是识字教学的一个难点。有关调查表明，低年级的难点主要集中在字形（占54.4%），且在常见字形错误分类中，低年级识字部件错误高达50%。这个研究结果事实上说明了注重字形教学的集中识字法在低年级教学实践中获得成功的合理性和科学性。集中识字教学法注重字理的生成联系，便于加强小学生对汉字字形的学习、记忆和巩固，因而能获得较好的教学效果。

（一）集中识字教学法以"基本字带字"为主要形式

汉字虽有难学难记的一面，但由于汉字是表意文字，也有许多规律可循，比如象形字、形声字、会意字、同音字、形近字、相同部首字等等。集中识字教学法遵循了以上规

① 朱卫红．小学集中识字教学法之我见[J]．小学语文教学，2007(2)：33.
② 朱卫红．小学集中识字教学法之我见[J]．小学语文教学，2007(2)：33.

律，在教学中教师可利用汉字的内在联系集中归类，启发儿童感知汉字的构字规律，激发学习兴趣，培养识字能力。教学的对象是初入学的儿童，他们的特点是好玩、爱动，注意的持久性不强，喜欢新异、形象的刺激和有趣的事物，机械记忆力较强等等。在识字教学中首先要充分注意小学生的这些特点，在教学内容安排上要由易到难，由浅入深，从基本字入手。教学的形式要生动活泼，要富有趣味性和直观性。教学语言及辅助教学的形式也要灵活多样，要善于调动学生的多种感官参与，讲练结合，特别要注意把“规律”教给学生。例如：学习“清、晴、睛”三个字，基本字是“青”，加上三点水旁就是“清水”的“清”，加上“日”就是“晴天”的“晴”，加上“目”就是“眼睛”的“睛”。可以说，教师按汉字规律教，并将构字的规律教给学生，学生一旦掌握了汉字规律，就可以通过一个基本字和几个偏旁部首，学习一串字，触类旁通，不仅提高了识字效率，也为独立识字打下了坚实的基础。当学生的识字量达到一定程度时，还可以引导学生总结一些识字规律：“三点水的字大多与水有关”，如“海、沙、浪、汗、河、洋”；“木字旁的字大多与树木有关”，如“树、根、杨、柳、桃、梅”；“提手旁的字大多与手有关”，如“抱、挑、拥、打、推”。学生有了一定的偏旁知识后就可以利用形声字的构字特点成串识字，如“丁”字做声旁可以组成“顶、订、叮、钉、盯、厅、亭、宁”等字。有趣的是还可以编成相应的儿歌：“横竿竖钩是丁，组字可用丁声，从口蚊子叮人，从金板上钉钉，从目盯紧目标，从页就是头顶，从言商订计划，取火点灯照明，用手打铁打球，厂房宽敞如厅，宝盖代表房屋，丁进屋里安宁，高口变丁是亭，人停亭旁赏景。”像这样的儿歌读起来朗朗上口，易记易诵，学生边读儿歌，边记字形，还能感知字义，在较短的时间内便可认识较多的汉字，且遗忘率低。“基本字带字”，把基本字（声符）作为归类依据，作为记忆支柱，通过归类强化得到深刻印象，合体字就可以记住、记准了，学生错别字率也就会比较低。可以说，“基本字带字”是最好的归类了，但即使是最好的归类方法也不可能包揽全部生字，所以在教学中还要采用其他的识字方法。

（二）集中识字教学法以“形声字归类”为辅助形式

汉字中独体字是少数，绝大部分是合体字，而在合体字中有 80％～85％的是形声字。我们知道，形声字的最大特点就是形旁表义，声旁表音，基本字加上偏旁就是合体字。当学生掌握了一部分独体字，开始进入合体字的学习时，偏旁部首就显得尤为重要，特别是对频率较高的偏旁部首的教学更应加以足够的重视。当学生掌握了偏旁的表义功能后，再教给学生汉字的构字规律。为了方便学生记忆字形，对汉字偏旁部首的部位称谓进行了简化：左右结构的字一律称左旁右边，如“材”字记为“木”字旁，“才”字边；上下结构的字，一律称上头下底，如“苗”记为“草”字头，“田”字底；上中下和左中右结构的字，中间部分一律称心，如“意”字记为“立”字头，“日”子心，“心”字底；“树”字记为“木”字旁，“又”字心，“寸”字边；半包围和全包围的字，包围部分一律称框，被包围部分一律称心，如“间、进、团”等字，分别称为“门”子框“日”子心；“走”字框“井”字心；“国”字框“才”字心。学生掌握了汉字的结构规律之后，就可以比较轻松地学习合体字，还可以利用偏旁部首理解字义。

（三）集中识字教学法以“形近字归类”为补充形式

“形近字归类”可以借助词来辨识，但必须先占有一个，以其为支柱，记另一个字。形近字主要有五种类型：(1)笔画多少不同，如“斤”和“斥”，“勺”和“匀”；(2)笔画长短、延伸不同，如“土”和“士”，“由”和“申”；(3)个别笔形不同，如“外”和“处”，“迭”和“选”；(4)个别部件不同，如“受”和“爱”，“遗”和“遣”；(5)偏旁部首不同，如“忘”和“妄”，“积”和“极”。形近字是小学阶段学生最易写错的、最难区分的字，也是小学识字教学的难点，恰当运用“形近字归类”可以突破这一难点。

(四)集中识字教学法囊括了非归类识字的方法

集中识字教学法囊括了“看图识字、韵语识字、读词识字”等非归类识字的方法，并在教学中也经常综合运用这些方法。“看图(物)识字”法就是利用声音、图像、动作、情境等加强汉字与事物的联系，让学生对所识生字的第一印象强烈、深刻。例如，教学与水果有关的生字时，可鼓励学生收集与水果有关的资料或图片，还可以将水果带到课堂上，并让学生给水果贴上标签，通过看看、摸摸、读读、认认，调动学生多种感官认字记字，教学效果很好。当然，课前激趣应针对具体情况灵活运用，形式也可多种多样。在儿童识字阶段，如果让学生去学一个个不能理解、莫名其妙的字形，他们会感到十分困难而且枯燥无味，引不起学习兴趣。由于汉字是单音节的，容易合辙，集中识字教学法可以将一个个单字编成儿歌，学生念起来顺口，听起来悦耳，既可激发学生识字兴趣，又容易使学生记忆。在集中识字的教材中还编入了传统启蒙课本《三字经》《百家姓》等，都是韵语，非常有效。在教学过程中，教师还可教给学生方法，自编故事找窍门，在游戏中记住汉字的字形。

集中识字教学法可以让学生有兴趣识字，并且掌握一定的识字方法；可以使学生较轻松地完成课标提出的识字要求，为阅读和作文奠定良好的基础；可以潜移默化地培养学生自主识字的能力，使学生掌握归类、对比、推理、分析、综合运用的识字方法。

五、字理识字教学策略

字理识字是指利用汉字本身具有表意性和图像性特点，综合运用故事、图画、演示、游戏等多种方法和手段，将汉字音、形、义三者之间的关系以及辨析方法巧妙地传递给学生，增强孩子的识字兴趣，提高识字效率的教学方法。在识字教学中，教师要充分运用各种形象直观的教学手段和灵活的教学方法，努力为学生创设丰富多彩且适用有效的识字教学情境，建立音、形、义三者之间的紧密联系，同时充分发挥学生的自主性，调动学生学习的多种感官，参与学习，逐步培养学生的识字能力，对学过的汉字能够会读、会讲、会写、会用。其基本策略和方法是：

(一)图文展理

象形是最早的一种汉字造字法，它是用描摹物状的方法来造字的。汉字中一大部分是象形文字，教学时可根据字的特点选择适当的方式进行图文展示，演示汉字的原始状态和演变过程，以帮助孩子记忆字形、理解字义。例如，在“日”、“月”、“水”、“山”等字的教学中，教师先出示图案，让孩子猜一猜是哪个字的原型，再利用课件展示字形的演变过程，然后让学生画一画图，写一写字，说一说字形，使得字形和字义的内在联系变得形象直观。再如教学“龟”字，依次出示侧面向左的大象图、甲骨文“龟”字、篆体“龟”字和楷书

“龟”字，并引导学生通过观察了解“龟”字的象形意义的演变过程，让学生明白“龟”为什么这样写，从而突破“龟”的字形难点。在此过程中，学生通过联想，把抽象的汉字符号和形象的图画加以联系，使汉字在孩子的脑中变得形象可感，识字变得有趣，更易记忆，同时也培养了孩子的想象力和表达能力。

（二）实物示理

写意的汉字不是哪一个人随心所欲臆造出来的，它来自大自然和社会生活，是我们祖先在长期的社会实践中逐渐创造和完善的。有不少汉字是对生活中一些事物的描摹。对这些字，可以运用实物示理法，通过展示生活中的实物，深化形象记忆，培养学生在生活中识字的意识。如识“网”字时，在课堂上向孩子们展示了一张网铺平网眼，并用实物投影仪传输给学生看，激发学生的兴趣。接着让学生找出实物网与“网”字之间的联系，通过观察和想象，学生很快就明白了“网”字里面的部分代表了网里绳子所编成的扣眼，看到“网”字与网的外形有相似的地方。然后出示网的象形字，使学生了解到“网”字就是根据网的形状演变来的。在识“伞”字时，出示实物，让学生自己通过对雨伞的观察和撑合操作，来说一说实物和字形的联系。通过仔细观察，学生常为自己的发现感到惊喜，说：“老师，‘伞’字就像一把雨伞，上面的‘人’是伞面，中间的两点和一横分别是伞撑和伞卡，中间一竖是伞柄”。这样，逐步引导学生丰富联想，努力把识字与生活中的实物很好地结合起来，写得准，用得好。

（三）动作演理

汉字中，有很多表示动作的字词，动作示理就是通过体态语展示动作，建立字形和字义的内在联系。这种演示形象活泼，课堂氛围活跃，识字过程有趣，不仅可以加深孩子对文字的记忆和理解，而且可以逐步培养孩子的观察能力和思维能力。例如，教学“掰”字时，教师可以依据“掰”字的字形特点(左右为“手”，中间为“分”)，演示两手掰断粉笔的动作。通过观察，学生明白了字形特点和字义的联系，再让学生自己做做“掰”的动作，并进行扩词运用练习，使得其牢固记忆，合理运用。教学“坐”字时，则可让两位学生做席地而坐的姿态来理解字理。教学“看”字时，请学生把一只手放在眼睛(目)上，作遮挡阳光状，眼神像孙悟空一样看向很远的地方。这样，孩子通过观察老师的动作、神情和自己的实践，不但记清了字形，而且弄懂了字义，学起来不费力气，课堂气氛也很活跃。

（四）谜语揭理

字谜是用暗示字义或描摹汉字形体特征的方法为谜面，以文字为谜底的一种谜语。它朗朗上口，易读易记。猜谜还能满足学生的好奇心情，学生一旦猜到谜底，就可以享受到成功的喜悦。根据这一特点，教师可以用编写谜语的方式揭示汉字形、义的特点，通过读谜、猜谜来理解字义、识记字形，在教会方法后，再引导学生自己编谜识记生字。比如，学“灿”字时编：“近看是火山，远看金光闪；葵花向太阳，颜色多鲜艳”；学“茄”字时编：“草头下面一个加，菜园里面常见它，有紫有白杆上挂，请你猜猜它是啥”；学“杏”字时编：“木下口一张，酸甜伴清香；一枝出墙来，红艳报春光”。当学生从中感受到乐趣时，教师趁势发动学生编字谜，字谜编得好者可获得"编谜大王"的称号。编字谜、猜字谜，使识字教学变得形象生动，不仅调动了学生识字的兴趣，而且巩固了生字，提高了语言感受能力和表达能力。

(五)故事描理

根据字的形义，调动孩子的观察、分析、想象等各种能力，激发学生想出一个故事情节，运用语言来描述，让学生在轻松愉快的氛围中创造性识字的同时，完成从生字学习到语言运用的有效整合。如，识"阔"字时，讲《杨修修门》的故事给孩子们听，当孩子们知道"曹操在门上写了个'活'字，聪明的杨修就意识到曹操是嫌门太宽阔了，于是就派人把门改窄"的故事后，对"门"里添"活"就是"阔"字就很难忘记了；而"藏"字，字形非常复杂，很多成年人也经常写错别字，在教学时先讲清"藏"可以分成四个部分"艹、爿、臣、戈"，再讲清各部分的意思，然后结合演示课件指导学生编故事：古时候，有个大臣发现敌人在后面追他，他就赶快跑到一个卖兵器的地方，这时，他看见墙角有一团草，他就马上把草拿来放在自己头上，他又看见旁边有一大堆木柴，他连忙把木柴搬过来，放在自己左边，这时，他又发现自己的右边还露在外面，他又赶紧去拿几件兵器放在自己右边。敌人追上后，看了看就走开了。敌人为什么没发现呢？那是因为大臣藏起来了呀！在此过程中，学生不但轻轻松松地记清了字形，还理解了字义。再如，识"裕"字时，运用图片创设情境，引导学生编故事"在旧社会中，很多老百姓都吃不饱，穿不暖，所以有衣服穿，有谷子(就是粮食)吃，既丰衣又足食，就算是富裕了"。这样，有故事的汉字在学生们的眼中非常形象，并且好记。

(六)对比辨理

在汉字中，有不少汉字虽然外形相近，但意义却完全不同。在教学时，可以通过对比引导学生进行字理分析，帮助学生正确理解字义、区别字形，防止孩子因混淆而写错别字。例如，"本、末"两字造字方法相同(都是指示字)，字形相近，但字义相反。在识记时，可以画棵树的简笔画，请学生指出哪里是树根，哪里是树梢，不仅能使学生形象地记住"本、末"两字的字形，并能准确理解"本"表示树根、"末"表示树梢的真正含义。接下来，结合扩词运用及讲解"本末倒置"、"舍本逐末"的相关事例使之理解其引申义，并学会在语言环境中进行灵活运用。再如，学习"蓝、篮"两字时，教师可以请学生谈谈"你发现了什么""你有什么问题"。学生通过观察，指出它们的相同点是都有一个"监"，区别在于上边的偏旁部分不同。紧接着，学生问："我知道蓝字是表示颜色的，可为什么是草字头?"这时，教师乘机出示植物蓼蓝的图片，并指着叶子告诉学生，它的叶子含蓝汁，可以做蓝色染料，也叫蓝。所以蓝色的"蓝"从草字头。而对篮球的"篮"字，则先让学生自己看偏旁、想字义，在综合学生各类意见的基础上，教师再告诉学生篮球运动的起源，"篮球运动 1891 年起源于美国，开始的时候是用两个竹篮子作比赛工具的，后来，才逐步将竹篮改为铁框"。这样，学生不但能准确区分了"蓝、篮"两字的异同，而且明白了古人造字都是有一定理据的。在对比辨理教学时，教师要注意运用联系的观点，引导孩子用学习熟字的方法顺势迁移到生字的学习上，并从中学会运用辩证的观点来看待事物和处理问题。

(七)类比明理

中国汉字虽多,但是构字部件的数量加起来只有500个左右,所以有很多汉字是部件相同,就是因为偏旁不同而意思有所不同,对于这些部件相同的汉字可以把它们归为一类。在教学时,不要让孩子单独去认字,而应启发孩子由一字想多字,把这些相近的字一并出现,让学生在比较中识字,在联系中区别,并采用编写歌谣、顺口溜、韵文等方式把字串成串,引导学生把已识的字放到语言环境中加以理解和运用。例如,识记“青、清、请、晴、情、蜻、睛”时,要让孩子通过类比明白偏旁不同意思就不同,识字时可以组织孩子们观察联想,编成顺口溜:“有水方说清,有言去邀请;有目是眼睛,有心情意浓;丽人留倩影,日出天气晴;有虫是蜻蜓,有米人精神。”然后编写韵文填空加以巩固,“河水(清清)天气(晴),小小(青蛙)大(眼睛)。池上(蜻蜓)眨(眼睛),它们一同捉害虫。(请出)专家评一评,庄稼丰收(好心情)”。识记“慕、幕、摹、墓、暮”时,编写顺口溜:“有心是羡慕,有巾是幕布,有手是临摹,有土是坟墓,有日是薄暮”;记“各、处、落、洛”时,编写韵文填空:“三人同日踏春去,赏观(洛阳)名牡丹。(各个)争奇斗艳(处),(花落)东都满城香”。这样的类比明理,可以让学生在较短的时间里轻松掌握一些难记的汉字,并减少形近字的错误运用。

第二节 有效阅读教学的策略

阅读是搜集处理信息、认识世界、发展思维、获得审美体验的重要途径。它可以使学生形成良好的世界观、人生观、价值观。如何提高小学生阅读的兴趣,使学生尽快进入阅读的角色中,掌握阅读的方法,提高阅读的质量,是新世纪语文教学中的一个热点问题。同时,学生阅读兴趣的培养、阅读习惯的养成、阅读能力的提升,都离不开高效务实的有效阅读教学,本节将介绍几种主要有效阅读教学的策略。

一、诵读感悟教学

实施语文诵读感悟教学法,教师是关键。教师要改变原有的教学观念,大胆发现,大胆创设情境,把学生导入“思考的境地”,让学生“知情”“知美”“明理”,进入感悟的美妙境界。

(一)涵泳品味,以读促悟

语言能力的培养分为四个方面,即听、说、读、写的能力。没有读,便没有高水平的听;没有对语言轻重缓急、抑扬顿挫等技巧的把握,便不能自然、流畅、充分地说出自己的思想;没有相当的语感积淀和语言材料,肯定也写不出文从字顺的文章。要让课改焕发生命的活力,离不开诵读。诵读是感悟的基本方法,是发展语言的重要手段,更有利于培养学生爱国主义感情,积极的人生态度,正确的价值观,进而提高审美情趣。

1. 范读范背,以情激情。美国心理学家梅拉列斯在研究中发现,学生接受信息的总效果＝7％文字＋38％语调＋55％面部表情。可见，老师声情并茂的范读会唤起学生情感上的共鸣，产生丰富的情感想象，与作者共鸣，与作品的人物共鸣。因此，教师要重视范读，并在范读中做到："设身处地，激昂处还它个激昂，委婉处还它个委婉……务期尽情地发挥作者当时的情感，美读得其法，不但了解作者当时说什么，而且与作者的心灵相通。"①比如说，读《卖火柴的小女孩》，好像可怜的小女孩就在我们身边，她凄惨的遭遇让人落泪……学生在老师富有情感的范读中得到了情感的陶冶。教师精彩的范背，不仅能激发学生的学习兴趣，调动他们学习课文、背诵课文的积极性，更是教师认真钻研教材，吃透教材的结果。教师在范背过程中，会了解哪些课文容易背，哪些课文学生背诵有一定的困难，从而在课堂教学指导背诵时，确定好重点，有的放矢。教学中，要求学生背诵的内容，教师先范背，让自己处于学生的平等地位，作同样的要求，自然会拉近学生与教师的距离，从而建立良好的师生关系，创建良好的学习环境，平等互利的师生关系反过来也会促进学生积极主动地参与学习，快快乐乐记忆，轻轻松松背诵，使学生不断积累妙词佳句，不断提高理解能力和作文水平。

2. 课外诵读，增加积累。《语文课程标准》对学生的阅读总量做了规定，其目的就是培植热爱祖国语言文字的情感，通过诵读，让学生认识中华文化的丰厚博大，吸取人类优秀文化的营养。因此，教师要为学生创设宽松的阅读氛围，拓宽学生的阅读面，在读物的选择上，采取教师推荐，学生自选，生生互换相结合的方式，引导学生阅读自己喜欢的读物。同时，还补充与课文相关的阅读材料，让学生在博览群书中提高语文能力。在学生大量阅读的同时，不失时机地让学生将书中的好词佳句背下来。通过背诵，让学生积累大量的好词佳句，精美篇章，不断充实自己的语言库存，并从背诵中领悟体味作者谋篇布局、遣词造句的匠心所在，悟得表达的真谛，这将使他们终身受益。为掀起学生背诵古诗的热潮，教师可在语文课前设古诗擂台赛，请小擂主上台背诵，其余同学可向他展开挑战；在检查学生课外阅读方面，不应一味地检查做了多少笔记，而是开展形式多样的诵读会，如诗歌朗诵会，我是小小配音员等，让学生在诵读中走进语言，感知语言，积累语言。

（二）创设情景，激发感悟

教学情境是一种情境交融的氛围，是学生阅读的特殊场景，如果学生置身其间，就会与作者一起喜怒哀乐，就会与作品的人物交流情感，甚至产生对话。这样学生就会在不知不觉中心智得以激活，情感得以熏陶，人格得以修炼。创设情境是引发感悟的重要一环。这里的情景包括形象情境，愤悱情境，实验情境，体验情境，迁移情境，尝试情境等等。

1. 形象情境。形象情境在语文教学中的重要表现就是利用与课文有关的视频、图片而创设的教学氛围及把课文文本演绎成课本剧。在教育信息化时代，多媒体教学显得越来越重要。多媒体教学综合利用声音、图形、图像、文字、表格等媒体进行教学，显得形象直观，能营造出一种生动的教学氛围，极大地调动了学生学习的积极性和主动性。可以说，利用多媒体营造教学氛围可以一扫过去课堂的沉闷，可以大大提高教学的趣味性。

---

① 刘逊. 激情·入境·回味[J]. 小学语文教学，2002(6)：17.

但要注意，语文阅读终究是文本的阅读，阅读过程的本质是学生对文本的解读和感悟，学生要通过文字产生再造想象，切不可以视频和图片来代替学生对文本的阅读。文学是用语言符号表现生活的，阅读归根到底是对文本的体验和感悟。在学生已经充分阅读课文的基础上，再辅之以视觉冲击，可以弥补学生想象的不足，增进对课文的理解，这本无可厚非。然而，要注意，“阅读是一种从印的或写的语言符号中获得意义的心理历程，阅读的本质是要从文章的语言符号中理解其精神内核，阅读教学应该致力于培养学生从语言符号中获得意义的能力。”①因此，在使用时要分清主次，恰当利用视频图片等文件，恰当利用分角色表演的方法，切不可喧宾夺主。

2. 愤怒情境。《论语·述而》曰：“不愤不启，不悱不发。”这里的“愤”，就是求知欲望和积极的思维状态；“悱”，就是嘴巴想说但又不知怎样表达的情境。在教学的过程当中，教师应该循循善诱，启发诱导学生，让学生处于积极的思维之中，营造“愤怒”的情境。教师要扮演好主导的角色，要真正把学习的权利交给学生，把时间还给学生，善于把学生思考的频率调谐到“愤怒”的情境之中。教师应该吃透教材，针对重难点设置导向性信息诱导学生独立思考，教学中要了解学生的发展水平、已有的能力状况，了解学生原有的认知结构的特点。教育家第斯多惠指出：“学生的发展水平是教学的出发点。”②只有了解了学生的发展水平和能力现状，在课堂上才不会急于提问或总结，才不会违背可接受性教学的基本原则，才能有效地发展学生的最近发展区。所谓的体验情境，就是创设一种使学生全身心活动的情境。为了达到学习目标而采取的各种行动，谓之活动。学生五官并用，全身心投放于整个学习活动而获得的对周围事物的自我感悟，谓之体验。创设体验情境，就是要在学习中让学生亲自动手操作，动眼睛看，动耳听，动情朗读，动口议论，动笔写，开动脑筋思考。教师要以后现代的观点指导教学，倡导开放、多元的价值取向，鼓励学生提出自己独具个性的见解，摒弃机械呆板和权威。

【精彩片段】：

（上课。师板书课题，要求同学们随着老师的板书边读边书写，写毕再齐读一遍课题。）

师：读课题也要注意感情。大家学习完课文后再读题目，我相信就会读得不一样了。拿出课文，遇到生字，那上面有拼音，多读几遍记住它。下面大家自己认真读课文。

师：读了这篇课文，你的心里是什么滋味？有什么感受？

生1：我觉得很可惜，这么好的一座圆明园竟被英法联军给破坏了。

生2：我认为，如果不是清政府腐败无能，那么圆明园也就不会被毁灭了。

生3：我们曾为圆明园而感到骄傲。后来被英法联军毁坏了，我心里感到愤愤不平。

师：哦，她的心里感到愤愤不平。还有不同的感受吗？心里是什么滋味？用一句话来回答。

生1：我心里非常难过。

生2：我心里非常的愤怒。

---

① 全日制义务教育语文课程标准（实验稿）[Z]. 北京：北京师范大学出版社，2001(6)：17.

② 张涣庭. 西方教育论著选[C]. 北京：人民教育出版社，1964：36.

师：(板书：难受、怒、恨、惜)现在请你再读课题。(生读)感情变了，表情也变了。大家心里很难受，又恨又怒，又感到很可惜，这就是同学们读了课文后的心情。读哪一段时你最恨、最怒、最难受？

(生说读第五自然段，于是教师提醒同学们把那种最难受、最可恨、最可气的感情读出来。生齐读。)

师：我很注意看，很注意听了，同学们已经把可惜、难受、愤恨、愤怒的感情交织在一起了。再读一遍，把你的心情、你的感受写在脸上。

(两生有感情地朗读)

师：她表达的不仅是她个人的感情，而且是表达我们所有中国人的感情。哪位同学再来读？

(另一生更有感情地朗读)

师：这是对帝国主义强盗的控诉！

大家齐读。

(生读。师板书：拿走、搬运、毁掉、放火)

师：这就是英法联军犯下的罪行。最可恨的是，他们为了毁灭罪证，最后放起火来。他们的罪证难道能让大火毁灭掉吗？

生齐：不能！

师：前面用了个“闯”字，活化出了英法联军的强盗行径。一可恨能拿走的拿走，二可恨拿不动的搬走，三可恨搬不走的就毁掉，最可恨的是最后还要放火烧掉，企图毁灭罪证。同学们，让我们再读一遍，读出中国人的恨！读——(学生带感情地齐读)

3.问题情境。心理学研究表明：问题性是思维的重要特征，思维火花总是围绕着问题进行操作的，而人的思维发展水平取决于思维操作水平。以生动有趣的故事或熟悉的生活实例或直观形象的实验演示引出疑问，制造悬念，激发学生探究的欲望。教师如把知识创设成各种生动有趣的情境，则会引起学生极大的兴趣。围绕教学目标，精心设置有梯度性的问题，诱导学生思考，训练学生思维，这是语文阅读教学最基本的做法。设置问题注意要命中要害，体现重点难点，难易程度符合学生的实际水平，太难不好，太易更不好，因为没有达到训练的目的。

4.质疑情境。古人云：“学源于思，思源于疑。”教师要营造民主、轻松、和谐的教学氛围，增强学生的问题意识，让他们在学习的过程当中大胆质疑。所谓的问题意识是指学生在认知活动中意识到一些难以解决的、疑虑的实际问题或理论问题时产生的一种怀疑、困惑、焦虑、探究的心理状态。这种心理状态驱使学生积极思维，不断提出问题。有人说中国今天的教育是千人一面的教育，话虽偏激，却也言中我们教育的致命弱点。我们的教育缺乏创新，缺乏个性！我们教育出来的人才大多个性不明，思维缺乏创新，缺乏独立的人格力量。现在的语文教学是印证式的教学：精心设计问题，然后让学生寻找答案，而且答案要和“标准答案”一致，否则就是错的。可以说，学生的创造性在一次一次的印证中被扼杀了。为此，语文教学要开放化、多元化，让我们的学生敢于标新立异，不迷信权威，大胆提出疑问。只要学生言之有理，教师就给予肯定。这样做，其实就是让学生勇于表达自己的感悟，张扬自己的个性，培养创新的精神。

5.幽默情境。教师可通过生动幽默、富有情感表现力的语言来描绘生动的学习情境。教学幽默是一名教师的文化素养、教学经验、教学机智、教学风格等的集中体现，是成功的教育必不可少的基本条件。事实上，充满情感色彩、幽默风趣的语言，直接关系着师生情感交流及和谐状态的形成，使师生情感产生共鸣。“亲其师，信其道，乐其学”，使学生产生积极的学习情感，促使他们主动发展。今天的素质教育，更多呼唤具有人文情怀的教师。

6.合作情境。在教学过程中，要重视使学生之间产生互动，营造相互交流、相互合作、相互补充、相互帮助的良好气氛。在交流对话中碰撞出思维的火花，从而获得独特的体验和感悟。这种情境具体体现在讨论式的学习和研究性的学习中。教师要善于设置具有思辨性的问题让学生展开讨论。

(三)联想想象，深化感悟

文本在反映客观事物的同时，总会在不同程度上带有作者的主观色彩。联想和想象就是表现作者主观色彩的两种手段。所谓联想，是人们在观察的基础上，由当前的某一事物回忆或联想到另一有关事物的思维活动。所谓想象，就是人们在感知客观事物的基础上，对过去经验进行改造和重新组合成新的形象，从而建立起新的有价值的东西的心理过程。联想是思维大厦的基础，而想象是在联想基础上的升华。文章插上联想和想象的双翼，就会在艺术天空自由翱翔。

1.引发联想。感悟离不开联想。例如纵横交错的联想，从视、听、味、闻、触等知觉上激起反响，给人以深刻感悟。有的联想具有深远感，给人崇高和壮美。常见的联想方式有三种：相关联想、相似联想、对比联想。相关联想就是由某一事物想到与之有关的另一事物。相似联想是指由某一事物的感知和回忆引起对类似事物的联想。它反映事物间的相似性，是事物与事物之间的暂时联系的表现，相似点就是联想点。相反联想是由事物间具有相反的特点引发的联想。相反联想也叫对比联想或反向联想，这种联想以事物的对立、矛盾关系作为依据。

2.引发想象。想象对于文学作品的审美感受的重要性在于有了它才能提供感受的广阔天地。爱因斯坦曾指出，“想象力比知识更重要……并且是知识进化的源泉。”“当一个人对某些知识现象产生强烈的欲望与情感时，容易产生与此相关的想象文学，其激情越丰富，想象越活跃，思维创造性也越能得到充分发挥。”[①]语言的艺术，必须以作品的语言为根据去充分发挥想象力。它才会以具体、生动的面貌呈现于头脑中。而只有当在头脑中或多或少地有了形象在浮动，才有体验和感受。引发想象可利用幻灯片、实景等情景教学手段。例如古诗词中关于月的吟诵的诗句，可把这些诗句分成四类主题(1)望月思乡，这是人类咏月的永恒主题。(2)望月怀人，包含有情人之间的怀念之情，征戍之人对亲人的怀念。(3)月的阴晴圆缺变化的规律。(4)月的永恒存在。(5)月的多种意象。如“月明如镜”“残月”“朦胧月”“松月”“水月”“烟月”“霜月”。从其形状特征中领悟人生百相。根据这5主题，用电脑制作出各种“月”的画面，再配上诗句，使学生有深刻的感

---

① 全日制义务教育语文课程标准(实验稿)[Z].北京：北京师范大学出版社，2001：6.

悟。例如对月圆缺变化的规律，学生悟出“阴”与“晴”，“圆” 与“缺”是辩证的统一，不能分割。“阴”与“缺”是“晴”与“圆”的基础，而“晴”与“圆”又是“阴”与“缺”的最终目的和必然趋势。坚定认识到这一点，学生能站在历史的高度审时度势地踏上人生之路，对未来充满信心。又如“月的永恒存在反衬出人世的短暂，让学生悟出生命的重要。联想和想象是创新思维的两种不同形式，二者既有区别又有联系。联想的内容都是已知的、客观存在的，它是一种由此及彼的思维过程，即一种创新的思维形式。联想是想象的基础，想象是联想的发展，有时可单独使用，有时可结合使用，二者相辅相成，不能截然分开。阅读中也必须找出“远处高楼上渺茫的歌声”的听觉表象与“缕缕清香”的嗅觉表象之间的相似处，否则也不会有合理的想象和深切的感受。这种联想式的想象是再造想象中要求比较高的一种想象方式，应该对学生进行特殊的培养。

感悟学习是一种创造性学习，悟别人未言之意，对文本“言外之意”的体会，“味外之味”的把握这才是真正的感悟，通过想象和联想方能捕捉到文本隐含的意义。同时想象的跳跃性、自由性也能使感悟主体迅速在记忆的积累中搜索与此相关的契合点，从而完成感悟的使命。优秀的文本都存在着很大的张力空间，存在着很多意义的未定点，这些未定点的确定和“召唤结构”的填补都需要发挥学生的想象力，都需要在想象中体味与感悟。

(四)鉴赏点评，升华感悟

鉴赏点评是感悟的最高形式，这个层次的感悟已不再停留在有迹象的文字，而是由“言内”转移到“言外”，通过比较判断、想象联想，发掘文字背后所蕴涵的思想情感、文化内涵以及与同类文章的联系和区别。鉴赏、点评，是对文本的美学特征的一种揭示。而文本的任何一种美学特征，都是为文本的表达目的服务的。鉴赏、点评对文本美学特征的揭示，也就是对文本整体意义的更深层次的揭示。鉴赏点评是比较复杂的思维活动，且涉及的范围比较广泛，因此，鉴赏感悟除了调动学生的生活积累、诱发学生的想象之外，还要把握以下几点：首先要因文而异。其次，鉴赏熏陶还应因人而异。对不同年龄段的学生，鉴赏的要求应有所不同，小学生的鉴赏活动更多的带有感性色彩，应从具体表象的欣赏入手逐步深化；初、高中生的鉴赏活动理性成分较多，可以通过理论性的研讨将鉴赏引向纵深。此外，由于鉴赏熏陶的主观意识很强，应允许并鼓励学生见仁见智，发表自己的独特见解，培养其创新精神。

二、单元模块教学策略

在《语文新课程标准》编写理念的指导下，新版小学语文中高年段的教材有一个非常突出的特点——就是围绕单元主题以整合的方式组织教材，每个单元都以“导语”的形式点明单元主题，课例以及语文园地中的日积月累、口语交际(或语言实践)习作等内容都围绕这一主题安排，各知识点相互渗透，构成一个有机的模块。这就是以三维目标为指导所提出的“单元模块教学”。

(一)"单元模块教学"的内涵

单元模块教学,将以一个单元为一个"知识模块",从单元模块结构整体衔接的考虑出发设计教学策略,引导学生从整体入手,整体把握,紧扣单元训练项目,把课文相关知识连为一条教学线索,融听、说、读、写、练为一体,使单元整体运转。在教学活动中充分体现以学生为主体,展示学生是学习和发展的主体,引导学生"自主学习,合作探究,主动发展",注重能力的形成,加强学生自主的语文实践活动,实现"得法课内,得利课外,受益终身"的学习目标。这样的"单元模块教学"把小学语文教学研究的重点从"篇"转移到"单元组",对语文单元内容进行合理整合,并突出教学活动的主体性,学习内容的开放性,学习形式的活动性,学习过程的研究性,优化语文阅读课堂教学,提高学生的语文素养。在单元模块教学中,师生的主要活动如下:

学生:自学生字新词,查阅资料,了解相关知识,实践练习,感知了解主动探究,解决问题,自我评价,同学评价,深化提高。

教师:确定单元主题和整体目标,导学课文,组织教学,参与活动,提供帮助及时辅导,引导评价,及时反馈积极鼓励,点拨解惑。

在这一模式中,学生的活动构成了教学过程的一条线,而教师的设计活动则变成了教学活动的另一条线,很好地体现了教学过程中学生的主体精神,极大地调动了学生的学习积极性,激发了他们的创造力,并充分突显出单元模块教学"由教师主导到学生主学"的核心。

(二)"单元模块教学"的一般实施步骤

单元模块教学是一种全新的教学模式,它要求教师以新的教育理念来指导教学。教师要转变角色地位,从原来身居讲台、居高临下、灌输知识的"指挥者",变成"教练"、"导演",让学生成为课堂的主人,给学生发表见解的一席之地,老师是和他们一起参与学习活动、共同研究的"同道者"。其实施步骤分四步:单元通读,整体感知——典型示教,合作探究、强化巩固,把握规律——迁移运用,自主练习,以讲读课文(每单元第一、二两课)作"示范篇"示法,以阅读课文(每单元第三课)作"巩固篇"得法,以独立阅读课文(每单元第四课)或课外导读作"运用篇"用法,体现"感知——理解——巩固——运用"的教学回归。这样的单元模块教学的实施步骤首先会让学生通过"单元通读,整体感知"——自行感知学习内容,自行明确学习目标(训练项目),点燃学生求知欲;接着通过"典型示教,合作探究"——从欣赏到知识的获得是自己在阅读过程中自行发现、自行构建的喜悦,使学生的阅读能力得到充分的发展和提高;再通过"自学辅导,巩固运用"——自主运用在精读课文里学到的语文知识、读书方法,自己读懂略读课文或课外读物,使学生的独立阅读落到实处,有利于"自能读书"能力的形成和发展;然后通过"语文实践,自主发展"——加强学生运用知识能力和创新能力,促进学生自主发展;最后通过"单元感悟,主题升华"——让同学们在回顾中交流学习体会,感悟学习方法,学会自我监控、自我调节、自我评价、自我补救,使主题得到理性升华,大大激发了学生的求知欲,发展了学生的想象力和创造力。

三、主题教学策略

(一)主题教学的内涵

主题教学就是在课堂教学中围绕一定的主题,充分重视个体经验,通过与具有共同主题的多个文本的碰撞交融,在重过程的生成理解中,实现课程主题意义建构的一种开放性教学。它主张在实际教学中,将内容零散、形式单一但却有着共同主题的语文学习文本重新作一番统整。这样的教学理念和教学策略,使课堂教学的功能增强,容量变大。它不仅是组合教材的一种方式,更是实施教学、改革课堂的一把钥匙。著名特级教师窦桂梅认为这个"主题",不是思想主题,不是知识主题,也不是写作主题,而是文化主题。即以人文性为线索,兼顾语文知识和能力以及思维发展等,类似于比较文学中的母题,是那些连接着孩子精神世界、现实生活或者与历史典故、风土人情等有关的"触发点"、"共振点"、"兴奋点"。

(二)主题教学的操作框架

主题教学有一个基本的操作框架,即:话题切入——探究文本——比较拓展——链接生活——升华自我。这是个开放的框架,教师应根据教材提供不同主题的特点,充分挖掘可以利用的教学资源,灵活运用多种方法和策略,也可以依据自己建构的主题,挖掘主题内涵,结合相关语文知识灵活地规划、实施教学。如在"体会不同作家写同一动物的写作风格"为主题的教学活动中,就四年级上册第四组写同一动物的两篇文章《白鹅》和《白公鹅》一起进行教学。先重点引导学生体会《白鹅》一文中这只白鹅的特点,领悟作者的表达方法,接着从行文结构、描写方法、语言风格等几个方面一一对比学习《白公鹅》,并总结出它们的异同。这种比较学习强调同中求异或异中求同,有助于学生学到的知识得到巩固、迁移与提高,从而增强学生的阅读、写作能力及鉴赏文学作品的能力。这就要求教师既能当主题教学的"设计师",更要能当主题教学的"建筑师"。上课前,教师就要对教学内容、计划、目的、学习时间以及将要进行的主要教学活动通盘考虑、全面规划,教学的设想、教材的整合、教学方法的选择等等,都需要细致策划。因此,教师必须花大量时间收集相关资源,并花心思、下工夫创意教学流程(可以把教学创意全盘告诉学生,和学生一起拟定教学方案),让学生"入境",再通过对重点文本的揣摩、领悟、反思,感受文本主题的内涵和语言的魅力,在此基础上,引导学生走进广阔的语文天地,进行主题阅读的拓展或者相关的语文实践,丰富学生的积累,扩大学生的视野。当一个主题愈有意义,愈被深入或精致地处理,愈能置于情境脉络,愈能根植于文化、背景、认知以及个人的知识中,学生便愈容易学习、记忆和生成。现引用《窦桂梅与主题教学》一书中窦桂梅老师所举的例子加以说明:

比如去年秋天,看到落叶满地,我便在一年级围绕"落叶"的主题,设计系列主题教学内容。比如整合几篇文章进行细致学习,捡地上的树叶进行"拔根儿"的说话游戏,选合适的落叶进行贴画写话的比赛。下面即以课文为主,附带其他内容编创的"童话剧"为例:

教学伊始就创设情境，教师和学生扮演课文中的不同角色，采用文本、师生、生生对话的方式，抓住"爬、躲、藏、游、飞"这些表现小动物动作的词语，比较品味。然后再朗读体会落叶给蚂蚁、燕子、小鱼、小虫带来的情趣。之后加入《秋姑娘的信》，目的是让孩子们体会落叶的聪明能干，还能写信给冬眠的青蛙、贪玩的松鼠、南去的大雁、山里的孩子。最后和学生一起朗诵我编写的小诗。这样，用描写"落叶"的童话、诗歌组合进行教学，孩子们认识的"落叶"就人性化了，立体化了。这落叶，在春天带着这样的微笑来到地上；夏天，风吹来她们舞蹈，风停止她们思考；秋天，他们就带着奖状落到大地。蚂蚁的屋子、小鱼的大伞、燕子的电报，还有给青蛙、松鼠、大雁的信……嗨！都成了落叶的创造。就这样，"落叶"带着快乐回到了妈妈的怀抱，静静地睡去。来年，落叶还会继续当屋子、做小船、拍电报、写信.……

主题教学是学生的灵魂汲取自身成长需要的营养的过程。在主题教学中，教师要引导每个学生在获得基本认同的前提下，根据自己的个性及经历产生不同的感受，走上正确便捷的知识积累和精神成长的跑道，并最终建立起属于自己的丰满而充满活力的生命世界。

四、"引导——发现"教学策略

(一)"引导——发现"教学策略的基本意义

"引导——发现"教学策略，要求教师根据教材的结构特点和学生的认知水平，将教学内容和教学过程同步划分为数个相互联系的动态结构，引导学生在掌握知识的过程中探索并有所发现。纵向：按课堂时间顺序，把教学的整个过程划分为相对独立而又前后联系的几个阶段；横向：从参与课堂学习的各种因素考虑，采用各种组合方式，使教学媒体、教学手段与教学方法有机构成，从而发挥最佳的系统功能，取得课堂教学的最优化。

(二)"引导——发现"教学策略的一般教学流程

就实际操作来说，一般教学流程为：读中初探—探后初议—议中点拨—再读深究—交流评判—集中归纳。在课堂时序上纵向排列，相对独立，在课堂教学因素上横向考虑，互有联系。例如《飞夺泸定桥》一课，教学中先扣住课题中的"飞、夺"，组织学生初读课文，弄懂"飞"和"夺"各指什么，并要求边读书边把有关"怎么飞、怎样夺"的语句划下来，然后让学生把自己读懂的内容进行交流讨论，发现课文的线索是"抢时间、攻天险"，这既是故事的发展经过，也是作者行文的脉络。接着，再进行点拨，课题中"夺"是重点，但前面还有"飞"，学生经过思考，提出问题的假设，还要进一步解决"在怎样的环境中飞、夺"的问题，才能更准确地领悟到"飞"之艰难、"夺"之悲壮！在教师的引导下，学生又一次经历阅读实践，展开发现活动，当时就有学生发现"攀山越岭……"拟一边……一边……"不但说明时间紧、路途遥远，而且突出了边走边战的艰难；而"瓢泼似的大雨"和"液色"给"飞"更增加了几份艰险。学生在相互交流自己的发现时，不断比较，不断选择，围绕着课题深入探究，终于得到发现的共识，"飞夺泸定桥"既险又难。但是，"发现"还应深入，就在小结之后，教师转而一引：把课文开始的"飞"与课后结束"主力浩浩荡荡奔赴抗日最前线”,联系着对比读一读,你又能体会到什么?学生再次回到课文里,产生对这“飞夺泸定桥”更深的领悟,最后教师集中归纳,对学生的学习行为与发现方法进行价值上的指导评定。一切因人、因地、因目标、因内容、因对象而异,在教师“引导”下,让学生在主动地“发现”中求得“主体性”的“发展”。实现由“学会”向“会学”的转变,以适应未来社会发展的需要,这就是“引导——发现”语文教学策略在教学实践中所赋予的意义。

五、互动式阅读教学

互动式阅读教学是指阅读教学过程中的三个主要要素——教师、学生、教材所构成的互动关系,即教师、学生结合自己的生活经验阅读教材,深入教材内部,与教材对话,从而产生超越字面意义的理解,然后通过教师与学生对话、学生与学生对话,将“理解”汇拢、交流,这样既能对教材进行修正、补充和丰富,也能使教师、学生群体、学生个体在对彼此“理解”反思的基础上,加深对教材的理解,提高理解能力。这种教师、学生、教材三要素之间所构成的修正——完善——深化的无限循环的教学过程,即互动式阅读教学。

(一)教师要树立教学民主的思想,创造宽松的互动氛围

在以传统教学思想为指导的教学中,教师是知识的拥有者,具有知识的绝对权威性,在教师的眼里,学生是头脑一片空白的无知者,有知者站在无知者面前,是一种绝对的权威姿态。在传统意义上的教学中,教师又是教学的主宰者,因为知识在他一个人的手里,他掌握着一节课的命运。教师更用心的是如何以居高临下的优势,使学生毫无疑义地、顺从地接受教师传授的知识。在教师的眼里,学生始终是接受知识的(乃至被灌输的)对象。在这样的课堂上,看不到学生主动的学习。实际上,由于信息时代的到来,我们的学生走进课堂时,已不是头脑空空,他们有时在某些方面所知道的东西远比教师知道得多,而他们也已经有了自己的思想、态度、价值评价标准。因此,他们往往不甘于无批判地接受教师传授的书本上的知识,甚至,他们明显地怀疑教师所传授的“真理”。因此,教师应树立教学民主的思想,创造宽松的互动氛围,促进学生的主动学习。

(二)发挥教师主导作用,创设互动情境

在新课程的课堂上,教师应改变过去那种“以我为中心”的传承式的角色,成为学生学习情境的创建者。

1. 阅读期待,创设解决问题的互动情境。互动,既然是一种沟通与交流,那么,必须使学生产生沟通与交流的愿望。特别是当学生通过自学,对课文内容已经有所了解、甚至比较熟悉的情况下使学生再次产生强烈的阅读期待,则是教师深入教学的重要策略。因此,教师应针对不同类型、特点的课文,创设激发学生思维的问题情境。

2. 抓住问题,创设学生争论的互动情境。一些教师很怕学生在学习中出现问题,打乱自己的原定教案。在新课程的教学中,教师应该很好把握学习互动中生成的问题,善于把一个人的问题转化成全体学生的学习资源。在互动的过程中,教师要有强烈的课程资源意识,及时抓住学生在学习的进程中所暴露的问题。

(三)以与文本对话为核心,教给学生与文本互动的方法

阅读教学中的互动,一定要以阅读的文本(即课文)为核心,而不应当抛开文本提供的话题进行教学,否则,"阅读"将被架空。在小学的阅读教学中,所说的"文本"就是语文课本上的一篇篇课文,课余从报刊、杂志、网络上读到的文章、小说等以文字(包括配以的图片)呈现的书面材料。应当说,每一篇文章都有作者的写作目的。我们所说的与文章对话,就是与作者、与文章中的人物进行互动。比如,有的人读一部小说,有时禁不住笑出声来,有时是泪流满面,有时又愤怒不已,就是他已经进入到文章描写的故事之中了,说明他在与文章进行更深入的互动。如果学生在阅读文章时真正实现了与文本的互动,不但能读懂它,而且会感受到阅读的真正乐趣。阅读教学中学生与文本互动的基本方法包括:

1. 认真、仔细阅读课文是展开互动的前提和基础。读的过程就是与作者、与文章中的人物进行心灵互动、思想沟通的过程。读一篇文章,会收获知识,会丰富生活经验,会动感情,甚至,对文章中的一些观点会有自己独到的看法。而真正实现这一点,首先就要把熟悉课文,真正理解作者的所见、所闻、所思、所感和课文中人物的所见、所闻、所思、所感。否则,学生就无法真正实现互动。

2. 在发现、质疑、思考、体会、想象的过程中实现互动发现、质疑、思考、体会、想象的过程就是深入理解文章的过程。①从题目入手,质疑解疑。题目是文章内容精要的提炼,抓住它向文章发问,在读文解答过程中实现对话。②深入阅读,不断探究。在深入阅读中,要指导学生开动脑筋,不断思考、发问。发问就是向作者、或向文章中的人物发问:问作者为什么会有这样的感受,问作者为什么这样写,问故事中的人物为什么那样说、那样想、那样做。③结合生活,理解感悟。要理解作者的所思、所感,更重要的就是要联系学生的生活实际,调动学生的生活积累,这样就会在情感上引起共鸣。这是培养阅读和写作能力的重要方法。④体会情感,朗读表达。有许多故事性强、人物描写生动的文章、诗歌充满了作者的思想感情,要准确地理解作者的感情和人物的感情,最好的互动方式是有感情地朗读,在朗读中深入思考,反复推敲,才能真正理解作者的思想感情。⑤敢于质疑,发表见解。阅读文章,不是对文本所有的内容、语言、观点都不假思索地接受,而是要有自己独立的见解、主张,要捕捉自己独特的感受,同时要敢于提出不同的看法。在讨论不同的意见中实现互动。

总之,互动的方法很多。但最根本的是抓住语言文字来理解、体会、揣摩,这样才能深入,才能有发现,才能享受阅读的乐趣。当我们的教学真正实现了教师、学生、文本的互动时,课堂教学一定会成为师生一次次生动的人生经历。

第三节 有效习作教学策略

在语文教学中，作文是衡量学生语文学习是否过关的重要标志，是学生认知水平和语言文字表达能力的综合体现。但作文难写，作文难教，学生“怕”作文，教师“忧”作文，依然是小学作文教学普遍存在的现象。那么如何才能有效地进行作文教学呢？下面一节将介绍几种常见的习作教学策略。

一、“童化作文”教学

苏霍姆林斯基说：“童年是人生中最重要的时期，它不是为未来生活做准备的，而是真正的、光彩夺目的一段独特的、不可再现的生活。今天的孩子将来会成为怎么样的人，这里起决定作用的是他童年怎样度过，童年时期由谁携手带路，周围世界的哪些东西进入了他的头脑和心灵。”[①]苏氏意味深长地道出了学校、教师对一个人童年所负的责任——那就是珍视、守护、维持！作为看守和构建儿童精神世界的语文教师，他的主要使命和神圣职责应当是将“童年”放在作文教学的核心地位：让每一个孩子说童真的话，写童趣的事，抒童心的情。儿童作文教学用儿童的精神去阐释，用儿童的文化去观照，用儿童的生态去构建，让小学作文成为真正的儿童作文。“以童化之”的儿童作文教学——这就是“童化作文”。“童化作文”教学不是一个技术概念，也不是一个教学模式，它是一种理想性的精神指向：作为理念，它为了守护童年；作为方式，它为了适应童年；作为内容，它为了反映童年；作为行动，它为了留驻童年。“童化作文”的实践是流动的、开放的；但是“童化作文”的理想却是永恒的——基于童年，为了童年！开展“童化作文”教学，关键要扣住一个“化”字，就是将习作教学“融化”在儿童生态之中，即儿童的生存、儿童的生活、儿童的生命！这些应当成为小学“童化作文”教学最基本、最核心的策略取向。

（一）化习作于儿童的阅读

儿童应该多亲近文学，尤其是儿童文学作品。因为儿童文学多以善为美，劝人为善，喜欢读童话的孩子通常不会变坏，从小看童话长大的孩子与从没看过童话的孩子有很大不同。“童化作文”正是顺延这一思路继续前行，将习作有机地融入孩子的课外阅读中，以读促写，以写引读，不仅对孩子的阅读过程进行了有效的引领，还加深了孩子对作品内涵的领悟，此时的习作成为联结孩子心灵与作品灵魂的桥梁，这是对传统的以文本为中心的“读写结合”教学规律进行的再发展。

“续”写，使故事中有“我”的期待。一篇小说，从开头到结尾，都是作者一个人在讲故事。有的故事结局是大家内心期待的，还有些结局却是自己不愿意看到的，甚至不愿意接受的。于是教师引导学生乘着小说的文字继续飞翔，去创造属于自己的结尾。例如：有同学读了 E・B・怀特的小说《夏洛的网》，觉得不过瘾，重新创作了小说的结尾——

① ［俄］苏霍姆林斯基．给教师的建议（修订本）［M］．杜殿坤，编译．北京：教育科学出版社，1984：6－26．

《当蜘蛛们学会了"写"字……》"补"写，使故事中有"我"的创造。在一篇儿童文学作品中，大部分内容意思明确，学生只要读过，就能心知肚明。可是由于表达需要，有些地方比较"模糊"，这样理解合情，那样理解也合理，这是作家有意的"补白"。因为我们可以充分利用作品中的"空白"去召唤学生去思考、想象，根据各自的生活经验来"补白"。例如：林海音的《城南旧事》中关于疯女秀贞和妞儿的悲剧，是通过宋妈和英子妈小声交谈中流露的，写得非常含蓄。一位同学读到这部分，觉得被火车轧死的不一定是秀贞和妞儿，因为秀贞和妞儿的命运已经够惨的了，母女刚刚相认，结局不应该是这样的，于是，她在后面的章节中补写了《秀贞妞儿回来了》。"串"写，使故事中有"我"的活动。读了一本爱不释手的童话、小说，学生会身临其境：当主人公高兴时，就想"走"进故事，和他们热烈拥抱，分享喜悦；当主人公遭遇到不测时，就想立即"跳"进故事中，为他们排忧解难；当主人公受到磨难，就想"飞"进故事中，对书中的坏人进行斥责，不惜展开殊死搏斗。在不知不觉中，学生已经融进故事，成为当中的一个人物。"新"写，使故事中有"我"的生活。有不少小说描写的是很久以前的事，离我们目前的生活很远，如果用现在的眼光去读它，一定会萌生更加新奇的故事。一位同学读了笛福的《鲁滨孙漂流记》，突发奇想："绝望岛"如果保存到今天，会是怎样的呢？一定会被开发成旅游胜地，一定会吸引许多游客前来观光，于是他写下了《绝望岛之旅》。曾祥芹先生提出了一个"表达性阅读"的概念，即关注阅读吸收中的倾吐——以意逆志，更重视阅读吸收后的倾吐——以文表心。表达既是阅读的必要手段，又是阅读的深化阶段。"童化作文"正是践行了这一理念，将习作溶解在学生的课外文学阅读中，一方面提升了阅读，使学生对文学作品有了发现，有了对话，有了内化；另一方面升华了感悟，一部优秀的儿童文学作品必能让学生的心灵产生强烈的震撼，势必激起他们言说的欲望，此时"写"正是开渠放水，直抒心声。

(二)化习作于儿童的游戏

蒙台梭利认为，儿童一旦置身于与他们身体相和谐的真实环境中，他们体内的一些出人意料但又清楚无误的活动就似乎在复苏了。与"孩子身体相适应的环境"其实就是儿童视界中的游戏，从儿童当下的游戏出发，更能调动儿童参与的兴趣，挖掘儿童的内在言语潜能。"童化作文"教学积极顺应"与儿童身体相适应"的游戏环境，并以此作为我们习作教学的逻辑起点：在习作教学前，要从儿童当前最现实的生活出发，找准他们的兴趣点、兴奋点，把准脉搏，最大化地调动他们的参与欲望。在习作教学中，顺势地将儿童游戏引入课堂，竭力放大游戏的功能，让课堂"活"起来，"动"起来，立体地铺展在学生的面前，从而隐匿起作文指导的神圣面孔，以动感的姿态贯穿在儿童的活动、体验、交流之中，让学生的写作活动"飞"起来，"乐"起来。

✲案例：《鸡毛毽飞起来》

▲由"一地鸡毛"引发的话题

语文课前，男同学三个一群，五个一撮，在教室前后拉开了战场，五彩的鸡毛毽上下翻飞，喝彩声一片，讲台偏离了中线，大多数桌椅东倒西歪还意犹未尽，做最后的"挣扎"，直到看到我不悦的脸色，才跌跌撞撞地、满头大汗地回到座位上。拉桌子声、开文具盒声、翻书声，让课堂充满了躁动。

▲关于“鸡毛毽”命运的辩论

下课铃响了，我一本正经地宣布：“从今天开始，严禁在课间踢鸡毛毽！”教室里顿时一片哗然，特别是男生，表示出强烈的不满；而女生弹冠相庆，一片欢跃。见教室里楚河汉界，壁垒分明，我改变了主意：“这样吧，在今晚夜课，就以‘课间是否可以在教室踢毽子’开一个专题辩论会，我想真理会越辩越明！”夜课上，经过一阵唇枪舌剑，女生的气势渐强，稳稳地占据主动地位；男生的声音渐弱，最后只能是亦步亦趋。此时该我出场了，“男同学这么喜欢踢毽子，如果禁止，有些不近情理；不过女同学说得也有道理，踢毽子应当选择合适的时间和地点，让自己的娱乐变成大家的娱乐！”男女学生，都点头称是。“为了表彰大家参与这场辩论的热情，我决定在下周一举行一次‘鸡毛毽对抗赛’，欢迎大家踊跃参加！”台下欢呼声一片。

▲别开生面的“鸡毛毽”对抗赛

星期一下午，比赛如期进行。比赛以男女生为单位，每组各挑出五名选手，分三个场次进行。第一场，单脚踢；第二场，双脚踢；第三场，花样踢。男女双方各派一名现场解说员。一声哨响，比赛正式开始。男女双方的对手互不示弱。由于男生毽不离脚，因此女生不堪一击。第三场“花样踢”，男生大显身手，什么“龙卷风”、“踢里转”、“蹬外踩外转”，让大家目不暇接，连一向挑剔男生的女孩子们也不禁鼓起掌来，结果男生大获全胜。最后大家还评出了“毽侠”和“毽圣”。

▲“鸡毛毽”飞上了习作本

比赛结束，大家兴高采烈地回到教室，仍然沉醉在比赛的火热氛围中。教师趁热打铁，将写作的活动引入正题。经过在一些基本的交流和指导后，学生愉快地开始了写作之旅，大约四十分钟左右，就基本完成了习作。经过相互评改，集体交流，一篇篇佳作闪亮登场。

游戏给童年生活增加了五彩的色彩，如果童年没有游戏就是残缺的，而缺少幸福体验的童年则是暗淡的。因此，蒙台梭利推断出缺少游戏精神的人生，没有幸福童年体验的人生，注定是沉重的。这一观念不仅体现了儿童的哲学，更彰显了“童化作文”的精神诉求。在教学中，我们坚守着这样的理念：其一，一堂好的作文课应当与学生的“游戏”一起发生。只要孩子心中有游戏的诉求，作文课就可以拉开“序幕”，搭好“舞台”，让孩子的言语自由“舞蹈”。其二，游戏让学生的情感自然恣意。作为教师，应顺势而导，变“无序”为“有序”，变“无为”为“有为”，让教学资源应机而生，源源不断。作文教学原本就需要儿童的积极的情感来支持，既然我们在游戏中与它自然相遇，就应当乘着孩子的这份快乐来进行言语的“飞翔”。

(三)化习作于儿童的实践

建构主义理论认为，儿童是在与周围环境相互作用的过程中，逐步建构起关于外部世界的认知，从而使自身认知结构得到拓展和完善。而亲身实践则是实现自主建构的重要手段之一。“童化作文”教学就是要突破“讲中写”的传统格局，尝试建立“做中写”的运作模式，让每一个学生亲身去经历，在实践中体验童年的滋味，感受成长的快乐，使写作回归到表达自我、交流自我的本意中来。当然实践活动并不是一味地、功利地指向写作，它首先是一个“儿童可以尽情放肆的游戏”，在此基础上才应该“当心地捕捉他们兴致上的有利时机”，使之成为作文教学的课程资源，使写作成为学生于无声处的自然行动。

✲案例：《草莓红了》

校园南侧有一片草莓园。一到春暖花开，每天从这里运出的一袋袋鲜红的草莓让学生们眼热，大家很想走进草莓种植大棚，去过一把采摘草莓的瘾。于是教学活动便从这里出发了——

活动一："草莓大王评选"

▲活动指南。(1)同学自愿组合，形成小组；(2)仔细观察草莓的叶子、花朵、果实；(3)认真学习采摘草莓的技能，用心体会采摘草莓的艰辛；(4)活动结束，各小组展示自己的劳动成果，根据草莓的质量、数量进行评比。

▲采摘行动。在工人的带领和指导下，各小组走进相应的草莓种植大棚，进行观察、采摘。

▲草莓评选。各小组展示采摘成果，从中评选出“钻石草莓”、“金牌草莓”、“银牌草莓”、“铜牌草莓”。

活动二："草莓拼盘展示会"

▲做拼盘。各小组领取菜盘，以草莓为主要材料，其他水果为辅助材料，构思拼盘的图案，分工制作。

▲赞拼盘。每组为自己制作的拼盘起名字，写解说词和广告语。

▲展拼盘。每小组上台进行拼盘展示，评选“最佳创意奖”、“最佳解说词奖”、“最佳广告语奖”。

活动三："草莓行动"发布会

师：同学们，我们的“草莓行动”引起了全校师生的关注，有不少同学和老师到我们班打听这次活动的有关情况。大家想一想，我们通过什么办法，让全校师生，甚至更多的人来和我们一起分享活动的快乐呢？

生：将这次活动过程写成一篇新闻报道稿，向小报投稿，这样大家一下子都知道了这次活动的内容！

师：这是一个好办法！不过，新闻稿篇幅很短，我想知道得更具体，怎么办？

生：我们可以以“摘草莓”为内容，写一篇记叙文，与其他同学分享“采摘草莓”和评选“草莓大王”的乐趣。

生：我们还可以以“制作草莓拼盘”为内容，写一篇记叙文，向更多的同龄人展示我们的创造和风采！

师：好主意，让我们行动起来吧，用我们的文字让所有关注我们的人一起走进我们的快乐作文生活！

实践，让学生积累了丰富的习作素材；实践，让学生经历了听说读写等言语活动；实践，唤醒了学生与他人交流的欲望；实践，激发了学生的创造潜能。笔者以为，一次成功的写作实践活动，建构起的不仅仅是鲜活灵动的作文内容、丰富多彩的表达方式，还是一种“有所为”的积极写作态度，更是一种在实践中衍生出来的合作意识和创造精神，同时还有一份弥足珍贵的童年记忆。

(四)化习作于儿童的想象

周一贯先生说:“童年是最富有想象的一段岁月。在儿童的世界里,鸟兽能言,桌椅对话,可上九天揽月,可下五洋捉鳖……”①语文课程标准正是顺应了儿童的天性,特别强调“激发学生展开想象和幻想,鼓励写想象中的事物”。然而在现实生活中,儿童的想象力却被严重幽闭了。最受儿童喜爱的科幻读物,在80年代曾被当作有害儿童身心健康的毒草而全面禁止出版。在1999年高考作文题中出现科幻式命题以前,仍有大批老师和家长不准孩子读科幻小说。目前,应试教育仍是阻碍儿童想象力发展的主要因素。专家认为,在这种教育模式下,想象教育没有被放在应有的位置上,统一的教育方式、统一的标准答案正束缚着学生的想象力。因此,“童化作文”要名副其实,成为儿童的作文,首先就得给予儿童想象的权利。在教学中,“只要有‘典型情景’,只要‘典型情景’触动了儿童的精神世界,儿童就会进入一个梦想的世界。”

✲案例:《让地球妈妈更美丽》

▲凸现主题

(1)同学们,你们知道今天是什么日子吗?(世界地球日)

(2)让我们一起欣赏一首关于地球的歌曲——《热爱地球妈妈》。

(3)这首歌曲中为什么把地球称为“妈妈”呢?

(4)学生讨论,教师小结:地球不愧是人类的母亲、生命的摇篮。

▲创设情境

(1)46亿年过去了,我们的地球妈妈现在又是怎样的呢?学生联系搜集到的资料进行交流。教师朗诵《地球的自白》。

(2)老师这里也有一份资料,也是反映地球现状的,你们想看吗?请大家边看边想:地球在哪些方面遭到人类的破坏?播放资料片《救救地球》。

(3)看到这触目惊心的一幕幕,你想说些什么呢?

(4)小结,直入正题:大家的发言道出了我们共同的心声——让地球妈妈更美丽!

▲展开想象

(1)自由想象。要让地球妈妈更美丽,就得解决上述的问题。下面请同学们结合自己掌握的科技知识和生活经验,插上想象的翅膀,为保护地球妈妈献计献策!

(2)自由讨论。让学生选择自己感兴趣的问题,自由组合,展开合作和交流。

(3)小组汇报:A、我们想发明一种“绿色炮弹”,打到哪儿,哪儿不久就会变成绿洲……

B、现在垃圾成堆,臭气满天,我们想发明一种“垃圾处理器”,变废为宝……

C、大气污染日益严重,我们想发明一种“大气清洁手表”……

▲引导成文

(1)激发兴趣:如果把同学们的这些创意写清楚,写具体,就是一篇篇具有科学价值的小论文。想写吗?

① 吴勇.“童化”:守望精神意义上的童年——小学“童化作文”教学的行与思[J].作文教学研究,2007(1):7.

(2)学生写稿并交流。

(3)举行“地球的明天更美好——科学创意小论文交流会”。

“童化作文”的教学实践让我们体会到：要激发学生的想象力，有两个因素非常重要：一是“自由”，在时间上、空间上、行为上、思想上要尽量减少学生的束缚，给他们的思想营造更开阔的空间；二是“情境”，通过创设具体的、现实的问题情境，叩响学生心灵的竖琴，让他们以主人公的姿态，有为而作，进入一个比现实世界更有诗意、更为宏大的精神世界。可以这样说，想象，让学生的精神世界更加丰盈；想象，让学生的语言文字更具童性；想象，让学生在习作中获得飞翔的感觉。

(五)化习作于儿童的体验

体验是用全部的心智去感受、关注、欣赏、评价某一事件、人物、事物、思想。只有经过体验，我们才能把一个陌生的、外在的、与己无关的对象变为熟悉的、可以交流的，甚至是融于心智的存在。对于学生，由于经验的限制和成人的庇护，直面自然、生活的机会不多，许多“体验”不是直接获得的，而是成人经验的“复制”，因此，在文字中呈现的往往是成人的语态，不够鲜活，不够真切，缺乏童年的“感性”。“童化作文”就是要引领学生回归自然状态，回归生活常态，与自然直接对话，以丰富童年的体验，与生活携手同行，丰盈童年的心智，使言语表达成为他们抒写心灵世界的窗口，成为他们品味童年生活的站台。

✲案例:《秋天的雨话》

九月一日早晨，下着蒙蒙细雨，我骑着自行车在雨中穿行，独自享受着这入秋以来的第一场甘霖。到了办公室，突发奇想：为何不“借”雨来开始我本学期的第一堂语文课呢？我顾不得擦去脸上的雨水，开始编织秋天的“雨”话……

▲吟一吟“雨”

(1)今天吴老师给大家带来一件特殊的礼物，猜猜是什么。

(2)打开《小学生必背古诗文选》，找出描写“雨”的诗。

(3)读读这些“雨”诗，想想我们从中可以体会到什么？

(4)试着背一背这些诗句，让“雨”永远滋润着我们的心田！

▲淋一淋“雨”

(1)大家平时仔细欣赏过雨吗？说说你对雨的感受。

(2)让我们走到窗边，走到阳台上，用我们的眼睛、手和雨进行一次亲密的“对话”，高兴吗？

(3)现在雨小了，如果有兴趣，大家还可以走进雨中，和雨进行一次“零距离”接触！

▲说一说“雨”

大家刚才为雨而“歌”，为雨而“狂”，现在让我们交流一下雨中的感受吧！

▲写一写“雨”

既然大家如此喜欢雨，就让雨在你们的稿纸上“下一下”吧，看谁的雨下得最大，下得最美，下得最欢！

“童化作文”教学认为，要让学生的习作富有童真童趣，首先要在他们心中“贮藏”一颗童心，而在自然、生活、交往中充分体验，就是“铸就”这颗童心最有效的方式。当他们

“把我的性格和情感移注于物，把物的姿态吸收于我”（朱光潜语）的时候，就会形成独特的审美体验，习作就会真正有个性，真正有童性。当然“深者所见物者亦深，浅者所见物者亦浅”，儿童的体验应当基于儿童的年龄特征，风行水上，自然显现，不可曲意拔高，否则容易出现“假话、空话、套话”，背离“童化作文”本身。

（六）化习作于儿童的时尚

时尚文化对儿童精神成长有着深刻的影响。《中国教育报》曾撰文认为：在时尚文化的冲击中成长起来的儿童，其行为方式和生活方式必然带有时尚文化的烙印。他们吃麦当劳、肯德基，看数码宝贝、蜡笔小新，唱流行歌曲，追青春偶像。他们的语言方式、衣食住行，时时处处可见时尚文化的踪迹。面对在儿童中有巨大市场的时尚文化，作为教者，我们不能消极地听之任之，更不能盲目地围追堵截，而应趋利避害、为我所用。小学“童化作文”充分尊重时尚的文化价值，并作为一种习作资源加以开发。这种习作的方式，不仅赢得更多孩子的认可，使他们在参与过程中乐此不疲，而且为作文教学营造了更大的空间，让孩子在习作中获得更多的乐趣。

✲案例：《相约 KFC》

▲聊聊“肯德基”——我的梦中“至爱”（解说词）

罗晓佳：“美味圣代”分三种口味，有巧克力、草莓和柠檬这三种口味，酱汁配上美味，加上潜伏在下面的冰爽可口的冰淇淋，那种口感和味道让你爱不“释口”，夏天吃圣代，当冰淇淋划过你的喉咙、食道到你的胃中时，全身上下一阵冰凉；如果冬天吃圣代，那就更舒服了，本来就冷，舔上一口“圣代”，仿佛置身在冰天雪地里，一呵气就会变成冰，这种前所未有的冰冻感，让你有一种南极探险之感。

王震宇：汉堡，在我看来，可算上是肯德基中最好吃的一种。汉堡里的那一块鸡排是经过烧烤之后夹在里面的，鲜嫩可口，再加上沙拉酱、蔬菜，嘴里仿佛打翻了“五味瓶”：酸酸的、甜甜的、脆脆的、香香的，真是“此味只应天上有，人间能得几回尝”！

周沈禹：这是“墨西哥鸡肉卷”，表面看上去非常简单，只是一层薄薄的蛋皮，里面的内容可丰富了！有鲜香嫩滑的鸡米花，有浓郁的鲜奶烙，有酸甜可口的沙拉酱，还有爽口的黄瓜、生菜，真是别有一番风味！

▲亲亲“肯德基”——我的难忘“旅行”（参观记）

美食天堂肯德基

“有了肯德基，生活好滋味。”这句广告语同学们一定不陌生吧。肯德基自落户海门以来，备受我们小学生喜欢，它成了我们无比向往的美食天堂。就在今天，老师决定带领我们去肯德基美美地享受一番。推开肯德基的大门，各种香味扑鼻而来，早已等不及了的我们二话不说，就径直奔向柜台选购美食。眼前的冰淇淋、汉堡、圣代琳琅满目，让人眼花缭乱，目不暇接。过了好一会儿，我们才犹豫不决地选购完美食，端着餐盘走向餐桌。开始品尝了，我先拿起一个汉堡，狠狠地咬了一口。嗯，甜甜的，黏黏的，真过瘾！不光有着浓浓的炸鸡味儿，还含有一种由新鲜生菜散发出来的菜香，让人吃过忘不了。我一边吃汉堡，一边喝果汁，悠然自得。只见对面的王震宇正对手里的墨西哥鸡肉卷展开“猛烈攻击”，不一会儿，整个鸡肉卷就下了肚，他像一只灰熊，不时地舔着手指，显得意犹未尽。再看邻桌的陈晨，他平时饭量并不怎么大，今天竟一下子吃了四个汉堡，还叫唤着，再来一个，再来一个。一旁的龚彦皓一手拿着汉堡，一手举着鸡翅，吃得满脸流油。那样子可滑稽了。这时，高松出其不意地拿出相机，"咔"的一声，龚彦皓就和他的鸡翅一同被拍了下来。由于这次机会是百年难得一遇的，因此同学们都放开肚皮猛吃，就连女生也吃了两个汉堡。吃饱喝足之后，我们就打道回府了。一路上，大家有说有笑。肯德基，我们下次再来！（管云鹏）

▲赞赞"肯德基"——我的真情"回味"（广告语）

顾佳敏：相约肯德基，生活更有味！

卫晓飞："桂林山水甲天下"，"肯德基美食名天下"！

沈大宁：上有天堂仙餐，下有KFC美味！

倪佳婷：肯德基，挡不住的诱惑，尝不尽的美味！

李凯卫：美味——就在肯德基！分享——就在肯德基！欢乐——就在肯德基！

时尚文化，不应该将儿童拒之门外。在主流的儿童文化中，应当给予它一席之地，让儿童在其中找到适合自己的视角。"童化作文"就是本着"存在即合理、存在即尊重、存在即利用"的理念，直面时尚文化，将原本就蛰伏在儿童精神中的时尚文化作为一份资源，引领到作文教学的前台来，为儿童习作铺设一个生活的平台，搭建一个动感的舞台，从而让儿童自觉地参与其中，沉浸其中，享受其中。

二、体验式写作教学

解决学生的写作问题，关键要把握三点，也就是"想不想写"、"写什么"和"怎么写"的问题，而这三点都和学生的"体验"有着密切关系。因此，在写作教学中渗透"体验"意识，实施体验式写作教学是提高写作教学效率的根本途径之一。

（一）从生活和书本中体验

认知心理学认为，学生写作时所需知识的来源主要有两方面：一是来自社会生活的；一是来自书面材料的（即文本）。为解决学生在写作中无内容可写的问题，教师必须从以下两个方面进行努力：

1. 积极创设活动，营造情境，诱发学生直接体验

学生写作的最大障碍就是"无米下锅"，无材料可写，其深层次原因其实是缺少体验。为诱发学生的体验，教师要根据所要表达主题的需要，有意识的创设活动，使学生如临其境，激发学生的写作欲望，引起学生情感的波动，使之获得一定的感性认识。教师要适时地提醒学生记下活动的每一个环节，包括细节，便于学生在写作时有话可说。当然在活动当中，教师还可以适当地对学生进行生活教育、道德教育、审美教育，提高学生的学习能力和文化素质，净化学生的心灵。受客观条件的限制，学生的很多体验并不能靠活动来实现，这就需要教师营造一定的虚拟情境来诱发学生的体验。在引导学生体验虚拟情境时，教师应尽量使学生从内在的情感和外在的环境两方面都感到自己正处在生活的空间中，而不是感到自己在情境之外，这样，学生所抒所写才是真情实感，才能避免空洞。在具体的写作教学中，教师可以通过活动营造情境、语言描述情境、音乐渲染情境、角色

体验情境、多媒体再现情境等多种方式来为表达写作的主题营造想要的情境。例如，在写“春天”这个主题时，教师就可以通过多媒体创设情境，播放一些春天时拍摄的风光片，让学生感受春天万物萌生的勃勃生机，让他们的心灵随着斑斓的风筝一起放飞，使学生的心灵充实起来，找到写作的源泉，这样学生在写作中一定会比以前更有话可说，更有感可发。课堂教学的时间是非常有限的，写作教学要想取得发展，绝不能仅仅依靠课堂，还要调动一切课外资源。比如提醒学生在课下要写日记，哪怕是一两句话。写作是真切的生活体验，学生只有从生活中才能寻求到真正的写作源泉。

2.引导学生阅读，诱发学生间接体验

美国著名心理学家克拉森在《作文：研究、理论与应用》一书中明确提出：“学生自发的兴趣课外阅读，比增加经常性的写作训练对发展学生作文能力更有效。”[①]阅读不仅可以积累写作材料，学习知识，而且还能感悟写作方法。我们经常提到的“厚积薄发”“天道酬勤”，古人所谓的“能读千赋，则能为之”以及“熟读唐诗三百首，不会做诗也会吟”等都是这个道理。在阅读中，我们能感悟人生的真善美，认识人间的假丑恶；我们能体验人生的酸甜苦辣，阅尽人生的悲欢离合，从中可以获得一种满足，一种喜悦，一种美。更为关键的是“学生在阅读过程中往往会无意识地习得各种文章图式和写作技法”。[②] 可见，阅读过程本身也是一种学习写作的过程。教师对学生的阅读要进行必要的指导，“要把课堂阅读教学与作文教学密切结合，以读导写，以读促写。”[③]教师在指导阅读的时候要通过别人的文本来解释写作的规则，并要不失时机地联系学生作文的实际情况指出学生在写作中存在的问题，让学生把自己的文章和类似的范文进行比较，进行变式练习，从而加深体验的深度，这样表达出来的语言才能更加铿锵有力。对于学生的课外阅读，教师可以定期布置一定的主题，让学生围绕主题进行交流和写作，这样，学生在交流的同时既能对自己的阅读进行再体验，又能对别人的体验进行反思。

(二)对体验的内容进行升华和再反思

并不是体验越多写得就越好，把体验的材料写成好的文章还必须要对所占有的材料进行升华和反思，认识和体验的深度决定着内化的高度。

过去的写作教学多注重传授系统的明晰的外显写作知识，写作时强调遵循“格式”和“套路”，结果，“我们的学生说起来头头是道，写起来磕磕碰碰。”其实，写作就是写作者将自己有所体验的知识在头脑中升华而生成新的知识，将这些知识系统重组并用一定的写作规则加以约束成文的过程。为提高学生的写作水平，教师可对学生的文章根据一定的规则提出修改意见，然后再由学生自己去修改，这样学生的修改过程实际就是对体验的再反思，可以使之产生新的体验，增加体验的深度。如此不断反复，时间久了，学生语言的表现力高了，写作能力自然也就提高了。

---

① 张良田.美国作文教学一瞥[EB/OL].[2005-5-21].http://www.lwlm.com/show.aspx?id=13491&cid=35.

② 戴元枝.缄默知识、内隐学习和写作教学[J].写作，2006(12):4.

③ 何更生.作文教学心理学[M].北京:中国科学文化出版社，2003:171-172.

"一切写作在一定意义上讲，都具有自传的性质。"①学生对某事物有深刻的体验，必然会对之产生个性化的理解，形成某种联想和感悟。教师必须注意，"在写作教学中，没有什么比学生不想写更可怕的事了。学生写作中的一切问题，和呵护他们的言说欲、表现欲比起来，都是无足轻重的。只要他们想说、想写，写作中的一切问题都会逐步得到矫正，这只是个时间问题。"②不要以自己的思想和语言来限制学生的行文。只有让学生放开写，学生才能体验到写作的快乐，他们的文章才会富有生命力，流露出真情实感，才会具有他们自己独特的个性特征。同时教师也必须意识到，鼓励学生自由表达、有个性的表达、有创意的表达而绝不是任由学生去胡乱表达，既然是写作就肯定有一定的规范。因此，教师首先要"举三反一"，即提供两个以上精心设计的例子，让学生从这些例子中习得一定的写作规则。正如特级教师于漪所说："让学生进行一定数量不同类型范文的篇章结构的剖析，对培养学生有条理地思考问题很有好处。"③其次教师要举一反三，即让学生在不同情境下运用自己所体验的材料加上习得的规则进行多样练习。比如，让学生写一篇《我喜欢……》的命题作文，就可以鼓励学生进行多样练习，既可以写成叙事类的，也可以写成状物类的，还可以写成写景类的，这样，学生在多种富有变化的情境中就能熟练运用所习得的写作规则，真正提高写作素养。最后要"举一反一"，即对学生的作品进行有针对性的评价，做到有的放矢，只有这样我们才能最终让写作教学走出困境。

总之，体验式写作教学能调动学生写作的积极性，激发学生的写作欲望，能很好地解决"无内容可写、无感情可抒发"的问题。但由于学生写作能力的提高是一个逐步形成的过程，因此教师在实施体验式写作教学时要有长期准备，学生也要在长期的阅读和写作实践中去体验、领悟，逐渐提高写作能力。

三、探究式作文教学

(一)运用"头脑风暴"法进行作文教学

1.教师提出某一话题让学生发表自己的观点：围绕话题写什么？在这一过程中，无论学生表达怎样的观点或设想，教师不做任何批评和否定。在头脑风暴发生时，任何的批评和否定都会阻碍学生想象力和创造力的发挥。哪怕此时的想象不成熟，甚至只是思想上的一点点火花，作为教师，都要让学生成为学习的主人，以积极的情感体验和深层次的认知参与作文教学，使他们的主体意识、能动性和创造性得到不断的发展，从而提高学生的创新意识和创新能力。

2.针对提出的设想和方案进行筛选，选出可行的方案。在筛选时，只要学生言之有理，不妨暂时保留，待下一步进行探究和完善，哪怕此时有些观点是可笑的。如果按照习惯性思维对学生的观点进行筛选，那么很有可能一些新颖的、甚至可能是深刻的观点在其尚未成熟之际就会被扼杀。

---

① 徐李萍，刘正伟.语文教育：一个现象学教育学解读的可能文本[J].中学语文教学参考，2007(9)：4.

② 潘新和.没有比失去言说欲更糟糕的[J].语文学习，2004(10)：16.

③ 于漪.于漪语文教育论集[M].北京：人民教育出版社，1996：546.

3. 在全班范围内进行讨论，将这些方案加以完善，使之切实可行。这一过程实际上就是学生写作过程中的选材谋篇过程。即对学生围绕话题所写的内容如何去粗取精，剪裁得当，使之既切合题意，又结构合理，激励其选择并产生更为完善且行之有效的想法。在这一过程中，学生可以完善还不成熟的思想、确定主题、安排文章的详略，甚至可以细致到遣词造句。

（二）用童心画出作文

真情实感是写好文章的第一要素，小孩子从小喜欢画画，让画画与写话结合起来，是一条全新的作文教学之路。王尚文教授说过："文，乃心学也，写作是为了抒写内心对生活的感受，发表自己的见解，以和别人对话、交流。其实这是人为之人的天性，或者说是人为之人的基本需要，一如游戏之于儿童。"让孩子们"画自己喜欢的画，写自己想说的话"，就是一种新鲜有趣的表达方式。

1. 创设情境，诱导创作。低年级孩子识字不多，教师得激发他们对"画画写话"的兴趣。可先创设情境，诱发他们潜在的欲望。第一次创作要让孩子画自己最喜欢的东西，然后写上最想说的话，一句两句都行，用水彩笔直接写在画面上，不讲究任何格式，随心所欲地去创作，由"画"生"话"，一举两得。

2. 开放视野，激情创作。《语文课程标准》中习作教学的显著时代特征是开放和创新。从"小作文"向"大作文"开放，突破传统的三中心小作文教学模式，建立与校园、家庭和社区生活紧密联系的教学体系，让生活成为儿童写话源源不绝的活水。要淡化系统的写作知识传授，从扩大儿童的生活天地、丰富儿童生活情趣、提高校园生活质量入手，开放教学时间、学习空间、思维空间，拓宽画画写话的视野，让孩子积累生活素材，写话时可以有材料进行激情创作。首先，丰富多彩的校园生活是画画写话取之不尽的天然源泉；再次，视野广阔的校外生活是画画写话用之不竭的自然资源；再者，生动活泼的语文教材是画画写话拓展的课程资源；最后，开发多元智能的学科整合是画画写话可充分利用的学科资源。教师可引导孩子听音乐想象画画、写话。在学科整合的画画写话中，孩子们眼、耳、口、手、脑、心等多种感官共同参与，集观察、思维、绘画、表达于一体，不仅开发了多元智能，促进了想象力、创造力、表达能力等各项综合能力的整体协调发展，又满足了个性特长发展的需求。

在画画写话过程中，孩子们用独特的眼光观察世界——快乐无限；用独特的线条和色彩描绘自然和生活——创造无限；用无邪的童真童语表达独特的感悟——激情无限！画画写话，为孩子创设良好的写语心境、自由的写话空间，擦亮孩子的眼睛，点燃孩子语言的心灯，让孩子极其自然地表达他们熟悉的现实和梦幻的生活，用童心画作文，铺设了写话到习作的过渡桥梁，为提高整个小学阶段的作文教学质量做了有益的探索。

（三）让学生在参与中体验，在体验中作文

生活是艺术的唯一源泉，生活也是作文的唯一源泉。叶圣陶先生也曾说，作文这件事离不开生活，生活充实到什么程度，就会做成什么文字。所以，作文教学的出发点与归宿点都是生活。首先是走进生活。从学生感兴趣的体验，使学生在体验的同时能主动地

积极地走进自身，反观自身；走进生活，换位思考。学生会对自己熟悉的生活换一种眼光去考量、审视，在熟悉中感受“陌生”，感受自身生活的美好。其次是书写生活。正是因为有了深入的观察、反思，感受也独特而有深度，从而进行书面交流与表达也就显得很容易了。感之于外，受之于内，从走近生活到书写生活，学生在完成生活作文的同时，灵魂深处接受了生活一次有益的洗礼。

作文水平的高低是体现学生语文素养的一个标志。针对现在的学生普遍反映作文难、不会写作文的问题，强调了采用探究式教学，即充分发挥学生的想象力，鼓励学生表达真情实感，在生活中体验作文等方法。总之，要相信学生有写好作文的能力，并充分调动起学生的创作欲望，再辅之以正确有效的教学方法，学生的作文水平一定会提高的。

第四节　有效口语教学的策略

口语交际是指交际者出于某种社交需要，运用连贯标准的有声语言传递信息、表情达意的社会活动。口语交际作为一种有目的的语言活动，是在动态的语境中运用口头语言接收对方信息，同时把自己的思想情感传递给对方的过程，它具有及时性、流动性、现场性、综合性等特点。口语交际的这些独特性使之与阅读和写作教学有着迥然不同的教学策略，它必须以听话说话教学的成功经验为起点，以把握二者的内涵以及它们的联系与区别为前提，以口语交际教学的目标为导向，以语文课程标准倡导的教学理念为指导，采用相应的教学策略。

一、真实情境策略

口语交际是以交际为核心，交际双方通过口头语言进行沟通的动态过程，它绝不是听与说的简单相加，而是基于一定的话题，展开交流，或陈述事实，或抒发情感，或议论评析，从而达到特定的交际目的。因此，口语交际教学应摒弃以往只单纯地进行听说训练，而忽略“交际”这个核心的错误做法。要努力把口语交际的训练置于真实情境中，安排给学生明确的交际任务，用任务带动学生的口语交际活动，从而激发学生表达欲望，在交际中体验到语言的魅力，获得身心愉悦和审美感受。

(一)确立话题

以话题为纽带，在真实情境中把交际双方紧密地联系到一起，重在培养学生倾听、表达、应对的交际能力，从而使学生具有文明和谐地进行人际交往的素养。确立话题时，应考虑到话题的价值、现实意义、难易程度等因素，这直接关系到此话题能否激起学生的思想火花，能否产生热烈的交流气氛，甚至可预测到学生可能会在交流中闪现的连珠妙语。语题的确立应是多元的、开放性的，贴近生活。既可选取教材中的阅读和写作中的材料，延伸训练，拓展学生思维广度，充分表达一家之见，巩固并提高阅读教学和写作教学的效果，起到一石二鸟的作用；又可选取生活中的热点话题，激起学生兴趣，讨论、评析时事，针砭时弊。如：布什访华时，在清华大学做了一次演讲，报纸电台都做了报道，学生对演讲的话题非常感兴趣，在教学中，如能引入其中的热点问题为话题，必能激起学生讨论的热情。总之，无论选取哪种话题都要适应学生的认知水平和心理发展，不切合实际的话题会影响学生训练的积极性。

（二）承担具体的交际任务

口语交际教学常见的弊病是训练时学生一盘散沙，教师往往重视指导过程，却忽视学生训练过程。喜欢表现的学生乐于侃侃而谈，而一些性格内向的学生总是处于“倾听者”的角色，缺少口语锻炼的机会，造成教学中学生训练机会不均衡的现象。解决问题的办法是在教学中，教师要把任务具体落实到每一个学生身上，这样责权分明，学生就不会推却、懈怠，加强了学生的参与意识，使之在交际过程中，为完成各自任务积极参与，和谐交流。为增强训练的趣味性，训练的形式可不拘一格，学生或同桌，或小组，或班级，组成一个临时口语交际单位，既可以进行画面解说、自我介绍、演讲，也可双人对话、采访、问答，或多人讨论、辩论等等。

（三）确立学生的主体地位

以学生为本是教育的出发点，也是口语交际教学的立足点。在口语交际教学中必须遵循以人为本的主导思想，让学生在活动中真正成为交际的主体。教师要多给学生一些人文关怀，满足他们的实际需要，在教会学生如何沟通心灵，形成必要的人际交往能力的同时，更重要的是让他们学会充分表现和展示自己，并从中获得自信和乐趣。

需要强调的是，口语交际能力作为一种综合能力，它的培养训练应该与社会生活融合在一起。口语交际教学不能只局限于语文课堂，还应渗透于各学科、社会生活的各个方面，在动态的、生活化、实用化的氛围中进行口语交际，这些语境和话题使学生的言语活动具有共同的依傍，可以避免为解决“说什么”而冥思苦想，使学生形成积极、富有成效的与人交往的能力和处理事情的能力。

✲案例：口语交际课《我该怎么办》

师：在生活中，你们遇到过哪些难办的事，是怎么办的？先想一想，再用自己喜欢的方式在小组内交流，（比如可以讨论，可以模拟记者采访，可以表演等）然后推选代表来汇报。（课件出示）

师：大家积极参与的精神，老师很欣赏！下面，哪组先来汇报？

师：你们小组想用什么方式来汇报？

生：我想直接说说我们遇到的难办的事。那就是考试时，有的同学老是要抄别人的答案，如果你不让他抄，他过后就不理你，甚至还说一些难听的话。可是如果让他抄，不就是害了他吗？是让他抄还是不让他抄呢？我们小组经过讨论，认为为了他好，还是不要让他抄。过后，再跟他解释。

师：你觉得自己说得怎么样？（很好）

师：老师很喜欢有自信心的孩子。你们觉得他说得怎么样？

生：我觉得他能把难办的事和怎么办说清楚。

生：我觉得他们做得对，如果他们能帮助那个同学把不懂的问题弄懂，那就更好了。

师:你们真会帮助同学。哪一小组的同学再来汇报?想用什么方式来汇报?

生:我们想用表演的方式来汇报。我们要给大家表演的是:陌生人敲门。

陌生人:请问有人在家吗?

生:请问你找谁?

陌生人:你好,小朋友,你爸爸在家吗?

生:叔叔,我爸不在。

陌生人:他什么时候回来呢?

生:我不清楚,要不,我帮你打个电话问问吧!

陌生人:好的,谢谢!

生:对不起,叔叔,我爸的电话打不通。

陌生人:没关系。

生:要不,你把你的电话号码告诉我,我爸回来,我叫他给您打电话,行吗?

陌生人:小朋友太谢谢你了,我的电话是3315666。

生:好,我记下了。叔叔再见!

陌生人:小朋友,再见!

师:你们俩觉得对方表现得怎么样?

生:我觉得他表现得非常好。

生:谢谢你的夸奖,我觉得你也说得不错。

师:你们都懂得欣赏别人,真不错!他们哪里做得特别好?

生:他们很有礼貌,而且很认真听对方说话。

生:我觉得他把话说得很清楚。

生:我觉得他很聪明,懂得保护自己,不随便让陌生人进屋。我很佩服他。

师:同学们真会评!哪个小组是用记者采访的方式来交流的?(略)

二、生活化策略

《语文课程标准》提出:口语交际教学要"让学生承担有实际意义的交际任务"。生活化的策略,就是以学生亲历的或熟知的生活为口语交际素材,以生活的实际需要为交际目的,让教学的过程成为实现某种需要的生活的过程,完成"有实际意义"的生活任务是课堂活动的明线,完成学习任务是暗线,两线交融,完成学习任务蕴藏在完成生活任务的过程中。

如"打电话",上课伊始,告诉学生今天我们要学习如何打电话,接着教给学生打电话的方法和需要注意的问题,然后让学生练习打电话。在这过程中,学生始终都意识到自己是在完成学习的任务。著名特级教师于永正则先让学生听一段天气预报,从中得知第二天要下雨,原计划的登山活动因此要取消,班主任李老师正在校外开会,不知道这个消息,他还打算当天下午为上山作相关的准备工作呢。怎么把活动取消的消息告诉李老师呢?让学生选择各种办法,大家一致认为打电话最可行。接着,才让学生两两组合,轮流扮演李老师,练习打电话,教师简单交代打电话应注意的问题。在学生汇报交流的过程中,教师借助评价,把有关打电话的方法渗透其中。之后,再挑选两位学生,到学校办公室给李老师打电话。这就是生活化的口语交际教学，在整个过程中，学生几乎不认为自己是在完成教师分派的学习任务，而认为自己是在完成生活的任务，淡化头脑中的课堂和学习意识，仿佛不是在学习口语交际，而是在日常的家庭、学校和社会生活中，与同学、老师和其他人进行平常的交往和沟通。采用生活化策略，要做到：

（一）话题贴近学生生活

这是使交际任务具有“实际意义”的前提。首先要求话题具有现实性，但具有现实性的话题未必适合于学生。因为现实生活涵盖了学生的生活，可靠的做法是从学生的生活中去寻找交际的话题。贴近学生生活的话题是学生口语交际活动得以产生的物质基础，可以触动学生的所思所想，保证人人有话可说，能激起学生倾吐的冲动和交流的欲望。为保证话题与学生生活的贴近，必须活用教材。口语交际的教材与阅读教材不同，后者是学习的范本，而前者只是提供一个话题。总体上，教材安排的话题，努力贴近学生的生活实际，为学生有话可说提供了必要的条件。但是，学生生活阅历或环境不同，知识经验也不同，教材中的某些话题可能贴近了部分学生，却难免远离了另一部分学生。课程改革提倡教师成为课程的建设者，口语交际教材的特点，便给教师发挥主动性和创造性留下了更大的空间。

提倡活用教材，不全是鼓励教师对教材另起炉灶。教材的安排有特定的意图，任由教师随心所欲，难免陷入随意性和盲目性。有些教材稍加改造，就可能成为一个贴近学生，让学生有话可说的话题。如，人教版教材一年级上册“语文园地三”，口语交际的话题是“这样做不好”，教材安排了两幅插图，一幅插图画的是几个小孩在草坪上踢球，一位戴红领巾的小姑娘前来制止；另一幅插图画的是妈妈洗菜时浪费了自来水。总体上，插图的内容贴近学生的生活，但不是所有学生都目睹过这样的生活。一些农村学生，根本没有见过草坪，他们所知道的只是，草是庄稼的对头，或者是喂养家畜、烧火做饭的原料。这样的生活阅历，不可能有爱护草坪的经验和意识。以这样的插图为内容进行交际活动，这部分学生也就无从说起。教学时，我们不应拘泥于插图，最好能用学生身边发生的同类的事例取代图中发生的事。对那些在周边有草坪的环境中生活的学生，也可以用现实生活中有人不爱护草坪的事例来替代图中的内容。课前可以带学生实地看看，有条件也可以拍下录像、照片，课堂上再现给学生，让学生就此展开交际活动，这样就可以实现话题与学生的零距离了。

（二）动机来自生活需要

活动的动因来自于动机，动机又来自于需要。采用生活化的策略，就是要使学生交际动机的产生不仅是为了满足得高分的需要，不仅是为了完成老师指令的需要，不仅是为了获得老师表扬的需要，更重要的是为了生活本身的需要。揭示生活需要的有效途径是呈现生活情境。做法通常有两种：

1.呈现真实的生活情境，即在课堂上直接呈现学校、家庭、社会生活中的某一事件或某一现象，或者走出教室，直接介入社会生活，引发交际的需要和动机，以真人为对象，以真事为内容，在教师的指导下，展开真实的交际活动。这样的交际活动，同时就是学生亲历的真实生活，生活与教学完全融为一体。于老师的“打电话”就属于这种情形。

2.创设虚拟的生活情境。根据生活自身的逻辑和口语交际训练的要求精心设计某种生活情境，让学生投入交际活动；或者根据社会生活的需要，比照现实生活的场景，设置虚拟性的情境，让学生以他人、成人、社会化的人的身份参与交际，比如，扮演记者、售货员、推销员、导游，尝试他们不曾经历过的生活。如，人教版教材三年级下册“语文园地一”，口语交际的话题是“介绍家乡的景物”。对多数学生而言，特别是农村学生，由于生活环境的狭小，家乡的每一处景物，几乎都为全体学生所共知。在现实生活中，的确有许多场合需要我们向他人介绍自己家乡的景物，但同乡人互相介绍彼此都熟知的家乡景物却不需要，这样的交际活动在现实生活中也并不存在。在班上直接让学生互相介绍，失去“实际意义”，很难激发学生的交际动机。如果创设适当的虚拟的生活情境，交际活动便可能成为生活的实际需要，从而产生相反的效果：上课时，老师可以告诉学生，自己有位外甥女（或者其他什么人），是某地（一定要外地）某学校三年级（同龄人便于沟通）的学生，还没有来我们这里玩过。这次她给老师来信说，今年暑假她要来我们这里玩，问我们这里有什么好看好玩的景物。老师想让同学们向她介绍介绍，因为你们是同龄人，由你们介绍，在她听来更加亲切。接着让学生先在小组练说，然后在大组上说，甚至可以煞有介事地给学生在大组所说的话录音，告诉学生要把带子寄给自己的外甥女。由于创设了具体的虚拟情境，使本来不可能出现在现实生活中的交际活动，成为现实生活的需要，具有了“实际意义”，从而有效地激发了学生的交际动机。

三、多元化策略

让学生“具有日常口语交际的基本能力，在各种交际活动中，学会倾听、表达与交流，初步学会文明地进行人际沟通和社会交往，发展合作精神”，是《语文课程标准》对口语交际教学提出的总目标。这是一个多元发展的目标。口语交际教学要实现这个目标，必须采用多元化教学策略。

（一）贴近生活，选择话题，体现内容多元化

现实生活中的口语交际话题是丰富多元的，将这样丰富多元的话题巧妙地引入口语交际教学，既能丰富口语交际教学的内容，又能够促进学生全面提高口语交际素养。在口语交际教学中引入多元话题，有两种方式：

1.将生活中某一件事或某一现象的情境再现出来，让学生置身其中进行相关的口语交际活动。每次教学再现一种情境，选择一个话题，突出一方面的训练，如此展开训练，日积月累，能使整个口语交际教学的内容形成系列，走向多元化。如再现邻居因为打扫门口卫生而发生矛盾的情境，开展“劝解矛盾”的口语交际活动；再现同学因帮助别人被爸爸误解而受委屈的情境，进行“劝慰别人”的口语交际活动；再现王阿姨的宠物狗被人无意撞伤，王阿姨硬让对方赔钱、赔罪的情景，开展“王阿姨的行为是对是错”的评论活动。

2.围绕某个训练核心，将生活中多个相关话题巧妙地引入，通过一个“训练组块”实现内容的多元化。如围绕“打电话”这个训练核心，可以选择“打电话向他人问好”“打电

话向他人表示祝贺”“打电话向他人请教问题”“打电话向他人致谢”“打电话向他人道歉”“打电话向老师请假”以及在接电话中向他人“表示承诺”“发表见解”“提出建议”“实施婉拒”等话题。

(二)突出特点,创设情境,体现形式多元化

口语交际的内容虽然十分丰富,但是从信息传递的方式来看,其形式主要有个体独白式、双向对白式和多向交流式三种。教学实践证明,这三种方式对发展学生口语交际的综合能力各有所长。因此,口语交际教学要统筹安排教学计划,合理设计训练内容,将三种方式有机整合,巧妙融入交际训练中,让学生通过不同方式的训练,逐步增强口语交际的表达、倾听以及交流能力,使口语交际教学充分体现出交际方式的多样化。

口语交际的话题内容,对交际方式有一定的制约作用,有些话题内容适合于“独白”,有些便于“对白”,有些适宜“多向交流”。这是口语交际内容与方式自身具有的特点。口语交际要在突出其特点的同时,通过多种手段创设情境,使口语交际方式走向多元化。如“讲故事”虽然是以独白为主的口语交际活动,教学中也可以通过创设“提问——回答”的情境,增加“对白式”的训练。三种方式穿插训练,不仅能使学生的口语交际能力得到发展,而且能使整个交际活动产生互动互利、共生共进的综合效应。

(三)凸显主体,换位互动,体现角色多元化

在口语交际活动中,所有参与交际活动的人,都担负着一定的“角色”,因其交际和对象的不同,使得自身在交际活动中发挥的作用各异。口语交际教学的关键,就是引导学生进入“角色”,在实践、体验“角色”的过程中,积累知识,掌握技巧,增强能力。学生的“角色”不同,其收获和感受自然有别。可见,让学生适时进行换位体验和角色互动就显得十分必要。

口语交际教学中“角色换位”也有两种。第一种就是让交际双方或者多方交换“角色”进行轮番训练。第二种就是交际的双方或者多方进行换位思考,以自己的心理去猜测、想象对方的心理或体验,从而设计和优化自己的交际言行。第一种“角色换位”有利于学生提高自己的交际实践能力,便于学生互相学习,完善自我。第二种“角色换位”更能激活学生思维,发展学生的联想、想象能力,使口语交际活动得到优化,走向深化。如在组织学生进行“安慰他人”的口语交际训练时,刚开始学生的安慰总是缺乏真情和深度,有的不但没有使对方得到安慰,反而使对方更加伤心。后来通过角色换位,让学生想一想:“假如你是那位伤心的学生,你希望别人怎样安慰你呢?”如此之后,学生的安慰随即就变得入情入理、令人感动了。

(四)关注发展、激励引导,体现评价多元化

口语交际教学评价的多元化主要表现在:从评价主体看,应该将老师的评价、学生的自评和同学之间的互评有机结合起来,实现评价主体的多元化;从评价内容来看,不光要评价学生表达、倾听、交流等方面的表现,还要评价学生情感、态度等方面的情况,实现评价内容的多元化;从评价形式看,应该做到重点与一般结合、个别与集体集合、平面与立

体结合，实现评价形式的多元化。只有这样，才能使评价具有促进学生全面提高口语交际素养的综合效能。如在教学三年级《关于春游的建议》时，既注重通过自己的评价诱导学生打开思路，激活思维，又注重引导学生从多个方面对同学的发言进行互评、共评，促进学生积极思考，不断完善自己的口语交际，使整个教学充分体现出了评价的多元化。

✲案例片段：

（学生小组讨论结束）

师：大家在小组里都能畅所欲言，做得真好。下面，谁先来说？同学在汇报的同时，大家都要认真听，听听他是否把话说清楚、说完整了。

生：可以去中华恐龙园。（板书：中华恐龙园）

师：谁来评一评他说得怎么样？

生：他的声音很响亮，提议也很不错，如果能把话说完整，那就更好了。

师：那他要怎么说？

生：他可以这样说："我认为我们可以去中华恐龙园春游。"

师：你真会评，老师相信你这一提醒，他一定能说得更好。你再来说一说好吗？

生：我觉得我们可以到中华恐龙园去春游。

师：这个提议真不错。其他同学还有什么好建议吗？

生：我认为红梅公园不错。

生：淹城是2600多年前淹国遗址，是我国保存最完整最古老的地面城池。他三城三河，互相环抱，其建城形制举世无双。我认为淹城值得我们一游。

师：同学们提的建议都不错，刚才这些同学说得都怎么样？

生：我觉得他们说得很清楚。

生：我觉得他们说得很具体，还介绍了好玩在哪里。

生：我觉得他们说话时态度大方、自然，声音高低适合。

生：他们说的地方都不错，帮我打开了思路，我现在也想到了一个好地方……

第五节　有效综合性学习教学的策略

《全日制义务教育语文课程标准》（实验稿）把"语文综合性学习"纳入语文课程体系之中，与"识字与写字"、"阅读"、"写作"、"口语交际"相并列，这是语文课程改革的一个突破，也是语文课程内容的一个亮点。语文综合性学习以语文学科为依托，注重语文学科与其他学科、语文学科与学生生活、语文学科与社会生活之间的整体联系，它以问题为中心，以活动为主要形式，通过综合性的学习内容和学习方式，促进学生综合性的发展。这种发展的落脚点都在全面提高学生的语文素养上。

综合性学习作为一种相对独立的课程组织形式，它是超越了传统单一学科的界限而按照水平组织的原则，将人类社会的综合性课题和学生关心的问题以单元的形式统整起来，通过学生主体的、创造性的问题解决的学习过程，有机地将知识与经验，理论与实际，课内与课外，校内与校外结合起来，以提高学生综合解决问题的能力，促进知情意行和谐统一的发展。所以，语文综合性学习是以语文课程的整合为基点，加强语文课程与其他课程的联系，强调语文学习与生活的结合，以促进学生语文素养的整体推进和协调发展。

一、主题教学策略

(一)确定学习内容——提出综合性学习的主题

如果是依教材的安排进行综合性学习，要明确学习主题的内涵，使主题变得具体、集中、明确，便于操作。如，教材中设“了解家乡的环境”这一主题，教师就应引导学生联系家乡的实际，找准了解、研究的重点，是大气，是水，还是森林植被，或者其他。针对当地哪个方面的环境破坏严重或得到很好保护的实际，开展综合性学习。如果是让学生自己确定学习主题，就要集思广益，认真筛选，主题要适合本学段的学生，有研究价值，有可操作性。专题大致有以下几个方面：(1)“我”与语文学习。如，遨游汉字王国，我爱读书，诗歌的阅读，走进童话世界；(2)人与文化。如，中华传统文化，走进艺术殿堂，戏曲大舞台，多样的媒体；(3)人与社会。如，父母之爱，成长故事，祖国在我心中，难忘的学校生活；(4)人与自然。如，亲近动物，了解家乡的环境，大自然的启示，爱护水资源。这一环节，除了确定合适的学习主题以外，更重要的是引导学生热爱生活，关注生活，具有对周围事物的敏感和对社会的责任心，能够不断发现并提出学习和生活中值得研究的问题，发生在自己身边的、大家关注的问题，具有较强的问题意识和提出问题的能力。

(二)策划并开展综合性学习

首先是根据此次综合性学习的主题和学习目标，让学生群策群力，共同策划怎样开展这次综合性学习。采取哪些方式、步骤，时间怎样安排，用哪些形式来体现学习的成果等等，应在学生群体(全班或小组)中达成共识，形成切实可行的学习活动计划。学习活动计划一般包括：(1)学习主题(专题)；(2)学习活动的目的及要求；(3)学习活动的形式及时间安排；(4)人员分工；(5)学习成果的表达与交流。

在学习活动中，既要充分调动学生的主动性，发挥每个学生的聪明才智，又要加强指导与协调，使得学生学有所获，特别是在用语文方面取得成效。至于活动时间，可占用少量语文课时，课余花的时间可更多一些。

(三)尊重个别差异，在交流中获得更多收益

语文综合性学习中，“语文知识”不再是教师关注的唯一焦点，教学不再是一刀切的满堂灌，教师在关注学生个性学习，如学习方法、学习习惯、学习态度等的同时，还要尊重每个学生的独特体验，承认学生在学习内容、途径和方法上的自主性。学生以自己的兴趣选取学习内容，他们的学习目标呈现出多侧面、多层次、多水平的状况。但通过每一次交流，学生都可以在其他同学那里获得资料准备、思考方式、结构安排、活动组织、成果形式等方面的有益启示。例如：人教版四年级上册《观潮》，文章用精美的语言，细致的刻画

让学生领略到大自然的神奇与壮观，同时让学生内心生发出一种震撼和敬畏。这是学习文章应达到的目标。然而课堂教学不是唯课本是图，因此在完成目标的同时，教师用“你还想知道有关钱塘江的什么”一问，激发学生思考，并通过自主合作，可能就会有精彩纷呈的回答，如：我想知道有关钱塘江的故事；我想知道有关钱塘江的诗歌；我想了解钱塘江的地理结构……有了“想知道”的欲望，那主动性就提高了。老师再将学生的疑问抛给学生自己去探究、解决：“可以单独完成，也可以合作，通过书籍、网络等资源，收集你想了解的东西。”《语文课程标准》提到：“综合性学习应突出学生的自主性，重视学生主动积极的参与精神，主要由学生自行设计和组织活动，特别注重探索和研究的过程。”这一过程就是“综合性学习”要达到的探索和研究的过程。

总之，每个学生的学习方式都是其独特个性的体现，因此适应个别差异，实施个别化的教学，帮助每个学生自主的选择，并运用其个性化的方式进行创造性学习，这是综合性学习中教师教学的主旨所在。

(四)开辟多元化学习渠道

语文课堂应是学生语文“践行”的场所，语文课程应构建一个开放的语文学习的世界，打通课堂与社会生活联系的通道。《语文课程标准》中明确表示：“提倡跨领域学习，与其他课程相结合。”课堂教学单凭语文教师扩大知识面，增加知识量是不够的。因此，多方协作，充分开发教师、学生、家长、社区、科研部门的教育资源，进行协同教学显得尤为重要。

1.师生合作。语文综合性学习改变了教师与学生之间“教—学”的线性关系，教师与学生在学习中都不是单一的“传授者”和“学习者”，而是互相把对方视为学习的合作者，合作中的每个人都可能充当指导者的角色。正如阿莫纳什维利指出的那样，只有在这种合作的、协同一致的生活深处，儿童才可能理解教师，积极参加师生共同的教学活动，成为真正的学习主体。

2.整合各科资源。不同学科教师的协同教学形成专业互补，构成更大的知识背景，能够向学生提供多学科的视野和多样化的思考框架；同时教师通过自己的示范行为显示良好的合作心态，表明合作在学习中的重要作用，并提供合作的方式、技巧。这样有效的教学策略也在协作中得到交流，经验的分享使得合作集体更富活力。

3.学校教育和家庭、社区教育相结合。家长是综合性学习中重要的学习资源。教师要把家长引入到综合性学习中来，利用家长的职业特点，发挥家长的各种特长，丰富综合性学习的活动内容，拓展综合性学习的领域。不同社区有不同特点，但都蕴藏着丰富的自然、社会、人文等多种语文学习资源。教师要积极与社区建立稳定的联系，给学生创设语文实践的环境，开展多形式的语文实践活动。

语文综合性学习要取得一定的成绩，必须有长期做好这方面工作的思想准备。只有坚持这样的培养方式，“综合性学习”的课堂才是真正具有创造性、有效或高效的课堂。

二、开放性教学策略

(一)开放的教学思想

1. 跨领域学习。一切“自然风光、文物古迹、风俗民情，国内外和地方的重要事件以及日常生活话题等”都可以成为语文课程的资源，成为“语文综合性学习”的渠道。除教科书、教学挂图等语文课堂教学资源外，要充分开发和利用课外语文资源，如图书、报刊、电影、电视、广播、网络、报告会、演讲会、辩论会、研讨会、戏剧表演、图书馆、博物馆、纪念馆、布告栏、报廊及各种标牌广告，等等。

2. 跨学科学习。提倡领域学习，就是与其他课程相配合，通过语文与音乐、美术、体育、社会、思品、自然、数学、劳动等相互沟通的综合性学习活动，拓宽语文学习和运用的领域，使学生在不同内容和方法的相互交叉、渗透和整合中开阔视野，提高学习效率。

(二)开放的教学活动

语文综合性学习课的开放性教学应以学科——学生——社会三位一体为出发点，着眼于学生对学科课程知识的运用、检验和拓宽，着眼于学生良好个性的发展和语文实践能力的提高，着眼于学校与社会、家庭的密切联系，着眼于学生素质的全面提高。突出语文综合性学习课程教学设计的系统性、综合性、拓展性，活动过程的非学科性，学生主体活动的探究性，构筑多维的活动空间，形成开放性的活动格局。

1. 突出综合性。要找准切入点，从以往单一的说、练、讲、演、赛等练习性、表演性的活动向趋于综合性的复合型活动拓展；从单科的语文活动向跨科的综合活动拓展，构成系列、形成链条，环环相扣、整体优化。

2. 突出活动性。语文综合性学习不是语文学科课程的附庸。要努力改变活动过程学科化的现状，摆正语文综合性学习课的位置，让它在整个教学活动中呈现出独立的课程形态。在教学活动的设计思路上，要注意突出活动过程的非学科性，力求摆脱语文学科课程的束缚，打开学生参与实践活动的通道，拓展活动的空间。要力求通过丰富多彩的实践活动和亲身体验，使学生真正地“活”起来，处于一种宽松、和谐、愉快的氛围之中；使学习成为一种享受而不是沉重的负担，思维不受压抑，而是处于“激活”状态；使获取的知识不只是学生头脑中一种抽象的文字记忆，而是形成学生自身的一种能力、一种潜质。

3. 突出实践性。综合性学习强调在多学科的交叉中促进“语文知识的综合运用，听说读写能力的整体发展，语文课程与其他课程的沟通，书本知识与实践活动的紧密结合”。因此，要从以课本知识为中心的学习活动向以社会生活体验为中心的主题探究性活动拓展；从以知识性较强的识记性活动向实践性较强的操作性活动拓展。帮助学生走出教室，走入社会，走向大自然，实现学校、社会、家庭的沟通与联系，使学生提高对社会的认识能力和责任感。通过社会活动，巩固学生已学的知识，增添新知，锻炼各种能力。

(三)开放的教学主体

1. 着眼“放”字,解放主体性。培养学生的自主探究能力,首先要着眼于“放”字,解放学生的自主能动性,实现师生关系的开放。师生关系开放的实质是教师对学生主体性的“解放”。教师应充分相信学生的学习潜能,确立学生的主体地位,开放活动的空间、放开学生的手脚、拓展学生的思维,把活动的舞台交给学生,把活动的时间交给学生,把活动的自主权交给学生。

2. 突出“趣”字,激发主体性。趣味性是语文综合性学习课的突出特点,因此要突出一个“趣”字,充分发挥其“趣”、“活”的优势,引趣激情,培养学生的参与意识、实践意识、竞争意识,以形成自主探究的能力。

三、探究性教学策略

语文综合性学习是在引导学生进行识字、写字、阅读、写作的过程中让学生自动参与、主动探究,重在突出学习过程的探究性。它以培养学生的创新精神和创造能力为目标,以引发学生兴趣、让学生主动参与为主要方式。整个综合性学习过程从问题的提出、教学方案的设计与实施到结论的得出,均由学生自己来做,教师只是这种学习活动的参与者和合作者。

(一)引导学生确定探究的主题

学生不是因为语文课程的存在而存在。语文综合性学习活动的主题设计,首先不是确定教师该教些什么,学生该学些什么,而是思考学生关心什么,对什么感兴趣。探究的主题设计要注重来自学生的问题。所以,语文课程标准强调:“对周围事物有一定好奇心,能就感兴趣的内容提出问题”(第一学段)、“能提出学习和生活中的问题”(第二学段)、“解决与学习和生活相关的问题”(第三学段)、“能提出学习和生活中感兴趣的问题”(第四学段)。这为如何引导学生寻找探究的主题指明了方向。那么,小学语文综合性学习教学中,探究主题的生成方式主要有四种:

1. 生活诱发式。大千世界,每天都在发生纷繁复杂的变化,教师要利用学生对周围事物的好奇心,引导学生仔细地观察、思考生活中各种各样的问题,促使学生从生活的诱发中产生探究的主题。例如:

▲煮熟的饺子为什么会浮起来?

▲风筝为什么能飞上天?

▲为什么学生的学业负担还是那么重?

▲为什么闹市区衣衫褴褛的乞丐会形形色色、真假难辨?

▲校园里的垃圾从何而来?

2. 课堂拓展式。课堂教学是培养学生语文综合素养的主阵地。在语文教学中,教师要以教材为依托，拓展课堂教学的空间，引导学生确立探究的主题。例如，一位老师在教《麻雀》一课时，学生提出了这样的问题："老师，是不是所有的动物在自己的孩子遇到危险的时候都会不顾一切地救孩子呢?"顿时，教室里议论纷纷，争论不休，于是教师抓住这个契机，引导学生确立了"动物妈妈和孩子"的探究主题。又如，有一位老师在教《只有一个地球》一课时，一位学生对课文中"只有一个地球，如果它被破坏了，我们别无去处"这句话提出了质疑："在茫茫宇宙中，难道真的没有适合人类居住的星球吗"教师紧紧抓住这个学生感兴趣的问题，因势利导地引导学生确立了"宇宙中真的没有适合人类居住的星球吗?"的探究主题。类似这样的事例很多，因此，在课堂教学中，教师首先要有捕捉确立语文综合性学习主题的意识。其次，要善待学生提出的各种疑问，引导学生从这些疑问中发现具有探究价值的主题。

3. 学科联系式。语文学科具有鲜明的综合性的特点，这决定了它与其他学科之间有着千丝万缕的联系。因此，我们在引导学生确立语文综合性学习的主题时，必须打破僵化的学科框架，软化学科体系，让学生从语文学科与其他学科的联系中发现语文综合性学习的主题。例如，在教学描写"春天"的课文时，可以沟通语文学科与美术、音乐学科的横向联系，围绕"感受春天"这个主题，让学生吟诵描写春天的诗文，品赏描绘春天的画卷，歌唱赞美春天的歌曲，促进学生语文综合素养的提高。又如，可以将语文教材中的《赵州桥》、美术教材中的《家乡的桥》《我为祖国造大桥》、常识教材中的《桥》的教学有机结合起来，确立"畅想桥"这个探究主题，让学生了解赵州桥历史与结构的特点，明白拱桥、拉索桥、引桥的力学原理，运用泥塑描绘和塑造想象中的大桥。通过对"桥"的多角度畅想，让学生感受古代文明和现代文明，培养学生的语言表达能力和动手、动脑的创造能力。

4. 综合实践式。即以一个问题为中心，从两门或两门以上的学科知识的综合联系中确立探究的主题。这里的"问题"，一般是指涉及两门或两门以上学科知识的大综合问题。如环境保护、生态平衡、克隆技术、信息技术等。综合实践式的主题组织方式一般有以下两种：

第一、横向统整式。以学生现实生活为背景，选择学科之间的知识连接点作为主题内容，统整和综合运用学科知识，在具体的操作实践中，需要先将所有涉及的学科知识放在同一平台上，然后围绕探究主题将这零碎的多学科的知识统整起来，使之成为一个完整的知识系统。例如：对"漫话风筝"这个主题的探究就涉及多种学科知识的统整。

漫画风筝：
- 1. 风筝的起源（历史）
- 2. 风筝的设计、制作与放飞（美术、劳技、自然）
- 3. 风筝与人们的生活（社会）

第二、纵向递进式。就是围绕主题，抓住主题中的核心内容，向纵深推进和展开，这种方式要求主题综合性强，主题的统整程度高。以"我们身边的垃圾"为例：

- 我们身边的垃圾
  - 1. 垃圾的数量与变化
    - ①垃圾数量的变化与人口增长
    - ②垃圾数量的变化与生活方式
    - ③浪费与垃圾的增长
  - 2. 垃圾的种类与变化
  - 3. 垃圾的运送与处理
    - ①垃圾处理的基本方式
    - ②垃圾焚烧的主要流程

在引导学生确定探究的主题时，除了要教给学生有关如何寻找主题的方法外，还必须考虑主题对学生发展的价值，也就是说学生通过对这些主题的探究，必须引起他们对自然、对生活、对社会的关注，有助于他们形成良好的情感、态度、价值观。

(二)引导学生制订学习的方案

探究的主题一旦确定下来，教师就要教会学生制订学习方案。对于综合性学习方案的制订，根据各学段学习的认知特点，必须经历一个由扶到放的过程。第一学段(1～2 年级)、第二学段(3～4 年级)的学生主要以"扶"为主，第三学段(5～6 年级)的学生主要以"放"为主，扶放结合。在语文综合性学习的起始阶段，教师应该让学生了解一项语文综合性学习的方案大致包括项目名称、研究人员、研究目的、研究的内容与方法、研究的步骤及时间安排、预期的研究结果等内容。这种学习方案，一般适用跨学科或联系社会生活的大综合式的学习项目。制订学习方案，可以增强研究的目的性和计划性。这种综合性的学习项目，一般一学期安排 1～2 次，而且一般适用于第三学段及以上的学生。

(三)引导学生围绕学习方案开展探究活动

学习的方案确定以后，教师要引导学生围绕学习方案开展探究活动。这是语文综合性学习的主体部分。在引导学生开展探究活动的过程中，必须体现"三性"：

1. 主体性。学生是探究活动的主体，教师要鼓励学生走出学校，走向社会，开展调查、访问、记录、参观等实践活动，通过活动培养学生对外界环境的主动性，通过感官、数学计算、科学知识、人际协商解决活动中的冲突，通过实践活动感受生动的现实生活，帮助学生构建新的知识，掌握新的技能，发现科学的结论。

2. 合作性。综合性的探究活动离不开学生之间的相互合作。在合作探究的过程中，小组成员之间既要有明确的分工，防止出现互相推诿、被动参与或唯我独尊的情况，又要注意小组成员之间的通力合作。教师要指导学生学会在合作中与人协调和施展自我，培养学生合作的意识和合作的精神，提高探究活动的效率。

3. 体验性。体验是探究性活动的重要活动方式。学生在探究活动中需要面对现实生活，以独特的经验形成个性化的知识，在体验的过程中，学生往往需要对已有的知识进行改造或重组。改造或重组已有知识的过程，既是学生认识能力发展的过程，也是丰富学生精神生活的过程。

(四)引导学生交流与分享探究的成果

探究活动告一段落之后，教师要趁热打铁，及时引导学生交流与分享探究的成果。交流的目的不是评判探究成果的多少与优劣，而是创造一个真诚倾诉和启迪思维碰撞的机会，通过倾听分享他人的活动成果和心得感受。交流与分享的成果内容，不仅包括物化的研究报告、改革建议、图片资料等，还包括实践活动的过程和内心体验。例如，在探究过程中曾遇到过哪些困难，这些困难是如何克服的，克服困难后心理感受怎样，等等。另外，在交流与分享时，可以在某小组发言的基础上，其他同学对他们的发言内容提问或提出建议，使交流的过程成为全班同学共同反思的过程。

✲教学案例：综合性学习活动《菊香悠悠》

［设计背景］

桐乡——浙北平原上一颗璀璨的明珠。在这一方水乡沃土上，孕育了数千年的文明，留下了众多的文化遗产和人文景观。尤其是秋天那一派田野菊海风光，更使这方沃土增添了迷人风采。近几年来，桐乡人以花办节，以节招商，吸引了络绎不绝的四方宾客，每位来此的游客都会为这百花之地所陶醉。为了让菊乡小主人了解家乡的菊文化，笔者曾两度以杭白菊为题材开展了综合性学习活动，取得了较好的效果。

活动一：菊乡少年多自豪

一、赏菊

1. 谈话揭题：同学们知道吗，我们家乡有一处景观被列入了世界吉尼斯纪录，是什么呢？(田野菊海)下面让我们去领略一番田野菊海的风姿吧！(放映田野菊海录像)

2. 观赏田野菊海，用一句话或一个词谈谈感受，并尝试拟课题。

二、知菊

导：同学们，作为菊乡少年，你对杭白菊的了解有多少呢？

1. 进入"祟福镇小杭白菊论坛"。

2. 分专题汇报，并说明资料来源(各组推选一名代表上台说)。

菊名由来 菊仙故事 菊花功用 形态习性 栽培知识 菊花产品 制作工序

除此之外，你还知道杭白菊的哪些知识呢？(自由说)

三、赞菊：

导：在秋风送爽、白菊飘香的季节，中国杭白菊之乡——桐乡市将迎来第七届中国桐乡菊花节。这是市民的节日，这是世代种菊人的节日，这更是那一片"百花地面"的节日。

1. 讨论：哪些方法或途径可以提高杭白菊的知名度呢？

同学们，作为菊乡少年，我们有责任为扩大桐乡杭白菊事业的发展献计献策。那么，你觉得我们可以通过哪些方法或途径来提高杭白菊的知名度呢？(学生畅谈)

2. 为扩大桐乡杭白菊的知名度献计献策(自由选择一种，可以合作完成，也可以个人

完成）

提示：(1)广告设计师：设计广告词，宣传菊花产品或田野菊海。

(2)菊花博士：研究开发菊花新产品，并说明设计意图。

(3)菊花节总策划：安排菊花节系列活动。

四、学菊：

导：杭白菊不仅具有欣赏价值、实用价值，还具有一种精神价值，你们知道是什么吗？（坚强：傲霜开放；无私：在生命最灿烂的时候被人采下……）

古往今来，关于"菊花"的咏颂难以计数，给这片盛产菊花的土地留下了宝贵的文化遗产。

1. 古今菊花诗赏析：（除了这两首菊花诗，你还知道哪些？能背给大家听吗？）

2. 课外作业：以"菊"为主题，创作一首儿童诗。

活动二：我是菊乡小导游

一、激情导入

桐乡特产多又多，最美要数杭白菊。作为菊乡小主人，如果有客人到我们家乡来，我们该怎么做呢？

像这样带领客人参观，并给他们介绍相关知识的人我们叫他们什么？（导游）好，那咱们今天就来学当"菊乡小导游"。（分发导游证）

二、"菊乡小导游"前期准备

1. 为旅行社命名：

既然有导游，那就得有旅行社呀！来，咱们把自己的小组设想成一个旅行社，每人给自己的旅行社取个名字，再比一比，谁取的名字最好听又最有意思，就写在导游旗上。（学生活动——汇报，评价：哪个名字好？为什么？请取得好的"旅行社"说说为什么取这个名字。）

2. 策划"菊乡一日游"行程安排：

(1)到咱们菊乡游玩，有四个地方值得一去（出示站点图：石门田野菊海、梧桐菊花仙子像、同福春发杭白菊加工厂、农家晒场），那你们看看怎么安排行程比较合理呢？

(2)交流、比较行程安排：（师生对话）怎么安排的？有没有跟他们不一样的？我也不知道哪个安排合理，你们能帮我比较比较吗？（说说安排理由）

3. 策划导游词：

同学们，我们每到一个地方游玩，除了看风景，最好能长点知识。那我们来想想，在带领游客们参观的过程中，咱们可以为游客们介绍点什么呢？

学生上台说。（下面同学可以提问，可以补充。如果你是游客，你会问些什么？如果你是导游，你会怎么补充？）

三、模拟导游

老师发现咱们的小导游真能干，能介绍那么多杭白菊的知识，下面咱们要带领游客们参观了。这样，每个“旅行社”推选一位最能说的导游。

请导游们起立，戴上导游证，手执小红旗，再请导游们说说，怎样才能成为优秀导游，出示要求。

优秀导游——声音响亮口齿清，热情大方有礼貌

好，下面同学就扮演游客，也请你们想想，怎样才算是文明游客？

文明游客——友好守序讲卫生，多听多问长见识

好，请导游们带着游客按策划好的行程去参观吧！（提醒可以离开座位，稍微走动一下）

展示：（抽两人）

抽生上台扮导游，其他学生扮演游客，听完后评一评，对这位导游是否满意。

（如果满意就对他说几句鼓励的话，如果不满意就给他提提建议，导游作出回应。）

四、活动结束（播放田野菊海录像）

参考文献:

1. 王荣生.从“三个维度”把握语文课程与教学目标[J].上海教育研究,2003(11).

2. 邓友超.从目标分类学的角度审视新课程的“三维目标”[J].教育理论与实践,2007(24).

3. 全日制义务教育语文课程标准(实验稿)[Z].北京:北京师范大学出版社,2001.

4. 顾黄初.语文教学过程研究[M].南京:江苏教育出版社,1996.

5. 王荣生.新课标与“语文教学内容”[M].广西:广西教育出版社,2004.

6. 余昱.语文课堂教学内容的选择与设计[J].广西师范大学学报:哲学社会科学版,2007(12).

7.[美]加里.D·鲍里奇.有效教学方法(第四版)[M].易东平译,吴康宁审校.南京:江苏教育出版社,2002.

8. 江涛,李艳.课堂提问有效性研究[J].教学与管理,2003(12).

9. 王县萍.韵语识字教学的研究[J].新课程(教师版),2007(8).

10. 贾国均.字理识字教学法[J].中国教育学刊,1996(3).

11. 卓琴娜.小学同音字识字教学策略谈[J].宁波教育学院学报,2009(2).

12. 熊银祥.浅谈小学语文互动式阅读教学[J].现代教育科学,2009(2).

13. 黎奇.新课程背景下的有效课堂教学策略[M].北京:首都师范大学出版社,2006.

14. M.希尔伯曼.积极学习—101种有效教学策略[M].陆怡如,译.上海:华东师范大学出版社,2005.

15. 窦桂梅.窦桂梅与主题教学[M].北京:北京师范大学出版社,2006.

16. 贺诚.引导——发现语文教学法[M].杭州:浙江教育出版社,1999.

17. 余映潮.整体阅读教学[J].中学语文教学,2008(6).

18. 王乐之.小学中年级作文儿童化观察实践[J].小学各科教与学,2006(12).

19. 朱水根.小学作文教例剖析与教案研制[M].广西:广西教育出版社.

20. 徐鹄.作文起步阶段我们应当关注什么[J].小学教学,2007(3).

21. 何更生.作文教学心理学[M].北京:中国科学文化出版社,2003.

22. 吴泽玲.搞得活放得开——浅谈语文综合性学习的开放性教学[J].小学语文教学,2003(9).

23. 郭根福.试论语文综合性学习的教学策略[J].江西教育,2002.

第七章　语文课堂教学的评价策略

第一节　语文课堂教学评价概述

一、教学评价概述

(一)教学评价的界说

教学评价理论是逐步从教育测量理论等学科基础上发展起来的，教学评价与教学测量有严格区别又紧密联系，"对……赋予一个数量值"。它仅对事物的某个侧面或属性进行可以准确的、量化的描述，追求的是精确、标准、一致。这就决定了它不关注事物的整体及价值属性，也不以好与坏、优与劣等尺度进行评价，据此可以看到，教育测量能够克服评价中的主观、片面、狭隘等弊端，但他不能准确的测量学生的全部能力，尤其是分析综合能力和推理论证能力。同时，学生的态度、兴趣、情感、价值观和性格等品质也难以测定。教学评价应以教学测量为基础，教学测量需要教学评价进行价值导向，教学评价的本质特征需要从这样一种辩证关系中去理解。

对教学评价的界说有代表性的主要有，教学评价是指收集整个教学系统或者某个侧面的信息并给予所获得的信息对教学(或实验)效果做出客观衡量和判断的过程。① 教学评价就是对教学过程的各个方面及教学效果做出全面的价值判断。② 教学评价本质上是一种价值判断活动，要揭示教学评价的本质属性，就要清晰地辨明价值的属性和测量的特点。③ 教学评价就是通过教学活动客观的把握学生发生了哪些变化，以便最大限度地求得教育的效果。④

教育评价目前尚无统一的定义，概括有四种取向：其一，把教育评价看作是教育测量；其二，把教育评价定义为根据专家们所确定的标准而进行的判断；其三，把教育评价看作是"将实际表现与理想的目标两相比较的历程"；其四，认为教育评价是一种有系统地去寻找并收集资料，经过分析研究来帮助决策者选择最佳方案的过程。由于接触教育评价的人所处的地位不同，对教育评价的含义的解释也就有所不同。教育行政工作人员愿意接受第四种定义，而学校的校长或教师们则比较愿意接受第三种定义。⑤

教学评价实质上就是评价主体对评价课题是否达到教学目标的一种认识和判断，他

① 周学海. 数学教学评价的基本理论[J]. 东北师范大学学报，1985(3).

② 冷泽兵. 教学评价新论[J]. 四川师范学院学报，1989(5).

③ 刘要悟. 教学行为特征：构建教学评价过程指标体系的基础[J]. 西北师范大学学报，1996(4).

④ 钟启泉. "教学评价"议[J]. 上海教育，1997(7).

⑤ 梁忠义，车文博. 实用教育词典[M]. 长春：吉林教育出版社，1989.

对教学活动有重大影响。以往人们总是将考试等同于教学评价，随着认识的深化更多的研究者根据布卢姆的教学评价理论来对教学评价进行分类，认为诊断性评价、形成性评价、终结性评价是评价的基本形式。[①] 按照评价基准的不同，可以分为相对评价、绝对评价和自身评价。按照评价的功能不同，教学评价可分为诊断性评价、形成性评价和总结性评价。按照评价内容的焦点不同，分为过程评价和成果评价。按照评价分析方法的不同，教学评价可分为定性评价和定量评价。[②]

关于教学评价的功能基本围绕导向功能、证明功能、诊断功能、激励功能来加以阐述。随着教学评价在教学实践中的地位和作用日益凸显，教学评价应遵循哪些基本原则也就越显重要。对于教学原则比较一致的看法就是科学性、客观性、发展性、指导性和整体性原则。

(二)教学评价与语文课堂教学的关系

教学评价一般包括对课堂教学过程中教师、学生、教学内容、教学方法手段、教学环境、教学管理诸因素的评价，但主要是对学生学习效果的评价和教师教学工作过程的评价。评价功能更多的是一种价值导向，今天我们倡导有效教学正是对课堂教学长期关注不断评估的基础上提出来的一种积极教学。正如本书所一直强调的，在课堂教学中，"有效"是有效率、有效果与有效益的统一，效率、效果与效益三者的有机整合共同构成了课堂教学中的"有效"。语文有效教学是指实现语文教学目标的教学，亦即语文有效教学是在语文课堂教学中，遵循教学活动规律，通过对教学条件的不断优化，从而以尽可能少的时间、精力和物力的投入，取得尽可能多的教学效果，实现语文教学目标，满足社会、教师和学生教育价值需求而组织实施的活动。

教学的终极目的是期望改变学生各方面的行为，而"期望学生行为发生变化的方面"是由学校和教师设立的教学目标，也是有效教学追求的成果，就是指教学活动结果中与预期教学目标相符的部分，考察重点是学生，是对教学活动结果与预期教学目标吻合度的评价，评价只是确定这些目标达成程度的过程。

效率、效果与效益分别对应如下的问题：是否有效利用了课堂教学时间；是否让学生在尽可能短的时间内获得了尽可能多的知识与技能；所发生的教学行为对于师生而言是否有意义的；教学活动是否体现了对师生价值需求的满足。在整个课堂教学过程中，为了实现有效教学的目标，使效率、效果、效益三者实现整合就在于课堂教学评价是否能够发挥应有的作用。所以，弄清楚课堂教学过程中主体因素与教学评价的相互关系是十分重要的，它对有效课堂教学有重要作用与意义。[③]

1. 明确教学目标。在构成"有效"的三个基本因素之中，"效果"作为学习结果中与预期目标吻合的部分，它保证了教学的方向性。无论是在教学方面，还是在评价方面，首要工作就是根据课堂教学所规定期望的学习结果来确定教学目标。新课程改革立足于学

---

① 钟启泉.教学评价议[J].上海教育，1997(7).

② 乌美娜.教学评价[M].北京：高等教育出版社，1994.

③ 范晓玲.教学评价论[M].长沙：湖南教育出版社，1999：8.

生的全面发展，从知识和能力、过程和方法、情感态度和价值观三个维度来设计课程目标，在教学中，既关注学生外显的变化，也积极关注学生内隐的情感、态度、价值观的发展。同时，由于学生主体地位的突显，教学不再是可以完全预设的封闭体系，而是充满了动态生成因素的开放过程。譬如，这些目标可能是通过语文课堂教学，学生最终希望得到的学习经验是什么？学生能够表现出什么样的技能技巧？学生的思想、情感和行为会发生什么变化？我们希望哪些行为发生变化？由此来看，根据特殊行为的识别并清晰地阐明这些目标，我们才能看出教学过程的发展方向，才能建立评价学习结果的基本步骤。

2.设计学习经验。所设计的学习经验与所描述的教学目标相一致，是将课程、教学与所设计的学习经验结合起来的核心。"效益"指教学目标与社会、个人发展需求的吻合状况，它保证了教学目标的合理性。及时有效地对设计学习经验的指导，使学习经验与教学目标能够更好地契合。我们希望学生的行为朝着理想的方面发生变化，而评价这种变化的重点应该放在学生的学习过程中，而对学习过程的评价强调的大多是潜隐的东西，要想对学生的学习过程进行合理评价，就必须设计和构建以清晰阐释的目标作为基础的学习经验。

3.改进学习和教学，确定学生的进步状况。"效率"，从投入与产出的角度，保证了教学时间的有效利用，是教学过程中诸要素的优化组合结果，是教学的"效果"与"效益"得以实现的根本保障。教学评价作为价值导向和判断指引，从根本上保证了效率的实现，只有有效的教学评价才能保障有效率的教学。评价学生的学习、教师的教学对于师生进步都是不可缺少的。对于教师，评价可以提供反馈信息，帮助澄清希望学生学习的东西，帮助教师改进教学。对于学生，评价可以为学生提供有关其进步的信息，帮助学生认识到学习的难点所在。对学生和教师双方来说，评价象征着未来学习活动的准备状态，有助于学生和教师对未来学习经验的选择。通过教学评价师生可以从评价反馈中确定自己的位置，诊断得失，调整方向，从而改进教学和学习，进一步提高教育产出。

二、语文课堂教学评价概述

（一）语文课堂教学评价的界定

根据教学评价的本质特征以及前面对有效教学的理论探索，本文将语文有效课堂教学评价界定为在语文课堂教学过程中，遵循教学活动的规律，依据语文教学目标，保证教学有效果、有效率、有效益的前提下，客观把握学生发生了哪些变化，以求得最大限度的教育效果，在交互进程中，促进师生的共同发展。

（二）语文课堂教学评价的目标、特点、功能和原则

1.语文课堂教学评价的目标内容。《基础教育课程改革纲要（试行）》明确指出，"要建立促进学生全面发展的评价体系。评价不仅要关注学生的学业成绩，而且要发现和发展学生多方面的潜能，了解学生发展中的需求，帮助学生认识自我，建立自信。发挥评价

的教育功能,促进学生在原有水平上发展。”①

语文课堂教学是语文课程实施的核心,语文课堂教学评价的重点是对课堂教学中师生教和学的实践活动的评价,并和谐地贯穿始终;语文课堂教学评价内容要有助于学生了解自己、拥有自信。通过评价师生共同发展,提高语文课堂教学质量。

《语文课程标准》准确把握了学生语文素养全面发展的基本内涵,将教学评价内容分为三个维度五个领域,并分学段做出相应建议。三个维度即知识和能力,过程和方法,情感、态度和价值观。五个领域即识字与写字、阅读、写作、口语交际、综合性学习。这样的语文学习评价内容,以三个维度为学习的基础、重点和动力,以五个领域作为语文课程内容的载体,不仅关注学生的学习成绩,而且关注学生的情感体验和创新精神。

识字与写字的评价,是对认识、书写汉字的情况进行评价。它是语文学习评价中最有实质性内容的第一步,是小学低年级语文学习评价的主要项目。汉字是语文学习的构件,对识字与写字的教学评价是语文教学评价不可或缺的组成部分。从小学语文课程标准来看,识字写字教学评价的目标总体上包括:喜欢学习汉字,有主动识字的愿望;学会汉语拼音;累计认识常用汉字 3000 个,其中 2500 个左右会写;掌握汉字的基本笔画、偏旁部首,按笔顺规则用硬笔写字,注意间架结构,感受汉字的形体美;养成正确的写字姿势和良好的写字习惯;能用音序和部首检字法查字典,培养独立识字的能力。

对阅读的评价一直是语文教学评价中的难点。培养儿童阅读能力是语文教育的一项重要内容,学生的阅读能力发展水平自然也成为学生学习评价的重要组成部分。阅读能力就是对书面语言的认识和理解能力,包括认读能力、理解能力、鉴赏能力、迁移能力。评价“阅读”,主要是对阅读能力,阅读方式、方法,阅读态度和习惯的评价。阅读教学的评价目标主要包括:让学生喜欢阅读,感受阅读的乐趣;学习用普通话朗读课文,学习默读;对各个学段要求的不同题材的文章,能够结合上下文和生活实际了解课文中词句的意思,在阅读中积累词语;能联系上下文,理解词句的意思,把握文章的主要内容,体会文章表达的思想感情,能对课文中不理解的地方提出疑问;利用图书馆、网络等信息渠道尝试进行探究性阅读。

语文课程标准指出:“写作是运用语言文字进行表达和交流的重要方式,是认识世界、认识自我,进行创造性表述的过程。写作能力是语文素养的综合体现。”在语文课程标准中,还给出了作文评价的实施建议,指出小学生作文评价要根据各学段的目标,综合考察学生作文水平的发展状况,应重视对写作的过程与方法、情感与态度的评价;重视对写作材料准备过程的评价;重视对作文修改的评价;提倡综合采用多种评价方式。写作的评价目标主要包括:对写作有兴趣,不拘形式地写下见闻、感受和想象,写自己想说的话,写出自己对周围事物的认识和感想;在写作中乐于运用阅读和生活中学到的词句;根据表达的需要,正确使用标点符号;能进行书面交际,愿意将自己的习作读给人听,与他人分享习作的快乐;学会修改自己的习作作品,规范语句、书写;能够积累并运用写作素材;课内习作每学年 16 次左右,40 分钟能完成不少于 400 字的习作。

---

① 教育部.《基础教育课程改革纲要(试行)》,2001. http://www.moe.edu.cn/edoas/website18/56/info7256.htm

对学生的口语交际能力进行评价是为了更好地促进学生口语交际能力的发展，课程标准把以往的“听”和“说”合成了“口语交际”，“交际”体现了双向互动性，这种互动就是人与人之间的交流和沟通。因此，口语交际评价内容体现在听说普通话的能力，理解和表达听说的态度和习惯上。小学阶段的评价目标主要包括：学讲普通话，能认真听别人讲话，领会要点，就不同的意见与人商讨；能清楚复述、讲述、转述一个情节或者完整的故事；有自信礼貌大方地与别人交谈；积极参加讨论，对感兴趣的话题发表意见；根据交流的对象和场合做有条理，语气、语调适当的表达。

对语文综合性学习的评价主要涉及综合应用的实践能力，自主合作的学习态度，良好的学习方法。评价目标主要包括：对周围事物有好奇心，热心参加校园、社区活动，能就学习和生活中的问题，有目的地搜集资料，共同讨论；结合语文学习，观察大自然，用口头、书面、图文等方式表达自己的观察所得；策划简单的校园活动和社会活动，对所策划的主题进行讨论和分析，学写活动计划和活动总结；在生活中，尝试运用语文知识和能力解决简单问题；初步了解查找资料、运用资料的基本方法。

2.语文课堂教学评价的特点。工具性和人文性的统一是语文课程的基本特点，语文教学评价的特点主要从学科性质和促进人的发展两方面来体现。“人文性”其一是指课程所具有的人文性，其二是指对学生思想感情的熏陶、感染的文化功能。

(1)关注语文课程的人文性、实践性

语文课堂教学评价重视语文的人文性和实践性，实质上就是重点考察师生在语文课堂教学活动中情感态度、参与意识、感受体验、理解和价值取向等。但是，这些因素是抽象的、隐性的，仅凭单一的测验无法科学全面地反映目标实现程度，评价也就失去了实际意义，所以新课程要求在具体的情境中完成课堂教学评价。

首先语文作为母语教育是学生学好其他课程的基础，涉及学生的终身学习和教育发展；其次这一语言课程本身承载的民族文化浸入其中，丰厚的人文性、实践性，是语文基本也是最重要的课程特点。

语文作为一种文化载体同时兼具交际工具与日常生活息息相关，它反映并服务于生活。语文课学生通过阅读进入角色，走进作者的感情世界，从而走进课文世界、通过体验、写作进入现实生活中的角色，进行必要的语文实践活动，从中不断提高自己的语文素质和人文素质。语文教学的人文化是义不容辞的，它可以贴近学生的心灵世界与情感世界。其人文化“相看两不厌”的效应具有打动人心的力量，这是语文学科独具的得天独厚的魅力。在语文教学活动中，要寓教学能力培养于丰富多彩的实践活动中，让学生在实践中学，在实践中创新，在周而复始、相互交叉的过程中由不断地发现问题到不断地解决问题，直至创造性地解决问题。

(2)显隐教学结果并重的教学评价

通过创设情境，我们可以获得有意识、有组织的结果，在课堂教学情境中评价要素比较集中，评价目标明确，可以反映被评价者多方面的语文素质。如：学生的口语交际能力、朗读能力等。学生在学习环境（包括物质环境、社会环境和文化体系）中学习到的非预期知识、价值观念、规范和态度，这类课程具有潜在性和隐蔽性。教学活动中的意外收获，评价者要及时捕捉住，并予以评价。这样，不但能促进被评价者个性素质的健康发展，而且能使其他师生拥有学习的榜样。语文课堂教学评价只有同时注重显隐性教学结果的评价才能真正发挥语文课程的人文化作用，实现语文有效课堂教学。

3.语文课堂教学评价的功能。教学评价的本质是价值判断，通过这种判断就会有做取舍，进而发挥评价的积极作用。在语文课堂教学活动中，教学评价同样发挥着积极作用，特别是一直强调的有效教学，只有教学评价发挥出其应有的功能才能促进有效教学的达成。教学评价的积极作用主要有以下几个方面：诊断功能、激励功能、调控功能、教学功能、导向功能。①

(1)诊断功能

评价是对教学结果及其成因的分析过程，借此可以了解到教学各方面的情况，从而判断它的成就和缺陷、矛盾和问题。在评价活动中，通过对搜集到的信息资料进行整理分析，常能发现评价对象，如教育方案、课程计划、教师工作、教学方法、学生学习等的优缺点及存在的问题。它主要通过对教育评价对象相关资料的收集、整理、分析、判断的运作机制得以实现，通过检查、比较、判断等评价工具的利用而获得。

(2)激励功能

评价对教学过程有监督和控制作用，对教师和学生则是一种促进和强化。通过评价反映出教师教学效果和学生学习成绩。较高的评价能给教师、学生在心理上的满足和精神上的鼓舞，可激发他们向更高目标努力的积极性；即使评价较低，也能催人深思，激起师生奋进的情绪，可以起到推动和督促的作用。学生的学习，教师的教学就像辛勤的劳动者一样耕耘，企盼付出的劳动和心智有所收获。新的语文课堂教学评价改革，着重凸显过程、发展评价，将教学、学习过程作为被评价者自我展示的平台，同时用积极、恰当的评价方式作为有效的激励手段。要促进学生达成学习目标，激励他们树立信心，积极向上。儿童处于集体的活动中，教师要抓住儿童在鼓励中成长信心更强这个特点组织教学，开展活动。比如对学生朗读的评价，教师可这样说，“你读的真好”；对学生问题的评价，教师可说，“你很会提问题”“真有见解”“你很善于思考”等，在肢体神态方面可以有信任的眼神、鼓励的微笑、抚摸、拉手、奖励等形式。

(3)调控功能

评价的结果必然是一种反馈信息，这种信息可以使教师及时指导自己的教学情况，也可以使学生获得学习成功和失败的体验，从而为师生调整教与学的行为提供客观依据。如一年级语文教师在做识字教学设计过程中，首先要做的就是对学习者的特征进行分析，只有充分了解评估学习的学习者起点能力、学习动机、学习风格之后，包括自己班级的学生他们先前如何识字、识字的水平、识字的环境等，教师才能有的放矢，设计出对学习者最合适的教学。正是有科学的教学评价及时调控教学的各个环节，使教学效果越来越接近预期目标，才能保证教学有效益、有效率、有效果。

(4)教学功能

评价本身也是一种教学活动。在这种活动中，学生的知识、技能将获得长进，甚至产生飞跃。如语文阅读测验就是一种重要的学习经验提升过程，他要求学生事先对教材进

① 李定仁，徐继存．教学论研究二十年[M]．北京：人民教育出版社，2001：12.

行复习，巩固和整合已学到的知识技能，应对所面临的新的语言情境，通过对知识的迁移和应用来确认、澄清和纠正所学的一些知识和观念。另外，在做测验的同时，教师需要评估学生水平，将有关学习内容用阅读测试题的形式呈现，是题目包含曾经经历过的学习经验和需要提升的学习经验，让学生自己探索、领悟，获得新的学习经验或整合到已有的经验中，达到更高的教学目标。

(5)导向功能

评价是根据一定的价值标准进行的价值判断活动。在评价活动中，评价者常以国家和社会的价值和需要为准绳，设计一套评价指标和评价标准。被评价者为追求好的评价结果和达到其目的，就会致力于满足评价标准的要求，评价指标和标准就成为被评者努力的方向。它对教育目标的实现和教育方针的贯彻，有相当强的制约和保证作用。特别是语文课程本身所具有的教学使命，不仅是让学生学会运用一种语言，更重要的是弘扬其中蕴含的文化，彰显社会所倡导的主流文明。

4. 语文课堂教学评价原则

教学评价原则是教学评价规律的体现，语文课堂教学评价同样也不能偏离教学评价的一般原则，客观性原则，整体性原则，指导性原则，科学性原则。

(1)客观性原则

教学评价的目的在于给学生的学和教师的教以客观的价值判断，在进行教学评价时，从测量的标准和方法到评价者所持的态度，特别是最终的评价结果，都应符合客观实际，不能主观臆断。如果缺乏客观性就会完全失去意义，提供虚假信息，导致错误的教学决策。

(2)整体性原则

要对组成教学活动的各个方面作多角度、全方位的评价，而不能以点代面，以偏概全。由于教学系统的复杂性和教学任务的多样化，使得教学质量往往从不同的侧面反映出来，表现为一个多种因素组成的综合体。因此，要如实地反映教学效果，必须对教学活动从整体上进行评价。

(3)指导性原则

把评价和指导结合起来，不仅使被评价者了解自己的优缺点，而且为其以后的发展指明方向。也就是说，要对评价的结果进行认真分析，从不同角度查找因果关系，确认产生的原因，并通过信息反馈，使被评价者明确今后努力的方向。

(4)科学性原则

这条原则是指在进行教学评价时，要根据科学而不是仅仅依靠经验和自觉。只有科学合理的评价才能对教学发挥指导作用。科学不仅要求评价目标标准的科学化，而且要求评价程序和方法的科学化。

三、语文课堂教学评价的新发展

新一轮的课程改革，明确提出要建立旨在促进学生发展的评价体系。在这个体系当中，我们可以看到，它既保留了传统评价理念的一些要素，同时也将后现代评价观的合理要素融入其中。语文教学评价同样适应发展，倡导"立足过程，促进发展"的评价，更新评价理念，改进和丰富评价方法，不断发展完善新课程教学评价体系，凸显语文课堂教学评价的新走向。

学生语文学习评价对照表①

新的方面	旧的方面
评价的诊断和促进功能	评价的甄别和选拔功能
评价是教学过程中的一个有机组成部分	评价简单化为单一的终结性评价
评价学生知道什么以及如何思考	评价学生不知道什么
关注学生自身发展	与他人的比较(分等排序)
语文情感和态度的形成发展	仅关注语文知识和技能的理解和掌握
学生在学习过程中的变化和发展	仅关注学生语文学习的结果
使用多样的评价手段	仅使用纸笔测验
评价主体多元化	只有教师对学生的评价
定性评价与定量评价相结合	只有定量评价

1. 多维度的评价取向。评价取向是指评价所体现的特有的价值观，它实际上反映了评价的指导思想和关注点，是对评价过程的指导和总的概括。

评价取向一般分为三种：目标取向的评价、过程取向的评价、主体取向的评价。从目前的评价发展以及对评价方式的丰富和改进状况来看，比较强调后两种取向。

(1)过程取向的评价

过程取向的评价是目前评价发展的一个积极方向，使更多评价关注过程、关注动态的教育交往活动。强调评价者与具体评价情境的交互作用，主张凡是具有教育价值的结果，不论是否与预定目标相符合，都应当受到评价的支持与肯定。特别对能力等进行评价时更关注学生在整个学习过程中能力的发展，收集整个过程中的行为信息，做出相应评估，为学生能力的成长提供可行的改进计划或培养方案。

评价要"注重过程，终结性评价与形成性评价相结合，实现评价重心的转移"。终结性评价面对的是学生的"过去"，关注的是结果，只求学生能提供问题的答案，而对学生究竟是如何获得这些答案漠不关心，"学生获得答案的思考与推理、假设的形成以及如何应用证据等，都被摒弃在评价的视野之外"。因此，新课程的评价更为关注学生求知与探索的过程，要求教师深入了解学生的发展，帮助学生形成积极的学习态度和科学的探索精神，实现情感态度、价值观的发展。这样，新课程要求必定重视面向学生未来发展的形成性评价，做到形成性评价与终结性评价相结合。

(2)多元主体取向的评价

随着社会的发展和进步，关于人的理念、教育的理想、生活的意味、成长的含义及发展的内涵等方面的认识都有了巨大的变化：社会生活环境的变革，使人们认识到人在经

---

① 郑丹.小学语文评价与考试改革[M].哈尔滨：黑龙江教育出版社，2004：5.

济发展和社会进步中的地位和价值，因此更加明确教育应当促进人的全面和谐发展。教学评价也要冲破已有的价值观念束缚，更好地为学生个体及社会发展服务。追求学生的全面和谐发展，逐渐取代知识本位和能力本位而成为教学评价的核心价值取向。

除了评价内容之外，评价中还要关注整个教学过程中各种角色的人的因素，关注整个教学过程中教师和学生的情况，评价者和教师、学生共同构建一个完整意义上的评价。建立一个社会参与评价的平台，使家长、社会相关人士都可以参与整个评价过程。所有参与评价的主体都具有评价的主动性，同时被评价者自己也可以作为评价过程的主体。评价过程成为一种民主参与、平等协商的过程，尊重评价的多元化。

教师评价、家长评价与学生自评、互评相结合，实现评价主体的多元化。新课程要求打破以往的被动评价，建立"学生、教师、家长、管理者和专家共同参与、交互作用的评价制度，以多渠道的反馈信息促进被评价者的发展"。这样，在评价学生的发展上，各个评价主体都有发言权，既保证了评价的全面性，同时也有利于被评价者的自我反思、自我改进。

2. 多元化的评价功能。传统教学有一个潜在假设，即认为个别学生的学习是优秀的，多数学生属于中等水平，评价功能倾向于淘汰一些学生。而现代教学强调评价应让每个学生都获得发展，在评价中获得进步。

（1）评价让学生获得发展

传统的评价形式只有少数学生可以获得成功的体验，大多数学生都是失败者，随着评价理论的发展，人们已经开始认识到这种评价方式的负面效应。新的混合评定（blending assessment）思想把评价过程看作是课程、教学的一个有机环节，评价应该是促进学生发展的教学过程的一个必要部分。评价不是一个单纯的告知环节，不仅仅是为了给学生一个确定的结果，而是希望通过评价能够让学生更加了解自己，能够在现有的基础上谋求实在的发展。

（2）评价让学生学会思考

传统的评价就是把先前一段时间内学习的知识，重复在一张试卷上的过程。这种重复往往是机械的知识重复，学生往往把注意力放在课文知识的死记硬背上。新的评价倡导学生在评价过程中发现自己、了解自己，在运用新的评价工具进行评价的过程中学会思考、学会学习。

（3）评价让学生学会合作

新的评定趋向不仅考查学会什么，并且尊重学生个性特点，允许学生依照自己的兴趣形成有个性的评价。同时在评价过程中倡导学生之间的合作，鼓励他们进行互评。在评价中互相"照镜子"，互相帮助，合作中求发展。

3. 多样化的评价方法和工具。随着评价取向、功能的不断发展，与上述理念、取向和功能相适应的评价方法、工具也应运而生，并日渐成为重要的评价方法和工具。

（1）档案袋评价

档案袋评价是近年来英、美、日等国教育界广泛应用的一种评价方法。目前对档案袋评价的界定也是见仁见智，有的认为档案袋所收集的不仅是有助于学习这理解并扩展学习的有关文件，而且还有那些可以帮助阅读者吸取信息、包含可以促进学习者洞察的种种提示语和作品等[①](C. Porter&J. Cleland，1995)；也有人认为档案袋是由教师和学生做搜集用的，是为审视学生的知识、技能、态度而建立的有系统、有组织的证据[②](D. J. Cole，1995)；还有人认为，档案袋是对学生努力过程有目的的收集袋，他展示学生在一个或多个领域内的努力成果、进步和成就。收集袋必须包括：学生在内容选择中的参与；选择档案袋作品的标准；判断作品质量的标准；学生反思的证据。[③] (Plaulson Meyer，1991)。

综合以上定义，可以看出档案袋评价即收集学生成长过程中的各项信息，包括非优秀的但是有代表性的作品，还包括各种作业信息、考试信息、成长反思、论文等，从而反映出学生成长的足迹。通过这个档案袋不仅使教师可以对其进行评价，更重要的是档案袋的主人可以从自己的档案袋中发现自己、发展自己。

(2)研讨式评定

研讨式评定将学生的参与和课堂讨论中的表现作为学生评定的一个部分。这种评定方法起源于大教育家苏格拉底的教育理念，最根本的是要让学生学会有效的思考并为自己的见解提出证据。这种研讨可以采用多种不同的方式来实施，既可以把它作为毕业学业的展示，也可以作为课堂评价的一部分，还可以作为结业作业的展示。无论什么方式，都需要一个巧妙的问题设计，一套配套的评价准则和评判规则。该评定方法对教师提出了很高的要求，而且教师提出的那个引导的问题也有较高的难度。目前这种评定主要是用于对学业成绩的评定，还处于引进摸索阶段，但对于学生的能力发展的评定确有可借鉴之处。

(3)学生表现展示型评定

这种评价方式是以关注结果开始的，学生在一开始就明确自己的任务，通过学生实际演示某些结果以说明其是有价值的，并由此证明学生已经掌握了这些结果。展示的内容可以是一次科学试验也可以是一次科学展示会，还可以是一次活动或是一次表演，或是一个论文和方案设计。在这种评价方式中，通过详细的评分规则提供了让学生成为自我评价者的机会，并为师生之间就学生的学业成就和进步情况开展对话打开了一条通道。

(4)电子化评价

计算机运算速度快、自动化程度高、信息吞吐量大的特点使得计算机网络应用于评价有着诸多优势，他可以大大简化评价的操作，提高评价的效率和效度，使过程评价的理念能够真正得以实现，从而解决过程评价中出现的一系列问题，如信息量大、操作繁复、统计信息难以获得、教师工作量大等问题。目前在我国部分发达地区计算机网络已经走入了课堂，将评价过程和计算机技术结合，已经具备了发展的前提条件。而且在实际运用方面也已经有了一定的发展。目前已有一些电子支持的评估系统在实践中应用。

新课程评价打破了单一的评价方式，倡导评价方法的多元化，构建立体的评价模式，

---

① C. porter and J. Cleland . The Portfolio as a Learning earning Strategy，Boynton/Cook Publihsers，1995.

② D. J. Cole. Portfolio Across the Curriculum and Beyond，Corwin Press，Inc. 1995.

③ Paulson(F. L) and Paulson(P . R). The varieties of self reflection[J]. Portfolio News，1992(4).

综合运用多种评价方法，全面科学地评估学生的发展状况，充分调动以评价促发展的教育功能。通过多种评价方式构建的评价体系，实现对学生的全面评价：从学习过程角度，诊断性评价、形成性评价、终结性评价相结合，充分发挥形成性评价的作用；从评价方法角度，定性评价与定量评价相结合，充分发挥定性评价全面、灵活的特点；从评价工具角度，测验评价、档案袋评价、表现性评价、苏格拉底讨论式评价相结合，充分发挥档案袋评价、表现性评价、苏格拉底讨论式评价等过程性评价的功能；从评价主体看，包括自我评价和他人评价，强调重视他人评价中的学生评价（这里特指学生间的相互评价）、家长评价及其他人士评价对学生发展的促进作用[①]（如图）。

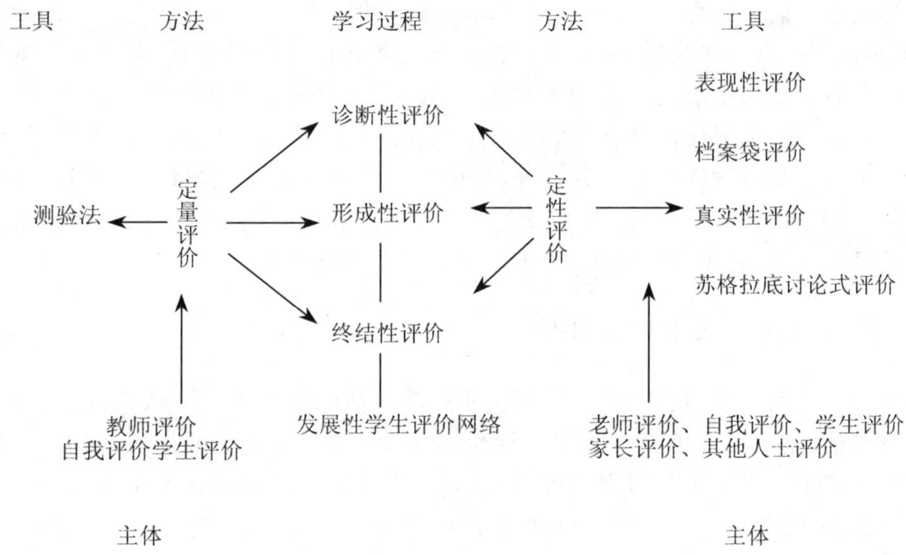

图 6-1

第二节　语文课堂教学评价策略

在语文课堂教学中，教学评价包括对学生学习的评价，对教师教学的评价，以及对影响语文教学的各种因素的评价，通过评价为语文课堂教学提供反馈信息，调控课堂教学，更好地实现教学目标。语文课堂教学评价主要是在语文课堂教学过程中，遵循教学活动的规律，依据语文教学目标，保证教学有效果、有效率、有效益的前提下，客观把握学生发生了哪些变化，求得最大限度的教育效果，在交互进程中，促进师生的共同发展。着力激活语文课堂，鼓励学生自觉有效的学习行为，提高教师的反思能力，形成科学实效的评价机制。

人的语言、交往能力的发展，都有赖于语文学习活动，在语文课堂教学中由于教学评价机制的作用，师生之间互动过程不仅可以让教师不断地反思自己的教学，而且能够及

① 靳彤．论新课程学生评价与语文学科学生评价[J]．四川师范大学学报（社会科学版），2007(5)．

时、平等地听取学生的心声，有助于师生及时调适自己的教学和学习行为，使教学目标随着评价及时反映、落实。

从语文课堂教学评价的特点来看，教师的教学效果，学生的发展，以及一些潜隐因素都很难通过具体量化的测试反映出来，例如：学生阅读学习中情感态度价值观方面的变化，如果仅从量化测试的应答语言来看明显有失偏颇，还需要更多的实际观察等才能确定学生是否能够将所学习的内容内化到自己的观念、行动中；口语交际能力、写作水平，如果单凭一篇作文或一次活动是很难描述清楚的，而且对这些内容的评价具有很强的主观性，所以语文课堂教学的评价，就一再要求“立足过程，促进发展”最大限度地利用语文时空对学生进行语文教育，在评价中推进语文学习的进步。

《语文课程标准》(实验稿)确立了全新的语文教学评价指标体系，即三个维度和五个方面。这个体系突出了语文课程的整体性和综合性，全面考察学生的语文素养，提倡在语文教学评价中加强形成性评价，重视定性评价。提倡采用成长记录袋的方式，收集能够反映学生语文学习过程和结果的资料，提倡学校和教师对学生的语文学习档案资料和考试结果进行分析，客观地描述学生语文学习的进步和不足，并提出建议：提倡评价贯穿于学生的日常活动，积极鼓励学生，促进每个学生的健康发展。

一、识字与写字课堂教学评价

识字与写字的评价，是指对语文学习过程中的基础性学习——认识汉字、书写汉字情况进行评价，是小学低年级语文学习评价的主要项目，具有不可替代的作用。新课标分别规定了各个学段识字与写字的教学目标，并在课程总目标第六条中规定：学生要“学会汉语拼音，能说普通话，认识3500个左右常用汉字。能正确工整地书写汉字，并有一定的速度”。这就从法规上奠定了识字写字学习的基础地位。

汉字是语文学习的构件，学生认识与书写汉字，是搞好其他学科学习、提高科学文化素质的基础。无论是集中识字、分散识字，还是注音识字、电脑识字以及其他识字方式，都应该及时评价其识字效果。学生写字的姿势与习惯，书写的正确工整程度及速度，亦应随机评价，以保证学习的效果。识字与写字学习评价是语文学习不可或缺的组成部分。

(一)识字与写字的评价目标

识字与写字的评价有着自身的特点，主要表现为基础性、促进性、过程性。关于识字、写字评价，义务教育语文课程标准提出了如下评价建议：(1)汉语拼音能力的评价，重在考查学生认读和拼读的能力，以及借助汉语拼音认读汉字、纠正地方音的情况。(2)评价识字要考查学生认清字形、读准字音、掌握汉字基本意义的情况，以及在具体语言环境中运用汉字的能力，借助字典、词典等工具书识字的能力。不同的学段应有不同的侧重。(3)关注学生日常识字的兴趣，关注学生写字的姿势与习惯，重视书写的正确、端正、整洁，激发学生识字写字的积极性，不能简单地用罚抄的方式来达到纠正错别字的目的。

识字与写字的教学评价目标主要包括以下三方面：

1.识字能力的评价。识字教学如果单纯教识字，而不重视提高学生识字能力，就没有抓到根本。由于缺乏识字的自学能力，不能激发识字的自觉主动性，即使在量上达到要求也不容易巩固，学习仍处在被动状态，智力也不会得到充分开发。因此，识字能力的评价非常重要。

2. 写字能力的评价。写字能力的评价，总的要求可以概括为"对"、"好"、"快"三个字。主要看学生能否在较短的时间内，写出来的字笔画结构正确，行列合式、清楚。具体来说，"对"就是正确、规范。这是写字最起码的要求。写出来的字字形上没有缺笔画、添笔画、改变字形等错误。要写国家语委公布的简化字，不写民间流行的简化字。"好"是指端正、匀称、整齐。端正是要把字写得"横平竖直"。匀称是指字的间架结构安排均匀，笔画粗细长短合理。整齐是指全篇的字要写得一样大小，行款合于规格，字间距和行间距均匀。"快"是指迅速。随着年级的升高，学生写字的速度要求越来越快，在写字熟练的基础上，字写得又快又好。

3. 识字写字情感、态度与习惯的评价。学生是否从汉字的书写和学习中体会到结构和文化上的优美，是语文识字写字教学评价的一个重点。识字与写字的情感、态度和习惯的评价，主要是考查学生在不同的年级对识字写字的喜欢程度、主动识字的愿望、写字的姿势与习惯、毛笔书写的兴趣、书法的审美观等。小学生识字写字的兴趣十分强烈，他们对汉字有浓厚的兴趣。在语文学习中就要注意激发和维持学生识字写的字兴趣，在学习实践中培养学生识字写字的自觉性和积极性，使之产生主动识字的愿望。从甲骨文至今，汉字经历了一系列漫长的变化过程，形成了现在的间架结构，教师应适当引导学生欣赏字形，让学生对字形产生兴趣，学生能体会到其中的美感。在让学生了解写好汉字的意义的前提下，要让他们把字写好。要教育他们理解汉字的含义，写字的时候，要正确学习字的笔画、形体，学习汉字的读音和含义。要明确每次书写练习的评价要求，要与规范字比较，反复揣摩，从中找出差距，并适时运用表扬、展览、书法比赛等方式鼓励学生识字写字。①

(二)识字与写字的教学评价方法

识字写字的教学评价方式很多，无论哪种评价方式，都是要更好地达到促进发展和引导发展的目的，在评价中师生各有所得，教师在评价过程中的反思和改进都是为了使自己在课堂教学过程中对学生的评价更科学、更有实际意义，促进教学目标的达成。

1. 成长记录袋评价。使用"学习成长记录表(袋)"评价学生的根本目的，是打破过去用分数作为唯一评价标准的局面，实质是以评导学，评价是目标，是手段，也是目的和结果。

"学习成长记录袋"跟传统的学生成绩表有着本质的区别。以前语文成绩的评定是老师说了算，而现在是老师评、家长评和同学评。不仅是评学生某次的考试成绩，而是评学生多次的各方面的成绩；不单是评学生的考试成绩，更多的是关注学生的学习态度和学习过程。这种全程记录式的评价方法，能多层次、多角度地反映出每个学生较真实的学习水平。家长参与评价，实现了家庭教育和学校教育的互动，使学生的学习在学校和

① 王雅萍.新课程背景下识字与写字学习评价[J].语文教学通讯，2007(27).

家庭都得到指导、检查和督促。而且可以使很多同学受到鼓舞,重振学习的积极性,坚定学习的信心。

从语义分析来看,成长记录袋的英文单词是"portfolio",意思是"文件夹"、"公事包"或"代表作选辑"等。用成长记录袋评价方法来了解学生的成长历程与发展进步,其想法源自于艺术家的作品档案袋。一些画家、音乐家、摄影家、设计师、剧作家等,通常都会有意识地保存个人作品,根据这些作品档案资料,一方面作者本人可以反思自己的艺术成长历程,另一方面人们可以据此了解艺术家的成长道路,对艺术家的艺术成就和发展做出质的分析与评价。近些年来,这一方法被引介应用到教育评价领域,被称为"学生成长记录袋评价"或"档案袋评定",用于收集学生某方面的作品,以展示在某一领域的努力、进步和成就。

因此,所谓学生成长记录袋或档案袋即是指用来显示有关学生学习成就或持续进步信息的一连串表现、作品、评价结果以及其他相关记录和资料的汇集。而学生成长记录袋评价则是"教师依据教学目标与计划,请学生持续一段时间主动收集、组织与省思学习成果的档案,以评定其努力、进步、成长情形"的一种评价方法。① 成长记录袋的类型很多,以功能的不同,可以把学生成长记录袋分为:理想型、展示型、文件型、评价型和课堂型五种。② 以入选材料性质的不同,可以把学生成长记录袋分为:最佳成果型、精选型和过程型三种。③ 以内容结构的不同,还可以把学生成长记录袋进一步分成结构型、半结构型和无结构型三类。

透过各种有关学生成长记录袋评价的理论和实践,我们可以看到它的共同点④:

·学生成长记录袋中材料的收集和选择是与一定的教学目标相适应的。

·学生成长记录袋的基本成分是学生作品,但同时也包括对学生完成作品过程的描述或记录,还包括学生本人、教师、同伴和家长对作品的评价。

·学生应是选定自己成长记录袋里面内容的一个决策者甚至是主要决策者。学生成长记录袋评价的主要目的是要通过大量材料的收集和学生本人对材料的反省,客观形象地反映出学生某方面的进步、成就及其问题,以增强学生的自信心,提高学生自我评价、自我反省的能力。

要充分发挥成长记录袋的潜在优势,并尽可能地减少其不足,使它真正成为教师教育教学的有效评价手段和促进学生发展的有效工具,这就需要对成长记录袋进行认真的设计。下面,我们结合语文学科的特点,谈谈设计成长记录袋评价方案的基本步骤:(1)明确评价目的与运用对象,与其他评价方式一样,在设计成长记录袋时要回答的第一个问题是:"成长记录袋评价的目的是什么?"如果对成长记录袋使用目的没有一个清晰的理解,很可能会将其等同于杂乱地收集材料。学者提出了区分成长记录袋目的的四个维

① 黄光扬.教育测量与评价[M].上海:华东师范大学出版社,2002:216.

② 钟启泉.为了中华民族的复兴,为了每位学生的发展——《基础教育课程改革纲要(试行)》解读[M].上海:华东师范大学出版社,2001:292—293.

③ 钟启泉.为了中华民族的复兴,为了每位学生的发展——《基础教育课程改革纲要(试行)》解读[M].上海:华东师范大学出版社,2001:292—293.

④ 黄光扬.教育测量与评价[M].上海:华东师范大学出版社,2002:216.

度，见下表：

区分成长记录袋目的的四个维度表①

教学	□□□□	评价
当前成就	□□□□	进步过程
最好作品展示	□□□□	文件型
最终成果型	□□□□	过程型

该维度表采用了二分法：以对教学和评价强调程度的不同分为“教学”和“评价”两个主要目的；以展示当前成就和展示进步过程的不同分为“当前成就”和“进步过程”两个主要目的；以包含最优作品展示和系列成就展示的不同分为“最好作品展示”和“文件型”两个主要目的；以表现发展变化的过程和最终的成果的不同分为“最终成果型”和“过程型”两个主要目的。

我们可以将这四个维度视为一个连续统一体，四个维度在各自两端之间是一个渐变的过程。也就是说，每一端只是代表强调的相对程度有所不同，而不是严格的区分。比如，尽管文件型强调作品的丰富，但并不意味着要包括所有的作品，可以鼓励学生选择并放入他们认为的高质量作品（最好的作品）。

建立语文学习成长记录袋，综合反映学生成长过程，成长记录袋，即学习档案袋，“是一种新的记录学生成长的评价方法。一般来说，它是根据学生的反映以及教师的评价、观察、考察等得出的学生进步、发展的系统性、持续性记录，学生的作品及对作品的说明和反思，学生的学习方式、学习经验、家长的观察、评定记录，都属于档案袋的内容”。② 那么语文教师要在学生中实践和推广成长记录袋的评价方法，必须对成长记录袋的组成和要求有清醒地认识，通过成长记录袋的制作过程和最终结果的分析，对学生发展状况做出全面的评价。教育家曾对制定档案袋提出了“5C”原则：

（1）庆祝（Celebration）：认可学生们在一年中的作品与成绩；

（2）认知（Cognition）：帮助学生们来反映自己的工作；

（3）交流（Communication）：让家长、教育管理人员及其他教师了解学生们的学习过程；

（4）合作（Cooperation）：为多个小组的学生们提供集体制作产品并评价自己作品的机会；

（5）能力（Competency）：建立标准，从而可将学生的工作和其他学生的工作进行比较，或与一种标准或基点相比较。

记录袋内的材料是学生针对特定目标自主收集能反映自己成长与发展的有意义的材料；记录袋内除了作品之外，还应该有相应的评价标准，以及反映学生水平与相应标准的关系；记录袋中除了学生对完成作品的描述和记录以外，还应该有同伴、家长、教师等多方对作品的评价；学生应该积极反思、多方评价自己袋中的材料，从而站在新的起点上

---

① ［美］林（Linn，R. L.），格朗伦德（Gronlund，N. E.）. 教学中的测验与评价［M］. 国家基础教育课程改革“促进教师发展与学生成的评价的研究”项目组译. 北京：中国轻工业出版社，2003：207.

② 柳丽. 语文教学多元评价策略探究［D］. 武汉：华中师范大学硕士学位论文，2006.

不断前进。

2. 识字成长记录袋评价。基于以上的思考，我们可以这样尝试编制识字成长记录袋。

首先，提供识字学习的方法。对于低年段的学生，识字最好的办法就是在生活中学习。可以建议学生收集课外书、电视上、广告上、标语上的生字，并写在事先设计好的卡片上进行识字，每天3～5个，装入成长袋。这样一学年下来，学生的课内外识字数不断递增，累计可达到1600～2000左右。

其次，明确评价标准，填写识字评价表，通过评比激励学生学习的积极性和主动性。

识字评选表

姓名		周次	
找找我像谁(在符合你识字学习状态的选项上打勾)			
识字的参与状态	A 主动收集 B 在他人督促下完成 C 不愿完成		
识字的交往状态	A 积极向同学交流我学到的新字 B 偶尔与同学交流 C 基本没有交流		
识字的思维状态	A 能自己找到识字的方法 B 在他人帮助下完成 C 没有找到好的方法		
识字的达成状态	本周，我认识了_个生字，可以评 A 好 B 有进步 C 退步了		
识字的情感状态	A 我很高兴 B 我没有兴趣 C 识字很烦		
我的体会			
父母寄语			
教师评价			
综合评价	本周你的小星星是，把你满意的作品放进记录袋里吧！		

注：A记2颗星、B记1颗星、C记0颗星

最后，选取作品放入成长记录袋。这些作品包括：学生自己制作的精美生字卡片和每周的评价表。优秀作品应该利用课余时间在班级里开展系列展示活动，使学生把他们认识和收集的生字骄傲地展示出来，互相交流。

识字成长记录袋不仅帮助学生利用闲散时间积累识字数量，也为学生提供展示自己成果的舞台，获得更多的自信。每个学生在交流、反思的过程中一点点的进步，更容易激发他们对祖国语言文字的热爱，提高在生活中学语文、用语文的能力。(“初中语文字习成长记录表”设计与效果广东省中山市教育局教研室 张宝华)

学习成长记录表作为一种工具，需要很多具体评价方法的辅助才能达到较好的评价效果，并且在使用过程中要注意把握以下几点：

首先是评价资料的收集。在确定进入成长记录袋的具体内容时，要避免“为了收集而收集”的做法，成长记录袋内容的收集要服务于评价，服务于激励和促进学生的发展，内容的形式并不重要，关键是收进来的内容是能够有代表性地描述学生的学习与发展，有发展的价值，与评价的目的密切相关，就可以收进成长记录袋。这就要求教师加强对学生的课堂观察、课后反思记录；作业评审、收集，我们可以采取定期作业展览、识字写字竞赛等，如“比比谁的作业最漂亮”“评评谁的姿势最端正”，评出“识字最多的人”“字写得最美的人”等等，也可以开展“让学生找一找媒体、广告中的错别字”，促使学生写对字，写美字。积极鼓励、推荐学生参加各项书法竞赛。这样收集到的内容就会形式多样，评价资料翔实，同时也让学生在多彩的识字写字过程中看到自己的进步，增强自信心，形成良性的学习循环。

其次是评价语言的操作，因为在成长记录中不单单是一个成绩表的再现，更多需要教师在资料分析的基础上对学生做出较为客观和真实的语言评述。这种语言就不是一种笼统、概括的综合性语言，而是有针对性的简洁陈述。

再次是对评价反馈的数据处理。由于学龄段小的学生处于特殊的心理发展时期，需要教师和家长的不断激励和监督，才能使他们坚持完成学习，锻炼注意力，这对于学习基础的识字写字教学效果尤为重要。家长参与评价，教师就要对这一反馈做出回应和反思，通过教师和家长的交流，帮助教师进一步了解学生，有助于对学习者的特征做出较为准确的分析。

最后制订调动、指导学生积极参与的有效方法，学生的积极参与是成长记录袋评价的一大特点。在实施成长记录袋的初期，学生可能对成长记录袋不感兴趣，原因可能是对成长记录袋不了解。为此，教师首先要想办法巧妙地向学生介绍成长记录袋的作用，激发学生的兴趣，调动学生积极参与。例如，教师事先精心制作一个反映自己或他人某一方面发展过程或发展水平非常漂亮的成长记录袋(如记录老师进修全过程的成长记录袋、记录老师的孩子成长经历的相片记录袋等)，提供给学生浏览，引导激发学生的创作欲望。在实施过程中，由学生自己选择，不限来源，对最好作品的说明以及选择该作品的理由。对他人的表现和作品进行评价。参与对同伴的评价，可以实现除课程教学目标外的其他发展目标：责任感、交流与合作、理解和尊重他人等。但是，对他人的评价与沟通能力的发展需要教师系统且细致的指导，这一点对于低年级儿童来说尤其重要。

3.随堂口头评价。口头评价是指只作口头判断评述，不形成书面文字依据，评价较抽象，多用于随堂训练，侧重于指导、激趣。在识字和写字的方法习惯方面，多采取同学评价和教师随堂口头评价的方式。

(1)同学互评的口头评价。

具体说来，关于学生写字姿势是否正确，执笔方法是否规范，笔顺、笔画是否符合要求，书写是否端正、整洁，教师可以分期组织同学进行小组评价，并说出评价的理由，此时学生不仅可以了解到自己的优缺点，还可以从同学的评价中找到改正的方法，同时其他同学可以在评价他人时借鉴经验，学习优点，改正缺点。

(2)教师随堂口头评价。

关于识字方法，教师最好采用随堂评价的方式。

✲案例片段[①]：《识字8》是苏教版一年级《语文》第二册归类识字课。

片段一：上课时，教师积极创设生动的故事情境，运用多媒体教学手段再现故事画面，随画面出示与《识字8》相关的部分词语，为学生提供语言学习环境，并巧妙运用童话

---

① 周韩林，徐承芸.小学语文名师经典案例(一)[M].南昌：江西教育出版社，2008.

人物——青蛙王子。把学生带入故事情境中，充分调动学生的学习积极性，激发学生的识字兴趣。

片段二：（学生自读自悟课文，并检查自学情况之后）

师：青蛙王子夸你们真会读书，把它的诗读得美极了，青蛙王子来到了 xx 小学，它说这里比它的家还要美。青蛙王子来到花丛中，看到了小蜻蜓在不停地飞舞（多媒体出示图），青蛙王子说……（多媒体出示青蛙王子说话的内容：大眼睛，小蜻蜓，晴天里，捉蚊虫。）

师：谁会读青蛙王子的话？（学生自由读、指名读、齐读青蛙王子的话。）

师：它来到教室里，看到小朋友们在大扫除（多媒体出示闯）它竖起大拇指说……（多媒体出示青蛙王子说话的内容：小朋友，爱清洁，做事情，多认真。）青蛙王子又说了什么？（学生自由读、指名读、齐读青蛙王子的话。）

师：青蛙王子还很有礼貌地对小朋友们说：（媒体出示说话的内容）小朋友，辛苦了，快请坐（指名读、男女生赛读）。

在上面的案例中，教师巧妙地将评价寓于故事情节中，从青蛙王子的口中对小朋友的识字情况及时予以评价，可以说一个小小的教学片断已经可以看出对识字的教学评价无处不在。

第一，看学生识字的策略，是单纯的死记硬背还是根据汉字的特点进行识记。字形记忆，可利用偏旁部首来识记一系列字组，如“瓣”“辫”“辨”“辩”等，相似字，如“已”“己”“巳”；字音记忆，可利用形声字的声旁来进行拓展，相互比较，便于音形义的统一记忆，如“燎”“僚”“潦”“缭”等；字义记忆，同样意义的汉字有许多，可以让学生在能力范围内尽可能多的列举，既注意到了相同点，又比较了他们之间细微的差别，如表示时间的词“少顷”“俄而”“既而”等。如案例片段中充分运用实物以及多媒体教学手段，图文结合，使抽象的语言环境具体化，使枯燥的识字教学形象化，识字教学中，教师利用多媒体课件进行形声字教学，如：教学“睛、哨、请、清、情、靖”时，先出示形旁及实物图，再用形象的实物图与青蛙进行有趣的组合，再现一个个充满生活色彩的画面，刺激学生多种感官参与识字学习，使学生通过观察比较，发现这些字右边都一样，只是偏旁不同，学生感悟到声旁表音、形旁表意的特点，学生不但能很快记住这些字，而且会慢慢地根据形旁去推测字义，并从中总结出“加一加、减一减、换一换”的识字方法，通过教师对识字策略的教学引导以及适时评价，学生就会领悟并把这一识字方法延伸到课外，培养识字能力，扩展识字量。

第二，评价学生在读课文的过程中识字的主动性，如在案例中教师总是将青蛙王子的话让学生们以各种方式去读，这样在读的过程中，教师就会发现不同的学生对于这一小段文字的学习情况，有的同学是积极利用工具书查阅生僻字，有的同学则会写下来并仔细听老师或者媒体的朗读，以扩大自己的识字量。从这一系列的细节反映中可以看出学生识字的方法与知识掌握的广度，这就要求教师善于观察、发现学生的闪光点，善于及时总结、表扬和记录，并适时、定期组织对学生的识字评价，作为评价学生学业成绩的依据。

第三，对写字与识字情感态度和价值观的评价，因为这一维度的评价内容具有很轻的隐蔽性，教师并不能依据一个或者极端的势力来对学生做出判断，就像案例中的青蛙王子，它来到教室里，看到小朋友们在大扫除（多媒体出示闯）它竖起大拇指说……（多媒体出示青蛙王子说话的内容：小朋友，爱清洁，做事情，多认真。）巧妙地对学生进行情感态度和价值观的教育，融入识字教学情境中，这样学生首先从知识上接受引导，然后才能在实际中注意行为，内化到自己的思想意识中。这就将情感态度价值观的教师善于观察，看学生是否从汉字的学习中体会到结构上和文化上的优美，抓住时机，对这些同学运用精神激励，给予公开倡导，高度评价，适当引导学生欣赏汉字，让学生对字形产生兴趣，体会其中的美感，使其乐于练字，勤于练字。

最后，评价学生利用工具来识字的能力。

✲教学案例：练习拼音输入法识字

教孩子们拼音输入法，让他们学以致用。

设想（孩子们没有一个不对电脑怀有浓厚的兴趣），学习了拼音，通过拼音识字，我们就可以与电脑小博士交个朋友，说说心里话。

生：有什么输入法？

师：拼音输入法，谁想学？

生：我！（异口同声的回答）

我打开文档，教孩子们选择了拼音输入法，最后选择合适的文字。

师：如果你不熟悉文字的读音能跟电脑小博士交朋友吗？

师：家里有条件的同学，可以把我们已经学习的汉字利用拼音输入法输入电脑，和电脑一起分享你的知识。

第二天，我收到学生们自己通过电脑设计的生字表。我表扬了他们，还把他们的作品贴到板上，让其他人欣赏。家长们看见了也有点不相信是他们的小孩子做的。这样一来，孩子们对学习拼音、识字产生了兴趣，并明确了拼音、识字的目标。

上面的案例中，教师用现代化的教学工具帮助学生巩固拼音，认识生字，并对学生运用工具的作品予以积极的引导和评价，使小学生在实践中有更多的成就感，更乐于识字。对学生利用工具识字的能力评价，一方面要教给学生更多的工具和使用方法，另一方面要对他们利用工具做出来的作品给予及时有效的评价，激励学生坚持使用各种学习工具识字。例如，查字典既要看学生是否会通过音序查字法，根据字音找出字形和字义；通过部首查字法，根据字形找出字音和字义。还有其他工具书、网上资源等，总之是离开教师的指导，进行独立的学习和探索的能力。（新课改背景下语文学习形成性评价研究）

4. 作业评价。在我国语文教学研究中，较早重视“语文作业功能”的大概要数王森然，在《中学国文教学概要》一书中，他把语文课堂教学过程中的“预习”、“教授”、“结束”视为三大“教学要件”，认为三者应当平等注重。这里的“结束”就包含了“小结、巩固与作业”的成分。后来他又在“精读教学程序”中特别提出“考查成绩”这一项，他认为“教授以后，教师应有相当的考查”，他这里的“考查成绩”包含了考试和作业两个方面。[①]

后来的学者大体继承了这种观点，都是将语文作业视为语文课堂教学过程的一个重要环节，认为它不仅是检测语文课堂教学效果的一种重要手段，还能对学生的语文学习

---

① 王森然. 中学国文教学概要[M]. 北京：商务印书馆，1929：227.

起到巩固与拓展作用。正如倪文锦先生所认为的：在语文教学过程中，学生理解、掌握新知识究竟达到了何种程度，它可以通过一定形式的作业加以检验，作业具有检测作用。[①]以作业为特征的运用知识的再实践，是课堂教学中培养学生语文能力的一个必要环节。

作业主要是指学生通过学习活动实际所形成的作为结果的学习经验的一种呈现方式，即书面呈现的学生作业，包括课堂作业和课外作业。[②]

(1)小学低年级作业质量的评价。

教师在批改作业时不是简单地评判对错，打“√”打“×”，而是更加关注学生作业的习惯、答案的创意，并且不同的年级，不同的学生采用不同的方法。例如一年级采用等级加激励符号的方法，“★”表示“及格”，“♠”表示“良”，“♣”表示“优”，“✚”表示最好；评判主要内容有：作业是否独立、认真、按时完成；书写是否规范；答案是否正确，是否有独到的见解等。这样的评价，符合一年级学生形象思维活跃、好奇、好胜、好强的生理和心理特点。每次发下作业本，学生总是迫不及待地将自己的作业展示给同学看，在交换观看的同时发现自己的不足，学习别人的优点。

(2)小学中、高年级学生的识字写字评语评价。

小学中、高年级学生作业适合用等级加评语的方法，评语以第二人称的口吻，用谈心式的话语给学生以希望。可以尝试着根据学生的作业情况、课堂表现以及前后学习情况的变化等，运用一些话语，对学生进行评价，下面举几例作为说明，如：有的同学题目出错了，而这一问题老师在课堂上强调过，依他的能力不能出错，说明课堂听讲有问题，我就写上：“上课要仔细听讲，一不留神就要落伍了啊”“老师上课时已经注意到你走神了”等。有的同学作业很正确，但书写不够认真，这是一大缺点，我就写上“你学习很好，听课也很认真，如果再能改进书写，那么你就更优秀了”。有的同学作业有进步了，我就会写上“作业有很大进步，很好，继续努力！坚持下去，胜利终会属于你”。即使有的同学学习成绩不理想，我也会给予很高评价。如有的同学题目做得不对，但也及时上交作业，我就写上“老师知道你是独立完成的，只要你在课堂上认真、课下努力巩固，相信你会有更好的开端”……

(3)反思性的作业评价。

作业评价也是老师反思和改进教学的有力手段，老师不仅了解学生知识的掌握情况，而且把课堂情况记录下来，与学生写作业等结果呈现形式结合起来，实现师生再次交流。在交流中，老师不自觉地实现了反思，老师把过程学习(学生在课堂上的表现)与结果(作业)放在一起，从而给学生的学习一个全面的评价，这样的评价最有说服力，也最真实。而且有助于通过作业评价促进关注学生的个性差异，保护学生的自尊心。每人的学习情况是不一样的，每人一本作业。对学生来说，是可以自己一人知道老师的评语，学生自觉地自我修正，自我完善。

---

① 倪文锦．试论中学语文课堂教学结构[J]．华东师范大学学报，1987．

② 陈隆升．语文课堂教学研究—基于“学情分析”的视角[J]．

二、阅读课堂教学评价

（一）阅读的评价目标

感受阅读的乐趣，用普通话正确、流利、有感情地朗读课文，认知与阅读情感有密切的关系，从新课程标准看，对于阅读的评价更要把握好认知与情感目标的评价。

评价“阅读”，一评阅读能力，二评阅读方式、方法，三评阅读态度和习惯。

1. 阅读能力的评价涉及认读能力、理解能力、鉴赏能力、迁移能力等，关于这一点我们已经论述过，这些能力的形成与发展又具体涉及词语、句子、段、篇的教学评价等要素。

2. 阅读方式和方法的评价，主要关于朗读、熟读、精读、泛读、速读以及复述教学评价等。关于阅读方式、方法的评价，还需补充说明两点：一是关于朗读的评价，我们知道阅读活动是从朗读开始的，朗读是阅读的基础，因此整个九年义务教育阶段，尤其是小学，朗读是阅读教学评价的重点。二是关于泛读的评价，主要是指对略读与浏览的评价，略读与浏览都是扩大阅读面和增加信息量的基本阅读方式，它不同于精读的深入钻研，而只求概括大意，目的在于调查和寻找与自己学习、生活、研究有关的资料，有哪些东西值得注意，这类阅读可以加快阅读速度，不注重词句，通览全篇，吸取其精华，获得其旨趣。因此，对学生略读和浏览的评价，应把重点放在阅读方法和由此获得的信息量上。例如：可关注学生拿到书后，是否先看序、前言、目录、插图、图表及注释、参考文献和索引等，以便对全书有个大概的了解。

3. 阅读态度和习惯的评价，例如，对阅读的热爱和主动性，阅读过程中所具有的稳定的心理状态，注意阅读习惯，选择良好的阅读环境，制定读书计划，根据阅读需要独立地寻找必读材料，确定阅读目的、思考方式、阅读方法的习惯，善于安排和利用时间的习惯，读、写、用相结合的习惯，勤于自学和使用工具书的习惯等。良好的阅读态度和习惯是阅读的基本保障，会对阅读行为产生指导性、动力性的影响，还有助于提高阅读自觉性、发展阅读能力、改善阅读品质，有助于增进阅读理解和提高阅读速度，提高阅读效率，评价学生的阅读态度和习惯是“阅读”评价中不容忽视的内容。

（二）阅读的教学评价方法

1. PISA——学生阅读素养的评价。PISA是学生能力国际评价（Program for International Student Assessment，PISA）的简称。它是由经济合作与发展组织（The Organization for Economic Co operation and Development，OECD）发起并组织实施的教育成效评价研究项目。PISA通过高品质的试卷，测试义务教育完成后的15岁学生在阅读、数学和科学领域运用知识和技能解决现实问题的能力，以及在日常生活情境下做出良好判断和决策的能力。PISA除试卷测试外还通过收集学生、学校的背景信息，从个体学习者、教学、学校及教育体制四个层面进行深层次分析。[①] 以阅读为例，PISA阅读素养评价的重点是测试学生在为了个人应用而阅读，为了公共应用而阅读，为了工作而阅读和为了教育而阅读的情境下提取信息、解释文本、反思与评价的能力。PISA根据提取信息、解释文本、反思与评价三个阅读过程进行评价，评价涉及对文本的完全理解，无论文本是连续的还是间断的(如图表、问卷等格式)。PISA阅读素养的评价框架(见下表)。

PISA 阅读素养评价框架[②]

能力水平	描述
5	处于5级的学生必须能够结合多个隐含的嵌入信息，比如利用文本主题部分以外的信息，或者利用专门的知识进行评价性的判断或假设。学生必须对一个长且复杂的文本或不熟悉的文本有一个全面而详细的理解，理解的方面包括内容和形式。学生需要进行推断以决定哪些文本中的信息与题目相关，同时还要能够处理干扰性的信息。
4	处于4级的学生必须能够定位或结合一些嵌入式的信息；以整体的方式思考来推断文本某一部分的意义；在一个不熟悉的背景下对文本进行假设或严格的评价。学生必须对较长的或复杂的文本有精确的理解，文本中的干扰性信息通常以下列形式出现：模糊的，与预期的信息相矛盾，或者以相反的意义进行表达。
3	处于3级的学生必须能够辨认多个信息之间的联系，这些信息通常要满足多个标准；整合文本中几个不同的部分以确认主题、理解关系或者解释一个词语或短语的意义；进行联系和比较，或者解释和评价文本的特征。通常情况下，所需要的信息不是明显的，而是隐含在文本中，或者被一些相似的信息所掩盖。
2	处于2级的学生必须能够定位一个或多个信息，这些信息需要满足多个标准；确认文本的主题；理解关系或者通过低水平的推断解释文本限定的部分；通过个人的经验和态度，应用简单的类别解释文本中的某些内容；或者对文本和日常生活以外的知识进行联系或比较。学生需要处理干扰性的信息。
1	处于1级的学生必须能够根据一个单一的标准，对一个或多个明显陈述的独立信息进行定位；确认文本的主题或作者的意图。文本是学生熟悉的内容。典型的情况是，所必需的信息是明显的，并且干扰性的信息比较少。学生对题目和文本中的相关要素的关系非常明确。

表2为PISA提取信息评价框架，描述了评价学生在浏览、搜寻、选择、确定相关信息时对应学生阅读素养的5个能力水平。在要求提取信息的评价题目中，学生必须将问题中的信息与文本中原有的或同义的信息联系起来，以得出所寻找的信息。在提取信息时，难度较大的题目可能包括寻找同义的信息，会涉及分类技巧，或涉及对两种相似信息进行辨别。

① OECD. Learning for Tomorrow's World: First Results from PISA2003[M]. Paris:OECD,2004:19—107.

② OECD. The PISA2000 Technical Report[M]. Paris:OECD. 2002:204.

PISA 提取信息评价框架①

能力水平	描述
5	处于水平 5 的学生能够对多个隐含的嵌入信息进行定位和排序。这类信息可能在文本的主题之外。典型的情况是文本的内容和形式都是不熟悉的。学生需要进行高水平的推断，才能判断哪些文本中的哪些信息与题目相关。此外，文本中的信息是高度相似的，干扰性较强。
4	处于水平 4 的学生能够对多个隐含的嵌入信息进行定位和排序。每一条信息都需要满足多个标准。典型的情况是文本的内容和形式都是不熟悉的。学生需要进行推断，才能确定哪些信息与题目相关。
3	处于水平 3 的学生能够定位多个信息。并且在一些情况下能够辨认多个信息之间的联系，其中每条信息都需要满足一些标准。典型的情况是有突出的干扰信息。
2	处于水平 2 的学生能够定位一条信息或多条信息，这些信息需要满足一些标准。典型的情况是一些干扰性的信息比较明显。
1	处于水平 1 的学生能够定位一条或多条独立的并且明显陈述的信息。典型情况是需要被定位的信息仅需要满足一个标准，而且文本中的干扰信息较少。

表 3 为 PISA 解释文本评价框架。对学生阅读素养及对应的 5 个层次的能力水平做出描述。要对阅读材料形成广义的总体的理解，要求学生加工处理整个文本，这类评价题目可以通过确定主要话题或信息，或通过确认文本的一般目的或用途来展示学生对文本的理解。

PISA 解释文本评价框架②

能力水平	描述
5	处于水平 5 的学生能够解释有细微差别的语言，或者对文本有一个全面而详细的了解。
4	处于水平 4 的学生能够在一个不熟悉的背景中理解和应用各种类别，或者在理解整个文本的基础上分析一部分文本的意义。这个水平上的干扰信息通常以下列形式出现：模糊，观点与预期的相反，或者观点被反向描述。
3	处于水平 3 的学生能够考虑到文本中的多个要素。典型的情况是，学生需要整合文本的一些部分，以确认主要观点、理解关系，或者分析一个词或短语的意义。在比较、对照或分类时，学生需要同时考虑多个标准。通常所需要的信息并不明显却隐含在文本中，而且学生可能会被文本中明显的干扰信息转移注意力。
2	处于水平 2 的学生能够在信息不明显时，推断文本的主要思想。通过进行低水平的推断，在文本限定的部分理解关系或者解释意义。
1	处于水平 1 的学生能够对一篇熟悉的主题的文本推断文章大意或意图，此时观点是明显的，或者是被多次重复的，又或者是在文本的开始处出现。文本中干扰性的信息较少。

表 4 为 PISA 反思与评价的评价框架，对学生阅读素养及用自己的知识结构来反思

① OECD. The PISA2000 Technical Report[M]. Paris：OECD. 2002：204－20.

② OECD. The PISA2000 Technical Report[M]. Paris：OECD. 2002：204－20.

与评价文本内容和文本形式的5个层次的能力水平做出描述。反思与评价文本内容要求学生把在文本中找到的信息与其他知识相联系，并用自己的知识结构来评价文本中的观点，即怎样去阐明、维护自己的观点。反思与评价文本形式的题目要求学生不受文本影响，客观地思考文本，并评价它的性质和适用性。

PISA 反思与评价的评价框架①

能力水平	描述
5	处于水平5的学生能够进行严格的评价或者假设，典型的题目要求学生处理与预期相反的概念，并且需要对长的或复杂的文本进行深入的理解。
4	处于水平4的学生能够使用大众的知识，严格地评价文本或文本中有关信息的假设。学生必须对文本有精确的理解，这些文本通常是较长的或者是较为复杂的。
3	处于水平3的学生能够连接、比较、解释、评价文本的特征。这些文本通常与熟悉的日常生活知识相关。
2	处于水平2的学生能够对文本和知识以外的东西进行连接或比较。学生需要利用个人的经验和态度解释文本的特征，对文本有主要的理解。
1	处于水平1的学生能够对文本中的信息和日常生活中的知识进行简单的连接。学生能在题目和文本中看到明显的关联。

PISA 阅读素养是指一个人为达到个人目标、增长知识、开发潜能以及参与社会活动，而理解、运用和反思书面材料的能力。该界定已经超出了把阅读素养仅仅理解为是对字面进行理解和“解码”这一概念。因此，它考虑了阅读者在从书面文本获取信息的同时，积极参与到文本中来——它们形成交互式的关系。该界定也认识到阅读素养对青少年起作用的所有情境，无论是从私人的到公开的，还是从积极的公民角色到终身学习者的角色，都清楚地表明阅读素养能够使个人的愿望得以实现，同时丰富、扩展个人生活的目标。

PISA 对阅读能力素养的界定显然与我们传统的阅读理念不同，它强调的是联系实际、独立思考、主动阅读、持续发展，关注的是那些有利于成为终身学习者的知识和技能以及与未来生活有关的基本知识和技能的考查。重点评价学生是否学会从外在世界获取信息、解决问题，并且将问题与课本里的基础知识相结合，建立起自己的知识结构。

在我们传统的阅读教学中，阅读往往是从书本到书本，很少有意识地要求学生主动与现实生活进行联系和比较，因此我们感到学生的书卷气很浓，面对生活中的实际问题时往往不知所措。比如学生不了解雇员与顾主的关系，错误地理解为照顾与被照顾的关系等等，这种现象不是发生在个别学生身上，而是一种普遍现象，说明我国的阅读教学严重脱离生活实际。

① OECD. The PISA2000 Technical Report[M]. Paris: OECD. 2002: 204-20.

将 PISA 引入语文课堂教学评价中，一方面可以改变我们对学生以往知识性评价的侧重，另一方面可以将评价框架给出的一些参考建议纳入小学各学段的学生课堂学习效果的评价指标体系中来，借鉴如何进行自主性、应用性、探究性以及开放性评价的方法，多一种语文课堂教学评价方式。我们可以从 PISA 阅读素养测试中。用科学的手段进行阅读素养的培养和评价，从而提高我国学生主动从文本中收集、分析、加工信息和综合判断的能力，并达到能提出自己观点的水平。

阅读课堂教学训练，利用 PISA 评价案例①：涂 鸦

下面的两封信是从网上摘录下来的，内容是有关涂鸦的。涂鸦是指在墙上或其他地方不合法地到处涂写。参考这两封信并回答以下问题。

当清理学校墙壁，并且花四倍的时间重新添上油漆去清除涂鸦的时候，我的内心充满愤怒。创造是值得钦佩的。但是人们应该找到一种不对社会造成额外代价的方法去表达自己。

为什么要画那些被禁止的涂鸦来损害年轻人的名誉呢？职业艺术家不会把他们的绘画作品挂到街上，不是吗？相反，他们通过合法的展览寻求资助，赢得名望。

在我的观点里，围栏和公园的长椅本身就是一件艺术作品，用涂鸦形式来损害这些建造物实在太可悲了。而且这种方式也破坏了清新布局。真的，我不能理解当这种“艺术作品”一次次地从我们的视线中扫除掉后，为什么这些违法的艺术家们又来添麻烦。

海尔格

对于涂鸦没有任何解释。社会充满了信息与广告：公司的标志、商店的名称、街上大量的插页海报。它们都令人满意吗？是的，大多数都是的。涂鸦也可以被接受吗？一些人说可以，一些人说不接受。

谁为涂鸦买单？谁最终支付广告费用？你说对了，是消费者。

提供海报栏的人是否征求你的同意？没有。那么涂鸦画家这样做了吗？所有这些仅仅是交流的问题吗(你自己的名字、团体的名字以及街上大量的艺术作品)？

回想一下几年前商场里出现的条纹和格子衣服，还有滑雪服，图案和颜色都直接模仿绚丽的混凝土墙面。这些图案和颜色可以被接受，而相同形式的涂鸦却被认为是丑陋的，这是十分可笑的。

对艺术来说，这是艰难的时代。

索非亚

问题 1. 这两封信件每一封的目的是：

A 解释什么是涂鸦　　　　B 提出一种关于涂鸦的观点

C 阐明涂鸦的流行性　　　D 告诉人们要花费多长时间清除涂鸦

[评分标准]

满分　编码为 1：答案 B

① 王蕾. 学生阅读素养的评价——解读 PISA[J]. 中学语文教学，2008(1).

零分　编码为0：其他答案。

问题2.索非亚为什么提到广告？

［评分标准］

满分 编码为1：答案中能够认识到在涂鸦和广告之间有一个比较，并认同广告是涂鸦的一种合法形式。或者认识到广告是定义涂鸦的一种策略的答案。

零分 编码为0：不足或不清楚的回答。或者对材料的不准确或者不真实、不切题的答案。

问题3.你同意两位作者中的哪一位？用自己的话解释至少一位作者信件的内容。

［评分标准］

满分 编码为1：通过指出至少一位作者信函的内容来解释自己的观点。可以提出作者论据细节大致的立场(即支持或者反对)。作者论点的解释必须看起来合理。解释可以采用文章部分段落的形式，但是不能没有改变或增加，整篇或大量地复制。

零分 编码为0：直接引用文章内容对自己的观点提供论据。或者不足或者不清楚的答案。或者对材料的不准确或不真实、不切题的答案。

问题4.我们可以谈论信件所提到的(它的内容)。我们可以谈论信件的写作方法(它的形式)。不管你同意哪一种观点，你认为哪一封信比较好？通过指出至少一封信的写作方法来解释你的观点。

【评分标准】

满分 编码为1：关于一封或者两封信件形成的观点解释的答案。他们应该提出各种标准。例如写作形式、辩论结构、论据的说服力、语气、使用术语、或者说服读者的策略。像"更好的论点"这样的术语必须被体现。

零分 编码为0：关于是否同意作者观点的判断或者简单解释内容的回答。或者没有足够解释判断的回答。或者对材料的不准确或不真实、不切题的答案。

试题特点：这个单元的背景材料为连续文本中的辩论，四个题目模拟了典型的阅读活动。学生作为读者经常综合、比较和对比来自两个或多个不同来源的观点，十几岁的学生对"涂鸦"的主题事件非常感兴趣。两个作者讨论中所暗含的辩论，涂鸦者是艺术家还是艺术的破坏者，在参加测验学生的头脑中将代表一个真实的问题。根据信件的写作风格或形式解释观点的答案。学生应该能提到如下几个方面的标准：写作风格、辩论的结构、辩论的中肯之处、语气、提示或者说服读者的策略，给予说明和证实。有多种类型的答案可以得到满分，包括对一封或两封信作者的语气或辩论的策略的比较，或者是对文字结构的分析。一些典型的得到满分的答案是："海尔格的信更有效，因为采取的是直接对涂鸦艺术家进行批评的方式"，或者是"在我看来，第二封信更好一些，因为它涉及这样一个问题，这封信让你感觉到你在参与讨论，而不是在开讲座"。没有得分的答案通常是模糊的，或者给了一个广义的观点，而没有参照文本进行进一步的解释说明，或者是与内容有关，而不是与风格有关。

题目	题目形式	题目类型及层次	题目测试要求
问题 1	多项选择题	解释文本(水平 2)	通过比较每一篇大意识别两篇短文的共同目的
问题 2	开放性回答	解释文本(水平 3)	推断文章中解释两种现象之间的类似关系
问题 3	开放性回答	反思与评价(水平 2)	用学生自己的观点和态度比较两篇短文的观点
问题 4	开放性回答	反思与评价(水平 4)	通过比较两篇短文的形式评价作者的写作技巧

PISA 阅读素养测试题目通常按照评价框架设计,巧妙设置情境,考查方式多样,鼓励答案创新,减少单纯的知识检查和记忆,重视思维品质和思维过程,注重学生在背景信息下,运用自己的知能灵活地解决实际问题。

2. 苏格拉底式研讨评价。我们如何才能促进阅读教学中问题讨论环节更多学生之间的互动?并且怎样使这一行为成为学生在批判性思维和公众演说技能方面取得进步的可靠评价?此问题的答案之一就是苏格拉底式问题研讨。苏格拉底式问题研讨是芝加哥哲学研究所所长莫蒂默·阿德勒(Mortimer Adler)的工作成果。它不仅仅是一种有效的评价方法,更为课程和教学改革提供了一种新的思路。

苏格拉底式研讨(Socratic seminars)是指由开放性问题驱动,鼓励每位学生都参与的一种教学方法,"是基于苏格拉底理论——促进学生思考比仅仅给予他们'正确'的答案更重要。因此,他通常让学生针对问题参与讨论,并做出反应。这一过程鼓励学生进行扩散性思考,而不是局限性思考。"[①]一个好的研讨意义在于对学生产生意义,通过积极参与严密的批判性思维活动而促使学生有意义的学习,并在经历反馈和讨论之后进行实践活动。

苏格拉底式研讨评价法,需要遵循一定的步骤。这些步骤既是苏格拉底式研讨评价的条件,也是该评价方法的原则。第一,明确教育结果。第二,选定研讨采用的文本。苏式研讨法是在宣布讨论主题后让学生自己去寻找相关的材料。研讨文本可以是文学、历史、科学、数学、健康和哲学等各种读物。选择文本是为了丰富学生的思想、问题和价值,唤起更具思想性的讨论。一个好的文本将能使学生产生那些没有正确或错误答案的重要问题,这种方法能够让学生"有效听说",并达到一些其他高级思维技能的教学效果。第三,教师提出一个起始问题。这个起始问题必须能引起研讨者的好奇心,是没有单一的或标准答案的,能够产生对话的,能够引起文本中的思想观念被更深刻、更广泛地理解的,可由文本等参考资料做出最好的解答。第四,选择记录研讨过程的方式或设计简明的记录表。记录应当完全客观地反映研讨进程,它是进行评定的客观依据。第五,用多种方式完成评价。有些学校把它作为毕业学业展示的一部分,而有些学校把它作为课堂教学评价的工具。[②] 在这一节中主要讨论阅读课堂教学层面的苏格拉底式研讨评价方法。

下面是一个在阅读课堂教学层面实施的苏格拉底式研讨评价的一般步骤

无论哪种教学评价方法,评价始终伴随教学过程,并不断调节教学活动。苏格拉底

① 比尔·约翰逊.学生表现评定手册[M].李雁冰,译.上海:华东师范大学出版社,2001.

② 联合国教科文组织.教育——财富蕴藏其中[M].北京:教育科学出版社,2001.

式问题研讨评价方式也不例外，这一评价方法的实施步骤也可以理解为是一个围绕问题展开的阅读教学，评价在教学活动中使讨论更深刻，不偏离既定目标。

(1)学习目标

设计的起始，就是明确学习者应该知道的、学生在问题研讨过程中以及研讨之后能做的事情，确立通过问题研讨所能达到的阅读教学目标。研究者认为通过苏格拉底式问题研讨可使学生逐渐养成批判性思考的习惯、发展听说技能和阅读理解的技能。由于研讨目标的达成需要一个过程性的记录和结果呈现，写出一个有见地的文章通常也是作为一类教学结果，作为评价依据。

(2)文本选择

阅读教学目标确定之后，下一步就要准备可能采用的文本，文本内容可以是教材文本也可以是扩展性的阅读材料，但是从本学科内或跨学科领域中所选材料必须既有一定深度又能进行得下去，适宜于最大限度地促进学生的学习。

(3)任务

教学目标和文本选好之后，教师开始提出一个启动问题。这一问题将启动整个讨论且所有讨论以此为中心逐层、逐步展开，它在阅读研讨中具有重要的作用，实践证明它非常简单有效。这一问题应引出不同的答案和反应，它应使问题研讨中产生对话，促进更多师生、生生的互动。启动问题的确立应遵循以下四条标准：它们可以起因于问题研讨引领者的好奇心；它们没有单一的或标准的答案；它们可产生对话，从而引起文本中的思想观念被更深刻、更广泛地理解；它们可由文本等参考资料做出最好的解答。

(4)完成形式

最后，将选定文本交给学生，让他们准备一段时间，到预定时间时就可进行问题研讨，说出自己的思想与见解，提出自己的看法，有条件实现的情况下可以以作文的形式完善研讨结果。

在此需特别指出的是：在讨论过程和写作当中要制定一些标准与规则，这些标准与规则要让学生明晰表现规范和表现好坏的判定标准。可以参考下面一些案例表格设计评分规则[①]。

问题研讨评分规则

口头参与	1.用书中的证据说明问题。举出书中的例子、页数和人物支持你的回答。所做评论表明学生已读过并理解此书，且在书本和问题研讨所产生的观点间建立了联系。 2.在问题研讨中做出相关评论，表现出对前边发言者的观点有所反应。有助于扩大对文本和问题研讨所产生的观点的理解。 3.参与中有进取心，无须唤起。 4.提出澄清和加深对观点的讨论的问题。
其他参与	1.准时参与问题研讨。 2.以身体语言表现出关注：坐得笔直，注视着讲话者，让发言者讲完。 3.不贬抑或非难别人的论解。

① Johnson. Bill. 学生表现评定手册——场地设计和前景指南[M]. 李雁冰，主译. 上海：华东师范大学出版社，2001.

短文评分规则		
	熟练	优秀
内容	1. 短文有一个回答问题研讨起始问题的论题。 2. 论题由显示出对文本理解的观点支持。 3. 短文参与书本上的材料来支持观点，说出作者的姓名。 4. 短文的作者清楚地理解所读之书的线索并将书中的观点予以应用。	1. 短文有一明确回答问题研讨起始问题的论题，该问题尤其要涉及所读之书。 2. 论题由相关观点支持，这些观点显示了对书中观点的深刻理解，含有创造性和新颖的思考。 3. 短文作者以举例、引文或段落引用等形式从书中引用证据支持观点。短文作者有效利用论文作者的名字。 4. 对观点所做的讨论表明，他或她已仔细阅读并对小说有深刻的理解，能将书中的观点应用于其他情境。
形式或技术	1. 短文的组织安排使得每一段都包含一个观点。有一些恰当的过渡转换连接观点和段落。 2. 起始段就入门切题。最后一段以概括主要观点、重述论题来结束短文。 3. 同优秀栏，但用墨水手写，单行距。	1. 短文结构安排合理，有逻辑性，有恰当的过渡转换连接观点和段落。 2. 短文开头有趣，结局有力。结尾处避免重复但又重述了论题和主要观点。 3. 简短引文用引号标明；长于一行的引文单独分开；书名下划线，段落缩进；短文打印，双行距，无错。

苏格拉底式问题研讨应用非常广泛，对于苏格拉底式问题研讨过程中出现的问题，我们可以在具体的实践过程中，给予必要的关注和协调，一定要保持科学的头脑，理性地对待来自该评价中的各个环节，于此，我对苏格拉底式问题研讨评定在我国的应用提出如下建议①。

(1)需要适量的课堂授课

因为研讨本身需要学习者自身具备一些相应的知识储备和讨论、言说技能，处于小学阶段的学生还没有更多、更深的知识储备，如果脱离一定量的课堂授课，没有给学生一定的知识、技能、态度上的引导，直接进入研讨过程，学生会很茫然，很多拦路虎会让学生觉得这种阅读课堂有点害怕，丧失学习的兴趣和信心。所以在开始研讨之前，要进行相关知识的讲解和口语技能的训练，有准备的开始会减轻小学生的学习压力，此时研讨就成为他们文本学习的高潮。前一阶段的教学效果就会在研讨中呈现，评价适时跟进，不仅有利于现有知识的巩固和调节，也有利于后一阶段的研讨围绕中心问题展开，避免教育质量的下降。

(2)凸显教师主体性

苏格拉底式研讨以生为本的观念毋庸置疑，但是在具体的操作中，由于小学教育的特殊阶段性，儿童在这一段更多的是需要积累，如果一味地强调学生主体性，就有可能滥用儿童的无知，走向形式主义，使学生在基础阶段不能有效地完成基础性的知识、技能积

① 凡勇昆.苏格拉底式问题研讨评价法评析[J].现代中小学教育，2008(6).

累。在小学教育中，强调教师的主导应该是负责任的做法，教师要有一定的主导和主体性。苏格拉底式问题研讨在本质上是“动机转移＋暗示”，中间可能会有一些引导、主导、影响、灌输甚至是压制，但是目的是使学生养成主体性，并最终成为一个具有主体性的人。不能误读甚至滥用以学生为主体，将学生捧上天，却不能将他们的基础夯实。比如：有些老师一改权威形象，变成所谓的“赏识教育”，无论学生的发言水平是什么样的档次，都一致地给予表扬，或者是学生只是在较低层次上做了一个回答，就得到老师的赞扬。

✼案例片段：

教师：假如你是一颗蒲公英的小种子，你会飞到哪里去安家？

学生7：假如我是一颗蒲公英的小种子，我会飞到森林里去安家。我在大树底下会生长得很好，很健康。

学生8：假如我是一颗蒲公英的小种子，我会飞到屋顶上去安家。屋顶上的土不多，风很大，我会长得瘦瘦的，这样会很好看。

学生9：假如我是一颗蒲公英的小种子，我会飞到田野里去安家。因为田野里的泥土很肥沃，我一定会长得很高很大，让人人都喜欢我。

教师：你们这样选择自己的安家方式，非常好。

就像案例中的老师那样，对于每位同学不同的回答只是轻描淡写的一句“非常好”，没有区分进行评价，也没有就本问题所要达到的提问目标进行评价，好像如果不这样就不是以学生为中心，就违背了现在的教学理念。

3.纸笔测验评价。阅读课中，教授给学生阅读策略，口头评价学生在一定情境中阅读能力的人数毕竟有限，为了解全班同学的认知活动的结果是否达到目的，阅读能力能否迁移，纸笔测验评价是一种获取反馈信息的有效途径。考试时的阅读理解，去掉了烦琐的分析，无效的问答，侧重整体感悟，考一些开放性、启发性，能体现学生创新精神和创造能力的内容。废除标准答案，鼓励学生对阅读材料的多元解读，给学生留下了自由探索的广阔空间。

以阅读文段“小松鼠的复信”为例，阅读原文：

春天终于来了。他尽情地玩着：唱歌、跳舞、捉迷藏……

夏天来了，他还是尽情地玩着。

有一天晚上，啄木鸟来敲小松鼠的门。小松鼠玩得太累了，睡得很沉。啄木鸟好不容易才敲开了门，他有礼貌地说：“打扰您了，兔子要我送一封火急信。我不得不来敲您的门。”

小松鼠接过信，信封里，除了一片秋天的枯叶外，什么也没有。小松鼠仔细看了一下，枯叶左边有一个小小的“？”。小松鼠脸红了，一直红到脖根。他不由得想起了去年冬天四处借粮的狼狈情景。

小松鼠撕下了带问号的半张枯叶，并把它贴在屋里的墙上。在另外半张枯叶上，他画了一个“！”。小松鼠把枯叶装进信封，请啄木鸟把它送给小兔。

第二天一早，小松鼠就去森林里采蘑菇和小松果，开始储备过冬的粮食了。

我们可以出一道考察对文章整体感知能力的题目“你认为这个故事主要讲的是什么？”按一般的评价方法，老师们可能会在命制题目的同时给出标准答案：这个故事主要讲了小松鼠在兔子的帮助下吸取教训，改正了贪玩的缺点。但是，这个答案存在两个难以克服的问题：首先，这是命题人希望学生达到的结果，是成人阅读的结果，并不是儿童的。另外，这个答案仅仅给出了唯一最好的水平，阅卷人在阅卷的过程中要自己把握学生的正确程度，很容易由于阅卷人的主观效应造成评价的失准。

对于上面这道题目，在纸笔测试中会有不同的答案出现，但是测验并不只是为了得到答复而已，教师更多的是要在这种评价过程中发现教学的契机和起点，从不同的答案中分析出不同学生的学习结果反映，并要做出合理的讲评和分析，使同学们能够清楚自己的学习水平，应该从哪些方面提升，并在评价中学会学习。有的同学对文章的理解是完全错误的或者是脱离了文章内容的，比如说"这篇文章讲了小松鼠和小兔是好朋友"、"这篇文章讲了小兔和小乌龟一起玩耍"、甚至"我不知道讲了什么，但是我很喜欢小白兔"；有的同学能够理解文章中的某一个片断，或者某些句子，但是他们的理解还仅仅是基于字面的，比如说"小松鼠很贪玩，春天夏天都在玩"、"小兔送了小松鼠一片树叶"，这些都是文章中的句子；有的同学能够把握文章的几个方面，对文章有一定的理解，但是还不完整，比如说"小松鼠因为贪玩，没有储存过冬的粮食"，这个答案显示出学生理解了文章的前半部分，但是对前后内容之间没有建立起有机的联系；有的同学能够完全理解文章，能够把文章作为一个整体建立各个部分之间的有机联系，比如说"在兔子的帮助下，小松鼠吸取教训，知道要储存过冬的粮食了"，这样的答案分析，就能对不同学生可能出现的四种水平都做了划分，并且根据对学生实际答案的分析，给出答案的样例，有利于阅卷者准确判断学生的答案处于哪一水平，有效地降低了阅卷者的主观效应，同时真正达到了纸笔测验的目的。

三、写作课堂教学评价

（一）写作的评价目标

语文课程标准中指出："写作是运用语言文字进行表达和交流的重要方式，是认识世界、认识自我，进行创造性表述的过程。写作能力是语文素养的综合体现。"

在语文课程标准中，还给出了作文评价的实施建议，指出小学生作文评价要根据各学段的目标，综合考察学生作文水平的发展状况，应重视对写作的过程与方法、情感与态度的评价；重视对写作材料准备过程的评价；重视对作文修改的评价，提倡综合采用多种评价方式。

写作的评价目标主要包括：对写作有兴趣，不拘形式地写下见闻、感受和想象，写自己想说的话，写出自己对周围事物的认识和感想；在写作中乐于运用阅读和生活中学到的词句；根据表达的需要，正确使用标点符号；能进行书面交流，愿意将自己的习作读给别人听，与他人分享习作的快乐；学会修改自己的习作作品，规范语句、书写；能够积累并运用写作素材；课内习作每学年16次左右，40分钟能完成不少于400字的习作。

基于以上分析，综合写作的价值取向，课标的要求和评价方式，以及作文教学和评价中所重视的因素，并出于对小学生认知特点的考虑，确定作文评价的六个基本分析单位：内容、结构、语言、写作常规、时间与字数和作文改批情况。至于分析单位的定义应该是

"无倾向性的",也就是说,它描述了这个要素的本质,而不是好的表现。定义的重要性在于教师要对作文的评价框架有整体和深入的把握,这样才能更好地指导教学。

1.内容包括作文的主题、选材和情感。它是作文的内在,是作者实际上要告诉读者的东西,包括想让读者体会到的情感。从中读者还可以发现作者对材料加工的过程,如观察、想象和感想、看法等。

2.结构指作文的框架,包括段落、层次、结尾、过渡、照应等。它是作文内容的组合构造,是作文思路的外显。内容要通过组织安排才能表达出来,主题也要通过结构来加以凸显。

3.语言表现为作文的用词、造句,用以表达情感的声音,是作文的载体,它与思想有密切关系。作者独到的思想,丰富的情感,文中叙事、抒情、说理,无不依托语言得以展示和传递。

4.写作常规包括格式、字词、句子、标点符号和书写。它是作文的外貌特征,刻画得正确与否、合适与否,影响作者对它的认识和深入的接触、理解。

5.时间与字数,是指在规定时间内按照字数要求完整地表达一个中心意思,成功地写一篇作文。这是作文过程的外显之一,也是作者作文能力的体现,而且是思维的有效性和集中性的表现。

6.作文改批情况,即作者在作文完成后的自我修改、同伴互批、教师的批改情况。它是作文不可忽视的过程之一,作文的自改自批是作义思维过程的外显,是自觉自为的表现。评价学生自评和互评作文的表现,也同样可以反映一个学生的作文能力,并能敦促学生在评改中学习总结。

(二)写作的教学评价方法

1.讲评式评价(中小学作文评价)。讲评是作文教学的重要环节,是命题、指导、批改等环节的归纳、总结和提高。它包括学生评议和教师讲评两个方面。讲评是批改的延续和发展,是批改进一步的深化,将批改的情况加以归纳,提高到写作规律上分析,使学生有较深刻的认识。

从讲评对象上看,讲评既要针对个别,又要面对整体。从讲评内容上看,既要包含个别示例,又要分类整理,做出包容全班的整体分析和评价。要使讲评更科学、更有效、更具针对性,首先要遵循以下原则:①讲评要有重点。作文讲评不能事无巨细,面面俱到,而要突出重点。一次作文涉及诸多问题,每个学生习作的具体情况又各不相同,教师必须根据本次作文设定的预期目标和习作的具体情况进行分析整理,找出主要问题,舍弃次要问题。②示例要有普遍意义。因为讲评是面对全班的整体的作文指导,要对全班的作文状况做出整体分析和评价,而整体评价的示例来自个别学生的习作,因此示例的选择要有普遍意义。切忌故意选取极端的负面材料,有两个弊端:一是极端材料虽有明显特征,但缺乏说服力,容易把问题简单化、庸俗化;二是极端的负面材料容易挫伤学生的自尊心。③要做适度扩展。作文讲评既要从学生的习作出发,又不可拘泥于习作分析本身。作文讲评侧重在指出全班作文中存在的问题,对于问题的分析应该引发开去。要把问题的探讨引向深入,适当介绍成功的写作经验、优秀的写作范文,以及相关的文学、哲学、美学知识和科学方法都是极为必要的。这些对于拓展学生的写作视野是大有益处的。④要幽默机智。讲评主要是教师讲，学生听，学生容易进入抑制状态。另外，讲评又主要讲作文中存在的问题，讲“不该怎样写”，学生的情绪也容易趋向低沉。因此营造生动活泼轻松的教学氛围在作文讲评中具有特殊意义，寓教于乐。

(1)典型讲评

根据本次作文的要求和目标，选择一两篇习作进行讲评，习作的选定要有典型意义，能够较集中地反映全班作文的主要倾向，通过该习作的讲评能够说明大部分作文中存在的问题，起到以点带面的作用。具体的方法可以是，先有教师说明讲评意图，然后朗读或展示典型习作，再由作者本人对有关问题进行说明，最后展开讲评。如春游之后，老师要求学生用散文化的语言描绘自己最感兴趣的小景，一位学生写的《月洞映景》较有代表性，课堂上，师生共评，引起反响。

其中有这样一部分描写：突然，眼前一亮，我们望见了水，看到了红檐，高兴地一步跃出小径。这儿是长廊的进口处。我举起照相机，对准了那个月洞门，那里面树枝摇曳；左边映出长廊的一角，闪出一株血红的花。宋佳和王稚笑眯眯地走近月洞门，“咔嚓”一下，他们便成了画中人！

老师引导学生赏析时，读读评评，兴趣盎然。他们读出画意和情趣，评出笔锋运行的特点和妙处：“跃出小径”后所见之景，习作者三言两语就描绘得栩栩如生，勾勒得像在眼前：洞门中有门景，景中又套景，人步画中留影，照相机里映人物，景物平添诗意，充满生机；长廊一角有情趣，花儿血红仅一株，画面点染亮色，更显活力。

(2)对比讲评

就全班作文中出现的问题，从一定的角度选出有代表性的文章进行讲评。从对比角度上看，对比既包括优劣的对比，又包括不同特点的对比；从选文范围上看，既包括学生习作对比，也包括习作与范文的对比；从作文形成过程上看，还包括同一篇文章修改前与修改后的对比，等等。如学生学了一篇课文之后，仿照范文中的思路写一篇文章。由于是仿写，两文相似之处很多，但相似中又有差别，仿照中能见高低。这种对照比较拟分两步进行：选择几篇习作进行比较，辨别异同与高低，再择模仿中有创造的习作的一两个段落与范文相应部分进行对照，分析其中的变化，使学生懂得模仿要注入自己的认识和感情，也就是说要有所创造、有所提高。采用对比的方式要注意问题的设置不可分散，否则，既难以形成对比，又容易偏离讲评主旨。

(3)分类讲评

根据本次作文的基本要求，对学生习作进行分类，从中归纳出带有普遍性的问题进行讲评。分类讲评应该注意的是，问题的设置要有一个中心，这个中心就是本次作文教学的一个重点。例如关于“如何选材”的讲评，可以把习作分成如下几类：选材恰当而又充实，缺乏材料内容欠充实，材料堆砌剪裁不当等。

上述是讲评的三种基本的有效方式，它们是相互联系相互交叉的，如分类讲评要选定各类的代表性文章，本身就包含着典型讲评，而对比讲评本身就是一种分类。每一单元的作文目标和要求及作文结果不同，其作文讲评的方式也应各有侧重。

2.作品描述性反馈评价。以往的评价有一种假定，只要我们向学生提供反馈，告诉他们我们对其表现的判断,剩下的事学生自己会解决一学生会知道自己错在哪里,会知道自己当前的表现与目标状态之间的差距,也会主动有效地调节自己的行动,改善自己的表现。其实,只告诉学生对或错,好或不好的评价性反馈对于促进学习作用有限,甚至“学生得到的评价性反馈越多,对其学习产生的潜在的干扰也就越多”。

能够有效促进学习的反馈应当是描述性反馈,即向学生提供直接与学习相关的详细的具体的描述性信息。学生在学习时得到的特定的描述性反馈越多,学习就可能越多。按照戴维斯(Davies)的观点,描述性信息应当是关于学生的表现或作品的信息,而不应是关于学生本人的信息;这种信息依据学生的表现,但又要与良好的表现样例或描述性指标相比较而得出;这种信息是特定的、具体的、指向明确的,不是抽象的空泛的符号或等级;这种信息与学习直接相关,且应当易于为学生所理解;这种信息不仅应当在学习之后,更应当在学习的过程中及时地持续地交流。

《校园一角》作文教学案例片断①:

(老师带领同学来到花坛前)

师:我们学校一共有四个花坛,里面有各种花,你们都认识吗?

生丙:我认识,这是月季花。

师:颜色呢?

生丁:有粉红的、深红的、朱红的……

……

师:我们先要看清题目,看懂题目的要求。既然是“校园一角”,那么绝不是要我们写校园的全部,只是写校园的一个局部,一个角落。至于写什么,自己决定。你应该选择你熟悉的、喜爱的内容。因为你熟悉它,就比较了解它,写起来比较得心应手。

……

(课堂讲解接着学生习作交流)

生甲:许多人跨进我们的学校,都会惊讶地说,“这个校园真美丽,真整洁”。的确,我们的学校有高耸的教学大楼,有昂首挺立的松树,还有花坛,花坛呈L形的……

师:你们都听到了,他写得很努力。可是他这么写有什么优缺点?

生已:他先写了教学大楼,再写了松树,然后写花坛。我认为前面话可以都不写,开门见山地指出校园的南边,是一排美丽的花坛。

师:我完全同意你的看法。我们平时说话要简明扼要,写文章更要这样,不要绕弯子,绕了半天才说到正题上去。建议你采纳这位同学的意见。

生甲:校园的南边是一排美丽的花坛。花坛不高,白底红花的瓷砖砌成……

师:砖头一块儿一块儿地向上垒才叫“砌”。这儿应该这么说,“花坛不高,四周贴着白底红花的瓷砖。”

生甲:……花坛不高,四周贴满了白底红花的资砖。第一个花坛里栽着菊花和一串红。秋天,一串红开了……

师:如果这么说,似乎更贴切些:“现在正值秋天,一串红开得十分茂盛。”

---

① 周韩林,徐承芸.小学语文名师经典案例(一)[M].南昌:江西教育出版社,2008.

生甲：现在正值秋天，一串红开得十分茂盛。远远望去，火红火红，胜似春光，真是名副其实的一串红。菊花也争相开放……

师：应该是“竞相开放”。

生甲：……菊花也竞相开放，有白的，有黄的，粉的，形态各样，艳丽夺目。第二个花坛里栽的是蔷薇，有些是粉红的，有些是深红的，有的风华正茂，有的则含苞待放。你凑近闻一闻，顿时芬芳扑鼻……

师：“当你……”这是假设。不如改成“我凑近它们一闻，啊，芳香扑鼻，香气袭人”。

……

小朋友，“校园一角”是属于命题作文。要写好它，首先要观察景物。因为是命题作文所以我们必须要审题。“校园”是范围，“一角”是对象。你选哪“一角”要先考虑定位，然后确定观察的角度，即位于什么地方看这“一角”，有时候，你可以移动，有时候，你不可以移动，按照顺序，详略得当的记叙。当然，文章写好以后，还得反复诵读，认真修改，直到把文章修改到满意为止。

这样的作文评价不仅将内容教给学生，更重要的是学生在评价中及时明确自己的得失，明确自己学习的优势和误区。从这个片断我们已经可以清晰地看出，案例中的教师能够将写作的前中后即写作前指导、课堂写作、写作后讲评一气呵成。在这个过程中老师讲评结合，总是适时地给予描述性评价，不断对各个学生的写作给予不同的指导，好的要肯定，不合适的地方要给予帮助和必要的改正，使学生能够将写作的规范、方法、要求在描述性的评价过程中得到进一步的切身体验，减少很多写作上的茫然和畏难情绪。

3. 写作档案袋评价。评价不是最终目的，而是为了促进学生的发展。教学中，我们常常看到学生拿到作文本就会迫不及待地交头接耳议论分数，完后作文本就被搁置一边。老师精批细改的习作，并没有起到很好的评价作用。如何通过评价使学生普遍地提高作文水平？建立学生的习作成长记录袋，加强形成性评价是一种解决策略。通过作文成长袋的各种记录，让每个同学观察到自己写作的优点和缺点以及每次的进步情况，感受成长与进步，并从中受到激励。具体操作方法如下：

首先，明确评价标准。应该让学生掌握自己本学段应该达到的要求，然后在把课程标准中的要求具化成可操作的写作阶段示意图，学生根据自己的实际情况分阶段制定自己的目标，力求跳一跳，摘得到，不断向更高的目标前进。这样，不同发展水平的学生都能够获得成功，也就不怕写作文了。

根据《全日制义务教育语文课程标准（实验稿）》中的规定，5～6 年级的写作教学目标是：(1)懂得写作是为了自我表达和与人交流。(2)养成留心观察周围事物的习惯，有意识地丰富自己的见闻，珍视个人的独特感受，积累习作素材。(3)能写简单的纪实作文和想象作文，内容具体，感情真实。能根据习作内容表达的需要，分段表述。(4)学写读书笔记和常见应用文。(5)能根据表达需要，使用常用的标点符号。(6)修改自己的习作，并主动与他人交换修改，做到语句通顺，行款正确，书写规范、整洁。(7)课内习作每学年 16 次左右。40 分钟能完成不少于 400 字的习作。

结合五年级教学的实际情况，为学生制定如下写作阶段示意图，启发学生按步骤完成写作计划：

<table>
<tr><td colspan="2">写作阶段示意图</td></tr>
<tr><td>班级：</td><td>学校：</td></tr>
<tr><td>教师：</td><td>学生：</td></tr>
<tr><td colspan="2">下面是 5 年级写作能力示意图，同学们可以根据自己的作品情况，看看你处在哪些能力范围，希望这个示意图可以帮助你在写作上有所提高。</td></tr>
<tr><td colspan="2">G—展示的作品运用了多种形式写作，有写作技巧，内容具体，感情真实，有感染力</td></tr>
<tr><td colspan="2">F—再次修改，对一些细节作精细的描写，有布局谋篇的意识</td></tr>
<tr><td colspan="2">E—完成写作，初步修改做到文从字顺，标点正确</td></tr>
<tr><td colspan="2">D—根据话题、目的和读者在写作中运用丰富的词汇，体会语言的精妙</td></tr>
<tr><td colspan="2">C—安排相应地支持主题的素材，表达自己的感受，对写作细节发生兴趣</td></tr>
<tr><td colspan="2">B—开始写作，40 分钟能完成不少于 400 字的草稿，明确对自己所要表达的中心思想</td></tr>
<tr><td colspan="2">A—知道写作的主题，能留心观察身边的事物，准备有关素材</td></tr>
<tr><td colspan="2">E—完成写作，初步修改做到文从字顺，标点正确</td></tr>
</table>

第二，选取作品，学生根据写作阶段示意图，不断总结经验和教训，在平时的习作中积累了大量的初稿和成品，这么多的素材，要选取哪些作品放入成长记录袋？一是生活中的素材，二是要反映学生写作成果的最佳作品，三是反映学生进步过程作品，四是失败的作品。

★收集到的各种写作素材“巧妇难为无米之炊”，素材的积累对提高写作水平十分重要。因此，学生学习生活中积累的生活随笔、读书笔记、优美词句摘抄、优秀习作剪辑等都可以放进记录袋。

★优秀作品展示。在一学期内学生总会产生一些比较优秀的作品，将这些作品列入记录袋让学生感受写作的乐趣。

★反映学生进步过程作品以前我们给学生布置作文，一般是先让学生打草稿，老师批改后，学生再根据老师的意见将修改后的作文抄在本上。这样的修改很扎实，很多老师指导完后就没有留意这些宝贵的教学资源，其实，如果我们选择其中一次学生有进步的习作，将学生在写作过程中形成的初稿和修改稿一并放入记录袋，这些过程性的材料不仅可以让学生看到自己的进步和成绩，而且可以帮助他们发现自己在写作方面的优势和不足，进而明确发展目标，改进学习方法。

★失败的作品，选择一些失败的作品，如主题偏离的作文，流水账式的作文，详略不当的作文等材料，主要是帮助学生进行反思，从中吸取教训，能够更好地发展。

第三，交流、评价及反思促发展。写作成长袋评价结果的交流与分享，是发挥成长袋的发展性功能的关键环节。只有在不断交流与分享作品的过程中，学生才能体验到成长与发展的快乐、激发受到赞赏的自豪感，诱发奋发向上的动力。我们可以通过组织交流会进行习作分享，然后通过评价表，促进学生发展：

习作评价表

以下由学生本人填写，这是我对本次习作的想法：	
姓名：	日期：
你对写作感兴趣吗？ 1.不感兴趣　2.一般　3.比较感兴趣　4.很感兴趣	
你觉得你的作品主题明确吗？ 1.不够明确　2.一般　3.比较明确　4.很明确	
你觉得你的作品词汇丰富吗？ 1.不够丰富　2.有一些　3.比较丰富　4.丰富生动	
你觉得自己写出了自己的真情实感吗？ 1.没有　2.有一点　3.是我的真实想法　4.我能感染别人呢	
检查了作品里的字词句和标点了吗？ 1.没有　2.没看仔细　3.找出不少错处　4.文从字顺，标点正确	
你觉得自己有创新之处吗？ 1.没有　2.有一点　3.很有创新	
完成了这次习作，我认为 1.退步了　2.和以前一样　3.有进步　4.进步很大	
对于我的作品 1.不给别人看　2.有人要看就看吧　3.我想把我的作品和大家分享	
以下内容由我的同伴填写 我觉得这篇习作，完成的情况： 1.和以前水平一样，要加油哦　2.有很大的提高　3.写得不错，我要向你学习 我印象最深的地方是： 我对这些地方还有疑问(如错字、病句或对有些文本内容提出问题)。 我想说：(建议或希望)	
以下内容由教师填写，读了你的文章后，老师觉得：	
以下内容由家长填写，爸爸妈妈的话：	
读了大家的评语后，我有了更大的收获：	
本次习作的综合等级：高手级(27～33分，且获得他人欣赏或学习，自己有很大的收获) 熟练级(21～26分，且获得他人认可，有一定的收获) 学徒级(15～20分，且能根据他人的建议提出修改意见) 新手级(9～14分，需要大幅修改)	

习作成长记录袋关注学生写作的全过程，在训练中有效促进了学生的情感体验，提高了创新能力、实践能力、自知反省能力。教师在实施过程要注意以下几点：指导学生组织材料、选取材料；关注学生差异，帮助学生解读每次习作的评价标准，提倡学生自身纵向比较，淡化学生间的竞争。成长记录袋留下了学生成长的足迹，我们也希望给学生留

下美好的回忆。

4.学生参与制定写作评分规则。评分规则作为国外的教育评价工具,要引入前首先要求从其自身出发进行理论探讨。评分规则是什么,是否与我国的教育评价理念相切合,在作文教学评价中引入评分规则是否具有适切性,引入的价值取向是什么,这些问题都需要在引入之前认真思考。

评分规则(scoring rubrics)中的 rubric 来源于拉丁语 rubrica,其原意是涂红之处或红色标志(red earth),指的是中世纪宗教用红笔书写的指导语或解说词。在用于礼拜的文件中,用红色标志表明有的赞美诗必须被唱,或某种宗教服务要被执行。在法律文件中,通常用红色标明法典的标题,后被引申为简要、权威的准则,引申义为"(书本或试卷等上的)标题、提示、说明"。

"rubric"在教育家那里有了新的含义,评价学生作文的测量专家首先用这个词来表述评分的准则。学者们由于视角不同,对评分规则的界定也并不一致,以下是关于其定义的几种典型观点:

评分规则是一种评分工具,它包含评价作品的标准或"要素",如通常要从论题、组织、细节、表达和结构等方面评价一篇写作作品,并且它为各标准从优到差详细地描述出等级的特点。[①]

评分规则是由教师或评价者开发出的一种描述性的评分量表,其目的是为了分析学生的学习情况,包括学习作品和学习过程。[②]

评分规则是准则的一种特定形式——是成文的准则,它对所有的评分点都做了说明和规定。最好的评分规则往往能体现出我们教师公认的课堂评价的实质,而且能对合格表现的组成要素提供很好的建议。评分规则一般会伴有成果或表现的具体例子,以阐明量表上的不同评分点。[③]

对于评分规则定义没有统一的阐释,综合一些学者的观点,在评分规则的定义中涉及了评分规则的制定者、目的、结构、特征和评价对象等,定义:评分规则是由专业评价人员开发的评价工具,并通过教师与学生在课堂中的合作最终形成,评价的主要对象是学生的复杂表现或作品,并事先详细规定了学生所要达到的学习目标的标准。

良好的评分规则主要有四个构成要素:明确的评分准则,详细的质量等级描述,灵活的评分策略和可感知的具体示例,旨在使学生清楚地知道如何去做才能达到优秀水准,明确自己在学习结束之后应当知道什么和应当做什么,还能进行自评和互评;指导评价者详细分析和评价学生的表现或作品,判断学生知识理解和能力发展所能达到的程度,并提供给学生详细的反馈信息。

针对我国教育评价的现状,评分规则应能正确处理一般与特殊的关系,针对学生的某一表现或作品,专业人员负责开发普适性的评分规则,使它通过实践的检验以获得一致认同,并得到普遍应用。而在实际操作过程中,教师和学生要在课堂中合作,根据教学

① 周文叶,学生表性评价研究[D].上海:华东师范大学硕士学位论文,2009.

② 周文叶,学生表性评价研究[D].上海:华东师范大学硕士学位论文,2009.

③ 周文叶,学生表性评价研究[D].上海:华东师范大学硕士学位论文,2009.

的实际需要和学生的实际情况对评分规则进行调整和改进，以实现评价的针对性和有效性。其次，评分规则在应用中要能正确处理结果与过程的关系，在过程中把它教给学生并指导学生的学习，指导学生自评和互评，并给学生及时、明确的信息反馈。

在作文教学评价中引入评分规则主要是由于作文教学的特殊性。作文教学评价的目的不在鉴别和选拔，主要目标是为了提高学生的写作水平，以促进作文教与学的发展。传统的作文评价注重对结果的评价，忽视对过程的评价，基本上是以一篇成文为对象，就文评文，而对学生在情感、态度、创新意识和实践能力等方面的进步置之不理，忽视学生在完成一篇作文的过程中所作的努力。而合理的作文教学评价不单单要关注作文的特征，更要关注作文写作的特征，能够在评价中关注学生的准备过程、构思过程，及其在过程中的情感体验，同时培养学生修改的习惯；作文教学评价诊断、激励、交流的功能，要求作文教学评价引进评分规则的评价方法。

学生制定作文评分规则——上海J小学案例，J小学学生参与制定作文评分规则的案例①。

在J小学进行的“促进学生学习的评价”的研究，其中有一项就是在三、四年级作文教学中与学生一起开发和运用准则来促进学生的写作能力。

(1)评分规则的形成

研究者分别在三年级(1)班和(6)班中进行了民主的小组讨论，由各个小组讨论制定出学生认为是好作文的标准，然后将各组的讨论结果汇总得出了一份新的作文评价标准。标准的语言变得直白易懂，操作性更强，评价的项目适当。

同时考虑只是让孩子们在评分表上打钩是不够的，还应当让他们有机会发表自己的见解，这可以更有效地促进孩子们在写作的过程中运用好作文的标准来督促自己，同时也能让我们更多地了解孩子们的想法。于是，在评分表上添加了“学生自我反思”一栏，形成了下表。

三年级学生作文评价标准

作文要求	达到	基本达到	未达到
书写态度认真			
字数达到要求			
文章格式正确			
没有错别字，标点符号使用正确			
文章分几个小节			
语句通顺，能把事情说清楚			
能用好词好句			
加上自己的想象			
学生自我反思			

① 周文叶，学生表性评价研究[D].上海：华东师范大学硕士学位论文，2009.

(2)评分规则的运用

首先,我们用投影呈现评价标准,逐一解释,让全班同学都明确每一条的含义。这一步很容易地完成了,因为标准是学生自己参与定的。随后,我们将评价表发给每一个学生,让他们对自己的作文(即准备上交给老师批改的草稿)进行评价。第二次作文课上,老师在写作指导之后,让学生们回顾一下作文评价标准,使学生在写作时有意识地关注某几个方面,以此作为自己的写作要求。

学生自我评价进行了一个学期之后,我们进入了生生互评阶段。我们先让学生和以往一样,对自己的作文进行自我评价,评价表暂且不收,自己保管。然后,一、三组,二、四组把作文本交换,再对别人的作文进行评价,写上评价者的姓名后,随同作文本一起交给作者。此时,课堂上已不再平静,有的学生发现自己的得意之作并没有引起同伴的共鸣,脸上有愤愤之色;有的学生却意外发现自己原本认为平平的文章竟赢得了别人的欣赏,面露欣喜之情。之后的"聊天室"中,我们选取一至两组学生的作文进行交流,让自评、互评的双方各自阐述自己的理由,随后,让全班同学也针对这篇文章进行讲评,给出一个综合的评价。

6.评价标准的修改。学生升至了四年级,写作的能力提高了,原有的评价标准几乎人人都能达到,显得要求过低。这样的评价标准已失去意义,于是,我们又准备和学生一起制定四年级的评价标准。

四、口语交际课堂教学评价

评价学生的口语交际能力,必须在具体的交际情境中进行,让学生承担有实际意义的交际任务,以反映学生真实的口语交际水平,应重视考查学生的参与意识和情感态度。

(一)口语交际的评价目标

对学生的口语交际能力进行评价是为了更好地促进学生口语交际能力的发展,能"在各种交际活动中,学会倾听、表达和交流,初步学会文明地进行人际沟通和社会交往,发展合作精神",成为"自信的演讲者和积极思考的听众"。课程标准把以往的"听"和"说"合成了"口语交际","交际"体现了双向互动性,这种互动就是人与人之间的交流和沟通。因此,口语交际评价目标体现在:一评听说普通话的能力,二评听说的理解和表达能力,三评听说的态度和习惯。具体的评价要素有:(1)听话的能力,(2)说话的能力,(3)听说态度和语言习惯。

1.听话的能力。听话能力是运用听觉辨别、接收口语信息的能力。听话能力大致包括如下要素:对话语的注意能力,对话语的感知能力、对话语的理解品评能力。听话注意力,又体现在敏感性(听话人从生理、心理上对说话人的话语做出快速反应的程度)、专注性(听话人的心理活动高度集中在对方话语上)、持续性(听话人的敏感性和专注性要贯穿在听话过程的始终)等方面;听话感知力主要包括语音感知力(对声、韵、调差异的感知)、重音感知力、语气感知力等;理解品评能力是听话能力的核心因素,也是衡量听话能力的基本尺度，对话语意义理解与把握的能力包括：能正确理解话语的表层意义和言外之意、对言语交际系统的辨识能力、对说话人体态语言的理解能力、对话语的鉴赏能力等，听话的品评力还包括：对说话的目的或意图的分析能力、对观点是否正确、内容是否真实、论据是否充分的鉴别能力以及在此基础上形成自己看法和结论的能力等。

2.说话的能力。说话能力是指说话者在思维的调控下，借助语音和体态，将内部言语顺利而有效地转化为外部口头言语的能力。从言语表达的角度考察，说话能力主要由以下几个方面的要素构成：内部言语的组织能力（明确说话的意义与要点）、言语编码能力（有一定的口语词汇储备，掌握正确组合语句次序的语法规则）、正确的语音能力（具有汉语语音的辨音能力、准确再现汉语普通话的发音能力、协调发音动作的能力、自动化感知和再现普通话语调的能力等）、运用语音表情达意的能力和使用体态语言的能力等几个方面。

3.听说态度和语言习惯。对于听说态度和语言习惯的评价，可以从以下几方面考察：学讲普通话，养成讲普通话的习惯；学会倾听，养成尊重别人的习惯；对感兴趣的话题主动、积极地发表自己的意见，有表达的自信心；学习礼仪，与别人交流态度自然大方，养成礼貌待人的习惯；在交际中注重语言美，抵制不文明的语言；在交际中尊重理解对方，能就不理解的地方向人请教，与人商讨，具有合作精神。

（二）口语交际的教学评价方法

1.“活动式”口语交际评价。在口语交际过程中，以贴近生活的话题或情境展开口语交际活动，个个参与，人人实践，学生在广阔的互动空间里学习语文，交际中培养学生对社会生活的感受，健康高尚的审美和个性品质。以“听”促“说”，以“说”促“写”，相互结合，提高能力，落实素质教育。

评价方法：

（1）参考学生平时在课堂上答问、质疑、讨论、交流的表现，为学生的口头表达能力做出综合评价。可以从交际态度、听说习惯、口头表达能力等方面进行评价。

（2）参考学生在综合性学习中的表现和成果，从是否能够主动地搜集资料、运用资料等方面对学生做出综合评价。

此外，教师也可利用板书、复述课文、进行练说，诱发兴趣，激发说话愿望。如开展课前两分钟演讲活动，让学生讲报刊上读到的消息、广播里听到的新闻、电视里看到的片断等。

✲案例片段①：模拟竞选活动，多元交际

1.“自我推荐关”

（1）各竞选小组派人上台，以第一人称介绍参赛童话人物的特长、爱好、特殊优势等。比如哈利·波特的自我介绍：“嗨，大家好！看到我额头上这条闪电形的疤痕，你们一定能认出我就是哈利·波特。我在世界上最好的魔法学校霍格瓦彻学习魔法。我最热爱

① 周韩林，徐承芸．小学语文名师经典案例（一）[M]．南昌：江西教育出版社，2008.

的运动便是快迪斯比赛。本季度的快迪斯大赛即将开始,欢迎大家前来观看,要知道,我还是个出色的搜索员哦,谢谢!"

(2)集体评议。

评价要点:A 态度是否热情自然;B 有无抓住人物的特点进行介绍,给人留下深刻的印象。

2."精彩演绎关"

(1)各小组选派一人上台讲述竞选人物的小故事或精彩片断,可以用第一人称,也可以用第三人称。

(2)集体评议。

评议要点:A 故事情节有趣生动;B 讲话面向听众,态度自然大方;C 声音大小适当,眼神和听众有交流。

3."随机应变关"

(1)教师提供特定情境:

自从狡猾的狐狸骗取"百兽之王"老虎的信任后,狐假虎威。整天欺压森林里的动物。动物们都恨之入骨,但又不敢反抗——因为那愚蠢的大王还真以为狐狸是上天的使者,忠心耿耿、一步不离地保护着他呐!

这一天,你正好经过森林,发现一大群动物们正愁眉苦脸地为狐狸建造高大漂亮的森林别墅。而一旁,狐狸却在趾高气扬地对老虎说:"上天的使者当然得做最漂亮的房子了!"老虎不住地点头……

你打算用个什么法子既巧妙地惩处狐狸,又让老虎认清狐狸的真面目。

(2)准备两分钟,现场接编故事。

(3)集体评议。

评议要点:A 故事情节是否生动合理;B 有无展现竞选童话人物的机智、勇敢、善良。

在这一案例中,教师巧妙地将口语交际训练融入一个模拟的动画任务竞选活动中,成功运用"活动式"的口语交际评价方法。该活动选取的主题贴近小学生的生活,他们熟悉喜爱的动画人物要参加竞选,当然各个跃跃欲试,都想把自己最好的一面呈现出来,争取将自己喜爱的人物形象推举出来。而且这三关也是该课口语交际的渐进内容,并在每一关都设置了明确细致的评议要求,这些评议要求也是该情境下的交际要求,让同学们在学习的过程中就明确他们要达到的目标和应该怎样做,避免了缺乏评价指导的交际茫然。

2.分散小测试口语交际评价(属于形成性评价如:表情朗读、现场口头作文、三分钟演讲)

倡导分散小测试,将能力培养作为评价的主要标准,新课程要求将评价活动当作是为学生提供一个自我展示的平台和机会,鼓励学生展示自己的能力与才华。在实践中教师要扮演好引路者和指导者的角色,把活跃在舞台上的主动权还给学生。

在实施新课改的教学中,赋予小测试以新的内容和形式,把因受卷面考试限制而不能进行评价的知能、素养点,用分散小测试的形式进行,并用"好、较好、一般"的形式体现。教师尊重学生的评价权利，敢放手让学生评。学生不仅可以评价自己的学习，也可以评价同学的学习，从而增强学习的创新意识。如表情朗读、现场口头作文、三分钟演讲等，让学生在轻轻松松、其乐融融的气氛中充分展现自己，组织学生只用简洁语言和简单手势给予简评，使其得到激励性评价，进而调动学生的内部动机，让其看到自己的进步和成绩。

✲案例片段[①]：《小小导游员》教学设计：小导游招考

一、教师示范解说

1.（教师佩带“导游证”）瞧，这就是“导游证”。有兴趣听听我这位导游员给各位游客介绍我的家乡吗？

2.教师以优美的语言，抓住家乡的特点来解说。

3.我介绍得怎样？（提不止从顺序、是否抓住了特点、语言的优劣、仪态等方面加以评价。）

二、情境“导游招考”

1.师：是啊，谁不说咱家乡美呢！咱们的家乡著名的景点有＊＊处，其中国家级文物保护单位＊＊个，省级文物保护单位＊＊个。家乡的民风民俗引人入胜，多姿多彩的地方文艺令人倾倒，吸引了越来越多的中外游客前来观光游览。据不完全统计，单是去年的国庆长假，我们家乡就迎来了＊＊人的游客，旅游收入达到＊＊元。面对纷至沓来的中外游客，我们旅游局的同志可犯愁了。因为一年一度的国庆长假又要来临了，可是我们的导游不够。现在他们委托我招考一部分学生做“小导游”，这也许会是我们家乡旅游的又一个特色呢！你们愿意来应聘吗？

2.课件创设招聘现场气氛。闪现跳动变体字：“导游招考开始啦！”再呈现练说考题。

3.自己练说

(1)三天时间不短，你打算给游客推荐哪几处是必须得去的风景名胜？为什么要推荐这几处呢？它的特点是什么？

(2)安排两天时间的游览，自己设计几套方案，看哪套方案最合理。想一想，如何向游客说明，我为什么这样安排。

4.分别练说。同桌相互提建议。再改进自己的解说词，准备上台接受考试。

5.先由一位应聘考生登台应考。教师与学生担任评委和游客。游客对导游没讲清楚或想了解的地方要进行询问。

6.评一评：这位导游的游程安排合理吗？景点是否最具代表性呢？

师：各位游客，满意吗？哪些游客愿意随这位导游到家乡来旅游呢？说说选这位导游的原因。（如果学生喜欢，要总结这位导游的解说经验；如果不喜欢，也要总结“如何做更出色的导游”。）

7.师生共同小结“如何做出色的导游”：作为一名导游，一定要有大方的仪态，规范的

---

① 周韩林，徐承芸．小学语文名师经典案例(一)[M]．南昌：江西教育出版社，2008．

普通话；语言优美，具有感染力；介绍家乡的风景名胜时按照顺序抓特点，才能吸引游人。

8. 分四人小组或六人小组组织应聘考试，学生在组内轮流担任“应考导游”“游客评委”。组内评价，大家认为符合导游要求的由班级统一授予“导游证”。

从一种有挑战性的角度选取创设国庆长假来临时的“导游招考”“导游大擂台”的情境，利用五年级学生的竞争心理，通过“招考”“比赛”等活动充分调动学生表达与交际的兴趣。“考”“赛”，使课堂一下就活起来，说起来。并在教学设计中注重学生交际的点面结合。这个口语交际小测试的设计，教师让学生不断在“导游——评委——游客”的身份间转换，不断地进行“解说——问询——应答——评价”等交际活动，使每个学生在每个时段都有角色，都有事干，都有话说。小测试的评价不仅仅是教师进行，而且更多地体现了多元主体评价的趋向，学生完全融入评价过程，切实发挥课堂教学评价的主要功能，经过这样的训练，学生能比较轻松地达到口语交际的教学目标及要求，进而使有效教学在课堂中落实。

口语表达是运用有声语言表达内心的思想感情，它是知识、能力、智慧的综合体现，是人与人交流的重要手段。因此教学中应安排一系列的说话训练来锻炼学生。就每天进行的课前三分钟的口语表达训练而言，对一个小故事或是一则新闻，或赏析佳作等，可以采取轮流表达的方式进行。这样，学生在准备说话的过程中，就要先进行资料的收集、材料的组合。如此一来，学生在进行说话训练的过程中，锻炼了胆量，提高了口语表达能力。同时，学生的书面表达能力也得到了相应的提高。还可以通过形式多样的竞赛活动，让学生在充分、愉悦的活动中获得思想的陶冶、知识的积累、能力的发展、个性的丰富，有效地保持他们语文学习兴趣的长期性和稳定性。及样做不仅让学生在实践中积累语文材料，提高运用语文的能力，还受到多方面的人文熏陶，可谓一举多得。倡导分散小测试与评价，无疑能够更加全面客观地对学生的语文学习能力与素质做动态评估，防止出现“一张卷优劣”的评估方法。

例如一个备课组这样进行分散小测试的操作。五分钟演讲语文课前计划，培养学生的听说能力。备课组以阶段划分（每学期为一阶段）主题依次为“成语故事演讲”“美文推荐”“名人故事会”“谈天说地”“热点聚焦”“每日作文点评”等等，学生轮流上台，随堂演讲，在座听讲的学生就可以从以下几个方面入手进行评价：

①评语言：语音是否准确，语言是否规范，用语是否恰当；

②评思路：内容表达是否清楚，逻辑是否有条理；

③评仪态：声音是否响亮，仪态是否端庄，表情是否自然。

与此同时，教师要引导学生多发现别人的优点，让每位演讲者都有成功的体验。评价的结果（包括演讲者、听讲评价者各方面的表现）作为平时成绩，按适当的比例计入学期考试成绩。有时间的话还可以举行辩论赛、知识竞赛等活动。评价还应立足于学生双向互动的口语交际实践，注意交际情境的创设，注重激发学生主动获取知识的兴趣和热情。这样的评价，学生参加面广，参与性强。不同程度的学生在交际中都能享受到成功的愉悦，有利于发挥全体学生的聪明才智，培养他们的创新思维能力，促使他们的个性得到主动全面的发展。

3. 话题交流。口语交际评价时，我们为学生提供了若干与日常生活、学习紧密联系，贴近学生生活和经验的话题，在学生有话想说、有话敢说、有话能说的氛围下，自愿组成小组围绕一个感兴趣的话题进行口语交际，教师对交际过程中学生的表现，诸如是否有主动表达的愿望；是否能认真倾听别人的讲话；是否能对别人的谈话表示赞同或发表意见；是否能与他人合作等非学业内容予以评价，同时可适当运用学生自评、小组互评等形式。

口语学习结果的阶段性评价(话题评价)。这是对学生阶段学习情况的水平性检测评价。根据教学内容确定具有操作性的量化评价标准，分成 A、B、C 三等。从教材的读写篇目和学生熟悉的人或事中，选择适合口语交际的内容，由教师拟定话题，采取课文演讲、短剧表演、专题演讲、辩论赛等形式，由教师、学生(也可包括家长)参与的评议组成新课改背景下的语文学习评价小组，按不同的记分比例，评价学生过级能力的档次和等级。其次，评定的档次和等级不是一成不变的，学生口语交际能力提高后，档次和等级可以随之调整。评价时间选在学期结束前，评价标准事先印发给学生。评价重在开拓学生学习的空间，引导学生从生活中学习语文，从语文中学习生活，树立大语文学习观。

五、综合性学习的课堂教学评价

从新课改和语文课程标准的精神来看，语文综合性学习的教学目标主要是要达到：第一，整合目标。“整合”是语文综合性学习的关键词，它以语文课程的整合为出发点，强调语文课程内部的整合，强调语文课程与其他课程的整合，强调语文学习与学生生活的结合。在语文综合性学习中学生听、说、读、写能力得到综合锻炼，较好地把语文知识的各方面拓展整合在一起。语文综合性学习实现了学科之间的优势互补，让语文课程形态呈现出开放的态势，真正地落实了“语文的外延与生活的外延相等”的理念。因此，语文综合性学习的整合目标一定要看它的开放情况、开放程度，尤其是其他学科知识的融入和运用。其次，体验目标。语文综合性学习实现了语文课程由经验课程向体验课程的转变。在做中学，在学中做，“目标”中有行为性很强的词语，这些行为本身就是一种体验，语文综合性学习强调体验目标的达成和评价是因为它的价值取向是由过程取向的特点所决定的。最后，个性目标，语文综合性学习的评价标准是“自我参照”标准，而不是“科学参照”标准、“社会成员参照”标准，它以学生现有的发展基础为评价标准，即在合作学习中体现个性价值，展现个性特点。

从以上对综合性学习的课程目标分析来看，要达到好的评价效果，就要注重学习目标的达成，注重目标和评价相结合，互相调适，以使这一课型能够较好地实施并实现教育初衷。综合性学习的评价应着重于学生的探究精神和创新意识。尤其要尊重和保护学生学习的自主性和积极性，鼓励学生进行多样化的探究。要注重全过程的考查，并要考查学生是否表现出追求卓越的态度，具体获得什么样的体验和经验，以及提出问题、解决问题的主动精神和实践能力。

(一)综合性学习的评价目标

语文综合性学习和评价目标把握以下几点:语文综合性学习主要体现为语文知识的综合运用、听说读写能力的整体发展、语文课程与其他课程的沟通、书本学习与实践活动的紧密结合。

对语文综合性学习的评价主要涉及以下方面:一评综合应用的实践能力,包括观察感受能力、搜集和处理信息的能力、获取新知识的能力、分析和解决问题的能力、综合表达能力、组织策划能力和人际交往能力等。二评自主合作的学习态度,包括对周围事物的好奇心,具有问题意识,对学习活动的参与及参与程度,乐于探究、勤于动手,具有互助合作意识和团队精神等。三评良好的学习方法,包括各种知识和能力的“整合”,课内外学习的“融合”,书本学习与实践的“结合”,语文课程与其他课程的“沟通”等。

(二)综合性学习的教学评价方法

1. 建立综合性学习档案袋(形成性评价)。综合性学习形成性评价方法就是评价主体对学生在语文综合性学习的过程表现做出评价的方法。它着重关注学生语文综合学习的过程,提倡在学生语文学习过程中,通过教师的日常观察、学生的平常作业和情境性测验等多种方式,收集能够反映学生语文学习过程和结果的资料,经常检查、判断学生语文学习的效果,把评价的信息及时反馈给学生,使学生得以及时调整方法、解决难题。语文综合性学习档案袋是语文综合性学习形成性评价的主要方式。

语文综合性学习的档案袋评价,是收集学生语文综合性学习过程的作品,以学生的现实表现作为判断学生学习质量依据的评价方法。它记录了学生日常的语文综合性学习的经历和表现,并向学生提供诊断信息,实现评价过程与教师指导过程、学生成长过程的一体化。语文教师在语文综合性学习活动之前要求每个学生备好一只档案袋,由学生自己搜集每一次语文综合性学习的档案资料。包括本次学习活动的计划、提纲;本次学习活动的笔记、搜集的资料;学习的结果,包括结果的呈现方式;本次综合性学习的评价(应用、推理、分析、综合、评鉴等高层次的认知行为,以及读、写、听、说与其他技能,学习态度、学习动机、努力情况、求知精神等情意方面的表现)。

语文课程标准提出“用最有代表性的事实来评价学生”。每一位学生在制定自己的档案袋时都经历了自我选择和自我反思的煎熬,这种体验和感悟比任何标准化考试的好成绩都更重要。这些材料的整理、记录,肯定了学生的努力创造和成长进步,从而真正实现了学生学习过程和学习结果的综合评价。语文综合性学习具有很强的开放性,其学习内容更多来源于家庭、社会活动中,因此,语文综合性学习档案袋的评价主体应多元化,还要邀请学生、家长和其他社会人员参加展览会,并参与学生的学习档案袋评价,共同促进学生语文素养的提高,实现对学生全方位的综合评价。家长通过档案袋记录清楚地看到了自己孩子的学习成果,了解了自己孩子学习的成长足迹,并根据自己的标准给自己孩子的作品打上等级,写上评语,提出建议。其他社会人员在把握学生整体水平并结合社会发展需要的情况下对学生的作品做出评价。学生也和其他参观者一起观看自己和同学的作品，在欣赏、评价中及时发现自己的长处和不足，是学生在往后的学习中调整自己的学习思路和行为方式。

进行语文综合性学习档案袋评价的主要流程可参考如下示例：

(1)评价的准备阶段。

首先要动员全体。语文综合性学习评价的参与者有教师、学生(个人和小组成员)和活动可能涉及到其他社会成员。要使这些人都能较有效地对一次综合性学习做出评价，首先每位参与者都要充分认识自己在评价中的角色和本次综合性学习主要完成的任务。在开展综合性学习之前，老师要讲明活动的基本要求，小组成员要选代表将活动计划和要达到的目标陈述清楚。在此基础上为了使校外的评价者对综合性学习有明确认识，可以请有经验的老师或专家给他们集中讲授，让他们明确语文综合性学习是一种以学生活动为主、以学生问题解决能力的培养为重心的课程形态。接下来要对综合性学习评价项目做说明，使全体人员掌握每个阶段的评价重点。

其次，制定每次活动的评价工具。评价工具是收集资料的直接依据和手段，是评价有效实施的前提保证。如果没有现成的工具可用，老师要和学生商讨共同设计适用的工具，最常用的是评价表。设计评价表时一般多用表格和项目清单的形式。其中的条目要全面体现课程改革的理念，突出本次活动主要发展学生的智能类型、规定评价报告完成的时间，应当达到的标准以及评价的连贯整体性。

(2)评价的实施过程。

学生自评可以通过提交自我体验报告的方式。所谓自我体验报告是指被评价的学生通过反思，将自己在前一阶段综合性学习中认知、情感、能力、人际交往中的得失感受以书面的形式表述出来。

综合性学习和一般的课程内容相比，明显的目标体验性是其重要特点。学生在学习过程中所获得的某些体验，如在学习中获得的快乐感、成就感，一些既有观念的变化等无法通过行为判断的心理倾向上的变化，通过学生的自我报告，才能较全面深入地反映学生在研究性学习中的得失变化。学生提交自我体验报告的过程同时也是学生在学习中的反思过程，不仅帮助学生对前一阶段的学习收获做一个小结，强化其学习成就感，而且反思本身就极有利于学生智力的增长，在自我体验报告中恰如其分地表述自己在学习中取得的成绩、对团队的贡献、自身的不足，本身就是考验学生实事求是的科学精神，使之形成正确的自我评价能力。通过自我体验报告阶段，较为全面深入地认定综合性学习目标的达成情况，强化学生的一些宝贵体验。

第一，自我描述法，即学生对所开展的语文综合性学习过程进行描述，分析过程中的体验，做出评判。在语文学习过程中，学生在积累知识、形成能力的同时，还伴随着情感体验和人格建构。比如，针对自己收集、分析、整理、利用资料的能力等；自己的观察能力怎么样，查找资料的获取途径是什么；自己整理资料是否将信息正确归类、是否恰当运用了这些信息；自己对自己查找的这些信息的评价是否真实、通过对资料的整理是否得出了自己的观点；自己是否愿意与他人分享、交流这些信息等。自我描述可以是口头总结，也可以是书面写成总结报告。

第二，自我评价，学生自己对照一定的评价内容标准，就语文综合性学习过程和成果划分出等级或分数。比如针对语文能力的“写”方面，自己的书写是否整洁规范；用文字展示信息资料或者自己的观点想法是否条理清晰、逻辑性强；语言是否简洁、准确。如果答案都是肯定的，那么自己就可以给自己的语文能力的“写”那方面打上“优”。

在综合性学习中，小组合作学习方式能够较好地达成语文综合性学习的教学目标，也是教师们关于采用的教学方式。一般按照教学目标、便于操作的方式将全班同学分为几个学习小组进行相关主题的学习。那么对于这样的教学组织形式就要有相应的多方对话和评议来进行学习进程的监控和反馈。

小组评议主要是指学习小组集体(3～5 人)对小组中的某个成员进行评价的过程。这一过程需要有一定评价资料，或者是小组成员的主观观察结果，或者是成员自己的体验报告文本等，这样以某一种资料为评价依据进行。现以自我体验报告为例。

在小组集体评议是当着被评议成员的面进行的，被评议成员在这一过程中没有发言权。这是一个描述性的同伴评价过程。自我体验报告难免有所偏颇。有些收获自己感觉不到，有些不足自己反思不出。同时在学习中许多目标的达成情况必须由他人、由团体来评定，如研究中的团体合作精神。一个在自我感觉上是很善于与团体合作的学生，如果其所在的团体觉得他缺乏合作意识和能力，毫无疑问，他的合作意识和能力就还是有欠缺的。在这个过程中学生作为被评价对象，需静心倾听他人对自己的评议，不管对同伴评议的内容是否认同都不得在此阶段发表言论，以便小组评议成员畅所欲言、大胆评议被评价的学生。这种倾听的过程本身就是一种受教育的过程。在倾听过程中被评价的学生对于自己认同的评价意见如果是表示赞扬的，可以增强他的成就体验，进一步强化他的研究兴趣；而批评性的意见则可以帮助他在今后的类似情境中加以改进。对于自己并不认同的批评性意见，静心倾听本身就是对学生人格、心理耐挫力、人际合作意识和能力的一种训练。

教师评议是指导教师根据综合性学习的目标，自己对学生的观察和学生的个别差异在学习中的表现进行评价，可以是等级定量式的，也可以是描述定性式的，也可以是两种相结合的方式。作为学生研究性学习的指导者、组织协调者，指导教师对研究性学习的目的和意义的把握比较全面、准确，同时教师在知识经验、认知能力上与学生相比明显占有优势，因此对于学生在学习中的同一行为、同一表现可能会产生与学生不同的评价，尤其是对学生在研究性学习中表现出的科研能力及科研方法的掌握情况的评价，会更准确一些。

三方对话评议是指被评价学生及其自我体验报告、小组及小组的集体评价意见、教师的评价意见。对话是指以学习小组为单位，将这三份评价参考资料放在一起加以辩论、协调的过程。对话应在一种和谐求实的心理氛围中进行。对话的目的是为了将来自三方的评价意见进行融合，查漏补缺，使评价更全面。三方的对话不仅有助于得出一个较全面客观的学生研究性学习的评价结果，有助于学生下一阶段的研究性学习的进行，而且在这个过程中，不管是被评价的学生还是评价小组的其他成员都有助于他们客观地看待接纳他人意见的能力，协调自我评价与外界评价的能力及分享和合作精神的培养。

其他校外人员的评价。家长、社区人员等参与综合性学习的相关人员，要在活动开展过程中参照相关的评价标准及时进行评价。

经过多方对话后，学习小组（评价小组）根据对话协调的结果，做最终评价。这份最终的评价应既包括等级定量式的评价，也包括描述性定性式的评价，不仅有利于学生学习信息的反馈和下一阶段学习活动的调整，也有利于最终的课程成绩的考核。这份最终评价要反馈给指导教师和被评价学生本人，如果教师和学生本人对最终评价还存有不同意见，可将不同的意见记录在旁，最后存入学习档案袋。

(3)评价结束，整理档案袋

将教师的总结性评语，校外情况表现的评价，个人及同学间的相互评价意见总结放入档案袋，通过整理档案袋，学生对整个学习活动有了清楚的认识。

2. 语文综合性学习量表评价。小学语文综合性学习活动是一个着眼于长远的课题，量表评价是在实践中摸索的一种较为实用操纵方便的评价方式，但是其适用条件及其科学使用等研究还要继续关注、完善。

(1)评价方法

①教师指导学生根据本次综合性学习的目标、过程监控、预期的成果、讨论的问题制定评价表。

②学习评价随学习活动的开始而开始，一边学习一边在评价表上评价相应的项目。

③学习活动结束后，统计出评价表的积分，对照积分的档次得出描述性的评语（如超级优秀、优秀、良好、尚需努力）。

④学生根据评价表的信息反馈进行反思。

(2)评价标准和评价表

①评价标准是根据学习活动的目标、过程及相关因素的要求而定的。

②评价表按学段不同可分为两类。即低年级（1～2 年级）、中年级（3～4 年级）、高年级（5～6 年级）。

③评价表举例：

(3)使用评价表进行评价的原则

①利用评价表评价，目的不是为了给学生分类，是为了引起学生的反思。评价与教学过程、学习目标紧密地结合在一起。

②评价表的制订者可以是老师也可以是学生，但要逐步向学生自己制定、自我评价发展。

③协作者评价是指同学对学习者自我评价的评价。教师评价是指单个教师或某个教师共同体对学生自我评价的评价。

小学高年级语文综合性学习评价表①

过程	赋值	评价内容、标准	自我评价（对照项目评价）	协作者评价（判断评价是否准确）	教师评价（判断评价是否准确）	加分（教师审核）	小计
学习的准备	8	自主确定学习内容（2 分）。特别有综合性的，教师决定是否加 1 到 2 分。					
	8	为解决问题查阅资料、搜集信息（2 分）。搜集很多资料并提供给同学共享的，加 2 分。					
	4	找到了合适的协作者（2 分），不同班级加 1 分，不同年级加 2 分。					
	4	确定内容前与协作者协商（2 分）。					
	6	设计了初步的学习计划（2 分）。有详细可行的书面计划，教师加 2 分。					
学习的开展	8	根据占有材料形成自己的假设或观点（2 分）。有创意的加 2 分。					
	6	做出相关选择的加 2 分。是否较多地了解相关资料（2 分）。					
	8	是否针对主题综合运用语文知识和能力反复切磋（2 分）。					
	6	根据研讨内容对内容作合理的修改（2 分）。					
	8	与协作者分工合理，承担了主要任务，合作愉快（2 分）。有新内容合作约定的加 2 分。					
	8	形成了成果：作品、新能力、图册（2 分）。特别好的加 2 分。					
	4	能否根据实际体验质疑并修订计划（2 分）。					
学习的总结	6	完成了成果的交流、演示、表演（2 分）。					
	8	在板报、校报、手抄报上展示（2 分）。做成广告、产品说明、册子、展览等加 2 分。					
	8	有反思的（2 分）。有反思方法的加 2 分。					
总计	描述语（）						

说明：评分及加分填入相应空格内。其中每一项中不符合者为 0 分，部分符合为 1 分，完全符合为 2 分，划线的空格不评分。

① 任根良．小学语文综合性学习的评价[J]．中国教师报，2004(2)．

参考文献:

1. 王蕾.学生阅读素养的评价——解读 PISA[J].中学语文教学,2008(1).

2. 周文叶.学生表现性评价研究[D].上海:华东师范大学课程与教学论博士论文,2009(4).

3. 张爱美.高中语文教学多元评价的探索与实践[D].济南:山东师范大学学科教学.语文硕士学位论文,2009.

4. 张艳.论体现新课程理念的高中语文阅读教学评价[D].重庆:西南大学学科教育(语文)硕士学位论文,2006.

5. 张汀兰.语文综合性学习的评价研究[D].重庆:西南大学课程与教学论硕士学位论文,2008.

6. 王治国.新课程理念下的语文课堂有效教学探究[D].济南:山东师范大学学科教学.语文硕士学位论文,2006.

7. 李霞.小学语文综合性学习研究[D].长春:东北师范大学教育管理专业硕士学位论文,2005.

8. 马燕.关于课堂教学评价相关问题的研究——对小学语文阅读教学评价的思考[D].天津:天津师范大学课程与教学论硕士论文,2006.

9. 阎忠梅.中学语文发展性教学评价策略[D].长春:东北师范大学课程与教学论硕士论文,2002.

10. 张晓愉.语文学习评价探索[D].上海:上海师范大学中文专业硕士学位论文,2006.

11. 陈隆升.语文课堂教学研究——基于“学情分析”的视角[D].上海:上海师范大学博士学位论文,2009.

12. 金爱民.小学语文阅读教学绝对性评价开发的实践研究[D].长春:东北师范大学课程与教学论硕士论文,2006.

13. 李君丽.发展性教学评价技术研究[D].上海:华东师范大学教育技术学博士论文,2006.

14. 李英杰.小学生阅读能力学业水平评价的研究[D].北京:首都师范大学小学语文教学论硕士学位论文,2006.

15. 李金云.语文学习评价研究[D].兰州:西北师范大学语文教学论硕士学位论文,2003.

16. 黄赛.新课改背景下中学语文学习形成性评价研究[D].长沙:湖南师范大学课程教学论硕士学位论文,2009.

17. 贺从蕾.对中学语文教学情感目标评价体系建构的探索[D].上海:华东师范大学语文教学论硕士学位论文,2003.

18. 韩大强.关于中小学生作文评价的优化研究[D].武汉:华中师范大学学科教学·语文硕士学位论文,2003.

19. 胡瑛.口语交际能力指标体系的构建[J].教育导刊,2008(8).

20. 王毓新.SOLO 评价对小学语文教育教学的启发(上)[J].教育理论与实践,2007(8).

21. 陈玉锟.教育评价学[M].北京:人民教育出版社,1999.

22. 崔允漷.基于标准的学生学业成就评价[M].上海:华东师范大学出版社,2008.

23. 崔允漷.有效教学[M].上海:华东师范大学出版社,2009.

24. 傅道春.新课程中课堂行为的变化[M].北京:首都师范大学出版社,2002.

25. 黄光扬.教育测量与评价[M].上海:华东师范大学出版社,2002.

26. 黄光扬.新课程与学生学习评价[M].福州:福建教育出版社,2005.

27. 教育部基础教育司，师范教育司. 新课程与学生评价改革[M]. 北京：高等教育出版社，2004.

28. 李雁冰. 课程评价论[M]. 上海：上海教育出版社，2002.

29. 李子建，梁振威，高慕莲. 中国语文课程与教学：理论、实践和研究[M]. 北京：人民教育出版社，2005.

30. 田卫华. 高中作文表现性评价研究[D]. 上海：华东师范大学硕士学位论文，2007.

31. 王凯. 发展性校本学生评价体系研究[D]. 上海：华东师范大学博士学位论文，2004.

32. 何克抗，林君芬，张文兰. 教学系统设计[M]. 北京：高等教育出版社，2006.

33. 乌美娜. 教学设计[M]. 北京：高等教育出版社，1994.

34. 周韩林，徐承芸. 小学语文名师经典案例(一)[M]. 南昌：江西教育出版社，2008.

第八章　审美化课堂教育研究
——以小学语文为例

第一节　审美化课堂教育研究概述

一、基本动因

(一)全面实施素质教育之必然

蔡元培先生说:没有美育教育是不完全的教育。英国美学学会主席赫尔伯特·里德指出:“美育不仅成为当今教育中的重要组成部分,而且大有成为整个教育的基础和整个教育改革的突破口。”我国还有一些学者提出:要提升教育对美的境界的追求,将美育贯穿于整个教育之中,耦合于各科教学。他们还指出:美育就是那些遵循美的规律,自身具有美的规定,并且必然地能产生出来美的产品的教育的一种美称。

在积极推进素质教育的过程中,美育展示着诱人的魅力,发挥着不可或缺的作用。继《中国教育改革和发展纲要》之后,第三次全教会《决定》不仅明确地提出:“要改变学校美育薄弱的状况……将美育融入学校教育的全过程。”还旗帜鲜明地把美育纳入了我国的教育方针。国务院颁布的《关于基础教育改革与发展的决定》又强调指出:实施素质教育,促进学生德智体美等全面发展,应体现时代的要求,尤其要注意培养学生健壮的体魄和良好的心理素质,使之养成健康的审美情操,形成良好的生活方式。

近几年,党和国家对美育高度重视。这表明加强审美教育是全面深入地实施素质教育的必然趋势;表明在教育现代化的宏伟背景下,审美教育是独树一帜的、以美为最高境界的教育理想;表明新世纪审美教育的任务就是要把许多世纪以来,人类积累的美和审美经验,变成当代人心灵的财富,使他们善于发现美、感受美、鉴赏美、理解美、珍惜美和创造美,并从内心产生极大的情感动力,使自己变得更美好,也把世界改造得更美好。

如何使教育的最高理想变为现实?如何使审美教育细化、优化、精化,变为具体可感的教学行为?毋庸置疑,审美化课堂教育的研究是我们必然的选择。可以这么说:审美化课堂教育是各学科审美化教育的最佳切入点;是学生全面发展、完整发展、特色发展、持续发展的恰当生长点。这正如马克思说的:“社会的进步就是人类对美的追求和结晶。”黑格尔说:“审美带有令人解放的进步。”由此可见,美育是我们认识、改造、完善课堂教育的新视点。

(二)基础教育课程改革之必须

课程改革是我国基础教育改革的核心,也是全面实施素质教育,加强美育的核心。审美教育在课程改革中应该发挥什么作用?只要我们仔细研读《国家基础教育课程改革指导纲要》和《全日制义务教育语文课程标准》,就不难发现:审美教育的要求,不仅明确地纳入其中,而且还占有相当重要的地位。如《全日制义务教育语文课程标准》就明确地指出:"要重视提高学生的品德修养和审美情趣,使他们逐步形成良好的个性和健全的人格,促进德智体美的和谐发展。"无论哪门学科,其学习目标、学习内容、学习方式、教材编排、学习评价等,都凸现出鲜明的审美教育思想,都蕴藏着丰富而深刻的审美教育因素。

新的课程改革要求课堂教育必须要以美的学习内容,陶冶学生的情操,启迪智慧;以美的学习方式,吸引学生积极主动参与,激发强烈的探究欲望;以美的学习材料、美的学习氛围,给学生以美的体验和美的享受。使课堂教育的过程,成为一种审美欣赏、审美体验、审美陶冶、审美感悟、审美创造的过程,以提高学生的审美能力。如《语文课程标准》提出:在引导学生学习汉字时,不仅要把握其音、形、义,还要让其感受汉字的形体美;在引导学生阅读时,不仅仅要提高其阅读能力,还要感受语言的优美,向往美好的情境,关注生命,关爱自然等等。由此可见,进行审美化课堂教育的研究,不仅有助于课程改革;有助于把欢乐、愉快、健康、幸福、自由的学习生活还给学生;还有助于学生知美、好美、乐美。

(三)彰显课堂审美属性之必要

叶澜先生指出:"把丰富复杂、变动不居的课堂教学过程,简约化归为特殊的认识活动,把它从整体的生命活动中抽象地隔离出来,是传统课堂教学的最根本的缺陷。""每一堂课都是师生生命活动的一部分。"①这些话对课堂人生意义的洞见是如此精密细微。它倡导的是一种教育理想、教育境界或教育之魂——那就是对人的生命的充分肯定,也是对"审美化课堂教育"的热情呼唤。

随着新一轮基础教育课程改革的深入发展,长期不变的课堂教育将有一番彻底的改造。怎样使之能达到教育的最高、最美的境界,彰显其审美属性是十分必要的。首先,就课堂教育的属性而言,它是一种社会实践。如果说任何一种社会实践,都要"按照美的规律来塑造物体"的话,那么,课堂教育更理应如此。其次,就课堂教育的主体而言,师生都是发展或成长中的人。课堂教育不仅要按照社会发展的需要来进行,也要按照教育主体的需求来进行。因为,作为人,他们都有审美的需要,他们都应该享受美的教育,以便能按美的规律去改造世界,去开创自己幸福的人生。再次,就教育媒体而言,诸如:教材、手段、环境、形式等都是教育信息、教育资源的载体。它们都体现着人的本质力量、智慧。它们都必然会以不同的方式,不同程度地对课堂教育中的主体,发生审美教育的效应。复次,就学习目标而言,也责无旁贷地承载着包括美育在内的"五育"任务。此外,就教育

① 叶澜. 让课堂教学焕发出生命活力[J]. 教育研究,1997(3).

效益而言，教育过程的审美属性，不能仅仅理解为把美育当作教育目的，即培养学生观赏美、创造美的能力为宗旨，还应把美育作为手段或教育艺术，贯穿于教育过程的始终，并渗透到课堂教育的方方面面，使学生在美的磁场中，顺利地吸收其传达出的美的信息，以达到既优化、美化课堂教育，又大幅度提高课堂教育的质量与效力的目的。

由此可见，审美化课堂教育过程，不仅是教育质量提高的过程，更是人生寻找诗意之所在的意义寻绎过程。在传统的课堂教育中，人们常常把知识、技能和某种习俗规范，当成人的全部精神需要，而忽视其审美教育的属性。因此，在进行审美化课堂教育研究时，彰显课堂教育本身的审美属性，的确是十分必要的，也是非常重要的。

二、现状及缺失

(一)现状

尽管"审美化教育"这一概念的明确提出是近现代的事情；"审美化教育"理论的系统建构也是近现代才出现的。但是，人们对"审美化教育"的实践和探索，却是古已有之。"沿着教育史的足迹，摸索'审美化教育'历程三阶段的主旋律：它表现为认知与情意的'混合—分离—整合'态势。在古希腊、先秦那里，教育已具有审美化的雏形，已涉及教育过程各基本方面的审美属性，且认知与情意基本上是统一的(混合)；在'中世纪'，伪理知压倒了真情意，情知分离；文艺复兴以来，神性与人性、知识与情意、理性主义与存在主义、科学主义与人本主义等的冲突，导致了当代教育论中科学与艺术、理性与非理性的渐趋整和。"①

从上述粗线条的探索中，我们不难看出：古今中外哲人、思想家们对"审美化教育"的探索源远流长；对"审美化教育"研究的论断、著述浩繁丰厚。尤其是贺拉斯的"寓教于乐"，苏格拉底的"产婆术"，柏拉图的"理想人"，亚里斯多德的"和谐教育""逍遥派"，孔子的"和乐"思想，马克思主义关于人的全面发展的学说，蔡元培、陶行知的美育思想，以及上世纪80年代后期，我国的学者们提出的"审美化教育论"，素质教育思想与理论，以及各学校进行的"情境教育""愉快教育""成功教育""和谐教育""立美教育""审美化教育"等实验，的确取得了丰硕的、令人瞩目的成果。它们不仅极大地丰富了"审美化教育"的理论之树，还拓展了"审美化教育"的实践领域。同时，也为我对本课题的理论研究、实践探索，提供了坚实的哲学基础、美学基础和教育学基础，以及丰厚的、有价值的、可供借鉴的研究资源。

(二)缺失

纵观"审美化教育"的发展史和现状，笔者认为：在"审美化教育"的理论研究与实践探索中，也不可避免地存在着诸多的问题。理论层面暂且不谈，笔者仅就实践层面中，涉及本研究中不尽人意的现象略作表述。

---

① 李业才.走向审美化的教学过程[D].桂林：广西师范大学硕士研究生论文，1995.

现象一：在全面实施素质教育，“将美育融入学校教育的全过程”的今天，人们对审美教育还存在着较严重的误区。认为美育就是艺术教育，艺术教育就是美育。只有音乐、美术等艺术学科才是担当美育的合法者，其他学科均与美育无缘。

现象二：对“审美化教育”的研究还停留在理论层面的探讨，而对在具体的课堂教育中，与生俱有的美感关注少。再加之，应试教育以应付升学考试为目的，也导致课堂教育多以传授考试知识和考试技巧为主，忽略了审美教育的发展。那怕是审美因素最为丰富的语文课堂教育，美感的魅力也严重缺失。

现象三：目前，课堂教育的主要弊端是“穿新鞋走老路”，没有跟上时代的步伐。尽管各学校素质教育研究红红火火，但在平时的课堂上，不少教师仍习惯沿用传统的方法进行新教材的教育。在学习目标上，只注重知识的讲授，而忽视完整的人、可持续发展的人的培养；在教学方法上，灌输多于启发，理性多于感性；在教育过程中，学生的主体地位得不到体现等等。

鉴于上述的现象，我特选择了课堂教育这一微观层面，也是师生们在学校每天必须经历的普普通通的场境，进行“审美化课堂教育”的研究与探索，以期为“审美化课堂教育”理论的形成、实践的延展作一点有益的尝试。

三、目的与意义

（一）理论意义

本研究旨在探究审美化课堂教育的内涵、价值取向、本质特征、生成形态、实施原则、操作策略等，以期为丰富和发展“审美化课堂教育”的理论与实践注入新的活力。

（二）实践意义

此研究旨在让师生充分体验、享受审美化课堂教育的美感与愉悦，提高师生的审美能力、创造幸福生活的能力。为第一线的教师们自觉探究审美化课堂教育，丰富多彩的教育人生，提供可借鉴的鲜活经验、有效方法与成功案例。

四、理论基础

（一）哲学基础

马克思主义关于人的全面发展学说是此研究的哲学基础。在马克思主义的经典著述中，与现代美育理论关系最密切，对审美化课堂教育研究最具有直接指导意义的，是关于人的全面发展学说。马克思主义的创始人在论述美学和教育学的基本问题时，常常是从人的全面发展观出发的。例如，马克思关于审美活动是人通过感觉对其本质力量的直接而全面地占有的论述，关于人类生产活动的整体性质引出“人也按照美的规律来塑造”的思考，恩格斯关于在共产主义社会，通过教育使年轻人摆脱现代这种分工为每个人造成的片面性的思想等等，都贯穿着人的全面发展的红线。这些都为审美化课堂教育的研究，提供了直接的指导思想和方法论。同时，马克思主义关于人的全面发展学说，也是我国当前素质教育思想的哲学基础。例如：把教育的根本目的设定为育人，主张通过教育来全面开发受教育者的各种潜能，并防止学生的片面发展；针对性当前教育中存在的突出问题，而提出创新教育、生命教育观念等等，都是从马克思主义关于人的全面发展学说出发的。因此，马克思主义关于人的全面发展学说，是审美化课堂教育研究的哲学基础。

强调以马克思主义关于人的全面发展学说，作为审美化课堂教育的哲学基础，对于我们正确认识审美化课堂教育的价值取向、本质特征都具有十分重要的意义。因为，审美化课堂教育所关注的是师生的生存与发展。它以师生的需要与能力可以而且应该得到全面发展为信念，其基本价值在于：满足与提高师生的审美需要与审美精神，使之获得感性和理性的平衡协调发展，使师生企盼的审美化课堂生活成为可能。在此意义上，我们可以说，审美化课堂教育研究的目的，与人的全面发展是根本一致的。

（二）美学基础

作为生存范畴的审美价值论是此研究的美学基础。审美化课堂教育与美学有着天然而密切的内在联系。审美化课堂教育的一些基本范畴直接来源于美学。审美化课堂教育作为感性教育，其基本意义也是从“审美”（即感性）生发开来的。审美作为一个主体性范畴与教育有机融合，就是把审美价值转化为一种教育资源，这是美育的一个重要特点。因此，审美化课堂教育应当把审美作为其美学上的出发点。

审美是一个广阔的领域，人们可以从不同的角度去审视、描述或界定它。但是，由于它在根本上是人的一种基本的生存方式，属于生存范畴。这不仅是人的最基本活动，而且还由于审美的最终意义在于它的人生价值。而课堂教育也是师生最基本的生存活动；还因为，课堂教育是师生人生中的一段重要的生命经历；是他们生命中的有意义的构成部分。“对学生而言，课堂教育是其学校生活的最基本构成部分，它的质量直接影响学生当前及今后的各方面发展和成长；对于教师而言，课堂教育是其职业生活的最基本的构成部分，它的质量直接影响教师对职业的感受、态度和专业水平的发展、生命价值的体现。”[①]总之，课堂生活对于参与者具有个体的生存价值、生命价值，而审美化课堂教育的最终意义在于它的人生价值。因此，美学和审美化课堂教育都应抓住审美这个基本意义，把作为认识论范畴或实践论范畴的审美，还原为生存论范畴。从而，使自身获得对人生的关切、对生命的关怀。进而，重新确认审美和美育的应有之义，重新确认审美化教育关注人的全面发展，促进人格完善的人文性。

再从审美化课堂教育的内在特征来看，审美育人过程不仅仅是以思维为特征的认识过程，也不仅仅是物质性的实践过程，而是表现和升华情感，激发个体的生命活力，发展创造性，开启心智，养育性情的体验过程，它有着鲜明的人文导向。所以，只有把审美作为一个与人的生存发展，与人的个体生命活动有直接关联的范畴，才有可能真正展示审美化课堂教育的应有意义。

---

① 赵伶俐. 审美化教学论[J]. 西南师范大学学报·人文社科版，2000(9).

(三)教育学基础

现代素质教育思想是此研究的教育学基础。教育就其特殊性来说，是有目的、有组织、有计划地培养人的一种社会实践。在现代社会中，教育以这种特殊本质和功能获得十分重要的地位，成为推动经济、社会、文化发展和人类进步的主要力量。现代素质教育的本质在于它的思想性和现代性；在于它是引导我国教育在向21世纪迈进的过程中，提出的一种新的教育理念。它期望形成一种新的教育价值观，达到一种新的教育境界。

培养人就是最大限度地把受教育者的发展潜能变为现实。用中国传统哲学的术语来讲，这就是“尽性”，即把人所具有的求知、向善、爱美和健康幸福、快乐成长的潜能加以开发，使之得到充分协调的发展。现代素质教育思想既是对传统教育思想的继承、改造、完善和创造性的发展，也是马克思主义关于人的全面发展学说在现代素质教育理论中的具体体现。

首先，现代素质教育把全面提高受教育者的综合素质作为教育的最基本的任务，以促进学生德智体美诸方面和谐发展、主动发展为目的。教育不仅仅是为了传授知识，培养能力以及应付考试等；更重要的是使学生多方面的素质得到整体性的提高、持续性的发展。其次，现代素质教育十分注重学生在教育过程中的主体地位。强调面向全体学生，使每个学生都能富有创造性的学习、个性化的发展。第三，现代素质教育把学生健康幸福、快乐成长作为教育的重要的价值取向。教育不能只培养从事劳动的机器，而应该培养身心健康，能为社会创造物质和精神财富的、个性丰满的、具有智慧品质的人。因此，学生不仅要有知识和技能，更要有良好的身体、道德、审美心理和人文素养。第四，在推进现代化的今天，素质教育还应包括通过教育，促进人的现代化的内容等。因此，现代素质教育的具体指标还应以人的现代化为尺度，使学生具备能适应现代社会和建设现代化国家的相应素质。

现代素质教育是以学生的可持续发展为本位，以学生的个性发展为本位，以学生的创造性发展为本位，面向全体学生的教育。它是一种理想，是一种无尽的追求。它的这些新理念与审美化课堂教育的终极目的是一致。如果说，在全面实施素质教育中，美育具有不可低估的意义。那么，审美化课堂教育的研究，无疑将有利于唤发课堂教育的生命活力；无疑将有助于师生的全面发展、完整发展、立体发展、特色发展。

第二节　审美化课堂教育研究理论探略

一、审美化课堂教育的概念界说

(一)审美化

“审美”是指主体对具体事物的直观形象，进行超功利、无现实欲求的直觉把握和观照的活动。“化”在这里是一个动词，它表明由原来的某种状态转化（或变化）为另一种新的形态。“审美化”是指将事物的各要素及其相互间的关系转化为审美对象。它包括感性与理性、内在逻辑和外在形式的审美转化，使之由原来的非审美状态转化为审美状态；由原来的非审美关系转化为审美关系，进而达到整体和谐与互动，富有效力与美感，获得新的生机与活力。

（二）新的课堂教育观

多勒等人认为：课堂教育是师生在这一特定的环境中交互作用而形成的生态系统。它具有多维性、同时性、即时性、不可预测性、公开性、历时性六大特征。传统的课堂教学是教师的独白，学生的被动接受，认知技能的独领风骚。新型的课堂教育则是师生的互动，学生的主动探究，知情意行水乳交融。课堂教育活动对师生具有个体生命价值。它不仅仅是一种教育活动，还更是师生生活与成长的过程，是师生人生中最重要的生命历程。课堂教育活动还是一种运动形态，它是人类特殊的实践方式。自由创造是课堂教育活动的精髓。这正如后现代主义课堂观认为的那样：在教育过程中，将诸多“相互依存”“协同合作”“伙伴关系”“灵活性”“整体性”“多样性”等现代教育的生态意识观念贯彻其间；将过去那种关系失衡、无视人性、缺失和谐与美感等僵化死板的课堂来一番彻底的改造，使之真正成为：关注师生生活世界、生存方式、心灵空间、生命价值的、自由的、迷人的生态王国。

（三）审美化课堂教育

审美化课堂教育是依据美育理论，运用“美的规律”，从“关注完整的人的发展”的角度出发，“将课堂中所有的教育因素（诸如学习目标、内容、方式、手段、评价、环境、形式等）都转化为审美对象，使课堂教育成为师生、生生共同进行的审美欣赏、审美表现、审美感悟、审美陶冶、审美创造的活动；成为静态与动态和谐统一、真善美的统一、感性与理性的和谐统一、内有逻辑与外在形式和谐统一、科学性与审美性和谐统一的有机整体。”①让师生在这充满生机与活力的审美磁场中，自觉参与、主动探究、积极体验，共同感受人性之美、人伦之美、人道之美；共同感受理性之美、智慧之美、科学之美；共同感受文化之美、自然之美、生命之美……使之获得充分的精神愉悦、智能提升，使教育达到共享与共创，以形成最理想的、美的课堂教育境界。

由此可见，审美化课堂教育是以对人的生命为根本肯定，塑造全面发展的，以完美个性为终极目的，以培养学生创造能力和审美心理结构，激励学生按照美的规律去陶冶性情，开发智力，培养意志为一般目的，以实现以美启真、以美扬善、以美促智、以美健体。

审美化课堂教育具体包含三方面的转化：一、将教育中的各个因素，转化成为对于师生来说都具有审美品质或审美价值的对象，如学习目标美、学习内容、学习情境美、学习方法美、学习评价美等。二、将教育过程转化成为对于师生来说，都是审美欣赏、审美表

① 叶澜．让课堂教学焕发出生命活力[J]．教育研究，1997(3)．

现与审美创造的活动。三、将传统的、生硬死板、单一僵化的教育关系转化成为师生互动互赏、互惠互享、共生共存的、动态生成的审美关系，使师生双方都能获得最充分的美感体验、最佳的提升发展。

总而言之，审美化课堂教育的最高境界应该是：心灵与心灵的感应，情感与情感的交流，人格与人格的陶冶，思维与思维的碰撞，智慧与智慧的融汇，生命与生命的对话。

二、审美化课堂教育的价值取向

(一)培植生命，尊重个性

易健教授认为：人类审美活动是人的生命的需要。审美追求是人对生命追求；审美体验是人对生命的体验；审美享受是人对生命的享受。一句话，审美活动是自由展开人的生命的活动。审美教育是对人的生命的教育。它旨在培养、塑造人的生命意识，引导受教育者用审美的态度对待生活。① 生命需要审美化教育的培植，审美化教育也责无旁贷地是培植生命的沃土。21 世纪的审美化教育是关爱生命，尊重生命，培植生命，弘扬学生灵性的教育。因为，当学生进入学校，步入课堂，开始他们学习生命的体验时，课堂教育给生命主体的是快乐还是痛苦；是提升还是压抑；是创造还是未来，这完全系于教师的教育行为，系于课堂教育的价值取向。

审美化课堂教育是一项直面生命，并以焕发生命活力，提升生命质量，凸现生命价值为目的审美活动。它关注的是生命；关注的是学生个体生命在其整体和谐发展基础上的精神生命的成长；关注的是生命潜能的开发，生命价值的实现，以及生命需要的满足。审美化课堂教育应当为学生创设放飞生命灵性翅膀的机会。尊重个体生命的多样性、独特性，强调学生在审美化课堂学习过程中的积极能动的主体生成作用。

在审美化课堂教育中，教师的角色和职能也由过去的知识传授转换成了为学生的生命健康成长服务。他们以其自身的言行和独特的生命体验，向学生提供直接的、具体的、有支持性的帮助，以有效激活学生的生命需要，焕醒他们沉睡于生命深处的巨大潜能，调动其学习的积极性、主动性、发展性和创造性。让他们在审美化课堂教育中感悟生命的内蕴，展现对生命的多元化体验，以促使其生命生动活泼地成长。过去，在教《一夜的工作》这篇文章时，为了让学生感受到周总理忘我工作的精神，体会到作者对总理由衷敬佩的思想感情，不少老师都要出示一张总理某天"工作日程表"，让学生"文""表"对照，加深理解，其目的是要将学生的思维引向教参，引向求同。在教育媒介的暗示下，学生大多也都顺向思维，其感受也真合标准答案如出一辙。然而，在关注生命价值的审美化课堂教育中，学生面对这张"工作日程表"，仔细研读课文后，他们的感受真可谓异彩纷呈。有的动情地说："读了课文，看了总理一天排得满满的日程表，我深深地被总理忘我工作、鞠躬尽瘁的精神所打动。我和作者一样，为新中国有这样的好总理感受到骄傲自豪。"有的赞叹地说："总理的工作那样辛苦，但生活却是如此俭朴，真的是'吃进去的是草，挤出来的

① 许世平．生命教育及层次分析[J]．中国教育学刊，2002(4)．

是奶。’”有的不解地说：“总理这种舍身忘我的精神的确令人钦佩有加。不过，看了他一天工作的日程表，也让我感受到：他太不爱惜自己的身体了。生命的质量不应仅仅停留在无节制地消耗上，还应注意休息。人们不是常说‘身体是革命的本钱’吗？”还有的遗憾地说：“人的生命是短暂的。一个人的生命不应仅仅是付出，还应享受享受啊！”学生的这些独特的感受，个性化的体验，可以说与教材的标准答案相距甚远，但教师还是认同了。因为，这是学生们站在 21 世纪的门槛上，与作者何其芳在进行平等的对话与交流。也许，他们不能体会上辈人那种心情，还不了解那个时代的政治背景，但这何妨呢？不同时代的学生，对课文的不同见解，实质上就是对生命的不同感受。

审美化课堂教育就是要引领学生在审美学习的过程中，感受到生命的跳动、生命价值的升华。阅读结果的多样化，正是体现了生命的自由。尊重学生对生命的独特感悟、多元体验；引导学生用自己审美的眼光看待世界、认识人生、珍视生命；让学生在语言的学习过程中，增强生命意识。这正是审美化课堂教育的真谛所在。

(二)回归生活，走向开放

美国著名教育家杜威提出“教育即生活”。他主张要从学生的生活出发，来改造以书本作为出发点和归宿的旧的课堂教育。我国近代著名教育家陶行知先生也提出：“生活教育”。他主张“关于生活”、“依据生活”和“为了生活”的教育。前苏联教育家赞可夫在《和教师的谈话》一书中，专门谈到了课堂上的生活。他突出了课堂教学不仅要在内容上反映生活，更要注意“儿童在课堂上的生活”。从上述中外教育家的论述中，我们无不发现这样一个命题：教育即生活，生活即教育。将此命题延展到课堂教育之中，便是：课堂即生活，生活即课堂。然而，令人愤憾的是，长期以来学习与生活的脱节，使课堂教育变得过于抽象、理性。师生在课堂上遭遇的知识多是固化了的“真理”，缺乏“人气、生命灵性”的知识，课堂教育成了与师生日常生活隔绝的一个专门领域。由于传统课堂的封闭与预设，从而使之变得机械、沉闷，缺乏生机与活力，缺乏对智慧的挑战和对好奇心的刺激。”长期以来，人们深情地呼唤课堂教育返扑归真、回归生活。这次，新一轮基础教育课程改革，无疑让我们看到了改革课堂教育的曙光。

为了焕发课堂教育的生机与活力，为了给封闭的课堂教育引来一泓活水。审美化课堂教育非常注重让教育、让课堂回归生活的海洋。“生活化”是审美化课堂教育的原动力，它注重将教育活动置于鲜活立体的生活背景之中，从而，激发学生作为生活主体参与活动的强烈愿望。同时，将教育的目的化为学生作为生活主体、审美主体的内在需要，让他们在生活中学习，在学习中更好地生活。

审美化课堂教育尤其注重“将已结构化的、凝固化的、以符号为主要载体的书本知识重新激活，实现三个方面的沟通：即书本知识与人类生活世界的沟通；与学生生活经验、想像世界和成长需要沟通；与发现、发展知识的人和历史沟通，使静态的、平面的书本知识恢复到鲜活的、立体的、审美的状态，与师生的生命、生活重新息息相关，使它们呈现出生命状态。具有内在的生命态的审美知识，最能激活、唤起学生审美学习的内在需要、兴趣、信心，最能提升他们主动探求的欲望及能力。教师在寻求这三方面联系的同时，也拓展了自己的认知领域，并把注意力从研究教育内容转向对学生前在状态、潜在素质、生活经验和发展需要的关注与开发。”[①]由此，实现“审美育人，师生多元智能协调发展”的最佳境界。

比如，复述课文是小学低年级语文课堂教育中一种难度较大的“说”的练习。如果，只限于课堂的学习情境，进行的方式虽然也可能有所变化，即：或说给老师听，或自己练说，或同学互说……但课堂教育的组织形式显然较单调，只体现了一种较严肃的学习意识，不符合儿童乐于游戏的天性。学生也始终对复述存在畏难情绪。从涉及的智力领域来看也较为单一，学生只能偏重于语言智能方面的发展。

如果，我们创设一个审美化的情境——引进生活中父子间、或母子间讲故事的情境，复述由一个人的独白改为“父亲”给“儿子”讲故事，或“女儿”给“母亲”讲故事的形式进行，角色当然可以由学生自己设定，那效果就可以“迥然不同了”。说者，因为有了一个忠实的听众，有了交流的对象，说兴更浓，并且很自然地会用丰富的表情、形象的动作来增强语言表达的感染力；听者，则一改沉默静听的僵化形象，回归生活的真实，边听边作出反应，如：或提问、或点头、或猜测、或反驳、或赞同……这审美化课堂生活情境，将曾让学生生畏的“复述”，演绎成了师生、生生之间的平等交流、自由开放、真情交融、不断生成创造火花的对话、交往过程。这时候，整个课堂都沉浸在生动活泼、如听相声、演小品的活动之中。先还感到拘谨、胆怯的学生谁都想再去试一试、说一说。这参与感、表现欲都缘于审美化课堂生活情境的创设。因为，生活本质在于它的丰富性。当课堂教育与生活建立了紧密的联系时，就可以利用生活资源丰富的优势，来使得审美化课堂教育更加生动感人，更加富有魅力。

教育回归生活，回归儿童已是大势所趋。师生的个人知识、直接经验、丰富多彩的生活等，都被看成是重要的课程资源。语文课程新增加了一种学习方式“综合性学习”，其实质就是给师生们在生活中、实践中、与人交往学语文、用语文提供了一个新的平台，开启了一扇新的视窗。可以毫不夸张地说：生活中蕴藏着巨大的、无穷无尽的教育资源。生活中有语文，有数学，有物理、化学、音乐、美术……生活中可提供给学生学习的资源是无处不在，无时不有。一旦教师将生活中的教育资源与书本知识两相融通起来，学生就有可能会感到书本知识学习的意义与作用；就有可能会深深地意识到自己学习的责任与价值；就有可能会增强自己学习的兴趣和动机。学习就有可能不再是一项枯燥无味而又必须要完成的义务，而是一种乐在其中的、趣味无限的活动了。回归生活，既是审美化课堂教育的价值取向，也是新一轮课程改革的理想追求。

(三)平等对话，真诚交往

“美是和谐。”审美化课堂教育是教师的引导、促进、发展与学生的学习、探究、提升的和谐统一。这种和谐统一，实质上就是平等对话，真诚交往。这正如现代教育论指出的那样：教育的过程是师生对话、交往、积极互动、共同发展的过程。

---

① 叶澜，王枬，等. 教师角色与教师发展新探[M]. 北京：教育科学出版社，2000：10.

所谓对话，是指建立在民主平等，情感相融，彼此悦纳的基础上的自由交流。它是一种扫除一切正规性和严肃性之后的，随意性的、不拘一格的交谈。所谓交往，是指共在的主体间的相互尊重，相互理解，相互沟通，相互交流，相互作用。它是人的最基本的存在方式。仔细解读这两个概念，我们不难发现：它们的本质属性都是主体性。对话和交往的双方都是具有独立人格价值的、完全平等的人。师生之间只有价值的平等，而没有高低强弱之分。师生关系是一种平等理解、双向互动的人与人的关系。这种关系得以建立和表征，其最基本的形式和途径便是对话与交往。离开了对话与交往，师生关系只能是外在的，而不能成为教育力量的真正源泉。过去，在传统课堂教育中，师生关系的紧张、隔膜、失衡，就是因为缺失了平等的对话，真诚的交流。新一轮基础教育课程改革，就希冀通过对话、交往，来重构民主平等的新型师生关系；来创立新的、开放型的、多元化的学习方式。

在审美化课堂教育中，师生之间、生生之间因平等对话，真诚交往的交互作用，结成了"学习的共同体"。这种"学习的共同体"旨在通过师生、生生的合作交流，形成互动互惠、互教互学的格局，从而，使师生达到共识、共享、共进的目的。审美化课堂教育十分注重创设民主平等的课堂氛围。因为，在课堂上师生都是一种资源。虽然他们的内涵不同，但在课堂教育中的地位却是平等的。他们共同处于课堂的双向互动的流变状态之中。在这种流变状态下，他们实现着来自多种渠道的知识信息。这众多的信息，不光只是知识与能力，还包括过程与方法、情感态度价值观等要素。在交往、对话中，师生共同努力，达成目标，以促使各自人格的发展和完善。

《全日制义务教育语文课程标准》指出："阅读教学是学生、教师、文本、编者之间对话的过程。"以此，审视阅读教育过程，课堂教育首先要保证学生独立、充分、深入地与文本对话。这种对话需建立在学生正确读诵课文的基础上。因为，学生语感尚在形成之中，其阅读不同于成人。学生与文本的对话至少应包括以下几方面：即搜集处理信息并把握其意义；受到情感熏陶；获得思想启迪；享受审美乐趣。

其次，强调师生在阅读中平等对话、真诚交往，乃是倡导教师应更多地充当向导，以恰当的方式与学生谈话，潜移默化地进行教育。教师的职责是成为学生的同读者，成为学生可亲、可敬、可信的朋友。一方面教师应向学生提供必要的知识背景，提醒学生注意文本中有意义、有价值的地方；另一方面是参与阅读，以自己的理解，特别是人生阅历等，学生尚不具备的储存，与学生进行心与心的对话，情与情的交往。

综上所述，我们可以看出：在审美化课堂教育中，对话意味着交往，交往意味着参与，参与意味着审美，审美意味着建构，建构意味着共享，共享意味着提升……这不仅仅体现的是一种新型师生关系和新学习方式的建立，更是弥漫、充盈于师生之间的一种教育情景和精神氛围。对学生而言：平等对话，真诚交往，是心灵的敞亮、个性的张扬、潜质的开发、创造性的释放；对教师而言：平等对话，真诚交流，是教育观念的转变、生命意识的增强、教育智慧的迸发、自我超越的实现。它意味着教师使自己从课堂教育中的主角转向了"平等中的首席"；从"传道、授业、解惑"的职业操守中，转换成为学生健康成长、多元发展的促进者。

创设平等对话、真诚交往的课堂氛围;建构互动互惠、互教互学的新型师生关系,不仅是审美化课堂教育的价值取向,也是本次课改的一项重要任务。在这新型学习方式和师生关系中,学生会体会到平等、自由、民主、尊重、信任、友善、理解、宽容、亲情与关爱;同时,也会受到激励、鞭策、鼓舞、感化、召唤、指导与建议,以形成积极的人生态度与丰富的审美情感体验。

(四)动态生成,激活智慧

从知识的角度来看,课堂教育的过程是使非生命载体的知识向生命载体的转化和往复循环的过程。以往传统的课堂教育活动由于忽视了知识生命载体的自身生命活动,而把本来应该生动活泼、充满人的生命活力和精神的知识学习过程变成了一种简单的传输、传递、接受的过程。更有甚者,把这种过程变成为一种注入式、灌输式的僵化机械的活动。教师成为学科教材知识的传递者和灌输者。而学生则成为被动接受、储存课本内容的容器。知识没有能通过教育的活动过程而获得新的生命力。课堂教育成为非生命载体知识的简单转移或搬运过程。

审美化教育认为:课堂教育的过程若要成为促进人发展的过程,成为完善和完美人的过程,就必须认识到:“人是知识产生和发展的源泉”。课堂教育应是动态生成、立体生长、激活智慧的活动过程。众所周知,学科教材的知识作为一种非生命载体形态的知识,它原本就来自于人类生命活动的一种智慧的结晶果实。由此可见,学科教材知识的本源就内含着丰富的生命活力,它与生俱来就有一种可再生成、再发展、再成长的特征。在课堂教育过程中,教师进行知识传递活动时,他们并不仅是对学科教材知识进行简单的复制,而是要对其进行再开发、再创造。再加之,学生在学习中,他们也不是被动地克隆、复印。他们也将在自己的学习过程中,促进自身知识结构的建构和知识的生成、发展,以形成自己独特的、具有生命活力的、具有激活智慧的财富,积淀可供自己健康成长、持续发展的丰富的内存。

《全日制义务教育语文课程标准》明确指出:在语文学习中,要让学生“认识中华文化的丰厚博大,吸收民族智慧,关心当代文化生活,尊重多样文化,吸取人类优秀文化的营养。”审美化语文课堂教育十分重视其过程的动态生成,重视对教材的开发利用,重视在旧教材中找到新的审美视点,以激活教育内容。

《草船借箭》是小学语文教材中的传统经典之作,它旨在歌颂诸葛亮足智多谋、神机妙算、宽宏大度的品格。过去教师们教这课时,大多就事论事,关注的仅是教材本身提供的信息资源,即:让学生通过读、思、议,去了解文中诸葛亮知人、知天、知地的事例,由此,感受到诸葛亮的神机妙算,教育的任务也就算完成了。如今,依据《全日制义务教育语文课程标准》的新理念,依据审美化教育的思想去重新审视教材,我们不难发现,过去的教法仅是从教材到教材,并未将其内涵丰富的审美生成因素挖掘出来。所以,学生读了这篇文章,获得的仍仅仅是大家耳熟能详的“诸葛亮很聪明”的认知而已。在审美化课堂教育研究中,我们注意用审美化的观点去立体多维地解读教材,把课文中深刻的审美内蕴作为其生长点，让学生在感悟诸葛亮智慧美的基础上，进一步去感受中华民族的智慧美。因为，课文中的诸葛亮代表的不仅仅是他本人，而是中华民族智慧的象征。因此，在审美化语文课堂教育过程中，我们以《草船借箭》这篇课文为原点，让学生读课文，了解诸葛亮神机妙算的事例；再由此生发，引导学生从单篇的课文，走进历史小说《三国演义》，去搜集、了解诸葛亮更多的神机妙算的佳话，进而悟到诸葛亮的智慧美；随后，又引导学生结合自己已有的知识经验，从“三国演义”走进中华历史伟人的长廊，去认识那众多的体现民族智慧美的人物。通过这动态生成、相生相发的学习、感悟、体验，让学生真切地感受到中华民族的智慧美，认识到中华民族文化的博大丰厚，其对祖国文化的热爱之情、钦佩之意自然融入其中。

有人说：审美化课堂教育应有韵律与品味；审美化课堂教育应是一种动态的文化。我们认为：是的，越是审美化课堂教育，就越需要高深广博、动态生成的文化底蕴作支撑；越是审美化课堂教育，就越易于激活智慧、焕发课堂教育的生命活力。

三、审美化课堂教育的基本特征

（一）以生动的形象悦耳悦目

美在形象之中，美总是以其生动的形象来感染人，这已是不争的事实。美的事物和现象是感官可以直接感受到的。人们感受自然美总是离不开自然现象；体验生活美依赖于生活形象；鉴赏艺术美离不开艺术形象。黑格尔明确指出“美的生命在于显形”。“美只能在形象中见出”。车尔尼雪夫斯基更认为“形象在美的领域中占统治地位，美是在个别的、活生生的事物中，而不是在抽象的思维。因此，人们欣赏各种美的事物而产生美感的时候，总是从直观的形象开始的。只有通过生动的形象，才能深入领会它的内在本质，从而得到情感的愉快。”可以说，人们的一切审美感受都产生于形象。形象是审美的起点。没有形象，就没有审美感受。要使学生能感受到美，就必须让他们面对一个个具体的审美对象，进而，激发他们以愉悦的心情去感知、去欣赏、去体验。

“以生动的形象悦耳悦目”是审美化课堂教育的首要特征。它旨在以具体可感的形象、鲜活立体的情景、优美动听的乐曲等审美因素来活化教育内容，动化教育过程，优化教学情景，进而把学科教育中的认知信息转化为审美对象，把技能练习转化为审美活动，把课堂环境转化为审美磁场，使学生在美的课堂生活中，美的课堂氛围中得到悦耳悦目的享受。

小学语文教材图文并茂、文情并蓄。一篇课文就是一幅流动的、洋溢生命活力的立体生活画卷，它能使学生在接受知识的过程中潜移默化地受到美的教育、美的熏陶、美的感染。例如，一位老师在教《秋天》一课时，他采用图画再现美、音乐渲染美的方式，使学生感受到美的具体形象。一开课，这位老师把放大了的、呈现丰收景象的《秋天》彩图展现在学生眼前。看到这美的形象，教室里顿时响起了一片赞叹声：“多美呀！”“多神奇呀！”图中蔚蓝的天空、棉絮似的白云、金黄的稻子、明镜般的湖水、正在落叶的梧桐，构成了一幅优美的田园秋色。那柔和的色彩、栩栩如生的场景、姿态万千的形态，无不充满诗情画意;无不让学生赏心悦目。在学生尽情欣赏画面后,老师又相机出示了开放性的练习,让学生尽兴倾述自己的审美感受。此间,老师又播放音乐,让学生在轻快舒缓的古筝独奏的乐曲声中,再次看画面,想象自己置身于画中那种心旷神怡、心花怒放的感受。在这悦耳悦目的氛围中,学生情绪高涨,争相抒发自己个性化的体验。显然,他们已身临其境,充分感受到了自然景色之美、生活环境之美、学习氛围之美,其爱自然,爱生活,爱学习的情感,像种子一样在悄然无声之中,植入学生渴望知识的心间;又像"随风潜入夜,润物细无声"的美育气息,滋润着学生的心灵。

(二)以真挚的情感悦心悦意

"感人心者,莫先乎情"。情感是人们对客观事物是否符合自己的需要、愿望、观念的态度和内心体验。凡美的事物都有一种感染人、激励人、浸润人,让人悦心悦意的特性。这种特性使美的事物焕发出巨大的魅力,使人们接触美的事物时能迅速地被它吸引,心驰神往,在情感上产生某种激动,获得精神上的愉悦与满足,有时甚至达到如痴如醉的地步。孔子在齐国欣赏《韶乐》之后,三月不知肉味。他由衷赞叹到:"不图为乐之至于斯也!"这就是说音乐美的巨大感染力,它使人悦心悦意。高尔基在读福楼拜的短篇小说《一颗淳朴的心》时,完全被它迷住了,深为他的艺术魅力而惊奇,觉得作品里一定深藏着不可思议的魔术,以至于他多次把书页对着光亮映照着瞧,想在字里行间找出魔术的秘密。美的事物之所以能悦心悦意,让人为之倾倒,这除了与美的形式有关,更重要的是美的内在品格的魅力,即蕴涵在美的事物中的人自身的创造生活的本质力量。

苏霍姆林斯基指出:"情感如同肥沃的土壤,知识的种子就播种在这个土壤上。"审美化课堂教育实质上是一种情感教育,情感体验,情感陶冶。它旨在通过美的事物激发师生美的情感,使之形成美的体验,唤起情感共鸣:即以情感人,以情激思,以情启智。使师生在悦心悦意的同时,情感得到陶冶和升华。真挚的情感能使师生悦心悦意;真挚的情感能使师生乐教乐学。"知之者不如好知者,好知者不如乐知者"就是对其生动的概括与诠释。

"以真挚的情感悦心悦意",一方面是指课堂教育要以情激思,以情启智,通情而达理;另一方面是指审美化的教育能够培养学生积极而稳定的情感,实现教育促进学生情感领域发展的功能。在课堂教育活动中,无论是教师教的思维活动,还是学生学的思维活动,都离不开情感的激励与推动。

情感是审美化语文课堂教育的生命;情感是审美化语文课堂教育的灵魂。"夫缀文者情动而辞发,观文者披文而入情。"小学语文教材中许多文章有荡人心扉的激情。在审美化课堂教育中,教师要"未成曲调先有情。"即自己首先要被文中的情感所打动,然后以情激情,引导学生感悟作者的情感,从而受到美的熏陶。小学生由于受认识能力的局限,课文中蕴藏的丰富情感往往难以引起应有的"反应",读起课文来大多悲不见颤音,喜不见笑容。因此,引导学生深切体会语言文字中的思想感情,须充分挖掘和运用课文的情感因素,以焕起学生的情感体验,使阅读成为沟通学生与作者或文中人物心灵的桥梁。同时,教师要善于捕捉课文中激发情感的最佳点,创设情境;运用美读、美诵、美想、美悟、美创等审美化教育设计，引导学生去好好地读、深深地思、细细地议、美美地想，与文本、与作者产生共鸣。

如一位教师在教《丑小鸭》一课时，他根据童话的特点，诱导学生身临其境、物我统一，用心体验主人公的心理活动和情感变化，以唤醒学生心中沉睡的善良之情，为可怜的丑小鸭掬一捧同情之泪。首先，语言导情。一开课，教师有意识地用悲剧性语言奠定基调：丑小鸭的问世意味着不幸。它终于来到人世间。那么，等待它的将是怎样的命运呢？这暗示性的语言成为学生进入悲情的催化剂，直至他们陷入童话情节的深渊里而难以自拔。接着，物我忘情。读到五自然段时，教师相机指图询问：如果你就是这只丑小鸭，傍晚，当你孤零零地站在芦苇边，身边没有亲人，没有朋友，猛然间见到一群白天鹅你从眼前飞过，你会产生什么感受？当白天鹅渐渐飞去，最后消失在茫茫天边时，你的心里又是什么滋味？读到七自然段时，教师又点拨到：春姑娘为丑小鸭带来了怎样的惊喜？这些物我相融的点拨引导，将学生置入童话之中。通过唤起学生亲身的情感体验，使之产生了“像悲亦悲，像喜亦喜”之感。然后，忘我动情。经过上述学习体验后，老师再次指导学生细看图中丑小鸭的样子，想象它此时的内心活动。当学生发现丑小鸭眼里噙着泪水时，一种强烈的同情心抓摄着学生的心。他们发言的声音哽咽了，眼眶里泪光闪烁。这时，教室里静极了，大家都在深深地体验着丑小鸭心中无言的悲苦与伤痛……可当学生读到七自然段时，脸上又荡漾起了笑意。尤其，当他们读到“原来我不是丑小鸭，而是一只漂亮的天鹅啊”时，已抑制不住满心的喜悦，脸上露出灿烂的笑容。教室里一片欢腾，大家都沉浸在突如其来的幸福之中……这时，师生都忘掉了真我而动了真情。悲喜情感的巨大反差，给学生心理上造成极大的平衡感、满足感和审美愉悦。“文章不是无情物”，关键是要“披文以入情”，让学生在审美体验中悦心悦意，获得美感。

事实上，教师不以积极而饱满的情感投入教学，决不可能使课堂充满爱，充满亲切和蔼的气氛，决不可能使学生体验到教育令人愉悦的美感，也不可能产生审美教育的心理效应。“只有实现了情感转移的教育，才是美的教育……能把教师的喜爱、兴趣、同情、憎恶、幽默等成功地传递给学生，使之在情感上产生共鸣。这样才是美的教育。”展现审美对象的意境，即是审美对象所表现的人物的思想情感，欣赏者都有要在想象中加以体验。凡是人物经历的一切，欣赏者都要在想象中加以体验。急角色之所急，想角色之所想。正由于情感移入，我们可以体验生与死，体验爱和恨，体验欢乐和痛苦，体验成功和失败，体验进取和消沉，体验英勇和悲壮……正由于体验，我们的生活经历才丰富多样，变化无穷；我们才能体验更多彩的人生，探索更广阔和可能的世界。审美化课堂教育正是通过这真挚的情感体验，让美映入眼帘，让情溢满心间；让师生悦心悦意，受到美情、美景、美感的陶冶、浸润。

(三)以自由的创造悦志悦神

“美的事物引起人们的喜悦，虽然离不开一定的感性形式，但是美的根源并不在感性形式本身，而是由于在这些感性形式中包含了人的一种最珍贵的特性——自由创造”。审美化课堂教育的影响不是强制，而是在自由与安全的心理空间中，通过情感的熏陶、感染、潜移默化而实现的。心理安全是指感到被人承认，避免消极和谴责性评价，在努力争取创造时感到自己被人理解。心理自由是指表达、思维、感觉的自由，塑造自我的自由，以及承认和尊重他人的心理自由。在审美化课堂教育教育中，无论是教师或是学生，对于解决问题或审美欣赏活动中表现出来的新颖、奇特的观点，均给予积极的肯定性评价，形成一种鼓励"智力冒险"和奖励创造思维的教育环境。这正是一种产生和发展创造性思维所必需的一种安全和自由的心理环境。在教育中，教师鼓励学生积极探索和尝试。从不同角度去观察事物、体验情感，产生审美联想和想象。正因为如此，苏霍姆林斯基把学习活动中的创造性称为"美育中的精灵"。

以自由的创造悦志悦神，主要是指在审美化课堂教育影响下，学生内心体验愉悦，积极主动参与学习活动，思维不受传统和陈规的约束，敢于创造，善于创造，表现出思维独特而新颖。这表明课堂教育无须任何的强制和压抑，主要依靠审美对象的魅力，吸引学生自由体验、想象、发现和创造。任何灌输式、说教式、指令式的课堂教育都不在审美化教育之列。在审美化课堂教育中，教师除了让学生感知缤纷多彩的自然美、社会美、艺术美，感受并激励其炽热丰富的情感，还应尽量给学生创设让其想象力、创造性思维自由驰骋舒展的空间。爱因斯坦曾指出：研究问题的好奇心除了需要激励，主要需要自由。在审美化课堂教育中，让学生自读自悟，置疑讨论，美读美诵……让师生之间有更多的和谐交流，让学生有更多的自己思考余地，这无疑有利于学生在自由的创造中悦志悦神。当学生完全被美的学习活动和内容所吸引时，其对学习的认识必然是深刻的，体验也必定是积极、自由而丰富的。

如在教学《赤壁之战》一课时，一位学生提了这样一个问题："曹操如此生性多疑，黄盖的一封假信怎么能让曹操深信不疑呢？"老师抓住契机，让学生想象一下黄盖在信上会说些什么？这一下，同学们的思维突破束缚，他们纷纷结合自己已有的生活阅历、知识积累、审美经验，进行想像与创造。有的说："黄盖可能会写：'曹将军，您有八十万大军，周瑜才三万，这不是明摆着周瑜死路一条吗？'"有的说："黄盖会写：'周瑜是一个一意孤行的暴君，我可不愿意替这个莽夫去送死，我情愿效忠您——曹将军。'"有的说："黄盖会写'曹将军如果肯收留我，后天一早，我会趁着浓雾，带着数十只大船和粮草来投奔您。'"学生想象力、创造力十分丰富。他们从不同角度想象了黄盖的聪明机智。这时，教师并未就此打住，而是趁着学生想象力、创造力自由驰骋之时，让学生又想像曹操接到黄盖的信后，他的表现又会怎样？这下学生更来劲了。他们有的说："曹操会手摸胡须，哈哈大笑，得意地说'赤壁很快就是我的了！'"有的说："曹操会大摆宴席，满心欢喜地等着为黄盖接风洗尘"……通过这自由的创造，大胆的想象，学生不仅再造了黄盖聪明机智与曹操骄傲轻敌的形象，加深了对这两个历史人物的进一步认识；同时还感到自由创造给自己带来的悦志悦神的快意。因为，这问题的提出，并不是教师强人所难，而是学生自然萌发的。所以，学生在讨论时，都能无拘无束、自由表达。哪怕，平时不多言语的学生，这时也能畅所欲言。由此可见，让学生有更多的心理安全和自由创造的课堂教育，才是有充满生机与富有美感的审美化课堂教育。

在审美化课堂教育中，当学生的心理没有感到某种内在和外在意志的强迫和压力时，他们自然会随着积极情感的推动，获得一种主动意志。所以说，审美化课堂教育是一种自觉自由的教育过程，它是学生在倾心赏美中表现出来的乐意学习。此时，学生不再是受教师支配的教育对象，而是能主动地获得教育的审美主体；是一种由“教”达到“不教”的高度的精神自觉；是充分唤醒主体自我意识的自我运动。所以，美国心理学家特思莎.阿玛贝尔指出：“内在的激情有助于创造性。”凡是有创造性的人，不一定智力超群和学识渊博，“最重要的是他们有明确的目标，有为取得成果而发自内心的干劲”。由于审美主体是以超越功利目的的审美观照形式进入审美对象的。在这种活动中，人的情感、思想在审美对象中是不受时空限制而自由翱翔的。内心的压抑得到了解放，现实的局限被突破了，有限和无限的界限消失了，精神、心理无比的自由。从而获得极大的满足与快慰。

第三节　审美化课堂教育实施建构

一、审美化课堂教育的生成形态

(一)基本生成形态

课堂教育是师生相互活动、相互影响的过程。在审美化课堂教育中，师生都是审美认识和实践的主体。他们互相依存、互相促进、协同发展。彼此的精神世界是自由地、能动地生成建构，而不是外部力量塑造而成的。任何审美化课堂教育都是一个积极主动的建构过程、生发过程。师生双方在其中，都不是被动地接受外在信息，而是主动地根据先前认知结构的注意和有选择性的知觉外在审美信息，建构当前事物的意义。通过审美化课堂活动和自主构建，个体的创造力、潜能、个性、审美鉴赏力等，得以表征、凝固在活动过程中和活动结构上。另一方面，通过审美化课堂教育，又充分地发展着个体的个性、潜能、资质和素养。

根据对其理论研究和实践探索，我们构建了审美化课堂教育的基本生成形态。这种生成形态旨在把审美化教育过程，看成是一种意义构建过程；看成是师生人生价值得以实现的过程。这个过程充满了异质性、多元性、不可确定性和不可预测性，强调学生的自主探究、愿望生成和合作发展。在这种生成形态中，教师是一个引导者、促进者。他把自己智慧融进富有创造性的审美教育活动中。并由此实现自己的教育理想；学生是一个拥有学习权利的探索者。在审美化教育过程中，他可以实现自己的学习愿望，表现自己多样化的学习成果，并由此实现自由成长、快乐成长的意志。这正是审美化课堂教育所追求的美的情操和美的境界。

鉴于这样的思考，我们在建构审美化课堂教育的基本生成形态时，仍抓住了“教”与“学”这两个层面。就“教”而言，强调“寓教于美”。即：以美激趣励志——以美点拨引导——以美创境感悟——以美升华拓展;就"学"而言,强调"寓学于美"。即:美中入境入神——美中明心会意——美中神游畅想——美中移情忘怀。

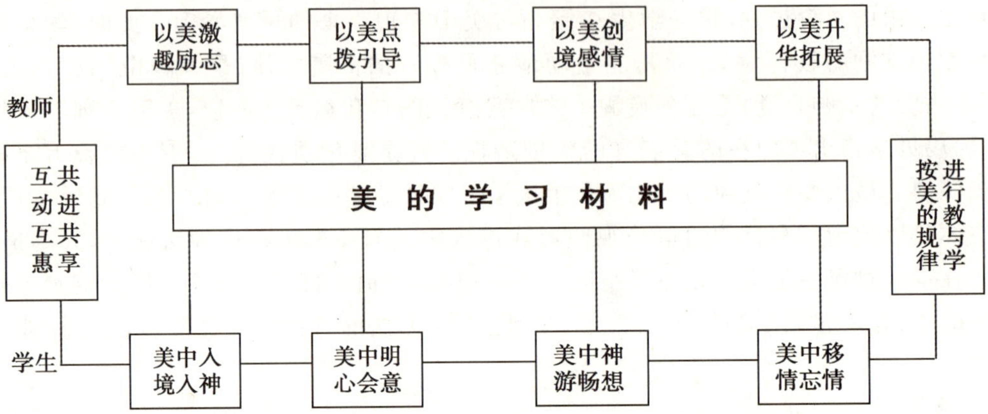

审美化课堂教育的这种基本生成形态,着眼于教师与学生终身发展、持续发展、审美发展、特色发展的理念。它不仅把教师当成一个研究者;更重要的是它把学生也当成了一个探索者——一个探索人生价值的公民。力求通过师生双方的美教美学、乐教乐学促进其达到互动互惠、共进共享的理想境界。

1. 以美激趣励志——美中入境入神。这是审美化课堂教育生成形态的起始环节。如何使教与学的双方一开课,就彼此与课堂情景融为一体;引发学生对鲜明形象的感知和未知领域探究的激情;对整个学习过程产生浓厚的兴趣;对学习内容产生"神与物"的对接,体验教育情景中蕴涵着的生命意义。这是审美化课堂教育的起点。在这过程中,教师精心设计和创设适宜的教育情景,让教育活动一开始就充满一种体验的喜悦,激发学生的投入感和参与感,产生求知的冲动和欲望,使教育材料中含蓄的潜在形象,在学生头脑中浮现出来,生发开去。使师生在这美好和谐融洽的情景中产生交往、对话的欲望,感受表达和聆听的喜悦。

2. 以美点拨引导——美中明心会意。这是审美化课堂教育生成形态的深入环节。入课之后,怎样让学生明心会意,对所学的教育内容有一种感悟与体验,以达到对人生、生命、世界意义的理解,以培养学生的领会能力。海德格尔认为:人是在领会中并通过领会把握存在的意蕴的。在这环节中,教师美的点拨引导不可少,即在审美化课堂教育中,教师要抓住"神"与"物"对接的契机,引导学生把已有的生活经验与书本知识联系,进行思维加工,进行悟解活动,从而能心领神会。这心领神会的过程实际上是一个"仁者见仁,智者见智"的悟道、悟情、悟意的过程。这过程极具个性化,正如人们常说的:"一千个读者就有一千个哈姆雷特。"

3. 以美创境感悟——美中神游畅想。这是审美化课堂教育生成形态的核心环节。神游畅想是指在教育活动中,主体心灵与教育内容或情景的自由交往和自然融合。是审美主体在对审美化教育内容与情景感知的基础上,情感与想象的渗透与契合。因为,审美化课堂教育既是一种认知活动,也是一种情感活动。在教育活动中,利用多媒体或语言等方式创设美的情景,使学习的内容变得更生动、更形象,更有情趣。这无疑更易于激发学生的自由想象，更易于启发学生在“神与物游”中无拘无束地驰骋。总之，通过主体心灵与学习内容及情境的情感联系；通过想象与已有材料及生活经验的自由交往，教育活动所提供的材料将在不经意中，融入学生的心灵，成为学生心灵起飞的翅膀。自由的创造和创造的自由也就会在审美化教育过程中悄然地萌芽。

4. 以美升华拓展——美中移情忘怀。这是审美化课堂教育生成形态的升华环节。所谓移情，即指审美主体与审美客体在教育过程中产生的共时、多项的协调互动。通过悟解与想象，学生被其过程中展示的材料和情境深深地感动和吸引，以至于达到物我同一的境界。所谓忘怀，是指在移情的作用下，审美主体的精神从教育活动中超脱出来，超越自我，超越自然，达到“物我两忘”的境界。淡忘了师生的角色意识，师生双方在一种融洽的气氛中实现了信息的平等交换，情感的真诚交流；淡忘了功利角逐的压力，身心与精神在师生共同创意的无限时空中，去做了一次无忧无虑的自由远游；淡忘了立竿见影的智力提升，生命的体验便可以从徘徊于现象与本质，个别与一般，知识与运用的境界中超越出来，体味智慧的力量和创造的欢愉。

(二)变异生成形态

由于审美化课堂教育是一个动态生成、相生相发的过程。又由于从生命的高度来看，每一节课、每一学科、每一类课、每一对象、每一场景都是不可重复的激情或智慧综合生成的过程。因此，审美化课堂教育还会因其诸多的不同，而产生出变异的生成形态。如有以美激情共鸣式形态，以美设疑启思式形态，以美拓展生发式形态等等。

1. 以美激情共鸣式形态。即以美激情导创——以美激情导思——以美激情导读——以美激情导悟。如小学语文教材中的《只有一个地球》虽然是一篇科普常识文章，但文中却蕴藏着丰富而深厚的现代生态美学的内涵。为了焕发学生强烈的环保意识，这课可采用“以美激情共鸣式”生成形态，来引导学生美读，精思，深悟。以期通过本文的学习，以及生活中的见闻，激发学生地球家园的情怀和维护生态环境的主人公意识。

2. 以美设疑启思式形态。即是美中自读质疑——美中互读释疑——美中对话悟疑——美中升华理解。“学起于思，思源于疑”。疑问和矛盾作为思维的“启发剂”，它可以使学生的求知欲由潜伏状态进入活跃状态。如对有些距离学生现实生活年代较远的教材，教师可以充分发挥这种以美质疑启思式形态的诱发功能，扬起学生思维与想象的风帆。例如《我的伯父鲁迅先生》一文中，鲁迅与“我”谈碰壁那段话的内含丰富，意思难懂，再加之这课文又长。为了省时，有的老师在教这课时，采用“美中设疑启思式”形态来引导学生学习，让其既感受到鲁迅坚强的斗争精神，又感受到他风趣的人生态度。

3. 以美拓展生成式形态。即以美导入，走进课文——以美拓展，走向历史——以美生成，走入生活。例如前面所举的《草船借箭》一课的上法，就是采用此形态来进行的。

审美化课堂教育的变异形态还有很多，由于篇幅局限，不宜一一道来。总而言之，审美化课堂教育的生成形态旨在能够唤醒沉睡的潜能，激活封存的记忆，开启幽闭的心智，放飞囚禁的情愫。让师生都能有一种经验的共享，视界的融合，灵魂的感召；都能悦耳悦目、悦心悦意、悦志悦神；都能获得审美的体验、精神的自由、心智的敞亮。

二、审美化课堂教育的基本原则

(一)科学性与审美性结合的原则

审美化课堂教育既要准确揭示、展现教学内容本身具有的认知因素;同时,又要艺术化、审美化地传递教学内容中所具有的丰富的审美和情感因素,以达到真善美的和谐统一。审美化教育设计必须同时重视教育内容的科学性和审美性;尤其要注意教育中蕴涵的审美性因素,使课堂教育既有作用于学生认知领域的内容,又有作用其情感和审美领域的信息,以促进学生综合素养的形成。

(二)内容与形式和谐统一的原则

审美化教育内容决定其教育形式,教育形式要根据教育内容选定。因此,不同的教育内容需要有不同的教育形式与之完美适应,才能产生最佳的审美化教育效果。只有教育内容和教育形式达到完美结合,并适应教育,才能称得上审美化教育。另一方面,在审美化教育活动中,教育形式又常常采用艺术化、审美化的教育手段和技术来表现和传递已有的教育内容。因此,教师要遵循审美化课堂教育的原则,不仅使教育内容同教育形式之间的关系和谐适应,而且要善于运用艺术化和审美化的形式来表现、创造教育内容,创设审美化的教育情景,优化、美化教育效果。

(三)理性与感性性相结合的原则

在课堂教育活动中,学生学习、理解、把握教育内容,需要感知、记忆、想象、思维等认知因素的参与;需要运用概念进行判断和推理等理性思维。但是,审美化课堂教育活动的有效性,仅靠理性思维的认知参与是不够的,还需要充分利用形象化的材料丰富学生的感性经验,增加表象储备;运用艺术化、审美化的教育技术来激发学生的情感因素参与教育活动,引发其高级的审美情感感染学生,增强学其学习、探究、创新的内驱力。只有这样,理性与感性相互交融,才能达到审美化的教育境界。

三、审美化课堂教育的操作策略

审美化课堂教育依赖于审美化教学设计。人能“按美的规律来塑造物体。”这是马克思主义对人类创造性活动的科学论断。审美化课堂教育活动是集科学性与艺术性于一体的、最具创造性的活动。要增强其美感,提高其教育效率,必须遵循“按美的规律”来塑造人类自己的教育思想和观念。只有教师自觉主动地按美的规律来设计、组织、开展教育活动时,课堂教育才能焕发出生机机与活力;课堂教育的生命价值才能得以显现、弘扬。因此,在进行审美化课堂教学研究时,按美的规律优化学习目标、学习情境、学习内容、学习方法、学习评价等,显得至关重要。

(一)按"美的规律"优化学习目标,体现生成性

后现代主义认为:知识具有不确定性、建构性和生成性。学生的学习不仅仅是接受和发现已有的知识,也不只是知识的"旁观者",而是知识意义、审美价值、生命意义的主动建构者和创造者。目的产生于过程自身,而不是外在于过程。审美化课堂教育的目标应是由审美主体——师生双方在实际的教育活动中,按美的规律,动态生成。过去那种事先自上而下的预设,显而易见已不能适应当今审美化课堂教育的需要了。依据国家课程标准的新思想,审美化课堂教育的目标拟订,一是要注意三个维度:即知识与能力、过程与方法、情感态度价值观的相互渗透、有机融合,以体现学生发展的和谐美感;二是要注意与学生已有的生活经验、知识积累相结合,给学生自主学习、个性发展留足时空;三是注意与生活、时代发展紧密结合,以体现审美学习的意义与价值所在;四是要注意目标的陈述要从学生的角度出发,行为的主体必须是学生,让学生真是成为审美化课堂教育的主体及受益者;五是学习目标的拟订要具有生成性,而不能像过去传统教育设计那样仅仅局限于认知,仅仅局限于教材的本身。

例如,按照美的规律,我们是这样来设计人教社国标教材《菜园里》一课的审美化语文教育目标的:一是能正确、流利、有感情地朗读课文,了解课文内容,激发学生爱农村、爱生活的情感。二是引导学生自主认识生字 14 个,会漂亮书写 4 个生字,初步感知汉字的形体美。三是引导学生在父母的帮助下,收集与本课新学生字有关的文字资料,与小伙伴交流、分享,初步感知汉字在生活中无处不在、无时不有,以激发学生主动识字,学着运用的兴趣和喜欢祖国文字的情感。这一目标的拟订就具有不确定性、生成性和审美性,较好地体现了新课标和审美化课堂教育的思想。

(二)按"美的规律"优化学习内容,体现开放性

审美化课堂教育的学习内容,呈开放性与生活化。它既包括规定教材所提供的学习内容,又包括学校建设、开发的校本教材;既包括师生自主选择的学习材料,又包括丰富而广阔的社会生活。可以这么说:生活有多广阔,审美化课堂教育的内容就有多丰富。随着国家课程改革的推进,随着对审美化课堂教育研究的深入,我们已深深地感到,教材已不再是圣经,教材一统课堂的局面已被打破。师生都享有教材的选择权和开发权。面对生活中纷繁复杂、灵活多样的学习内容,我们该如何优化、如何选择,这的确要以美的规律作尺度。

1. 按照美的规律,对规定的现行教材进行审美创造,使之更好地作用于学生综合素养的形成。学科教育中的"美"不是外加的,而是蕴含在教材之中的。例如:语文教材中有大量的名篇佳作,它们不仅文美,而且意深,读起来让人如享甘霖、如沐春风。为了更好展示教材的显性美,或挖掘其隐性美。我们可以按美的规律将一篇篇反映美的景、美的人、美的事的文章加以分类,让学生具体感受到大自然的美、祖国山河的美、人物心灵的美,以及祖国语文文字的美。与些同时,又把歌颂和赞美祖国的教材分为五个方面:即山青水秀、山河壮丽;历史悠久、文化灿烂;坚韧不屈、勇抗外强;英雄辈出、建功立业;光

明美好、前程似锦。学这一篇想到那一篇,在以一当十、超文本阅读中,都以“祖国壮丽富强”的美贯穿其中,使其“纵横万里、上下几千年”,让学生真切地感受到伟大祖国的美好与可爱。

2. 按美的规律、开发、建设校本教材、生活教材,并挖掘其审美因素,以促进学习内容的生活化、多元化、灵活化、艺术化,使之更好地为学生的“学以致用”服务。同时,也让学生明白:课文教材是我们求知、长智、陶情、增强文化积淀的载体;生活也更是我们学语文、用语文的最佳舞台。例如:我区一位语文教师,借用学校的绿色资源,按美的规律自创、自编了《我是你的朋友》语文综合性学习的校本教材。上课时,她打破了教室固有空间的局限,带学生到校园、到附近的花市去认花样、识花名。通过这生活中的学习,学生不仅感受到花草的美丽可爱,而且还感受到语文学习的乐趣及语文天地的宽广。

总而言之,在审美化课堂教育中,学习内容应以对话、开放的方式呈现。教师应结合学科特点,学生个体的实际,按美的规律选取或重组学习内容,使之面向现实、面向生活、面向学生,促进学生个体的全面、健康、持续地成长与发展。

(三)按“美的规律”优化学习气氛,体现愉悦性

车尔尼雪夫斯基说:“美的事物在人心中所唤起的感觉,是类似我们当着亲爱的人面前时,洋溢于我们心中的那种愉悦。我们无私地爱美,我们欣赏它、喜欢它,如同喜欢我们亲爱的人一样。由此可知,美包含着一种可爱的、为我们心所宝贵的东西。”车尔尼雪夫斯基为我们形象地揭示了美的愉悦性。审美化课堂教育气氛,可以使人兴趣盎然、情绪高涨。反之,则使人呆板、紧张压抑、毫无生气。审美化课堂教育气氛是指师生间形成了民主、尊重、愉悦、平等、合作的互动气氛。它要求教师的情感必须是愉快、欢乐、期待、饱满的。

那么,该怎样按美的规律创设和谐的审美化的课堂气氛呢?我以为:

1. 用教师良好的人格魅力去影响学生。教师是课堂教育的组织者、引导者、参与者,他的人格魅力是一种巨大的精神力量,具有很强的审美感染力力。他是影响学生审美心理、审美行为、审美情感体验的重要因素。在课堂上,学生会对教师的人格、态度、专业水平、教育方法,甚至对某一问题的看法,都会自觉不自地进行评价,作出“信任”会“不信任”地判断,以及“亲师信道”或反之的情感反应,甚至会把对教师的好恶都迁移到教师所教的课程上。因此,教师要以自己对学生的热爱,激起学生对学习的喜欢;对所教学科的执着与热爱。

2. 用教师积极饱满的情绪感染学生。情绪是人对客观事物的一种态度和体验。心理学研究表明:在一定的条件下,一个人的情绪可以传染给别人,使之产生同样的情绪。教师的情感具有很强的感召力,它可以创设良好的课堂气氛。德国教育家第斯多惠特别强调教师积极饱满的情绪,对学生审美化学习的重要感染作用。他认为:“教育的艺术不在于传授的本领,而在于激励、唤醒、鼓舞。没有兴奋的情绪怎么激励人,没有主动性怎么唤醒沉睡的人,没有生气勃勃的精神怎么能鼓舞人……”因此,在审美化课堂教育中,教师一点要以自己积极的审美情绪、充沛的审美情感渲染气氛,把学生带入美的学习情

境之中，让学生乐之、美之、醉之。

3. 用民主平等的态度对待学生。现代心理学认为：学生只有在民主平等的教育气氛中，才能迸发出想象力、创造力的火花。教师要让热爱、尊重、关心每一个学生，把学生视为朋友、伙伴，用亲切和蔼的目光看待学生；用真诚热情的话语鼓励学生；用欣赏赞美的态度肯定学生，努力创设轻松和谐，具有亲和力的学习氛围。

（四）按“美的规律”优化学习方法，体现启发性

学习方法可谓多种多样，选择何种学习方法更有效、更富有审美性，这要根据学生的认知特点和水平；根据学习目标和学习内容的不同而灵活选用，以体现“教育有法，但无定法，贵在得法”的思想。审美化学习方法的设计与选择，必须要以美的规律作指导。因为，美的学习方法具有趣味性、形象性、游戏性、自主性。它不仅能令学习内容更具体、生动、形象，还能令学生快乐学习、兴奋求知、轻松达标。尤其是现代科技的发展，为学习方法的艺术化提供了丰富的物质条件。因此，在审美化课堂教育中，我们要按照美的规律，选择优化的学习方法。

1. 低年级的语文教育最适宜选择“形象直观法”。因为，审美化课堂教育首先是从对生动的形象感知开始的。一、二年级的学生对直观形象的偏爱，是他们的天性。在审美化课堂教育中，我们要根据学习内容的需要，采用多种现代化的教学手段为学生提供具体可感的形象，以调动学生的视觉、听觉、触觉等多种感官，把学生的审美体验推向高潮。采用“形象直观法”，可以借助挂图、模型、实物、语音设备、多媒体等，使认知活动从平面走向主体，从无声走向有声，从单一走向多维，从苍白走向多彩，以极大地丰富学生的审美心理活动，激起其强烈的美感。当然，也可以指导学生动手实验，激发形象思维，使其认识更清晰、更透彻，思维更具创造性。当然，还可以选择“情绪感染法”。因为，小学生不是单纯接受知识的机器。他们天真活泼，感情丰富。情动才能心动，入情才能入心。在审美化课堂教育中，教师要以和蔼的神情、生动的语言、高雅的体态，创造一种具有亲合力的氛围，让学生的心沉醉于情的旋律中。从而，产生喜悦、神往的心理态势。“情境表演法”、“游戏活动法”也都是审美化课堂教育中很有效的学习方法。因为，它们都能引导学生入情入境地体验、想像、表演，既可加深学生的审美认知活动，又可将其审美认知推向审美表现、审美创造阶段。

2. 中高年级审美化语文课堂教育，则适宜选择自主、合作、探究式的学习方法。因为，学生进入此阶段，已储备了一定的知识积累；已具有了一定的学习能力，他们渴望自主学习，合作探究；渴望挑战智慧，挑战权威，挑战生活，挑战教材。例如前面举的《一夜的工作》的课例，就足已说明这一问题。因此，在审美化课堂教育中，教师一定要根据学生的个性特点，教材的突出特色，按美的规律选择适合其审美学习需要的学习方法。

（五）按“美的规律”优化学习评价，体现激励性

学习评价是审美化课堂教育的重要环节，是教师教育行为的重要构成部分。它是对学生目标达成情况和学习情况的水平衡量，也是推动审美化课堂教育朝着理想的目标前进，推进学生最佳发展的杠杆或动力。

按美的规律优化评价，也就是指审美化教育的评价要注意一下几方面：

1. 坚持评价内容的全面性。即既要评价学生在认知上的发展，又要评价其审美心理的形成和健全人格的完善；既要评价学生参与审美学习的智力因素，又要评价其非智力因素；既要评价知识与能力、过程和方法，又要评价情感态度价值观。

2. 坚持评价对象的差异性。即坚持异质评价和“多个体纵向比，不群体横向比”的原则，从每个学生的实际出发，因人施评，因个体的进步施评，因个体的发展施评。使每个学生都能在审美化的学习中，依据各自的基础与潜质，得到各尽所能的最佳发展。

3. 坚持评价过程的发展性。即要充分发挥审美化教育评价的激励、导向、反馈、调节的功能。用发展的观点看待学生的学习，促使学生在探究、矫正的过程中，强化审美认知，升华审美情感。

4. 坚持评价结果的激励性。即要坚持“多肯定，不指责；多欣赏，不埋怨；”的原则，优化学生的审美学习心理，鼓起学生审美学习的自信心和求知欲，焕发起其生命潜能。促使不同层次的学生都能用自己喜欢的学习、探究方式，开创自己快乐学习、幸福生活的人生之路。

5. 坚持评价方式的多样性。即就组织形式而言，倡导教师评、学生评、家长评、师生互评、生生互评、家校互评等多种方式。就评价结果呈现方式而言，注重口头评价与书面评价相结合。

总而言之，教师要用鼓励性语言，带有激励性的表情、手势等体态，对学生学习活动及发展状况进行评价，使学生感到评价是被鼓励、被赞扬、被欣赏的过程；而不是被指指点点、吹毛求疵。审美化课堂教育评价以学生素质的全面发展、和谐发展、动态发展，来评价教育活动的效果，其方式有：以带入情境，激发兴趣时的激励性评价；组织讨论、启发学生思维时的诱导式评价；发现问题，及时矫正时的点拨式评价；获得成功时，予以欣赏、赞美式的评价等。

在进行审美化教育评价时，要注意以美的规律为指导：一是注意评价的指标要具体，且以教育目标为依据；二是重视形成性评价，即学生发展过程的评价，以不断反馈和矫正其目标的达成；三是坚持正面评价，以激发学习的积极情感体验，培养学习的自信心，使学生把学习活动视为审美欣赏、审美表现、审美创造的活动。从而，调动学生学习的积极性、主动性、创造性。

参考文献：

1. 杜卫. 美育论[M]. 北京：教育科学出版社，2002.
2. 曹明海. 感应与塑造——语文审美教育论[M]. 青岛：青岛海洋出版社，1998.
3. 赵伶俐. 审美化教学论[J]. 西南师范大学学报(人文社科版)，2000(9).
4. 李业才. 走向审美化的教学过程[D]. 桂林：广西师范大学硕士研究生论文，1995.
5. 李伟信. 浅论教育中的生命观[J]. 基础教育研究，2000(4).
6. 粟高燕. 中学英语课堂美论析[D]. 桂林：广西师范大学硕士论文，2000.
7. 叶澜. 让课堂教学焕发出生命活力[J]. 教育研究，1997(3).
8. 黄宝富. 让美走在自由之前[J]. 浙江师范大学学报·社科版，1998(2).
9. 袁振国. 教育新理念[M]. 北京：教育科学出版社，2002.
10. 叶澜，王枬. 教师角色与教师发展新探[M]. 北京：教育科学出版社，2000.
11. 郭成. 教学审美化原理与探索[M]. 重庆：西南师范大学出版社，2001.
12. 钟启泉. 为了中华民族的复兴 为了每位学生的发展[M]. 上海：华东师大出版社，2001.
13. 孙俊三. 从经验的积累到生命的体验[J]. 教育研究，2001(2).
14. 许世平. 生命教育及层次分析[J]. 中国教育学刊，2002(4).
15. 郑金洲. 重构课堂生活[J]. 华东师范大学学报·教育科学报，2001(9).
16. 全日制义务教育语文课程标准[S]. 北京：北京师范大学出版社，2001.
17. 卢雁红. 语文生活化教学的认识与实践[J]. 小学语文教学，2002(1).
18. 扬春银. 创设教学情境，培养审美情趣[J]. 小学语文教学，2002(6).
19. 莫国夫，陈凤. 语文教学呼唤人文情怀[J]. 小学语文教学，2002(5).

图书在版编目(CIP)数据

语文课堂教学有效性研究/尹祖琴主编. 一重庆：西南师范大学出版社，2011.4
ISBN 978-7-5621-5209-5

Ⅰ.①语… Ⅱ.①尹… Ⅲ.①小学语文课一课堂教学一教学研究 Ⅳ.①G623.202

中国版本图书馆 CIP 数据核字(2011)第 047968 号

语文课堂教学有效性研究

主　编　尹祖琴

责任编辑：刘江华　刘桂芳
特约编辑：吕红英
封面设计：贺　幸　谭　玺
出版、发行：西南师范大学出版社
（重庆·北碚　邮编：400715
网址：www.xscbs.com）
经　　销：全国新华书店
印　　刷：重庆东南印务有限责任公司
开　　本：787mm×1092mm　1/16
印　　张：40.75
字　　数：1100 千字
版　　次：2011 年 4 月第 1 版
印　　次：2011 年 10 月第 1 次印刷
书　　号：ISBN 978-7-5621-5209-5

定　　价：68.00 元(全 2 册)

语文课堂教学有效性研究

——课例篇

YUWEN KETANG JIAOXUE YOUXIAOXING YANJIU

尹祖琴 主编

西南师范大学出版社
全国百佳图书出版单位　国家一级出版社

《语文课堂教学有效性研究·课例篇》

编委会

目　录

第一学段课例

第二学段课例

第三学段课例

习作课例

第一学段课例

人生识字聪明始

——识字教学有效性的研究与实践

重庆市渝中区教师进修学院 尹祖琴

重庆市渝中区第二实验小学 王 华

一、识字的价值

1. 汉字，中国文化之载体

汉语是世界上最古老、最美丽、最简洁、最成熟、最优秀的一种语言，是中国文化流传千秋万载而不朽的根基。印度前总理尼赫鲁对他的女儿说："世界上有一个伟大的国家，她的每个字，都是一首优美的诗、一幅美丽的画，你要好好学习。我说的这个国家就是中国。"

《洛杉矶时报》一篇报道曾说："在中国文化里，没有任何其他事物比汉字更能体现五千年中华传统文化的精髓。写汉字不仅仅用来交流沟通，它更是一种艺术和心灵活动。"当年，鲁迅先生在《汉文学史纲要》中精辟论述："中国文字具三美：意美以感心，一也；音美以感耳，二也；形美以感目，三也。"①在汉字文化传播的过程中，只有让汉字的美进入人的心灵，汉字才会在人们的潜意识里扎根，任何外在力量的冲击也难以抹去人们对汉字结构的记忆，也难以撼动人们对汉字传播的执著。

汉字是世界上唯一流传几千年而未消亡的文字，它是继承中国五千年文化命脉的载体。中华民族历经劫难而又生生不息、一脉相承，汉字以及由此而形成的中国文化起到了决定性的作用。它可以让后人汲取古人的智慧，去创造更加美好的未来。离开了汉字，就离开了中国文化的根本，就会失去祖先留下的宝贵财富。汉字是中国的第五大发明，汉字同中国古代的四大发明一起，为中国乃至世界文明的发展作出了巨大的、卓越的、不可估量的贡献。

2. 识字，基础教育之关键

识字教育是中国基础教育中一个重要的环节。因为，识字是一个人文化素质提高的第一步。教育部总督学柳斌曾在教育部举行的"全国小学识字经验交流会"的开幕词中，引用"人生聪明识字始"作为标题，以此说明识字在基础教育中的重要性。

我国记忆专家王维说："没有任何活动能像文字在开发智力方面达到那样的深度和广度，甚至可以说起着决定性的作用。诚然，许多智力活动都能使孩子聪明起来，但都是局部的、零散的，其效果都有一定的限度，而识字可以使智能和知识系统化，并且在此基础上的智力开发是无止境的。"它不仅关系着语文教育质量的高低和速度的快慢，而且关系着整个中小学教育阶段基础知识的巩固和发展。

---

① 鲁迅．鲁迅全集(第九卷)[M]．北京：人民文学出版社，2005．

中央教科所课程研究中心、教学实验研究中心主任戴汝潜先生说："识字教育不是一件小事，而是关系到中华民族文化素质和兴衰存亡的大事。"由此可见，识字教育在我国基础教育中占有极其重要的地位。

3. 识字，语文教学之根基

古人云："蒙养之时，识字为先。"这耳熟能详的先人之见，无不反映着老祖宗对蒙童识字的重视。在我国语文教育史上，识字向来是启蒙教育阶段的教学重点。学习汉字的过程，就是学习文化的过程。对于中国人来说，掌握汉字是学习语文的起点，也是学习其他课程和日后发展的基础。

鲁迅先生说："识字，是一切探求之起步。识字是一种很重要的基本能力和基本素质，以至其他一切知识的学习，都必须以识字为前提和基础。"由此可见，识字教学是我国义务教育的初始基础，它关联着写字、阅读、习作、情智等一系列的发展。识字教学是语文教育的起点与根基，也是第一学段的重点。

首先，这是由汉字本身的特点所决定的。汉字是表意文字，"字话不一律"，字形与字音之间没有必然联系。汉字的个性较突出，学习汉字必须一个一个地认、读、写、记。识字的目的，是为了阅读和习作。第一学段的儿童若能多认识一些字，就能早阅读、早写话、早习作。其次，识字是儿童发展书面语言的需要。学汉字就是为了学好汉语，学会用汉语读书与习作。儿童只有储备了一定数量的字词句后，才能较顺利地阅读和用汉字表达自己的见闻与感情。

方块字是我国的瑰宝，是世界独一无二的文字，是中华民族几千年的智慧结晶。正确地识记、解析、书写与运用它，让它的生命健康地延续，充分发挥其交际作用，这是每一个华夏子孙的职责。识字教学是亿万儿童的大事，是提高整个小学语文教学效益的重要部分。

二、课标的要求

1. 增加字量

有人检阅现代文章 7075 篇，计 2162 万多字。他们发现这 2162 万多字中，所使用的汉字有 6300 个。其中，99%是用 2400 字写成的，剩余的 3900 字出现率仅为 1%。因此，专家们认为掌握了 2400 个常用汉字，就能进行正常阅读。可是，按照以前小学识字教育的进度，儿童从七岁入一年级开始学习汉字，一直到小学毕业，六年时间才学 2500 个汉字，平均每天识字量才一个多一点。这缓慢的识字速度，在世界上任何一种语系中都是绝无仅有的。也就是说，小学生须用六年漫长的时间学习汉字，才能达到正常阅读的水平。可是，到了那时候，大部分学生已错过了阅读习惯养成的最佳时期，更不要说借助阅读开阔视野，广泛学习各种知识了。为了缩短我国儿童的识字过程，《全日制义务教育语文课程标准》(实验稿)据"多识字，早阅读"的理念，第一学段明确地提出"认识常用汉字 1600 个左右，其中 800 个左右会写"和"课外阅读量不少于 5 万字"的教学要求。这一理念的提出，对于语文教育的改革，具有十分重要的意义。

2. 认好汉字

第一学段之所以要认好 1600 个字，这是因为识字、写字是阅读和写作的基础，是第一学段的教学重点。让儿童在第一学段就认好1600个汉字,并不是一件容易的事。儿童学习汉字的心理过程和学习口语不同,除了言语听觉分析器和动觉分析器参加活动之外,还必须要有视觉分析器参加。即以字形为依据,分析字的音和义,在大脑中建立起音形义的统一联系。因此,对会认的1600个常用字,教师应该指导学生读准字音、认清字形、了解字义,以确保认字的质量。千万不要认为这1600个字不写,就是软任务,只认一认就了事。

谁也不会否认,汉字是一种文化。在汉字学家眼中,一个汉字就是一个美丽的文化故事。由汉字组成的汉语系统更是一个灿烂的文化宝库。因此,识字不仅仅是简单地认一认就行了。认字的过程也是文化积淀的过程。中国古代的识字教学中,有一项重要的内容,那就是"对对子"。"云对雾,雪对霜。和风对细雨,朝霞对夕阳。花对草,蝶对蜂。蓝天对碧野,万紫对千红。桃对李,柳对杨。山清对水秀,鸟语对花香。"面对这些反映中国人特有的思维方式的识字教材,我们还能只简单地认一认吗?在学生认识生字的教学时,实在有太多的东西可以让学生感受,有太多的空间可以让学生发挥。"云和雾""雪和霜"以及"和风和细雨"等事物之间的对应,是多么奇妙的感觉。在识好字之后,让学生通过朗读,感受"对对子"这种古老的语言形式所蕴含的中国智慧。可见,识字教学中,文化性的扩张和丰厚,是整个语文教学文化性的根基,也是一个人全面发展的根基。只有这样,识字教学才会根深叶茂。

3. 写好汉字

第一学段之所以只写800个字,这是因为六七岁的儿童,手指肌肉末梢神经还不发达,不能较灵活地握笔、用笔。开始写字时,比较困难。他们不是下笔不准确,就是笔画歪歪曲曲。况且,还要仔细观察字的笔画、结构,记住笔顺和书写规则。为了确保"多识字、早阅读"目标的达成,课标又提出了"多认少写、识写异步"的教学策略。鉴于此,写字的数量减少了一半,就是为了确保写字的质量。因此,指导学生规范地写字、漂亮地写字;在写字的过程中,感受汉字的形体美,感受祖先造字的聪明才智,是至关重要的。

汉字是文化的载体,它忠实地记录了有史以来汉语的面貌,保存了中华民族灿烂的文化,它本身就是中华文化的瑰宝。一个个汉字就是一面面镜像、一部部简史,文化演进、文明进程的痕迹斑斑可考。它们悠久的历史,在世界文化上显耀的地位,就是对学生进行鲜活的爱国主义教育的最好教材。让学生为祖国的文字而自豪,让学生认识到"学好汉字、写好汉字"是发扬祖国文化传统,使之对祖国的文化更加热爱。这样,我们的写字教学就不仅仅是写好几个字那么简单了。学生写字的过程,便是涵养民族情结的过程。

汉字的形体异常复杂。"汉字的构形,从其所构成的各种要素,到这各种要素的组合方式;从单个汉字的孤立形态,到成篇汉字的整体构象,都要比其他文字复杂得多。"根据汉字的音、形、义及其相互关系,写字的过程不能简单地认为是为了进行书面交流而掌握字形的过程。它是引导学生认识和体会民族文化的过程,是增强学生对祖国语言文字的热爱和对中华民族文化的理解的过程。同时,写字可以陶冶学生的性情、培养审美能力。

"与其他任何一种文字的书写相比较,汉字的书写无疑是讲究最多的,因而也是最需花费心智的一种活动。与此相应,在世界各民族文字之林中,唯有汉字的书写才能形成人类最伟大的艺术门类之一——书法。”[①]我们必须认识到：写字与继承中华民族优秀文化的关系，写字与学生语文素养的形成与发展的关系，而不能简单地把它当作一项技能。

纵观世界上各种文字，它们的书写都讲求规范、美观，但只有汉字的书写最终发展成为一门艺术——书法。这是因为，汉字的构形结体、部件笔画等，都体现着汉民族独特的审美意趣。如独体字，笔画舒展，落落大方，各种笔画参与其间，使之稳中有变，方正而不呆板。又如合体字，疏密有度，均衡稳健，结体紧凑，浑然一体，避免臃肿局促，体现出艺术美。汉字的基本笔画不多，但每种笔画在书写中，为使整体紧凑、美观，出现了许多变化。如“点”，有短点、长点、俯点、竖点、仰点之分。这些笔画的变化以及笔画间体现出的互相照应，使汉字既实用又美观。

难怪有人会说：“一个汉字的构造就是一种建筑，其中有美学，也有力学。”的确，汉字本身蕴含着许多审美的因素。当我们重视了写字教学中审美情趣的熏陶，学生就会在这样的写字训练中，逐步丰富自己的感情和精神世界，增强热爱祖国语言文字的感情，提高文化品位。

4. 各学段都重视

识好字、写好字，不仅仅是第一学段的教学重点，也是贯穿整个义务教育阶段的重要教学内容。鉴于此，修订后的《全日制九年义务教育语文课程标准》在每个学段中，都明确地提出了“写字姿势正确，有良好的书写习惯”的要求。其目的不言而喻，就是要求老师们要自始至终地重视识字与写字教学。认认真真地认好汉字、写好汉字，是义务教育阶段语文教学的基本要求。练字的过程也是学生性情、态度、审美趣味形成的过程。因此，每个学段都要指导学生认真写字，都要重视学生的写字姿势，都要讲究写字教学策略，都要引导学生掌握基本的书写技能，养成良好的书写习惯，提高书写质量。

三、识字教学现状

识字教学如此重要。可是，当下识字教学的课堂中，曲解偏旁、“戏说”汉字，比比皆是。这样教学，不但造成了识字效率低下，而且还伤害了汉字的文化，影响了语文教学的科学性。

1. 重字形，轻理据

在新课程自主合作探究的理念指导下，教师通常鼓励学生自主识字，用各种看似形象有趣的识字方法来分析字形、记住字形。由于小学生不懂汉字知识，对字形的随意解析、识记，真可谓是“为所欲为，百花齐放”。

不顾汉字本身的特点，牵强附会地拆解汉字或者推崇一种方法，而将其不断固定化的现象，应该引起高度重视。如果学生在打基础阶段，采用的方法违背了汉语言文字的规律，虽然一时或短期内能取得一定的成绩，但是会误导、制约学生独立识字能力的发展，甚至产生对其终身学习都有负面作用的影响。如“饿”中的“我”，是示音构件，没有表意功能，但有些人硬把它讲成“我要吃（食），因为我饿”，把“我”曲解为表意构件。这样一来，“俄”“娥”“峨”“鹅”的讲解，就会被类推成“我的人”“我的女儿”“我的山”“我的鸟”，这

① 刘志基.汉字文化综论[M].南宁：广西教育出版社，1996：137.

岂不是将学生引入了歧途吗？汉字是以形声字为主体的，示音声符和表意义符都对形声系统起归纳作用，把具有示音功能的构件讲成表意构件，就会扰乱形声系统，造成讲了一个、乱了一片的严重后果，反而增加了识字的困难。①

汉字是集音形义为一体的表意文字，这决定了识字教学必须立足于字形，由形及义。如果舍本逐末，仅死记读音和字形，而放弃了字形和字义之间的内在联系，就必然导致在汉字的理解和运用上的机械死板。如学杨万里写的《晓出净慈寺送林子方》，在解释诗中的"接天莲叶无穷碧"一句时，有老师对"碧"字这样解析："王老头，白老头，坐上大石头。"这样解析字"形"，虽然新奇有趣，押韵易记，但与碧"义"有什么关系呢？学生记字"形"而不明字"义"，能算学好这个字吗？更糟糕的是，他们不明白字义，又怎么能准确地理解古诗词呢？"碧"是个会意兼形声字，从石从珀（琥珀），意思是像琥珀般的玉石，珀兼表声，本义是青玉，引申泛指青绿色。"无穷碧"描绘的便是碧绿的莲叶面积很广，似与天相接，呈现出无穷的碧绿的荷塘景色。学生理解了"碧"的形义关系，不但容易记住碧的"形"，而且还因掌握了碧的本"义"而加深对这首诗的理解。可见，违背汉字构形原理的教法，即使活泼有趣，识字的效率也不能算好。

2. 重字音，轻字义

教学中，许多教师对生字的读音倾注了大量的力气，采用教师范读、学生个人读、小组读、开火车读、赛读等多种活泼的形式来教学生读准字音，而较少涉及字义。即使涉及字义，或随文解释，或轻描淡写，或者蜻蜓点水一带而过。音、义分离，影响了学生对字形的识记。

如在教学中，许多老师都喜欢将每课要认识的生字连同音节一股脑地出示，然后运用带音节读、去掉音节读、连词读、放入句子中读等形式，只要读准了字音，就认为完成了教学任务。至于每个字的意思，几乎没有涉及。因此，学生对生字词的意思以及课文的理解很模糊。

不从字义的理解方面入手，面对诸如林林总总的多音字、形近字、同音字，学生怎能准确辨识？又怎能连字组词造句而准确地表情达意呢？如老师叫学生用"蓝"字组词时，不谙世事的孩子常把它组成"花篮""兰草"；用"木"字组词时，可爱的孩子把它组成"目光""和睦"。显而易见，这是孩子们不懂同音字所致。由此可见，只注重字音、字形的读写，忽略字义的理解，这从根本上剥离了汉字作为表意文字的灵魂，把脉络清楚、形义明朗的识字教学变得方法机械、形义混沌，这既造成了识字教学沙漠化，也造成了学生错别字连篇，词不达意，语文能力低下。

3. 重个体，轻系统

一是现行语文教材的生字大多是随文出现的。将认字与阅读结合在一起，这固然增加了识字的趣味性，但这种分散识字不能按一定的构字系统编排，使识字教学处于相对零散的状态，难以达到举一反三、学一个带一组的效果。二是识字教学时，忽视字词间的相互联系。不少教师为了完成当堂课的识字教学任务，基本上没有将所要认识的字和与

① 王宁.汉字构形学讲座[M].2000年11月打印稿：34.

它相关的,或以前学过的形近字进行比较、鉴别。因此,学生很难将新学的字与原有的知识同化。

四、教材编写特点

1. 多认少写

识字教学是小学语文教学的基石,是阅读和写作教学的基础和前提,是小学语文教学的重要组成部分。识字教学改革一直是小学语文教学改革的重点。分散识字、集中识字、韵语识字、字理识字、注音识字等多种识字教学流派,很好地推动了识字教学改革,为提高识字教学质量提供了有效的经验。

但是,在《小学语文教学大纲》(简称“大纲”)中对识字的规定,归纳为“四会”,即“会读、会讲、会写、会用”。“四会”识字“识写同步”,要求偏难,违背了儿童的认知规律,增加了儿童识字负担;也违背了语文学习的规律,受识字量的制约,影响了儿童阅读和表达能力的提高。在这个基础上,新一轮的语文课程改革汲取了各识字流派的精髓,规定第一学段的识字量由原来的1250个增加到了1600,占了整个小学阶段识字目标的60%,达到了新中国成立以来低年级最高的识字量,以满足低年级学生阅读和表达的需求。同时,针对《大纲》中“认写同步”的弊端,考虑到低年级学生的身心特点,在设定第一学段的学习目标中,明确地提出了在认识的1600个字中“800个会写”,这就是“多认少写”。

“多认少写”就是多识字、少写字。这是《全日制九年义务教育语文课程标准》制定小学第一学段“识字与写字”学习目标中的重要指导思想。“多认少写”是为了让低年级儿童尽早、尽快、尽可能地多认字,以便能够及早利用汉字进行阅读。从心理学的角度来看,儿童“认字”和“写字”的心理发展是很不相同的。“认”“写”的不同心理特征为实现“多认少写”提供了可能。

依据《全日制九年义务教育语文课程标准》第一学段的教学目标,各套课标教材的识字教材编写,都无一例外地遵循了“多认少写、识写异步”的原则。这既符合低年级儿童身心发展的特点,又适应低年级学生的认知水平。早阅读有利于发展儿童的语言,而多识字则为儿童的早阅读奠定了良好的基础。

对于要求会认的字,应该做到“读准字音,认识模样,结合具体的语言环境大概了解意思,不要求书写”。对于要求会写的字,则应该做到“读准字音,识记字形,写得正确、端正,大致了解意思,并能在口头和书面语言中正确运用”。

2. 方法多样

为了提高识字教学的效率,各版本的课标教材,在识字教材的编写中,一是注重借鉴传统教育中识字教学的经验与精华;二是注重吸收教师们在实践中创造出来的有效的识字方法,编排了多种多样的识字形式。

(1)利用拼音识字

为了增强汉语拼音教学的趣味性,多数课标教材都将“学习拼音、认识汉字、认识事物、发展语言”有机结合,让学生在学习汉语拼音时,通过诵读儿歌,或有意识字,或无意识字。

(2)看图读韵文识字

这种识字教材的编写，就吸收传统识字教材(如《便蒙六言杂字》)的编写经验，将表示同类名物的词语集中在一起，组成似诗非诗的小韵文。如苏教版一年级下册的"识字1"——"春天 春风 春雨/柳树 小草 嫩芽/布谷 燕子 蜜蜂/桃花 杏花 梨花"。表面看，是排列整齐的几组词语；连起来读，又押韵上口，便于记诵，还能帮助学生认识事物。

(3)利用古诗识字

古诗是我国宝贵的文学遗产，其精巧的对仗、相对的平仄、悦耳的韵律以及优美的意境，让人读起来有一种美的享受。明代教育家王守仁认为，孩子阅读古诗是一种放松。他说："凡诱之歌诗者，非但发其志意而已，亦所以泄其跳号呼啸于歌咏，宣其幽抑结滞于音节也。"①这说明读诗，能诱发儿童的天性，提高学习效率。

各版本的课标教材，将识字教学与古诗的吟诵结合起来，无疑是一种很好的识字方法。如在第一学段的教材中，安排《一去二三里》《画》《静夜思》《春晓》《所见》《小池》等内容浅显易懂、读起来朗朗上口的古诗，让孩子在吟诵古诗中识字，不仅兴趣大增，识字效果也很好。

(4)利用对子识字

对对子是我国传统语文教育中，私塾先生训练蒙童作文时采用的一种方法。训练顺序从一字对开始，逐渐增加至二字对、三字对、四字对，直至多字对。明人编的《习对歌》中，练习辨"虚"与"实"字时，歌诀是这样的："实对虚，虚对实，轻重莫偏枯。留心勤事业，满腹富诗书。古人已用三冬足，年少今开万卷余。"②各版本的课标教材，充分利用传统语文教育的精华，将它巧妙地借鉴到识字教学中来。如教学生认识"雾、霜、朝、霞、夕、蝶、蜂、碧、紫、千、李、杨、秀"等字时，就采取对对子的方式出现："云对雾，雪对霜，和风对细雨，朝霞对夕阳。花对草，蝶对蜂，蓝天对碧野，万紫对千红。桃对李，柳对杨，山清对水秀，鸟语对花香。"教"虚、骄、傲、诚、实、赢、赞、招、嫌"等字时，以对对子的形式出现："是对非，长对短，虚心对骄傲，热情对冷淡。诚实赢得千家赞，虚伪招来万户嫌。"这些对子不仅读起来朗朗上口，而且还高效率地完成了识字任务。

(5)利用《三字经》识字

《三字经》是我国古代家喻户晓的蒙童识字教材，如"人之初，性本善。性相近，习相远。苟不教，性乃迁。教之道，贵以专""昔孟母，择邻处。子不学，断机杼"等内容，我们都耳熟能详。《三字经》流传久远、影响很大的一个重要原因，就在于它的编排形式，采用三字一句，前后两句大致押韵，读起来朗朗上口，同时又记住了字形。一些课标教材的识字内容，就采用了《三字经》的编写形式。如人教版二年级上册，教"神、州、川、涌、岛、隔、峡、与、陆、民、族"等字时，就采用了"我神州，称华夏，山川美，可入画。黄河奔，长江涌，长城长，珠峰耸。台湾岛，隔海峡，与大陆，是一家。各民族，齐奋发，争朝夕，兴中华"。这种识字编排方式，一改单纯识字枯燥乏味的弊端，让小学生在兴趣盎然的读书中，学习生字，同时受到一定程度的思想教育。

---

① 张隆华，曾仲珊. 中国古代语文教育史[M]. 成都：四川教育出版社，2001：386.

② 林治金. 中国小学教学史[M]. 济南：山东教育出版社，1996.

(6)利用"六书"构字法识字(也叫"集中识字""归类识字")

汉字是一种表意文字,在古代有"六书"造字之说。"六书"即指象形、会意、指事、形声、假借、转注。它们体现了汉字各种各样的构字规律,对于理解汉字意义、掌握汉字字形有很大帮助。"集中识字"也是一种建立在汉字基础上,符合汉字形音义规律的快速识字方法。

各版本的课标教材,在编写识字内容时,借鉴了"六书"的造字法:

有以象形字为依据编排的集中识字。如许多课标教材的一年级上册,教学生认识"口、耳、目,日、月、火,羊、鸟、兔,木、禾、竹"等字时,编者们都注意将这些字在古代的象形字写法附在旁边,同时画上其代表的事物,并展示汉字几千年的演变过程,这几种因素的有机结合,既不留痕迹地传承了汉字文化,又增强了识字教学的趣味性,同时提高了识字教学的效率。

有以形声字的形旁为依据编排的集中识字。如以"氵"部,教学生认识"溪、河、江、湖、海、洋"等一批字。有以形声字的声旁为依据编排的集中识字,如以"青"字,教学生认识"清、晴、情、请"等一批字。有在部首识字的基础上,派生出其他集中识字法,如"字族识字法"。

有以会意构字法为依据编排的集中识字。如教"明、鲜、尘、尖、灭、男、休、看、林、森、从、众"等字时,编排"日月明,鱼羊鲜,小土尘,小大尖。一火灭,田力男,人木休,手目看。二木林,三木森,二人从,三人众"。让学生在轻松识字的同时,了解字义。

各版本的课标教材,不约而同地利用"六书"构字法编写识字教材,帮助儿童识字,这既能提高识字效率与识字数量,又能使学生悟到一些构字规律,潜移默化地习得一些简单的汉字文化。这对提高学生独立识字、持续识字的能力大有裨益。

(7)随文识字(也叫"分散识字")

它强调在具体的语言环境中识字,把生字词放在特定的语言环境中来感知、理解和掌握。随文识字,注重音义联系,强调"字不离词、词不离句、句不离文"。

各版本的课标教材中,大量的识字任务都是靠"随课文识字"来完成的。这符合"在阅读中识字,识字是为了阅读"的整体观。因为,这种识字方法从改革识字与阅读的关系入手,寓识字于阅读之中,让学生在识字的同时,通过阅读,开阔视野,增长见识,发展语言。

除了上述的识字方法外,还有不少常用的方法,如"加一加、减一减、叠一叠、合一合、换一换"法;编字谜、顺口溜法;比较识字法;联想识字法;结合生活经验识字法……

总而言之,各版本课标教材中识字教材的编写,既注重体现汉字的构字规律,传承汉字文化,又注重渗透多种识字方法,为学生独立识字奠定了坚实的基础。

五、识字教学的特点与规律

1. 识字的特点

识字就是有机而整合地掌握字的形音义。这正如鲁迅先生在《自文字至文章》所言:

“诵习一字，当识音形义三：口诵耳闻其音，目察其形，心通其义，三识并用，一字之功乃全。”[①]品读鲁迅先生的这段话，我们不难理解，所谓识字，就是要使字形、字音、字义，在学习者的头脑中，建立牢固的联系，以达到“见字形即能读出音，明白其意思；想到或听到音义，就可以写出字形”的效果。亦即字形、字音、字义有机整合。

2. 遵循三条规律

根据识字教学的特点，我们认为有效的识字教学应遵循的三条规律：第一是认识事物的规律，即由感性认识到理性认识，由具体到抽象；第二是学习语文的规律，即在语言环境中识字，在听说读写活动中学习、理解、积累、运用中识字；第三是汉字本身的规律，即笔画、笔顺、偏旁部首、间架结构和汉字的构字方法以及汉字的发展变化。

3. 做到四个结合

有效的识字教学，还要做到四个结合：第一是在语言环境中识字，即字的音、形、义结合；第二是观察图画和实物，联系生活识字，即识字和认识事物结合；第三是在语言训练中反复运用，即识字和听说读写结合；第四是重视写字的指导，即识字和写字结合。

六、识字、写字教学的有效策略

落实识字教学的目标，最有效、最基本的识字教学策略，就是依据汉字的特点和规律施教，联系生活实际识字。

1. 指导学生习得初浅的汉字基础知识，为独立识字奠基

(1)在识字教学中，让学生初步感受汉字的表意特点和造字方法。因为，现行汉字是由古代汉字直接演变而来的。汉字的表意性和造字法有密切关系，古代汉字的造字方法主要有象形、指事、会意、形声。汉字的造字方法是指汉字的形体构造。

(2)在识字教学中，让学生初步了解汉字的笔画和结构特点。每个汉字都像一个建筑物，每个“建筑物”都有它的内部结构。有的结构简单一些，有的结构复杂一些。但其结构都是有规律可循的。汉字的笔画是构成汉字的最小单位。虽然汉字的形状繁杂多样，但其基本笔画无外乎是点、横、竖、撇、捺、提、折、钩而已。

(3)在识字教学中，让学生初步认识汉字的偏旁部首。认字时，要教学生认识偏旁，记住偏旁的名称；写字时，要求学生把偏旁写对。尤其在第一学段的识字教学中，教师务必要教学生认识常见常用的偏旁部首。为了强化这一意识，《语文课程标准》的修订稿，专门列了“识字写字教学基本字表”，以方便老师们的识字教学。

(4)在识字教学中，让学生初步了解汉字的笔顺规则。如熟记“先横后竖、先撇后捺、从上到下、从左到右、从外到内、先外后里再封口、先中间后两边”这些笔顺规则，不仅能让学生感受汉字的形体美，还能让学生养成写规范字、漂亮字的习惯。

2. 指导学生习得正确的识字方法，培养独立识字的能力

(1)常见的字形教学法。

字形是汉字音和义的物质外壳，是汉字教学的重点和难点。通过字形教学，可以使

---

① 鲁迅.鲁迅全集(第九卷)[M].北京：人民文学出版社，2005.

学生掌握汉字的结构及其写法，从而达到认清字形、不写或少写错别字的目的。字形教学的基础是掌握由多种笔画组成的部件，如偏旁部首和基本字等；掌握按一定顺序组成的结构。教学中一般要先教学生对字形的整体有个初步完整的认识，然后一部分一部分地分析，再把各部分装配起来，回到整体。

A. 分析笔画法。就是通过分析一个字由哪些笔画组成进行识字教学的方法。如“日”字由竖、横折、横、横组成。这种方法适合于学生刚学汉字以及学习独体字时用。教学时，教师既要讲清这个字由哪些笔画组成，又要说明笔顺规则，还要指出每一笔画在田字格中的位置。这种方法的好处是可以巩固对汉字的零件——笔画的认识，有利于掌握书写顺序，有利于正确认识字形。

B. 分析部首法。就是通过分析一个字的部首，让学生掌握与偏旁部首对应的基本字的方法。如“木、土、火、金、丝、水、手、心、示”等，尤其要求学生掌握它们偏旁化后的形体变化。如：手——扌、心——忄、火——灬、水——氵、冰——冫、金——钅、衣——衤、示——礻……要讲清部首的本义，指出部首字的字形和意义之间的内在联系，帮助学生从意义上区别形似的部首，纠正错字。

还可用以下方法区别声符相同、部首相似的字。如“氵”代表水和液体；“冫”代表冰，“冫”旁的字与寒冷、凝结等有关，“北风凛冽”的“冽”是“冫”旁。

同形的部首主要从部位上区别。如“阝”在左边是“阜”部，在右边是“邑”部。“阜”是土山，从“阜”的字与山、与高有关。从“邑”的字与都城、封地有关。

对相似易混的部首进行归类、比较、分析、辨认。如字头易混的“宀——冖——穴”、“艹——⺮”等，左偏旁易混的“氵——冫”、“礻——衤”等，右偏旁易混的“卩——阝”、“攵——欠”等，字底易混的“儿——几”、“辶——廴”等。如“盲——育”，讲清了一个从“目”，一个从“月”，学生就不会混淆了。

有些易混的部首，可以记住少数，掌握一般。如“忄——十”易混，只要记住从“十”的字只有“协”和“博”两个字就行。

当然，在指导时应注意，不能盲目区别，一般应在发现错误后，再进行比较、区别；应根据学生的接受能力，恰如其分地进行教学。

C. 利用规律法。就是利用汉字的象形、会意、指事、形声等造字规律，帮助学生识记字形的方法。如教“日、山、田、火”等字，可用象形规律教；教“上、下、本、刃”等字，可用指事规律教；教“尖、贫、暮、休”等字，可以用会意规律教；教“抱、跑、袍、炮”等字，可用形声规律教。

把汉字造字的规律教给学生，能使学生深刻地记住字形，收到举一反三、触类旁通的效果。

D. 利用结构重组法。就是在熟字基础上学新字进行教学的方法。如“加”的方法，即在熟字教学的基础上，加笔画或偏旁构成新字。如“目——自”、“良——粮”。“减”的方法，即在熟字教学的基础上，减笔画或偏旁构成新字。如“公——么”、“何——可”。“并”的方法，即两个或几个汉字相并列，构成新字。如“禾——火——秋”、“门——口——问”、“木——又——寸——树”。这样就简化了记忆程序，缩小了记忆单位的数量，扩大了组块记忆的容量，同样有利于降低识记字形的难度，提高识字效率。科学的字理教学既符合小学生的认知心理,又有助于把握认知规律,变机械识记为意义识记,从而提高学生的识字能力。

E. 分析比较法。就是通过对形近字进行分析、比较识记字形的方法。汉字中形近字多,有的笔画相同,位置不同,如“由”和“甲”;有的字形相似,笔画略有不同,如“处”和“外”;有的字形相似,偏旁不同,如“晴”和“睛”;有的字形相似,笔画多少不同,如“今”和“令”;有的字形相似,笔画长短不同,如“土”和“士”;有的结构单位相同,部件位置不同,如“部”和“陪”;有的音同形近,如“很”和“狠”;有的音近形近,如“很”和“恨”;有的形近音异,如“贪”和“贫”。

F. 口诀记字法。就是根据字的意思,编成便于记诵的口诀来记忆字形的方法。如“霉”字编成口诀:“每天下雨,屋里长霉。”“新”字编成口诀:“左边亲,右边斤,祖国面貌日日新。”“辩、辨、瓣、辫”等字编成口诀:“辩论要用言,辨别加撇点,花瓣豆瓣都用瓜,女孩用丝扎小辫。”再如“步不用拐,武不带刀,九水染木”等,提醒学生注意字形中容易写错的部位。

J. 猜谜识字法。就是把汉字的部件编成字谜让学生猜的方法,如“一字五部件,亡口月贝凡,败者猜不着,胜者可占先”。谜底是输赢的“赢”字。教师提出字谜面后,重点指出这个字的五个部件,并写在黑板上,增强儿童对这几个部件的感知。儿童在教师的启发下,将五个零部件组合在一起,终于猜中了,从而增强了对字的整体的感知,加深了对字的音、形、义的理解。这样的字谜编得很有趣,符合小学生学习心理。猜谜识字法能较好地表现出文字符号所表示的意义,也有助于儿童从多变的汉字中进行分析比较,发现某些规律,从而增强判断推理能力。

H. 彩笔识记法。就是识字教学时,针对生字中易错或易混的笔画,教师将它们用彩笔标示出来,引起学生的注意,从而加深印象。如“拔”字,学生容易将右上角的“、”丢掉,教师就用彩笔写这个“、”。如“武”字,右下无“丿”,教师就用彩笔写“㇂”。有些形近字,学生难以区分,教师就用彩笔将几个字的不同点标示出来。如“部”与“陪”,教师用红笔写“阝”,用黄笔写“音”,告诉学生“阝”在右的是部队的“部”,“阝”在左的是陪伴的“陪”。

(2)常见的字义教学法。

汉字是表意文字,绝大部分汉字同时也是一个词,有独立的意义。字义教学对学生掌握字形有很大帮助,可以减少机械识记,增加意义识记。汉字具有同义、近义、多义、反义等复杂现象。从字的教学开始,就要帮助学生建立正确的概念,使之领会字义的内容、感情色彩和用法,不断丰富学生的词汇并能正确地运用于读写当中。

A. 造字分析法。就是根据汉字的造字规律帮助学生理解字义的方法。如学习象形字“爪”,像手指状,教师根据字形稍加描绘,学生不但能了解字义,还能掌握字形;学习指事字“互”,教师告诉学生:“互”字上下两横的中间,竖折和横折相互勾连,相互靠在一起,表示互相依靠、互相帮助的意思;学习会意字“休”,教师告诉学生:左边是人,右边是木,表示人疲劳了,靠在树木旁休息;学习形声字,教师讲清偏旁部首表义、基本字表音的特点。这种方法既可使学生掌握汉字的构字规律,又能使学生正确理解字义,还可提高学生学习汉字的兴趣。

B. 直观演示法。就是通过观察实物、图画、表情、动作、实验、表演等方法帮助学生理解字义的方法。如教“尖”字，让学生看圆锥体，使其知道“上小下大”就是“尖”；教“拿”字，做手指一合就拿住东西的动作；教“灭”字，做火上加盖就灭的实验。这种方法形象直观，学生学了以后印象深刻。教“看”“闪”，也可作演示。

C. 注释举例法。就是运用学生经验中熟悉的词语和具体事物来理解字义的方法。如学“昔”字，告诉学生就是我们常说的“从前”；学“潜伏”一词，可联系电影中有关的场面，使学生懂得“潜伏”是为了完成某种任务而隐藏、埋伏的意思。这种方法可以唤起学生已有的生活经验，达到牢固地记住字义的目的。

D. 联词造句法。就是通过组词或造句帮助学生理解字义的方法。在汉语中，词有单音词、复音词之分。当一个字同时也是一个词时，即可以这个字为单位进行教学，当一个字不能表示一个意思时，就必须和别的字组成复音词来教。有些字因组合的不同，它们的意义也随之变化。如“恶”，组合为“凶恶、恶劣、恶毒、恶霸”时，读 è；组合为“可恶、深恶痛绝”时，读 wù。有一些虚词或含义较深的字，必须通过造句才能准确地理解字义，如学习“好像”，可通过句子“我们的生活好像蜜糖一样甜”，使学生体会到“好像”是打比方的意思。

E. 分析比较法。就是通过找近义词、反义词让学生理解字义的方法。教学时，对生字多分析、多比较，可以准确地理解字义，区分具体事物的细微差别，提高理解和运用语言的能力。汉字中，有许多字从意义上看是基本相同的，只是在程度、色彩和使用范围上不同，如“拿”和“取”、“赠”和“送”、“吃”和“食”。通过近义比较，既能帮助学生理解字义，还能使学生学会准确用词。汉字中还有许多反义词，如“苦”和“甜”、“进”和“退”、“正”和“反”。运用反义比较，学生对学过的生字易懂易记，还能加深对字义的理解。

F. 类推概括法。就是通过类推和概括的方法去理解字义的方法。类推法是通过熟悉的总概念去认识个别概念。如“食具”是总的名称，根据各自不同的特征和用途，分为碗、匙、盆、碟等。学习“碟”时，可以告诉学生这是一种食具。概括法是通过熟悉的个别概念认识总概念。如学“文具”这个词时，可以告诉学生，笔、墨、纸、砚都是文具。

J. 引申比喻法。就是先讲字的本义，再讲引申义或比喻义，使学生理解字义的方法。如学“劫”字，告诉学生“劫”的本义是以力胁迫，阻止不让离开，引申为劫持、劫掠；学“初”字，告诉学生“初”的本义是用刀裁衣，因裁衣是做衣服的开始，所以用它的比喻义，表示开始的意思。

上文按字形、字义分别介绍了一些具体的识字教学方法，但在具体的实践中，它们彼此相互联系、互相渗透。因此，汉字的音形义的教学，往往是紧密联系在一起的。

(3)“形义”联想教学法。

汉字“形义”联想教学法，是从字的内部表意结构入手，分析形义关系。这既教给方法，又教给规律。采用“据形释义”的教学原则，与“因义赋形”的造字规则，在认知规律上是相对应与统一的。它能培养学生正确理解与运用汉字的能力。汉字“形义”联想教学法，遵循先教象形字，次指事字，再会意字，再形声字的教学程序。

A. 教象形字的方法。教学时，需就古字形联想所像之物来理解字义，再说明古今字形的联系；如是规范简化字，先就繁体说明形义关系，后说明繁体简化的方法，使学生从字形演变中，明确规范简化字的由来。如“木”，古字“木”像棵树形。如“门”，古字“门”像对开的两扇门形，两边是门轴，中间是门扇。为便于书写与字形美观，楷书体将门扇上移，简作门；“门”，也像门洞形。

B. 教指事字的方法。指事字是用抽象符号或在象形字上加指事符号造出的字。纯抽象符号字好讲，这里主要讲的是在象形字上加指事符号的字。如“本”，古字形在“木”（树）的下部加一画作指事符号，指事树根的部位，“本”的字义是“树根”，引指事物的根本。再如“末”字构形，正好与之相反。如“刃”，古字形在刀锋所在部位加一画作指事符号，“刃”的字义是刀锋，楷书省去刀柄写作“刃”。

C. 教会意字的方法。会意字是用几个偏旁之义，按事理联系形成一个新义的方法造出来的字。教会意字，先说明各偏旁义，再讲各偏旁义之间的事理关系，它们之间的联系归结出的新义就是字义。会意字必须正确理解其组合部分的意义，才能正确解释会意字的意义。如会意字的“武”，是由“止”“戈”两个字组成的。许慎解释为“止戈为武”，“武”字的意义就是制止暴乱。战国时就有人这样解释。其实，这种解释由于把“止”的意义理解错了，所以对“武”的意义也就解释错了。“止”的正确解释是“人足（脚趾）”的意思，所以，“武”字是表示“征讨”的意思。如“间”，日，阳光；门，门扇。门上透光处就是间隙、缝隙，字义是缝隙，引指中间等。如“仁”，二，人，是人与人之间相亲相爱，互相关心，才谓“仁”。“囚”，人口，人关在牢房里就是囚禁。“灾”，火，宀（房屋），屋中失火就是灾害。“森”，木（树）多处就是森林。

D. 教形声字的方法。形声字是由一个或几个表意的形旁，和一个表音的声旁相结合造出的字。教学时，可先讲清形旁和形旁表示字的词义类属范围，声旁和声旁的声韵调与字音的对应情况，然后分析形旁所表示的义类中语音形式与字音相同的事物，这个事物就是字。如“桥”：木，形旁，义类有树名、木质器具或建筑等；乔（喬：从高夭声），声旁，声旁的声韵调与字音相同。联想形旁木的义类中发 qiáo 音的事物，就是桥梁，即古以木搭在水两岸使通行的建筑。并因“乔”有高义，故作字的声旁，表示高出水面的建筑。木形焦声的“樵”字，字义是砍木柴。其他如艹（草）形乔声的荞，指荞麦；目形焦声的“瞧”，指用眼看；亻（人）形乔声的“侨”，指居住他国的侨民。

①形旁分组：在形声字的形旁中，能统摄同部字并表示所统字的词义类属范围的形旁，在字典中称为部首。形旁分组教学，主要针对这些能作部首的形旁，如亻（人的类别、品行、行为等），彳（行走、道路），糸（与丝麻有关，关于颜色的字一般都从“糸”）。

②声旁分组：声旁相同或相近，既可从不同的形旁区别字义，又便于记忆字音。如“跑”，有脚就要“跑”；“抱”，有手就会“抱”；“袍”，有衣就穿“袍”；“炮”，有火就开“炮”。

（4）字理识字法。

字理识字法主要通过对汉字造字方法的分析，运用联想、直观等手段来把握汉字形与义、音的关系，达到识字的目的。它根据汉字构字的规律和儿童的认识能力，采用生动活泼的形式，深入浅出、形象生动地进行识字教学。按照字理识字循序渐进的原则，教学时先教独体字，后教合体字，即先教象形、指事字，后教会意、形声字。

A. 图文并茂，形象法。象形字的教学，应该根据字的特点进行，即先出示字的原始图形，分析图形与字义的联系；再讲解由图到字的演变过程，分析图形与字形的联系；然后再综合分析图形、字形与字义三者之间的联系。如“日”字。

B. 形近比较，辨异法。将形近字进行比较，让学生从中区别形近字的异同，重点辨“异”，即区分形近字的不同点。辨异可从字音、字义、笔画、构件、结构等方面进行。如“寇”“冠”两字，“寇”字是由“宀”(房屋)、“元”(人头)和“攴”(手持器械)三个构件组成的会意字，意为“一个人手持器械入室盗窃”；“冠”字是由“冖”(覆盖)“元”(人头)和“寸”(手)三个构件组成的会意字，意为“用手将帽子戴在头上”。讲清它们的构字理据，就可以降低识记的难度，突破字形易于混淆的难点。

C. 部首表义，求同法。在合体字，尤其在形声字教学中，应该引导学生对同部首字的字义进行分析、归类，让学生认识到每个部首都存在着表义的类属性。如引导学生分析“顶”“项”“颈”“额”“颊”等字的意义，让学生认识“页”部的表义类属：“页”部字，字义都与人体肩部以上的部位有关。

D. 构件分解，形缀法。有的合体字尽管结构复杂，但应该认识到陌生的合体字大都是由熟悉的构件组合而成。合体字的形、音、义是由构件的组合关系来体现的，这就决定了合体字结构的可分性。因此，须按“从整体到部分再到整体”的教学规律来教合体字。

E. 意义合成，义缀法。意义合成是会意字的一种构成方法。这种会意字的特点是字义为各个构件义之和。因此，这种会意字的教学可以因形识义，掌握该字的形体。如“尖、卡”。

F. 反义联系，辩证法。有些汉字的形体、意义和造字方法充分体现了事物的矛盾性。如“本、末”这组汉字造字方法相同，字形字义相反。教学时，可运用联系的观点。这种识字方法，可启发学生展开想象和联想，揭示和解析字理，以使学生牢固建立字的形、音、义之间的联系。

3. 引导学生在生活中识字，开辟识字的广阔天地

一提到识字，我们总是习惯性地想到课本、课堂、学校。这些固然重要，但是，随着社会的发展，人们生活的环境不同了。在丰富多彩的生活中，汉字到处都有，随处可见。这正如《语文课程标准》指出的那样：“语文是母语教育课程，学习资源和实践机会无处不在，无时不有。”因此，我们要改变思维方式，拓宽识字途径，走开放识字之路。在生活中，学生可以时时学汉字、处处用汉字，如把校园作为识字的乐园，把家庭作为识字的摇篮，把社会作为识字的天地。

那么，如何让学生在生活中自主识字呢？我们认为可以从以下几方面探索与实践：

(1)在校园中识字。

学校是学生学习生活的主要环境。校园里的一草一木对学生起着潜移默化的熏陶作用。因此，校园文化是学生识字的极佳载体，如校名、班牌、校训、黑板报、课程表……一切可视的物品及文字，都能成为有效的识字资源。作为老师，我们应该充分利用好校园文化资源，引导学生自主识字。

A. 利用校园资源识字。每所学校都有自己的校园文化，教学楼前的校训、墙壁上催人奋进的警示名言、草坪上的宣传标语等，都可以作为学生识字的文化资源。教师可利用课间带学生参观校园，让学生在熟悉环境、了解学校、焕发爱校之情时，自主识字。

B. 利用教室资源识字。教室是学生学习的重要场所，教师可以把教室里的一切可视的物品作为识字的好“教材”。如给讲台、课桌、粉笔盒等贴上写有名称的标签，让学生随处可读、随时可记；如举行“读课程表”“给物品贴标签”的比赛，掀起主动识字的热潮。随着识字量的增加，可以在教室里的黑板上开辟“自主识字”专栏，上面或写名言警句，或写童谣儿歌，或写简短新闻等。课前让学生领读，既丰富见闻，又检查识字与朗读的效果。

C. 利用游戏资源识字。根据孩子的兴趣爱好，设计一些好玩的识字游戏。如一年级新生刚入学，教师可以组织“识姓名、交朋友”的活动。事先，请每个孩子制作一张含有“姓名、年龄、爱好、家庭住址”等信息的“小名片”，贴于课桌角上，鼓励学生互相交换名片，互相识记姓名。

(2)在家庭中识字。

家庭环境中，有更多可利用的识字资源。

A. 在做家务中识字。陶行知主张“手脑并用，教学做合一”。教师可以要求学生在学做家务事时，如擦桌子、扫地、洗手帕等，学习相应的词语或自编儿歌，如：“小小手帕脏又脏，自己把它洗一洗。擦了肥皂搓一搓，干干净净香又香。”让学生既认汉字又体验劳动的快乐。

B. 借助实物、图片等识字。家里有很多现成的识字资源，如电视机、电话、冰箱、洗衣机、杯子等。请家长给这些实物贴上标签，让孩子看实物读记生字词。

C. 在亲子阅读中识字。低年级学生大多喜欢听故事或讲故事，并在幼儿园积累了大量的故事资源。教师可引导家长开展“亲子阅读”：家长给孩子读，孩子给家长读。让学生在新的语言材料中，与刚认识的生字词见面，既巩固识记效果又体会读书乐趣。

(3)在社会中识字。

生活处处皆学问。社会是一个鲜活的大课堂，学习汉字的素材随处可见。

A. 利用广告、站牌等识字。生活在信息社会的学生，每时每刻都在跟文字打交道。路上，那一辆辆汽车、一幅幅广告、一个个站牌等，都是孩子识字的有效“课本”。教师可以要求学生在上学或放学的途中，留心生活，主动识字。

B. 在商场里识字。孩子喜欢跟家长逛超市、逛商场。这时，请家长在购物时，让孩子认一认喜欢的商品名称、读一读包装袋上的文字。

C. 在郊游时识字。每学期，学校要组织春游、秋游；节假日，家长要带孩子旅游。这时，大自然中的动植物、名胜古迹是天然的识字课堂。

D. 利用电视媒体识字。电视节目丰富多彩，如新闻联播、动画片、儿童故事片等，孩子们能从中获取大量的信息。教师可以要求学生看电视时，认读字幕，向家长请教。通过眼看、耳听、口问，让陌生的字符变亲近、变熟悉，进而成为自己认识的字。

“生活即教育。”课内识字与课外识字有机结合，能使孩子的语文学得好、用得活，以达到理想的教学效果。

4. 指导学生规范书写，提高写字教学的质量

著名学者、史学家郭沫若说：“总要把字句写得合乎规范，比较端正、干净、容易认。这样养成习惯有好听处，能够使人心细，容易集中意志，善于体贴人。草草了事，粗枝大叶，独断独行，是容易误事的，练习写字可逐渐免除这些毛病。”

如果说认字，小学生尚能充分发挥积极性与主动性，有时甚至可以“无师自通”，那么，小学生写字则一定要“有师指导”。因为，写字是小学、特别是低年级最重要的教学任务。认认真真地写好字是教学中最基本的要求。每个学段都要指导学生认真写字，重视学生的写字姿势，讲究写字教学策略，引导学生掌握基本的书写技能，养成良好的书写习惯，从而提高书写质量。

加强写字，一要从思想上重视。电脑时代仍需要把字写得规范、端正、美观，这不仅是交流的需要，还是提高个人文化修养和民族素质的需要。二要以身作则。语文教师一定要练就一手规范、美观的板书字。三要加强写字指导。对低年级学生，写字指导一定要到位。每次写字，一定要提醒执笔的姿势。每写一个字，一笔一画的起笔、止笔，一笔一画的占格、占位，每个字的间架结构、每个部件的高矮肥瘦，部件、笔画之间的穿插挪让……都要交代得清清楚楚，并且要边讲解边示范。而后，让学生先描后临，发现问题，并在评议中指导。随着学生写字能力的提高，要鼓励学生说出写每个字时要注意的问题，引导学生观察发现，提高书写水平。四要保证写字时间。低年级的每节课都应该安排写字，并由写字逐渐过渡到写词、写句，每节课三五分钟，细水长流。还要利用每周一节的写字课，按写字教材的要求，练写硬笔字、毛笔字，力求让每个学生把字写对、写规范、写端正，进而达到整洁美观。

写字教学也要体现年段特点：

(1)一年级上期，一笔一画地教写。

刚开始，汉字的书写是以简单的独体字为主，逐步学习基本笔画。万事开头难！学生刚接触写字，容易写得歪歪扭扭。这时，教师要放慢速度，切忌贪多求全。每篇课文学完后，要求书写的生字有 3 个或 4 个。考虑到学生注意力不能持久，建议将写字任务分散在两个课时中进行。教学生书写生字时，教师先要引领学生仔细观察每个笔画的高低、长短、斜正、收放等，然后要示范，要一笔一笔地教，甚至手把手地教，力求让学生把每个笔画都写正确、写规范、写到位。

(2)一年级下期到二年级，一部分一部分地教写。

从一年级下期开始，要求写的生字数量增加了一倍多，每课达到 8 到 12 个。以前，书写过的许多字，摇身一变，成了偏旁或部首，其字形发生了变化：有些形体变了，如“月”作偏旁时，变小了，变瘦了；有的部分笔画发生了变化，如“足”作偏旁时，原来的撇变成了竖，捺变成了提；还有的则是脱胎换骨，如“心”作偏旁时，变成了“忄”。在书写每个部件时，教师应该指导学生进行细致入微地观察，破译形体美观匀称的密码。如“氵”的三点要形成弧形；“辶”的头要小，捺要一波三折等。训练的时候，要让学生一部分一部分地着眼细节，一点一点地总结和积累。每一个部件训练得扎实到位，就会为中年级的写字教学奠定坚实的基础。汉字的常用部件有几百个，每学一个，教师都要指导学生观察比较，寻找其中的规律，进而把字写工整、写美观。

(3)三、四年级，一组一组地教写。

通过一、二年级的学习后，学生已经掌握了基本笔画和偏旁部首的写法。这时，学写生字的重心应该转移到各部件的组合搭配上。因为，这时要求写的生字，大多是由好几个部件组成。各部件的大小、高矮、胖瘦、斜正等形体特点，以及向背、穿插、避让、呼应等组合规则，都应该成为教学的重点。汉字的结构，无非是独体、上下、上中下、左右、左中右、半包围、全包围、品字形等几大类型。每学完一篇课文，需要书写的汉字有十多个。这时，再一个一个地指导，既浪费时间，效果也不佳。因此，这阶段书写生字的教学，应加强“类别”意识。教师应该按照生字的结构特点，分成几个大类，再选择每个类别中最具代表性的生字，进行书写指导，以达到训练一个、带动一组的效果。

(4)五、六年级，有选择性地教写。

到了这个学段，教学的重点转移到了阅读理解上。教材中，要求写的生字大为减少。再加之，学生通过长达四年的学习，已具备了独立识字的能力，已把握了汉字书写的基本规律。因此，这时教师应遵循“少而精”的原则，有针对性地教一些难写的字。其余的，则放手让学生自主练写。

总之，依据现行教材的编排特点，写字教学要依照“笔画—部件—结构—易错”的思路，循序渐进地指导，进而逐步提高写字教学的质量。

“识字、写字是学生语文学习的基础工程、基本任务，绝不能马虎。‘基础不牢，地动山摇’。”我们应该努力在一、二年级的识字教学中改变观念，更新方法，不断探索，以期真正做好语文学习的奠基工程，为学生的后续学习、终身学习奠定坚实的语言基础。

参考文献：

①九年义务教育语文课程标准(实验稿)[S].北京：北京师范大学出版社，2000.

②刘志基.汉字文化综论[M].桂林：广西教育出版社，1996.

③张隆华，曾仲珊.中国古代语文教育史[M].成都：四川教育出版社，2001.

④林治金.中国小学教学史[M].济南：山东教育出版社，1996.

乌鸦喝水

（人教版课标教材一年级下册）

重庆市渝中区金马小学　何灵玲

【文本解读】

潜心会文，准确捕捉教点

沈大安老师说："要想上好一节课，必须关注三个问题：一、我们要到哪儿去？二、怎样到那儿去？三、我们有没有到那儿？"循着这样的思路，我开始了本课文本的探索之旅。

一、我们要到哪儿去

《乌鸦喝水》是人教版小学语文一年级下册的一篇经典课文。课文通过写乌鸦口渴了，到处找水喝，最后自己想办法喝到水的故事，让孩子们明白遇到困难应该仔细观察、认真思考、自己动脑解决问题的道理。于是乎，许多教师在上这课时，都把教学的重难点定位在明白道理上。为了实现这一目标，不少老师在教学中采用多媒体课件或实物教具等，现场演示乌鸦喝水的过程，让学生感受乌鸦的聪明，整个场面热闹非凡，学生学习热情高涨。但教学效果又如何呢？学生知识的增长点在哪里？能力的提高点又在哪里？

这时，有教师一定会振振有词地说，本单元就是围绕"只要动脑筋，就会想出解决问题的办法"的主题编排的呀！我们要忠于教材。对，本单元中有《四个太阳》《乌鸦喝水》《司马光》《称象》等课文，每一篇课文都闪烁着智慧的光芒。但《乌鸦喝水》这个故事非常浅显，学生一读就懂，他们要体会到这课所说明的道理并不难。

记得一位老师上这课时，开课就提出了这样一个问题："小朋友，读了课题，你知道些什么？"好多孩子纷纷举手，有的说："我知道了这篇课文讲的是有关乌鸦的故事。"有的说："课文讲了乌鸦喝水的故事。"这时，有一个孩子站起来说："这个故事讲了乌鸦开动脑筋想办法喝到了瓶子里的水。"听听学生的发言，我们不难发现学生在预习时就已经读懂了这个故事。像这样浅显的故事内容，还用得着浓墨重彩地讲吗？

崔峦老师说："低年级阅读教学的训练重点，绝不是理解课文内容，而是识字学词，积累词汇量。"一年级的阅读教学的确应该重视识字写字，并引导学生发现一些识字规律。于是，我把第一个教学目标定位在"认识 8 个生字，会写 2 个字"。

许多教师上第一课时，都会不约而同地把识字作为重点，指导学生集中识字组词，并对一些复杂的字形进行分析比较。这样教学，不失为一种识字策略。不过，长此以往，会使识字教学显得枯燥乏味。我认为，低年级的识字与阅读有着天然的联系。生字源于文本，读通文本需要与生字词交友。它们彼此相依，水乳交融。识字能为阅读扫清障碍，有利于指导学生读通课文，感受阅读的乐趣。学文则可以巩固识字成果，提高识字效率。

在学文中认识本课的生字，能让孩子们更好地在语境中认识生字的音、形、义。鉴于这样的思考，我把第二个教学目标定位于通读课文，了解大意。

二、怎么到那儿去

题目《乌鸦喝水》中出现了三个生字。我决定在初读课题时就解决这三个生字的音、形、义。"乌鸦"是孩子们比较熟悉的一种鸟。以前他们就听过《乌鸦争肉》《乌鸦反哺》等故事，对于这种动物无需作过多的讲解。在这儿，学生最容易犯的错误，就是分不清"乌"与"鸟"这两个字，因为二者仅仅只有一点之差。对这样的形近字，如果单纯采用"加一加"或"减一减"的方式，可能会让学生很快记住这个字，但遗忘率也高。为了突破这一难点，有老师采用编儿歌的方式，即"小小乌鸦没眼睛"让学生记字形，可这样的教法缺乏科学性，因为乌鸦怎么会没有眼睛呢？由此可见，这些肤浅的记字方法大多是治标不治本。看来这些记字方法都行不通，思前想后，我找到了好帮手——细查《汉字字源》。之后，我才知道，金文"乌"字，由没眼睛的鸟张嘴的示意图和"十"字构成。"十"字有相交的含义，整个字的意思是小鸟给瞎了眼睛的老鸟喂食，它指乌鸦反哺，由此产生乌鸦的含义，"乌"又引申为黑色。哦！原来是这样。再看看百度上面的乌鸦图片，确实因为乌鸦长得太黑了，黑得连眼睛都看不清了。寻其本源之后，讲起这个字来，我就有底气了。

题目中还有一个"喝"字，它与本课中的"渴"字，在字形上十分相似，也是需要指导学生辨析的难点。何况，这两个字都是本课要学习的生字。为了让学生能准确地区分它们，我觉得应该从音、形、义三方面区分这两个字。在学习"喝"字时，我特别强调它的部件是口字旁。为加深这一印象，结合孩子平时"贪吃"的特点，让他们说说自己平时都喜欢喝些什么。为后面认识"渴"字打下坚实的基础。在细读课文之时，我注意到"喝"字在课文里连续出现了三次，即"一只乌鸦口渴了，到处找水喝。""可是，瓶子里的水不多，瓶口又小，乌鸦喝不着水。""瓶子里的水渐渐升高，乌鸦就喝着水了。"品读之后，我发现这三个句子连起来正好可以感知课文的主要内容。于是，我抓住"找水喝"、"喝不着"、"喝着水"这几个词，既巩固了"喝"字的音形义，又指导学生读通了文中的句子，为学文扫清障碍，同时还让孩子们感知了课文的主要内容。这一教学环节的设计，可以说是行之有效的。随后，在学文的过程中，对"渴"字的音形义又进行仔细地讲解。为了让学生更好地区分"喝"与"渴"这两个字，我采用开火车读字组词等方式，进一步巩固学习成果。

"瓶"字，从字形上看，比较复杂，学生不易记住。我再次求助《汉字字源》。书中写道："'瓶'由'并'和'瓦'构成。'并'是'屏'的省写，'屏'字表示屏风，引申表示遮住一部分，整个字的意思是口被遮住一部分的瓦器，由此产生瓶子的含义。"这下，我傻眼了，怎么给孩子讲？照这样讲，孩子肯定会学得"云里雾里"，以至于分不清"东西南北"。思前想后，我找到了突破口，"瓶"是一个典型的形声字，左边表音，右边表形。"瓦"这个部件，学生以前与它见面不多。如何调动孩子已有的认知经验去识记它呢？我想起了一年级上期时，学生学过的《哪座房子最漂亮》这篇课文。其中，有一句话是这样的："一座房，两座房，青青的瓦，白白的墙，宽宽的门，大大的窗。"课文里就有一个"瓦"字。调动学生已有的积累，这个字他们会记得更牢。为了加深印象，我原本想让学生用这个字组词。但细细一想，识字是为了更好地学文，组词对学生来说没什么困难。经过一番比较之后，我想有了瓶子，有了水，乌鸦为什么还是喝不到水呢？

于是，我找来一幅幅图片，让学生联系生活组词，又让学生感知各种瓶子的形状，了解到文中乌鸦找到的瓶子“瓶口小，瓶身大”，所以他喝不到水，从而顺理成章地引出“办法”一词。

“办法”这两个字，既要求会认，还要求会写。在备课时，我原本想借用一些书法语言，如“逆风起笔，折笔向右下作顿，转笔中锋右行……”指导学生写字，让课堂弥漫浓浓的墨香味，但是想到这些深奥的书面语言，低年级的学生根本听不懂，于是我忍痛割爱，放弃了。我想，指导低年级写字时，教师的语言既要体现规范书写、漂亮书写的思想，更要充满童趣，让学生喜欢写、乐于写。如在指导写“办”字时，可用儿童化的语言告诉学生“要把‘办’字的两只小手放在它的腰上哟!”有人说字如其人，字亦像人。匀称的人漂亮，匀称的字也漂亮。

一年级上期，学生要写的一百个生字大多是独体字。像这样一些基本字，我们应该一笔一画地教；一年级下期，学生要写的大多是合体字。这时，教师就要一部分一部分地教。尤其要注意部件之间的搭配，一些关键笔画该怎么摆放，教师都应该指导学生仔细观察。如“法”是一个左窄右宽的字，三点水这个部件，学生不是第一次见面。前面学的很多字，如“淋、池、潮”等都有这个部件。在《小壁虎借尾巴》一课中，学生曾写过“河”字。在这里，教师强调的是三点水不能写在一条竖线上，三点连起来应该成一条优美的弧线，其最后一提，要写到“去”字的第一横那儿，部件与部件之间要互相谦让。如此指导，会给学生写好字奠定坚实的基础。

三、我们有没有到那儿

要回答这个问题，还得通过课堂显现与课后检测。我们上课，不是为了单纯地追求好看，单纯展现教师的功底，而是要对学生的终身发展奠基。这样的课才是有效的。

【教学设计】

寻字源，有效识字；读课文，初知大意。

教学目标

1. 认识“乌、鸦”等 9 个生字，会写“办法”2 个字。
2. 了解大意，读通课文的第 1、2 自然段。

教学重难点

认识“乌、鸦”等 9 个生字，会写“办法”2 个字。

教学准备

相关课件、生字卡片。

教学课时

1 课时。

教学过程

第一课时

一、课题入手，认识“乌、鸦、喝”

1. 同学们，今天有许多客人来到咱班。其中，有一位小客人特别害羞。（出示课件：乌鸦的图片）大家猜猜它是谁。

2. 有小朋友猜到了，它的名字叫……（出示生字卡片：乌、鸦）这两个字，都是我们今天要学的生字。来，咱们读三遍。

3. 说说你想怎么记住“乌”字。（鸟——乌）是呀，“鸟”字上边多一点儿，而“乌”字上边少一点儿。小朋友看看，这乌鸦全身的羽毛都是黑色的，它的眼珠也是黑黑的，黑成了一片，这眼珠还能看得清吗？难怪啊，这“乌”字没有这一点儿。

【导师点评：教“乌”字，有教师告诉学生：“‘乌’字少一点，是因为乌鸦没有眼睛。”这种“会意记字法”严重违背了汉字学习的规律，不利于学生正确识记。现在，学生错别字多，此法有不可推卸的责任。在这课教学中，教者注重科学识字，引导学生在正确把握“乌”字本源的基础上，辨清字形、了解字义。此举，无疑让汉字教学回归了本真。由此可见，汉字教学的科学性，的确应该引起我们的高度重视。】

4. “乌”字本身就有“黑”的意思。（出示课件：乌黑、乌云、乌鸦）它与黑交朋友，组成词语：乌黑。黑色的云就叫做“乌云”。这黑色的鸟呢？就叫“乌鸦”。

5. 正因为乌鸦是一种鸟，所以这“鸦”字里也有了一个“鸟”字。我们的汉字就是这么有意思。看着组成它们的部件，我们就能猜到它们的意思。（贴卡片：乌鸦）这篇课文的主角，就是“乌鸦”。来，读读这个词语。

6. 这个故事讲的是……乌鸦喝水。（出示卡片：“喝”）来，读三遍。小朋友，根据它的部件，你们猜猜它是什么意思。

7. 我们还可以用嘴来“喝”什么？看来，咱们这张小嘴可没闲着，喝了好多东西呢！再读读这个词。（贴卡片：“喝”）

8. 认识了这三个生字，老师相信大家一定能把课题读好。（再读课题）这个“喝”字，在课文里连续出现了很多次。

二、通读课文，勾画句子，初知大意

1. 请小朋友翻开书，自己读读课文，找找带有“喝”字的词句。（找到“喝”字的词句，可以用波浪线画出来）注意读准生字字音，读通句子。

2. 学生汇报自读情况，（板书：找水喝 喝不着 喝着水）小朋友的眼睛真尖，三处藏有“喝”字的句子都找到了。来，读一读。

【导师点评：通过勾画带有“喝”字的词句，既进行扩词练习，又读通重点句子，同时，还引导学生感知课文大意。此设计，巧妙地达到了一石三鸟的效果。】

3. 通过这三个“喝”字，我们知道了，原来这个故事讲的是：一只乌鸦口渴了，到处（找水喝），但是（喝不着）。后来，它开动脑筋，想出了一个办法，终于（喝着了水）。

三、随文识字，辨清字形，读通段落

（一）读第一自然段，认识“渴、瓶”

1. 这课的生字条里，还有一个字和“喝”字长得特别像，赶紧找找。原来是它呀！（出示卡片：“渴”）来，读三遍。

2. 这两兄弟长得太像了！谁能说说你是怎么区分它俩的？

3. 老师也编了一个小小的儿歌，来帮助大家记住它们。（出示课件：想水就口“渴”，张口就能“喝”。）

4. 分清了它俩，来，咱们再开火车读读这两个像孪生兄弟一样的字：“喝”和“渴”，以及读由它们组成的词语。

5. 这两个淘气的小家伙偷偷地跑到课文的句子里去了。（出示课件：一只乌鸦口渴了，到处找水喝。）谁能读给大家听听？这两个字的音读得真准，来，我们一块儿再读一读。

6.（出示课件：乌鸦看见一个瓶子，瓶子里有水。）正在这时，乌鸦看见了……瓶子里……（出示卡片：“瓶”）这个“瓶”字也是生字，来，读三遍。后鼻音读得真准。

7. 这“瓶”字看上去挺复杂的，谁能来说说你是怎么记它的？左边的“并”，提示这个字的读音；右边的“瓦”，是我们的老朋友，一年级上册咱们就学过“青青的瓦，白白的墙……”以前的瓦是用土做的，而瓶子也是用土烧制而成的，所以这边有一个“瓦”。来，咱们再把这个字读三遍。

【导师点评：同样的识字，教者没有千篇一律，而是根据汉字的不同特点，采用了不同的教法：如“渴”字，通过与才学的“喝”字比较，强化正确的认识；“瓶”字，则运用形声字的特点和联系学过的“瓦”加以强化，同时又通过述说生活中见过的瓶子来巧妙地进行组词，让学生既能正确识记，又扩大词汇量。这样的汉字教学，弥散着浓郁的文化味。】

8. 想一想，生活中你都见过哪些瓶？生活中的“瓶”可常见了，（贴卡片：“瓶”，出示课件：瓶子图）瞧，有“奶瓶”“汽水瓶”“开水瓶”“酒瓶”。这些瓶子都有一个共同的特点：瓶口很小，瓶身很大。（出示课件：图）你瞧，乌鸦好不容易找到的瓶子，瓶口……还没它嘴大，难怪乌鸦……（出示课件：可是，瓶子里水不多，瓶口又小，乌鸦喝不着水。）齐读这句话。

9. 乌鸦这么口渴，好不容易找到一个瓶子，居然喝不着水，真是急死人啦！（出示课件：前三句话）分男女生读。

（二）读第二自然段，认识“办、法、石”

1.（出示课件：“怎么办呢？”）这可怎么办呀？（出示卡片：“办”）来，读三遍。谁能说说怎么记住它？（贴卡片：“办”）老师告诉大家一个小秘密，“办”喜欢和谁交朋友？（出示卡片：“法”）来，打打招呼，再来一遍。（贴卡片：“法”）他们俩站在一起就组成了词语“办法”。（读一遍）

2. 乌鸦终于想出了办法，谁愿意来读课文的第二自然段？

3. 字音读得真准，特别是这个翘舌音（出示：生字卡片“石”），咱们再读两遍。想出办法，就可以喝到水了，小乌鸦多高兴呀！齐读第二自然段。

四、集中识记，规范指导，漂亮书写

1. 开火车检读所学的8个生字词。

2.（出示课件：儿歌）老师把这些生字放进了这首儿歌里，你们还能读准它们吗？学生自读、齐读。

3. 乌鸦开动脑筋，想“办法”喝到了水，我们也应该向它学习。现在，我们就来想想“办法”，把这两个字写漂亮。

4. 请小朋友从这两个字中选一个喜欢的字，认真读帖。谁愿意把你看到的与大家分享？

5. 师范写指导。

①“办”：“力”字要写在田字格的中间，要写得很有“力”，旁边的两点儿，要放在“力”的腰上，要写得舒展一点儿，这样才美观。

②“法”：三点水和“去”字，咱们以前学过。我们知道这三点水不能写在一条直线上，它应该略呈弧线。整个字要写得左窄右宽，部件与部件之间要互相谦让。

【导师点评：教学生认好字，还要重视指导学生规范漂亮地写好字。在指导写“办、法”这两个字时，教者不厌其烦地就每个字的关键笔画该如何写、每个字的间架结构该如何搭配等方面，都进行了细致入微的指导。如此循循善诱，无疑为学生的规范书写、漂亮书写，奠定了坚实的基础。】

6. 先描红，再动笔写“办法”；然后展示评议。

五、小结内容，链接后文

1. 今天，咱们学了《乌鸦喝水》这一课，知道乌鸦口渴了，到处找水喝。它找到一个瓶子，可是瓶口太小，乌鸦喝不着水。

2. 后来，乌鸦想到了一个办法，喝着了水。乌鸦到底想了一个什么办法呢？我们下节课继续学习。

附：板书

19. 乌 鸦 喝 水

找水喝　　喝不着　　喝着了

渴　　瓶　　办 法

【课后反思】

智慧识字，彰显魅力

《乌鸦喝水》是人教版小学语文一年级下册五单元的一篇课文，本单元的课文主要围绕“只要动脑筋，就会想出解决问题的办法”这一主题来编排的，可见编者的意图是非常明显的，就是希望通过本组教材的学习，让孩子们懂得遇到困难应该仔细观察、认真思考，从而找到克服困难的方法。于是乎，许多教师就根据单元主题来设计自己的教学目标，通过抓住《乌鸦喝水》一文的内容，引导孩子认真诵读、仔细思考，体会其中所包含的道理。其实，除了通过理解文章内容来突出单元主题以外，我们还可以在识字写字环节来彰显单元主题的魅力，即：智慧识字。

一、科学识字，方法多样

1. 寻字源

在教“乌”字时，许多教师都把它与“鸟”字进行比较，告诉孩子们“小鸟长着明亮的眼睛，所以‘鸟’字里面有一点儿。而乌鸦没有眼睛，所以‘乌’字里面就没有一点儿。”教师主观上是希望通过这样的方式，让孩子们掌握这两个字的异同之处，避免孩子们在今后的学习中写错别字。其实小学生容易出现错别字的一个重要原因，就是他们对汉字的字源知识知道得太少，有人说汉字的主要特征之一就是“立象以尽意”，汉字的每个笔画或部件都是事物具体形态或状态的高度概括，也就是说，汉字总是将抽象意义附着于具体形象。因此，我们有必要在识字教学中渗透一些字源方面的知识。于是，在学习“乌”字时，我出示了一张“乌鸦”的图片，引导孩子们观察这乌鸦全身的羽毛都是黑色的，它的眼珠也是黑黑的，远远望去，的确黑成了一片，连眼珠都看不清了，所以“乌”字含有“黑色”的意思，由此强调“乌”字没有中间的那一点儿。让孩子们弄清“乌”字的音形义之后，我并没有就此打住，而是“乘胜追击”，由“乌”字的本义引申出了“乌云、乌黑、乌鸦”这些词，不仅拓展了学生的视野，也为后面的教学铺好了路，搭好了桥。

2. 作比较

在识字教学中，“加一加”“减一减”“换一换”“编儿歌”等层出不穷的识字方法，让我们的孩子眼花缭乱，学习的热情有了，但效果又如何呢？一堂课下来，孩子们又真正记住了几个生字呢？我认为好的方法更需要灵活地使用它，智慧地使用它，这样才能让我们的孩子在识字中，学得有滋有味。在识记“喝”和“渴”字时，我采用了作比较的方式，在不同的语境下，强调这两个字在音形义方面的不同之处。首先，题目《乌鸦喝水》中就第一次出现了“喝”字，于是我引导孩子们认清“喝”字的音形义，强调是用嘴来喝东西，即重在让孩子们记住“喝”字是一个口字旁，为了加深这一印象，还进一步让孩子们用“喝”字来扩词。接着，在读文中让孩子们找出文中出现的三个“喝”字，培养了孩子们认真读书、仔细勾画的习惯。孩子们找出这三个字所在的位置之后，我把它们板书在了黑板上，即：找水喝、喝不着、喝着水。尹老师曾说过：“板书要有利于浓缩文章重难点，有利于展示行文结构和思路，有利于指导学生进行有价值的积累，有利于提炼文本的语言精华。”于是我引导孩子通过读板书，再一次地强调“喝”字的音形义；通过看板书，了解文章的主要内容，起到了一举两得的作用。在学好“喝”字的基础上，当“渴”字出现时，他们会很快发现这个字与刚才的“喝”字很像，也能很快地发现它们的不同之处。但我并没有因此而放松“警惕”，在读准字音的基础上，我把“渴”字粘贴在板书上，让孩子们对它俩的字形进行认真区分，并开火车读“喝”和“渴”字组成的词语，检查孩子们的学习情况，及时发现问题并纠正，最后出示文中“喝”和“渴”所在的句子，再次读记加深印象。在对比中，孩子们学得更扎实，本课的教学难点也迎刃而解。

3. 找规律

我国的汉字虽然个性鲜明、独具风格，但也是有规律可循的。作为教师，我们应该引导孩子去感知这种规律，孩子的识字效率将会得到更大的提高。在学习“瓶”字时，我发现这个“瓶”字是一个典型的形声字，“并”表音，“瓦”表义，引导孩子感知“瓦”的意思，能让孩子更好地感悟字的意思。于是，我带着孩子们一起回忆，一年级上册学过《哪座房子最漂亮》，里面有一句是“青青的瓦，白白的墙……”告诉孩子以前的“瓦”是用土做的，而瓶子也是用土烧制而成的，所以“瓶”字右边有一个“瓦”，让孩子感知带有“瓦”这个部件的字，大多跟土做的器皿有关。随后联系生活，出示一些生活中常见的瓶子，如奶瓶、汽水瓶等，让孩子找出这些瓶子的共同之处，为文章内容的理解埋下了伏笔。识字是为了扫除阅读的障碍，有利于学文；学文则可以更进一步地巩固识字成果，提高识字率。在教学中，我有意识地把识字与学文有机地结合起来，注重了识字的科学性。

二、注重指导，规范书写

在指导写“办法”两个字时，不再像一年级上期一样强调每一笔的写法，而是重在指导部件与部件之间的搭配，强调关键笔画在每个字中的重要性，让孩子们在识记字形的基础上，把字写好，把字写美。

教师只有智慧地使用教材，引导孩子们开动脑筋，用各种各样行之有效的识字方法来学习生字，引导孩子们在学习中寻找识字规律，孩子们才能真正体会到汉字的魅力，我们的识字教学才会更加有效。

地球爷爷的手

（人教版课标教材一年级下册）

重庆市渝中区实验二小　李婷婷

【文本解读】

细读一个字，“引”出一篇文

引

1666年，23岁的牛顿还是剑桥大学三一学院三年级的学生。当时，正值黑死病席卷伦敦，大学被迫关闭，牛顿只好返回安全的乡村，期待席卷城市的病魔早日离去。在乡村的日子里，牛顿一直被这样的问题困惑着：是什么力量驱使月球围绕地球转，地球围绕太阳转？为什么月球不会掉落到地球上？为什么地球不会掉落到太阳上？

在随后的几年里，牛顿声称这种事情已经发生过。那就是坐在姐姐的果园里观察到苹果落地的现象。苹果落地虽没有给牛顿提供答案，但却激发这位年轻的科学家思考一个新问题：苹果会落地，而月球却不会掉落到地球上，苹果和月球之间存在什么不同呢？后来，牛顿看见小外甥正在玩小球。他手上拴着一条皮筋，皮筋的另一端系着小球。他先慢慢地摇摆小球，然后越来越快，最后小球就径直抛出。牛顿猛地意识到月球和小球的运动极为相像。两种力量作用于小球，这两种力量是向外的推动力和皮筋的拉力。同样，也有两种力量作用于月球，即月球运行的推动力和重力的拉力。正是在重力作用下，苹果才会落地。

牛顿首次认为，重力不仅仅是行星和恒星之间的作用力，有可能是普遍存在的吸引力。他认为物质之间相互吸引，这使他断言，相互吸引力不但适用于硕大的天体之间，而且适用于各种体积的物体之间。苹果落地、雨滴降落和行星沿着轨道围绕太阳运行都是重力作用的结果。

牛顿推动了万有引力定律的发展，指出万有引力不仅仅是星体的特征，也是所有物体的特征。作为最重要的科学定律之一，万有引力定律及其数学公式已成为整个物理学的基石。

思

从牛顿推动引力定律发展的过程，我们不难发现他善于观察、勤于思考的优秀品质。从万有引力及其数学公式推演形成的过程，我们也不难明白，严谨的科学知识是需要用科学的态度和方法去考证和实践的。

语文教学自然需要教师用严谨的态度去对待，用科学的方法去实践，这毋庸置疑。然而，“误读”“误导”的语文教学现象时有发生。让我们像大科学家牛顿那样，在教学之前，先给自己提提问：今天，你“误读”了吗？

当然，我们“读”文本，不能“误读”。这里的“读”，不仅仅是对文本进行平面的解读。我们解读文本的目的是服务于教学，是为了让我们的教学对象——童真未解的孩子，学有所得，尤其是体现在语文课上的“得”。

因此，在“读”的过程中，我们除了作为一名普通读者去了解、去感悟、去品味、去斟酌以外，还要牢牢抓住语言文字的主线，带着语言文字的训练意识去扮演好语文教师这一特殊读者的角色。

语言文字训练到底练什么？练到什么程度？怎样利用文本去训练？带着这些问题，我们的“读”会更深入。这时，我们也才会参照着课标去“读”，心里装着学生去“读”，带着训练目的去“读”。

下面，就是我对一年级下册八单元的课文——《地球爷爷的手》的研读。

读

一、“读”课文

在《地球爷爷的手》一课中，地球变成了老爷爷，而且还有手了，神奇！有趣！题目已经明示课文是一篇科学童话。

接着往下，课文里，小猴、小兔登场了，还有猴爸爸。小猴和小兔是好朋友，在摘桃子时，他们发现桃子居然自己从树上掉下来了。他们会思考，还善于提问。最后，在猴爸爸的提示下，在地球爷爷的回答中，他们找到了答案。文中的主角都是拟人化的，都有人的思想和行为。他们会玩、会跳、会唱，还会说话。这富有童趣的文本贴近学生年龄，能激起学生阅读的兴趣。

课文的第十自然段是地球爷爷说的话。这是全文最长的一个自然段，也是揭示文意的关键文段。它告诉了我们“地球爷爷的手”其实就是地心引力。对于一年级的小朋友而言，“地心引力”这个科学概念是难以理解的，也是小学语文教师难以讲明的。但是，对于每一个生活在地球上的你、我、他而言，地心引力又与我们的生活息息相关。对于这一点，哪怕是只有6、7岁的一年级学生也能感受到、体会到的。因此，阅读这篇童话的目的是要在指导学生识好字、写好字、读通文的基础上，初步感知地心引力的作用。我想，这就是学生阅读这篇文本的价值。因为，《语文课标》第一学段的教学要求明确指出，“识字写字是阅读和写作的基础，是1～2年级的教学重点”。

二、“读”练习

一年级教材中的课文浅显，课后编排的练习也很简洁。本课的课后练习有三个方面的内容：一是“我会认”，即认识“俩、摘、伯、而、且、踢、引”这七个生字；二是“我会写”，即会写“球、玩、跳、桃、树、刚”这六个字；三是“我会读”，即能正确流利地朗读课文。

这样的课后练习，在一年级的课文后很常见。细细琢磨，其实每一篇课文的练习内容又各有特点。作为教师,在解读文本时,还要善于发现课后练习与课文内容之间的链接点。因为,抓住这些链接点,能帮助我们智慧地设计教学,智慧地指导学生学习。第一学段的语文教学,以识字学词学句为重,以正确、流利地朗读课文为重。本课是一年级中一篇比较长的课文,要认的字虽然不多,却比较分散,它们在音形义上各有难点。如从字音上看:“俩”是北方方言,南方的学生要读好“俩”字有一定的难度;“俩”是一个形声字,声旁“两”学生已认识,受先入为主的影响,学生易将“俩”误读为“两”。“摘”是翘舌音,“引”是前鼻音,这两个字是学生容易读错的。又如从字形上看:“摘”右边的部件与“商”形似,学生易混淆。“踢”笔画较多,学生不易写好。再如从字义上看:“而且”是一个使用频率较高的关联词,我们可以重运用,轻解释,可意会,不言传。“引”在字典上的意思众多,从字形上看,易联想到其本意,即“拉弓射箭”的动作“拉”。左边的“弓”不必多说,因为学生都认识,右边的一竖与直直的箭形似。可是,这样讲就是对“引”字的“误读”。因为,“引”字是一个指示字。它右边的一竖,是指把弓箭拉到所指的位置来。只要把东西拉到指定的位置,这个动作就叫做“引”。

顺着这个思路往下读“引”这个生字。我想,地球不就是能把许多东西拉到地面上来吗?这样的力量就是地球的引力呀!它就像一个有手的人,而且这手的力气还非常大。这不就把何谓“地心引力”,简单而形象地说清楚、道明白了吗?如此看来,细读文本的“引”字,“引”出课文的核心内容,“引”出了学生学习生字的兴趣,还“引”出了教师进行语言文字训练的巧妙时机。

借助这一“引”,引出分组集中识字:如“俩”“伯”这两个形声字为一组,“俩”侧重读音和运用,“伯”关注轻声的读法;“摘”“踢”这两个表示动作的词为一组,引导学生联系生活实际,精确记忆关键笔画;“而且”这两个字本身就是一个关联词,在教学中要重视其在口语和书面表达上的运用。

借助这一“引”,引出分组集中写字:本课要写的字也暗藏玄机。横着读帖,你会发现:一排的两个字,要么部首相同,要么偏旁一样;最后一排的“树”和第二排的“桃”都是木字旁,只是“树”是左中右结构,书写时有难度;最后一个“刚”字则是唯一一个部首在右边的字。

最后一项练习,是朗读课文。再读文章,我们不难发现课文的第十自然段因其篇幅长,所以它包含的生字多,且又揭示了全文主旨,无疑应该作为朗读指导的重点。其次,文中小猴、小兔和猴爸爸的对话,是推进故事情节发展的重要部分,值得学生好好地练读。至于课文中的其他句子和段落,相信学生都能通过自己的练习读好。

课前,我就是这样从文到字,再从字到文,反反复复地在文中走了好几个来回。这样细读课文,我读到的不仅仅是课文的内容,还寻觅到了一条简洁、高效、科学的教学之路。

一年级的课文虽然少有华丽的辞藻、复杂的篇章结构、深刻的思想内涵,但是同样需要我们用严谨的态度去“咬文嚼字”,需要我们用智慧的设计去对学生进行正确的、有效的语言文字训练。

【教学设计】

随文识字，识读结合

教学目标

1. 认识7个生字，规范书写6个字。

2. 正确、流利、有感情地朗读课文，初步了解地心引力这一科学常识。

教学重难点

认识7个生字，规范书写6个字，读通课文，初步感知地心引力。

教学准备

课件、生字卡片。

教学课时

1课时。

教学过程

第一课时

一、课前游戏

1. 咱们来玩玩“我做你来猜猜猜”的游戏。（出示：招、拉、挑、拿）

2. 老师先做个动作，看看这几个字，你们猜猜是什么动作。（师做拉弓的动作，引导学生复习“弓”字）。你们还能做哪个动作？谁来做一做？大家来猜一猜。

3. 瞧，咱们的手能“招”，能“拉”，能“挑”，还能“拿”。这双手呀，真能干。这双能干的手还能做什么呢？谁再来做动作，让大家继续猜。

【导师点评：课前的小游戏看似随意，不过是激趣的手段而已，让学生开开心心地进入上课的状态。但是，细细地考量，它折射出的是教师的智慧。因为，这些游戏实则是为本课将要进行的识字读文作了巧妙的铺垫，真可谓“随风潜入夜，润物细无声”。】

二、链接游戏，解题导入

1. 今天，咱们要学的课文也和手有关。那是谁的手呀？（生：地球爷爷）

2. 一起读读课题。

三、辨析部件，有效识字

（一）动画入手，认好“引”字

1. 地球爷爷的手是什么样的呢？请赶紧打开书，翻到140页，自由小声地读读课文吧。注意借助拼音，读准生字词的字音，读通句子。

2. 地球爷爷的手是……（地心引力）

3.“地心引力”这个词，“引”来了我们今天要认的生字，它就是“引”字。谁会读？请你做小老师，带着大家好好地读读它……再读读这个词。（注意指导学生读好前鼻音）

(1)读准了字音,咱们再来记记“引”字的字形吧。看,“引”字里有我们的老朋友——“拉弓”的“弓”。古时候,人们把“拉弓”也叫做“引弓”。瞧,引弓时,手用很大很大的力气就能把弓拉到这个位置来。这动画把大家都吸引住了吧,自己也动手做做。(出示后羿射箭图。生做动作。)

(2)我们的手能拉开弓、能引弓。地球爷爷呢,它能把好多好多东西都拉下来,引到地面上,他的手就是这……(地心引力)

(3)在老师的引导下,大家记住“引”字了。瞧,它还给我们“引”来了好几个词语呢,这次,大家自己去把它们读好,行吗?(生读词“引导、引路、吸引、引人注目”等)

【导师点评:在了解地球爷爷的手是什么的基础上,指导学生认识“引”字,探究其字源,了解其意思,再巧妙地引出相关的词语,引出本课的生字词。这牵一发动全身的设计,可谓慧眼识珠,匠心独具。】

(二)把握字义,认好生字

1. 还有几个生字朋友,也被你们绘声绘色的朗读吸引来了,咱们一起拼读拼读。(生拼读“俩、伯、摘、踢、而、且”)

2. 再开火车读读。要想这小火车开得又快又好,注意每个词只能读一遍,词儿还要连读哟!

3.(出示“而、且”)知道吗,它俩经常在一起,还是好朋友呢!请连词读。

4.(出示“俩 、伯”)要读准它们,可不能只认一半哟!“俩”字,右边的部件是我们认识的老朋友“两”,加上单人旁,它要读……“俩”字总是跟在人后面。你们两个人叫“你俩”,我们两个人叫……(我俩),大家一起说,他们两个人就叫……(他俩)还有……(生扩词“哥俩、父子俩”等)

5. 再看看“伯”字。“伯伯”连读时,第二个字要读轻声,再试试。

6.(出示“摘、踢”)生字中,还剩下“它俩”了,读什么?(注意读好翘舌音)女生读。男生读。一起读读。“它俩”都和动作有关。咱们再来玩玩刚才的游戏,我做你来猜猜猜。(出示“摘”,学生做动作)齐读“摘”。刚才你在摘什么?你在……你又在……看来,我们都喜欢用手摘水果。平时,女生喜欢“踢”毽子,男生喜欢“踢”足球。大家真能干,不仅会用手“摘”,而且还会用脚“踢”呢!

【导师点评:集中认识生字词时,教师不愧是个有心人,既注重引导学生利用旧知识,正确地把握汉字的音、形、义,又注意时时运用所学的生字词为学生的言语践行起到潜移默化的示范作用。这样教学,有利于巩固识字的效果。】

四、读通全文,了解大意

(一)读通第 10 段

1. 咱们认识的生字,都回到课文里去了。第十自然段里有好几个生字,“而且”句子还很长,请先练读练读,注意读正确、读流利。

2. 抽读,指导读。

3.(引读)瞧,地球爷爷有手,“而且”还有(很大很大的力气),他能让(成熟的桃子掉下来),能让(踢到半空的足球掉下来)。

4. 地球爷爷的手有这两个本领,男生读第一个本领,女生读第二个本领。

5. 地球爷爷的手不仅能做这两件事,“而且”还能做很多很多别的事呢。瞧,他能把我们牢牢地拉在地面上,不在教室里飞来飞去。他能把黑板牢牢地……让我们看得清……而且它还能把书本拉住,让它们平平地躺在……

6. 有这样的手,地球爷爷可神气了。谁想来当地球爷爷,神气地给大家介绍介绍自己？自己再练习练习吧。神气的地球爷爷说话了……(自读、指名读、齐读)

(二)读通长句

1. 第十自然段大家能读好。我想,其他带有生字的句子你们一定能读好。

2.(抽读第二自然段)我听出来了,小猴和小兔玩得挺高兴的！请大家高高兴兴地读一读。

3.(抽读第四段和第六段)瞧,他俩还在说话呢。他们在说什么？自己练读练读。请男生当小猴,女生当小兔,分角色读一读。

4.(抽读第八段和第九段)谁会学着他俩提一提问题？选择一个你喜欢的角色自己问一问(自读)。请小猴们站起来问一问……小兔说……(引读)是呀,小猴和小兔的心里为什么会有这样的问题呢？一起读读课文的第五自然段。(引读五到十自然段)

5. 这神奇的地心引力就是……(生:齐读课题)

(三)读通全文

这么多长句子都读好了,咱们一起来读读这个有趣的故事。(配乐齐读)

【导师点评:在课堂上,老师不吝时间,耐心地指导学生把课文中的长句与难句读通读顺,紧接着分角色读相关段落,进而把课文读好。与此同时,又相机地引导学生了解课文大意。这样的教学,既朴实又有效,真值得欣赏。】

五、分清结构,规范书写

1. 故事能读好,还能写好生字吗？谁来说一说,写好“他俩”要注意什么？“球”“玩”这两个左右结构的字,要写得左窄右宽。王字旁要写得窄一点,而且最后一笔要向上提(范写王字旁)。这脚收起来,向上翘一翘,才不会踢到别人(描红两提),而且给右边的“求”字和“元”字让出了位置。

2. 伸出你的手,跟老师一起写写“求”。(师写“求”,生书空)像这样写,这两提就不会碰在一起了。

3. 王字旁那么友好,这“元”字当然也愿意伸出友好的手喽。瞧,它把这一撇伸到了提的下面(师写“元”,描红一撇),像一只手把王字旁托起来了。这下,左右两边才真正的像好朋友一样,紧紧结合在一起,组成了“球”和“玩”。要写好这两个字,这就是小窍门。

4. 先认真地在书本上描一描这两个字,再用上这个小窍门把它们写工整、写漂亮。开始练习吧。(生描红、书写,师巡视指导,全班交流评议)

附:板书

31. 地球爷爷的手

地心引力

摘	而	且	踢		球	玩

【课后反思】

追求课堂教学的有效性

作为课堂的引导者，老师应该在课前做足功课，找准识字与学文的链接点，尽可能地使课堂更有效。如在本课教学中，我就以“引”字为切入点，引出对生字的教学，引出对课文的学习。

一、追求识字的有效

随文识字也好，集中识字也罢，各有长处，只要用得恰到好处，就能相得益彰。

研读教材后，我发现，“引”字是本课学习的一个突破口。因为，它既是本课要认识的生字，也是初步引导学生了解文意——“地球爷爷的手是什么”的文“眼”。弄明白“引”字的意思，就能让一年级的小学生理解“地心引力”这个看似深奥的物理概念，从而明白“地球爷爷的手”到底是什么，有什么用处了。

基于此设计思想，我认真地研读了“引”字。一开始，我认为“引”字的教学很容易，可以直接借助弓和箭的象形，让学生了解到“拉弓射箭”又叫“引弓射箭”，“引”字右边的一竖不就像一支箭吗，不过，“引力”又是什么呢？总不能说，地球爷爷也有“引弓射箭”的力量吧。一想到这里，我真有点茶壶里倒汤圆——倒不出来。

老师自己都模棱两可，怎么给一年级的小朋友讲清楚呢？于是，我追根溯源，查阅了“引”的字源。真是不看不知道，一看吓一跳。原来，“引”字并不是我想当然的象形字，而是一个指事字。“弓”还是指“弓箭”，而右边的一竖则是指将弓拉到所指示的位置来。左右合并，原来“引”的本意是指将弓拉到所指示位置的动作。那么，“引力”不就是能将弓拉到所指示位置的力量吗？这力量，地球爷爷有。因为，“他能将许多东西拉到地面上来，这个力量就叫做‘地心引力’”。这样一句既科学又富有童趣的讲解，就在我对“引”字的学习、解读中应运而生。于是，我赶紧将此写入教案。后来，多次的讲课证明，这样的解释，再配上多媒体课件中“引弓”的动画和“引”字的演示，学生不仅牢牢地记住了“引”字，还初步明白了“地心引力”的意思，为后面的通读课文、初步了解地球爷爷的手是什么作了较好的铺垫。

由于一年级学生的词语积累有限、生活阅历有限，他们虽然在本课中认识了“引”字，也大致了解到“引力”的意思，但是对“引”字的运用还是很陌生。为了丰富学生的词汇，也为了引导学生学习运用学过的词语，我在教学中添加了一个环节，即让学生读老师出示的用“引”字组成的词语，如“吸引”“引导”“引路”“引人注目”等。虽然有些词语，一年级的学生不一定完全理解。但是我想，在正确了解“引”字的本意后，以后他们再次遇到“引”字构成的词语时，也能够迁移。此处，如果老师事先没有做足准备，误读了“引”字，对学生以后的学习也会造成误导。所以，“引”在这儿不仅是“引”出了本课的学习，也给学生的后续学习奠定了基础，其有效性自然是不言而喻的。

如果说“引”字的教学，更多的是老师巧妙地导学，有效地解决了本课的重难点，而集中识写的众多生字，则给予了学生更多参与、实践、展示的机会。方法虽不新，却有所迁移与运用。正因为识字与学文紧密结合，才不会一个字一个字去掰、去拆。如“而且”在口语交际中的运用；“伯”“俩”这两个形声字的正确识记，以及其中蕴含的称谓文化；“踢”“摘”与生活的联系，无不体现着一年级语文教学的语文味、文化味和生活味。

二、追求朗读的有效

在第一课时中，除了指导学生认好字、写好字，还应该指导学生读通全文。本课在这方面作了很好的尝试。在课堂上，在有限的十几分钟内，师生共同经历把长课文读通的过程。其间，没有平均用力，而是根据表达的需要，或对重点段——地球爷爷的话的反复引读，或分角色读对话，或配乐通读全文。这个环节，自始至终围绕让每个学生都能读通全文这样一个简单而朴实的目标进行训练。

由此可见，在课堂上，教师要舍得花时间为学生营造读书的氛围，提供读书的机会。与此同时，要有方法的引导，即指导学生读好长句子，读好重点段落。最后还要给学生展示的机会，让学生“乐”读、“敢”读。

三、追求写字的有效

指导学生写好字是一年级语文教学的主旋律。本课的写字指导，就聚焦到了一年级下期学写合体字的特点上。如本课重点是指导学生写好左右结构的字。这个目标的设定，本身就体现了有效性。只有规范地、细致地指导学生写字，学生的写字能力才能提高。如本课要写“球”与“玩”这两个字，它们的共同点——左窄右宽一目了然。老师指导时，提醒学生注意左边斜玉旁的一提和右边笔画的相互穿插，让学生攻其重点，反复练习，从而为学生写好左右结构的字奠定基础。

由于写字教学目标明确、指导规范，所以班上学生写出来的字都很正确、很漂亮。

一年级的识字与阅读，是奠基工程。老师在课堂上的引导虽然不宜面面俱到，但必须重点突出，即让学生练好识字、写字、读书等“童子功”。

识字 7

（人教版课标教材二年级上册）

重庆市渝中区金马小学　何灵玲

【文本解读】

立体解读，捕捉重点

随手翻开手边一本本有关语文教学的杂志，我们不难发现"文本解读"这几个字随处可见。对文意的解读，对文言的解读，对文脉的解读，对文旨的解读等，这些文章，引领我在文章的字里行间穿梭畅游。细品这些"精神大餐"之时，我们不妨留心看看，文本解读的对象大多是中高年级的课文，偶尔有一些低段的课文。因为，许多老师认为低段课文的内容过于简单，一读就懂，何需细细品味呢！其实不然，低段的课文其实很有"嚼劲儿"，而且越嚼越有味道。笔者对人教版小学二年级上册七单元的《识字 7》作立体解读之后，对如何有效教学有了清醒的认识。

一、读"课标"，把握年段目标

《语文课程标准》对于各年段的识字与写字部分，作了明确要求。第一学段，即 1～2 年级，要认识常用汉字 1600～1800 个，其中 800～1000 个会写。第二学段，即 3～4 年级，要养成主动识字的习惯，认识汉字 2500 个，其中 2000 个左右会写。第三学段，即 5～6 年级，要有较强的独立识字的能力，累计认识常用汉字 3000 个，其中 2500 个左右会写。细读课标要求，我们不难发现，低年级的识字与写字对学生的后续学习有至关重要的作用。俗话说"万丈高楼平地起"。1～2 年级重在引导孩子掌握一些正确、有效的识字方法，帮助孩子更好的识字，有利于孩子养成良好的识字习惯，培养较强的识字能力。因此，上好低段的识字课尤为重要。

二、读教材，了解编排意图

看看 1～2 年级的语文教材，对识字教材的编写，编者们可谓是下足了工夫。一年级上册安排了两个单元的集中识字；一年级下册和二年级上册，每个单元前都安排了一课集中识字；二年级下册，集中识字就没有了。由此可见，这一阶段，更要重视学生独立识字能力的培养。为了强化识字效果，让学生习得一些简单而正确的识字方法，编者还用心地在每个单元后的《语文园地》中，以"我的发现"的形式，采用"加一加、减一减、换一换"或根据偏旁寻找识字规律等方法，编写了一些识字内容，引导学生由认识一个字到认识一串字，由认识一串字到认识一类字，从而提高识字效率。

三、读单元,捕捉单元主题

当今社会提倡低碳生活,“低碳”已经成为了人们的一种生活态度、生活习惯。这一新理念,反映人类因气候变化而对未来生活的担忧,呼唤人们养成节约身边各种资源的习惯。编者们与时俱进,把“环保”这一意识引入到语文教学之中。人教版二年级上册七单元就是围绕“环保”这一主题编排的。这单元有五篇课文,其中《识字7》告诉学生,人和动物是朋友,保护动物是大事;《“红领巾”真好》讲述的是小朋友们清晨来到林中放鸟、插警示牌,乐得小鸟高唱“红领巾”真好;《清澈的湖水》写小洁宁可长时间地把面包纸攥在手里,也不愿弄脏那“清澈的湖水”;《浅水洼里的小鱼》写一个善良的小男孩,将浅水洼里的小鱼一条条扔进大海;《父亲和鸟》讲的是父亲和鸟是知音,通过看动静、闻气味,父亲就能清楚地知道鸟儿的活动情况。连“语文园地”中的“口语交际”和“展示台”也安排了保护动物、保护环境的“说”“编”“做”的实践活动。通过学文,让学生感受到“环保”不是一句口号,它就在我们的身边,每个孩子都应该成为“环保小卫士”。

四、读课文,触摸重难点

《识字7》是本单元的第一篇课文,它与《“红领巾”真好》一样都是一首儿歌。它们篇幅短小,道理浅显,易懂易记,节奏感强,孩子们读起来朗朗上口。而《识字7》与《“红领巾”真好》又有所不同的是,《识字7》是一首拍手歌,共有十个小节,每一小节结构相似、字数相同,孩子们在朗读的同时,加入了拍手这一动作,把动脑、动口、动手有机地结合起来,可以让课堂充满活力,让孩子们学得更加投入。

《识字7》描绘了大小动物在自然界自由自在地生活的美好情境。课文中所列举的动物中,有孩子们平时见得较少的动物,如:锦鸡、黄鹂、百灵鸟等;也有孩子们非常熟悉的动物,如:熊猫、孔雀、老虎等,孩子们对于它们的名字并不陌生。在这些动物的名称中,许多都是需要认识的生字。孩子们熟悉动物的名字,在读音上不是难点,重点是引导孩子们记住这些字的字形,如“雀”和“鹰”都有“隹”字部,何不把它俩放在一起学习呢?可是如何学呢?什么方法更加有效?从《汉字字源》中,我了解到,“雀”由“小”和“隹”构成,意思是小型的鸟,特指麻雀;金文“鹰”字由倒写的“人”、一点儿和“隹”构成,意思是大头朝下向着小目标冲去的一种鸟,它指鹰。我想,可以引导孩子们说一说,哪些鸟的名字里有“雀”字。由于带“雀”字的鸟很少,孩子们可能会说“喜鹊”。因为,这种鸟的名字,孩子们比较熟悉,我们应马上把“雀”与“鹊”字进行比较,以免学生错误识记。随后,可以出示一些鸟名,如山雀、麻雀、灰雀,引导孩子们观察,图中的小鸟个子小小的,因而“雀”字上有一个小字。既给“雀”字扩了词,又为后面的学习埋下了伏笔,真可谓“一箭双雕”。而“鹰”字,简单地从字源入手,学生可能会感到困难。于是,我打算利用多媒体课件,结合课文内容,让孩子们感受雄鹰不是一只小小的鸟,它是空中的霸王。广阔的蓝天就是它的领地,因而“鹰”字上有一个广字头。雄鹰在天空中,有力地扇动翅膀,在气流的推动下任意滑翔,进而引导孩子们理解什么是“翱翔”一词,为学文扫清障碍。

“锦鸡”这一动物孩子们不熟悉,什么样的鸟才能称之为“锦鸡”呢?一张图片足以让孩子们直观感受到,锦鸡的羽毛色彩鲜艳、颜色多样,跟孔雀的羽毛一样漂亮,这就是“锦”。所以,锦鸡和孔雀是朋友。但如果就此打住,孩子们仅仅掌握了“锦”字的音形义。

教学生字，还要引导孩子们更好地运用到写话与口头表达之中。与“锦”字有关的词还有很多，如何取舍呢？我想，当然取的是那些与课文有关的。于是，我告诉孩子，色彩鲜艳的缎子叫做“锦缎”，色彩鲜艳的旗子叫做“锦旗”。采用不同的方式认识这些生字，目的只有一个：正确把握这些生字的音形义。

我想，通过识字、学词，不仅要让孩子们牢牢地记住这些动物的名字，而且可以粗浅地了解动物们的生活习性，知道雄鹰能够展翅高飞，在蓝天上翱翔；知道大雁在飞行中一会儿排成“人”字，一会儿排成“一”字；知道百灵鸟和黄鹂都有一副好嗓子，喜欢在树林间尽情欢唱。读着这首有趣的儿歌，大自然祥和、欢乐的景象，自然会呈现在孩子们的眼前，使孩子们感受到自己与大自然靠得更近。

儿歌的最后还告诉小朋友们，“人和动物是朋友，保护动物是大事”。地球是人类和动物共同的家园，动物和人类是互相依存的，我们有责任、有义务保护动物，保护我们赖以生存的家园。

立体解读文本，我把握了年段目标，了解到编者的意图，明确了单元的主题，触摸到了文本的重难点。我想，要设计出有效的教学策略，上好这堂识字课，我已经心中有数了。

【教学设计】

分类识写，有效教学

教学目标

1. 认识 10 个生字，会写 4 个字。
2. 正确、流利地朗读《拍手歌》，唤起学生保护动物的意愿。

教学重难点

认识 10 个生字，会写 4 个字。

教学准备

相关课件、生字词卡片。

教学课时

1 课时。

教学过程

一、猜谜激趣，导入新课

1. 小朋友，今天我给大家带来了一位新朋友。大家猜猜它是谁。（谜语：花冠头上戴，锦袍披身上，尾巴像扇子，展开很漂亮。）

2. 对呀，它，就是漂亮的“孔雀”。谁来和它打打招呼？大家一齐读。

二、情境识字，正确识记

1. 多么漂亮的孔雀呀！今天它给我们带来了许多动物朋友。它们都在我们今天要学的《识字 7》里边。请打开书，翻到 122 页，自由地读读课文，遇到不认识的字，借助拼音多读几遍。

2. 你们找到了哪些动物朋友？在这些动物的名字里，有我们今天要认识的生字，请大家借助拼音读一读动物的名字。

3. 请小老师教读动物名字，生齐读动物名字。

4. 去掉拼音，小朋友还会认吗？开火车抽读动物的名字，其他小朋友认真听。他读对了，大家跟着他读一遍；他读错了，大家帮一帮。读到“锦鸡”这个词时，教师提醒：“锦”字与以前学过的哪个字相近？进而进行“锦”与“棉”这组形近字的辨析。接着，关注字义。这就是“锦鸡”（出示相关图片），你们觉得它的羽毛怎么样？是呀，它的羽毛跟孔雀一样，色彩鲜艳。所以，锦鸡和孔雀是……（出示句子“孔雀、锦鸡是伙伴”）学生齐读。五颜六色、色彩鲜艳就是“锦”，所以，色彩鲜艳的缎子叫做“锦缎”，色彩鲜艳的旗子叫做“锦旗”。

【导师点评：“锦”字的读音和字形，对于学生来说并不是难点。因为他们学过“棉花”的“棉”字。教学时，教师只需将两个字的字形一比较、一辨析，学生就不难把握。关键是这个字的字义，学生不太好理解。于是，教师在准确把握学情的基础上，以学定教，从“锦”的字义入手，让学生观察“锦鸡”和“孔雀”的外形，让学生感知“锦”的字义，接着引出“锦缎”“锦旗”等词，既突破难点，又丰富了学生的词汇量。】

5. 今天要学的生字，都悄悄地躲进这些动物的名字里边儿。它们跑出来，还能认识吗？（出示生字卡片：孔、锦、鹂、灵、雀、鹰）抽读。读时，重点指导好以下几个字。

(1)“鹂”：是一个典型的形声字。左边的“丽”和它的音有关，右边的“鸟”和它的意思有关。

(2)“灵”：在哪儿见过呀？

(3)“雀”：还有许多动物的名字里边，也有这个生字。小朋友，你知道有哪些吗？如果有学生组“喜鹊”一词，教师立马纠正这是同音字，即这里不是“喜鹊”的“鹊”，并把“鹊”字板书在黑板上。（课件出示名字中带有“雀”字的鸟）它们个个小巧玲珑，难怪咱们的“雀”字上有一个小字，下面是“隹”字部。“隹”字部还在我们今天认识的生字“鹰”字里。“鹰”可不是一只小小的鸟哟！在广阔的蓝天上有一只雄鹰（师用手书空“广”字，课件出示雄鹰飞翔的图片），这只雄鹰是怎么飞的？雄鹰在蓝天上飞得很高，飞得很有力。所以，文中说“雄鹰”……（课件出示句子：“雄鹰翱翔在蓝天。”）抽生读句子，齐读。

【导师点评：“雀、鹰”这两个字的笔画复杂，学生难以分清，易写错。教者摒弃目前低段识字教学中盛行的主观臆造的“会意记字法”，而是从字源入手，一是引导学生正确地区分与辨析这两个字，二是引导学生在了解字义的基础上正确识字。】

6. 是呀，“雄鹰”的家在蓝天，“老虎”在哪儿呢？（师出示词语卡片：丛林深处）折出“丛”字，这是个生字，大家再读读，平舌音读得真准。谁能想办法记住它？“加一加”这办法真好。师遮住“丛”字下面的一横，这个“从”字，我们以前学过。它可以组成哪些词语呢？

7. “丛”字加上这一横，它的意思就不一样了。这个“丛”字最喜欢和植物交朋友，当它和许多花在一起，可以组成“花丛”；当它和许多草在一起，可以组成“草丛”；当它和许多树在一起，可以组成“丛林”。老虎就住在……（丛林深处）

8. 老虎生活在“丛林”里边，而胖胖的熊猫在竹林里干什么呀？学生齐读生词卡片“嬉戏”。（师折出“嬉”字）大家得注意这个“嬉”字。它的右边是“喜欢”的“喜”字，加上女字旁，它就读一声“嬉”。学生齐读三遍。

9. 这么多可爱的小动物，我们应该怎样对待它们呢？大家说得不错，书上也告诉我们“保护动物要牢记”。生齐读句子“保护动物要牢记”。

10. 学生读生字“护、牢”，想想用什么方法来记住它们。记这两个字跟记“丛”的方法差不多，都用了“加一加”的方法。

三、读通句子，读通儿歌

1. 这些生字，我们都认识了。老师相信当它们回到儿歌中，你们一定能够读准字音，读通句子，读通儿歌。请学生选自己喜欢的句子练读练读。

2. 抽读句子。

(1)喜欢孔雀锦鸡的小朋友在哪里？（生读这句）

(2)喜欢雄鹰的孩子赶紧接着读呀！（生读这句）

(3)难道雁群就没孩子喜欢吗？（生读这句）

(4)谁喜欢威风凛凛的老虎呀？（生读这句）

(5)声音像百灵鸟的孩子快读读吧！（生读这句）

(6)熊猫是我国的国宝，咱们一起来读。（生读这句）

3. 同桌互相拍手读儿歌，师生齐读儿歌。

四、规范指导，漂亮书写

1. 是啊！保护动物是大事，让咱们把这句话记下来吧。

2. 田字格里的字，是咱们今天要学写的生字。这三个左右结构的字有什么特点？要写好它们，我们需要注意什么？请先好好地读帖，再看看该如何写好它们。

3. 教师边归纳，边范写“保、护、物”；学生齐读板书：“保护动物”。

4. 师范写“牢”字。

5. 生书写“保、护、物、牢”这四个字。

6. 师生互评学生写的字。

五、总结全文，强化文意

1. 只要大家牢记老师教的写字秘诀，就一定能把字写得更漂亮。

2. 同样的，只要我们牢记保护动物，就能和动物交上朋友。

附：板书

识字 7

牢 记 保 护 动物

【导师点评：板书设计简单而巧妙，既重视书写示范，又浓缩了文意，即保护动物，真可谓一举两得。】

【课后反思】

在"三重视"中求有效

《识字 7》是一首节奏欢快、令儿童喜爱的拍手歌。虽然，这首儿歌很简短，但是识字量不少。结合本课重点，我作了比较精心的设计。

一、重视识字教学

对本课要认识的 10 个生字进行分类教学，先认识与动物相关的生字，因为大多数孩子都非常喜爱小动物。周末家长都喜欢带孩子们去动物园参观；孩子们订阅的《课堂内外》《世界儿童》《学语文之友》等杂志上，就有许多关于小动物的文章；孩子们平时喜欢看的动画片，里边的动物形象可说是数不胜数，好多都"深入人心"了。于是乎，当我开课时，一说到"花冠头上戴，锦袍披身上，尾巴像扇子，展开很漂亮"。孩子们马上就七嘴八舌地说出是孔雀。随后一张张卡片上，写着各种各样动物的名字，看见熟悉的动物名字，孩子们读得特带劲；遇到不熟悉的动物，孩子们的眼中又闪烁着好奇的目光，仿佛眨巴着一双双灵动的眼睛在问我："老师，这是什么动物呀?""它住在哪儿呀?""它喜欢吃什么呀?"……孩子们心中那好奇的"小匣子"被打开了，当然就学得更投入了。

随后我再带着孩子们认识其他的生字。对于这些生字的学习，没有面面俱到，平均用力，而是因其不同，有的强调读音，如："鹰、灵、丛、锦"这四个字是孩子们在读音上容易忽略的地方，一开始有的孩子就把"锦"字读成了后鼻韵，及时纠正以后，孩子们不仅读准了字音，还为后面的读词、读句打下了坚实的基础；有的则通过辨析字形帮助孩子们熟记这个字，如"雀"和"鹰"字，抓住相同部件，而"丛"和"锦"字，孩子们通过一个个鲜活的词语，很好地理解了字义，并且丰富了自己的词汇量；还有的用已有的识字经验熟记，尽量遵循汉字本身的规律，以突出本课的重点，突破识字中的难点，让孩子们从音形义三方面更好地认识了这些生字，凸显了识字教学的有效性。

二、重视朗读教学

虽然这课是识字，但它是凭借语言材料识字。重视朗读，也是这课不可小视的教学内容。读字时，强调孩子们要读准字音；读词时，不仅要读准字音，还应连读，不能把一个词拆成两个字来读；读句时，我先让孩子们选择自己喜欢的句子读，一听这话，孩子们迫不及待地开始读起来，都想把自己喜欢的句子读好。随后创设情境让孩子们读句，我则仔细倾听，字音读准了吗？读句时有没有唱读现象？注意停顿了吗？虽说《识字 7》是一首儿歌，读起来有一定的节奏感，但还是有孩子读起来"拖声拖气"的，这时教师的范读就十分重要了。对于二年级的孩子来说，"抑扬顿挫"、"停顿"这些词不一定要告诉他们。孩子们的模仿能力是很强的，只要他们认真倾听老师的朗读，并学着读，句子读出来的感觉就不一样了；在读好每一句的基础上，读儿歌就变得更容易了，不过这时短短的儿歌已经被孩子们读了好多遍了，不少孩子有了倦怠感。于是我抓住这首儿歌的特点，让同桌的两个孩子拍着手一起读。在读之前，我们不妨看看，班里的孩子是单数还是双数，如果是双数好办，单数怎么办呢？老师可以走下去，走到孩子们中间去，和他们一起拍手读儿歌，师生间的距离在这首儿歌中拉近了。一字、一词、一句、一首地读，让孩子们读得更扎实；自读、抽生读、齐读、分男女生读、拍手读，让孩子们读得更有趣。把“实”与“趣”结合起来，往往能使我们的朗读收到事半功倍的效果。

三、重视书写指导

进入二年级，学生认识的都是合体字。这些字的每个部件，学生都已经会写了，关键是如何在写时让这些合体字搭配和谐，这是教师应该关注的重点。因此，在本课写字教学中，我不吝时间，给予指导和示范，其目的就是想既引导学生感受汉字构成的美好与神奇，又让学生能写一手漂亮的汉字。如，在指导写字时，我舍去了以往逐笔分析的习惯，以板块化的方式进行指导，引导学生观察、描红。许多教师在上课时往往忽略了描红这一环节，我们不妨仔细看看，在一年级上册的教材中，生字的描红部分，编者是把它每一笔、每一画几乎都写出来的，一年级下册和二年级上册的教材中就只有生字的整体描红了，二年级下册的教材中就没有描红了。我想编者的目的首先在于让孩子们感知每一笔画的位置，然后随着孩子年龄的增大，观察能力的提高，逐渐让孩子们感知整个字的间架结构。描红就是让孩子们了解这个字在田字格中的位置，部件与部件之间是如何搭配的，关键笔画是如何穿插的。在观察、描红的基础上，孩子们自己动笔写时，就更加“驾轻就熟”了，切实提高了写字教学的效率。

通过这课教学的研究与实践，我深深地体会到依据年段目标，结合学情，精心设计教学是多么重要。

画　风

（人教版课标教材二年级下册）

重庆市渝中区大坪小学　杨宏宇

【文本解读】

捕捉童趣，摹写童心

人教版小学语文二年级下册《画风》一课是很普通的一篇课文。这是一个以儿童生活为主题的小故事，讲的是三个孩子互相启发，互相激励，用不同的办法画出了风。课文通过这个小故事，让孩子们懂得做什么事情都要动脑筋的道理。

“画风”，这个题目引起了课文中的小朋友思考，也引起了我们的思考。风看不见，摸不着，怎么画呢？课文中的三个小朋友一起画画，本来陈丹说：“风，看不见，摸不着，谁也画不出来。”看了赵小艺的画后，陈丹却说：“我也会画风了。”三个好朋友互相启发，互相激励，结果他们用不同的办法画出了风。

课文中三个孩子的思想很有趣，他们敢想敢做、相互协作的精神，也有一定的代表性：我们喜欢宋涛，因为他敢想，善于提出问题；我们也喜欢陈丹，她敢于修正自己的错误认识，善于向别人学习；我们更喜欢赵小艺，你瞧她，“眨眨眼睛，想了想”，她敢于迎接挑战，善于思考问题、解决问题。

本单元的主题是培养学生爱动脑、勤动手的好习惯；培养学生的创新意识和实践能力。本单元的其他几篇课文：《动手做做看》、《邮票齿孔的故事》也都有着相似的主题。

在教学这篇课文的时候，我看见很多老师都重视同样一个话题：“动动脑筋，思考问题。”教学流程通常是：大家读过哪些写风的句子？今天我们来学习《画风》这篇课文。读课文、认生字，知道要动脑筋思考问题。教学这篇课文，看起来非常简单：读通课文，学会生字，理解意思，就好了。

我相信，这篇课文的确有这么一个重点，但问题是，仅仅如此吗？编者编入这篇课文，仅仅只有这样的意图吗？这篇生动有趣的课文，如果我们进行更深入的解读，看到的又是什么呢？

写到这里，我想起周一贯先生的话：“百分之七十的课堂都有问题，都源于教师研读教材和把握教材的欠缺。”“我发现许多教师在教材还没有读完第二遍的情况下就在研究怎么教了……岂不知皮之不存，毛将焉附！”

这是一篇用儿童的眼光来看世界的课文。

“除了宇宙，最可爱的只有孩子。和他说话不必思索，态度不必矜持。抬起头来说笑，低下头去弄水……”这是世纪老人冰心在她的第一首诗中对儿童的赞美。“儿童就是美”的思想贯穿于冰心一生的创作中。

大人常常会觉得,这篇课文平淡无奇,既没有曲折的故事,也没有动人的传说,不过是一个简简单单的小故事,无非是说遇到事情要多动脑筋,寻找事物之间的联系。知道这个道理,然后学习几个生字,就完成了课文的教学。

但是,如果我们站在儿童的角度上来看,这篇课文完全不是我们看到的那个样子!

漫画家几米,是一个善于体会童心的人,在他笔下,我们看到一个与成人世界完全不同的儿童世界:“我们没有错啊,我们的错,归根结底,都是大人们的错。”“人不是鱼,怎会了解鱼的忧愁。鱼不是鸟,怎会了解鸟的快乐。鸟不是人,怎会了解人的荒唐。你不是我,怎会了解我。”是呀,我们大人,什么时候想过去了解孩子呢?

台湾作家三毛,在写有关理想的作文中,写道:“我的志愿是——我有一天长大了,希望做一个拾破烂的人,因为这种职业,不但可以呼吸新鲜空气,同时又可以大街小巷地游走玩耍,一面工作一面游戏,自由快乐如同天上的飞鸟……”在大人看来,一个孩子的愿望是长大了捡垃圾,那是多么愚不可及的事情。但在孩子眼里,这一切是真实的、自然的、有趣的。什么是童心?童趣?孩子的世界和我们根本不一样。

在解读文本的时候,如果只用成人的眼光读,就会把课文读得深;如果常常将自己当作一个儿童,揣摩自己的阅读过程,会在阅读的过程中产生许多好奇的问题,沿着这些问题,你往往会有许多独到的发现。

《画风》课文先是写:“他们在洁白的纸上画了房子、太阳、大树,还在树上画了几只小鸟。”站在成人的视野里,我们觉得这几句话平淡无奇,但若是在孩子的眼睛里,这是多么有趣的事情呀!房子、太阳、大树,这个世界多么美丽,多么美好!看,我眼睛里看到的是这样美好的世界,我笔下的大树是绿色的,房子是最美丽的,还有太阳,给予我们光明和温暖的太阳。在读到这几句话的时候,我的眼前是一片明媚的世界,我心情真好!因为我感受到,宋涛他们几个,一定很愉快。等等,我们还有小鸟呢,那在树上跳跃的鸟儿,一定会发出稚嫩的鸣叫,它的声音温婉动听,而且一定有着灵活的身姿!多么有趣的画面呀!哎,把这些画下来的时候,我看到一个美丽的世界!

用儿童的眼光来看这篇课文,我看到三个可爱的孩子,在绘画的时候体验着快乐的心情。所以,读到这句话,我也和他们一起快乐起来了。

我想起在美术课上,教孩子们画自己的家。他们快乐极了,纷纷指着图画告诉我说:“老师,这是我们家的小狗。”他们把狗儿画在房子旁边,完全不按照比例,把它画得跟房子一样大。因为在他们心中,狗狗本来就很重要!他们画一个跳绳的孩子:“老师,我很喜欢跳绳,我天天在小区里面跳绳。”他们画阳台:“下面这个阳台是某某同学的,上面这个是我们家的,我低头可以看见他们家种的花。”那些在我们眼中简单到极点的图画,在孩子们心中可是一个美丽的世界呢!孩子纯真无邪、善良,这是人类最美好、最真挚的情感。孩子用自己的眼光看世界,用自己的心灵感悟世界,是丰富多彩的。阅读教学如果站在儿童的角度思考问题、发现问题,其课堂是妙趣横生的。

写到这里,我深深感叹:我们教书的时候,何曾走进过学生的心灵,何曾去探寻他们的内心世界?我们总是把自己的认识灌输给学生:“看不到,摸不着;花儿见它点头,小草见它弯腰。同学们,你们猜猜,这是什么呀?”学生在几年前幼儿园的时候就猜过这个谜语了，他们何曾会对我们的谜语感兴趣？“你们在平时看书的时候一定积累了许多词语，你能说出与风有关的词语吗？”“你们能用词语来描述看不见摸不着的风，我们课文中有三个小朋友竟然用手中的画笔画出了风。你们知道他们是怎么画出来的吗？”问这些我们习以为常的问题时，我们有没有关注过学生的想法？他们可能早就厌倦了我们日复一日的重复，厌倦了我们明知故问的开课导语。“是的，老师，我早就知道他们怎么画的，因为我读过课文，这个问题真的很简单。但是，我也觉得画风是一件很有趣的事情，如果我有一支笔，我不介意现在就在纸上绘画。可是，我真的不喜欢你这样重复的教学，只是，我的礼貌不让我表达出来。哎，也许你永远都不会知道。”

“还有，每次学语文的时候我都特别喜欢看图画呢，那里面没有文字，却一定有一个很有趣的故事哦！——读到这个地方，老师，我关心的不是他们怎么画出来的，也不是有几个与风有关的词语，我关心的是，他们的生活好有趣哦！所以，我真的好想多读几遍，和他们一起快乐地画风！”

再往下看：

宋涛说：“谁能画风？”

陈丹说：“风，看不见，摸不着，谁也画不出来。”

读到这里，我相信，宋涛这个小朋友，一定因为自己这个奇思妙想而得意至极，他可能朝着同学们眨眨眼睛，甚至仰起脸，一边努力思索答案，一边在心头盼望自己最早想出来，甚至在为自己能想到这个问题而高兴。而他这个问题，显然点燃了同学们的兴趣，激发了大家的好奇：画风？这太有挑战性了！陈丹呢？她可能是个爱动脑筋的孩子，可是总是过早地下结论：“谁也画不出来。”而我们的学生读到这里，他们可能马上想：“风有什么画不出来的？我也会画！”但是一转念：“我怎么画呢？除了课文上的方法，我也画不出来。”每一个孩子都认为自己是最能干的，一年级课堂上，只要你说一声“比比谁最乖”，保证所有的小朋友都坐得端端正正的，他们都认为自己是最好的、最棒的。

孩子眼里，和我们看到的是不一样的世界。儿童最富于想象和幻想，儿童的世界最是千奇百怪、色彩斑斓，要善于洞察儿童的生活经验和心理特点。教材中很多课文是用儿童的眼光来看世界的，有的课文是表现儿童的生活的，有的课文是反映儿童的心愿的；还有的课文充满了童真、童趣、童思。

在读《卖火柴的小女孩》一文时，孩子会提出一连串看似荒诞、匪夷所思的问题：“她为什么不到房子里去呀？”“小女孩为什么会冻死？”“那她为什么不去警察局，警察叔叔会帮助她的！”“小女孩的爸爸怎么会舍得打她呢？”“她的妈妈为什么不来找她？”

《数星星的孩子》这篇课文，我们看到的是一个爱动脑筋的张衡，孩子们关注的，可能是美丽的星空下面，一个孩子仰着头看天空，一边看，一边数星星，那样的画面多么有趣！也许他们还在想：我也要做那个孩子，我也会和他一样数星星，而且，说不定我也和他一样，可以成为一个大大的天文学家！说不定我还能发现新的星球呢！编者也仅仅是让我们教育孩子要动脑筋吗？他们可能也被那数星星的有趣故事打动了吧？

《卡罗尔和她的小猫》更是如此。文章极富童真童趣，卡罗尔一直想有一只小猫，爸爸帮助她，给她登广告要小猫，一下子别人送来了许多小猫。为了解决猫太多的问题，爸爸只好又登广告把小猫送人。当卡罗尔伤心地把小猫都送走时，惊喜地发现她最喜欢的那只小猫留下来了，她是多么高兴啊！读到这里，谁不为卡罗尔找到失而复得的小猫高兴呢？我问学生，你们最喜欢的是哪个地方？孩子们说："喜欢卡罗尔看到小猫的那一刻，因为我也养过动物，我家的狗狗跑回来我高兴极了！"看，站在孩子的视野里，我们读到的是一个欢欣鼓舞的女孩，一个因为小猫留下来而快乐不已的故事，而不是简单枯燥的课文——课文本来生动有趣，我们什么时候把它读得如此枯燥？王林博士坚持把《卡罗尔和她的小猫》这篇在许多人看来一点思想意义都没有的文章选进教材，他就是希望我们的教材和教师，不要扼杀了孩子的童心、童真、童趣！

著名特级教师薛法根说："文本的语言有三个层次：一是适合儿童现时交流的伙伴式语言，学生能听懂，也能自由运用表达；二是适合儿童发展的目标式语言，学生经过学习、模仿就能学会的语言；三是适合文学作品的精粹式语言，这样的语言典范、优美、蕴涵丰富的思想和语言的表达艺术，具有言语智慧，但需要学生具备足够的生活积累、知识积累和情感积累，才能逐渐体悟到。"

不是吗？《画风》里，当宋涛问"谁能画风？"时，大家都开动脑筋想起来。那么他们都想了什么呢？再往下读。

赵小艺眨眨眼睛，想了想，说："我能！"只见她在房子前面画了一根旗杆，旗子在空中飘着。宋涛说："是风，风把旗子吹得飘起来了。"

陈丹说："我也会画风了。"说着，她在大树旁边画了几棵弯弯的小树。

宋涛想了想，他把画上的太阳擦去，画了几片乌云，又画了几条斜斜的雨丝，说："下雨了，风把雨丝吹斜了。"

关于这一部分，一位老师的处理显得童趣十足：

师：你真是一个……的孩子，赵小艺又是怎么说的？

生：赵小艺眨眨眼睛，想了想，说："我能！"

师：赵小艺为什么要"眨眨眼睛，想了想"？

生：因为她动脑筋了。

师：1. 你也是个爱动脑筋的好孩子。

2. 我们来看看她还说了什么话。

生："我能！"

师：她说这句话的时候，心里怎样想？

生：她很自豪。

师：真好，现在你就是赵小艺，请你自豪地把这句话读一读。

师：赵小艺，你读得真好！谁还想当赵小艺，好，我们一起自豪地来读一读。

老师在这里教得很简单，但学生体会到了"她很自豪"。

我相信，任何一个孩子像赵小艺那样想出了答案，都会为自己的敏捷而得意和自豪。赵小艺自豪开心，宋涛为赵小艺想出答案欢欣鼓舞，陈丹说"我也会画风了"，一边是为自己找到办法开心，一边也是自豪得意。读教材的时候，我想我是孩子，一样会为自己的发现高兴，而那种没有虚伪的成人世界杂质的欢喜，就是一种无遮无掩的自豪感：我想出来了，看我真能干！咦，你也想出来了吗？你也不错哦！

老师没有忽略这一点，他让孩子说出来了：你体会一下赵小艺是什么心情？你带着这样的心情来读这个部分。

学生的自豪，不必谦虚。我骄傲，我很聪明。我骄傲，我会画风了。

每一个孩子，读到这里，不也在想自己会怎么画风吗？他们不也认为自己能画好吗？他们不也和赵小艺、陈丹、宋涛一起在心里绘画吗？

不必扼杀孩子的天性，不必隐藏他们天性中的得意。

读吧，读出宋涛的快乐，赵小艺的得意，陈丹的不甘人后。这些本来就是孩子心中真实鲜活的思想，为什么要忽略？

读到这里，孩子们的心里像宋涛、陈丹一样充满好奇，充满思考成功后的得意，他们在心里盼望着老师问："叶圣陶爷爷在河面上、在枝头上找到了风，你们还在哪儿见到过风？能不能像文中这样说一说？"他们一定七嘴八舌，把自己想到的，得意地说出来。

特级教师孙双金说："好的语文课要能启迪学生的心智，点燃学生智慧的火把，让学生智慧的潜能被开发，幽闭的心智被开启，创造的天性被唤醒！唯有情和智和谐统一，语文课的工具性和人文性才能得到有效统一。"

是的，解读教材，要关注儿童心智的启迪；课堂教学，要点燃学生智慧的火把。但这开门的钥匙在哪里？不就是用孩童的眼睛去看课文，和他们一起去寻找最感兴趣的地方，而不仅仅是用成人的眼睛去看待一切吗？

有人说，小学语文教材里有虚伪的完美道德的追求（塑造完美母亲的虚假形象，如《日记两则》），并且"无视孩子的主体地位，常以成年人的意志去粗暴干涉孩童的世界"。

在这里，我们不讨论这个观点是否成立，但我要说，我们在教材解读上，倒真的是常常"无视孩子的主体地位，常以成年人的意志去粗暴干涉孩童的世界"。

当孩子们想出了画风的方法，我们为他们欢欣鼓舞，也容忍、理解他们得意的心情。甚至，我们和他们一起得意："读出得意的语气来。"

请看我们常见的《画风》教案：课文中的三个小朋友各有各的思想，宋涛敢想，善于提出问题；陈丹敢于修正自己的错误认识，善于向别人学习；赵小艺，"眨眨眼睛，想了想"，敢于迎接挑战，善于思考问题、解决问题。所以理解课文后设计一个整合问题："你喜欢哪个孩子？为什么？"这就完全是用成人的解读代替儿童了。

明代文学家李贽言："天下之至文，未有不出于童心焉者也。"捕捉童趣，摹写童心，用儿童的眼睛看教材，用儿童的心灵解读教材，我想，我们才能教得不死板、不生硬、不牵强。

捕捉童趣，摹写童心，用儿童的眼睛看教材，用儿童的心灵解读教材，我们才能把课堂还给孩子，让语文课堂回归它的本真。会用孩子的大脑思考问题，会用孩子的眼光去观察事物，会用孩子的情感去体验生活。我们就能为孩子创设一个自由舒展的平台，给他们心灵的自由、精神的自由、生命的自由。

【教学设计】

简简单单教语文

教学目标

1. 会认7个字，会写"涛、陈、丹、艺"四个字。

2. 正确、流利、有感情地朗读课文，感受小朋友的聪明才智，懂得事物之间的联系，懂得遇事要善于动脑筋、想办法。

教学重难点

会认7个字，会写"涛、陈、丹、艺"四个字；正确、流利、有感情地朗读课文，感受小朋友的聪明才智。

教学准备

生字卡片、课件。

教学课时

2课时。

教学过程

第一课时

一、齐读课题，初知大意

1. 今天，我们学习15课(指板书，学生齐读课题：画风)。

2. 昨天，我们预习了课文，谁能说说课文讲了哪几个孩子画风的故事？(板书孩子的名字)

【导师点评：开课没有矫情，没有旁逸，更没有毫无厘头的作秀，而是开宗明义、干净利落，直截了当地将对课文内容的初步感知与生字词的学习有机地融为一体。如此导入，很简洁，有智慧，值得推崇。】

二、联系生活，认识生字

1. 开火车抽读生字。(卡片出示三个孩子的名字：宋涛、陈丹、赵小艺)真巧，这几个孩子的名字，就是这节课咱们要认的生字。谁来读一读？注意，他们读的时候，大家也别闲着。咱们来当小裁判，如果他读对了，大家就跟着他读；如果他读错了，咱们赶快帮助他。(认读带拼音的生字，强调"宋、陈、赵"的读音，辨析形近字：丹——舟、涛——寿、陈——冻)

2. 看着拼音，大家都会读生字了。现在，老师把拼音藏起来，你们还能认识这些字吗？快向自己挑战吧！教师抽认生字，随后用"艺、涛"两个字组词。

3. 联系生活识字。

(1)(课件出示名字：宋涛、陈丹、赵小艺)再和这几个小朋友打一打招呼吧！

(2)看看，他们名字中出现的这些字，你的朋友或家人的名字中有这些字吗？快给大家说说吧！（教师相机引导：①咱们班上，哪些同学的名字中有“赵”“丹”“涛”等，请补充；②动物园里，有一种鸟叫“丹顶鹤”，它的名字里也有“丹”。）

4. 是呀，在生活中，这些生字常常出现！咱们再读一读这几个小朋友的名字。

三、分析比较，漂亮书写

1. 小伙伴的名字我们都认识了，要是能写下来多好啊！翻到68页，看到“我会写”，请用铅笔圈出“陈、丹、涛、艺”四个字。今天，我们学的名字中，这四个字都要求会写呢。

2.（指导写正确）这几个字，或是别人的姓，或是别人的名。把人家的姓与名字写正确，这可是对人家的尊重哦！

3. 请仔细地读帖，看一看，这四个字哪里容易写错，赶快给大家提个醒吧！

（1）出示“丹、艺”。

A.“丹”字要注意下半部里没有一点，不要画蛇添足。中间的横写长一点才漂亮。来，咱们一起写一写。

B.“艺”字，上面草字头里的横要写长，下面的横折弯钩，不要写成横斜钩了。来，跟着老师把“艺”的横折弯钩书空一遍。

C. 教师范写，学生在课本上认认真真地写两个。

（2）出示“涛、陈”。

A. 现在，我们要写两个较难的字。大家可要看清楚哟！瞧，这两个字的结构一样，都是……（左右结构）写的时候，要注意其间搭配的比例，都是……（左边窄，右边宽）

B.“陈”字不能和“阵”混淆，一个右边是“车”，一个右边是“东”。“涛”的右边笔画多，左边的三点水还要写得窄一点。

C. 教师范写，学生在课本上漂漂亮亮地写两个。

（3）（展示孩子的“作品”）瞧，我们注意了笔画的位置、部件的摆放，字就会写得正确、规范、漂亮。

【导师点评：认好了字，还要指导学生写好字。这是语文教师义不容辞的职责。因为，这些都是学生所必备的母语基础，万万不可轻描淡写。本课的写字教学指导真可谓细致精致，一丝不苟，循循善诱。如，有关键部位的提醒，有重点笔画的强调，有部件之间的搭配，有形近字的辨析……林林总总，具体入微，教师没有丝毫的懈怠。如此到位的写字指导，长此以往，必将让学生终身受益。】

四、分段练读，读通读顺

（一）读一自然段，感知大意

1. 咱们认识的三个小朋友的名字，都集中在第一自然段。谁能把这一段读通读顺？请学生先自由练读。

2. 抽个别学生正确、流利地朗读。

3. 他们读得很流利，大家能像他们那样把课文读通吗？请拿起书，一起来读一读。

4. 通过刚才的朗读，谁来说一说这一段主要讲了三个小朋友在做什么？画了什么？（高高的房子、火红的太阳、绿油油的小树）多美啊！你能把这一段读好吗？一起再读一读吧。

(二)读二、三自然段,感知大意

1. 三个小朋友画了……(房子、太阳、大树)画这些东西很简单,大家要做到这点没有问题。这时,善于思考的宋涛提出了一个新问题。谁来扮演宋涛,问一问大家?注意要读出问话的语气。抽学生试读。谁再来问问?请男同学一起来读这句问话。

2. 从这句问话,我们听出来了,画风真不容易呀。难怪,陈丹听了,她也为难地说:"风看不见……"(引读陈丹的话)是呀,风看不见……(再引读陈丹的话)

【导师点评:在阅读教学中,教师没有以内容分析为主,"深挖洞",穷追猛问,而是针对二年级学生的学情,首先是不吝时间,真真切切地引导学生读好长句,读通读顺自然段,再正确、流利地朗读课文。同时,又疏通文意,感知内容,以激发学生阅读的兴趣,让枯燥单调的朗读变得有情有趣、有滋有味。毫无疑问,重视朗读是低年级阅读教学的重心之所在。试想,如果学生连课文都没有读通,又如何去理解内容、习得语言、感受阅读的兴趣呢?】

(三)读四至八自然段,感知大意

1. 这风啊,看不见、摸不着,的确不好画啊!难怪,我们的学习小伙伴看到《画风》这个课题,他也在问……(引读泡泡话)

【导师点评:低、中段的课文中,穿插了很多泡泡话,它们或引导学生质疑,或启发学生联想,或提示学生联系上下文解释词语,或促使学生与文中的人物或情景产生共鸣……由此可见,泡泡话也是有效教学不可或缺的重要资源。如,在通读课文时,教者借助泡泡话,既指导学生读好问句,又巧妙地感知画风的艰难。】

2. 风,真的画不出来吗?请赶快读一读四至八自然段。读通这些自然段,你就知道这是怎么回事了。

3. 抽读:谁把这几段都读通顺了?哪个大胆的小朋友敢来读给大家听听?(抽学生分段读。)其他的同学,继续当小裁判,听听生字的音读准了吗?句子读通顺了吗?

4. 他们读得这么好,是有窍门的,那就是……(读好了长句子。)(课件出示:四个长句)抽读第一个长句,教师相机点拨读法。后面几个句子先让学生自由读,再请一个学生读,然后齐读。

5. 读通了长句,再读课文就不难了。来,咱们把长句子送回课文里去,看谁能把课文读通顺。(分大组读文)这么多孩子都愿意参加。好,咱们分大组扮演吧!

6. 读通了课文,学习小伙伴提出的问题,你们能回答了吧?谁来告诉大家,三个小朋友是怎么画风的?(板书:画风的方法)你们从课文中的哪些句子中知道,他们是这样画风的呢?(生读相关句子)瞧,多好的方法啊,抓到关键句子,问题就解决了,内容也就了解了。

7. 通过飘扬的旗子……把看不见、摸不着的风画了出来。这三个小朋友给你留了什么印象?(聪明)

8. 对文中人物有了这样的感情,咱们再读这几段的时候,一定会读得不同。咱们分角色再读一读这几自然段!

(四)读九自然段,感知大意

1. 学习小伙伴又给我们提了一个问题……(我还有……)你能想出和他们不一样的

画风方法吗?

2. 同学们想着,说着,瞧这三个小朋友正说着,画着……(引读这一段)

3. 风吹斜了雨丝,吹弯了小树,吹起了旗子……一切都显得那么可爱,那么有趣,画中的景物好像“都在动”。一张张画显得“更美了”。咱们美滋滋地读一读这段。

【导师点评:识字是为了更好地阅读;阅读是为了巩固识字,并体验其乐趣。这样的教学,既简单又有效,值得推崇。】

五、通读全文,小结内容

1. 多有趣的课文呀! 孩子们,让我们伴随着活泼欢快的音乐,把课文完整地读一遍。

2. 看来认识了生字,读通了课文,要了解课文的意思是很容易的。

六、课堂练习,巩固识记

1. 听写生字词:宋涛、陈丹、赵小艺。

2. 比一比,再组词。

丹(　　) 涛(　　) 陈(　　)

舟(　　) 寿(　　) 冻(　　)

附:板书

15. 画风

赵小艺	旗子飘
	风车转
陈丹	小树弯
宋涛	雨丝斜

第二课时

一、回顾引入,整体感知

1. 这节课,我们继续学习《画风》,再读课题。

2. 听写生字词,复述内容。

二、直切重点,朗读感受

1. 读第4自然段,你感受到什么?(赵小艺的自信与聪明)从什么地方体会到的?(眨眨眼睛、想了想、我能……)有感情地朗读课文。

2. 读第5自然段,想想宋涛为什么又惊又喜。(一开始不知道怎么画风,现在知道了,所以宋涛……)

3. 读第6、7自然段,我们知道了在赵小艺的启发下,大家都会画风了。

(1)陈丹画的是……(小树被风吹弯了。)读句子“她在大树旁边画了几棵弯弯的小树”。多么善于思考的孩子啊! 用“弯弯的小树”告诉我们风来了。

(2)宋涛画的是……(几片乌云,几条斜斜的雨丝)用“斜斜的雨丝”来表示……(风来了)

4. 读第8自然段,赵小艺还画了……(拿风车的小男孩,风车在呼呼地转。)他用“呼呼地转”来表示风。

5. 三个小朋友不同的画风方式，都反映了……（他们的聪明才智，懂得事物之间的联系，懂得遇事要善于动脑筋、想办法。）

三、提升认识，分角色读

1. 学到这里，你们分别想对三个小朋友说什么？（①我想对赵小艺说，你真聪明！能想出两个画风的方法。②我要对赵小艺说，你是最先想出怎么画风的，真了不起！③我要对宋涛说，你一开始不会画风，但是你注意观察了，也会画风了。④我要对陈丹说，你一开始认为风看不见画不出来，可是后来你也发现了可以用“弯弯的小树”来表示风。真爱动脑筋！）

2. 旗子飘，小树弯，风车转，雨丝斜，都是因为有风的缘故。风虽然不能直接画出来，却可以通过画与风有关的事物表现出来。三个孩子动脑筋思考，分别用不同的方法画出了风，真了不起。

3. 同学们都想当这几个爱思考的孩子吧！咱们来分角色有感情地朗读课文。

四、熟悉语言，习得语言

1. 用下面的句式说一说三个小朋友画的风。（课件出示句式：“风来了，风把______吹______了，风藏在______________。”）（①风来了，风把旗子吹飘起来了，风藏在飘动的旗子里。②风来了，风把小树吹弯了，风藏在弯弯的小树里。③风来了，风把雨丝吹斜了，风藏在斜斜的雨丝里。④风来了，风把风车吹转起来了，风藏在呼呼转的风车里。）

2. 你肯定也发现了风藏在哪里？你想怎么画风呢？请用这样的句式说一说。（①风来了，风把头发吹乱了，风藏在乱乱的头发里。②风来了，风把树叶吹落了，风藏在落在地上的树叶里。③风来了，风把白云吹散了，风藏在散开的白云里。④风来了，风把柳枝吹动了，风藏在摇动的柳枝里。）

五、理解语言，运用语言

1. 从小朋友的画中，我们看到了风。风，就在我们的身边。这时，真的来了一阵风。看到这有风的画面，你感觉怎么样？请用“显得”说句话。（①这幅幅画好像真的在动，显得更美了。②……显得更有意思了。）

2. 齐读最后一段，读出自己的感受。（出示大雨前后的树叶图对比）请看，一场大雨过后，树叶显得……（更干净了；更娇嫩了……）“娇嫩”这个词用得好，这是在第 7 课中学到的。你不仅懂得积累，还学会了运用，真能干！

3. 请用“显得”这个词，联系生活说一说话。（①妹妹穿上新校服，显得更好看了。②教室经过粉刷，显得更干净了。）

4. 有了雨，树叶显得更加娇嫩；有了风，画显得更加美丽；有了同学们的认真观察和思考，连画看不见、摸不着的事物都显得不那么难了。

六、课堂练习，巩固所得

1. 用“风来了，风把______吹________了，风藏在________________”的句式，选写一句书上小朋友画的风，再写一句自己想画的风。

2. 用“显得”造句。

【课后反思】

追逐童心,探索童趣,教学随童情

在《画风》的教材研读里,我提到了"用童心看世界,以童心读教材"的观点。事实上,这篇课文的教学设计,我们也是以此为法则的。

那么,童心在哪里？童趣在哪里呢？

首先,是开课的简单干净。

没有漫长的导入:"你知道哪些与风有关的故事？""谁知道这个谜语说的是什么？"也没有过多的课外信息引入:"我们来读一首关于风的诗。"而是简单的设问:"谁能说说课文讲了哪几个孩子画风的故事？"因为我相信,那些谜语也罢,故事也罢,诗歌也罢,都不是与本课必然有关的,何不把时间节省下来,进行我们后面的趣味解读？我看到一个教案是:"同学们会读黑板上的字吗？(风)会唱带有"风"字的歌吗？(指名唱)有风吗？(有)我们还读过不少有"风"字的诗句,谁来几句？(指名背)现在我们听听是什么声音？(放风的声音)你听到了这是怎样的风？平时,我们还感受过怎样的风？"我算了一下,那大概要花掉10分钟的时间。我相信,语文课堂不是浅层次的张扬,也不是肤浅的旁征博引,更不主张华而不实的渲染、冗余累赘的堆砌,而是希望充满着儿童本真的情性、个性、童真。

在这篇课文的公开课教学观摩活动中,听课老师真的提到这一点:"你们的公开课上得真简单,很真实,一点都没有那些花里胡哨的东西。我觉得这样的课堂更有意义,对我们的随堂课教学真正有指导作用。"

我相信,课堂越简单,留给我们玩味课文的时间就越多。

其次,是生字教学的童趣盎然。

这篇课文必然是以生字学习为主,这是二年级教学的主要任务。我们的重点恰恰也放在这里。

有与课文内容紧密联系的生字学习——开火车抽读生字。(卡片出示三个孩子的名字:宋涛、陈丹、赵小艺)"真巧,这几个孩子的名字,就是这节课咱们要认的生字。谁来读一读？注意,他读的时候,大家也别闲着。咱们来当小裁判,如果他读对了,大家就跟着他读;如果他读错了,咱们赶快帮助他。"

有趣味盎然的"打招呼"游戏。(课件出示名字:宋涛、陈丹、赵小艺)再和这几个小朋友打一打招呼吧!

有联系生活识字。他们名字中出现的这些字,你的朋友或家人的名字中有这些字吗？快给大家说说吧!

有把生字运用到生活中的趣味。"陈、丹、涛、艺"这几个字,或是别人的姓,或是别人的名。把人家的姓与名字写正确,这可是对人家的尊重哦!

走进新课改这几年,在新课程理念的熏染下,我们的语文课堂不再沉闷与乏味,但是在异彩纷呈的背后我们却看到了语文教学的浮躁与迷失——课堂变得热闹了,语文味儿却变淡了;人文性有了,工具性却缺失了。

现在的公开课，老师们都喜欢选第二课时作为上课内容，而第一课时呢，则长期被大家冷落，并不予理会。是第一课时不重要吗？非也。

大家都明白，第二课时的内容更丰富，上起来更容易出彩。然而，我们的课堂教学不仅仅需要辉煌华丽的“大餐”，也少不了天天所面对的“家常小菜”。人们说，现在的语文教学出现了三个现象：即“目标虚化、文本淡化、双基弱化”。这些问题是怎么来的？也许，是因为教师们眼界过高，脱离了学生的实际。

当我们俯下身子，放低眼界，站在学生的角度看教学的问题时，第一课时——这碟“家常小菜”就显得非常重要。特别是二年级的学生，如何快乐识字，如何让绝大多数的学生都能读通课文，这些问题都是我们在阅读教学中要面对的。

为了让长期“藏在深闺里”的第一课时登上前台，在设计《画风》这课的教学内容时，我们把第一课时作为了展示的重点，其教学的重心定位于：把识字教学与阅读课文结合起来，让学生饶有兴趣地读通读顺课文。

回想第一次设计教案时，定位偏高了，想让学生读得深一些，想让更多的内容同时在一堂课中呈现。于是，课堂中除了识字教学，还有内容理解，思维拓展。结果上起来教师感到难，学生学起来也感到难。总结其原因，就是眼界放得太高的缘故。

所以，关注童心，回归真实，是这堂课教学的一个基本点。

在课文教学中，也重视了童心的流露、童趣的真实。

我认为，课堂不应该人为制造“高潮”，不刻意追求完美，而是遵循课堂的自然生态，追寻学生在课堂上心灵拔节成长的自然之音。真实、和谐、温暖，这就是美丽的境界。

有人说，一节课40分钟是个常量，课文的长与短却是个变量，课堂教学抓几个词就够了。抓几个句子，好好读，细细品味，通过比较、对比、联系、扩张、替换、点拨等方式，一点点放大，词的内涵丰富起来的同时，句子的内涵也丰富起来了。句子的内涵丰富起来的时候，文章就立体地出现在学生眼前了。

所以，课堂上我们没有去体会人物的“深刻”思想。有的教案要求学生：“宋涛想了想，他想什么？为什么想了想？你觉得宋涛是个怎样的孩子？”“小艺为什么笑着说？她笑什么？为什么笑？”“现在我就来扮演他们，你喜欢谁就扮演谁，先自己读好句子。先自己扮演，再小组扮演。”

这堂课没有这些复杂的解读，通通没有。只是很简单地让学生扮演宋涛的角色，问一问大家，请读出问话的语气。

“如果你是赵小艺，你是什么心情？得意吗？好，读出得意的语气。”

“陈丹听了，她是什么心情？读出为难的样子。”

“从“我能”后面那个感叹号，你体会到他什么心情？读出感叹号的味道。”

就是这么一读，一问，再演，让学生把自己当成宋涛，当成陈丹，当成赵小艺。通过表演读，让学生去体会他们的心情，去体会这几个孩子不同的角色、不同的性格、不同的心态。

我认为，这样简单的教学，才能回归课堂的本真。而让学生自己去体会的方法，才能让他们的童心得到彰显，童趣得到释放。

我读陈丹，我喜欢她思考的样子。我读“我能！”我感受到他们想出来了，真高兴啊！

我读宋涛，我知道他给大家出了一个难题，心里都得意。我读赵小艺，她也想出办法了，她也很聪明，啊，我喜欢她。

“你最喜欢谁？”喜欢谁都好，每个孩子都有他的优点，我喜欢的，是那种自由自在、无拘无束，不束缚学生思维，不用教师的解读去打乱学生童心感受的课堂状态。一位哲人说得好：“正是儿童承袭着人类最初的诗性性格，他们的智慧既指向了眼睛看到的地方，也指向心灵看到的地方。”情趣就是这样激发了学生学习的积极性和主动性，让学生的童心诗意地栖居在语文天地中。

学完了以后让学生自由发挥：

“你能想出和他们不一样的画风方法吗？”

让学生自由书写：

“谁也没有看见过风，不用说我和你了。
但是红旗飘动的时候，我们知道风在那儿了。

谁也没有看见过风，不用说我和你了。
但是江面上波涛翻滚的时候，我们知道风在舞蹈了。

谁也没有看见过风，不用说我和你了。
但是花儿微微点头的时候，我们知道风来游戏了。

谁也没有看见过风，不用说我和你了。
但是风筝在空中自由飞翔的时候，我们知道风正走过了。”

语文课堂原来本身就充满了童真、童趣、童韵，关注童心，摹写童趣，我们的课堂会因为真实、淳朴而精彩动人。

最大的“书”

（人教版课标教材二年级下册）

重庆市渝中区第二实验小学　张莉

【文本解读】

“书”，耐人寻味

一提到“书”，我的脑海里会很快地蹦出这样一句至理名言：“书是人类进步的阶梯”。是啊，它记录着人类的一切成就，我们凭借它交融情感，取得知识，传承经验。它对人类文明的发展，贡献至巨。

人教课标版第四册教材第五组课文却将带领孩子们去读一本不一般的“书”。它是庞大的、无价的、千奇百怪的，那上面有雨点留下的脚印，有波浪奔腾的足迹，有丰富的矿藏，还有由树叶、贝壳、小鱼组成的图画……历史的变迁、大陆的沉浮，都写在这本耐人寻味的“书”里。它就是第19课——《最大的“书”》。

一、读单元，耐人寻味

纵观第五组的四篇课文，是围绕自然现象、自然景观来编排的，内容十分丰富。《古诗两首》中“诗仙”李白用极其夸张的浪漫主义创作手法，再现了庐山瀑布的雄伟壮丽；“诗圣”杜甫的诗一句一景，动静结合，有声有色地为我们展现了草堂周围多姿多彩、清新开阔的自然景观。《雷雨》语言清新、活泼，为炎炎夏日送来了凉爽的风、美丽的虹。《最大的“书”》和《要是你在野外迷了路》将自然科学知识娓娓道来。

日月星辰、风云雷电、山川树木、花鸟虫鱼……大自然是一幅多姿多彩的画卷，它向孩子们展示了秀丽的自然景象。大自然更是一座巨大的知识宝库，而《最大的“书”》就是其中的一本。它将引领孩子们走进大自然，汲取自然科学知识的琼浆，得到更多的乐趣，发现更多的秘密。

二、读课题，耐人寻味

《最大的“书”》，这是一个多好的课题呀！简洁的词语、特别的符号是那样的耐人寻味。这个“最大”，是指它的体积厚重，或是内容丰富，还是它的价值无限？这是一本怎样的书呢？而且，书，为什么要加引号呢？这一连串的问题仿佛是从泉眼里涌出的小泡泡，伴随着浓厚的求知欲，在童心中升腾，闪耀着思维的七彩光华。简简单单的四个字构成的课题，仿佛是一面醒目的、迎风招展的信号旗，向孩子们发出了热情的旗语：去阅读这本“书”！去探索“书”中的奥秘！

三、读课文，耐人寻味

“一天，爸爸带川川去爬山。爬到半山腰，他们看见一位地质勘探队员，正趴在一块大石头上看什么。”

课文一开头，就用简明扼要的两个句子，将故事发生的时间、地点、主要人物叙述得很清楚了。一个“趴”字，用得多准确！把叔叔认真工作的形象描绘在孩子们眼前。此时，叔叔正手握放大镜，半跪在地上，上身趴在一块大石头上仔细地搜寻着什么。他的身旁还放着一个硕大的行囊，可见他长年翻山越岭，在野外风吹日晒。那专注的神情、满怀的希望，都通过一个动词——“趴”跃然纸上。

川川走过去，奇怪地问：“叔叔，您在看什么？”

“我在看‘书’呢！”

川川多可爱呀！有心的孩子们一定会捕捉到从文字中传递出来的信息：川川爱观察，他爬山可不仅仅只为了“一览众山小”，还在关注沿途中的景、物、人。叔叔的举动引起了他的注意，也激起了他的好奇心，所以他会“奇怪地问”。而问话中的“您”字，表现了川川彬彬有礼。

叔叔的回答也挺有趣，明明在看岩石，怎么说是“看‘书’”呢？这个“书”字与课题中的“书”字可不一样，用了单引号。原来，在双引号引用的句子里再用引号还有讲究哩！

“哪里有书啊？”

“岩石就是书啊！你看，这岩石一层层的，不就像一册厚厚的书吗？”

哦，这最大的“书”指的是岩石啊！课文用了一个反问句，既说明了岩石一层一层的，与一册厚厚的书形似，又增强了表达的效果。孩子们读到这儿定然会恍然大悟。

川川认真地问：“这上面有字吗？”

“有。你来看，这是雨点留下的脚印，叫雨痕；这是波浪的足迹，叫波痕；还有这些闪光的、透明的，是矿物。它们都是字呀！”

既然岩石是书，那上面一定也有文字和图画吧。川川认真地问，叔叔耐心地答。雨痕、波痕、矿物，都是字。“脚印”与“足迹”是一对近义词，这种拟人的手法，让孩子们仿佛看到了雨点飘落、波浪冲刷的情景，似乎还听到了沙沙的雨声和哗哗的涛声。这是多么生动的一本“书”啊！

川川又问：“这上面有图画吗？”

叔叔说：“有。你看，这儿有树叶，有贝壳，那儿还有一条小鱼哩！”

叔叔的两次回答都简短地用了一个“有”字，突出了这本厚厚的“书”与孩子们平日里读的纸质书和电子书是一样的，都有文字和图画。但是，它们又有很多的不一样，这“书”上的文字和图画，都曾经是鲜活的生命！如今，静静地写在“书”上，画在“书”上了。

“这能说明什么呢？”

“它告诉我们，在很久很久以前，这里是一片长满树木的陆地。后来，陆地沉下去了，这里就变成了大海。又过了很多很多万年，海底慢慢上升，这里又变成了高山，就是我们脚下的这座山。”

叔叔的回答给孩子们讲述了地质的科学奥秘，但他的语言并不深奥，更不乏味。“很久很久以前”、“很多很多万年”，两个表示时间的词语，让孩子们感受到了历史变迁；“陆地—大海—高山”，三个地质现象的渐变，又让孩子们感知了沧海桑田。因为这里曾是“一片长满树木的陆地”，所以，在这本“书”上，有雨痕，有树叶；因为这里曾“变成了大海”，所以，在这本“书”上，有贝壳，有小鱼；因为这里“又变成了高山”，所以，叔叔和川川才能读到这本厚厚的“书”。联系前文叔叔说的两段话，孩子们就能把这本“书”读懂了。

“读了这本岩石书有什么用呢?”川川总爱刨根问底。

叔叔说：“用处可大哩！它能告诉我们，哪里埋着煤炭，哪里藏着铁矿……把这本书读懂，就能为祖国找到更多的宝藏！”

川川不仅是个爱观察、有礼貌的孩子，还总爱刨根问底。回顾前文，从问叔叔在看什么，到了解读了岩石书有什么用，川川一共提了六个问题，渐渐地明白了这本“书”的外观、文字、图画、意义、作用，由浅入深，这不就是“刨根问底”吗？这样联系上下文理解词语，不但省时省事，而且比生搬字典上的解释更易于孩子们加强词句段篇之间的联系，真是事半功倍啊！

“太好了！太好了！”川川高兴地说，“等我长大了，也要读懂这本最大的‘书’！”

读完课文，川川的兴高采烈，一定会感染每一个孩子。因为，两个“太好了”加两个感叹号，表达的兴奋是多么强烈，愿望是多么美好。孩子们读懂了这本“书”，再补充阅读文本后的“我知道”，了解化石及其成因，也会和川川一样对自然科学知识产生浓厚的兴趣，产生研究探索的欲望。

新课标指出，低段阅读教学，首先要重视朗读的指导。通过集体读、分组读、领读、男女学生对读、配乐朗诵、分角色朗读等多种形式，使学生在阅读实践中将课文读正确、读流利。整篇课文，以叔叔和川川的对话为主要叙说方式。分角色朗读课文，读好人物的对话，沿着这条路径，文本朴实而充满童趣的语言，定然会吸引孩子们一读再读。

四、读“泡泡”，耐人寻味

文本中匠心独运地安排了三位学习小伙伴的出现，他们亲切、自然的语言，是孩子们所亲近而易于接受的，同样耐人寻味。

学习小伙伴吐的泡泡里的话共有三次。第一次是出现在课题下，学习小伙伴问：“书，为什么要加引号呢?”这个问题从课题中的标点符号出发，覆盖面广，可以说是统领全文，既有思考价值，又能激发孩子们的阅读兴趣，同时减少了无意义、无价值的问题的数量。这样就有意识地启发孩子们的思维，培养他们质疑问难的能力。

叔叔说，“岩石不就像一册厚厚的书吗?”第二位学习小伙伴出现在段落旁，他由衷地感叹道：“真没想到！”与此同时，正在阅读的孩子们一定也深有同感，谁会想到岩石是一册“书”呢？在课文的关键点上恰到好处地出示这样的语句，唤醒了孩子们的内心体验，引导他们将自己当作课文中的人物——川川，去感受、体验、思考，去领会作者所要传达的感情，进而通过自己的阅读表达出来。孩子们自然会在小伙伴的提示下，边读边问，边读边思，在入境入情的充分的阅读实践中，自悟自得，渐渐地走进文本。这正是二年级下期向三年级阅读教学接轨的一个通道。

文末，学习小伙伴提出了一个有意思的话题：“你能猜出川川长大以后想干什么吗?”这个话题基于文本的思想内涵，为孩子们创设了一定的想象空间，又能帮助孩子们打开话匣子，与老师、同学交流自己的见解、阅读的感受，及时开展一次读说结合的口语交际活动,从而学习和发展语言。

文本三次出现学习小伙伴的话,不是装饰,也不是点缀。它们从不同的角度出发,各有明确的指向性。有的是在启发孩子们发现问题、提出问题,有的是在促进孩子们自读自悟、主动学习,有的是在调动孩子们的情感因素,使他们的内心真正被课文所蕴涵的美所打动。

五、读生字,耐人寻味

细细品读,识字写字中也蕴藏着奥妙。课文要求孩子们认的生字有 10 个,要求写的生字有 12 个,其中 7 个生字是认写同步的。初读课文、勾画生字词时,孩子们就会发现,"我会认"中的 10 个生字有 8 个集中出现在叔叔说的三段话中,依托着具体的语言环境识字,是最有效也最简便的识字方法。只要把这三段话读正确、读通顺、读明白,灵活运用已经掌握的识字方法各个击破,就能突破识字的难点。在识字读文的同时,也就能理清阅读的思路,了解课文的内容了。

需要补充说明的是,我们不必将学生是否能准确识记脱离开任何语言环境的单个的字,作为衡量其是否掌握了要求认识的字的标准。使学生更多地识字的主要目的是便于他们尽早进入用汉字阅读的阶段,从而培养阅读能力,丰富知识。因此,学生能够在一定的语言环境中识字,即达到了识字教学的要求。在识字要求的把握上,同时,切莫忽视学生个体之间的差异,从而对所有学生作统一的要求。汉字学习是一个反复的、长期的过程,因此准许学生在一定的时间以内在识字数量、识字能力上有差异。

我们再仔细观察"我会写"中的 12 个生字,出现了很多竖撇,如"质、厚、底"的左撇,"铁"字右边的第二撇,"册"字的两撇。这就在提示孩子们,竖撇的书写是重点学习的笔画,也是写字的难点。教师认真示范时,孩子们就要反复观察由竖到撇的变化过程,再反复练习,感悟由竖到撇的自然过渡。写好一个字中的关键笔画,就像找到了主心骨,就能把这个字写端正、写美观。

余下的 7 个要写的生字,"岩、宝、趴、印、刨、埋、陆",都是熟字加偏旁组合而成,在书写上并不是难点。只要用心观察这些生字的笔画在田字格中的位置,注意结构布局合理、紧凑,同样也能写出漂亮的字。

12 个生字是不是集中安排在 1 课时内练写呢? 肯定不能。对于二年级的学生来说,在一节课中写字不宜太多,为避免学生疲劳,写字最好不要集中安排在一节课上进行,而是要分散到每一课时中去。记住,并不是字写得越多越好,而是在教师示范、学生观察、练写点评再练写的过程中去提升写字的质量。

我相信,孩子们在反复诵读《最大的"书"》中,会理解内容,品味美感。在发展自主读书、自主识字、认真书写的能力的同时,还将在课外拓宽视野,阅读相关书籍,丰富自己的知识储备。这正是这本"书"耐人寻味之处!

【教学设计】

识字读文，相得益彰

教学目标

1. 认识10个生字，会写12个字。

2. 朗读课文，读好人物的对话；了解内容，激发学生探究自然知识的兴趣。

教学重难点

1. 会认10个生字，会写12个字；关注生字中竖撇的书写。

2. 读好人物的对话。

教学准备

生字、生词卡片、有关词语图片。

教学课时

2课时。

第一课时

教学过程

一、揭示课题

通过课前短短几分钟的交流，我发现，咱们班的同学都是爱读书的孩子。巧了，这节课，我们也要读一本书，那就是——最大的“书”。（齐读课题）

这本书可不一般，谁再来读一读。（指名读课题）

二、引导质疑

1. 质疑：看看课题，你的脑袋里有什么问题呢？

2. 请小朋友打开书，翻到83页，看看课题下的学习伙伴，他和你们一样也在动脑思考。谁来读读泡泡里的话？（指名读）是啊，这是一本怎样的书呢？

【导师点评：新课标教材中，编者有意安排了不少促思导学的形式，“小泡泡”就是其中之一。它在教材中就一两句话，位置也不固定，时而给学生点拨学习方法，时而启发学生深入思考，时而拓展学生的学习视野……此处“小泡泡”在课题之下：“书，为什么要加引号呢？”这恰到好处的出现，就是有意识地启发学生的思维，培养他们的质疑能力，从而引导学生进行主动性学习。教师以此导入新课，既实现了与编者真正的对话，又经济节约，可谓“低碳课堂”。】

三、自由读文

想了解其中的奥秘吗？请小朋友赶快拿起课本，自由读课文，遇到不认识的字，借助课后的拼音多读几遍，还可以问问老师和同学。

四、随文识字

1. 学习生词“地质勘探队员”，认读生字“质”、“勘”。

谁来说说课文里出现了哪几个人物？（川川、地质勘探队员、爸爸）

（出示词语：地质勘探队员）这个词语可不好读，指读。（必要时分两个词语先练读。）齐读。地质勘探队员长期从事野外工作，非常辛苦，所以“勘”字有个力字旁。齐读，将这个较长的词组读流畅。

2. 课文里，主要写了川川和地质勘探队员的对话。请小朋友再拿起课本，找出叔叔说的话，把那些句子读通顺。（学生自由读部分段落。）

3. 认读并学写“岩”、“册”、“厚”三个生字。

A.（出示第一段话：岩石就是书呀！你看，这岩石一层一层的，不就像一册厚厚的书吗？）这位叔叔对川川说了些什么呢？谁来读读这一段？（指名读）你读懂了什么？

B.（出示词卡：岩石、一册、厚厚的）我们来读一读这几个生词。注意“册”是平舌音，你在哪里看到过它？（教科书上的“二年级下册”）“厚”的反义词是“薄”。除了可以说“厚厚的书”，还可以说“厚厚的……”（扩词练习）。

C. 教学“岩”字。出示图片，请同学们看看图，再看看这个“岩”字，你一定会明白它的意思。（高山上的石壁就是岩。）我们来写写这个“岩”字：“山”要立得高，写在上半格里；“石”要写得大，才能托起“山”，这一横写在横中线上。（教师板书，学生练写。）

D. 再来看看这两个生字。（出示“册”和“厚”的田字格卡片。）请小朋友仔细观察，这两个字有一个共同的笔画，是什么呢？（竖撇）“册”的第一笔是我们今天重点要学习的笔画——竖撇。它的写法是：从上半格起笔，垂直向下，过了横中线再向左撇出。请小朋友伸出你们右手的食指，跟着我一边说，一边书空。（生书空）

请小朋友再仔细观察这两个字在田字格中的位置，然后再工整地把它们写在作业纸上。（生练写，师巡视指导。）

老师发现这位同学的字写得相当漂亮，请小书法家把他的书写心得和大家交流交流。给大家讲讲，你是怎么写好这两个字的？（一生上台展示，自述书写要点。）瞧，他写的“册”字，就像一对孪生兄弟，都长得瘦瘦的，手拉着手站在一起。“厚”字中“子”字的横撇从横中线上起笔，这一横最长。

来，咱们向他学习，再各写一个，老师和你们一起写。（生练写，师板书。）找准每一个字在田字格中的正确位置，写好每一笔每一画，就能把我们祖国的汉字写得很漂亮。

【导师点评：新课标特别强调写字教学，要求学生不仅要有主动识字的愿望，还要有主动写字的愿望。同时，要在写字中感受汉字的形体美。因此，低段的识字课，重视写字指导，是教师义不容辞的责任。教学中，为避免学生疲劳，教师没有将写字教学安排在一课时内集中进行，而是分散到每一课时中去。本课时重点指导了竖撇的书写，以教师与书写较好的学生示范为主，通过师生互动、生生互动的点评，让学生反复观察由竖到撇的变化过程，然后再让学生反复练习，感悟由竖到撇的自然过渡。这样的一丝不苟，是很有必要的。】

E. 学写了生字，我们再来读读这一段话，想一想，“书”为什么要加引号呢？（生回答后师完成板书：岩石 一册厚厚的书）

4. 认读“印”、“痕”。

A.（出示第二段话：你来看，这是雨点留下的脚印，叫雨痕；这是波浪的足迹，叫波痕；还有这些闪光的、透明的，是矿物。它们都是字呀！）

岩石是一册厚厚的书，那这本书上写的字是什么样的呢？谁来读读这一段话？（指名读）

B. 这本书上的字真有趣。有——（出示词卡“雨痕、波痕”）齐读，正音，注意，前鼻韵。雨点留下的印迹叫雨痕，波浪留下的印迹叫波痕，泪水留下的印迹叫泪痕，受伤后留下的印迹叫伤痕，所以“痕”字有个病字头。雨痕是雨点留下的——（出示词卡“脚印”），齐读，正音，注意前鼻韵。出示字卡“印”，扩词。

C. 认读了这几个生词，我们把它们送进句子里，相信你们能读得更流利。（生练读句子。）

5. 认读“煤”、“宝”，学习多音字“藏”。

A.（出示第三段：用处可大哩！它能告诉我们，哪里埋着煤炭，哪里藏着铁矿……把这本“书”读懂，就能为祖国找到更多的宝藏！）

岩石书上有那么多有趣的字，读懂了这本岩石书有什么用呢？男女生轮读第三段话。

B. 原来，读懂了这本书可以为祖国找到更多的宝藏。（出示词卡“宝藏”）“藏”是一个多音字（出示课件），组词练习。当它表示动作时，读“cáng”；当它表示事物名称时，读“zàng”。同一个字有不同的读音，而且表达的意思也不同，咱们祖国的汉字多么有趣！

（出示字卡“宝”）这个字的背后也含着一个有趣的故事。“宝”字是一个上下结构的字，上面是个宝盖头，下面是个“玉”字。请你猜一猜，咱们老祖先在造字时，是怎么想的呢？你们看，我们祖国的汉字是多么有意思。

C. 看到这个“煤”字（出求字卡“煤”），你的脑海里有怎样的画面？

【导师点评：教师在本课教学中采用了随文识字以提高识字效率。在教师的引导下，学生边读书，边识字，真正做到了“字不离词，词不离句，句不离文”，这样有利于学生掌握汉字的音、义、形。此外，识字伴随着阅读的进程而展开，有利于做到学用结合，有利于发展学生的识记能力，并能随时受到课文中规范语言的熏陶。同时，落实到不同的生字，教师循循善诱，引导学生或通过反义词的比较，或联系已有的生活经验，或扩词，或看图等不同方法，让学生当堂学习，当堂巩固。课文是情境，识字就不再枯燥；又跳出情境，进入生活，识字就有了现实意义。】

五、认读生字

1.（出示全课生字）地质勘探队员读了岩石书，找到了很多宝藏，我们小朋友们读了句子，也不知不觉地和生字交上了朋友，这就是我们语文学习的宝贝。现在它们又出现在我们面前，你们一定认识了。来，自己读一读，记一记。

2. 去掉拼音还能认识它们吗？请同桌的两位同学指着书85页蓝线里边的生字，互相抽读。

3. 去拼音开火车读字卡。

六、再读课文

过了生字关，相信小朋友能正确、流利地朗读课文。我们分角色来读一读吧！

七、总结延伸

这节课我们初读了课文，认识了生字，知道了岩石就是一本厚厚的书。下节课，我们还要再翻开这本最大的“书”，去探索其中的种种奥秘！

附：板书

19 最大的“书”

球 石

一 册 厚 厚

第二课时

一、抽认卡片，巩固字词

二、激趣引入，整体感知

通过上节课的学习，你们觉得川川是个怎样的孩子？

三、找出问句，读好对话

1. 为什么说川川是个“刨根问底”的孩子？

2. 读课文，把川川提的问题找出来。（根据回答，出示课件）齐读。像川川这样一个接一个地提问，我们用文中的一个四字词归纳，那就是……（“刨根问底”）

【导师点评：对于难词“刨根问底”的理解，教师处理得自然巧妙。她没有囿于词典上的解释，而是结合课文内容，让学生在读川川那一个接一个的问句中，去感悟理解这个词的意思。这就是在潜移默化地让学生初步感知“联系上下文解释词语意思”的阅读方法。】

3. 川川这样“刨根问底”有什么好处？来读读川川和叔叔的对话吧！

4. 同桌读对话，边读边想从叔叔的话里你知道了什么？读完后同桌交流。

四、朗读感悟，刨根问底

1. 爱刨根问底的川川，从叔叔的回答里，你知道了什么？（指名回答）

2. 汇报交流。

五、联系生活，拓展延伸

1. 今天，我们跟着川川去爬山，去刨根问底，从叔叔那里知道了有关岩石这本最大的书里的很多知识。现在你想对川川说些什么？

2. 听了叔叔的介绍，你的脑海里还有什么问题？

3. 这么多的问题，一个接一个，你们也会“刨根问底”了！这许许多多的奥秘让我们课外再去探索，再去刨根问底吧！老师向你们推荐几个网站。你们还可以把自己的发现写下来哦！

4. 小朋友们，不仅仅岩石是一本书，大自然中还有很多藏着奥秘的书呢！

你觉得还有什么也是书呢？（是啊！大自然本身就是一本读不完的书啊！在这些书里，藏着无穷的奥秘，让我们用心去观察，用眼睛去发现，多问为什么，学好眼前的这些书，长大了才能去读懂大自然中一本又一本的书！）

六、指导写字，实践运用

1. 今天，我们还要来写写这几个字呢！（出示课文中要求写的字）

2. 指导书写；选词语造句。

【课后反思】

在“四扣准”中求有效

什么是课堂教学的有效性？我认为，就是在课堂教学活动中，教师采用的各种方式和手段，都追求用最少的时间、最小的精力投入，取得尽可能好的教学效果，实现特定的教学目标。本学年，我们工作室重点研究的“语文课堂教学的有效性”问题，就是力求从“繁、难、偏、重”的课堂中走出一条“简便轻快”的路。

过去上教研课，我们总喜欢上第二课时。因为，学生会有充分的时间预习，理解课文也容易找到一些可效仿的教学手段。这次，我毅然选择了第一课时，因为这是我在教学研究中的一个空白，我想挑战自己，更想真实地展现师生的教学是怎样从“播种”走向“收获”的。

扣准年段目标。低段阅读教学的要求是：培养学生的阅读兴趣。识字、写字是低段阅读教学的重点。朗读课文正确，具体指“不读错、不加字、不漏字、不换字、不重复、不颠倒，注意纠正方言音，读出长句的停顿”等。能理解少量词语的意思，朗读背诵，积累语言。因此，我将第一课时的教学目标定为：会认 10 个生字，会写 3 个字，能将课文读正确、读通顺，初步感知课文内容，激发阅读兴趣。这目标简明、适切，易于学生接受。

在教学中，我把握住了生字认与写的区别。如“勘”是本课要求会认的字。一学生在课堂上把“勘”说成是“看家”的“看”，我予以了及时纠正。课后，一位老师提出，应将“勘”与“看”板书在黑板上，指导学生区别同音字。在教学中我没有这样做，因为我认为“勘”是个会认的字，它第一次与学生见面，可以不求甚解，允许学生模糊记忆。这正是认与写的区分度。这一做法得到了大家的肯定。

扣准单元重点。《最大的“书”》是人教课标版语文第四册第五单元中的课文。单元目标中明确提出，学习本组课文要在培养学生自主读书能力的同时，鼓励学生自主识字，养成认真书写的习惯。

在教学中，我采取了“随文识字、分散识字”的教学策略，注意引导学生运用多种识字方法，巩固识字效果。如以文中主要人物川川和地质勘探队员的对话，引出含有生字的三个语段，体现“字不离词、词不离句、句不离段”在语言环境中识字的理念。首先，依次出示三个语段，隐含了课文阅读的线索。其次是在读句、读词中识字，方法多样。如看图识“岩”字；唤起生活经验，看教材封面识“册”字；通过积累反义词、扩词练习记“厚”字；联系生活理解词义记“痕”字；以记部件的方式记“印”和“勘”；展开联想记“煤”字；做动作记“刨”字；以及通过扩词完成对多音字“藏”的辨析。此外，我注意在课堂的及时评价中，适当渗透汉字美观、有趣等观念，激发学生对母语的热爱。这样难点分散，方法多变，学生对识字与阅读始终保持着浓浓的兴趣。

本课要求写的字中，出现了很多竖撇，如“质、厚、底、铁、册”等。于是，我就重点指导竖撇的书写。既有重点笔画的范写，也有学生的自主观察、交流。在写、评之后，让学生再写，从中感受汉字的形体美，引导学生将汉字写正确、写美观。

扣准课后练习。第一学段的课后练习较简单。第一题是写字；第二题是朗读课文，读好人物的对话；第三题是扩词练习。在第一课时中，在引导学生识好字的同时，我把教学的着力点放在把课文读正确、读通顺，把长句子读流畅上，为第二课时读好人物对话做准备。

对教材中的泡泡话，我非常关注。这篇课文出现三次泡泡话。一次是课题下，“书，为什么要加引号呢?”在学生读了课题之后，我就引导学生质疑；第二次是读到“岩石就是书啊!”这句话时，学习伙伴深有感触地说：“真没想到!”当学生读到这里时，我引导学生边读边想；第三次是在文末，“你能猜出川川长大以后想干什么吗?”学到这里，我引导学生适度拓展，以激发学生探索自然科学的愿望与兴趣。在课堂上，我时时提示学生要像学习伙伴那样学会边读边思考。

扣准学生实际。根据二年级学生的学习习惯和学习心理，在教学中，我摒弃了“臃肿”的“电灌”，摒弃了“秀”教师的“花拳绣腿”，而是采用了简单实用的教学策略，如借助拼音自由认读，小老师带拼音领读、齐读，指名认读重点字，去拼音开火车读，认读词语，读通句子。整个教学的流程简洁明快，教学的内容简约清晰，让学生易于学，易于做。

教学中有两段小插曲很值得回味：

其一，试教中，我发现不少学生不容易读准“地质勘探队员”这词。原因是学生年龄小，连续发声母“d、k、t”音较难，还因为这个词语远离学生的生活实际，他们不太熟悉。针对这种情况，我将这个词语作为认读的重难点，特意设计了专门的教学环节。但在面向全区的教研课上，它又不是所上班学生的难点了。这鲜活的课例启发着我，备课时充分预设之后，教师还应当根据学生实际和课堂生成的问题灵活调整。

其二，在引导学生用“厚厚的”扩词时，学生纷纷答：“厚厚的积雪”“厚厚的棉袄”“厚厚的被子”……我不断地微笑点头肯定。这时，一个平日特顽皮的学生举手冲口而出：“厚厚的脸皮!”霎时，全场哄堂大笑。对于这样一个“不合常规”的答案，我也懵了，只有硬着头皮问他：“你怎么想到这个词组的?”他振振有词：“我妈妈说孩子犯了错误屡教不改，就是厚脸皮。”我脑子一转，当即给予肯定：“你能从生活中积累词语，真不错！”转而对全班学生说：“看来，只要有心，我们就能在生活中学到语文！”又对该生说：“这个词组有批评、讽刺的意思，我们在说话、写话时，要慎重地用。”

课后，听课教师对这一生成的教学环节议论纷纷。有的说，教师处理得当，有教学机智；有的说，“厚厚的”这类叠词表达的是喜爱之情，“厚厚的脸皮”显然不具备这样的感情色彩，不恰当。

为解决困惑，我在课后查阅了许多关于叠词表达效果的资料，其中谈到叠词有“表情、美感、强义”的效果。分析我们习惯的“厚厚的积雪”、“厚厚的棉袄”、“厚厚的被子”等，都表达着赞美、喜悦的情感；而“厚厚的脸皮”使“厚”的词义加重和强调，从这一角度看，“厚厚的脸皮”搭配也是正确的。如今在电脑网络中，这个词组屡见不鲜，可见，它也打破了我们约定俗成的语言习惯，被更多的人所接受。

这一“插曲”使我深刻地认识到，作为语文教师，绝不能墨守成规，应当不断拓宽自己的阅读面，习得更多新的个性化的语言。有了这样与时俱进的语言储备，才有资格引领学生走在语文学习的道路上。

总之，这堂课，我努力实践“倡简、务本、求实、有度”的原则，依据四个“扣准”，整堂课简约、实用，无论是教师的教，还是学生的学都很轻松。同时，对于低段的识字教学和第一课时的处理，对于我自己深入理解、实践“语文课堂教学的有效性”，是一次有效有益的探索。

寓言两则·揠苗助长

（人教版课标教材二年级下册）

重庆市渝中区第二实验小学 王华

【文本解读】

生字，引我沉入文本

读了不少名师们有关文本细读的文章，对其中一句话的印象特别深刻："语文教学当中很多很经典的做法和教法都和水有关系，比如'涵咏''滋养'等词汇都和水有关，再如课堂的最好状态是'让每一个孩子浸润其中'，也是如此，没有水，如何'浸润'？文字也罢，语言也罢，都像水，汉语当中很多意义的关联都是基于联想。而这里的'沉入语文'，这是一种心态，一种从容不迫的心态，面对文本，不是'扑通'一个猛子扎下去，而是全心投入的心态。"

分析这段话，我发现这位老师是结合汉字构字的特点，追溯汉字的本源来诠释自己对文本细读的认识。这段话，也恰巧与我对这则寓言的文本解读方式有些相似了。我想，同理，要深入《揠苗助长》这则寓言的文本，我也得先从这课生字的字源讲起。

首先，便是这个"寓言"的"寓"字。追溯这个字的本源，我们知道这是一个形声字，从"宀"，"禺"声。"宀"，表示房屋。在《说文》里，"寓"，寄也。即本义是寄居，寄住。再查字典，我们可以看到它的基本义项有三个："①原指寄居，后泛指居住：～公（古代指寄居他国的官僚贵族；后泛指失势寄居他乡的地主绅士等人）。～居。～所。～舍。～邸。②住的地方：公～。客～。③寄托：寄～。～目（过目）。～言（a.有所寄托的话；b.用来说明某个道理的小故事）。～意（语言文字中所寄托或暗含的意思）。"由此，我们不难推断出"寓言"这个关键词的意思，那就是：文学作品的一种体裁，常带有讽刺或劝诫的性质，用假托的故事或拟人手法说明某个道理或教训。

由于有对生字"寓"本源的认识，所以要理解寓言这种新出现的文体，也就是水到渠成的事儿了。同时，也由此引发了学生对文本的阅读期待，这寓言里到底藏着什么道理呢？

生字"焦"，更是全文的聚焦点。看着这幅生动的图片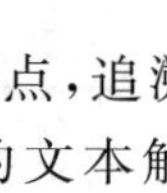，我们不难看出古人造这个会意字的本义：上面是"隹"，表示短尾鸟，下面是"火"，指把鸟放在火上烤。因此，生出物经火烧而变黄或成炭之意。

别小瞧了这本义的理解，围绕着它，我们可以做足文章。首先，它将引我们走进寓言的内容。"焦急"，是怎样的急？就是像火烧一样的急，这是异乎寻常的急呀！这个人焦急地在做什么？以“焦”为切入点，我们能直入文本，直入事件的起因。正是因为这人的“焦急”，才会有后面拔苗的可笑举止。

那么，去掉这个“焦急”行吗？当然不行，因为它给我们展现了人物的一种状态。没有对这种状态的细致描述，那个人在河边的状态，我们便无从得知，他也不会产生“我得想个办法帮它们长”的想法。所以，这个词不能不要。由此可见，这个词用得多准确呀。读到这里，我们可以看到，生字能引起我们关注言语形式，不但促进对文本的理解，同时也可以促进学生语言的发展，真可谓一石几鸟。

当然，再细品下去，我们还能发现，与这个“焦急”链接的相关内容还真多，几乎是“牵一发而动全身”。为什么焦急？联系上文，我们能归纳出两点：一是他巴望自己田里禾苗长得快些；二是他天天去看，可是一天、两天、三天，禾苗好像一点儿也没有长高。“巴望”一词是第一次出现，学生已有的生活经验也使他们对这个书面性较强的词语缺乏储备。所以对它我们不能一带而过，而要给予高度的关注。如，可以通过找带有“望”字的近义词朋友，落实扩词、组词的要求（因为“望”是要求写的字），还更利于学生感受人物焦急的心理，进一步理解他揠苗助长这种可笑行为产生的缘由。

“好像”一词也值得品味。这个词去之会让人感觉禾苗真的没有长高，有之则准确地写出了禾苗实际上是长了的。只是因为这个人不了解植物生长是要经历一定的过程，而这个过程还是缓慢的，人的眼睛在两三天这样短的时间内是根本无法看出来的。

当“焦急”和前面的这些内容链接完毕之后，它引发我们思考的便是本文寓意了。看着这个人焦急的状态，我们用一个成语可以怎么说？“急于求成”这个词自然而然就蹿了出来。本则寓言藏着的第一个道理便在一个生字“焦”的牵引下显现出来了。

接下来，说说“截”字。乍一看，这个字的字形和字义没什么交织，不似“焦”字这般结合紧密，自然不能引着我们沉入文本。可是当我们看了它古时候的样子“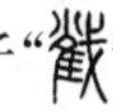”之后，我们对其本义便有了正确的认识：因为，形旁是“戈”部，所以与武器有关，原指断绝，切断。能组词“截取”；而到一定期限就此停止、断开，就是“截止”；而断开后，取其中的一段，这就叫“一截”。当我们循着生字拓展开去，不但通过词语的复现，让学生对这个字的“形”更熟悉，还引出本文中由它组成的另一个关键性的词语“一大截”。由它引我们进入了事件的高潮——拔苗。

拔高了“一大截”，所以力气总算没有白费；拔高了“一大截”，所以累坏了；拔高了“一大截”，所以这个人应该是高兴的。第一次，在没有关注提示语的状况下，仅看这结果，学生会高兴地读这句话；第二次，学生关注到由生字“喘”字组成的词语“喘气”后，再读这“拔高了一大截”，就不再是简单的喜笑颜开，学生会因这个生字牵引着，读出语气的断断续续，读出累坏时气喘吁吁的样子。

所以说，在低段的阅读中，以生字作引，深入感受文本承载的人物情感，不失为一种有效的教学策略。由此，理解文本中的好词“筋疲力尽”，也只是因势利导了。

更有效的是，由这两个生字作引，我们还能挖掘出本则寓言里的第二层道理——不能不遵循科学规律。当同学们由读出“喘气”的样子，悟到什么是“筋疲力尽”之后，教师通过追问“是什么使他这样筋疲力尽呢？”“你认为他这样的做法对吗？”于是因前面有“植物生长是需要一定时间”这个认知的铺垫，所以这时要引出道理中的第二点就不难了。

"急于求成,不遵循科学规律的结果就是禾苗都枯死了。"到此,这则寓言的寓意便由几个生字的串联、牵引展现出来了。

【教学设计】

溯源·还原·整合

教学目标

1. 会认"寓、焦、喘、截"4个生字,会写"焦、费、望、算"四个字,感受汉字的形体美。

2. 正确、流利地朗读课文;学习默读,初步感受寓言的文体特色,悟出"做事不可急于求成,违反规律"的寓意。

3. 把故事讲给别人听。

教学重难点

1. 认识4个生字,感受汉字的构字规律;会写"焦、费、望、算"四个字,掌握一定的写字规律。

2. 学习默读,初步感受"做事不可急于求成,违反规律"的寓意。

教学准备

相关课件。

教学课时

1课时。

教学过程

一、题目入手,初识寓言

1. 今天,我们将学习第27课,齐读课题。

2. 课题里,有一个生字,谁来说说怎么记住它? 看,"寓"字下面的"禺"作声旁,表示"寓"的读音,上面是"宀",表示"寓"字和房屋有关。所以,我们常在这些地方看到这个字,比如"寓所""公寓"。(出示图片)

3. 当"寓"和"言"字组成词语——"寓言"时,词义和房子的关系就不大了。看看字典小老师是怎么解释"寓言"这个词语的意思的。(出示解释:用来说明某个道理的小故事。)寓言,就一座藏着很多道理的房子。今天,我们将走进去,看看里面到底藏着什么道理。

【导师点评:识字教学的方法灵活多样,任何一种有其优势也存在其劣势。如果我们试图用一种方法包打天下,这是不可能的。因此,在识字教学中,我们应该聚合各种识字方法的优势,针对不同阶段学生识字的特点和所要识的字的特点等因素,灵活地采用多种识字方法。本文的主调是随文识字,但是也注意和其他的识字方法有机结合,使识字课更有趣,更有效。如认识"寓"字,教师就采用了字理识字的方法。首先引导学生了解这个形声字的本意与房子有关,进而认识到"寓"指的是寄居的地方。为了突破难点,教师又辅以生活识字的方法,把"寓"指的意思具象化,即展示生活中见过的"寓所""公寓"

的图片。让学生既认“寓”字，又巩固“寓”字，还初步感受到“寓言”的意思，即用假托的故事或拟人手法说明某个道理或教训。多种识字方法的综合运用，能让识字教学有宽度、有深度。】

二、识记生字，读通寓言

（一）认识“揠”字，自读课文

1. 寓言的数量词朋友，是“则”。我们先来看看第一则寓言故事。（板书：揠苗助长）

2. 看到这个“揠”字，我们知道它和什么有关？（动作）它指的动作就是“拔”。

3. 看来，字形和字义有非常紧密的联系。请同学们自读课文，注意读准生字的读音，再想想这课的生字中还有哪些字形和字义结合得很紧密。

【导师点评：开课时，老师通常请学生带着一个与课文内容相关的问题切入，让学生边读边整体感知。这课伊始，教师打破常规的教学模式，从探寻识字方法与构字规律的角度切入课文，让学生自读课文，边读边思考生字中还有哪些字形和字义结合得紧密。这样教学，既关注生字，也因思考字义而关注课文内容，使千篇一律的开课方式有了新意，突显了以识字教学为重的年段要求，同时让识字于学文融为一体，真可谓一箭三雕。】

（二）认识“喘”，了解字义

1. 瞧！生字们排着队站在这里了。谁当小老师领着大家读一读。

2.“喘”是一个形声字。看看我们学过的“端”字吧，它们的韵母是一样的！它的形旁表示和“口”有关。（因为喘气和“口”有关。）

3.“喘”经常和“气”交朋友，组成“喘气”、“气喘”。（用生字卡片组合，开火车读。）我们的汉字就是这样有意思，换换位置，又能组成新的词语。“喘气”时，人会是什么样子？看来，这个生字的形和义结合得挺紧。

（三）认识“焦”，追寻字源

1. 同学们根据字的义项，做了词串，请展示给大家看一看，并带着大家读一读。

2. 这些词似乎和字形没有关系，实际上是有关系的。我们来看看“焦”字古时候的样子。古人就是根据这种情况，造出这个字。看，火正在烤鸟。

焦：小篆  图 

3.“焦”在字典上有以下几个义项：“①物体经火烧变成黑黄色并发硬、发脆：烧～。～土。～头烂额。②酥，脆：～脆。～枣。③喻干燥到极点：唇～口燥。～枯。～裂。～渴。④烦躁，着急：～急。～虑。～灼。～躁不安。”所以，它组成了词语“烧焦”。因为东西烧焦后，会发硬、发脆，所以它又可以组成“焦脆”；焦了之后没有了水分，于是又有了干燥到极点的意思，能组成“焦渴”，一起读读这些词吧。

【导师点评：长期以来，我国的识字教学效率在低谷徘徊，其中一个重要原因，就是识字教学滥用“会意记字法”的教学方式，致使识字教学没有文化含金量，没有可持续发展的动力机制。在本课的识字教学中，教师遵循汉字的科学性，引导学生探寻字源，既感受祖先造字的聪明才智，又注重音形义的结合，同时还与阅读体会相结合，追求识字教学一举多得的效果。如通过对“焦”字本源的生动展示，既帮助学生识记生字，又促使其在掌

握字形的基础上了解字义，同时也为后面理解内容、了解寓意，作了有效的“搭桥”。】

4. 当然，根据这个字的样子，也引出“焦急”这个词，比喻人的心里像被火烧一样着急。这个词在课文中哪里出现的。（出示句子）齐读。（再出示没有“焦急”这词的句子。）学习小伙伴提出了这样的问题……（出示图片：去掉带点的词，句子的意思和原来的一样吗？）学生自由说。

5. 有了“焦急”这个词，我们就能了解到当时他是多么着急呀！当然不能去掉。读句的时候，也要读出着急来。抽读，齐读。

6. 读到这里，我们不禁要问这个人为什么这样“焦急”？读读它前面的句子吧。你就会知道。请一个学生来读。谁来说说他为什么那样焦急？引出“巴望”，给这个词找近义词。（出示词语：“希望、盼望、渴望”）不管哪个“望”，都有非常想的意思。正因为，他巴望自己田里的禾苗长得快些，所以……（天天到田边去看。可是一天……）

【导师点评：给“巴望”找近义词，不仅是扩词练习，还有助于学生理解“巴望”这个新词的意思。当词语从文本中提出来，借助语境理解后，再还原到文中去。如此来回，既落实了识字教学，又与阅读教学有机融合，对理解做事不能急于求成这个寓意起到了“催化”的作用。】

7. 如果去掉带点的词“巴望”，句子的意思和原来一样吗？为什么？（①并不是没长，是因为那人太心急。②长得慢，是植物的生长规律，它们的长高需要吸收足够的阳光，吸取足够的养分，才能长大。）这禾苗不是没有长，而是那个人太急了，巴望自己的麦苗长快点。这个“好像”和“焦急”一样，让我们感受到了那个人的急，用一个成语来说，就是这个人“急于求成”。当然不能去掉。

【导师点评：课后练习，往往体现着编者的意图，体现着教学的重点与难点。将课后练习寓于教学之中，这无疑是一种有效的教学策略。对此处的句子进行比较，既为三年级的阅读作了有力的铺垫，又引导学生正确把握寓言的寓意，同时还指导学生有感情地朗读好重点句子，真是一举三得。】

8. 循着这个“焦”字，我们感受到了那个人急于求成的心。一起来读读这段吧！

（四）认识“截”，了解经过

1. 现在，我们再来看看这个“截”字。这个字看上去挺复杂，谁来说说你是怎么记的？

2. 要想知道它的字形和字义有什么联系，我们还是去看看它以前的样子，找到它的形旁。它的形旁是“戈”字部，和这个部件有关的就是刀。（①割断，弄断：～断。～开。～取。～面。②量词，段：一～儿木头。③阻拦：～住他。～留。～击。～获。④到一定期限停止：～止。）

3. 这个“截”字，最初的意思是割断、弄断。它组成的词语“截断”，截断去路。打击、阻拦叫“截击”。到一定期限就停止，叫“截止”。看，这些词都和“截断”有关系。课文里组成的词，也和“截断”有关，它指截取下来的那一段，我们又叫做“一截”。不过课文中指的可不是“一小截”，而是“一大截”。

4. 它跑进课文里，来读读这句话。（出示句子：“今天可把我累坏了……禾苗都长了一大截。”）禾苗长了一大截，那这个人的心愿就要实现了，谁来读读他说的这句话？（板书：总算没白费。）读出高兴的语气。（出示语言前描写神态的词句）加上这些神态描写的词语,这句话又该怎么读?(点评引出“累”字。)

(五)读好“筋疲力尽”,感悟寓意

1. 书上有一个词,跟“累坏”的意思差不多。(筋疲力尽)他做了什么会这样劳累?(出示图片)一起来读读句子。这就是他想出的帮助禾苗长的办法,这办法怎样?(违反植物生长的规律;急于求成。)

【导师点评:阅读教学与“内容分析说再见”,其目的,就是要将阅读课上成“学习语言、理解语言、熟悉语言、积累语言、运用语言”的言语践行课。在本课教学中,教师时时处处都在引导学生关注语言的习得,或比较句子中某个词的异同,或通过寻觅近义词收获新的词语,或感受寓言文体的特色……林林总总,都是以语言的习得为核心。这样的教学,洋溢着浓郁的语文味。】

2. 这就是藏在寓言里的道理,它告诉我们“做事不要急于求成,违反植物生长的规律。”

3. 事情的结果,和你们想法差不多,引读最后一段。

三、巩固识字,检验成效

1. 读完了课文,生字从课文里跳出来,你们还认识吗?开火车抽认。

2. 组成的词会读吗?开火车抽认。

四、书写生字,再次悟理

1. 掌握了会认的字,要求会写的字又蹦出来了。它们站在黑板上,好像在说……(认得我们算不了什么,能写好我们吗?)请找出写好这些上下结构的字的规律。重点指导写“费”。

2. 学生书写,展示评价。

3. 写字也要讲究科学的方法,不然就算花费再大的力气,浪费再多的时间,都只能是白费劲!

【导师点评:教师非常重视写字教学的落实。如,让学生在读帖中,寻找写好上下结构的字的规律,使学生自主写字的能力有了新的增长,即不仅关注如何写好笔画,还关注某一类字该如何写好。这样教学,既提高了写字教学的效率,又给予了学生更多的自主空间。】

五、学讲故事,回顾寓意

1. 大家把字写好了,再来讲讲故事。

2. 读完这则寓言故事,再说说这则寓言说明的道理。

附:板书

27　寓言二则

揠苗助长

巴望　焦急　总算没白费

一大截

枯死了

【课后反思】

寓识于读,读识结合

人教版小学语文二年级下册七单元这组教材,围绕"要正确看待问题,善于思考"的专题,选择了几篇不同体裁的课文。其间有美丽动人的童话,有流传千古的寓言,有常见的生活小事,有发人深省的名人轶事。《揠苗助长》这篇寓言故事,是学生在小学阶段接触到的第一则寓言。根据这课独有的特色,我把这堂课的教学目标聚焦在了以下三个方面:一、作为二年级的阅读课,理应以识字为重。因此,认识10个生字,会写9个字,仍是本课教学目标中的重点。二、作为二年级下册最末两个单元的课文,理应为中段的阅读作铺垫。因此,识字与阅读有机结合,使之成为本课的关注点。三、作为小学阶段的第一则寓言,它理应让学生初步感知寓言这种文体的特色——言简意赅,用故事说道理。所以,如何体现出寓言的特色,让学生初知本课的寓理,也成为本课教学中的难点。基于本课独有的特点,在教学设计中,我着力从以下几个方面入手:

一、溯源,求识字教学之本真

众所周知,识字教学的方法很多,真可谓林林总总。在课堂上,我们经常看到老师引导学生自主识字。为了提高识字效率,师生都喜欢采用简单的"部件相加"的方法或"新旧字比较"的方法来识记生字。这些方法虽然一时见效较快,但却因缺乏持续发展的动力机制,致使生字的回生现象很严重。如,认识"渐"字时,为了强化学生的记忆,有老师总结说"洒水车重千斤"。这样的教学,完全是牵强附会地拆解汉字。"例如'饿'字中的'我',是示音构件,没有表意功能,但硬把它讲成'我要吃(食),因为我饿',把'我'曲解为表意构件。这样一来,'俄'、'娥'、'峨'、'鹅'的讲解,就会被类推成'我的人'、'我的女儿'、'我的山'、'我的鸟',岂不将学生引入歧途!"

汉字是表意文字,它的字形和字义有着密切的关系。在教学中,把具有示音功能的构件讲成表意构件,会扰乱形声系统,造成"讲一个、乱一片"的严重后果,从而增加了识字的困难。(王宁《汉字构形学讲座》)在识字教学中,我们应该遵循汉字的科学性,追溯汉字的本源,让学生一接触汉字,就对它有一个正确的认知。何况,小学生对未知的东西最感兴趣。当老师把古人造字的图像展现在学生面前时,他们眼中那些熟悉的部件不再是抽象的符号,而是一幅幅生动的图画,一个个鲜活的事物。这样学习汉字,自然充满吸引力,自然能激发学生对祖国文字的喜爱之情。

在这节课的识字教学中,我融入了字源识字法,引导学生追寻汉字的本真,让识字变得更有趣了。在字源教学时,我们也没有一味地把字理灌给学生,而是把它融入教学之中。回顾教学历程,我特别注重以下几个方面:

1. 入得浅

在翻查了本课生字的字源之后,我发现并不是所有生字的字源都能直接讲给学生听。比如"寓"字,在说文解字里,它是个形声字,从"宀","禺"声。意思是"寄也"。也就说"宀",表示房屋。它的本义就指:寄居,寄住。如果简单地把这些内容生硬地讲给学生听，学生无疑会听得稀里糊涂。为了化难为易，我们尝试着把复杂的字源深入浅出地融入识字教学中。“寓”字从本义引申出“寄寓”的意思，且与房子有关。于是，我借此告诉学生“寓言故事就像藏着很多道理的房子”，让学生在识字中初步感知寓言这种文体的特色。

2. 入得趣

如何把比较艰涩的字理，生动地传递给学生呢？我还应该根据学生的年龄特点，注重在趣味性上下工夫。如讲“焦”的字理时，我引入了形象的画面（焦：小篆  图 ）。看到“焦”字古时候的字形，学生因好奇而睁大了眼睛，注意力一下子集中起来；再看图片深思时，他们对“焦急”的意思便有了粗浅的了解，那是一种像被火烤着一样难受的着急心情。

此外，我还用游戏的方式，让字源教学变得生动有趣。如出示“截”字的字源，我就用了“猜一猜，找一找”的游戏，让学生去猜、去找哪个部件和它字义相关，以此激发学生识字的热情。识字教学融入了趣味性，学生识字的兴趣更浓厚了，识字的效率也提高了。

3. 入得巧

字源教学用得巧妙，不但能提高识字的效率，还能帮助学生理解内容。如，让二年级的学生了解藏在语言文字中的寓意，这是个难点。这个难点被我巧妙地利用“焦”字的字源攻克了。当学生了解到这个字原指“火烤鸟”后，就能了解到“焦急”是指心里像火烧一般的急。“那个人为什么会这样焦急呢?”学生探讨这个问题后，自然就会了解本文藏着的寓理，那就是“做事不能急于求成”。

围绕着“焦急”，我还巧妙地引出课后的问题，“去掉‘焦急’后，句子的意思是否一样?”通过读、思、悟、议，学生很快感受到“焦急”这个词很重要。这时，老师相机引导：“加上它，我们能感受到那个人转来转去时的心情。所以这个词，不能不要。在读这句的时候，焦急的语气也不能不要哟!”有感情地朗读这段话也迎刃而解了。

所以说，字源识字入得巧，可以帮助学生识字解词，理解课文，促进有感情地朗读课文。真可谓“牵一发而动全身”。

二、还原，显寓言教学之本真

字典上，对“寓言”一词的解释是：文学作品的一种体裁，常带有讽刺或劝诫的性质，用假托的故事或拟人手法说明某个道理或教训。由此，我们可以知晓，寓言教学的本真是什么？那就是寓理。

在教学中，我摒弃了对人物形象的讲解分析，摒弃了对某些好词的品味咀嚼，把教学的着力点聚焦在寓言所说明的道理上：“做事不能急于求成，不讲规律。”首先，从题目入手，抓住“寓”字，探究字源，联系生活，让学生对“寓言”的特点有初步的感知。接着几个生字教学，紧紧围绕“寓理”铺展推进。

如由“焦”的字源，引出“焦急”，继而牵出课后题，引发学生讨论。当学生说“焦急”一词不能不要，因为没了它，就不能知道那个人是怎样的急。“似乎”一词也不能不要，因为没有它，句子的意思就成了“禾苗肯定没有长高”；有了它，就说明禾苗不是没长高，而是那人心太急产生的错觉。当学生有了这样的认知后,寓言所蕴涵的道理自然呼之欲出。这时,教师顺势引导学生用一个成语来形容这个人的情况,"急于求成"这个词语就水到渠成地蹦出来了。

又如,用"截"的字源引出"一大截"这个词,再引导学生依据第二自然段的内容,讨论"那个人做得对吗?"由于前面比较句子时,已蕴涵了"植物生长有一定规律"的认知,"不讲科学规律"的道理也顺其自然地被学生所理解,所接受。

三、整合,还写字教学之本真

崔峦老师在教材答疑中对写字教学有这样一段阐述:"要加强写字的指导与训练。指导要得法:由笔画、笔顺到间架结构,要讲清关键笔画的笔形、占位,还要用标准美观的板书进行示范。一笔好字是练出来的。每节语文课,教师都要拿出几分钟,让学生踏踏实实地写字。长期坚持,必有成效。"结合《语文课程标准》各年段写字教学的要求,我们不难看到写字教学的本真,就是把要求会写的字写正确、写漂亮,让学生充分感受到汉字的形体美,进而对祖国的文字产生热爱的情感。

在本课教学中,我非常重视写字教学。如把几个要求写的上下结构的字放在一起,请学生仔细观察写好它们应注意什么。经过读帖,学生总结出写好上下结构的字的方法:一要注意宽窄;二要注意长短;三要注意关键的支撑笔。接着教师示范,再放手让学生实践。总之,二年级下期,教师应该注意引导学生发现写好一类字的规律,让写字教学更有实效性。

画 鸡 蛋

（人教版课标教材二年级下册）

重庆市渝中区解放东路一小 许羿

【文本解读】

学者亦必以规矩

在教学中，老师们很重视教材中八个单元的主题、导语、课文和“语文园地”，而最容易忽略的是在八组课文之后的六篇选读课文。因为，教师们都知道，这些选读课文可以“灵活处理”。更何况教师教学用书中，没有这些选学课文的教学目标、教学重难点的设计，也没有教材解读，教师对选读课文的忽略、轻视，也是毋庸讳言的了。

其实，选读课文作为教材的元素，它在构成本册教材体系中有着积极的意义。因为，它充分体现着教材的开放性和弹性，使之有更好的适应性。选读课文既可以结合单元主题，让学生在课内集中阅读，也可以在课外自主阅读，以培养学生的阅读兴趣和阅读能力。

《画鸡蛋》作为该册选读课文的最后一篇，它讲述了达·芬奇小时候学画画的故事。开始学画的时候，老师让达·芬奇画鸡蛋，他很不耐烦。后来，老师的话启发了他，于是他用心画鸡蛋，后来成了著名的画家。选读课文《画鸡蛋》，蕴含了优秀的思想品质，有绘声绘色的人物语言、动作的描述，还有惟妙惟肖的人物心理的细腻刻画。与略读课文《玩具柜前的孩子》相比较，选读课文《画鸡蛋》没有识字任务，也没有课后问题，因此给了教师更大的空间。就《画鸡蛋》这篇课文所讲述的故事而言，其实并不难，学生一读即懂。但是，下学期，学生将进入三年级。三年级的语文，将以阅读为重点。如何让二年级下期的学生能学到一些独立做阅读练习的方法呢？想到这里，我豁然开朗，何不根据这篇选学课文设计阅读练习题，教学生学做阅读题呢？

如何设计阅读练习题呢？我想，阅读练习题的设计与阅读教学的设计是有区别的。阅读练习题的设计应该坚持从整体到部分，再回到整体的思路；应该精心设计培养学生细心阅读习惯的题型；应该精心设计读懂课文内容的题型；应该精心设计联系上下文解释词语的题型；应该精心设计简单的评价人物的题型；应该精心设计读写结合的题型……在这些思路的启发下，我认真解读了文本，分析了学情，设计出了一份程度适宜的、供学生练习用的阅读题。

有了阅读练习题，还不能简单地拿给学生一做了之。因为，二年级的学生还不会做阅读题，因此，教师还应该义不容辞地教学生如何做。在教的过程中，尤其要教学生读懂题目的意思，教学生抓住题目中的关键词，教学生根据题目的要求，在文中捕捉相关的内容回答问题……只有这样,学生才能习得一些简单的做阅读题的方法。

回想过去,学生一升入三年级,语文成绩大幅度下降,学习成绩呈现出马鞍形,其实仔细分析,并不是学生不聪明,是因为在低年级时,老师根本没有手把手地教过学生做阅读练习题。我们的阅读课,总是教师一言堂,要么是讲,要么是灌,很难有老师舍得拿出时间,让学生自己动手做阅读题。

在低年级,虽然阅读不是重点,但是学生还是学过利用工具书查字典,学过根据课后问题阅读课文等等。有阅读方法的学习,就应该有阅读方法的运用与实践。

选学课文设计成阅读练习题,有助于学生习得一些简单的独立的阅读方法。这正如达·芬奇学画鸡蛋一样,从最基础、最简单的练起。这也正如《孟子·告子上》中曰:"羿之教人射,必志于彀,学者亦必志于彀。大匠诲人必以规矩,学者亦必以规矩。"

【教学设计】

本本分分为学生

教学目标

1. 引导学生边读课文,边思考,边做练习,初步学习自主阅读的方法。
2. 激发学生阅读兴趣,引导学生感受达·芬奇学习勤奋刻苦的品质。

教学重难点

学习边读课文,边思考,边做练习。

教学准备

设计阅读题,多媒体课件。

教学课时

1 课时。

教学过程

一、通读课文,初知大意

1. 孩子们,今天我们要借助阅读练习的提示,自主读懂《画鸡蛋》这篇选学课文。

【导师点评:选读课文也是教材中一个不可忽视、不可或缺的重要资源。如何正确而有效地使用选学教材,这个课例为大家作了很好的引领。因为,本课例以选学课文为载体,循序渐进、由浅入深、由易到难地教学生学做阅读练习。这样的教学很有价值。】

2. 自由读课文,看看全文有几个自然段,请分别用"1、2……"标在每段的后面。
3. 这课还有几个不认识的字,请借助拼音认读。

读字:烦 fán　肃 sù　训 xùn　绘 huì

读词:耐烦　严肃　训练　绘画

4. 这篇课文讲了谁,做了什么事?达·芬奇是哪国人?请把课文读通读顺。
5. 课文内容弄清楚了,请看看《画鸡蛋》这套阅读练习共有几道题。第一道题对我们提出了怎样的要求?(请一生读题)

【导师点评:从整体入手,引导学生了解“阅读练习”的基本内容和要求,并学习审题,明确阅读练习的要求。这些练习,对于初学阅读的低年级学生来讲,是很有必要的。】

6. 刚才,大家通读了课文,请根据提示和了解的内容填空。(学生做一题)师讲评,生订正。

二、再读课文,了解词义

“严肃”的意思是什么?(神情使人感到敬畏)课文中哪个词语是它的反义词?读第二题的要求,这些词语的反义词又在文中哪些地方呢?请自己找出来,填在括号里。

三、读练结合,了解内容

1. 通过填写反义词,我们知道“烦躁”对“耐烦”。那么,达·芬奇为什么不“耐烦”了?请带着问题读课文,找出文中写达·芬奇画画不“耐烦”的句子。

2. 读句子——“达·芬奇不耐烦地说:‘老师,您天天要我画鸡蛋,这不是太简单了吗?’”这句话写出了什么?(画得不耐烦的原因)做练习。

3. 画了那么多鸡蛋,达·芬奇厌烦了。这时,老师是怎么教育他的呢?

4. 老师认为画鸡蛋真不容易,这样做的目的是什么?请用“——”勾出有关的句子。

5 老师的话对吗?请学生读老师的话。达·芬奇也觉得老师说得对,那么,他后来又是怎样做的?(出示句子:“达·芬奇听从老师的话,用心画鸡蛋,画了一张又一张,每一张都画了许多形状不同的鸡蛋。”)

6.“用心”是什么意思?(专心)从这句话中的哪些地方可以感受到他的“用心”?(“画了一张又一张”、“画了许多形状不同的鸡蛋”)做练习。

7. 从达·芬奇在用心画鸡蛋的事中,你觉得他是个怎样的孩子?(学习勤奋刻苦)做练习。

8. 阅读了这篇短文,大家都知道达·芬奇“用心”画鸡蛋,为他后来成为世界著名画家奠定了坚实的基础。那么,在生活中,你“用心”做过什么事?请用“用心”这个词造句。

【导师点评:进入三年级,学生的语文学习,将由识字写字转到阅读。如何开启学生的阅读心智,为三年级的阅读起航,二年级下期就应该作必要的铺垫。显而易见,教师不愧是一个有心人,她将选学课文作为学生学习自主阅读的载体,引导学生“在阅读中学做练习,在练习中学习自主阅读”。这样的教学,用三个词来形容,那就是实在、简便、有效。】

9. 后来达·芬奇画什么都又快又准,成了世界著名画家后,他画了许许多多的作品,《蒙娜丽莎的微笑》《最后的晚餐》都是他的代表作品。从达·芬奇学《画鸡蛋》这个故事中,你明白了什么道理?

四、自己检查,提炼学法

1. 做完了练习题,孩子们别忘了检查检查。

2. 以后在做练习时,咱们一定要认真审题,认真读短文,认真回答问题。

附 1:板书

画鸡蛋

达·芬奇 {不耐烦 / 用心画} 勤奋刻苦

附 2:阅读练习题

《画鸡蛋》阅读练习

1. 通读全文,按提示填空,了解内容。

这篇课文共有____个自然段。课文讲了意大利____________画家____画鸡蛋的故事。

2. 按提示,在文中选反义词填空。

活泼——(严　肃)　　急躁——(　　　)

复杂——(　　　)　　困难——(　　　)

3. 细读课文,按提示填空,理解内容。

(1)达·芬奇画得不耐烦的原因是:____。

(2)老师认为画鸡蛋不________,因为在一千个鸡蛋中没有形状________,每个鸡蛋从________角度看,形状也就________。

4. 老师让达·芬奇画鸡蛋,其目的是要训练什么?请用"——"在文中画出有关句子。

5. 先解释带点词语的意思,再用带点词语造句。

"达·芬奇听从老师的话,用心画鸡蛋,画了一张又一张,每一张都画了许多形状不同的鸡蛋。"

"用心"的意思是________。造句:____

6. 学了这个故事,你喜欢达·芬奇吗?为什么?

____

【课后反思】

巧设练习,教做阅读

一直在践行,让课堂充满浓浓的语文味。

一直在努力,让学生真正成为课堂的主人。

一直在思考,怎样的课堂能本本分分为学生。

在执教二年级的阅读练习课——《画鸡蛋》之后,我在践行中反思,在反思中追问。

小学语文是基础学科,踏踏实实地进行语文基础训练是很有必要的。例如,要求学生能做阅读题,教师就应该教他们做阅读题。如果不教,学生怎么会做呢?鉴于这样的思考,我将二年级的选读课文《画鸡蛋》设计为阅读练习题,在课堂上,通过指导学生“读、思、练”,来学做阅读练习题,从而为二年级的学生即将进入三年级的独立阅读练习作必要的准备与蓄势。

一、读

课堂中要有琅琅的书声,也要有默读时的悄然。既要有学生的自主阅读,也要有教师的引读。但是,读基于精设目标、巧设环节。通过钻研教材和课程标准,结合学生已有的语文基础知识,《画鸡蛋》一课学习目标的关键词定为“引导”“激发”。

由于,阅读教学绝不单单是为了理解课文内容,其主要任务是培养和提高学生的阅读能力。所以,我将这课的教学目标定为:

1. 引导学生“边读课文,边思考,边做练习”。

2. 激发学生阅读兴趣,引导学生感受达·芬奇学习勤奋刻苦的品质。

如何落实教学目标呢?我立足于学生已有的认知经验,加强阅读方法的指导,引导学生三读课文:一是“通读课文,初知大意”;二是“再读课文,了解词义”;三是“读练结合,了解内容”。

在学习时,应培养学生认真阅读、静心思考、仔细答题、细心检查等习惯。因此,第四个环节是“自己检查,总结学法”。我想,通过这样的阅读,学生能学到正确的阅读方法。

二、思

阅读是学生、教师、文本之间对话的过程。在本课的阅读教学中,我非常重视培养学生良好的思维品质。如指导学生学习审题,学习抓题眼,学习带着问题思考等等。让阅读练习的过程成为思维训练的过程。如何达成这样的目标呢?我想,有效的练习应该是精选精练。本课设计了六道练习题,它们体现了一个从整体到部分,再回到整体的阅读的学习过程。题目,既有明确的任务驱动,也有必不可少的方法指导。

如,第一题要求“通读全文,按提示填空,了解内容”。其中“读通全文”是学生做题之前的准备。“按提示填空”,则是通过做这题,引导学生“初步把握全文的主要内容”。

又如,在第一次试教中,我设计的找反义词的练习与积累是:

对——(　　)　　慢——(　　)　　结束——(　　)

复杂——(　　)　　困难——(　　)　　生疏——(　　)

通过试教,我发现有的反义词学生已掌握了,很多学生提出不理解的词语是“严肃”。于是,我顺应学情,又进行了第二次设计:

活泼——(严　肃)　　急躁——(　　)　　结束——(　　)

复杂——(　　)　　困难——(　　)　　生疏——(　　)

第二次设计加入了一组例子,以帮助学生借助提示,突破难点。但是,考虑到学生年龄尚小,阅读的时间又有限,于是,我经过再三思量,删去了“结束——开始”“生疏——熟悉”这两组反义词,最后选择了如下四组反义词,使教学的训练更简洁有效。

活泼——(严　肃)　　急躁——(　　)

复杂——(　　)　　困难——(　　)

再如，本课练习题设计了六题。这六道题，体现了从整体到部分再到整体，螺旋上升的阅读学习过程。由通读全文，初步把握主要内容；到细读课文，进一步了解内容；再到精读课文和动笔结合，理解人物品质。根据学情和课文难易程度，限制题量和试卷长度。

每一道题目，提问简单明了，易于操作。如“老师让达·芬奇画鸡蛋，其目的是要训练什么？请用“——”在文中画出有关的句子。”这样提问，既有明确的任务驱动，也有必不可少的方法指导。

练习题根据课后练习的题型设计，贴近学生现有水平，由字词的训练到段的训练，再到篇章的训练。如“照样子，在文中找出下面词语的反义词，填在括号里”。这样的练习，其实是为了落实“结合上下文和生活实际了解课文中词句的意思，在阅读中积累词语”的年段目标，也是学生读懂课文的首要前提。

阅读题型上力求多样，如有填空题，有勾句子的题，有回答问题的题。课文中有些句子看起来很容易懂，其实学生并不一定理解它所表达的意思。因此，要抓住学生似懂非懂的句子，突破难点，帮助学生理解它的意思，培养学生认真思考和务求甚解的学习品质。如“达·芬奇画得不耐烦的原因是：__________。”“老师认为画鸡蛋不__________，因为在一千个鸡蛋中没有形状__________，每个鸡蛋从__________的角度看，形状也就__________。”

三、练

1. 阅读练习课，须关注学情。

虽然，这课的生字只有四个，可是“肃”字的读音和字义是学生学习的难点。在教学前，我对此难点的解决有充分的预设，可在实际教学中，学生反映出的困难仍然很大。于是，我不再只是将“肃”字简单地用红色标出，而是在教学中不吝时间，先引导学生正确认读“肃”的字音；接着认读词语“严肃”，并让学生在具体的语境中感受词义；然后再读课文，理解“严肃”之意，并在文中找其反义词，强化识记。

在环环相扣、步步深入的教学中，不仅认识、理解“严肃”一词，也为后面学生联系上下文，理解词语的意思，体会其表达情意的作用作了铺垫。“画了那么多鸡蛋，达·芬奇厌烦了。这时，老师是怎么教育他的呢?”此时，学生再次走进“严肃”。在“老师严肃地说”的语气中，让学生感受到老师的良苦用心，进而认识到简单后面的不简单。由此，“严肃”这个让学生生畏的词语，成为了学生阅读的钥匙。

2. 阅读练习课，要顺学而导。

如有的阅读题，只需要学生仔细阅读文本之后，在文中即可找到需要的内容；有的阅读题则需要学生用心阅读，概括地写出答案。如：“达·芬奇画得不耐烦的原因是________”。我先引导学生细读课文，找到文中能回答这个问题的反问句理解体会；接着，又教学生将反问句改为陈述句回答问题，并请学生当堂练习。我想，教师就应该在学生不解之处给予指导，在学生明了之处大胆放手。

在阅读教学中，教师既不能使语文训练沦为一种单纯的技术操练，从而割舍语文应有的人文内涵，也不能在人文关怀中忽略淡化语文训练。有效的阅读教学，应该是让训练贴近学情、精讲巧练，从而落实教学的有效性。

第二学段课例

让学于生，还学于生

——阅读教学有效性的研究与实践

重庆市渝中区教师进修学院 尹祖琴
重庆市渝中区第二实验小学 王 华

一、阅读的价值与意义

阅读使文字具有永恒的价值，它比图像更空灵，比记忆更清晰，比冥想更深邃。在现代社会中，阅读是一种重要的学习方式。因为，大多数信息都是通过阅读获取的。所以，美国有一位教育专家说："阅读是教育的核心。"学校每一学科的知识，都是通过阅读来学习的。

学会阅读，等于让学生掌握了打开智慧之门的金钥匙。英国科学家培根说："读史使人明智，读诗使人灵秀，数学使人周密，科学使人深刻，伦理学使人庄重，逻辑修辞学使人善辩；凡有所学，皆成性格。"阅读是人社会化的重要途径，它把自然人转化为社会人。我们对世界、人生、社会的认识，很多都源于阅读。

"最好的大学是图书馆，最好的教育是教会学生阅读。成功的教育应该让每个孩子都喜欢阅读，喜欢阅读的学生肯定有美好的前途。"

1. 阅读能获取知识

书籍是人类成百上千年所创造的文明载体，它传承了人类的科学文化知识。它包罗万象，融自然、社会、科学等知识于一体。远溯上古，近到现在；上至天文，下至地理；大到社会巨变，小到生活中的细枝末节等，真可谓应有尽有。通过阅读，学生可以知道物种的起源、历史的演变、生态的规律；可以习得古今兴衰之理，可以感悟人生之真谛、自然之美妙……所以，阅读是获取知识的重要源泉。

2. 阅读能发展思维

美国学者施道弗提出"阅读即思维"的观点。他认为阅读的过程就是思维的过程。因为，在阅读中，学生凭借自己的视角、自己的思考、自己的理解，对新信息进行加工，即分析与综合、归纳与概括、判断与推理、联想和想象，进而把书中所承载的知识和能力、过程和方法、情感态度和价值观，潜移默化地转移到自己的大脑中去。在这个过程中，学生的思维能力就得了锻炼与提高。

3. 阅读能陶冶情操

一本好书总能给学生以多方面的启示。如阅读屈原《离骚》中的"路漫漫其修远兮，吾将上下而求索"，作者那追求目标的执著、不畏艰难险阻的精神，将激励学生勇往直前；阅读曹操《步出夏门行》中的"老骥伏枥，志在千里。烈士暮年，壮心不已"，作者那积极奋发的精神又感染着学生；阅读范仲淹《岳阳楼记》中的"先天下之忧而忧，后天下之乐而乐”，作者那勇于担当、先人后己的精神将镌刻在学生的心中；阅读海伦·凯勒写的《假如给我三天光明》，学生领悟到了她那乐观向上的精神……总之，通过阅读，学生会受到读物中思想感情的影响，从而陶冶了他们的情操。

4. 阅读能涵养品质

平时，大家常谈的品质有艰苦朴素、勤劳善良、任劳任怨、顽强拼搏、谦虚谨慎等。这些品质也许学生与生俱有，但通过阅读，会使学生的这些品质进一步提高。如阅读列夫·托尔斯泰写的《穷人》，学生能从桑娜和渔夫身上学到勤劳、善良、勇敢，宁愿自己吃苦也要帮助别人的美好品质；阅读梁衡写的《跨越百年的美丽》，学生能从居里夫人的身上学到顽强拼搏、勇于探索、淡泊名利的精神。

5. 阅读能获得审美体验

一本好书，无论在内容上还是在形式上，都含有美的成分。在阅读中，学生总能获得审美体验。如阅读孔子、孟子、韩非子的名言，学生能感受到思辨的魅力；阅读李白、杜甫、李商隐的诗歌，学生能了解到唐诗的含蓄与精美；阅读《颐和园的长廊》，学生能领略到古建筑的艺术美、绘画美；阅读阿累写的《一面》，学生能感悟到鲁迅先生的人格魅力。由此可见，阅读能使学生明辨真善美与假丑恶，增强审美意识，提升审美境界。

阅读虽不能改变人生的长度，但可以改变人生的宽度和厚度。通过阅读，学生可以视通千里，思接千载，与智者交谈，与伟人对话；通过阅读，学生能形成良好的心理素质和健全的人格。“读书给人以乐趣，给人以光彩，使人成才。”因此，我们可以毫不讳言地说，阅读，是学生成长过程中不可或缺的美容品、营养剂。

二、相关概念的阐释

1. 何谓阅读

现代汉语词典指出：“阅读，即看（书籍、报刊等），了解其内容。”有几本小学语文教学理论书是这样给“阅读”下定义的。

崔峦说：“阅读一般指读者通过视觉去看用文字写出来的东西，从中得到某种满足。或者说，阅读是人们对书面材料认知、理解和吸收的过程。”①

朱作人说：“阅读是从书面语言中获得意义的一种心理过程。作者的写作是把要传递的信息进行编码，成为一系列有潜在意义的书面符号，而读者的阅读则是感知这些书面符号并试图解码，从而获取信息。阅读有三个特点：(1)阅读的对象是书面符号；(2)阅读的核心是理解意义；(3)阅读是一个复杂的心理过程。”②

朱作人又说：“从心理学的角度看，阅读是一种从书面符号中获取意义的心理过程。阅读活动不是机械地把原文读出来，而是要通过内部言语，用自己的话来理解和改造原文的语句或段落，把作者的思想变为读者的思想。它要求在感知书面符号的基础上，通过思维把握言语的意义，并以语言文字为中介获得人类社会的认识成果和历史经验，同

---

① 崔峦.小学语文教学论[M].北京：中国人民大学出版社，2008.

② 朱作人.小学语文教学法原理[M].上海：华东师大出版社，1988.

时在阅读活动中积贮语言材料，熟悉语言规则，形成一定的智力活动方式。”①

美国学者 W. S. 格雷认为，阅读的心理过程分为四步：(1)感知——看到文字，读出字音；(2)理解——把单词转化为意义；(3)反应——领会作者说的是什么；(4)综合——与实际相联系的应用。因此，阅读是由感知、记忆、思维、想象以及判断、推理、评价、解决问题等智力行为构成的认知过程。

林崇德说：“关于阅读，说法颇多。目前，比较一致的意见是：阅读是将书面材料中提取的信息与读者头脑中已有的知识相整合，从而构建成意义的过程。”②

王燕骅说：“阅读是大脑对经由视觉摄入的语言符号进行感知、理解，获得意义，同时结合情感和内部语言实践的复杂过程。”③

综上所述，不难看出，阅读先是通过视觉摄入文字材料，然后由大脑加工。也就是说，阅读实际上是从书面材料中获取信息、加工信息的过程。因此，我们可以说，阅读是从文字或符号中撷取意义的一种复杂的认知历程。正如《全日制九年义务教育语文课程标准》所指出的那样：“阅读是搜集处理信息、认识世界、发展思维、获得审美体验的重要途径。”④

阅读，是小学阶段语文学习的重要内容。阅读，也是现代人不可或缺的基本素养之一。从目标上看，阅读是吸收，是从书面语言中提取信息；从过程上看，阅读是一个复杂的心智活动过程；从操作上看，阅读是人的智力技能的表现。一个人阅读能力的高低，不仅影响着其生活方式，还影响着其生活质量。

2. 何谓教学

教学，就是教师的教和学生的学所构成的一种人类特有的人才培养活动。通过这种活动，教师有目的、有计划、有组织地引导学生积极自觉地学习文化科学基础知识和基本技能，促进学生多方面素质的全面提高，使他们成为社会所需要的人。由此可见，教学是师生在学习过程中的行为方式和生存状态。

对教与学的关系，阐述得较深刻的，莫过于陶行知先生在《教学合一》中提出的观点。在这篇文章中，他明确指出“……教学两者，实在是不能分离的，实在是应当合一的。其理由：一是先生的责任在教学生学；二是先生教的法子必须根据学的法子。他认为好的先生应该是教学生学，即先生要负起指导的责任，学生要负起学习的责任。也就是，要想学生自得自动，必有教学生学的先生。第二，教的法子必须根据学的法子。怎样学，取决于怎样教；学得多教得多，学得少教得少；学得快教得快，学得慢教得慢。教不仅使学生受益，同时也使先生发展”。⑤ 因此，古人早在《学记》中就明确指出“教学相长”。

3. 何谓“有效性教学”

“有效性”是指通过教师一段时间的教学，学生能获得具体的进步或发展。学生有无

① 朱作人. 小学语文教学心理学导论[M]. 上海：上海教育出版社，2001.

② 林崇德. 小学语文教学心理学[M]. 北京：北京教育出版社，2001。

③ 王燕骅. 现代小学阅读教学[M]. 北京：语文出版社，2003。

④ 教育部. 全日制九年义务教育语文课程标准[Z]. 北京：人民教育出版社，2000.

⑤ 陶行知名篇精选[M]. 北京：教育科学出版社，2006.

进步或发展，是教学有没有效益的唯一指标。因此，我们要经常想一想：这一节课究竟有没有“增量”？有多少“增量”？

程红、张天宝指出：“有效的教学活动，是指教师遵循教学活动的客观规律，以尽可能少的时间、精力和物力投入，取得尽可能好的教学效果，从而实现特定的教学目标，满足社会和个人的教育价值需求而组织实施的活动。”①

姚利民指出：“有效教学，是教学过程有效性即合规律性的教学，是有效果的教学，是有效益的教学，是有效率的教学。”②

高慎英、刘良华指出：“凡是能够有效地促进学生的发展，有效地实现预期的教学结果的教学活动，都可以称之为‘有效教学’。”③

崔允漷也指出，所谓“有效”，指通过教师在一段时间的教学之后，学生所获得的具体的进步或发展。④

教学论专家余文森教授则用了最通俗的说法，说有效性教学，就是指通过课堂的活动，使学生在学业上有收获、有提高、有进步。其具体表现在：学生在认知上，从不懂到懂，从少知到多知，从不会到会；在情感上，从不喜欢到喜欢，从不热爱到热爱，从不感兴趣到感兴趣。学业上有收获，懂了、会了，产生兴趣了，问题就是这么简单明了。

有效性教学是一个动态发展的概念，其内涵一直随着教学价值观、教学的理论基础，以及教学研究的范式变化而不断扩展、变化。实际上，有效性教学是人们在特定教学价值观支配下，依据教学研究的成果所描述的一种理想的教学愿望。新课程背景下有效性教学的理念主要包括以下几方面：即有效性教学关注全人发展；有效性教学旨在促进学习；有效性教学呼唤效益意识。

4. 何谓阅读教学的有效性

阅读教学，简言之就是教不会阅读的儿童学习阅读，就是让儿童学会用视觉性语言中枢加工文章的教学活动。《全日制九年义务教育语文课程标准》（实验稿）明确指出：“阅读教学是学生、教师、文本与编者之间对话的过程。”这段话，不仅深刻地阐释了语文阅读教学的内涵，同时强调了语文阅读教学是对话的过程。

阅读与阅读教学是两个不同的概念。首先，对象不同，阅读个人可以完成；阅读教学是学生、教师、教科书编者、文本之间对话的过程。其次，目标不同，阅读的主要目的是获取信息；阅读教学的主要目的是通过文本的学习体验情感，习得方法与习惯。教师如果是以阅读的姿态引导学生学习，那就会偏离语文教学的方向。

谈到“对话”这个关键词，我们并不陌生。《〈基础教育课程改革纲要（试行）〉解读》一书中，就明确指出：“教学从本质上说，是一种‘沟通’与‘合作’的活动。因此，教学可以理解为一种言语性的沟通或言语性的活动，其中‘对话’是教学活动的重要特点。”可见，阅读教学是学生、教师、教科书编者、文本之间的多重对话，是思想碰撞和心灵交流的动态

---

① 程红，张天宝．论教学的有效性[J]．上海教育科研，1999．

② 姚利民．有效教学研究[D]．上海：华东师范大学，2004．

③ 高慎英，刘良华．有效教学论[M]．广东：广东教育出版社，2004．

④ 崔允漷．有效教学[M]．上海：华东师范大学出版社，2009。

过程。阅读教学的重点是培养学生感受、理解、欣赏和评价的能力。

阅读教学的有效性，就是指作为对话者、组织者、学生阅读促进者的教师，应指导学生直接面对文本，直接面对编者，充分地读书，深入地钻研文本，让学生在积极主动的思维和情感活动中，加深理解和体验，有所感悟和思考，受到情感熏陶，获得思想启迪，享受审美乐趣。

在阅读活动中，学生具有自主性、独立性，教师则起着引导、点拨、唤醒的作用。教师要珍视学生独特的感受、体验和理解，不能以教参或自己的思维取代学生的阅读实践，更要防止用集体讨论代替个人阅读，或远离文本进行过度发挥。阅读教学的有效性，还在于要逐步培养学生探究性阅读和创造性阅读的能力，提倡多角度的、有创意的阅读，利用阅读期待、阅读反思和批判等环节，拓展思维空间，提高阅读质量。总而言之，学生读书的积极性越高，其收获就越多，其效果就越好。

5. 何谓"让学"

"让学"这一概念是由德国哲学家海德格尔首次提出的。他在《人，诗意地安居》一书中写道："教所要求的是让学。"他认为，教学的本质就是——"让学"。他认为"称职的教师要求学生去学的东西首先是学本身，而非旁的什么东西。"意思是说，教师要关注学生的学习及其过程。

在《现代汉语词典》中，"让"有这样一个义项：把方便或好处给别人；《说文解字》中，对"学"的解释是："觉悟也。从教从冂。冂，尚蒙也。"由此可见，让学，就是把学习的方便或好处给学生，使尚蒙的学生觉悟、聪慧。

我们认为，"让"是谦让、给予，它表现教学关系中的位置变化、重点转移，即在课堂教学中，教学关系由教师主导的教转向诱导、唤醒学生用自己的心智去学习。"让学"就是要把学习的主动权交还给学生，让学生在宽松自由的情境中愉快地学习，幸福地成长；"让学"就是把课堂的时间、场所、机会等尽可能让位给学生的学习。从教师和学生的关系看，要更多地让位给学生；从讲授和学习的关系看，要更多地让位给学习。比如：学生不会说的，你鼓励他说；学生说不准的，你引导他说；学生说不好的，你帮助他说；学生说不了的，你示范着说。总之，教师最好不要越俎代庖。

我们认为，"让学"观的主要精神，就是教师应尽可能让学生主动、深入地学习。在"让学"的课堂中，学生始终应该处在主体的地位，教师要相信学生的学习潜能，积极为学生营造宽松的学习氛围，适时给力，促进发展；积极地引导学生阅读分析文本，去探究，去发现知识，去自由表达。让学生在自主探究、同伴合作和交流分享的旅程中，经历崎岖和曲折，让学生有"众里寻他千百度，蓦然回首，那人却在，灯火阑珊处"的顿悟和豁然开朗的心灵体验，享受获取知识的喜悦。

三、阅读教学的目标

要探寻阅读教学的有效性，要让学于生，还学于生，我们得熟悉《全日制九年义务教育语文课程标准》(实验稿)中阅读教学的总目标，得牢记各学段的阶段目标，以及它们之间的阶段性、渐进性与连贯性。

1. 总目标

通过阅读学习，学生应该“具有独立阅读的能力，学会运用多种阅读方法。有较为丰富的积累和良好的语感，注重情感体验，发展感受和理解能力。能阅读日常的书报杂志，能初步鉴赏文学作品，丰富自己的精神世界。能借助工具书阅读浅易文言文。九年课外阅读总量应在400万字以上”。

2. 阶段目标

第一学段

(1)喜欢阅读，感受阅读的乐趣。初步养成爱护图书的习惯。

(2)学习用普通话正确、流利、有感情地朗读课文。学习默读。

(3)结合上下文和生活实际了解课文中词句的意思，在阅读中积累词语。借助读物中的图画阅读。

(4)阅读浅近的童话、寓言、故事，向往美好的情境，关心自然和生命，对感兴趣的人物和事件有自己的感受和想法，并乐于与人交流。

(5)诵读儿歌、童谣和浅近的古诗，展开想象，获得初步的情感体验，感受语言的优美。

(6)认识课文中出现的常用标点符号。在阅读中，体会句号、问号、感叹号所表达的不同语气。

(7)积累自己喜欢的成语和格言警句。背诵优秀诗文50篇(段)。课外阅读总量不少于5万字。

第二学段

(1)用普通话正确、流利、有感情地朗读课文。

(2)初步学会默读，做到不出声、不指读(原属第一学段要求)。学习略读，粗知文章大意。

(3)能联系上下文，理解词句的意思，体会课文中关键词句表达情意的作用。能借助字典、词典和生活积累，理解生词的意义。

(4)能初步把握文章的主要内容，体会文章表达的思想感情。能对课文中不理解的地方提出疑问。

(5)能复述叙事性作品的大意，初步感受作品中生动的形象和优美的语言，关心作品中人物的命运和喜怒哀乐，与他人交流自己的阅读感受。

(6)诵读优秀诗文，注意在诵读过程中体验情感，展开想象，领悟内容。

(7)在理解语句的过程中，体会句号与逗号的不同用法，了解冒号、引号的一般用法。

(8)积累课文中的优美词语、精彩句段，以及在课外阅读和生活中获得的语言材料。背诵优秀诗文50篇(段)。

(9)养成读书看报的习惯，收藏并与同学交流图书资料。课外阅读总量不少于40万字。

第三学段

(1)能用普通话正确、流利、有感情地朗读课文。

(2)默读要有一定的速度,默读一般读物每分钟不少于300字。学习浏览,扩大知识面,根据需要搜集信息。

(3)能借助词典理解词语的意义。能联系上下文和自己的积累,推想课文中有关词句的意思,辨别词语的感情色彩,体会其表达效果。

(4)在阅读中揣摩文章的表达顺序,体会作者的思想感情,初步领悟文章基本的表达方法。在交流和讨论中,敢于提出自己的看法,作出自己的判断。

(5)阅读叙事性作品,了解事件梗概,能简单描述自己印象最深的场景、人物、细节,说出自己喜欢、憎恶、崇敬、向往、同情等感受。阅读诗歌,大体把握诗意,想象诗歌描述的情境,体会诗人的情感。受到优秀作品的感染和激励,向往和追求美好的理想。阅读说明性文章,能抓住要点,了解课文的基本说明方法。

(6)在理解课文的过程中,体会顿号与逗号、分号与句号的不同用法。

(7)诵读优秀诗文,注意通过诗文的声调、节奏等体味作品的内容和情感。背诵优秀诗文60篇(段)。

(8)扩展阅读面。课外阅读总量不少于100万字。

3. 把握总目标与学段目标的关系

在阅读教学中,我们既要落实年段目标,以体现阶段性;同时,也要望着总目标,想着相邻学段的目标,以体现阅读训练螺旋上升、稳步推进的连续性。在透视阅读教学的总目标和阶段目标时,我们不难发现,小学阶段阅读教学的重点是培养学生感受、理解、积累和运用的能力。这样的要求,在各年段有所侧重:如低年级的阅读教学,重在培养兴趣,重在识字学词,重在读通课文,了解重点词句的意思,积累词语。中年级的阅读教学,重在加强朗读,练习默读,学习用多种方法理解词句段;把握主要内容,体会思想感情;学习略读,粗知大意;体会词句表达效果,初步了解一些表达方法。高年级的阅读教学,则重在提高阅读的速度和质量,引导学生体会词句的含义和表达效果,了解文章的叙述顺序,领悟基本的表达方法,学习诗歌、叙事性、说明性等不同文体的阅读;学习浏览,根据需要搜集和处理信息。

值得注意的是,各年级都很重视朗读、默读的训练,但是,其侧重点不一样。如第一学段:朗读训练的重点是读正确,而不是读出感情。教师要指导学生读准每一个字音(包括生字、多音字、轻声、变调、儿化),做到不丢字、不添字,读出长句子中词语的停顿。第二学段:重视段的训练,教师须耐心指导学生从读懂一个自然段,到读懂一个结构段。也就是说,要指导学生通过阅读教学,了解一段话的意思,理清一段话的叙述顺序,体会一段话的构段方式和表达效果。朗读,不仅要读得正确、流利,还要读出感情;默读,不出声、不指读,一边读一边思考,一边勾画批注。初读课文时,要让学生有自己的感受,能提出不同的问题,逐步培养学生的自学能力。同时,通过默读训练,提高学生从文本提取信息的能力,对文本作出解释与评价的能力。第三学段:阅读教学的重点是进行篇的训练,教师要指导学生体会词句含着的意思和表达效果,能较准确地把握主要内容,理清行文思路，注重言意兼得，学习不同文体的表达特点，学习浏览，培养学生收集和处理信息的能力。

如此细细地解读阅读教学的总目标和阶段目标，对提高语文课堂教学的有效性有至关重要的作用。

四、阅读教学的方法与课型

1. 阅读教学的方法

《语文课程标准·实施建议》指出："加强对阅读方法的指导，让学生逐步学会精读、略读和浏览。"这段话强调了精读、略读和浏览既是阅读方法，也是阅读技能。精读，就是要认真地研读，细细地品读，有时还要咬文嚼字，结合联想和想象，加深对文本的理解。精读时，不但要读懂文章，还要积累学法、写法，并注重将阅读方法迁移到略读与浏览之中。可见，精读重在培养学生的阅读理解能力。中年级开始训练略读，只求粗知大意，不求字斟句酌，其目的是要让学生提高阅读速度，以适应平日读书看报的需要。浏览，则让学生大略地看，让学生能根据需要搜集信息。高年级重点培养学生的浏览能力和速度，让学生能一目十行地读书，培养学生捕捉有用信息的能力。

2. 不同课型的功能

为了让学生习得阅读方法，形成独立阅读的能力，作为课内的阅读教学，需要载体。为此，教材成了其重要的拐杖。众所周知，课文是学生积累和吸取优秀文化营养和提升阅读能力的主要凭借。为此，从三年级开始，各版本的语文课标教材，都无一例外地把课文分为了精读课文与略读课文。这样的编写思想，既源于《全日制九年义务教育语文课程标准》的目标要求，也源于传承了传统语文教育中优秀的阅读教学思想。

"就教学而言，精读是主体，略读只是补充；但是就效果而言，精读是准备，略读才是应用。"著名教育家叶圣陶先生在《〈略读指导举隅〉前言》里的这段话，不仅阐述了精读和略读的重要性，还阐释了二者不同的功能。各版本的课标教材，将课文分为精读课文和略读课文，就是为了实现这样的教学功能。

"学生从精读方面得到种种经验，应用这些经验，自己去读长篇巨著以及其他的单篇短什，不再需要教师的详细指导，这就是'略读'。"叶老的这句话表明，精读课文的功能是帮助学生获取"种种经验"；略读课文的功能，则是帮助学生"应用这些经验"。要实现这各自不同的功能，必须将二者联系起来。因为，在精读课文中的"获取"，是为略读课文中的"应用"奠基。"获取"对"应用"有着决定性的作用。没有种种阅读经验的"获取"，"应用"便成了无源之水、无本之木。再因为，略读课文功能的实现，是精读课文功能实现的关键。无论是精读课文还是略读课文，最终目标都是为了发展学生独立阅读的能力。而学生独立阅读能力的形成，不可能一蹴而就，它必须经历由经验到能力的转化过程。在精读课文中获取种种经验，为学生形成独立阅读能力提供了可能。只有通过在略读课文中"应用这些经验"，才能将这种可能转化为现实，使学生"自己去读长篇巨著以及其他的单篇短什，不再需要教师的详细指导"。

鉴于两种课文的不同功能，各版本的语文课标教材都十分注重体现精读课文与略读课文的联系。精读课文是为了获取某种经验,略读课文是为了应用这种经验,最终形成独立阅读的能力。如获取和应用"概括主要内容"的经验,以形成归纳能力;获取和应用"体会思想感情"的经验,以形成领悟能力;获取和应用"体会表达方法"的经验,以形成鉴赏能力等。因此,现行义务教育语文课标教科书大多以某专题或主题为统摄,在一个单元内将精读课文与略读课文按先后顺序交叉编排。这样的编排,促使教师在具体的阅读教学实践中,能整体思考,协调推进,相得益彰。

3. 不同课型的教学方法

两类课文的教学功能不同,其教学方法自然迥异。对于这两类课文的指导方式,叶圣陶先生在《〈略读指导举隅〉前言》中,也进行了深刻地阐述。他说:"精读指导必须纤屑不遗,发挥净尽;略读指导却需提纲挈领,期其自得。"叶老的这段论述,明确提出精读课文与略读课文不同的教学策略:那就是,精读需要"纤屑不遗",略读则应该"提纲挈领"。

"纤屑不遗"是指教师在教精读课文时,指导须精细,"发挥尽净"。为学生略读课文时,能自如地应用从精读课文中获取的阅读经验;"提纲挈领"是指教师在教略读课文时,指导须"粗放",宜板块化设计,为学生实现经验的迁移搭建平台与阶梯,以达到期其自得的目的。

作为阅读方法,精读是对读物的内容大意、词句含义、思想情感、表达方法等方面进行深入细致的阅读。所以,"精读"又叫"深读""细读"。与之相对,略读则是指粗略地读,走马观花、一目十行地读,以期在短时间内粗知文章大意,获取主要信息。所以,略读也叫"浅读""粗读""浏览"等。

"就教学而言,精读是主体,略读只是补充;但是就效果而言,精读是准备,略读才是应用。"叶老的这段话对精读与略读的关系进行了精辟的阐述。精读是略读的基础,略读是精读的补充。它们都是最基本的阅读方法,只是各自有着不同的作用罢了。略读与精读一样重要。

由此可见,略读教学和精读教学的最大区别,就是精读教学是教给学生阅读方法,略读教学就是让学生运用阅读方法进行自主阅读,教师组织学生进行交流,略读教学只抓住导读即可。如果说,精读课文在教学时,必须"细嚼慢咽",充分发挥教师的主导作用的话;那么,略读课文在教学时,教师要放手,让学生自主阅读,运用在精读课文中获得的知识与方法自己读懂课文,并在学习中渐渐习得基本的读书方法。相对于精读课文,略读课文较为浅显些,这正好为学生提供了阅读的阶梯,为他们创设了更好的独立阅读的实践机会。

五、阅读教学的现状

叶圣陶曾说过:"语文教材无非是个例子,凭这个例子要使学生能够举一反三。"是啊,阅读教学的宗旨,就是培养学生感受、理解、欣赏和评价的能力,就是让学生习得阅读方法,形成独立阅读的能力。实施新课程之后,阅读教学被推到了改革的最前沿,自主阅读、高效阅读、合作探究等形式应运而生。公开课中的阅读教学异彩纷呈。

1. 阅读教学的形式化

走进时下流行的阅读课堂之后,大家不难发现追求阅读教学的形式化,随处可见。

(1)串问串讲假感悟

《画杨桃》是人教版小学三年级的课文。阅读教学中,老师首先安排通读课文。学生花了五分钟左右的时间完成朗读之后,为了展示学生已经有所“感悟”,师生出现了以下的教学对话:

师:他把杨桃画成什么样子了?

生:五角星。

师:为什么画成五角星?

生:因为他的座位在前排靠边的地方,他看到的杨桃是五角星形状的。

师:他是怎么画的?

生:实实在在地画。

师:大家又是怎么议论他的?

生:杨桃是这个样子吗?倒不如说是五角星吧!

我们知道,学生的阅读能力不是教师“问”出来和“讲”出来的,而是在教师引导下,经过大量的阅读实践,逐步形成并提高的。这样的“串问串讲”,学生不会主动思考,思维得不到深度发展,不能养成独立阅读的习惯,不能提高读书能力,这种阅读教学费时低效。

(2)零敲碎打假自学

阅读教学中,往往会出现这样的教学情景。一篇(段)课文,交给学生自读。老师一声令下:“用自己喜欢的方式朗读。”一段时间之后,老师要求学生进行汇报:“读你喜欢的一段(句)话,并汇报你读懂了什么。”学生东一句,西一句,前拉后,后扯前,一篇有顺序、有情节、有意境的课文,被弄得得四分五裂、七零八落。这样的自学,阅读教学从一种琐碎走向另一种琐碎,即从老师碎讲走向学生碎说,照样是费时低效的。

(3)流于形式假讨论

讨论法是语文阅读教学中常用的一种教学方法。但是,在教学实践中,也出现了形式化的倾向。最明显的表现是这样的,教师提出问题,然后一声令下:“讨论!”学生就分组围成了一团……

结果呢?有的讨论题目简单,答案唯一,学生一读便知,无需几人合组讨论,这是一种无价值的讨论;有的讨论时间太短,前排学生刚转过去,还没有说上几句,老师就喊停,这是一种闪电式的讨论;有的讨论议题不明,学生凑到一起不知所云,但要给老师配合好,还得出声,于是或四颗小脑袋凑在一起自言自语,或嘴里胡乱念叨,眼神游移不定,是一种作秀式的讨论。最终展示讨论成果的往往是几个优等生,大部分学生只是在那里作“看客”。

如此作秀式的讨论,对于提高阅读教学的质量,没有任何作用,仍然是费时低效。

2. 阅读教学的肤浅化

(1)教学目标失度

《语文课程标准》中的学段目标、课文特点,包括思考练习的编排特点,应该是衡量阅读教学目标的标准,也应该是衡量老师们阅读教学实践的依据。下面,我们以一个老师拟定的教学目标为例,来透视教学目标是如何失度的。

《圆明园的毁灭》的教学目标:“字词句教学目标(略);有感情地朗读课文;深入理解圆明园的毁灭和辉煌,探究灭亡原因。”《晏子使楚》的教学目标:“字词句教学目标(略);正确、流利、有感情地朗读课文;体会晏子辩才中蕴含的审时度势的智慧,体会外交官的能言善辩与国力和尊严之间的关系。”

《人民教育》赖编辑在《回归文本,回到语文的地面》中尖锐地指出:“有些语文老师的课堂开放以后,出现了教学目标迷失的现象。”上述两个课例就存在教学目标的迷失。它不仅表现为三维目标中的工具性目标的迷失,仅突出了人文性的目标,而且在人文性目标中,又主要表现为学段意识的迷失。

如在《圆明园的毁灭》的课例中,教师不是引导学生深入文本,初步感受圆明园的辉煌,而是引进课程资源,企图穷尽圆明园的辉煌;不是深入文本,初步感受圆明园毁灭所带来的惨痛,而是引进课程资源,企图深入圆明园的毁灭的具体过程;更让人难以理解的是,还要学生进行角色换位体验,想象自己假如就是当时的皇帝、大臣、士兵,会怎么做。第三学段儿童不具备当时的历史知识,又如何能换位体验呢?换位得来的体验也是不符合历史的特定环境的。

在《晏子使楚》的课例中,不是深入三次对话,初步感受晏子的能言善辩和维护祖国的尊严,初步感受语言的逻辑力量,而是离开文本或只抓住文本的细枝末节,引进其他课程资源,进行或是过度或是随意的发挥,探讨晏子审时度势的智慧,探讨外交官的能言善辩与国力之间的关系,与国家尊严的关系。这些议题,就是成年人探讨起来也是费时费力的,何况这是五年级的阅读课呢?五年级的小学生怎能从这课中,想到老师所挖掘出的人文主题——“尊重,即对晏子的尊重,走向对人的尊重的思考;对人的尊重,导向对国家的尊重的思考;对国家的尊重,引向自我尊重的思考。”

上述两个课例都以弘扬人文性为己任的。但不同学段对人文性的理解程度是不同的。第三学段阅读教学的人文性目标是什么呢?《语文课程标准》明确规定:“能初步把握文章的主要内容,体会文章表达的思想感情”;“能复述叙事性作品的大意,初步感受作品中生动的形象和优美的语言,与他人交流自己的阅读感受。”它不同于第四学段的目标,更不同于高中阶段的目标。

(2)教学内容的失限

“此次课程改革强调学科融合和目标多元,对此不恰当的理解导致了一个普遍的现象,语文没了语文味,语文被过度拓展。”语文被过度拓展,其表现是内容的无限扩展。

再看《晏子使楚》的教学内容:初读课文,初知大意;抓住三次对话,了解晏子的辩才;杜撰一个历史学家的评价,抓住三次对话时晏子的神态,引进其他课程资源,体会晏子审时度势的智慧;杜撰一个外交家的评价,引进其他课程资源,体会一个人的尊严与国力和国家尊严之间的关系。

一个课时四十分钟,两个课时也只有八十分钟,教学容量很有限。在八十分钟里,我们可以做些什么呢?据研究,普通人说话的速度每分钟160～190字,老师的讲课可能还会稍低于这个速度;成年人的思维速度是每分钟400～600字;阅读速度呢,课标的要求每分钟300字左右。一个人的能力是有限的,在单位时间里所做的事是有限的。根据常识，对照这个课例，教学内容无限度地扩张，是不言而喻的。

在这课例中，体现了满堂灌和教师的强势：一是过度的预习。据说在上《晏子使楚》之前，学生除了预习课文，还要阅读教师提供的《胯下受辱》、《狼和小羊》、三个文言句子等三则材料。二是教科书文本的过度解读。因为，对人文性的挖掘在学生的认识水平之外，所以课堂上，老师只能步步牵引，学生亦步亦趋。三是课外课程资源的喧宾夺主。在主要的教学环节中，很难分清哪是文本的解读，哪是用来帮助解读教读文本的其他课程资源。教学内容的失限，必然导致教学内容的低效，甚至无效。

“回到文本，回到文本的细节，回到文本的血脉，回到文本的意义场，语文才能获得力量。”《人民教育》赖编辑的忠告应该牢记。

(3)语文学习的失底

“语文是一刻也离不开文本的。不管语文是向生活开放，还是向活生生的人开放，教学目标的制定与完成，教学意义的产生和丰富，都只有通过师生与文本的深入对话来实现。”语文学习的失底，指的是在语文教学中，没有扣紧文本学习，没有引导学生理解语言、积累语言和运用语言。

在《圆明园的毁灭》和《晏子使楚》这两个课例中，学生的语文学习严重失底：一是忽视识字与写字。两课均是完整的语文课，却没有识字与写字教学的痕迹。二是词句教学不到位。在《圆明园的毁灭》中，表现圆明园辉煌的“不可估量”“众星拱月”“金碧辉煌”“玲珑剔透”“瑰宝”“精华”等词语要理解；表现英法联军毁灭圆明园的“闯”“统统掠走”“搬运”“任意破坏”“毁掉”等词语也要理解；还要体会蕴含在字里行间的情感。但是，在这两节阅读教学中，少见词语教学的环节。三是思维与想象训练不到位。如《晏子使楚》抓住三次对话，深入品读，训练学生的逻辑思维，是教材的特点所决定的，可惜，在课例中未得到体现。又如《圆明园的毁灭》第二、三自然段写建筑的宏伟，引导学生根据课文的描述展开想象，也是课文特点所赋予的阅读教学任务，可惜课例中仍未得到体现。

从上述课例中，我们不禁联想到各类公开课上出现的“怪”现象：一味地将阅读教学引向“高处”，似乎没有挖掘出人所未见的微言大义，阅读教学就没有“深度”；一味地将阅读教学引向“广处”，似乎没有沉醉于丰富的课程资源的引入，阅读教学就没有“广度”。于是，教师们总希望把文本讲深、讲透、讲宽。我们不拒绝“深度”与“广度”。教师作为文本的先行者，对文本的钻研理应越深越好，向深处行进，向宽度拓展。但是，在具体的阅读教学实践中，则要明确阅读教学需要怎样的“深度”与“广度”。台湾的赵镜中老师曾经这样中肯地评价大陆的阅读课，他说，大陆的语文课存在着一个突出的问题，那就是好多老师的阅读课是在教教材而不是教阅读。

3. 阅读教学的功利化

阅读教学的课堂，本应该是最具活力的“学习场”。可是，时下走穴的研讨会上的语文课堂成了“秀场”“市场”，功利化现象十分严重，“学情”正在遭遇前所未有的遮蔽与消解。

(1)把阅读教学视为“秀场”

在这种功利性的阅读教学研讨活动中，听课者对上课老师的关注度甚于对学生主体学习的关注度。于是,学生成了配合教师“演出”的助手,原来“学习者”的身份被淡化了,“学习”的主要任务被点缀性地成了演出的“道具”。执教者上课不是为了学生语文素养的发展,而是为了充分展示自己过人的才情和功力。曾有一位新秀,为了一鸣惊人,事先竟要求学生背教参。课堂上,学生口若悬河的发言与教参如出一辙,十分“精彩”。如此劣行,就在于教者把课堂当成了“秀场”,屏蔽了学情。

(2)把阅读教学沦作“市场”

当下有偿的听课、观摩活动越来越多。于是,出现了阅读教学舞台化、语文教师明星化等现象。在“票房”价值的驱动下,公开教学的本源价值蒙受异化,阅读教学的规律遭受扭曲。关注学生学情,扎扎实实地从不懂到懂、从不会到会的引导过程,常常因为不够精彩、“演出”效果不佳而受冷遇;一节课的教学时间可以是 50 分钟、60 分钟,甚至 90 分钟,还美其名曰“大课”……这样的活动,虽然满足了经济效益与眼球效应,却严重违背了学生的身心健康与学习规律。

阅读教学的市场化,承担了更多的功利性追求。而“让学于生,还学于生”的阅读教学,作为“学习场”,学生的质疑、解惑、学习、发展才是硬道理。唯此,方能让“每一朵花都开放,每一只鸟都歌唱”。教师的“教”是为“学”服务的,教师的第一教学意识,应当是“学生意识”。教师若是一味地迷恋于自己之所好而一往无前,一味地宣泄个人的情怀而一泻千里,一味地为展示自身的风采而一心挥洒,全然不顾儿童的接受能力、欣赏水平和情感特点,这决不是智慧之举。

阅读教学必须从学生的心理世界出发,为学生的学习成长需要而掂量轻重、抉择取舍,有为而有所不为,有取而有所不取,切切实实地还“学”于生,实现语文阅读教学的智慧转身。应当说,这才是当下新课改深化发展,努力追寻有效的阅读教学、优质的阅读教学的关键所在。

六、阅读教学的有效策略

在当下的阅读教学中,学生学习主体的地位严重缺失,这是一个必须引起高度关注的问题。王尚文教授曾指出,在当下阅读教学中“学生,仿佛是教师的附属;教学,仿佛是一种入侵、一种心灵的殖民行为”。这触目惊心的现象,既不是空穴来风,也绝非个别现象,它已经成为新课改深化发展,必须突破的一道障碍;它已经成为实现“让学于生,还学于生”有效的阅读教学,必须跨越的一条沟壑。语文课堂必须智慧转身,阅读教学必须要与“‘内容分析式’说再见”。

教学论发展至今,“教学”已不再视学生为容器,不再是由教师单向灌输的行为,甚至也不是“教师教、学生学”的双边授受关系,而是“教师教学生学习”,是以学生自学为主、为核心的理念。其实,教乃学之导的朴素意识,在孔子的教学主张中已初见端倪。《礼记・学记》中,孔子就将对教学过程的规律性的认识,归结为“博学之,审问之,慎思之,明辨之,笃行之”五个步骤。显然,这五个步骤,主要是从“学”的角度着眼的。它既是对学生学的过程的本质揭示,也是教师因学施导的力之所向。

海德格尔提出,教学的本质就是——“让学”。崔峦在《和“内容分析式”的阅读教学说再见》中也中肯地指出,要更新观念,心甘情愿地“让学”,让教师的“教”为学生更好地

“学”服务。

阅读教学发展到今天，最有效的“教”，更应当是教师对学生自主学习的一种指导、引导和诱导。“教学于生”“让学于生”“还学于生”，应该是当下有效而优质的阅读教学的重要标志，主攻方向。

1. 目标精当，体现“以学定教”

布卢姆说：“有效的学习始于准确地知道达到的目标是什么。”“方向对了，成功也就近了。”教学目标是教学的方向，我们的一切教学行为都应以教学目标为导航。紧紧地围绕教学目标开展教学活动，这是克服教学的盲目性，提高教学的有效性之根本。

确定教学目标，要立足于语文课程标准，要立足于教材内容，更要立足于学生实际，力求恰当、全面、明确，进而实现“知识和能力、过程和方法、情感态度与价值观”三个维度的整合。只有这样，才能增强阅读教学的有效性。

(1)凸显年段特点

语文界许多有识之士无不忧虑地说：当前语文教学失落在哪里？归根结底是目标的失落。目标的失落，主要体现在对学段教学目标、学生的身心发展和语文教学规律的把握不准确，越位、缺位、不到位的现象屡见不鲜。究其实质，或是教者对年段目标把握不准确；或是教者以个人的教学经验为起点而漠视年段目标所致。日本著名教育家佐藤正夫说：“一切教育现象、教育过程得以形成的最高基准点就是目标。”制定了“适合”的教学目标，必须要有鲜明的年段特点，要体现“以学定教”。

如季羡林写的《花是种给别人看的》这篇课文，西师版课标教材编排在三年级下期(内容有所删减)，人教版课标教材则编排在五年级下期。笔者所在工作室的两位学员在不同学段上这篇课文时，依据不同的年段特点，拟定出了个性鲜明的教学目标。

三年级的学员确定了如下教学目标：“认识本课的生字词，联系上下文理解‘花团锦簇’‘眼花缭乱’‘目不暇接’‘姹紫嫣红’等词语的意思，积累好词好句；想象‘花满窗前、汇成花海’的美丽景象，体会德国人把花种给别人看的美好情怀；正确、流利、有感情地朗读课文，背诵第三自然段。”

五年级的学员确定了如下教学目标：“认识 3 个生字，会写 7 个，自主理解‘莞尔一笑’‘花团锦簇’‘姹紫嫣红’‘应接不暇’‘耐人寻味’等词语的意思，并进行积累；借助课后问题理解内容，感受作者表达的妙处，领略异域风情，理解‘人人为我，我为人人’的美好境界；有感情地朗读课文，背诵第三自然段。”

透视两个学员拟定的教学目标，我们可以清晰地看到年段特点：中段重在品词，初步感受文章所表达的美好情怀；高段重在品句，体会内涵深刻的句子，理解藏在语言文字背后作者真正的情感。

根据年段特点拟定目标，是“教学于生”的基本保证。因为，只有方向对了，阅读教学才有质量，学生才能得到相应的发展。

(2)体现课型特色

为了提高阅读教学的有效性，从小学到初中，各版本的语文课标教材都无一例外地将课文分为了精读文与略读文。课型不同，教学目标的拟定迥异。教师们精于拟定精读课文的目标,疏于略读课文目标的拟定。

如某老师对略读课文《绝招》的教学目标是这样拟定的:"正确、流利地朗读课文,有感情地朗读人物对话;理解课文内容,体会童年生活的快乐,感受童真童趣;激发努力学习本领、刻苦求知的愿望。"将这个教学目标与年段要求、课型特点进行对照分析,我们不难发现,这个教学目标偏重于人文性的描述,严重忽视课型特点。带着这样的教学目标,走进课堂,老师很容易陷入"内容分析式"的套路,很容易将略读课文上成精读课文。

《绝招》这篇课文讲的是小柱子和小伙伴比本领,没能取得好成绩,感到很羞愧。于是,他暗下决心要练一种"绝招",挽回面子,以镇住小伙伴。经过不懈努力,他果然出奇制胜,实现了自己的愿望,大家都对他的绝招赞不绝口的故事。这篇课文充满童真童趣,文中刻画的人物形象呼之欲出。可以说,小柱子就是这个年龄段孩子的典型代表。很多学生都能从他的身上找到自己的影子:自尊,好强,不服输。就内容而言,在阅读时,学生很容易与文本产生共鸣。他们自主读懂课文是没有一点困难的。因为,课文反映的是学生最熟悉的儿童生活。本文的故事情节有趣,人物形象鲜明,与其让学生正确、流利、有感情地朗读课文,激发他们努力学习本领、刻苦求知的愿望,不如依据"导读提示",让学生练习复述或归纳主要内容,进而了解小柱子争强好胜、勤学苦练的特点。这样教学,既体现了略读课"让学于生""还学于生"的价值,又真切地培养了学生的概括与评价能力。

(3)彰显生本思想

生本教育思想的核心内容是:在教育中必须一切为了儿童,高度尊重儿童,全面依靠儿童。充分地让儿童依照自己的学习天性来学习,依靠学生的内部自然发展学生的学习天性。生本思想,就是强调教师要把学生作为重要的课程资源,给予开发与利用,使学生的经验、智慧、知识和内在积极性,都能成为教师探索阅读教学的动力之源、能量之库。

《语文课程标准》明确指出,语文课程就是要"指导学生正确地理解和运用祖国语文,丰富语言的积累,培养语感,发展思维,扩大视野,初步掌握学习语文的基本方法,养成良好的学习习惯,使他们具有适应生活实际需要的识字写字能力、阅读能力、写作能力、口语交际能力。"以生为本的阅读教学,关注的就是学生语文素养的发展。由此可见,教学目标的拟定,除了要符合课标规定的年段目标和教材特点之外,更重要的是适合学生现有的语文水平,让学生经过努力就能达成。宁少勿多,宁低勿高,让学生"每天进步一点点"。

一位老师上二年级《我是什么》的课文时,拟定了如下的教学目标:"认识11个字,会写8个字;有感情地朗读课文,背诵自己喜欢的部分;知道云、雨、雹子、雪等自然现象都是水的变化形成的。"乍一看,这个教学目标似乎拟定得四平八稳,中规中矩。但是,当我们用生本思想对此进行分析与考量时,不难发现,这个教学目标拟定得大而泛,过于笼统,不仅少了语文味,而且漠视学科特点,漠视学情,教师很容易将语文课上成自然课或常识课。

结合学生的语文实际,将上述教学目标修改如下:"通过朗读,感受云的变化美,体会语言中丰富的想象,能背诵这一段;在媒体创设的情境中,亲历水变成雨、雹子、雪的场景,了解水的变化;体会文中'落''打''飘'等词运用的准确,并能在教师提供的其他语境中判断和运用。”

将前后的教学目标一对比，我们不难看出，修改后的教学目标拟定得很适切，很具体。因为，它着眼于学生语文素养的形成与发展。教者用清晰明白的语言，描述了学生在阅读教学的过程中，语文学习行为的变化，让教学目标具有可操作性、可检测性。如，就“朗读”而言，不再是泛化的“正确、流利”，而是在朗读中“感受云的变化美，体会语言中丰富的想象”；就“背诵”而言，不再是“背诵自己喜欢的部分”，而是有指令性的任务驱动；就“词语”而言，不再是泛化地理解本课的生字新词，而是在阅读中，“体会文中‘落’‘打’‘飘’等词运用的准确，并能在教师提供的其他语境中判断和运用。”这样拟定教学目标，既彰显了生本思想，又体现了学科的特色，同时关注的是学生语文素养的提高。

2. 内容恰当，体现“得意、得言、得法”

语文教材所收入的课文，篇篇文质兼美，课课皆人类文明的结晶，皆语言艺术的典范。它们凝炼着中华民族的灿烂文化，它们滋养着中华民族的美好心灵。可以毫不夸张地说，教材里的每篇课文都是提高学生语文素养的基本口粮，都是学生践行阅读能力的基本材料。因此，教好课文，用好教材，是语文教师义不容辞的责任和义务。阅读教学要给予学生的东西太多太多，而语文课堂教学的时空有限，学生学习的精力有限，因此教学一篇课文不必要，也不可能面面俱到。

这就需要老师深入研读教材和教学内容，发现那些学生真正需要的、有用的东西，以充分发挥教材的价值。古人云：“任你弱水三千，我只取一瓢饮。”就阅读教学内容而言，我们要有所为，也要有所不为。就阅读教学的有效性而言，教什么比怎么教更重要。因为，语文学科的教材并不等于教学内容，需要教师对教材进行“二度开发”。由于教学时间有限，我们应当选择最有价值，也就是能让学生在阅读教学中“得意、得言、得法”的内容进行教学。因此，在阅读教学之初，教师必须先确定教学内容，即抓住文本的核心价值，解决“教什么”的问题。

(1)从文本的角度考虑

当我们用一个文本进行阅读教学的时候，必须要想清楚这个文本对学生来说，最有价值的东西是什么。大体上说，我们可以根据课程标准规定的年段目标，根据本班学生的实际情况，确定“教什么”或“不教什么”，但具体做起来却并不那么简单。我们要细细思考，这个教材中对学生未来的发展，什么是有价值的东西。这种“价值”，可以从人文熏陶和语言习得两方面去考虑。

如《检阅》这篇课文中，“这个小伙子”和“这些小伙子”都棒，但课堂教学的时间有限，我们究竟是以“这个小伙子”为重点，还是以“这些小伙子”为重点？老师们的处理各不相同：有的详讲“这个小伙子”，略讲“这些小伙子”；有的略讲“这个小伙子”，详讲“这些小伙子”；还有的干脆平分秋色。“这个小伙子”博莱克是个左腿截肢的孩子，他经过刻苦锻炼，终于和全队保持一致，接受检阅，他自强不息的精神对学生无疑是有价值的。但是，从课文的详略和作者的倾向来看，“这些小伙子”信任同学、尊重残疾人的精神教育价值更大。同时，这篇课文最值得细读的是“这些小伙子”的想法：“劝他不去？要不把他放在队尾？再不就把他藏在队伍中间？可是跟他怎么说呢？谁去跟他说呢？”这五个连续问句，学生不容易读好，更重要的是这五个问题给学生提供了一种思考问题的方式：一事当前，我们要设身处地为当事人着想。这种角色的转换，会有利于很多问题的解决，避免不必要的矛盾与冲突。学生学会了这种思维方式，对处理人际关系，在未来社会里立足、生存和发展是很有用的。

(2)从学生的角度考虑

面对一个文本，学生已有的基础是什么，会怎样解读？有哪些不懂的地方？感兴趣的是什么？需要提升的是什么？会发生的误读是什么？

如一位教师教二年级的学生学《三个儿子》这一课文时，抓住结尾提问："为什么老爷爷只看到一个儿子呢？"有的学生说："老爷爷年纪大了，看不清了。"有学生说："从插图看，老爷爷走在后面，他只看见一个孩子。"有的学生说："老爷爷的说法不对。妈妈累了，翻个跟头给她看，唱个歌给她听，都是好的。"从师生的对话中，我们可以看出，教师与学生对文本的解读相差甚远。众所周知，这篇课文理解的重点与难点，就在老爷爷说的那句话上，教材也通过"泡泡话"给予了提示。从教师的角度看，我们会认为这问题的答案很简单。但是，六七岁的孩子有自己认识世界的方式，我们不能把成人的认识强加给他们。

法国著名的思想家卢梭曾深情地说："大自然希望儿童在成人以前就要像儿童的样子。如果我们打乱了这个秩序，我们就会造成一些早熟的果实，它们既不丰满也不甜美，而且很快就会腐烂……儿童是有他特有的想法、看法和感情的；如果想用我们的想法、看法和感情去代替他们的想法、看法和感情那简直是最愚蠢的事。"①

有的老师对文本的解读相当深刻和独到，但在教学时，要求学生达到这样的水平，是不恰当的。儿童就该保持童真童趣，不能过于"早熟"，教师更不应该去做"催熟"的蠢事。阅读教学的有效性，就贵在符合儿童的年龄心理特点，贵在化难为易，深入浅出。

由于儿童认识水平的限制，学生对文本的解读不可能跟老师完全一致，有的可能是对文本的独特感受，也有的可能就是理解的错误。面对这情况，教师应该根据学生的实际能力，及时调整教学策略。如有位教师教《三个儿子》时，也遇到上述的情况，她说："是的，在妈妈很累时，翻个跟头给她看，唱个歌给她听，都很好。不过，大家再读读第八自然段，想想在'走走停停，胳膊都痛了，腰也酸了'的时候，妈妈最需要什么。三个孩子中，哪个的做法最好？"

通过重新阅读和讨论，孩子们认为：这时候妈妈最需要有人帮助提水。第三个儿子这样做了，就是个好儿子。还有学生认为：如果那两个翻跟头、唱歌的儿子能帮妈妈提水，也是好儿子。这位老师既尊重了学生已有的认识，也巧妙地进行点拨，帮助学生在认识和情感上有所发展，表现出很高的教学智慧。

(3)阅读教学必须促进学生的语言发展

"阅读教学的过程就是语言学习的过程"，学生在阅读理解文本思想内容的同时，就是要理解语言，学习语言，积累语言，运用语言，包括文中的生字新词、句子段落以及文本

① 卢梭.爱弥儿[M].李平沤译.北京：商务印书馆，1978.

内含的语言知识。

著名教育家叶圣陶先生说："鉴赏文艺的人如果对于语言文字的意义和情味不很了解，那就如入宝山空手回，结果将一无所得。"德国著名的文学家歌德说："内容人人看得见，涵义只有有心人得之，形式对于大多数人是——秘密。"

对于小学生来说，学语文首先就是学语言——正确理解和运用祖国语言文字。语言习得重在语言的积累和运用。从语言习得的角度看，教师应该关注两种语言现象：一种是有规律的语言现象，另一种是"陌生化"的语言现象。

小学语文教材中有规律的语言虽然比比皆是，却需要教师引导学生留心与发现。如《花钟》的第一自然段，如果让学生细细品味，就可以学到汉语表达方式中的许多规律。"凌晨四点，牵牛花吹起了紫色的小喇叭；五点左右，艳丽的蔷薇花绽开了笑脸；七点，睡莲从梦中醒来；中午十二点左右，午时花开花了；下午三点，万寿菊欣然怒放；傍晚六点，烟草花在暮色中苏醒；月光花在七点左右舒展自己的花瓣；夜来香在晚上八点开花；昙花却在九点左右含笑一现……"这段话除了运用拟人的修辞手法、移情的观察角度、多样化的表达方法之外，仅就"时间"的写法来说，就有好几点值得学生注意：一是按时间顺序写，这才便于读者想象成"花钟"的开放；二是用上了"左右"，使表达更加准确，而且有的加上"左右"，有的不加"左右"，避免了累赘重复；三是表示时间的词语在句子中的位置有变化。这第三点看似平常，但对三年级学生来说却很有价值。因为，它体现了汉语中时间状语位置的一般规律——或在句首，或在句中。

"陌生化"的语言是指我们平时比较少见的表达方法，它们较多地出现在文学作品中。如《慈母情深》中有一个语段："背直起来了，我的母亲。转过身来了，我的母亲。褐色的口罩上方，一双延伸疲惫的眼睛吃惊地望着我，我的母亲……"这个语段的写法，跟平时大家习惯的表达方法不同，既有排比又有倒装，好像电影中的一段慢动作，表现了"我"感受到母亲劳动条件的恶劣、工作的劳累，生活重压下母亲的疲惫、迟钝、衰老……如果引导学生细细品味，他们就可以学到怎样用特殊的语言形式来表达强烈的思想感情。

由此可见，不论是规律性的语言，还是"陌生化"的语言，对学生的语言发展都有较高的价值。我们在选择和确定教学内容时，都不要错过。

那么，如何选择恰当的教学内容，让学生"得意、得言、得法"呢？我们可以从文本中找准语言训练的点：

①从字词入手。如《一夜的工作》中，写周总理办公室里的陈设："那是一间高大的宫殿式的房子，室内陈设极其简单，一张不大的写字台，两把小转椅，一盏台灯，如此而已。"阅读教学时，教师可先让学生查字典，了解"极"的意思。接着，请学生思考："'极其'能不能换成其他词语？"经过比较与谈论，学生明白其他词语替换不了。因为，总理办公室里的四件物品缺一不可，已经简单得不能再简单了。然后，再让学生思考："作为一国之总理，办公室的物品'简单'到了极限，你想说什么？"这时，"极其简单"的表达效果，就自然而然地留在了学生的心里。随后，让学生运用"极其"表达生活见闻与感受。这时，有的学生写："奶奶极其节俭。"有的写："老师批改作业极其认真。"抓住一个关键词语感悟、理

解，再学习运用，能让学生习得推敲词语、准确表达的方法。

②从句子入手。如《秋天的雨》中写道："秋天的雨，是一把钥匙。它带着清凉和温柔，轻轻地，轻轻地，趁你没留意，把秋天的大门打开了。"多美的句子！其实，能代表季节特征的景物，都可以这样写："飘落的黄叶是一把钥匙。""春天的雨是一把钥匙。"……接着，再让学生拓展补充句子："勤奋是一把钥匙，打开了知识的大门。""宽容是一把钥匙，打开了友谊的大门。""创新是一把钥匙，打开了时代的大门。"仿写，打开了学生语言思维的大门。

又如《圆明园的毁灭》中，有这样一段话："圆明园不但建筑宏伟，还收藏着最珍贵的历史文物。"在阅读教学时，教师可以指导学生思考："这句话在文中的什么位置？有什么作用？"通过这样的训练，学生不仅能认识过渡句，还能体会到运用过渡句的好处呢！

③从片断入手。如《狼牙山五壮士》中的第二自然段是一个精彩而典型的片断描写、场面描写。在教学这个片断时，教师不仅要让学生理解感悟五壮士英勇杀敌的精神，还要引导学生学习场面描写，感受点面结合的好处。

又如《田忌赛马》中，孙膑献策时，有一段三人的对话描写。阅读教学时，教师除了引导学生理解人物的语言之外，更要引导学生注意感悟对话中提示语的意义和作用，让学生在写人叙事时，也能写好人物对话，以增强表达的效果。

④从篇章结构入手。课改后，有的老师说"段"色变，更有甚者，说新教材阅读文本不许分段、概括段意。人们往往由一个极端走向另一个极端。其实，学会理清文章思路，概括主要意思，是重要的阅读能力。有的文本段落非常清晰，就要训练这方面的能力。

如《难忘的启蒙》有倒叙，有前后照应，理解这种篇章结构后，就要引导学生学会运用。又如《圆明园的毁灭》的前后是因果关系。第一部分告诉人们"圆明园的毁灭是祖国文化史上不可估量的损失，也是世界文化史上不可估量的损失"，那是因为"圆明园不但建筑宏伟，还收藏着最珍贵的历史文物"。

"教材无非就是个例子。"只要我们的阅读教学心系学生的发展，"让学于生""还学于生"，重意重言重法，我们就能从"教教材"转到"用教材教"，就能把"教课文"变为"教语文"，使阅读教学更高效、更优质。

3. 方法得当，体现"顺学而导"

明确了阅读教学该"教什么"，该"用什么"来教之后，那么"怎样教"将直接影响阅读教学的效率。陶行知早在1919年的《新教育》杂志中就撰文指出："凡做一事，要用最简单、最省力、最省钱、最省时的法子，去收最大的效果。"是的，虽然说"教无定法"，但是最需要的还是"贵在得法"，努力追寻最简便、最有效的教学方法。"删繁就简三秋树，标新立异二月花。"简简单单的语文课堂，应该是简明而不失品位，简约而不失精彩，简化而不失实在，简要而不失到位，简便而不失高效的。阅读教学追寻的简简单单，其实就是一种更高层次的返璞归真。这种"简单"是对冗繁的语文课堂的一种"清洗"，是对语文学习本质的一种回归，是学生自身主动意识的一种彰显。

在具体的阅读教学中，有时不能完全按照教师课前预设的流程进行。课堂上常常发生意料之外而又情理之中的事。因此，教师需要顺学而导。"逢山开路，遇水搭桥"，顺应学情,因势善诱,才能真正解决教材与学生学习需求之间的矛盾,才能发展他们的学习能力。如果,教师只满足于一厢情愿的“走教案”,以为把教案走一遍,便圆满地完成了教学任务,那就大错特错了。须知,学生的学习过程复杂而多变,许多情况难以预料。教师只有顺学而导,才能导在要害处,教在点子上,才能充分激发学生的主动意识和进取精神。

(1)教学于生,当教则教

在阅读教学中,学生总有难以把握的知识,难以理解的重难点。这时,就需要教师“教学于生,当教则教。”这正如陶行知先生说的那样:“先生的责任不在教,而在教学,而在教学生学。”“把教和学联络起来:一方面要先生负指导的责任,一方面要学生负学习的责任。对于一个问题,不是要先生拿现成的解决方法来传授学生,乃是要把这个解决方法如何找来的手续程序,安排停当,指导他,使他以最短的时间,经过相类似的经验,发生相类似的理想,自己将这个方法找出来,并且能够利用这种经验理想来找别的方法,解决别的问题……所以要想学生自得自动,必先有教学生学的先生。”

如,当学生进入第二、三学段时,阅读教学中的重要内容——归纳主要内容、理解句子含义、体会表达方法等常常让老师难教,学生难学。究其原因,就是教师们的教学方法很粗放、很粗糙,致使学生不得法,学习效率很低下。就说很简单的归纳主要内容的训练吧。任何课文的学习,学生大多都要经历“整体—部分—整体”的过程。因此,每学一篇新课文时,教师都习惯运用“这篇课文主要写了什么”的问题,来引导学生通过热身运动,整体感知课文内容。

众所周知,归纳主要内容的方法很多,或抓六要素,或抓中心句,或用段意连接法等等。只要教师能给予明确而恰当的指导,学生是不难掌握的。但是,在具体的阅读教学实践中,教师们常常因忽视文本的特点,漠视学情,而导致一开课就出师不利。

如一位教师上四年级《生命 生命》这篇课文的时候,刚上课,教师就让学生默读课文,之后,用简洁的语言归纳课文的主要内容。要知道这篇课文是由三个小故事组成的,四年级的学生很难在短时间内用简洁的语言归纳。因此,第一个学生足足用了七八分钟,才结结巴巴地把课文内容复述了一遍。老师听了很不满意,批评那位学生说得太长了,接着继续提问说:“谁能讲得再短一点?”但是该如何说得短一点呢,教师并没有给予方法的指导。因此,第二个学生的发言仍然找不到北,仍然是絮絮叨叨地说了一通。只是发言的时间比前一个同学短了一点而已。对此,老师更生气了,索性把学生批评了一通。

一个简简单单的归纳主要内容的问题,为什么会让学生感到困难重重呢?是学生能力差,还是教师指导不到位呢?其实,只要稍稍分析学情与文本特点,我们就不难发现,问题的根源还是在于教师的引导不得法。《生命 生命》这篇课文用三个小故事,即“飞蛾扑火”“瓜苗生长”“倾听心跳”来表达作者——杏林子对生命价值的认识与感受。如果教师将开课的大问题化为小问题,即“这篇课文讲了三个小故事,请默读课文,选一个小故事用简洁的语言归纳主要内容。”这样无疑会化繁为简,学生回答起来就容易多了。在汇报交流时,教师再引导学生将所概括的三个小故事连起来,学生很快就能把握主要内容。这样设问,既有方法指导,教学生学习,又降低了难度,让学生做起来容易得多。俗话说“没有不能攀登的高山,只有上不去的台阶”,要带领更多的学生能够勇攀知识的“高峰”,

关键是要科学地创设教学台阶，智慧地“教学于生”。

(2)让学于生，当让则让

陶行知先生说：“如果让教的法子自然根据学的法子，那时先生就费力少而成功多，学生一方面也就能够乐学了。所以，怎样学就须怎样教；学得多教得多，学得少教得少；学得快教得快，学得慢教得慢。”我们的阅读教学，必须从学生的心理世界出发，为学生的学习成长需要而掂量轻重、抉择取舍，有所为而有所不为，有所取而有所不取，切切实实地让“学”于生，还“学”于生，实现语文课堂的智慧转身。应当说，“让学于生，当让则让”，已是当下课程改革深化发展，努力追寻有效教学、优质教学的关键所在。

①化“教”为“学”。教师单一的“教”是无法代替学生自己学的。所以，教师对如何“教”的预设，不妨设法转化成学生“学”的引导。教学实践表明，化“教”为“学”不仅可行，还能极大地激发学生学习的兴趣。

如上《凡卡》一课时，一位教师引导学生深读课文时，有位学生提出了一个让老师想也没想过的问题：“课文为什么要写那么多狗？写这些狗是不是包含了作者特别的意思？”学生的这一发问，给了教师全新的启发。原先，教师预设的讲析思路是：以“信”为切入点，形成“写信”—“寄信”—“梦信”的主线去解读全文。现在，面对学生这突如其来、标新立异的提问，教师当机立断地调整学习策略，决定化“教”为“学”，以这即兴生成的问题，满足学生的学习需求。于是，教师推翻了原先的预设，以“狗”为切入点，提出三个问题：“文中几次写到狗？”“写了哪些狗？”“凡卡觉得自己的生活‘连狗都不如’表现在哪里？”由此，理出一条清晰的主线：“爷爷身边的狗(泥鳅)”—“莫斯科城里的狗(富人的狗)”—“连狗都不如(凡卡的生活)”，进而把文中的联想：“爷爷守夜”—“砍圣诞树”—信的内容：“学徒生活”与“莫斯科见闻”这些重点内容，串联起来，引导学生边读边议。让学生充分认识到凡卡不如爷爷身边的狗，因为它可以天天和爷爷在一起；凡卡不如城里的狗，因为它可以成为富人的宠物，吃喝不愁；凡卡说自己的学徒生活“连狗都不如”。如此体会，学生真切地感受到当时社会制度的黑暗与不公；深切地感受到凡卡写的这封信，是他绝望中的痛苦呻吟，是他压迫下的愤怒控诉……因为，这节课顺着学生的问题引导学习，所以取得了“还学于生”的极佳效果。如此化教为学，显然比教师事先的主观设教好多了。

②化“讲”为“练”。陶渊明在《五柳先生传》中有“好读书，不求甚解，每有会意，便欣然忘食”之说。读书不求“甚解”，就是只求“适解”，而不是囫囵吞枣、浅尝辄止。语言学家平克认为：儿童不仅有语言的本能，还有着文法的本能，语言表彰的本能，这些就意味着语文基本上不是依靠教，而是可以依靠学生自己反复演练的。这就无须有老师太多的讲解，可以更多地采用化讲为练的策略，使教学有更好的效果。

如一位教师在执教五年级的剧本《半截蜡烛》时，便是以学生的“练”为主，辅以教师必要的“导”，较好地体现了“化讲为练”。在学生读通课文的基础上，即从“半截蜡烛藏情报”和“保护蜡烛”的这两部分内容中转入重点部分“保护蜡烛”，并逐步形成了一个让学生“自求得之”的练习设计，即按“剧本”的体裁特点，让学生先来“导演说戏”，让学生当“导演”解读课文；再让学生“演员演戏”，讨论人物的行为和思想情感，并上讲台演读；接着再由学生"编剧续戏",让大家思考:德国鬼子走了以后,心有余悸的一家人会说些什么?激起了学生还想过一把剧作家的瘾,请大家任选一个角色续写台词,在括号内写上"舞台说明"(人物的神态、动作等),最后又在交流中展开了"观众评戏"。显然,这样的化讲为练,始终置学生于主动投入、积极参与的状态,既避免了教师的单向过度讲析,又调动了学生的实践活动,使阅读训练落到了实处。

③化"析"为"读"。在阅读教学中,诵读既是目标,又是手段;既是能力,又是过程。难怪有"读占鳌头"之说。"学语习文"最根本的是要用课文的典范语言来提升学生的语言品质,并积淀为语感。"读"在阅读教学中,是最为重要的手段,它胜过教师可有可无的讲析。所以,"化析为读"也是教师克服过度讲析,强化学生学习实践的智慧选择。

如《鞋匠的儿子》这篇课文,记叙了林肯在总统就职演说时,与瞧不起他出身的参议员之间开展的一场辩说。课文的主要部分写了林肯的演说辞。根据课文的这一特点,一位教师以读好演说辞代替讲析。上课伊始,他让学生默读课文,思考"读演说辞应注意什么"。随后,在讨论中,学生说出了自己的发现,那就是,演说辞最大的特点是口语化,有情感,并辅之以姿势。接着,教师让学生再读课文,看看文中哪几段是演讲的内容。当学生把握了这些内容后,教师就让学生反复练读,为演讲作准备。学生准备好后,教师就让学生带着课本走上讲台,进行演说(读)。之后,组织学生现场评议;随后,再请学生演说;最后,再让学生将课文补充为一篇完整的演说辞,进行现场演说。整节课,教师都以学生读演说辞为活动主体,化教师的讲析为学生演读,使大家的兴趣大增,获得了很好的效果。

④化"解"为"议"。阅读教学最大的问题是没有形成以学习者为中心,从学生的生理、心理出发,探究学习内在规律系统,充分展示儿童真实的学习生活。要解决这个问题,就要消解教师"注入式"的教学方式,让学生在教师的指导下,充分地自读自议,展开真实的学习过程。进而,化教师的单向解析为学生的自由议论,把教师的指导隐身于学生的议论之间,以体现"四两拨千斤"的功力。

如一位老师在教《风筝》这课时,摒弃了讲问的方式,他让学生就课文的主要部分提出最想知道的问题。有同学说:"他们为什么要在各自的风筝上写名字?"有同学提:"他们为什么要管风筝叫'幸福鸟'?"有同学说:"既然课文中说糊的风筝不像样子,为什么还那么快乐?"……针对这些问题,老师让大家讨论,学生说自己的理解远比听老师讲解的劲头要高出许多。有的说:"他们快活,是因为自己做风筝不用花钱买了……"有的说:"写上名字,自己也能随风筝飞到了天上去。"有的说:"叫'幸福'鸟,是因为他们想把幸福带给所有的人。风筝飞得高,许多人能看到,看到的人都很幸福。"有的说:"糊得不像样子,也是好样的。因为,那是只'怪蝴蝶',很少见,很好玩。"大家议论完了,老师又让一两位小朋友把刚才的议论连起来说一遍,并随机点拨深化。这样教学,就是引导学生通过议论,学习独立解读课文的"初级阶段"。

(3)还学于生,当还则还

学习是世界上无法由别人代替完成的事。它必须由学生自己来实践。尽管教师的教很重要,但毕竟只是外因,而学生的自主学习,才是内因。外因是条件,是要通过内因才能发挥作用的。最有效的“教”,应当是教师对学生自主学习的一种指导、引导和诱导。“还学于生”是当下课堂文化建设的重要标志,是阅读教学有效性的主攻方向,同时又是课堂教学评价的准绳。

在阅读教学中,有些教师因其传统的“知识垄断者”和“课堂主宰者”的角色包袱,总是习惯于表现自我,习惯于强势,习惯于排斥学生学的活动,或者使本来应当处于主体状态的学生学习,仅仅成了一种对教的强势的顺从和应和。如,有的教师为了展示个人魅力,在上《再见了,亲人》这篇课文时,就出现了这样的场景:

师:大娘把多少慈母般的温暖给了志愿军战士,以致丢下自己的小孙子于不顾。现在我们又怎么舍得分别呢?这依依惜别的深情,就因为——读!

生:“我们的心永远跟你们在一起!”

师:小金花和妈妈救出了侦查员老王,可妈妈却和敌人同归于尽了。当时小金花把仇恨记在心里没掉眼泪,可在送别志愿军时却落泪了,因为——读!

生:“我们的心永远跟你们在一起!”

师:为志愿军挖野菜而失去了腿的大嫂,今天架着双拐为告别志愿军也送了几十里路,还不愿离去,因为——读!

生:“我们的心永远跟你们在一起!”

师:其实,又何止是大娘,还有千千万万位大爷;又何止是大嫂,还有千千万万位大哥;又何止是一位小金花,还有小银花、小金达莱花,都不愿意停住送别的脚步,因为——读!

生:“我们的心永远跟你们在一起!”

……

如此教学,课堂上呈现出了“一呼百应、蔚为壮观”的激情场面和表演效果。但细细一分析,教师对教材的“复读、引申、拓展、强化”一肩挑,以表演的主角闪亮登场,学生仅仅只能以重复同一句话作为简单的呼应、机械的陪衬,在一旁“跑龙套”。如此越俎代庖,竟然被老师们视为煽情秘诀而争相效仿,成为当下阅读教学之“流行风”,这无不令人担忧。王宏甲在《中国新教育风景》(北京出版社,2004年版)一书中,提到一堂经典的好课却遭到欧美教育工作者的否定。课堂上,老师语言精练,没有废话;教态从容,有条不紊;学生回答踊跃,颇有水平。在我们眼里,这的确是一堂近乎完美的课,也是很多老师争相追求的一种教学境界。欧美同行却认为,当老师讲得非常全面而完美时,当老师的所有提问学生都能回答时,实际上是把学生自主学习、自主探索的过程取代了。尽管中西方的教育理念并不完全相同,但在这个问题上,欧美同行的观点是很有道理的,很值得我们深省的。

在当下的阅读教学中,学生自主学习的缺失,是一个必须引起高度关注的问题。王尚文教授认为教师“越俎代庖、漠视学情”的现象,无异于“学生,仿佛是教师的附属;教学,仿佛是一种入侵,一种心灵的殖民行为”。可见,实现有效的阅读教学、优质的阅读教学,必须要“让学于生,还学于生”。

叶圣陶先生说的“教是为了不需要教”的至理,就在于让学生“学会学习”,最终能自己解决问题。“教”的存在,是因为有“学”的需要。只有当学生对教学内容产生了强烈的学习需求,“教”才能真正融入学生的学习行为,形成有效的教学互动。如一位教师在教《矛与盾的集合》的重点句子“在铁屋子里开个小洞,从洞里伸出进攻的‘矛’——枪口、炮口”时,是这样“还学于生”的:

师:请大家认真地读一读这句话,看看你能发现些什么。

生:我发现书上的“矛”有双引号,后面还有一个破折号。

师:多会发现啊!为什么“矛”字要加上双引号呢?

生:表示不是真正的矛。

师:是呀,它到底指什么呢?请再读读这个句子。

生:指的是“枪口或炮口”。

师:后面的破折号又有什么作用呢?

生:解释“矛”的意思。

师:瞧,你们多会读书呀!读着读着,自己就发现了这句话中加引号的“矛”的意思和破折号的作用。同学们,读书就是要这样细心。

从这个教学片段中,我们清楚地看到,教师多么善于“还学于生”呀!他让学生自己发现问题,提出问题;再引导学生自主学习思考,自己解决问题。在这个环节中,教师仅仅只是在一旁作必要的穿针引线、点拨融通而已。课堂上,教师就应该把更多的学习机会让给学生。当我们能自觉做到“让学于生”时,达到“不需要教”的目的就不难了。

4. 环节适当,体现简洁明快

要下决心改变繁琐的、面面俱到地分析课文内容,离开课文语言挖掘人文内涵的教学套路,依据阅读教学的基本规律,突出语言的理解、积累与运用,来构建简约而实用的阅读教学。

具体到一篇课文的阅读教学来说,突出体现这么几个教学环节就可以了:学生个人初读课文,认读生字,熟悉生词,把课文读正确,读后有初步感受,提出不懂的问题(内容方面的、词句方面的、表达方面的……);教师引导学生在初步交流的基础上,整体把握课文,或理清思路,或抓住主要内容,在整体把握的同时培养分析、概括能力;梳理学生提出的问题,结合教学设计中的预设,明确本课教学重点并以问题整合的形式引导学生学习(一般指重点部分的理解、品读,或体会关键语句在表达上的作用与效果,或领悟文章基本的表达方法,或侧重培养某一方面的能力,掌握某一方面的学习方法);回归整体,对课文赏读或积累语言或体现写法迁移的小练笔。环节的简化,最重要体现在对学习内容的精选,对理解、积累、运用语言整合的处理上。

如一位老师上《威尼斯的小艇》的第一课时,教学环节的设计简洁明快:第一步,引导学生根据预习,交流生字词中的重难点;第二步,引导学生通读课文,抓住景物特点,概括写景类文章的主要内容;第三步,引导学生自由诵读表达有特色的文段,欣赏威尼斯风光。这简洁的教学环节,不但夯实了识字教学,检测了学生概括主要内容的能力,还留足时间,让学生扎扎实实地读通课文,为第二课时感受作者表达的妙处,打下了的坚实的基础。

阅读教学有效性的策略远远不止这些。在具体的教学实践中，教师们创造了许多有用的阅读教学方法，如："抓住一个字，教活一课；抓住一个词，教活一课；抓住一句话，教活一课；抓住一段话，教活一课。"又如："读中识，读中思，读中悟，读中用，读中记。"

著名教育家夸美纽斯说："找出一种方法，使教师因此可以少教，但是学生可以多学；使学校因此可以少些喧嚣、厌恶和无益的劳苦，独具闲暇、快乐及坚实的进步。"提高阅读教学的有效性，既有规律可循又无定式可依。它需要广大的语文教师们在阅读教学的实践中，不断探索，不断反思，不断创新。

参考文献：

(1)海德格尔. 人，诗意地安居[M]. 郜元宝译. 上海：上海远东出版社，2004.

(2)教育部. 全日制九年义务教育语文课程标准[Z]. 北京：人民教育出版社，2000.

(3)叶圣陶教育文集第三卷[M]. 北京：人民教育出版社，1995.

(4)林润生. 评窦桂梅老师的两个课例[J]. 小学教学设计，2006.

(5)周一贯. "还学于生"：企盼语文课堂的智慧转身[J]. 语文教学通讯，2008.

(6)郭思乐. 教育走向生本[M]. 北京：人民教育出版社，2001.

(7)沈大安. 语文教学要走向生本[J]. 小学语文，2009.

(8)求是·崇实·鼎新：崔峦小学语文教育文集[M]. 北京：人民教育出版社，2005.

(9)崔峦. 和"内容分析"式的阅读教学说再见[J]. 小学语文，2010.

(10)赵镜中. "教教材"和"教阅读"[J]. 小学语文教师，2010.

(11)吴忠豪. 教课文？教语文？[J]. 小学语文教学，2010(4).

(12)汪潮. "给力"的语文教学[J]. 语文教学通讯，2011(4).

(13)温儒敏. 语文教学中常见的五种偏向[J]. 小学语文，2011(3).

(14) 周一贯. 过度讲析：语文教学应治之"本"[J]. 语文教学通讯，2011(7～8).

《掌声》文本解读

（人教版课标教材三年级上册）

重庆市渝中区人和街小学　陈宁

若问真情都几许？一川烟草，满城风絮，梅子黄时雨

每次读《掌声》，静心凝思，独对窗外的幽竹，业已开放的芭蕉，随着一阵风，满眼的乱红飞过秋千去，此情此景，再读《掌声》，心中都有些许的落寞，正是"更那堪，冷落清秋节"，"杨柳岸，晓风残月"，读英子，仿佛在读一个人命运的跌宕起伏，情感的堤岸，犹如决堤的洪水，汹涌澎湃，浪卷西岸，扬起千堆碎雪，随风飘散。

读题目《掌声》，耳畔仿佛都会响起那熟悉动人的旋律，"孤独站在这舞台，听到掌声响起来，我的心中有无限感慨，多少青春不在，多少情怀更改……"我想这题目，也恰好契合了这首旋律抒发的情感。当英子站在讲台上听到掌声的时候，我相信，这首《掌声响起来》一定能代表她此时此刻激动的心情，脑海中会浮现出她听到掌声以前所经历的种种画面，心中一定会想到她所经历过的内心的痛苦挣扎……泪水随着这动人的旋律而尽情地流淌。我忽而又想到了"不经一番彻骨寒，怎得梅花扑鼻香"的诗句，我想，这"掌声"二字中所包含的意蕴，实在是太多太多，正如鲁迅评价《红楼梦》所说的，每个人读《红楼梦》都会有不同的解读，"经学家看见《易》，道学家看见淫，才子看见缠绵，革命家看见排满，流言家看见宫闱秘事……"同样，不同的人，从这题目《掌声》中所咀嚼出来的味道是不尽相同的，但我相信，相同的是每个人面对这"掌声"二字，情绪一定是难以平复的，也一定有各自不同的欷歔和感慨；因为这掌声背后，浸透着获得掌声所付出的汗水和泪水；这掌声背后，必定有着一番曲折和辛酸；这掌声背后，一定有着一个值得言说、催人泪下的故事。不是吗？读《掌声》曾几次让我泪眼蒙眬，或许是我太多愁善感了吧，也或许是这故事打动了我心中最柔软的部分，激起了情感的共鸣了吧。不管怎么说，读到这里，思接千载，更哪堪言说？

"上小学的时候，我们班有位叫英子的同学。她很文静，总是默默地坐在教室的一角。"为什么这样呢？是"因为她得过小儿麻痹症，腿脚落下了残疾，不愿意让别人看见她走路的姿势"。人，总是要掩饰自己的残缺，将美好的一面展示给别人，这是人的天性，英子也不例外；小女孩都追求美丽漂亮，英子更不例外，这是人性中的至善。从这里，我们可以看出英子的纯洁和善良，如果一个人面对自己的缺陷，从一开始就坦然面对，我想，这个人一定不是人，他一定是神，而我们故事的主人公，却是一个纯洁善良、有血有肉、心灵脆弱的小女孩啊，她能不掩饰自己身体的缺陷吗？她的天真，可爱也就跃然纸上了，她紧紧地抓住了你的心，让你心中充满悲悯和同情。不是吗，英子还是一个不谙世事的小女孩，她的身躯是弱小的，她的心灵也是脆弱的，可是，她瘦弱的身躯和幼小的心灵却要承受成人也难以承受的生活之重。

鲁迅说过:“什么是悲剧,悲剧就是将有价值的东西毁灭给人看。”一个鲜活的英子,上天却把她的梦击碎了,把活泼可爱的英子变成小儿麻痹症患者。这不是悲剧是什么?小儿麻痹症,这可是需要一生去面对、背负的生活之重,所以英子的“默默”也就顺理成章地成为必然了。这“默默”中包含着英子独自一人承受苦难的坚强,也包含着英子独自一人承受的孤独和彷徨,还包含着她封闭了自己的内心,与世隔绝的寂寞和落寞。“一角”,教室是敞开着的,是包容的,可英子的内心却是封闭的,排斥的。教室的欢声笑语,教室的嬉笑打闹,教室的书声琅琅,教室的温馨舒心,教室的归宿和温暖……所有的一切,这些统统都不属于英子。属于英子的,只有这“一角”,在这一角里,只有英子一个人,在无人注意的时候,默默地舔舐着自己的伤口。只有在这一角里,英子才感觉是安全和温暖的。这一角,却是英子生命的整个天空。

读到这里,泪水,不自觉地就流出来了。是啊,优秀的文学作品,总是能深深地打动你,因为它进入了你的内心,将你最真诚和真切的情感唤醒。“上课前,她早早地就来到教室,下课后,她又总是最后一个离开。”“早早”“最后”形成了鲜明强烈的对比,她折射出的是英子那颗敏感、孤独、害怕、忧伤、自卑的心。也许谁都不会去注意英子走路的姿势,可敏感的英子却感觉所有人都在看着她,都在嘲笑她,她需要逃避,需要逃避开所有人的目光,因为只有这样,英子才感觉是安全的,她那颗脆弱的心灵才不会受到伤害。读到这里,我的眼泪不自觉地又流出来了,一个本该天真活泼的小女孩,却因为那罪恶的小儿麻痹症被扭曲了心灵,作为读者的你,能无动于衷吗?深深的同情和怜爱弥漫我的身心,英子的命运让我揪紧了心。

可是,注定英子不能永远逃避,永远地封闭自己。“一天,老师让同学们轮流上讲台讲故事。轮到英子的时候,全班同学的目光一齐投向了那个角落,英子立刻把头低了下去。”故事情节总在矛盾冲突中推进展开,封闭的英子,处在暗室的英子终于被曝光在了众目睽睽之下,不愿众人注视的英子与被迫被人关注的英子这一矛盾冲突,犹如掀起了交响曲的一个小高潮,推动着故事情节向前发展。这时的英子,其心中的惶恐和不安可见一斑,“英子立刻把头低了下去”,这“立刻”一词,生动而传神,不用赘述而尽得语言文字之风流。英子那颗敏感而脆弱的心,犹如遭到了电击一般,本能地蜷缩进了自己的“一角”,迅速地把头低了下去。英子苦心经营的“一角”,自己竭力营造的舔拭自己伤口的世界,也如同英子一样,在同学们的目光中显得那么的脆弱,不堪一击。可这一切的缘起,皆由不明就里的刚调来的老师引起的。然而却是这位老师,促进了英子命运的改变 ,使英子的一生发生了命运的转折。试想:如果是一位熟悉她的老师,从保护英子脆弱的自尊的角度出发,不叫英子起来讲故事,可能,英子将永远生活在自卑、忧郁的灰暗世界里。可见,教师的肩上,承载着的是沉甸甸的希望。

“英子犹豫了一会儿,慢吞吞地站了起来,眼圈红红的。”“犹豫”一词高度概括出了英子此时矛盾,极度伤心、痛苦的内心世界。上去吧,同学们将看见她走路一摇一晃的姿势,同学们也许会嘲笑她,这对她极度脆弱的内心来说,是不可以接受的。不上去吧,老师的要求似乎不能违抗,此时的英子,可谓是左右为难,“犹豫”也就在情理之中了。但在“犹豫”中,英子还是慢吞吞地站了起来,此一“慢吞吞”展现了英子内心复杂矛盾斗争的过程,腿似乎有千万斤重。她眼圈“红红的”,这透露出英子内心的伤感、无助、无奈。在众人的目光中，英子显得如此的弱小、孤单。经过了激烈的思想斗争，英子“终于”一摇一晃地走上了讲台。读到这里，我为英子欢呼，英子终于朝着凤凰涅槃迈出了第一步；英子终于朝着人格的完善、心理的健全迈出了重要的第一步。“教室里骤然间响起了掌声，那掌声热烈而持久。”这是鼓励的掌声，鼓励英子走上讲台的第一步；这是关爱、呵护的掌声，关爱呵护着英子那颗敏感、脆弱、多愁善感的心。英子的泪水流下来了，我的眼泪也不由自主地流下来了。

沉入文本，揣摩文字，故事主人公的命运与我完全融为了一体，我也与英子同悲同喜，同呼吸共命运了。我想，这泪水是感动的泪水，她感动于同学们的关心与呵护，感动于同学们真诚的爱。这泪水，是兴奋的泪水，她兴奋于同学们并没有歧视她，她兴奋于她能战胜自己，终于站上了讲台，跨过了从来都以为不能跨过的鸿沟。这泪水，还是情感宣泄的泪水，过去的一切伤感，委屈，孤独，寂寞……种种一切，自己所承受的心灵重压，在这一刻如决堤的堰塞湖，顷刻间，不能自已。英子讲了一个小故事，“他的普通话说得很好，声音也十分动听。”原来，敏感、脆弱、自卑的英子也有自己的优点，只不过这些优点被以前英子那颗忧郁的心掩盖了。英子在自己封闭的世界里，无限地夸大了自己的缺陷，无限地缩小了自己的优点，在面对小儿麻痹症所带来的苦痛中，英子的自信被一点一点地消磨，以至在英子的内心世界中只剩下极度的自卑、敏感和脆弱。阴暗的天空，漫天的乌云，是不能看见太阳的，自信和快乐对于英子来说，犹如被乌云遮盖的太阳。可每一个人，都是渴望看见阳光的，因为它可以给我们带来快乐和温暖。

同学们的掌声，再一次肯定了英子，这掌声是对英子勇气的褒扬，更是对英子故事讲得绘声绘色发出的由衷的赞叹。两次掌声，表达出的是同学们对英子深深的关爱，同学们并没有因为英子的残疾而歧视她，反而用掌声唤起了英子心中沉睡的自信。那掌声，是和煦的春风，吹醒了英子的心灵；那掌声，是甘甜的雨露，滋润了英子那颗孤寂、脆弱的心；那掌声，是拨开乌云的狂风，使英子的心灵重新感受到了阳光和温暖。掌声鼓励英子走出了自己营造出来的灰暗世界，掌声鼓励英子走出了人生中的阴霾，走向了心理的健康和强大，更走向了人生的成功与自信。“忧郁”的英子变了一个人，她和同学们一起嬉戏说笑，甚至还让同学们教她跳舞。心灵脆弱、身体弱小的英子在掌声中走向了坚强，瘦小的英子的形象在我的心间瞬间变得高大，英子的命运终于在苦痛挣扎的烈火中获得了涅槃。英子，完成了她苦难人生向幸福人生、微笑地面对生活的转变。

我的耳畔仿佛又响起了《掌声响起来》那动人的旋律，在美妙的旋律中，我想英子该有无限的感慨。诚如几年后英子来信所说的，“我永远不会忘记那掌声，因为它使我明白，同学们并没有歧视我。大家的掌声给了我极大的鼓励，使我鼓起勇气微笑着面对生活。”“永远”一词，可以看出这掌声中浸透着浓浓的爱，给予了英子刻骨铭心的人生体验和感受；给予了英子面对苦难人生的信心和勇气；给予了英子微笑面对生活的从容和淡定。生活中的我们，同样也需要别人的掌声。当我们疲惫时，需要掌声鼓励我们前行；当我们气馁时，需要掌声唤起我们的自信；当我们犹豫彷徨的时候需要掌声扬起我们远航的风帆……

读完全文，再看题目。我忽而又想到，读《掌声》，何尝只是在读英子，我们何尝不是在读作者，在读我们自己呢？作者能写出这篇感人至深的文章，我揣测，他或许和英子一样，也曾经历过类似英子人生的苦难和命运的波折，也曾有过这样痛苦的挣扎与内心的煎熬。言为心声，不是吗？曹雪芹不也借着《红楼梦》的“一把辛酸泪，满纸荒唐言”诉说着自己的人生际遇？遭受宫刑的司马迁不也借着《史记》抒发自己的愤懑与苦难遭遇？更有那投汨罗江的屈原借着《离骚》《天问》抒发自己的人生苦闷和情怀。所以，读《掌声》未尝不是在读作者。读《掌声》更是在读我们自己，人生的命运，风起云涌，我们总在坎坷波折中前行，面对苦难和失败的犹豫和彷徨，面对波折和不公的挣扎和煎熬……我们也和英子一样，有过脆弱，自卑，伤感，孤独，寂寞……所以，读《掌声》也仿佛在读我们自己一般了。

一缕阳光照在了我的窗棂，窗外残败的花依然在展示着自己的美丽。我忽而醒悟，残缺的美依然动人，那断臂的维纳斯的自信不知征服了多少人，不管怎样的生命，都应该活出异样的精彩。《掌声》中的英子就是这样的。

掌 声

(人教版课标教材三年级上册)

重庆市渝中区中四路小学　叶子莉

【文本解读】

生命中的阳光

《掌声》全文共 5 个自然段，28 行，525 个字。很简单的一个小故事，捧卷读一遍，没什么感觉；再读，内心有些触动；读到第三遍、四遍的时候，心中有些激情……

所谓“掌声”，只是课堂上司空见惯的极为普通的声音。作者董保纲在其创作体会《让生命的掌声响起来》一文中说：“这篇文章在某种程度上触及了人性之美，蕴含着生命的精神、空间和生命的最本质、最直接的意义。”那么，课堂中这常见的掌声又何以具有如此丰富的人文内涵与如此非凡强大的力量呢？带着疑问，走进文本细细品读，我发现这篇短文虽然语言质朴、叙述平淡，在写作手法上也没有什么特别之处，但文章的字里行间无不藏着一份浓浓的“情”。那无处不在的细节描写和大量的留白，能直抵读者的心灵深处，牵动着我们最敏感的神经，去捕捉掌声中所蕴藏着的源自人性的一种力量。

“她很文静，总是默默地坐在教室的一角。上课前，她早早地就来到教室，下课后，她又总是最后一个离开。”“她”，一个小学生，正值贪玩好动的年龄，为何斯文恬静到这样的程度？以至于总是默默地坐在教室的一角，这是真的“文静”吗？或者说这能叫做“文静”吗？第一自然段中短短两个句子，作者就用了两个“总是”，这简单的重复，作者是不是想说明什么？是不是想从时间上强调英子的与众不同呢？“默默地坐在教室的一角”？这个小女孩为什么如此不合群？她就这么甘于坐在“教室的一角”，这应该就是教室中的偏远地带，是教室中最不引人注目的地方。坐在那儿的她，如同那个角落一样，不被人注意，容易被人所忽视。透过“默默地”这个词语，我仿佛看到她一声不吭，不与别人沟通，别人也不与她交流的情景。看上去，她是如此漠然，甚至在她脸上也看不出任何情绪的变化。但是，我想她一定有着比普通孩子更为丰富的内心世界。因为，这个奇怪的小女孩每天都“早早地来到教室”，每天都“最后一个离开”。突然，我发现作者在这里把“早早”和“最后”这两个充满极端色彩的词语自然地用在了一块。这显然是作者在这种反差中刻意强调英子近似于矛盾的内心世界。于是，我迫不及待地往下读，急切寻找这个小女孩不合常理的原因，探寻她内心深处的真实想法。

“因为她得过小儿麻痹症，腿脚落下了残疾，不愿意让别人看见她走路的姿势。”读到这儿，我恍然大悟。原来英子“总是默默地坐在教室的一角”是不愿意别人看到她走路的姿势，原来英子“早早地就来到教室”是不愿意别人看到她走路的姿势，原来英子“总是最后一个离开"也是不愿意别人看到她走路的姿势……一个"不愿意",隐藏了这个残疾儿童多少的辛酸啊！她一直待在那儿,如同把自己封闭了似的,上课的时候坐在那里,下课的时候依然坐在那里;别的同学聊天时她在那里,别的同学嬉笑打闹时她在那里,别的同学们一起做游戏时她依然在那里……原来这小女孩"文静"的背后,掩藏着的是孤单,是自卑,是悲哀,甚至是孤僻……"默默地""一角""早早地""最后一个"这些词无不凸显着她的自卑。当这个小女孩将自己藏身在这个不引人注意的一角时,我想她对其他同学的群体活动肯定是羡慕的,是想参与的。她甘于当沉默者,甘于当隐形人,只是因为她害怕大家看到她走路时一瘸一拐的丑样,害怕别人对她的指指点点和窃窃私语,更害怕同学们对她的嘲弄,或者是别人轻易给予自己的同情。英子顶着极大的心理压力掩饰自己,她选择了这种逃避的方式来保护自己。

"不愿意让人看到她走路的样子。"她不愿意上台板书,她不愿意和同学们一起游戏,她不愿意做所有能够暴露她缺陷的活动,甚至不愿意被别人所关注。读到这儿,我才明白在英子极力掩饰的"文静"背后,其实是一位好强的女孩孤独而暗自神伤的身影。读到这里,我看到英子的内心承载了太多的忧虑。残酷的病魔,使她失去的不仅仅是健康的腿,而且失去了健康的心理,失去了自信以及面对他人的勇气。可怜的英子成了一个心灵蒙上了灰尘的女孩！

"一天,老师让同学们轮流上讲台讲故事。"读到这,我注意到了"轮流"这个词语。新老师宣布讲故事的规则是"轮流上讲台讲故事"。显然,生活不可能一成不变。新老师对英子的残疾不知情,他没有像以前的老师那样,特别照顾英子,特别小心翼翼地呵护她那脆弱的自尊心,允许她的退缩与逃避,让她成为班上的一个特例。这"轮流"的规则,意味着班上所有的同学都将依次走上讲台,面对所有的同学及老师讲自己的故事。这个一直躲在教室角落里的女孩也将按规则走上讲台面对所有人的目光。我想,当新老师宣布这个规则时,带给英子的是一种怎样的震动与无助啊！当同学们陆续上台,而英子经历的又是一种怎样的煎熬啊？那必定是分分秒秒,如坐针毡！

"轮到英子的时候,全班四十多双眼睛一起投向了那个角落,英子立刻把头低了下去,老师是刚调来的,还不知道英子的情况。"轮流讲故事,轮到英子了,"不知情"的新老师将她推到了"舞台的中央"。"全班四十多双眼睛一起投向了那个角落。"霎时,那个角落成为瞩目的焦点。成为焦点人物,这不正是英子所惧怕的吗？面对全班四十多双眼睛的注视,这是一种怎样的体验？当预料到自己的缺陷马上就要被暴露在众目睽睽之下时,英子的内心充满了痛苦、担心、害怕、紧张、恐慌、畏惧、自卑、愤恨、委屈、迷茫、无助、胆怯……"立刻把头低了下去"。我想"立刻""低"这是英子的第一反应,这也应该是一个自卑的人面对"威胁"最本能的举动。读到这儿,悲凉不由从心里升起。英子这本能的动作,仍然是一种逃避,但却逃不掉;这种本能的动作也是一种自我保护,却又显得那么无力！

"英子犹豫了一会儿,慢吞吞地站了起来,眼圈红红的。"这个句子,作者写得十分传神。"犹豫""慢吞吞地站""眼圈儿红了",两个神态,一个动作,把小英内心的矛盾与挣扎活灵活现地表现出来了。一方面是极不情愿去演讲,因为那需要将自己的残疾暴露在众目之下;另一方面,规则已定,现在已经轮到自己了,老师和全班同学的几十双眼睛都在看自己，在等自己，这种力量让英子无法抗拒。这突如其来的矛盾冲突，给英子带来了极大的痛苦，她怎能不犹豫呢？怎能不"慢吞吞"呢？怎能不"眼圈儿红了"？从来没有被大家关注过的英子，此时是多么的尴尬。"犹豫"的片刻间，有多少辛酸，有多少无助，有多少恐慌，有多少想哭却又不敢哭的情绪。在这不长的时间里，英子的内心又是多么的复杂啊！"忧郁"女孩子的形象跃然纸上，也悄悄地走进了我的心里。

"在全班同学的注视下，她终于一摇一晃地走上了讲台。就在英子刚刚站定的那一刻，教室里骤然响起了掌声，那掌声热烈而持久。""故事讲完了，教室里又一次响起了热烈的掌声。""英子向大家深深地鞠了一躬，然后，在掌声里一摇一晃地走下了讲台。"我想两次"热烈而持久"的掌声，不仅仅是声音响亮，持续的时间很长，更重要的是这掌声中饱含了同学们真诚的鼓励与真心的赞美。因为，这掌声源自同学们内心深处。在"那个角落"，班上的同学可能没有关注过，更没有感受到小英在平时学习生活中的痛苦和难过。这次语文课上的演讲，激发起了孩子们心底的那份爱。这掌声如奇迹，让不愿意和大家接触的女孩，勇敢地站起身，"一摇一晃地走上了讲台"。小女孩罕见的举动与勇气，让全班同学既激动又惊喜。这时，我又从文中捕捉到两个相同的词语——"一摇一晃"。在第一个"一摇一晃"中，英子是自卑的。当她摇晃地站上讲台时，同学们善意而真诚的掌声让她始料不及，使英子的内心受到了极大的震撼。从这突如其来的掌声中，小姑娘感受到了同学们的鼓励、信任与支持，所以她激动得"泪水流了下来"。在第二个"一摇一晃"中，英子是自信的。在掌声的鼓励下，英子敞开心扉，述说自己的故事。她标准的普通话、动听的声音使同学们大为惊诧。这时，"教室里又响起了热烈的掌声"。第二次"热烈"的掌声与前一次迥然不同。因为，在这次演讲中，同学们发现了英子的过人之处。她虽然身体残疾，但是智慧不残疾，知识不残缺。由此可见，第二次掌声，是同学们对英子优异表现的惊叹、欣赏、肯定与赞扬。如果说第一次掌声是英子自信的基石；那么第二次掌声则让英子明白了自己只要能够坦然地面对残疾，快乐地同别人交往，同样能获得改变和超越自己的动力。这一切令英子满怀欣喜与感激，所以"她向大家深深地鞠了一躬"，又"一摇一晃"走下了讲台。由此可见，第二个"一摇一晃"里不光蕴含着英子的自信，还蕴含着她自豪的心情。是啊！还有什么比被人肯定，被人赞赏，被人欣赏更能令人兴奋呢？被他人认可与接纳，对英子来说，这无疑是最大的心灵触动。

"从那以后，英子就像变了一个人似的，不再像以前那么忧郁。"我很震撼，掌声竟有如此神奇的力量，使自卑胆怯的英子发生了脱胎换骨的变化。"她和同学们一起游戏说笑，甚至在一次联欢会上，还让同学们教她跳舞。"可见，英子是在同学们的掌声中，变得开朗，变得自信。是掌声，驱除了英子心灵的阴影，使她融入同学们的生活之中。这时，开朗的英子与第一节中"总是默默地坐在教室的一角"的忧郁英子形成了鲜明的对比。读到这儿，我们不得不感叹，掌声是多么重要，它能改变人，更能成就人。不是吗？"几年后，我们上了不同的中学。英子给我来信说：'我永远不会忘记那掌声，因为它使我明白，同学们并没有歧视我。大家的掌声给了我极大的鼓励，使我鼓起勇气微笑着面对生活。'"作者借英子的信，再次向读者诠释了她发生不可思议变化的根本原因，那就是同学们的掌声使她鼓起勇气，微笑面对生活。我想：英子得小儿麻痹是不幸的，但幸运的是英子是个坚强的女孩子。因为，在掌声的鼓励下，她拥有了改变自己的勇气……

英子的故事读完了，我由衷地被掌声的魅力所折服。孩子们的掌声热烈而持久，真诚而满怀善意。他们真挚的掌声如英子生命中的阳光一般，传递关爱、传递尊重。这掌声，改变了她的性格，改变了她的人生态度。如果没有这两次在英子人生中最为重要的掌声，或许她会一直沉默下去，或许自卑和孤独会像一剂毒药，包围着她，使她永远走不出因为残疾而不断高筑且封闭的心理围墙。

有位哲人说："促使人生河流方向发生改变的，往往不是一座高山的阻挡，而是一块石头的引导。"是啊！文中英子的遭遇只是生活中一个小小的缩影，人与人之间的关爱是述说不尽的。这篇短文蕴含的人文思想还有很多，如在生活中不要吝啬自己的掌声；要微笑着面对生活；要珍惜别人送给我们的掌声……我想编者期待借此短文，让学生习得文本中的语文知识，更希望教者将故事中弥散的思考点放大，让文本中暗含的丰厚情感，诸如关爱、鼓励、平等、感恩、勇气、感动等美好情感融入学生们的心里。

细读文本，不亦悦乎？当我找到文本中最温暖、最愉悦、最感人的地方时，语言文字如潺潺的小溪，缓缓地流入自己的心房。有了这样的底气，我相信执教《掌声》时，课堂必将在言与意的融合中有效地展开，语文课堂也将从深度走向宽度，从宽度走向亮度。

【教学设计】

咬文嚼字，领悟内涵

教学目标

1. 会认 10 个生字，会写 13 个生字，积累词语，摘抄句子。

2. 有感情地朗读课文，了解内容，抓住重点词句，体会英子的内心世界，领悟掌声内涵，知道人与人之间需要关心与鼓励。

教学重难点

抓住重点词句，体会英子的内心世界，领悟掌声内涵，知道人与人之间需要关心与鼓励。

教学准备

课件。

教学时间

2 课时。

教学过程

第一课时

一、检测预习，落实字词

1. 今天，我们要学习《掌声》这篇课文，齐读课题。

2. 请大家汇报预习情况：①分类抽认生字词；②辨析词义："犹豫"与"忧郁"各是什么意思？（"犹豫"的意思是拿不定主意，"忧郁"的意思是忧伤愁闷。）③辨析多音字：落 luò

叶、落 là 下,调 diào 查、调 tiáo 节。)

3. 听写词语。

【导师点评:开课无作秀,开门见山,直奔主题,语言朴素,简单清楚。关注重视字词,生字词教学扎实、落实。在教学的黄金时段,教师关注字音,关注词义,在学文前辨析多音字,对比理解"犹豫"与"忧郁"这两个读音极为相似的词语,联系上下文理解"歧视""骤然"等词语……显而易见,教师极其有心地引导学生积累词语,丰富词汇。】

二、通读全文,整体感知

1. 文中的"掌声"是送给谁的?英子是一个怎样的小姑娘?请打开书自由小声地读课文。

2. 分段抽读课文,并用"六要素"归纳主要内容。

3. 联系上下文解释词语:犹豫、忧郁、歧视。

第二课时

一、复习导入,直击"掌声"

1. 今天,我们继续学习 29 课,再读课题。

2. 通过第一课时的学习,我们知道英子由一个文静、自卑的女孩,变成了一个活泼、自信的女孩,这是因为……(故事课上的掌声)是啊!在生活中,掌声可以给人带来温暖,可以给人带来鼓舞,甚至可以彻底改变一个人的生活态度。

3. 文中写了几次"掌声"?每次"掌声"都是在什么情况下响起的?请默读课文,用"____"勾画出两处写掌声的句子,自读自悟。

【导师点评:教者在融洽和谐的开课氛围之中,聚焦"掌声",落脚"掌声",以英子的情感变化为主线,从文中几次"掌声"为突破口切入教学,悄然展开对"掌声"的初步感受与粗浅体会,让学生入境于无痕之中,入文于自然而然之中。】

4. 汇报交流勾画的句子:①"英子犹豫了一会儿……她终于一摇一晃地走上了讲台。"②"故事讲完了,教室里又一次响起了热烈的掌声。"

二、体会内心,感悟"掌声"

(一)探"犹豫"的缘由

【导师点评:抓住课题"掌声",走进课文内容,走进英子的生活,走进英子的内心世界,体会她情感的变化……抓住关键的词句,引导学生将目光缩小到一个句子、几个词、一个词,引导他们走进文本,与文本对话。这就是"抓住一个词,抓住一个句,教活一堂课"。】

1. 第一次掌声是在什么情况下响起的?(课件出示:"英子犹豫了一会儿……她终于一摇一晃地走上了讲台。")

2. 英子为什么"犹豫"?她以前是个怎样的女孩?"忧郁"是什么意思?(忧伤、愁闷)第一段中哪些句子写出了英子的忧郁?

(1)"她很文静,总是默默地坐在教室的一角。"从带点的词语中,你能体会到英子怎样的内心世界?(不喜欢说话、孤独、痛苦、无奈的复杂心情。)

(2)“上课前，她早早地就来到教室，下课后，她又总是最后一个离开。因为她得过小儿麻痹症，腿脚落下了残疾，不愿意让别人看见她走路的姿势。”从带点的词语中，你们又体会到英子怎样的内心世界？(害怕面对同学，残酷的病魔使她失去了健康的腿，失去了健康的心理，失去了自信以及面对他人的勇气。)

3. 请学生有感情地朗读第一段。

(二)悟“忧郁”的内心

1. 如此忧伤而自卑的英子，如今被不知情的老师请上讲台讲故事，她能不“犹豫”吗？

(1)“轮到英子的时候，全班同学的目光一齐投向了那个角落，英子立刻把头低了下去。”从带点的词语，你们体会到英子怎样的内心世界？(紧张、害怕和担心。)

(2)“英子犹豫了一会儿，慢吞吞地站了起来，眼圈红红的。”这句话着力描写了什么？(动作、外貌)由此，你们又体会到英子怎样的内心世界？(矛盾、紧张、害怕、自卑……的心情。)

2. 请学生有感情地朗读这段话。

3. 在英子犹豫、紧张、害怕时，是什么给了她力量？(课件出示句子：就在英子刚刚站定的那一刻，教室里骤然间响起了热烈而持久的掌声。)

“骤然”是什么意思？“热烈而持久”的掌声里包含着什么？(大家的鼓励与信任)引读“在掌声里……开始讲述自己的一个小故事”。

【导师点评：要真正体会到英子那忧郁的内心，教师就要引导学生抓住重点句中的关键词咬文嚼字，细细地品出其深刻的意蕴与深厚的情感，进而才能真正地感受到这一次又一次的“掌声”，如英子生命中的阳光一样。它是残疾儿童——英子，微笑面对生活的源泉。】

(三)赞出色的英子

1.(课件出示：故事讲完了，教室里又响起了热烈的掌声。)这第二次掌声里，除了“鼓励”之外，还包含着什么？为什么？(赞扬、敬佩。因为老师和同学们都清清楚楚地看到，作为残疾人的英子，仅仅是行走不方便而已，其他方面并不比正常人差，甚至比我们更出色。)

2. 掌声中，饱含着同学们对英子的鼓励和赞美，请学生齐读这两句描写掌声的话。

三、理解变化，升华“掌声”

1. 这两次掌声让英子发生了哪些变化？(引读：“她和同学们一起游戏说笑……教她跳舞。”)这时，忧郁的英子变得……(开朗、快乐、合群、自信)

2. 英子的心被这具有神奇魔力的掌声深深地感动了，千言万语都融进了她的一封信里。来，大家一起来读读吧。(课件出示句子：“我永远不会忘记那掌声，因为它使我明白，同学们并没有歧视我。大家的掌声给了我极大的鼓励，使我鼓起勇气微笑着面对生活。”)

3. 英子忘不了那两次掌声，是因为……(英子从同学们的掌声中感受到了关爱，感受到了尊重，感受到了鼓励……并从中获得了动力，鼓起了生活的勇气，她很珍惜同学们的掌声。)请学生齐读最后一段。

四、总结全文，摘抄句子

1. 掌声，对一个人的成长有这么大的作用！因此，当别人身处困境的时候，我们不要忘了把“掌声”送给别人；当自己身处困境的时候，我们也要珍惜别人的“掌声”。摘抄英子来信最后一段内容，让我们把这段感人的哲理铭记在心。

2. 补充板书，积累词语。

【导师点评：要求学生摘抄好词佳句，铭记富有哲理的话，不仅引导学生积累语言，也引导他们积累生活，积累情感，积累智慧，内化语言。与此同时，还为他们沉淀人格，追求健康的人生奠定基础。】

附：板书

29. 掌声

文静　总是……总是……

忧郁　犹豫 慢吞吞 …… 热烈 鼓励

镇定　鞠躬

【课后反思】

由“掌声”引起的思考

《掌声》是人教版小学语文三年级上册第八单元的一篇课文。本单元的课文以“爱的奉献”为主题进行编排，每篇课文的字里行间洋溢着浓浓的人间真情。许多教师在教这篇课文时，大多喜欢在“情”字上下足工夫，致使课堂教学人文性有余，工具性不足，严重缺失“语文味”。我认为，语文的工具性与人文性既不能割裂开来，也不可偏重某一方。教师“眷顾”情感，渗透人文性无可厚非。但是，还要着眼于学生语文素养的形成，让学生在阅读中理解语言，欣赏语言，积累语言，运用语言。

那么，如何在语文课堂教学中凸显语文本体，凸显语文课程的审美特点，实现人文性与工具性的有机统一？在实践中，我作了如下思考：

一、重视字词，夯实基础

识字是阅读的基础。要想让学生能读通课文，读好课文，阅读前的字词教学要扎实，要落实。上课伊始，我引导学生辨析多音字；对比理解“犹豫”与“忧郁”这两个读音极其相似的词语；联系上下文理解“歧视”“骤然”等词语。通读课文后，引导学生用“六要素”练习归纳主要内容；在学文中正音，在语境中解释词语；学习结束后，让学生补充板书中的重点词语，摘抄文中富有深意的句子等。这些练习，有利于夯实基础，有利于加深了学生对文本的理解，同时有利于发展语言，发展智慧，发展情感，继承和发扬语文教学中“字不离词，词不离句，句不离篇”的传统，以实现工具性与人文性的统一。

二、聚焦“掌声”，把握意脉

这篇课文以“掌声”为明线，以英子的情感变化为暗线。教学时，我以课题为突破口，直击“掌声”，让孩子们通读全文，思考：文中写了几次掌声？每次掌声是在什么情况下响起的？以此引导学生对“掌声”的初步感受与粗浅体会，让学生入境于无痕之中，入文于自然而然之中。

抓住课题“掌声”走进课文内容后，我又紧紧抓住英子性格变化这条主线，探英子“犹豫”之缘由，悟英子“忧郁”之内心。由“犹豫”引出“忧郁”，由“忧郁”引入对英子生活的深入了解，由对英子的深入了解引入对英子自卑内心世界的了解。再通过赞“出色”的英子，充分感受“掌声”对英子的重要及“掌声”的内涵……在整个阅读教学中，教师尽力为学生搭建了一个难易适度的脚手架，引导他们一步一步地向上攀援，反复体味，深入理解，深刻感悟，学生语感与精神的涵养，自然孕育其中。

三、咬文嚼字，体会内心

“阅读教学是教师、文本、学生对话的过程。”阅读教学应该扎扎实实地引导学生与文本密切接触，让学生“沉入到词语的感性世界”，让孩子们在与文本充分对话的过程中生成语感、建构意义。何况主题“爱的奉献”不仅仅是一种解释，一种感知，更是一种心灵的润泽，一次充沛的情感体验！面对这个饱含“爱”的情感主题，作为教师该唤起学生的共鸣。

执教中，我没有以教师的分析代替学生个性化的阅读，而是“以读代讲，角色转换”，引导学生抓住重点句中的关键词咬文嚼字，如抓住“默默地”“立刻”“犹豫”“慢吞吞”“眼圈儿红了”等，品味这些词语的意蕴与情感，让学生学会透过人物的外表，揣摩人物内心，与英子产生情感共鸣。

在教师的引导下，学生悄然走进文本，“知其言”“得其意”。在课堂上，或披文入情，咂摸语言；或移情体验，感同身受；或言语交流，体悟情感；或感情朗读，传情达意，产生了“悦目悦心”的情意体验效应。同时，他们还学会了“抓人物的动作和神态，体会人物内心”的阅读方法。语文课，一头牵着工具性，一头连着人文性，岂不妙哉？

四、内化语言，多元积累

为了突出单元主题，为了让学生充分感悟“掌声”的内在意蕴。教学中，我将“忧郁”的英子与“开朗”的英子进行对比，引导学生探讨英子改变的真正原因，进而让学生认识到，“掌声”饱含鼓励，饱含尊重，饱含浓浓的“爱”。

《掌声》最后一段是全文的核心语段，文字虽不多，但却是情感积聚所在。教学时，我不但着力指导学生深入理解这段话的内涵，还着力指导学生有感情地朗读，同时还要求学生摘抄与铭记。让学生在语文学习中时时注意积累语言，积累情感，积累智慧，以实现了工具性与人文性的有机统一。

静心思忖，回头审视，我依然沉浸在课堂所营造的人性的光辉之中。我想，还文本以形象，以情感；化文境为心境，变他语为己语，这就是由“教课文”转入到“学语文”的华丽转身吧！

检　阅

（人教版课标教材三年级下册）

重庆市渝中区人和街小学　李金瑶

【文本解读】

团队的力量

《检阅》是人教版课标教材三年级下册第四组教材中的一篇课文。这组课文是围绕“童年生活”的主题编写的。本单元的导读明确地指出：在本组教材的学习中，要引导学生感受童年生活的丰富多彩，走进儿童的内心世界，在与他们心与心的交流对话中，体会他们的所思所想，透过他们的成长故事，认识世界、感知世界，从而得到生活的启迪。

在电视上，我们看过检阅的场面。那场面隆重而盛大，参加检阅的人英姿飒爽，步调整齐；观看检阅的人情绪高昂，兴奋异常。读到《检阅》这个题目，我想，检阅的场面是怎样的呢？参加者会怎样做呢？检阅的结果又是怎样的呢？带着诸多的问题，我走进了文本。由此了解到，《检阅》讲述的是国庆前夕，波兰一所学校的儿童队员在俱乐部里讨论身患残疾的博莱克能否参加国庆检阅。队长决定让博莱克参加，并让他走在队伍的第一排。国庆检阅中，这个队伍走得很整齐，得到了观众们的一致称赞。课文通过这个生动的小故事，反映了儿童团员的团队意识，告诉我们应该怎样维护自尊，怎样尊重每一个人的平等权利。

细读文本，我对文中相关的句子有了比较深刻的体会。

时间与场面的描写：

“临近七月，波兰首都华沙和往年一样准备欢庆国庆节。”故事一开头点明了时间、地点。透过这些朴素的词句，我们知道这场检阅事关重大。国庆的检阅容不得半点闪失。它关系到一个国家、一个民族的尊严。“国庆节到了。多么盛大的节日！多么隆重的检阅！街道上人山人海，楼房上彩旗飘扬，主席台上站满了国家领导人和外国贵宾。”这个场面描写虽然寥寥数语，却生动而形象地展现了检阅场面的盛大与隆重。它自然承接上文，对孩子们接受任务之后的棘手，以及慎重准备，都巧妙地做了回应。

博莱克的表现：

“在队伍的第一排，紧跟在队长后面走着一名拄拐的男孩，看来，他肯定忘记了自己在拄拐。他同全队保持一致，目视右方，睁着大眼睛望着检阅台。”此时，走在检阅队伍中的博莱克非常激动，他对其他儿童队员心存感激。因为，是小伙伴们真诚的尊重，让自己获得了这样一个难得的机会。所以，他忘记了身上的伤痛，忘记了自己是个残疾的孩子，全身心地投入到了检阅之中。

从“保持一致”这个词中，我们可以猜想到残疾孩子——博莱克，在训练时一定付出了许多艰辛。他吃的苦、受的累肯定比正常孩子要多得多。身体残疾的他，要同全队的步子保持一致，目光保持一致，精神面貌保持一致，不是一件容易的事。可是，博莱克却做到了。由此可见，他的确是一个“不一般”的孩子。从他的身上，我们体会到了什么叫“自强不息”。他“目视右方，睁着大眼睛望着检阅台”，这目光里透露出他的自信与满足。这些都源于同伴对他的鼓励与信任。由此可见，这段话通过对博莱克动作、神态的描写，既很好地诠释了他自尊自强的品格，又让我们看到了他受人尊重时的幸福。

儿童队员的心思：

“一些事情已经商定，可是从大家的表情可以看出，还有重要的事情需要商量，但是谁都不愿意第一个开口。”大家的表情为什么会是这样的呢？联系后面的内容，我们不难发现，孩子们的表情可能是为难的，可能是沮丧的……因为，还有重要的事情要商量。“重要”这个词，表明这件事非同一般。它与接受检阅相关，是儿童队员必须立刻解决的事，否则就会影响国庆检阅。“但是谁都不愿意第一个开口。”为什么谁也不愿意第一个开口呢？课文的泡泡话给大家设置了一个疑问，这也是我们读到这里时会油然而想到的问题。从这句话，从这个问题，我们无不感到这件事的棘手。这个问题能否好好地解决，关系到孩子们能不能圆满完成国庆检阅的任务。此时此刻，对孩子们来说是一个考验。国庆检阅的筹备遇到这麻烦事，能解决好吗？我们对这群孩子有些期待。

“‘队长’，终于有一名队员说话了，‘还有一件非常棘手的事。游行检阅时博莱克怎么办？’”从“终于”这个词中，我们可以体会到，这个队员的确是鼓起很大的勇气第一个开口。因为，这毕竟是一件非常棘手的事。那么，令人难办的事究竟是什么呢？这个队员的发言，揭开了谜底，那就是，游行检阅时，拄拐的博莱克该怎么办？这孩子的一句问话真可谓一石激起千层浪。参加游行检阅，对每个孩子而言，都是极其难得的机会。每个孩子都渴望参与。为什么要讨论博莱克该怎样安排呢？这为下文埋下了一个伏笔，引起了读者极大的阅读兴趣。

“俱乐部里立刻鸦雀无声了。事情确实非常难办，因为博莱克左腿截肢了，现在靠拄拐走路。”“鸦雀无声”——立刻没有了声音。这个词强调了谁也不愿意第一个发言。因为，博莱克毕竟是一个身患残疾的孩子，是一个靠拄拐走路的孩子。这可是国庆的检阅呀，让他去，可能会影响队伍的整齐；不让他去，可能会伤害博莱克的自尊……这的确太为难孩子们了。俱乐部里的“鸦雀无声”，又透露出孩子们美好的心愿。此时无声胜有声呀！

“劝他不去？要不把他放在队尾？再不就把他藏在队伍中间？可是跟他怎么说呢？谁去跟他说呢？”五个问句放一起，进一步看出孩子们矛盾的心理。他们为博莱克的事纠结了很久。劝他不去，显然是行不通的。因为，这件事对博莱克来说也是很重要的。他有参与的权利，谁也不能剥夺；可是他去了，又会影响队伍，放他在队尾或是中间这不失为好的办法，可博莱克会不会伤心难过呢？会不会觉得大家在歧视他呢？五个问句短促而急迫，一个想法刚蹦出来立刻被否定，又一个想法刚冒出来马上被取代……如此循环往复，可见孩子们的心理活动是多么的错综复杂。大家都有所顾虑，都不知道究竟该如何安排博莱克。

“队长洪亮的声音打破了沉默的局面：‘队员们！如果把博莱克队伍第一排，让大家都能看见他，怎么样？他虽然腿不方便，可仍然是儿童队员，还不是一般的队员！’”“队长洪亮的声音打破了沉默的局面”，队长想出了好办法——让博莱克走在队伍的第一排。因为，博莱克不是一般的队员！队长迫不及待地把自己的想法与大家分享。从队长洪亮的声音中，我们感受到他的兴奋与激动；从队长说话的两个感叹号中，我们更强烈地感受到他的决定掷地有声。

“太棒了！这才叫儿童队呢！别的队肯定会羡慕我们，第一排走着一个拄拐的儿童队员。”其他的队员听了队长的安排也很兴奋。从这个儿童队员的话语中，还能猜想到他那骄傲得意的神情。有人说，从这句话中看到的是孩子的“伪尊重”和功利。其实，从儿童心理的角度看，这才是孩子最真实、最可爱之处。我们成人都有过孩子的经历，当班级有重要事情时，谁都想参与，谁都想“显摆”，但又担心、忧虑，我是不是能做好，是不是能把最好的一面展示给别人看。这群孩子正是在这样的心理引导下，讨论博莱克的去留，讨论博莱克应站的位置。队员觉得“别人会羡慕我们”，“我们”不是拿博莱克炫耀，这里的“我们”包括博莱克，我们这个团队的齐心，团队的共同努力，团队中有博莱克这样一个“不一般”的队员，才是值得别人羡慕的。

“大家脸上露出笑容，情不自禁地鼓起掌来。”孩子们的表情与动作告知读者，问题得到了圆满的解决。“情不自禁”，抑制不住自己的情绪，博莱克该怎样安排，困扰了儿童队员那么久的问题，终于有了答案，大家心里的一块大石头终于落地了，大家的情绪自然是难以控制的。同时，从大家的笑容里，我们可以读出许多想法，博莱克终于可以和大家一起参加国庆检阅了；没有一个人脱离队伍，大家都是平等的，不再有谁会受到歧视；这是一个完整的团队……

观众的评价：

“检阅台上的人和成千上万观众的视线都集中在这一队，集中在这位小伙子身上了。”这句话的两个“集中”，将我们的视线聚焦到了儿童队员的队伍之中，聚焦到了博莱克的身上。因为，这支队伍中拄拐的博莱克很引人注目。

“这个小伙子真棒！”这是一名观众对博莱克的称赞。是啊，博莱克特别珍惜这次检阅的机会。他自始至终都充满自信，自始至终都走得稳，都同全队保持一致；都与健康的伙伴一样走得整齐，走出了精神，让儿童队成为检阅队伍中最棒的队伍。博莱克过人的表现，赢得了观众的称赞：“这个小伙子真棒！”

“这些小伙子真棒！”说这句话的另一名观众，看得更透彻。因为，拄拐的博莱克能有这样棒的表现，离不开儿童队员们的努力。博莱克是残疾人，他们虽然经过激烈的思想斗争，但最终让博莱克参加检阅。这一举动，反映了儿童队员们有一颗多么宽广的心啊！同时，他们尊重博莱克。他们深知每个人都是平等的，无论健康，还是残疾，都有参与的权利。所有的儿童队员都参加检阅，才是一个整体。

教学的思考：

纵观本课的内容，我认为有几点值得注意。一是教学的重心要找准。找准重心，才能明确教什么，教学才不会“南辕北辙”。本课既有对博莱克的直接描写与称赞，又有对儿童队员的描写与称赞。这二者之中重心在何处？从文章的篇幅看，写博莱克仅有一段话，而写儿童队员则用了大量的篇幅；从作者写作的意图看，文章体现的是团队意识，即团队应该互相尊重，平等相待；从编者的意图看，是要让学生感受儿童美好的内心世界。基于以上几个因素的分析，我以为，本课的教学重心应落脚在“这些小伙子真棒”上。当然“这个小伙子真棒”也不能置之不理。因为，课后练习中有明确的目标导向，即通过本课的学习，让学生弄明白观众为什么说“这个小伙子真棒！这些小伙子真棒！”透过博莱克的动作、神态，我们能感受到他很棒是因为他的自尊自强。因此，在教学中，我们要指导学生读好文中描写人物动作、神态的语句，让他们真切地感受人物的美好品格。

通过儿童队员们的对话、心理活动，我们能感受到他们很棒是因为他们对博莱克的尊重以及强烈的团队意识。本文的心理描写很出色。透过心理走进人物内心，我们能与儿童队员们一起经历人性的考验。特别是第六自然段中的五个问句，把儿童队员心路历程用简洁的句子呈现出来，给人无限的想象空间。从这个艰难的抉择过程中，我们看到了儿童队员相互尊重的美好心灵。在教学中，引导学生读懂儿童队员真实的内心世界尤为重要。

【教学设计】

借助课后提示，走进文本

教学目标

1. 认识 5 个生字，会写 14 个生字词；积累文中的好词佳句。

2. 有感情地朗读课文，联系上下文体会关键词句的意思，理解内容，感受博莱克自尊自强的个性品质和大家对残疾人博莱克尊重和爱护的美好心灵。

教学重难点

联系上下文体会关键词句的意思，理解内容，感受博莱克自尊自强的个性品质和大家对残疾人博莱克尊重和爱护的美好心灵。

教学准备

生字卡片、多媒体课件。

教学课时

2 课时。

教学过程

第一课时(略)

一、读课题，了解题意

1. 今天，我们学习《检阅》一课。请齐读课题。

2. 谁能说说“检阅”的意思？了解了题目的意思，你还想知道些什么？（学生自由质疑，教师帮助学生梳理问题。）让我们带着问题走进课文。

二、认字词，规范书写

1. 注意“拄”“伍”的读音。

2. 引导学生观察“俱”“慕”“博”的写法。

3. 重点指导书写“截”“慕”。

【导师点评：虽然三年级以阅读教学为重，但是生字词的教学也不容忽视。因为，这个阶段认的生字词多，且形近字、同音字多，笔画复杂的字多，如果生字词教学浮光掠影，不扎实，不落实，其效果就会大打折扣。】

三、通读文，感知大意

1. 自由小声地通读全文。

2. 想一想：课文写了哪些人参加检阅？结果怎样？

3. 全班交流，教师指导。

第二课时

一、复习巩固，听写字词

1. 抽认字词，边读边记。（出示生字卡片；注意“伍”组词后读音的变化；师说“鸦雀无声”“情不自禁”两词的意思，学生根据意思猜词读词。）

2. 听写词语，当即订正。（“慕”字下的“小”字多一点，这是竖心旁的变形，写时注意两点并排写。“博”字左窄右宽，要安排得恰到好处，注意与“搏”字的区别。）

【导师点评：课堂上，教师点拨生字中的关键笔画，有利于学生规范写字，漂亮写字。这堂课把听写引进研究课，当堂落实字词教学，真实地再现了家常课的教学情况。这种有效的传统教学方式，让听课者无不为之赞叹。】

二、自读课文，整体感知

自读课文，想想围绕题目，课文写了谁干什么，结果怎样。（课文写了博莱克和其他儿童队员参加检阅，他们得到了观众的称赞。）

三、根据提示，把握重点

【导师点评：借助课后练习的提示，我们会明确一篇课文到底要教些什么，学生要学些什么。也就是说，无论在教的方面，还是在学的方面，课后练习都给我们作了明确的引领。这个环节，教师就紧紧扣住课后练习，引导学生走进文本，与文中的人物对话。教学目标明确简洁，教学内容清晰简要，有效地避免了语文课堂教学的“肥胖症”。】

（一）体会“这个小伙子真棒”

1. 在检阅中，观众是怎样称赞儿童队员的？（出示句子并板书：“这个小伙子真棒”，“这些小伙子真棒”。）用称赞的语气读句子。

2. 此时，你们有什么问题？（这个小伙子是谁？为什么说他真棒？这些小伙子是谁？他们的“棒”又表现在哪儿？）

3. 为什么说博莱克真棒？用“____”在文中勾画出有关的段落。

4.(出示段落:“在队伍的第一排……睁着大眼睛望着检阅台”。)博莱克棒在什么地方?(“他同全队……眼睛望着检阅台。”他拄着拐,还得保持一致。)

5. 他同全队哪些方面保持一致?(步子保持一致,目光保持一致,良好的精神面貌保持一致……)健康的人要保持一致都不易做到,更何况他身患残疾。可见他得付出多少辛劳啊! 所以观众称赞:这个小伙子真棒。(读句子)

6. 从这儿读出了什么?(博莱克认真,全身心投入。)

7. 文中的“泡泡话”说:“我能体会博莱克当时的心情。”此时,你能体会到博莱克当时怎样的心情?(开心、自豪、珍惜……觉得自己跟小伙伴没什么两样,他们能做到的,我也能做到……)多自信的博莱克,再自信地读读。

8.(引读)博莱克珍惜这次检阅的机会,自始至终他都充满自信,他想,我一定要走稳,同全队保持一致;我一定要同伙伴一起走整齐、走出精神,让我们这支队伍成为最好的。因此我们看到:(在队伍的第一排……)博莱克过人的表现得到了观众的一致称赞,大家都说:这个小伙子真棒!

(二)体会“这些小伙子真棒”

1. 观众还称赞“这些小伙子真棒”。这些小伙子是谁? 观众为什么说他们真棒?(儿童队员都同意让博莱克参加检阅。)

2. 读 2~9 自然段中的对话,想想这决定来得容易吗。为什么?(谁也不愿第一个开口,这是一个棘手的问题,顿时变得鸦雀无声,这时的局面是沉默的。)

3.(教师引读:劝他不去? 要不把他放在队尾? 再不就把他藏在队伍的中间? 可是跟他怎么说呢? 谁去跟他说呢?)

4. 从这段话中的标点符号发现了什么? 知道了什么?(他们心里很矛盾……)

5. 队员说这是一件怎样的事?(棘手的事:“棘手的事”就是让人感到难办,左右为难的事。)

【导师点评:抓住关键词句,领会句子意思,是中段阅读教学的重点和难点。在本课中,老师引导学生抓住“棘手”“鸦雀无声”等词语,既习得理解词语的方法,又充分体会儿童队员复杂的矛盾内心。同时,还引导学生读懂标点符号的内涵,这些细致的引领,有助于学生在阅读中得意、得言、得法。】

6. 队长做出了什么决定?(让博莱克参加,并让他走在第一排)儿童队员“棒”在什么地方?(团结,不怕麻烦;让所有人都参与,一个都不能少,这才是一个整体;他们尊重博莱克,不歧视他;认为每个人都是平等的,无论他健康,还是残疾,他都应该有属于自己的正当的权利。)

7. 读对话,再次感受他们美好的心灵。

四、拓展练习,诉说心声

1. 这群小伙子,给我们留下什么印象?

2. 你想对文中的人物说什么? 请你用三言两语写一写。(学生自由读书,写一写心里话)

【导师点评:语文教学,就要由教师“教课文”,变成学生用课文学习语言,理解语言,运用语言。课的最后,安排学生“抒写感受”,既促使学生的理解能力与书面表达能力同

生共长，也为他们日后学写简单的读后感作了铺垫，这真是“一箭双雕”呀！】

附：板书

14. 检阅

忘记　保持一致　目视右方　“这个小伙子真棒”

棘手　鸦雀无声　情不自禁　“这些小伙子真棒”

【课后反思】

崇简·务实·有效

语文课堂教学的有效性，就是在教学中，教师采用各种方式和手段，用最少的时间和最小的精力，取得尽可能多的教学效果，以实现语文教学的目标。在有效性的语文课堂教学中，最基本的价值取向，就是促进每一位学生的发展。

在教学《检阅》这课时，我对语文课堂教学的有效性，进行了有益的探索，整堂课力求“简简单单教语文，实实在在求发展”。

一、崇简

“简”并非是肤浅、草率的代名词。语文教学要在“朴实中不失智慧”。“崇简”指目标简明、方法简单、内容简要、过程简洁。这课的教学目标就是要“学习5个生字，会写14个生字，正确认读词语；有感情地朗读课文，了解课文内容。从语言文字中感受小伙伴的团队精神，对博莱克的尊重与爱，以及博莱克的自信与自强。”

课改以来，我们的语文课被太多的资料、太多的媒体演示、太多的非语文东西所代替。在这堂课中，我没有采用繁琐的、形式化的方式，更多的是实实在在地引导学生走进文本，抓住课文重点词句，读书、体会、感悟。

就教学内容而言，本课值得挖掘的点很多。但是，一堂课的时间有限，容量有限，教学的内容不宜太庞杂、太臃肿。只有内容简要，学生才能学有所得。崔峦老师倡导语文教学要删繁就简，返璞归真，简单实用。基于以上认识，我采用了以下的教学流程：一是复习生字词；二是整体感知；三是了解儿童队员“棒”在哪里；四是你想对博莱克说什么。教学环节简洁，教学板块清晰。如此教学，既减轻学生负担，教师操作起来也得心应手。

二、务实

在常见的语文公开课上，教师总是把课堂作为尽情展示自己文化底蕴的“T型台”，忽视学生语文基础能力的培养。甚至有的老师为了“秀”自己高超的教学水平，竟脱离文本，或天马行空地任意发挥，或在人文内涵上深挖洞。如此的语文课，除了教师过足了“秀”自己的瘾外，很难见到学生有什么收获。今天，我上的是一堂家常课。家常课的本质就是实在。语文课要回归本色，语文教师要关注学生实实在在的发展。《语文课程标准》第二学段的阅读要求明确地指出：“学生能初步把握文章的主要内容，体会文章表达的思想感情，体会课文中关键词句在表情达意上的作用。”本课教学的重点，就是要感受小伙伴强烈的团队意识，感受他们对博莱克的尊重与关怀。在教学中，我依据课后练习和“泡泡话”的提示，扎扎实实地引导学生读懂课文，读好课文。课堂上，尽量把时间留给学生，让他们静下心来好好读书。如感受博莱克的自信与自强时，我引导学生抓住“保持一致”“肯定忘记”等关键词深入地读、思、悟，让学生学会抓住关键词语理解句子的方法，使学生的理解能力、运用语言能力得到提升。

三、求效

崔峦老师说：“小学语文要夯实基础，干好小学语文该干的事，学生要读好书，写好字，要听得明白，说得清楚，写得通顺，打好听说读写的基础。基础不牢，能力不会强，素养不会高。即使暂时取得高分，过了若干年回头看，建的也是语文的‘豆腐渣’工程。”“扎实中不失实效”。语文课堂教学应该关注学生真实的进步与发展。在有限的四十分钟内，我们应该责无旁贷地夯实基础。语文课应该上出语文的味道，语文教师要重视教学的效果。

语文课堂教学要实现华丽的转身，就要“以学生的发展为本”，就要由“教教材”变成“用教材教”；由“教课文”变成用课文学语言，用语言。

语文教学应该体现“朴实中不失智慧，扎实中不失实效，真实中不失韵味”。只有这样，语文教学才能真正有实效。

检　阅

（人教版课标教材三年级下册）

重庆市渝中区精一民族小学　谢万红

【文本解读】

读出文本的正确价值

有效的教学，是基于对学生起点的清楚了解；有效的教学，是利用文本引导学生学习语言，习得方法，收获“言意兼得”的过程；有效的教学，还是源于对文本正确价值的把握。

翻开《检阅》这篇课文，我能读出点什么呢？我将选择哪些内容为学生的语言学习、语文素养奠基呢？在解读文本时，我是这样做的：

一、读题目

“检阅”，词典上解释为：“高级首长亲临军队或群众队伍的面前，举行检验仪式。”一般来说，检阅是在特别的日子举行的，有着特别的意义。而人教版三年级下册第四单元中的一篇课文就是《检阅》。一看到题目，我头脑中不禁会产生这样的疑问：谁接受了检阅？是一个怎样的场面？到底检阅中发生了什么？又真正检阅到了什么？《检阅》放到第四单元有什么意义？我们在学习这课时要接受哪些任务的“检阅”呢？我想：简单的两个字，我们读出的不应该只是教材的内容，还应读出教学的价值。

二、读课文

1. 读懂内容

全文 16 个自然段，讲述了波兰一所学校的儿童队员，在国庆来临之际，做出了一个大胆的决定，在隆重的国庆检阅时，把拄拐的博莱克放在第一排。当这所学校的检阅队伍通过主席台的时候，受到了成千上万人的赞美，获得了长时间的掌声。

初读文本，我发现这是一次与众不同的“检阅”，是一次非常规性的“检阅”。因为在波兰，一个众人瞩目的隆重的节日里，检阅队伍中居然有一个拄拐的残疾队员，在不和谐的音符中弹奏着动人的旋律。这是在平常的检阅队伍中不曾看到的风景。那么，文本中所说的是怎样的一位队员，怎样的一个团队，怎样的一种人文关怀呢？我的内心分明被这群特别的儿童团员感动着、温暖着。

“检阅台上的人和成千上万观众的视线都集中在这一队，集中在这位小伙子身上。”观众发出“这个小伙子真棒！”“这些小伙子真棒！”的赞叹声。读到这里，我的心跳加速，目光也投向他们，也情不自禁地称赞。此时的“检阅”，非同一般。我们分明看到了，这是对残疾儿童博莱克生活态度的一种检阅，这是对儿童队这个团结和善的群体的检阅。生活在这平等、尊重、友善的集体中，博莱克是何等的自豪与幸福呀！所以，走在检阅队伍中的博莱克，“肯定忘记了自己在拄拐”；所以，这样一支特别的队伍经过主席台时，会有“长时间的掌声淹没了观众的议论声”。此时，不管是残疾儿童博莱克，还是儿童队员，还是“检阅台上的人和成千上万的观众”不都经历了一次真正意义上的人性的检阅吗？渐渐地，在文本细读中，我走进了检阅的队伍，走进了“这个小伙子”和“这些小伙子”之中。于是，我对《检阅》的认识，也渐渐地清晰、明朗起来。

2. 读出重点

围绕“检阅”，我们知道作者细致描述了检阅前和检阅时的场景。纵观全文，对于检阅时的场面，作者仅仅用了三个自然段共八句话描写检阅的仪式，而把着力点放在了检阅前的场面上。作者浓墨重彩，写了八个自然段。这与一般的文章不同，它的重点并非我们想的“检阅的过程”。再读文本，寻觅作者的视角，我又发现《检阅》的与众不同。作者为什么这样安排材料、处理材料？他到底有什么意图？

静下心来，我看到了检阅前儿童队员开会商讨的场景——“一些事情已经商定，可是从大家的表情可以看出，还有重要的事情需要商量，但是谁都不愿意第一个开口。”读到这里，我和“泡泡话”的孩子一样，提出了同样的问题：“怎么谁都不愿意第一个开口呢？”是呀，讨论问题怎么会“鸦雀无声”呢？究竟是什么“棘手”的事，让这些儿童队员为难，迟迟开不了口呢？细细倾听，我听到了一个队员的声音：“游行检阅时博莱克怎么办？”原来“博莱克左腿截肢了，现在靠拄拐走路。”这的确为难，的确不好办。如此郑重的检阅，他该不该进场？又该如何进场？这正是问题的焦点所在，难怪“谁都不愿意第一个开口”。

此时，儿童团员的心中矛盾重重，波澜起伏。怎样面对自己的残疾伙伴？怎样圆满地完成团队的检阅任务？“劝他不去？要不把他放在队尾？再不就把他藏在队伍中间？可是跟他怎么说呢？谁去跟他说了？”读着这一系列问号，我感受到问题的确很“棘手”，感受到儿童队员真实的内心世界——既想使检阅队伍整齐划一，又不想伤害大家的好伙伴博莱克。

是啊，对于我们来讲，或许是小事情，或许可以简单否定。他们完全可以有很多理由“劝他不去”，而且可以冠冕堂皇；完全可以让他坐上观众席的位置，而且可以心安理得；也完全没有必要为了一个博莱克是否参加，而耗时费力地进行集体讨论。可是，他们没有简单地决定，而是郑重其事地商讨。这就是这队儿童团员的“与众不同”。他们完全是从尊重“博莱克”角度出发，设身处地地为他着想。

真不简单呀！一阵沉默之后，我听到队长洪亮的声音：“队员们！如果把博莱克放在队伍第一排，让大家都能看到他，怎么样？他虽然腿不方便，可仍然是儿童队员，不是一般的队员！”“太棒了！”“大家脸上露出笑容，情不自禁地鼓起掌来。”

商讨的结果出来了，多高明的队长！多可爱的队员呀！这就是儿童队员最感人之处。原来，作者在这里用细腻的笔触，描写“检阅前”的情景，绝不是闲笔，更不是白费工夫，而是为了突出儿童队员“不一般”的做法，展现儿童队员对残疾伙伴的关爱、信任、肯定、不歧视。因为，这些细节描写展示了人性中最柔软之处。潜入文字，我发现这群孩子正经历着一次内心的考验，善良人性的检阅呢！是呀，对残疾人的尊重，应该是建立在给信心、给平等机会的基础上，应该是充分考虑博莱克作为团队的一员、独立的人应享有权利的基础上。

读到这里,我明白了为什么“另一个观众纠正说这些小伙子真棒”。因为,这群小伙子的确是一群了不起的儿童团员！正因为这个“特别”的团队,有“不一般”的举动,所以在检阅时,博莱克能尽力地“同全队保持一致”。我想,那“一致”,一定是目光一致,表情一致,动作一致,心愿一致……此时,我们完全可以体会到博莱克当时激动兴奋的心情。因为,身残志不残的他,已经信心满满地融入儿童队的游行队伍之中。难怪观看的人们,会情不自禁地发出“这个小伙子真棒”的赞叹。

透过文本,我们有理由相信在这样的团队成长起来的博莱克,的确是一个“不一般”的儿童队员,的确是一个自信、自尊、自强的儿童队员。透过文本,我们可以想象“这个小伙子”在检阅前遇到的种种困难、种种坚持……浸入文字,我发现了勇敢坚强的“博莱克”背后,最重要的支持者就是他的同学——那群“不一般”的儿童团员;浸入文字,我读懂了作者的意图,读懂这个文本真正要把握的主角——“儿童团员对残疾人博莱克真诚的尊重和爱护,以及博莱克自尊自强的个性品质”这一教学重点。

3. 读懂语言

尹祖琴老师曾说过“学语文就是要学语言,学阅读就是要学表达”。沈大安老师也说“对于小学生来说,学习语文首先是学语言——学习正确理解和运用祖国语言文字”。课文中有哪些语言、哪些语言形式值得我们关注呢?

再次走进文本,我的目光聚焦在了文本的关键词句上。文中的“棘手”是个陌生词。在以前所学的课文中,这个词没有出现过,当然学生没有见过。显而易见,它虽然不是本课要求掌握的生字词,但是教师应该责无旁贷地引导学生去理解。因为,“联系上下文理解词语,体会课文关键词句在表达情意方面的作用”,是中段阅读教学的重点;更因为,在《检阅》这课中,“棘手”是一个很重要的关键词,它贯穿于检阅前儿童团员商讨“博莱克是否参见检阅”的矛盾之中。理解了这个词,就能更好地展现儿童团员善良、纯真、宽容的美好心灵,学生也可以更好地认识这些儿童团员们可贵的品质。

那么,在教学中,如何引导学生联系上下文体会这个关键词在文中表情达意的作用呢?对于三年级的学生来说,教会方法并在实践中逐步掌握至关重要。

如“棘手”是什么意思?可以先让学生在预习时,查字典了解其本意。接着,让学生联系上文理解“棘手”的意思。这时,学生只要细读文本,就不难发现,“棘手”就是指队员们“谁都不愿意第一个开口”;联系下文,“棘手”又是指“事情非常难办”,难怪“俱乐部里鸦雀无声”。如此指导,学生就能真正习得方法。

“劝他不去?要不把他放在队尾?再不就把他藏在队伍中间?可是跟他怎么说呢?谁去跟他说呢?”课文出现的五个连续问句,也值得关注。因为,它反映了儿童队员真实的内心活动。反复读好这五个问句,队员的为难,心里的矛盾,棘手的场景,就会栩栩如生地呈现在我们面前:把他放在队尾会……把他藏在中间会……可是……好像这一切都不好。读好这五个问句,有利于引导学生走进儿童队员的内心世界,充分感受人物复杂的心理活动;有利于学生从五个问号中体会儿童队员们作出这样的决定,是多么的了不起。

同样,这五个连续问句,也是文本中一处特别的语言表达形式——以系列问句突出人物内心活动。在学习文本时,是否也可以引导学生尝试着用这样的方法练习写一写人物的心理呢?

学阅读,就是要学表达。作为语文老师,要练就一双慧眼,要善于引导学生潜入字里行间,习得语言,习得方法。

这五个系列问句的出现,还传递给学生一种思维的方式,即我们要设身处地地为当事人着想。这种角色的转换,有利于解决诸多问题,有利于避免不必要的矛盾与冲突。学生学会了这种思维方式,对处理人际关系,在未来社会里立足、生存和发展都是很有用的。我想,这也是文本传递给我们的信息。

4. 读懂“泡泡话”

“泡泡话”是低中段课文中出现的一种特别的“导学”方式。它巧妙地传递着编者的意图,或暗示学法,或启迪思考,或链接生活……这个文本出现的两次“泡泡话”又传递着编者的什么意图呢?

联系单元重点、学生实际,我发现:一个“泡泡话”出现在儿童团员面对“棘手”问题时“谁都不愿意第一个开口”。显而易见,这处的“泡泡话”是在引导三年级的学生学习质疑,是在引导学生带着疑问边读边想。由此可见,这里的“泡泡话”蕴含学法的指导。

另一处“我能体会博莱克当时的心情”的“泡泡话”,出现在检阅时,博莱克“肯定忘记了自己在拄拐”。读着这里的泡泡话,我想编者的目的,就是为了引导学生走进人物的心理,细细揣摩,进一步认识“这个小伙子真棒”,的确是因为他是一个“不一般”的队员。

由此可见,细读第一、二学段的文本,我们一定要关注“泡泡话”。因为,这些“泡泡话”,如一位不说话的老师,在潜移默化之中,引导学生学习阅读,学习思考,学习理解,学习体会,学习朗读等等。

5. 读懂课后练习

《检阅》这篇课文后共有三道题,它们分别是从朗读、理解、表达、抒写等角度设计的。它既为教师的课堂教学提供设计思路,又为学生的自学、自读、自思提供学路、学法。如第二题:观众为什么说“这个小伙子真棒”“这些小伙子真棒”?这问题,无疑是在引导教师在细读文本时,要把教学的关注点与切入点落在这两个重点句子上。

不过,再审视文本,我也发现这个练习设计有些问题,如关于“这个小伙子真棒”和“这些小伙子真棒”到底谁重谁轻没有关注,很容易让人产生歧义,使教师在教学时平均用力。

事实上,潜入文本,细细地品析作者的视角,我们不难发现,文本的重点应该放在“这些小伙子”身上。因为,“这些小伙子真棒”既是对残疾队员博莱克自信自强的称赞,也是对儿童队员美好善良心灵的称赞。我认为,不管以哪一种姿态细读文本,我们都需要“不唯书,不唯上”的思想。只有这样,才能真正读懂文本和教学的价值。

追求高效的教学,要建立在对文本正确价值的把握上;追求高效的教学,建立在正确把握文本内涵、编者意图和学情的基础上。

【教学设计】

品词品句，夯实基础

教学目标

1. 会认 5 个生字，会写 14 个生字词，积累好词语。

2. 有感情地朗读课文，抓住重点词句理解内容，体会队员们对博莱克的尊重与爱护；感受博莱克自尊自强的个性品质。

教学重难点

有感情地朗读课文，抓住重点词句理解内容，体会队员们对博莱克的尊重与爱护；感受博莱克自尊自强的个性品质。

教学准备

展示重点词句的多媒体课件。

教学课时

2 课时。

教学过程

第一课时

一、检查预习，落实字词

1. 今天，我们将学习《检阅》这篇课文。让我们随作者的笔触，走进波兰盛大的国庆节，去观看一次“特别”的检阅。请学生齐读课题。

2. 检查预习情况，抽认生字词，辨析形近字，如：博—搏、截—载—栽、慕—幕—墓、纠—收等，并听写词语。

二、初读课文，整体感知

1. 联系上下文解释词语：鸦雀无声、情不自禁、棘手、纠正。

2. 这篇课文主要写了什么内容？（这篇课文讲了波兰一所学校的儿童队员，在国庆来临之际，做出了一个大胆的决定：在检阅时，让拄拐的博莱克走在第一排。游行时，他们的队伍得到了大家的一致称赞。）

三、联系生活，初识“检阅”

1. 你们见过“检阅”吗？那是一个怎样的场面？

2. 文中的哪个自然段具体描写了波兰国庆节隆重而盛大的场面？（课件出示：“国庆节到了……国家领导人和外国外宾。”）品读句子，交流谈感受。

四、质疑问难，积累词语

【导师点评：第一课时，既重视字词的落实，又重视主要内容的概括，还重视引导学生质疑。毫无疑问，这样的教学是朴实的，是扎实的，是落实的，更是有效的。】

第二课时

一、复习导入,聚焦重点

1. 今天,我们继续学习14课……(读课题)谁能用最简洁的语言,再把这个故事说一说?

2. 在第一课时,大家不约而同地提到一个问题,也就是课后第二个问题:在国庆检阅时,看到儿童团员整齐的队伍、矫健的步伐,为什么一名观众说"这个小伙子真棒"?另一名观众纠正说"这些小伙子真棒"?看来,大家真是英雄所见略同呀!(课件出示:这两句话。)

二、研读"议论",理解体会

【导师点评:从篇末观众的议论入手,引导学生联系前面的内容,走进文本,抓住博莱克的神态、动作等描写,去了解,去感受,去联想检阅时,他自信、自尊、自强的英姿。学习语文,就要这样咬文嚼字。】

(一)"这个小伙子真棒!"

1."这个小伙子"指……联系上文想一想,博莱克哪点真棒?请小声读课文中的第10～16自然段,先用横线画出写博莱克真棒的语句,再好好地读一读,想一想。

2. 请一个学生读自己勾画的句子。(课件出示:"在队伍的第一排……睁着大眼睛望着检阅台"和课文插图)

3. 从"保持一致"这词中你体会到什么?(为了整个集体,他竭尽全力地……多棒呀!)此时的他,哪些地方与其他队员保持一致?(目光、表情、动作、内心……)

4. 博莱克是个截肢拄拐的儿童,能与"同全队保持一致",这让你想到了什么?(引导想象:想起他无数次练习……想到他摔倒又爬起,再摔倒再爬起……想到他可能累得大汗淋漓……)为了能"同全队保持一致",他是那么的勇敢,那么的坚强。正因为自己的努力,才让我们看到了"在队伍的第一排——"(引读)

5. 从"忘记"这词中,你们又看出了什么?(看出他不因为自己是拄拐少年而感到自卑,看出他完完全全地融入了儿童队员的游行队伍;看出他对生活充满热爱之情……)读到这个句子,你们体会到博莱克什么样的心情?(高兴、激动、自豪、感激)来,一起好好地读这段话。

6. 博莱克的神情那么专注,脸上写满了自信、自尊、自强,使一名观众不由得发出了"这个小伙子真棒"的感慨。来,让我们和这名观众一起也来赞一赞这位博莱克吧!(学生再次齐读这段话。)

(二)"这些小伙子真棒!"

1. 面对这精神抖擞的儿童队员,我们还听到另一种声音。(学生齐读15自然段)"纠正"什么意思?(认为说法不对,改正。)

2. 为什么另一名观众要这样说?他纠正的理由是什么呢?请先默读课文2～9自然段,想一想这些段落都写了些什么。(儿童队员商量要不要博莱克参加检阅)

3. 怎么一开始"谁都不愿意第一个开口"呢?(因为,博莱克是残疾人,拄着拐,参加检阅有困难……)从文中哪句话知道这事不好办?(“队长,还有一件非常棘手的事。游行检阅时博莱克怎么办?”)

4.“棘手”是什么意思?(不知怎么办)看看下文,哪个词是“棘手”的近义词呢?(“难办”)文中哪一句话又直接写出了这件事很“棘手”呢?(“事情确实非常难办……现在靠拄着拐杖走路。”)

5. 这的确很“棘手”,难怪一开始“谁都不愿意第一个开口”;这的确很“棘手”,难怪俱乐部会立刻变得鸦雀无声。“鸦雀无声”是什么意思?(连乌鸦麻雀的声音都没有。形容非常静。)

6. 这的确很“棘手”呀!(课件出示:“劝他不去?要不把他放在队尾?再不就把他藏在队伍中间?可是跟他怎么说呢?谁去跟他说呢?”)(抽读)

【导师点评:中年级的阅读,必须关注学生不理解的词语。如“棘手”这个词,教者既让学生在文中选近义词初知词义,又让学生联系下文的句子理解体会其意思。如此教学,简单明快,很有实效。】

7. 这段话一共有五个问号,它们反映了……(小伙子的内心很矛盾,不知怎么办才好)是啊,从这一连串问号中,我们知道,这些小伙子的心里不平静,如果你是其中的队员,你会想……(引导想:劝他不去会……放他在队尾会……把他藏在队伍中间会……可是谁都不知怎么说,谁都不好跟他说。谁也不愿意第一个开口。)(带着体会读第 6 自然段)

8. 正在大家一筹莫展时,队长说:“队员们!如果把博莱克放在队伍第一排,让大家都看见他,怎么样?他虽然腿不方便,可仍然是儿童队员,还不是一般的队员!”(抽生用洪亮的声音读这段话。)队长为什么说博莱克“虽然腿不方便,可仍然是儿童队员,还不是一般的队员”呢?听到这里,你想到什么?(博莱克从来就没有向困难低过头,从来都和大家一样……)

9. 队长提议——把博莱克放在队伍的第一排,让大家都能看到他。这个建议好吗?为什么?(好。因为他是儿童队员……在儿童队里,每个人都是一样的,是平等的……大家没有歧视他……)

10. 大家都认为队长的提议好。一个小伙子大声说——(引读:“太棒了!这才叫儿童队员呢!别的队肯定会羡慕我们,第一排走着一名拄拐的儿童队员。”)齐读句子。

11. 棘手的问题终于解决了,大家脸上露出了笑脸,情不自禁地鼓起掌来。“情不自禁”的意思是……(感情激动得不能控制。)

12. 正是这些善良可爱的小伙子,才让我们看到了检阅时博莱克那英姿——(引读 12 自然段)

13. 学到这里,你们知道一名观众纠正说“这些小伙子真棒”的真正原因了吗?(因为,这些孩子敢于冲破世俗的偏见,大胆地让拄拐的博莱克站在第一排。虽然他们曾犹豫过,怕拄拐的博莱克影响儿童队员游行队伍的整体形象,但最终,他们作出了正确的选择:不歧视任何人,让每个人都拥有他们应得的权利。)

【导师点评:“纠正”这个词不可小视,它鲜明地显示了本课的重点。这环节伊始,教师以此为切入点,引导学生由表及里、由浅入深地探究缘由;这环节结束时,教师又以此

作结，既前后照应，又升华了内涵，让学生受到心灵的震撼和人生的启迪。】

三、总结全文，表达感受

1. 博莱克与全队保持一致，真棒！儿童队员关心尊重小伙伴，真棒！他们都那么棒，怎能不让我们由衷赞叹？（引读：一名观众说："这个小伙子真棒！"另一名观众纠正说："这些小伙子真棒！"）

2. 这次检阅，让在场的所有人检阅了儿童团员们整齐的队伍，检阅了他们美好的心灵；这次检阅，让博莱克感动，让儿童队员们感动，让在场的观众感动，也让读了故事的我们感动。这次检阅也检阅同学们的学习，本课学习后，老师也要检阅你们该掌握的知识掌握了没有，请任选一题，完成作业。

（1）在笔记本上认认真真抄下板书。

（2）联系刚才学习的情景，用"鸦雀无声""情不自禁"写一段话。

附：板书

14. 检阅

儿童队员——真棒——博莱克

棘手　　鸦雀无声　　　　忘记

羡慕　　情不自禁　　　　保持一致

【导师点评：板书简洁凝练，既浓缩了课文的重点，又关注了词语的积累，真是一举两得。】

【课后反思】

一次真正的"检阅"

《检阅》是人教版三年级语文下册第四组教材中的一篇精读文。课文讲波兰一所学校的儿童队员，在国庆来临之际，作出一个大胆的决定：在检阅时，让拄拐的博莱克走在第一排。游行时，他们的队伍受到大家的一致称赞。读着课文，我们无不感动。因为，这不仅仅是一次简单的队列检阅，更是一次尊重平等权利的人性检阅。回顾自己执教《检阅》的过程，我也经历了一次真正的"检阅"，一次有效教学的"检阅"。

一、"检阅"课标要求

语文课程标准明确提出"语文是实践性很强的学科"。语文教学要重视"知识与能力，过程与方法，情感、态度和价值观"三维目标的正确导向。语文应着力培养学生感受、理解、积累、运用语言的能力，同时要注重开发学生的潜能，促进学生的持续发展。在新课程理念的指导下，三年级的精读文，应该教什么？教学的侧重点在哪儿？年段目标该落在哪儿？教师都应该了然于胸。语文课标中，第二学段的阅读要求有十条。而第二学段的阅读要求，应该根据年级的不同，而有所区别。根据课标要求，我想三年级的阅读，一是要重视感情朗读；二是要培养学生"把握主要内容"的能力；三是"体会关键词句在表达情意上的作用"。在这课的教学中，我把品词品句作为落实年段目标的重点。

二、"检阅"学生实际

任何有效的教学，都应该基于真实的课堂。美国教育心理学家奥苏伯尔说过："如果我不得不把教育心理学还原为一条原理的话，我将会说，影响学习的最重要的原因是学生已经知道了什么，我们应当根据学生原有的知识状况去进行教学。"三年级的学生，有了第一学段的阅读积淀，阅读不再是"零起点"。《检阅》这篇课文，哪些是学生自己可以读会的？哪儿需要老师引导点拨？这诸多问题，我们都应该心中有数。只有了解学生学习的起点与盲点，才能找到教学的增长点，提高课堂教学实效。

三、"检阅"文本解读

文本只是一个载体，提供教学的内容。正确解读文本是设计有效教学的前提。沈大安老师说："教什么比怎么教更重要。"语文课程标准提出"阅读教学是学生、教师、文本之间对话的过程"。我们凭什么去对话？对什么话？一切皆在细读文本之中。解读文本，要"一字未宜忽，语语悟其神"，要对文本语言保持高度的敏感和警觉。作为语文教师，时刻不能忘记自己面对的是儿童，要站在儿童的视角细读文本。阅读教学只有根据儿童的年龄心理特点，找到文本的"价值"，学生的生长点，化难为易，深入浅出，阅读教学才真正有效。

细读《检阅》，我认为应该选择如下有价值的教学内容，一是重视字词教学，老师要进行检查抽测；二是要重视归纳能力的培养；三是要注重人文熏陶和语言习得。

《检阅》这篇课文，到底是以"这个小伙子"为重点，还是以"这些小伙子"为重点？虽然不同的老师有不同的看法。但是，当我们深入解读文本之后，深入触摸作者的本意之后，不难发现后者为其重点。因为，文末一句话"'这些小伙子真棒!'另一个观众纠正说"，一个"纠正"，鲜明地显示了本课的重点。正确把握文本的重点后，我紧扣课后第二个问题，进行教学设计。以此牵一发而动全身，避免繁琐的分析。

精读文教学要关注文本的语言形式，使学生在言语实践中习得语言。文中"劝他不去？要不把他放在队尾？再不就把他藏在队伍中间？可是跟他怎么说呢？谁去跟他说呢？"这五个问句连续呈现，是文本独特的语言形式。一方面可以设身处地认识人物，理解内容；另一方面又是朗读指导点，读写结合点。读着一系列问句，学生能真切地体会到"这些小伙子"矛盾的内心。这五个问句，传达出儿童团员们设身处地地为残疾人着想的美好心灵。

三、"检阅"课堂教学

1. 目标简明

布卢姆说："有效的学习始于准确地知道达到的目标是什么。"正如沈大安老师所说这节课"你要到哪里去"，目标指向要明确。本堂课教学目标的定位明确，教学要求的把握适度。如我制订了如下目标："会认 5 个生字，会写 14 个生字词，积累好词语""抓住重点词句理解内容，体会队员们对博莱克的尊重与爱护；感受博莱克自尊自强的个性品质"。整个目标简洁可行，不臃肿。

2. 内容简约

第二课时中，我以"为什么一名观众说'这个小伙子真棒'？另一名观众纠正说'这些小伙子真棒'?"的问题统领全文。如引导学生走进文本,先抓住博莱克"保持一致""忘记"等动作、神态,体会他的心情,感受博莱克自尊自强、勇敢乐观的人生态度。接着再了解另一名观众纠正的理由,引导学生关注检阅前,儿童队员们遇到的"棘手"问题。对"棘手"这个词,老师既让学生在文中选近义词初知词义,又让学生联系下文理解体会其意思。让学生知道,正因为"棘手",儿童队员才会出现一连串的"问号",才会"鸦雀无声";正因为"棘手"的问题解决了,儿童队员才会"情不自禁地鼓起掌来"。看到这样的儿童队员,我们明白了另一名观众"纠正"的真正原因。围绕"纠正",引导学探究缘由,既前后照应,又升华内涵。

3. 策略简便

捷克教育家夸美纽斯在《大教育论》中说"找到一种教学方法,使教师因此可以少教,但是学生可以多学"。阅读教学要从文本走向生本。老师要从学生的实际出发,"顺学而导",引导学生由表及里、由浅入深地品词品句,让学生在听、说、读、议、写的语言实践中,学习语言,实现言意兼得。

检阅课堂教学的过程,我收获颇丰。我将继续立足课标,立足教材,立足学情,不断地探索有效的阅读教学途径。

检 阅

（人教版课标教材三年级下册）

重庆市渝中区东华观小学 邵庆华

【文本解读】

“检阅”中的“简约”

《检阅》是人教版三年级下期的一篇精读课文。“检阅”的场景，隆重盛大，意气风发；然《检阅》中“简约”的文字，更值得我们品读，再品读；思索，再思索……

一、读题目所感

当我翻开课文，首先映入眼帘的是题目——“检阅”。此时，一个问题油然而生，为什么要以《检阅》为题呢？难道课文着重描写检阅时的场景吗？掩卷思忖，若有所感。

第一，大家有同感，一读到“检阅”这个题目时，我们的脑海中会情不自禁地浮现出，检阅时中国人民解放军英姿飒爽地走过天安门的身影。作者用“检阅”作题目，有一种先声夺人之势。作为三年级的孩子，他们的思维仍处于直观形象阶段，这个简洁的题目，自然能快速地唤起他们心中的生活记忆，有助于激发学习兴趣。

第二，7 月 22 日是波兰的国庆日。这天，波兰人在首都华沙隆重庆祝国庆。对每一位波兰人来说，这一刻是幸福的，是激动的。对参加检阅的队员来说，它意味着尊严，意味着荣誉。这是他们一辈子中最美好的记忆。因此，接受检阅时，他们要求每一个细节都要完美无瑕。可是，他们的队伍中，有一位拄拐的残疾人。这该怎么办呢？这便是课文中的矛盾焦点所在。因此，课文用“检阅”作题，还暗含别意呢！

第三，尊重并关心残疾人，平时我们很容易做到。但是，就像形容雷锋同志的一样，做一件好事不难，难的是做一辈子好事。儿童团员的可贵之处，就在于不管如何“棘手”，他们都把尊重同伴放在第一位。看一看，在任何一个国家，在挑选接受检阅的队员时，都无一例外地从身高、体重、五官、健康等方面进行层层筛选。而这支接受检阅的队伍中，却有一名拄拐队员，这无不有力地表明了“这个小伙子真棒”“这些小伙子真棒”。

第四，众所周知，文章的题目相当简短、精练。课文用“检阅”为题，比用“这些小伙子真棒”为题，无论从视觉上或听觉上，都更能为读者所接受。题目是文章的题眼，一个精彩的题目往往能吸引读者的目光，以提高阅读者的兴趣。

二、读文本所想

乍读文章，我并没有太多的感受，因为，它既没有如诗如画的语言，又没有如泣如诉的悲情效应。但细细咀嚼，再三品味，我发现本文的语言，充满着一种简洁的精妙，一种人文的光辉。文本勾勒了一幅细腻的工笔画，我们万不可走马观花，留下深深的遗憾！

先看看课文的开头："临近七月，波兰首都华沙和往年一样准备欢庆国庆节。"数一数，这句话仅仅22个字，却开门见山地将时间、地点交代得清清楚楚。既然开头如此简洁，为什么又要特别提到"和往年一样"，这是多余的吗？不，它明确地告诉我们，波兰每年都要欢庆国庆。因为，这是他们国家的一个重大节日。每年，国家都会投入大量的人力、物力、财力来举国欢庆，就如同我们中国的春节一样，每年都需要准备一台大型的春节联欢晚会。由此可见，国庆节对于波兰人民来说，是最重要的节日。这一段文字看似朴实，实则为下文作了有力的铺垫，如果不是这么一个特殊的场合，队员们也不会感到事情那么"棘手"。

接着往下看："一些事情已经商定，可是从大家的表情可以看出，还有重要的事情需要商量，但是谁都不愿意第一个开口。"这里没有写大家的表情，而是通过一个转折："但是谁都不愿意第一个开口。"大家想一想，第一个开口会怎样？是否会遭到谴责？甚至会失去同伴的友谊？为难的事，谁愿意第一个说呢？何况还是带有伤害性质的话呢。况且伤害的可能还是自己朝夕相处的亲密伙伴呢，确实难以启齿。所以，通过"谁都不愿意第一个开口"，我们可以看到：此时的儿童团员可能是面面相觑，可能是低头沉思，可能是欲言又止……不用作者多费笔墨，我们已经能充分感受到这的确是件"棘手"的事呀！

暴风雨前总是特别宁静。此时，"俱乐部里立刻鸦雀无声了。事情确实非常难办，因为博莱克左腿截肢了，现在靠拄拐走路。"这里，同样是用简洁的语言点出了问题的症结所在：博莱克截肢了，只能靠拐杖走路。截肢，意味着即使穿着整齐的服装，也无法做到与其他队员在行动上的统一美观，更何况他还拄着难看的拐杖呢！这怎能做到步伐一致呢？再看看正式的检阅队伍，一举一动都有严格的规定。在检阅中，只有队伍步调一致，才能给人留下美好的印象。所以，拄拐的博莱克要想参加这难得的国庆检阅，的确有点难。还有，博莱克本身是否愿意参加呢？他能不能克服心理、身体的障碍参加训练呢？总之，这么多的问题都是通过简单的一个词"鸦雀无声"，抛给了儿童团员，也抛给了读者。

作者行文非常巧妙，"棘手"和"鸦雀无声"烘托出了凝重的氛围，随后，思想斗争愈演愈烈："劝他不去？要不把他放在队尾？再不就把他藏在队伍中间？可是跟他怎么说呢？谁去跟他说呢？"这五个精练的问句，折射出儿童队员复杂的心理过程。第一反应，是劝他不去。就现实而言，这是简单而有效的办法，既可以节约大量的时间和精力，又可以保证检阅队伍的整齐划一。因为，这毕竟是国家最重要的节日呀！接受国内外高级领导和贵宾检阅，这的确需要从大局着想，需要牺牲个人利益。但是这牺牲，也许会直接伤害残疾伙伴的自尊，也许会给博莱克以后的人生投下阴影……面对诸多的忧虑，儿童队员能随便作出决定吗？当然不能。随之而来的当然是折中的办法，即放在队伍中间或队尾。但是仍然有问题。因为，无论怎样做都会影响整体。况且，这躲藏的本身也带有歧视呀！最后，关键是谁去做"出头鸟"。这五个短促而急切的问句，将队员们错综复杂、矛盾重重的心理活动展现得淋漓尽致。读到这里，我们也和文中的小伙伴一样为难起来。何去何从，多么艰难的抉择啊！

冬天来了，春天还会远吗？队长洪亮的声音打破了沉默的局面："队员们！如果把博莱克放在队伍第一排，让大家都能看到他，怎么样？他虽然腿不方便，可仍然是儿童队员，还不是一般的队员！”这是文本中的第一个高潮。首先，我们听到是队长洪亮的声音。这声音告诉我们：经过一番痛苦的挣扎之后，队长作出的决定是无比坚定的。作为一个领导者的角色，他需要有当机立断的魄力。队长要把这个决定传递给每个队员，所以他大声地宣告。这宣告是勇气的体现。在如此重大的国庆检阅盛典中，如果这决定得不到队员们的支持，得不到观众们的理解，他将要承受很大的压力。让人欣喜的是，他的决定赢得了全体儿童队员的热烈鼓掌。这掌声，表示大家愿意一起承受压力，一起承担风险；同时也饱含了他们对残疾队员的真诚关爱。由此可见，儿童队的友好与团结，尽在队长的决定之中，尽在伙伴们的掌声之中。因为，博莱克本身就“不是一般的队员”呀！透过这“不是一般”的词语，可以看到博莱克平时就自尊自强；平时就不甘落后；平时就和大伙儿一样，别人能干的事他也能干；平时就从来没觉得自己是个残疾人……正因为有这“不是一般”的博莱克，才有队长这“不是一般”的决定，更有这“不是一般”的儿童队！

“‘别的队肯定会羡慕我们，第一排走着一名拄拐的儿童队员。’一个队员大声说。大家脸上露出笑容，情不自禁地鼓起掌来。”这是队员响应队长决定的第一句话。什么“太棒了”？我想，毋庸置疑，这位队员一是为有这样一位果断的队长而欣喜；二是为队长所作出的这个出乎意料的决定而振奋，而兴奋。最后的掌声，更明确地告诉我们，“这些小伙子真棒！”因为，他们快速地达成了共识，他们同样具有一颗善良的心。因此，队员这句铿锵有力的话语，让我们进一步感受到童心纯真的光辉！

现在轮到儿童队员了。“在队伍的第一排，紧跟在队长后面走着一名拄拐的男孩，看来，他肯定忘记了自己在拄拐。他同全队保持一致，目视右方，睁着大眼睛望着检阅台。”这句话细腻地描写了检阅时博莱克的动作与神态。从“保持一致”“睁大眼睛”，我们看到的是博莱克的信心，看到的是博莱克的勇敢坚强，看到的是博莱克的身残志坚……这段话，再次说明他“不是一般”的儿童团员。别的队看到博莱克的飒爽英姿，当然会为他感到骄傲！

行文至此，一切水到渠成：“检阅台上的人和成千上万观众的视线都集中在这一队，集中在这位小伙子身上了。”应该说，最重要的时刻已经到来了。句子里的两个“集中”，写出了与众不同的儿童队受到万众的瞩目。我们可以看到，观众们从最初的惊讶意外，到后面的充满敬意。因为，有什么比人与人之间的互相尊重更重要呢？他们表现的不仅仅是一个国家、一个民族、一个集体的道德美，更是人性本善的张扬呀！

看到这样的一支队伍，观众情不自禁地发出赞叹：“这个小伙子真棒！这些小伙子真棒！”这两个“真棒”，是全文情感的升华，人性的真善美在这里有了充分的体现。全文在观众的掌声和议论中戛然而止，让人回味无穷。此时，我不由得想起了《穷人》中的最后一句：桑娜对渔夫说：“哦，我早把孩子抱过来了……”呵呵，留给读者多么广阔的想象空间呀！穷人夫妇美好的心灵奇迹般地不谋而合，而儿童团员美好的心灵也在长时间的掌声中得到升华。

三、读文后所思

犹如疲惫的行者，骤然望见了沙漠中的绿洲，文本解读让我彻底擦亮了双眼！读到这里，我对于走上讲台充满了信心！本课的教学重难点，一下子了然于胸——抓住关键词，顺学而导，最终表现的是“这些小伙子真棒”！

然而，有的老师在解读这篇课文时，却失之偏颇，游离于学情之外：他们觉得儿童队员们不尊重博莱克自己的意见，是否所有的决定都是他们的主观意识。当然，我们允许有“一千个读者有一千个哈姆莱特”，但是扪心自问，这样的解读，对于年仅8岁左右的三年级学生的阅读学习而言，有实际意义吗？显而易见，这样的追问，无异于天方夜谭。

首先，这个问题不适合让三年级的学生来讨论。语文课程标准明确指出：三年级学生只要求初步理解课文内容。我们特别要强调“初步”二字，即学生只要能读通课文，能联系上下文理解关键词语在文中表情达意的作用，能学习归纳主要内容即可。把握好年段特点，是我们上好一堂课最基本的尺度。我们不能违背儿童认知心理发展的规律。妄自把成人的观点强加于儿童。

其次，虽然课文没有直接描写博莱克的主观意愿，但透过文字，我们能捕捉到一些有效的信息：队员把博莱克的事情当作一个重大的问题来讨论，这告诉我们什么——尊重他人，已是他们的习惯。因此，尽管国庆检阅是如此重要的任务，但是他们仍然先把对人的尊重摆在了第一位。既然这支队伍的互相尊重由来已久，那么博莱克生活在这样的队伍中，他的心里必定是阳光的，是健康的。

队长说：“博莱克还不是一般的队员”。这个小小的“不是一般”，我们岂能忽略。它暗示我们，博莱克的信心和勇气并不是今天才树立的，而是在平时就有所表现。凡事有因必有果。正因为博莱克平时就和大家一样，别人能做到的事，他也能做到。所以，在这最关键时刻，队长才能当机立断，作出这样大胆而又令人振奋的决定。

综上所述，我认为本课的教学重点理应放在——“这些小伙子真棒”上。能这样准确的定位，我认为，最大的“功臣”便是文本解读！

“非宁静无以致远”，“险躁则不能治性”，只有让我们暂时忘却教师的身份，教学的任务，以一个普通读者的轻松心态，欣赏作品，才能获得自然的阅读体验和真实的审美直觉。文本细读的前提就在此。我们要抛却一切功利，才能静静地领略到语言的魅力，才能触摸到人物的精神与情感的脉络。

【教学设计】

上出富有年段特色的课

教学目标

1. 会认5个生字，会写14个生字连成的词语，联系上下文理解“棘手”“鸦雀无声”“羡慕”“情不自禁”“纠正”等词语，并积累。

2. 有感情地朗读课文，借助课后问题，深入理解内容，体会队员们的心理活动，感受他们对博莱克的尊重和爱护，感受博莱克自尊自强的品质。

教学重难点

有感情地朗读课文，借助课后问题，深入理解内容，体会队员们的心理活动，感受他们对博莱克的尊重和爱护，感受博莱克自尊自强的品质。

教学准备

多媒体课件。

教学课时

2 课时。

教学过程

第一课时

一、齐读课题,激趣导入

1. 今天,我们学习 14 课《检阅》,请大家读课题。你们看过“检阅”吗?它的场面给人什么感觉?(盛大而隆重)

2. 这篇课文仅仅只是描写检阅的场面吗?作者写这篇课文的目的是什么呢?学了课文之后,大家就知道了。

二、检查预习,落实字词

1. 抽认生字词,规范书写由 14 个生字组成的词语。(其间正形:①“俱”字右半部分中间是三横。②辨析形近字:“博—搏”“截—载—栽—裁”。③“慕”与心情有关,下面部分是“心”的变体,不能写成“小”,辨析与之相关的形近字:“慕—幕—墓—暮”。)

2. 汇报交流解释词语的情况:棘手、鸦雀无声、羡慕、情不自禁、纠正。

【导师点评:第二学段的阅读课,仍然要重视生字词教学。因为,在这学段中,学生的识字由第一学段的“认多写少”变为“认少写多”。加之,这阶段出现的生字,大多字形复杂,笔画繁多,急需教师的点拨引导。中段对生字词采用“放羊式的‘牧歌教学’”是万万不可取的。因为,这些都是学生语言发展所必备的童子功。鉴于这样的认识,本课很重视落实双基。如在课堂上,教师引导学生比较辨析这几个难认、难写的生字,既有利于学生认好一个字,巩固好一串字,又有利于他们学文时的理解与运用。】

三、通读课文,了解大意

1. 正确、流利地朗读课文,重点读好第 6、7、10、12 自然段。

2. 围绕课题,想一想这篇课文分别写了哪两方面的内容。(①检阅前,儿童队员决定让拄拐的博莱克参加接受检阅,并走在第一排。②检阅时,他们的队伍博得了观众的称赞。)

3. 用段意连接法归纳课文的主要内容。

四、作业练习,巩固基础

1. 听写词语。

2. 选字填空。

幕 慕 墓 暮		截 载 栽 裁		博 搏
( )布	( )地	( )树	( )肢	( )士
( )日	仰( )	( )衣	( )重	( )斗

3. 用简洁的语言归纳主要内容。

4. 正确、流利地朗读课文。

【导师点评:在教案设计中,终于看到了久违的作业设计,这真是难能可贵呀！细读作业设计,不难发现其实效性:一、通过听写,引导学生牢固地掌握基础知识;二、通过选词填空,引导学生辨析形近字,为他们日后正确地使用这些字词奠基;三、通过归纳主要内容,训练学生的概括能力。水滴石穿,每节语文课,教师都这样指导学生扎实练功,都这样重视双基,还担心学生的基础不牢吗?】

第二课时

一、复习引入,领略盛况

1. 这节课,我们继续学习14课《检阅》。大家都知道这篇课文围绕课题,写了检阅前和检阅时的事。(课件出示插图)这幅图画的就是……(波兰国庆检阅时的盛况)

2. 课文中的哪两个自然段具体描写了波兰国庆检阅的盛况呢?(课件出示句子:多么盛大的节日！多么隆重的检阅！街道上人山人海,楼房上彩旗飘扬,主席台上站满了国家领导人和外国贵宾。步兵过去了,炮兵过去了,青年组织的队伍也通过了主席台。现在轮到儿童队员了。)

3. 想一想这两段话主要写了什么。(波兰国庆检阅的场面盛大而隆重)请学生有感情地朗读这两段话。

4. 多么盛大的节日！多么隆重的检阅！当儿童队经过主席台时,检阅台上的人和成千上万观众的视线都集中在这一队,集中在这位小伙子身上了。

5. 这时,观众是怎样称赞的?(课件出示句子:"这个小伙子真棒!"一名观众说。"这些小伙子真棒!"另一名观众纠正说。)

二、链接重点,理解体会

(一)了解"这个小伙子真棒"之缘由

1. 一名观众说的"这个小伙子"指……(博莱克)课文中哪些句子真实地再现了他"真棒"的风采呢?请用"~~~"勾画有关句子。

2. 抽生汇报。(课件出示句子:"在队伍的第一排,紧跟在队长后面走着一名拄拐的男孩,看来,他肯定忘记了自己在拄拐。他同全队保持一致,目视右方,睁着大眼睛望着检阅台。")这两句话描写了博莱克的……(动作、神态)

3. 我们都知道博莱克是一个……(左腿截肢的残疾人)但拄着拐杖的他,忘记了自己是残疾人,仍然昂首挺胸,竭尽全力地"同全队保持一致",由此你们体会到什么?(博莱克勇敢顽强、身残志坚、自尊自强……)多么了不起、多么不一般的博莱克呀！让我们有感情地朗读这两句话。

4. 读到这里,我们知道了这一名观众说博莱克"真棒"的真正原因,让我们和这名观众一起,来夸一夸这位勇敢顽强、身残志坚、自尊自强的博莱克吧！学生齐读句子:"这个小伙子真棒!"

(二)了解"这些小伙子真棒"之缘由

1. 当这名观众由衷地赞叹"这个小伙子真棒"时,另一名观众却纠正说……(课件出示句子："这些小伙子真棒！"）读到这句话，你们有什么疑问？（为什么这名观众的看法与前一名观众不一样呢？他到底要"纠正"什么呢？）

2. 上节课查了词典，大家都知道"纠正"在词典上的意思是……（改正错误）那么，在文中指什么呢？（改正不恰当的看法）

3. 另一位观众纠正说……（"这些小伙子真棒！"）"这些小伙子"指哪些人？他们又"棒"在什么地方？请同学们默读课文中第2～9自然段，想一想这几个自然段都写了什么内容。（儿童队员商量要不要博莱克参加国庆检阅）

4. 原来，在这次检阅前，儿童队员曾为要不要博莱克参加国庆检阅这件事犹豫过，矛盾过。因为，他们觉得这件事……（非常难办）文中哪个词语就是这个意思？（棘手）

5. 那么，文中哪些句子具体地写出了这件事情非常"棘手"？（课件出示句子：①"俱乐部里立刻鸦雀无声了。事情确实非常难办，因为博莱克左腿截肢了，现在靠拄拐走路。"②"劝他不去？要不把他放在队尾？再不就把他藏在队伍中间？可是跟他怎么说呢？谁去跟他说呢？"）

（1）"鸦雀无声"是什么意思？它强调了什么？（大家心里着急……束手无策……觉得这件事很难办……）因为博莱克……（引读：左腿截肢了，现在靠拄拐走路。）

【导师点评：怎样有效地联系上下文解释词语，很多教师都感到为难。在实践中，我们往往看到词语解释时，要么孤立而生硬地照搬词典；要么自由发挥，跟着感觉走……长期以来，在鲜活的课堂上，很难看到教师引导学生细读文本，去真切地触摸词语的温度、宽度、深度、厚度，以至于学生联系上下文体会词语意思的能力很弱。本课，在这方面作了很好的探索与实践，为我们提供了很好的范例。如，在教学时，教者没有为解词而解词，而是将一些关键词的理解，巧妙地融入内容的理解之中，融入关键词的体会之中，让学生寻着词语的意脉，走进课文，走进人物的内心，充分感受儿童队员经过痛苦煎熬之后，作出的决定非同寻常；充分体会他们"柳暗花明又一村"的惊喜心情。】

（2）面对残疾的博莱克，谁也不愿意第一个开口。我们再看看这组句子，这5个问句都描写了队员们的……（心理活动）从这5个问句中，你们读出了什么？（儿童团员内心的矛盾，不知道怎么安排博莱克……觉得不管怎样做，都会对他造成伤害或歧视……）此时，队员们的心是多么难受呀。谁能把这种难受、不知所措的心情读出来？自由练读，指名读，齐读这5个句子。

6. 正当大家左右为难之际，队长洪亮的声音打破了沉寂。（课件出示句子："队员们！如果把博莱克放在队伍第一排，让大家都能看到他，怎么样？他虽然腿不方便，可仍然是儿童队员，还不是一般的队员！"）

（1）队长的声音多么坚定呀，他敢作出这决定，是因为博莱克虽然腿不方便……（可仍然是儿童队员，还不是一般的队员！）

（2）队长认为博莱克"不是一般的"儿童队员，从这里你想到些什么？（①博莱克从来没有因为自己左腿截肢而自卑，而落后……②他自尊自强，别人能做好的事，他也能做好……）

（3）想到博莱克平时这些"不一般"的表现，队长怀着充分的信心和勇气，作出了这大胆而又正确的决定，让我们大声地读出队长的心声吧！（齐读句子）

(4)在接受检阅时,拄拐的博莱克的确不负众望,他的表现的确是“不一般”,请学生再读课文的第12自然段。

【导师点评:“不一般”这个词语很平凡,真可谓不足挂齿。很多教师上这篇课文,丝毫没有关注到这个词。因为,它太朴素了,太不起眼了。其实,当我们细读课文后,会惊奇地发现,这个词在文中发挥着举足轻重的作用。它既是队长作出重大决定的依据,更是博莱克在接受检阅时飒爽英姿的最好体现。这前后呼应,生动地诠释了拄拐少年博莱克自尊自强的个性品质。发现了这个词在文中的价值,那么在教学中该如何落实呢?该如何引导学生读出它的宽度与联系呢?此处的联想,丰满了人物的形象,丰厚了队长决定的内涵;后面的呼应朗读,更形象地展示了“不一般的队员”——博莱克的风采。】

7. 队长的决定立刻得到了队员们的拥护……(课件出示“太棒了!这才叫儿童队呢!别的队肯定会羡慕我们,第一排走着一名拄拐的儿童队员。”一个队员大声说。大家脸上露出笑容,情不自禁地鼓起掌来。)指名读。

(1)“羡慕”是什么意思?(看见别人有某种长处、好处或有利条件而希望自己也有)别的队会“羡慕”儿童队的什么?(“羡慕”他们对残疾人博莱克的尊重和爱护……“羡慕”他们是一个团结的集体……“羡慕”他们都有一颗善良的心……)想到这些,队员们情不自禁地鼓起掌来。

(2)“情不自禁”在文中指队员们……(听到队长这大胆的决定,大家的心情无比激动,控制不住自己了!)齐读这段话。

8. 果不出所料,接受检阅时,他们的队伍的确让大家羡慕。所以这时,一名观众纠正说……(课件出示句子:“这些小伙子真棒!”)

9. 这名观众要“纠正”的是什么?(自尊自强的博莱克值得称赞,心地善良的儿童队员更值得称赞的。因为,身残志坚的博莱克能参加国庆检阅,都源于儿童队员真诚地尊重和真挚地爱护博莱克……都源于儿童队员平等地对待博莱克……)让我们跟这名观众一起,来夸一夸这些小伙子……(再次齐读句子)

【导师点评:“纠正”这个词在文中的作用,更是不可小视。它“纠正”的,不仅是一名观众失之偏颇的认识;还“纠正”着我们如何正确地把握课文的重难点,如何准确地把握年段目标、课时目标;更“纠正”着许多教师在教这篇课文时,那些臃肿的、滥情的、不正确的误读与误导。】

三、总结全文,积累运用

1. 这些小伙子真棒!这支与众不同的儿童队的确让大家由衷地羡慕,所以长时间的掌声淹没了观众的议论声。一名观众说:“博莱克真棒!”是因为……另一名观众纠正说:“这些小伙子真棒!”是因为……(请学生先口述,再旁批)

2. 摘抄板书;联系生活情景,用“鸦雀无声”“羡慕”“情不自禁”这三个词语写一段有意思,或有趣的话。

【导师点评:“读写结合,言意兼得”,是当前语文教学的主旋律。第二课时的练习设计,与第一课时的练习相比,有了质的飞跃。教者重视有意义、有价值的言语践行,让学生的语言能力在鲜活的生活情境中生成、发展、提升。】

附:板书

14　检阅

鸦雀无声	这个小伙子真棒	不是一般
棘手	这些小伙子真棒	情不自禁

【课后反思】

蓦然回首,那"词"却在灯火阑珊处

《检阅》这篇课文,不知被多少位著名的老师演绎过。自己选择它上公开课,感觉心里沉甸甸的。如何做到在扎实之中凸显新意?真是煞费苦心。然"青山缭绕疑无路,忽见千帆隐映来"。在尹老师的帮助下,经过多次揣摩,终于巧妙地用几个词语贯穿全文,定下了一条"不是一般"的教学思路,使教学显得既新奇,又轻巧。

一、课前,文本解读,触摸重点

《检阅》是人教版三年级下期的一篇精读课文。许多教师在执教这篇课文时,不约而同地把目光聚焦在最后那两句话"这个小伙子真棒""这些小伙子真棒"。

为什么呢?因为课后有一个练习题:请学生说说对这两句话的体会。乍看此题,要求与课文内容紧密相关,毫无争议之处。但是,细细咀嚼,却发现这道题失之偏颇:首先,它在脱离文本的前提下,请学生说说对"这个小伙子真棒""这些小伙子真棒"的理解。题目给人的感觉是文中出现了两个方面的主角,即博莱克和"这些小伙子"。实际呢?细看文本,对"这些小伙子"的描写,远远超过了对博莱克的叙述,浏览文字,孰轻孰重,一目了然;其次,这道题在脱离语言背景的情况下出现,致使许多教师误认为这两句话平分秋色,于是陷入歧途:有的教师把整堂课的重点都放在博莱克身上,以突出"这个小伙子真棒",而忽略了其他队员;有的则是两句话平均用力,重点不突出;还有的老师甚至提出"这些小伙子"不尊重博莱克的主观意愿!人权问题,显然非三年级学生所能理解的。更有甚者竟要求三年级学生重新改写这篇文章……如此揠苗助长,古来有训,今人何故又犯也!

现在,我们静下心来,联系文本再来看这两句话:"这个小伙子真棒!"一个观众说。"这些小伙子真棒!"另一名观众纠正说。为什么要"纠正"呢?我们承认,博莱克的确很棒。作为残疾人,在如此重大的检阅中,他能做到"同全队保持一致,目视右方,睁着大眼睛望着检阅台",博莱克真棒!但是,细读文本后,我们不难发现,作者用大量笔墨描写检阅前其他儿童团员们的矛盾心理,乃至最后艰难地作出决定。这清楚明白地告诉我们:本文的重点是突出"这些小伙子真棒"。所以,另一名观众会"纠正"说。我们一定要注意"纠正"这个词,他"纠正"了前一名观众不全面的说法。"这些小伙子真棒"是因为这些小伙子关爱残疾人、尊重残疾人的行为更棒。无论是博莱克、队长,还是其他的儿童队员,他们是一个团结的集体。

二、课中,品味词语,顺学而导

准确地把握了教学重点后,我开始思考本课的教学策略。多少年来,我们的阅读课

都是从内容到内容，一堂课下来，学生往往知其然，不知其所以然。在本课教学中，我着力抓住以下几个词语，引导学生体会。

1.“纠正”的意蕴

首先，我从“纠正”一词入手，先让学生查字典，了解它的意思。当学生明白这个词的意思是“改正不恰当的看法”后，我又引导学生联系上下文，想一想另一名观众“纠正”的是什么。研读课文后，学生不难发现，他“纠正”的是前一名观众不正确的看法。因为，“这个小伙子真棒”是源于“这些小伙子真棒”。由此可见，“纠正”这个词，不仅纠正了前一名“观众”不全面的看法，还纠正着当前许多教师不正确的教学。

2.“棘手”的艰难

“棘手”虽然不是本课的生字词，但是学生不认识。所以，我先教学生认读这个新词。接着，让学生在文中选它的近义词“为难”，以此来了解“棘手”的意思。而后，又让学生在文中找出表现这件事很“棘手”的句子，体会“鸦雀无声”的情景，体会队员们矛盾的心情。

3.“不是一般”的凸现

队长说：“队员们！如果把博莱克放在队伍第一排，让大家都能看到他，怎么样？他虽然腿不方便，可仍然是儿童队员，还不是一般的队员！”“不是一般的队员”这个词看似微不足道，实则包含了弦外之音：博莱克“不是一般的队员”，因为他自尊自强，从不自卑，从不落后……此时，学生明白了，队长在关键时刻能作出如此重大的决定，是因为博莱克平时就“不是一般的队员”。他相信博莱克能够胜任这个艰巨的任务！好个“不是一般”！有“不是一般”的博莱克，才有“不是一般”的队长；有“不是一般”的决定，当然就有“不是一般”的儿童团员……一个极其平常的“不是一般”，传递了极其丰富的话外音。它让故事的发展，既出人意料又在情理之中。

4.“羡慕”的引申

“羡慕”一词，表明别人“羡慕”儿童队员们那善良美好的心灵，更“羡慕”他们这个温暖的集体、团结的集体、和睦的集体……

三、课后，言意兼得，读写结合

当学生对课文内容有了认识之后，我让学生将自己的理解体会批注在课后练习旁。这样做，一是巩固学过的内容；二是引导学生学写简短的感受，以求读写结合，言意兼得。

蓦然回首，那“词”却在灯火阑珊处。我们绞尽脑汁地想如何创新，实际上最简单的方法就在我们的眼皮底下：好好地研读文本中的词语，你会有意想不到的发现，你会有豁然开朗的惊喜，你会有云开月明的希望……

可贵的沉默

（人教版课标教材三年级下册）

重庆市渝中区人和街小学　于红

【文本解读】

唤　醒

王圣民老师是上海美育特级教师。她的课堂，就是帮助学生挖掘美，启发学生发现美，引导学生表现美。小学语文第六册（人教版）第五单元"可贵的亲情、友情"中的第一篇课文《可贵的沉默》就是她的作品。《可贵的沉默》是王圣民的一次课堂日记，来自她给初一孩子上的一堂"亲情之爱"的真实课堂：

纪伯伦的散文《母亲颂》、泰戈尔的小诗《仿佛》，让整个教室里弥漫着一片暖暖的温情。王圣民开始提问了："爸爸妈妈知道你们的生日吗？向你们祝贺吗？"孩子们一个个骄傲地举起了手，快乐地讲述生日的故事。"孩子们会感受爱了——无论是温柔细腻的母爱，还是粗疏笨拙的父爱，但这还不够。我还想潜到海的深处，潜到孩子们心灵的深处，去寻找蕴藏在那儿的、连他们自己都没意识到的极为珍贵的东西。"王圣民接着问："有谁知道爸爸妈妈生日的？"这会儿举手的孩子寥若晨星。于是，她再次问："有谁向爸爸妈妈祝贺生日？"教室里一片寂静，孩子们有的低头，有的望窗外，不敢触碰老师期待的目光。"那么，让我们来想想怎样才能知道爸爸妈妈的生日呢？"就这样，在王圣民老师一步步地引导下，孩子们懂得了要回报父母对自己的爱。不久后的一次家长会上，那些爸爸妈妈们不约而同地说道："我那小家伙真懂事了呢！他祝我生日快乐！""他送了我礼物！""他给我写信叫我不要烦恼！""他会体贴人了！"

这次课堂经历作为课文呈现在小学语文教材中，更显童心飞扬，亲情激荡。它能够轻易地把老师和学生融入课堂，使之产生共鸣。读完这篇文章，我想无论孩子还是成人，都会有大收获。孩子读了，他能学会回报；成人读了，也能学会引导自己的孩子。我想，这应该是那"可贵"所在，也是这篇课文的价值所在。

一、读题目，质疑

《可贵的沉默》就意思来讲，很好理解：值得珍惜或重视的不说话。但课题两个词的意思，给我们的思考余地就大了。既然是可贵的，那肯定就是十分有价值的。而沉默的时候就是无话可说的时候，它的价值体现在哪里？用"可贵"来修饰"沉默"，那什么样的"沉默"才是"可贵"的？"可贵"在何处？

二、读课文，悟意

铃声响了，开始上课。

这句话,每个老师和学生都十分熟悉。因为,学校的每节课都是在铃声中开始的,在铃声中结束的。这八个字,简单明了,没用任何词语修饰,没有描述课堂情况,却把故事发生的时间、地点,交代得清清楚楚。这何尝又不是一种值得推崇的简洁呢?

我问同学们:"爸爸妈妈知道你的生日在哪一天吗?"

这是一个不需要预设的问题。

"知道!""知道!"孩子们异口同声地回答。

我想,第二个"知道"的声音应该是响彻教室的。在"知道"这个异口同声的答案里,还有一种争先恐后——孩子们迫切需要向老师和同学表现自己在父母心里的分量。"异口同声"的词语值得一品。"异口同声"的答案,肯定是简单而相同的。从这简单而相同的答案背后,我们难道不应该体会出父母之爱吗?后文有两个词:"七嘴八舌"和"不约而同"。虽然这三个词在不同的地方表达着各自的意思,但这三个字是前后贯通、相辅相成的。

"生日那天,爸爸妈妈向你们祝贺吗?"

这又是一个不需要预设的问题。

"当然祝贺了!""祝贺的!"又是一片肯定的回答。

"当然"值得注意。在孩子的心中,过生日要祝贺一番是理所当然的,享受起来也是心安理得的。面对这个"当然",我们又应该想些什么呢?

"'知道的''祝贺的'请举手!"

老师这三句话,直接问到学生的心坎里去了。

他们骄傲地举起了手,有的还神气十足地左顾右盼。

这句话里两个描写神态,一个描写动作的词读起来特别有意思。孩子们相同的骄傲与神气十足,是满足与炫耀两种情感滋生出来的。"左顾右盼"让我看到孩子的那点小心思:左顾右盼干什么?不外乎就是让旁边的同伴看到我满足的表情呗,不外乎就是看旁边同伴是不是没有父母的祝贺呗!这才是真正的孩子气。

"把手举高,老师要点数了!"我提高了声音,"啊,这么多啊!"

"啊,这么多啊!"既是对课堂上热烈情景的真实描写,也是一种油然而生的真诚感叹。感叹有太多的孩子享受到了父母浓浓的爱;也在感叹这么多的孩子在享受父母爱的同时,有多少人还能像现在这样回答第二轮问题?

我的情绪迅速地传染给了他们,他们随着我一起点起数来,"15,16,17……"越点越多,越点越兴奋,声音越来越响,前排的孩子都回头往后看,几个男孩子索性站了起来,我也不阻止他们。

三个"越……越……"的排比,是对课堂激情的进一步点燃,它使课堂的激情达到了极点。正是这种氛围,让孩子们美滋滋地陶醉在父爱、母爱中而不可自拔。在"我"的带动和纵容下,课堂已达到了近乎失控的边缘。"我也不阻止他们","我"为什么要阻止他们?没有这时的强兴奋,哪有后来的冷思考?

几乎所有的孩子都在快乐地交谈,谈的内容当然是生日聚会、生日礼物、父母祝福……

"快乐"一词在表现此时课堂气氛时显得很笼统,可就是这个笼统的词给我们留下了足够的想象空间:生日聚会带来的快乐,生日礼物带来的满足,父母祝福带来的幸福……今年,去年,前年……年年如此,记忆犹新,让每一个孩子都沉浸在快乐之中。读到这里,我们可以感受到孩子们谈论时的那种眉飞色舞,比比划划;可以想象孩子们回忆时那份满足,那份天真,那份神采飞扬,那份喜不自禁……但是,无论我们如何去想象,都必须得正视一个问题:孩子们谈论的内容是单方面的,他们只在畅谈"享受爱"的感觉。

孩子们会感受爱了,但这还不够。

在讨论中,孩子们能说出父母为他们所做的事情,这些都是最真实的爱的感受。他们感受的"爱"是父母的"万爱千恩"的行动,是绵绵不绝的"被爱";"但这还不够",细细品味,我们无不感到,这"不够"在于孩子们不能理解"羊有跪乳之恩,鸦有反哺之义"的内涵,还没有一种"还爱"的意识。

我想去寻找蕴藏在他们心灵深处的、他们自己还没有意识到的极为珍贵的东西。

读到这里,我们会情不自禁地叩问,"极为珍贵的东西"是什么呢?循着作者文脉,我们不难发现:他要帮助孩子们寻找并挖掘出他们心灵深处的那极为珍贵的东西。这极为珍贵的东西就是回报爱的品质。王圣民老师的教育主题是"孩子们会感受爱了——无论是温柔细腻的母爱还是粗疏笨拙的父爱,但这还不够。我还想潜到海的深处,潜到孩子们心灵的深处,去寻找蕴藏在那儿的、连他们自己都没意识到的极为珍贵的东西。"正如她所想的,这种回报爱的品质确实已经蕴藏在孩子们的心灵深处,只是孩子们还没有意识到而已。前面的行文告诉我们:他们没有意识到自己具有这种品质,所以,他们才会只顾享受爱,而忽视回报爱。后面的行文又将告诉我们:正因为他们的心灵深处蕴藏着回报爱的品质,所以他们会为没有回报而愧疚,而惶然,一旦有了正确的指引,他们就会立刻行动起来。

我接着问:"你们中间有谁知道爸爸妈妈的生日,请举手!"

相同的问题,对象不一样而已,但效果呢?

霎时,教室里安静下来。

"霎时"一词,把教室里的沸腾定格为静寂。"我"的问题,如夏天里的一盆冰水当头泼下,让快乐与热情戛然而止,让孩子们始料未及。同样一个简单的问题,为什么会造成如此强烈的落差呢?会造成如此冷场的效果呢?孩子们为什么会再次作出惊人相似的反应——集体失声,集体失语呢?对老师的问题,是孩子们不屑于回答,还是不能回答?一个问题接一个问题追问下来,我们会明白很多。

我把问题重复了一遍,教室依然很安静。

"我"为什么要把问题重复一遍?是问题太难?是怕孩子们听不清?还是"我"急于想知道孩子们的答案?"依然很安静",孩子们还是不能回答这个问题。因为,他们在老师的追问下,父母生日这个答案在脑子里依旧是一片空白。在孩子眼里,父母知道自己生日、父母为自己庆祝生日,是理所当然的事。在父母无限宠爱自己这些事实面前,却不能说出自己最亲的人的生日,这种巨大的反差让孩子们不仅仅是茫然,更多的是不安和愧疚。

过了一会儿,几位女学生沉静地举起了手。

有孩子举手回应,也是情理之中的事。这句话有三点值得琢磨:一是"过了一会儿"

这个时间的表述;二是举手的全是女学生,颇耐人寻味。为什么只有女孩子能记得父母的生日呢?三是举手的方式,没有雀跃,没有骄傲,只有循规蹈矩和无声无息。

“向爸爸妈妈祝贺生日的,请举手!”

父母对孩子的爱是用行动表现出来的,孩子回报父母的爱同样也应该用行动表现出来。孩子们的行动呢?前面的问题已经出现了冷场,而这个问题更进一步让冷场不可避免地持续,但老师还是“狠心”地追问了。

教室里寂然无声,没有人举手,没有人说话。

“寂然无声”,不仅把教室的安静延续至此,还让孩子们沉寂起来。“没有人举手,没有人说话”这一细节表明没有一个孩子能为自己父母的生日献上哪怕是一句话的祝福。

孩子们沉默着,我和孩子们一起沉默着……

沉默,表示无话可说,但沉默,并不表示思维空白或停滞。孩子们在这个寂然无声的氛围中,在沉默的外表下,他们的内心是不是在作激烈的思想斗争呢?“我”的沉默,源自情绪的传染?是孩子们的表现让“我”无话可说?还是孩子们的表现让“我”揪心?更或是以一种沉默的态度给予孩子们思索的余地?不能说没有,也不能说全是。我想,“我”的沉默还有一份对孩子们父母教育方式的担忧,更有一份对沉默后孩子们认识爆发的期待吧。

沉默了足足一分钟,我悄悄地瞥了一下这些可爱的孩子们——他们的可爱恰恰在那满脸的犯了错误似的神色之中。

一分钟,在时间长河里简直不值一提。但这里却用了一个“足足”来表示这一分钟是多么的久呀!这长长的一分钟,既是老师的感觉,也是孩子们的感觉。孩子们之所以觉得时间之长,是因为他们的心灵在煎熬中。在孩子的心中,不能记住父母的生日,就像是犯了错误,犯了错,他们就会不安,就会愧疚,这是孩子们纯真的表现。但再想一想,记不住父母的生日,除了孩子有错外,咱们为人父母的,是不是也该反省一下自己?

我的语气缓和下来,轻轻地问:“怎么才能知道爸爸妈妈的生日呢?”

课堂沉寂的气氛,让孩子们觉得压抑。情绪的舒缓,方向的点拨,很轻巧,却达到了效果。试想,如果此时老师对孩子们的表现“痛心疾首”,出言指责,会有什么效果?

像获得赦免一样,那一双双躲闪的目光又从四面八方慢慢地回来了。

躲闪,是一种心虚的表现。那一双双惶然的眼睛,既在躲避老师的扫视,也在躲避同学的窥视,还在躲避自己心灵的谴责。所以,当问题可以解决,“错误”可以弥补时,孩子们的心灵得到了赦免,可以凝视自己的老师,同时也是正视自己的心灵。读到这里,沉默的压抑感终于过去了。但是,从孩子们面对尴尬问题一次又一次以安静应对的过程,我们还应该看出一点,孩子有虚荣心,但他们却没有做虚假事。他们的纯洁与真诚,应该得到我们的赞叹。

先是一两声,继而就是七嘴八舌了:“问爸爸!”“不,问外婆!”“自己查爸爸妈妈的身份证!”

从“异口同声”到“七嘴八舌”,“一片肯定的回答”到各有各的想法,不仅是说话形式的变化,更是思想、情感的变化。这一次讨论,与前文的讨论截然不同,先是参与的人数,由少到多;再是讨论的结果,各式各样;三是讨论的出发点不一样。孩子们三种不同的做法很有意思:问爸爸,直截了当型;问外婆,旁敲侧击型;自己查身份证,自力更生型。不同的答案,不同的思维方式,在启发与碰撞中,智慧在复苏,情感在萌芽,爱心在觉醒。

教室里又热闹起来,只是与沉默前的热闹已经不一样了。

这两个"热闹"已经不一样了。不一样在哪里?热闹里的心情不一样,前面的气氛热烈,现在却有些沉重;前面的热闹是快乐地感受爱,现在却是愧疚地讨论如何回报爱;前面的热闹对象是自己,现在热闹的对象却是父母。两个"热闹"之间已经不一样的原因,还在于那中间的沉默。两个"热闹"的对比,更显得沉默之可贵。而沉默之所以可贵,在于孩子们突然醒悟了——在自己和父母之间,爱的天平是严重倾斜的。他们脸上流露出像犯了错误似的不安、惭愧、内疚和自责,他们不能再心安理得。在寂然无声的沉默中,孩子们沉睡已久的爱的潜能被唤醒,回馈爱、付出爱的意识在苏醒……于是,就有了课文后面爸爸、妈妈们的惊喜、夸奖和欣慰。因为孩子们已经行动了。这样,此时的热闹更有价值了。

结束这堂课时,我给孩子们提了个建议:"为了给父母一份特别的惊喜,你们最好用一种不被父母察觉的方式了解他们的生日,而祝贺的方式可以是多种多样的,但记住一点,只要你表达了自己的爱,再稚拙的礼物他们也会觉得珍贵无比的。"

在这个建议里,有两点值得肯定。一是教学生要学会勇于表达自己的爱。二是爱的表达方式是没有固定形式的。"稚拙"一词就是指孩子们真诚的心意。

不久,学校开家长会,那些爸爸妈妈不约而同地说道:"我那小家伙真懂事了呢!""他祝我生日快乐!""他送了我礼物!""他给我写信叫我不要烦恼!""他会体贴人了!"

这次的"不约而同"是由家长们来表现的。这个"不约而同"来之不易。没有"异口同声"地感受爱,就没有"七嘴八舌"地讨论爱,也就没有行动做出"不约而同"地回报爱。听听家长们的感叹:懂事了。一句祝福、送礼、写信安慰、体贴,这些都是生活里举手之劳的事,可在家长的心目中,至少感受到了孩子们的爱意。通过家长嘴中这些"芝麻小事"的侧面描写,来表明沉默后的效果:在课堂上的沉默后,孩子们真的知道了该如何去爱自己的亲人。他们的爱心真的觉醒了,这也正是沉默的可贵之处。在旁人看来小到不能再小的心意,也让家长们甜滋滋的。在家长会说这些事,在"沾沾自喜"的同时,是不是也有点炫耀的小心思?是不是和孩子们在课堂上的表现有异曲同工的喜剧效果?另外,如果家长把孩子的点滴变化看在眼里,挂在嘴里,喜在心里,并通过各种渠道让孩子了解自己的喜悦,孩子们会不会更加爱自己的父母和亲人,慢慢学会爱身边的人?

啊,我真快活!这一片沉默给了多大的享受啊!

两个感叹句,痛快淋漓地表达了我的莫大欣慰。"这一片沉默"并不是指课堂的静寂,而是在沉默下面孩子们的愧疚和反省,碰撞与觉醒,理解并行动。课题中的"可贵"也体现在这里。而"享受"则是一种成功感的体验,指导孩子成长,看到孩子进步,就是做老师的最大成功,也是最大享受。

三、读学情,思教

课堂上这《可贵的沉默》,语言朴实,情感真挚。它被编在本单元的第一课,体现"感受和回报父母之爱"的编排意图,具有先天优势。

首先,就课文的取材而言。这篇文章讲述的事件发生的时间就是在课堂上,发生的地点就是在教室里；叙事的角色就是老师，叙事的内容是第一节课的学习过程，让学生觉得真实可信。因为，它与学生的生活融为一体，能让学生在不知不觉中融入事件，成为其中的一员：学生能在老师带动下感受父母的爱，享受那种骄傲与快乐；能在老师再次追问下沉默无语，忍受内心的煎熬；能在老师指引下学会如何去回报；能在父母的感言中享受回报爱带来的快乐。学生能凭各种真实的感受与体会，将文中的课堂与现实的课堂合二为一，把道德说教真正融入孩子们的真实生活，这种感染强度不言而喻。

其次就写作方法而言。作者在行文中，对三个重点场面的描写"热闹"—"沉默"—"热闹"，不惜浓墨重彩，既生动形象地描写孩子们的神态、动作、语言，又不失时机地渲染课堂氛围。这条明线简洁，富有节奏，易于唤起学生对文本的亲切感。教师不能忽视在这条明线背后还潜伏着一条暗线："热闹"中所炫耀出的是自私；"沉默"下所迸发的是反省；"热闹"中闪现的是觉醒。这就是作者真正要表达的东西。让读者去领悟这种情感，也是编者的意图。

最后是教师教育的艺术。教育之为教育，在于它是一种人格心灵的唤醒；唤醒是一种教育的方式。在这篇课文中，我们看到了唤醒的艺术：以智唤情，以情唤情。教师让可贵的沉默足足延续了一分钟，使爱的觉醒与思考有了更多的时空。当爱的种子在孩子们心中发芽生长并结出硕果时，教育者本身也享受到了教育成功的快乐。这个教育者不仅是王圣民老师，也包括执教这课的老师。

【教学设计】

此时无声胜有声

教学目标

1. 自主认识9个生字，能规范书写会写的字词。

2. 正确、流利、有感情地朗读课文。借助插图和课后问题，抓重点词句，体会情感，引导学生学会感恩。

3. 抄写自己喜欢的词语、句子，并选词造句。

教学重难点

正确、流利、有感情地朗读课文。借助插图和课后问题，抓重点词句体会情感，引导学生学会感恩。

教学准备

相关课件。

教学过程

第一课时

一、揭示课题，导入新课

1. 今天这节语文课老师和同学们一起来品读一篇文章《可贵的沉默》。（板书课题）

学生齐读。

2. 读了课题,你想知道什么?

3. 带着这些疑问,好好读读课文。注意读准字音,读通课文。

二、读通课文,整体感知

1. 学生自由读课文,遇到不懂的字词查阅工具书,同时思考读文后自己知道了什么。教师巡视点拨,了解学生都知道了什么。

2. 认识生字。出示生字,解决以下字的字音:霎、蕴、瞥、赦、稚、拙。指读、领读。再读生字词。

3. 分自然段读文检查生字掌握情况。

4. 小声读课文,想想你还有什么不懂的地方。(解决生字词的理解)

5. 默看课文,想想这篇课文中写了几个场景?请用一个词概括出来。(板书:热闹——沉默——热闹)

【导师点评:简洁明快的引导,让学生很快把握了全文的意脉,有利于从整体入手,了解主要内容。】

6. 自由小声地读课文,根据这些词语的提示,用“先讲了什么,再讲了什么,最后讲了什么”的句式说说本文主要讲了什么。

三、设置悬念,课堂练习

1. 课文围绕“沉默”写的两次“热闹”一样吗?究竟有怎样的不一样呢,我们下节课学,请拿出本子做作业。

2. 按板书提示写主要内容;抄写本课生词。

第二课时

一、借助听写,导入新课

1. 孩子们,上节课我们初读了课文,初步把握了课文的主要内容,对不懂的生词也借助工具书有了大致的了解。咱们现在来做个小测验,我说词语的意思,你们根据意思写出文中恰当的四字词。(听写“异口同声、寂然无声、七嘴八舌”)(教师以板书的形式检查反馈)

异口同声:形容很多人在同一时刻嘴里发出相同的声音。

寂然无声:形容教室里很静,寂静得没有一点声音。

七嘴八舌:你一言,我一语,大家都在发表自己的意见。

【导师点评:研究课、公开课很少见到老师以听写的方式开课,似乎没有精彩的开课语就不能体现语文。这节课伊始,教师以新颖的听写形式,展示课文中的三个关键词,并以此导入新课,把“认真听,规范写”的训练落到了实处。】

2. 看到这三个词,你们也许会想起上节课所提的问题:课堂上,大家异口同声地说着什么?过了一会儿,教室里为什么寂然无声了?后来,他们又七嘴八舌地说着什么呢?带着这些疑惑,咱们继续学习 17 课……(学生读课题)

二、借助插图,品读感悟

(一)感受爱

1.(出示第一幅图)你看到了什么?(引导学生用"有的……有的……"的句式)小结:教室里多热闹啊!(板书:热闹)打开书,看看课文哪几个自然段生动地描写了这幅图的内容。(2～9)拿着书,想象着画面,好好读读2～9自然段,想想教室里那样热闹是因为什么。(生自读课文)

2.(生说)原来老师在问孩子们"你的爸爸妈妈知道你的生日是哪天吗?"他们异口同声地回答(生说:知道,知道)。说起父母怎样给自己过生日,那更是个个神采飞扬,喜不自禁。

3. 我们来读读这句话,"他们骄傲地举起了手,有的还神气十足地左顾右盼。""骄傲"的近义词是什么?(得意、自豪)"左顾右盼"的意思是什么?(左看右看)(看图读文字)从图片里,从文字中,你体会到了什么?(得意、自豪)从哪些词中体会到的?(骄傲、神气十足、左顾右盼)你看,作者就抓住这些神态、动作的词,让我们体会到了他们的快乐与幸福。谁能通过读把这种感受表达出来?(指名读,齐读)

【导师点评:抓住重点句子中的关键词,引导学生借助图画,联系上下文,抓住人物的言行,体会人物的心情,并有感情地朗读片段。如此细读,堪称亮点。】

4. 说起过生日,孩子们打开了话匣子,此时,教室里是那样的(热闹)。他们快乐的情绪在教室里相互传递着,也感染着老师,老师兴奋地点起数来。(1、2、3……)孩子们和老师也一起点起数来。(15、16、17……)(引读9自然段)

5. 小结:那他们谈的内容仅仅是生日聚会、生日礼物、父母祝福吗?(不是)那从这"……"中,你想想,他们还可能谈些什么?

6. 孩子们都会感受爱了,让老师欣喜万分。但这还不够,老师还想寻找点什么?(出示句子读:"我想去寻找蕴藏在他们心灵深处的、他们自己还没有意识到的极为珍贵的东西。")

7. 读到这儿,你有怎样的疑问?(提示"泡泡文字")是呀,"泡泡话"里也提出了这样的问题,那这"极为珍贵的东西"究竟是什么呢?(相机解决"蕴藏"是什么意思?"珍贵"可换为什么近义词?"极为珍贵"是什么意思?)

【导师点评:教材提供的资源相当丰富,课文中的"泡泡话"就是其中之一。此处,教师充分发挥"泡泡文字"的导学功能,引导学生并与学生学习过程中生成的疑问相互契合,培养学生抓住重点句子中的重点词语质疑问难的能力。】

(二)思索爱

1. 老师接着意味深长地问"你们中有谁知道爸爸妈妈的生日?"老师话音刚落,霎时,热闹的教室一下变得怎样?(安静、沉默)(板书:沉默)一个"热闹",一个"沉默",你发现了什么?正是这意思相反的词的运用,把孩子们从"热闹"到"沉默"的巨大反差写得非常生动、鲜活。

2. 孩子们的情感前后为什么会发生这么大的反差呢?(他们意识到了……)对呀,正是意识到了这一点,教室里顿时寂然无声。我们再次走进课堂,你又看到了什么?(课件出示第二幅画。)

3. 生说：沉默、没人举手、没人发言……（用上“有的……有的……有的……还有的……”的句式，再写一写。）

【导师点评：在阅读中，相机重视读写结合，言意兼得，这就是我们追求的语文课堂教学有效性的最好体现。瞧，这个句式的运用，没有无厘头的旁逸，而是紧紧扣住插图的画面，引导学生巧妙地练说练写，既深入理解文本，又加强语言运用，这样的设计的确智慧。】

4. 正是孩子们的……（指板书：沉默），使教室里……（指板书：寂然无声）。看着课文的第十二、十三两个自然段，该怎样读好呢？请自由地练读一下。谁来读读？（指名读，评议；齐读）

5. 教室里寂静无声，此时孩子们沉默着，我也和孩子们一起沉默着。足足一分钟的沉默过后，我有了惊喜的发现，读读这句话：（课件展示第 14 自然段：沉默了足足一分钟，我悄悄地瞥了一下这些可爱的孩子们——他们的可爱恰恰在那满脸的犯了错误时的神色之中。）“瞥”这个字见得少，是什么意思？（看）老师看出了什么？（犯了什么错误？既然犯了错误，为什么还觉得他们可爱呢？从他们犯了错误的神色中你看出他们可能在想些什么？（可爱：①诚实；②有了回报的意识；③联系后文：躲闪的目光回来了，七嘴八舌的讨论怎样知道爸爸妈妈的生日，此时老师又看到了……有了改正错误的实际行动。）板书：热闹

6. 原来，老师从这一瞥中发现了他们的可爱在于真实、诚实，不经任何掩饰地把错误写在脸上，他们的可爱在于知道感受爱还不够，还要懂得回报。他们的这些可爱，也正是作者要寻找的“那极为可贵的东西”，难怪课题说……（读课题）

7. 这次沉默不是一般的沉默，它是一次……（指板书：可贵的沉默）。正是在这次可贵的沉默之后，同学们开始七嘴八舌地讨论起来。（出示句子引读：教室里又……只是与……不一样了）哪里不一样？这真是一次……（再读课题：可贵的沉默）。

【导师点评：抓住题目，一咏三叹，既升华主题，又让学生进一步感受到“沉默的可贵”。此举，不是累赘，不是滥情，不是作秀，而是水到渠成的深化与升华。】

（三）回报爱

1. 孩子们真是心到、意识到、行动到，后来的事实确实给了父母回报与惊喜。齐读倒数第二自然段。

2. 师：你看，他们用自己稚拙的礼物向父母表达了爱。这一惊喜的变化让老师多欣慰呀，他感叹道（课件出示读）：“啊，我真快活！这一片沉默给了我多大的享受啊！”从这次可贵的沉默中，老师找到了那极为珍贵的东西。他情不自禁地说：“啊，我真快活！这一片沉默给了我多大的享受啊！”

三、借助练习，深化拓展

1. 文中的孩子最初只会感受爱，沉默过后却懂得了回报爱。学了这课以后，你们中可能还有不知道父母生日，或者没想到过给父母过生日的孩子，一定深受启发吧。设想一下，下一次你父母过生日时，你准备给他们怎样的惊喜？请三言两语地写一写。（交流）

【导师点评：随着文本的深入，学生已经有了两次截然不同的情感体验。更重要的

是，他们也同样学会了要去回报曾被自己忽略的父母的爱。学生的情感积蓄至此，已经想迫不及待地把自己对父母的爱表达出来。这时，用写的方式让学生表达情感，既给了学生一个表达机会，又让学生言之有物，易于动笔了。】

2. 交流，点评。

3. 就像孩子们所说的那样，一句温暖的问候语、一个眼神、一个动作，就可以让父母得到极大的享受。听了他们的心声，也给了我极大的享受。

附：板书

18. 可贵的沉默

异口同声	寂然无声	七嘴八舌
（热闹）	（沉默）	（热闹）

【课后反思】

删繁就简，削枝强干

本单元的主题是引导学生感受"可贵的亲情与友情"，引导学生在文本中感受"爱与真情"的同时，能够行动起来，在生活中深入体验这种情感，学会表达爱与回报爱，懂得关心别人。

《可贵的沉默》是王圣民老师的一则课堂日记，它源于学生真实而鲜活的现实生活，无半点的杜撰与虚构。课文以老师的视觉，深情地讲述了这节课的学习过程。全文语言朴实，情感真挚，充满了童真意趣。在与文本互动的过程中，我班的学生被这真诚而纯朴的情绪感染着，不知不觉融入了文本之中，成为课堂中的一员。当课文中的学生喜滋滋地述说父母给自己过生日的快乐时，学生们身同感受，眉宇间透露出享受爱的幸福、骄傲与快乐；课文中的孩子因老师追问是否记得父母的生日时，他们沉默无语，内心煎熬，学生们读了也面面相觑，无言以答；当课文中的孩子在老师启发下，学会了回报父母，在父母的感言中享受到回报爱所得到的快乐时，班上的学生也情动于中，一下子豁然开朗……由于，这篇课文是学生真实生活的写照，学生们读课文没有障碍，理解内涵没有隔阂，体会表达没有畏惧……总而言之，学习这篇课文时，学生与文中的孩子一样，有喜悦，有沉默，有兴奋……这些真实的感受与体验，使课文中的课堂与现实中的课堂水乳交融，难分彼此。本课的教学能产生共鸣，在于教师在课堂中关注了得意、得言、得法。如引领学生深入文本，链接生活，激发他们潜在的爱的意识，为体验爱作了较好的情感铺垫；又如文中对孩子们动作、神态的描写，对教室氛围的描写细致入微，入木三分，值得咀嚼的词句很多，如果什么都讲、什么都学，就可能误入"内容分析"的歧途，教与学的效果就可能得不偿失，南辕北辙。所以，在教学时，我注意删繁就简，削枝强干。

一、听写词语，走进文本

有老师认为，公开课一定要以精彩绝伦的引入语开课。这样可以起句不凡。我认为，其实不然，语文课最重要的是，要在有效的时间里让学生习得知识，习得语言，习得方法。所以，一开课，我以"听意思写词语"的方式，听写词语，展示本文"异口同声、寂然无声、七嘴八舌”这三个关键词。在教学中，我没有把开课的听写孤立起来，而是将听写与进入文本有机结合，即在训练学生认真听、规范写的同时，引导学生走进文本，深入理解这三个关键词的意思，进而把三个感人的场面深深地印入脑海之中。

二、比较辨析，习得语言

阅读教学要落实语言训练。在本课教学中，我着力从两个方面引导学生习得语言：一是引导学生辨析“异口同声”“七嘴八舌”“不约而同”这三个词的异同，引领学生深入文本，感受文中人物在不同场景时的不同心境，进而体会这些词语在表情达意上的作用；二是注重读写结合，在学习“回报爱”的内容时，学生情感积蓄至此，我就顺势让学生用写的方式表达自己的情感。

三、紧扣“三简”，追求有效

在这堂课中，我追求教学的“三简”：一是追求教学目标的简要。语文课要让学生有所得，老师就必须要有所舍。如本课教学目标的设置，我没有追求大而全，而是紧紧围绕课后练习，设置了“正确、流利、有感情地朗读课文，借助插图和课后问题，抓重点词句，体会情感，引导学生学会感恩”这一简单的目标。二是追求教学方法的简单。教学时，我紧紧扣住“牵一发而动全身”的问题，即“从热闹到沉默再到热闹，孩子们发生了哪些变化”来展开。其间，借助插图和“泡泡话”，引导学生抓重点词句理解体会文本所蕴含的情感，其阅读的方法在读中、说中、听中、悟中悄然展开。三是追求教学过程的简洁。在本课教学中，没有无关资料的滥用，没有复杂课件的演示，有的只是简单实用的教学策略，如本课从听写三个关键词开始，既承接第一课时，又巧妙地引入第二课时；文本的阅读，紧扣“热闹·感受爱”——“沉默·思索爱”——“热闹·回报爱”这三个场景，学习理解，不枝不蔓，教学的重点突出；最后读写结合，深化感悟。

教完这一课，我从中体会到阅读教学的可贵，就在于删繁就简，削枝强干。

夸父追日

（人教版课标教材三年级下册）

重庆市渝中区人和街小学　赵欢

【文本解读】

在细读中，寻觅有效策略

踏入工作室的那一年，刚好教三年级。教一、二年级时，总是在研究怎样上好低段的识字与写字教学，怎样上好低段的阅读教学，怎样上好写话。我满脑子里，想的都是这些教学内容。一进入三年级，教学研究的重点一下子转到了阅读教学上。说实话，我对如何教好精读文与习作教学都如履薄冰，更从未认真思考过略读课文该怎么上。

如今，要研究略读课文的教学，我真的是云里雾里，毫不明白。直到有机会上《夸父追日》这篇课文，我才开始大量阅读和搜集有关略读课文教学的有关资料。《夸父追日》是三年级下期最后一篇课文。《语文课程标准》第二学段明确提出“学习略读，粗知文章大意”，第三学段提出“学习浏览，扩大知识面，根据需要搜集信息”的要求，第四学段提出“能熟练地运用略读和浏览的方法，扩大阅读范围，拓展自己的视野”。由此，我知道了三年级的略读教学，仅仅是起始阶段——重在粗知课文的大意。

略读，绝不是走马观花，浮光掠影。这样，会对文章有所误解，贻害无穷。就整个语文教学而言，精读是主体，略读是补充。但是就其效果而言，精读是准备，略读才是运用。因为，精读是略读、浏览的基础，略读是在精读的基础上发展的。《语文课程标准》对于略读课文的要求，只是寥寥几笔，即“略读课文重在略读方法的指导，在阅读实践中，逐步培养学生的略读能力”。

《夸父追日》是三年级下册第八组课文的最后一篇课文。这组课文都是一些生动有趣、想象奇特的神话故事和民间传说。其中，有精读课文《古诗两首》《乞巧》《嫦娥》《西门豹》《女娲补天》和略读课文《夸父追日》。学习这些课文，就是要让学生感受古人丰富而神奇的想象。《夸父追日》是我国古老的神话故事，出自《山海经》。它虽然是略读课文，但是在本单元中却有着重要的作用。因为，它是学习前几篇课文之后的延伸，也是引导学生探寻我国古代神话故事与民间传说的“契子”。

课文中有这样一段话：“于是夸父拿着手杖，提起长腿，迈开大步，像风似的奔跑，向着西斜的太阳追去，一眨眼就跑了两千里。他一直追到虞渊，也就是太阳落下去的地方。”这段话用细腻的笔触生动形象地描写了夸父追赶太阳的速度之快，真可谓一日千里。“奔跑”这个词足以突出速度的快，可前面还加上了一个“像风似的”。在“快”的基础上，作者运用比喻和夸张的修辞手法渲染出神话的神奇。现实中有谁能跑得跟风一样快？肯定没有。这不就是神话中大胆的想象吗？这样的句子，在课文中比比皆是，如“就在这时侯，夸父的喉咙干得直冒烟。他实在太渴、太累了。夸父伏下身子，去喝黄河、渭河里的水。咕嘟咕嘟，霎时间两条大河都给他喝干了，可是还没止住口渴。”“霎时间两条大河都给他喝干了，可是还没止住口渴。”这不仅表现了古人大胆的想象，更体现了我国古典神话的神奇！这一段文字体现了夸父追赶太阳的艰辛。“太渴了、太累了”这些描述，让夸父不怕辛苦追赶太阳的光辉形象深深地镌刻在我们心中。

“第二天早晨，当太阳从东方升起，金光普照大地的时候，昨天倒在原野的夸父，已经变成了一座大山。山的南边，有一大片枝叶茂密、鲜果累累的桃林，那是夸父的手杖变成的。树上味道鲜美的桃子，给追寻光明的人解渴，使他们精神百倍，奋勇前行。”虽然，夸父没有追到太阳，但他的手杖变成的桃林，激励着人们继续追求光明。这样的结局，表达了古代劳动人民对光明的向往，以及征服大自然的雄心壮志；这样的结局，弘扬了一种奉献精神和牺牲精神。难怪诗人陶渊明写诗赞道：“夸父诞宏志，乃与日竞走。”“余迹寄邓林，功竟在身后。”这些诗句不仅诠释了神话的魅力，更显示中华传统文化的博大精深。

作为语文老师，只有沉下心来，细读文本，把握文体，才能设计出有魅力、有特色的教学；才能引导学生真切地感受神话的魅力。

于是，细读文本之后，我开始分析学情，我开始寻觅有效的教学策略。如，《夸父追日》这篇神话故事，是按事情发展的顺序写的。要让学生学习归纳主要内容的方法其实并不难。在教学时，我想借助略读提示，指导学生在默读时理清脉络。如围绕课题，引导学生质疑“夸父为什么追日？他是怎样追日的？最后追到了吗？”由此，引出故事的起因、经过、结果。在这些问题的引领下，让学生很快提炼出课文的重点词句，如“他喜欢光明”“他口渴难忍，喝光了黄河、渭河的水”“在跑向大泽的路上，他倒下了，长眠在‘虞渊’”。当学生把握了这些关键词句之后，教师又要求学生用四字词归纳，即“追赶太阳”“颓然倒下”“变成大山”“变成桃林”。这样教学，不仅概括了每个段的段意，还能在无形中教给学生用“段意连接法”概括主要内容的方法。我想，这样的训练，简单有效，学生接受起来也比较容易。

在解读文本的时候，我曾产生了好几个疑问。如，我经常听到老师们谈论这样一句话，“语文教学要注重人文性和工具性的统一。”我想，当然应该是关注二者的有机统一。于是，我把教学的重心定位在学习把握主要内容的基础上，初步感受神话魅力。于是，我想在教学中引进《夸父逐日》的文言文，指导学生进行比较阅读。古人仅用 38 个字就把这个故事的经过写清楚了，而本文却用了 480 多个字来叙述。对照原文，让学生看到古文是多么的精练啊！对照今文，让学生又体会到现代文是多么的精彩啊！

【教学设计】

古今对照，把握内容，感受“神奇”

教学目标

1. 会读文中带拼音的字词；正确、流利地朗读课文。
2. 了解内容，感受神话大胆而神奇的想象，感受古代劳动人民向往光明，征服大自然的雄心壮志。

教学重难点

了解内容，感受神话大胆而神奇的想象，感受古代劳动人民向往光明，征服大自然的雄心壮志。

教学准备

多媒体课件。

教学课时

1课时。

教学过程

一、抽读词语，通读课文

1. 今天，我们学习略读课文32课，齐读课题。

2. 课前，大家预习了课文。现在，先读一读文中带拼音的词语："手杖、虞渊、伏下身子、渭河、咕嘟、瀚海、颓然、向前一抛"。

①"颓然"在字典中有两种解释(课件出示：①崩坏，倒塌。②败坏。)。在本文中应该选哪种解释？请用手势表示。(①)

②"虞渊"是什么地方？文中哪句话告诉了我们？(太阳落下去的地方。)对，词典上又是怎么解释的呢？请看一看……(课件出示：旧指神话传说中日落的地方。)这个词语表示地名。那么，课文中像这样表示地名的词语还有哪些呢？请默读课文再找一找。(课件出示："黄河、渭河、瀚海、大泽")读一读这些表示地名的词语，看看它们都指什么。(河)

3. 再抽读带拼音的词语。

4. 分段抽读课文，做到正确、流利。

【导师点评：略读课文虽然没有认识字词的任务，但是面对课文中不认识且带拼音的字词，教师仍然不能熟视无睹。开课时，教师不怕误时，仍然坚持检查学生预习字词的情况，坚持检查学生联系上下文解释词语的情况，坚持检查学生通读课文的情况。这些奠基工程夯实了，后面的学习才顺畅，真可谓"磨刀不误砍柴工"呀！】

二、扣题质疑，理清段落

1. 怎样略读这篇课文呢？请自读"提示"，说一说要求。(①读课文，说说故事主要讲了一件什么事；②交流从故事中想到些什么。)

2. 怎样把握归纳主要内容呢？我们可以在题目上做文章。再读题目，自主质疑。(夸父为什么追日？怎样追？结果怎样？)

3. 课文中那些段落分别写了哪些内容？请默读课文，用"‖"画出相关的段落。(第一段[1]；第二段[2—4]；第三段[5])

三、分段略读，归纳内容

1. 默读第一段，想一想夸父为什么要追日。(课件出示句子："我不喜欢黑暗，我喜欢光明。")这句话中的一组反义词是什么？(黑暗——光明)由此，我们知道了这段主要写

了什么？（喜欢光明、充满光明）

2. 默读第二到四自然段，想一想夸父是怎样追日的。（夸父追赶太阳时，因口渴难忍，喝光了黄河、渭河的水。在跑向大泽的路上，他倒下了，长眠在“虞渊”。）用两个四字词归纳，就是……（追赶太阳、颓然倒下）

3. 默读第五段，想一想故事的结果是什么。（变成大山、变成桃林）有什么好处？（给追寻光明的人解渴，激励他们精神百倍、奋勇前进。）

4. 把这三段的内容连起来，就是课文的主要内容。请学生根据板书的提示，练习用“段意连接法”归纳主要内容，并写下来。

【导师点评：归纳主要内容，是三年级阅读教学的重点，也是难点。教师充分借助课题资源，引导学生按事情发展的顺序质疑，理清段落层次。紧接着，在逐段了解大意的基础上，学习用段意连接法归纳主要内容。这样的训练，简单朴素，有效实用，易于为广大学生所掌握。】

四、链接文言，古今对照

1.《夸父追日》是我国最古老的一个神话故事。它出自一本很古老的书……（《山海经》）古人仅用 38 个字就把这个故事的经过写清楚了。来，我们看一看他的原文……（课件出示：夸父与日逐走①，入日②。渴，欲得③饮，饮于④河、渭（wei）⑤；河、渭不足⑥，北⑦饮大泽⑧。未至⑨，道渴而死⑩，弃⑪其⑫杖，化为邓林⑬。）

【导师点评：这课的教学内容比较简单，为了真切地感受神话的神奇，教师进行了恰如其分的拓展。如，在了解内容的基础上，引进文言文，让学生借助注释，连蒙带猜地感知原文的内容，并与改写后的课文进行对比，使之充分地感受神话大胆而神奇的想象与夸张，体会神话传说的神奇，增加学生中华传统文化的积累。】

2. 师范读，学生跟读。

3. 借助注释，了解词语的意思。（课件出示：①逐走：竞跑，赛跑。②入日：追赶到太阳落下的地方。③得：能够。④于：到。⑤河、渭：即黄河、渭水。⑥不足：不够。⑦北：向北。⑧大泽：大湖。⑨至：到。⑩道渴而死：在半路因口渴而死。⑪弃：舍弃。⑫其：他，指夸父。⑬为：成为，作。邓林即“桃林”。）

4. 用自己的话说一说原文的内容。（夸父与太阳赛跑，追赶到太阳落下的地方，他感到口渴，想要喝水，喝干了黄河、渭水的水却仍不解渴，便想去北方的大泽湖喝水。还没赶到大泽湖，就在半路因口渴而死。他丢弃的手杖，化作一片桃林。）

5. 刚才说的内容，其实也是课文的……（主要内容）古文短短 38 个字，课文却写了 480 多个字。对照原文，我们可以看到古文是多么的精练啊！

五、抓住重点，感受“神奇”

1. 了解故事的主要内容后，我们来感受这个神话的神奇之处。默读第二段，看看哪些句子写得很神奇。（课件出示句子：①“于是夸父拿着手杖……就跑了两千里。”②“夸父伏下身子……可是还没止住口渴。”③“他还没有到大泽……而拿起发出巨响”……）

（1）第一、二句分别运用了什么修辞手法？写出了什么？（夸张，前一句写夸父奔跑的速度很快，后一句写他喝水的速度很快……）有感情地朗读句子。

(2)第三句呢?(比喻,写夸父因口渴难忍颓然倒下了)有感情地朗读这句话。

2. 第三段中又有哪些地方写得很神奇?(变成了大山……变成了桃林……)为什么会有这神奇的结果呢?(给追寻光明的人解渴,使他们精神百倍、奋勇前进。)有感情地朗读这段话。

3. 对照原文,我们又可以看出课文的改写,是多么出色啊!瞧,课文把原文中简写的几处神奇的地方,通过丰富而又夸张的想象具体化了。来,咱们再有感情地朗读这几个句子。

【导师点评:感受神话的神奇,仅仅与原文比较还不够,更重要的是感受作者在改写时,是如何描写其神奇的。这篇课文是神话故事,表现神奇的句子满篇皆是,若处处找肯定啰嗦至极。让我们感到欣慰的是,教师遵循略读课型的特点,重点抓住了几个生动传神的夸张句、比喻句,引导学生认真揣摩体会,进一步感受神话的神奇魅力。这样的教学设计,既经济又节约,此乃有效之举,明智之举。】

六、总结全文,升华认识

1. 其实,整篇课文都充满了神奇的想象。在你心目中,夸父是一个怎样的人?(勇敢的人、向往光明的人、有宏大志向的人、执著的人、敢于奉献的人……)

2. 这个神话赞扬的仅仅是夸父吗?更赞扬了……(古代劳动人民向往光明、征服大自然的雄心壮志。)

3. 如今,这个神话的题目,已经演化为一条很有名的成语。那么,它是什么意思呢?请大家查查字典。(课件出示解释:夸父拼命追赶太阳。比喻人有大志,也比喻不自量力。)这个词语,既可以表褒义,又可以表贬义。

4. 你还知道哪些成语是由神话故事演变成的?

【导师点评:这个神话故事的经典之处,还在于它已经凝练成了母语中的珍珠——成语。这儿的链接,既升华了民族精神,又让学生在理解语言的基础上,熟悉语言,积累语言,为学生运用语言奠基。】

七、链接单元,说写感受

1. 这组课文大多是反映神话故事和民间传说的。读了这组课文,你有些什么感受呢?(古人的想象多么丰富。其间的描写多么夸张。神话神奇而富有魅力……)

2. 让我们学小伙伴的样子,也拿起笔来写一写自己读了这组课文之后的感受。

附:板书

32　夸父追日

喜欢光明　充满光明　女娲补天

追赶太阳　颓然倒下　精卫填海

变成大山　变成桃林　望梅止渴

【课后反思】

亲近神话,感受魅力

《夸父追日》是人教课标版三(下)八单元的一篇课文。这组课文都是神话故事,意在让孩子们感受中国古典神话的神奇魅力。

《夸父追日》这个神话讲述的是夸父追赶太阳、长眠于虞渊的故事。它所表现的不仅仅是夸父追赶太阳的事,更深意义是表现我国古代劳动人民对光明与美好的向往,挑战和征服自然的勇气,以及勇于牺牲和奉献的精神。这篇课文内容很简单,可是在这个单元的地位却不轻,古文用了短短几十个字来凸显神话的神奇魅力,而现代作者却用了大篇幅来描述,内容很容易让人明白。言简意赅的古文用白话文展示,能让我们在阅读中感受古今差别,感受时代发展,也能激发学生对从古到今事物演变的喜爱。课文出自经典神话集《山海经》,到底怎样去感受古今文字之间的异同呢?如何体会改写为白话文的神话魅力呢?我想,只有引导学生比较阅读,才能读出其所以然。

一、整体感知,了解神奇

这是一篇略读课文,虽然没有像精读课文一样把生字词语放在重要位置,但面对课文中带拼音的生字词语,我没有熟视无睹,而是带领学生一起扫清文字的障碍。我认为不管哪个学段,读通文章才是深入学习的基础。在开课时,我不怕误时,仍然坚持检查学生预习字词的情况,坚持检查学生联系上下文解释词语的情况,坚持检查学生通读课文的情况。这些奠基工程夯实了,后面的学习才能顺畅。正如尹老师经常倡导的那样,课文不读熟不开讲。

结合这篇课文的导读提示,我知道在读熟课文的同时,要引导学生学习归纳课文的主要内容,这是本课的一个重点。三年级的学生要学习归纳主要内容,这是语文课程标准的要求。这篇课文脉络清晰,作为训练学生归纳主要内容的材料是再好不过的了。有了学习的材料,还要有易于让三年级学生学习的方法才行。这篇课文是按照事情的发展顺序来写的,条理很清楚。结合三年级的年段要求,运用段意串联法最适合不过了。所以,在课堂上我用提问的方式,引导学生寻找事情的起因、经过、结果,如:夸父为什么追日?因为他喜欢光明。他是怎样追日的?夸父追赶太阳时,因口渴难忍,喝光了黄河、渭河的水。在跑向大泽的路上,他倒下了,长眠在“虞渊”。用两个四字词归纳,就是“追赶太阳、颓然倒下”。结果怎样呢?变成大山、变成桃林。当学生把这三段的内容分别说清楚了,再把它们连起来,就是课文的主要内容。这种段意连接法,简单有效,学生接受起来也比较容易。

《夸父追日》是一篇神话,在读通课文、了解大意的基础上,学生对神话也有了一定的认识和了解。他们知道夸父是古时候人们想象出来的一个人物。古代人民向往光明,于是就出现了课文的开篇:夸父喜欢光明,要去追赶太阳。他竟然去追赶太阳,并且要抓住太阳,不要说行动了,就是产生这种想法就需要很大的勇气。再加上文中使用的夸张句、比喻句,把学生带进神话的领域,让我们知道了神话是人们通过大胆的想象创造出来的。

二、古今对照,欣赏神奇

这篇白话文改写自古文《夸父逐日》。课文明白如话,不需教师讲,学生一读就懂。为了适当增加一点难度,我把它与古文进行对照,指导学生学习比较阅读。古文仅有短短的38个字,就把夸父追日的过程写出来了。对从来没有见过古文的三年级的学生而言,读起来肯定有难度。为了化难为易,我给简短的文言文配上了注释,让学生借助注释，自读，猜读，然后老师再适当地教读。对照改写的白话文，让学生初步感知古文言简意赅的特点，引发学生对古代神话的阅读兴趣，与此同时，初步感受古文和白话文的区别。如："夸父与日逐走"古文仅仅只用了六个字，就将夸父奔跑的情况写出来了；而白话文写的是"于是夸父拿着手杖……就跑了两千里"。这句中的"像风似的跑"，用比喻的修辞手法写出了夸父奔跑的速度之快；"一眨眼就跑了两千里"则用夸张的修辞手法，写出了夸父跑的路程之遥远。这比喻与夸张的运用，将夸父追日的情景写得更生动、更形象，更具有画面感与立体感，读着这些句子，不仅让学生感受到夸父为人民造福的迫切愿望，更让学生感受到神话的神奇。又如"入日；渴，欲得饮。饮于河、渭，河、渭不足"，古文的句子多么简单，多么简洁；而白话文写的却是好几个句子"夸父伏下身子……可是还没止住口渴"。如此比较阅读，越读越有味，越读越有趣。古文有意思，白话文也很有趣。因为，作者在把它改写为白话文的时候，运用了夸张、比喻等修辞手法，再加上奇幻的想象，让经典神话更有魅力。

三、习得成语，感受神奇

这篇课文的神奇之处，还在于凝练成了母语中的璀璨珍珠——成语。众所周知，所谓成语是语言中经过长期使用、锤炼而形成的固定短语。"夸父追日"出自《山海经》这部以神话为主的古代经典。在漫长的语言发展中，它早已凝固为一个成语，沿用至今。为了拓展学生的视野，教师又引导学生联系以前读过的神话故事，讲讲自己还知道哪些成语。这链接，既升华了民族精神，又让学生在了解神话的基础上，熟悉成语，积累成语。

总而言之，通过这课的学习，学生亲近了神话，感受到了神话的神奇，与此同时，还习得了成语，初步感受到了传统文化的魅力。

七颗钻石

（西师版课标教材四年级上册）

重庆市渝中区人和街小学　廖柏秋

【文本解读】

徜徉在美丽之中

在儿童文学这块多彩的园地里，童话是一朵引人注目的奇葩。神奇的童话故事对学生具有极大的诱惑力。《七颗钻石》是19世纪俄国文学巨匠列夫·托尔斯泰写的。虽然它的篇幅短小，语言浅显易懂，但是所表现的主题——“爱”却是无与伦比的。这个童话故事为我们展现了世界上人与人之间美好的广博无私的爱，是列夫·托尔斯泰为数不多的童话之一。他写这个童话故事是为了唤起孩子们内心深处的爱的感受与体验，希望爱能够永驻人间。

美丽的故事

开篇第一句，作者言简意赅、意味深长地说：“这是一个美丽的传说。”那么，这篇童话美在何处呢？初读课文，我们不难发现，这篇课文主要写了：很久很久以前，地球上发生了大旱灾，许多人和动物都焦渴而死。一个小姑娘抱着空木水罐出门，为生病的母亲找水。姑娘历尽艰辛找到水后，自己没有喝一口，却先让给小动物，让给母亲，母亲让给女儿，姑娘让给了路人……爱心使水罐一次又一次地发生着神奇的变化，最后水罐里涌出了一股巨大的清澈又新鲜的水流，跳出的七颗钻石升到了天上，变成了北斗七星。在这个浅显的故事里，有孩子对母亲的爱，有人类对动物的爱，有母亲对孩子的爱，还有姑娘对素不相识的人的爱，整个童话故事颂扬了托尔斯泰一贯主张的“博爱”。

简单的故事，我们一读就明白。但是，阅读之后，我们心中无不涌动着一股温馨的暖流，多么美好的故事，多么美好的愿望呀！读了这个故事，在静静的夏夜里，仰望那熠熠生辉的大熊星座——北斗七星，我想：任何人都想看看那七颗钻石幻化成的星座到底有多美丽。

美丽的语言

童话故事的阅读对象以小孩子为主。从语言风格上来讲，童话的语言要求简洁、鲜活、准确、朴素。这篇课文的语言最大的特点是用词准确而生动。

“很久很久以前，地球上发生了一次大旱灾，所有的河流和水井都干涸了，草木丛林也都干枯了，许多人和动物都焦渴而死。”课文第一自然段分别从河流和水井、草木丛林、人和动物这三个方面形象地写出了大旱灾之严重。在这句话中,"干旱、干涸、干枯"这三个词语意思相近,都表示没有水了。但是,细细地品读,我们不难发现其间又有细微的差别。因为,它们所搭配的对象不同。"所有的河流和水井都干涸了",强调地球上已经没有水源了;"草木丛林也都干枯了,许多人和动物都焦渴而死",则形象地写出当时地球上的旱灾很罕见,人和动植物皆因缺水而面临着灭绝之灾。"所有"和三个"都"这些词更强调了旱情之严重,更给人以强烈的震撼。水,是所有生命的源泉;水,是人和动植物活下去的关键。抓住"所有"和三个"都",让我们理解到"干旱、干涸、干枯"这三个近义词的联系与区别,更让我们深刻地体会到当时的水是多么重要。水,就是希望;水,就是生命。在水如此重要之时,人们之间的一让再让,才会让人觉得弥足珍贵。由此可见,开篇渲染旱灾之严重,之罕见,其实就是在蓄势,就是在为理解故事中人物一次次让水的可贵精神和伟大的爱作有力的铺垫。

课文最后写小姑娘给路人让水的情景更是感人肺腑:"这时,小姑娘再也忍不住,正想凑上水罐去喝水,突然从门外走进来一个过路人,要讨水喝。小姑娘咽了一口唾沫,把水罐递给了这个过路人。"这段话中"再也忍不住""咽了一口唾沫"这两个短语,对比鲜明而又强烈。小姑娘曾为了小狗、为了妈妈,一忍再忍,现在再也忍不住了。遭受大旱灾,小小年纪,经历艰辛找水,此时的她,确实已经渴到了极限。但是,当她看到素不相识的过路人也需要水解渴时,此刻的她,仅仅是"咽了一口唾沫",再次忍住了。一个"咽"字,藏着小姑娘多大的毅力呀!她需要克服多大的困难,战胜多大的欲望才行啊!本来"再也忍不住",可是就在这个"咽"字中忍住了。"咽"这个动词普普通通、简简单单、朴朴实实,可是却用得妙极了!因为,它充分地表现了小姑娘那广博而又深沉的大爱。

美丽的结构

孙绍振说,在美学上,"艺术要求要统一,童话这种形式更加强调统一"。以"统一的因果性,达到单纯的效果"。但过分统一可能会单调,一味复杂又可能显得杂乱。从语言的表达效果上来讲,童话多用拟人、对照、反复等表现方法。一些情节、景物的反复叙述,形成了有节奏的反复。

《七颗钻石》这个故事的情节,绝不是简单的重复,可谓一波三折,曲折有趣,引人入胜。而水罐的变化,每次都有递进性的差异,这就是统一而又丰富了。

在滴水如金、水即生命的危急时刻,小姑娘不惧艰辛,连夜出门为生病的母亲找水。这样的举动就是爱母之心的表现。在那大旱之年,到哪儿都找不到一滴水。就在她绝望之时,意外地发现水罐里装满了清亮的水。这时,故事情节出现了第一次波澜。出于对母亲的爱,真想喝个够的她,赶紧抱着水罐往家跑。不料,小狗把她绊了一跤,而水罐却端端正正在地上放着。看到小狗渴求水的模样,善良的小姑娘把水倒在手掌里,让小狗舔净,得到水滋润的狗变得欢喜起来。这生动的故事情节,饱含了姑娘爱动物之心。喂完小狗后,姑娘的水罐变成了银的。这时,情节出现了第二次波澜。母亲爱女儿,舍不得喝,把水让给女儿喝。母亲爱女儿的行为,让水罐变成金的,这是第三次波澜。突然,一个过路人讨水喝,小姑娘把水罐递给了他。这时,水罐里跳出七颗钻石,升上了天空,这是第四次波澜。在这一波三折中，小姑娘的爱心由爱母亲到爱动物，再扩大到爱他人，一次次升华，小姑娘的人性美得到了充分的体现。完整曲折的故事情节，使小姑娘的形象变得生动鲜明、美丽可爱。

《七颗钻石》由“美丽”一词引出，却是在大旱灾中铺陈开来，呈现在读者面前的是一片荒芜，一片干旱。故事背景的渲染，为后面水罐的变化奠定了基础。最后，水罐里涌出了巨大的、清澈而新鲜的水流。为什么不变成别的，要变成清澈的泉水呢？因为，人们一次次表现爱的举动感动了上苍，使水罐里涌出了清澈的泉水。这泉水，使干旱的大地能得到重新的润泽，使即将焦渴而死的人能有新生的希望，使所有的河流和水井里能有清澈而又新鲜的水流，使草木丛林能重新生长。故事开头与结尾形成前后呼应。在故事的结尾部分，作者深情地写到：“那七颗钻石越升越高，升到了天上，变成了七颗星星。这就是人们所说的北斗七星。”这样的结尾，与开头“这是一个美丽的传说”形成呼应，而且蕴藏着作者的美好愿望：为什么不变成别的，要变成七颗钻石呢？钻石和星星，都象征着美好的心灵，象征着爱心，是人们的爱心创造了这奇迹。

美丽的想象

童话离不开幻想。童话最主要的特点，就是丰富、大胆、神奇的想象。在这个动人的故事中，幻想丰富而奇特。课文中，最为神奇的想象，莫过于水罐神奇的变化。作者在装水的器皿上作了奇妙的构思：课文以水罐的变化为线索，随着作者的想象，小姑娘的水罐在不同的情况下展示了它的神奇魅力，发生了一次又一次的变化。

从“空木水罐”到“有水木水罐”：小姑娘为生病的母亲找水，累得倒在地上睡着了，醒来后发现水罐里装满了清澈新鲜的水——小姑娘对母亲的爱使水罐发生了神奇的变化。

水罐掉在地上端端正正，水依然是满的：小姑娘发现水罐里装满了水，虽然又累又渴，但没有舍得喝，急着赶回家去给妈妈喝，被脚底下的小狗绊倒，水罐掉在地上端端正正，水依然是满的。小姑娘一心想着留在家中的母亲，所以不顾一切地端起水来向家中跑去。这个时候，除了母亲，她什么也看不见，甚至也看不见倒在自己脚下的小狗，以至于自己被绊倒了。正是小姑娘对母亲的爱，使水罐再次显示出它的神奇。

水罐变成银的：小姑娘分了一点水给绊倒她的小狗，小狗变得欢喜起来。联系前文“许多人和动物都焦渴而死”，可以想象：小狗可能是因为渴极了走不动，小姑娘绊倒在它身上，它也只是哀哀地尖叫。小姑娘没有怪小狗绊倒自己，还把自己舍不得喝的水分给它喝。既然母亲非常需要喝水，那么，她为什么还要将水给小狗喝呢？其原因就是小女孩非常的善良仁爱，对所有的生灵都怀着无限的怜悯之心。她不但深爱着自己的母亲，还用真挚的爱心对待动物，正是这份对小动物的爱，使水罐变成银的。

水罐变成金的：生命垂危的母亲为什么拒绝喝水？为什么要把水让给女儿？是母亲对小姑娘的爱，孩子是母亲的心头肉，母亲以博大的母爱体悟到了女儿在找水过程中的艰难困苦，义无反顾地将死的厄运留给了自己，把生的希望留给女儿。这无私的母爱，使水罐又一次发生变化，可见水罐的神奇并不在于小姑娘本身，而在于爱心。只要有人献出爱心，水罐就会发生神奇的变化。

从水罐里跳出了七颗钻石，涌出了一股巨大的清澈又新鲜的水流：小姑娘强忍住焦渴，把水罐递给了过路人。给小狗水喝的时候，小姑娘还牵挂着母亲，所以她分一点水给小狗；而现在从母亲手里接过水罐后，她把水毫无保留地送给了过路人。小姑娘为什么将救命的水拿给路人喝？是因为她体悟到了那个路人已经干渴难忍、奄奄一息，路人的生命与水紧密相连。“再也忍不住”“咽了一口唾沫”等关键词句，写出了小姑娘当时多么想喝水，但她却把水让给过路人，这是多么动人的行为。好心会有好报。是小姑娘广博而无私的爱心，使水罐又一次发生了惊人的变化。

水罐的每次变化都是由于不同的原因，而这些变化都是以“爱心”为前提，几次变化层层递进，爱心也是层层递进的，主题也逐渐深化。而最后一次变化是在前几次变化的基础上的发展和升华。如果前面任何一次选择有违“爱心”，水罐里都不可能跳出七颗钻石，涌出清澈又新鲜的水流，世界也不会有久旱逢甘露的美好情景，生命也将消失殆尽。博爱这一主题也就自然而然地应运而生了。

故事本身，留有很多悬念，留给读者无数的想象空间。

在这个童话故事中，第一次变化，水到底从何而来，留给读者无限的想象空间。孩子们也许会想到至高无上的上帝，救苦救难的观音菩萨等神话人物；也许会想到魔法师等法力无边的童话人物，会由一个故事联想到无数个水从何而来的故事。而故事的结尾，当巨大的水流从水罐中涌出时，这本已干涸、生命受到严重威胁的世界，又将变成怎样的世界，也留给读者无数憧憬、无数希望。

这样的情节，这样神奇的变化，在现实世界中是不可能发生的，只有在想象的世界中才会发生。但这种想象的虚构，情节的发展，却又是可信的。托尔斯泰的这些想象，水罐的这些变化，世界的这些变化，都符合读者的愿望，所以使人感到，这一切都是可能，而且是应该发生的。在想象的故事中，自己再想象，与故事中的人物感同身受，这就是童话的魅力。

美丽的内涵

托尔斯泰写的这篇童话，为什么题目不用“一罐水”“神奇的水罐”“水罐的变化”，不叫“大熊星座的由来”，而要用“七颗钻石”作题呢？这题目中有着丰富的内涵。水罐里涌出的钻石为什么要升到天空变成星星？这故事的结尾蕴含深意。

“钻石”和“星星”都是美好事物的象征，象征着美好的心灵，象征着爱心。凭借北斗星，人们夜里不会迷失方向；它永远挂在夜空里，象征着爱心永恒；它光照人间，还表示爱心普照人间。如果用“一罐水”“大熊星座的由来”做题目，平淡、不新颖，更无法彰显爱心的可贵。以《七颗钻石》为题，是非常恰当的。因为，钻石晶莹剔透，闪烁着美丽的光芒，它表示对美好事物的赞美。小姑娘和母亲的纯洁与善良，就像钻石一样，同时还传达着这样的理念：人生因为爱别人而不断升华到高境界，爱得越多越有价值；只有爱如钻石价值连城，只有爱如星座照亮宇宙，照耀古今，只有爱才是永恒的。爱心化作星星，永远挂在夜空里，愿世界永远有爱心，愿我们生活在充满爱心的世界里，幸福永远。

童话故事美丽的结尾，寄予了作者美好的愿望。

对于孩子来说，徜徉在这个充满神奇幻想的美丽故事里，在感受阅读的无穷乐趣的同时，文中人物的美好品质，会让他们受到心灵的洗礼，而列夫·托尔斯泰准确传神的语言，会使孩子的语言也变得灵动起来。

【教学设计】

美丽的钻石，美好的心灵

教学目标

1. 自学 9 个生字和“旱灾、干涸、咽、舔”等新词；联系上下文，比较“干涸、干枯、焦渴”三个词的异同，积累文中的好词。

2. 正确、流利、有感情地朗读课文，抓住重点词句，体会其表情达意的作用，从水罐的一次次变化中，感悟文中人物美好的心灵，体会爱的神奇力量。

教学重难点

抓住重点词句，体会其表情达意的作用，从水罐的一次次变化中，体会人物美好的心灵。

教学准备

相关课件。

教学课时

2 课时。

教学过程

第一课时

一、激趣引入，齐读课题

1. 同学们读过童话吗？读过哪些？（童话故事，充满了神奇的想象。从你们兴奋的小脸上，老师感觉到了童话故事的魅力。）

2. 今天，我们一起来读文学巨匠——俄国著名作家列夫·托尔斯泰带给我们的一个美丽而感人的童话故事。齐读课题。

3. 揭示课题。说说自己对课题的理解。了解钻石的知识。

二、检查字词，初读课文

1. 检查生字词掌握的情况。（认读、组词、抄写、理解词语意思。）

2. 指名分节读课文，评议，并说说每段写了什么。

3. 通读课文，归纳课文主要内容。

第二课时

一、复习导入,感知传说之美丽

1. 这节课,我们继续学习俄国著名作家列夫·托尔斯泰带给我们的童话故事。齐读课题。

2. 我们已经初读了课文,学习了生字词,初知了大意,知道这是一个美丽的传说。谁能按事情发展的顺序,用简洁的语言把这个美丽的传说讲一讲吗?

二、比较词义,感受旱灾之严重

1. 这个美丽的传说是在一场大旱灾的情况下发生的。课文哪段具体写了大旱灾的情况?

2. 默读,找一找,哪些词语最能突出这是一场大旱灾?用直线画出。(干涸、干枯、焦渴)

【导师点评:《语文课程标准》第二学段的阅读要求之一,就是要体会文中关键词句表情达意的作用。如何体会?首先要理解词语。联系上下文是很重要的方法。这一教学环节,紧扣课后练习,抓住意思相近词语的细微差别,既弄清它们各自的意思,又分清它们使用的范畴,还透过词语去想象与之有关的情景,这样就能读懂词语背后的深意。让学生既感受到旱灾的严重,又体会到表达的妙处,真是一石二鸟。】

3. 读这几个词语,你发现了什么?它们在句中是什么意思?

4. 透过这几个词,边读边想象,你仿佛看到了什么?作者连用三个意思相近的词,从不同的方面写出了旱灾带来的严重后果,让我们仿佛看到了[引读]:当时的地球上,不是一条河流、一口井干涸,而是——(接着读)所有的河流都干涸了;不是一株植物干枯了,而是——草木丛林都干枯了;不是一个人、一只动物焦渴而死,而是——许多人和动物都焦渴而死)

5. 发生了这么严重的旱灾,植物最需要的是什么?人和动物最需要的是什么?此时此刻,水对它们来说意味着什么?(小结:水是源泉;水是希望;水是生命,可见水是多么的重要呀!)

三、追寻足迹,感言水罐之变化

1. 就在这样的情况下,小姑娘去为生病的母亲找水,那水罐一次次地发生着变化。默读3~5段,看看在小姑娘找水的过程中,水罐发生了哪些变化。

2. 用简要的话说一说。

四、深入内心,感悟心灵之美好

1. 水罐居然会变!多神奇呀!读到这儿,你有什么疑问?(生质疑:这水罐为什么会发生这么神奇的变化呢?)

2. 是啊,这空空的木水罐怎么会装满了清亮新鲜的水呢?我们一起去看看小姑娘找水的情景。(出示句子:小姑娘找水这一部分)自由读句子,说说你了解到了什么。

3. 从这句话的哪些词语中，让我们感受到她找水的确很艰难？把词语放入句中读一读。

4. 联系上文，我们知道地球上已没有水了。明知没有水，小姑娘还那么艰难地、劳累地去找水。此时，她心里可能会想什么？你从中体会到了什么？（把你体会到的情感带进句子中去读一读。）

5. 作者展开神奇的想象，想象这份发自内心的、深深的爱，打动了上天，所以奇迹发生了。（引读：当她醒来的时候……）

【导师点评：引导学生在有滋有味的朗读中，去感受、体会小姑娘那美好的心灵。课堂中，教师不吝时间，如此重视朗读，实在很有必要。】

6. 这是小姑娘找水过程中水罐发生的第一次变化。（是小姑娘为母亲找水这份爱心、孝心，让空木水罐装满了清亮新鲜的水。）

【导师点评：如何提高语文课堂教学的有效性？教学时，如何找到串起珍珠的线？崔峦老师说得好：因文制宜，以学定教；教无定法，贵在得法。要抓住课文的重点、特点进行教学设计。抓住教材中的课后习题，往往能让教学事半功倍。这个环节就是以课后习题中的一个问题："小姑娘找到水后，水罐发生了哪些变化"为主线，分块组织教学，使教师的教路和学生的学路清晰起来，也解决了教学与练习不同步的问题。水罐的几次变化，在写法上大同小异。教师采取先"扶"后"放"，既整合了教学过程，又避免了繁琐分析，求实从简，在简单中彰显了实效。】

7. 水罐为什么会发生后边几次变化？读读课文，抓住重点词句体会。（交流1：把水让给母亲，这一举动让我们看到了又一个奇迹——水罐掉在地上仍是满满的，读出情感。交流2：把水让给小狗，木水罐变成银水罐。小姑娘不仅孝顺妈妈，还可怜小动物，多么善良呀。交流3：母亲把水让给小姑娘喝，银水罐又变成了金的了。）

8. 当小姑娘把救命的水交给母亲时，母亲是怎样说的？读读妈妈的话（出示句子）。生命垂危的母亲看着焦渴劳累的女儿感动地说……（读句子）有了水，母亲就有了生的希望，然而，她却把生的希望让给了女儿。她深情地对女儿说……（读句子）小结：母亲对孩子深深的爱，让银水罐变成了美丽的金水罐。

9. 当母亲把水让给小姑娘时，焦渴的小姑娘实在忍不住了，她正想凑上水罐去喝水，门外走来一个过路人讨水喝。此时，小姑娘是怎么做的？读：小姑娘咽了一口唾沫，把水罐递给了这个过路人。从"咽"中你体会到了什么？（从这个细小的动作中，我们读出了小姑娘已经焦渴到了极点。）

10. 焦渴的小姑娘太想喝水了，她渴得实在忍不住了，最后她又一次忍住了。她第一次忍是为了——妈妈；第二次忍是为了——小狗；这一次忍到咽唾沫的地步，竟是为了一个——陌生人！这一忍再忍，使水罐发生了更神奇的变化。读句子（出示句子："这时，突然从……北斗七星。"）

11. 读到这儿，你从这个美丽的传说中感悟到了什么？（小结：好人终有好报。是爱让这水罐发生了神奇而美丽的变化！善良、关爱让我们的世界变得更加美好。）

12. 当爱的水流涌向地球时，又创造了什么奇迹呢？展开你的想象，说一说。（小结：是呀，美好的景象映衬了美好的行为。这是爱创造的美丽，这是爱创造的神奇！让我们再美美地读这几句话。）（配乐读最后两段）

五、联系实际，感叹愿望之神奇

1. 多美的结尾呀！这七颗钻石，这北斗七星里，藏着作者美好的愿望呢！联系这个美丽的传说，想一想作者的美好愿望是什么。（小结：在这个美丽的童话故事里，列夫·托尔斯泰通过神奇的想象，告诉我们：爱心似水；爱心似银；爱心似金；爱心像七颗钻石，光彩夺目；爱心像北斗七星，永照人间！）

2. 让我们一起深情地赞美这美丽的爱吧！（齐读）

【导师点评：优美的语言讲述着美丽的传说，颂扬着人物美好的品质。徜徉在美丽的故事里，情到深处，有感而发，依托文本，以小诗作小结，使文本故事与感悟体验水乳交融，在诗意中回味，独具匠心。此设计，还将积累与运用有机结合。】

六、布置作业，积累喜欢之语句

1. 抄写喜欢的词句。

2. 回家把这个美丽的传说告诉给家人。

附：板书

28　七颗钻石

美　丽

找　忍

变　化

（木——满——银——金——钻石、北斗七星）

【课后反思】

正确处理教材，彰显钻石美丽

《七颗钻石》是19世纪俄国文学巨匠列夫·托尔斯泰写的一篇颂扬博爱的童话。课文讲述的是在大旱灾的背景下，小姑娘和她母亲把珍贵的水一次次地让出去，水罐也随之一次次地发生变化。她们的爱心升腾到空中，幻化成普照大地的钻石般夺目的星座，从而告诉读者，爱心的力量是神奇的，愿爱心像大熊星座一样普照人间。作为课文编入教材，西师版课标教材有，人教版课标教材也有，小学三年级在教，四年级在学，中学还在品。同样的文章，版本不同，年级不同，教学要求上肯定是有差异的。一堂课的好坏，与教材处理是否得当密切相关。

叶老说得好：教材无非是个例子。新课程要求教师创新性地使用教材。如何处理好教材，找好教材的落实点？通过西师课标版四上《七颗钻石》的教学，我有了一些感悟。

一、遵循版本意图，准确定位目标

我所执教的《七颗钻石》是西师版义务教育课标教材四年级上册第六单元中的一篇

课文。本单元课文是一组实施爱心教育、塑造人格的教材。

新课程理念下的语文课堂，面对这种人文性非常外显的文章，怎样找到教材的落实点，上出语文味来？对于四年级的学生来说，该学什么？教学该把握到哪个度？一开始，我觉得文章浅显易懂，文字上没有什么可挖掘的，于是把教学的重心定位在对人文性的感悟上。切入的问题诸如："从水罐的变化中，你感悟到些什么？"或"是什么让水罐发生了这些变化？"……"夫缀文者，情动而辞发；观文者，披文以入情。"然而，学生始终没有"披文以入情"，感悟始终停留在表层的爱中，并没有真正从心底感受到爱的珍贵。后来，我走进了文本，又发现那简单的文字背后藏着许多可咀嚼的东西。这个词语舍不得丢，那个句子也舍不得放。在对教材的处理中，在咬文嚼字中，整个教学设计走入了肥胖、臃肿之中，陷入了"山重水复疑无路"的困境。后来，在尹老师和工作室学员的帮助下，在研讨与实践中，我明白了：在处理教材时，既要因文而异，因学生而异，因学段而异，还要因版本而异。

我从迷茫中走了出来，看到了"柳暗花明又一村"。根据西师版教材编排的特点，我放弃了童话教学的一般模式，最终把这课教学的重点定位在"联系上下文，理解词句的意思；体会关键词句在表情达意方面的作用；从水罐的一次次变化中，感悟文中人物美好的心灵，体会爱的神奇力量"上。准确的目标定位，使我的教学设计一下豁然开朗起来。

二、扣准课后练习，抓住主线教学

水罐的五次变化和母女俩的言行，犹如散落在文章中的珍珠，教学中很容易把它们全都拾起来，结果往往"面面俱全"，效果不佳。如何提高语文课堂教学的有效性？如何找到串起这些珍珠的线？抓住教材中的课后习题，往往能让教学事半功倍。课后习题中提出了这样一个问题："小姑娘找到水后，水罐发生了哪些变化？"我紧紧抓住这道题作为主线来分块组织教学，使教师的教路和学生的学路清晰起来，也解决了教学与练习不同步的问题。教学设计分为五大板块：复习引入——旨在从整体入手，让学生抓住要点概括主要内容；了解"旱灾"——体会水的珍贵，为理解母女俩美好心灵作铺垫；寻找"变化"——抓住主线，以便由这个结果去探究原因；感悟"神奇"——通过对重点词句的理解、感悟，体会母女俩的善良、爱心；畅谈"愿望"——让爱充满人间。

在教学中，基于变化，但又不拘泥于变化，重其所重，轻其所轻，整合教学过程，先"扶"后"放"，抓住关键性细节——"第一次变化"和"最后一次变化"这几个重点句、段，去突破，去生成，中间几次变化放手让学生自己去读、悟，教师适时点拨，跳出了繁琐分析的重围。这样，就能在简单中追求实效，从变化中去感悟人物的美好心灵。

三、依据年段目标，落实语言训练

语文课程标准第二学段的阅读要求之一，就是要体会文中关键词句表情达意的作用。这篇童话故事语言浅显易懂而又生动形象。通读全文，几乎遇不到什么难懂的词语或深奥的句子，但文学巨匠的笔下，字字皆美妙。教学中，我依据年段目标，结合教材课后习题的提示，抓住文章开头部分几个意思相近词语的细微差别，帮助学生品味语言，既读懂文字表面的意思，又看到文字背后的深意。我引导学生首先找出哪些词语最能突出这是一场大旱灾，再读读“干涸、干枯、焦渴”这几个词语，通过比较发现它们的异同，然后把词语又放回句中，看看它们在句中是什么意思，各指哪个方面。最后根据童话的特点，透过这几个词，边读边想象地球的灾情。通过“干涸、干枯、焦渴”这三个意思相近的词语的教学，让学生明白：作者用词非常准确，从不同方面写出了旱灾带来的严重后果，也让学生在这几个层面的感悟体会中，明白了该如何去体会重点词句表情达意的作用。

遵循版本意图，依据年段目标，扣准课后练习，正确处理教材，学生就能真正走进教材，感同身受，体会到人物身上那如钻石般美丽的品行。

反思整个教学过程，基本上达到了预期目标，即对语言文字的吟咏品味，含英咀华。理解三个意思相近的词语，感悟第一次水罐的变化，后边几次变化，学生在自读自悟后交流，这几个教学环节层次性强。无论是朗读，还是对语言文字的理解、体会，学生都出现了可喜的生长点。

这一堂课的研究与践行，让我受益匪浅。正确处理教材，追求教学的实效性，是我永恒的目标。

海峡两岸的生命桥

（人教版课标教材四年级下册）

重庆市渝中区马家堡小学　向莉莉

【文本解读】

漫步“生命桥”

反复思考之后，最终选中了四年级上册“人间真情”单元《跨越海峡的生命桥》这篇精读课文来执教公开课。选好课文后，文本细读就成了最棘手的一件事。我很清楚，文本解读的高度和细度将直接决定课堂教学的质量。因此，在这一步上我不敢有丝毫的马虎。

我该怎么来读《跨越海峡的生命桥》呢？有人曾说：“最好的阅读学习方法就是精研细读，真正读进去，再读出来。”是啊，我必须沉心静气地去精研细读文本，在课文里走一个来回，甚至走几个来回。在通读的基础上，进一步细细阅读每一章节，甚至每一段落、每一行、每一句、每一字，努力走进作者心里，深切理解作者，与作者一起探讨、发掘、研究。惟其如此，我才能读出既忠实于文本，又忠实于语文教学的路子来。

初读课文，我读出了故事大意：大陆青年小钱患了严重的白血病，台湾同胞冒着生命危险，用爱心挽救了小钱的生命，架起了一座跨越海峡的生命桥。再读课文，我读出了作者表达的那份深情：茫茫海峡割不断骨肉同胞的血脉亲情。我知道，这样读还远远不够，我还得走进文本，逐字逐段、细致入微、见微知著地去读。这时，我突然想起了美学家朱光潜先生说过的一句话：“慢慢走，欣赏啊！”是的，我要回到课文中去咀嚼、去思考、去体会、去感悟！我要安静地漫步在“生命桥”上，去寻找教学与文本的最佳结合点。于是，我在“生命桥”上来回地走着、读着，读着、走着……安静的心终于读出了文本与教学的切合点！

一、读文本，抓字词，寻觅言语习得点

刘勰在《文心雕龙》中说：“夫缀文者情动而辞发，观文者披文以入情，沿波讨源，虽幽必显。”作者是通过作品字词呈现自己的情，而读者同样是通过作品字词研究作者的情，双方在字词上相遇，细读文本，抓住关键字词，就能走进作者的内心世界，感悟到作者情感的脉搏和思想的跳动。因此，品词品句、咬文嚼字就成了文本细读的关键之一。

当我读到“小钱是幸运的，几经辗转，终于在台湾找到了这样的人”一句时，“辗转”一词跃入脑海，这个词语告诉我们小钱的骨髓匹配不是一件容易的事，道出了寻找骨髓的万般艰辛。可是，光是理解这个词语是不够的，怎样让四年级的孩子通过这个词语的学习，达到对文本意思的深入理解呢？我得引导学生调动已有的经验，去寻找作者的思想世界,去重构自己的语言世界。一遍一遍地读着"辗转"一词,读出来了!"辗转"一词提供给我们一个很好的补白空间,它可以让孩子们去想象四处寻找骨髓的动人画面,从而达到对词语、文本的深入理解。波兰的罗曼・英伽登不是说过"作品充满了未定点和空白图式结构,其中作品的未定点需要读者去确定,空白图式结构需要读者去填补"吗?寻找"空白点",就是寻找文本密码,而破译密码就是引领学生细读文本。我惊喜自己的发现,并试着设计四个话题来帮助学生建构画面、感悟文本:"哪个词语告诉你找骨髓不容易?""在十万人的茫茫人海中可能找到几个有合适骨髓的人?""想象一下,哪些人帮小钱找过骨髓?""这些人可能到哪些地方寻找过?"此处的补白,不正体现了语文教学的言语习得点吗?不正是帮助学生实现从词到文再到情的理解铺垫吗?沿着这条路子,我继续走进文本,我一路寻找着那些灵动的词语:"步履匆匆""静静地""沉着""奔波"……在一个个词语的咀嚼体味中我感受到了一个全新的语文世界!

二、读文本,抓言行,寻觅情感品味点

《跨越海峡的生命桥》的作者是女作家竹林。她曾说:"我写的小说,希望能表现人类的情感,弘扬人类的大爱精神。"所以,她的作品更多以表达人类宏大情感为主旨。联系四年级"人间真情"单元整组课文,都是关于"爱"的主题。那么,体会文本传递出来的情感毫无疑问地就成了本单元的重点。《跨越海峡的生命桥》一课学生要体会出什么情?必须体会感悟的是"生命桥"的含义和海峡两岸人民的血脉亲情。怎样一步一步让学生体会到这份情呢?我带着这个问题再度走进文本。

我反复思考着:要想体会出"生命桥"的含义和海峡两岸人民的血脉亲情,就必须体会小钱的不幸、台湾青年的无私和李博士等医务人员的爱心;要想体会出小钱的不幸、台湾青年的无私和李博士等医务人员的爱心,就必须抓出两个场景中各个人物的言行关键句去体会品味,对这些关键句的理解与情感诵读就是理解"生命桥"的含义和海峡两岸人民血脉亲情的基石。

我寻找着、品味着,一个个人物言行的关键句如涓涓细流般渗入心灵。"在同一时刻,海峡彼岸的台湾花莲慈济医院,骨髓移植专家李博士正步履匆匆地走进手术室。""李博士仍沉着地站在病床旁,那位青年也静静地躺在病床上。""李博士带着刚抽取的骨髓,经过十几个小时的奔波,赶到杭州,和当地的医护人员一起连夜为小钱做了骨髓移植手术。"……这些对人物言行描写的语句无不向我们展示出一个个感人的画面,无不向我们娓娓诉说着这跨越海峡的深情!只有对这些关键句加以体会和诵读,方能找到情感突破口,方能呼唤出这座跨越海峡的生命桥,方能感受到这份茫茫海峡都无法割断的血脉亲情。由此,《跨越海峡的生命桥》传递给学生的就是这人间的大爱!

三、读文本,抓文脉,寻觅教学聚焦点

现在很多语文老师涉猎广泛,见多识广,个性化的教学资源丰富多彩。为了很好地体现"生活有多大,语文的外延就有多大"。许多老师无论什么课文一律把拓展延伸放在首要位置。课堂教学中也是引经据典,奇闻轶事一个接着一个,教材文本"钳满"了超级链接。这种教学方式是不是就是充满文化味的教学呢?回答当然是否定的!真正具有"文化味"的语文课,要么是在教学设计上别出心裁,要么是在文本感悟上独具慧眼,要么

是在课堂操作上独辟蹊径……这些课初听时可能不觉得怎样,但往往越嚼越有味道;这些课充满浓浓的文化气息,内含丰厚的文化底蕴;这些课常常灵气勃发、灵光闪现。

要想上出语文课的"文化味",就不能忽略对文本的充分阅读,不能缺乏对文本文脉的精细研读。因此,我细致入微地读着课文,一字一句地读着课文,细细品味作品中富有表现力的语言文字,认真探究课文的结构特点。原来,课文的结构是有其精妙之处的:课文先后描写了在同一时刻下的两个不同场景。第一个场景是在杭州某医院的病床上,躺着生命垂危的小钱,他在静静地期待着那来自海峡彼岸的救命骨髓;第二个场景是在台湾花莲的慈济医院,李博士正在余震的危险中抽取台湾青年的骨髓。两个跨度很大的场景却因"同一时刻"而紧紧相连。教学时,只要抓住"同一时刻"作为切入点,两个场景的教学就会很自然地切合在一起。文本解读到此,我终于抓出了文章的文脉,寻得了教学聚焦点。我的心中坚定了抓"同一时刻"一词,来教活一课的想法。这样的教学设计线条清晰,免去许多旁杂的枝杈,能够有效提高课堂效率。这种独具匠心的教学设计将它做细做实,就一定能呈现出一个灵动而勃发的课堂世界!

要使学生有感悟,教师首先要有感悟;要使学生会体验,教师首先要会体验;要使学生受感动,教师首先要受感动。只有当教师对文本深情投入、真情流露的时候,学生才能受到真正的熏陶和感染。咬文嚼字,含英咀华,寻得文本与教学的切合点,带给我别样的阅读享受。漫步在"生命桥"上,徜徉在文本语言的字里行间,油然而生一种文本细读带来的快乐,原来这种感觉也如此美妙!如果把这种亲近文本,徜徉文本词句中的美妙感觉传达给学生,带领他们遨游在语言文字的意境中,那是多么惬意的事情啊!此时,在充分解读文本之后,我的心中充满了带领学生漫步"生命桥"上的快乐与自信!

【教学设计】

在品读词句中,感悟"血脉亲情"

教学目标

1. 认识8个生字,会写12个生字;正确、流利、有感情地朗读课文。

2. 联系上下文,理解含义深刻的句子,体会李博士和台湾青年一心为他人着想的高尚品质,感受海峡两岸人民的血脉亲情。

教学重难点

体会"跨越海峡的生命桥"的深刻含义,感受李博士和台湾青年一心为他人着想的高尚品质和海峡两岸人民的血脉亲情。

教学准备

多媒体课件。

教学课时

2课时。

教学过程

第一课时

一、齐读新课，质疑导入

1. 今天，我们要学习22课《跨越海峡的生命桥》，齐读课题。

2. 读到这课题，学习小伙伴有什么疑问？（"生命桥"指的是什么？）你又有什么疑问（为什么会有这样的桥？它怎么会"跨越海峡"呢？）

【导师点评：利用泡泡话，巧妙地、不露痕迹地引导学生学习质疑，这有利于培养学生一边读一边想的好习惯。】

3. 让我们带着这些疑问，走进这个真实而又感人的故事之中。

二、检查预习，抽读词句

1. 这课的生字词很多，在学课文之前，先检查预习情况。请看屏幕上的生字词，先自由读一读，注意读准字音，辨析字形。（凋——调、矿——旷、怀——杯、桂——挂、胞——抱）

2. 抽认生字词，读好重点句。

(1)抽读"凋谢"，说说它的意思。（花凋谢了，草木枯萎了。）齐读句子："这个刚满18岁的年轻人……生命之花绽放。"

(2)抽读"暂时"，读句子"经过一次次的努力……暂时的间隔……骨髓，终于从……"这句话中的"间"是多音字，读四声；还有一个生词"骨髓"中的"髓"读三声，先练读句子，再齐读。

(3)抽认本课要求会认的生字词；规范书写本课要求会写的字。

三、通读课文，了解大意

1. 分段抽学生正确、流利地朗读全文。

2. 用自己的语言概括地说一说这篇课文主要写了一件什么事。（杭州的小钱患了白血病，台湾同胞在余震中为他捐献骨髓……）

四、课堂练习，巩固基础

1. 听写生字词。

2. 借助工具书，联系上下文解释"凋零"、"辗转"、"突如其来"等词语的意思。

3. 用简洁的语言归纳主要内容。

【导师点评：语文课，就应该像数学一样，当堂练习，当堂巩固，当堂习得。如果，堂堂课都这样给学生留足动笔的空间，学生的语文素养，才能日渐增长。】

五、熟读课文，自寻感点

第二课时

一、整体导入，聚焦"同一时刻"

1. 通过第一课时的学习，我们知道这篇课文主要写了一个真实而感人的故事。那

么，这个故事发生的"同一时刻"到底是什么时候？（1999年9月22日）

2. 课文先后描写了"同一时刻"海峡两岸哪两个不同的场景？（第一个场景是在杭州某医院的病床上，躺着生命垂危的小钱，他在静静地期待着那来自海峡彼岸的救命骨髓；第二个场景是在台湾花莲的慈济医院，李博士正在余震的危险中抽取台湾青年的骨髓。他们冒着生命危险，做着一次又一次的努力，直到青年的骨髓涓涓流出。）

二、品读句子，理解重点句子

1. 抓关键词，体会第一场景中"同一时刻"的重点句子。

【导师点评：紧扣"同一时刻"，引导学生细细地品读两个不同场景中的重点句子；或在反义词的比较中，感受小钱的痛苦与期待；或在把握修辞手法中，感受骨髓移植的迫切与重要；或在联系上文与联想中，感受寻觅骨髓的艰难；或在咬文嚼字中，感受台湾人民对大陆人民的一片真情……这"同一时刻"的体味与感悟，不仅弥散着浓郁的语文味，还真实地再现了两岸人民难以割舍的血脉亲情；同时让我们真切地感受到"抓住一词，教活一课"，的确不失为一种有效的教学策略。】

(1)同一时刻，杭州的小钱……（课件出示句子："小钱静静地躺在病床上。灿烂的阳光没有使他苍白的脸红润起来。"）

①读句子，先找出其中的一组反义词。（苍白——红润）

②从中能体会到什么？（身患重病的小钱缺乏生命力，奄奄一息地躺在病床上。）有感情地朗读句子。

(2)课件出示句子："这个刚满18岁的年轻人，患了严重的白血病，生命就像即将凋零的含苞的花朵，唯有骨髓移植，才能使这朵生命之花绽放。"

①"凋谢"是什么意思……（花凋谢了，草木枯萎了。）第二段中有一个词的意思与它相反，请找一找？（绽开）这两个词语都是形容花的。文中还有一个写花的词，它是……（"含苞"）

②这三个词语仅仅是在写花吗？在文中，它们指什么呢？（小钱的生命。"含苞"指18岁的年轻人，生命刚刚开始；"凋零"指年轻人患了白血病要死了；"绽放"指骨髓移植能挽救他的生命。）

③这句话运用了什么修辞手法？写出了什么？（运用比喻的修辞手法，把年轻人的"生命"比作"含苞的花朵"。不曾开放就将凋零，这是多么令人痛心的事呀！正值如花年华的年轻人，如果不及时进行骨髓移植，就将结束短暂的生命，这让我们清楚地意识到骨髓移植的紧迫性和必要性。）有感情地朗读句子。

(3)课件出示句子："小钱是幸运的，几经辗转，终于在台湾找到了这样的人。""辗转"在字典上有两个意思（课件出示：A. 翻来覆去，不能安定；也指反复不定。B. 迁移不定；也指经过多次转换，不直接。），在本文中应选哪个义项？（B）

①（读句子："如果没有适合骨髓的人……大约在几十万人里……"）这两句话说明了什么？（要找到适合移植的骨髓非常艰难。）

②是呀！十万人，茫茫人海能找到几个适合骨髓的人？（也许一个，也许一个都没有……）

③想象一下，医生曾在哪些人中寻找适合移植的骨髓？（在亲人朋友中找……）还在

哪些地方寻找过？（北京、上海、云南、香港、台湾……）对，课文后一句告诉我们在台湾找到了。像刚才想象的寻找过程，用一个词语来形容，那就是——辗转。有感情地朗读句子。

2. 抓关键词，体会第二场景中"同一时刻"的重点句子。

（1）同一时刻，海峡彼岸的李博士和台湾青年又面临着什么情况呢？（课件出示句子："就在昨天……袭击了台湾地区。""针头向……突如其来……不得不停止工作。"）

①"突如其来"是什么意思？（出乎意料地突然发生。）在文中指什么？（突然发生了余震。）

②这个词强调了什么？（当时的情况很危险。）有感情地朗读句子。

（2）如此危险的时刻，李博士仍然是怎样的？（沉着地站着……）

①此时，什么地方最安全？（读句子："此时时刻，跑到空旷的……"）

②想象一下，手术室里有什么在摇晃？（手术器具在摇晃……瓶瓶罐罐在摇晃……人也在摇晃……）多么危险啊！可李博士仍然……（沉着地站着）

③他在这充满危险的地方等什么？（等余震停下来继续抽那位青年的骨髓……）从"沉着"这个词，我们读出了李博士的……（为了挽救大陆青年的生命，他一心为别人着想，将个人的生死置之度外……）

（3）在这危险的时刻，台湾青年又是怎样的？（静静地躺在病床上。）

①难道他的心真的很平静吗？他会怎样？（牵挂自己的家人。）但是，他想得更多的是……（课件出示句子："但是，他知道，在海峡的另一边有一位青年正满怀着希望，期待着自己的骨髓。"）

②台湾青年"静静地躺在病床上"为的是……（让海峡彼岸的小钱不再"静静地躺在病床上"。）从"静静地"这词，我们能体会到他……（内心坚定沉着，一心为别人着想，将个人安危置之度外……）有感情地朗读句子。

（4）（课件出示句子："经过一次又一次的努力……终于……"）齐读句子，想一想这涓涓流出的仅仅是骨髓吗？其间，还饱含着什么？（爱心、希望……）

三、扣题释疑，体会"血脉亲情"

1.（课件出示句子："骨髓只能保存24小时，李博士带着它经过十几小时的奔波，来到杭州，和当地的医护人员一起连夜为小钱做了骨髓移植手术。"）从"十几小时的奔波"和"连夜"这两个表时间的词语中，可以体会到什么？（不顾疲劳、坚持工作）有感情地朗读句子。

2. 小钱得救了。（课件出示句子："两岸骨肉同胞用爱心架起了一座跨越海峡的生命桥。"）学到这里，我们知道了课题"跨越海峡的生命桥"指的就是……（两岸同胞互助互爱的血脉亲情。）是什么让这座生命桥跨越了两岸？（爱心）是啊，是两岸骨肉同胞的爱心、血脉亲情架起了这座跨越海峡的生命桥！有感情地朗读最后一段。

【导师点评：此处的扣题真妙，一是与开课相呼应，对课题进行了具体而深刻地诠释；二是升华了两岸人民那难以割舍的血脉亲情；三是此设计，让整个教学流程显得简洁而又精致，既不拖泥带水，又不漫无边际地旁逸。】

四、总结全文，抒写联想

1. 读了这篇课文，你感受最深的是什么？（人与人之间美好的情感……台湾人民和大陆人民难以割舍的血脉亲情……）

2. 是啊，这血脉亲情是生命的火种，必将愈燃愈烈，经久不息，世代相传。有一天，小钱和这位台湾青年见面了，小钱会怎么感谢他？这位台湾青年又会说些什么呢？（请学生展开联想的翅膀，动笔书写。）

附：板书

跨越海峡的生命桥

杭州　辗转　台湾

静静地　凋零　同一时刻　沉着　静静地

爱心

血脉亲情

【课后反思】

抓住一词，教活一课

上完《跨越海峡的生命桥》一课后，心中颇多感慨，不由得想起宋代诗人杜耒的诗句："寻常一样窗前月，才有梅花便不同。"是啊，普通的窗子、平常的月亮，却因为有了梅花的映衬呈现出不同寻常的意境。教学不正如此吗？看似平常的教与学，却因为教者有了个性化的解读、有了创新性的切入点、有了对文本教学设计的深入思考，而让课堂彰显出不同寻常的活力。在教学《跨越海峡的生命桥》一课时，我认真进行了文本细读，在借鉴经典教案的同时大胆设计，将课文教学变得简洁精致而高效。细细回味，在整个教学设计与教学过程中，最重要的一个思路就是"抓住一词，教活一课"。

一、在文本解读中，捕捉一词

反反复复地静心阅读着《跨越海峡的生命桥》一文，强烈的震撼感冲击着我的心灵，这是一种深入内心的感动。课文讲述了一个发生在1999年的真实故事，语言朴实生动，洋溢着浓浓的真情。对四年级的孩子来说，这个故事内容并不难，难的是弄懂"生命桥"的含义，体会海峡两岸同胞的血脉亲情。"桥"对孩子们来说并不陌生，但是我们通常意义上的桥都是指架在水上或空中便于通行的建筑物，而文章中的"生命桥"却是一种理性的、抽象的"桥"，因此帮助学生弄清楚"生命桥"便成为教学中的重点和难点。

这篇课文名师上过，国家级、市区级的赛课也都有老师执教过，我又该如何独辟蹊径，寻找到一个很好的教学切入点，生成一个简洁而精致的课堂呢？我陷入了深深的苦恼之中。不经意间，我的目光停留在了文中"'同一时刻'是指什么时候？"这句"泡泡话"上。"同一时刻"到底是什么时候呢？带着这个疑问，我再次走进文本。原来，"同一时刻"既是生命垂危的小钱躺在杭州某医院的病床上静静期待来自海峡彼岸的救命骨髓的时刻，又是台湾青年静静地躺在台湾花莲的慈济医院病床上，李博士在余震的危险中为他抽取骨髓的时刻。虽然两个场景跨度很大，但是它们却被"同一时刻"紧紧连在了一起，可谓是：同一时刻的不同场景，却为了实现同一梦想！一个灵感突然跃出脑海：教学切入点锁定“同一时刻”，就用它来作为教学线索，编织起教学过程的彩带吧！

原来，教学切入点的寻找并不是一件异常痛苦的事情，其关键就在于解读教材的质量上。我们解读文本要依靠教参，要依靠教材，要依靠优秀、经典的教案，更要依靠自己的心去体会、去感悟！很多教师在文本解读上太过依赖教参和教案，对教材资源往往置若罔闻。教材中的教学资源是丰富的，无论是单元导语、“泡泡话”、资料袋，还是插图或是课文本身，在文本解读的过程中，我们都不能放过。只有做个“有心人”，有效地开发，恰当地运用并挖掘这些教学资源蕴含的内容，才能触摸到那个“牵一发而动全身”的关键点，才能找准关键点并以此来教活整篇课文。

二、在教学设计中，紧扣一词

当我将《跨越海峡的生命桥》教学切入点锁定为“同一时刻”之后，在教学设计中就紧扣“同一时刻”来展开。可是在设计过程中，我又遇到了新的困惑：我该如何在“同一时刻”的主线之下，设计出有语文味的教学支点呢？从教学内容入手显然是不合适的，倘若这样上就只是突出语文教学的人文性，却忽视了语文教学的工具性，最终会成为没有语文味的语文课。怎样上才能上出语文味呢？我反复揣摩，反复思考，最后觉得只有从语言入手，从品味语言到运用语言，才能引领学生去获得感受，体验情感，并使之转化为文化。

在这一教学理念的引领下，我将教学设计浓缩为：从“同一时刻”一词引入两个不同场景；然后分别在两个不同场景的学习中抓住几处关键而精彩的词句，引导学生细细品味，品味出语言文字的精妙之处，品味出语言文字背后的含义；最后再回到“同一时刻”一词，体会在这个特殊的时间背景下，两岸人民共同架起的“生命桥”，共同谱写的爱的赞歌，从而让孩子们体会到：远远的一道海峡隔开的只是两岸的地理空间，却不能隔开两岸人民的血脉亲情。

我把“同一时刻”下的第一个场景的学习着力点放在品味“静静地”“凋零”“辗转”三个词语上，把“同一时刻”下的第二个场景的学习落脚点放在品味“静静地”“沉着”“步履匆匆”等几个词语上。让学生凭借自己已有的阅历和文化积淀，去体味、感悟这些词语，在慢慢品味词语的过程中，逐渐走进文本，感受语言文字的精妙，获得体验和感悟的方法及能力，在充分的思维中，多角度、多层面去理解、鉴赏词语，最终达到较为全面地理解课文，弄懂“生命桥”的含义，体会海峡两岸同胞的血脉亲情的效果。

这种以一词贯穿始终的教学设计无疑使教学变得清晰、流畅而高效！

三、在课堂教学中，贯穿一词

脑海里烙下了以“同一时刻”为主线的《跨越海峡的生命桥》的教学设计，怀着一份轻松与淡定走进了课堂，在课堂中贯穿“同一时刻”一词展开了教学。真没想到小小的词语发挥出了超乎想象的魅力！一节课下来，学生在词语的倾心体会下，基本达到了“加深理解和体验、有所感悟和思考、受到情感熏陶”的效果，最终实现了对课文的深情朗读。看来，“抓住一词，教活一课”的教学方法是值得深入研究和实践的。

运用“抓住一词，教活一课”，以一词引出教学设计，开口小，便于左右逢源，又便于纵向开拓。《跨越海峡的生命桥》一课的"同一时刻"一词，起到了提示课文思路的作用。我紧抓这个关键词来教，学生既理解了课文内容，理清了课文思路，又明确了课文中心，还掌握了重点词语，真是一举数得啊！

其实，可以使用"抓住一词，教活一课"教学方法的课文何止这一课啊。一个细心的教师，一定会发现，在我们教学的课文中，很多都隐藏着某些关键词语，这些词语或者揭示了文章的中心，或者概括了文章的内容，或者暗示了文章的思路，或者点明了文章的情感。只要我们用心地去感悟，从大处着眼，从细处着手，就一定能够触摸到那个带着"魂"的词语！

在《跨越海峡的生命桥》一课的教学反思过程中，我几次萌生再度走上讲台执教此课的想法。在我看来，教学反思就是对文本的再度解读，就是实践后的经验总结，对教学具有更强的可操作性的指导作用。我想：倘若我再次徜徉在《跨越海峡的生命桥》的课堂教学中，我一定会有新的感悟与发现！

万 年 牢

（人教版课标教材四年级下册）

重庆市渝中区金马小学 何灵玲

【文本解读】

意蕴丰厚的“万年牢”

今天接到任务，要上人教版小学四年级下册的一篇略读课文《万年牢》。每次接到这样的任务都叫人苦不堪言，绞尽脑汁，想办法，希望自己能“圆满”地完成任务，于是教参、教案、各类教学参考书可说齐上阵，而网络也是我形影不离的好伙伴，自己一下子则变成了“裁缝”，把别人好的教学环节、精彩的教学设计、出彩的教学语言，天衣无缝地“裁剪”、“缝补”到自己的教案之中，为此我可说是费尽周折，埋头苦干，真可谓是“一夜白了少年头”呀！但仔细想想，这真的是我想要的吗？这真的是上好研究课的必经之路吗？对于文本本身我又真正地用心读了几遍呢？尹老师曾说过：“教师要上好课，必须认认真真解读文本，老老实实理解文本，仔仔细细研读文本，教师只有尊重文本，多元地解读文本，才能更好地引导学生踏踏实实地学好语文。”

一、读出“万年牢”的意蕴

于是，我静下心来细细地品味文本本身。首先这个题目就在我心中烙下了一个大大的问号。“万年牢”是天津的方言，很有地方特色。像我们教材中的《刷子李》这篇课文，就运用了许多天津的地方方言，如：“为准”“任吗甭放”“赛升天一般美”等，读起来别有一番风味。但有的方言从字面上我们已经无从知晓它的意思了，而“万年牢”这个词，从字面上看，好像理解起来并不是那么困难，我想“万年”指的就是时间很长。而“牢”字肯定跟关牲畜的圈和囚犯没有关系，细想之下，应该指的就是在很长的时间里都不变，经久耐用吧！到底是什么东西在这么长的时间里都不发生变化呢？带着疑问，我翻开文本一字一句地细读起来，我发现“万年牢”这个词，在文中一共出现了三次。

父亲说：“我的糖葫芦糖蘸得均匀，越薄越见功夫，吃一口让人叫好，蘸出的糖葫芦不怕冷不怕热不怕潮，这叫万年牢。”

糖葫芦又叫冰糖葫芦，它是中国传统美食，是北方冬天常见的小吃。它是将野果用竹签串成串后蘸上麦芽糖稀，糖稀遇风迅速变硬，吃起来又酸又甜，冰糖葫芦老少皆宜，它具有开胃、养颜、增智、消除疲劳、清热等作用。在宋朝年间便开始了古式的做法，历史中早有记载，大清年间各地盛行，茶楼、戏院、大街小巷到处可见，因此也诞生了不少制作冰糖葫芦的民间艺人，《万年牢》中“我”的父亲就是当时天津制作糖葫芦比较有名的一位民间艺人，他做出来的糖葫芦那才叫“万年牢”，看看他做糖葫芦的过程吧！先要挑选最好的材料，这可要起得很早。糖葫芦又好吃，对身体又有好处，自然吃的人也就很多，所以卖糖葫芦的人也必然很多，如果去晚了很有可能好的材料就被别人选走了。买到材料后还要去把儿和尾，精心挑选，如果用红果来做糖葫芦，还得将红果拦腰切断，用小刀挖去果核，然后将两半合上，用削好、洗净、晾干的竹签穿好。准备材料部分可说是细致到了极点！随后在熬糖部分也是很有讲究的，必须用冰糖、铜锅，糖与水的比例要恰当，火候要恰到好处，熬制时间不够糖会粘牙齿，熬制时间太长糖会有苦味。蘸糖时，一个"滚"和一个"甩"字，看似简单，实则非常讲究，需要技巧，如果糖裹得太厚，吃下去一口咬不着果，这就比较失败。父亲做出来的糖葫芦，红亮晶莹，酸甜绵脆，一咬一流汁水，让人回味无穷。天冷了不会变硬，天热了不会化，空气潮湿也不会变质，能长时间地保持这么好的质量，这么高超的工艺，这样的糖葫芦已经在老百姓的心中长时间地、深深地扎根了，因此它被称为"万年牢"也不足为奇了！

"公平买卖走正道，顾客点头说声好，回头再来这是宝，做生意讲究实在是万年牢。"

"实在"看似简简单单的两个字，要想做到却不容易。对于许多生意人来说，赚钱是放在首位的，钱不仅能改变人们的生活，有时也能改变人的精神境界，为了达到赚钱的目的，在做生意时，可说是花样百出，想尽各种损人利己的方法以达到敛财的目的。再瞧瞧文中的父亲，可真不是做生意的料呀！亲力亲为地做所有的事情，精挑细选材料，精心制作每一串糖葫芦，毫不马虎地对待每一位顾客。浪费这么多材料，能赚到钱吗？当然不能，照理说父亲做的糖葫芦这么有名，一定有很多人买，生意也一定挺兴隆的，那肯定是财源滚滚，可看看图中父亲和"我"朴素的穿着，看看图中破旧的院落，我们不难发现，父亲和"我"的生活过得并不宽裕，并没有因卖糖葫芦而过上奢华的生活，看来父亲真的不适合做生意呀！那就给人打工吧，由于父亲手艺高超，天津南市旧日租界的一家大字号，邀请他去做糖葫芦，每月有工钱，收入稳定，不用风吹雨打、起早贪黑、走街串巷的叫卖糖葫芦，多好呀！可父亲是个死脑筋，嫌弃老板做生意掺假，辞去了工作。看来要做到"万年牢"并不是件容易的事，要放弃许多平凡人所追求的东西，但父亲却乐在其中，看看图中父亲一边做糖葫芦，一边嘴角还挂着微笑，这淡淡的微笑中，包含着面对财富的淡定，包含着良心上的宽慰……也许还包含着更多的东西，父亲的人格魅力，在孩子幼小的心中深深地扎根了，一颗诚信的种子即将萌芽。

细品两个"万年牢"我们不难发现，它们之间是有着千丝万缕的联系的，是密不可分的，正是因为父亲手艺高超，做的糖葫芦质量好，成为经久不衰的"万年牢"产品，而得到了顾客的交口称赞，来买糖葫芦的人络绎不绝，再加上父亲做生意凭良心，讲诚信，从不坑蒙顾客，很实在，赢得了生意上的"万年牢"。

父亲教导我做万年牢，就是要做个可靠的人，实实在在的人。

是呀，万年牢的产品质量赢得了生意的万年牢，万年牢的生意靠的是诚实、守信的万年牢人品。这三处"万年牢"之间有着密切的内在联系，从单纯讲产品质量，引申到做生意要讲诚信，再进一步阐述做人的道德准则，一次比一次深入，一次比一次透彻，让我们更真切地理解到父亲的教导真的使人一生受益。作者新凤霞正是牢牢记住了她父亲说的话，她一生实实在在地做人、认认真真地表演，博采姊妹剧种之长，虚心学习各种唱法，积累了丰富的演唱经验，成为国内外著名的演员，取得了令人瞩目的艺术成就，受到了大家的爱戴。后来在"文革"中身心受到了巨大的摧残，但她以惊人的毅力，迈着蹒跚的步伐，又一次向新的艺术领域开拓创新。从来没有读过书的新凤霞，开始从事文学创作，凭着脚踏实地的万年牢精神，创作出了一篇篇优秀的文学作品。除了这篇课文以外，还有我们六年级要学习一篇文章《我的舞台》，也都是新凤霞的作品。平日里，新凤霞很喜欢说的一句话是：台上做戏，台下做人。这句话是她一生很刻意而为的行为准则。要想成功，得先学会做人。新凤霞的处世之道，也影响着她的女儿——吴霜，吴霜认为母亲新凤霞是她人生中与人相处的第一楷模。新凤霞的父亲倡导的"万年牢"精神，在她的女儿、孙女……身上，一代代延续着，这种精神不仅烙印在他的子孙后代的身上，更应烙印在每一个孩子的心上，难怪我们的编者会把这样的文章选编在我们的小学语文教材之中，以此帮助更多的孩子学会做人，在成长的道路上少走弯路。

二、读出课型的特点

"万年牢"三个字在课题处就激起了我们心中的阵阵涟漪，随后在文中的三次出现，又在我们心中掀起了层层波浪。细微处固然重要，但宏观处同样不容忽视。那么从宏观处我们还能发现些什么呢？

第一，《万年牢》是人教版小学语文四年级下册二单元的一篇文章，本单元以"以诚待人"为主题，通过一篇篇生动、感人的故事，从不同角度赞美了诚实、守信的道德规范，使学生懂得诚实守信比金钱更重要，无论做什么事都要讲究认真实在。本组教材在编排上也十分有特点。一般一个单元是三篇精读课文，一篇略读课文。而这个单元安排了两篇精读课文和两篇略读课文，每一篇精读课文后都紧跟着一篇略读课文，编者为什么要用这种形式来编排本单元的课文呢？叶圣陶先生曾说过："就教学而言，精读是主体，略读只是补充；但是就效果而言，精读是准备，略读才是应用。"看看我们的单元导读："阅读本组课文，理解重点语句和段落，思考一下课文中讲述的这些故事，对我们做人处事有什么启示。"5课《中彩那天》是一篇精读课文，精读课文重在培养阅读理解能力，要对文章从内容到语言、写法有比较全面的把握，在其中习得阅读方法，培养阅读能力。孩子们通过第5课习得了理解重点语句和段落的方法，而学习《万年牢》这课，就要重点运用这些方法，让孩子们更加牢固地掌握这些方法，让我们的语文教学真正地和内容分析说"拜拜"。

第二，崔峦老师曾说过："教师在钻研文本的基础上，应引导学生沉下心来，认真读课文，与文本对话，与作者对话，尽自己之所能，尽量依靠自己的感悟、理解，把课文读懂，体会到语言的精妙，领悟到写法的特点。"如何利用手中的文本让孩子们更加牢固地掌握理解重点语句和段落的方法呢？每一篇文本中可品的句子很多，如果任由孩子们随意说，一堂课无疑会显得重心不突出，像一盘散沙，教师也会手足无措，随波逐流。文中多次出现"万年牢"，我何不抓住"万年牢"这一线索展开我的教学呢？引导孩子品读含有"万年牢"的三个句子，揭示"万年牢"三层不同的含义，进而了解三处"万年牢"之间是有着密切的内在的联系的，即：万年牢的产品质量赢得了生意的万年牢，万年牢的生意靠的是诚实、守信的"万年牢"的人品。

三、读出教学的思考

于永正老师曾说过："作为教师，我们只有真正地走进文本，挖掘出文字背后蕴藏的东西，钻研出语文的味道来，才能上出带有语文味道的课来。”我们的语文教学才能真的“万年牢”。

【教学设计】

紧扣题目，悟意悟魂

教学目标

1. 认识本课的 8 个生字。

2. 借助提示，独立阅读课文，了解故事内容。

3. 抓重点语句，理解“万年牢”的含义，体会“做人做事都要认真实在”的道理；学习作者叙述清楚而有条理的表达方式。

教学重难点

理解“万年牢”的含义，体会“做人做事都要认真实在”的道理。

教学准备

相关课件。

教学课时

1 课时。

教学过程

第一课时

一、据意解题，引入新课

1. 今天，我们要学习一篇略读课文。（齐读课题）

2. 看到“万年”这个词，你有什么感觉？（时间很长）结合预习，谁能说说“牢”可以组成哪些词语？（牢固、牢实、牢靠）

3. 什么东西能长久而牢固，不会发生变化？（如组“牢房”，教师可以提示：本课的“牢”是这个意思吗？后小结，我们要根据具体语境理解字义。）

二、检测预习，初知大意

1. 请大家汇报预习情况。（课件出示词）抽学生当小老师领读生字词，注意分清出平、翘舌音。“赚钱”的“赚”，与文中“嫌弃”的“嫌”长得很像，大家要注意区分。“掺”读翘舌音，大家可别认字认半边。

2. 课文里，还有几个多音字。在这些句子中，它们又该读什么音呢？（出示课件：A.“红果、海棠去了把儿和尾，有一点儿掉皮损伤的都要挑出来，选出上好的在阳光下晾晒。”B.“小时候，我给父亲当帮手，把炉火闷好，再把一块大理石板洗擦干净，擦上油备用。串糖葫芦的竹签，由我一根根削好、洗净、晾干，然后一捆捆放在父亲手边。”）

【导师点评：虽是略读文，教者仍然很重视基础：一是注意生字词音、形、义的正确把握；二是注意联系上下文解释词语，为后面理解“万年牢”作了较好的铺垫。此外，教学环

节的呈现也很智慧，在读好多音字的基础上，巧妙地感知“掺假”和“万年牢”的意思。】

2. 把这三个带有多音字的词读一读。红果、海棠去了把儿，炉火闷好，竹签一根根削好，做得多认真呀！这就叫不“掺假”。这样做出来的糖葫芦，父亲叫它“万年牢”。

3. 这篇课文围绕父亲做糖葫芦讲了哪几件事情？（①父亲自己经营时，做糖葫芦选最好材料，讲究制作工艺、手艺高超，保证产品质量；②父亲受雇于老板后，因不满老板偷工减料、弄虚作假、欺骗顾客的行为，辞掉了工作。）

三、抓住重点，逐层感悟

1.“万年牢”在文中出现了三次。默读课文，用波浪线画出相关句子。（出示课件：(1)父亲说：“我的糖葫芦糖蘸得均匀，越薄越见功夫，吃一口让人叫好，蘸出的糖葫芦不怕冷不怕热不怕潮，这叫万年牢。”(2)“公平买卖走正道，顾客点头说声好，回头再来这是宝，做生意讲实在是万年牢。”(3)“父亲教导我做万年牢，就是要做可靠的人，实实在在的人。无论做什么事都要讲究认真，讲究实在。”

【导师点评：教者在解读文本时，颇下了一番工夫。在这部分的教学流程中，教者紧扣“万年牢”这个中心词，结合三个重点句子，引导学生由表及里、由易到难、由浅入深地感悟、理解、体会“万年牢”的真正内涵和精髓，那就是“做人做事都要认真实在”。】

2. 默读句子，想想这三处句子中“万年牢”的意思一样吗。（不一样）它们分别指什么？

3. 体会第一个“万年牢”。

(1)第一个“万年牢”指的是什么？（不怕冷、不怕热、不怕潮的糖葫芦）（板书：糖葫芦）

(2)我们平时所见的糖葫芦，天气太冷了会……（变得很硬），天气太热了又会……（融化），如果空气潮湿还会……（变得很黏稠，甚至会发霉、变质）。父亲做的糖葫芦，却……（不怕冷、不怕热、不怕潮），一直保持不变。这样的糖葫芦，真是名副其实的“万年牢”。

(3)那么，这“万年牢”父亲是怎样做出来的呢？联系上文看看。请默读第2～4自然段，用①②③的序号，把父亲制作糖葫芦的主要步骤标出来。

(4)第一步是……（选材精细）（精挑细选），从中体会父亲做的东西……（实在）；第二步是……（准备充分）（精心准备），从中体会父亲做事……（认真）；第三步是……（技艺精湛）（精心制作），从中体会父亲做事……（一丝不苟）

(5)这句话仅仅是在赞糖葫芦吗？它分明是在赞扬……（父亲做事认真实在）再深情地读这句话，赞赞父亲的品格。

4. 体会第二个“万年牢”。

(1)联系第5、6自然段，结合具体事情，说说你们是怎样理解第二个“万年牢”的。（做生意实在，不掺假，这就是“万年牢”。）（板书：做生意）

(3)这样做生意，结果会怎么样？（父亲凭良心做生意不掺假，赢得了许多回头客。不仅今天生意兴隆，以后也会长长久久地兴隆下去。）

(4)这仅仅是在讲做生意怎样才是“万年牢”吗？（分明在讲父亲做人认真实在。）学着父亲的样子，再语重心长地读读这句话。

5. 体会第三个“万年牢”。

第三句话中的“万年牢”指的是什么？（父亲教育我做个可靠、实在的人）（板书：认真、实在）

6. 理解三个“万年牢”之间的联系。

（1）第一个“万年牢”指……（做糖葫芦的万年牢）；第二个“万年牢”指的是……（做生意的万年牢）；第三个“万年牢”指……（做人的万年牢）

（2）它们之间有什么联系？（因为父亲的糖葫芦做得好，所以他的生意兴旺；又因为他做生意不掺假，走正道，所以体现了父亲的人品好。反过来，我们也可以这样看它们的关系：因为父亲的人品好，所以才会做出这么好吃的糖葫芦，赢得这么多回头客，生意才会兴旺。）

四、了解生平，联系实际

1. 作者新凤霞牢记父亲的话，努力做“万年牢”的人。从没读过书的她，从事文学创作，凭着脚踏实地的“万年牢”精神，创作出了一篇篇优秀的文学作品。此外，六年级我们将要学的课文《我的舞台》，也是新凤霞的作品。她一生实实在在地做人，认认真真地演戏，成为国内外著名的演员，受到了大家的真心爱戴。

2. 再读读这句话。（课件出示：无论做什么事都要讲究认真，讲究实在。）请结合生活实际，说说自己该如何做到“万年牢”。

五、摘抄句子，内化认识

是啊，让我们牢牢记住：无论做什么事都要讲究认真，讲究实在。这不仅是新凤霞的座右铭，也是我们的座右铭。请把这句话写在本子上，好好地记一记。

【导师点评：略读文的教学，不能仅仅只是读一读、说一说就完了，也应该重视积累。如本处摘抄、积累的不仅仅是这个句子。它指导学生积累的，是人生的智慧，更是人类美好的情感。长期耳濡目染，无疑能提高学生的修养。因此，在略读文的教学中，同样需要重视有效的积累。】

附：板书

糖葫芦

6 * 万年牢　做生意　认真守信　一生受益

做　人

【课后反思】

教学，也需要“万年牢”

《万年牢》是一篇略读课文，一提到略读课文，我们教者会不由得形成一种思维模式，必先从自读提示入手，围绕自读提示中提出的要求，带领孩子们一边读，一边解决所提出的问题。自读提示固然重要，但我们在使用它时，应更加智慧一些，要有所舍，才会有所得。《万年牢》这一课的自读提示指出：“默读课文，想想课文围绕父亲做糖葫芦讲了哪几件事，从哪些地方可以看出父亲做事认真、实在。联系生活实际，和同学交流读后的体会。”从许多方面都可以看出父亲做事认真、实在，如果遵循自读提示进行教学，那么整堂课会显得十分的散乱，看似热闹非凡，孩子们都在七嘴八舌地说，实则孩子们的体会不深，有的甚至会茫然不知所措，面对这样的自读提示，我对它进行了二次加工，化整为零，把口子开小一点儿，把楼梯放低一点儿，大胆地进行了取舍。我先从题目入手，让孩子们初步感知“万年牢”三个字的字面意思，从而激发孩子的学习兴趣。随后在教学中我重点落实三个“练、炼、链”。

一、提“炼”内容

特级教师余映潮说过：“提炼是一种具体的科学的操作方法，它要求我们有识别的眼光，有划分归类的标准。”要轻其所轻，重其所重，提炼出的内容一定是孩子们需要弄懂的，有必要弄懂的。重庆人说普通话最大的难点就在于平翘舌不分、前后鼻韵弄不清，于是从一年级开始，我们的执教者就十分关注这个部分，所以到了四年级，平翘舌不再是孩子们学习生字的难点，因此也不是我本堂课识字部分要关注的重点，对于这一块儿要轻过。低段的识字重在记住这个字的音形义，而中段识字则更多的是为学文服务了，因而我把识字教学与课文内容相结合，选取了“把、闷、削”这三个多音字和“掺假”这个学生不太好理解，但又与课文内容息息相关的一个词。在孩子们读好这三个多音字所在的句子以后，我顺势指出：“红果、海棠去了把儿，炉火闷好，竹签一根根削好，做得多认真呀！这就叫不‘掺假’。这样做出来的糖葫芦，父亲叫它‘万年牢’”。联系上下文理解了“掺假”的含义，在读好多音字的基础上，巧妙地感知了“掺假”和“万年牢”的意思。随后我根据本单元的要求，把理解关键词语和段落作为重点，即理解含有三个“万年牢”的句子。

二、训“练”方法

单元导读中明确提出：“阅读本组课文，理解重点语句和段落。”体会句子含义，一直是我们试卷中常常出现的题，孩子们对于这样的题往往束手无策，失分较多，于是乎许多教师打开自己的“百宝箱”翻出一套又一套的习题，让孩子们机械地练习，孩子做得累，教师批改得辛苦。其实在我们的教材中，一篇篇的课文就是一套套优质的“练习题”，作为教师，我们应该利用手中现成的资源，帮助孩子们克服阅读中的难点。于是我围绕单元重点，首先让孩子们勾出三个含有“万年牢”的重点句，并认真地读，初步感受三个“万年牢”的含义是不一样的。接着结合课文的 2、3、4 自然段体会第一个“万年牢”的意思，父亲对制作糖葫芦的材料精挑细选，做工又十分讲究，做出来的糖葫芦品质好，让人很放心，从而突出父亲做事认真实在。最后读出对糖葫芦的称赞之情，以及对父亲人品的赞扬之情。其实在讲第一个“万年牢”时，我就在潜移默化中渗透体会重点句子含义的方法，即：一读，读句子本身。二读，结合上下文读。三读，读出对糖葫芦和父亲的赞美。随后指导孩子们运用这样的方法理解第二个、第三个“万年牢”的含义，有了前面的铺垫，对于后面两个“万年牢”的理解可说是水到渠成，孩子们很快知道了第二个“万年牢”指的是做生意要讲究诚信，第三个“万年牢”则指的是父亲教育我，要做个可靠、实在的人。在课文的学习中落实了本单元的练习重点，让孩子们在学中练，练中学，我想通过这样长期坚持不懈的练习，体会重点语句的含义，不再是孩子们学习道路上的绊脚石了。

三、“链”接中心

孩子们在熟读课文的基础上，理解了三个“万年牢”的含义，但他们对于三个“万年牢”之间的联系，还不是很清楚，于是我带领孩子们体会三个“万年牢”之间是有着密切联系的，万年牢的产品质量赢得了生意的万年牢，万年牢的生意靠的是诚实、守信的万年牢的人品。我把三个“万年牢”之间的关系有机地“链”接起来，孩子们一下子豁然开朗，文章的“魂”便凸显出来了。但我并没有因此而打住，我通过上网查找资料，向孩子们简单介绍了新凤霞的生平，目的在于突出新凤霞牢牢记住了父亲的教诲，一生都在努力做“万年牢”的人。把课文内容与课外知识有机地“链”接起来，使孩子们对“万年牢”一词有了更深刻的认识。接着我又把触角延伸到了孩子们的生活中，让孩子们“结合生活实际，说说自己该如何做到‘万年牢’。”在孩子们畅所欲言中，课文的中心得到了升华，“万年牢”这个词也在孩子们的心中深深地扎根了。

是呀，如果我们的教师在我们的教学中，多一点儿“万年牢”的精神，会使我们的孩子们一生受益。

生命 生命

（人教版课标教材四年级下册）

重庆市渝中区解放小学 何剑伟

【文本解读】

与文本对话，与生命共舞

春天是一个充满生命与活力的季节，一股股生命的力量在世间跃动，小草“春风吹又生”的顽强生命力，花儿在凋谢的最后一刻，尽力舒展，争奇斗艳的生命勇气，尤其是在这美好的季节，像安静一样的人用心灵感受春天，享受生命。当我又一次拿起语文书，静静地读着《生命 生命》，感动、折服、震撼，还有更多的是对生命与人生的思考。我不由自主地一遍遍地读啊，想啊，顿时笔尖流泻下一时的感受。

一、解读作者

“一粒貌不惊人的种子，往往隐藏着一个花季的灿烂；一条丑陋的毛虫，可能蜕变为一只色彩斑斓的彩蝶。因为，生命本身就是一桩奇迹。”这是台湾著名女作家杏林子对生命的感悟。

杏林子，本名刘侠，出生在陕西省扶风市杏林镇，为了纪念她的出生地，她取笔名杏林子。她幼年随军人身份的父亲走遍祖国大江南北，1949年迁至台湾省。12岁时，杏林子不幸患上类风湿性关节炎，这是一种自体免疫系统不全而引发的慢性疾病，完全无药可治，患者等于被宣判了漫长的死刑，在死亡之前是无尽的疼痛、更疼痛和更加疼痛的“凌迟”。随着病情的加重，她的全身关节大部分遭到损坏，致使腿不能行，肩不能举，手不能抬，头不能转。

小学毕业后便因病辍学的杏林子，数十年来坚持自修，成为台湾文坛上的著名作家，被誉为“台湾最具影响力的作家”，曾当选为第八届“台湾十大杰出女青年”。她组织成立了“伊甸残障福利基金会”，致力于推动残障福利工作。杏林子一生积极开朗，淡泊名利，富有爱心。她在生前早已提出死后要捐出躯体的心愿。因此，在她离世后，家属经商议决定遵照她生前的遗愿，把躯体捐献给医院，供“类风湿性关节炎”教学研究。

她曾这样说：那时候活不下去的原因是不知道病何时会好，生命有什么意义、有什么价值。但我有了信仰以后，便对生命有一个新的诠释：就是每一个生命，不管是老弱伤残或贫富贵贱，都是珍贵的！每一个生命都有特定的价值。

杏林子在作品中处处流露对人、对社会的关爱之情，讴歌天地间种种的美，抒发她对生命的欣赏与喜悦，她以过人的毅力和爱心，在繁杂晦暗的社会中透出温暖的亮光。她的作品《生命　生命》显示出她对生命独特的理解，对生命的那份尊重与热爱。

正如她所言“除了爱，我一无所有。”读完《生命 生命》一文，令人怦然一震。

二、解读编者

生命的真谛是什么？生命的意义何在？这是人类思考的永恒主题。

“尊重、平等、关爱”“激励、唤醒、鼓舞”本就是对生命应作出的反应。

没有生命何以谈其他？教育的第一目标便是生命。

肖川说：“生命教育的宗旨：激发生命的潜能，提升生命的品质，捍卫生命的尊严，实现生命的价值。”

认识生命、珍惜生命、尊重生命、热爱生命，帮助学生完善人格，健康成长。开展生命教育是社会环境和青少年自身发展变化的迫切要求。越来越多的人关注生命教育，生命教育也被提到了前所未有的高度。

为此，教育部制定了《中小学生命教育指导纲要》(征求意见稿)，整体规划中小学生命教育序列，形成学校、家庭、社会资源共享的生命教育体系，引导和帮助学生认识和感悟生命价值，热爱自己的生命，进而尊重、关怀、欣赏他人生命，树立积极的人生观。

而杏林子的《生命 生命》便是人教版四年级下册第五单元以“生命”为主题的其中一篇教材。借本组教材中一篇篇美文为例，引导学生通过读书感受生命的美好，激发对生命的思考，从而更加珍惜生命、热爱生命。还要学习体会课文中含义深刻词句的意思，发现并总结体会句子含义的方法，培养理解语言的能力，并引导学生不断积累语言，增强语感。

前面的《触摸春天》告诉我们：谁都有热爱生活的权利，谁都可以创造一个属于自己的缤纷世界。《永生的眼睛》启示我们：以自己的爱心给他人带来幸福，生命才更有意义。后面的《花的勇气》激励我们：在人生道路上，阴风冷雨并不可怕，要以无所畏惧的勇气面对一切艰难险阻。杏林子的《生命 生命》则是从飞蛾求生、砖缝中长出瓜苗、倾听心跳几件事中教育我们：要珍惜生命，让有限的生命体现出无限的价值。

三、解读学生

四年级的学生年龄尚小，在理解课文的思想内容上有一定难度，对生命的意义缺乏深刻的理解。因此本组课文是通过一个个形象、具体的人物和事例来体现生命意义和价值的。

多元文化带来的一些消极因素，如享乐主义、拜金主义等，使部分青少年道德观念模糊，自律能力、自理能力下降。另外，青少年生理成熟期明显提前，容易产生生理、心理和道德发展不平衡现象。

学生是教育的主体，但是他们同样也是生命的个体，需要我们真诚而用心对待。他们比花花草草更需要我们的悉心照料，比小猫小狗更需要我们的关注与珍爱。用我们真诚的对待去交换他们灿烂的笑容，双赢的事，何乐而不为？

教师，作为教育的主导者，作为课堂主宰，更需要有人性化的眼光与操作方式。

文章可以结束，但生命的长河是永无止境的。冰心老人说：“宇宙是一个大的生命，江流入海，落叶归根，我们是宇宙中的一息，我们是大生命中的一分子。不是每一道江流都能流入大海，不是每一粒种子都能成熟发芽，生命中不是永远快乐，也不是永远痛苦，快乐与痛苦是相辅相成的，在快乐中，我们要感谢生命；在痛苦中，我们也要感谢生命，因为快乐、兴奋、痛苦又何尝不是美丽呢？”冰心老人的话揭示了生命的意义和真谛，愿每一位同学都珍爱生命，珍惜时间，让人生更有意义。

四、解读文本

《生命 生命》，台湾已故女作家杏林子的代表作，一篇四百多字的小文。初读，疏淡素洁；再读，意韵绵长。细微之处见精神，点滴之中写生命。

解读《生命 生命》一文，留给我三个“惊叹”。

一叹其人——“天使走过人间”

“当天使走过人间，消失了，蓦然回首，我们才知道她曾经来过，一点一点地把善良、勇气与爱的种子播在我们的心上。”——凤凰卫视《天使走过人间》

杏林子 12 岁患上了类风湿性关节炎，全身 90％以上的关节坏死。从 12 岁患病到 61 岁去世，整整 50 年的时间里，疼痛、剧痛、狂痛伴随着她。她腿不能走，腰不能动，手不能抬，头不能转。她只能保持着一种姿势，在轮椅上整整坐了 50 年……

就是这个身体已经瘫痪了 90％的杏林子，却让生命怒放如夏花般绚烂：40 多本著作，“台湾最具影响力的作家”、“台湾十大杰出女青年”……

无法言喻的伤残，无法言喻的豁达与坚毅，无法置信的成就，这三者，如何能划上等号？大大的惊叹和疑问交织萦绕！

二叹其文——“苦痛又何尝不美丽”

“生命中不是永远快乐，也不是永远痛苦。在快乐中固然兴奋，苦痛又何尝不美丽？”——冰心

细读《生命 生命》一文，杏林子以女性特有的细腻，以“飞蛾求生”“瓜苗生长”“静听心跳”三个事例，验证了自己对待生命的态度。

“只要我的手指稍一用力，它就不能动弹了。但它挣扎着，极力鼓动双翅，我感到一股生命的力量在我手中跃动，那样强烈！那样鲜明！”“手指稍一用力，不能动弹”，从这我们可以读出生命是如此的脆弱，不费吹灰之力就能让飞蛾失去生命，面临的是不能动弹。“挣扎”着努力逃脱，不顾一切地震动自己的翅膀，为的是“我”能从手中飞走，为的是能获得一次重生。这哪里是飞蛾双翅的震动，这是生命的律动；这哪里是飞蛾在挣扎，这是生命的力量在跃动。正是那样强烈、鲜明的求生欲望让我为之震惊，震惊的是生命的力量，震惊的是飞蛾对生命的珍惜！“飞蛾求生”的故事让我们读懂的是生命的力量！

“竟使它可以冲破坚硬的外壳，在没有阳光、没有泥土的砖缝中，不屈向上，茁壮生长，即使它仅仅存活了几天。”“竟”字写出了作者的出乎意料，不敢相信生命如此顽强，竟然在砖缝中也能生长，而且是“没有阳光、没有泥土”的砖缝，环境恶劣，以至于难以生存，不能孕育生命，但小小的种子却不是这样。杏林子的生活环境，坎坷历程不就是像这瓜苗所处的境地吗？瓜苗的生命虽然只有几天，但“不屈向上”，那是茂盛，那是顽强，那是

力量，一股生命的力量。但"茁壮生长"，那是生命的过程，哪怕只能生长几天也罢。"瓜苗生长"的故事让我读出的是生命的顽强！

读到作者倾听到"那一声声沉稳而有规律的跳动"的时候，不再是一种自然的生命状态的特征，那是生命的律动，生命的呼唤。我该如何面对，如何使用它？文中是这样说的，"我可以好好地使用它，也可以白白地糟蹋它。"显然，这是两种对生命的态度，"使用"是用有限的生命作出无限的价值，"糟蹋"是随波逐流，碌碌无为，虚度年华罢了。杏林子选择了前者的生活态度，用积极的人生观来珍惜生命。"好好地"，这是珍惜，把生命历程中的苦难当作一笔财富，在逆境中求生存，哪怕是生命仅有几个小时，也要让它有光彩，有力量。"白白地"，这是惧怕、退缩、虚度，让时间在任何一个地方流逝，糟蹋时间，浪费生命，一生无所为。生命的意义在于你对生命的态度，生命的态度在于你是否对自己负责而已！

"虽然生命短暂，但是，我们却可以让有限的生命体现出无限的价值。"因为有限，所以生命是短暂的，毕竟人不可能长生不老。而就是这短暂的生命却有着不同的意义，或白白流失，黯淡无光；或好好珍惜，光彩有力。

"于是，我下定决心，一定要珍惜生命，决不让它白白流失，使自己活得更加光彩有力。""决"与"绝"的意义是迥然不同的，前者是下定决心，是坚决，是对积极乐观的生命态度充满信心，并不是单纯意义上的不让它白白流失。读着这些文字，不禁让我想起史铁生和他母亲的"好好儿活"，盲童安静姑娘用心灵享受春天，感受生命的美好，张海迪的感人故事……雷锋，叶欣，谭千秋，一个个热爱生命的光辉形象立刻浮现在我们的眼前。或善待生命，或尊重生命，或敬畏生命，在生命历程中写出了不一样的生命意义。他们在用行动诠释着"让有限的生命体现出无限的价值"的真正内涵。人生是否光彩有力，看的是生命的意义。其实每个人都拥有生命的权利，每个人都可以创造属于自己的世界。

三叹其情——"生命本身就是一桩奇迹"

"一粒貌不惊人的种子，往往隐藏着一个花季的灿烂；一条丑陋的毛虫，可能蜕变为一只色彩斑斓的蝴蝶。因为，生命本身就是一桩奇迹。"——杏林子

杏林子到底要告诉我们关于生命的什么呢？《生命　生命》，究竟要诉求什么？唤醒什么？

《生命 生命》一文，采用了三事一文的横式结构：讴歌飞蛾求生的顽强，惊叹瓜苗绝处求生的不屈，体认生命的自我责任。这样的结构，仅仅是简单的排列吗？继续品读，发现文字之中，暗藏玄机。飞蛾—瓜苗—心跳。虫—草—己。

第一件事：求生的飞蛾，挣扎着，极力鼓动双翅，我感到一股生命的力量在我手中跃动，那样强烈！那样鲜明！飞蛾拼命挣扎的目的只有一个，那就是即使生命面临绝境，我们也要努力活下去，或许有绝处逢生之时。这正是飞蛾给我们的启示。

第二件事：小小的种子，生存的环境是那样恶劣。身处于没有阳光，也没有泥土的砖缝里的种子不仅没有自暴自弃，而且勇敢地冲破坚硬的外壳，虽然生命可能只有短短的几天，但仍然要不屈向上地活下去。这又是另一种生存境界。

第三件事:活下去的目的是什么?生命只有两个选项:好好地使用它,或者是白白地糟蹋它。静听心跳,那一声声沉稳而有规律的心跳告诉我们:一定要珍惜生命,决不让他白白流失,不仅要活下去,而且要有价值地活下去,活出属于自己的精彩。作者的写作意图跃然纸上。

三个事例,三种不同的生存高度。作者的思考是逐步深入的:努力活下去—不屈向上地活下去—有价值地活下去。"这正是对美丽生命的最好诠释。

我们可以推想,也许,就是这样一次发现,或者说这样一些发现,让作者坦然地认可了命运交付给她的一切苦痛——"全身关节大部分遭到损坏,致使她腿不能行,肩不能举,手不能抬,头不能转",在几乎无法执笔的情况下,她在膝盖上架上小木板,用两个手指夹着笔写作,她硬是凭着坚强的毅力在病中写了四十多个剧本和许多散文……"

所以,她的生命,成为一个奇迹。

读到这里,想到这些,我才明白——原来,生命可以直白,只要它足够强大;原来,生命可以直抒胸臆,只要我们且行且珍惜。

想好好地做一名语文教师,尽管很多美妙的生命时光都在不经意中流逝了,依然希望自己的教育生命也能光彩有力!

【教学设计】

倾听生命的"思考"

教学目标

1. 认识5个生字,会写8个字。

2. 正确、流利、有感情地朗读课文,背诵课文,积累好词佳句。

3. 在理解内容的基础上,体会含义深刻的句子,揣摩其中蕴含的意思,感悟作者对生命的思考,知道生命是可贵的,值得珍惜;生命是顽强的,值得敬畏;生命是有价值的,能够创造永恒。

教学难重点

在理解内容的基础上,体会含义深刻的句子,揣摩其中蕴含的意思,感悟作者对生命的思考,懂得珍爱生命,尊重生命,善待生命,让有限的生命体现出无限的价值。

教学准备

1. 搜集介绍台湾作家杏林子生平事迹的资料。

2. 准备投影仪,多媒体课件。

教学课时

1课时。

教学过程

一、展示图片，感知“生命”

1. 同学们，你们认为人最宝贵的是什么呢？请看看这组照片（出示反映生命的图片）。是啊，生命是多么美好！有阳光，有鲜花，有微笑……生命是多么的艰难，有坎坷，有挫折，有痛苦……

【导师点评：开课，展示有关生命话题的图片，唤起学生对单元主题的回应，以激发学生学习本文的强烈愿望。】

2. 今天，让我们走进台湾女作家杏林子用生命谱写的短文《生命　生命》。请读课题。

二、关注题目，初识“特别”

1. 你们发现这篇课文的题目有什么“特别”的地方吗？（“生命”这个词出现了两次。）

2. 过去，我们学的课文，题目大多是一个词或一个短语，本文的题目却是两个相同的词语反复使用（“生命 生命”），它们之间没有标点符号。这样的题目，你会读吗？可读出停顿；可读出两个词声音高低、轻重、缓急的变化……（生齐读）

三、通读课文，感知大意

1. 自读课文，抽认生字词，辨析形近字：扰—拢、屈—倔、诊—珍、踢—踏、限—狠；解释词语：骚扰、震撼；听写。

【导师点评：阅读教学，仍须重视生字词教学，须重视概括能力的培养。因为，这些基础知识，都是学生语文素养所必备的“童子功”。】

2. 这篇短文写了哪三个小事例？谁能用最简洁的语言概括？（板书：飞蛾求生、瓜苗生长、静听心跳）

四、自主批读，初步感受

这三个事例分别写了作者对生命的哪些思考？请任选一个事例，抓住重点词句自主感悟，自主批读。

【导师点评：这问题的设置，既有利于学生对全文的整体把握，又避免了琐碎提问，给学生的自主感悟和批读，留下了更大的空间。】

五、品读赏析，感悟思考

（一）研读“飞蛾求生”——感受生命的可贵

1. 作者对飞蛾先是怎样的态度？（讨厌）所以，捉住它时，“只要我的手指稍一用力，它就不能动弹了。”从“稍”字中，你们体会到什么？（飞蛾的生命非常脆弱，不堪一击，只要轻轻一捏，它就会死。）

2. 后来，作者的态度是……（震惊）因为……（飞蛾那强烈的求生欲望令我震惊，我忍不住放了它！）

3. 飞蛾这令人“震惊的求生欲”，让作者对它的态度由讨厌转变到释放。那么，它强烈的求生欲表现在……（课件出示句子：“但它挣扎着，极力鼓动双翅，我感到一股生命的力量在我手中跃动,那样强烈!那样鲜明!")

4. 对这含义深刻的句子,你们是怎样抓住关键词批读的?请汇报交流。

(1)"挣扎"的意思是……(用力支撑)小飞蛾是怎样"挣扎"的?(极力鼓动双翅)透过这个词,你们读出了什么?(在生命面临着严重威胁时,小飞蛾竭尽全力地抗争。无论怎样危险,无论能否逃生,它都没有放弃求生的努力。)

(2)作者从中感受到……(一股生命的力量在我手中跃动,那样强烈!那样鲜明!)由此,你们体会到什么?(凡是生物,都有强烈的求生欲望,都极其珍视自己的生命。)是啊,生命是多么的可贵!飞蛾想尽一切办法求生,那强烈的求生欲望让杏林子深深地感到自己手中捏的不是一只小小的飞蛾,而是一个可贵的——(生齐)生命。

5. 杏林子真切地感受到了——原来生命就是飞蛾挣扎的身影,生命就是飞蛾极力——(生齐)鼓动的翅膀;生命更是飞蛾——(生齐)强烈的求生欲望!

6. 作者震惊了!我们也震惊了!让我们再读读这句话。从这个事例中,我们感受到作者对生命的思考:就是无论生命多么渺小,多么脆弱,它都是可贵的,都是值得我们珍惜的。

7. 现在,我们明白了课题中"生命 生命"的反复运用,就因为……(小飞蛾那强烈的求生欲令人震惊)请学生再读课题。

【导师点评:如何指导学生联系上下文和生活实际,理解含义深刻的句子,这是阅读教学的难点。长期以来,我们对这个问题很重视却不得法,遇到难句理解,多以一个大问题:"请说出句子的理解",让学生体会。对此,学生要么不知所措,要么囫囵吞枣,致使他们理解句子含义的能力长期在低谷徘徊。为了培养学生理解句子含义的能力,教者抓住"挣扎"、两个"竟",以及"有限""无限"等关键词,引导学生顺着意脉,"走一步再走一步",由浅入深、由易到难,反复品读,直抵飞蛾的挣扎,感受它强烈的求生欲;直抵瓜苗的不屈,感悟它顽强的生命;直抵作者的内心,感悟她生命的价值。这样循序渐进地点拨引导,让学生在理解句子含义的同时,习得体会句子含义的方法,提升学生对生命的认识。对阅读教学的重难点,教师就应该这样当教则教,当点则点,义不容辞。长此以往,学生的理解、体会能力自然会得到提高。】

(二)研读"瓜苗生长"——感受生命的顽强

1. 第一个事例让作者思考到生命的可贵,那么,第二个事例又让她思考到什么呢?(课件出示句子:"过了几天,竟然冒出了一截小瓜苗。那小小的种子里,包含着一种多么强的生命力啊!竟使它可以冲破坚硬的外壳,在没有阳光、没有泥土的砖缝中,不屈向上,茁壮生长,即使它仅仅只活了几天。")

2. 自读句子,看看这段话连用了几个"竟"字?说明了什么?(出乎意料,不可思议……)作者丝毫没想到的是……(小瓜苗竟然在没有阳光、没有泥土的砖缝中,不屈向上,茁壮生长……)

3. 按常理,植物生长需要哪些条件?(阳光、泥土、空气、水)而小瓜苗在如此恶劣的条件下,竟然……(冲破坚硬的外壳,冒出了一截,并不屈向上,茁壮生长)读到这里,你们

想到了什么？（小瓜苗顽强的生命力）

4. 这时，作者又思考到什么？（生命的顽强）是啊，这时作者对小瓜苗顽强的生命力肃然起敬。让我们带着深深的敬意好好地读一读这段话。

5. 学到这里，我们明白了课题中“生命 生命”的反复运用，就是因为……（那小小的瓜苗包含着顽强的生命力）请学生再读课题。

（三）研读“静听心跳”——感受生命的沉稳

1. 作者由小飞蛾强烈的求生欲，想到生命的可贵；由小瓜苗不屈地生长，想到生命的顽强；那么，作为万物之灵的人类，我们又该怎样对待自己的生命呢？请看第三个事例，作者是怎样倾听心跳的？

2. 这一声声沉稳而有规律的心脏律动给了作者极大的震撼，它让作者想到了什么？（课件出示句子：“我可以好好地使用它，也可以白白地糟蹋它。”）

（1）“糟蹋”是什么意思？（浪费）

（2）在这句话中，作者运用了什么手法来写静听心跳后产生的生命意识？（对比）是啊，作者用“可以……也可以……”强调了两种不同的人生态度，前者是……（负责的态度），后者是……（不负责的态度）

（3）通过倾听沉稳的心跳，作者思考到……（一个人的生命只属于自己，我们必须对自己负责，好好地使用生命，让人生更有意义。）

（4）让我们一起来看看作者——杏林子是怎样对自己的生命负责的？（课件出示作者的资料：杏林子：本名刘侠，自 12 岁起，患类风湿关节炎，全身关节大部分遭到损坏，致使她腿不能行，肩不能举，手不能抬，头不能转。小学毕业后便因病辍学。）作者承受着病痛的折磨，这种折磨是常人难以想象的。残疾的生命对她来讲，活着是一种负担，不如死去。但是，当作者发现小飞蛾强烈的求生欲望时；当她看到一颗小瓜苗在没有阳光、泥土的砖缝中茁壮生长时；当她亲耳听到自己沉稳而有规律的心跳声时，作者深深地思考到……（课件出示句子：我可以好好地使用它，也可以白白糟蹋它。一切全由自己决定，我必须对自己负责。）

3. 读到这里，我们知道了课题中“生命 生命”的反复运用，就是反映了作者对生命的……（强烈责任感）请学生再读课题。

（四）研读“作者内心”——感受生命的价值

1. 杏林子是如何用自己的行动，实现生命的价值，让原本残疾的生命活得光彩有力的呢？请学生齐读最后一自然段。（课件出示句子：“让有限的生命体现出无限的价值。”）

（1）这句话中的一组反义词是什么？（有限——无限）联系课文内容和生活实际，想一想这句中的“有限”和“无限”分别指什么。（“有限”指肉体的生命是短暂；“无限”指精神生命、文化生命等能穿越时空，成为永恒。）

（2）在历史长河中，我们的生命是短暂的，是有限的。但是我们却可以通过不懈的努力，创造出无限的生命价值，使我们的生命穿越时空，成为永恒。那么，杏林子是如何让自己“有限的生命体现出无限的价值”的呢？让我们再次走进她的生命历程去看一看吧！

课件再次出示补充材料：杏林子小学毕业后因病辍学在家，未接受正式教育。数十年来坚持自修，成为台湾文坛上的著名作家。残而不废的她，凭着坚强的毅力，笔耕不辍，著有四十多本著名的散文、小说、传记、剧本，被誉为“台湾最具有影响力的作家”。

1977年以笔名杏林子出版第一部作品《生之歌》。

1980年获第八届“台湾十大杰出女青年”金凤奖。同年《生之歌》获基督教文艺奖。

1982年12月1日组织成立伊甸残障福利基金会并担任董事长。同年《另一种爱情》一书获台湾地区文艺奖散文类奖。

1984年获吴三连基金会社会服务奖。

1990年担任台湾残障联盟第一届理事长。

1997年获静宜大学荣誉博士学位。

【导师点评：将作者非同寻常的人生经历，放在学生对生命有了较深刻认识之后，有利于促进他们在读懂文本的基础上，读懂作者对生命的思考，读懂作者的写作目的，读懂作者生命的价值。】

2. 了解到杏林子短暂人生中不平凡的生命历程，我们深深地感到……（杏林子多么珍惜自己的生命啊！她没有让自己的生命白白流失，她活得光彩有力。）今天，我们读的这篇课文，就是她光彩有力的生命的再现。

3. 学到这里，我们知道作者对生命的深度思考，就是要让生命……（活得有价值。）由此可见，课题中“生命 生命”的反复运用，它反映了作者对……（生命价值的追求，她希望自己能活得光彩有力。）请学生再读课题。

六、总结全文，升华“思考”

1. 读完了这篇课文，请联系课文内容说一说生命是什么。（生命，是飞蛾极力挣扎的身影；生命，是砖缝中不屈向上的小瓜苗；生命，是心脏那一声声沉稳而有规律的跳动；生命，是杏林子留给我们的一本本沉甸甸的著作……）请联系生活说一说生命是什么。（生命，是探险者勇往直前的身影；生命，是蓝天上展翅翱翔的雄鹰；生命，是被人们踩踏后又直起身的小草；生命，是海伦·凯勒在黑暗中用心灵书写的一本本书……）

【导师点评：学生是否读懂了这篇蕴含深刻哲理的短文，此处，联系学过的课文内容和生活实际说一说“生命是什么”的讨论与交流，无疑是最精彩的检测。因为，它不仅展示了学生语言的成长，更展示了学生精神的成长。】

2. 学到这里，我们再结合板书，联系课题，深入地想一想，课题中“生命 生命”的反复运用，它强调了作者对生命的哪些思考……（生命是可贵的，值得珍惜；生命是顽强的，值得敬畏；生命是沉稳的，值得负责；生命是有价值的，能创造永恒。）请学生再读课题。

3. 是呀，生命是珍贵的，我们要好好地使用它，千万不要白白地糟蹋它；生命是短暂的，我们要“让有限的生命体现出无限的价值”。同学们，请把杏林子对生命感悟的句子摘抄在笔记本上，作为自己的座右铭，激励自己去创造生命的辉煌；再联系生活写出自己对生命的认识。

附:板书

19. 生命 生命
飞蛾求生挣扎　可贵
瓜苗生长不屈　顽强
静听心跳沉稳　负责
有限的生命　无限的价值

【课后反思】

由生命的思考引起教学的思考

《生命 生命》是一篇短小精湛、饱含哲理的散文。面对"什么是生命?""如何对待生命?"这些宏大的主题,对四年级学生来说,理解体会的确有一定的难度。因为,这篇课文过去曾是七年级学生学的。如今下放到小学,让四年级学生学,其难度可想而知。

如何降低难度?如何让学生通过对文本的学习体会,习得体会句子含义的基本方法,初步感悟生命的价值呢?在教学时,我没有以旁观者的态度从客观上去解说什么是生命;更没有以一个演讲者的身份,慷慨激昂地给学生灌输人生的哲理,而是紧扣题目,引领学生在三个典型事例中穿行,在含义深刻的关键词句中沉潜,在作者身残志坚、非同寻常的生平中流连,深入浅出地感悟作者对生命的思考。

一、琢磨词语,感悟"思考"

词语、句子的理解是阅读的基础,也是小学阶段阅读教学的基本任务。在本节课的阅读教学中,我注重结合单元的训练重点,有所侧重地抓住含义深刻的词语,能够承载语言文字训练的句子进行理解、感悟,从而走进作者内心,感受杏林子对生命的思考。

教学中让学生在读的过程中画一画,写一写,抓住重点词,结合语言环境,理解其意思,引导学生悟情,让学生走进作者的内心深处,与文本对话。

在飞蛾求生这个事例中,我引导学生紧紧扣住一个词提问:"挣扎"是什么意思?小飞蛾是怎样"挣扎"的?透过这个词,你们读出了什么?在读中品,在品中悟,直抵飞蛾的挣扎,感受它强烈的求生欲。

在瓜苗生长这个事例中,我创设了一个对话情境,引导学生进入文本,紧紧抓住"竟然"、"竟"这两个词,去设身处地地想象,那小小的种子在仅仅只活短短的几天时间里,它是怎样艰难地求生的?由此引导学生读出瓜苗不屈向上的顽强生命力,读出自己的出乎意料的震撼,从而体悟到,生命是不言放弃的决心,生命是不屈向上的毅力!学生进入情境后,深切地感受到瓜苗顽强的生命力,领悟到生命的价值不在于存活的时间长短,而在于是否在有限的生命中努力拼搏了,是否活得精彩。从而真切地感受到生命的不屈与伟大。

在最后一段中,教师引导学生抓住重点句,学习体会句子含义的方法。如引导学生体会"我们却可以让有限的生命体现出无限的价值"这句话的含义时,教师给学生搭了一个能步步向上攀缘的脚手架，首先让学生找出句子中的一对反义词，即“有限”和“无限”；接着引导学生联系课文内容和生活实际，想一想这句话中的“有限”和“无限”分别指什么。然后借助资料的引入，让学生直抵作者的内心，感悟她生命的价值。这时，孩子们可以结合杏林子的生平谈，也可以结合生活中的实例谈。这样循序渐进、由浅入深、由易到难地点拨引导，让学生在理解句子含义的同时，既习得体会句子含义的方法，又激发他们对生命的思考，提升他们对生命的认识，即人的一生有一个期限，在这个时间段里，你选择什么样的方式度过，是碌碌无为还是激流勇进，态度不一样，生命的质量就不一样。瘫痪的杏林子，让自己的生命活得光彩照人，让自己的精神生命穿越时空，得到了永恒。这样的生命就是有意义的，有价值的。

再如“挣扎”、“不屈”、“沉稳”这三个词，是三个事例传达给读者的，它们引申出作者对生命的感悟：即拥有生命，是可贵，是值得珍惜与敬畏的；生命要想得到释放，就得与恶劣的环境作斗争，因此生命是顽强的；生命要有意义与价值，就要创造物质财富与精神财富。因此，我们每个人都要对自己的生命负责。这三个词的捕捉和呈现，为后面的概括内容以及细读体会降低了难度，为学生深入理解提供了有力的支架。在学生与文本对话中，教师就是以这几个词为支撑，但又不拘泥于它们，从而实现多元解读。从课堂教学的效果来看，这个支架确实达到了预设的效果。

二、活用资料，佐证“思考”

三则故事，其实就是作者对自我生命的观察和反思。杏林子本身的故事，比《生命　生命》这篇文章更震撼人心。如何走进作者的内心世界，理解作者对生命的思考？在设计时，我将杏林子的背景资料整合到了课文的学习中。如出现杏林子的“四个不能”和她取得的一系列成就……这些资源的拓展和补充，引导学生将杏林子的身残志坚与三则故事进行对照思考，给学生更大的震撼。但出现资料的时机又该怎样巧妙地安排呢？本课我将作者非同寻常的人生经历，放在学生对生命有了较深刻的认识之后，这有利于促进他们在读懂文本的基础上，读懂作者对生命的思考，读懂作者的写作目的，读懂作者生命的价值。“人”“文”交互呈现，将作者的心灵观照与文中的故事融为一体，让单薄的文本显得更加丰满，使学生读出作者积极的人生态度和乐观向上的精神，进而加深对生命的感悟，更加珍视生命，更加敬畏生命。

生命无处不在，正如语文无处不在一样。语文的外延等同于生活。我将小课堂与大课堂有效结合，紧密联系，浑然天成。最触及灵魂的东西是找到文字中能与自己内心世界共振的桥梁。学生在老师由浅入深地引领下，身心被情感磁场所浸润，一步步地走进精神的家园。

三、巧设练习，升华“思考”

阅读是一个多元对话的过程。作者背景资料与课文的整合，是人与文的对话；抓住文中的重点句子，在想象、朗读与讨论交流中理解，也是人与文、人与人的对话；在“生命是什么”的不断追问中思考，也是一种对话。多种学法的运用，为对话提供了有力的支撑。

1. 抓住关键词想象。在本课中，我以矛盾的话题激起学生的阅读积极性，“作者对飞蛾先是怎样的态度？后来，作者的态度是……因为……”，引领学生去抓住重点的句子，畅谈自己的感受，通过批读、咬文嚼字、想象、感情朗读让学生去体会生命是什么。为什么“挣扎”？让学生读出飞蛾对生命顽强的抗争。让学生在“竟然”、“竟”两个“竟”字中读出瓜苗的不屈向上，读出自己的出乎意料与震撼。从而让学生体悟到，生命是永不放弃，生命是不屈向上的决心！

2. 联系作者的生活理解。从课外补充的资料，为学生感悟生命提供丰富的文本和经验支撑。比如，在最后一个环节，在回顾飞蛾、瓜苗和作者带给我们的生命启示后，以“在生活中，是否也有这样的人打动着你，震撼着你？”为话题，引领学生将目光投向生活，教给学生联系生活实际理解含义深刻的句子的方法。

3. 活用练习，分层设计，差异发展。教学结束后为学生提供如下练习：让学生写下此时自己对生命新的思考，学生对生命的理解将更加透彻，更重要的是帮助学生从课堂走向生活，从抽象的意识情感走向真真切切的生命经历。

语文课标提出“阅读教学是学生、教师、文本之间的对话”。我想这也许就是我和学生们，以“学习共同体”的身份，一同对话文本。这节课，学生带着不懂走进课堂，短短的40分钟内撞击出许多思维的火花，情感的碰撞也是感人至深的。我和学生们都沉浸在对生命的思考中，带着思索与疑问走出课堂。但毕竟，对生命的感悟我们需要用一生的时间，这一节课也许只是一个起点。

乡村四月

（人教版课标教材四年级下册）

重庆市渝中区峨岭小学　范瑾

【文本解读】

同中寻异

——比较阅读《乡村四月》《四时田园杂兴》

《乡村四月》是人教版四年级下册第六单元《古诗词三首》中的一首诗。这组教材以“走进田园，热爱乡村”为主题，体裁多样，有古诗词，也有国内外作家写的散文，展现了一幅幅田园生活的画面。编排这组教材的目的，一是引导学生通过读课文，感受充满诗情画意的田园美景，体验洋溢着泥土气息、自然质朴的乡村生活，并由此产生热爱与向往之情；二是引导学生在阅读中能抓住景物的特点，体会作者是怎样通过朴实而又生动的语言展现乡村生活的，学习作者的表达方法，同时丰富自己的语言积累。

编者把《乡村四月》《四时田园杂兴》这两首宋朝的田园诗编写在一课，读出两首诗的异同，领会编者意图，将是我们确定“教什么”的基础。

一、纵观田园诗，明确共性

《乡村四月》和《四时田园杂兴》同属田园诗。中国田园诗源远流长，诗人们以自然山水或农村自然景物、田园生活为吟咏对象，把细腻的笔触投向静谧的山林、悠闲的田野，创造出一种田园牧歌式的生活，借以表达对现实的不满，对宁静平和生活的向往。

中国田园诗是以东晋诗人陶渊明开始的，多写一些弃官归田的心情和田园乡居的乐趣。将自身对于劳动的热爱穿插于其中，很好地表现出了田园诗人对于自我人格的肯定。到后来，田园诗人受到新乐府运动的影响，将诗的表现主题转变到反映农民的苦难生活，以及封建统治阶级的剥削对农业生产造成的摧残上。到了南宋，田园诗的内容作了进一步的创新，那就是将两者的主题结合，形成新的表现风气。作了这个大胆结合的，就是南宋诗人范成大。他的田园诗概括地描写了农村的广阔生活和农民的疾苦，既有深刻的社会内容，同时又表现了恬静闲适的田园生活，他是中国古代田园诗的集大成者。他的《四时田园杂兴六十首》就是这类田园诗的优秀作品。

田园诗属于写景诗的范畴，这类诗歌的主要特点就是“一切景语皆情语”，亦即作者笔下的山水自然景物都融入了作者的主观情愫，或者借景抒情，或者情景交融。其题材多为自然风光、农村景物、田园生活、隐居生活。写景采用衬托（动静、明暗、虚实、点面、正侧）、白描、拟人等表现手法，抒情采用借景抒情、情景交融（乐景写哀、哀景写乐）等方法。以描写见长，语言质朴自然、清新洗练，意境隽永优美，风格恬静淡雅。

二、相同的题材,相同的情怀

《乡村四月》和《四时田园杂兴》都是以乡村为主题,反映当时农民的生产生活情景。《乡村四月》的作者翁卷在江南乡村生活一辈子,十分熟悉江南一带的农村生活,他以饱满的热情,宽广的胸怀,开阔的视野,精巧的手笔,用短短的四句七言格律,为我们描绘了一幅春天的美景和人们繁忙的春耕生产景象。不禁给人们以"一年之计在于春"的启示,对学生有着积极的思想意义。

《四时田园杂兴》的作者范成大是个了解农民疾苦,热爱家乡风土人情的人,对那里的一山一水、一草一木怀着真挚的感情。诗中描写了农村夏日生活中的一个场景。农民从昼到夜一直干着活,农村忙碌的耕织生活跃然纸上。村中稍大的孩子已经开始干各种"耕田绩麻"的活了,而有的还不会干活,于是便在旁边玩起了学种瓜的游戏。它清晰地勾画出乡村人们勤劳的本质和朴实的生活。虽然忙碌,但同时也充满了自豪与兴奋,很明显作者很赞美这种朴实。

三、不同的写法,不同的语言

《乡村四月》,字面意思是"四月的乡村"。这里讲的四月,是指农历的四月,而不是阳历四月。因为,那时的水稻生产,一年也就栽插一季,就相当于现在的中稻吧,不像现在一年插两季的。

这首诗以白描手法描写江南农村初夏时节的景象。四月的江南,山坡是绿的,原野是绿的,绿的树,绿的草,绿的禾苗,展现在诗人眼前的,是一个绿色主宰的世界。在绿色的原野上河渠纵横交错,那一片片放满水的稻田,白茫茫的。举目望去,绿油油的禾田,白茫茫的水,全都笼罩在淡淡的烟雾之中。那是雾吗?烟吗?不,那是如烟似雾的蒙蒙细雨,不时有几声布谷鸟的呼唤从远远近近的树上、空中传来。诗的前两句描写初夏时节江南大地的景色,先以"绿""白"二字描绘出景物色彩之鲜明,再者,"遍""满"二字让人感受到景物焕发出的勃勃生机,后以烟雨之中传来的子规声声写出如音乐般美妙的乡村声响,渲染出如余音绕梁般的艺术效果,整个画面有动有静,有色有声,有实有虚,有明有暗,勾勒出江南乡村欣欣向荣的景象。诗人的眼界是广阔的,笔触是细腻的;色调是鲜明的,意境是朦胧的;静动结合,有色有声。

"乡村四月闲人少,采了蚕桑又插田。"后两句歌咏江南初夏的繁忙农事。采桑养蚕和插稻秧,是关系着衣和食的两大农事,现在正是忙季,家家户户都在忙碌不停。对诗的末句不可看得过实,以为家家都是首先做好采桑喂蚕,有人运苗,有人插秧;有人是先蚕桑后插田,有人是先插田后蚕桑,有人则只忙于其中的一项,不晓得有人还要做其他活计。后两句中的"采""又"二字,化繁为简,勾画出乡村四月农家的忙碌气氛。不正面直说人们太忙,只是舒缓、委婉地道出"闲人少",在一片繁忙紧张之中保持一种从容恬静,与前两句景物描写的水彩画式的朦胧色调保持和谐统一。整首诗既像一幅色彩明亮的图画,又如一首曲调清新明快的乡村歌谣,不仅表现了诗人对江南乡村风光的热爱与赞美,还表现出其对田园生活的赞美和向往。

这首诗,语言平实,朗朗上口,韵味怡然,很具有民歌风味。且意境深远宽广,写出了农村四月雨中农忙的景象,融自然景观和人的活动于一体,讴歌了劳动人民的辛勤劳动,表现了诗人热爱劳动人们的胸怀。

《四时田园杂兴》是诗人退居家乡后写的一组大型的田家诗，共六十首，描写农村春、夏、秋、冬四个季节的景色和农民的生活，同时也反映了农民遭受的剥削以及生活的困苦。

首句“昼出耘田夜绩麻”是说：白天下田去除草，晚上搓麻线。“耘田”即除草。初夏，水稻田里秧苗需要除草了，这是男人们干的活。“绩麻”是指妇女们在白天干完别的活后，晚上就搓麻线，再织成布。这句直接写劳动场面。次句“村庄儿女各当家”，“儿女”即男女，全诗用老农的口气，“儿女”也就是指年轻人。“当家”指男女都不得闲，各司其事，各管一行。第三句“童孙未解供耕织”，“童孙”指那些孩子们，他们不会耕也不会织，却也不闲着。他们从小耳濡目染，喜爱劳动，于是“也傍桑阴学种瓜”，也就在茂盛成荫的桑树底下学种瓜。这是农村中常见的现象，却颇有特色。结句表现了农村儿童的天真情趣。

诗人没有对农村风光进行描绘，而是选择典型人物“村庄儿女”、“童孙”的劳作情景，用清新的笔调，对农村初夏时紧张的劳动气氛，作了较为细腻的描写，读来意趣横生。诗歌语言清新活泼，情趣盎然。

四、不同的经历，不同的成就

《乡村四月》是宋代诗人翁卷所作。诗人翁卷，字续古，一字灵舒，温州乐清（今属浙江）人，南宋诗人，与赵师秀、徐照、徐玑并称“永嘉四灵”。其诗大多讲求技巧，诗风清苦。其家境富庶，一心只想求取功名。但就是官运不济，科考进士，屡考屡败，因而一生没做过官。在江南乡村生活一辈子，对农业生产、农民生活都相当了解，他的诗，就自然以乡村为题，反映当时农民的生产生活情景。

《四时田园杂兴》作者南宋诗人范成大，苏州吴县（今属江苏）人，字致能，号石湖居士。其诗与陆游、杨万里、尤袤齐名，合称“南宋四大家”。存诗1900余首。诗中忧国恤民，多有佳作。官至参知政事、资政殿大学士。曾奉命出使金邦，坚强不屈，不辱使命，险些被杀。使金途中所作绝句一卷，表达了渴望国家统一的强烈爱国主义思想。诗人在晚年回到苏州石湖开始过起隐居的生活，根据自己在农村的生活写成《四时田园杂兴》60首，是其田园诗的代表作。分为“春日”“晚春”“夏日”“秋日”“冬日”五组，每组12首。这些诗反映了农民一年四季的劳动和生活以及民生的疾苦，内容极为丰富。这里选的是《夏日》中的一首。其词亦风格多样，颇具情致。著有《石湖居士集》、《菊谱》、《梅谱》等。

诗人不同的生活经历，造就了不同的思想境界。《乡村四月》这首诗，意境深远宽广，写出了农村四月雨中农忙的景象，融自然景观和人的活动于一体，讴歌了劳动人们的辛勤劳动，表现了诗人热爱劳动人们的情感。

《四时田园杂兴》通过对田间的劳动场面的描写，表现了农民遭受剥削之苦，农民不得不从很小就开始辛苦的劳动，他的田园诗不仅仅是美丽宁静的图画，又加上了一些真实的气息，真实而又朴实。

虽然都属田园诗歌，但从广度上讲，范成大的诗将反映的生活面扩大和发展了，比较完整地反映了田园乡村生活的面貌。从中，我们既可以看到农村秀丽的风光和纯朴的农家劳作、生活习俗等场面，同时也看到了农民所遭受的沉重剥削和他们的困苦。既将田园诗原始的韵味原汁原味地表现出来，同时又加以合理而朴实的拓展。

范成大的《四时田园杂兴》，具有新型的田园诗审美风范。他的田园诗不仅再现了田家的景物和风俗，而且写出了农民的喜忧，对农民充满了同情和了解。从他的田园诗中我们可以很清楚地意识到农民的艰辛和官吏的残酷，使读者更能体会当时的社会本质。

从总体上来说，范成大总结和发展了田园诗，使诗的思想内容更进了一步。范成大创造性地把上述两个系统结合起来，把田园风光的描写和悯农忧民的情怀融为一体，给田园诗以更丰富更深刻的思想内容，赋予它以新的生命，扩大了田园诗的境地，提高了田园诗的价值。不仅从广度上拓展风光，描写了秀丽的农村风光，农家生活场景和风俗情趣，还描写了农民的忧喜悲欢，将残酷压榨下的农民的艰辛毫无保留地展示出来，并且清新活脱，情趣盎然。他是田园诗中最具有代表性的诗人。

通过对这两首田园诗的比较阅读，我们对文本就有了准确的解读，就能更好地体会作者是怎样通过朴实而又生动的语言展现乡村生活的，学习作者的表达方法。

【教学设计】

品味·想象·诵读·积累

教学目标

1. 运用学过的识字方法，独立认识 2 个生字，规范书写 2 个生字。

2. 正确、流利、有感情地朗读课文，背诵课文，默写古诗。

3. 借助注释、插图，自主学习，理解诗意；在诵读、品味、想象、积累之中，感受诗中田园风光的优美，乡村生活的繁忙，唤起学生对田园生活的向往，对劳动人民的热爱。

教学重难点

读懂诗意，想象画面，体会情感；熟读成诵，默写古诗。

教学准备

多媒体课件。

教学课时

1 课时。

教学过程

一、解题入手，引入课文

1. 六单元的课文，为我们描绘了一幅幅乡村生活的画面。在课文学习中，我们走进了自然和谐的乡村人家，游览了辽阔宁静的牧场之国。今天，让我们一齐步入《乡村四月》。（齐读课题）

2. 读了题目，你了解到了什么？（这“乡村四月”是指江南农村春末初夏的时侯，这正是江南农民春耕的时节。）

二、读通诗句，书写生字

1. 久居江南的南宋诗人翁卷，是如何用诗句记下这时的情景的？请自由读。读时，注意读准字音。（指名朗读，正音，齐读）

2.“蚕桑”的平舌音读得真准，它们是今天要学习的生字，会写吗？（范写“蚕”：天虫为“蚕”。第一笔是横，别写成撇；“桑”要写美观，上面的三个“又”要讲究穿插，写得富有变化，给人以高低错落之感。自己抄写一遍。）

【导师点评：在平日的课堂，我们很少看到中段语文教师把生字教学纳入课堂四十分钟来，特别是写字的指导。许多教师认为学生已具备了独立识字写字的能力，没必要浪费课堂的时间。然而，我们不得不承认学生低段的字很美观，到了中高段学生的书写怎么就不尽人意了呢？课标修改后更关注各学段识字写字教学。四年级的生字教学仍然要重视，特别是书写的指导。既要关注正确，也要关注美观，重点要落脚在让学生感知间架结构的穿插避让上，让我们的孩子人人能写一手漂亮的汉字。】

三、再读诗句，疏通字词

1. 过去，我们是怎样学习古诗的？（借助注释，疏通字词；读通诗句，了解诗意；想象画面，体会情感）请运用这方法疏通字词，了解大意。

2. 你知道了哪些词的意思？（理解“山原”“白满川”“子规”“了”等词的意思）还有什么不懂？

四、品读诗句，体会意境

（一）（第一、二行写乡村景美，第三、四行写人们繁忙）乡村的人怎样呢？

1. 借助注释，我们知道“了”是“结束”的意思；把“蚕桑”放进句中读读——刚刚结束蚕子和桑叶又插秧，通吗？“蚕桑”该当什么讲？（点拨：看来理解古诗，不能仅用分解法或简单地从字面上理解。大家还要把理解到的词意放到诗句中去读。）谁能借助注释，再说说这行诗的意思。

2. 乡村人家多忙呀！难怪诗人说“乡村四月闲人少”。这里的“闲”是什么意思呢？你能组词说说吗？（清闲、悠闲、空闲、休闲……）哪些词的解释放在这里最合适？能说说原因吗？（乡村每个人都很忙，没有人闲着呀！）由此可见，他们都很勤劳。让我们赞赞勤劳的人吧！（男女读、齐读）

【导师点评：小学古诗词的教学应姓“小”。教师必须关注到底有哪些词句是学生理解的难点？我们应该怎样“授之以渔”？在这里，教师运用多种方式辨析古今词义的异同，或借助注释理解“了”；或通过疏通诗意、结合生活实际理解“蚕桑”；或通过扩词理解“闲”。多种解词方法的指导，有助于学生举一反三。】

（二）在第一、二行里，有哪些词理解困难？

1.“雨如烟”：雨像烟雾一样又轻又小。用自己的话连起来说说这句诗的意思。（自由说、抽说）

2. 你能试着把“雨如烟”的解释调到前面来说说吗？说诗意时，调换一下词语的顺序，会更通顺。不信，用这种方法再说说第一句的诗意。

3. 疏通诗意后，我们感受到乡村的景色很美。（齐读）

4. 让我们再次走进诗句，品味其中的关键词句，或许你对诗人笔下的乡村四月会有新的认识。

5. 师范读，生边听边想象，“乡村四月”怎样的。

6. 引导："绿遍山原"像什么？放眼望去，山陵和原野满是绿色的，这绿色像给大地铺上了一层碧绿的毛毯。（抓住"遍"字想开去，一用上比喻句，画面就更活了，更美了，更丰满了）在大好的春光下，这绿绿得怎样？（到处都是绿色，有深有浅，有明有暗，绿得鲜亮、绿得耀眼，绿得充满了生机。绿色是那么丰富，那么有层次，你的感受多细腻啊！）

【导师点评：语文课要和内容分析说再见，教师的提问必须少而精。"乡村四月是一幅什么样的画面?"这"牵一发而动全身"的问题，巧妙抓住内容与表达的结合点，使教学具有浓浓的语文味。如教师抓住"绿遍山原"，引导孩子凭借文本想象绿的层次，绿的色彩，绿的动态……诗的情景，自然就活灵活现地展现在了学生的面前。】

7. 抓住能引起你想象的词句，联系生活场景，选一行诗，写写乡村四月是怎样的。用上学过的好词佳句那就更好了。（放音乐，学生写，再交流。评：随着你的描述，我仿佛看到一块块泛着点点银光的、明镜似的水田如同无瑕的翡翠……你丰富的想象，让我仿佛听到了杜鹃鸟清脆的鸣声和着沙沙的雨声，这真是一首动听和谐的春之曲呀！）

8. 再读一读，相信这次读的感觉一定不一样！（自读、轮读相机指导）

9."乡村四月"有声有色，有静有动，色彩鲜亮，充满生机。多美的田园风光！想象画面，读出感受。（齐背）

【导师点评：学生语言的习得离不开言语的实践。多次诵读有目的，有层次。这里让学生想象画面，在有滋有味的诵读中，联系学过的诗句，挖掘诗的积极意义，再次感受诗意诗情，妙！】

10. 春天是万物复苏的时节，是农家耕种的时节。看着乡村四月大好的春光，看着家家户户忙碌的身影，我不由得想起了一句诗："一年之计在于春。"你能体会乡下人家此时的心情吗？（他们享受着大好的春光，憧憬着幸福的生活……累并快乐着。）

11. 诗人饱含赞美之情，写下了这充满活力的乡村美景。请放声朗读，读出你的情感吧！（齐背全诗）

12. 配上音乐，看着画面，再吟吟诗吧。（齐背、抽背）

五、背诵古诗，默写古诗

1. 背诵诗句，默写诗句。

2. 今天学的这首诗描绘了春末夏初江南人家的生活画面。《四时田园杂兴》写的又是什么时候的田园生活的呢？下节课接着学习。

附：板书

乡村四月

绿遍山原白满川，子规声里雨如烟。　优美

乡村四月闲人少，才了蚕桑又插田。　勤劳　赞美

【课后反思】

让课堂成为学生成长的地方

追求随课堂的有效性，就是让课堂成为学生成长的地方，让随堂课在真实中见精彩，

平实中见智慧,朴实中含韵味,踏实中求质量。要让语文课堂成为学生真正有效成长的地方,应首先确定本课学生语文素养的发展点,诸如:需要理解的词句,需要积累的语言,需要习得的学法,需要揣摩的写法。即找准语言训练的重点。如果教学内容比较精当,瞄准课文的重点,训练的难点,学生的疑点,语言发展的生长点,就可以在一定程度上克服教学内容"泛化""不确定化"的问题,做到"该教该学的就教就学,不该教不该学的不教不学"。

《乡村四月》的重点就是借助注释,自主学习,正确理解诗意。如果所有的字词理解都平均使力,势必如水过地皮,学生不能留下深刻的印象,点要定得少而精,使学生既学会知识,又掌握方法。我根据学生学情,确定理解的点:古今字意发生变化的词语——白满川;远离学生生活实际的词语——"蚕桑";学生理解诗意的关键词——"闲"。这课诗句的理解难点是学生说诗意时,需要调换词语的顺序。《乡村四月》教学的难点是在反复诵读品味、情景想象中,感受优美的田园风光,体验繁忙紧张的乡村生活,激发学生对劳动人民的热爱。这样的感受、理解都必须依据文本,找准切入点。我让学生根据"绿遍山原白满川,子规声里雨如烟"想象画面,感受优美的田园风光,抓住"才……了……"体验繁忙紧张的乡村生活。课文题材、体裁不同,所处年段不同,因此,教学内容的重点也应有所不同。找准教学内容的重难点,是有效教学的前提。充分挖掘教材的语言训练点,才能使语文课更有语文的味道,随堂课才会在朴实中含韵味。

要使语文课堂教学有效,离不开教师的指导。教师的指导主要体现在引领学习过程中,教师要从学生的学情出发,充分估计学生的学困处,在此基础上充分的预设,教师要善于抓住思想内容与语言表达的结合点,提出有价值的问题,特别是"牵一发而动全身"的问题。

这种问题的设计要从整体入手,如让学生边听范读,边想象乡村四月是一幅什么样的画面。就是从整体着手,由于学生既要想象,又要用优美的语言描述看到的画面,学生的难点就在于不知道怎么去想,不知道怎样去把眼中的画面说美,教师要在关键处进行点拨及精当的讲解。我引导学生把画面说具体点,再在学生随机生成中,抓住学生说得好的地方或不足之处,去帮助学生梳理:想象必须凭借文本,描述可以用比喻、拟人……于是我精心设计引导、点拨语:"你抓住'遍'字想开去,一用上比喻句,画面就变得更活了,更美了,更丰满了。""这一串排着的话连在一起,让我们看到的绿色是那么丰富,是那么有层次,你的感受细腻了!"

在课堂操作中,我们常常遇有错误时要及时矫正,遇有遗漏时要随时填补,发现生成性的课程资源,要随机应变,充分开掘利用。不要视而不见,充耳不闻,仍按"预设",一成不变,也不要虚晃一枪,虚以应付,要让学生真正达到训练要求。在几次试教中,我发现我们的孩子由于生活在重庆,对种桑养蚕的农事不太了解,因而对"蚕桑"的理解是个难点,当学生就字面意思谈到:"蚕桑是蚕子和桑叶的意思时。"我引导学生去理解:"把蚕桑放进句中读一读——刚刚结束蚕子和桑叶又插秧,通吗?蚕桑该做什么讲?"当学生理解到是用桑叶喂蚕后,及时点拨方法:"理解古诗,不能用常用的分解法或简单地从字面上理解,要放到诗句中去读。"只有这样实实在在了解学生,估计到学生发生错误、遗漏的原因,预设才更有针对性,指导才更有实效性。

当然,课堂是一道流动的风景线,预设并不能一成不变。记得在东水门小学试教那次,由于有学生的老家在江浙,我意外地遇到学生对蚕桑有所了解,虽然表述并不准确,我所预设的引导语,就不能按教案原封不动地操作,又不能因为这样一个学生懂,而忽视其他学生,毕竟大多数孩子并不懂。于是,我就随即请这位孩子讲讲他是怎么知道的。将班上孩子的差异作为我教学的资源,强化这个词的理解是怎样来的,使训练扎扎实实,学生的学习才能由不懂到懂,由不会到会,留下真实的成长足迹。我想,只有充分把握学情,随堂课才会在平实中显智慧。

语文课堂教学有效,离不开学生在课堂上"多练",多练是让学生多读、多写,自主参与言语实践。在整个教学过程中,特别是在解决重难点问题之时,要给学生比较充足的自读自悟的时间。语文教学要从始至终贯穿"读",创设情境,激情导读,反复诵读,穿插评点的读,不是只言片语的读,也不是少数人的读,而是每个同学潜心的读。书要多读,有目的、有层次地读。这课的教学我设计了三个层次的读,首先借助拼音把课文读正确;借助注释疏通诗意,把诗读顺畅;通过想象画面,体会情感,把诗读出感情,直至熟读成诵。这也是评价课堂教学有效的一个重要指标。

语文课不能"君子动口不动手",本节课我让学生抓住关键词去想象,写下乡村四月的优美景色,不仅加深他们对字词的理解,而且扩展他们的书面语言。我还把背诵、默写放在课堂四十分钟内完成,这是紧扣教材的课后练习设计的,力求让学生从题海里解放出来,还大家一个轻轻松松的语文课堂。当教师把学习的时空真正还给学生,随堂课才会在踏实中求得质量。

古诗教学,看似简单,真正实践操作起来,才倍感困难。为了让古诗教学更有文化的味道,我在课件制作、教师语言设计、教师范读等方面都力求与古诗意境相和谐,使古诗教学更有自己的个性,力争在真实中见精彩。

扁鹊治病

（人教版课标教材四年级下册）

重庆市渝中区金马小学　何灵玲

【文本解读】

回归本真，收获智慧

手捧《扁鹊治病》一文，我感觉自己就像一位孤独的行者，行走在寸草不生的荒漠中，放眼望去全是茫茫的黄沙，看不到前进的方向。此时，我不由得在心中大声地呐喊着，坚持、坚持、再坚持！克服了“精神惰性”之后，我便加快了自己寻觅的步伐。

咬紧牙关，我蹒跚地向前找寻着，脑海中不由得浮现出沈大安先生的话：“解读文本也不必一味靠自己冥思苦想，查阅必要的资料可以帮助我们更好地理解作品，作家的生平介绍、写作的时代背景、作家的其他作品等，无一不是我们打开文本大门的钥匙。”这时，我惊讶地发现，绿洲出现了，原来我离作者韩非是那么的近，他是战国末期法家思想的集大成者，著名的朴素唯物主义哲学家、散文家。他身为韩国公子，曾屡谏韩王变法图强，不被采纳。他是荀子的学生。他为人口吃，不善说而善著书，观察过去政治的得失变化，著《孤愤》《五蠹》《说难》等十余万言。书传至秦国，为秦王赏识。后在秦遭受李斯等人的谗毁，被毒死狱中。所著《韩非子》，为后人搜集其遗著并加入他人论述韩非的文章而编成的，是集先秦法家学说之大成的著作。书中许多寓言故事如“守株待兔”“郑人买履”“自相矛盾”等历来为所人们喜爱和传诵。韩非的文章议论透辟，推证事理往往能切中要害，又善引用历史知识和寓言故事论证事理，不仅锋芒锐利，而且生动有趣，引人入胜，《扁鹊治病》就选自《韩非子·喻老》，韩非想通过《扁鹊治病》一文中蔡桓公的悲惨结局，警示人们要防微杜渐，善于听取别人的正确意见，千万不要讳疾忌医，否则将病入膏肓，无药可救。正因为韩非特殊的身份，以及他丰富的人生阅历，他所著的文章往往能使人从中获得一些启示，帮助人们更好地做人、做事，获得人生的智慧。

难怪我们的编者会把《扁鹊治病》一文选入人教版小学语文四年级下册第八组教材中。本组教材以“故事长廊”为主题，安排了《寓言两则》《文成公主进藏》《普罗米修斯》《渔夫的故事》这几篇课文。通过一个个充满人文色彩、语言风格迥异的故事充分调动了孩子们的阅读兴趣，拨动了孩子们的心弦，丰富了孩子们的语言积累。其中《寓言两则》就包含了本单元的两篇精读课文——《纪昌学射》和《扁鹊治病》，编者想借这两篇寓言故事，告诉孩子们，中华文明源远流长，汉语言文化博大精深，千百年来流传下来的经典故事灿若星河，它寄寓着中华民族传统的价值追求和审美理想，闪烁着以天下为己任的爱国主义光辉，展现出自强不息、团结奋进的高尚情怀。许多名篇，读之字字珠玑，诵之金声玉振。这些经典是我们民族文化的重要标志，是人类的共同财富，诵读可以亲近、熟悉经典，理解、热爱经典，潜移默化中提升语言文字和人文素养及审美情怀。我们应该引导孩子们通过阅读这些寓言故事，感受语言的魅力，领悟其中所蕴含的道理，学会正确地分析问题、处理问题，正确地看待身边的人和事，学会成长，开启人生的智慧之门。

一路寻来，作者和编者之心可谓“路人皆知”呀！让我对文本有了新的认识，但是我所面对的是四年级的孩子，他们有自己认识世界的方式，我不能把成人的认识强加给这些孩子。寻到此处，仿佛到了“山重水复疑无路”的地步了，这时我不由得想到了沈大安先生说的：“我们在阅读文本时必不可少的一步是换位思考：如果让孩子们来读这个文本，他们会解读吗？他们有哪些不懂的地方？他们会想些什么？他们会提出什么问题呢？”是呀，瞧瞧，这些孩子正处于向青少年过渡的儿童期的后期阶段，年龄尚小，他们的大脑发育正好处在内部结构和功能迅速发展和完善的关键期，孩子们开始从被动的学习主体，向主动的学习主体改变，他们渴求知识的浸润，作为教育的主导者——教师，我们就应点燃孩子们心头的智慧之火，教给他们打开知识之门的“钥匙”。

《扁鹊治病》这篇寓言故事，篇幅短小，语言朴实，但寓言中所包含的道理却是发人深省的。对于四年级的孩子来说，理解起来是有一定难度的，如何让我们的教学深入浅出呢？我认为首先要关注体裁的特点。《扁鹊治病》是一则寓言故事，这种文体的特点是用假托的故事来说明某种道理，达到劝诫、教育或讽刺的目的。其实寓言故事，孩子们不是第一次见了。在二年级的时候，学生就已经学过《揠苗助长》《守株待兔》这两则寓言了。可见，孩子在学习之前，并不是一张白纸，我们也不能太低估孩子的能力。

那么，同样都是学寓言，有何不同之处呢？我想由于年段的不同，教学的侧重点也会因此而发生改变。二年级的时候，可能重在引导孩子们认识生字，初步感知什么是寓言，了解这个寓言故事的大意；四年级则要让孩子们进一步地感受寓言这种文体的特点，就是假托一个故事，讲明一个道理，来帮助我们更好地做人、做事。其次，要关注学法的指导。古人曰：工欲善其事，必先利其器。学习语文是一个漫长的过程，不可能通过几篇文章的阅读，就达到语文学习的目的。语文学习有其内在的规律，要让学生从内心触摸到语文，在实际的语文学习中能习得方法。如《扁鹊治病》中出现了“讳疾忌医”“防微杜渐”“病入膏肓”等学生不懂的词，教师该出手时就得果断地出手。抓住这些词，教活一节课，让我们的课堂更真实、扎实、朴实。学生学习方法是否正确、科学和优化，直接关系到学习效率的高低，学生掌握了好的方法，也就掌握了开启知识宝库的“金钥匙”。

寻寻觅觅中，可谓磕磕绊绊，但也是惊喜不断，我对《扁鹊治病》一文有了更加深刻的认识，细读之下，不由得三“悲”涌上心头：

一悲：不以为然

春秋战国时期，齐国分为两个阶段，即吕氏齐国、田氏齐国，蔡桓公是田氏齐国的第三位国君，谥号为“齐桓公”。在位时曾创建稷下学宫，招揽天下贤士，聚徒讲学，著书立说，一位高高在上的国君，身边之人无不是想尽办法讨好他，赞美之词滔滔不绝，“忠言”则变得何其刺耳。难怪蔡桓公得病初期，扁鹊给他指出，他的皮肤上有病，劝其早点医治，否则将会向体内发展，可是蔡桓公却说：“这些做医生的，总喜欢给没有病的人治病。医治没有病的人，才容易显示自己的高明！”对于扁鹊的话，他根本不以为然，坚信自己没病,觉得扁鹊跟那些江湖郎中没什么区别,为了在他面前、在他的臣民面前显示自己的医术高明,想赢得他的信任,以谋取一些物质上的利益而已,这样他往后的日子可说是衣食无忧了。蔡桓公打心眼里瞧不起扁鹊这个人,根本不相信扁鹊说的话,忌讳别人说自己有病,而不肯医治,这就为他后来悲惨的命运埋下了伏笔。

二悲:延误病情

“过了十来天”“十来天后”“又过了十几天”,随着时间的推移,蔡桓公的病,由轻到重,来势凶猛,而蔡桓公却浑然不觉。扁鹊在这段时间里多次劝说蔡桓公医治,如果蔡桓公听了扁鹊的话,在疾病发展的前几个阶段,就能把病情控制住,把这些小病扼杀在“摇篮”之中。可是,蔡桓公的态度由开始的不相信,到后来的不高兴、不理睬,最后甚至是非常的不高兴。他坚持认为自己没病,拒绝了扁鹊的好意劝告,足见此人的固执己见。正是由于他的一意孤行,在小病的时候没有及时医治,延误病情,让小病酿成了大病,结局可谓凄惨至极。

三悲:病急投医

“五六天之后,蔡桓公浑身疼痛,派人去请扁鹊给他治病。”一个月左右的时间,病情在不知不觉中加重了,最后深入骨髓,这时蔡桓公才感觉浑身疼痛,他才对扁鹊的话有所相信,觉得自己确实是得病了,于是派人去请扁鹊来给他治病,希望能减轻他的痛苦,把病治好。可殊不知此时连名医扁鹊也无能为力了。蔡桓公小病不治,终酿成大病,病入膏肓,回天乏术,可谓悲哀也!

在感叹蔡桓公三“悲”的同时,对扁鹊的三“赞”也油然而生:

一赞:医术高明

扁鹊是春秋战国时期的名医,他医术精湛,到处治病救人,走到哪里,就将安康和快乐带到哪里,好比是带来喜讯的喜鹊。他是中医学的开山鼻祖,创造了望、闻、问、切的诊断方法。难怪文中指出扁鹊在蔡桓公身边站了一会儿,就说:“大王,据我看来,您皮肤上有点小病。要是不治,恐怕会向体内发展。”就仅仅是站了一会儿,既没有问蔡桓公的身体状况如何,又没有把脉,就知道蔡桓公的皮肤里有病,扁鹊的望诊技术出神入化,真是“望而知之谓之神”。在中医的诊断方法里,望诊在四诊当中居于首位,十分重要,也十分深奥,要达到一望即知的境界更是非同寻常,可见扁鹊的医术确实很高明。接着扁鹊还准确地预测出了蔡桓公病情发展的方向,由皮肤可能发展到体内,难怪人们要称其为“神医”。

二赞:医德高尚

在蔡桓公得病的一个多月时间里,扁鹊并没有因为蔡桓公对其医术的不信任而放弃,而是一而再,再而三的劝说其治病,蔡桓公的态度也由开始的不信任,不理睬,到后来的不高兴,其实扁鹊心中很清楚,他所劝说的不是一般的老百姓,而是高高在上的国君呀。随着蔡桓公态度的变化,一旦惹怒了他,很有可能为自己招来牢狱之灾,甚至是杀身之祸,但扁鹊病没有因此而放弃,他深知治病救人乃医生不可推卸之责任,哪怕是付出生命的代价也要挽救蔡桓公的性命,由此可见其医德高尚。

三赞:机智灵活

文中提到“扁鹊早知道蔡桓公要来请他,几天前就跑到秦国去了。不久,蔡桓公病死了”。神医扁鹊早就预见蔡桓公会病入膏肓,无药可救,因此早早离去。这时有人也许会认为,扁鹊不应该走,应该留下来尽力给蔡桓公治病。其实不然,即使扁鹊留下来,对于蔡桓公的病来说也是无济于事。在病情的发展过程中,扁鹊多次劝说,已经做到仁至义尽,此时留下来已经毫无意义了,反而会给自己招来杀身之祸。那又有人会说扁鹊也太怕死了吧,其实前面我们已经看到扁鹊并非贪生怕死之徒,并非贪图荣华富贵之人。他一生云游天下,为民除疾,如果就这样死了,损失最大的将是全天下的老百姓,世上又少了一位济世救人的“活菩萨”了。于是扁鹊放弃了毫无意义的等死,选择了出逃,去救更多被疾病所困的人,真是机智灵活。

崔峦老师曾说过:“作为一名教师,我们应潜心研读文本,把自己当作一般读者去赏读,投入其中,忘乎所以,感受文本的意境美、情趣美、形象美、人格美、语言美……”是呀,在用心赏读中,我感悟到的是视野的开阔,知识的升华,智慧的积淀。

【教学设计】

探寻寓意,回归本真

教学目标

1. 认识4个生字,正确读“扁鹊、蔡桓公、不理睬、敷烫、几剂”等词语。

2. 正确、流利地朗读课文,学习用提问的方式归纳寓言的主要内容;抓住关键词句及人物的言行,体会寓言所蕴含的“要防微杜渐,不要讳疾忌医”的道理。

教学重难点

抓关键词句及人物的表现,体会寓言所蕴含的道理。

教学准备

课件、生字词卡片。

教学课时

1课时。

教学过程

一、课前谈话,初识扁鹊

在没有上课前,老师给大家讲一个小故事:有一次,扁鹊到虢国行医,正巧遇到虢国人为太子筹办丧事。经过详细打听,扁鹊得知太子是暴病而死,刚死半天,还未入棺材,扁鹊根据症状推断太子可能是患“尸厥”症,不是真死。于是在太子头部的“百会”穴扎了一针。过了一会,太子就渐渐苏醒了。后来,他又调药让太子服用,使太子很快就康复了。从此,人们把扁鹊看作名医。

二、复习旧知,导入新课

1. 上节课,学了《纪昌学射》这个寓言故事,我们初步感受到寓言的魅力,知道了“寓言”就是“用假托的故事说明一个道理”。

【导师点评：开课时，教者看似不经意的一两句话，实则有意识地强化了“寓言”的意思。以引导学生进一步熟悉寓言这种文体的特点。】

2. 今天，我们继续学习《寓言两则》中的第二个寓言故事……(齐读课题)

三、借助题目，质疑问难

1. 这篇寓言的题目点明了本文的事件。那么，围绕这题目，你们能提些什么问题呢？(扁鹊给谁治病？为什么治病？治什么病？怎样治病？那人的病治好了吗……)

【导师点评：简单的质疑，旨在复习巩固“用提问的方式，归纳主要内容”。此举，看出教者良苦用心。因为，学生的归纳能力需要日积月累。】

2. 真会提问题，用上“谁，为什么，怎么做，结果如何”来提问，就能帮助我们把握课文的主要内容。

3. 来，咱们带着这些问题，翻开书，自己读读课文，想想这篇寓言故事的主要内容。读的时候，要读准字音，读通句子。

四、抽查字词，了解大意

1. 扁鹊给谁治病？课文的第一自然段告诉我们，扁鹊是一位……(板书：名医扁鹊、蔡桓公)

2. 这两人的名字里有三个生字。“扁鹊”这两个字，一个是半包围结构，一个是左右结构。写的时候，得注意字与字之间的搭配。“蔡”字是上下结构，上边是草字头，下边是……(“祭祀”的“祭”字，或“观察”的“察”字的下半部分)这个部件很容易错，请举起小手，跟老师书空一下，再读一读。

3. 名医扁鹊为什么要给蔡桓公治病？他是怎么治的？课文第2～5自然段作了具体叙述。请四个学生分别读读，其他小朋友边听边思考。

4. 当扁鹊发现蔡桓公有病时，他一次又一次地劝说，想给蔡桓公治病。可蔡桓公根本不理睬扁鹊，连看都不看他一下，难怪这个“睬”字有一个目字旁。可见，“睬”是一个形声字。(板书：多次劝、不理睬)

5. 结果怎样呢？全班齐读第6自然段。(板书：无能为力、病死)

6. 瞧，咱们围绕题目，提出问题；读完课文，把这些内容串起来，就是课文的主要内容了。谁能根据板书，再说说这则寓言故事主要讲了什么。这种用提问的方式，归纳课文主要内容，值得大家好好掌握。

7. 看看板书，这课里好几个生字都在上边呢！注意“蔡”和“睬”是平舌音哟，请学生连词再读一读。

【导师点评：中年级，虽然生字词教学不是重点，但是教者仍然很重视，仍然没有忘记精当的点拨、引导，这实在是难能可贵。长此以往，学生的母语基础一定会很扎实。】

五、聚焦重点，感悟寓意

1. 课文中还有几个生字都出现在了第五自然段里。请自己读一读，注意把它们的字音读准。

2.(出示课件：皮肤病用热水敷烫就能够治好；发展到皮肉之间，用扎针的方法可以治好;即使发展到肠胃里,服几剂汤药也还能治好;一旦深入骨髓,只能等死,医生再也无能为力了。)“烫”是生字,请读三遍。

3.“烫”和“敷”组成了“敷烫”这个词。“敷”字在词典中有三个解释:①涂上、搽上。②铺开、摆开。③够、足。联系这个分句,看看“敷”字正确的解释应该选哪一个?(①)因此,“敷烫”就是用热水去搽身体上有病的部位,以达到去除病根的效果。

4. 这样的皮肤病,在名医扁鹊眼中是微不足道的,仅仅只能算是……(教师板书:小病)难怪扁鹊在解释时,说皮肤病用热水敷烫就能够治好,多简单的一件事呀!

5. 这一段话是由三个分句组成的,请学生自己默读,看看蔡桓公的病情是如何发展的?扁鹊又想怎样为他治疗呢?

6. 学生回答,当蔡桓公的病发展到皮肉之间时,扁鹊用扎针……发展到肠胃里,服几剂汤药也……一旦深入骨髓,名医扁鹊也……(教师一边说,一边把有关的词点红:“就能够治好”“可以治好”“也还能治好”“无能为力”)

7. 看得出来蔡桓公的病情在一天天……(学生回答:加重)齐读这段话。

8. 从扁鹊解释蔡桓公病情发展的这段话中,我们清楚明白地看到,蔡桓公不治身亡的原因,并不是名医扁鹊的医术不高,而是他自己不听劝告,小病不治,终于酿成了大病。(板书:——大病)

9. 多么遗憾呀!如果蔡桓公听了名医扁鹊的话,有了小病及时医治,就不至于发展成大病,无药可救。

【导师点评:直接从文末的重点段——扁鹊那番意味深长的解释中入手,了解蔡桓公不治身亡的原因,这既有利于引导学生感受语言文字的魅力,又有利于缩短教学流程,快捷地把握文本的寓意。这样的设计,较好地体现了语文阅读教学的省时、高效。】

六、链接前文,深悟寓意。

1. 多么不可思议呀!在名医扁鹊眼中那么好治的病,为什么会发展到不可救药的地步呢?让我们回头看看课文的2～4自然段,了解了蔡桓公前面的表现,老师相信,这个问题你就会明白了。

2. 默读课文,用横线勾画出描写蔡桓公言行的句子。(出示课件:“我的身体很好,什么病也没有。”“这些做医生的,总喜欢给没有病的人治病。医治没有病的人,才容易显示自己的高明!”蔡桓公听了很不高兴,没有理睬他。蔡桓公听了非常不高兴。)

3. 读勾画的句子。从蔡桓公的言行中,你们体会到了什么?(坚信自己没病,不相信扁鹊)

4. 蔡桓公说这些话的语气怎么样?(指导学生读出蔡桓公的傲慢、自以为是)来,把你们体会到的融入朗读当中。(抽读、齐读)

5. 蔡桓公的病在一天天加重,扁鹊三番五次地劝说蔡桓公治病,而他却不愿面对自己有病的事实,一次又一次地拒绝扁鹊的好意,终于让小病酿成了大病。(指板书)造成这结果的原因,咱们用一个成语来概括,那就是……(板书:讳疾忌医,读两遍)这个成语大家不太熟悉,咱们查查词典,看看它到底是什么意思。(学生查词)

6.“讳”指因有顾虑不敢说或不便说。“忌”指认为不适宜而避免。这个词连起来是什么意思呢?(出示课件:知道自己有病,而不肯医治。)

7. 如果说蔡桓公开始的时候，不知道自己有病，名医扁鹊一次次地告诉他病情在加重。他知道了后，还是不肯治疗，这的确叫“讳疾忌医”。联系生活，这个词比喻……（掩饰缺点，不愿改正）正因为蔡桓公讳疾忌医，所以他的病才发展到了无药可救的地步。咱们再用一个成语来形容它，这就叫“病入膏肓”。（板书：病入膏肓，读两遍）这个词是什么意思呢？请学生再查词典，了解词意。

8. 透过这个寓言故事，我们该从蔡桓公的身上汲取什么样的教训呢？（提示：也就是说我们该怎么做？）咱们用一个成语来概括它，就是“防微杜渐”。（板书：防微杜渐。读两遍）这个词大家不太熟悉，翻开词典来查一查，看看它到底是什么意思。（“防”：防止；“微”微小；“渐”表示程度缓慢的变化；“杜”：杜绝。）这词的意思是……（在错误或坏事萌芽的时候，及时制止，不让它发展。）

【导师点评：学寓言，就是要感悟寓意，这是毋庸置疑的。此教学，没有“讳疾忌医”，而是大胆地将本则寓言所绕不过的难点，即学生完全不知的“防微杜渐”“讳疾忌医”“病入膏肓”这三个成语巧妙地引出，师生共同查字典，联系上下文理解体会。这既有利于引导学生准确感悟寓意，又有利于扩展学生的视野，真是一箭双雕呀！】

9. 这则寓言指要及时制止什么？联系生活，我们知道这个词就是告诉……（在错误或坏事刚刚开始的时候，要及时制止，不要让它发展下去，否则将酿成不可挽回的后果。）

10. 寓言中的蔡桓公及时制止了病情的发展了吗？（没有）透过文中每段开头表示时间的词，我们可以进一步了解蔡桓公病情的发展过程。来找一找，用小圆点标出来。

11. 开始是“有一天”，接着是……然后是……再是……最后是……大家算算，在这短短的三十多天里，蔡桓公的病情发展很快。其实，随便在哪个阶段，名医扁鹊都能有治疗的方法，可是他却不肯医治。由于，他“讳疾忌医”，最后导致“病入膏肓”。所以说，有了小病要及时医治，这样才能“防微杜渐”呀！

七、提炼寓意，抄写板书

1. 这个寓言故事以蔡桓公的悲惨结局，告诉我们……（要防微杜渐，不要讳疾忌医。）

2. 今天《扁鹊治病》这则寓言故事咱们学完了，我们进一步知道了，寓言就是用假托的故事讲明一个道理，让我们获得人生的智慧，更好地做人、做事。这就是寓言的魅力。

3. 课堂作业：①把板书抄在作业本上，注意写好本课刚学的几个生字。②写这则寓言故事说明的道理。

【导师点评：这作业设计很有意思：一是抄写板书，巩固生字词；二是在抄写寓言说明道理的过程中，巩固对寓意的正确把握。此外，还在课堂上给学生留足练笔的空间，值得推崇。】

八、总结全文，拓展阅读

1. 通过今天的学习，咱们复习巩固了“依据题目提问，了解主要内容”的方法；还学习了抓关键词句，理解内容，了解这则寓言的寓意：就是……（要防微杜渐，不要讳疾忌医，否则将病入膏肓。）

2. 其实，像这样对我们做人做事有帮助的寓言故事，还有很多很多，如……课后大家可以去读一读，相信你会有更多的收获。（出示课件：《愚公移山》《滥竽充数》《郑人买履》

《买椟还珠》……）

附：板书

扁鹊治病

扁鹊　　蔡桓公

多次劝　　不理睬

小病——大病

无能为力　病　死

防微杜渐　讳疾忌医　病入膏肓

【课后反思】

知其然，更要知其所以然

众所周知，寓言就是用假托的故事，来说明某种道理，以达到劝诫、教育或讽刺的目的。《扁鹊治病》就是一篇经典的寓言故事，它内容浅显，寓意深刻，它告诉我们要防微杜渐，不要讳疾忌医。可是对于四年级的孩子来说，"防微杜渐""讳疾忌医""病入膏肓"这些词他们是知之甚少的，有的词他们甚至根本就没听说过。于是好多教师就避而不教，或者是自作主张降低难度，只要孩子懂得要虚心听取别人的意见就行了，浅化了、窄化了寓意本身，违背了作者和编者的初衷。难道孩子不懂的，我们就真的不教吗？实则不然，对于我们的孩子来说既要知其然，更要知其所以然。那些真正超出了他们能力范围的知识，即使我们费尽九牛二虎之力去教，他们还是不懂的，那么我们就可以不教；但是对于那些有利于孩子做人做事，一生受益的内容，我们就应该大胆地教，理直气壮地教，扎实地教。

一、借题目质疑，在通读中感知大意

首先，一开课我就让孩子们回忆，什么是寓言，寓言故事有什么特点，引导他们关注这种体裁与其他文体的不同之处。接着，让孩子们围绕题目提出问题。你可别小瞧四年级的孩子，他们的小脑袋瓜可灵了，他们提出的问题可以说是千变万化，这时就需要教师从旁指导，教会孩子们抓住一些关键词，或抓住事件的起因、经过、结果来提问，让我们所提出的问题更有价值。随后，孩子们带着这些问题去读文，文章读完以后问题得到了解决，同时，我把孩子们回答中的一些关键词，板书在黑板上。看似不经意的一些词，实则包含了今天我们这课要学习的生字，并且这些词还能帮助孩子更好地概括归纳文章的主要内容，于是孩子们借助这些关键词，用比较简洁的语言概括出了这则寓言故事的内容。既引导孩子们学习了本课的生字词，又初步了解了课文的内容，还复习巩固了"抓题目提问，了解主要内容"的方法，可以说是一举三得。

二、读扁鹊解释，在品读中了解病因

在孩子们整体把握课文主要内容的基础上，我把关注的重点落脚在了课文的第五自然段，扁鹊解释的那段话。面对这短短的几行字，我该如何引导孩子更好地体会它呢？"以读为本"四个字闪现在我的脑海里。可怎么读呢？到底要让孩子们读出什么呢？娄湘生教授曾提出读的几个层次，即：找（找出句段）、抓（抓出词语）、说（说出理解）、读（读出感情）。于是，在找出关键句后，我抓住了“敷烫”这个生词，带领学生了解“敷”字在字典里有三种解释，培养孩子的选解能力，再联系这个词语所在的句子，体会这个词语的意思，从而了解皮肤病对于名医扁鹊来说，仅仅只能算是小病，用热水敷烫的方式就能够治好。我们仔细看看，扁鹊说的这段话里一共出现了三个“分号”，说明每一个分句之间是并列的关系，但是我们再用心地读一读这段话，我们会发现分句之间是层层递进的关系，于是有一些执教者就抓住了“敷烫、扎针、汤药、等死”这些词，还有一些抓住“皮肤、皮肉、肠胃、骨髓”这些词进行教学，这些词不仅是执教者容易关注到的，也是孩子们容易找到的。但一些助词或副词往往是孩子们容易忽略的，作为教师我们就要教会他们去抓住这些词来体会。在我的教学中，我就引导孩子抓住“就能够治好”、“可以治好”、“也还能治好”、“无能为力”这些词，感受蔡桓公的病在一天天加重，小病变成了大病，并且扁鹊对蔡桓公病的发展方向是看得一清二楚的，针对蔡桓公的病也是有法可医的，可见扁鹊医术十分高明，难怪世人称之为名医。在病情的发展过程中，扁鹊冒着激怒蔡桓公的危险，一次一次地尽全力耐心劝说其治病，可见医德高尚。最后引导学生把自己的感受融入朗读之中。对于这段话，孩子们读好了，读懂了，读出了层次，这才真正体现了以读为本的原则。

三、思桓公言行，在解词中感悟寓意

这则寓言故事的寓意十分深刻，作为教者我们如何把它讲得深入浅出呢？除了要关注扁鹊的解释以外，还得去关注蔡桓公的表现。于是我引导学生品读 2～4 自然段中描写蔡桓公言行的语句，一个固执己见、自以为是的蔡桓公就跃入了孩子们的眼帘，蔡桓公这一人物形象一下子鲜活起来了。正因为他刚愎自用，不愿面对自己有病的事实，一次又一次拒绝扁鹊的好意，让小病酿成了大病，寓言包含的寓意之一——讳疾忌医就揭示出来了。可孩子们对于这个词的意思知之甚少，如果单纯靠教师填鸭式的讲解，学生可能理解得不深刻，从而影响对寓意的感悟。娄湘生教授曾说过：“语言文字的理解运用是语文教学的首任。”不能因为要凸显语文的人文性而忽略了它的工具性，人文性与工具性是辩证统一的，于是我让孩子们拿出准备好的工具书，查一查“讳疾忌医”这个词的意思。但我们在解释这个词时，也不能忽略了一些关键字的意思，如“讳”指因有顾虑不敢说或不便说。“忌”指认为不适宜而避免。“讳疾忌医”这个词连起来的意思就是知道自己有病，而不肯医治。可能有的老师会想，这是上公开课呀，公开课上就应把那些经典的、令人过目难忘的、能掀起高潮的东西拿出来炫耀，怎么会把平时“家常”的东西——查词典拿出来展示呢？老师，我们可得记住讲台不是展示教师自我才能的舞台，课堂就应该是传授知识，提高学生语文能力、语文素养的地方，平时那些“登不得大雅之堂”，但是却行之有效的教学手段，在这里不是发挥作用了吗？它让孩子们对“讳疾忌医”这个词有了更清楚的认识，这样的教学手段我们就应该大胆地采用。同时，我们也得注意，对于词语的理解离不开文本本身，于是在理解了“讳疾忌医”这个词的本义之后，我将这个词放入了文本中，引导孩子们体会：“如果说蔡桓公开始的时候，不知道自己有病，名医扁鹊一次次地告诉他病情在加重，他知道了后，还不肯治疗，这的确就叫讳疾忌医”。进一步加深了孩子们对这个词的认识，进而这个寓言故事所要揭示的其中一个寓意，学生也就了然于心了。但我并没有因此而打住，孩子们学习寓言故事，不仅是要让他们明白其中的道理，更是为了帮助他们在生活中少走弯路，更好地做人、做事。于是我又引导孩子们联系生活，体会这个词比喻的是掩饰缺点，不愿改正。让孩子们真正地“知其然，更知其所以然”。正因为蔡桓公讳疾忌医，所以他的病才发展到了无药可救的地步，然后顺理成章地引出了“病入膏肓”这个词。接着以蔡桓公的悲惨结局告诫我们要“防微杜渐”。可以看出对于这些生词的教学，我们不再是走过场似的那么简单，那么肤浅地教，而是利用工具书查找，紧扣文本理解，联系生活感悟，使这些词语变得丰满起来，同时也让孩子们在课堂上积累更多的语言，并能准确地运用到生活中，引领他们在语言的海洋中尽情地徜徉。

普罗米修斯

（人教版课标教材四年级下册）

重庆市渝中区曾家岩小学　王渝梅

【文本解读】

感天动地的大爱

人类伟大的朋友普罗米修斯为了帮助人类能够过上温暖、幸福的生活，不惜承受宇宙主神宙斯的残酷惩罚，将火种送给人类。上课前，一遍又一遍地读着《普罗米修斯》，我一次又一次地被他那股英雄豪气深深地震撼，一次又一次地被他那感天动地的大爱所感动……

一、读课题，体会编者的匠心

《普罗米修斯》节选自希腊神话。很多版本的教材都不约而同地选用了这个神话故事，可见英雄所见略同。但是，细细品读，我发现和其他版本相比较，人教版的侧重点有所不同。

首先是题目有所不同。其他版本选用的这篇课文，与希腊神话故事一样，均以《普罗米修斯盗火》为题。人教版的这篇课文则与之不同，它是以神话人物的名字为题目。编者为什么要这样做呢？是疏忽而为之，还是有意而为之呢？研读文本后，我肯定这是编者有意而为之。因为，检索字源，我会发现“盗”是一个会意字。它的本义是“盗窃，偷东西；用不正当的手段营私或谋取”等。由此可见，“盗火”的确不是光明正大的行为。对于小学四年级的学生来说，“盗”字容易让他们产生歧义，会让学生认为宙斯的惩罚虽然严厉，但英雄的行为似乎是有错在先。如此认识，会让英雄正义的行为蒙上污垢，会让英雄高大的形象大打折扣！因此，人教版的课文没有用表事件梗概的《普罗米修斯盗火》来命题，是有其考虑的。不仅题目中没有见到这个“盗”字，文本里也没有“盗”字的踪迹。“有一天，当阿波罗驾着太阳车从天空中驰过的时候，他跑到太阳车那里，从喷射着火焰的车轮上，拿取了一颗火星，带到人间。”“拿取火种”在课文里出现了两次。改“盗取”为“拿取”，这一字之差，无不体现出人教版教材的编写者们呵护童心的良苦用心。英雄的行为是正义的，是让人尊敬的。普罗米修斯有神的超凡本领，有人的痛苦与欢乐，更有令人感慨万分的英雄本色！普罗米修斯是一个集神性、人性与英雄本色于一身的高大而光辉的英雄形象。这样的英雄值得我们敬佩，更值得我们敬畏！从他的身上，我们看到的是面对强权坚持真理、维护正义的精神；看到的是满怀同情、仁爱、无私忘我的精神；看到的是为人类造福，勇于献身的精神。这既是一种精神，也是一种信仰；这既是支撑普罗米修斯的一种强大的力量，也是普罗米修斯给予我们的最宝贵的精神财富。以上这些无不是人教版教材的价值取向!

二、读文本,体会表达的精妙

《普罗米修斯》的语言表达简朴简练而有富有意蕴。如"火种"本来是一个极其普通的词语!然而,当普罗米修斯取回火种,让人类的生活因此而变得温暖、光明、幸福时,这个词语一下子具有了魅力。又因为这平凡的词语,众神的领袖宙斯的惩罚让普罗米修斯陷入了绝境。普罗米修斯被宙斯死死地锁在高高的悬崖上,日夜遭受着风吹雨淋的痛苦;他日复一日、年复一年地忍受着被鹫鹰"啄"食肝脏的折磨。文本透过这一"锁"一"啄"的表达,揭露了宙斯的残忍,同时又凸显出普罗米修斯为人民造福的永恒追求和百折不挠的意志,进而也把普罗米修斯心中的那份大爱渲染得淋漓尽致……

"锁"其"身",怎能"锁"其爱?因为普罗米修斯将拿取的火种,带到了人间。众神首领宙斯便"气急败坏,决定给普罗米修斯以最严厉的惩罚……"围绕"惩罚",文章展开了第一个场景——锁。"普罗米修斯的双手和双脚被死死地锁在高高的悬崖上,他既不能动弹也不能睡觉,日夜遭受风吹雨淋的痛苦。"细读这句话,我深切地感受到"锁"之悲:这"死死地"锁!锁得多牢,锁得多紧?这"锁"不只是肉体上的折磨,更是对普罗米修斯精神的考验。铁链锁住的仅仅是手和脚吗?更有那失去的宝贵的自由!沉重的铁链只能锁住普罗米修斯的身,却锁不住他为人类造福的心,锁不住他为大爱而战的信念!此时,浮现在我眼前的,不仅仅是大雪纷飞,雷电交加,狂风暴雨,更是一位英雄的壮举,一种精神的闪光:不管是狂风还是暴雨,不管是烈日还是大雪,普罗米修斯毫不畏惧、傲然屹立。他那不屈服的英雄气魄,吟咏着惊天地泣鬼神的伟大精神。

"啄"其"脏",怎能"啄"其心?无情的宙斯呀,面对正义的、勇敢的普罗米修斯,一刑不成又施一刑——"啄"。"狠心的宙斯又派了一只凶恶的鹫鹰,每天站在普罗米修斯的双膝上,用它那尖利的嘴巴,啄食他的肝脏。……"读至此,想至此,眼前席卷而来的便是:撕心裂肺、痛不欲生、鲜血淋漓、血流如注、生不如死……白天,他的肝脏被吃光了;晚上,肝脏又重新长出来。日复一日,年复一年,痛苦没有尽头。普罗米修斯遭受着常人难以承受的折磨。这是一种比肉体摧残更可怕的精神折磨。一个"啄"字,揭露了宙斯的残暴,同时也镌刻了普罗米修斯光辉的形象。"为人类造福,有什么错?"这是普罗米修斯的坚定信念。为了这信念,为了人类的幸福,他付出了无尽的代价:"肝脏被吃光了,可是一到晚上,肝脏又重新长了起来。"一天,一个月,一年,十年……日复一日,年复一年,这怎是一个痛呀?宙斯企图用"啄"征服普罗米修斯的心。然而凶恶的鹫鹰只能啄去普罗米修斯的肝脏,却啄不灭普罗米修斯为人造福的信念。再次读这个"啄"字,怎不让人心中萌生敬意?

造福民,怎能有所惧?"很久很久以前,地面上没有火,人们只好吃生的东西,在无边的黑暗中度过一个又一个长夜。"人类的无奈,人类的痛苦,人类的恐惧,及人类对火的渴望,神知道却根本不在意。只有心地善良、心系人类的普罗米修斯"看在眼里,急在心里,依然冒着生命危险,到太阳神阿波罗那里去拿取火种。"他为人类送来了火。"自从有了火,人类开始用它烧熟食物,驱寒取暖,用火来驱赶危害人类安全的猛兽……"看到火给人类带来了光明与希望!普罗米修斯感到很幸福,很满足。英雄私自拿取火种,给自己带来无尽的惩罚,甚至付出生命的代价。但无私无畏的他却掷地有声地说:"为人类造福,有什么错? 我可以忍受各种痛苦,但决不会承认错误,更不会归还火种!”这富有鲜明个性的人物语言,塑造了普罗米修斯这个顶天立地的英雄形象,道出了普罗米修斯全部的精神内涵,道出了他全部的精神价值。

三、读学情,体会神话的魅力

作为世界文化的经典——古希腊神话故事,是人教版中段教材中一个重要的组成部分。在学习《普罗米修斯》之前,学生已接触了中国的神话故事,如《盘古开天地》《夸父逐日》等。虽然,中国的古代神话故事和希腊神话故事有很大的区别,但是编者们却取了教材共同的价值取向——那就是为了感天动地的大爱精神。这大爱,成就了以自己的生命演化出生机勃勃的大千世界的盘古;成就了为人类追求光明而牺牲的夸父;更成就了为人类带来火种和温暖而饱受折磨和凌辱的普罗米修斯! 不管是中国的古代神话,还是古希腊神话,他们所塑造的每一个英雄形象的精神内涵都是一样的! 那就是一个个充满大爱的神话人物形象,诠释着人类为追逐幸福的艰难历程,也彰显着中西方神话的独特魅力。

对语文教学和语文课程来说,“教什么”的问题是第一位的问题。细读《普罗米修斯》这一课,发现、筛选、落实好上述教学内容,可以让我们在教学中有的放矢,增强教学的实效。

【教学设计】

质疑中归纳,品读中体会

教学目标

1. 会认 7 个生字,会写 14 个生字,正确、流利、有感情地朗读课文。

2. 运用提问的方式,归纳主要内容。

3. 抓住关键词句体会人物的心情,感悟普罗米修斯造福人类、不惧强权、勇敢无畏、不屈不挠的精神,感受希腊神话的魅力。

教学重难点

抓住关键词句体会人物的心情,感悟普罗米修斯造福人类、不惧强权、勇敢无畏、不屈不挠的精神。

教学准备

多媒体课件。

教学课时

2 课时。

教学过程

第一课时

一、读课导入,亲近神话

1. 今天,我们要学习一篇脍炙人口的古希腊神话故事,齐读课题。普罗米修斯是古希腊神话中的一个神。课后的资料袋,对此作了简单的介绍,请读一读,再交流。

【导师点评:希腊神话,是世界古典文明中晶莹璀璨的珍珠,是世界文学宝库中熠熠生辉的经典。学生第一次学习希腊神话,教师在开课时,借助资料袋的提示,有意识地引导学生亲近希腊神话,感受世界经典的魅力。这样教学,洋溢着浓郁的文化味。】

2. 希腊神话是古希腊人关于神的故事和英雄传说的总汇,它具有非凡的想象力。普罗米修斯是古希腊神话传说中的提坦神。他创造了人,同时仿造音神,终于使人类发出声来,而且教给人类知识和技术方法。同时,他同众神之王宙斯及其对人类的统治霸权发起挑战。

3. 这篇课文讲了普罗米修斯做的什么事?(取火)他为什么要取火?怎样取火?结果怎样?这节课,我们就带着这三个问题,走进课文,了解神话。

二、自读课文,检查字词

1. 自由小声地朗读课文,注意读准生字词的字音,读通句子。

2. 这是一篇外国神话,文中的人名、山名比较难读。来,咱们先读一读……(普罗米修斯、太阳神阿波罗、众神的领袖宙斯、火神、鹫鹰、大力神赫拉克勒斯、高加索山)

【导师点评:外国文学作品中的人名较长,且与母语习惯差距较大,学生难以读好。虽然它们不是本课的生字词,但是老师没有熟视无睹,而是给予关注,给予重视。这启示着我们,学生读不好的地方,教师就应该理所当然地教,理直气壮地导。】

3. 抽认生字词:领袖、吩咐、饶恕、关押、狠心、肝脏、挽弓射箭。(正形:怒——恕)抽读词语:驱寒取暖、气急败坏、风吹雨淋、愤愤不平。

4. 联系上下文解释"气急败坏""惩罚"等词语……(气急败坏:上气不接下气,狼狈不堪,形容十分慌张或恼怒。惩罚:严厉地处罚。)

三、通读全文,了解大意

1. 质疑抽读。

(1)在没有火的情况下,人类是怎么生活的?(吃生东西,黑暗中过)普罗米修斯是怎样想的?(冒险取火种)抽读第一自然段。

(2)普罗米修斯是怎样取火的?(从太阳车上喷射的火焰中取了一颗火星)火种给人类带来什么好处?(烧熟食物、驱寒取暖、驱赶猛兽)抽读第二自然段。

(3)这一切却触怒了谁?(众神的领袖宙斯)他想干什么?(惩罚)抽读第三自然段。

(4)火神想怎样帮助普罗米修斯?(认错,归还火种)普罗米修斯是怎样说的?(不认错,不归还)抽读第四、五自然段。

(5)宙斯是怎样惩罚普罗米修斯的?(手脚被锁在悬崖上,鹫鹰啄他的肝脏)抽读第六、七、八自然段。

(6)普罗米修斯不屈服,不后悔,他的英雄壮举感动了谁?(大力士赫拉克勒斯)他做了什么?(挽弓射箭,射死鹫鹰,获得自由)抽读第九自然段。

2. 归纳内容。

(1)读通课文后,谁能围绕"普罗米修斯为什么取火?怎样取火的?结果怎样?"这三个问题,用简洁的语言归纳这个神话的主要内容。(为造福人类,普罗米修斯从太阳车轮喷射的火焰中,取了一颗火星,给人类带来温暖和光明。为此,他受到宙斯的惩罚却不屈服。大力神射死鹫鹰,砸碎锁链,使普罗米修斯获得自由。)

(2)根据板书上关键词的提示,归纳主要内容,并抄写在笔记本上。

【导师点评:以质疑的方式,引发学生思考,一边引导学生正确流利地朗读课文,一边初步感知课文大意,这既为后面归纳主要内容奠定了基础,又为第二课时抓重点词句体会人物心情进行了较好的热身运动。这样的教学策略,一举多得,"一石三鸟"。】

四、认清字形,规范书写

1. 这课要写14个生字,请读帖,看一看该如何写好这些字。(①大多是左右结构的字,或左窄右宽,或左右相近。②仅有一个上下结构的字。③辨析形近字:焰——滔、驱——躯、袖——油、饶——绕、抗——杭、狠——很——恨、膝——漆)

2. 教师范写"焰""佩""罚""膝"等字,学生书写生字词。

附:板书

31 普罗米修斯

拿取火种　造福人类

受到惩罚　绝不屈服

挽弓搭箭　获得自由

第二课时

一、复述导入,聚焦重点

1. 今天,继续学习这篇神话故事,齐读课题。回忆上节课的内容,谁来复述一下这个神话故事?

2. 初读课文后,你觉得普罗米修斯是个什么样的人,他最让你佩服的是什么?(普罗米修斯是一个敢于从天上拿取火种的英雄。他造福人类、勇敢无畏的精神最让人敬佩。)

3. 那么,你是从课文的哪些语句中体会到他的这些精神?是呀,课文中表现普罗米修斯造福人类、勇敢无畏精神的语句很多。今天,我们重点抓住几个重点词句细细体会。

二、品味词句,感悟精神

(一)抓住重点词句,体会"气急败坏"的心情

1.(课件出示句子:宙斯得知普罗米修斯从天上……气急败坏……最严厉的惩罚。)

2."气急败坏"这个词写出了什么?(宙斯的穷凶极恶、恼羞成怒。)

3. 通过上节课的学习,我们都知道"惩罚"的意思是……(严厉地处罚)为什么还要在这个词的前面加上"最严厉"这个词呢?(更突出宙斯的残酷无情)

4. 有感情地朗读句子。

(二)抓住重点词句,体会"造福人类"的心情

1. 面对宙斯最严厉的惩罚,普罗米修斯是怎样说的?(课件出示句子:普罗米修斯摇摇头,坚定地回答:"我为人类造福……更不会归还火种!")

2. 联系前文想一想,普罗米修斯到底为人类造了什么福?(人类有了火,就开始用它烧熟食物,驱寒取暖,驱赶猛兽……)

3. 从这省略号中,你还读出了什么?这一颗小小的火种,改变了人类的生活方式,让人类有了温暖,有了光明,有了安全……它的确是普罗米修斯为人类造的福啊!

【导师点评:一词一标点都关情。在品读这个句子时,教师紧紧抓住"造福"这个关键词和省略号,引导学生瞻前顾后地理解体会,读出其宽度、厚度、深度、长度,充分感受普罗米修斯冒着危险,拿取火种,给人类带来的种种福音。这时,一个为民造福的英雄形象一下子跃然纸上。学语文,就要这样读出味,品出形。】

4. 那么,没有火的时候,人类是怎样生活的呢?("地面没有火,人们只好吃生的东西,在无边的黑暗中度过一个又一个长夜。")

5. 看到这情景,普罗米修斯的心情怎样?(难过,心疼……)是啊,没有火的时候,人类的生活痛苦不堪,普罗米修斯心疼呀!他怎能把好不容易取来的火种还给宙斯呢?所以,面对火神的好心规劝,普罗米修斯摇摇头,坚定地说……(引读句子。)

6. 这句话着重描写了普罗米修斯的什么?(神态、语言)能不能去掉"坚定地"这个词?能不能把"有什么错"改为"没有错"?为什么?(不能。因为有了它们,就更能够表现出普罗米修斯不畏强暴、不怕痛苦、坚定不移地为民造福的精神。)有感情地朗读句子。

【导师点评:关注文本是怎样写的,比关注写了什么更重要。抓住人物的神态、语言,更能读出取火英雄——普罗米修斯为民造福、勇敢无畏的真实心声。为此,教师引导学生走进文本的字里行间,相机进行词句的取舍比较与玩味,既充分感受作者独具匠心的表达,又充分感悟普罗米修斯坚定不移的意志。"感乎心者,莫先乎情",有感情地朗读,自然水到渠成。】

(三)抓住重点词句,体会"忍受痛苦"的心情

1. 普罗米修斯说到了,也做到了。请联系下文想一想,宙斯是怎样严厉惩罚普罗米修斯的,他又是怎样忍受那些巨大的痛苦的?(被锁,被啄……)

2. 这个神话故事呈现了两个惨不忍睹的画面。首先来看第一个画面……(课件出示句子:普罗米修斯的双手和双脚戴着铁环,被死死地锁在高高的悬崖上。他既不能动弹,也不能睡觉,日夜遭受着风吹雨淋的痛苦。)

(1)这个句子用细腻的笔触着力描写了什么?(普罗米修斯被死锁在高加索山上的惨景)

(2)引读,体会"锁"之痛苦。

A. 普罗米修斯不能动弹,是因为……(他的双手和双脚戴着铁环,被死死地锁在高高的悬崖上。)

B. 他不能睡觉,是因为……(他的双手和双脚戴着铁环,被死死地锁在高高的悬崖上。)

C. 他日夜遭受着风吹雨淋，是因为……（他的双手和双脚戴着铁环，被死死地锁在高高的悬崖上。）

(3)“死死地”的这个词能不能去掉？为什么？（不能。有了它，更强调了锁得紧，锁得牢，锁得久……更反映了宙斯惩罚手段之严厉，之残忍，之无情……更表现了普罗米修斯的坚强勇敢……）铁锁锁住了普罗米修斯的手脚，却锁不住他造福人类的心，锁不住他勇敢无畏的精神，让我们再有感情地朗读这两个句子。

3. 尽管如此，普罗米修斯就是不向宙斯屈服。因为，他认为“为人类造福……更不归还火种。”

【导师点评：同样的词语取舍的比较与玩味，教师没有“涛声依旧”，没有简单地重复上一环节的教学策略。因为，这样做，虽然一脉相承，却易于导致学生的“审美疲劳”。在这一处的教学中，教师先引导学生在惨不忍睹的情景中有滋有味地反复朗读，如泣如诉地朗读，充分感受普罗米修斯所遭受的巨大痛苦。在此基础上，再细细地咀嚼“死死地锁”这个短语所饱含的多重含义。这时，学生就不难感受到其间有宙斯的残酷无情，有普罗米修斯不惧强权、勇敢无畏、不屈不挠的精神，有作者强烈的爱憎……“弱水三千，只取一瓢饮”。阅读又何尝不是如此呢！抓住一个关键词，读活这个惨景，读出文中诸多人物的心情、精神……这样的阅读，就是我们现在所崇尚的低碳阅读、经济阅读、有效阅读。】

4. 宙斯对普罗米修斯更血腥、更残忍的惩罚还在后面呢！请看第二个画面……（课件出示句子：狠心的宙斯又派了一只凶恶的鹫鹰，每天站在普罗米修斯的双膝上，用它尖利的嘴巴，啄食他的肝脏。白天，他的肝脏被吃光了，可是一到晚上，肝脏又重新长了起来。这样，普罗米修斯所承受的痛苦，永远没有尽头。）

(1)这段话又着力描写了什么？（普罗米修斯的肝脏被凶恶的鹫鹰啄光了，身体被啄得鲜血淋漓……）

(2)鹫鹰啄的不是手，不是胳膊，而是身体上最致命的地方——肝脏。普罗米修斯每天都要受到同样的折磨，这是怎样的一种疼啊？（撕心裂肺的痛、生不如死的痛……）

(3)普罗米修斯忍受着这样巨大的痛苦，是为了什么？（为了造福人类……）鹫鹰啄食着普罗米修斯的肝脏，却啄不死他造福人类的心，让我们再有感情地朗读这段话。

5.“许多年来，普罗米修斯一直被锁在那个可怕的悬崖上。”这“许多年”究竟是多少年？请猜猜……你们知道吗，是“三万年”啊！

6. 教师配乐朗读“三万年来，普罗米修斯……被死死地锁在……三万年来，他既不能动弹，也不能……风吹雨淋……三万年来，残酷的宙斯派出凶恶的鹫鹰用尖利的……肝脏……三万年来……一直锁在那可怕的……”三万年来，普罗米修斯就是这样坚强地忍受着各种痛苦。因为，他心中有这样一个坚定的信念……（为人类造福）再引导学生配乐朗读这些内容。

7.（指板书）你们看这个“惩”，“心”上面一个“征”，是宙斯想征服普罗米修斯的心。再看这个“忍”字，像心上插了一把刀。但是，普罗米修斯为人类造福的心是无法征服的。读到这里，你觉得普罗米修斯是个怎样的人？（是一个为民造福，勇敢无畏的大英雄；是一个不畏强权，不惜牺牲一切的人；是一个富有正义感的人……）

【导师点评：再次从汉字“惩”与“忍”的形、义入手，升华神话的主旨，让普罗米修斯的英雄形象，如伟岸的高山一样，巍然地屹立在文本之中，屹立在学生眼前和心中。学语文，就要充分地彰显汉字的魅力，彰显神话的魅力。学完这一课，学生记住了为民造福的普罗米修斯，更记住了去阅读那具有非凡想象力的古希腊神话。】

三、抒写感受，拓展阅读

1. 普罗米修斯造福人类、勇敢无畏的精神感动了大力神，他射死了鹫鹰，砸碎了锁链，让普罗米修斯获得了自由；普罗米修斯造福人类、勇敢无畏的精神也深深地感动了我们。读了这篇神话故事，你有什么样的感受呢？请先用三言两语写一写，再汇报交流。

2. 普罗米修斯的神话在世界广为流传；普罗米修斯造福人类、不畏权势，富有正义感的精神，感动着你，感动着我，感动着他……让我们记住古希腊神话中这位伟大的天神吧。再齐读课题。

3. 古希腊神话像世界文化星空里一颗璀璨的明珠。在《希腊神话》这书中，还有描写了众多的神：如海神——波塞冬、智慧女神——雅典娜、黎明女神——厄俄斯、月亮女神——塞勒涅等等，有兴趣的同学可以去看一看，里面还有很多感天动地的神话人物呢！

附：板书

31　普罗米修斯
为人类造福
惩　忍
被锁　被吃　不屈服

【课后反思】

亲近希腊神话，体会人物内心

《普罗米修斯》是小学阶段学生接触的唯一一篇古希腊神话，它节选自《一千零一夜》。这个神话故事通过生动的语言文字，表现了天神——普罗米修斯勇敢无畏、坚定不移、为民造福而勇于自我牺牲的精神。如何引导学生亲近希腊神话，体验人物的内心世界，感受普罗米修斯感天动地的大爱，这无疑是本课教学的着力点。为了实现这既定的教学目标，我主要从以下几个方面进行了尝试。

一、链接资料，粗知神话

希腊神话是世界古典文明中晶莹璀璨的珍珠，是世界文学宝库中熠熠生辉的经典。为了凸显语文的特点，为了展示古希腊神话的魅力，开课时，我没有用煽情的语言渲染情景，炫耀自己丰厚的文化底蕴，而是用简洁明快、明白如话的语言，将课后的资料袋与即将学习的古希腊神话有效地链接在一起。这简短的导入，既让学生亲近希腊神话，又激发学生的阅读期待，使课堂教学一下子进入高速路，驶入了快车道。

二、整体感知，走进神话

阅读的起始阶段，要强化初读，要提倡课文不读熟不开讲。教师要拿出时间让学生沉下心来读书，力求读正确，读流利。因为，初读是学生感悟语言，体验情感的基础。万丈高楼平地起，学生只有充分接触文本，对文章有了感性的认识，他们对语言的品悟才能更深刻。开课后,我采用分段质疑抽读的方式,引导学生正确流利地朗读课文,熟悉课文,整体感知神话故事。在质疑的基础上,我把最能体现神话故事主要内容的重点词语借助板书呈现出来。接着,引导学生运用抓"三要素"的方法,即通过追问"普罗米修斯为什么取火?怎样取火?结果怎样?"这几个问题,结合板书上重点词语的提示,学生很快把握了主要内容,与神话来了一次亲密接触。

三、品词析句,敬畏天神

1. 抓语言,感悟天神的坚定内心

在这个神话故事里,普罗米修斯的英雄形象主要是通过他的语言、神态呈现出来的。学生只有充分地理解这些重点词句,才能真正地感悟到普罗米修斯为人类造福,勇敢无畏的精神和坚定不移的内心。"为人类造福,有什么错?我可以忍受各种痛苦,但决不会承认错误,更不会归还火种!"这是普罗米修斯面对宙斯的摧残,所说的一段掷地有声、凛然无畏的语言。教学时,我首先引导学生联系前文想一想,"普罗米修斯到底为人类造了些什么福?"当学生了解到,人类有了火,就开始用它烧熟食物,驱寒取暖,驱赶猛兽……过上了幸福生活时,我又抓住省略号,引导学生补白,让学生充分感受普罗米修斯造福人类的伟大贡献。

2. 抓惨景,体会天神的坚强意志

天神的悲惨境遇,一方面表现出了宙斯的残酷无情,另一方面更突出了天神的坚强意志。在教学"受惩罚"这个语段时,我抓住两个字来教学,一是对"锁"的理解。普罗米修斯被死死地锁在悬崖上,我紧紧围绕这个"锁"字,运用因果句式的引读,"普罗米修斯不能动弹,是因为……""他不能睡觉,是因为……""他日夜遭受着风吹雨淋,是因为……"引导学生在朗读之时,展开想象,体验惨景,感受普罗米修斯所遭受到的巨大痛苦。二是对"啄"字的咀嚼,如引导学生想象悲惨的画面,感受宙斯的凶残霸道。

3. 抓字形,升华天神的伟大精神

结尾时,教师再次引导学生分析"惩"字的形与义,进而揭露宙斯的凶残霸道;再次引导学生分析"忍"的形与义,升华神话的主旨,让普罗米修斯的英雄形象,如伟岸的高山一样,巍然地屹立在文本之中,屹立在学生眼前和心中。

四、拓展阅读,亲近神话

学完全文,教师又通过介绍希腊神话中众多的神话人物,引导学生从课内走向课外,以一篇带读多篇,有意识地进行拓展阅读。

当然,教无定法,以上只是自己在教学《普罗米修斯》一课的粗浅感受,今后的教学中,我将继续努力,不断追求语文课堂教学的有效性。

第三学段课例

二泉映月

（苏教版课标教材五年级上册）

重庆市渝中区中山小学　梁文利

【文本解读】

震撼人心的生命之歌

《二泉映月》是苏教版小学语文第十册中的一篇课文。课文用阿炳十几年前和十几年后，两次在中秋夜去二泉的故事，概括了他一生最重要的经历，生动地记叙了阿炳创作二胡名曲《二泉映月》的艰辛历程，表现他热爱生活、热爱音乐、追求美好理想、敢于同命运抗争的精神。

课文文质兼美，内涵丰富。文中对《二泉映月》音乐旋律与饱含情感的描写实际上就是对阿炳一生的写照——对惠山二泉的赞叹与回忆，对师父的追忆与怀念，对卖艺生活的悲愤与苦痛，对社会不公的反抗与呐喊，对美好未来的向往与憧憬，对民族音乐的热爱与追求……

课文篇幅较长，难点较多，还有很多音乐上的专业术语，而且阿炳这位旧社会的民间盲人艺人，对今天的孩子来说是遥远的、陌生的，所以《二泉映月》这首二胡名曲，对天真稚气的孩子们来说，是陌生的、难懂的。这就需要教师用自身丰富的情感引领学生在"一咏三叹"的朗读中，积淀情感，走近阿炳，走近《二泉映月》。所以，教师自身必须深入解读文本，找好切入点，引领孩子们真切体验盲人阿炳创作《二泉映月》的艰辛和这首名曲的丰富内涵。这也正是本课教学的重点和难点。

为了帮助自己深入理解文本，我反复聆听了《二泉映月》这首曲子，也查阅了大量关于这首不朽名曲的文字资料，了解越多，心灵的震撼越大。曲子开端是一段引子，它仿佛是一声深沉痛苦的叹息，仿佛在倾诉阿炳所承受的苦难压迫与心灵上一种无法解脱的哀痛，仿佛在讲述这位老艺人在坎坷不平的人生道路上徘徊、流浪，而又不甘心向命运屈服的苦难人生。第四段达到了全曲的高潮，我们仿佛可以听到阿炳从心灵底层迸发出来的愤怒的呐喊声，那是阿炳的灵魂在疾声呼喊，是对命运的挣扎与反抗，也是对美好生活的向往和追求。昂扬的乐曲在饱含不平之鸣的音调中进入了结束句，而结束句又给人一种意犹未尽之感，仿佛仍在默默地倾诉着，倾诉着……可以说，这首乐曲自始至终流露的是一位饱尝人间辛酸和痛苦的盲艺人的思绪情感，是感情的自然流露。它的旋律优美婉转，质朴动人，平静深沉而不乏昂扬之志，缠绵哀怨而饱含愤慨之情，充满浓郁的江南风格。同时，乐曲展示了独特的民间演奏技巧与风格，以及无与伦比的深邃意境，显示了中国二胡艺术的独特魅力，它拓宽了二胡艺术的表现力，曾荣获"20 世纪华人音乐经典作品奖”。总的来说，我觉得可以抓住以下描写，引导学生仔细品读。

1. 描写惠山二泉美景的词句。二泉映月不仅是乐曲的名儿，还是惠山一道著名的风景。文中断断续续在四个地方描写了如诗如画的美景，给人印象深刻。教师可让学生一一找出相关词语，引导学生借助相关句子体会其意境，再通过富有感情地朗读整体感知惠山二泉独特的美。

词语：

树木葱茏　藤萝摇曳　茫茫月夜　月光如银　一泓清泉

静影沉璧　淙淙流水　月光似水　月光照水　水波映月

句子：

无锡的惠山，树木葱茏，藤萝摇曳。山脚下有一泓清泉，人称“天下第二泉”。

月光似水，静影沉璧，但阿炳再也看不见了。只有那淙淙的流水声萦绕在他的耳畔。

水面月光如银，师父静静地倾听着泉声。

月光照水，水波映月，乐曲久久地在二泉池畔回响，舒缓而又起伏，恬静而又激荡。

这些描写惠山美、二泉美的句子，极好地体现了江南水乡的幽雅闲静，情趣、意境尽在其中，这是《二泉映月》产生的地方，也是阿炳音乐灵感的源泉，要引导学生细细品味。但需要注意的是，不要忽略了“再也看不见了”。如画的风景依然在，观赏的人却不一样了——恩重如山的师父早已离开人世，自己也瞎了，眼前只有无尽的黑暗，再也看不见这一切美景了。看似淡淡的一句“再也看不见了”写出了阿炳心中惆怅与遗憾，也让读者在细细品味后，心中一阵酸楚。

2. 有一年中秋之夜，小阿炳跟着师父来到泉边赏月。水面月光如银，师父静静地倾听着泉声。突然，他问小阿炳：“你听到了什么声音？”小阿炳摇了摇头，因为除了淙淙的流水，他什么声音也没有听见。师父说：“你年纪还小，等你长大了，就会从二泉的流水中听到许多奇妙的声音。”小阿炳望着师父饱经风霜的脸，懂事地点了点头。

这段描写并非可有可无，简简单单的描述中，师傅的饱经风霜，对阿炳的怜惜，小阿炳对泉水中奇妙声音的不理解以及他所表现出的懂事，都给读者留下了深刻的印象。或许，阿炳对二泉的迷恋正源于此，源于师父的潜心引领，源于对师父无尽的思念。

3. 渐渐地，渐渐地，他似乎听到了深沉的叹息，伤心的哭泣，激愤的倾诉，倔强的呐喊……

淙淙的流水声拨动了阿炳心中的弦，惠山的美景、早已离开人世的师父、自己与师父在二泉的那次对话以及自己坎坷不平的一生在他脑海里一一闪现。为什么长大后他听到的不是奇特美妙的声音，而是叹息、哭泣、倾诉、呐喊？细读文本后，我们发现：第一，阿炳在乐曲中赞叹的惠山二泉的美景令人惊叹，而今，这样的美景再也看不见了，所以他要叹息、要哭泣。第二，师父对阿炳恩重如山，曾是那样呵护他、关爱他，而却早已离去，留下孤零零的自己。他当然要叹息、要哭泣。第三，阿炳靠卖艺维持生活，他身怀绝技却无处施展；他整日卖艺，却难以维持温饱。命运是多么的不公平啊！此外，阿炳他生活在国民党反动统治时期，他也曾编演过许多讽刺性的乐曲，向邪恶势力挑战，如《听松》《汉奸的下场》等曲目，表达了他对日寇及汉奸的极大的义愤，而他因此也成了反动当局的眼中钉、肉中刺。1947 年，阿炳遭国民党殴打成疾，被迫停止了卖艺生活。阿炳为此感到愤怒，但他并没有屈服，他把自己对痛苦生活的感受通过音乐反映出来，这音乐透露出一种健康而深沉的气息，显示出一种勇敢抗争的力量。

4. 听着，听着，阿炳的心颤抖起来。他禁不住拿起二胡，他要通过琴声把积淀已久的情怀倾吐给这茫茫月夜。他的手指在琴弦上不停地滑动着，流水，月光都变成了一个个动人的音符，从琴弦上流泻出来。

许多资料都说阿炳在音乐上的成就远远超过了传他技艺的父亲（也就是文中提到的师父），他博采众长，作品渗透着传统音乐的精髓，情真意切，扣人心弦，充满着强烈的艺术感染力。而这一切，在痛苦不堪的生活中还依然不变，尤为可贵。这段文字就证明了这一点。触景生情，即兴创作出饱含生活体验，饱含真情的动人弦乐，阿炳的音乐才华展现无遗。而这更让我们为他哀叹——如此有才华的人竟然无人欣赏，他只能流落街头，沿街卖艺；如此丰富的情怀竟然无人能懂，他只能将积淀已久的情怀向月夜倾吐，真是太让人心痛了！

5. 起初，琴声委婉连绵，有如山泉从幽谷中蜿蜒而来，缓缓流淌。这似乎是阿炳在赞叹惠山二泉的优美景色，在怀念对他恩重如山的师父，在思索自己走过的人生道路。

舒缓的乐曲让人感受到阿炳平静的心情，他沉浸在对惠山美景的回忆、对师傅的怀念、对自己坎坷一生的回顾中。因此，乐曲中有美好的回忆，也有悲凉的情怀、无奈的心绪。

6. 但是生活的穷困和疾病的折磨，泯灭不了阿炳对音乐的热爱和对光明的向往。他多么希望有一天能过上安定幸福的生活啊！

随着旋律的升腾跌宕，步步高昂，乐曲进入了高潮。它以势不可挡的力量，表达出对命运的抗争，抒发了对美好未来的无限向往。月光照水，水波映月，乐曲久久地在二泉池畔回响，舒缓而又起伏，恬静而又激荡。阿炳用这动人心弦的琴声告诉人们，他爱那支撑他度过苦难一生的音乐，他爱那美丽富饶的家乡，他爱那惠山的清泉，他爱那照耀清泉的月光……

舒缓——起伏，恬静——激荡，这两组看似对立的词语，却更深一层地表现了乐曲的丰富内涵。就在乐曲的千回百转之中，我们仿佛走进了阿炳的内心世界，听阿炳诉说满腔情怀，随后，一袭破长衫、一副破墨镜、一顶破帽、一把旧胡琴随着主人的离去渐渐消失在眼前，消失在惠山脚下，但那凄凉的音乐却久久回响着……

面对生活的磨难，面对屈辱与不公，阿炳心中悲愤不已，但他依然充满了对生活的热爱，对音乐的挚爱与执著追求，对光明与幸福生活的向往。他是倔强的、坚强的，是真正的强者！

7. 就这样，一首不朽的乐曲诞生了——这就是经后人整理并定名为《二泉映月》的二胡曲。几十年来，这首曲子深受我国的喜爱，在国际乐坛上也享有盛誉。

坚强的意志、对美好生活的向往、对音乐的热爱支撑着阿炳，伴他度过了苦难人生。苦难本来给人们带来悲痛、哀伤、哭泣，但是对于敢于和命运抗争的强者来说，苦难是一笔巨大的财富。人们喜爱阿炳的《二泉映月》，同情他卖艺生活的悲愤与苦痛，敬佩他对社会不公的反抗与呐喊，对美好未来的向往与憧憬，对民族音乐的热爱与追求……

总之，正如一位音乐评论家所说，《二泉映月》是“哀而不悲，怨而不怒”的，尽管它描绘的是苦难，品味的是苦难，但带给人们的却是一种超越苦难、战胜苦难的精神动力。确实如此，《二泉映月》记录了阿炳坎坷的生命历程，体现了他卓越的音乐才华，抒发了他对生命、生活、音乐的挚爱与执著追求，这曲子是阿炳谱写的不朽名曲，是我们心中永远的、令人震撼的生命之歌！

【教学设计】

紧扣“不朽”，一咏三叹

教学目标

1. 学习本课 6 个生字，认识 8 个；理解由生字组成的词语。

2. 正确流利、有感情地朗读课文，背诵四、五自然段；积累课文中出现的美词佳句。

3. 联系上下文和自己的积累，推想课文中有关词句的内涵，了解人物的坎坷经历，感受《二泉映月》的丰富内涵，感悟阿炳敢于同命运抗争，矢志不渝地追求美好理想的精神。

教学重难点

1. 凭借课文中的语言材料，感受《二泉映月》的丰富内涵。

2. 学习阿炳敢于同命运抗争，矢志不渝地追求美好理想的精神。

教学准备

搜集阿炳的资料、《二泉映月》的音乐。

教学课时

2 课时。

教学过程

第一课时

一、谈话引入，导入新课（播放《二泉映月》）

1. 课前，老师要求大家查找资料，欣赏《二泉映月》这首乐曲。听过的孩子能用一两个词概括一下自己的感受吗？（凄凉、悲伤、苦难、激愤……）

2. 乐曲作者是谁？通过课前查找资料，你对他有些什么了解呢？谁来说说？（阿炳，民间音乐家，原名华彦钧，江苏无锡东亭人。从小跟父亲华清和当道士，学音乐。1 岁多时母亲死了，21 岁得了眼病，34 岁双目失明。他在无锡以沿街卖唱和演奏各种乐器为生，还经常演唱当日新闻。抗日战争时期，演唱过《汉奸的下场》等歌曲；抗战胜利后，演唱揭露、抨击国民党黑暗统治的歌曲。阿炳创作了二胡曲《二泉映月》《听松》，琵琶曲《大泊沙》《昭君出塞》等名曲。其中最著名的是二胡独奏曲《二泉映月》，大约创作于 20 世纪 40 年代。）

3. 这篇课文的课题就是乐曲曲名（板书课题）。为什么会被称作是“不朽”的乐曲呢？学完课文我们就知道了。

二、初读课文，整体感知

1. 抽读生字词，注意读准字音。

2. 自由读课文，借助词典并联系上下文理解意思，相机理解部分词语。如，饱经风霜、坎坷、激愤等。

3. 分段朗读，感知大意。

4. 再读课文，思考分段。

第一段（第1、2自然段）中秋夜，小阿炳跟着师父到二泉听泉赏月，他只听到了淙淙的流水声。

第二段（第3、4自然段）又一个中秋夜，失明的阿炳在邻家少年的搀扶下来到二泉听泉，他听到了各种奇妙的声音。

第三段（第5、6自然段）阿炳在二泉边用二胡倾吐自己积淀已久的情怀，创作出了不朽名曲《二泉映月》。

三、指导书写，强化难字

四、通读全文，质疑问难

附：板书

二泉映月

儿时听泉——淙淙流水（1～2）

长大听泉——奇妙声音（3～4）

倾吐情怀——创作名曲（5～6）

第二课时

一、复习引入，初识“不朽”

今天，我们将继续学习课文《二泉映月》。通过上节课的学习，我们知道了文章主要记叙了阿炳创作乐曲《二泉映月》的过程。那么，这是一首怎样的曲子呢？作者用了一个词来评价？（板书：不朽）

【导师点评：紧扣中心词开课，暗示后面的学习将以此统领全文，紧紧围绕“不朽”展开。同时，也能加深学生对乐曲的整体印象，强化乐曲在我国乃至世界乐坛的崇高地位，简洁有力！】

二、品味名曲，感受“不朽”

1. 为什么说这是一首不朽的曲子？首先让我们走近乐曲，了解它的内容。课文哪个自然段对曲子进行了直接地、具体地描写？（5自然段）

2. 自由读读5自然段，找到直接描述琴声的词。（板书：委婉连绵、升腾跌宕、舒缓而起伏、恬静而激荡）

3. 想着词语的意思，自由地读读。

4. 透过这些词语，你感觉这乐曲怎么样？

5.“委婉连绵”的音乐让我们想到的是优美抒情，“升腾跌宕”的音乐让我们想到的是音乐的快慢强弱，节奏的起伏变化，而作者想到的是什么呢？看着这段话一起来读读。（出示无音乐的灯片：起初……激荡……）

6. 谁来说说作者想到的是什么？（板书：赞叹、怀念、思索、表达、抒发）

7. 乐曲的内涵太丰富了。引读（起初……激荡……）。难怪作者说它是一首（不朽）的乐曲。

8. 仔细品读文中对乐曲的具体描述，我们对这“不朽的乐曲”有了新的认识。接下来，让我们结合前文去了解创作者阿炳的人生经历，或许我们对乐曲能有更多、更深的认识。默读课文1～4自然段，看看你还能感受到什么？（板书：深沉的叹息、伤心的哭泣、激愤的倾诉、倔强的呐喊）

9. 他为什么而叹息，为什么而伤心？

【导师点评：看似简单，实则蕴涵丰富的问题，引领着学生在静心阅读中，一步步走近二泉，走进阿炳苦难的人生和丰富的内心世界。】

（1）眼睛瞎了，看不见美景。阿炳在乐曲中赞叹的惠山二泉的美景，他还看得见吗？那是怎样的美景？请快速找出文中描写这美景的词语。（出示美词的幻灯片）看着这些词语，边听音乐，边想象它们描绘的情境。谁能用上其中的几个词，把你刚才想象到的二泉的美景说一说？多美的景色呀！难怪阿炳会如此心动，难怪他会禁不住用琴声来赞叹。这样的美景看不见了，难怪他要叹息、要哭泣。

（2）师父死了。刚才我们了解到：在乐曲中，阿炳深深地怀念着师父。为什么会这样呢？对自己“恩重如山”的师父永远地离开了，他当然要叹息、要哭泣。

（3）他整天卖艺度日。这就是阿炳在乐曲中思索的人生道路。这样的人生用书上的一个词来形容就是（坎坷）难怪阿炳会叹息、会哭泣。

10. 现在，让我们再把这段话读读，读出你此刻的感受。（灯片配乐：起初……道路。）

11. 思索自己坎坷的人生道路，但是生活的穷困和疾病的折磨，泯灭不了……（出示灯片引读）这“泯灭”还可以换成哪些词？（消磨、毁灭、打消、抹灭）是呀，生活的穷困和疾病，消磨不了……生活的穷困和疾病，毁灭不了……他希望有一天能过上安定幸福的生活。

【导师点评：简单的“换词”，不仅折射出了阿炳勇于抗争的精神，还体现了准确用词的魅力。】

12.（出示灯片：）于是，乐曲的旋律变了，它变得（引读：升腾跌宕，步步高昂），让我们一起来听听这激昂的乐曲。

13. 你能想象出此时阿炳的内心是怎样的吗？

14.（指板书）这就是（激愤的倾诉，倔强的呐喊）

15. 学到这里，你感受到阿炳怎样的精神？

16. 这乐曲反映着阿炳不朽的精神，它久久地在二泉湖畔回响，在人们心中回响。他（引读：舒缓……他爱那……他爱那……）

三、体会内涵，记忆“不朽”

1. 我们今天感受的《二泉映月》是如此富有表现力，时而……（指黑板归结）它的内涵又是如此丰富。它记载了阿炳坎坷的人生经历；记载了阿炳丰富的内心世界；也记载了阿炳不向命运低头，勇于抗争的精神。这的确是一首(不朽)的乐曲。

【导师点评：在阅读中积累，在阅读中表达。长此以往，学生的语文能力，自然会在日积月累中得到提升。】

2.《二泉映月》这首乐曲是美的，二泉的风景是美的，阿炳是美的，作者的表达也是美的。现在，请大家摘录自己认为美的语句，或者背背四五自然段，或者写写自己的感受。你可以对阿炳说，可以对《二泉映月》说……还可以写自己听了这乐曲的感受。

附：板书

二 泉 映 月
不 朽
舒缓而起伏　恬静而激荡
委婉连绵　升腾跌宕
赞叹　怀念　思索　表达　抒发
深沉的叹息　伤心的哭泣　愤怒的倾诉　倔强的呐喊

【课后反思】

教，然后知不足

《二泉映月》是苏教版十册教材的一篇课文，主要介绍了二泉映月是无锡惠山一道著名的风景，阿炳小时侯随师傅去欣赏过。十年后的一个中秋夜，失明后的阿炳再次去那聆听泉水声，他听出了自己坎坷的人生经历，听到了自己心中倔强的呐喊……于是，世界名曲《二泉映月》诞生了。

研读此文后，我深深地被这篇文质兼美的课文吸引了，我希望学生也能在自己的引导下体会其中蕴藏的内涵和意境，了解阿炳创作二胡名曲《二泉映月》的艰辛历程，体会他热爱生活、热爱音乐、追求美好理想、敢于同命运抗争的精神。

不过，激动之余，我很犹豫，因为工作室去华东考察学习时已观摩过著名的特级教师王崧舟这一课的教学。王老师的教学设计分为以下几大版块，精致大气——发现一道风景，体验一段人生，感悟一段情怀，理解一首曲子。课堂上，教师气势磅礴的教学语言，即兴生成的教学智慧，让我们感受到教师确实进入了"人曲合一"的境界。老师所显现出来的丰厚的文学素养、深厚的语文功底，对文本的深入解读，更让我们心生敬意。名师上过的课，大家都很熟悉，不能绝对模仿，不能毫无借鉴，我的压力可想而知。再说，已经临近学生毕业考试了，我有这样的精力来精心准备吗？这时候，尹老师给了我极大的鼓励——我们要尊重名师，要虚心学习，但也不要一味地否定自己，只要从学生实际出发，努力实践"简简单单教语文"，就可以上出自己的特点。是啊，崔峦老师不也说过嘛，老师要学会思辨，对任何课例都要用哲学的观点去冷静分析，以人之长，补己之短。而且课改后，面对内涵丰富的选文，面对个性鲜明的学生，教师如何通过简单的方式去引领学生解读，让营养过剩的语文课"瘦"下来，让不同层次的学生都有所得。这样的课题很有挑战性，愈来愈多的老师走进了这样的课堂。于是，我鼓起勇气，决定执教。

在工作室的帮助下，经过几天奋战，我较好地完成了任务。课前，在认真备课的基础上，针对学生实际阅读水平，我对教案再次进行了一些调整。课堂上，我紧紧抓住“不朽”这个点，通过“感受不朽、品味不朽、赞颂不朽”三个板块，让学生一步步走进阿炳苦难的人生，走进阿炳丰富的内心世界。这样的设计降低了教学的难度，学生理解起来也容易多了。在课后的研讨中，大家纷纷表示，对内涵丰富的课文，就应该像这样根据学生实际，找准切入点，分版块由浅入深，体验人物的内心，感知人物形象，理解文本背后的东西。

不过，教学中也有令人深感遗憾的地方：此次教学我遵循了“倡简、务本、求实、有度”的教学策略，也努力做到“把读书的时间还给孩子”，让他们在教师的引导下通过自主阅读理解文本。但由于时间比较紧，对方案中的细小环节不够熟悉，再加上对所借班级的学生不够了解，师生之间的情感交流不到位等原因，课堂上出现了教师个人激情澎湃，学生略显拘谨，从而导致了教师不停地引导，不停地说话的局面。其次，我在课堂上显得心急了一些，忘记了“在阅读教学中，教师要善于启发，善于等待……要允许学生在某些方面模模糊糊、似懂非懂，不要一步到位”；忘记了阅读教学应该保持“慢慢走，欣赏它”的心态…… 这是教师内功修炼不足的表现。我相信，再次执教《二泉映月》，我会有新的收获。

王崧舟老师曾说过这样的话——从根本上来说，文本细读读具体的方法，那是没有的。但是大的、根本的方法是有的，那就是不断地充实自己的文化底蕴，不断地扩大自己的阅读视野，不断地积淀自己的生活体验。让自己强大起来，让自己丰满起来。其实每个人自己就是一个文本。你这个文本越丰满越深刻，你去读那个文本的时候，你才会读得越丰满越深刻。语文老师一定要养成读书的习惯，读书要广博，不能只读第一类书，就是教学业务类的书，还要读第二类书——文学书，第三类书——大文化书。尤其是第三类书，经史子集，天文地理，要旁观涉猎，要成为一个“杂家”。这样，你的知识结构才能完善。自己有了功底之后，解读文本就不难了。

确实如此，同样的文本为什么王老师能解读得那样深、那样透，让人“震撼”？这与他深厚的文化底蕴是分不开的，与他长期坚持“细读文本，潜心会文”是分不开的，这样的课才会扎根于语言本身，扎根在孩子心里。此次历练，再次让我明白了我们的语文教学确实应该坚持“简简单单才是真”；明白了一个优秀的语文教师应该也必须具备怎样的语文素养；明白了一个人要敢于正视自己的不足，要虚心向他人学习，但也要有勇气向自己学习，要学会反思、善于提炼，要做一个教学上的有心人、明白人，才能不断进步，才能快速成长。

杨氏之子

（人教版课标教材五年级下册）

重庆市渝中区人和街小学　陈静

【文本解读】

得意、得言、得法

语文教育家张志公说，“所谓阅读就是老师带着学生走进去走出来”。文言文阅读也是如此，这样一个进去、出来的过程中，体现在文言文阅读的过程，其实就是言和文结合的过程。

文言文的“言”有很多层次和方面：第一个是词语的积累。第二是要了解一点古代汉语的语法。第三是把握文言文本身的诵读方法、解读方法，这都是言的基本内涵。文言文的“文”的内涵是“四文”，除了“文言”以外还有文章、文学、文化。在小学的中高学段“让学生吸收祖国语言文化的珍贵遗产，培养学生健康的审美情趣和审美能力。诵读优秀诗文，注意通过诗文的声调、节奏等体味作品的内容和情感”是《语文课程标准》明确指出的要求。

人教版小学语文教材从五年级下册起，共安排了4篇文言文：《杨氏之子》《伯牙绝弦》《学奕》《两小儿辩日》。这四篇文言文皆篇幅短小，旨在为初中文言文的学习奠定初步基础，打开学生学习文言文的启蒙之门。

《杨氏之子》作为小学阶段的第一篇文言文，有着举足轻重的地位。

一、亲近文言文

《杨氏之子》选自《世说新语》。编著者刘义庆，乃是刘宋的皇室贵族，他为人性简洁、寡嗜欲，爱好文艺，富有同情心，政治仕途的明争暗斗使他不愿驻马停留，因此他将毕生的精力用于文章的著述和编撰，寄情文学，将经世之才驰骋于文章，以求全身远祸。《世说新语》是一部笔记小说集，此书记载了自汉魏至东晋士族阶层的言谈、轶事，反映了当时士大夫们的思想、生活和清谈放诞的风气。所写的虽然只是生活的片段，但其文学价值则更高于志怪小说。不仅对后世文学的影响深远，也是今日许多耳熟能详的成语的发源地。如：身无长物、望梅止渴、覆巢之下无完卵等。此外，它更为后世戏曲小说创作提供了丰富的素材来源。

《世说新语》的语言“尔雅有韵”，历来为人称道。这种语言风格的形成，与魏晋清谈密切相关。清谈围绕着思辨性很强的老庄哲学进行，精微的辩难，影响所及，使他们的日常对话也充满哲理与机趣。而语言的内涵越丰富，语言本身就显得越简约。《世说新语》既保留了这样的语言内容，又注意以口语入书，保留了生活中丰富的情感语气，从而形成自己独特的语言风格。《杨氏之子》就是其中的一篇代表作。

二、强调“三关注”

1. 关注语文能力

《杨氏之子》作为我们小学阶段学习的第一篇文言文，如何让学生产生兴趣？那么首先就应让学生知道何为文言文，它与我们平时读的白话文有什么区别？通过学生读文后的对比交流从而了解文言文是古人用书面语写成的文章。早在春秋战国时期，用于记载文字的物品还未被发现，记载文字用的是竹简、丝绸等物。而丝绸价格昂贵，竹简笨重且记录的字数有限，通常人们会用较简洁的语言来表达丰富的内容。这就形成了文言文的一大特点：言简意赅。

2. 关注语言训练

文言文和现代文有很多的不同，这些不同往往给学生造成学习的困难，使学生产生畏难情绪，我们学习课文内容之前，首先就要扫清这些障碍。如：读音方面：“为设果”的“为”在这里就应读四声“wèi”。“应声答曰”的“应”也读四声“yìng”。文言文之所以起来难，最大的障碍还是由古今词义的变化大引起的。在这篇课文里，我们要重点弄清这些字词的意思：课题中“氏”“之”“子”三个字的字意尤为重要，“氏”现在我们统称为姓氏。早在古代“姓”和“氏”分开用。姓是总的，氏是分支，后来姓和氏不分，可以混用。也指古代称呼帝王、贵族等，后称呼名人、专家。“之”结构助词，相当于“的”。“子”，孩子。弄清了课题的意思，我们也就知道了解到这篇文言文是一篇写人的文章，写的是杨家的小孩。那么学生自然而然就会去关注人物的表现。“惠”是通假字，通“慧”；文中的“家禽”这个词不同于现在的“家禽”，“家”和“禽”是两个词语，它们各自独立表达意思。

文言文的妙处，全在“沉郁顿挫”，在沉郁顿挫中，文章精神必显。“读”既是文言文教学的主要策略，也是文言文教学的主要线索。对于刚接触文言文的学生来说，文言文“读”的指导要“实”。读文言文既要字正腔圆，又要停顿得当。要让学生读出韵味，读出兴趣。（梁国/杨氏子/九岁，甚聪惠。孔君平/诣/其父，父/不在，乃/呼儿出。为/设果，果/有杨梅。孔/指以示儿/曰：“此/是君家果。”儿/应声答曰：“未闻/孔雀/是夫子家/禽。”）

3. 关注方法培养

文言文是久远的文字，如何让它们散发出弥久的清香呢？这需要教师娓娓道来的指导与引领，让学生在学习中入目、入心、入情。教师引导学生借助注释，疏通文意，了解故事的内容，并讲述故事，这是学生学好文言文必不可少的热身运动。如，指导学生理解“诣其父”，“诣”的意思是……（拜见），怎么知道？（看注释）谁拜见谁的父亲？（孔君平拜见杨氏子的父亲）。“为设果”，谁为谁摆上水果？（出示填空：___为___设果）这里省略了（“杨氏子”和“孔君平”）不仅有助于学生理解故事的内容，从中还渗透了一些学习文言文的方法。把语言文字的教学放在文字文化的大背景下，扎实而不枯燥，浅白而不浅薄。

三、体会“甚聪慧”

学文言文，如果仅仅停留在字词句的处理上，就好比为登山而修好了路，如果不能深入一步对文本的神韵进行学习，就不能享受“一览众山小”，就不能欣赏“无限风光”。这就是教学资源的浪费。就像《杨氏之子》，如果仅仅积累字、词、句，是不是太肤浅、太浪费、太遗憾了？因此，当我们疏通了字词的障碍后，最重要的就是要学习古代先贤们的嘉言懿行、哲思睿智、人生感悟，从而使我们"明智""聪慧"或"养吾浩然之气"……

"梁国杨氏子九岁，甚聪惠。"课文开篇第一句就交代了故事的主人公是个很聪慧的九岁的孩子。"甚"是很、极的意思。一个"甚"字，形象刻画出了杨家小孩聪慧的特点。这充分说明杨家的小孩不仅耳聪目明、心思敏捷，而且还具有能迅速、灵活、正确地理解并解决问题的能力。

那杨家的小孩到底有多聪慧？我认为有四点。

1. 懂得待人接物之礼

"为设果，果有杨梅。"在理解这句话的时候，我们应在原文省略的地方，增添必要的内容，使译文通顺、明确。谁为谁设果？杨家小孩为孔君平端出水果，其中有杨梅。一个九岁的小孩，父亲不在家，他能随机应变接待客人并用水果款待客人，他的确是个聪慧的小孩。

2. 善于倾听弦外之音

善于倾听——能听出孔君平话中之话。"孔指以示儿曰：'此是君家果。'"孔君平指着杨梅对杨家小孩说："这是你家的果子。"杨梅有个"杨"字，而这小孩的姓氏正好也是"杨"。于是孔君平借此发挥说这杨梅是杨家的果子。杨家小孩听出了他这话中之话——想拿他的姓氏开玩笑，考考他的反应力。于是"儿应声答曰：'未闻孔雀是夫子家禽？'"

3. 思维敏捷，应对快速

杨家小孩并没有被孔君平难倒，孔君平的话音刚落，小孩立马回答道："未闻孔雀是夫子家禽？"一个"应声答曰"就将一个聪颖机警、富于智慧的小男孩形象淋漓尽致地展现在我们眼前。

"未闻孔雀是夫子家禽？"没有听说过孔雀是你孔家的鸟？多么精当的回答。你孔君平拿我的姓氏做文章，我也以其人之道还治其人之身。既然杨梅是杨家的果子，那孔雀就是你孔家的鸟了。一个九岁的小孩，在短短的时间里，听懂孔君平的话中话已经很不容易，还能迅速做出反应，并且是"你来我往"的过上一招，这样的聪慧的确堪称为"甚聪惠"！

4. 长于辞令，能说会道

如果说会听、会想、反应快能体现出杨家小孩的聪慧，那么最能体现他聪慧之处的，我认为是他的辞令。"未闻孔雀是夫子家禽？"我们来细细地品味一下这句话。这句话什么意思？"没有听说过孔雀是你孔家的鸟。"为何不说："孔雀是夫子家禽。"多用了一个"未闻"。"未闻"什么意思？没有听说。多么委婉的语气，多么机智的回答，既显得有礼貌，又让孔君平无言以对。同样的意思，不同的语言表达方式，效果也就截然不同。一句"未闻孔雀是夫子家禽。"既不动声色地反驳了对方，又不让对方难堪，这杨家小孩真是甚聪慧！

还是这句话，我们再细细地品品。"未闻孔雀是夫子家禽？""没有听说过孔雀是你孔家的鸟。”既然没听说过孔雀是孔家的鸟，那孔雀就不是孔家的鸟，孔雀都不是孔家的鸟了，自然杨梅也就不是杨家的果子。杨家小孩用否定的形式来表达肯定的意思，真可谓是精妙的语言。这样得体的语言不仅适应当时的环境场合，对象也不失礼貌，既准确地表情达意，又增强了说话的感染力和说服力，这杨家小孩真不愧为：甚聪慧！

整篇故事作者仅用了简短的五句话，简单的55个字，但故事风趣睿智，语言灵动，人物鲜活。引领学生一次次地触摸文本，走进文本，亲近这文字中描摹的鲜活的人物后，我们不仅感受到这千百年流传下来的古典语言的韵味和魅力，更被语言的艺术与魅力所折服。这样的文言文，怎能不引发学生学习的兴趣呢？

苏联教育家苏霍姆林斯基曾经说过：“学习文学的最终目的是形成人的内心世界——道德、修养和美。”文言文学习更应如此。将文化教育渗透到文言文教学中去，以文化传承为中心，将阐发式教学和体悟式教学有机结合，让学生跳出枯燥的文言文学习，在阅读文言文的同时感染些文化气息，进行些文化思考，也许会是当下低效的文言文教学的最佳突破口，更可能使文言文教学出现“柳暗花明又一村”的可喜局面。

【教学设计】

亲近文言文，感受语言的魅力

教学目标

1. 会写6个生字，会认3个生字；有感情地朗读课文，背诵课文。
2. 借助注释，理解词句，了解内容，体会故事中孩子应对语言的巧妙。
3. 亲近文言文，初步感受学文言文的乐趣。

教学目标

借助注释，理解词句，了解内容，体会故事中孩子应对语言的巧妙。

教学准备

多媒体课件。

教学课时

1课时。

教学过程

一、释题，初识文言，了解出处

1. 这节课，我们要学习小学阶段的第一篇文言文(指板书)……齐读课题。

2. 以前学的课文，除了诗词外，大多是白话文。“文言文”是相对于“白话文”而言的。“文言文”指“用书面语言写成的文章”，“白话文”指“用常用的直白的口头语言写成的文章”。“文言文”和“白话文”的不同之处就在于，“白话文”口语化，很容易懂；“文言文”书面化，言简意赅。

【导师点评：文言文是中国千百年来的文化积淀和民族瑰宝，是历史淘洗的结晶。学好文言文，有益于学生“为文”与“为人”。小学阶段第一次学文言文，虽然无须老师讲得那么深，那么难，但是引导学生亲近文言文，初步感受学文言文的乐趣，这是教师责无旁贷的义务。开课时，教师有意识地引导学生在比较文言文与白话文的异同之中，初步感知文言文"言简意赅"的特点，为学生日后继续学习文言文奠定一些简单的、粗浅的、必要的基础。】

3."氏"是什么意思？"之"呢？"杨氏之子"指的是……（杨家的孩子）再齐读课题。

4.《杨氏之子》出自哪里？请看"注释"，再说一说。这篇课文的下面一共有几个"注释"？（8个）这些"注释"是我们读懂这篇文言文的好帮手。

二、初读，认识生字，通读课文

1. 自由小声地读课文，注意读准字音，读通句子，难读的地方多读几遍。

2. 检查本课要认识的三个生字。

【导师点评：对这课要学的三个生字以及相关的句子，教师要循循善诱，细致入微地点拨与引导，求字字落实，个个寻意，句句读好。因为，文言文中古今差别大的字词比较多。正确地把握它们的字形、字义，有利于学生读懂，读好文言文。如"惠"是通假字，通"慧"；文中的"家禽"这个词不同于现在的"家禽"，"家"和"禽"是两个词语，它们各自独立表达意思。】

(1)抽读"惠"，它是什么意思？在古代，这个"惠"常用来表示"智慧"的"慧"，你是怎么知道的？（看注释）。读准了字音，弄清了意思，还得注意它的写法。"惠"是一个上下结构的字。书写时，上半部分的这一点不要忘了。教师范写，学生练写。

(2)抽读"曰"，它的意思是……（说），它和哪个字很像？（区分字形：曰——日）。孔指以示儿曰，谁对谁说？（……）这句子该怎么读……（孔/指以示儿/曰）指名读、齐读。

(3)抽读"禽"（正音：前鼻音），它是一个象形字，（课件出示"禽"的造字变化）"禽"引申为"鸟"。教师范写，学生练写。读句子：儿/应声答曰："未闻/孔雀/是夫子家/禽。"文言文以单音节为主，"家/禽"是两个意思。读这句时，"禽"字前要停顿，让人听明白。抽读，齐读。

3. 读文言文既要字正腔圆，又要停顿得当。听老师范读，再请学生自由练读，随后抽读。（要求不添字，不漏字，读准多音字："为"wèi、"应"yìng）再齐读。（梁国/杨氏子/九岁，甚聪惠。孔君平/诣/其父，父/不在，乃/呼儿出。为/设果，果/有杨梅。孔/指以示儿/曰："此/是君家果。"儿/应声答曰："未闻/孔雀/是夫子家/禽。"）

三、细读，借助注释，疏通文意

1. 生字会认了，课文读通了。那么，课文中还有哪些不懂的字词呢？请借助注释，自己理解。

2.（出示课文，将"孔君平""孔""夫子"点红）这几个词语都指谁？（孔君平）第一次称……（孔君平），第二次简称……（孔），第三次称……（夫子）。什么样的人才能被称为"夫子"？（学问多、品德高尚、受人尊重的人）是呀，孔子被人们称为……（孔夫子），孔君平也称杨氏之子称为……（夫子）。可见，这称呼里还饱含着尊敬的意思呢！

3.（出示课文，将"杨氏子""其""儿""儿""儿""君"点红）从这些词语中，你又发现了什么？（都指杨氏之子）

4.“诣其父”,“诣”的意思是……(拜见),怎么知道?(看注释)谁拜见谁的父亲?(孔君平拜见杨氏子的父亲)。

5.“为设果”,谁为谁摆上水果?(出示填空:为 设果)这里省略了(“杨氏子”和“孔君平”)。

6. 难懂的字词弄明白了,请用自己的话先练说故事,然后交流。(在梁国,有一户姓杨的人家,家里有个九岁的儿子,他非常聪明。有一天,孔君平来拜见他的父亲,恰巧他父亲不在家,孔君平就把这个孩子叫了出来。孩子给孔君平端来了水果,其中有杨梅。孔君平指着杨梅给孩子看,并说:“这是你家的水果。”孩子马上回答说:“我可没听说孔雀是先生您家的鸟。”)

【导师点评:文言文是久远的文字,如何让它们散发出弥久的清香呢?这需要教师娓娓道来的指导与引领,让学生在学习中入目、入心、入情。在这个环节中,教师引导学生借助注释,疏通文意,了解故事的内容,并讲述故事,这是学生学好文言文必不可少的热身运动。】

7. 你们讲的这个故事,文言文仅用55个字就写清楚了。可见,文言文的确是言简意赅。

四、研读,品味对话,感悟“聪慧”

1. 了解了故事内容,杨氏之子给你留下了什么印象?(聪明)文中哪个词语概括了这一特点?(甚聪惠)“甚”是什么意思?(很)不是一般的聪明,请读第一句。

2. 再读读课文,把表现杨氏子“甚聪慧”的句子画出来,先自己体会,然后交流。

【导师点评:感悟语言的魅力,是本单元的训练重点。在学生粗知短文大意的基础上,教师紧紧扣住“甚聪慧”三个字,引导学生再次走进文本,抓住关键词句,分别从杨家小孩有礼貌、反应快、善倾听、会动脑、长于辞令五方面,细致入微地感受他的“甚聪慧”。尤其是联系两人的对话,真切体会杨家小孩的回答“未闻孔雀是夫子家禽”的妙处——即以姓氏做文章,并采用否定的句式来表达肯定的意思,婉转而不失礼貌。如此细读,让不仅能让学生充分感受到语言表达的艺术,还能深切的感悟到语言表达中弥散出来的智慧与幽默。】

(1)从“为设果”看出什么?(小小年纪就懂得待客之道,对人那么有礼貌,的确是“甚聪慧”。)

(2)看到如此有礼貌的杨氏子,孔指以示儿曰……(引读……)儿应声答曰……(引读……)

A.“此是君家果”是什么意思?(这是你家的水果)孔君平是浙江绍兴人,官至廷尉,掌管天下刑狱,相当于全国的司法部长。身份不一般,这玩笑开得很有水平。杨氏子从他的问话里听懂了什么?(杨梅和他家一个姓。)“这是你家的水果”的言外之意就是……(杨梅和你同姓,你们是一家。)

B.“应声”是什么意思?“应声答曰”说明什么?(反应快,出语快。)孔君平的话音刚落,杨氏子立马回答道……(引读……)只有思维敏捷的人,才能作出迅速的反应。看来,这小孩的确是“甚聪慧”。

C. 孔君平用“杨梅”和“杨”姓的联系开玩笑,小小年纪的杨氏子用什么和什么来回答他的呢？（用“孔雀”和“孔”姓的联系来回敬）杨氏子回答得怎样？（无懈可击、天衣无缝……）我们用一句俗语来说，也就是“以其人之道，还治其人之身”。听得明，答得巧，这杨氏子的确是……（甚聪惠）

D. 再细细地品味一下这句话，（出示：“未闻孔雀是夫子家禽。”）它还妙在何处呢？“未闻”是什么意思？（没有听说）杨氏子完全可以直接说“孔雀是夫子家禽”，为什么要拐弯说呢？（杨氏子很会说话，同样的意思，稍稍拐了个弯，就变得委婉、得体、不失礼貌了。这就是语言艺术的魅力，这就是杨氏子“甚聪惠”……）

(3)简简单单的一问一答，一个玩笑开得幽默风趣，一个接话答得机智巧妙，请与同桌练读对话，注意读出他们说话的神态、语气。抽读，齐读。

3. 读到这里，你们觉得杨氏子的确是一个怎样的孩子？（聪慧可爱）此外，还感受到了什么？（应对语言巧妙……善于说话、艺术说话、智慧说话……）

五、总结，背诵默写，拓展阅读

1. 在这个故事中，我们感受到了杨氏子的“甚聪慧”，体会到了语言的魅力，让我们把这个聪慧可爱的杨氏子记在心中吧！练背，抽背；默写全文。

2. 聪慧可爱、出语不凡的孩子，在《世说新语》里不止杨氏之子一个，还有许许多多，如《陈太丘与友期行》中正直不阿、为人正派的元方；《咏雪》中富有才气的谢道韫等等。课后，大家可以去找《世说新语》来看一看。

附：板书

10　杨氏之子

甚聪惠

为设果　杨梅　君家果

应声答曰　孔雀　夫子家禽

【课后反思】

读出滋味，品出韵味

文言文是中华民族优秀的文化遗产，是古代文明传承的媒介。它是在古代汉语口语基础上，经过加工提炼而形成的一种简洁典雅的书面语体，有着独特的古朴之美——文美、韵美、意美、境美。

语文新课标在总目标中明确提出，小学生要“认识中华文化的丰厚博大，吸收民族文化智慧”。基于这样的要求，人教版小学语文教材的编者们，在五、六年级安排了几篇短小精悍、浅显易懂的文言文。它们分别是《杨氏之子》《伯牙绝弦》《学弈》和《两小儿辩日》。

《杨氏之子》这篇课文是学生在小学阶段接触到的第一篇文言文。教材这样编排，目的有三：一是让学生接触文言文，对文言文有初步的认识；二是初步感知文言文的魅力；三是引导学生感受故事中人物语言的风趣、幽默与机智。五年级学生第一次接触文言文这种陌生的文体，最关键的是要消除学生对文言文的畏难情绪，使他们觉得文言文并不是高不可攀。在课堂教学中，根据学生的实际情况，我制定了恰当而适切的教学目标，以读贯穿整堂课。

一、读出滋味——走近文言文

古代传统的教学方法就是吟诵。在这方面，古人给我们留下了诸多至理“箴言”。如：从“旧书不厌百回读，熟读深思子自知”“操千曲而后晓声，观千剑而后使器”到“胸藏万汇凭吞吐，笔有千钧任翕张”等等。这一系列的名言警句，都无一例外地强调了诵读教学的意义和作用。事实上作为书面语的文言文，唯有多读，才能形成语感。小学生初步接触文言文，教师应树立“朗读是第一位”的教学观念。

范读，营造氛围，激发兴趣。兴趣是求知的催化剂，是医治厌烦心理的良药。只有学生置于“听起来有味，学起来有趣，做起来有劲”的学习氛围中，才能激发他们想学、乐学、创造学的欲望。小学生学习向来有很强的向师性。教师读得有声有色，流畅自如，学生可以视其人，闻其声，直接领略语气、语调和表情，从而受到熏陶感染，激发诵读的兴趣。

导读，指导断句，读通读顺。“难读”是学文言文的困难之一。文言文中古今词义差别大的字词较多。正确地把握它们的字音、字形、字义，有利于学生读懂、读好文言文，同时也可以让学生真切地感受到汉字的独特魅力。教《杨氏之子》这课，我重点关注了“惠”“曰”“禽”三个生字和“为 wèi”“应 yìng”两个多音字的字音。其中“惠”是通假字，通“慧”；“曰”字的字形与“日”相近，教学时，我注意引导学生进行辨析与区分。读文言文既要字正腔圆，又要停顿得当。如：文中的“家禽”这个词不同于现在的“家禽”，古文中的“家”和“禽”是两个词语。它们各自独立表达意思——指家里的鸟。因此，读的时候要注意根据意思停顿。课堂上，教师循循善诱，细致入微地点拨与引导，求字字落实，个个寻意，学生读起课文来，自然兴趣盎然。

熟读，书读百遍，其义自见。“难懂”是学习文言文的又一大困难。教师要引导学生在通读课文的基础上，借助注释，疏通文意，了解故事的内容。如：“为设果。”要深入地理解好这句话，对学生来说比较困难。为了帮助学生理解好这句话，我在原文省略的地方，增添了必要的内容，使译文通顺明确。如，( )为( )设果？(杨家小孩为孔君平端出水果。)又如：“孔君平诣其父，父不在，乃呼儿出。”“诣”在这里指拜访。(一天孔君平去拜访杨家小孩的父亲，可是他不在家。于是孔君平叫出了他的孩子。)如此教学，既让学生理解课文的内容，又引导学生揣摩文言文的语言特色，使学生在理解语言内容和揣摩语言形式的过程中，感受到了文言文的一大特点——言简意赅。随着阅读的反复深入，这篇古文的字、词、句式等言语特征，也在学生的头脑里渐渐地明晰起来。多次诵读，学生不仅熟悉了语言，还让文言文的学习变得简单而有趣起来。

二、品出韵味——走进文言文

《杨氏之子》一文，仅有简短的五句话，简简单单的55个字，但故事风趣睿智，语言灵动，人物鲜活。其中“未闻孔雀是夫子家禽”是全文的点睛之笔。紧扣这句话，引导学生三读此句。

1. 分角色对比读对话，感受精妙的回答

我首先让学生通过分角色对比读对话的方式，让他们感受到这是一句精妙的回答。

你孔君平拿我的姓氏做文章，我也以其人之道还治其人之身。既然杨梅是杨家的果子，那孔雀就是你孔家的鸟了。一个九岁的小孩，在短短的时间里，听懂孔君平的话中话，并迅速“你来我往”地过上一招，这样的语言堪称为精妙！

2. 抓住关键词读，体会其表情达意的作用

“没有听说过孔雀是你孔家的鸟。”为何不说：“孔雀是夫子家禽”，多用了一个“未闻”。“未闻”什么意思？没有听说。同样的意思，不同的语言表达方式，效果也就截然不同。一句“未闻孔雀是夫子家禽”多么委婉的语气，多么机智的回答，既显得有礼貌，又让孔君平无言以对。既不动声色地反驳了对方，又不让对方难堪，这语言的确精妙！

3. 细细的琢磨，品味文言文语言的韵味和魅力

“未闻孔雀是夫子家禽？”“没有听说过孔雀是你孔家的鸟。”既然没听说过孔雀是孔家的鸟，那孔雀就不是孔家的鸟，孔雀都不是孔家的鸟了，自然杨梅也就不是杨家的果子。杨家小孩用否定的形式来表达肯定的意思，这样得体的语言不仅适应当时的环境场合，准确地表情达意，还增强了说话的感染力和说服力。

正是这样的以读促讲，引领学生一次次地触摸文本，走进文本，亲近这文字中描摹的鲜活的人物，我们才能够品味出千百年流传下来的古典语言的韵味和魅力。

课堂是学生的知识和灵性生长的地方。语文教学应着眼于从一个个标点、一个个词语、一个个句子开始构建或更新学生的语言世界和精神世界。只要我们心中有着“课标”，脑中有着课文，眼中有着学生，我们就能找准语文教学的生长点，让精当的目标引领学生到课文中寻幽探秘，习得语言，滋生智慧。这样的语文课堂，才会具有强烈的课程意识、语文意识和服务意识。

桥

（人教版课标教材五年级下册）

重庆市渝中区化龙桥小学　张莉

【文本解读】

以小见大，虚实相生

“桥”，读到课题的第一反应，这是一篇说明文。细细一读文本，竟被深深震撼：好一个高风亮节的老共产党员！好一个沉稳、果决的指挥者！老支书在生死关头，不徇私情、舍己为人的壮举使人心潮难平。《桥》的作者谈歌手起刀落，用512个字设置了一个典型的灾害环境，塑造了一个光辉的人物形象，讲述了一个感人的动人故事。课文以“水”的上涨为暗线，推进故事情节的发展，用一个普通老支书生命的一瞬间的闪光行为，使作品凸显出人性的美丽风采。

这是一则典型的小小说，是一篇优秀的短篇小说。小说是通过完整的故事情节和典型环境的描写，塑造各种具有典型性格的人物，多角度地反映社会生活的一种文学体裁。这是学生在小学语文课本里接触到的唯一一篇微型小说。小小说的特点集中在一个“小”字，即：短小精悍、小巧玲珑、以小见大。

它能在不增加学生阅读负担的情况下，让学生感知小小说这一文学体裁的典型特点，欣赏小小说这种文学形式。

“桥”在课文中一共出现了8次，有7处都是以“木桥”的词语形式出现，但为什么以“桥”作为课题呢？让我们一起走进文本。

一个灾难现场

作者一开篇就把人带进了一个危机四伏的境地。

“黎明的时候，雨突然大了。”（黎明时分，正是人们酣睡之际。山洪即将在黎明暴发，令人猝不及防。“突然”一词，说明了雨来得急，来得快，让人毫无防备）

“像泼。像倒。”（寥寥四个字，两个词，短短两句话，读来急促。简洁而有力地展现出一个大雨倾盆、瓢泼如注，暴雨骤降的场景，雨水的来势凶猛，为下文山洪的暴发埋下伏笔。此为一险。）

“山洪咆哮着，像一群受惊的野马，从山谷里狂奔而来，势不可当。”（比喻和拟人的修辞手法生动形象地写出了山洪倾泻而下，给人带来毁灭性的冲击，危机四伏。让人如闻其声，如见其形。）

“村庄惊醒了。人们翻身下床，却一脚踩进水里。是谁惊慌地喊了一嗓子，一百多号人你拥我挤地往南跑。”（照应前文的“黎明”，因为事情发生在黎明，天色朦胧，人们睡意未醒，面对险情毫不知情，毫无防备，面对灾难无疑险上加险，危上加危。人们惊慌失措，情急之中，像没头的苍蝇一样乱窜。）“近一米高的洪水已经在路面上跳舞了。人们又疯了似的折回来。”（拟人的修辞手法把洪水疯狂、肆虐的魔鬼形象表现得淋漓尽致。突出山洪来势凶猛，已经将人们的退路截断。人们的情绪慌乱，完全乱了方寸，整个场面一片混乱。在作者一系列比喻、拟人中，人们分明感受到了村庄在洪水中摇摇欲坠，全村一百多号人的性命危在旦夕。此为二险。）

“东面、西面没有路。只有北面有座窄窄的木桥。”（身后是肆无忌惮的洪魔，两侧是无路可走的绝地，唯一能逃生的路只有北面那座窄窄的木桥。“只有”突出木桥是唯一的一条救命通道，而“窄窄的” 独木桥真能让这一百多号人迅速通过吗？这不禁让人捏一把汗。）

“死亡在洪水的狞笑声中逼近。”（环境的渲染情况越来越危急，死神迫近。）

“人们跌跌撞撞地向那木桥拥去。”（逃离死亡之神刻不容缓。面对“惊慌的”“疯了似的”“跌跌撞撞”“拥”上前的人群，恐怕还未过桥，就被挤到洪流中冲走，人亡。或者木桥不堪重负，人亡。在这样的境况下，面对灾难无疑险上加险，危上加危。此为三险。）

这样一场猝不及防的自然灾害，读者和作者一样束手无策。大量的短语构成短句。大量的短句单独成段。大量的句号频频出现。现场与句号一样，紧迫得随时可以停止和消失，激烈得令人喘不过来气。来不及，来不及，必须与洪水争得瞬间，片刻的停留都可能阴阳相隔。

课文通过环境描写的极力渲染，将读者带入此情此景，感同身受，也让学生感受到小小说环境描写对推进情节发展，塑造人物形象的重要作用。

一个感动人物

谁能在这险境中力挽狂澜？

“木桥前，没腿深的水里，站着他们的党支部书记，那个全村人都拥戴的老汉。”（“木桥前”，点明老支书在全村人都心急慌乱的情况下，抢先一步到达最有利于指挥、最有利于群众脱险的地点。用自己瘦弱却又巍峨的身躯阻挡着人们混乱的脚步。进一步突出了老支书本可以与自己家人先于群众脱险。“站”字与前文的“拥”形成鲜明对比，一个细节写活了一个沉稳、坚定、一心为大家思量的党员干部。“拥戴”为全文中心提供依据。）

“老汉消瘦的脸上流着雨水。他不说话，盯着乱哄哄的人们。他像一座山。”（老汉盯着人们，读者揣测，是表现老汉看到这种情况，脑海里翻腾着，积极思考解决的方法。这里把老汉比喻成“一座山”，既表现了老汉的威严、冷静，与人们在山洪暴发时“惊慌”“疯了似的”“跌跌撞撞”“乱哄哄”的表现形成鲜明对比，又写出了老汉在人们心目中的地位，这座“山”是人们获得生的希望的“靠山”。他如山，巍峨挺拔。他如山，宽厚无私。他如山，宠辱不惊。他如山，稳定可靠。有“高山仰止”之赞，有“厚德载物”之誉。这位老汉有着如山的品性。）

“人们停住脚，望着老汉。”（果然是受人拥戴，足以看出老支书在人们心目中的崇高威信以及人们对老汉的极度信任。）

“老汉沙哑地喊话：‘桥窄！排成一队，不要挤！党员排在后边！’”（三个感叹句，言简意赅，敲醒慌乱的人们：桥窄！你拥我挤谁也过不了桥！让人感受到老汉的思路清晰、语言简短、掷地有声、处理果断。“党员排在后边”的要求，潜台词是群众排在前边，把生的机会留给更多的群众。当生命与灾难重叠时，如钢的党性成为一种强大，一座真正的桥。再次有力地体现中心。老汉像“诺曼底”号中哈威尔船长一样临危不惧，沉着果敢地指挥着、控制着、领导着。）

“有人喊了一声：‘党员也是人。’”（有人不满，在紧急情况下，人性的弱点暴露无遗。）

“老汉冷冷地说：可以退党，到我这儿报名。’”（冷静而有威慑力，用党性来要求和约束党员的行为。）

“竟没人再喊，一百多人很快排成队，依次从老汉身边奔上木桥。”（老汉自身的党员魅力震撼着每个人，人们在老汉的指挥下，秩序井然，快速有序地通过木桥，赢得了宝贵的逃生时间。这是一座有威信的，值得信赖的，可以救命的靠山。）

“水渐渐窜上来，放肆地舔着人们的腰。”（山洪依然肆虐，险情继续发展，冲击着木桥，为下文木桥不堪其重以及老汉和儿子两名党员的牺牲埋下伏笔。此为四险。）

洪水肆虐、情况危急、人们慌乱的描写是为了侧面烘托老汉的镇定、无畏。而作者又通过对老汉的语言、神态、动作的正面描写，突出他的“如山”，二者相辅相成，共同塑造了一个令人刻骨铭心的党员干部形象，相得益彰。

一个精致转折

人们在一个普通得不能再普通的村支书的有力指挥下继续着逃生的渴望，似乎这是一条笔直的道路，一直通向桥的彼岸。

“老汉突然冲上前，从队伍里揪出一个小伙子，吼道：‘你还算是个党员吗？排到后面去！’老汉凶得像只豹子。”（小小说的叙述过程中需要一个转折来成就其魅力。这里就是一个转折点。从前文可以看出，老汉在危急时分一直“盯”着人们，关注着撤离的整个过程，维持着逃生队伍的秩序，他站在那里，就是人们的救星，就是人们的定心丸。从后文知道，小伙子是老汉的儿子。老汉何尝不识自己的儿子，何尝不知多留一分钟就多一分钟的危险，可他心中始终坚守着以群众的利益为先。即使是在生命悬于一线的非常关口，老汉也是毫不徇私，没有半点杂念私心。在这个特殊的战场上，对于一个长期受党教育培养多年的老党员来说，他的眼中没有儿子，没有私利，因为所有的群众都是他关心的亲人。一揪一吼，一位无私无畏、大爱如山的老汉跃然纸上。作者往往会在不经意中把转折点埋下，然后再在结尾的时候引爆它，让你蓦然回首时，惊异于来路的一树繁花。这就是小小说独具魅力的地方。）

“小伙子瞪了老汉一眼，站到了后面一边。”（长期的家庭熏陶和父亲的耳濡目染，使得儿子无法抗拒父亲的威严；长期的党性教育，使得年轻党员不得不约束自己的行为，克制自己的私心。）

“木桥开始发抖，开始痛苦地呻吟。”（这里作者运用拟人的修辞方法，不仅形象地写出了木桥在洪水的冲击中、在人们的重压下即将断裂的危急情景，也为下文写木桥的轰塌埋下了伏笔。此为五险。）

“水，爬上了老汉的胸膛。最后，只剩下他和那小伙子。”（人们已经安全脱险，而死亡张着大口在悄然逼近父子俩。此为六险。）

“小伙子推了老汉一把：‘你先走。’”

"老汉吼道:'少废话,快走!'他用力把小伙子推上木桥。"(谁说共产党人没有感情,没有亲情!读到这里,足以让我们发挥想象,去想象老人在此时此刻多么想把生的希望多留点给儿子,去想象一下一个父亲对儿子的血肉亲情!一"吼"一"推"——这是一个深爱孩子的父亲在危难关头本能的举止。在这里我们看到不是一位概念化的英雄,而是一位有血有肉的有情有义的舐犊情深的平凡父亲。)

"突然,那木桥轰地塌了,小伙子被洪水吞没了。"

"老汉似乎要喊什么,猛然间,一个浪头也吞没了他。"

"一片白茫茫的世界。"(……无情的洪水夺取了两个党员,一对父子的生命。两父子走了,但是,他们身上闪耀的人性之光却没有消失,也不会消失。他们身上的党性光芒美丽而高尚,照耀和温暖每一个读者的心灵。他们的血肉之躯筑起了一座生命的桥梁。筑起了党员和群众血肉亲情的桥梁。主题升华,在高潮处戛然而止,令人回味无穷。)

"五天以后,洪水退了。

一个老太太,被人搀扶着,来这里祭奠。

她来祭奠两个人。

她丈夫和她儿子。"(读到这里,我们心头不禁一怔,原来老汉和小伙子竟然是父子关系,为什么要到文末才点明这一点呢?作品巧妙的结尾震撼读者的心灵。这就是作者布局谋篇的独具匠心,小小说的魅力得以更好地彰显。这样的结构安排,更有一种催人泪下、感人至深的效果,让人有一种情理之中、意料之外的震撼。这种意想不到的结尾,意蕴深厚,虚实相生,感人肺腑,人们心中的遗憾被大大地蔓延开了,这是一座精神之桥,生命之桥,灵魂之桥。这就是语言的力量。这就是小说的精致与巧妙。面对这个失去丈夫和儿子的老太太,我不忍心她因此而骄傲,我希望和她一样,静静地站在这里,默默地、呆呆地与她一起怀想。陪陪她,什么也不说……)

故事讲到这里,情节一波三折,跌宕起伏,尺幅之内高潮迭起。"文似看山不喜平",作为以情节取胜的小小说,更是如此。在不到600字的窄小空间里,作者"尺水兴波",让读者的心一次次被揪紧,一次次被冲击,从而在作者的描述中进一步加深对老汉的认识,文章的主题也因此得到一步步升华。

灾难过后,阳光一定是暖暖的。

读完此文,老汉的形象深深扎根于读者心中,人性的真、善、美在读者心目中已抹上浓墨重彩的一笔,情韵在胸,萦绕于耳。文章中流淌的真情、真性,打动了我,感染了我,让我有种想和学生分享这种人性美、意境美、语言美的冲动。作者匠心独运,语言凝练,有许多可圈可点的地方。

对这位英雄老汉身份的介绍,在全文中只有一处,"没腿深的水里,站着他们的党支部书记。"不知道老汉姓什么叫什么,这"党支部书记"成了老汉的称呼。他是千千万万优秀党员中的一个缩影,大义凛然、不徇私情、无私无畏、英勇献身这些高贵的品质是无数共产党人真实的写照。他们是我们党以老支书为代表的优秀共产党员密切联系群众的"桥",是我们的党处处为群众着想,先人后己,克勤克己的集中体现。我想这正是课文以"桥"作题目的深刻内涵。

他们是平凡的,平凡得不需要知道他们的姓名。他们在哪?在《桥》中,在《金色的鱼钩》中，在汶川大地震中，在无数次的抗灾抢险之中。

他们又是不平凡的，危难之中，紧急关头，他们总是挺身而出，冲锋在前。用自己的壮举甚至是血肉之躯，舍小家，顾大家，为群众搭起一座座生命之桥，不朽之桥。

面对灾难，你是否也想拥有这样的一座生命之桥？你是否也想做这样的生命之桥？这，是我们留给孩子们的思考……

【教学设计】

感天动地的大爱

教学目标

1. 认识6个生字，会写14个生字；积累好语佳句。

2. 正确、流利、有感情地朗读课文，品读重点词句，体会文章的思想感情，感受老共产党员无私无畏、不徇私情、英勇献身的崇高精神。

3. 领悟课文谋篇布局、人物刻画、环境描写等表达方法。

教学重难点

正确、流利、有感情地朗读课文，品读重点词句，体会文章的思想感情，感受老共产党员无私无畏、不徇私情、英勇献身的崇高精神；领悟课文在表达上的特点。

教学课时

2课时。

教学过程

第一课时

一、齐读课题，检查生字词

1. 今天，我们要学习16课《桥》。请学生齐读课题。

2. 先检查生字词预习情况。

(1)(课件出示生字词)抽认中正音——“肆”：声母平舌音；“搀”：韵母翘舌音；“奠”韵母前鼻音。

(2)联系上下文解释词语：咆哮、狞笑、放肆、祭奠、势不可挡。

(3)规范抄写本课的生字词。

【导师点评：高年级的阅读教学不仅要关注内容，也要关注表达。这篇课文在表达上很有特色，多为简短的句段。教者在开课之际，有意识地引导学生关注这一问题，既紧扣了教学目标，又为后面体会语言特色作了有力的铺垫。】

二、抽读课文，初知大意

1. 预习时，你们发现这篇课文在结构上或语言上有什么特点？(短句多；比喻句、拟人句多。)是呀，这篇课文很短，仅仅只有591个字，却有27个自然段，字字铿锵，句句有力。

2. 分段抽读课文，要求正确流利。

3. 这篇课文主要写了一件什么事，请用简洁的语言归纳。（黎明时，突降大雨，山洪暴发。面对狂奔而来的洪水，村民们惊慌失措，老支书果断指挥，将村民送上跨越死亡的生命桥，他和儿子却被洪水吞没了。）

4. 请默读课文，看看“木桥”这个词在文中出现了多少次？（7 次）它指的是——那座窄窄的木桥。（板书：窄木桥）面对狂奔而来的洪水，这座窄窄的木桥，是人们生还的唯一机会。

三、聚焦重点，引发思考

1. 初读课文了解大意后，你觉得印象最深的是什么？为什么？（①可以是人物方面的；②可以是环境方面的；③可以是表达方面的……）

2. 请选自己感兴趣的一个方面自读、自批、自悟。

第二课时

一、复习导入，整体感知，直插重点

1. 听写词语。

2. 通过上节课的学习，大家不仅把握了课文的大意，还就自己印象最深的内容进行自主批读。谁来简单说说自己最感兴趣的内容是什么？（自由表达）

3. 透过语言文字，我们看到了一幅幅惊心动魄、感人肺腑的画面。这节课，我们将随着作者的笔触，继续学习课文——《桥》。请再读课题。

二、抓住重点，走进文字，品读感悟

（一）感受洪水的肆虐

1. 默读课文，用波浪线划出文中直接描写“大雨、洪水猛”的句子。

2. 学生汇报交流，教师相机纠正勾画中的错误。（①“黎明的时候，雨突然大了。像泼。像倒。”②“山洪咆哮着，像一群受惊的野马，从山谷里狂奔而来势不可当。”③“近一米高的洪水已经在路面上跳舞了。”④“死亡在洪水的狞笑中逼近。”⑤“水渐渐窜上来，放肆地舔着人们的腰。”⑥“一片白茫茫的世界。”）

3. 抽读写“雨下得很大”的句子。（课件出示句子：“黎明的时候，雨突然大了。像泼。像倒。”）

（1）“像泼。像倒。”这四个字，两句话，简短、急促，它们除了让人感受到雨下得很大、还让你们感受到什么？（雨下得很急、下得很猛，雨量很大、雨流如注……）

（2）说得真好，再有感情地读一读。

4. 抽读写“山洪来势凶猛”的句子。（课件出示句子：“山洪咆哮着，像一群受惊的野马，从山谷里狂奔而来势不可挡。”）

（1）“咆哮”是什么意思？在文中写什么？（形容水流的奔腾轰鸣。在课文中写出了洪水来势凶猛，奔腾呼啸。）

（2）“势不可当”又是什么意思呢？（来势迅猛，不可阻挡）

（3）这句话把“咆哮的山洪”比成……（一群受惊的野马，从山谷里狂奔而来，势不可当。)生动形象地突出了……(山洪的疯狂、肆虐,不可一世)请学生有感情地朗读。

(4)读到这句话,你们仿佛听到了什么?看见了什么?(A、仿佛听到洪水震耳欲聋的声音,由远及近,那声音越来越大,越来越让人感到害怕。B、我仿佛看见无数匹野马一起往山谷里乱冲乱撞,疯了似的速度很快……)

(5)是啊!放肆的洪水想吞没一切,想践踏一切。让我们再来读读这句话。

5. 抽读后四个句子。(课件出示句子:③"近一米高的洪水已经在路面上跳舞了。"④"死亡在洪水的狞笑中逼近。"⑤"水渐渐窜上来,放肆地舔着人们的腰。"⑥"一片白茫茫的世界。")

(1)"近一米高的洪水已经在路面上跳舞了。""死亡在洪水的狞笑中逼近。""水渐渐窜上来,放肆地舔着人们的腰。"这三句话都运用了什么修辞手法,写出了什么?(拟人的修辞手法,把洪水疯狂、肆虐的魔鬼形象表现得淋漓尽致。)让我们再有感情地朗读这三个句子。

(2)"一片白茫茫的世界。"这句话写出了什么?(整个村子全被从天而降、突如其来的洪水吞没了……)多么可怕、多么恐怖的洪水啊,它逼近了村庄,吞没了村庄。请学生有感情地朗读这句话。

6. 再有感情地朗读连续六个直接描写"大雨、洪水猛"的句子。

【导师点评:在阅读教学中,关注"怎么写",比关注"写了什么"更重要。本课的环境描写、人物刻画、修辞手法都是其突出的亮点,对学生习得表达方法至关重要。在这个环节的教学中,教师抓住一些重点词句,分类推进,引导学生走进文字,品读感悟,或在咬文嚼字中,再现危险的情景;或在联想中,渲染危急的气氛;或在体悟修辞手法中,塑造形象;或在不起眼的标点中,寻觅玄机;或在反复朗读中,升华情感……"一字未宜忽,语语悟其神"。在阅读教学中,教师抓住一些关键词,引导学生"如切如磋,如琢如磨",长此以往,学生的语感能力能不提高吗?】

(二)感受村民的惊慌

1. 洪水像恶魔一样席卷了整个村庄。在这生死存亡的危急关头,人们心中只有一个念头,那就是——逃生!(课件出示句子:"村庄惊醒了。人们翻身下床……往南跑。")

2. 师引读"近一米高的洪水已经在路面上跳舞了。"人们又是怎样的?学生接读"人们又疯了似的折回来"。师引读"死亡在洪水的狞笑声中逼近"。人们只能怎样?生接读"人们跌跌撞撞地向那木桥拥去"。

3. 从这些句子里,我们读出了村民们的什么?(惊慌失措、无助无奈……)

东面、西面没有路,南面是一米高的洪水。只有北面那座窄窄的木桥,成了人们唯一的生命通道。此时,这座窄窄的木桥,就是全村一百多号人的生命桥啊!

(三)感受老汉的大爱

1. 这本不牢固、摇摇欲坠的木桥能帮助人们逃生吗?在这生死攸关的紧急时刻,谁最先站在了"木桥前"?(课件出示句子:"木桥前,没腿深的水里,站着他们的党支部书记,那个全村人都拥戴的老汉。")

2."拥戴"是什么意思?(拥护推戴)老汉为什么受到村民的拥戴?他到底是个怎样的人?(是一个沉着、冷静、果断、富有责任感的人;是一个把生的希望让给别人,把死的危险留给自己，用血肉之躯筑起一座不朽的桥梁的人；是一个无私无畏、不徇私情、英勇献身的人……）你是从文中哪些地方感受到的？

3.（课件出示句子："老汉清瘦的脸上淌着雨水。他不说话，盯着乱哄哄的人们。他像一座山。"）前两句话着力描写了老人的……（外貌、神态）

4. 面对可怕的灾难、疯狂的洪水，"他不说话，盯着乱哄哄的人们。"这样的对比，让我们感到老汉的……（威严、冷静、沉着）指导学生有感情地朗读句子。

5. 这个"盯"字表面看起来很平静，其实他内心不平静。他可能在担心什么？可能在想什么？（担心村民们的安危；想如何让村民们安全地过桥……）

6. 此时的老汉心急如焚，却镇定得"像一座山"。"山"有什么特点？（雄伟、高大、巍峨、牢固、稳重……）为什么村民把老汉比成"一座山"？（因为，他在村民中的威望极高。他是村民的主心骨，能给村民安全感。过去，碰到难题，村民们依赖老汉；如今灾难降临，他更是村民们获得生还、坚不可摧的"靠山"。）

7. 洪水在狞笑，死亡在逼近。老汉果断发出命令……（课件出示句子："桥窄！排成一队，不要挤！党员排在后边！"）学生读句子。

8. 老汉的嗓音虽然沙哑，话语虽然简短，但是句子中的三个感叹号传出来的声音，像大山一样坚定有力，像大山一样威严果断，让咱们再铿锵有力地读一读这段话！

9. 没腿深的洪水里，老汉，一名党支部书记，像一座山巍然屹立，岿然不动，成了人们战胜灾难的主心骨。在老汉的指挥下，村民们很快排成队，依次从老汉身边奔上木桥。

10."水渐渐窜上来，放肆地舔着人们的腰。"情况越来越危急，竟有党员排到前面来，这怎么行呢？党员应该把生的希望让给别人，把死的危险留给自己。想到这里，老汉焦急地向小伙子吼道——（课件出示句子：老汉突然冲上前，从队伍里揪出一个小伙子，吼道："你还算是个党员吗？排到后面去！"老汉凶得像只豹子。小伙子瞪了老汉一眼，站到了后面。）"老汉凶得像只豹子。"这句话运用了什么修辞手法写出了什么？（用比喻的修辞手法写出老汉的严厉。）所以，老汉像只豹子似的吼道——（再读这段话）

11. 排到后面去！越靠后越靠近什么？（死亡）这个小伙子可是他的亲生儿子呀！读到这里，你心里油然而生的是什么？（敬佩、震撼……）老汉的什么让你们敬佩与震撼？（不徇私情、无私无畏的精神）是呀，这不徇私情、无私无畏的老汉的确就是——"一座山"。

12.（课件出示句子："木桥开始发抖，开始痛苦地呻吟。"）你发现了什么险情？（长时间地被洪水冲击浸泡，木桥不堪重负。）（再读句子）

13. 当水爬上了老汉的胸膛，人们已经平安过桥了。可是，我们悬着的心仍然放不下。因为，老汉和小伙子还身陷绝境。此时，老汉把生的希望让给儿子（课件出示句子：老汉吼道："少废话，快走。"他用力把小伙子推上木桥。）（生读。）从这一"吼"一"推"中，你们读出了什么？（老汉爱子情深）

14. 刚刚还毫不犹豫地"揪"出儿子，为什么这时又说老汉爱子情深呢？（他那时"揪"，是恨儿子作为党员不听命令，不把群众的利益放在第一位；这时，他竭尽全力地"推"，是想把儿子推向生的彼岸。）

15. 由此可见，这一"吼"一"推"诠释了人间至爱真情——那就是舐犊情深。是啊，这深沉的父爱也是——“一座山”。

16. 为了村民们的安全，他失去了儿子，也献出了自己的生命！是的，作为一名共产党员，他忠于职守，他是无愧的；作为一个父亲，他和天下父母一样有深深的舐犊情深。在生死关头，老汉无私地选择了大家。他表现出来的大爱——无私无畏、不徇私情、英勇献身的崇高精神，让我们为之动容。学到这里，我想老汉那如巍峨高山般的形象，一定深深地镌刻在同学们的心中了。

三、回扣课题，升华情感，书写感言

1. 就是这座山，敢于同无情的洪魔作斗争，将村民们送上跨越死亡的生命桥。然而，令人痛心的是，洪水吞没了这对了不起的父子，只留下“一片白茫茫的世界”。再读课题，想一想让全村人得以生还的“桥”到底是什么？（是老汉用自己和儿子的血肉之躯为村民们筑起的一座跨越死亡的生命桥；是老汉用无私无畏、不徇私情、英勇献身的崇高精神筑起的一座跨越死亡的生命桥。）

【导师点评：课文以“桥”入题，教学以“桥”作结，既升华了“生命桥”的内涵，又使整堂课首尾照应，结构紧凑，浑然一体。】

2. 来，同学们，捧起课本，满怀崇敬，配乐齐读课文结尾部分。（“五天以后，洪水退了。一个老太太，被人搀扶着，来这里祭奠。她来祭奠两个人，她丈夫和她儿子。”）

3.“祭奠”是什么意思？（为死去的人举行仪式，表示追念。）“祭奠”这天，全村老老少少都来了，整个村都在呜咽了。悲痛欲绝的乡亲们在祭奠时会说些什么？请身临其境地想一想，写下乡亲们的肺腑之言，感激之言。（学生动笔写话）

4.（学生交流后）再次饱含深情地读一读课题。让我们永远记住，在危难时刻，那一座给人们带来生命和希望的桥；永远记住那像高山一样巍峨的老支书。

四、提炼写法，领悟表达，积累佳句

1. 这篇课文在表达上有哪些特色呢？

(1)作者为什么要到结尾才点明“老汉”和“小伙子”的关系？这样安排结构有什么好处？（构思别致，设置悬念，前后照应。）

(2)课文多用简短的句段有什么好处？（渲染紧张的气氛）

(3)文中运用了哪些修辞手法？有什么作用？（比喻、拟人等修辞方法，增强表现力。）

2. 这篇短文有不少的好词佳句，请选喜欢的句子摘抄。

附：板书

桥

咆哮　狞笑　放肆

窄木——老支书——生命桥

像一座山

祭奠

【课后反思】

搭建有效的学习之桥

《桥》一文是著名的作家谈歌先生的一篇小小说，全文篇幅不长，但却用简单、简洁、简短的语言介绍了一个生动曲折、跌宕起伏的故事，塑造了一个大公无私、受人爱戴、可歌可泣的老共产党员的光辉形象。

教学这篇课文要让学生领悟小小说特有的语言魅力——语句短小、凝练，语言精练、概括，但含义深刻，极富韵味。这对小学生来说是一个极具难度的学习过程。如何在有限的四十分钟内为学生搭建一座有效甚至高效的学习之桥呢？在设计教学时，我力图使传统与创新走向融合，既抓重点词的教学，又注重以文本语言为载体进行语文实践，感情朗读、想象体验、读写结合，以一种语文的方式推进语文的体验与感悟，让学生在获得知识、提高能力的同时，精神世界也得到丰富，从而全面提高学生的语文素养。

一、重视字词，夯实基础，学有所积

字词教学是小学语文教学的重要内容，是阅读和写作教学的基础工程。认真而又扎实地教学生字和词语，进行语言运用的训练，是语文教学最基本的任务，它应贯穿语文教学的各个阶段。然而在中高段的语文课堂上，往往淡化了这一方面的教学，总认为几年下来，学生具备了识字的能力，不如把有限的教学时间花在课文的理解上，字词教学往往成为阅读教学的附属内容。教师不屑于字词教学，觉得是小儿科。或者羞于字词教学，认为难登大雅之堂。在遮遮掩掩、羞羞答答中，我们小学的字词教学被忽视甚至被省略，根本落不到实处，结果发现学生的抄写、默写中常常出现错误，孩子说话、习作错别字连篇、语病频出。事后弥补又费时间，学生也不太容易接受，更何况如果对许多词语的理解存在欠缺，也势必影响其对课文的理解。

《桥》这一课有 14 个生字要求会写，6 个生字要求会认，能正确读写如“势不可当”等这样的词语。在本文的教学中，我试图运用各种手段帮助学生在最短时间内去认识这些生字，学会这些生字。“势不可当、狞笑、呻吟、祭奠”这几个词较难理解，我根据不同的语言环境做了不同的设计，如“呻吟”我是让学生通过看图理解，在教学“势不可当”时，我则是联系上下文，引导学生想象洪水的肆虐，学生自然而然也就明白了词的意思。为后面的学习扫除了理解障碍，做了较好的铺垫。

二、关注语言，体会表达，学有所悟

叶圣陶先生在《语文教学二十韵》中说：“一字未宜忽，语语悟其神。”也就是说，脱离对语言文字的理解来感悟人文思想、落实情感目标是不可取的。语文教学是有情感、有生命的，语文课改倡导学生直接与文本对话，“在主动积极的思维和情感活动中，加深理解和体验，有所感悟和思考，受到情感熏陶，受到思维启迪，享受审美乐趣。”

1. 体会环境描写的匠心

“言语性”是语文课程、语文教育的“独担之任”。在教给学生文本内容的同时，更应关注文本的言语存在、表达方式，文字背后的怎么写和写什么，这一课的教学，彰显的教

学主张正是这种以“关注语言表达”为价值取向的课程体现。

课文描写洪水上涨的内容表达极具特色，值得学生玩味、领悟。文本通过比喻、拟人等修辞手法，体现洪水之大，一读明之。但教学没有停留在文字表面，而是紧抓住“像泼”“像倒”“咆哮”“野马”等极富特色的关键词语，体现语言之深刻内涵。通过“受惊的野马”(喻体)与“咆哮的洪水”(本体)之间的对比，让学生体会到洪水来势汹汹，猝不及防，给人带来恐慌和窒息感。

在读、品、议中引导学生感受洪水肆虐，危机四伏，且体会短句、比喻、拟人三种表达特色的妙处。学生沉浸在作者简洁有力的语言中，沉浸在当时当地的情境中，为后来的学习储备了情感基础。

2. 体会人物描写的寓意

叶圣陶先生曾说过，阅读教学第一是读，第二是读，第三还是读。一篇文章只有通过多层次的形式多样的读，才能让学生入情入境，也只有入情入境的读，才能帮助学生深刻理解课文。激起情感共鸣，真正有所感悟。

(1)给学生朗读的时间，感悟形象。学生在朗读的过程中，深层次地走进文本，形成自己对文本的感悟理解。学生先从整体上把握课文的主要内容，谈论自己读文后的感受，然后围绕“课文中的老汉哪些地方让你感动”默读课文，画出描写老汉的有关语句，在旁边做简单的批注，之后与同学交流，谈一谈让自己感动的原因，然后通过有感情地朗读表现出自己的感动，从而升华对老汉的理解和认识。学生的理解和感悟多是在朗读的思考体会中所得。

(2)引导学生个性化的读，再现形象。小说文体的阅读取向一定要重在感悟“人物形象”。对“人物形象”的把握上，教者紧紧抓住文本的语言特色：“木桥前”和三句字字千钧的感叹句。透过这三个感叹号，学生不但要读出老汉语气之坚定，还应读出作者赋予这三个特定句子的特定内涵，它要突出的是老汉判断形势之准确、解决矛盾之果断、对党员要求之严格。这三句话是塑造人物形象的灵魂之笔，充分体现出老汉崇高的党性和闪光的人性，形成一个丰满立体的人物形象。紧抓三个感叹号，就是紧抓住了作者思想感情的内核。

例如，“老汉清瘦的脸上淌着雨水。他不说话，盯着乱哄哄的人们，他像一座山。”学生分别从“他不说话”“他像一座山”等不同方面去理解，进而读出个性。“他像一座山”不只是简单的比喻，而是有着丰富内涵的意象。在教学中紧扣人物的神态、语言、动作，将环境描写与老汉光辉形象相结合；将人们的惊慌和老汉的沉着冷静相对比，将人群的获救与老汉的离去对比。在对语言文字的细读和探究中品味出“山”的内涵，感悟老汉如山的情怀，如山的气概，如山的形象。

还有课文中的两个“吼”字的不同理解，学生读出生气，读出批评，读出命令，读出威严，读出不容争辩，等等。第二个“吼”字应该读出老汉对儿子的“爱”，读出他的急。让学生理解后在读中感悟，即使是同一个字，在不同的环境中也表达着不同的意思。读是实践，又是训练；既有理解，又有体验，学生在读的过程中学到了很多。

阅读是学生学习过程中独特的体验过程，如何让人性美在学生心中扎根、升华呢？只有允许他们对阅读内容做出个性的反应，学生才是一个真正的阅读主体，他们才能真正体验到自己的精神劳动所带来的快乐。

三、读写结合，得意得言，学有所获

这是一篇情感性很强，表达方法很有特点的文章。《桥》这篇课文，处处充满着人性的美。文章是以老汉的妻子来祭奠丈夫和儿子中悠然而止的。学生写出面对此情此景想对老汉说什么？学生的情绪最大程度地被调动起来了，“情动而辞发”，带着感动，带着敬佩，带着深切的怀念，写下发自内心的话语。既是情感的凝聚和提升，又是语言实践的活动。既深化了老汉的精神，又丰富了学生的情感，更给予了学生现场生成语言的机会。

这样的设计，既使学生发自内心地感受了人物的崇高精神，又锻炼了他们的写话能力，更由一种情感升华到对他们进行一场思想素质教育，可谓“一举多得”。当学生走出课堂的时候，他不是苍白而是丰富的，不是肤浅而是深刻的，不是混沌而是清醒的。

情感性强的课文，既要理解、尊重学生，不过高过快的拔高学生理解感悟的程度，又要有所引领。慢慢走，欣赏啊。读中找句，句中圈词，词中旁注；自主学习、同伴互助、教师指导。这是我为这堂课设计的教学方法，这样做留给学生驻足停留的时间，降低学习难度，从而帮助学生理解、体会，感悟到语言文字所蕴涵的深刻含义。

本课教学以“桥”为切入点，层层深入，教师着眼于问题的锤炼和设计，便于学生以语言文字为着眼点，借以想象、描述，增加语言实践的机会，并以情感渲染为依托，以多层次回环朗读为情感推波助澜，力求体现思维、语言及情感三者的和谐共振，真正为学生的学习搭建一座有效之桥。

刷子李

（人教版课标教材五年级下册）

重庆市渝中区肖家沟小学　陈力

【文本解读】

令人叫绝的“刷子李”

《刷子李》是人教版教材五年级下册第七组的第二篇课文。本组围绕“作家笔下的人”这一专题，安排了3篇课文，其中一篇讲读课文由3个片段组成。这3篇课文有一个共同点，就是作品中的人物形象非常鲜明，各自有着不同的特点。而《刷子李》出自著名作家冯骥才之手，要引导学生感受冯老笔下鲜活的人物形象，体会他描写人物的方法，并在习作中学习运用，就必须借助老师对文本的深入解读。

一、读作者，感受文风

泛着浓浓天津味的文章，初读就带人回到了那个年代。我想这样的文章要读通、读透就应该先走进作者。冯骥才，中国当代作家和画家。初为画家，专事文学。文革间饱受磨难，做过工人、业务推销员、教师等，心中有感而发，秘密写作，藏匿于砖底墙缝间，“文革”后为崛起的伤痕文学运动代表作家。《刷子李》选自他的小说集《俗世奇人》，通读全文，那九河下梢的码头味道扑面而来，绝错不到旁的地界儿去。那语言，结实、神气，看得人恨不能自个儿开讲评书。

二、读文本，拍案叫绝

一口气读完本文，觉得实在不过瘾，忍不住一读、再读。冯老确实很擅长于写民俗民风类的文章，期间我多次拍案叫绝。

（一）题目绝，令人惊奇

《刷子李》一读到题目我便感到惊奇。中国几千年传统都是姓放前边，姓李的粉刷匠那就应该叫李刷子，而这为什么叫“刷子李”呢？原来这位李师傅的刷墙功夫出神入化，用“刷子李”这个有趣的称呼更能突出李师傅那高超的刷墙技艺。再看看冯骥才《俗世奇人》中“泥人张”“快手刘”，想想这都是异曲同工之妙。“刷子李”和他们一样，都是生活于市井里巷的凡夫俗子，是普普通通的手艺人，却又是能以技能为代号的“奇人”。“奇”在哪里呢？相信正文会有详尽、生动的刻画。一个题目就点出了人物特点，这正是编者把这篇文章放在人物描写一组这个单元里的原因了。

（二）技艺绝，啧啧称奇

整篇课文都在刻画“刷子李”的高超技艺。读文时，我常常会为“刷子李”那堪称神技的刷墙技艺叫好、称奇。

1. 技艺高超绝。“刷子李专干粉刷一行。他要是给您刷好一间屋子，屋里什么都不用放，单坐着，就如同升天一般美。”读到这，有点难以置信。“单”也就是仅仅的意思，仅仅坐着，就如同升天一般美。作者用一个这样的比喻告诉我们，面对着刷子李粉刷的屋子便有如此美感。看来，刷子李这项绝技不仅可以装点房屋，还可以给人带来美的享受呢。“最让人叫绝的是，他刷浆时必穿一身黑，干完活，身上绝没有一个白点。别不信！他还给自己立下一个规矩，只要身上有白点，白刷不要钱。”这短短三句话中就出现了两个“绝”字。再读，第一个“绝”是指独一无二，没有人能赶上，读到这我便想，接下来一定有“绝招”出现，而且是别人学也学不来，仿也仿不会的。果然，“他刷浆时必穿一身黑”。一身黑，是他工作时的习惯，更是他能力的体现，再瞧瞧还能感觉到这位李师傅是位极其具有个性的人。他喜欢挑战，敢于挑战，当然得有真功夫的人才敢做此事！回过头去想想刷子李的生活背景，他生活在天津卫，也就是天津的古称。当年，它既是水陆交通要道，也是世人瞩目的开放城市。所以，在天津生活的人，“不强活不成，一强就生出各样空前绝后的人物”。他们有的现身于上流社会，有的混迹在市井民间，也就是“俗世奇人”。而刷子李就是混迹于底层社会，练就了一身生存绝技，这样的一个人必然是要有些自己独特的个性的。后面提到的“他还给自己立下一个规矩，只要身上有白点，白刷不要钱”。也体现出刷子李的这一特点。第二个“绝”字就是说“一定没有、肯定没有”，作者用这个“绝”字，是在强调这种程度上的加深，也更加肯定了刷子李的高超技艺。刚读完第一自然段，初领略“刷子李”的功夫我便想说一“绝”啊！

2. 俗世奇人绝。“这是传说。人信也不会全信。行外的没见过的不信，行内的生气愣说不信。”“传说”那就有是辗转述说，也可说是流传，不能够确定。那真是传说吗？当然不是。“人信也不会全信。行外的没见过的不信，行内的生气愣说不信。”看似拗口，这正是冯老的风格啊，透过文字，就像坐在天津卫的茶馆里听说书呢。不过这当中的“生气”和“不信”说明了要想粉刷好屋子而不沾一个白点的难度，至少其他师傅是不敢尝试也不敢挑战的，这恰恰表明了刷子李的与众不同啊。虽然说着不可信，读到这，我思考着冯老肯定会在后文证实这个“传说”。

“一年的一天，刷子李收个徒弟叫曹小三。当徒弟的开头都是端茶、点烟，跟在屁股后边提东西。”这里老冯安排了曹小三出现，他到底有什么作用呢？我想便是亲证“传说”的那个人吧。“曹小三当然早就听说过师傅那手绝活，一直半信半疑，这回非要亲眼瞧瞧。”作者用的是“半信半疑”，其实更多的恐怕是想表示出曹小三的怀疑吧，毕竟又有谁亲眼见过呢？所以才有了“非要”，是一定要看看到底有多神奇呢？还是想揭穿这个流传已久的“传说”呢？冯老一定会通过这个曹小三的视觉来告诉我们“传说”的真假。

“到了那儿，刷子李跟管事的人一谈，才知道师傅派头十足。照他的规矩一天只刷一间屋子。这楼房有九间屋，得刷九天。”“一天只刷一间屋子”，李师傅确实很有性格，但细细想，这可不是在摆架子，而是慢工出细活，正是这样认真的态度，才能书写“传说”吧。“干活前，他把随身带的一个四四方方的小包袱打开，果然一身黑衣黑裤，一双黑布鞋。穿上这身黑，就像跟地上一桶白浆较上了劲。”读到这，“黑衣、黑裤、黑布鞋”一下就吸引住我，我不禁想了一下他的形象，怎么想都是威严啊。其实，“刷子李”穿上这身黑与其说是在和“一桶白浆”较劲，不如说是在与自己挑战和较劲，他在以这种特殊的方式向世人展示自己的高超技艺，流露出对自己手艺的绝对自信和自豪。他为自己设立的近乎苛刻的“从业标准”，让人感受到他的奇绝至极。这个时候，我真是又暗暗说了个二“绝”。

（三）表达绝

“刷子李”的技艺够绝，但是冯老能把他那超群的技艺形象地描述出来，让我们仿佛身临其“屋”，可见本文的表达也真绝。

1. 直接描写绝。真想知道“刷子李”到底是怎样刷墙的，忍不住地往下读。“一间房子，一个屋顶四面墙，先刷屋顶后刷墙。屋顶尤其难刷，蘸了稀溜溜粉浆的板刷往上一举，谁能一滴不掉？一掉准掉在身上。”“谁能一滴不掉？”这样一问，就突显了刷墙的难度，更是为后面“刷子李”的精彩“出场”作了铺垫。“可刷子李一举刷子，就像没有蘸浆。但刷子划过屋顶，立时匀匀实实一道白，白得透亮，白得清爽。”这是作者从曹小三的视角来写的，通过曹小三的眼睛，我们便清楚地看见了“刷子李”刚一出手的效果，一个字——白！“只见师傅的手臂悠然摆来，悠然摆去，好像伴着鼓点，和着琴音，每一摆刷，那长长的带浆的毛刷便在墙面‘啪’地清脆一响，极是好听。啪啪声里，一道道浆，衔接得天衣无缝，刷过去的墙面，真好比平平整整打开一面雪白的屏障。”这一段话描写了“刷子李”刷墙的情景，包括他刷墙的动作和刷后的效果，是典型的正面细节描写。“刷子李”刷墙的动作是那样的娴熟，娴熟得已进入一种出神入化的境界，给人的感觉，他不是在做一项又脏又累的活儿，而是在进行一项艺术创作，艺术表演，悠然摆来摆去，伴着鼓点，和着琴声，清脆一响，极是好听，这不是艺术的境界吗？刷后的效果，作家主要言其平整和雪白，一道道浆，衔接得天衣无缝，刷过去的墙面，好比打开一面雪白的屏障。他刷墙的动作和刷后的效果相互映照，反映了“刷子李”技艺高超。作者从曹小三的视觉、听觉入手来突出刷子李的“奇”，给人极强的真实感。这样的写法，我不得不感叹“绝”啊。

2. 间接描写绝。“刷子李干活还有个规矩。每刷完一面墙，必得在凳子上坐一大会儿，抽一袋烟，喝一碗茶，再刷下一面墙。此刻，曹小三借着给师傅倒水点烟的机会，拿目光仔细搜索刷子李的全身。每一面墙刷完，他搜索一遍。居然连一个芝麻大小的粉点也没发现。他真觉得这身黑色的衣服有种神圣不可侵犯的威严。”这里再次提到了“刷子李”干活的规矩，艺高人想必规矩都多吧。“仔细搜索”在这里照应了前文的“非要亲眼瞧瞧”。搜索的结果是“他真觉得这身黑色的衣服有种神圣不可侵犯的威严。”这句话写的是曹小三看到师傅穿着一身黑色的衣服，刷完墙壁后，“居然连一个芝麻大小的粉点也没发现”时的内心感受。他亲眼见到师傅真有如此高超的技艺，他感到惊愕，内心受到震撼，虽是事实，但他不敢相信这是事实，可又不得不承认这是事实。这身黑衣服上无一个粉点，就是师傅高超技艺的见证。因而，他觉得那件“黑衣服”具有一种威慑力量。实际上，是师傅凭着高超的技艺在徒弟心中树立了权威。

“当刷子李刷完最后一面墙，坐下来，曹小三给他点烟时，竟然瞧见刷子李裤子上出现一个白点，黄豆大小。黑中白，比白中黑更扎眼。”从这个“更扎眼”就能看出这个白点的出现对曹小三的影响，一个小小的白点深深地震撼了他。“完了！师傅露馅了，他不是神仙，往日传说中那如山般的形象轰然倒去。”这又是一段心理描写，一个“完了”和“轰然倒去”可见曹小三由前不久的无比崇敬到现在的极大失望。作者用了很重的笔墨刻画曹小三的心理活动，正是想通过侧面描写来衬托出“刷子李”的“奇”。文章读到这里，必要有转折。这时候，刷子李忽然朝他说话：“小三，你看见我裤子上的白点了吧。你以为师傅的能耐有假，名气有诈，是吧。傻小子，你再细瞧瞧吧——”“说着，刷子李手指捏着裤子轻轻往上一提，那白点即刻没了，再一松手，白点又出现，奇了！他凑上脸用神再瞧，那白点原是一个小洞！刚才抽烟时不小心烧的。里边的白衬裤从小洞透出来，看上去就跟粉浆落上去的白点一模一样！”面对这样的结果，曹小三是“发怔发傻”。老冯真是厉害啊！他从一个小徒弟的视角印证了“刷子李”的真功夫：起初，徒弟是“半信半疑”，但大半天下来，居然连一个芝麻大的粉点也没发现，他真觉得这身黑色的衣服有种神圣不可侵犯的威严。正当徒弟对师傅佩服得五体投地时，却突然发现“刷子李”裤子上有一个白点：师傅那如山般的形象轰然倒去。不料“刷子李”最后揭开谜底：那白点原来是黑裤烧了个小洞造成的！一波三折的叙事，使“刷子李”的“奇”得到了一次次的渲染，而曹小三的心理变化这一线索更紧紧抓住了读者，起到了引人入胜的艺术效果。我真是忍不住为冯老刻画人物的功底大叫一声“绝”。

三、读课型，取舍有度

根据学生已有的起点，我就把本课的学习重点聚焦到两个点上。①“只见师傅的手臂悠然摆来，悠然摆去……真好比平平整整打开一面雪白的屏障。”在这一段的教学中，一定是学生自读、交流、自悟的一个过程，引导学生抓住“悠然、伴、和”理解“刷子李”刷墙的动作如此充满韵律，品位“天衣无缝、雪白的屏障”来体会出刷墙后的效果更是精妙绝伦。这正是作者“刷子李”抓住了刷墙的动作与刷墙后的效果直接相结合的细节描写来突出他的高超技艺。而这个学习到领悟的过程，学生能从与文本的碰撞、与同学的思维碰撞、与老师的交流碰撞中做到。②文章的题目叫刷子李，那这篇课文就应该重点刻画刷子李，展现出他高超的技艺，那为什么文中又对曹小三进行了较多笔墨的刻画呢？那就是用间接描写来进一步映衬出刷子李的高超技艺。在随后的教学中，请学生勾画出文中有哪些精彩的间接描写。通过学生的汇报，聚焦到四个点上。（“果然”一袭黑衣；“居然”未见白点；“竟然”出现白点；“忽然”揭示秘密。）通过这四个点，体会出这样写，在情节上有什么效果？（一波三折，富有韵味）再从中去体会曹小三的心理变化。（半信半疑—崇敬—失望—发怔发傻）

整个教学把重点落在本文独有的直接描写和间接描写相结合的写法上。这两个学习重点既表现了“刷子李”的高超技艺，更体现了冯老那深厚的文学功底。

其实，冯老笔下的“高手”还有许许多多，“泥人张”“张大力”“背头杨”，我想，学生们在感受了“刷子李”的魅力后，一定会想去认识更多的“俗世奇人”。

一堂扎实、有效的语文课的背后一定离不开老师深入的解读。不与教材对话，又怎么能教好教材呢？朱光潜说得好——慢慢走，欣赏啊！

【教学设计】

感受技艺，领悟表达

教学目标

1. 认识 6 个生字，理解“天衣无缝、露馅”等词语的意思，有感情地朗读课文中的重点段。

2. 借助提示，了解内容，感受刷子李高超的技艺，领悟并学习作者刻画人物形象的方法。

教学重难点

借助提示，了解内容，感受刷子李高超的技艺，领悟并学习作者刻画人物形象的方法。

教学准备

多媒体课件。

教学课时

1 课时。

教学过程

一、简介作者，导入新课，初识人物

1. 通过前面的学习，小嘎子、严监生、王熙凤，这些鲜活的人物形象，一定给你们留下了深刻的印象。今天，我们要学习著名作家冯骥才在《俗世奇人》一书中写的一位普普通通的手艺人——“刷子李”（齐读课题）。

2. 简介作者冯骥才及本文出处。（冯骥才长于天津。他写过不少具有天津地域特色的小说，如《神鞭》《三寸金莲》《俗世奇人》等。本文选自《俗世奇人》，其中叙述之事，多以清末民国初年天津卫市井生活为背景；天津卫，天津的旧称，即今天的塘沽码头。）

3. 这课的题目就是一个人的名字，大家再读一读——刷子李。他的名字咋样？（怪）是呀！清朝时，天津卫这个地方，某一行有绝活的人，人们都喜欢用他干的行当加上姓来称呼他。如有个姓张的，泥人捏得特别好，大家就叫他——泥人张；有个姓刘的，风筝做得特别好，大家就叫他——风筝刘。那么，“刷子李”呢？（就是粉刷业做得特别好的手艺人。）

二、检查预习，整体感知，理清顺序

1. 昨天，大家预习了课文。现在，先读读这些词语：“师傅、包袱、搜索、刷浆、露馅儿、发怔、发傻、愣说不信”（正音：“傅、袱”读准声调，如“傅”四声，“袱”二声，但在“师傅”“包袱”这词中读轻声；“露馅儿”要读出儿化音；“愣说不信”是方言）。

2. 抽学生分段朗读全文，其余学生认真听，看看他们读得怎样。（再次正音：“蘸”[zhàn]；“和”[hè]着琴音；必“得”[dé]；发“怔”[zhèng]；“调”[tiáo]浆；天衣无“缝”[fèng]）

3. 说说“天衣无缝”和“露馅”的意思。(①比喻事物没有一点儿破绽。②比喻不愿意让人知道的事暴露出来了。)

4. 这篇课文共有十一个自然段,第一、二自然段写了什么?第三至十一自然段写了什么?(①概括写刷子李粉刷时穿黑衣,有白点不要钱。②曹小三头天当学徒时,见到听到学到师傅刷墙的真功夫。)

5. 第二段分了几层意思写?(三层:①起初徒弟“半信半疑”,但大半天居然连个芝麻大的粉点也没发现,他觉得这身黑衣服有神圣不可侵犯的威严;②当徒弟对师傅敬佩时,突然发现“刷子李”裤子上有个白点,师傅的形象轰然倒去;③“刷子李”揭开谜底,那白点原来是黑裤烧了个小洞造成的!)

6.“刷子李”普普通通,却有“俗世奇人”之美称。他的技艺到底有多高超?作者是怎样描写的呢?让我们走进课文,去欣赏作者精彩的描写。

三、默读课文,了解绝技,体会表达

1. 默读第二部分,请用“——”画出文中描写“刷子李”刷墙技艺高超的精彩句子,边读边想作者是怎样写的,这样写有什么好处?然后再把自己体会到的批注在句子旁边。

【导师点评:不动笔墨不读书。作为略读课文,就是要给学生的自主学习留足时空,就是要让学生潜心默读,动笔勾画批注;同时,也因为略读课文的教学仅有一课时,所以在勾画句子时,教师没有要求学生面面俱到,而是让仅选一处精彩描写勾画批注。这样做,既有利于培养学生边读边想边批注的学习习惯;同时又彰显了略读课文的课型特色。】

2. 请学生汇报交流。

(1)谁来勾画文中直接描写“刷子李”刷墙时精彩动作和效果的句子?请读一读。(课件出示:只见师傅的手臂悠然摆来,悠然摆去,好像伴着鼓点,和着琴音,每一摆刷,那长长的带浆的毛刷便在墙面“啪”地清脆一响,极是好听。啪啪声里,一道道浆,衔接得天衣无缝,刷过去的墙面,真好比平平整整打开一面雪白的屏障。)

A. 这段话描写了“刷子李”刷墙的情景。它包括哪两层意思?(师傅刷墙的动作和刷后的效果)

B. 写师傅刷墙的动作时,作者写了哪些内容?(看到的、听到的、想到的)作者是如何描写的?这样写的好处是什么?(①从师傅刷墙时,“悠然摆来,悠然摆去”的动作,写出他刷墙技艺的娴熟与优美。②从看到师傅刷墙时的动作,联想到“如同伴着鼓点,和着琴音”,巧妙地写出师傅刷墙的动作出神入化,极富节奏美、音韵美,给人以美的享受,让人觉得他不是在做一项又脏又累的活儿,而是在进行一项艺术创作、艺术表演。)体会得真好!有感情地朗读这段话的第一句。

C. 刷墙后的效果,作者又是怎样描写的?(①“天衣无缝”这个四字词,写出了师傅刷出的墙很完美,没有丝毫的瑕疵。②把师傅刷出的墙比作“雪白的屏障”,突出了师傅刷出的墙美妙绝伦。)说得得真好!请有感情地朗读这段话的第二句。

D. 这段话能写得这么精彩,就在于抓住了动作刻画人物形象;就在于抓住了看到的、听到的、想到的,再用比喻句还原了当时精彩的情景,请再有感情地朗读这段话。

【导师点评:这篇略读课文的导读,明确提出了关注表达效果的问题。教师依据略读

提示，在学生汇报交流直接描写“刷子李”的句段中，引导学生体会动词与比喻句对直接刻画人物形象的妙处。】

(2)课文除了直接描写“刷子李”刷墙的动作和效果之外，还用了较多的笔墨描写徒弟曹小三的见闻。这样描写的好处是什么？(从侧面突出刷子李技艺的高超。)那么，文中第二部分有哪些精彩的间接描写呢？请学生汇报交流。

A. 一学生汇报。(课件出示：干活前，他把随身带的一个四四方方的小包袱打开，果然一身黑衣黑裤，一双黑布鞋。穿上这身黑，就像跟地上一桶白浆较上了劲。)“果然”这词写出了小三的什么？(耳闻与眼见如出一辙，可见师傅的手艺的确是名不虚传。)这句描写突出了什么？(师傅以特殊的方式向世人展示自己的高超技艺，流露出对自己手艺的绝对自信和自豪。)由此感受到什么？(师傅为自己设立的“从业标准”很苛刻，的确让人感受到奇绝至极。)有感情地朗读这句话。

B. 一学生汇报。(课件出示：每一面墙刷完，他搜索一遍。居然连一个芝麻大小的粉点也没发现。他真觉得这身黑色的衣服有种神圣不可侵犯的威严。)这句话又描写了曹小三的什么？(内心感受)“居然”写出了什么？(亲眼见到师傅有如此高超的技艺，他感到惊愕，内心受到震撼。)他觉得那件“黑衣服”具有威慑力量说明了什么？(师傅凭着高超的技艺在他心中树立了权威。)有感情地朗读句子。

C. 一学生汇报。(课件出示：当刷子李刷完最后一面墙，坐下来，曹小三给他点烟时，竟然瞧见刷子李裤子上出现一个白点，黄豆大小。黑中白，比白中黑更扎眼。完了！师傅露馅了，他不是神仙，往日传说中那如山般的形象轰然倒去。但他怕师父难堪，不敢说，也不敢看，可忍不住还要扫一眼。)“竟然”强调了什么？(师傅露馅儿了。)“传说中那如山般的形象轰然倒去”这句话运用比喻的修辞手法强调了什么？(写出了极度失望。)有感情朗读这段话。

D. 一学生汇报。(课件出示：“这时候，刷子李忽然朝他说话……看上去就跟粉浆落上去的白点一模一样！”)这段话与开头有什么联系？(首尾照应，强调了师傅刷墙的技艺的确高超，令人不可思议。)

E. 这篇课文的间接描写也很精彩：“果然”一袭黑衣；“居然”未见白点；“竟然”出现白点；“忽然”揭示秘密。这几个由“然”组成的词语，巧妙地把故事情节串了起来。这样写，在情节上有什么效果？(一波三折，富有韵味)同时还写出了曹小三的什么？(心理变化)那么，曹小三的心理有哪些变化？(半信半疑——崇敬——失望——发怔发傻)这间接描写有什么好处？(更烘托出了刷子李高超的刷墙技艺。)

【导师点评：如果说前一环节重在让学生感受直接描写的好处，那么这一环节又重在学生汇报交流中间接描写“曹小三”的见闻感受，引导学生透过曹小三的耳闻目睹和心理活动，从侧面感受“刷子李”高超的刷墙技艺，从而习得间接描写的方法，让学生在阅读时真正地得意、得言、得法。】

四、升华认识，拓展阅读，践行写法

1. 课文最后写“曹小三学徒的头一天，见到听到学到的，恐怕别人一辈子也不一定明白呢”。同桌讨论这句话的意思。(①“刷子李”确有绝活。这绝活，若没亲眼目睹，绝不会相信是真的，说明“刷子李”技艺高超。②“刷子李”有此绝活是自我挑战、不断磨炼的结果。③“刷子李”的言行，深深震撼了曹小三，他感触很深，获益甚多。）

2. 曹小三耳闻目睹师傅刷墙的绝技，感受颇多，我们读了这篇课文又有什么感触与收获？（①绝技来自于刻苦训练，精益求精……如《卖油翁》②写人应该抓住人物的独特个性或绝招来写……③要重视细节描写……④写人可以直接描写，也可以通过间接描写烘托人物形象，使笔下的人物更鲜活，更丰满……）

3. 这个故事选自著名作家冯骥才的《俗世奇人》。在这本书中，还有《泥人张》《快手刘》等故事，课外可以上网查阅。

4. 运用今天学到的直接描写和间接描写的方法，写一个熟悉的人的某一方面的特点。

附：板书

23　刷子李

技艺高超

悠然　天衣无缝　雪白屏障　（直接描写）

果然　居然　竟然　忽然　（间接描写）

【课后反思】

教“略”而学“丰”

在新编九年义务教育六年制小学语文教科书中，编者们将教材中的课文分为精读、略读、选读三大类。这三种课型的教学目标不同，教学要求也不同。也就是说，在精读中，教师要教给学生相关的语文知识，教给学生必要的阅读方法；而略读教学则注重阅读实践，即把在精读课中学到的知识与方法运用于阅读实践之中。

但是，长期以来，受应试教育的影响，略读课文不列入考试范围，以致许多教师在实际教学中只重视精读课文的教学，不重视略读课文的教学，使略读课文成为“食之无味，弃之可惜”的“鸡肋”。更有甚者，根本不过问略读课文，最多让学生看一下就一笔带过。然而，细细研读与分析，我们不难发现，中高年级的略读课文在教材中所占的比重并不小。每个单元有三分之一的篇目是略读课文。由此可见，略读课文不是“鸡肋”，而是给予学生将精读课中习得的阅读方法付诸实践的最好载体。

备课时，我思考《刷子李》这篇略读课文的“略”体现在哪里呢？带着这样的问题，我首先研读了这个单元的主题，研读了这个单元的课文，研读了这个单元的重难点。我发现，这组课文都是围绕“作家笔下的人”这一专题安排的。三篇课文的共同点都是作品中的人物形象非常鲜明，各自有着不同的特点。作家在刻画人物时，采取了不同的手法，有侧重抓语言描写的，有侧重抓人物动作描写的，有以描写人物外貌、神态、心理为主的……这三篇课文，从不同的方面，向我们展示了描写人物的多种方法。在《人物描写一组》中，学生领会了多种刻画人物的方法；《刷子李》这篇略读课文，则让学生领悟直接描写和间接描写对刻画人物的妙处。所以，《刷子李》这课应该“略”的是内容分析，因为这些都是学生自读能懂的；应该“丰”的是人物描写的方法——即本课所独有的直接描写和间接描写交相辉映的方法。

瞧，课伊始，教师用检查预习的方式，抽查孩子对自读提示的理解情况。接下来的词语抽读，学生们个个字正腔圆、清晰洪亮。接着，老师便再放手让学生自读课文，抛给学生一个问题："刷子李的绝活表现在哪儿？"引领学生浏览课文，找出重点自然段。所谓不动笔墨不读书，明确地提出勾画和批注的要求，只见学生们在书上勾勾画画，有的同学还在句子的旁边落下了自己的"心语"。在交流、反馈中，对于学生们找到的相关句子，让其交流自己的体会、感觉，但并不过多的纠缠。教师引领学生把目光重点聚焦在第五自然段"只见师傅的手臂悠然摆来，悠然摆去……真好比平平整整打开一面雪白的屏障"上。对这段话的理解，学生们一读，读出词语的作用；二读，读出句子的作用；三读，读出写法的好处。看看孩子们这一串串答案：其实"悠然""伴着鼓点""和着琴音"都是讲刷子李刷墙的动作。他不是在刷墙，而是在进行艺术创作。天衣无缝也好，雪白的屏障也好，都突出了刷子李刷墙的效果，写出了刷子李刷的墙那是美妙绝伦的……原来学习就是这样层层递进、逐步收获的。这一段是作者的细节描写，所以在教师的教学上也显得非常"细"。正是有了这样的指导和理解，学生们随后的朗读仿佛也是"伴着鼓点，和着琴音"，极有韵律。在随后的教学环节中，老师马上又提出曹小三的作用，学生们便依葫芦画瓢，运用之前的学习方法，在书上勾画出相关句子，反复研读。有了这样的学习氛围，学生们在随后的交流中各抒己见，"半信半疑—崇敬—失望—发怔发傻"曹小三的心理线索就这样在学生们你一言、我一语中理清了。然而，老师并未蜻蜓点水，而是引导学生抽丝剥茧，领悟出作者是通过曹小三一系列的心理活动，这样一个一波三折的故事从侧面展现出了刷子李的技艺高超。

现在的语文课常常提到"言意兼得"，在这堂课上也充分体现了这四个字。看看，老师在总结曹小三的作用时，巧妙地出示句子："曹小三学徒的第一天，见到听到学到的，恐怕别人一辈子也不一定明白呢。"这样的追问，既可以让学生回顾这篇课文的主要内容，还可促使学生回过头去思考文章深藏的意义。更可贵的是，学生可以根据上一课《人物描写一组》习得的知识和在这堂课中老师的引导下，自己总结出本文刻画人物的方法——正面的细节描写与侧面描写相结合。

老师就是根据学生的起点，单元的重点，让学生自读、交流、自悟，感受人物形象，领悟出人物刻画方法。这充分体现出了略读课的特点——"教略而学丰"。

这堂课另外一个亮点就是板书的设计。设计精巧的板书应该具备以下几个特点：有利于浓缩文章的重点；有利于体现文章的脉络；有利于提炼语言的精华；有利于引导学生有价值的语言积累。看看这堂课的板书，人物、特点都有，"悠然、和、伴、天衣无缝、雪白屏障"这一串词既提炼了语言的精华又帮助孩子积累语言，再看"半信半疑—崇敬—失望—发怔发傻"理清了曹小三的心理活动，体现出了文章的脉络，最后点明正面描写和侧面描写，梳理出本文刻画人物的方法，这样的板书渗透着浓浓的语文味。

这样一堂目标明确、教学方法得当的语文课，激发了学生自主学习的潜能，使他们浸润在语文的魅力中。这样的教学扎实而又落实，培养的是学生的学习能力，必将惠及学生终身。

自己的花是让别人看的

（人教版课标教材五年级下册）

重庆市渝中区中山小学　莫晓玲

【文本解读】

在美的意境中徜徉

《自己的花是让别人看的》是小学语文五年级下册第八组中的一篇精读课文。本组课文以“异国风情”为主题，目的就是为学生打开一扇异国文化的窗口，向学生展示一幅幅多姿多彩的异国风情画卷。

当我看到这个题目时，我就被它深深地吸引了，当得知本文是我国著名语言学家、教育家和社会活动家，北京大学教授季羡林先生写的文章时就更加爱不释手，反反复复读过许多遍，越来越感觉到季老就在眼前，越来越感觉到季老的文品如其人——我为人人。《自己的花是让别人看的》不仅仅是季羡林先生在介绍德国的民俗风情，更重要的是在赞扬一种精神！此时，我想到了季老在《小苗与大树的对话》中亲切的话语，对季老提出的“中西贯通，文理贯通，古今贯通”记忆犹新，想到了季老的散文《怀念母亲》《月是故乡明》中，流露出的魂牵梦绕的思乡情和赤子深情。精美隽永的短文不难理解，重要的是对国学大师油然而生敬仰、崇拜之情，可以说这位鸿儒长者已经在我们的心灵立起一座丰碑！

一、寻觅足迹

这篇短文选自《再返哥廷根》，文章讲述了季老先生在阔别哥廷根 35 年后，重返哥廷根的所见所闻和所思所感。早在 1935 年，25 岁的季羡林先生带着祖国的期望和自己的宏图大志远赴德国，求学于哥廷根大学。他在哥廷根大学留学十载，1945 年才回归祖国。35 年后，1980 年当他再次踏上这第二故乡的土地时，感慨万千。后来，季老先生写下了《再返哥廷根》一组散文。

在季老的笔下，德国的土地是多么美丽。如哥廷根，“素以风景秀丽闻名全德。东面山林密布，一年四季，绿草如茵。即使冬天下了雪，绿草埋在白雪下，依然翠绿如春……苍蝇、蚊子成了稀有动物，跳蚤、臭虫更是闻所未闻。街道洁净得邪性，你躺在马路上打滚，决不会沾上任何一点尘土……”在季老的笔下，德国的人民是多么勤劳、善良、纯朴和正直。季老的老师们个个都对他和蔼可亲，老教授们对他可以说是视如己出般爱护。他的女房东欧朴尔太太，则是对他关怀备至，像自己的母亲一样。她每天给他准备晚饭，给他打扫房间、洗衣服、洗床单、准备洗澡水、擦皮鞋、铺叠被子。他在生活方面的所有需要，她都一手包下来了。季老写到的“迈耶的一家”，很长一段时间，伊姆加德小姐帮他为博士论文打字，往往每天都工作到深夜。在“表的喜剧”里，从那位修表的老头和他的太太身上，更可见德国人民的正直和善良。

二、潜入文本

《自己的花是让别人看的》包含了一个相当广阔的世界，一篇五百字的美文，篇幅不长，却描述了德国的人情风俗，作者的求学经历，德国人独特的养花方式，以及奇花共赏的奇情异景，再加上作者独特而精深的思想感悟，创造出一个浪漫温馨的美好世界。走进文本，就仿佛走入一个崭新的世界：这是一个花的世界，一个美的世界，一个充满温情的世界，一个意蕴深远、耐人寻味的世界。季羡林先生从德国人独特的养花方式中，领悟到一种至高无上的人生境界——"人人为我，我为人人"。

《自己的花是让别人看的》更是一篇十分经典的美文，语言朴素而洗练，含蓄而蕴藉，既有娓娓动听的故事，又有色彩瑰丽的描写；既有淡远幽芳的抒情，又有恰如其分的议论；既充满着异国他乡的奇情异彩，又渗透着作为一个中国人的感悟与思考，令人耳目一新，发人深省。这篇教材向我们展示了一幅幅多姿多彩的异国风情画卷，语言优美且内容丰富，是一篇供学生细品的好文章。这篇课文篇幅较短，语言亲切自然，字里行间蕴含着丰富的人生哲理，不仅能帮助学生积累语言，还能带给孩子美好的情感体验，更有助于他们建立正确的人生观。

全文以朴实生动的语言，讲述了"我"在德国读书时所见、所闻、所感。对于一个国家的认识或者说对一个民族的认识绝不是只言片语就可以讲清楚的，但是作者巧妙地以每家每户窗户前的鲜花作为独特视角，让我们透过一扇扇花团锦簇的窗户，真切地感受德国人关爱他人的美好品质，触摸到民族鲜明的人格特点。作者通过德国人爱花、养花，把花栽种在临街的窗外，让花朵朝外开，一方面使每一个过路的人都能享受到美丽的鲜花带来的愉悦，另一方面种花人自己也享受了别人带给自己的同样的快乐，展示了人与人之间互利互惠、互相关爱、和谐相处的美好境界，揭示了"我为人人，人人为我"的道理。

在文章的结构上，季先生首先从人类爱美的天性写起，从宇宙间堪为美之典范的鲜花，写到德国这个爱花的民族。大气磅礴，自然晓畅，浮想联翩，而又结构缜密，紧扣主线。接下来，季先生带我们来到一个奇异的国度——德国，把我们引入德国的普通民居中，把德国人奇特的养花方式展示给我们看，"他们是把花都栽种在临街窗户的外面。花朵都朝外开，在屋子里只能看到花的脊梁。"但是，随着镜头逐渐伸展，季先生带我们来到大街上，抬头仰望的时候，眼前的景象豁然开朗，"家家户户都是花团锦簇、姹紫嫣红。许多窗子连接在一起，汇成了一个花的海洋，让我们看的人如入山阴道上，应接不暇。"此情此景不能不令人怦然心动，在这片花的海洋中，人们不禁感慨万千，很自然地体验到"人人为我，我为人人"的境界。最后，作者又回到故事中，用总结和回味的语言，再次让读者陷入深深的思考。

三、赏析妙处

于永正老师曾说过："备课没有什么诀窍，就是那么翻来覆去地诵读、默想；当读出自己的理解、情思，当读出了文章的妙处，当读出了自己的惊喜，我便敢走进课堂。"所以，当看到《自己的花是给别人看的》一文时，我没有急于翻阅教参和教案，而是静下心来，以一个普通读者的身份走入课文，慢慢地品读赏析。

1.“奇丽”妙贯全篇

《自己的花是让别人看的》篇幅短小，精美隽永。“奇丽”一词妙贯全篇经脉，不但让读者心生“奇丽”之思，更吸引着读者欣然寻觅“奇丽”之缘。德国景色之奇丽，奇丽在“家家户户都养花”。20 世纪三四十年代，包括作者写下此文的 80 年代，哪个国度能做到家家户户都养花呢？所以作者说：“爱花的民族也很多，德国在其中占重要的地位。”德国人的爱花之真切可见一斑。奇丽在“他们的花不像在中国那样，养在屋子里，他们是把花都栽种在临街窗户的外面”；奇丽在“走过任何一条街，抬头向上看，家家户户的窗子前都是花团锦簇、姹紫嫣红”；奇丽在“花朵都朝外开，在屋子里只能看到花的脊梁”。花朵为何朝外开？除了花的向光性决定花朝外长，人为的因素也是不可缺少的。从资料上看到很多德国人养花的图片，那些花儿精心搭配，错落有致，有的枝条被绳子固定着，如果任其自然生长是不会有如此景致的。许多窗子连在一起，汇成了一个花的海洋，让我们如入山阴道上，应接不暇。家家户户都如此，任何一条街都如此；奇丽在四五十年后，作者再到德国，“走在街上，抬头一看，又是家家户户的窗口上都开满了鲜花。”流年似水，世事变迁，可在德国的街头，时间失去了魔力，景色依旧，美丽依旧！这正是景色的奇丽之所在。

2.“习惯”经久不衰

德国的景色为何奇丽？因为德国人养花是给别人看的，而且成为一种约定俗成的行为习惯。这极富人情味的行为习惯，展现出的是“人人为我，我为人人”的民族精神。“每一家都是这样，在屋子里的时候，自己的花是让别人看的；走在街上的时候，自己又看别人的花。”从德国居民的家中看，只能看到花朵的背影，满窗的绿色，凌乱的花枝，很难看到鲜花的烂漫。然而，自己虽然舍弃了独享的快乐，但却成就了共享的美丽。每一面墙壁都展示着不屈的生命，每一个角落都表达着合作的力量，对“人人为我，我为人人”意识的启迪，以及潜移默化的教育作用，就如春雨一般“润物细无声”。

3.“梦境”耐人寻味

“我仿佛又回到了四五十年前，我做了一个花的梦，做了一个思乡的梦。”在这里，对于季羡林先生“思乡的梦”该作如何理解呢？

(1)“思乡”，是季羡林先生对祖国的深深眷恋。

1935 年 9 月，根据清华大学文学院与德国交换研究生协定，清华选派赴德研究生，学制三年。季羡林先生被录取，并于 10 月抵达哥廷根，入哥廷根大学学习。1941 年 2 月，以优异成绩获得博士学位。因战事方殷，归国无路，只得留滞哥城。季羡林作为海外游子，故园情深，祖国之思和亲情之思日夕萦绕。1945 年 10 月，二战结束不久，季羡林迫不及待地匆匆束装上道，经瑞士东归。

作者在《怀念母亲》一文中写到：“我一生有两个母亲：一个是生我的那个母亲；一个是我的祖国母亲。我对这两个母亲怀着同样崇高的敬意和同样真挚的爱慕。我在国内的时候，只怀念，也只有可能怀念一个母亲。现在到国外来了，在我的怀念中就增添了一个祖国母亲。这种怀念，在初到哥廷根的时候，异常强烈。以后也没有断过。对这两位母亲的怀念，一直伴随着我度过了在德国的十年，在欧洲的十一年。”

这些是作者在留学期间时常思念家乡、思念亲人、思念祖国的见证。时隔四五十年作者再次到德国，见到家家户户窗口上的鲜花，不由得触景生情，仿佛进入了梦乡，回到了四五十年前的留学生活时代，他陶醉在鲜花艳丽之中，沉浸于思乡情绪之中。

(2)“思乡”，是季羡林先生心中的美好祝愿。

作为中国人的季羡林先生不光感受到德国花卉的美丽，而且有精深的感受，这种感受在作者心中已埋藏了四五十年了，德国的花美，德国传统风尚更美，每一朵花上都承载着心灵的美好，悦人悦己，人让花美，花让人更美，引出本课难点“人人为我，我为人人。我觉得这种境界是颇耐人寻味的”这句话。这是一句包含朴素哲理的一句话，与其说是一个梦，不如说是一个企盼，一种祝愿。我想，这梦里有季老曾经留学德国的美好回忆，这梦里有他在哥廷根的思乡之愁，这梦里还有他的一种希冀：家乡的任何街道上，家家户户的窗口前仿佛也是花团锦簇、姹紫嫣红，许多窗子连接在一起，汇成了一个花的海洋，让我们看的人如入山阴道上，应接不暇……这梦里更有季老执著的、坚定的愿望：我们中华民族同样也可以人人为我，我为人人！梦想使一个民族的气质更高贵！这正是十年一觉欧洲梦，赢得万斛思国情。

根据对文本的理解，我设计了以下练习题：找出文中你最喜欢的语句，试着背一背；想一想我们身边令人难忘的地方，介绍给大家。这样的安排旨在让学生以教材为“例”，理解教材，运用教材。

对于文本的解读，我们只有走进它，与它进行深入的对话，才有可能真正解读文本。所以，每次接触文本，我的脑海中就回响起这样一句话：慢慢走，欣赏啊！是啊，我们的教材都是编者精心挑选出来的，我们只有投入于文本，情感才能油然而生，方能启心灵之门；只有立足于语言，感悟才能准确深入，方能明成章之理；只有回归于教学，解读才能系统一致，方能循和谐之道！

【教学设计】

美丽并没有改变

教学目标

1. 认识3个生字，会写7个，理解“莞尔一笑、花团锦簇、姹紫嫣红、应接不暇、耐人寻味”等词语的意思，并积累。

2. 借助课后问题，理解内容，感受异域风情，理解“人人为我，我为人人”的美好境界。

3. 有感情地朗读课文，背诵第三自然段。

教学重难点

1. 理解词语的意思，读懂课文，有感情朗读。

2. 抓住关键词，联系上下文，理解句子含义，体会“人人为我，我为人人”的美好境界。

教学准备

收集反映德国独特种花方式的图片。

教学课时

2课时。

教学过程

第一课时(略)

一、回忆旧知,导入新课

1. 上学期,我们学习了一篇访谈录——《小苗与大树的对话》。还记得"那棵大树"是指谁吗?对,是我国著名的语言学家、教育家季羡林爷爷。(介绍季老生平)

2. 今天,我们同季爷爷一起去德国,看看那里的花。(学生齐读课题)

二、自读课文,认识生字词

1. 自由小声读课文,注意读准生字词的字音,读通课文。

2. 抽认生字词。(正音:"莞""姹";正形:"暇"与"瑕"区分、"锦"与"绵"区分、"嫣"右部的上下结构搭配协调)规范书写生字词,师生评议。

3. 联系上下文解释词语"花团锦簇""姹紫嫣红""山阴道上,应接不暇"。

三、默读全文,了解大意

这篇课文主要写了季羡林爷爷四五十年前,在德国有什么见闻?四五十年后的今天,回到德国,又有什么感受?

第二课时

一、整体感知,初识"美丽"

1. 今天,继续学习25课(齐读课题)。通过上节课的学习,我们把握了课文的主要内容,谁能再简单地说说?

2. 这篇课文写了季先生两次在德国的见闻感受。那么,第二次踏上德国这美丽的土地时,他感受最深的是什么?(美丽并没有改变)

【导师点评:开课简洁明了,既概括内容,又直切重点,让教学很快驶入快车道。】

3. 季先生重返故地,深深感到德国的"美丽并没有改变"。这里的"美丽"具体指什么呢?(奇丽的景色、奇特的民族)

4. "奇丽"和"奇特"有何不同?(①"丽"指美丽;"奇丽"形容景色。②"特"指和别人不一样;"奇特"指这个民族很特别。)

5. 默读课文,分别用"——"和"~~~~"画出文中第二、三自然段中具体描写"奇丽的景色"和"奇特的民族"的相关语句。

二、咬文嚼字,欣赏"美丽"

(一)品读"奇丽景色"的重点词句

1. 汇报画句子的情况。(出示课件:"走过任何一条街,抬头向上看,家家户户的窗子前都是花团锦簇、姹紫嫣红。许多窗子连接在一起,汇成了一个花的海洋,让我们看的人如入山阴道上,应接不暇。")

2. 细读这段话,任选一两个带点的词语,联系上下文,写出自己的感受。

3. 这一列词语,具体描写了怎样"奇丽的景色"?学生汇报交流。("任何""家家户户”“花的海洋”“花团锦簇、姹紫嫣红”“山阴道上，应接不暇”等词语，写出了花多、花密，一团团、一簇簇地拥在一起，各种颜色都有，很美，让人看得眼花缭乱……）

4. 作者通过这些生动形象的美词，从不同角度写出了花海的奇丽，让我们一起来欣赏这奇丽的景色吧！（出示课件，观赏图片）看到此情此景，你的心情怎样？你还想用哪些词语来赞美这奇丽的景色？

【导师点评：放手让学生抓住重点词句自读自悟，自主批读，这有利于提高学生“积累、感悟、理解、评价”的阅读能力。】

5. 看来，大家和作者的心贴得很近，再练读这段话。（指导朗读）这儿的景色多么奇丽，难怪季羡林爷爷会把这份“美丽”镌刻在心中。

（二）领悟“奇特民族”的重点词句

1. 镌刻在季羡林爷爷心里的仅仅是美丽的景色吗？这奇丽的景象源自……（奇特民族的美好心灵。）

2.（出示课件：家家户户都在养花。他们的花不像在中国那样，养在屋子里，他们是把花都栽种在临街窗户的外面。花朵都朝外开，在屋子里只能看到花的脊梁。）细读句子，任选一两个带点的词语，写出自己的感受。（从“临街”“朝外开”“脊梁”等词语，体会到德国人人爱花，却人人都将最美的花给别人看，人人为他人着想。他们这种养花的方法的确展现了德国民族的奇特秉性。）

3. 季先生看到这情景也吃惊不小。可是，德国女房东却是……（莞尔一笑）这词语是什么意思，你从中读出了什么？（“正是这样！”……种花的主人把美丽留给了别人，心中想着他人。在他们看来，这一切都是理所当然的。他们的心灵就像他们的微笑一样美丽。这是一个多么奇特的民族呀！）

（三）体味“人人为我，我为人人”的含义

1.（出示课件：“人人为我，我为人人。我觉得这种境界是颇耐人寻味的。”）“颇”指……（很、非常）“耐人寻味”的意思是……（意味深长，值得仔细体会琢磨。）

2.“这种境界”指……（人人为我，我为人人。）说它“耐人寻味”是因为……请联系课文内容和生活实际谈一谈自己的理解。（德国人养花，自己的花让别人看，而各自又看别人的花……）

3. 四五十年前，德国人家家户户养花给别人看；四五十年后，他们依然是家家户户养花给别人看。岁月虽然在不断地流逝，但是没有流逝的是美丽的风景和德国人民“人人为我，我为人人”的美好心灵。这的确是一个奇特的民族。

三、紧扣文眼，升华“美丽”

1. 时隔四五十年，作者又来到德国，他认为……（出示课件：“变化是有的，美丽并没有改变。”）

2. 联系前文，说一说德国的什么“美丽”没有改变。（①沿街的奇丽风景没有改变，依然是“家家户户的窗子前都是花团锦簇、姹紫嫣红。许多窗子连接在一起，汇成了一个花的海洋”。②德国人民“人人为我，我为人人”的美好境界并没有改变。）

【导师点评：多有智慧的教学设计！这篇课文的重点词句多如牛毛，真可谓句句皆佳品。让人感到钦佩的是，教者在研读文本的基础上，对全文的内容进行高度凝练，无论是在“品读美丽景色”中，那一幅幅繁花似锦的美景图片；还是在“领悟民族奇特”是德国人民所表现出来的心灵之美，以及在“人人为我，我为人人”之中表现出的境界之美，教者都颇具匠心，紧扣“美丽”一词，使之成为全文的灵魂和意脉，让全文的教学形散神聚。】

3. 看到这没有改变的“美丽”，季先生做了一个花的梦。你们从这梦中读出了季先生的什么愿望？（希望我们都有“人人为我，我为人人”的精神……）让我们再一次深情地读读这句话吧！

四、总结全文，积累“美丽”

1. 这篇文章表达了作者怎样的思想感情？（表达了作者旧地重游时，对德国奇丽风景和与众不同风俗习惯的赞美之情。）

2. 文中值得回味的词句很多，试着背第三自然段。

3. 补充板书，积累并摘抄文中的好词好句。

附：板书

25. 自己的花是让别人看的

奇丽的景色　花团锦簇　……　人人为我

奇特的民族　花朝外开　……　我为人人

美丽并没有改变

【导师点评：这板书设计，既暗含了行文的思路，又浓缩了全文的内容，还因其弹性，而巧妙地引导学生进行有意义、有价值的词语积累，真是妙哉！】

【课后反思】

在“美丽”中寻找“美丽”

《自己的花是给别人看的》是我国著名语言学家、北京大学教授季羡林先生写的一篇隽永的短文。本文不同于一般写景物风情类的文章，不是纯粹描写景物，而是像拉家常一样娓娓道来，在讲述德国风景民俗的同时，用最精练概括的语言点明了通俗易懂但又意味深长的哲理，读起来让人既开眼界，又回味无穷，颇受教育。在第二课时的教学设计中，我尽量放手让学生自读自悟，并发挥合作的力量，交流学习收获，完成学习任务。在此，我对本课教学做如下反思：

一、寻觅文字之美

于永正老师曾说：“教语文其实很简单，要简单地教。”所以，在本课的设计中，我力求简约，尝试抓住一个“点”。在以往的教学中，不少的老师都不约而同在“奇丽的景色”里抒发内心真实的感受，在“奇特的民族”里潜移默化地营造净化心灵的氛围。然而，当我再次阅读课文时，在娓娓道来的文字背后，我仿佛看到了德国人家家户户窗口开满鲜花的情景，我好像进入了一个奇丽的、温馨的世界，感受着德国人那种“人人为我，我为人人”的美好境界，难怪季老先生会在第二次踏上这片土地时感叹“美丽并没有改变”。如此令人神往，我该用怎样的教学设计来打破常规，引领学生品味其中的韵味？我希望在“美丽”的文字背后寻找到一份不一样的“美丽”。于是我设计紧扣“美丽”一词，对全文内容进行高度凝练，使之成为全文的灵魂和意脉，让全文教学形散神聚。

二、探寻教学之美

古人云："凡事预则立，不预则废。"同样的道理，教学设计的优劣在一定程度上决定了一堂课水准的高低。在本册教材中，在阅读技能方面，要求加强朗读训练，注意训练形式多样性；在理解方面和默读速度方面都进一步提高了要求，不仅要做到正确、流利，而且要有感情，通过入情入境读，悟情传情，在文中体味、感悟，潜移默化地培养语感，体会文章的思想感情，理解含义深刻的语句，培养学生的自学能力。因此，无论是最基本的字词的积累与运用，文本思想的解读与感悟，还是语文能力的训练与提升，教师都要了然于胸。如此解读，才能避免盲目性和走过场。预案针对性强，才更趋于合理，有利于提高阅读教学的有效性。那么制定教学目标时就应该考虑上述内容，从实际来看，学生的生活经历与文本有较大的差距，怎样让学生逐渐走进文本，深入文本，受到感染和熏陶呢？我觉得首先应该针对年段目标和单元目标解读文本。人教版的单元基本上是以主题形式呈现的，如果将年段目标看作"经"，那么，我们就可以将单元目标看作"纬"，根据经纬结合来制定课时目标，应该是比较适宜的。于是，我根据课程标准和学生的实际，进行精心的教学设计，架起了一座学生与文本之间的桥梁。这节课总体的设计意图是这样的：

1. 整体感知，初识"美丽"

学生是有生命的个体，既有共性，又有个性。学生家庭环境、兴趣爱好、思维特点、身体素质的不同，决定了他们的学习起点也不同，他们参与阅读的积极性与能力存在着一定差异。这就要求老师充分重视，阅读教学要创设民主和谐的教学氛围，"以人为本"，"因材设教"，于是在开课伊始，我让学生找找季老先生第二次到德国时感受最深的是什么。原来是德国的"美丽并没有改变"。这样的开课简洁明了，既概括内容，又直切重点，让教学很快驶入快车道。

2. 咬文嚼字，欣赏"美丽"

在文中体味、感悟，潜移默化地培养语感，体会文章的思想感情，理解语句的深刻含义，培养学生的自学能力是本单元的训练重点。于是，在课堂上我让学生抓住关键词语交流自己的感悟，说说哪些词运用得精妙，同时课件出示词语，让学生在读得正确的基础上，读出感受，想象画面，体会作者用词的精准。教师做适当的评价，也可以是同学之间互评，实现教师、学生、文本之间的又一次对话。

3. 紧扣文眼，升华"美丽"

在研读文本的基础上指名朗读，要求学生通过声情并茂的语言传达情感，引导学生读出惊叹、赞美之情，再激励学生记住这美丽的鲜花，这美丽的文字，用自己喜欢的方式积累背诵，这样设计是让学生借助文本描写入情入境，在想象中形成新的情感体验，培养语言感悟能力，突出本课主旨——重在积累。这样用"美丽"一词，对全文的内容进行高度凝练，使之成为全文的灵魂和意脉。

三、体会情感之美

语文以其丰富的人文内涵，给学生带来的情感影响和精神、生命发展的感召是十分深远的。从教学内容看，古今中外的优秀作品都包含着生命的意蕴，闪烁着人性真、善、美之光；从文本形式看，无一不是文质兼美、情采并茂的上乘之作。在本课教学中，在学生积累了文中的好词好句后，我试着引领学生用心去发现另一种美丽——情感美，重点品析人的品质美、心灵美，让“人人为我，我为人人”这一文章的主旨重点突现。在此要充分发挥学生的主体地位，教师要适当地引领点拨，使学生顺利进入文本，实现与文本对话，同作者产生心灵的共鸣。我预设学生会找到几个句子，出示课件，指明学生朗读，交流你从哪个词读懂了什么，花的脊梁在哪里。引领学生思考德国人种花很辛苦，却脊梁朝着自己，美丽送他人，这是什么境界？使学生体会德国人无私付出的美好品质。在学生的交流感悟中，“人人为我，我为人人”的主题自然生成。德国人的做法我们不理解，作者也不理解，他们自己是怎么想的？根据学生的回答，课件出示，齐读体会他们认为这种做法是很自然的、很正常的，就像他们的莞尔一笑。学生品析“莞尔一笑”，让学生真正走进房东的内心世界，使学生更深地体会他们为自己的行为感到快乐、自豪。同时，正确朗读和感悟文章思想感情的习惯的培养，是小学语文课堂重要的教学任务，应尊重学生独特的感受、体验和理解。教学中我紧扣文中的主题，在体会“景色奇丽”和“民族奇特”的意境中，反复吟诵，升华主题，进而让学生真正体会德国人民“人人为我，我为人人”的境界，最后升华主题“美丽并没有改变”。

月光曲

（人教版课标教材六年级上册）

重庆市渝中区人和街小学　王蕾

【文本解读】

心有灵犀一点通

人们常说：知音难求。古今中外无数文人墨客吟诗作画抒发这一感想。唐代诗人贾岛有诗云：二句三年得，一吟双泪流。知音如不赏，归卧故山秋。崔珏说：七条弦上五音寒，此艺知音自古难。贯休道：唯有知音者，相思歌白头。高山流水遇知音，是每个人心目中的期许。

正如《月光曲》所在的人教版六年级上册第八单元是以感受“艺术的魅力”为专题来组合课文的，体现在艺术中知音心心相惜。选编的四篇课文情真意切，文质兼美，从不同的角度折射出艺术的魅力。《伯牙绝弦》讲述了千古流传的高山流水遇知音的故事，伯牙、子期的真挚情谊令人动容；《月光曲》讲述了德国著名音乐家贝多芬因同情穷鞋匠兄妹而为他们弹琴，有感于盲姑娘对音乐的痴迷而即兴创作《月光曲》的传奇故事，告诉我们美好乐曲的产生不仅要依靠丰富的想象力，更要依靠高尚而真挚的情感；《蒙娜丽莎之约》向我们介绍了达·芬奇的名画《蒙娜丽莎》，那恬静、淡雅的微笑让我们感受到了神秘而永恒的美；《我的舞台》娓娓叙述了我国著名评剧演员新凤霞之女吴霜女士在艺术舞台上的成长故事，反映了在“艺术和生活”的舞台上，勇气和力量让人走向成功的道理。读了这组课文，令人倍感亲切，深受启发。正如海顿说的那样：艺术的真正意义在于使人幸福，使人得到鼓舞和力量。

选编本组教材意在欣赏音乐、绘画、戏剧等各种艺术形式的美，受到美的熏陶，培养热爱艺术的情操，让学生感受到艺术离我们并不遥远，艺术就在我们身边。它是一首动听的曲子，一幅美妙的图画，一篇感人肺腑的文章，一部催人泪下的电影，甚至是一件不起眼的小工艺品……它让我们的耳朵听到最优美的旋律，让我们的眼睛看到最亮丽的色彩，让我们的心灵受到美的熏陶和启迪。同时学习作者是怎样在叙事时展开联想和想象的，是怎样把眼前看到的和内心的想象自然地融合在一起的。学习作者的表达方法，进而积累课文中的优美语言，体会课文表达的感情。从实际出发，根据各自条件，引导学生通过网络、影视、报刊等资源搜集有关资料，留心观察身边的艺术，注意了解学生学习某种艺术过程中的真切感受。应该说这是一个文意兼美的单元，是一个培养学生文化素养，激发学生内在情感，帮助学生学习联想和想象的单元。《月光曲》这一课尤为典型。

《月光曲》一文是关于德国著名音乐家贝多芬谱写钢琴曲——《月光曲》的故事。文章生动地记述了贝多芬谱曲的经过。全文以生动、优美的语言开始叙述。贝多芬来到小镇演出，夜晚"在清幽的小路散步"。当贝多芬被盲姑娘懂音乐、爱音乐而感动，即兴为她演奏时，一阵风吹灭了蜡烛，屋里洒满了清幽的月光，"茅屋里的一切好像披上了银纱"使我们仿佛身临其境。课文不仅写了人物看到的、听到的实实在在的事物，还写了故事中的人物由实实在在的事物引起的联想和想象。这是一篇培养学生联想与想象能力的好课文。

苏霍姆林斯基说过："在人的心灵深处都有一种根深蒂固的需要，就是希望自己是一个发现者、研究者、探索者，而在儿童的精神世界里，这种需要特别强烈。"调动学生主动发现问题的热情，激发学生强烈的求知欲，改变学生等待老师传授知识的状况，消除学生学习上的依赖心理，促使学生主动探索，应该是我们语文课堂教学的主旨。

在教学中我就以一个读者的身份和学生共同阅读，抓住一条主线，让学生去发现研究，体会贝多芬的情感，想象《月光曲》所描写的图画，从而探究贝多芬的创作灵感。

《月光曲》一课既有贝多芬对穷困人民的同情线，又有乐曲的创作线，还有穷兄妹俩的感情线……如何将这多条脉络融为一体呢？预设时，我反复地研读文本，对课文有了更深的认识。

作为一个音乐家，能来到一个偏僻的小镇演出，说明他想把自己的音乐散播到每一个角落，他想让他的音乐给更多的普通的人带来享受。他走在幽静的小路上，低矮的茅屋，却传出的是他的音乐，这样穷的人是听不起他的音乐会的，却弹奏着他的曲子怎能不让他好奇？因此，他走近茅屋。

这对穷苦兄妹的对话又引起了我的深思。贝多芬是著名的音乐家，他的曲子肯定不好弹，而姑娘没有看谱，只是听过别人弹过几遍就能断断续续地弹，说明姑娘确实不简单，也反映了姑娘的音乐天赋，可是弹不好曲子让这个姑娘苦恼，她是那样渴望听贝多芬亲自弹。姑娘的话中流露出了对音乐的热爱与渴望，可是哥哥的话让我知道了她的家境，这对穷苦的兄妹虽然贫寒，却依然相互理解，互相关心。此时，门外的贝多芬听了这番话后会有怎样的反应？当他看到这位姑娘竟然是个盲人的时候，他唯一能满足姑娘的就是为她弹一曲。贝多芬没有自报家门，而是选择了给姑娘弹琴，他认为姑娘知不知道他没关系，只要听到她渴望的旋律就好，在姑娘面前，他并没有把自己当作一个音乐家，而是一个把音乐的美带给姑娘的使者，当姑娘渴望听到的琴声响起的时候，姑娘自然是入了神。因为只有贝多芬才能弹得这样纯熟，姑娘的音乐天赋让她听出这个弹琴的人就是贝多芬，可是她又难以置信，但感觉分明是贝多芬，因为她能真正体会贝多芬音乐中的感情，她对音乐的理解正是贝多芬对音乐的理解。从这里可以看出，姑娘和贝多芬是默契的，这就是"心有灵犀一点通"。贝多芬没有想到，在这样偏僻的小镇上竟然有如此热爱音乐的人，也没有想到一位盲姑娘竟然有这样的音乐天赋，更没有想到这位姑娘能通过音乐体会到他的内心世界。

对于贝多芬来说，这样的知音是可遇不可求的，他抑制不住内心的激动，他被这对穷苦兄妹对音乐和生活的热爱深深地打动了，胸中的感情有如波涛汹涌的大海。此时，一阵风把蜡烛吹灭了，月光透进窗子，月亮是美好的象征，表达的是祝福，贝多芬在这样偏僻的地方，这样贫寒的人家，遇到了懂得自己音乐的人，此时他的心里是温馨的，他有太多太多的话要说，有太多太多的祝福要送给这位姑娘，借着清幽的月光，作为一个音乐家，一个以音乐为语言的人，他不需要说些什么，那样太苍白了，只有用音乐来抒发他内心的情感，因此即兴创作了《月光曲》。

皮鞋匠联想到的画面是贝多芬心情的变化，姑娘脑海中的波涛汹涌的大海是贝多芬感情的涌动和倾泻。当音乐停了，贝多芬心情平静的时候，兄妹俩仍然在回味着音乐的意境，体会着贝多芬的心情与创作的激情，可贝多芬已悄然离去。贝多芬静静地来又静静地去，给兄妹留下的是祝福，是喜悦，是无限的遐想，是幸福的陶醉……给我们后人留下的是不朽的音乐和美的感受。

当我真正走进了课文，才真正走进了贝多芬的内心世界，走进了《月光曲》创作的根源。贝多芬自己曾说过："我的音乐应当为穷人造福，如果能做到这一点，我该多么幸福！"是呀，他为什么要为姑娘弹琴？一个音乐家只有富有同情心，只有怀着用音乐为穷人带来幸福感的心，才能驱使他为这个姑娘弹琴。当他遇到知音时，他如此的激动，他的内心世界怎样释放？只有音乐。

因此，我更要让孩子们通过《月光曲》的创作过程来体味贝多芬伟大的人格魅力。在设计课件的时候，我更注重孩子们的情感体验，把《月光曲》的创作过程作为了重点，最终确定用"贝多芬的创作灵感来源于哪儿"这问题贯穿教学的始终，让孩子带着自己的情感体验去读课文，用自己的感情和声音反射姑娘和贝多芬内心，去理解这一伟大作品的诞生过程。

【教学设计】

潜心会文，情动辞发

教学目标

1. 自学生字词，并能在实践中运用。有感情地朗读课文，背诵课文最后三个自然段。

2. 抓重点词句，理解内容，体会《月光曲》的创作过程，感受贝多芬同情劳动人民的美好情怀。

教学重难点

抓重点词句，理解内容，体会《月光曲》的创作过程，感受贝多芬同情劳动人民的美好情怀。

教学准备

幻灯片、《月光曲》的音乐、文中描写《月光曲》的画面。

教学课时

2 课时。

教学过程

第一课时

一、自读全文,认识字词

二、了解大意,整体感知

三、理清线索,质疑问难

第二课时

一、激趣导入,回忆创作过程

(出示课件)同学们,瞧,这是一幅海上明月图。当游历异乡的诗人看到它时,会发出“举头望明月,低头思故乡”的感慨;当文学家看到这幅图时,会用文字记下《海上升明月》的壮丽景象……那作曲家呢?他又会有怎样的灵感和激情呢?今天,就让我们随贝多芬一起走进《月光曲》这篇课文,去寻找音乐家创作的足迹吧。

二、寻找灵感,探究情感变化

1. 创作过程中,是什么激荡着贝多芬的心,激发着他的创作灵感呢?快速浏览课文,看看贝多芬的创作灵感来源于哪儿?(学生自学,勾画,批注;交流、品读。)

【导师点评:从如下灵活的“三预设”模块建构,可以看出教师备课的精心,准备的充分。】

(1)预设一:灵感来源于清幽的环境。

①朗读文中写环境的句子,你觉得这里的环境怎样?

②课文是怎样描写的?

③小结:这是作者特设的环境。这个和谐、幽静的夜晚,茅屋的一切是那样的打动人,月光是那样的轻柔,这一切激发着贝多芬的创作灵感。

(2)预设二:灵感来源于对穷兄妹俩的同情。

①同桌互读穷兄妹俩的对话,注意体会感情。

②抽请一组同学读,其他同学评议。

【导师点评:抓住人物的对话,体会其内心情感的变化,有助于学生“潜心会文”,“情动辞发”。】

相机品句:

第一句:贝多芬的曲子难弹,这位姑娘怎么也弹不好。(上文中哪个词也说明了这点?“断断续续”是什么意思?)盲姑娘很喜欢贝多芬的曲子,她想只要能听听贝多芬的演奏就很高兴、很满足了,这说明她很喜欢音乐。

第二句:哥哥很清楚妹妹的心情,但是由于家境贫寒,不能满足妹妹的要求,他很愧疚,但这也是没有办法的事,他内心很矛盾。(为什么读得那么轻?)

第三句:姑娘安慰哥哥,不想让哥哥着急,其实,她很想听音乐会。(姑娘只是说说罢了吗?)

③小结：正是由于兄妹间的谈话，使得贝多芬深受感动。为了解除哥哥沉重的精神压力，为了了却这位懂事的姑娘的心愿，为了……贝多芬决定进去为姑娘弹一首曲子。

(3)预设三：灵感来源于遇到知音时的激动。

读姑娘听了贝多芬弹的曲子之后的语言，体会：

①这时，姑娘的心情怎样？为什么非常激动？

②"纯熟"是什么意思？为什么不用熟练？(姑娘说"多纯熟啊！""感情多深哪！"这说明了姑娘很懂音乐，很爱贝多芬的曲子。因为，只有贝多芬本人，才能把自己创作的曲子表现得淋漓尽致。姑娘虽然看不到贝多芬，但她可以用心去感受，这对于一个家境贫穷的盲姑娘来说是很难得的。)

③小结过渡：正如贝多芬自己所说的那样(出示话)，他以为人民演奏为快乐。姑娘对音乐的热爱与理解，使贝多芬找到了知音。"朋友易求，知音难觅。"如此懂音乐的人，却欣赏不到他的音乐，激动、惊喜之余，又让他很难过，很遗憾……各种情感在音乐家心里激荡着……

【导师点评：推想关键词"纯熟"的深刻内涵，可让学生感受到"知音"，无论对盲姑娘还是贝多芬，都是那样的难能可贵。】

2. 读到这儿，我们已经通过兄妹俩的语言，了解了贝多芬情感的变化。贝多芬的创作灵感到底来源于哪儿呢？

3. 小结：兄妹俩的遭遇，对音乐的热爱，激荡着音乐家的心，激发着他的创作灵感，于是，他欣然地坐下来，为兄妹俩再弹一曲。(放月光曲)

【导师点评：了解背景的情况下，聆听乐曲，从中感受音乐家此刻复杂的内心世界，以引起学生的共鸣，此设计可谓"一石三鸟"。】

三、研读联想，品味内心变化

1. 仿佛看到了什么？皮鞋匠呢？

2. 自己读读，有什么体会？(教师引读："皮鞋匠好像看到……"为什么会看到这样的景象？"突然"仅仅是乐曲曲调的升高吗？从音乐家在琴键上跃动的指尖上，涌出来的是什么？)

3. 引读后半段：盲姑娘仿佛也看到了月光照耀下的大海的变化，说明什么？

4. 配乐感情朗读。

四、练笔升华，感受伟大心灵

1. 正当兄妹俩还陶醉在乐曲声中时，贝多芬已飞奔回客栈，记录下了刚才弹的曲子，这就是《月光曲》。贝多芬创作的《月光曲》是为人民而创作的，所以他被称为"人民的音乐家"。

2. 读到这儿，你一定有许多的感受吧，就让我们在音乐声中记下自己的感受。(交流感受)

3. 课下再听听贝多芬的其他乐曲，去感受音乐家那热爱生活，热爱劳动人民的美好心灵。

附:板书

月光曲

同情　激动　清幽

【课后反思】

拎线·悟情·联想

《月光曲》是一篇精读课文,讲述了德国著名音乐家贝多芬因同情穷鞋匠兄妹而为他们弹琴,有感于盲姑娘对音乐的痴迷而即兴创作《月光曲》的传奇故事。课文内容意境隽永、文质兼美,蕴含着丰富的美育因素。无论是乐曲、语言,还是情感,都能让学生受到美的熏陶。教学时,我就以一个读者的身份和学生共同阅读,抓住一条主线,让学生去发现研究,体会贝多芬的情感,想象《月光曲》所描写的图画,从而探究贝多芬的创作灵感。

一、拎住一条主线

执教《月光曲》一课,引导学生透过语言文字去体会情感,去展开想象是我的教学重点。但《月光曲》一课既有贝多芬对穷困人民的同情线,又有乐曲的创作线,还有穷兄妹俩的感情线……

如何将这多条脉络融为一体呢?预设时,我反复地研读文本,反复分析学情,最终确定用"贝多芬的创作灵感来源于哪儿"这问题贯穿教学的始终,让学生围绕这一问题进行自学自悟。在课堂中,师生角色变换,转变了学生的学习方式,老师不再是"教",而是"导",学生不再是一味地"听",而是自主地"学",学生成了课堂的主人。学生通过自读、自悟,理解了语言文字;通过展开丰富的想象,感受到了《月光曲》的优美;通过有感情地朗读,抒发了自己的情感。

在主线的牵引下,充分预设,教师做到心中有数,分别预设了灵感来源于清幽的环境、灵感来源于对穷兄妹俩的同情、灵感来源于遇到知音时的激动三大板块。每个板块中又有品句、朗读等多个层次,在学生的一次次理解中深化"贝多芬的创作源泉来源于哪里?"这一主线问题,层层剥离,整个课堂教学主线清晰,因势利导,根据学生的学习情况有针对性地解决了教学的难点。

二、体会一份情感

这篇课文犹如贝多芬所创作的《月光曲》那样,洋溢着浓浓的情感。其间,有贝多芬对穷兄妹俩的同情,有盲姑娘对音乐的热爱,有穷兄妹俩相濡以沫的亲情。教学中,我抓住他们的神态、语言、动作,引导学生去感受语言文字背后的东西。

1. 抓重点词语,体现盲姑娘对音乐的酷爱

重点词语是课文的点睛之笔,理解它们,读懂它们背后的意思,就读懂了人物的内心。在引导学生体会盲姑娘对音乐的热爱时,就抓住重点词汇来品读。

理解"贝多芬的曲子难弹,这位姑娘怎么也弹不好"这一句时,抓住"断断续续"这个词语,理解是什么意思?体会盲姑娘很喜欢贝多芬的曲子,她想只要能听听贝多芬的演奏就很高兴、很满足了,这说明她很喜欢音乐。

贝多芬弹奏完后，姑娘说："多纯熟啊！""感情多深哪！"引导学生体会这两个词语的意思，说明了姑娘很懂音乐，很爱贝多芬的曲子。因为，只有贝多芬本人，才能把自己创作的曲子表现得淋漓尽致。姑娘虽然看不到贝多芬，但她可以用心去感受，这对于一个家境贫穷的盲姑娘来说是很难得的。

通过重点词语的理解，一个热爱音乐的盲姑娘形象跃然纸上，深深地印在学生的心中。

2. 抓感情朗读，体会兄妹俩相濡以沫的亲情、遇知音时的激动

课文之美能够意会，却很难言传，而读则能充分发挥出表情达意的作用。不仅《月光曲》故事发生的环境美，而且《月光曲》的内容更美。如果只对《月光曲》进行内容的讲解、分析就枯燥乏味了，而且学生也难以理解，即使理解也只停留于表面。

读，贯穿于教学的始终。默读、轻声朗读、自由朗读、教师范读，有感情地朗读，这多种形式的朗读，大大增加了学生感受语言的机会。既可以帮助学生理解课文，再现课文的意境，又可以把课文的内容、词句的理解、感情的体会有机地结合在一起，使学生在读懂课文的同时，逐步提高朗读的水平。

在指导朗读兄妹俩的对话时，教师先示范读，请学生发现哥哥的语气为什么要读得那么轻？然后再请学生练读，试读，全班读……这多种形式的朗读，无疑能让学生充分体会到哥哥清楚妹妹的心情，由于家境贫寒，又不能满足妹妹的要求，他愧疚、矛盾的内心。

在指导朗读贝多芬与盲姑娘的对话时，教师又引导学生体会姑娘激动的心情，然后让学生带着这种心情深情地朗读他们的对话，使学生对"知音"的体会得到升华。

三、想象一幅图画

"教育的最终目的不是传授已有的东西，而是将人之创造潜能诱导出来，将生命感、价值感唤醒，一直到精神生活的根。"《月光曲》是贝多芬创作的经典乐曲之一，其优美的旋律倾倒了无数音乐爱好者。它历来是引导学生体会"联想"和"想象"的经典名篇。

课文中，美妙的琴声让兄妹俩深深地"陶醉"……"等他们苏醒过来，贝多芬早已离开了茅屋"……这些生动的描写，体现了音乐艺术的巨大感染力。

教学中，在学生透过语言文字体会到课文的意境之后，我又运用多媒体播放《月光曲》的音乐，让学生和着乐曲，闭眼静静地想象月光下大海变化的画面，去感受贝多芬复杂的情感，体会他对劳动人民的深切同情。让学生在听的过程中，联想和想象"海上升明月"的奇丽景象。最后，又让学生用感情朗读来表达自己的理解，表达自己所感受到的艺术魅力。

以"读"为本，分层次、多角度、全方位地指导感情朗读乃至诵读。学生在感受文本的文字之美、音韵之美、表达之美、意境之美和人性之美的同时，亦提升了自我的精神境界和生命的价值。

伯牙绝弦

（人教版课标教材六年级上册）

重庆市渝中区人和街小学　李金瑶

【文本解读】

朋友易得，知己难求，相识满天下，知音只一人；伯牙子期，千古佳话。春秋时期，俞伯牙破琴绝弦谢知音的故事，令古往今来多少人欷歔感叹。宋代王安石《伯牙》诗："千载朱弦无此悲，欲弹孤绝鬼神疑。故人舍我归黄壤，流水高山深相知。"再如："摔破瑶琴凤尾寒，子期不在对谁弹。春风满面皆朋友，欲觅知音难上难。"两位主人公成了交朋结友的千古楷模，正是这个故事，确立了中华民族高尚人际关系与友情的标准。这个故事流传至今，仍然给人历久弥新的启迪。

人教版语文六年级上册八单元的文言文《伯牙绝弦》，寥寥五句话，77个字，语言凝练典雅，抑扬顿挫，起承转合，生动起伏，对知音文化做了最灵动、最深刻的注解。

文章的第一句为起，一个"善"字，写出了两人不同的特点……伯牙琴技出神入化，钟子期欣赏水平高超。

第二、三、四句是承，伯牙把自己的感情融入音乐之中，鼓高山之势，流水之音，表现山姿巍峨，水势浩渺。不仅如此，还用高超的琴技表达他像高山一样高远的，屹立于天地之间的情操，像长江黄河一样奔腾于宇宙之间的胸怀。心之所向，琴之所至，手而得之，信手拈来。钟子期与他心意相通，产生共鸣，不管伯牙弹奏什么，子期都能知道他的心意。伯牙因得到知音而欣喜……

"相识满天下，知音只一人。"查看史书，我们知道，俞伯牙是晋国的上大夫，而钟子期不过是楚国一个普普通通的樵夫。他们两人地位悬殊，人生的际遇也不一样，能成为知音，是因为共同的爱好，共同的志向。是音乐打破了地位的高低贵贱，是共同的高尚情操把两人联系在了一起。他们成为知音，是彼此知心，知意，知情。

"子期死"是转，原本欣喜的情绪变得悲伤，有了悲剧的色彩。他们相处数日后，依依惜别，约定来年八月十六再相见。当伯牙约定来年中秋再见的时候，等来的却是一块冰冷的墓碑，一座荒凉的坟墓。

《警世通言》中所记，伯牙闻子期已死，乃"五内崩裂，泪如涌泉，大叫一声，傍山崖跌倒，昏厥于地……坐于地下，口吐痰涎，双手捶胸，恸哭不已……"伯牙在子期墓前，写下一首短歌，来追悼自己的知音钟子期："忆昔去年春，江边曾会君。今日重来访，不见知音人。但见一抔土，惨然伤我心！伤心伤心复伤心，不忍泪珠纷。来欢去何苦，江畔起愁云。子期子期兮，你我千金义，历尽天涯无足语，此曲终兮不复弹，三尺瑶琴为君死！"

最后"伯牙谓世再无知音，及破琴绝弦，终身不复鼓"为合，一个"破琴绝弦"不仅仅写出了摔碎琴、弄断弦的动作，更重要的是使我们体会到了伯牙悲痛欲绝的心境。他断的不只是琴弦。对于一个对音乐痴迷的人来说，“破琴绝弦”断掉的是所有的念想、所有的期待，断掉的是生命的情怀。他为了知音不再弹琴，可见他把子期对自己的“知”视为生命一样珍贵。唯有断掉琴弦才能表达自己对知音的尊重，对知音的怀念。

古人云：“士为知己者死。”伯牙绝弦，所喻示的正是一种真知己的境界。

教材选用这篇文言文，是为了让学生感受艺术魅力，受到美的熏陶，继承先贤的优秀精神文化。因此，编者在课后特别附了资料袋。一方面对这个故事传承的历史作了补充。两千多年来，无论是古书，还是诗歌，或是小说，人们都在用不同的文学形式，传颂着两人的故事。这正是“知音”的魅力所在。另一方面，资料袋还对“知音”“高山流水”作了解释，与正文的内容交相辉映。

文言文是博大精深的中华文化最丰厚的载体，学生通过学习习得语言。熟读成诵无疑是积累语言的最佳途径。文言文就需要在反复的诵读中理解、品味。人教版语文新课标教材，从五年级下册开始，就安排了几篇文言文。如五年级下册和六年级上册，编者在相应的单元里各安排了一篇文言文，它们分别是《杨氏之子》和《伯牙绝弦》。六年级下册又安排了两篇文言文，即《学弈》和《两小儿辩日》。

《伯牙绝弦》是学生在小学阶段学习的第二篇文言文。这篇文言文惜墨如金、言简意赅，讲述了一个荡气回肠、动人心魄的经典故事。如何让学生读通、读懂、读好这篇文言文，进而领悟伯牙与子期之间纯洁而真挚的友情，感受艺术的魅力呢？我想，崔峦老师在第七届阅读教学研究会上旗帜鲜明地提出的有效性阅读的要求，即“吃准目标，夯实基础，指导学习，鼓励创新”。这无疑为我们进行有效设计提供了依据。

有效的阅读教学始于有效的教学设计，有效的教学设计始于有效的教学目标。在拟定本课的教学目标时，首先要分析学情：上五年级时，学生已经学了《杨氏之子》这篇文言文，他们习得了一些简单的阅读文言文的方法，如借助注释，疏通文意，读通句读，背诵积累；其次，本单元教材有其自身的特点：本单元的训练重点是感受艺术的魅力，学习作者展开联想与想象进行表达的方法等；再次，深入研读文本，把握其重难点。经过如此的钻研，我认为本课的教学目标应当定位为：朗读课文，背诵课文，积累中华优秀经典诗文；能借助注释理解字词，初步了解大意，能用自己的话讲述这个故事；读出古诗的节奏和韵味，体会朋友间相互理解、相互欣赏的真挚友情，感受“知音”文化的无穷魅力。

确定了教学目标，明白了这课将把带学生到哪里去之后，我们还要思考自己该怎样教，学生该怎么学，也就是我们该怎样到那里去。说得再明白一点，那就是将用什么有效的策略指导学生学习。崔峦老师说：“指导学习，就是要增强在阅读教学中指导读法、写法、学法的意识，有切实可行、灵活多样、适合那个年段、指导那篇课文怎样读、怎样写、怎样学的方法策略，并且渐渐内化成适合学生的读法、写法、学法，进而形成较强的学习力。方法的指导切忌概念化、一般化，要体现语文学习的规律，好学，管用。”

学习文言文是有一定的规律的，从读这方面讲，首先要读通顺，再读出节奏，在此基础上还要读出感情。因此，应以读为线，引导学生学文、读文。读通顺、读出节奏，这是在正确认识字词、准确理解意思的基础上才能达到的。

在这课中，有不少字词需要学生掌握，也有不少的古文知识需要学生了解。对于六年级的学生而言，有的字词学生可以通过自学解决，有的则需要教师的引导与讲解。因此，应该大胆放手，给学生足够的学习时间，让他们借助注释，自主学习。

在课文的注解中，有的解释不准确，如“绝”解释为“断绝”。这样解释，不仅陷入了以词解词的误区，没有真正把这个字的本意解释到位，而且令学生费解。

“绝”是本课的文眼，不知道“绝”义，此课文怎么能读得深入、学得透彻呢？“绝”字从“纟”（束丝，不是一根丝），右上是“刀”的变体，右下“巴”是“卩”（跪坐的人）的变体。三个偏旁合起来，会意为人用刀割断了束丝，一根不剩。故《说文》解为“断丝”。联系课文，所谓“绝弦”，就是弄断了所有的琴弦。伯牙得知“子期死”，“乃破琴绝弦”，即不但摔破了琴，紧接着又弄断了破琴上所有的琴弦。课文由此表现了伯牙失去知音后，再不鼓琴，与琴决绝的痛苦心情。不理解“绝”义，就难以形象地感知伯牙痛失知音时那震撼人心的悲痛情感，而要理解“绝”义，则离不开字形分析。

为了突破这难点，在理解课题时，我们引导学生分析“绝”字的形体结构，了解“绝”字的字源，进而正确理解“绝”字的本义、引申义，为学生深入体会人物情感奠定基础。

此外，在文中还出现了一词多义、一义多字等现象。如当讲到相应的“善”“志”“念”等字的意思时，还要注意相机点拨，让学生心领神会。

对于“江河”一词的理解，有的老师只告诉学生“江河”指“长江、黄河”。这也是有失偏颇的。金文伟教授在《伯牙绝弦》字词知识的解读中提到：“江河”，在上古汉语（西周至两汉末）是长江、黄河的专称。后来此义扩大，也泛指大河，如柳宗元《江雪》：“孤舟蓑笠翁，独钓寒江雪。”《伯牙绝弦》主要出自先秦文献《列子·汤问》，这里的“江河”就指长江、黄河。在讲授这个知识时，我有意强调文本选自何时何书，使学生不仅知其然，还要知其所以然。因为，结合课文讲这个常识，有助于学生正确理解文本。俞伯牙正是用中国最长、最大的两条河流，来表现“志”的浩大和辽远。如果学生把“江河”理解为一般的河流，那境界就小多了。

正确理解了字词的意思，学生就能正确理解句子的意思，自然就能把文章读通顺，读出节奏。仅仅达到这个要求是远远不够的，我们还要读出感情。怎样才能读出感情？“少分析，多揣摩，多感受，多体验。一定要带领学生深入到文本的语言中，让学生感受语言，熟悉语言，理解语言，借鉴语言。尽量让学生‘自己去跟作品打交道’，避免‘把学生的思想赶到死路上去’（叶圣陶语）；进而让生与生、师与生在重点、难点、疑点上进行思维碰撞，互动交流，利用课文这个‘例’，得意、得言、得法。”

基于专家这样引导，在指导学生“读出感情”这一层面上，应着重引导学生领悟作者的写法。在把握作者写作意图中，明白句子的内涵。如文章的第二、三句，就要抓住“峨峨”“洋洋”两个词去感受山的高大、长江黄河的广大，从词意想开去，联系生活的实际，再想想相关的词语，运用联想体会作者的写法。当学生真正明白作者是怎样抓住特点表达时，才能真正走进那个场景，读出感情。

学最后一句“伯牙谓世再无知音，乃破琴绝弦，终身不复鼓”时，学生怎样才能领会伯牙失去子期之痛苦？不妨引导学生深入了解“知”的内涵；体会“破琴绝弦”时，再抓住“绝”字，回扣解题时对这个字的理解，进而让学生明白：伯牙弄断所有的琴弦，一根不留。他断的不仅仅是琴弦，更是自己的念想，自己的希望。因为，此时的他痛不欲生。

我想，只有学法指导的策略有效，才能营造出善学、乐学的氛围。赞科夫说：我们要努力使学习充满无拘无束的气象，使学生和教师在课堂上都能够自由地呼吸。如果不能造成这样的教学气氛，那么任何一种教学方法都不可能发挥作用。

【教学设计】

25 伯牙绝弦

教学目标

1. 朗读课文，背诵课文，积累中华优秀经典诗文。

2. 借助注释，理解字词，初知大意，复述故事。

3. 读出古诗的节奏和韵味，体会朋友间相互理解、相互欣赏的真挚友情；感受“知音”文化的艺术魅力。

教学重难点

1. 借助注释，理解字词，初知大意，复述故事。

2. 读出古诗的节奏和韵味，体会朋友间相互理解、相互欣赏的真挚友情；感受“知音”文化的艺术魅力。

教学时间

1课时。

教学准备

学生：预习课文；教师：准备相关的多媒体课件。

教学过程

一、以图导入，读题正音，初知“绝”意

1.（出示配乐课件：“伯牙鼓琴图”）同学们，请看这幅“伯牙鼓琴图”，它把我们带进了两千多年前的春秋时期。图中这位正入神地弹琴的人，是晋国的上大夫，也是当时一个有名的音乐家——俞伯牙；旁边这位凝神听琴的人，是当时楚国一个普普通通的樵夫——钟子期。

2. 相传在春秋时期：一日，俞伯牙在山间弹琴，偶遇在山间砍柴的钟子期。两人相处短短数日，便成为生死之交。是什么将地位如此悬殊，际遇如此不同的两人紧紧地联系在一起，演绎出一场感动千古的传奇呢？今天这节课，我们就要学习关于他俩流传千古的故事，题目叫——《伯牙绝弦》，谁来读课题？（指名读）

3.“弦”右半边读“玄”，加上“弓”字旁，读“弦”。（正音：“弦”）再齐读课题。

4. 大家预习了课文，谁能说一说“绝”是什么意思？（出示字源课件：绝——断丝也。）“绝”在《说文解字》中的意思是：断丝也。左边是绞丝旁，表示一束丝；右上部分表示刀。可见，“绝”的意思是用刀把一束丝全部割断。

5.“绝弦”是什么意思呢？（将古琴上的弦全部弄断，犹如断丝一般一根不留。）伯牙弄断琴上的所有琴弦，这意味着什么？再读课题。

二、借助注释，梳通文意，读出节奏

1. 这篇简短的文言文只有77个字，五句话。请大家自由小声地朗读课文，注意读准字音，读通句子。

2.（指名读）文言文不仅要读通顺，还要在理解字词的基础上，正确断句，读出节奏。

3.（出示课件："伯牙善……善听。"）看短文中第一句，谁能想着意思读一读。其余的孩子注意听他是否读正确了，断句是否恰当。（指导学生朗读）

4. 这句话中有两个"善"字，它们是什么意思呢？字典中有这几种解释，我们选择（擅长）。那么，这句话又是什么意思呢？（学生说句意。）对，很多时候，文言文的一个字就是一个词。读到这些地方的时候，我们要把它断开。

5. 教师范读。指名读。再练读。齐读。

6. 正确理解文言文中关键字词的意思，就可以正确断句，读出节奏。（出示课件："伯牙鼓琴，志在高山……若泰山！伯牙鼓琴，志在流水……若江河！伯牙所念……必得之。"）这几句话中红色的字词表示什么意思，请你借助注释批注在书上。

7. 交流字词的意思。（志：想想与"志"意思相同的有哪个字？它们都是心字底，表示心里想。汉字是表意的文字，偏旁相同的字有时可以表示相同的意思。这几句中又有两个善字，分别表示什么意思？与第一句话中的两个善相同吗？同一个字表示不同的意思，这就是汉字的魅力。"哉"怎么理解？"善哉"就是"好啊"。"峨峨""洋洋"是什么意思？"兮"表示？"必"的意思是什么？）这么多字词的意思都理解了，借助注释帮助我们学习文言文不失为一个好方法。

8. 知道了这些字词的意思，这几句话又是什么意思呢？（请学生完整地说说这几句话的意思。）对于我们初学文言文的人来说，就要这样一一对应，字字落实，才能学扎实。这几句话该读出怎样的节奏？（指导朗读）

9. 第五句又是什么意思？请先抓住关键字词旁批，再交流。

10. 谁来说一说，你读懂了第五句话中哪些字的意思？（"谓""世""乃"）这里的"绝弦"跟课题中的意思一样，指伯牙弄断了琴上所有的琴弦。再想着意思读一读，注意读出节奏。请学生有节奏地读第五句话。

11. 我们抓住古文中的关键字词断句，就可以读出古文的节奏。请再次齐读课文。

三、品味意蕴，想象情景，读出感情

（一）品"善弹"与"善听"

1. 读古文，读出节奏是最基本的，我们还要读出古文的韵味，这就需要深入地了解作者是怎样写的。请再看第一句，这句话写了两个人，却用了同样的一个"善"字。它们分别写出了伯牙和子期的什么不同特点？（伯牙擅长——弹琴；钟子期擅长——听琴。）

2. 伯牙是怎样善弹的？钟子期是怎样善听的？请再仔细地观察课文插图，说一说自己的感受（一个弹得投入，弹得专注，弹得尽兴；一个听得安静，听得入神，听得痴迷。）

3. 他们一个善鼓，鼓得入神；一个善听，听得入迷。相同的爱好把地位悬殊的伯牙和子期连在了一起。请大家想象着"伯牙入神地弹、子期入迷地听"的神情，有感情地朗读第一句。

4. 抓住一个“善”字，我们读出了两人不同的特点，不同的情绪。读古文，就要这样想着情景读。这既能读出句子的抑扬顿挫，高低变化，更能表现出你对句子的理解，同时还能弥散出浓郁的古文味道。

(二)品“志在”与“善哉”

1. 文中哪几句话具体地写出了“伯牙善鼓琴，钟子期善听”？(出示课件：“伯牙鼓琴，志在高山……若泰山！伯牙鼓琴，志在流水……若江河！”)

2. 伯牙弹琴时，心里想到高山，手指间就奏起了激昂的旋律。(出示课件：播高山流水中“高山”的片段)此时，善听的子期，仿佛看到了怎样的泰山？(高大)课文用了一个什么词？峨的本意就是高峻，两个峨字叠在一起表示的程度更深。你还想到了哪些词来形容。(生欣赏音乐，感受音乐，想象……①仿佛看到了气势雄伟的泰山。②好像看到了高不可攀的泰山。③似乎看到了挺拔险峻、高耸入云的泰山……)

3. 一个“峨峨”带给我们那么多的联想，把你们想象到的、感受到的，带到这句话中由衷地赞叹。(生练读)谁愿意来赞叹？(一生读，“峨峨”读得重)“峨峨”读得高昂激越，读出了雄伟壮观的气势，这是你的赞叹。(一生读，“若泰山”读得响亮)好，强调了“五岳之尊的泰山”这是你的感叹。(一生又读)就是这样的铿锵有力，就是这样的激情满怀。让我们一起来赞叹这善听的子期。当伯牙鼓琴，志在高山，钟子期曰——(生读)。

4. 伯牙再次拨弦鼓琴，这时，洋洋的流水仿佛从他的指间流淌而出，(出示课件：播高山流水中“流水”的片段)此时，善听的子期是怎样赞叹的？一个“洋洋”写出了江河的广大。同学们，这里的江河在先秦两汉的古汉语里专指长江、黄河，课文出自《列子·汤问》，这部书就是先秦时期的作品，因此，这里的江河就是指长江黄河。长江黄河还会是怎样的呢？请仍然用一个四字词形容。(仿佛看到了广阔无边的江河。)(学生边说边指导读)

5. 伯牙弹奏的琴声，仅仅表现的是五岳之尊的泰山，最长最大的长江、黄河吗？看，这个“志”字，是我们熟悉的形声字，从心，表示心里所想，是心中的志向、情趣、理想。他是想借泰山、长江、黄河，表现自己——心中的志向、情操和心胸。这志向如泰山一样高大；这心胸如长江、黄河一样浩大、辽远。伯牙的琴声就是他的心声。

6. 多少年来，伯牙寄寓在高山流水中的弦外之音没有人懂。孤独的伯牙，多少年寻寻觅觅，只有在遇到乡下的樵夫钟子期时，才能被理解，一个与他地位悬殊的打柴人，能听懂自己的琴声，明白自己的心声，这让伯牙多么欣喜啊。请再读第二、三句(配乐读)。

7. 子期是伯牙的知音，他真正了解伯牙。请看资料袋的这句话——(出示课件：“由于这个传说，人们把……乐曲的高妙。”)

(三)品“所念”与“必得”

1. 不仅仅是高山流水，伯牙无论想到什么，弹什么，钟子期都知道，用文中一句话来说就是——：(出示课件：“伯牙所念，钟子期必得之。”)

2. 钟子期得到的是什么？“之”代指的是什么(琴声，心声)，他们甚至不需要言语，一个“所念”，用精湛的琴技、美妙的琴音就可以传递出来；一个“必得”，透过琴音就能知道对方的心意。他们是真正的彼此熟悉，真正的“心有灵犀一点通”呀！这就是伯牙和钟子期知音的境界。“高山流水”成为知音的代名词。齐读句子。

3. 文章前面四句话，如果说善鼓善听是概括地写两人的不同特点，那么志在高山，志在流水，就是具体地写出了伯牙善鼓；峨峨兮若泰山，洋洋兮若江河，则是在具体地写子期善听。别看文言文的文字简短，但它仍然注意前后呼应。

(四)品“绝弦”与“不复鼓”

1. 据记载，这次相遇后，伯牙与子期洒泪惜别，相约第二年的八月十六再相会。夏去秋来，当伯牙赶到楚国，万万没有想到传来子期因病去世的消息。(音乐起——)(出示课件:“子期死……不复鼓。”)生读——

2. 当伯牙满怀希望而来，等待他的却是一块冰冷的墓碑，一座荒凉的坟墓。此时，伯牙做了什么？(破琴绝弦)

3. 伯牙可是著名的音乐大师呀！音乐、古琴对他来说是何等的重要。他为什么要这么做呢？(知音不在，留琴何用？)这里的“知”不仅是知道，更是指子期对伯牙弹奏的音乐所透露的情怀了解透彻，是许多人都达不到的境界，伯牙把子期对他的“知”视为生命一样宝贵。

4.“破琴绝弦”还写出了什么？他的心情用一个词来形容。失去知音，就如同于失去了艺术的生命。酷爱音乐的伯牙作出如此惊人的举动——“破琴绝弦”，他断的哪是琴弦！他断的是自己所有的期待，断的是自己所有的念想。这样的痛心荡气回肠，谁再来读？(指名读，教师范读)

四、追寻历史，感悟佳话，熟读成诵

1. 正是这震撼人心的痛，才演绎出了这凄美动人的“伯牙绝弦”。从此，一代又一代的中国人传颂着它。请同学们看资料袋的第一段。

2. 从这段话中你发现了什么？(这个故事很早就开始流传。)从《列子》、《吕氏春秋》这样的古书，到唐朝的诗歌，再到明清小说，人们在用不同的文学样式传颂着这个故事，两千多年后的今天，我们还可以用影视、戏曲等形式来表现。因为，高山流水，伯牙绝弦已成为中华文化的经典。让我们在这曲“高山流水”中，再次回味这 77 个字、五句话，体会伯牙与子期之间的款款深情。(配乐诵读全文)

3. 伯牙绝弦这个有关知音的故事惜墨如金，言简意赅，感人至深。让我们把这个故事记下来，并讲给家人、朋友听。(齐背课文)

4. 能背诵课文，能默写吗？请拿出本子和笔，把这个故事默写下来。

附：板书

25 伯牙绝弦

善鼓 善听

高山 峨峨兮若泰山

志

流水 洋洋兮若江河

念 …… 必得之

知音

【课后反思】

教学于生，让学于生

“借问人间愁寂意，伯牙弦绝已无声。”这是知音难求的叹息，是心存美好的向往。《伯牙绝弦》这篇文言文选自《列子·汤问》，叙述了发生在春秋时期一段千古流传的故事。俞伯牙擅长弹琴，钟子期擅长听琴，伯牙以子期为知音。后来子期不幸身亡，伯牙悲痛欲绝，将琴摔碎，弄断琴弦，立志不再弹琴。由于这个传说，人们把真正了解自己的人叫做“知音”，用“高山流水”比喻乐曲高妙或知心朋友。

教学这篇文言文，我立足于教给学生学习方法，让学生学会学习，给予学生自主学习的时间，培养学生自主学习的能力。崔峦老师说：“指导学习，就是要增强在阅读教学中指导读法、写法、学法的意识，有切实可行、灵活多样、适合那个年段，指导那篇课文怎样读、怎样写、怎样学的方法策略，并且渐渐内化成适合学生的读法、写法、学法，进而形成较强的学习力。方法的指导切忌概念化、一般化，要体现语文学习的规律，好学、管用。”因此，我把教学目标拟定为：朗读课文，背诵课文，积累中华优秀经典诗文；能借助注释理解字词，初步了解大意，能用自己的话讲述这个故事；读出古诗的节奏和韵味，体会朋友间相互理解、相互欣赏的真挚友情，感受“知音”文化的无穷魅力。在教学中，摸索出文言文教学的四部曲。

一、初读，借助拼音，读准字音，求通顺

这是学生对文章的初步了解，可以与课前的预习结合起来。主要解决课文生字词读音的问题。在《伯牙绝弦》一课中，题目中的“弦”字学生是易读错的，虽然这个字不是本课的生字，但我们仍应关注，当学生出现错误时要及时纠正。这课的生字“哉”也应指导学生读准确。

二、细读，借助注释，疏通文意，求节奏

借助注释，疏通文意，是学习文言文必不可少的一个环节。文言文离我们的时代久远，有的字词古今意思有所不同，这些给学生的阅读理解造成了障碍。

在这个环节的教学中，从课题中的“绝”字入手，“绝”字从纟(束丝，不是一根丝)，右上是“刀”的变体，右下“巴”是“卩”(跪坐的人)的变体，三个偏旁合起来会意为人用刀割断了束丝，一根不剩。故《说文》解为“断丝”。联系课文，所谓“绝弦”，就是弄断了所有的琴弦。为后文学习“破琴绝弦”，埋下伏笔。

教学第一句，我抓住“善”字，引导学生了解在“善鼓琴”“善听”两处表示“擅长”的意思，这个字就是一个词，就是一个意思，读到这样的地方就要断句，这样才能读出文言文的节奏。同时，这个“善”还出现在第二、三句中，通过比较，引导学生发现这个字的另一个意思“好”。第一句的学习是对学生进行有效的指导，第二三四句则让学生借助注释去理解，半扶半放，让学生去揣摩文言文的意思，揣摩文言文怎样才能读出节奏。

学生通过实践，交流，分享，明白了“志”与“念”在本课中是同义词，都表示心里所想；“哉”与“兮”都是语气词，有“啊”的意思；“峨峨”、“洋洋”分别表示高大与广大。在对句子意思进行理解的时候，老师特别强调字字落实，一一对应，是对学生文言文理解的指导方法。理解了字词句的意思，自然就能读出节奏。最后一句的学习则是放手让学生运用学到的方法自主学习，从而形成较强的学习力。学生还知道回扣“绝弦”一词，初步了解伯牙失去知音后，再不鼓琴，与琴决绝的痛苦心情。

三、品读，借助重点，咬文嚼字，求韵味

课文学习不仅仅是对内容的理解、分析，更重要的是带领学生深入到文本的语言中，让学生感受语言，熟悉语言，理解语言，借鉴语言。在品读的过程中，我从写法入手，引导学生通过看图感受两人的不同特点，想象情景读出韵味。借助“峨峨”“洋洋”两个词引导学生想象，感受泰山的高大，长江黄河的浩淼，运用联想体会作者的写法，从而融入情景中，通过朗读再现知音欢聚的那份愉悦与融洽。聚焦一个“志”，从形声字的特点入手，联系文中“高山流水”呈现的境界去体味伯牙的志向、情趣、胸怀。王国维在《人间词话》中说“一切景语皆情语”，伯牙的琴声就是心声，子期诗性的应答就是对伯牙真正的了解。一个“所念”，用精湛的琴技、美妙的琴音就可以传递出来，一个“必得”，透过琴音就能知道对方的心意。他们是真正的“心有灵犀一点通”。这就是伯牙和钟子期知音的境界，正因如此，“高山流水”才成为了知音的代名词。课文前四句文字虽少，但在写法上有其特点，起承自然，从概括到具体，再总结，前后注意呼应。教学中，我引导学生关注作者的表达，力求通过学习，使学生“得意，得言，得法”。最后一句话的学习，抓住“破琴绝弦”咀嚼，再次回扣课题的绝弦，一咏三叹，感受伯牙悲痛欲绝的心情，感受知音不在、断弦示意的真情，仅仅只有四个字，文字背后的意寓却如此深厚。

四、诵读，借助形象，熟读成诵，求积累

通过前面的学习，不管是课文的内容，还是文章的结构，学生都了然于胸。在熟读的基础上鼓励学生背诵已不是难事。我们看到，学生无论是想象着画面，还是借助板书，都能轻松地背诵。有的学生自己都难以相信，一堂课下来，居然能背诵全文了。我想，这应该是有效课堂的真实体现。

纵观整堂课，学生的朗读有层次，语言发展有增长，学会了文言文的学习方法，习得了阅读表达的方法。

习 作 课 例

写秋天

（人教版课标教材二年级上册）

重庆市渝中区第二实验小学　李婷婷

【文本解读】

在阅读中积累运用

人教版语文课标教材二年级上册的第一组课文，以秋天为线索，展示了一幅幅多姿多彩的秋天画卷。如：《识字一》是三组关于秋天的四字词语。它们排列有序，既描绘了秋天的美丽景色，又描绘了秋天的气候特点和丰收的景象。又如：《秋天的图画》上，有金黄的梨和红红的苹果，有稻海翻起的波浪和高粱举起的火把。它是人们用汗水绘出的山水画，它是山野对人们辛勤劳动的报答。“秋天来啦，秋天来啦”，这是人们怀着喜悦的心情，呼朋引伴地来欣赏秋天的图画。再如《古诗两首》也以特有的方式，展现了深秋的景象。《语文园地》里的“读读背背”中的那首《秋天到》也是一首浅显易懂、充满童趣的儿童诗。虽然这个单元并没有具体安排写话的内容，但是这个单元的课文无疑为学生练习写话提供了许多有用、有效的资源。

在指导学生学习这些课文时，我在注重引导学生“识好字、写好字、读好文”的基础上，还注重激发学生观察秋天的兴趣，引导他们了解秋天景物和气候的特点，并有意识地积累描绘秋天的好词好句，为后面动笔写自己眼中的秋天，作好语言上的储备与素材上的准备。

如何指导学生用稚嫩的笔写出自己眼中的秋天呢？我依据年段目标和学生实际，准备从以下四个板块进行教学：一是激发兴趣，引导学生轻松写话；二是敢于动笔，引导学生大胆写真话；三是积累运用，引导学生模仿写漂亮话；四是规范指导，引导学生写规范的话。

1. 借助字谜激趣

一年级下期，学生学了“秋”的字谜。在教学中，我借助这熟悉的语言材料——“左边绿，右边红，左右相遇起凉风。绿的喜欢及时雨，红的最怕水来攻。”开课，激发起学生写话的兴趣。

2. 借助儿歌引路

“读读背背”里的儿歌《秋天到》，描写秋天色彩的短语，课文运用写秋天的比喻句、拟人句，都可以为学生的说话、写话引路，让学生从模仿开始，轻松动笔。

写清楚。让学生用文字清楚明白地表达。对秋的感受，每个学生是不一样的。在教学中,我们要引导他们把看到的、闻到的、尝到的、摸到的、听到的、想到的,都清楚明白地表达出来。

写明白。“秋天给我们送来了________。”这是我准备引导学生说好的第一句话。这设计基于三方面的考虑:一是直切主题,让学生思维聚焦,迅速回顾生活实际;二是给学生“搭桥”,让人人都动笔写;三是“摸底”,找准学生起点,以确定后面的指导点。如果学生只是简单地罗列秋天的事物,就要引导学生拓宽思路,从多角度观察秋天;如果学生对秋天的景象有所描绘,就要引导更多学生关注怎样把秋天的事物的特点写清楚。

写具体。在写清楚的基础上,我还准备借助文本的他山之石,进一步帮助学生运用已经储备的语言,如:由“红彤彤”想到更多描写颜色的词语,“红的”,“火红”,“火红火红”,不同构词形式分门别类地罗列、展示,让学生有话可说。

写规范。对低段学生而言,老师直观的示范比空洞的说教更有影响力。我想,在评改中,老师的指导要从基础开始,如标点符号的使用,书写格式行款也要有具体的指导。本次训练就要求学生正确使用逗号、句号,学习使用顿号。写一段话开头空两格等等。

【教学设计】

说秋天、写秋天

教学目标

1. 激发学生说话、写话的兴趣和愿望,感受秋天的美好。

2. 引导学生运用本单元积累的词语和句型,把看到的、听到的、闻到的、触摸到的、联想到的秋天先说出来,再用几句话写下来,表达喜爱秋天的情感。

教学重难点

引导学生运用本单元积累的词语和句型,把看到的、听到的、闻到的、触摸到的、联想到的秋天先说出来,再用几句话写下来,表达喜爱秋天的情感。

教学准备

学生:观察秋天的景象;老师:准备反映秋天的课件。

教学过程

一、激趣导入

1.(出示儿歌:左边绿,右边红,左右相遇起凉风。绿的喜欢及时雨,红的最怕水来攻。)读一读这首儿歌,猜一猜它是一个什么字谜。(板书:秋)

2. 秋天是一个硕果累累的季节;秋天是一个五彩缤纷的季节;秋天是……那么,美丽的秋天给我们送来了哪些可爱的礼物呢?(用课件分类展示水果、植物、粮食、动物……)

二、仿写热身

1. 在校园、果园、小区、街道等地方,大家都能发现秋天送给我们的礼物。今天,就让我们一起来说秋天、写秋天。(板书:说秋天、写秋天)

2. 谁愿意把自己观察到的秋天的景象,用一两句话说一说呢?(果园里,挂着红彤彤的苹果，像灯笼一样耀眼。）你不仅把看到的苹果的样子和颜色说出来了，还运用了比喻手法，真不错。

3. 述说秋天的景象，不仅可以说出你用眼睛看到的景象，还可以说一说你们用鼻子闻到的、用耳朵听到的、用脑子想到的秋天……谁再来说一说？（①街道两旁又高又直的银杏树，金灿灿的。秋风一吹，那像扇形一样的叶子就像降落伞一样，从空中飘落下来。②校园里的黄桷树像穿了一件金黄的风衣，显得很有精神……）

4. 大家说的秋天的景象多美呀！那么，你们愿意把自己刚才说的秋天写下来吗？学写句子时，请大家注意：句子开头要空两格；句子中的标点符号要单独占一格，并写在田字格的右下格。（老师范写，引导学生学习正确的书写格式。）

5. 自主写句。（教师巡视，个别指导）

6. 谁愿意把自己写的句子读给大家听一听？在听的时候，要想一想：他哪些地方写得好？为什么？哪些地方写得不好？该怎样改？（评讲时，教师关注写话的格式、标点、字词的运用是否正确。）自己再改一改，改好了，就读读自己写的句子。

【导师点评：学生刚开始学写话，教师规范性的指导十分重要。写话前，教师细致入微地指导学生如何注意书写格式，如何运用标点符号；评讲时，教师又细致入微地指导学生从字、词、句、标点入手，学习修改。教学就需要这样细心、精心、尽心，就需要这样关注基础工程、基础学力。】

三、进入正题

1. 大自然送的礼物，都是我们的好朋友。你们喜欢的苹果是什么样的？（相机板书学生说的表示“颜色、形状、味道”的词，并点评。）有了这些表示颜色、形状、味道的词语，我们不仅能欣赏到又好看又可爱的苹果，还能品尝到好吃的苹果呢。这样的苹果喜欢吗？一起用这些词语夸夸它们。（齐读词组，如：红红的苹果，圆圆的苹果，又大又香的苹果……）

2. 其实啊，只要走进秋天的果园，你一定还会喜爱上这些朋友。瞧，它们正在展示自己漂亮的模样呢！自己读读。（自读词组：黄澄澄的梨，红彤彤的枣，紫盈盈的葡萄……）

3. 有不认识的字吗？谁会认？就请你做小老师，教教大家。一起来夸夸这些漂亮朋友。（领读、齐读词组）

4. 它们就像一群秋天的小精灵，告诉我们，秋天已经……拍着手一起读。（齐读儿歌：秋天到，秋天到，园里果子长得好。枝头结柿子，架上挂葡萄。黄澄澄的是梨，红彤彤的是枣。）

【导师点评：这些词组、这首儿歌都来自教材。教师在此处的巧妙运用，一是为了激趣；二是为了积累；三是为了运用。】

5. 走进秋天的果园，瓜果飘香。这些写秋天的四字词悄悄地蹦到我们嘴边。请继续用这样的四字词说说你看到的秋天。走进秋天的田野，你又会看到……走进秋天的树林，你还会欣赏到……当你抬头仰望秋天的天空，你会发现……（引导积累，看图运用描写秋天的四字词语：瓜果飘香、五谷丰登、层林尽染、大雁南飞、秋高气爽……）

6. 瞧，这哪儿是黄澄澄的梨呀，分明是一个个金灿灿的（小灯笼）呢！自己读读这句话，你还能换个说法吗？（出示句子读：梨树挂起金黄的灯笼。板书：“______像______”

引导学生仿说比喻句）

【导师点评：此处从品读例句到口头练习说比喻句，是为后面练习写话埋下伏笔。一年级的写话，就需要教师这样一步一步地搭台阶，教学生说清楚，教学生写清楚。长此以往，学生才会习得书面表达的方法。】

7. 树林里还藏着漂亮的、有趣的朋友呢！看看，它们像什么？（看银杏叶图，引导说比喻句）大家刚才还找到了许多秋天的朋友呀！它们好看吗？有趣吗？

8. 瞧，这些金灿灿的银杏叶还有神奇的作用呢！有的小朋友把它做成美观独特的书签；有的把它做成贺卡……它们多像胖乎乎的小手在向老师招手致意，感谢老师对我们的关心与爱护呀……叠翠流金的树木将永远留在我们的记忆里。

（引导学生齐读小诗："大雁，大雁，我们的朋友。你扇动翅膀，向我们招手。"）

原来，这是小龙送给大雁朋友的礼物呀！他把自己的心里话告诉了这群会在天上写字的朋友。

9. 让我们也拿起笔来，给自己喜欢秋天的朋友写几句话。写的时候可以用上（指板书）表示颜色、形状、味道的词语，也可以用上打比方的句子，赞美它们的美丽、可爱和有趣。你也可以学着小龙的样子，用一首小诗和它们聊聊天。注意写的时候，开头要空两格。（巡视、个别指导）

10. 谁愿意和大家分享你送给秋天的礼物？（分类抽学生的写话现场批改，一是注重书写格式的指导；二是注重把句子写清楚、写通顺的指导；三是注重好词好句的欣赏。）请学生根据老师指导的方法，自己再修改。改好后，和同桌交流。

【导师点评：在评讲时，教师显得从容淡定，不急不躁。首先关注学生写话的基础工程，即书写的格式对不对，标点符号的运用正不正确，词语用得恰不恰当，句子写得通不通顺。当这些都做扎实了，再欣赏学生在写话中的好词好句。这样的指导有用有效，它为学生后面的习作奠定了坚实的基础。】

11. 其实，秋天就在我们身边。请学生再有感情地朗读自己的写话。你告诉大家，你的心声是……你的视角是……（抽学生开火车读自己的写话）

12. 同学们，当我们拥有了善于发现的眼睛，拥有了善于联想与想象的大脑，拥有了善于表达的文笔，我们就能把自己看到的秋天美景描绘出来，与大家分享。

附：板书

写秋天

红红的　　红彤彤

圆圆的　　又大又圆的

甜甜的　　香喷喷的

________像________

【课后反思】

规范地写，开心地写

一、自寻资源

语文课标明确提出，第一学段要让学生“对写话有兴趣，留心周围事物，写自己想说的话，写想象中的事物。在写话中乐于运用阅读和生活中学到的词语，学习清楚连贯地表达自己的意思”。由此可见，对学生进行写话训练，是第一学段的重要内容。

纵观第一学段的四册教材，明确提出“写”的练习少之又少。仅有六次，一是第三册第四单元中的看图写话，第八单元中的写心里话；第四册第一单元中写春天里的发现，第三单元写家乡的美景和特产，第五单元写喜爱的动物，第八单元写一学期的收获和暑假的打算。显性的写话内容如此之少，这无疑给我们低段的老师提出了严峻的挑战。

要提高学生的写话能力，为第二学段的习作奠定坚实的基础，就需要我们借助教材资源，自己开发写话的资源。

开学伊始，正值金秋时节。无论是香甜诱人的水果、姿态万千的植物，还是五谷丰登的农作物等，这些自然天成的景象，为学生的写话提供了丰富多彩的素材。

第三册教材中第一单元的课文，无论是朗朗上口的词语、优美的句子，还是活泼的儿歌、别有韵味的古诗，甚至书上漂亮的插图，都紧紧围绕“秋天”这一主题展开。这为学生练习写秋天也提供了一些方法指导。于是，在学生“学秋天、说秋天”的基础上，我借助课本中的诸多资源，结合学生的生活实际，自创这次写话训练。

二、注重规范

确定了“写什么”的内容，“怎么写”的问题就要仔细斟酌了。我想，要上好这节课，至少要关注三个层面：一是让学生乐于写；二是让学生规范写；三是让学生有效写。

指导学生写话，适当的“搭桥、铺路”很有必要。比如，可以直接给开头，让学生接着写下去；可以让学生填空，把句子补充完整；可以给几个不同的开头，让学生自由选择……办法多种多样，目的只有一个：那就是降低难度，让每个学生都能动笔。

学生起步阶段的写话，需要老师精当、精心的指导，并非现在盛行的“想写什么就写什么”“想怎么写就怎么写”。“怎么写才入格，才规范”这是需要教师一步一步地教的。

学生的语言表达能力，虽然可以随着年龄的增长和自身积累而日渐进步，但规范的写作习惯必须先入为主，这应该成为低段写话训练的重点之一。所以，在这节的写话课中，我十分注重教给学生一些良好的写话方法，如书写格式、词语运用、句子表达等，让学生从起步阶段起，就能习得一些良好的书写习惯。如何行文，此时不教，就会给学生以后的习作留下后患。

三、开心写话

1. 借助教材，练习说话

教材提供了丰富的资源，让人有不尽其用就有暴殄天物之嫌。从图片到文字，从词句到修辞手法……这些有用的资源，语文园地的“展示台”虽然没“给个说法”，却给老师和学生留下更多的自创空间。为此，我选取了具有可借鉴的写秋天的四字词（识字1）、写水果颜色的短语（园地中的儿童诗）、描写秋天景物的比喻句（第一课中的句子）……先让学生有滋有味地朗读这些学过的好词好句，接着让学生运用这些熟悉的词句，练习模仿说话。

如，在介绍“秋天的礼物”时，学生的思路活跃，树叶、稻谷、高粱、橘子、苹果、枣子、梨、大雁、松鼠……植物、农作物、水果、动物……都成为学生的口述之物；又如，在介绍苹果的样子时，“红彤彤”“香喷喷”“又大又红”“圆圆的”等描写苹果颜色、形状、味道等词语涌到孩子们的嘴边；再如，读课文出现的比喻句时，老师运用口头填空的形式，让学生“仿说”。此时，经老师的点拨、板书的提示，学生的模仿有模有样，有声有色，乐此不疲。

2. 联系实际，乐于写话

说的效果终究要在“写”中体现出来。有了前面的“说”，“写”似乎容易多了，但“写”的指导也马虎不得。因为，毕竟是学生写话的起步阶段，从内容到形式，从遣词造句到结构行款，老师都须悉心而规范地指导。

在说好一句话的基础上，再要求学生写自己想说的话。这时，学生纷纷运用积累的词语，模仿熟悉的句型，挥笔写出了自己所看到的、听到的、想到的“秋天”。学生有的写小区里的秋天，有的写校园里的秋天，有的写教室里的秋天……每个学生都联系自己的生活实际，写出了自己眼中那独特的秋天。学生的文笔虽显稚嫩，但笔下的秋天却充满了生机与活力。尤其是多数学生写出的那段话，都做到了文从字顺，行款整洁，这让刚上二年级的学生很有成就感。

这节有趣的写话课，让学生感受到了写话的乐趣，也让我深刻地感到自创写话内容的重要性。第一学段显性的写话内容少，我们教师就应该借助教材资源，自创一些写话内容，引导学生有效地练习写话。进而，为他们第二学段的习作奠定坚实的根基。

可爱的小动物

（人教版课标教材二年级下册）

重庆市渝中区人和街小学　陈宁

【文本解读】

“三读”之中觅佳境

语文课标明确指出，第一学段的语文任务，除了“识字写字”“阅读”“口语交际”“综合性学习”之外，还要让学生学会写话。如何让学生学会写话呢？第一学段的教材相机安排了许多内容，有练习写词的，有练习写短语的，有练习写句子和段落的。这些练习，体现由浅入深、由易到难、螺旋上升的写话过程。

“把自己熟悉的一种动物写一写”，这是人教版语文课标教材二（下）《语文园地五·写一写》的一次写话练习。这次写话的显著特点，就是将口语交际与写话有机结合起来，让学生在说清楚的基础上，再把自己想说的话清楚明白地写下来。儿童的写话源于他们的说话，“说”应该为“写”奠定坚实的基础。这就是叶老说的“我手写我口，我口写我心”。为了让学生用自己的话表达自己想说的意思，在这次写话教学中，我从以下三个方面对文本进行了深入的解读。

一、读课标，明确写话要求

要找到这次写话教学的起点和突破口，教师必须把握课标对第一学段写话的要求。

语文课标对第一学段写话，明确地提出了三条要求：一是“对写话有兴趣，写自己想说的话，写想象中的事物，写出自己对周围事物的认识和感想”。由此可以看出，激发学生写话的兴趣，鼓励学生把自己想说的话写出来，是写话教学的第一步。因为“兴趣是最好的老师”，当学生对写话有兴趣时，他们就能用自己的话表达自己想说的意思，就能用自己的话来描绘他们丰富多彩、生动活泼的儿童世界。二是“在写话中乐于运用阅读和生活中学到的词语”。学生在日常生活和语文学习中，已经积累了大量鲜活的词汇。教师的义务和责任，就是要引导学生学着把积累到的词语运用到自己的写话中去；学着用书面语言表达自己的情感和想说的意思。三是“根据表达的需要，学习使用逗号、句号、问号、感叹号”。这条要求，提醒着我们，学生从一开始写话，教师就应该指导他们正确、规范地运用标点符号，为学生正确地使用祖国的语言文字奠定基础。

学习语文课标，让我明确了第一学段的写话教学，重在激发兴趣；重在引导学生把自己想说的话表达出来；重在正确运用标点符号。至于那些写作的知识与技巧不属于这一学段的要求。

二、读编排，了解写话资源

凭借单元导读，我们知道这组教材是引导学生走进神秘的大自然，去观察日月星辰、风雨雷电、山川树木、花鸟虫鱼……为此，本单元安排了四篇课文，它们分别是《古诗两首》《雷雨》《最大的"书"》和《要是你在野外迷了路》。通过本单元的学习，激发学生热爱自然，观察大自然的神奇与奥秘的热情。

《语文园地五》中的"写一写"与单元主题一脉相承。口语交际是走进奇妙的动物世界，让学生说一说自己熟悉的动物，而写话则是在口语交际的基础上进行。

这次写话让学生"把自己熟悉的一种动物写一写。可以描写它可爱的样子，可以写写它有趣的生活习性，也可以把自己和这个动物之间发生的趣事写下来。然后把写的内容跟同学交流交流，听听同学的意见"。读了这段导语，我深深地感到这单元的写话练习，贴近学生的生活，学生肯定有话可说，有事可写。因为，学生对动物非常熟悉。很多学生家里都养有各种各样的动物，或猫，或狗，或小金鱼，或鸽子……学生与小动物接触非常多，真可谓朝夕相处。这些鲜活的生活经历为他们的写话提供了丰富的素材。

此外，在课文学习中，学生对小动物也不陌生。他们学了大量的关于小动物的童话文章，比如《小松鼠找花生》《雪地里的小画家》《小白兔和小灰兔》等。小动物可爱的样子早已在他们幼小的心灵中扎下了根，写一写熟悉的小动物，学生自然爱写、乐写。再加之，中央电视台的《动物世界》，也是学生喜闻乐见的栏目，这也为学生的写话提供了丰富的资源。

三、读学情，摸清写话优势

这次写话，学生不是零起点。二年级上期《语文园地四 · 我会写》中的"看图写几句话"，就练习写了"公园里猴山上，猴子们的各种姿态"。应该说，这次写话，学生是有一定的基础的。通过一年的语文学习，学生又积累了一定数量的词语和句子；在日常生活中，学生也积累了一定数量的生活语言。这课内外的积累，都为学生的这次写话奠定了坚实的基础。它们都是学生这次写话的先天优势和资源。在这次写话中，我先让学生把小动物的样子、生活习性、与它发生的趣事，说清楚，说明白；然后再让学生把说的内容写清楚，写明白，让口语交际与写话有机结合。

明确了课标要求和教材的编排意图，也就找到了教学的起点和突破口。于是，我把这次写话教学的思路，简要地概括为"看一看——说一说——写一写——评一评"。"看一看"：旨在借助有趣的图片或灵性的动画，重现学生生活中熟知的小动物，唤起他们的生活记忆，激发他们"说"的热情；"说一说"：旨在让学生在"看一看"的基础上，用自己的语言把熟悉的小动物的样子、生活习性，或与小动物发生的趣事说出来，与大家分享；"写一写"：旨在让学生用自己的话把说的写下来。可以写一两句话，也可以写一段话。要求语句通顺；"评一评"：旨在写完后，进行汇报交流，师生点评。然后让学生学会自己修改。

理清了这次写话教学的思路，也就明确了这次写话教学的目标。因此，我把这次写话教学的目标设定为：1. 初步感知观察的一些基本方法，感受观察动物的乐趣，能说出小动物的样子、习性或与它相关的一些趣事。2. 能把自己想说的话清楚明白地写出来，并学着运用学过的词语。3. 激发学生说话、写话的乐趣。教学的重点是"用自己的话表达自己想说的意思”。

【教学设计】

无痕地指导,自由地说写

教学目标

1. 唤起学生已有的生活经验,围绕熟悉的小动物,引导学生把看到的、听到的、触摸到的、想到的大胆地表达出来,与小伙伴分享小动物的可爱。

2. 用通顺完整的话写一种熟悉的小动物,可以写它可爱的样子,可以写它有趣的生活习性,可以写自己和这个动物之间发生的趣事。

3. 积累观察方法,感受说话和写话的乐趣。

教学重难点

指导学生运用规范的语言,进行口头与书面表达,能用上学过的词句更好。

教学准备

相关课件。

教学课时

1 课时。

教学过程

一、浏览图片,激趣导入

1. 同学们,我们都知道,动物是我们的朋友,它们给我们带来了许许多多的乐趣,鹦鹉会讲话,小狗会帮我们做事,大象会搬东西……今天,就让我们走进《语文园地五》,走进奇妙的动物世界,去看看可爱的小动物。(书写课题)

【导师点评:开课时,教师用图文并茂的课件、富有情趣的解说,立体展示了学生熟悉的小动物千姿百态的图片和活泼可爱的情景,拉近学生与动物的距离,激发学生乐于观察的兴趣,唤起学生乐于表达的欲望。】

2.(播放幻灯片)瞧,这里有耳朵长长的、机灵可爱的小兔子。哟,小狗藏在拖鞋里,在和我们玩捉猫猫的游戏呢!嘿,这只小猫的样子真逗,举着爪子仿佛在投降呢!见过吗?会吹笛子的小老鼠!(鹦鹉)这可是奥运举重冠军哟!

3. 刚才,在我们看的这些小动物中,你觉得哪个小动物最可爱?为什么?(学生述说)

【导师点评:借助图片资源,引导学生简要述说喜爱的小动物。这有趣的热身运动,有意识的语言训练,为后面的说、写动物,作好语言上的铺垫。】

二、述说“最爱”,相机点拨

1. 在我们身边,肯定有大家熟悉或喜爱的小动物。先与同桌说说你喜欢的小动物可爱在什么地方。(同桌互说)

【导师点评:由图片上的动物过渡到学生熟悉的动物,这环节注意了瞻前顾后,既链

接了前面的教学，又贴近学生的生活，有利于唤起学生已有的生活经验，让说话变得简单容易，变得富有个性，变得充满童趣。】

2. 谁来汇报交流？（提问：①你喜欢的小动物，样子可爱在什么地方？②它爱吃些什么？饿了的时候，它有怎样的表现？③平常你们是怎么玩的？④你们之间发生过哪些有趣的、搞笑的、难受的事……）

3. 学生汇报交流。

(1)你的观察真仔细啊！通过眼睛，你看到了它可爱的样子。

(2)它在叫，仿佛在向你说什么呢？你不光把看到的说出来了，还加上了自己的想象。

【导师点评：即兴说话，具有生成性和不确定性。因此，这环节的教学，呈现出零散的特点。它需要教师既要自然灵活，又要顺学而导。在学生无意识的汇报交流时，教师有意识地从视觉、听觉、触觉、嗅觉、感觉等方面，相机进行评价、点拨、示范等，把观察方法的指导无痕地融入其中，避免了孩子“千篇一律”的说话。】

(3)咱们观察小动物，不仅可以用眼睛看，还可以用手摸，甚至可以用耳听。动用不同的感觉器官，去细致地观察它，多方面地感受它，你的见闻和感受会更丰富、更有趣。

(4)刚才，这个小朋友介绍了小猫的贪吃。看来，小猫贪吃的个性给他留下了深刻的印象。在向别人介绍小动物的时候，应该像他这样，抓住最特别、最与众不同的地方。这样，可以给别人留下深刻的印象。

(5)有同学说：“小白兔吃萝卜时，经常发出‘嚓嚓……’的声音，睡觉还打呼噜。”这是抓住自己听到的声音给大家介绍，真不错。小白兔吃起萝卜来“嚓嚓……”作响，你们觉得这时的小兔心情怎样？（开心、高兴、吃得快、喜欢吃。）你怎么知道它吃得快、很开心呢？（从声音听出来的）原来小动物发出的声音也很有趣，它向我们传达着不同的意思。

(6)“无影无踪”这个词语用得很好，能让我们感受到小兔不光爱吃青菜，还吃得很快。

(7)小鸡每天送你上学，接你放学，你们像一对亲密无间的朋友。你把自己和小动物之间的情感，拿出来与大家分享，我感觉很亲切。

(8)“跳跳”多贴切的名字啊！听到这个名字，我们就知道它非常活泼可爱。听到“花花”这个名字，我们就知道它穿了一件花衣裳。看来，给小动物取名字，也有学问，得根据它的样子和特点来取。

【导师点评：说话时，教师给学生留足了时空，首先让学生大胆地说，自由地说。其次，在老师看似无心实则有意的指导下，学生越说越好，这为后面的写话，奠定了坚实的基础。】

(9)他说得很清楚。观察时用眼看，用耳听，用心想，还用上了学过的词语和比喻的修辞手法，真好！

三、动笔写话，表达真情

1. 刚才，同学们说了小动物的样子和生活习性，还讲了你们之间发生的趣事。看来，你们眼中的小动物，真是有趣可爱。还有许多同学想说，这样吧，咱们把它写下来好吗？

2. 要写好话，得了解写话的要求。请打开书，翻到93页，自由小声地读写话的要求。

3. 同学们知道了这要求，那我们就把它写下来。你可以写小动物的样子，可以写小动物的习性，也可以写你们之间发生的趣事。

4. 学生动笔写话。

四、即兴点评，指导修改

1. 同学们笔下的小动物又可爱在什么地方呢？下面，请一位同学把自己的写话读给大家听。其余同学请认真听，看看他笔下的小动物可爱在什么地方。有哪些语句写得好，值得我们学习？还可以怎样修改？

2. 师生互评互议。

3. 学生现场修改。

五、总结全文，提炼方法

同学们，只要我们留心生活，善于用耳朵听，用眼睛仔细看，用手触摸，用心灵感受，就一定能够让自己的说话和写话生动精彩，富有情趣。

附：板书

	样子	毛茸茸	圆溜溜	……
可爱的小动物	习性	贪吃	淘气	……
	趣事	玩鞋	捉迷藏	……

【课后反思】

随风潜入夜，润物细无声

过去，低段上写小动物的课，老师大多是：先出示动物的图片，再教给学生一些观察方法，然后让学生仔细观察，再进行交流反馈，最后动笔写话。这样刻板的写话教学，让学生笔下的小动物，像是从一个模子中倒出来的一样，学生个个成了“克隆”的高手。其写话的内容严重缺失童真童趣。教师教得累而又毫无成效；学生学得苦而又毫无兴趣。

为了改变写话教学呆板无聊的局面，在这课教学时，我摒弃了以技法为重的教学模式。因为，在长期的低段写话教学实践中，我深深地感到，低年级学生年龄小、认知少，给他们讲抽象的技法，无异于“天方夜谭”。与其痛苦地煎熬，不如寻求一条师生同乐的阳光之道。二年级的学生写话，应该是教师在激活学生生活体验的基础上，激发学生写话的热情，让他们无拘无束，自由自在地表达真情，为以后的写作培养浓厚的兴趣。让他们认识到，写话就是用自己的笔，记下自己真实的生活；写话就是用自己的笔，记下自己的真实感受。

语文课标第一学段的写话目标明确指出：一、对写话有兴趣，写自己想说的话，写想象中的事物，写出自己对周围事物的认识和感受。二、在写话中乐于运用阅读和生活中学到的词语。三、根据表达的需要，学习使用逗号、句号、问号、感叹号。

我对这一学段写话目标的理解是：首先要让学生“对写话有兴趣”。怎样让学生“写自己想说的话，写想象中的事物，写出自己对周围事物的认识和感受”？这就要求我们要启发学生先说后写，缩小说话与写话的距离；要改革写话教学的方式，特别是要改变“我教你学”“按老师说的学写话”等陋习。要从学生的实际出发，从学生的生活出发，启发学生通过说话，交流自己的所见所闻所想，再把自己说的写下来。这是十分重要的。其次，还应该引导学生“在写话中乐于运用阅读和生活中学到的词语”。最后，“根据表达的需要，引导学生学习使用逗号、句号、问号、感叹号”。鉴于这样的理解，在这节说话与写话课的教学实践中，我设计了“看一看、说一说、写一写、评一评”四个教学环节，把单元中的口语交际与写话练习有机结合起来，很好地整合了课程资源。

一、贴近生活，真情诉说

首先，我用妙趣横生的动物图片激发学生说话的兴趣，开启学生的心智；接着链接学生的生活，打开学生已有的资源库，让他们选自己喜欢的小动物，自由地说，开心地说。崔峦老师说：“作文首要的是要有充实的内容，内容来自于生活，作文的源头是不断发展的沸腾的生活。离开了生活，作文就成了无源之水，无本之木。‘生活，是学生写作的源泉。’每个学生的身边都有美好的、发人深省的事物，关键是要学会观察，学会发现。”

“生活，是学生写作的源泉。”这节课上，要让学生在写话中真情地、自由地表达，首先应该唤醒学生日常生活的体验，打开学生的记忆闸门，为写话提供源源不断的鲜活素材。那么，怎样唤醒学生的生活体验呢？我先用小动物们滑稽、可爱、有趣样子的图片，唤起记忆，激发他们说话的兴趣。接着，把他们引向与自己息息相关的生活，叫他们说一说自己身边的小动物可爱在什么地方。一颗石子，搅动了一池的春水。学生记忆的闸门打开了，说起来兴致勃勃，兴趣盎然，滔滔不绝。在学生说的过程中，我又相机点拨、指导、提问：①你喜欢的小动物，样子可爱在什么地方？②它爱吃些什么？饥饿时，它有怎样的表现？③平常你们是怎么玩的？④你们之间发生过哪些有趣的事？……这些提问，把学生引向更加广阔的生活，还原了学生与小动物们真实生活的场景，或喜、或怒、或哀、或乐……学生带着真情诉说，为后面的写话夯实了坚实的基础。

二、指导无痕，水到渠成

尹老师说：“儿童缺少的不是生活的体验，而是书面语言的有趣且有序地表达。”的确，儿童在丰富多彩的生活实践中积累了大量的生活体验。只是，他们不知道怎样才能把自己的生活体验表达出来。教师的职责就是要唤醒、开启、点化、引导，让他们学会用自己的口和手中的笔，表达自己独特的见闻和感受。

因此，在学生自由交流的过程中，教师蹲下身子，耐心倾听，顺学而导，时时从儿童原生态的、鲜活的说话中捕捉、生成、提炼说得好的观察方法和表达方法，与大家分享。如在课堂上，我竭力引导学生调动自己的视觉、听觉、嗅觉、触觉等感官，还原真实的生活体验与经历，以打开学生的思维和思路，激励学生乐不可支地说，有滋有味地写。

在教学中，我告诉学生：咱们观察小动物，不仅可以用眼睛看，还可以用手摸，甚至可以用耳听。动用不同的感觉器官，去细致地观察它，多方面地感受它，你的见闻和感受会更丰富，更有趣。如让学生根据自己眼睛看到的、摸到的，说出、写出自己喜爱的小动物的样子；根据与动物朝夕相处时感受到的，说出、写出动物的生活习性；根据和小动物之间发生的有趣、高兴、伤心的故事，说出、写出与它们之间发生的趣事……就这样，教师把写话方法的指导，有机地融入随机的点拨中，真正地做到了方法指导无痕。

正因为，这节课是为儿童着想，并为儿童所爱，所以学生写出的话令我惊诧。

我家的“跳跳”

我的家里有一只可爱的小鸡。它的毛黄黄的、茸茸的，看起来像一个绒球。它长着一张尖尖的小嘴，经常“叽、叽……”地叫个不停。它的脚是粉红色的，走起路来一跳一跳的，我给它取了一个好听的名字叫“跳跳”。

每天放学，我一回到家，它就一跳一跳地跑过来，围着我的脚“叽叽……”地叫个不停，好像在说：“小主人，我饿了，快点拿点东西给我吃吧！”看着“跳跳”着急的样子，我急忙拿来一点米放在地上。于是，它便美美地吃起来。吃完了，它便在我的脚边躺下，不时发出一两声“叽、叽……”的声音。

我们家的“跳跳”真可爱！我非常喜欢它！

花花

“花花”是一条小狗，它是我过生日的时候妈妈送给我的生日礼物。

它身上的毛大部分是白色的，其间也夹杂着一些黑色或褐色，所以我给它取名为“花花”。它头上的毛很有特色，有一部分是黑色的，好像系了一个蝴蝶结，可爱极了。

“花花”非常调皮。有一次，我坐在沙发上看书。突然，我发现拖鞋不见了，急得四处乱找。这时，我看到客厅里的“花花”正咬着我的鞋子在喜滋滋地玩呢！嘿，它真会自找乐子！更可气的是，一次“花花”把尿撒在我的被子上，被妈妈狠狠地教训了一顿。从此它再也不敢干这样的傻事了……

“花花”真可爱，它给我的生活带来了很多快乐。

这两篇写话充满童真，弥散童趣，令人读了忍俊不禁。看来，教师蹲下身子，耐心倾听，顺学而导，时时从儿童原生态的、鲜活的说话中，捕捉、生成、提炼说得好的观察方法和表达方法，无痕地指导低段的学生进行写话，这不失为一种有效的教学方法。

三、真情写话，真诚表达

刘勰在《文心雕龙》中说：“夫缀文者情动而辞发，夫观文者披文以入情。”对小动物充满了喜爱和热爱，是学生乐于表达，善于表达的情感基础。在这堂写话课的教学中，教师随时注意激发学生喜爱小动物的情感。如：开课，展示有趣的小动物的画面，激发他们的情感和兴趣；接着，让他们说说身边的小动物可爱在什么地方。学生的口中、笔端，所表达出来的都是他们的真情流露。

观察习作

（人教版课标教材三年级上册）

重庆市渝中区肖家沟小学　陈力

【文本解读】

读写结合，习得方法

小学习作教学的基本任务，就是训练学生“用口头说心头、用笔头写口头”的表达能力。“我口说我心，我手写我口。”这里所说的“我口”“我手”“我心”，指习作时，就是要学生写出自己的真情实感。因为，习作训练离不开学生原有的认知基础，离不开学生原汁原味的生活实际。我们不能要求学生的习作，像作家写作那样，“源于生活而高于生活”。只要学生能把自己已经认识的事物和已有的生活积淀，说清楚、写明白就可以了。

第二学段的习作目标明确指出：“中年级学生要留心周围事物，乐于书面表达，能不拘形式地写下见闻、感受和想象，注意表现自己觉得新奇有趣的或印象最深、最受感动的内容……”透视这些目标，我们不难看出，引导三年级学生学会观察，乐于表达自己新奇有趣的见闻至关重要。

一、在阅读中，感受观察

人教版课标教材三年级上册第四组单元的导读中，深情地写到：“你是否留意过鲜花的开放？你是否观察过星星的闪烁？你是否注意过蜜蜂的飞行？我们身边的许多事物，都有着无穷的奥秘。让我们认真阅读本组课文，一起去了解作者发现的秘密。我们还要留心观察，看谁有更多的发现。”聚焦“留意”“观察”“注意”这几个关键词，我们不难得知，本组课文的读写重点，就是留心观察。

“凌晨四点，牵牛花吹起了紫色的小喇叭；五点左右，艳丽的蔷薇绽开了笑脸；七点，睡莲从梦中醒来；中午十二点左右，午时花开放了；下午三点，万寿菊欣然怒放；傍晚六点，烟草花在暮色中苏醒；月光花在七点左右舒展开自己的花瓣；夜来香在晚上八点开花；昙花却在九点左右含笑一现……”课文《花钟》里的这段文字描写了不同时段花开的景象。作者之所以能弄清楚这些花什么时段开，有什么颜色和形状，这都是他长时间观察的结果呀！

阅读时，老师在引导学生欣赏花的色彩美、体会作者描写的句式美的同时，还应引导学生充分感受作者观察的细腻。这样的读写结合，不仅仅是句式训练，更是为了调动学生的视觉系统，培养他们用眼观察的能力，也为之后的单元习作作铺垫。

二、在活动中，立体观察

本单元的习作，要求学生写《观察日记》。那么，观察什么好呢？让他们自己胡乱观察？不行。让他们回家观察植物或动物？要想观察到位，需要长时间的坚持……我思前想后，决定在这次习作中，通过创设活动，引导学生现场观察，即兴观察。基于中年级学生好奇心强，我设计了一个“寻宝活动”。一开课，我创设神秘的情景，故弄玄虚，引导学生猜测，以唤起学生强烈的“求知欲”。然后，邀请一位“勇士”寻宝。在此过程中，请学生细细地观察，立体地观察。因为，观察是一种有目的、有计划的知觉活动，它包括听觉、嗅觉、味觉和触觉。倘若在观察的时候，能充分发挥多种感官的功能，学生的观察就会更丰富、更立体。在“寻宝活动”中，我时时注意引导学生立体观察“寻宝勇士”的一举一动。

学生汇报交流时，我相机提炼观察方法。第二次“勇士”寻宝，则让学生运用习得的观察方法，再实践，为后面的说活动、写活动奠定坚实的基础。

三、在表达中，文从字顺

“寻宝活动”仅仅是个载体，它旨在为学生的观察提供参照物，为学生的习作提供鲜活的素材。立体观察之后，学生有了丰富的见闻与真切的感受，还需要清楚明白地进行口语与书面表达。因为，习作就是要让学生用自己的话表达自己的所见所闻，就是要让学生以“我口说我心”，以“我手写我口”。活动之后，我又引导学生交流观察时的见闻与感受，尽可能地让学生把话说清楚，说明白，说具体，为书面表达奠定坚实的基础。

总而言之，在第二学段的习作教学中，教师要做的不是给予学生多少单调、枯燥、乏味的习作技法，而是要引导学生观察生活，然后用自己的语言表达自己的所见所闻、所思所感。

【教学设计】

寓习作于有趣的活动之中

教学目标

1. 调动感官，仔细观察，大胆联想，把看到的、听到的、想到的，用一两段话清楚明白地写下来。

2. 学习修改习作，激发习作的兴趣，感受习作的快乐。

教学重难点

调动感官，仔细观察，大胆联想，把看到的、听到的、想到的，用一两段话清楚明白地写下来。

教学准备

宝盒、展示平台。

教学课时

1课时。

教学过程

一、创设情景，激趣导入

1. 孩子们，你们都拥有一双明亮的眼睛，都喜欢探险寻宝。为了满足大家的好奇心，

今天老师带来了一个宝盒……(神秘地出示盒子)

【导师点评:"寻宝"是学生喜爱的活动。开课时,教师故弄玄虚,创设神秘的情景,引导学生猜测,以唤起学生强烈的"求知欲"。】

2. 瞧,这里面藏有一件可爱而有趣的"宝物"。请大家猜一猜,它可能是什么呢?(钻石、珠宝、金子、珍珠……)这宝物是独一无二的,是价值连城的!大家再猜一猜。(知识、情感、神灯……)

二、明确要求,初谈感受

1. 究竟是什么样的宝物如此神秘,这般珍贵,让大家苦苦思索都没能猜到呢?谁愿意到讲台上来打开盒子,仔细地看一看,用心地寻一寻?

【导师点评:活动仅仅是载体,让学生在真实的体验中,学会观察,学会表达,这才是教学的真正目的。因此,在活动中,教师时时注意开启、引领、点拨,让学生充分调动自己的听觉、视觉、联想等,去观察,去体验,去感受。】

2. 你第一个上来探寻宝物,多幸运呀!这么多小朋友都想参加,老师单单选中了你,此时此刻,你有什么样的感受呢?(兴奋、高兴、荣幸……)

3. 不过待会儿,你寻到宝物后,一定要保守秘密,暂时不能让别人知道,行吗?

4. 老师没有选中你们,此时你们又有什么样的感受呢?(遗憾……)你说出了大家的心声。

5.(对选中的学生)你即将踏上寻宝之路,宝物就藏在盒子的深处,你一定要仔细地看清楚,好好地找一找。

6. 其他同学一定要充分调动自己的听觉、视觉、联想,好好地观察他的一举一动,谁看得最仔细,听得最清楚,想得最奇特?

7.(对选中学生)寻宝之旅,现在开始。出发吧!(生寻宝)宝物不会轻易露真容,请你一定要仔细查找。找到没有?(没找到)这么短的时间,当然难以找到,再找找……寻到没?(寻到了)现在不能说,一定要保密!寻宝勇士,你可以凯旋了。

三、汇报交流,分享见闻

1. 在这位勇士寻宝的过程中,大家都进行了认真观察,仔细倾听,大胆联想。那么,你们都观察到了些什么呢?(①听到老师一声令下,他如离弦的箭一样冲了上去……②他轻轻打开宝盒的盖子,一下傻眼了……③他敏锐的目光仔细地搜寻起来……④他对着宝物撇撇嘴,眯眯眼,乐得眉飞色舞……)

2. 你们真会观察,有同学看到了他跑上讲台时的动作和速度;有同学看到了他打开盒子后,见到宝物时的动作和心情;有同学还看到了他喜滋滋的神态……真不错!那么,请你们再猜想一下,他为什么会有"时而傻眼、时而高兴"的表情呢?(开始也许没有找到宝物,后来可能找……)

3. 请一个学生把大家刚才看到的、想到的,再连起来说一说。

【导师点评:在仔细观察的基础上,引导学生大胆地说,流畅地说,生动地说,这无疑为后面的书面表达,奠定了坚实的基础。因为,三年级学生的习作,应该从说开始,由说到写,可以降低习作的难度。】

四、再次活动，积累素材

1. 同学们真了不起，不仅会观察，还善于表达！为了奖励你们，老师再给大家一个机会。下面，将有5个同学能得到“寻宝”的机会。谁的小手举得最高？谁的眼神最渴望？谁的举动最急切？你……你……你……你……还有你……第二批寻宝勇士诞生了。

2.（对选中学生）你们得到了探宝的机会，多不容易啊！待会一定要好好地看，仔细地听，大胆地想……一定要抓住机遇，好好地观察……

【导师点评：老师再次创设情景，让更多的学生参与活动，让更多的学生交流见闻，其目的，就是为了让学生习作时的思路更广阔，习作时的资源更丰富。果不其然，经过这次观察、体验之后，学生的表达更有趣了。】

3. 其他同学可以任选一个同学进行细细地观察。他是怎样踏上寻宝之旅的？怎样打开宝盒的？如何探寻宝贝的？

4. 五位勇士各就各位。你们寻到宝物后，可以用动作或神态表示，但是不讲出答案。一号勇士，出发……二号勇士，出发……（其间，教师反复叮嘱，宝物藏得很深，一定要仔细！）

5. 五位勇士寻宝的言谈举止各不相同！谁来说说自己的发现？（①他飞快地跑上去，小心翼翼地打开宝箱的盖子。接着，他低下头，在宝箱里细细地搜寻起来……找到后，他马上盖上了盖子，长长地叹了一口气，脸上露出了失望的神情。②他一个箭步冲上讲台，“砰”的一声打开盒子，迫不及待地观察起来。看着，看着，他那张秀气的瓜子脸上就浮现出了会心的微笑……）你不仅会用眼睛看，还会用耳朵听，真不错。

6. 六位勇士都目睹了宝物的真面目。那么，盒子里到底装着什么宝物呢？大家一定想知道了吧！（想）好，请第一位幸运者给大家解密。（抽生）里面装的什么宝物？（镜子）

7. 大家看看到底是什么，藏得那么隐蔽。（老师打开宝箱，将里面的镜子展示给大家看……）这里面是一张张灿烂的笑脸；是一双双水灵灵的眼睛……现在，知道宝箱里装的是什么了吧！孩子们，你们就是这独一无二的宝贝啊！

五、动笔习作，自评自改

1. 多有意思的寻宝活动啊！现在，就让我们把在活动中看到的、听到的、想到的，用一两段话清楚明白地写下来。习作时，可以写大家七嘴八舌猜宝物的情景，可以写第一位勇士寻宝的过程，可以写后几勇士探宝的情形，还可以写自己看到宝贝时的想法……

2. 学生动笔习作。

3. 写完后，自己再读一读习作，自主修改。

六、互评互议，修改习作

1. 请一个学生把自己的习作，大声地读给同学们听。

2.（师生共同评改）现在，我们首先来看看这篇习作的格式正不正确？有没有错别字？标点符号是否正确？有没有用词不当的地方？

【导师点评：引导学生学习修改，而且从基础入手，即书写格式、字词句、标点等方面起步，这是很有必要的，很值得倡导。万丈高楼平地起，每个老师都应该做这样的有心人。】

3. 这篇习作哪些地方写得好？哪些地方需要修改？

4. 好文章是改出来的，请大家修改自己的习作。

附：板书

观察："宝物"

认真看　仔细听　大胆想

清楚写具体写

【课后反思】

还原情景，有趣表达

"习作是人的精神活动，是人的生命活动的体现。习作是学生成长的足迹，是生命歌唱的声响。习作，拒绝东拼西凑、生搬硬套、无病呻吟、矫揉造作、丧失灵气、缺乏个性；习作，拒绝不从实际生活选取材料，不愿用自己的话语表露思想。习作教学永恒的主题，是用自由之笔，写自得之见，抒自然之情，表自在之趣，显自我之个性。"尹老师的这席话，不仅是对学生习作的精彩诠释，也是我设计这堂三年级习作课的主旋律。

进入三年级，老师和学生们都面临着一个头痛的问题——习作。可谓一提"习作"，皆"谈虎色变"——教师怕教，学生怕学。三年级是习作的起步阶段，如何让学生赢在起跑线上，这关系到高年级习作教学的成败。

一、激发兴趣

激发学生的习作兴趣，是这个学段的首要任务。在这个阶段，教师要做的不仅仅是传授习作的技巧，还要培养学生观察生活，用语言表达所见、所想的能力，以激发学生喜欢习作的情感，以实现语文课标中所指出的"中年级学生要留心周围事物，乐于书面表达，能不拘形式地写下见闻、感受和想象，注意表现自己觉得新奇有趣的或印象最深、最受感动的内容……"等目标。

显然，培养三年级学生对习作的爱好和自信是关键。董小宇老师提出，这个学段要以活动体验式习作为训练的主体。她认为通过活动体验，能丰富学生的生活，能引导学生亲身经历与体会，为学生的自主表达创造机会。这也正符合尹老师提出的"习作必须坚持从生活中取材"的原则。

这堂观察习作课，我将习作寓于学生喜欢的活动之中，引导学生观察、感受与表达。它的落脚点，不仅仅在于活动的本身，更在于活动时的观察、体验、交流、表达、评讲等等。

沈大安老师在《如果我教作文》的讲座中提到，"作文教学要重视激发兴趣，只要激起了兴趣、打开了思路、拓宽了源头，就能使学生书写出美妙的语言。"活动初始，我运用丰富生动的语言以及手中的宝盒，营造出神秘感，激发学生想探秘的好奇心。紧接着，在活动中，我又设计了两次探宝行动。这样的设计，营造出快乐的课堂气氛，较好地调动了学生的兴趣。

二、注重观察

与此同时，我精心设计每一个教学环节。首先是引导观察。在第一位幸运儿探宝前，要求其他学生要充分调动自己的听觉、视觉、想象力，好好地观察他的一举一动，比一比谁看得最仔细，听得最清楚，想得最奇特，让孩子们带着任务观察。在第二次探宝行动中，让孩子们从五个探宝勇士中任选其一进行观察，并要求用上学过的观察方法，以体现“从学到用”的过程。

三、学会表达

2006年教师节，温家宝总理到北京市西城区皇城根小学，听了一节语文课——《新型玻璃》。听完后，温总理亲切地对学生们说：“你们不但要学到课本里的知识，更要学会表达。”在这次活动体验习作中，我注重引导学生学会表达。这个过程，我分了两步走。第一次探宝活动结束后，进行交流时，孩子们很容易就说出了他们所看到的、听到的。

“听到老师一声令下，他如离弦的箭一样冲了上去……”

“他轻轻打开宝盒的盖子，一下傻眼了……”

“他拿起盒子拼命地找，手在盒子里翻来翻去，弄得‘砰砰’直响……”

“他失望地关上了盒盖，深深地叹了声‘哎’。”

学生们的发言虽然很不错，但并没有完全表达出他们那时的内心感受。这时就需要教师穿针引线。于是，我顺势追问：“请你们再猜想一下，他为什么会有‘时而傻眼、时而高兴’的表情呢?”这个问题一抛出，学生各式各样的猜测，各种各样的感受从小嘴里蹦了出来。这时，学生的表达更鲜活了。趁着学生高涨的积极性，我进一步引导他们把刚才看到的、听到的、想到的再连起来说一说，让学生自己组织连贯的语言，清楚明白地表达自己所见、所闻、所感，完成教学中的“扶”。述说第二次探宝活动，则放手让学生自己表达，做到“放”。

从课伊始有趣的“寻宝”活动，到第三、四个环节时，我蓦然发现，这一次又一次由点到面的活动，既降低了习作起始阶段的难度，又无痕地渗透了方法、策略，让更多的学生在活动之后，有话可说，有事可叙，有情可抒。

四、关注修改

《语文课程标准》第二学段的习作要求提到：“愿意将自己的习作读给别人听，愿意同其他人分享习作的快乐。”在评讲习作时，我让学生将自己的习作，大声地读给同学听，让大家分享彼此的习作。通过一次次的交流与展示，学生领悟到习作是自我表达和与人交流的需要。在交流习作时，师生共同评改，从小处入手，从细节着眼。在教学中，我尤为重视培养学生修改习作的能力，使他们养成对自己习作负责任的态度。

再回看整堂课，弥散着童智，充盈着童心，张扬着童真，洋溢着童趣，学生无不乐在其中，获在其中。因为，这样的活动，有利于充实学生的生活经历，有利于丰富学生的习作资源，有利于开拓学生的习作思路，更有利于培养学生良好的习作习惯。也正好突显了这堂课的主题——用自由之笔，写自得之见，抒自然之情，表自在之趣，显自我个性。这样的教学扎实而又落实，必将惠及学生终身。

我会变

（人教版课标教材三年级下册）

重庆市渝中区第二实验小学　李婷婷

【文本解读】

寻觅教材习作的乐趣

在习作教学中，我们常常听到这样的抱怨：教材习作好比“鸡肋”，食之无味，弃之可惜。对教材习作，我也是“想说爱他不容易”。教材习作，因其内容不够鲜活，而无法激起学生习作的兴趣与愿望；因其要求与提示语的单调、老套、太泛，让师生难以把握。

那么，如何品出教材习作的乐趣呢？我想，自选题材习作，好比烧拿手菜，所有的材料自备，做起菜来有激情，味道自然不错。教材习作是有人给你备了料，让你烧一盘学生喜欢的菜。众口难调，难度自然要大得多。但是，我想只要充分发挥自己的“烹饪技术”，教材习作也能变成“美味可口”的佳肴。

人教版课标教材三年级下册第八单元的习作要求明确提出：“神话、传说中的人物真神奇。比如孙悟空，他会七十二变。如果你也会变，你想变成什么呢？这次习作，就给你一次‘变’的机会，请你展开想象的翅膀，编一个故事。在故事里，你可以变成任何人、任何物。写好以后，读给爸爸、妈妈听，根据他们的意见认真改一改。”短短的一百多字，这既是习作教学的引导语，也是习作练习的指导语；既是习作教学的重心所在，也是习作练习的难点所在。

“神话、传说中的人物真神奇。”对于这一点，三年级的学生并不陌生。课内，学生认识了“嫦娥奔月”“后羿射日”“精卫填海”“女娲补天”等有关神话的成语，阅读了《盘古开天地》《夸父追日》《女娲补天》等神话故事；课外，学生看过许多有关神话、传说的书籍，如会七十二变的孙悟空就是他们青睐的对象。这些有效的课程资源，为学生写好本次习作提供了有利的条件。

“给学生一次‘变’的机会，让学生展开想象的翅膀，编一个故事。”学生都希望自己能像孙悟空一样神通广大，会七十二变。因此想“变什么”，对学生来说并不困难。无独有偶，三年级上册第八单元的习作练习里，曾安排过一次“编故事”。那是让学生根据教材出示的动物简图，编一个动物童话。在那次习作中，学生不仅把动物们“做了什么”“说了什么”“想了什么”写清楚，还写出了动物们的对话，有的童话故事里还藏着道理呢。可见“编故事”，学生是有基础的。

为了拓展想象的空间，习作要求明确提示，可以变成“任何人、任何物”。为了让每个学生都“有事可想、有话可说”，我对本次习作要求进行了二度加工，即设计了一系列追问,如"为什么"要这样变?变了之后要"做什么"?"怎么做"?这些具体细致的提示,给学生写好本次习作搭建了一个较好的脚手架。

如何让学生"大胆地想象,清楚地表达"?我认真品读本组教材后,发现无论是让人津津乐道的民间故事《西门豹》,还是极具想象力的神话传说《女娲补天》《夸父追日》,其想象之瑰丽、语言之优美,都为本次以写想象为内容的习作作了很好的示范。为此,在这节课中,我将重点关注以下几个方面。

用够习作要求。上课时,我将五次出示习作要求:第一次:开课激趣,动画展示孙悟空的变化,变习作要求为教学环节。第二次:"如果你也会变,你想变成什么呢?"变习作要求为教师提问。第三次:"任何人、任何物。"变习作要求为教学板书。第四次:"这次习作,就给你一次'变'的机会,请你展开想象的翅膀,编一个故事。"变习作要求为任务驱动。第五次:"写好以后,读给爸爸、妈妈听,根据他们的意见认真改一改。"变习作要求为评改要求和教学结束语。

拓宽想象思路。开课激趣的同时,我将"图解"习作要求,为学生"大胆想""敢于变"作好暗示;课堂上,针对学生的思维易于从众趋同,我将分类点拨,以拓宽学生"变"的思路,让每个学生"变"得与众不同,让"想变什么就变什么"成为"现实",以达到"可以变成任何人、任何物"的习作要求。

充实故事情节。仔细研读习作要求,我发现"变什么"与"做什么"之间,潜藏着因果关系,即这样"变",是为了能去"做"这件事;能"做"这件事,是有因为这样的"变"。因此,在"变什么"之后,我将追问"为什么想这样变?"以引导学生铺陈故事情节,使编的故事更充实,更丰满。

我想,如果每次教材习作,我们都这样思前想后、瞻前顾后,就会慢慢地品出教材习作的乐趣。

【教学设计】

大胆想象,清楚表达

教学目标

1. 联系生活实际和阅读见闻,引导学生大胆地想象;读写结合,引导学生富有创意地编童话故事,并能清楚明白地表达。

2. 愿意将自己的习作与他人交流分享,学习修改习作。

教学重难点

联系生活实际和阅读见闻,引导学生大胆地想象;读写结合,引导学生富有创意地编童话故事,并能清楚明白地表达。

教学准备

相关课件。

教学课时

1 课时。

教学过程

一、自由地变

1. 同学们，在第八单元的神话故事里，我们认识了神奇的女娲、夸父。今天，我们又请来了一位大名鼎鼎的神话人物。看，谁来了？（课件：播放动画）瞧，孙悟空变成了房子，二郎神就找不到他啦！看，他还能够穿越时空来到现代，和小朋友丁丁展开比赛呢！孙悟空七十二变，真是神通广大！

【导师点评：紧扣习作要求，用信息技术将“孙悟空他会七十二变”的静态语言叙述“变”活了。截取的视频用心良苦，孙悟空时而变鸟，时而变房子，时而变飞船……这林林总总的变化，都是在为学生的“七十二变”作示范，拓宽思路。正所谓，弦外有音，一“变”为多“变”。】

2.（课件：出示“习作要求”）“如果你也会变，你想变成什么呢？”请大家想一想，再和同桌说一说，你想变什么。（板书：“变什么”，并分类点拨多样的“变”。）

3. 有没有来自动物世界的？（小鸟、大象、老虎……）植物王国的？（树、七色花、小草……）各种物品的呢？（一个杯子、一张纸、一张桌子、一幢房子……）还有没有书中的人物？（仙女、哈里波特……）动画里的角色呢？（奥特曼、喜羊羊、大力牛……）甚至外星事物……（外星人、宇宙飞船、火箭、木星……）

4. 再想想，你为什么想这样变。想好了先给同桌说，然后再给大家说一说，你想变什么，为什么。（学生述说时，教师根据学情相机点拨：也许你会有一段奇特的经历……说不定会碰见谁，你们之间会发生什么有趣的故事……说不定你还有什么神奇的本领……也许你的样子与众不同……）

5.（预设一）说说看：你想变什么？为什么呢？（我想变成一台时空穿梭机，这样我可以去任何想去的时代和地方。）变成时空穿梭机，你可真够大胆！想去哪里就去哪里。在那些与今天不同的时空里，你一定会有一段奇特的经历。

6.（预设二）你呢？（我想变成一只小鸟。）为什么呢？（我想为旱灾地区的人们送去解渴的水，让他们不会在痛苦中挣扎。）啊，你是一只能救命的神鸟啊！你一定有神奇的本领。也许你的样子也和我们平时见到的小鸟不一样。说不定，你会遇到谁，你们之间还会有一段精彩的故事呢！

7.（预设三）你们还想变什么？谁来说说？（……）

二、大胆地想

1.（课件：出示“习作要求”）引读“习作要求”：“自己说一说，变化以后你将要去做什么。先说给自己听一听。”（板书“做什么”）

2. 你碰见了谁？你们会说什么？你是怎么去那儿的？（学生自说，教师巡视点拨。）

(1)（预设一）你是怎么把这么多的水从千里之外带去的呢？

(2)（预设二）在你这台奇异的冰箱肚子里，那些奄奄一息的食物有什么变化呀？他们一定还对你说了什么吧？

(3)（预设三）哇，我相信，这次你这个喜羊羊对付灰太狼的办法一定和电视里的喜羊羊不一样。你一定是用什么特异功能让灰太狼失去记忆的吧。呵！你的功能还真不少！

妈妈一定还不知道是你帮了大忙吧。

3. 谁先来讲讲你创编的故事？注意要讲清楚你是怎么做的？怎么说的？

(1)(预设：我变成了一个会穿梭的时空机器人。我通过时空穿梭来到了春秋战国时代，碰见了大圣人孔子先生。我对孔子鞠了个躬，用古代人的方式向他行礼。孔子看见我，吓了一跳。)

(2)呵，原来你是会穿梭的机器人呀。还挺有礼貌，孔子先生(师模仿)。想必这位大圣人看到你也会傻眼吧。他会对你说什么呢？(他指了指我的眼睛说："孩子，架在你鼻梁上的是什么东西？"我并没有笑话他，而是耐心地解释说："老先生，这叫眼镜。能帮助我把东西看得更加清楚。"说着，我把眼镜取下来，让孔子摸了摸，接着说道："这是镜片，是用一种叫玻璃的材料做的。可能你们这儿没有这种东西。")

(3)孔老先生真是不耻下问呀。你们的碰面正是一个互相了解，互相学习的好机会。赶紧把你心中的疑问也向这位大教育家请教请教吧。瞧，听了他和孔子的一番对话，他穿梭到古代做了什么，咱们清楚了。

4. 还有谁想讲讲自己创编的故事？(……)像他们这样加一加，把故事中人物做的动作、说的话讲明白，故事就更清楚了。(板书"清楚")

5. 通过大胆想象，还可以让自己创编的故事变得更神奇，更新奇，更有趣。一个同学想变成力大无比的神鸟赶到云南去抗旱。从咱们这儿去云南那么远，你怎么这样快就能到呢？还有，那么多的水，你都是怎么带去的呀？你一定有什么神奇的能力吧，像他一样？(出示"夸父图")请大家读一读《夸父追日》的片段一"日行千里"，感受大胆想象的神奇；指名议一议《夸父追日》片段二"畅饮江河"。请学生在自己创编的故事中，再加上大胆而神奇的想象，会使你的习作更精彩。

【导师点评："大胆想象"似乎不能量化"胆"到底有多大。但是，只要教师做个有心人，抓住教材编写特点，充分利用教材资源读写结合，就能为习作练习找到最贴近学生，最让学生熟悉的范本。不过，文段的选取也是需要斟酌的，要让学生一看就懂，一学就会，在指导的有限时间里发挥其示范作用。本堂课的两段选文就体现了教师目标意识明确。所以，学生读后，茅塞顿开，立竿见影。】

6. 怎么一下就飞去云南？怎么能带那么多水给灾区人民？再给咱们大胆地说一说。(我刚一飞上天空，把平时那一对小翅膀轻轻一抖就展开成了两只巨大的翅膀，大得可以把咱们学校的操场给遮住。而且，我每闪动一次翅膀，就能飞行3000公里，速度比波音飞机还快。尤其是，我每闪动一次就带走一大片云朵。等飞到灾区上空，我先将这些云朵放到人们最需要的地方，再对着云朵轻轻地吹上一口气，倾盆大雨就从天而降了。)你就是一只充满爱心的神鸟呀！你的想象够大胆，我们听明白了。

7. 如果你是他，你还会怎么做？大胆地想一想，说一说。(……)像这样，加上自己大胆、新奇的想象，你编的故事就更加清楚了，而且非常吸引人呢！(板书"大胆")

三、清楚地写

1. 现在，赶快把我们编的新奇而有趣的故事清楚地写下来吧！可以只写你认为最精彩的片断。因为是片断，可以不写题目。空两格，开始吧！

2. 指导。(教师巡视，个别指导，传递全班，大胆清楚)

四、自信地评

1. 师生互评(选取清楚表达、大胆想象的细节作评改示范)

2. 学生自我修改。

3. 在今天这节习作课上,同学们都很珍惜这次“变”的机会,都展开了想象的翅膀,大胆地去变,大胆地去做,把自己编的故事写清楚、写明白了。(借助板书总结。)没写完的,还可以继续把故事编下去,(课件出示“习作要求”)写好以后,读给老师、同学、父母听。

附:板书

我会变

变什么　为什么　做什么

大胆想　清楚写

【课后反思】

大胆地想象,清楚地表达

“我会变”是义务教育课程标准实验教科书(人教版)三年级下册《语文园地八》的习作内容。本组是围绕民间故事和神话传说为主题编排的。在学习了几篇想象瑰丽、语言优美的民间故事和神话传说的基础上,教材安排了“我会变”,即以写想象的习作进行训练。本次习作指导课,旨在探讨如何落实单元习作的要求,让习作课回归“常规”,我特别重视以下几点:

一、大胆想象

关注三年级学生的真实起点,让他们大胆地放飞想象,是本次习作能否“变得神奇”“编得精彩”的关键。

一开课,我借助多媒体让学生看孙悟空的七十二变,就是为了让学生大胆想,敢于变。但是,学生的思路易于趋同,容易在互相影响中拘泥思路,“变”得不够“神奇”。因此,在课堂上,我时时关注学生的发言,并相机进行分类,如来自植物王国的朋友,来自动物世界的朋友,生活中常见的各种物品,动画片、故事里的主角,喜欢的明星,甚至来自外太空的各种事物……这些点拨,让每个孩子的想象都“变”得与众不同,使“习作要求”中的“想变什么就变什么”成为“现实”,拓宽了学生“变”的思路。此为其一。

其二,除了“变什么”,“做什么”也需要学生“大胆想象”。为了达成这一目标,本堂课进行了两项扎实有效的训练:一是用“为什么”搭桥,让“做什么”有话可说。经过多次实践,我发现,学生在说“做什么”时,往往不能展开情节,把故事发展说清楚。甚至有学生干脆用“我要去……我要去……我还要去……”这样的排比句,进行简略介绍,而不能将所做的一件事说清楚。为此,我再仔细研读“习作要求”。在分析“变什么”和“做什么”之间的逻辑关系时,我发现:这样“变”,是为了能去“做”某件事;而能“做”,则是因为会这样“变”。它们之间有因果联系。学生说不清楚“做什么”,是因为缺少一个“为什么”这样“变”的原因。因此,需要在“变什么”之后,追问“为什么”,引导学生去思考故事的情节。为此,在教学中,我设计了这样的提问,如:也许你会有一段奇特的经历。说不定你会碰见谁，你们之间会发生什么有趣的故事。说不定你还有什么奇特的本领。也许你的样子与众不同……用“为什么”在“变什么”和“做什么”之间架起了一座相互联系的桥梁，学生才开始大胆地去构思故事的情节了。自此，“大胆想象”“做什么”才得以展开。

“大胆想象”这几个字对学生来说，也许是抽象的，空洞的。如何落实，如何让“大胆想象”成为可操作的行为？教材中的习作要求并没有具体化，这就需要老师想方设法去引导学生，为后面的写打好基础。为此，我用学生学过的《夸父追日》引路，让“做什么”“变”得“大胆”。怎么样的想象才够“大胆”呢？在这里，我借助教材资源，如课文《夸父追日》的片段，引导学生再次品读文句，感受神话是如何运用大胆的想象，把夸父追日的经过说清楚、说神奇的。这一读写结合，有效地突破了教学的难点。

二、用够“要求”

本堂课三次出示“习作要求”，既是引导孩子学习审题，也让学生明确本次习作要求和修改要求。因为，这次“习作要求”，既含有习作内容的规定，又含有习作评改的要求。本堂课没有再节外生枝地给学生提出更多的要求，而是紧扣教材，结合学生实际，将这些要求变成一个个具体的教学环节。如，我还将这些要求，巧妙地融入自己的教学中。有的直接作为要求提出，有的成为课堂提问，有的则成为练习任务。从“变什么”到“做什么”，从“大胆想象”到“说清楚”，每一步都走得踏踏实实。让学生在一个个具体的情景中，了解习作要求，达成习作要求，最后完成习作。

三、读写结合

通过单元内容的回顾，将学生在本单元习得的表达方法融入其间，使学生在每次习作练习中扎扎实实地进行训练，并获得实实在在的习作提升点，以落实课标中三年级学生能清楚、明白地叙事的基本要求。

《夸父追日》的引入再次彰显了这一朴实的教学思想，并成为学生立竿见影的模仿范本。在学生的习作中处处可见读写结合教学的成效。

教者期望本次习作既是一次对三年级学生写想象习作扎实、有效的训练，更是一次关注学生生命个体，让其真实地表现童心，表达童言，展示童趣的难得、真诚的体验。

丰富的音响世界

（人教版课标教材六年级上册）

重庆市渝中区第二实验小学 谭蕾

【文本解读】

在立体解读中确立习作点

翻开书，我认真地读了好几遍一单元的习作要求。教材的编排分别从三个角度为学生提供了习作的建议：1. 把自己想象成大自然的一员，融入自己的感受，说一说，写一写。2. 走进音响世界，选择生活中的几种音响或听音响的录音，发挥想象进行说话或习作。3. 回顾丰富多彩的暑假生活，写出自己的感受和体会。六年级上册第一单元的习作，为何编者会为学生提供三个角度？这个问题困扰着我。我不得不从单元编排的目的出发，去寻找答案。

一、编者意识

大自然充盈着跃动的活力和生命的灵气。走进大自然，那美丽的风景会让人陶醉，那盎然的生机会让人激动……大自然中的一切都是那么美妙，它等待着孩子们用心灵去倾听，去感受。本单元教材就是以感受大自然为专题编排教学内容的。我仔细读了本单元的几篇课文：《山中访友》向我们传递了作者对山里“朋友”的那份深厚感情。《山雨》为我们描绘了一幅有声有色的山村雨景图。《草丛的村落》以丰富的想象，带我们走进了一个童话般的草虫世界。离开想象世界，走进美丽的大自然，我们感受到的是《索溪峪的“野”》那独特的景致带给人们无限的美感。

编排本组课文的目的，一是培养学生热爱自然的美好情操；二是引导学生体会作者如何进行观察、如何展开联想和想象，表达自己独特的感受；三是品味优美的语言，通过背诵、练笔等形式不断丰富语言的积累。

我想编者可能出于以下意图分别从三个角度为学生习作提供了建议。

1. 我是大自然中的一员

课文为学生提供了丰富而典型的范本，读写结合。如何用心观察，如何贴近自然，如何发挥想象，如何投入情感，如何拥有独特感受，本单元的课文就是最好的诠释。借助它们，学生可以学以致用，找到很多习作的触发点。课文《山中访友》中，“我靠在一棵树上，静静地，仿佛自己也是一棵树。我脚下长出的根须，深深扎进泥土和岩层；头发长成树冠，胳膊变成树枝，血液变成树的汁液，在年轮里旋转、流淌。”《草丛的村落》中，“那只英勇的黑甲虫，走进了村子。我看见在许多同类虫子中间，一只娇小的从洞里跑出来迎接远归者。它们意味深长地对视良久，然后一齐欢悦地走回洞穴里去。”《索溪峪的“野”》“索溪像一个从深山中蹦跳而出的野孩子，一会儿绕着山奔跑，一会儿撅着屁股，赌着气又自个儿闹去了。”

2. 丰富多彩的暑期生活

生活给予学生丰富而独特的感受。暑期中，学生可能游览了风景名胜，可能参加了有意义的活动，也可能帮父母做了一些力所能及的事。我想编者有意提示六年级的孩子应该关注生活，拓宽视野，学会从多角度来选择习作的材料。在倾听同伴分享假期的收获与感受的过程中，学生也可以彼此学习，同时懂得珍视自己生活中的点滴感受。

3. 走进音响世界

音响世界能激活学生想象的空间，叫醒耳朵。音响世界真是太丰富、太迷人了。雷声，风声，动物的叫声，人的说话声、笑声、脚步声，物体的撞击声、摩擦声……编者让学生选取生活中的几种音响，仔细听后展开想象。《山雨》中，作者不仅通过视觉，还通过听觉，发挥想象和联想，运用比喻、拟人等修辞手法，描绘了山雨的特点。如：将雨来时由远而近、逐渐清晰的声音比作“无字的歌谣”，将雨至时雨丝飘洒在山林的声音比作“优雅的小曲”，将雨过时雨珠滴落的声音比作“一场山雨的余韵”，恰如其分地表现了不同时段的山雨所表现出的不同特点，突出了山雨所特有的音律美。学生由山雨走进了一个美妙的音响世界，走进了一个充满想象的世界，也走进了一个可以放飞心灵的世界。

二、教者意识

1. 如何对教材的三个内容进行选择呢

田玉教授执教的一堂作文课《桔子》，其中一个环节让我记忆犹新。孩子们拿到桔子后，都纷纷观察和讲述了桔子的颜色、形状、味道。当田教授请学生说说桔子还能发出什么声音时，课堂安静了，孩子们显得茫然，因为大家都没想到可以从这个角度去感知手中的这个桔子。在田教授的反复启发下，一个学生说剥桔子皮时会发出像击水枪一样的声音。老师继续发问，什么时候和谁一起玩水枪？暑假和姐姐一起玩。当时什么感受？很快乐。我们的学生对看得见的世界敏感了，留意了，对另一个看不见的世界还缺乏敏感。我们有必要去引导学生打开感官，叫醒耳朵，在奇妙的声音世界里去观察，去获得更多的触发点，产生更多的想象和联想。

对教师来讲，要善于把一篇课文、一个单元、一本教材当作一个整体。每个单元中的每篇文章都有哪些可以发展学生习作能力的成分呢？这需要教师用足课文的平台，读写结合。纵观本单元的课文，作者都是以丰富、合理的联想和想象，表达自己独特的感受。我需要借助载体，让学生放飞想象。音响世界是一个不错的内容，是一个能开启学生想象的世界。这就是我选择《奇妙的音响世界》为教学内容的初衷。

2. 如何叫醒耳朵，放飞心灵呢

“选取生活中的几种音响，或者仔细听一段音响的录音，展开想象，把想到的、感受到的讲给同学听，然后写下来。”面对教材要求，该如何叫醒孩子的耳朵、放飞孩子的心灵呢？我进行了以下思考。

(1)叫醒耳朵。

其一,让孩子回忆在日常生活中,他们的耳朵经常听到哪些有趣的声音。("哗哗"的流水声,"咚咚"的敲门声,"嘟嘟"的喇叭声,"叮铃铃"的上课声,"轰隆隆"的打雷声,"沙沙沙"的刮风声……)离开生活的源泉,想象就会成为无源之水,就会干涸枯竭。

其二,提供几段音频资料,让孩子充分感知。(用课件播放"鸟鸣声"、"流水声"、"敲门声")请学生仔细倾听,这是什么声音? 此时此刻,脑海中又会浮现出怎样的画面? 从熟悉的声音到画面,着力引导学生结合独特的生活经验,大胆地进行联想与想象,并生动流畅地讲述自己的所思所想所感,还原生活情境,并相机进行点评,让每个学生都能有话可说,有事可叙,有情可抒。

(2)放飞心灵。

其一,教材中的课文是编者根据孩子的年龄特点、认知规律、学习能力,经过认真筛选而来,它们本身就是习作的范例。仔细挖掘教材中的读写结合点,无疑能降低习作的难度,提高习作教学的效率。让阅读和练笔结合起来,可以形象地告诉学生,某一类作文该写些什么,该怎么写。这比任何解说都清楚明白而易学。一开课,我引导学生回顾课文中作者联想和想象的内容,为的是激活学生在阅读中所积累的语言与表达方法。将"联想和想象"这一要点,还原到课文内容:《山中访友》把山林中的景物想象成与"我"诉说心声的朋友;《山雨》以合理而新奇的联想把雨景描绘成一场音乐会;《草虫的村落》以独特的描述、丰富的想象赋予小甲虫以生命、美丽与智慧。多读,积蓄内容,熟悉表达,作文自然轻松,正所谓"劳于读书,逸于作文"。

其二,许多孩子"谈文色变",尤其是"奉命作文",令孩子们望而生畏。于是这样的想象作文,不受内容、时间、空间的限制,故事的发展就在孩子们的联想与想象中延伸。通过联想与想象,我们看到事物的多面性和多样性,从而获得丰富生动的材料。根据自己的构思去写,会让孩子们消除对作文的恐惧感,有利于激发学生参与的兴趣和创作灵感的发挥。

鲁迅先生曾经说过:"孩子是可以敬服的,他常常想到星月以上的境界,想到地面下的情形,想到花卉的用处,想到昆虫的语言;他想飞上天空,他想潜入蚁穴……"本次习作,让孩子们在奇妙的音响世界里放飞心灵,纵横驰骋。

【教学设计】

叫醒耳朵,放飞心灵

教学目标

1. 选取生活中熟悉的声音,引导学生认真倾听,大胆联想与想象,口头表达独特的感受。

2. 指导学生运用本单元习得的比喻、拟人、排比等表达方式,书面表达自己的所思所想所感。

教学重难点

引导学生认真倾听,大胆联想与想象,并运用习得的多种表达方式,表达自己的所思所想所感。

教学准备

多媒体课件。

教学课时

1课时。

教学过程

一、复习引入，读写结合

1. 黑板上的这些词语，大家都很熟悉吧！它们都来自……（一单元的课文）。这左右两边的词语，作者是凭借什么让它们联系在一起的？（板书：联想和想象）

山中的大树　亲切的朋友
山雨　轻捷柔软的手指
甲虫　勇敢的游侠
联想与想象

2. 类似这样的内容，本单元学过的课文中还有很多，请大家再回忆回忆。（课件出示句子：①“雷阵雨来了，像有一千个侠客在天上吼叫，又像有一千个醉酒的诗人在云头吟咏。”《山中访友》；②“飘飘洒洒的雨丝是无数轻捷柔软的手指，弹奏出一首首优雅的小曲，每一个音符都带着幻想的色彩。”《山雨》）这两个句子分别写了什么？作者由此想到些什么？（写了作者听到的声音，并由此产生的联想与想象……）

【导师点评：阅读与习作，素来是你中有我，我中有你，彼此不可分离。可是长期以来，我们总是二元背离，阅读课，仅着眼于内容与情感；习作课，仅着眼于选材与表达。以至于二者互不关联。其实，阅读与习作有着天然的联系。“读写结合，言意兼得”是深化语文新课程改革的主旋律。此处的导入，无疑是凸显主旋律的一大亮点。如教师依据板书，既巧妙地引导学生复习本单元习得的表达方法——联想与想象，又自然而然地引入新课，将阅读与习作有机地融为一体。】

3. 正因为作者凭借听到的声音产生了丰富而奇特的联想和想象，笔端才流淌出了这样优美而富有情趣的文字。

二、倾听音响，述说感受

1. 自然界中，除了我们看得见的世界，还有一个奇妙的看不见的世界，那就是……（板书：奇妙的音响世界）

2. 我们都拥有一双敏锐的耳朵。靠着这灵敏的耳朵，我们能聆听到这世间万物的各种声音；靠着这灵敏的耳朵，我们能领略到尘世生活的缤纷与奇妙。在日常生活中，你们的耳朵经常听到哪些有趣的声音？（“哗哗”的流水声，“咚咚”的敲门声，“嘟嘟”的喇叭声，“叮铃铃”的上课声，“轰隆隆”的打雷声，“沙沙沙”的刮风声……）

3. 我们生活在一个有声有色的世界里，声音与我们的生活息息相关。可以这样说，人世间有多少熟悉的声音，就有多少我们熟悉的生活。今天，让我们走进这丰富多彩的音响世界，仔细聆听所熟悉的各种声音，由这些声音你想到些什么？

(1)(用课件播放“鸟鸣声”)请仔细倾听,这是什么声音?此时此刻,你脑海中浮现出怎样的画面?

(2)学生汇报交流,教师相机点评。

①(听到这鸟鸣声,我想到了鸟妈妈把捕到的小虫子带回家喂给小鸟,鸟儿们欢呼起来。)你从声音中联想讲述了一个感人肺腑的亲情故事。

②(听到鸟叫声,我想这一定是一群鸟儿来到上海世博会,看到世界各地风格迥异的城市建筑时,禁不住发出了啧啧的赞叹声。)你的想象富有时代气息,将我们当下的生活融入其间。由此可见,人与自然的和谐,是我们共同的期待。

③(我听到了悲伤的鸟叫声,想到了一只受伤的小鸟在林子里哀鸣,一个小男孩轻轻地捧起了它。)同样的声音,你想到的却是一个凄美而又深情的故事。这真是有声有情呀!

(3)同学们听得仔细,联想与想象丰富而大胆!大自然的声音真奇妙!(用课件播放“流水声”)请仔细倾听,这又是什么声音呢?此时此刻,你又想到些什么?

①(我听到了水龙头的流水声,想到了妈妈回家后,在厨房里忙着洗菜、做饭,弹奏锅碗瓢盆交响乐的情景。)你的联想中饱含着丰富的生活经历。看来,妈妈那忙碌的背影早已深深地镌刻在你的脑海中了。其实,联想就是要和自己所熟悉的生活相链接。

②(我听到了哗哗的雨声,想到了一群孩子在雨中嬉戏,在雨中奔跑。)透过声音,你想到了孩子们在雨中有趣的生活情境。这真是有声有趣。

③(我听到了小河潺潺的流水声,想到了白茫茫的晨雾中,走来一位哼着小曲洗衣裳的姑娘。)

④(春雨在淅淅沥沥地下着,它让我想到了唐代诗人韩愈“天街小雨润如酥,草色遥看近却无”的名句。在滋润如酥的初春细雨中,春草发芽,远远望去,一片淡淡的绿色……)透过声音,你们想到了自己曾经看到过的美景,想到了自己曾经学过的古诗,其间还融入了缤纷的色彩。这真是有声有色。

(4)再细细倾听,这又是什么声音呢?(用课件播放“敲门声”)你又想到了什么?

①(我听到了急促的敲门声,想到了妈妈接到同事的电话后,忙着去医院抢救病人,情急之中忘了换鞋,敲门而入。)看来,这个场面让你记忆犹新。

②(我听到了“咚咚”的敲门声,想到了一次我独自在家,一个陌生人敲门,我很害怕,不知道该如何应付。)看来,这敲门声让你自然地链接上了你难忘的经历。

③(我听到了敲门声,想到了在我们埋头做卷子时,一阵敲门声打破了教室里的宁静。小明推门而入,红着脸给老师解释迟到的原因。)透过声音,你们描述了一幅幅生动的画面。这真是有声有景。

4. 麦哨声声,燕子呢喃,知鸟鸣唱,蛙儿喧腾,竹林飒飒,北风呼啸,爆竹炸响,汽笛声声,雷声阵阵……唤醒耳朵,你会听到很多很多的声音;放飞联想与想象,你可以从声音里,欣赏到颜色、景色、乐趣、情感等。

【导师点评:习作课,最忌讳的就是空讲技法,漠视学生的情感。凡有经验的老师,都知道习作课最需要的就是打开学生习作的视角与思路,挖掘学生潜在的习作资源与素材。为了开启学生的心智,教师没有空对空地进行技法指导,而是先引导学生进行必要的热身运动，述说自己所熟悉的声音；随后，重点选取了三种音响，让学生现场倾听，着力引导学生结合独特的生活经验，大胆地进行联想与想象，并生动流畅地讲述自己的所思所想所感，还原生活情境，并相机进行点评，让每个学生都能有话可说，有事可叙，有情可抒。整个教学过程，老师指导得有声有色、有声有景、有声有趣、有声有情。如此教学，还愁学生找不到习作的"口粮"吗？由此可见，习作前，教师具体而扎实的指导是至关重要的。绝非有的老师所说的那样，作文前不需要指导。我以为，持此看法，至少是教师的渎职。】

三、欣赏片段，范文引路

1. 下面，让我们再来欣赏一个片段，这是我们26课将学习的……（课件出示句子：皮鞋匠静静地听着。他好像面对着大海，月亮正从水天相接的地方升起来。微波粼粼的海面上……《月光曲》）

2. 自由朗读句子，想一想皮鞋匠听着贝多芬的琴声都联想到些什么。（联想到海上明月升起的画面。第一幅：月亮刚从"水天相接"处升起，海面上"洒遍银光"。此刻，贝多芬轻轻按着琴键，音乐轻幽、舒缓。第二幅：月亮越升越高，天空出现了"一缕缕轻纱似的微云"。随着景象的变化，音乐气势逐渐增强，曲调出现了波折。第三幅："忽然，海面上刮起了大风，卷起了巨浪。"强音乐骤然响起。浪花"涌过来"，气势凶猛，音乐高昂激越，节奏越来越明快。）皮鞋匠有一双灵敏的耳朵，更有一颗敏感的心灵。他不仅听到了时而舒缓、时而明快、时而悠扬、时而激烈的曲调，他也听出了凝聚在乐曲声中贝多芬那高尚而真挚的情感。因兄妹俩的贫穷而同情，为盲姑娘对音乐的痴迷而感动，被兄妹俩感人至深的手足亲情所震撼。乐曲声的高低起伏反映的正是艺术家内心情感的跌宕起伏。

3. 多么美丽的画面，多么丰富的联想！请有感情地朗读句子。

【导师点评：范文引路，历来就有争议。它是一把双刃剑，既能为学生提供可学习借鉴的范本，又会局限学生的思路。因而，什么时机用，怎么用，显得非常重要。教师要智慧地适时适当地运用，才能扬长避短。学生往往滔滔不绝，但动笔时常常举步维艰，如何将自己听到的声音、产生的联想与想象用生动的书面语言进行表达，这就是范文引路的设计意图。此环节会触发学生从文质兼美的篇章中学会运用比喻、拟人等修辞手法，去表达自己独特的感受，去抒发自己真挚的情感。】

四、选写片段，交流分享

1. 音响世界真是太丰富、太迷人了。雷声，风声，动物的叫声，人的说话声、笑声、脚步声，物体的撞击声、摩擦声……请选取一种音响，展开丰富而合理的联想与想象，并写一个片段。

2. 学生现场动笔书写。

3. 汇报交流，相机点评。

(1)（片段一：汽车鸣笛非常有趣，时高时低，时缓时急，像是富有节奏的曲子。那熟悉的调调儿，就像战场上的集结号，仿佛千百个战士发起冲锋。）汽笛声在你的笔下活灵活现，充满了情趣。那集结号般的汽笛声让我们看到了鲜活的生活，更感受到了你对生活的关注和热爱。

(2)(片段二:我焦急地看着窗外的那棵树,雨点无情地拍打着它的叶子。那沙沙的声音,像是在诉说着痛苦与忧伤;那沙沙的声音,更像是顽强生命的不屈与反抗。)从树叶的痛苦到树叶的反抗,情感的跌宕到生命的感悟,沙沙的雨声融入了你独特的生命体验。

(3)(片段三:我把海螺放到耳边,“唰——唰——”我听到了,更看到那拍打沙滩的海浪,如同蓝色手指弹奏出充满阳光的金色音符;移动着的那大块大块的如棉花糖般的浮云,和着那金色的音符而舞蹈。)蓝色、金色,海浪、浮云,有声有色,有声有景。

(4)(片段四:“洋装虽然穿在身,我心依然是中国心。我的祖先早已把我的一切,烙上中国印……”听到这深情的歌声,我的眼前仿佛出现了镀金的紫荆花,仿佛出现了高高飘扬的国旗,仿佛出现了海外游子们眷恋祖国的赤诚之心。)这歌声唤醒了你心中沉睡的点点滴滴。我们看到了你爱国的拳拳之心、深深之情。

……

【导师点评:现场点评习作很重要,一是能引导学生及时分享别人成功的、有特色的表达,为学生的自主修改奠定坚实的基础。传统的作文指导方式中,指导写用一节课,课后再将作文本收上来精批细改,再用一节课讲评。这样的方式不符合小学生的心理特点,他们最感兴趣的、印象最深刻的就是发生在现场的事。传统的指导方式,作文批阅都是老师个人的事,没有充分发挥学习伙伴的作用,光指望老师,收效甚微。只有现场点评,才能突破写作障碍,缩短写作时间,有效地提高学生写作水平。二是能训练学生语言的敏感度。在倾听同伴的表达过程中学生也可以比较和分辨是非与高下。由此及彼,比较分辨,融会贯通,有所借鉴,有所取舍。三是能锤炼教师过硬的语文基本功。在学生动笔时,通过巡视,选取典型的文章进行点评,达到“牵一发而动全身”的作用。教师仔细倾听学生的反馈后,要能迅速发现学生文章中存在的问题,对学生修改文章进行准确的指导。】

五、修改誊抄,总结提炼

用眼睛去观察,我们会对世界有很多发现;用耳朵去倾听,我们会在另一个世界里获得更多丰富细腻的、有滋有味的、无穷无尽的生命体验。让我们叫醒耳朵,在奇妙的声音世界里去观察,去获得更多的触发点,产生更多的想象和联想。让形象生动的文字,充满真挚情感的文字如汩汩清泉在我们笔尖流淌。

附:板书

奇妙的音响世界

联想、想象	感受
(丰富合理)	(独特)
有声有色	有声有景
有声有趣	有声有情

【课后反思】

习作,贵在触发

观察与想象、联想是一对孪生姐妹,边听边看总是伴随着边思边想的。看到树叶飘然落下，可以想到蝴蝶在树林里翩翩起舞；看到红旗飘飘，可以想到奥运赛场上健儿们努力拼搏；"踏花归去马蹄香"，作为花香，既看不见，又摸不着，难以进行描绘，然而画家描绘"蝴蝶追马"，让人想到因"马蹄香"而引得蝴蝶追马，人们就会从"马蹄香"想到"踏花"，显示了想象的伟力，使无形的花香跃然纸上。有了想象，就会有"精骛八极，心游万仞"的思想驰骋；有了想象，就会有"触类旁通，思接千载"的文思涌动。

如何引导学生善于在观察中寻找和捕捉想象和联想的触发点，拓展思维，让种种形象的、生动的、幻化的东西像欢唱的山溪一样涌出来呢？通常我们会引导孩子们用眼睛去观察周围的事物，近看、远看、俯视、仰视、走马观花地看、目不转睛地看……这样的观察的确会让他们对观察对象产生迥然不同的印象。但是不管印象如何，被观察的对象仍然"天还是那个天，地还是那个地"。我们的学生对看得见的世界敏感了，留意了，对另一个看不见的世界还缺乏敏感。我们有必要去引导学生打开感官，叫醒耳朵，在奇妙的声音世界里去观察，去获得更多的触发点，产生更多的想象和联想。这就是我选择《奇妙的音响世界》为教学内容的初衷。为了让学生充分感知声音世界，在这节课上，我提供了几种音频资料，还激发学生选择丰富的声音材料，进行想象和联想的习作思维训练。

鲁迅先生曾经说过："孩子是可以敬服的，他常常想到星月以上的境界，想到地面下的情形，想到花卉的用处，想到昆虫的语言；他想飞上天空，他想潜入蚁穴……"可见孩子的想象力是丰富的，是与生俱来的，但是我们如何才能让孩子的心灵插上翅膀呢？我认为，借助教材，寻找触发点，读写结合是有效的课堂行为。

一、单元链接，触发语言

"读书贵在新得，作文贵在新味，最重要的是触发的功夫。所谓触发，就是由一件事感悟到其他的事。你读书时对于书中某一句话，觉得与平日所读过的书中某处有关系，是触发。"(《文心》)于是，我一开课就引导学生回顾课文中作者联想和想象的内容，为的是触发学生在阅读教学中所积累的语言与表达方法。将"联想和想象"这一要点，还原到课文内容，为的是以课文中学生所熟知的内容与方法去触发学生找到它们与本次习作要求的关系。本单元的课文在表达上有一个共同点：作者展开了丰富的联想和想象，运用比喻、拟人的修辞手法，从不同角度展示了大自然的无穷魅力。《山中访友》把山林中的景物想象成与"我"诉说心声的朋友；《山雨》以合理而新奇的联想把雨景描绘成一场音乐会；《草虫的村落》以独特的描述、丰富的想象赋予小甲虫以生命、美丽与智慧。课文是教学中的"例子"，带范式的意思。我们进行"读写结合"教学，目的就在于引导学生学好教材这个"写作范式"，触发学生将这些生动、形象的事物与联想与想象这样抽象的习作要求链接起来。"读写结合，言意兼得"是深化语文新课程的主旋律。此处的导入，无疑是凸显主旋律的一大亮点。因此，教师要善于挖掘教材的潜力，寻找读写结合的切合点，可以形象地告诉学生，某一类作文该写些什么，该怎么写。

二、生活链接，触动想象

"觉得与自己的生活有交涉，获得一种印证，是触发。"(《文心》)我没有空对空地进行技法指导，而是先引导学生进行必要的热身运动，述说自己所熟悉的声音；随后，重点选取了三种音响，让学生现场倾听，着力引导学生结合独特的生活经验，大胆地进行联想与想象，并生动流畅地讲述自己的所思所想所感，还原生活情境，并相机进行点评，让每个学生都能有话可说，有事可叙，有情可抒。此环节的设计为的是用声音资料让学生找到内容的触发点。以倾听鸟鸣声为例：学生从鸟鸣声想到了鸟妈妈哺育子女的亲情故事，鸟儿畅游世博的场面，男孩救助小鸟的感人场面。声音给了学生触发点，触发了他们曾经的所见、所闻、所感。其实，孩子们的阅读积累、生活经验，是我们能触发他们的"源流"。只要我们找到了孩子们感兴趣的触发点，他们联想和想象的闸门就会打开，一个个生动的形象、一个个有趣的故事、一个个动人的场面都会涌出来。

三、片段链接，促成写法

学生口头表达时往往滔滔不绝，但动笔时常常举步维艰，如何将自己听到的声音、产生的联想与想象用生动的书面语言进行表达，这就是范文引路的设计意图。此环节会触发学生从文质兼美的篇章中学会运用比喻、拟人等修辞手法，去表达自己独特的感受，去抒发自己真挚的情感。"你读书时对于书中某一句话，觉得可以作为将来某种理论说明的例子，是触发。"(《文心》)我巧用本册 26 课《月光曲》中皮鞋匠由琴声展开联想的片段触发学生找到表达的方式。月亮刚从"水天相接"处升起，海面上"洒遍银光"。月亮越升越高，天空出现了"一缕缕轻纱似的微云"。忽然，海面上刮起了大风，卷起了巨浪。接着浪花"涌过来"，音乐与节奏的变化产生了多么美丽的画面！这样会触发学生从文质兼美的篇章中学会运用比喻、拟人等修辞手法，去表达自己独特的感受。近代姚恩铭研究读写之间的关系，认为"读法和作法有密切之关系。形式上有吸收文字、文章之力，内容上有启迪思想感情之能"。读写结合的传统经验，现在仍是习作教学中不可舍弃的法宝。

四、现场点评，促使修改

"对于目前你所经历的事物，发现旁的意思，这也是触发，这种触发就是作文的好材料。"(《文心》)现场点评习作很重要，一是能引导学生及时分享别人成功的、有特色的表达；二是能迅速发现学生文章中普遍存在的问题，为学生的自主修改奠定坚实的基础。在传统的作文指导方式中，作文批阅都是老师个人的事，没有充分发挥学习伙伴的作用。在现场点评中倾听同伴的表达，学生也可以比较和分辨是非与高下。由此及彼，比较分辨，融会贯通，有所借鉴，有所取舍。光指望老师，收效甚微。只有现场点评，才能突破写作障碍，缩短写作时间，有效地提高学生写作水平。

语文课标提出，要减少对学生写作的束缚，鼓励自由表达和有创意的表达。本课设计旨在让声音叫醒学生沉睡的耳朵，让学生插上想象和联想纵横驰骋的翅膀，让笔下的文章与众不同，眼前一亮。

图书在版编目(CIP)数据

语文课堂教学有效性研究/尹祖琴主编. 一重庆:西南师范大学出版社,2011.4
ISBN 978-7-5621-5209-5

Ⅰ.①语… Ⅱ.①尹… Ⅲ.①小学语文课一课堂教学一教学研究 Ⅳ.①G623.202

中国版本图书馆CIP数据核字(2011)第047968号

语文课堂教学有效性研究
主　编　尹祖琴

责任编辑:刘江华　刘桂芳
特约编辑:吕红英
封面设计:贺　幸　　谭　玺
出版、发行:西南师范大学出版社
(重庆·北碚　邮编:400715
网址:www.xscbs.com)
经　　销:全国新华书店
印　　刷:重庆东南印务有限责任公司
开　　本:787mm×1092mm　1/16
印　　张:40.75
字　　数:1100千字
版　　次:2011年4月第1版
印　　次:2011年10月第1次印刷
书　　号:ISBN 978-7-5621-5209-5

定　　价:68.00元(全2册)